훈민정음의 문화중층론

관점의 전환과 새로운 해석

훈민정음의 문화중층론

관점의 전환과 새로운 해석

백두현 지음

경북대학교출판부

백두현白斗鉉

경북 성주(星州)의 연산 마을 출생. 경북대학교에서 대학과 대학원을 마치고 1990년 2월에 문학박사 학위를 받았다. 훈민정음학회 회장 및 국어사학회 회장을 역임하였다. 한글문화유산의 가치를 밝히고 이를 국내외에 널리 알려 한글 문화의 성숙을 위해 노력해 왔다. 훈민정음과 옛 문헌 속에 담긴 한국어의 모습, 필사본과 간본을 망라한 한글 문헌 자료, 한국인의 어문생활사, 석독구결 등을 연구해 왔다. 한글 필사본의 가치를 강조하며 한글 편지, 한글 음식조리서, 한글 고문서 등을 연구하는 데 힘을 쏟았다. 주요 저서로는 『영남 문헌어의 음운사 연구』, 『현풍곽씨언간 주해』, 『음식디미방 주해』, 『석독구결의 문자체계와 기능』, 『한글문헌학』, 『현장방언과 문헌방언 연구』, 『국어 음운사와 어휘사 연구』, 『한글생활사 연구』 등이 있다. 연구 성과를 교양 시민과 공유하기 위해 『경상도 사투리의 말맛』, 『한글편지로 본 조선시대 선비의 삶』, 『한글편지에 담긴 사대부가 부부의 삶』, 『한국어는 나의 힘』(공저), 『한국어에 힘 더하기』 등의 교양서를 출판하였다. 제자들과 함께 『공부가 쌓여온 마당』이라는 문집을 내기도 했다.

경북대학교 학술총서 1

훈민정음의 문화중층론

관점의 전환과 새로운 해석

찍은 날 2023년 2월 10일 • **펴낸 날** 2023년 2월 23일
지은이 백두현 • **펴낸이** 홍원화 • **펴낸 곳** 경북대학교출판부
출판등록 1973년 10월 10일 ㉑97호 • **주소** 대구광역시 북구 대학로 80 • **전화** 053-950-3830
팩스 053-953-4692 • **이메일** press@knu.ac.kr • **홈페이지** www.knupress.com
ISBN 978-89-7180-599-2 93710

정가는 뒤표지에 있습니다. 파본은 바꾸어 드립니다.

이 저서는 2017년 대한민국 교육부와 한국연구재단의 지원을 받아 수행된 연구임(NRF-2017S1A5B1019437)

머리말

훈민정음은 15세기의 조선에서 새롭게 축조된 학술과 문화의 저수지이다. 훈민정음에는 과거로부터 축적되어 온 지식과 경험, 당대 사회의 정치적 상황과 통치자 세종의 편민 정책, 창제자 세종의 학문적 온축과 열정이 녹아들어 있다. 훈민정음은 동아시아의 학문적 성취가 우리나라에 유입되어 재해석과 창의적 변용을 거쳐 고도의 문자체계로 결정結晶된 정화精華이며(이기문), 중세까지의 우리의 언어학적 인식체계가 종합된 업적(고영근)이 『훈민정음』 해례본이라는 평가는 이러한 맥락을 짚어 낸 것이다.

고대 한반도에서 한자의 음과 훈을 빌려 우리말을 적은 이두와 향찰, 고려시대에 이루어진 석독구결과 음독구결 등을 통해 우리말의 문법형태와 어휘를 문자화하면서 한민족은 언어와 문자를 다루는 역량을 키워 왔다. 한자를 빌려 한국어를 표기해 온 차자표기의 경험은 새로운 문자 창제의 필요성을 자극하여 훈민정음이란 학술과 문화의 저수지를 짓는 기초가 되었다. 고대 인도에서 발원한 음성학이 중국에 유입되어 성운학 이론으로 발전되었고, 이것이 훈민정음 창제에 이용되었다. 중국 송대 성리학의 역리易理는 훈민정음의 철학적 기초가 되었다. 장기간에 걸쳐 동북아시아에서 전개된 문자 제정의 흐름 역시 훈민정음 창제의 배경으로 작용했을 것이다.

세종은 성리학·성운학·문자학을 연구했으며, 여기에 스스로 창안한 독창적 제자 방법을 더하고, 편민便民을 위한 정치적 의지를 견인차로 삼아 훈민정음이란 문자체계의 창제와 반포에 성공했다. 외래 학문의 수용과 우리말 표기의 경험을 바탕으로 삼고, 걸출한 학자왕學者王 세종의 창의적 능력과 백성을 위한 정치적 의지가 결합하여 훈민정음이란 위대한 학술과 문화의 저수지를 축조해 낸 것이다.

사회발전론에서 한 집단의 사회 역량(social capabilities)은 사회 발전에 영향을 미치는 무형 자산을 뜻한다. 한 집단의 문명 역량(civilizational capabilities)은 문자를 학습하여 지식과 문화를 흡수하고, 여기서 나아가 새로운 지식과 문화의 발전을 이루어 내는 힘을 뜻한다. 훈민정음이란 저수지에 흘러들어 온 사상과 학문은 한국 문화와 역사의 새로운 물길을 여는 동력이 되었다. 한문자漢文字를 익혀 선진 지식과 문명을 흡수하였고, 한문자로 한국의 어문과 역사를 기록해 왔던 전통 위에 훈민정음이란 새 문자의 동력이 더해짐으로써 조선 사회는 사회 역량과 문명 역량을 성장시킬 수 있는 획기적 전기를 맞이하였다.

훈민정음은 문명의 새로운 물길을 흐르게 했고, 훈민정음으로 축조한 저수지와 여기서 흘러 나가는 물길은 조선 인민의 문명 역량을 조금씩 발전시켜 갔다. 훈민정음 창제 이후부터 조선 사람들은 이 문자로 새로운 문학 작품을 창작했고(용비어천가), 붓다의 일생담과 가르침을 표현해 냈다(석보상절, 월인천강지곡). 불교 교리서를 훈민정음으로 번역하였고(각종 불경 언해), 사서삼경을 언해하여 공자의 가르침을 널리 폈다. 『삼강행실도』 등의 교화서를 편찬하여 인륜 도덕을 강조하는 유교 윤리를 백성들에게 가르쳤다. 중국 운서의 한자음과 외국어 학습서를 훈민정음으로 번역하여(홍무정운역훈, 번역노걸대 등) 외국 어문에 관한 지식을 넓혔으며, 실용 기술서를 번역하거나 저술하여(의약서 언해와 병학서 언해, 음식조리서 등) 지식과 정보에 접근하는 길을 넓혔다. 한글편지를 통해 생활 정보와 경험을 공유했고, 시조와 가사를 한글로 창작하여 당대인의 문예적 성취를 후세에 전할 수 있었다.

훈민정음은 세계의 다른 문자에 비해 시대적으로 늦은 15세기에 만들어졌으나, 그 후 오백여 년 동안 한반도의 음성언어를 기록해 왔고, 한반도에서 생성된 한국인의 생활문화와 삶의 정서와 상상력을 담아 왔다. 과거 한국인이 겪어 온 역사와 오늘날 현대 한국인의 삶에서 훈민정음이 차지하는 의미는 넓고도 깊다. 훈민정음 연구는 한국인이 형성해 온 문화의 원천에 접근하는 것이며, 훈민정음에 축적된 한국인의 역사적 경험과 그 의미를 해석하는 작업이다.

훈민정음에는 다양한 학문 이론과 문화 요소가 중층적으로 융합되어 있다. 훈민정음에 내재한 융합성과 중층성을 드러내기 위해서 새로운 관점과 연구 방법이 필요하다. 이 책에서 필자는 선행 연구 성과의 기초 위에서 새로운 연구를 시도하였다. 문자 훈민정음과 문헌 『훈민정음』을 문화론적 관점에서 연구하기 위해, 필자가 제안한 문화중층론을 적용하여 융합 요소를 분석하고 그 의미를 해석하였다. 문화중층론은 '문화'와 '중층'을 열쇳말로 삼아 문헌과 문자에 융합된 다양한 문화 요소를 분석하고, 이를 통합적 관점에서 해석하는 연구 방법이다.

필자는 한글과 한글 문헌을 연구해 오면서 연구 방법론 혹은 이론의 개발에 관심을 가져 왔다. 『우리 학문의 길』(조동일, 1993), 『오늘의 우리 이론 어디로 가는가』(교수신문사, 2003) 등의 학문론 서적을 탐독하기도 했다. 한글 문헌을 연구하는 이론을 고민해 오다가 류탁일 선생님의 문헌해석학을 알게 되었고, 2014년에 드디어 '문화중층론'이라는 틀을 세워 이론화를 시도했다. "이론이란 상상력과 독창성을 바탕으로, 체계성과 보편성을 지녀야 한다."(윤해동), "문자에 기댄 학문적 이론은 실천과 맞닿아 있어야 하지만 특수한 실천 사례의 행동 강령이 아니기 때문에 보편성의 위상을 당연히 갖추어야 한다."(최종덕)라는 논변을 음미하면서 내가 세운 '문화중층론'의 이론적 요건을 반성하기도 하였다. '문화중층론'이 아직 온전한 이론체계를 갖춘 것은 아니지만 문자 훈민정음과 문헌 『훈민정음』에 이 이론을 적용해 봄으로써 연구 방법론으로서의 보편성 확보가 가능함을 보이고자 한다.

이 책은 서장과 종장을 제외하고, 전체 4개 부 15개 장으로 구성되어 있다. 독자 제위가 이 책의 전모를 파악하기 쉽도록 각 부의 내용 구성과 각 장에서 논하는 주제를 간략히 소개한다.

서장序章에서는 훈민정음을 포함한 문자문화를 바라보는 필자의 관점을 총괄적으로 서술하면서 이 책의 저술 목적과 연구 방법을 제시한다. 문화중층론적 연구 방법의 개요를 설명하고, 이것을 훈민정음에 적용하는 방법에 대해 논한다.

제1부 제1장에서는 『훈민정음』 해례본의 외형 구조와 서지 사항을 정리한다. 해례본의 장정에 나타난 중층성, 권두서명과 병서행의 행 구분 문제, 해례본 텍스트의 중층 구조, 창제 직후 세종이 써 보였다고 하는 '약게예의略揭例義'의 내용 재구성 등의 주제를 다룬다. 제2장에서는 훈민정음 언해본의 외형 구조와 서지 사항을 정리한다. 언해본 텍스트의 구성 단위와 행 구분이 갖는 의미, 언해본에 나타난 정음자의 서체 변화, 언해본의 작성 주체와 번역 과정 등의 문제를 제2장에서 논한다. 해례본과 언해본의 서지 고찰을 2개 장으로 나누어 책 머리에 앞세운 까닭은 이것이 문헌 『훈민정음』 연구의 기초이면서 제2부 이하의 논의로 나아가기 위한 디딤돌이기 때문이다.

제2부는 『훈민정음』 해례본과 언해본 텍스트에 반영된 언어 현상을 3개 장으로 나누어 논한 것인바 문화중층론의 언어문화 층위론에 해당한다. 『훈민정음』 해례본과 언해본에 투영된 언어문화 요소를 분석하고 이것이 가진 의미를 논한다. 제2부 제1장은 『훈민정음』 해례본 텍스트에 쓰인 우리말의 특성과 이에 대한 해석이다. 해례본에 나타난 초성자·중성자·종성자의 특성을 논하고, 이어서 정음해례편에 예시된 고유어의 특성을 여러 각도에서 논한다. 제2장은 해례본 텍스트에 쓰인 한자 및 한자어 사용 빈도와 그 의미를 해석한 것이다. 『훈민정음』 텍스트의 한자 사용 빈도가 훈민정음 제자 원리와 관련된 점을 중시하여 출현 빈도와 제자 원리의 상관성을 밝히는 데 초점을 둔다. 제3장은 언해본 텍스트에 내포된 언어적 특성을 고찰한 것이다.

언해본에 나타난 중국어와 조선어의 인식 양상, 언해본의 우리말 문장에 나타난 문법 범주와 표현, 언해본의 문체, 성운학 및 합자법 관련 용어의 번역 양상, 언해본에 나타난 사잇소리 표기 체계의 이론 지향적 특징과 이 체계의 고안자에 대한 필자의 판단과 그 근거를 논한다. 끝으로 훈민정음 언해본에 쓰인 특수 경어법 '-숩시-'에 내포된 의미를 해석한다.

제3부에서는 훈민정음의 제자 원리를 몇 가지 서로 다른 관점에서 논한다. 각 장에서 각각의 세부 관점을 세우고, 해례본에 기술된 제자론을 논한다. 훈민정음 창제의 학문적 배경, 제자 과정의 작업 단계, 훈민정음에 내재된 보편적 가치의 규명, 훈민정음에 녹아든 융합 요소들의 분석과 해석이 제3부의 중심 내용이다.

제3부 제1장에서는 훈민정음 창제의 바탕이 된 세종 대의 학문 연구에 대해 논한다. 세종실록에 나타난 『성리대전』의 도입·간행·배포·연구의 과정을 정리하고, 해례본에 반영된 성리학 이론, 성운학의 연구와 운서 편찬, 자학字學 연구와 그 적용, 차자표기법의 전통에 대해 검토한다. 제2장에서는 훈민정음 창제의 작업 단계와 제자 원리를 관련지어 고찰한다. 창제 작업의 단계를 설정해 봄으로써 제자 원리의 적용 단계와 그것이 갖는 의미를 더 깊이 이해할 수 있다. 작업 단계에 대한 본격적 논의에 앞서서 훈민정음 창제의 이론적 기초를 검토하고, 훈민정음 창제와 반포 과정에서 표기 대상(고유어음 혹은 한자음)을 변경했는지에 대해 논한다. 이어서 훈민정음 창제의 작업 단계를 재구성하여 표에 담아 제시하고, 각 단계에서 행해진 작업과 제자론을 논한다. 제3장에서는 융합성의 관점에서 훈민정음의 제자 원리를 종합적으로 해석한다. 훈민정음에 작용한 융합 요소를 분석하여 그 성격을 파악하는 것은 훈민정음의 기원 혹은 근본을 밝히는 일이 된다. 제4장에서는 보편적 가치의 관점에서 훈민정음의 제자 원리를 해석한다. 훈민정음의 특성을 보편 가치의 관점에서 바라보고, 이 보편 가치가 지닌 의미를 과거와 현재에 비추어 해석한다. 훈민정음에 내재된 보편 가치가 한국인의 과거 역사에서

어떻게 작용했고, 오늘날의 삶에서 어떻게 작용하고 있으며, 미래시대에 어떤 의미를 가질 수 있는지를 논한다. 제5장은 『훈민정음』 해례의 제자론制字論에 대한 비판과 해명에 대한 고찰이다. 해례본에 기술된 제자 원리를 비판적 관점에서 분석하고, 제자 원리에 내재된 이론적 문제점을 드러냄으로써 『훈민정음』의 제자론에 대한 우리의 이해를 심화시킬 수 있다. 제3부는 훈민정음 제자론을 중심축으로 하여 필자가 제안한 문화중층론의 지향점을 가장 충실하게 드러내 보인 장으로 구성되어 있다. 문화중층론의 특정문화층위에 해당한다.

제4부에서는 훈민정음 창제의 사회문화적 특성을 논한다. 제4부 제1장에서는 세종시대의 정치와 훈민정음 창제의 배경을 고찰하고, 세종시대의 민본정치와 훈민정음 창제의 관련성을 검토한다. 제2장은 훈민정음 창제 주체에 대한 논란이 여전히 이어지고 있는 점을 고려하여, 친제설과 협찬설을 검증하는 데 바쳐진다. 창제 주체와 관련된 문헌 기록을 종합 정리하고 그 내용을 분석하여 각 자료가 가진 신뢰도를 수치로 평가하여 계량화하는 방법을 도입한다. 제3장에서는 훈민정음 창제 목적에 관한 여러 주장을 재음미한 후 가장 타당한 설이 무엇인지 고찰하고, 여기에 필자의 생각을 더하여 결론을 내린다. 제4장에서는 최만리 등의 언문 반대 상소문을 정밀하게 분석하여 상소문에 내포된 정보를 드러내고 이에 대한 해석을 시도한다. 제5장에서는 『훈민정음』 해례본이 교육적으로 어떻게 활용되었으며, 해례본의 정음편과 해례편의 내용이 후대의 학술적 연구 문헌에 어떻게 이용되었는지 그 양상을 기술하고 해석한다.

종장終章에서는 필자가 이 책에서 다룬 논구의 성과를 각 부와 장별로 나누어 간략히 요약한다. 이어서 통합적 해석에 알맞은 주제라고 생각되는 훈민정음 창제 전후의 사건·정책·서적 편의 역사적 사실을 표로 정리하고, 각각의 사실에 담긴 의미를 해석한다. 이 작업은 본론의 여러 곳에 흩어져 기술된 주요 사실史實과 그 의미를 종합하기 위한 것이다. 종장 3절에서는 제

1부·제2부·제3부·제4부에서 논한 내용 중에서 훈민정음의 중층성과 관련된 논점을 간추리고 서로 관련지어 통합적 해석을 가한다. 언어문화 층위, 특정문화 층위, 사회문화 층위의 분석에서 도출된 결과 중에서 층위 간의 연결성이 뚜렷한 요소를 파악하고 이들을 서로 관련지어 통합적 관점에서 해석한다.

독자 제위께서는 서장과 종장을 먼저 읽고, 필요한 경우 관심 있는 장이나 절을 찾아보는 방식으로 접근하는 것이 좋을 듯하다.

한글 문헌의 역사적 전개에서 그 시초가 되는 책이 『훈민정음』이고, 한국문화의 정초定礎를 놓은 책이 『훈민정음』이다. 필자는 한글 문헌에 대한 보다 깊은 이해를 위해 문화중층론이라는 문화론적 연구 방법을 제안하였고, 이 책에서 문자체계로서의 훈민정음과 문헌 『훈민정음』에 이 방법을 적용하여 훈민정음에 대한 새로운 연구를 시도하였다. 이 책에서 필자는 『훈민정음』에 대한 선행 연구 성과를 토대로 삼고, 선행 연구에서 논구되었던 여러 가지 주제를 새로운 관점에서 접근하였다. 『훈민정음』 해례본과 언해본의 서지적 요소와 텍스트의 구조, 해례본의 한자 빈도와 정음자의 자형, 우리말 어휘의 사용 양상, 시간의 흐름 속에서 해례본이란 책에 가해진 변개 등을 분석하고, 이를 중층성의 관점에서 해석하였다. 훈민정음 제자 원리에 내재된 보편적 가치를 발굴하여 새로운 관점에서 해석하였으며, 융합성의 관점에서 제자 원리를 통합적으로 해석하였다. 훈민정음 창제 과정에서 행해진 작업 단계를 설정하여 이 단계와 제자 원리의 관련성을 세밀하게 분석하고 그 의미를 해석하였다. 융합성과 중층성에 초점을 둔 훈민정음의 문화중층론적 접근은 전혀 새로운 것이 아니라 훈민정음에 대한 선배 학자들의 연구 성과에 대해 관점을 달리하여 해석해 본 것일 뿐이다.

문화중층론의 이름을 내세우고 새로운 해석으로 나아가고자 하였으나 이 책의 모든 장에서 필자의 의도가 충분히 성취된 것은 아니다. 선행 연구에서 논구되어 온 범위를 벗어나지 못한 논의도 있다. 하나의 방법론으로 훈민정음의 모든 국면을 만족스럽게 연구해 내기 어렵다. 훈민정음에 다양한 연구 방법론을 적용해 보는 것은 훈민정음에 대한 이해를 더 풍부하고 깊게 만들 수 있다.

이 책의 제1부의 제1장, 제2부의 제2장, 제3부의 제2장~제5장에는 필자가 훈민정음을 연구해 오면서 학술지에 발표했던 아래의 논문들이 흡수되어 있다.

백두현(2009), 훈민정음 해례본의 텍스트 구조 연구, 『국어학』 54호
백두현(2012), 융합성의 관점에서 본 훈민정음의 창제 원리, 『어문론총』 57호
백두현(2013), 작업 단계로 본 훈민정음의 제자 과정과 원리, 『한글』 301호
백두현(2014), 훈민정음 해례의 제자론에 대한 비판적 고찰, 『어문학』 123호
백두현(2016), 훈민정음에 내재된 보편적 가치와 역사적 의미, 『어문론총』 67호
백두현(2018), 훈민정음 해례본 낙장의 권두서명과 병서행 복원 방안 연구, 『어문론총』 75호
백두현·김명주(2020), 훈민정음 해례본 텍스트에 쓰인 한자(어) 사용 빈도와 그 해석, 『국어학』 93호
배은혜·백두현(2020), 『훈민정음』 해례본의 외형 복원을 위한 침안(針眼) 재구성, 『국어사연구』 30호

위 논문들의 일부를 가져와 인용하거나 주요 논점을 심화 확장하고 관련된 부분을 새로 써서 이 책에 흡수하였다. 위 논문 중 뒤에 놓인 세 편은 필자가 한국연구재단의 〈2017년도 우수학자 지원 사업〉을 시작한 후 이 과제를 수행하는 기간 중에 쓴 것이다. 나와 함께 집필한 김명주는 『훈민정음』 해례본 텍스트에 쓰인 한자 빈도를 분석하여 표를 작성하였고, 배은혜는 해례본의 침안 자료를 정밀히 분석하여 그림으로 그리고 발표 논문의 초고를

집필하였다. 제자들과 함께 집필한 논문 두 편은 신진 학자들에게 훈민정음 연구의 경험을 갖도록 함으로써 연구 능력을 갖춘 학문 후속 세대를 양성하려는 필자의 뜻을 담고 있다. 제3부의 제2장은 백두현(2013)의 논의를 심화하여 새로 쓴 것이고, 제3장은 백두현(2012), 제4장은 백두현(2016), 제5장은 백두현(2014)을 흡수하여 대폭 고쳐 쓴 것이다.

필자는 일찍부터 도표의 효용성을 인식하고 여러 저술에서 다양한 도표를 그려 연구 결과를 독자들이 쉽게 파악할 수 있도록 노력해 왔다. 이 책에서도 설명 내용을 명료하게 보이기 위해 다수의 도표를 작성하여 제시했다. 훈민정음 제자론에 영향을 미친 정초鄭樵의 『통지』 「이십략」 중에 「도보략圖譜略」이 있고, 이 글에 도圖와 보譜의 효용성과 학문적 의미가 논술되어 있다. 정초는 도보가 필수적인 학문 16개 분야를 열거했는데 여기에 문자학을 뜻하는 '서書'가 들어 있다. 정초의 이 글을 알고 나서 필자가 일찍부터 실천해 온 도표 작성의 학술적 가치가 매우 오래전에 주목된 것임을 알게 되었다.

필자는 이 책을 저술하는 과정에서 한국인의 어문생활사 전반에 대한 연구의 필요성을 인식하였고, 조선시대에 생산된 한글 학습자료의 중요성을 재확인하였다. 한문자, 이두, 향찰, 구결, 훈민정음이 서로 겹쳐지는 다중적 문자 사용 환경에서 한국인의 어문생활이 영위되어 왔다. 이러한 흐름을 고려하여 한국인이 겪어 온 어문생활의 역사를 개괄하는 책을 쓰기로 마음먹었다. 이 책의 집필을 위한 예비 작업으로 필자가 지금까지 써 온 어문생활사 관련 논문과 새로 쓴 글들을 묶어서 『한글생활사 연구』(도서출판 역락, 2021)라는 이름의 단행본을 출간하였다. 이를 바탕으로 삼아 한국 어문생활의 역사를 집필하고 있다.

필자는 또한 훈민정음 반포 이후 20세기 초기에 이르는 장기간의 한글 학습자료를 모두 묶어서 연구할 필요가 있다고 생각해 왔다. 훈민정음 반포 이후부터 20세기 전기에 이르는 장기간의 세월 속에서 훈민정음이 어떻게 전 인민의 문자로 확산되어 갔는지 그 과정을 연구하고 싶었다. 이 연구로 나아가려면 이 문자를 배우기 위한 학습자료를 정리하여 이것이 갖는 역사적 의의를 파악하는 작업이 선행되어야 한다. 이에 대한 연구도 나의 후속 저술에서 이어질 것이다. 나에게 허여된 인생의 나머지 시간을 바쳐 한국 어문생활의 역사, 한글 학습자료에 대한 역사적 연구, 훈민정음의 교육과 확산, 한글 문해율의 역사적 전개에 관한 책을 집필할 계획이다. 한국연구재단의 지원은 필자가 그동안 진행해 온 연구를 종합하고 새로운 주제에 도전하는 것을 도운 셈이다.

훈민정음을 연구한 이 책이 비록 '백두현'의 이름으로 나오기는 하지만 대부분의 학술 저서가 그러하듯이 이 책은 그동안 축적된 여러 학자들의 연구에 힘입은 공동 저술이나 마찬가지이다. 필자는 훈민정음 연구를 진행하면서 이 책에 인용된 수많은 선행 연구의 도움을 받았다. 여기에 일일이 존함을 적을 수 없을 정도로 많은 학자들의 연구 논저가 있었기에 이 책을 쓸 수 있었다. 많은 교시와 가르침을 주신 선배 학자님과 동학 제위께 깊이 감사드린다.

종이책 출판이 점점 어려워져 대학 출판부가 문을 닫고 있는 오늘날의 상황에서 경북대학교출판부는 학술총서를 기획하여 교수들의 저서 출판을 북돋우고 있다. 학문 연구라는 대학 본연의 역할을 다하기 위해 학술총서 발간 사업을 지원한 경북대학교 홍원화 총장님의 결단에 존경의 뜻을 표한다. 또한 이 책이 경북대학교 학술총서의 번호를 달고 출판될 수 있도록 도와주신 정낙림 출판부장님께 감사드린다. 편집을 이끈 출판부 편집진의 노고에도 고마운 뜻을 전한다. 나의 연구를 보조해 행정 업무와 자료 정리 등을 도운 대학원생 김명주, 배은혜, 박시온에게 고마운 마음을 전한다. 훈민정음 강의 시간에 만난 학부생들은 내 강의를 들으면서 의미 있는 질문을 던져 앞으로의 가능성을 보여 주었다.

훈민정음에는 인류 보편적 가치인 민주성, 과학성, 철학성이 내재되어 있다. 인류가 지향하는 보편 가치가 훈민정음에 내재되어 있음을 인식하고 이 가치를 인류의 미래를 위한 세계적 자산으로 만들어 가려는 학문적 실천이 필요하다. 근본적이면서 장기 지속적인 연구 제도를 만들어 훈민정음의 미래 가치가 펼쳐질 수 있도록 해야 한다. 필자가 이 책의 종장에서 제안한 〈한글문화유산 데이터베이스〉 프로젝트가 국가적 차원에서 수행되기를 기원하며, 여기에 뜻을 가진 학자와 연구 단체들의 힘이 결집되기를 기대한다. 〈한글문화유산 데이터베이스〉는 한글문화가 쌓아 온 역량을 결집함으로써 머잖아 본격 작동할 인공지능과 한글을 결합시키는 매체 역할을 할 것이다. 그리하여 〈한글문화유산 데이터베이스〉는 미래 한국인의 문명 역량을 성숙시키는 발효소醱酵素이자 거푸집이 될 것이다. 한국의 미래 세대가 이 거푸집에서 무엇을 발효시켜 어떤 물건을 빚어 낼지는 아무도 모른다.

2023년 1월 9일

백두현 씀

목 차

제4부 훈민정음 창제의 사회문화적 접근

서장

관점의 설정과 연구 방법

이 책의 제목 '훈민정음의 문화중층론: 관점의 전환과 새로운 해석'에는 연구의 대상과 방법 그리고 연구 목표가 모두 표현되어 있다. 연구 대상인 '훈민정음'은 문헌 『훈민정음』 및 문자 훈민정음을 뜻한다. '문화중층론'은 필자가 제안한 문헌 연구 방법론이며, 이 책에 적용된 포괄적 연구 방법이다. '관점의 전환'은 훈민정음 연구의 시각을 바꾸어 보려는 뜻을 담고 있다. '새로운 해석'은 관점의 전환을 통해 얻어 낸 연구 목표이다. 이 책의 머리에 서장序章을 두어, 본서의 연구 방법에 해당하는 '문화중층론'과 '관점의 전환'에 대한 필자의 생각을 논술한다.

1. 문자에 대한 관점의 설정

훈민정음 연구를 위한 관점의 설정에 앞서서 말과 글 그리고 그 속에서 문자가 갖는 성격을 짚어 보기로 한다. 이 작업은 훈민정음을 새로운 관점에서 보려고 하는 필자의 연구가 어떤 학문적 관심에 기초하고 있는지 설명하기 위한 것이다.

1.1. 말과 글 그리고 문자

'문자'는 인류가 발명한 가장 위대한 도구임에도 불구하고, 20세기의 구조언어학과 생성언어학 등의 언어학 이론뿐 아니라 현상학, 해석학, 담화론 등의 인문학 담론에서 중심 자리를 차지한 적이 없었다. 인간의 당대적[1] 삶과 인간이 이룩한 문화의 통시적 전개에서 문자가 기여한 역할을 생각해 볼 때, 문자의 위상이 저평가된 것이라 할 수 있다.

문자에 대한 저평가는 문자가 말소리의 2차적 표상에 불과한 것이라는 인식에 기인한다. 이러한 인식은 그 역사가 매우 오래되었다. 『주역』「계사전」에 "글은 말을 다 담아내지 못하고, 말은 뜻[意]을 다 담아내지 못한다."[2]라는

---

1 '당대(當代)'는 "일이 있는 바로 그 시대"(표준국어대사전)라는 뜻이다.

2 "書不盡言 言不盡意"(주역 계사전 상 제12장). 공자는 이 문장에 이어서 "그렇다면 성인의 뜻을 알 수 없다는 것인가![然則聖人之意 其不可見乎]"라는 의문을 던지고 있다. 글과 말의 한계를 극복하기 위해 "성인(聖人)이 '상(象=시각적 이미지)'을 세워 그 뜻[意]을 다 드러냈고, '괘(卦)'를 베풀어 그 정(情=속마음)의 참과 거짓을 다하도록 했으며, (그 상과 괘에) 말(해설 글 繫辭)을 붙여 뜻을 다했고, (말로써) 변하고 통케 하여 이로움을 다했으며, 북과 춤(=음악과 무용)으로 그 신(神)을 다하게 했다."라고 공자는 덧붙여 설명했다. 「계사전」 상 제5장에는 음양으로 측량할 수 없는 것을 '신(神)'이라 했다. 글과 말의 한계를 보완하기 위해 성인이 상과 괘를 만들었고, 여기에 해설 글[繫辭]을 붙여 뜻을 변통케 하고 이로움을 베풀었으며, 이것으로도 다 드러내지 못하는 신성(神性)의 표현을 위해 춤과 음악을 두었다는 것이다. **'글〉말〉상(象)〉괘(卦)〉계**

함축적 문장이 있다. ‘뜻’과 ‘말’의 관계에서 말이 가진 한계점을 일찍부터 인식하고 있었음은 『노자』의 첫 문장 “도가도비상도道可道非常道”가 잘 보여 준다. 노자는 세상의 진실한 이치[道]는 말로 표현될 수 없다고 하였다. 노자의 이 문장은 역설적 말하기를 통해 말의 한계를 짚어 낸 것이다. 이런 반어적 수사법은 언어의 한계를 뛰어넘어 진리의 세계를 간파해 보려는 시도이다.

「계사전」의 ‘뜻’, ‘말(speech)’, ‘글(writing)’은 모두 사람이 갖춘 속성이거나 행위의 산물이다.[3] ‘뜻’, ‘말’, ‘글’은 오그던C. K. Ogden과 리차즈I. A. Richards의 기호 삼각형(semiotic triangle)[4]에 나온 ‘개념(reference)’, ‘기호(symbol)’, ‘지시물(referent)’ 간의 관계에 견주어 볼 수 있다. 퍼스C. S. Peirce의 기호론(semiosis)에서는 기호 삼각형의 구성 요소 명칭이 ‘해석체(interpretant)’, ‘표상체(representamen)’, ‘대상체(referent)’로 바뀌었고(안정오 2004), ‘기호’는 삼각형 구조 전체를 포괄하는 명칭으로 쓰였다.[5] 오그던과 리차즈의 기호 삼각

사(繫辭)〉고무(鼓舞)’라는 단계가 모두 천지 만물의 본성[道]을 드러내기 위한 방편임을 말한 것이다.

「계사전」 상 제12장 원문: 子曰, “書不盡言, 言不盡意.” 然則聖人之意其不可見乎? 子曰, “聖人立象以盡意, 設卦以盡情僞, 繫辭焉以盡其言, 變而通之以盡利, 鼓之舞之以盡神.” 乾坤, 其易之緼邪? 乾坤成列, 而易立乎其中矣, 乾坤毁, 則无以見易, 易不可見, 則乾坤或幾乎息矣. 是故形而上者謂之道, 形而下者謂之器, 化而裁之謂之變, 推而行之謂之通, 擧而錯之天下之民謂之事業. 是故夫象, 聖人有以見天下之賾, 而擬諸其形容, 象其物宜, 是故謂之象.

3 ‘뜻’, ‘말’, ‘글’은 모두 사람 의존적 존재이자 행위이다. 뜻을 발동하고, 말을 발화하며, 글을 쓰는 행위의 주체는 사람이다. 이 세 가지 행위는 사람을 가장 사람답게 만드는 것이기도 하다.

4 이 삼각형은 Ogden & Richards가 그렸고(1923), 한국의 의미론 개설서에 자주 실렸다. 기호(symbol), 개념 혹은 지시(thought or reference), 지시물(referent)이라는 삼자의 관계를 삼각형으로 표현하였다. 이 셋은 명칭(name), 의미(sense), 사물(thing)로 달리 부르기도 한다.

5

형에 쓰인 용어와 『주역』「계사전」의 '뜻', '말', '글'은 일대일로 대응하지 않는다. '말'과 '글'의 내포는 '기호'와 '개념'에 중첩되어 있고, '뜻'은 '개념'과도 관련된다. 기호론의 '기호'나 '표상체' 같은 용어와 '문자'(혹은 '글')의 의미가 어떻게 대응되는지는 말하기 어렵다.

사람은 말과 글로 자기 생각을 표현하고, 남의 생각을 이해한다. 마음으로 생각한 것을 말소리로 드러내고, 그것을 글로 써서 소통의 매체로 삼는다. 말의 의사소통 기능은 인간 집단 내의 사회적 관계를 형성한다. 글 또한 생각과 느낌과 정보와 지식을 전달하는 역할을 한다. 그러나 말과 글의 의사소통 기능이 완전치 않다는 것을 우리는 잘 알고 있다. 그래서 "필설로 형용할 수 없다."라고 한다. '필설筆舌'이 뜻하는 붓과 혀는 글과 말을 가리킨다. '형용形容'이란 생김새를 묘사하는 것이다. "글은 말을 다 담아내지 못하고, 말은 뜻을 다 담아내지 못한다."는 "필설로 형용할 수 없다."라는 문장을 약간 다르게 표현한 것일 뿐이다.

말의 한계가 이러할진대 말의 2차적 표현 혹은 종속적 존재로 보는 문자는 또 어떠한가? 이희승(1937: 1)은 "문자는 언어가 입은 의상"이며, "언어는 몸통이요, 문자는 옷"이라고 말하였다. 말소리가 언어의 1차적 본질이고, 문자는 말소리를 시각화하여 그것의 시공간적 제약을 극복하는 2차적 수단이라 여긴다. 문자는 말소리의 한계를 보완하는 수단이어서 언어의 본질을 보여 주는 것이 아니라고 생각한다. 문자가 없는 언어는 존재할 수 있지만, 말소리가 없으면 자연 언어로서 존립할 수 없다. 말소리가 언어의 본질을 구현하는 1차적 존재임은 부정할 수 없는 사실이다.

그러나 문자를 말에 종속된 2차적 존재로 간주하고 그 가치를 낮잡아 보는 것은 문제가 있다. 인간의 감각 기관으로 볼 때 말소리는 청각으로 인지되고, 문자는 시각으로 인지된다. 감각의 인식 작용에서 청각과 시각은 각각 차원을 달리하여 그 기능을 발휘한다. 특히 디지털 매체(Digital Medium)에서는 시각 이미지가 청각적 음파에 못지않은 더 중요한 역할을 한다. 디지털 시대에 이르러 시각 이미지의 하나인 문자는 과거 인류사에서 경험해 보지 못한 보편 매체로 작동하고 있다. 이러한 상황 변화에서 우리는 문자의 의미와 그 기능을 새롭게 인식할 필요가 있다.

1.2. 문자와 기호에 대한 관점의 변화

훈민정음[6]이란 문자에 대한 본격적 논의로 나아가기 위해, 문자와 기호에 대한 생각이 어떻게 변화해 왔는지를 먼저 살펴볼 필요가 있다. 프랑스 철학자 자크 데리다Jacques Derrida(1930~2004)는 『그라마톨로지에 관하여』[7]에서 말소리(logos)를 중심에 두고 문자를 부정적으로 보았던 여러 철학자와 문헌 텍스트에 관해 논하였다.[8] 『문자언어학』(크리스타 뒤르샤이트 지음/김종수 옮김: 22-24)에는 로고스 중심주의에서 말과 글에 대한 관점이 어떻게 변화해 왔는지 그 과정이 설명되어 있다.[9]

---

6 '훈민정음'이란 용어는 한국어를 표기하기 위한 문자체계를 지시하거나, 세종이 이 문자의 해설서로 편찬한 책을 가리키는 두 가지 뜻으로 쓰인다. 전자는 문자로서의 훈민정음이고, 후자는 문헌으로서의 『훈민정음』이다. 글의 맥락에 따라 필요한 경우, 전자를 '문자 훈민정음', 후자를 '문헌 『훈민정음』'이라 칭한다. 이 책에서 『 』 표기가 없는 '훈민정음'은 문자체계를 가리킨다. 또한 '훈민정음'이라고 쓸 때는 문자체계 및 책을 포괄하는 뜻으로 쓰기도 한다. 책으로서의 『훈민정음』은 해례본을 가리킨다. 해례본을 지시할 때는 『훈민정음』 혹은 『훈민정음』 해례본이라 표기하고, 언해본을 특정할 필요가 있을 때는 '훈민정음 언해본'으로 구별 표기한다. 지시대상이 자명한 문맥에서는 '훈민정음'을 빼고 '해례본' 혹은 '언해본'으로 쓴 경우도 적지 않다. 본서의 이름 『훈민정음의 문화중층론』에 '한글'이 아닌 '훈민정음'이란 용어를 쓴 까닭은 이 책에서 다루는 세부 주제의 대부분이 '한글'이란 용어가 만들어지기 이전인 세종시대와 관련된 것이기 때문이다. 한국 문자를 가리키는 명칭어 사용에 있어서 '훈민정음'(=정음), '언문', '국문', '한글'을 시대적 맥락과 사용 문맥에 따라 적절하게 섞어 쓸 것이다.

7 '그라마톨로지(Grammatology)'는 '문자학'으로 번역한다.

8 이하 데리다에 관련된 인용은 안정오(2016)를 참고한 것이다.

9 문자에 대한 이하 진술은 『문자언어학』(크리스타 뒤르샤이트 지음/김종수 옮김, 유로, 2007) 및 안정오(2016)를 참고하여 필자의 관점에서 풀어 쓴 것이다.

문자에 대한 부정적 비판자 중 대표적인 인물은 플라톤이다. 플라톤은 『파이드로스(*Phaidros*)』에서 소크라테스의 말을 인용하는 형식으로, 토트[10]가 발명한 문자를 비판하였다.[11] 소크라테스는 문자로 쓰는 것은 기억을 용이하게 하지만 사람들이 자신의 기억력을 사용하지 못하도록 가로막는다고 주장하였다. 소크라테스가 말하기를, 글말[12] 텍스트는 독자의 질문에 아무런 답변을 주지 못하며, 그림과 마찬가지로 문자 텍스트 역시 아무런 말을 하지 못하는 존재라고 했다. 그는 또한 문자 텍스트가 완성되고 나면, 쓰인 것은 글쓴이와 분리되고 독립적인 것이 되어 글쓴이는 텍스트에 관해 아무런 조종을 하지 못한다고 하면서, 누구나 이 텍스트를 이용할 수 있지만 오용誤用될 수 있다고 하였다.

소크라테스의 입을 빌린 플라톤의 문자 비판은 문자에 대한 경고가 아니라 오히려 문자의 유용함을 주장한 것일 수 있다. 진리에 도달하는 길은 말소리를 통한 대화에 있음을 강조하기 위해, 소크라테스는 문자를 부정적 존재로 간주한 점도 있다. 소크라테스는 문자가 아니라 대화에 의해 참된 진리를 깨칠 수 있음을 말하려고 한 것이다.

한편 아리스토텔레스는 "목소리에 의해 발산된 음성은 영혼의 상태를 반영하는 상징이다. 그리고 문자는 목소리에 의하여 나온 말의 상징이다."라

---

10 토트(Thoth, Tho)는 고대 이집트 신화에 등장하는 중요한 신으로서, 지식과 과학, 언어, 서기(書記), 시간을 관장한다. 고대 이집트의 성각문자(히에로글리프)를 발명하여 사람에게 준 신이며, 프톨레마이오스 왕조에서 토트는 헤르메스와 함께 도서관의 수호신이었다. '토트'는 책에 따라 '테우트(Teuth)', '토이트' 등 표기가 일정치 않다.

11 플라톤은 『파이드로스』에서 문자를 만든 신 토트와 타무스 왕이 나눈 대화를 인용하고 있다. 토트가 문자는 이집트인을 지혜롭게 해 준다고 하자, 타무스 왕은 사람들이 문자에 의존함으로써 기억력이 약화된다고 비판하였다(안정오 2016: 113-114). 문자에 대한 긍정적 태도와 부정적 태도를 보여 주는 가장 오래된 기록이다.

12 '글'이란 낱말에는 문장이나 발화(=담화) 텍스트라는 확장적 의미가 함의되어 있다. '글'에는 글의 구성 요소인 '문자'가 내포되어 있다. 문자는 글말(=글)을 이루는 더 작은 단위이다.

고 하였다. 음성(말소리)을 상징하며 보완해 주는 존재가 문자라는 것이다. 음성은 인간 영혼을 반영하고, 문자는 그것을 상징 기호로 표현해 낸 것이라고 본 점은 문자의 기능을 긍정적 관점에서 본 것이라 하겠다.

20세기 초기의 문자 비판은 언어학자 페르디낭 드 소쉬르Ferdinand de Saussure(1857~1913)[13]에 의해 더욱 뚜렷해지면서 문자의 대척점에 자리한 음성언어로 연구의 중심이 옮겨 갔다. 소쉬르는 말해진 것과 쓰인 것은 얼굴과 사진 같은 관계에 있으며, 후자는 전자를 다만 모사模寫할 따름이라고 하였다. 문자는 음성의 외면적 표상에 지나지 않으며, 문자의 존재 이유는 음성언어를 표상함에 있다고 하였다. 문자 기호에 의해 표상되는 것은 생각이 아니라 소리이고, 언어는 문자 없이도 존재할 수 있음을 강조했다.[14] 그리하여 언어학의 유일한 대상은 입으로 말한 언어(음성언어)라고 하였다. 소쉬르의 이러한 생각은 미국 구조언어학의 개척자 레너드 블룸필드Leonard Bloomfield(1887~1949)에게 수용되어, "문자란 단지 시각적인 표지에 의해 언어를 기록하는 방식"이라는 정의로 이어졌다.

언어 연구에 있어서 문자(글말)를 말소리(입말)와 비교하여 각각의 본질을 고찰하는 작업은 필요하다. 입말이 글말에 비해 언어의 본질을 더 잘 반영한 것이며 더 중요하다는 생각은 당연하고 자연스러운 것이다. 그러나 말소리의 시각적 표현인 글말이 입말과 구별되는 독특한 성격과 기능을 지니고 있음[15]도 중시되어야 한다.

---

13 소쉬르의 대표 저작은 그가 세상을 떠난 후 제자들의 강의 노트를 바탕으로 1916년에 출판한 『일반언어학 강의(*Cours de linguistique générale*)』이다.

14 루소에 따르면, 말은 사고를 직접 대변하는 것이며, 문자는 "사고의 간접적인 대변일 따름"이다. 데리다는 문자에 관한 역사적인 개관에서 문자를 단지 '말의 보완물'로 파악한 장 자크 루소, 헤르만 파울, 소쉬르 등의 견해를 비교 검토하였다(안정오 2016).

15 인간의 언어생활은 크게 보아 글생활(=문자생활)과 말생활로 나눌 수 있다. 글생활은 문자(letter)를 매체로 한 시각적 언어활동에 의해 이루어지며, 이것은 다시 읽기(reading)과 쓰기(writing)로 나누어진다. 말생활은 음성(voice, speech sound)을

이하의 글말에 대한 관점의 변화는 『문자언어학』(크리스타 뒤르샤이트 지음/김종수 옮김: 22-35)의 설명을 참고한 것이다. 『문자언어학』 제1장에서 입말과 글말의 공통점과 차이점을 논하였다. 크리스타 뒤르샤이트는 입말의 구어성口語性과 글말의 문어성文語性 간의 관계에 대한 학설을 의존가설과 독립가설로 나누고 그 타당성을 논했다. 소쉬르와 블룸필드의 생각이 의존가설에 해당한다. 문자는 입말에 의존하고 있다는 이 같은 생각이 언어학계의 압도적 주류를 이루어 왔다. 그러나 의존가설을 비판하는 주장도 꾸준히 이어져 왔다. 폴란드 태생의 러시아 언어학자 쿠르트네Courtenay와 독일 언어학자 가벨렌츠Gabelentz는 19세기를 지배했던 글말 경시 풍조에 반대했으며, 20세기 초기의 체코 언어학자 요제프 바첵Josef Vachek은 「글말의 문제에 관하여」라는 글에서, 문자를 언어의 독자적이고 기능적인 실현 형태라고 하면서 입말과 별도로 연구해야 한다고 주장했다. 1927년에 창립된 프라그학파에서도 문자에 대한 입말의 우위를 도그마적으로 생각해 온 견해를 비판하였다.[16]

20세기 후반에 문자에 대한 사고의 전환이 일어났고, 문자는 입말에 구속된 것이 아니라 상대적 자율성을 가진 것이라고 보는 관점이 확산되어 갔다. 이에 따라 적지 않은 학자들이 글말을 연구 대상으로 삼아 언어 연구를 위한 이론 탐색을 시도했다.[17] 플로리안 쿨마스Florian Coulmas의 저서 『문자

매체로 한 조음 활동과 청취 활동에 의해 이루어지며, 이것은 다시 말하기(speaking)와 듣기(hearing)로 나누어진다.

16 이와 다른 관점에서 문자체계와 표기법이 사람들의 말소리에 영향을 미친다고 본 강창석의 견해는 우리의 관심을 끈다. 강창석(1992: 120)은 훈민정음 문자체계에 반영된 15세기의 음운 이론이 현대까지도 지속되고 있음을 지적하면서, 이는 후대 학자들의 노력에 의한 것이 아니라 훈민정음이란 문자체계와 표기법이 음(音)에 대한 사용자의 사고방식에 지대한 영향을 미치고 있기 때문이라고 하였다.

17 1981년 독일의 바트 홈부르크에서 〈글말 연구그룹〉이 창립되었다. 1985년 프라이부르크대학에서 〈입말과 글말의 경계와 긴장 영역〉이라는 연구 분과가 만들어졌고, 1994년 독일언어학회의 정기 학술 대회에서 '언어와 문자'를 주제로 집중적 연구

에 관하여』는 문자의 자율성을 뒷받침하는 논거를 제시하였다. 쿨마스는 문자가 말의 모사模寫 기능을 넘어서서 고유 특질을 지니고 있음을 강조하였다. 대부분의 언어학자들이 언어학의 중심적 연구 대상이 입말이라고 보고 있으나, 실제 연구를 행할 때는 문자 자료에 의존하게 되는 역설(irony)을 지적했다. 입말 연구를 강조하면서도 실제 연구에서는 글말 자료를 대상으로 문법적 분석을 행해 왔다는 것이다.

언어 연구의 이런 현실에 대해 하르트무트 귄터Hartmut Günther(1988)는 "우리 세기의 언어 연구자에게 전형적인 것은, 한편으로는 입말만을 연구 대상이라 여기는 것과 다른 한편으로는 근본적으로 글말 자료나 문자화된 자료의 분석에 기반하고 있다는 점이다."라고 모순적 연구 태도를 지적한 바 있다. 언어학은 한편으로는 말 중심적이고 다른 한편으로는 글자 중심적인데, 문법 기술의 실제 주역은 글말이라는 것이다. 크리스타 뒤르샤이트는 여러 학자들의 주장을 인용하며 언어학사의 전개에서 입말이 언어의 근본이고, 문자는 입말에 종속된 것으로 보았던 로고스 중심주의를 비판적으로 고찰하였다. 그는 입말을 중시하는 로고스 중심주의와 글말을 중시하는 문자주의의 실체를 정확히 이해하고, 각자의 연구 주제에 알맞은 연구 방법을 찾아야 한다고 주장했다.

크리스타 뒤르샤이트(김종수 옮김 2007: 69-85)는 구어성과 문어성을 구별하기 위한 코흐Koch와 볼프 외스터라이히Oesterreicher의 방법론을 인용하고,[18] 엽서와 학술 강연 등의 예를 들어 구어성과 문어성의 정도를 여러 단계로 나

발표가 이루어졌다. 관련된 연구 성과를 오토 루드비히와 하르트무트 귄터가 1994년과 1996년에 두 권의 책으로 출판했다(『문자언어학』 21-22쪽에서 인용함). 원전: Günther, Hartmut/Ludwig, Otto (Hrsg.) (1994) und (1996): Schrift und Schriftlichkeit. Ein interdisziplinäres Handbuch internationaler Forschung. 2 Bde. Berlirn/New York: de Gruyter.

18 두 사람이 공동으로 쓴 「문자성과 언어」(1994)라는 논문을 인용하여 설명해 놓았다.

누어 논하였다.[19] 크리스타 뒤르샤이트(김종수 옮김 2007: 85-99)는 옹W. Ong(1982) 등의 연구를 인용하여 문자성(Literalität)[20]과 구술성의 정도를 평가하고 양자의 구별 방법을 깊이 연구했다. 이런 연구를 통해 그는 입말은 매체적 구어성과 구술성을 가지고, 글말은 매체적 문어성과 문자성을 지닌 것으로 요약했다. 독일을 중심으로 전개된 글말 연구 방법론의 심화를 통해 문자와 글의 위상이 강화되었고, 의존가설을 벗어나 독립가설의 비중이 높아지는 연구 경향의 변화가 일어났음을 알 수 있다.

음성언어가 개념과 사고를 표현하거나 전달하듯이, 음성언어를 기호화한 문자언어도 동일한 기능을 수행한다. 음성언어가 개념적 실체를 직접 지시하는 기호라면 문자언어는 개념을 간접 지시하는 특성을 가진다. 그러나 문자언어의 사용에 익숙해진 문명사회에서는 문자언어가 개념을 직접 지시하는 일차적 상징이 된다(석주연 2010: 201-202). 문자언어의 일차적 상징으로의 전환은 개인의 음성언어 습득과 문자언어 습득의 과정에도 적용된다.

여기서 말소리를 가장 정밀하게 기호화한 국제음성기호(IPA, International Phonetic Alphabet)의 문자론적 의미를 생각해 보자. IPA의 생성 배경은 다음과 같이 정리된다. 트루베츠코이Trubetzkoy를 핵심으로 한 프라그학파[21]

---

19 구어와 문어 즉 입말과 글말이 가진 속성을 구어성과 문어성이라 부른다. 구어성과 문어성의 두 차원을 명백히 구분하기 위해 '매체적(medial)' 및 '구상적(konzeptionell)'이란 관형어를 첨가하여, 입말 매체에서 실현되는지, 글말 매체에서 실현되는지에 따라 나누었다. 크리스타 뒤르샤이트는 엽서, 학술 강연 등의 매체에 따라 구어성과 문어성이 달라지는 차이에 주목하고 이를 체계적으로 정리했다. 그의 말을 빌리면 엽서 쓰기는 비록 매체적으로 문어적이나 구상적으로 구어적인 것이 될 수 있고, 학술 강연은 매체적으로 구어적이나 구상적으로 문어적인 것이라 했다(70쪽).

20 문자성이란 글을 읽고 쓸 수 있는 능력을 뜻한다. 이 능력을 배운 사람은 문자 해독이 가능한 사람이다(87쪽).

21 프라그 언어학회(Cercle Linguistique de Prague)는 1926년 마테지우스(V. Mathesius), 트른카(B. Trunka), 카르체프스키(S. Karcevskij), 트루베츠코이(N. Trubetzkoy), 야콥슨(R. Jakobson) 등의 참여로 이루어졌다. 프라그학파는 1928년 헤이그에서 열린 제1차 국제 언어학자 대회에서 처음 알려졌다.

의 음운론 연구는 말소리를 구성하는 최소 단위인 음소를 세우고, 음소 간의 대립관계가 형성하는 음운체계를 설정함으로써 체계와 구조 개념을 완성하여 구조언어학의 이론 모델을 만들었다. 음운체계를 설정하려면 체계적 음성 분석이 선행되어야 하고, 음성 분석 작업에는 음성을 표상하는 부호가 필요했다. 언어학 밖의 국제 정치의 변화도 IPA의 생성에 영향을 미쳤다. 19세기 이후 서구 열강들의 경쟁적인 식민지 확대 정책에 따라 식민지에서 사용되는 언어들의 음성을 채록하고 연구할 필요가 생겨났다. 또한 식민 정책의 필요에 따라 지구 곳곳에 사는 다양한 종족의 문화를 연구하는 인류학이 발달했다.[22] 이와 함께 식민지의 여러 종족들이 사용하는 언어를 채록하고 연구하기 위해 음성학과 기술언어학記述言語學의 방법론이 발전하였다. 과학적 음성 연구를 위해 국제음성학협회가 창설되었고, 음성 채록을 위한 표준안인 국제음성기호가 제정되었다. 정밀한 국제음성기호는 말소리를 공시적으로 연구하는 중요한 도구가 되었다. 1888년에 처음 제정하여 여러 번 수정을 거듭해 온 국제음성기호는 유럽의 식민지 경영과 관련되어 있다.

그런데 국제음성기호 역시 문자의 일종이다. 국제음성기호는 라틴문자를 바탕으로 말소리를 보다 정밀 전사轉寫하기 위해 만든 문자의 하나이다. 음성기호는 음파 분석에서도 이용된다. 음파 분석기를 이용한 음향음성학이 발달하였고, 이 기술이 컴퓨터와 결합하여 오늘날은 스펙트로그램과 같은 파형 분석을 통해 음성의 물리적 실체를 시각적으로 드러낼 수 있게 되었다. 그러나 파형 분석의 결과를 음성 단위로 표시할 때는 연속체로 존재하는 파형을 분절하여 각 단위에 음성기호를 할당한다. 음성의 고저나 억양 등 초분절음소를 파형 분석을 통해서 관찰할 수 있으나 이것을 형식화시켜 표기하는 단계에서 여전히 음성기호가 필요하다. 최첨단의 말소리 연구에

22 다윈의 진화론도 서구의 식민지 경영과 밀접히 관련되어 발생한 것이었다.

서조차 말소리를 부호화한 문자를 이용한다. 말소리를 디지털화할 때도 음성을 컴퓨터 언어(1과 0의 다중 조합)로 상징화된 부호로 표시한다.

단어에 관한 형태론적 연구나 문장 구조에 관한 통사론적 연구는 문자로 표기된 글말을 연구 대상으로 삼고 있다. 이 글말이 비록 입말에 기반한 것이라 하더라도 문자를 완전히 벗어난 언어 연구는 사실상 불가능하다고 하지 않을 수 없다. 언어 연구자의 논문이 언어에 기반한 문자로 표현되는 한 이런 상황을 바꾸는 것은 불가능하다. 여기서 우리는 문자의 위상을 새롭게 인식하고, 문자를 연구하기 위한 새로운 관점이 필요함을 이해하게 된다.

1.3. 언어 행위의 본질과 문자의 성격

크리스타 뒤르샤이트(김종수 옮김 2007: 89-91)는 문자성文字性의 본질을 논하면서, 문자 해독이 가능한 인간은 '문자의 안경'을 통해서 언어를 사용하며, 글쓰기라는 행위가 인간의 의식을 바꾸어 놓았다는 옹Ong(1987: 80)의 견해를 받아들였다. 크리스타 뒤르샤이트는 "우리 사회에 뿌리 깊게 형성된 문자는 언어를 다루는 방식과 언어에 대한 우리의 생각뿐만 아니라 우리의 의식도 지배한다."라고 하였다. 그는 문자쓰기 행위가 언어에 대한 인간의 시각을 바꾼 세 가지 예[23]를 들면서 문자의 위상을 새롭게 보아야 한다고 주장했다.

언어는 본질적으로 인간 의존적이다. 언어의 모습을 구체적으로 드러나게 하는 말소리는 인간을 떠나서 생성될 수도 없고 지속될 수도 없다. 언어

---

23 이 세 가지는 다음과 같다. 첫째, 많은 사람들이 자신이 쓰는 대로 말할 것이라고 생각한다는 점이다. 써 놓은 철자에 따라 말하는 것 즉 말이 철자를 모사한다는 점이다. 둘째, 우리가 쓰는 낱말과 문장의 뜻은 쓰여진 문자를 통해서 시각화된다는 점이다. 쓰여진 문자의 모양과 자간 공백 등을 통해 낱말과 문장의 개념을 인지한다. 셋째, 문자로 기록된 정교한 표현이 입말의 척도로 받아들여진다는 점이다. '완전한 문장으로' 말하기를 훈련시키는 교육에서 이 점이 드러난다.

는 또한 사회 의존적이다. 인간은 사회적 동물이기 때문에 인간에 의존하는 언어 역시 사회 의존적 속성을 지니게 된다. 사회집단의 특성과 공동체의 인간관계가 언어에 반영되는 것은 언어가 사회 의존적이기 때문이다. 언어의 사회성은 이로부터 나온다.

언어의 사회성은 음성언어와 문자언어에 함의된 이데올로기를 형성하는 바탕이다. 언어는 단순히 소통의 도구가 아니라 특정한 사회 공동체 혹은 문화 공동체 속에서 담론을 매개하는 존재이다. 문자는 본질적으로 가치 중립적이지만 사용 주체 및 사용 목적과 관련되면서 계급적 이데올로기로 기능한다(이상혁 2008: 63). 언어와 문자에 대한 이러한 관점은 연구 방법론의 측면에서 언어구조 분석에 치중하는 구조주의 이론과 현저히 다른 특성을 가진다.

언어는 또한 시공時空 의존적이다. 언어는 시간과 공간 속에서 실현될 수 있다. 언어가 지닌 이 속성에 의해 언어에 역사성이 배태되고, 공간에 따라 달라지는 언어의 공간적 변이성이 생성된다. 시대에 따라 언어가 변화하고, 지역에 따라 언어가 다르며 한 지역 안에서도 방언 차이가 생겨나는 것은 언어가 시공 의존적 성격을 갖기 때문이다.

물리학에서 우주는 물질과 시간과 공간으로 이루어져 있다고 본다. 우주 속에서 일어나는 일체의 움직임이 사건(event)이다. 사건은 시간 차원과 공간 차원을 갖는다. 사건은 시간과 공간 속에서 일어나는 행위이며, 그 결과가 물질로 구현되기도 한다. 물질은 시간과 공간 속에 존재하며 입체성을 띤다. 물질은 삼차원 공간에서 위치를 점유하는 존재이고, 사건은 물질이 일으키는 사차원적 표현이다(박문호 2008: 46). 언어가 음성언어 즉 음파로 실현될 때, 조음기관의 생리적 에너지가 공기 파동이라는 물질적 존재로 전환된다. 이것은 에너지의 존재 양식과 존재 차원이 달라지는 과정이다. 이러한 차원 전환의 국면에서 인간이 말하는 행위는 하나의 사건이 된다. 언어 행위라는 사건은 음파라는 물질적 존재가 층위를 달리하여 실현된 것이다. 이러한 존재 층위의 전환 과정에서 언어 행위는 물질이면서 동시에 사건의 속성을 가진다. 사건은 에너지 작용이다. 발성기관 등 인간 신체의 움직임에 의해 생성된 음성은 인체의 운동 에너지가 음파로 물질화된 것이다.

문자는 물질화된 음성언어를 시각적 존재로 전환한 것이다. 음성언어를 시각화한 문자언어는 인간의 정신적 사고에 의한 지적 성취의 결과를 기록하고 보존함으로써 인류 문명 발전의 매체가 되어 왔다. 문자는 문명 안에서만 존재하고, 문명은 문자 없이는 존재할 수 없다(겔브 지음/연규동 옮김 2013: 259). 1920년대에 독일에서 발행된 잡지 『낱말과 사물(*Wörter und Sachen*)』에 나타난 언어관은 역사 속에 존재하는 언어가 문화를 융합하고 있다고 본다. 예컨대 메링거R. Meringer는 "언어사는 문화사이다."라고 하였고 이 말이 이 잡지의 강령이었다(게르하르트 헬비히 지음/임환재 옮김 1984: 35). 메링거의 이 말은 문자를 통한 문화 연구와 직결된다. 인간 문화의 역사는 문자 텍스트에 담겨 있기 때문이다.

바이스게르버L. Weisgerber는 언어생활을 네 층위로 나누었다.[24] 그 두 번째가 언어 공동체의 문화 자원으로서의 언어이다. 문자 역시 사용 집단 공동체의 문화 자원임은 말할 나위가 없다. 바이스게르버는 언어와 문자를 문화 자원으로 본 것이다. 이희승(1937: 1)은 "훌륭한 문자가 생겼다는 것은 그 문자의 임자 되는 민중의 문화가 고도로 발달되었다는 것을 표시하는 것"이며, 문자는 "문화를 재는 척도"라고 하였다. 문자에 융합된 문화적 속성을 포착한 말이다.

역사가 오래된 문자일수록 문자에 중층적으로 녹아든 문화 요소가 다양하고 풍부하다. 특히 고대로부터 지금까지 꾸준히 사용되어 온 문자에는 그

24 네 층위는 다음과 같다. 인간의 언어능력으로서의 언어, 언어 공동체의 문화 자원으로서의 언어, 개인 소유의 언어능력으로서의 언어, 언어 수단의 사용 형식으로서의 언어(게르하르트 헬비히 지음/임환재 옮김 1984: 155).

문자를 사용해 온 민족과 국가의 다양한 역사와 문화 요소가 내포되어 있다. 기원전 10세기 이전의 갑골문자에 연원을 둔 한자漢字에는 중층적으로 용융溶融된 문화 요소가 풍부하고 다양하다. 『설문해자』 이래 많은 학자들이 개별 한자의 자형 변화와 여기에 담긴 온갖 이야기들을 풀어내려 했다.[25] 이집트의 고대문자, 페니키아 지역의 히타이트문자, 멕시코를 중심으로 한 중미 지역의 마야문자 등 세계의 고대문자는 인간 문화 연구를 위한 화석이자 광맥이다. 문자에는 과거의 인간이 누렸던 생활문화, 사고방식, 지식과 지혜가 녹아 있다. 훈민정음도 이와 같다.

2. 훈민정음 연구를 위한 관점 전환의 필요성

2.1. 관점 전환의 필요성

앞 절에서 문자에 대한 관점의 변화를 길게 서술한 것은 훈민정음에 대한 관점의 전환을 말하기 위함이다. 한자와 이집트의 성각문자는 위대한 문명의 문자이다. 훈민정음은 인류가 이룩한 보편 가치(민주성·과학성·철학성)를 갖고 태어난 문자이며, 새로운 보편 가치를 만들어 내는 매체가 될 수 있다. 이런 점에서 문화론의 관점으로 훈민정음을 새롭게 볼 필요가 있다.

필자는 기존에 이루어진 실증적 연구의 성과를 바탕으로 삼고, 몇 가지 새로운 관점을 세워 훈민정음 연구를 행한 바 있다. 『훈민정음』 해례본의 텍

---

25 하영삼의 『한자어원사전』(도서출판3, 2014)은 한국인 학자로서 한자의 역사와 문화를 연구한 결과물이라는 점에서 주목되는 업적이다. 그런데 지금까지 문화에 초점을 둔 한국어 사전이 나온 적은 없다. 이러한 사전의 편찬은 학문 융합적 안목과 협동 작업이 필요한 과제이다.

스트 구조를 개념 구조도라는 관점에서 분석하여 계층적 위계 구조를 그려냈고(백두현 2009a), 융합성의 관점에서 훈민정음의 제자론을 통합적으로 해석하였다(백두현 2012). 비판적 관점에서 훈민정음의 제자론을 깊숙이 들여다보았으며(백두현 2014), 보편적 가치의 관점에서 훈민정음에 내재된 속성을 민주성·과학성·철학성으로 해석한 바 있다(백두현 2016). 이러한 연구 태도를 견지하여 이 책의 이름에 '관점의 전환과 새로운 해석'을 내세운 것이다.

'관점'이란 "사물이나 현상을 관찰할 때, 그 사람이 보고 생각하는 태도나 방향 또는 처지"라고 정의된다(표준국어대사전). 관점은 사물과 현상에 대한 견해를 규정하는 사고의 출발점이다.[26] 양자 물리학에서 물질의 존재는 관측자의 개입으로 현현顯現한다. 어떤 대상이든 그것을 보는 사람의 생각과 태도에 따라 다르게 묘사되거나 해석될 수 있다. 자연계에 존재하는 온갖 사물은 물론 인간이 창조한 예술 작품과 도구도 마찬가지다. 그것을 대하는 사람의 태도와 사고방식에 따라 개별적 사물·작품·도구 등이 갖는 의미가 다양하게 변이될 수 있다. 특히 인간이 만들어 낸 창조물에 대한 해석은 사람마다 차이가 크고, 시대의 흐름에 따라 가치 평가의 진폭이 달라지는 경우가 적지 않다. 이러한 차이는 곧 관찰자의 관점 차이에서 비롯된 것이라 해도 과언이 아니다.

『훈민정음』 해례본은 한국학뿐 아니라 세계 문화사 차원의 고전古典(Classic)이다. 고전이란 시대에 따라, 사람에 따라, 관점에 따라 다양한 해석이 가능한 존재이다. 『훈민정음』이 유네스코 세계기록유산으로 등재된 것은 이 책이 세계적 차원의 고전임을 공인받은 것이다. 세계적 기록유산이자 '고전'으로 공인받은 『훈민정음』은 새로운 학문적 접근을 위해 항상 열려 있

---

26 신영복 선생은 『강의』에서 "처지가 관점을 정하고, 관점이 생각을 결정한다."라고 요약한 바 있다. 「핑크대왕 퍼시(Percy the Pink)」는 관점이 곧 세상을 보는 안경임을 말한 우화이다(김기봉 2009: 113-114).

다. 고전 텍스트에 대한 해석은 연구자의 태도, 가치관, 연구 방법에 따라 달라진다. 다시 말해 '고전'은 사람에 따라, 시대에 따라, 사회적 처지 혹은 지역에 따라 다양한 해석이 가능한 텍스트이다.

15세기에 세종이 창제한 훈민정음과 집현전의 여덟 학자가 세종과 함께 지은 『훈민정음』 해례본은 '문자체계로서의 훈민정음'과 '문헌으로서의 『훈민정음』'을 아우른다. 훈민정음 관련 선행 연구는 대부분 실증과 고증의 방법으로 이루어졌다. 해례본과 언해본에 관련된 역사적 사실, 문자의 생성 원리와 소멸에 관한 연구, 문헌학적 연구 등이 실증적(=고증적) 연구[27]에 해당한다.

실증적 연구를 통해 밝혀낸 '사실'이 학문적 차원에서 어떤 의미가 있고, 당대의 사회 현실에 어떻게 작용하였으며, 오늘날 현대인의 삶에 어떤 영향을 미쳤는지, 그 사실이 가진 역사적 의미와 가치를 규명하는 작업으로 나아가는 연구가 필요하다. 차자借字표기법의 발달 과정에서 나온 훈독법訓讀法 연구(백두현 2020)의 예를 들어 보자. 훈독법이 고대의 어느 자료에서 어떤 낱말의 표기로부터 생성되었는지를 밝히는 것은 고증적 연구에 해당한다. 이런 기초 연구는 '사실'을 밝혀내는 작업이다. 훈독법이 생성된 시기와 관련 자료를 밝혀낸다면, 그 결과를 바탕으로 더 넓은 관점에서 훈독법의 의의를 밝히는 연구로 나아갈 수 있다. 훈독법의 생성이 문자생활사의 전개에 어떻게 작용하였는지, 훈독법이 우리말 표기와 각종 문헌 기록에 어떤 영향을 미쳤는지, 한자를 빌려 쓴 일본·베트남에서 이루어진 훈독법과의 연관성을 찾을 수 있는지 등의 연구 문제를 설정하고 더 깊은 연구로 나아갈 수 있다. 이

---

27 중국 청대에 발달한 고증학은 실증적 연구의 동양판이라 할 수 있다. 실사구시(實事求是)와 무징불신(無徵不信)을 내세운 청대(淸代) 고증학은 연구 방법의 엄밀화를 통해 높은 수준의 학문적 성취를 이루어 냈다. 고증학은 조선 후기의 실학에 영향을 미쳤으며, 추사 김정희의 금석학도 이와 관련되어 있다. 청대 고증학은 실증주의적 경향으로 과도하게 기울어져 보다 넓은 관점의 이론으로 나아가지 못하고 학문적 도구에 그쳤다는 비판을 받기도 하였다.

런 연구는 실증적 연구와 해석학적 연구를 겸하게 된다.

훈민정음에 대한 선행 연구는 실증적 방법을 중심으로 그동안 많은 성과를 쌓아 왔다. 훈민정음 연구를 통해 이루어진 사실의 발견과 문헌 고증적 연구를 바탕으로 삼아, 더 넓은 관점에서 행하는 해석학적[28] 연구가 필요하다. 새로운 관점에서 훈민정음에 대한 연구 문제를 설정하고, 해석의 방법을 모색하는 연구가 필요하다. 고증에 입각한 실증적 연구는 여전히 필요한 것이고, 새로운 관점을 세워 훈민정음을 해석하려는 노력도 병행되어야 한다.[29]

2.2. 훈민정음에 문화중층론을 적용하려는 까닭

이 책은 문헌 『훈민정음』과 문자 훈민정음에 내재된 다양한 특성을 '문화중층론적 관점'에서 논구하여 그 실체를 밝히고, 그것이 지닌 의미를 해석하기 위한 것이다. 문화중층론은 한글 문헌을 보다 넓은 시야에서 연구하기 위해 필자가 제안한 연구 방법론이다. 이 방법은 한글 문헌의 출발점이자 핵심 구성 요소인 문자 훈민정음과 책 『훈민정음』에 모두 적용될 수 있다. 훈민정음에 문화중층론이라는 연구 방법론을 적용하려는 까닭은 다음 몇 가

28 김민수(1964/1977a: 410)는 「고전해석학의 방법」이란 글에서 해석학의 의의를 다음과 같은 요지로 서술한 바 있다. "해석은 고전의 모든 것을 현대의 언어와 문물제도로써 이해하기에 맞도록 하는 것이다. 고전을 비판·감상하고 유산으로서 정리하여 민족문화의 전통과 발전에 대한 인식을 깊게 하는 방법이 해석이다. 고전 해석의 힘은 한 작품을 해부하고, 문헌학적으로 고증하여 사적 위치를 결정하고, 또 그 시대 사상의 조류를 찾는 데 더 큰 의의가 있다."(필자가 요약 정리한 것임). 김민수 선생은 1948년 2월에 이 글의 초고를 쓰고, 1955년 1월에 다시 수정하여 발표했으며, 『신국어학사』(일조각, 1977)에 재수록하였다. 고전 해석학의 중요성을 인식하고 해방 직후부터 이에 관한 글을 쓴 것이다. 필자가 본 장에서 말하는 '해석'은 여기서 한 걸음 더 나아가 보려는 뜻을 품고 있다.

29 노마 히데키의 저서 『한글의 탄생』(2011)은 이러한 요청에 부응한 것이라 할 수 있다. 언어학과 문자학에 대한 높은 식견을 바탕으로 훈민정음을 새롭게 해석한 노마 히데키의 연구는 국내외 학계의 큰 관심을 끌었다.

지로 나누어 말할 수 있다.

첫째, 훈민정음이란 문자체계에는 창제 당시에 성취된 다양한 학문론이 융합되어 있다. 중국에서 받아들인 성운학, 문자학, 성리학의 역리론이 훈민정음의 제자론에 영향을 미쳤다. 또한 훈민정음에는 한자를 수용하여 고대 한반도의 언어를 표기해 온 차자법의 원리와 경험이 녹아들어 있다. 다양한 학문 이론과 차자법 경험이 융합된 훈민정음의 속 구조와 그 의미를 밝히기 위해서 이론 통합적 성격을 띤 문화중층론의 방법론을 적용하려는 것이다.

둘째, 훈민정음이란 문자체계에는 인류가 지향해 온 보편적 가치(민주성·과학성·철학성)가 내재되어 있다. 훈민정음에 내재된 보편적 가치를 논구하기 위해서는 새로운 연구 방법론이 필요하다. 보편적 가치의 관점에서 훈민정음을 이해하려는 시도는 훈민정음에 대한 새로운 담론談論을 만드는 것이다. 담론이란 무엇인가? 담론은 하나의 대상을 이해하기 위한 언어적 사고의 틀이다. 보편적 가치의 관점에서 훈민정음을 고찰하는 것은 훈민정음에 대한 새로운 담론을 구성하고 해석을 찾는 일이다.

셋째, 『훈민정음』 해례본과 언해본에는 15세기 중엽 조선어의 언어 현상과 당시의 학술·문화 요소는 물론, 이를 둘러싼 사회문화 요소가 융합되어 있다. 다양한 문화 요소를 통합적으로 이해하려는 문화중층론은 문헌 『훈민정음』과 문자 훈민정음에 관련된 사회문화 요소의 연구에 유용한 이론이다.

넷째, 훈민정음은 15세기 중엽에 창제되어 20세기에 이르는 동안 사회적 위상이 달라졌고, 문자로서의 용도와 사회적 역할에서 많은 변화를 겪어 왔다. 훈민정음 창제와 사용에 관련된 사회적 특성을 연구하는 데 있어서 사회문화 층위에 초점을 둔 문화중층론의 방법론이 유용하다. 필자가 내세운 '관점의 전환'은 이러한 여러 가지 접근법을 포괄한다.

2.3. '새로운 해석'의 뜻

이 책의 이름에 제시한 '새로운 해석'은 훈민정음에 대한 기존의 연구 방법론과 달리 문화중층론이라는 틀을 통해 문자 훈민정음과 문헌 『훈민정음』의 다양한 특성을 밝히려는 의도에서 붙인 말이다. 문화중층론이란 언어문화 층위, 특정문화 층위,[30] 사회문화 층위에 대한 연구를 묶어서 진행하는 방법론이다. 필자가 조선시대 왕실언간과 한문 음식조리서 『수운잡방』에 이 관점을 적용해 본 적이 있다.[31] 이제 이 관점을 훈민정음에 적용해 보려고 한다. 필자는 그동안 축적되어 온 훈민정음 연구 성과를 토대로 하고, 문화중층론이란 관점의 전환을 통해 훈민정음에 대한 이해를 심화·확장하고자 한다. 훈민정음이 한국인의 삶에 미치는 영향은 그 무엇보다 깊고 무겁다. 다양한 접근을 통해 훈민정음의 새로운 해석을 시도하는 작업은 언제나 필요하다.

훈민정음 창제 목적이 백성들의 의사 표현을 편안케 함[便民]에 있음은 창제자 세종이 밝힌 사실史實이다. 세종이 편민便民이라는 정책 목표를 실현하기 위해 창제한 것이 훈민정음이란 문자체계이다. 이 문자체계에 내재된 제자론의 요체要諦와 학술적·문화사적 의미는 무엇인가? 훈민정음이란 문자가 조선시대 사람들의 생활 문화에 어떻게 작용하였는가? 근현대 시기에 들어 훈민정음이 조선의 근대적 변화와 현대의 한국 사회를 만들어 가는 데 어떤 역할을 하였는가? 필자는 이런 질문에 답하는 연구를 지향하면서 훈민정음에 대한 새로운 해석을 시도한다.

전 세계적으로 양자 역학과 인공지능으로 상징되는 기술 혁신이 진행되

---

30 『훈민정음』에서 특정문화 층위란 제자론을 둘러싼 제 문제를 뜻한다.

31 자세한 내용은 백두현(2015c), 조선시대 왕실언간의 문화중층론적 연구, 『한국학논집』 59, 계명대학교 한국학연구원, 349-403쪽과 백두현(2016b), 수운잡방, 중층의 문화를 담은 조리서, 『안동학연구』 15, 안동국학진흥원, 7-26쪽을 참고하기 바란다.

고, 여기에 세계화와 지역화의 흐름이 서로 교차하고 있다. 이러한 변화의 흐름 속에서 훈민정음을 포함한 한국학 연구가 어떤 방향을 취해야 하는지 성찰할 필요가 있다. 스스로의 연구 방법론과 지향점을 점검하여 오늘날의 시대적 요구가 무엇인지 포착해야 한다. 필자는 고전한문학 전공 정우락 교수와 함께 한국어문학 자산의 문화론적 연구를 제안하며, 깊이와 넓이를 동시에 추구하는 '공工'자형 연구 모델을 제안한 바 있다. '공工'자에는 천지인天地人 삼재의 원리가 내재되어 있으며, 하늘의 뜻을 받아 땅으로 이어 주는 존재가 곧 사람이라는 인본주의 사상이 담겨 있다(정우락·백두현 2014: 14-15). 훈민정음에 대한 연구도 문화론의 맥락에서 점검할 필요가 있다.

선행 연구의 성과를 현재적 관점에서 재해석하고, 여기서 한 걸음 더 나아갈 수 있는 연구 방법을 찾기 위해 힘써야 한다. 실증적 사실 연구에 기반하되 여기에 매몰되지 않아야 한다. 인접 학문에 대한 이해와 연구 대상에 대한 통시적 조망을 갖추고, 더 넓은 시야에서 훈민정음의 의미를 해석하려는 노력이 필요하다. 한국 문화의 정체성을 두터이 하면서 세계인을 위한 미래 가치를 만들고자 하는 연구 방향을 세우는 것이 바람직하다. 필자가 훈민정음 연구의 새로운 관점을 제안하는 뜻이 여기에 있다.

3. 문화중층론의 이론적 특성

3.1. 문화중층론의 뜻

'문화文化'는 흔히 '인간에 의해 이룩된 행동 양식과 생활 양식, 그리고 그 과정에서 나타난 물질적·정신적 결과물의 총칭'이라고 정의된다.[32] 영국의

32 국립국어원, 『표준국어대사전』 참고. '문화'에 대한 『표준국어대사전』의 정의 전체를

문화인류학자 에드워드 타일러Edward B. Tylor(1832~1917)는 문화를 "지식, 신념, 예술, 도덕, 법, 관습, 그리고 기타 사회 구성원으로서 인간에 의해 획득된 모든 능력과 습관들의 총체"라고 정의했다.[33] 인간에 의해 만들어진 유형·무형의 생산물을 총체적으로 말하여 '문화'라고 한다(백두현·배준영 2014: 228). 인간이 만든 사회제도, 언어, 유형적 조형물에는 시간과 공간 속에 존재해 오면서 겪었던 온갖 흔적이 겹겹이 축적되어 있고, 축적된 흔적들을 광범위한 의미에서 '문화'라고 부른다.

'문화의 중층重層'이란 '문화 요소가 중첩되고 융합되어 있음'을 뜻한다. '중층성'이란 여러 가지 요소가 겹겹이 쌓여 여러 층을 형성하고 다양한 문화 요소가 융합된 속성을 의미한다. 따라서 '문화중층성文化重層性'이란 '어떤 문화 요소가 중첩되고 융합되어 있는 속성'이라고 정의된다. '문화중층론'이란 '어떠한 대상에 문화가 중층적으로 녹아 있는 속성을 밝혀내고 분석하는 이론'이라고 정의할 수 있다(백두현·배준영 2014: 229).

하나의 언어 혹은 문자는 시간과 공간 속에서 구현되어 온 물질적 존재이다. 그리하여 하나의 언어에는 시간축 위에서 겪어 온 역사적 발달 과정이 담겨 있고, 동시에 그것이 사용되는 지리 공간과 사회 공간의 특성이 반영되어 있다. 언어와 문자에는 언어의 형성과 발달 과정, 언어체계가 공시적으로 기능하는 여러 양상, 인간이 겪어 온 역사적 경험과 문화가 중층적으로 융합되어 있다. 긴 시간을 통해 진화해 온 생물체에 저마다 새겨진 유전자가 중층되어 있듯이, 인간이 만든 언어와 문자에는 긴 세월 동안 축적되어 온 온

인용하면 다음과 같다. "자연 상태에서 벗어나 일정한 목적 또는 생활 이상을 실현하고자 사회 구성원에 의하여 습득, 공유, 전달되는 행동 양식이나 생활 양식의 과정 및 그 과정에서 이룩하여 낸 물질적·정신적 소득을 통틀어 이르는 말. 의식주를 비롯하여 언어, 풍습, 종교, 학문, 예술, 제도 따위를 모두 포함한다."

33 Edward B. Tylor, Primitive Culture(London: John Murray, 1871), p.1.(유태용, 『문화란 무엇인가』, 학연문화사, 1999, 10쪽에서 재인용)

갖 요소들이 융합되어 있다. 갖가지 요소들이 하나의 언어에 중층되고 융합되어 언어체계를 형성하고, 형성된 체계는 언어 수행을 통해 삶의 현실에 작용한다. 언어의 말소리를 시각화한 문자 또한 이러한 속성을 가진다. 문자 텍스트로 채워진 문헌 자료 역시 이러한 속성을 갖는다. 문화중층론은 중층적으로 융합된 요소들의 구조와 특성을 궁구窮究하고 그 의미를 해석하는 연구 방법론이다.

문헌의 내용을 담아내는 것은 문자이고, 문자를 통해 다양한 문화 요소들이 문헌 속에 담긴다. 훈민정음이란 문자체계에는 갖가지 학문 이론과 문화 요소가 융합되어 있다. 훈민정음의 제자론을 해설한 『훈민정음』 해례본 역시 그러하다. 훈민정음에 대한 문화중층론 연구는 두 가지 경로로 접근할 수 있다. 문자로서의 훈민정음에 대한 연구와 문헌(책)으로서의 『훈민정음』에 대한 연구이다. 전자는 '문자 훈민정음의 문화중층론'이 되고, 후자는 '문헌 『훈민정음』의 문화중층론'이 된다. 이러한 두 가지 경로는 하나의 길로 수렴된다. 문자 훈민정음과 문헌 『훈민정음』에 융합된 다양한 학문 이론과 문화 요소를 분석하여 이들을 통합적 관점에서 해석하고 이해하는 방법론이 '훈민정음의 문화중층론'이다. 훈민정음은 한자와 차자표기가 가진 현실적 모순성과 한계를 동시에 극복함으로써 새로운 변증법적 통합을 이룬 존재라는 통찰(이상혁 2008: 67)은 훈민정음에 내포된 중층성을 짚은 것이다.

3.2. 문화중층론의 이론적 맥락

앞에서 문자를 바라보는 관점의 변화를 논하면서 학문 연구의 방법론에 해당하는 실증적 연구와 해석학적 연구 등을 간간이 언급하였다. 실증적 연구 방법에 치우친 역사언어학의 한계를 극복하기 위해 소쉬르는 구조주의 언어학 이론을 창안했다. 이 절에서는 소쉬르가 창도한 구조주의 언어학 이론의 요지와 한계점을 살펴보고, 이어서 구조주의 이후에 전개된 이론적 변화를 짚어 본다.[34] 이 작업은 필자가 내세운 문화중층론이 언어학을 중심으로 전개된 이론의 흐름에서 어떤 자리를 차지하는지, 문화중층론이 놓이는 학문적 맥락을 설정하기 위함이다.

20세기 언어학의 창시자로 인정되는 페르디낭 드 소쉬르Ferdinand de Saussure[35]는 언어의 두 가지 측면을 랑그(langue)와 파롤(parole)로 나누었다. 랑그는 언어 경험을 통해 언어 공동체 구성원의 언어능력에 공유된 규약이다. 랑그는 사회집단이 공유하는 것이며, 추상적·심리적 특성을 가진다. 파롤은 개인이 실제 발화한 말이며 음성언어로 실현되어 생리적·물리적 특성을 가진다. 소쉬르의 구조주의 언어학은 언어의 구조와 체계를 중시하고, 구조와 체계로 구성되는 랑그를 연구 대상으로 삼았다. 의미는 기호의 구조적 체계로부터 나오는 것이고, 기호의 구조적 체계를 이루는 핵심은 랑그이다. 랑그는 특정한 시점의 언어 구성 요소이며, 개인 화자와 그가 처한 사회적 맥락과 무관하게 독립적으로 존재하는 기호들의 체계이다(김종우 2007: 17). 랑그의 대척점에 있는 파롤은 생리적·물리적으로 실현되는 구체적인 것이며, 개인적이고 무한한 가변성을 띤 것이어서 언어 연구의 본령이 아니라고 간주되었다.

소쉬르의 학술 용어로 시니피앙(signifiant 記標)과 시니피에(signifié 記意)가

---

34 이하의 내용은 김종우(2007), 크리스타 뒤르샤이트 지음/김종수 옮김(2007) 등을 참고하여 필자의 관점에서 다시 쓴 것이다.

35 소쉬르(1857~1913)는 소장문법학파의 중심 학자인 레스킨(Leskien), 브루크만(Brugmann), 오스토프(Osthoff), 델브뤼(Delbrück) 등에게 가르침을 받았다. 21세 되던 1879년에 「인도유럽어 모음의 시원(始原) 체계 연구(Mémoire Sur Le Système Primitif Des Voyelles Dans Les Langues Indo Européennes)」라는 독창적 논문을 발표하였다. 그의 언어관과 연구 방법론은 그의 사후에 제자들이 강의 노트를 정리하여 1916년에 간행한 『일반언어학 강의(Cours de linguistique générale)』에 나타나 있다. 이 책의 한국어 번역판은 오원교의 『일반언어학 강의』(형설출판사, 1973)가 가장 이른 것이고, 그 후에 최승언(민음사, 1990/2006)이 다시 번역했다.

있다. 시니피앙은 말소리가 청각적으로 지각된 음성형이다. 소쉬르는 시니피앙을 청각영상(acoustic image)이라는 다른 용어로 표현하기도 했다. 시니피에는 시니피앙을 지각함으로써 마음속에 연상되는 의미를 가리킨다. 소쉬르는 시니피앙(청각영상)이 시니피에와 짝을 이루면서 양자 간에 일어나는 상호 환기가 의미 해석(개념)의 본질이라고 보았다.

소쉬르는 또한 언어체계의 상태를 두 가지로 나누었다. 변화가 정지된 어떤 한 시기의 상태를 공시태共時態(synchronie)라 하고, 시간의 흐름에 따라 달라지는 상태를 통시태通時態(diachronie)라 하였다. 소쉬르는 과학으로서의 언어학은 공시태를 연구 대상으로 삼는다고 하며, 언어학 연구의 방향이 역사언어학에서 공시언어학으로 전환되는 데 큰 영향을 미쳤다. 소쉬르의 구조주의 이론은 19세기 언어학의 주류였던 역사언어학을 밀어내고, 언어 구성 요소의 관계를 연구하는 구조주의 언어학과 공시언어학을 언어학의 중심 자리에 앉혔다. 이로부터 문자 자료에 기반을 둔 역사적 언어 연구(=역사언어학)는 언어학의 변방으로 밀려났다. 문자로 기록된 자료를 연구 대상으로 삼는 역사언어학의 퇴조는 언어 연구에 있어서 문자에 대한 관심을 약화시켰다. 시니피앙과 시니피에의 상호 관계와 추상화된 언어체계(랑그)를 연구하는 구조언어학, 공시태를 언어학 연구의 본령으로 삼는 공시언어학이 언어학 연구의 주류가 되면서 문자 연구는 부차적인 것이 되었다.

랑그와 파롤, 시니피에와 시니피앙, 공시태와 통시태를 엄격히 구별한 소쉬르의 구조주의 이론은 언어학을 과학적 분과 학문으로 발전시켰다. 나아가 소쉬르가 창안한 체계와 구조의 개념은 인류학을 비롯한 인접 학문의 발전에 영향을 미쳤다. 소쉬르의 구조주의 방법론은 인류학자 레비 스트로스 Claude Levi Strauss(1908~2009)에게 수용되어 구조인류학이 등장하였다. 구조인류학은 언어 기호의 구조적 체계에 바탕을 두고 인간 사회와 문화를 설명하였다. 레비 스트로스는 구성 요소들의 관계에 의해 이루어지는 체계 개념을 문자가 없는 원시사회의 친족 관계와 신화를 설명하는 데 적용하였다. 음운 연구에 적용된 체계 분석과 구조의 개념은 인문학과 사회학 등의 인접 분야로 확장되었다. 체계와 구조 개념이 여러 학문의 방법론에 수용된 것은 구조적 특성을 지닌 연구 대상을 분석하는 데 구조주의 이론이 유용했기 때문이다.

소쉬르는 기호학을 "사회생활 속에 있는 기호의 삶을 연구하는 과학"이라 정의하고, 언어는 사회생활을 구성하는 여러 기호체계 중의 하나로 보았다. 소쉬르는 언어학을 기호학의 일부로 보았고, 언어학을 기호학이라는 보편 학문에 편입하였다(김종우 2007: 24-25). 소쉬르는 언어 기호를 포함한 모든 기호는 닫혀 있는 체계로서, 외부 현실과 무관하게 존재하는 것이라고 보았다. 기호를 외부 세계와 무관한 자족적 체계(autonomous system)로 간주한 것이다. 이것을 '기호체계의 닫힘'이라 부른다. 닫혀 있는 기호체계를 연구하는 학자는 기호가 외부 세계와 맺는 관계를 다루지 않는다.

리쾨르Paul Ricœur(1913~2005)[36]는 이 점에 대해, 소쉬르가 랑그를 기호체계라 한 것은 언어활동의 여러 양상 중에서 단 하나의 성격만을 말한 것일 뿐, 전체적인 현실을 밝힌 것이 아니라고 비판하였다. 소쉬르의 근본적 한계는 구조와 랑그를 실재하는 외부 세계와 연결 짓지 못했다는 데 있다(김종우 2007: 25). 시니피에와 시니피앙의 상호 환기 관계를 개념이라 본 소쉬르에게 있어서 시니피앙은 실재하는 사물이 아니라 그 사물을 환기하는 청각 영상이다. 랑그는 개인 화자와 그 화자가 처한 사회적 맥락과 무관하게 독립적으로 존재하는 기호들의 체계이다. 소쉬르의 랑그 연구에는 시간 흐름에 따른 변화를 논할 수 있는 여지가 없다(김종우 2007: 17). 구조주의는 시간과 공

---

36 리쾨르는 프랑스의 철학자로 스트라스부르대학과 소르본대학에서 철학을 가르쳤으며, 해석학적 현상학을 발전시킨 학자이다.

간에 따라 다양한 모습으로 나타나는 인간의 삶을 해석하려는 역사적 접근을 배제할 수밖에 없었던 것이다(김종우 2007: 36).

소쉬르는 언어 존재를 '사회적·문화적 맥락'이라는 외적 요인과 언어의 '체계 및 규칙과 관련된 것'이라는 내적 요인으로 나누고, 후자를 언어학의 연구 대상으로 삼았다(김종우 2007: 14). 언어가 사용되는 개인적 특성은 물론 사회적·문화적 특성까지 언어학의 연구 대상에서 제외시키고, 순수 언어 내적 요인만 언어학의 연구 대상으로 삼은 것이다. 소쉬르의 이러한 방법론은 언어학의 방법론을 정련하여 언어학을 엄밀한 학문으로 정립시키는 데 기여했고, 여기서 정련된 이론은 인접 학문에 영향을 미쳤다.

그러나 소쉬르가 언어의 '사회적·문화적 맥락'을 언어학의 연구 대상에서 제외시킴으로써 그의 연구는 현실과 괴리된 언어체계 혹은 언어구조에 대한 것이 되어 버렸다. 소쉬르의 언어 이론이 지닌 이러한 문제점에 대한 비판과 수정이 끊임없이 제기되었다. 소쉬르 구조주의에 대한 비판은 실존철학, 후기 구조조의, 현상학적 해석학 등을 중심으로 진행되었다. 여러 이론에서 제기된 비판을 통해 소쉬르와 레비 스트로스의 구조주의를 극복하려는 이론적 발전이 이루어졌다. 구조주의에 대한 비판의 핵심은 초기 구조주의가 '정태적 체계와 형식 구조에 대한 분석'에 치우쳐 언어 사용자와 행동과 담화 행위를 연구 대상에서 제외한 점에 있다. 구조주의에 대한 비판자들은 언어의 정태적 구조보다 말하는 행위가 만들어 내는 의미와 말하는 행위가 이루어지는 담론을 중시한다.

특히 해석학을 중심으로 소쉬르의 한계를 극복하려는 움직임이 활발하게 전개되었다. 리쾨르는 구조주의와 해석학의 상호 보완적 관계를 설정하고, 기호가 아닌 의미에 초점을 두는 해석학으로 나아가 소쉬르의 구조주의를 이론적으로 비판하고 극복하였다. 해석학의 관점에서 구조주의를 수용한 리쾨르의 시도는 『해석들의 갈등』에서 결실을 맺었다. '해석'을 하려면 먼저 '분석'을 해야 하고, 구조와 체계를 파악해야 담론의 의미 연구도 가능하다는 점에서, 리쾨르는 구조주의 이론을 해석학적 이해에 필요한 준비 단계로 간주하였다. 리쾨르는 구조주의 이론의 한계를 인식하고, 인간 정신의 창조성과 역동성을 파헤치는 연구로 나아갔다(김종우 2007).

구조주의는 정태적인 기호체계의 분석을 지향하고, 해석학은 역동적인 의미 이해를 지향한다는 점에서 서로 차이가 있지만, 전자를 후자로 나아가기 위한 전 단계로 받아들여 상호보완적 관계로 본 것이다. 해석학은 의미의 '이해'를 목표로 하고, 구조주의는 구성소의 '분석'을 통한 관계 파악(=체계 설정)을 목표로 한다. 해석 행위는 분석 행위를 통해서 가능하며, 이해를 위해서는 분석이 선행되어야 한다. 이와 같은 관점으로 리쾨르는 구조주의와 해석학을 종합하였다(김종우 2007: 83). 리쾨르는 구조주의를 해석학적 전망 속에 수용하려 했기에, 그의 이러한 태도를 '해석학적 구조주의'라 부르기도 한다(김종우 2007: 79). 필자가 문헌과 문자 연구를 위한 방법론으로 제안한 문화중층론은 이러한 이론 맥락 속에 놓여 있으며, 구조주의를 극복한 리쾨르의 해석학에 바탕을 두고 이를 변용한 것이다.[37]

3.3. 문화중층론의 층위 구분

필자는 한글 문헌의 문화중층론적 분석에 필요한 문화 구성 층위를 언어문화, 사회문화, 특정문화 등 세 개 층위로 설정한 바 있다(백두현·배준영 2014).

---

37 20세기에 전개된 철학의 큰 특징은 언어에 대한 관심이었다. '학문의 학문'인 철학은 모든 학문 활동이 언어를 통해 이루어지는 점에 주목하고, 언어를 철학의 가장 중요한 연구 대상으로 삼았다. 그리하여 언어를 표상한 문자뿐 아니라 인간이 사용하는 기호 전반에 대한 철학적 성찰로 나아갔다. 문자와 기호에 대한 이론적 고찰은 20세기 철학의 커다란 관심사였으며, 이른바 포스트모던 시대의 핵심적 화두가 되었다. 구조주의의 언어 이론에 대한 비판을 통해 언어와 기호에 대한 새로운 철학적 연구가 진전되었다.

이러한 층위 구분은 훈민정음이란 문자와 이 문자를 해설한 책『훈민정음』에 모두 적용될 수 있다.

백두현·배준영(2014: 231)에서 가져온 [그림 1]은 문헌과 문자에 내재된 세 가지 문화 요소의 관계를 그림으로 표현한 것이다. 언어문화는 연구 대상 텍스트와 문자에 담겨 있는 문화적 특성을 가리킨다. 사회문화는 연구 대상 문헌과 문자에 내재된 사회적 특성을 가리킨다. 특정문화는 연구 대상 문헌의 중심 내용과 관련된 주제를 가리킨다.[38] 이 세 가지 구성 요소가 하나의 문헌에 중층적 융합체로 녹아 있다고 보는 것이 필자의 기본 관점이다. [그림 1]은 하나의 문헌과 문자에 융합된 중층적 문화 구성 요소를 세 가지 범주로 체계화한 일종의 개념도이다. 여기서 말하는 '문화 요소'는 해당 문헌이나 문자가 담고 있는 학술적 특성도 포함한다.

[그림 1]에서 보는 바와 같이 하나의 문헌에 융합된 문화적 중층은 언어문화 층위, 사회문화 층위 그리고 개별 문헌에 따라 달라지는 특정문화 층위로 나눌 수 있다. 이 중에서 언어문화 층위가 가장 크고 중심에 놓여 있는 까닭은 문헌에 담겨 있는 문화가 기본적으로 언어로 표현되어 있고, 그 문헌의 언어 텍스트 속에 각각의 문화 요소가 녹아 있는 점을 중시했기 때문이다.

---

38 '특정문화'란 '특정'한 문헌 속에 담긴 특정(特定)한 성격의 문화 현상을 가리킨다. '특정문화'는 하나의 구체적 지시대상을 갖지 않는 편의적 용어이다. '언어문화'와 '사회문화'의 '언어'와 '사회'는 지시대상이 구체적으로 표현된 용어이나, '특정문화'의 '특정'은 그렇지 못하다. 특정문화는 문헌의 내용에 따라 구체화된다. 음식조리서의 특정문화는 음식문화가 되고, 행실도류 문헌의 특정문화는 유교윤리 문화가 된다. 온갖 다양한 문헌 속에 담긴 내용과 주제를 포괄할 수 있는 용어를 찾기가 어려워 '특정문화'라는 용어를 고안하였다.

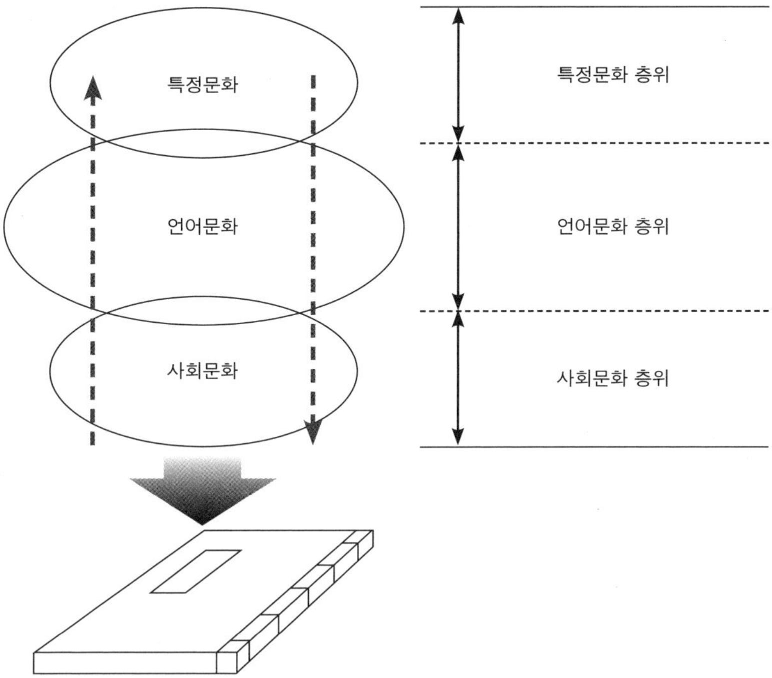

[그림 1] 문헌에 내재된 문화중층성 개념도
(백두현·배준영 2014: 231)

각 층위 안에는 다양한 하위 구성 요소들이 융합되어 있으며, 그것들이 상호 결합하고 구조화되어 하나의 문화 층위를 형성한다. 분석 방법을 정립하기 위해 세 개의 층위로 나누었지만, 사실상 이 층위들은 각각 별개의 층위로 분리되어 있지 않고 한 덩어리로 융합(convergence)되어 실현된다. [그림 1]에서 상하로 오르내리는 점선은 층위 간의 상호 작용과 융합을 의미한다(백두현·배준영 2014: 231). 중층적으로 포개어진 문화적 요소들을 층위별로 나누어 분석하고, 분석된 요소들이 어떻게 융합하여 문자와 문헌의 의미 혹은 가치를 형성하는지, 그 본질을 밝히는 것이 문화중층론 연구의 핵심이다.

훈민정음에 대한 문화중층론의 연구는 『훈민정음』이란 문헌에 대한 연구와 훈민정음이란 문자에 대한 연구로 나누어진다. 전자를 '문헌 『훈민정음』의 문화중층론'이라 부른다면, 후자는 '문자 훈민정음의 문화중층론'이라 할 수 있다. '문헌 『훈민정음』의 문화중층론'의 연구 대상은 한문본인 해례본과 그 일부를 번역한 언해본이다. 『훈민정음』 해례본과 언해본이란 책 속에는 다양한 문화적 요소가 녹아들어 있다. 해례본에는 훈민정음이 창제되고, 해례본이 출판되던 당시의 언어문화는 물론, 당대의 사회적 상황·역사적 환경·편찬의 배경과 목적·출판의 기술적 조건 등이 녹아들어 있다. 언해본에는 언해의 양상과 언해문에 반영된 당시의 언어적 특징, 우리말로 번역된 용어 등 15세기 당시 조선어의 언어 요소가 반영되어 있다. 해례본과 언해본에는 그 문헌의 성격을 규정짓는 언어·사회·정치·역사·인쇄술 등 다양한 측면의 문화 요소가 융합되어 있다.

문자로서의 훈민정음에는 창제 당시의 학문 이론과 정치적 지향 및 철학적 관점이 반영되어 있다. 세종이 훈민정음을 창제할 당시에 이 문자를 만드는 데 이용한 학문이 제자론에 녹아들어 있다. 세종이 훈민정음을 창제한 정치적 의도는 무엇인가? 무엇이 세종으로 하여금 문자 창제의 추동력推動力을 갖게 했는가? 반포 이후 훈민정음에 대한 태도에는 어떤 변화가 생겨났고, 왜 그러한 변화가 일어났는가? 필자는 이와 같은 질문을 던지며 훈민정음에 융합된 다양한 문화 요소를 연구 대상으로 설정하였다.

문헌으로서의 『훈민정음』 해례본 및 언해본에 대한 연구와 문자로서의 훈민정음에 대한 연구를 각각 수행하고, 이를 다시 통합함으로써 우리는 훈민정음에 대해 더 깊고 폭넓은 이해에 도달할 수 있다. 훈민정음 문자체계와 해례본 및 언해본에 중층적으로 융합된 학술적 문화 요소를 분석해 내어 그 의미를 찾고, 이들을 통합적 관점에서 해석하는 것이 이 책의 연구 목적이다.

4. 연구 내용과 연구 방법

이제 훈민정음에 적용하는 문화중층론의 연구 내용을 층위별로 나누어 구체화할 단계가 되었다. 문화중층론의 연구 방법을 문자 훈민정음과 문헌 『훈민정음』(해례본과 언해본)에 어떻게 적용할 것이며, 어떤 내용을 연구 대상으로 설정할 것인가? 문화중층론에서 설정한 언어문화 층위, 특정문화 층위, 사회문화 층위를 『훈민정음』 해례본과, 해례본의 정음편을 번역한 훈민정음 언해본에 어떻게 적용할 것인가? 문화중층론에서 세운 세 개의 층위를 『훈민정음』 해례본과 언해본에 적용하기 위해서는 각 층위에서 무엇을 어떻게 연구할 것인지 설정해야 한다. 문헌 『훈민정음』과 문자 훈민정음 속에 내포되어 있는 문화 요소는 무엇이며, 그것이 지닌 의미를 어떻게 해석할 것인가? 이런 질문들을 던지고 이에 대한 답변을 제시함으로써 이 책의 연구 내용과 지향하는 바를 명료히 할 수 있다.

4.1. 훈민정음에 대한 문화중층론의 층위별 연구 내용

1) 연구 대상의 기본 정보 파악

어떤 문헌을 다루기 위해서는 먼저 그 문헌의 서지 정보 및 텍스트의 내용 구성을 파악할 필요가 있다. 『훈민정음』에 대해 논하려면 『훈민정음』이라는 책 자체의 물질적 특성과 내용적 요소를 파악해야 한다. 이러한 지식은 문화중층론으로 나아가기 위한 기초이다.

제1부에 두 개 장을 두어 해례본과 언해본의 구조와 서지 사항을 각각 논한다. 제1부 제1장은 『훈민정음』 해례본의 구조와 서지에 대한 고찰이다. 『훈민정음』 해례본의 서지 정보를 정리하고, 미해결된 문제점에 대해 논한다. 해례본의 장정법 문제, 권두서명 문제, 병서행 줄바꿈 문제 등이 여기에

해당한다. 현재의 간송본이 4침안으로 장정되어 있는 사실에 주목하고, 간송본에 실로 꿰맨 바늘구멍[침안針眼]이 지면에 나타난 양상을 분석한다. 이 분석의 결과를 근거로 최초의 장정이 4침안인지, 5침안인지 판단할 것이다. 해례본의 형태 서지 사항 중에 문제가 된 것은 이용준이 권두의 낙장을 보사補寫, 첨입添入하면서 발생하였다. 『훈민정음』의 권두서명卷頭書名 문제와 병서행의 줄바꿈 문제가 그것이다. 필자는 『훈민정음』에 있는 서명들을 분석하여 권두서명이 무엇인지 결정할 수 있다고 본다. 또한 『훈민정음』 해례편의 줄바꿈 실태, 『월인석보』 권두 소재 언해본의 줄바꿈 실태를 분석하여 낙장된 병서행 부분의 복원을 시도한다.

제1부 제2장은 언해본의 구조와 서지 사항에 대한 고찰이다. 언해본의 서지 정보를 정리하고, 언해본의 구성 단위를 정밀하게 분석한다. 언해본 텍스트의 형식과 구성 단위를 분류하고 각 구성 단위에 가장 적합한 명칭이 무엇인지 논하며, 이들의 기능과 관계를 고찰한다. 언해본에 나타난 행 구분과 그 의미, 해례본에 없는 한음 치성漢音 齒聲이 삽입된 배경에 대해 논한다. 언해본에 쓰인 정음자들의 자형이 해례본의 정음자 자형과 어떻게 다른지를 검토하여, 해례본의 정음자 서체가 『석보상절』과 훈민정음 언해본에서 달라진 모습을 파악하고 서체 변화의 원인을 찾는다.

갓 창제한 문자로 한문을 번역하는 것은 쉬운 일이 아니다. 세조 대에 이루어진 『능엄경』의 어제 발문에 이 책의 번역 절차를 자세히 기술해 놓은 것은 번역의 어려움을 짐작게 한다.[39] 『능엄경』의 번역 과정을 참고 삼아 훈민정음 언해본의 번역 과정을 재구성해 본다. 번역 작업의 각 단계에서 누가 어떤 역할을 하였는지 추론해 봄으로써 언해본에 대한 이해를 높일 수 있다.

---

39 『능엄경언해』를 활자본과 목판본으로 두 번이나 간행한 것도 『능엄경』 번역의 어려움과 관련되어 있다.

훈민정음 언해본은 『훈민정음』 해례본의 내용 중 세종이 직접 지은 서문과 새 문자의 자형·음가·운용법을 설명한 예의例義만 한글로 번역한 것이다. 훈민정음 언해본에서 해례본의 어제 서문과 예의(정음편)만 번역 대상으로 삼은 이유는 이것이 새 문자의 학습자료로 이용될 수 있기 때문이다. 이 점에 착안하여 정음 학습자료로서 훈민정음 언해본이 갖는 의의를 논한다.

2) 언어문화 층위의 연구 내용

언어문화 층위의 설정 목적은 어떤 문자와 문헌에 담겨 있는 언어문화 요소들을 추출하여 분석하고, 그 요소들이 갖는 의미를 찾는 것이다. '언어문화'의 뜻은 "일상의 언어생활 또는 언론, 문학, 출판 등 언어에 의하여 이루어지는 모든 문화를 통틀어 이르는 말"(표준국어대사전) 정도로 잡을 수 있다(백두현·배준영 2014: 232).

문헌이 산출된 당대의 언어는 문자로 기록되어 문헌에 남아 있으므로 텍스트의 문자 기록을 통해 언어문화를 고찰하게 된다. 텍스트에 반영된 언어문화라 함은 문장의 집합으로 형성된 언어 텍스트의 구조적 특성, 문자의 사용 양상, 글쓰기[書寫]와 필사 행위가 텍스트에 반영된 양상,[40] 문자 텍스트에서 실현된 언어예절의 특성 등을 포괄적으로 이르는 말이다.[41]

이 책에서는 한문본인 『훈민정음』 해례본과 해례본의 정음편을 번역한

---

40 필자는 일찍이 음식조리서와 여성교육서의 저자와 필사자, 필사자 수, 서문, 발문, 필사기, 서명, 필체 등 '문자생활의 양상'을 분석하고 그 의미를 해석한 바 있다(백두현 2006). 이러한 분석은 언어 자체의 분석은 아니지만 '문헌 자료의 언어적 성격을 종합적으로 파악'하기 위한 유용한 방법이 될 수 있다(백두현 2006: 18-19).

41 이 책의 연구 대상으로 삼지 않은 몇 가지 요소들도 언급해 둔다. 문화중층론의 관점에서 보면, 형식적 언어 요소뿐 아니라 언어생활에 작용하는 여러 요소를 언어문화 층위의 연구 대상으로 삼을 수 있다. 예컨대 문체의 시대적 변이, 장르에 따라 달라지는 텍스트의 내용 구성과 지면 구성의 차이 등도 언어문화 층위의 연구 대상으로 삼을 수 있다.

언해본으로 나누어 각 문헌에 반영된 언어문화를 별도로 논한다. 두 책에 사용된 문자가 전자는 한문 중심이고, 후자는 정음자로 표기된 조선어 중심이다. 언어문화 층위론에서 다룰 연구의 대상과 내용은 다음과 같다.

첫째, 훈민정음이란 새로운 문자로 표기된 조선어 요소를 분석하고, 그것의 언어적 특성을 논한다. 『훈민정음』 해례본은 훈민정음의 제자론을 한문으로 설명한 텍스트이면서 갓 창제된 문자로 당시의 조선어를 표기한 언어가 나타나 있다. 해례본의 본문은 한문으로 서술되어 있어서 한글 문헌으로서의 성격이 상대적으로 약하다. 새로 만든 훈민정음 자모자와 이것으로 표기한 우리말 어휘 123개(형태소 분석 관점에 따라 개수가 달라질 수 있음)와 4개의 문법형태가 한문 문장 속에 산재해 있다. 이런 특성으로 인해 해례본의 언어문화 층위론에서 다룰 내용은 보통의 한글 문헌에 비해 풍부하지 않으나 다음과 같은 질문을 던지며 해례본의 언어문화 요소를 찾아낼 수 있다. 해례본에 훈민정음으로 표기된 우리말 어휘들의 특성은 무엇인가? 왜 이러한 어휘들이 선정되었을까? 선정된 어휘들이 오늘날 '기본어휘'라고 말하는 부류와 어떤 연관성을 가지는가? "孔子ㅣ 魯ㅅ사ᄅᆞᆷ"이라는 국한國漢 혼용의 예시 구句가 갖는 의미는 무엇인가? "孔子ㅣ 魯ㅅ사ᄅᆞᆷ"처럼 모음으로 끝난 체언 한자 뒤에 결합하는 주격조사 'ㅣ'는 왜 초성자[42] 'ㅇ'이 있는 '이'로 쓰지 않고 'ㅇ'이 없는 'ㅣ'로 표기했을까? 이런 표기 규정이 갖는 의미는 무엇인가? 이런 질문도 언어문화 층위에서 다룰 수 있다. 이에 대한 고찰은 제2부 제1장에서 이루어진다.

둘째, 해례본의 언어문화 요소 중 한자와 한자어에 대한 문제도 빠뜨릴

---

42 초성자, 중성자, 종성자는 글자가 놓이는 위치를 기준으로 한 술어이다. 초성자는 어두에 오는 첫소리(initial)이고, 중성자는 어중에 오는 중간 소리(medial)이며, 종성자는 어말에 오는 받침(final)이다. 초성자와 종성자는 자음자에 해당하고, 중성자는 모음자에 해당한다.

수 없는 연구 대상이다. 해례본의 본문 문장을 왜 한문으로 서술했을까? 이 질문은 원론적인 것이지만 해례본 텍스트의 언어적 특성을 이해하는 기초가 된다. 해례본 텍스트에 대한 엄밀한 이해를 위해 이 텍스트에 쓰인 한자의 사용 빈도를 계량적으로 분석하여 한자 빈도가 제자론과 어떤 상관성을 가지는지 논한다. 해례본 한문 텍스트에는 한자어로 굳어진 용어들도 쓰여 있다. 어떤 한자어들의 빈도가 높고 그것이 갖는 의미는 무엇인가? 한자 및 한자어의 사용 빈도가 훈민정음 제자론과 어떤 상관성을 가지는가? 해례본 텍스트에는 전문 학술 용어와 신조된 한자어도 등장한다. 예컨대 중성자 음가 기술에 사용된 '설축', '구축', '구장' 등이 여기에 해당한다. 이 용어들이 갖는 학문적 독창성과 언어학적 의미는 무엇인가? 이러한 질문에 대한 설명은 해례본 텍스트에 대한 이해를 심화시켜 줄 것이다. 해례본의 한자 및 한자어에 대한 논의는 제2부 제2장에서 행한다.

셋째, 해례본의 언어문화 요소를 연구 대상으로 삼았듯이, 훈민정음 언해본의 언어문화 요소를 분석하고 그 의미를 논한다. 훈민정음 언해본에 나타난 문자 사용 및 번역 양상, 문법형태와 어휘, 경어법 요소, 정음문의 문체 등은 한문본 정음편에 없는 것이다. 언해본에서 훈민정음으로 표현된 당시 조선어는 훈민정음의 언어문화 층위론의 주요 연구 대상이다. 언해본은 당대 언어의 실체와 언어문화를 고찰하기 좋은 자료이다. 훈민정음 언해본의 언어문화 요소에 대한 고찰에서는 중국 성운학의 학술 용어를 우리말로 번역한 양상, 한자어를 일일이 협주 형식에 넣어 풀이한 이유, 언해본의 협주문에 나타난 우리말 문법범주에 대한 인식, 언해문에 쓰인 사잇소리의 표기 양상과 그 의미, 언해본에 나타난 특수한 경어법의 쓰임, 언해본에서 기술 내용이 달라짐에 따라 나타난 문체의 차이, 언해본에 쓰인 한자어 등을 연구 주제로 삼는다. 언해본의 언어문화 요소에 대한 논의는 제2부 제3장에서 이루어진다.

3) 특정문화 층위의 연구 내용

어떤 문헌의 특정 주제 혹은 중심 내용이 표방하는 문화적 성격을 가리키기 위해 '특정문화'라는 용어를 사용한다. 특정문화 층위는 연구 대상 문헌의 중심 내용에 관련된 것이다. 따라서 문헌 특정적인 성격을 띤다. 문헌 『훈민정음』에 특정된 주제 즉 중심 내용은 새로 창제한 문자의 제자론에 관한 것이다. 『훈민정음』 해례본은 훈민정음이란 문자의 창제 목적을 밝히고, 문자 창제의 기반이 된 학문적 배경과 이론 그리고 훈민정음 28자의 제자 원리와 운용법을 설명한 책이다. 이것이 해례본의 중심 내용이므로 특정문화 층위의 논의 대상은 해례본에 기술된 제자론과 그 배경이 된 학문 이론이다. 훈민정음의 제자론은 해례본의 연구 대상에서 가장 중요한 자리를 차지한다. 제자론에 대한 고찰은 '문자로서의 훈민정음'을 연구 대상으로 삼는다. 문자로서의 훈민정음에 관한 논의, 그중에서도 이 문자를 만든 제자론이 특정문화 층위의 연구 대상이다.[43] 훈민정음의 제자론을 논한 제3부의 연구 대상과 내용은 다음과 같다.

첫째, 훈민정음 제자론의 이론적 배경을 이해하기 위해 세종 대의 학문 연구를 고찰한다. 훈민정음 제자론에는 새 문자 창제에 작용한 학문이 수용되어 있는바 성리학·성운학·문자학 분야로 나누어진다. 세종은 『성리대전』을 도입하여 집현전 학사들과 함께 연구하였다. 세종실록의 기록을 통해

---

43 그런데 『훈민정음』 해례본에 기술된 제자 원리 관련 내용에 '특정문화'라는 이름을 붙이는 것이 어색하게 느껴질 수도 있다. 『훈민정음』 해례본의 경우는 이 책에 담긴 내용이 학문적 성격이 강하여 '학문'을 '문화'와 구별하려는 사람의 언어 감각으로는 어색한 느낌을 받을 수 있다. 그리하여 해례본의 제자 원리 관련 내용을 '특정문화'라고 부르는 것은 적절치 않다고 비판할 수도 있다. 그러나 연구 대상 문헌의 성격에 따라 그 문헌이 담고 있는 중심 내용에 '특정문화'라는 이름을 붙이는 것이 자연스러운 경우가 많다. 예컨대 『음식디미방』의 경우 조선시대 음식문화를 중심 주제(특정문화)와 관련하여 이름 붙일 수 있다. 『훈민정음』 해례본의 제자론은 학문적 성격이 강하지만 넓은 의미의 '문화'에는 '학술'도 포함된다. 훈민정음 제자 원리를 '문화'로 보는 것이 어색하게 느껴지는 태도는 '문화(文化)'의 뜻을 좁게 생각하기 때문일 것이다.

『성리대전』의 도입과 간행 사실을 살펴보고, 세종과 주변 학자들이 『성리대전』을 공부해 간 과정을 고찰한다. 이들이 이해한 역학적易學的 성리론이 훈민정음 제자에 작용한 양상을 분석한다. 성운학에 대한 세종 대의 이해 수준은 세종 대에 편찬되었거나 이 시기에 편찬이 시작된 『동국정운』·『홍무정운역훈』·『동자습』 등의 서문과 『사성통고』의 범례에 나타나 있다. 이러한 운서와 한어 학습서의 서문을 통해 세종과 운서 편찬 학자들의 성운학에 대한 이해 수준을 파악할 수 있다. 세종과 측근 학자들이 이해한 성운학 이론이 훈민정음 창제에 어떻게 작용하였고, 이것이 해례본에 어떻게 반영되었는지 그 양상을 논한다. 이어서 세종 대에 행해진 문자학 관련 연구를 세종실록을 통해 검토하고, 해례본에 반영된 문자학 용어와 그것의 창의적 변용 양상을 논한다. 이와 같은 논의는 제3부의 제1장에서 이루어진다.

둘째, 훈민정음 창제의 작업 단계를 설정하고, 어떤 제자론이 어느 단계에서 적용되었는지를 고찰한다. 훈민정음이란 새 문자를 만들 때 창제자 세종의 작업은 여러 단계를 거쳤을 것이다. 세종이 어떤 작업 단계를 거쳐 어떤 방법과 원리를 적용하여 훈민정음을 만들었는지, 제자의 작업 단계를 추론하여 재구성하고, 단계별 제자 과정과 각 단계에 적용된 제자론을 논한다. 훈민정음의 제자 과정 전체를 단계적으로 분석하고, 여기에 적용된 제자론을 쉽고 명료하게 이해할 수 있도록 표에 담아 체계화한다. 이 작업을 통해 훈민정음 문자체계에 내재된 보편적 가치와 과학적 원리를 실체화할 수 있다. 이에 대한 논의는 제3부 제2장에서 이루어진다.

셋째, 훈민정음 제자론은 어느 하나의 특정 학문에 치우쳐 있는 것이 아니라 여러 가지 학문 요소가 창의적으로 융합되고 재해석되어 훈민정음 문자체계에 수용된 것이다. 훈민정음이라는 문자체계는 외래 학문의 여러 이론, 전통적 차자표기법의 경험, 독창적으로 개발한 방법론이 융합된 결정체結晶體이다. 필자는 훈민정음 문자체계에 녹아든 외래 학문적 요소와 전통적 차자법의 원리들의 융합 양상을 분석하고, 이들이 제자론에 영향을 미쳤음을 밝힐 것이다. 훈민정음에 다양한 학문과 방법론이 융합되어 있음을 규명함으로써, 훈민정음의 기원에 대한 여러 가지 이설異說은 일면만을 강조한 주장임이 드러날 것이다. 제3부 제3장에서 제자론의 융합성과 이에 대한 해석을 베푼다.

넷째, 필자는 훈민정음에 대한 '관점의 전환'을 특히 강조한다. 관점의 전환을 통해 우리는 훈민정음에 대한 새로운 의미를 발견할 수 있다. 훈민정음은 백성을 위해 만든 문자라는 점에서 민주성을 가지고, 음성학적 원리와 체계적 방법(가획, 합성 등)으로 만들어졌다는 점에서 과학성을 가지며, 삼재론과 음양오행 원리를 내재하고 있다는 점에서 철학성을 가진다. 민주성, 과학성, 철학성은 시간과 공간을 초월하여 모든 인류에게 통용될 수 있는 보편 가치이다. 필자는 이 셋을 '보편 가치'라는 하나의 관점으로 묶어서 이 보편 가치가 가진 의미를 과거와 현재에 비추어 해석한다. 또한 한국인의 과거와 현재적 삶에서 이 보편 가치가 어떻게 작용해 왔으며, 미래시대에 어떤 의미를 가질 수 있는지 통찰해 본다. 이 주제는 제3부 제4장에서 다룬다.

다섯째, 『훈민정음』 해례본에 제시된 제자론과 이에 대한 설명이 시종 '완벽함'으로 일관되지 못한 부분도 있다. 해례본에 기술된 제자론을 비판적으로 볼 여지는 없는가? 이런 문제 의식을 갖고 필자는 해례본에 기술된 제자론을 분석하여 여기에 내재된 문제점을 논한다. 비판적 검토에서 그치지 않고, 왜 그러한 문제점을 지니게 되었는지 한 걸음 더 나아간 고찰을 시도한다. 『훈민정음』 제자론에 대한 비판적 검토는 종래의 훈민정음 연구에서 소홀했던 부분이다. 문자체계로서 훈민정음이 지닌 과학적 특성과 창의적 제자방법 등 이 문자의 우수성이 강조되면서 해례의 내용에 포함된 문제점은 상대적으로 가벼이 다루어졌고, 이에 대한 비판을 시도하지 않았던 듯하다. 필자가 행한 『훈민정음』 해례의 제자론에 대한 비판적 고찰은 훈민정음의 가치를 훼손하는 것이 아니라 훈민정음 제자론의 심층적 이해에 유용한 것이 될 것이다. 이에 대한 논의는 제3부 제5장에서 이루어진다.

특정문화 층위에 대한 고찰은 개별 문헌의 특수성을 드러내면서 동시에 그것이 언어문화 층위, 사회문화 층위와 어떻게 융합되어 그 문헌의 문화적 가치를 형성하는지를 이해하기 위한 것이다. 이러한 문화적 요소를 문화중층론적 관점에서 접근하여, 그것이 언어에 미친 영향, 사회에 미친 영향 등을 논구할 수 있고, 그 문헌이 가진 가치를 더욱 잘 드러낼 수 있다. 나아가 여러 분야의 한글 문헌 자료들을 일정한 기준에 따라 분류하고 범주화한 후, 특정문화라는 관점에서 통합적으로 연구할 수도 있다. 문헌에 대한 이러한 접근법은 문자로서의 훈민정음에도 대부분 그대로 적용될 수 있다.

4) 사회문화 층위의 연구 내용

사회문화 층위에서는 문자와 문헌에 수용되어 있는 사회적 요소를 분석하고 그것이 갖는 의미를 고찰한다. 집단의 경험과 사회적 특성은 그들이 사용하는 언어와 문자에 투영된다. 그 어떤 문자나 문헌도 그것이 사용되거나 산출된 집단의 정치적 환경과 사회적 배경으로부터 자유로울 수 없다. 고대 이집트문자에는 성각문자Hieroglyph, 신관문자Hieratic, 민중문자Demotic 등이 있었는데, 이들의 용도는 각각 달랐다. 성각문자는 파라오와 관련된 일을 기록하는 데 쓰였고, 신관문자는 제의용 문자였으며, 민중문자는 일반 문서 작성에 상용된 문자라는 사회적 맥락을 가진다. 이집트문자에는 표의문자는 물론 표음문자도 포함되어 있으며, 표음문자가 타 지역으로 전파되어 새로운 문자가 만들어지는 데 영향을 미쳤다.

수메르인들이 만든 쐐기문자(=설형문자)는 점토판에 뾰족한 형태의 필기도구로 썼으며, 물품의 출납을 기록하는 등 경제 활동을 뒷받침하였다. 페르시아문자의 형성에도 수메르문자가 영향을 미쳤다. 페니키아문자는 히브

리문자와 그리스문자 등에 영향을 미쳤으며 라틴문자로 발달하는 바탕이 되었다.

중국의 한자가 수천 년을 거쳐 오면서 한자에 적층積層된 사회문화적 특성은 문자학의 탐구 대상이 되어 왔다. 『설문해자』를 필두로 한 중국의 문자학은 한자에 적층된 사고방식과 생활문화의 변천을 자형 변화와 관련지어 밝히려 했다.

한반도에서 한자를 빌려 우리말을 표기해 온 노력의 결과가 이두·구결·향찰 등의 차자표기이다. 차자표기법에는 한자를 변용하여 우리말을 표기하려고 했던 당대인의 인식과 사회문화적 특성이 녹아들어 있다.[44] 차자표기법의 한계를 극복한 훈민정음에는 차자의 전통과 원리가 작용하였을 것이다. 음소문자로 창안되어 음절문자처럼 쓰도록 한 훈민정음에는 다양한 학술 문화적 요소와 한문자를 사용해 온 사회적 배경이 함장含藏되어 있다. 훈민정음에 용융되어 있는 이러한 특성을 연구하려는 것이 문화중층론의 문자론 연구이다. 이 연구는 훈민정음이 수백 년 동안 사용되어 오면서 이 문자에 용해된 사회문화적 특성과 역사적 경험을 찾아내는 것이다.[45] 문자 훈민정음과 문헌 『훈민정음』에 융합된 사회문화적 요소를 찾고 그 의미를 해석하는 것이 사회문화 층위에서 해야 할 작업이다.

---

44 고영근(2007: 30)은 석독구결, 부호구결, 음독구결을 자세히 들여다보면, 우리말과 한문의 문법구조에 대한 깊은 이해 없이는 훈민정음을 창안할 수 없었다고 단언할 수 있고, 훈민정음 해례는 중세까지의 우리의 언어학적 인식체계가 종합된 업적이라고 하였다.

45 문자와 글쓰기 행위에 대한 노마 히데키의 해석은 필자의 관심을 끈다. 노마 히데키(2011: 13-14)는 문자가 만들어졌다고 해서 누구나 이것을 사용할 수 있는 것이 아니고, 문자가 있다고 해서 문장과 텍스트가 성립하는 것이 아니라고 했다. 문자가 문장이 되기 위해서는 단순한 성장이 아니라 '목숨을 건 비약'이 필요하다고 보았다. 쓰기를 위한 문자의 모든 시스템이 작동하려면 문자의 신체(자형)·붓·먹·종이·서법·인쇄술·책이 있어야 하고, 이것들이 텍스트 탄생의 필요조건이라고 했다. 그는 문자로 쓰는 것 자체가 사색이 되고, 사상·사조·정치가 된다고 하였다.

훈민정음의 사회문화적 특성을 고찰한 제4부는 '창제'와 관련된 몇 가지 논점을 중심으로 진행한다. 훈민정음 '창제'의 사회문화적 특성을 논하는 제4부의 연구 대상과 중심 내용은 다음과 같다.

첫째, 훈민정음 '창제'의 사회문화적 특성을 이해하기 위해 먼저 세종시대의 정책과 훈민정음의 창제 배경을 고찰한다. 세종시대의 정책과 훈민정음 창제의 배경을 파악하기 위해 조선 초기의 편민 정책에 관한 역사학자의 연구를 참고하고, 조선왕조실록의 각종 기사를 분석하여 세종이 추구한 편민 정책의 실체를 밝힌다. 세종의 편민 정책이 훈민정음 창제와 어떻게 관련되어 있는지를 논한다. 세종은 국가의 제도를 마련하고 편민 정책의 기초를 닦기 위해 집현전을 대폭 정비하였다. 또한 민생을 안정시키기 위한 국방 정책을 펼쳤다. 남쪽으로는 왜구의 뿌리를 뽑기 위해 대마도를 정벌하고, 북쪽으로는 사군四郡을 안정시키고 육진六鎭을 개척했다. 법치 행정을 위한 문헌을 편찬하였고 농업 기술서와 의약서, 효행록 등의 서적을 간행하였다. 세종은 조선 음악을 정비하고, 단군 제향의 격을 높이는 등 조선의 정체성 강화 정책을 펼쳤다. 이런 정책들은 훈민정음 창제와 연관되어 있다. 이상에서 말한 세종의 정책에 대한 고찰은 제4부 제1장에서 행한다.

둘째, 훈민정음 연구에서 오랫동안 논란이 되어 온 훈민정음의 창제 주체 문제를 재검토한다. 종래의 여러 학자들이 주장해 온 친제설·협찬설·친제협찬설의 대립과 '친제'의 내용 범위를 비판적으로 검토하여 '친제'의 뜻 넓이를 정한다. 이어서 창제 관련 문헌 기록을 종합 정리하고 그 내용을 분석하여, 각 문헌 기록의 가치와 신뢰도를 평가한다. 개별 문헌의 신뢰도 평가를 위해 신뢰도를 수치로 평정評定하고, 그 수치를 모두 합산하여 어느 설이 높은 신뢰도 점수를 획득하였는지 검증한다. 협찬설이 의지하고 있는 추론적(=가정적) 논거를 종합 정리하고 그 타당성을 평가한 후 필자의 판단을 제시한다. 필자가 취한 이 연구 방법은 창제 관련 자료를 수집하여 그 자료의 텍스트 내용을 분석하고, 각 자료의 신뢰도를 계량적으로 평정하여 합산하는 것이 핵심이다. 이에 대한 논의는 제4부 제2장에서 행한다.

셋째, 훈민정음의 사회적 특성을 이해하기 위해서 훈민정음 창제 목적을 정립한다. 세종이 어제 서문에서 훈민정음 창제 목적을 분명히 밝혔음에도 불구하고, 연구자들의 학문적 관심에 따라 서로 다른 주장들이 제기되어 왔다. 필자는 훈민정음 창제 목적 정립에 필요한 객관적 판단 기준을 세우기 위해, 훈민정음 창제와 관련된 문헌 기록을 모두 집성하여 각 문헌의 내용을 분석하고 그 가치를 평가한다. 창제 목적과 창제한 문자가 쓰이면서 획득할 수 있는 효용성을 구별할 필요가 있음을 강조하고, 창제 목적에 설정된 세부 목적 간의 차이를 논한다. 이 과정에서 훈민정음 창제의 주 목적이 한자음 표기에 있다는 주장의 문제점을 논한다. 이 문제는 제4부 제3장에서 다루어진다.

넷째, 최만리 등의 언문 반대 상소문을 분석하여 상소문에 반영된 각종 정보를 추출하고, 사회문화의 관점에서 그 의미를 해석한다. 상소문 텍스트의 구조를 정밀하게 분석하고, 각 구성 단위에 나타난 내용을 요약하여 상소문에 담긴 정보를 드러내고 그 의미를 해석한다. 이두에 대한 당시 지식인의 인식과 언문에 대한 인식 태도의 차이, 고유문자 창제가 갖는 대명對明 외교상의 문제점, 최만리 등의 상소문이 갖는 역사적 의의 등을 고찰한다. 이 상소문이 갖는 공과功過를 검토하고 상소문에 대한 합당한 평가를 시도한다. 최만리 등의 상소문에 대한 분석과 해석은 제4부 제4장에서 이루어진다.

다섯째, 『훈민정음』 해례본의 활용과 후대의 학문적 수용은 훈민정음의 사용과 관련되어 있다. 세종 당대에는 서리 선발 시험에 훈민정음을 부과했고, 동궁의 서연書筵 강좌에 '언문'이 포함되어 있었다. 세조 대에도 문과 초장 시험에 훈민정음 강講을 선택할 수 있게 한 정책이 있었다. 서리 선발 시험에는 예의가, 동궁의 서연에서는 『훈민정음』 해례본이 이용되었을 것으로 보고,

이것이 갖는 사회문화적 의미를 생각해 본다. 이를 위해 『훈민정음』 해례본의 정음편이 후대 문헌에 반영된 양상을 조선 후기의 운학자들이 지은 학술서를 통해 검토한다. 특히 『훈민정음』의 5해1례의 내용이 후대 학자들의 학술서에 반영된 것이 있는지에 주목한다. 제4부 제5장에서 이 주제를 논한다.[46]

5) 통합적 해석

이 책의 마무리를 위해 종장終章을 두었다. 종장 첫머리에서는 제1부~제4부까지 논구한 주요 내용을 요약한다. 간략히 요약하면서 어떤 내용이 중층성과 관련된 것인지 포착한다. 이 과정에서 층위 간 상호 연관되는 요소를 확인하고, 이에 대한 해석 방법을 찾는다. 문화 요소의 해석에 있어서는 층위 간의 구별과 층위 간의 통합을 동시에 고려하는 관점이 필요하다. 필자는 개별 문화 요소가 해당 문화 층위 내에서 어떤 의미를 가지는지 고찰하고, 층위 간의 관련성을 고려하여 통합적 해석을 시도한다. 통합적 해석은 추출된 개별 문화 요소의 층위 간 상호 연계성을 포착하여 설명하는 것이다. 언어문화 층위, 특정문화 층위, 사회문화 층위의 논구論究를 통해 도출된 결과 중에서 층위 간의 연계성이 뚜렷한 문화 요소를 파악하고, 이들을 서로 관련지어 통합적 관점에서 해석한다. 언어문화 층위에서 나온 분석 결과가 사회문화 층위에 어떻게 작용하였는지, 사회문화 층위에서 나온 분석 결과가 언어문화 층위에 어떻게 작용하였는지 상호 영향 관계를 고찰한다.

개별 문화 층위를 아우르는 통합적 해석을 통해 『훈민정음』 해례본과 문

46 역사의 흐름 속에서 훈민정음에 축적된 중층성을 보여 주는 문헌으로 한글 학습자료를 들 수 있다. 예의를 기점으로 하여 『훈몽자회』 「언문자모」에서 밝혀 놓은 음절표 생성 원리가 불교서 등 여러 학습자료에 흡수되어 변용되어 갔다. 특히 서구 지역 외국인의 저술에 들어간 한글 음절표는 19세기에 이런 형식이 국제적으로 확산되었음을 보여 준다. 그런데 한글 학습자료에 대한 연구는 이 책의 연구 범위를 벗어나므로 별도의 논저에서 다룰 예정이다.

자체계가 가진 가치를 온전히 드러낼 수 있다. 그러나 각 층위에서 밝힌 모든 문화 요소가 통합적 해석으로 귀결될 수 있는 것은 아니다. 개별 층위의 문화 요소에 대한 통합적 해석은 연구 대상에 따라 달라진다. 『훈민정음』의 물질적 외형 즉 서지적 특징은 언어문화 요소 및 특정문화 요소와 직접 관련되지 않을 수 있다. 이러한 점들을 숙고하여 통합적 해석에서 논의 가능한 요소를 선별할 것이다.

훈민정음에 대한 통합적 해석으로 나아가기 위해 필자가 설정한 핵심어는 '융합성'과 '중층성' 그리고 '훈민정음에 내재된 태생적 보편 가치'이다. 융합성과 중층성은 다양한 학술 이론과 문화적 요소들이 상호 작용하면서 전개되는 시간의 흐름 즉 역사 속에서 형성된다. 학문적 융합성과 중층성을 가장 잘 보여 주는 것은 훈민정음 문자체계와 문자체계를 생성해 낸 제자론이다. 여기에는 성운학, 문자학, 이두 표기에서 얻은 전통과 경험, 세종의 독창성 등이 융합·중층되어 있다.

4.2. 연구 방법과 그 적용

1) 연구 방법과 적용 대상

문헌과 텍스트, 언어와 기호에 관한 학문 연구의 방법론이 문화중층론의 어느 국면에서 어떻게 적용될 수 있는지 고찰해 보기로 한다. 이 작업은 문화중층론의 이론적 맥락을 살펴 연구 방법을 구체화하기 위한 것이다.

첫째, 실증적 방법은 문화중층론 연구의 기초이다. 『훈민정음』 해례본과 언해본 문헌에 대한 연구에 실증적 방법이 적용된다. 연구 주제와 관련된 문헌 자료의 고찰과 역사적 사실의 검증에는 실증적 방법이 가장 유용하다. 사실(事實 및 史實)의 고증을 중심으로 하는 실증적 연구 없이는 학문으로서의 입론立論 자체가 불가능하다. 실증적 방법은 동양의 전통 학문인 고증학의 특성이기도 하다. 소쉬르 이전의 역사언어학에서도 개별적 언어 사실의 실증적 연구가 주류였다. 학문 일반에서 실증적 연구는 20세기 이후에도 꾸준히 이어져 왔고, 지금도 여전히 유효하다. 이 책에서도 훈민정음과 관련된 문헌 자료 연구에서 실증적 방법이 적용될 것이다. 예컨대 제1부에서 논한 해례본과 언해본의 외형적 분석은 실증적 방법을 중심으로 한다. 제2부 이하 여러 부의 각 장은 모두 실증적 방법을 기반으로 하여 해석학적 방법론을 겸용하고 있다. 연구 방법의 다양성을 확보하고 연구 대상에 알맞은 방법을 선택적으로 적용함으로써 보다 충실한 해석을 얻어 낼 수 있다.

둘째, 연구 대상의 특성에 따라 구조주의적 방법을 적용한다. 소쉬르의 구조주의 방법은 언어체계를 대상으로 한 것이다. 그러나 이 책의 연구 목적은 훈민정음으로 표기된 15세기 언어 자료를 언어학적으로 분석하는 것이 아니다. 본 연구가 훈민정음으로 표기된 15세기 중세국어의 음운과 형태를 논하는 것이 아니므로 언어체계에 초점을 둔 구조주의 방법론을 적용할 필요가 없다. 그러나 언어 텍스트의 분석에서 구조주의적 분석법을 적용할 필요는 있다. 제1부 제1장과 제2장에서 『훈민정음』 해례본과 언해본의 텍스트 구조를 분석할 때 구조주의적 분석법이 적용된다. 훈민정음의 제자론制字論을 논한 제3부의 제2장과 제3장에는 구조주의적 방법이 적용된 부분이 있다. 제자론에 융합된 요소들을 구조적으로 파악하는 것이나, 제자의 작업 단계와 제자론을 상호 관련지어 체계적으로 기술하는 것은 구조주의 방법론을 적용한 것이다.

셋째, 해석학적 방법을 적극적으로 이용한다. 해석학은 텍스트에 내재된 의미 해석을 추구한다. 철학적 방법론으로 발전되어 간 해석학 이론을 여기서 두루 살펴볼 여력은 없다. 소쉬르의 구조주의를 극복하기 위한 리쾨르의 해석학 개념 중에서 필자의 연구에 필요한 부분을 원용한다. 해석학적 방법은 이 책의 여러 장에서 적용되었다. 가장 전형적인 해석학의 적용은 제3부

제3장에서 논한 훈민정음 제자론制字論의 융합성과 그 해석이다. 제3부 제4장의 보편적 가치의 관점에서 훈민정음의 제자론을 논한 것 역시 해석학적 방법론의 적용이다. 훈민정음 창제 목적과 제자론에 내재한 속성을 민주성·과학성·철학성으로 풀어낸 것은 해석학적 방법의 적용 결과이다. 제3부 제5장은 『훈민정음』 해례의 제자론에 대한 비판적 고찰인바, 제자론에 대한 필자 나름대로의 해석을 바탕으로 한 것이다.

넷째, 통시적 방법의 적용이다. 통시적 방법은 시간의 흐름 속에서 연구 대상을 고찰하는 것이다. 문화중층론의 연구 대상(예컨대 문헌과 문자)은 일정한 공간과 시간을 점유하는 존재이며 여기에 작용한 행위자를 전제한다. 문화중층론의 연구 대상인 문자 훈민정음은 이 문자를 만든 창제자와 이 문자를 써 온 수많은 사용자가 작용한 역사적 존재이다. 그리고 『훈민정음』의 문장을 찬술하고, 이것을 책으로 간행하고, 이 책을 장정하고 보존해 온 사람들이 있으며, 후대에 이 책을 이용해 온 사람들이 있다. 훈민정음이란 문자와 『훈민정음』이란 책, 여기에 작용한 행위자와 사용자들은 시간 속의 통시적 존재이다. 행위자와 사용자 그리고 완성물이 겪어 온 변화는 통시적 연구의 대상이다. 세종시대의 정치와 훈민정음 창제의 배경을 고찰한 제4부 제1장, 훈민정음 해례본의 활용과 후대의 수용 양상을 논한 제4부 제5장 등에 통시적 방법이 적용된다. 그러나 문자 훈민정음의 통시적 변화는 이 책의 연구 대상에서 제외된다. 이 주제는 지금까지 이루어진 국어사 연구에서 많이 다루어진 것이다. 그런데 문자 훈민정음의 사용자와 이것의 역사적 추이는 문화중층론의 연구 대상이 될 수 있으나 이 책에서는 이 주제를 다루지 않는다. 이 주제는 한국 어문생활사의 연구 대상으로 삼음이 적절하다.[47]

---

47 필자는 한국 어문생활의 역사, 한글 학습자료의 역사적 변천, 한글의 교육과 확산 등

지금까지 논한 『훈민정음』 해례본의 연구 방법을 요약 정리하면 다음과 같다. 해례본이란 책의 편찬과 간행 과정에 대한 사실 고증에는 실증적 연구 방법이 적용된다. 해례본 텍스트의 구조를 분석하는 작업에는 구조주의 방법이 이용된다. 해례본의 내용이 후대 학자들에게 어떻게 수용되었는지를 시대 흐름에 따라 논하는 데는 실증적이면서 통시적인 연구 방법을 적용한다. 해례본에 담긴 훈민정음의 제자론과 그 의미를 논구한 제3부에서는 구조주의적 방법과 해석학적 방법이 함께 적용된다. 문헌 『훈민정음』과 문자 훈민정음을 연구하는 데는 실증적 방법, 구조주의적 방법, 통시적 방법, 해석학적 방법이 모두 필요하다. 연구 대상과 관련된 사실을 고찰하고, 이들의 역사적 전개 과정을 다룬 제4부에서는 실증적 방법과 통시적 방법을 함께 적용한다. 각 장의 결론 및 종장에서 논구 결과가 갖는 의미를 찾을 때는 해석학적 접근을 시도한다.

2) 훈민정음 생성의 개념 구조도와 연구 방법의 적용

문화중층론이라는 연구 방법을 훈민정음에 적용하는 모델 설정을 위해, 문자 훈민정음과 문헌 『훈민정음』의 생성에 작용한 행위자 문제와, 생성된 결과물이 사회 현실 속의 사용자들에게 도달하는 과정을 형식화해 보기로 한다. 이 작업을 통해서 각 단계에 어떤 연구 방법을 적용할 것인지 보다 명료하게 드러낼 수 있다. 앞에서 검토한 문자에 관한 관점(서장 1절), 문화중층론의 이론적 특성(서장 3절), 훈민정음에 대한 층위별 연구 내용(서장 4.1절)을 고려하여 훈민정음의 생성 과정을 개념도 형식의 표로 만들어 본다. 훈민정음이란 문자체계를 창제한 행위 주체와 『훈민정음』을 편찬한 행위 주체를

의 주제를 다루는 별도 글을 집필하고 있다. 이러한 연구 주제는 모두 한글 사용의 사회적 특성에 관한 것이다.

출발점으로 삼아 행위 목표를 설정하고, 행위 목표가 달성되어 산출된 결과물이 사용자에게 이르는 과정을 다음 〈표 1〉과 같은 개념 구조도로 표현할 수 있다.

〈표 1〉 훈민정음 생성의 개념 구조도

행위 주체자(Agent)		행위 목표(Target)		결과물(Output)		사용자(User)
A_1 훈민정음 창제자 =세종	⇨	T_1 제자론의 고안	⇨	O_1 **문자 훈민정음**	⇨	U_1 상하위 전 계층
⇩ ⇧		⇩		⇩		⇩
A_2 훈민정음 해설서 편찬자 =언문팔유[48]+세종	⇨	T_2 제자론의 체계적 정리와 해례 문장 작성	⇨	O_2 **문헌 『훈민정음』**	⇨	U_2 양반층 지식인

〈표 1〉은 훈민정음 창제와 해례본의 생성 과정을 행위 주체와 사용자를 고려하여 중간 과정을 설정하고, 이들 간의 관계를 시간적 순서에 따라 체계화한 것이다. A_1과 A_2는 행위 주체자이다. T_1과 T_2는 행위의 목표이다. O_1과 O_2는 행위 주체자와 행위 목표가 결합하여 이루어진 결과물(=완성물)이다.[49] U_1과 U_2는 이 결과물의 사용자이다.

〈표 1〉에서 각 요소 사이의 화살표는 요소들 간의 작용 방향을 의미한다.

48 '언문팔유(諺文八儒)'는 『훈민정음』 정음해례편의 집필에 참여한 학자 8인(정인지, 최항, 박팽년, 신숙주, 성삼문, 강희안, 이개, 이선로)을 가리킨다. 홍기문(1946下: 165)은 임원준의 「보한재집서」 및 강희맹의 「최항묘지」에 쓰인 '친간명유(親揀名儒)'라는 표현을 검토한 후 '언문팔유'라는 용어를 제시했다. '친간명유'에 비해 '언문팔유'는 8인의 유학자가 관여했다는 뜻을 명료히 드러낼 수 있다. 두 용어를 조합하여 '세종 친간 언문팔유'라고 부르는 것이 가장 정확하다.

49 〈표 1〉의 틀을 문헌 자료에 적용하여 작업 단계를 더 자세히 설정할 수 있다. 결과물(Output) 앞 단계에 텍스트 작성 작업(언해), 편집(판하본 작성), 인쇄(판각, 조판, 쇄출, 장정) 등의 항목을 추가하면 된다. 세조가 행한 『능엄경언해』의 편찬을 이 틀로 기술하면 이 문헌의 생성 과정을 형식화할 수 있다. 다만 문헌에 따라 알려진 정보의 격차가 커서 균질적 기술이 쉽지 않다.

A_1과 A_2 간의 화살표가 상하 쌍방향으로 표시된 것은 세종이 제자론에 담긴 뜻을 언문팔유에게 설명해 주고, 언문팔유가 세종에게 묻고, 세종이 질문에 답하는 대화가 있었음을 뜻한다. 쌍방향 화살표는 이런 과정을 거쳐 문헌 『훈민정음』 O_2가 생성되었음을 뜻한다.

〈표 1〉의 구성 요소 중 문자 훈민정음(O_1)과 제자론에 관한 것(T_1, T_2)에는 구조주의 및 해석학적 연구 방법의 적용이 적절하다. 『훈민정음』 해례본(O_2)의 텍스트 구조와 서지 분석에는 실증적 연구 방법의 적용이 적절하다. 훈민정음 창제와 문헌 『훈민정음』 편찬에 관여한 행위자 A_1과 A_2에 관련된 연구에는 실증적 방법 및 해석학적 방법을 적용한다. 『훈민정음』 해례본의 편찬에 참여한 행위자(세종+언문팔유) 문제는 해례본의 구조와 서지를 논하면서 간단히 언급하고(제1부 제1장), 훈민정음 창제의 행위자(창제 주체) 문제는 제4부 제2장에서 논한다. 제4부에서 다루어지는 세종시대의 정치와 훈민정음 창제의 배경, 훈민정음의 창제 주체와 창제 목적, 언문 반대 상소문 등에 대한 고찰은 훈민정음의 생성 과정에 작용한 행위자와 관련되어 있다. 여기에서는 실증적 연구 방법을 바탕으로 하면서 해석학적 방법을 겸용할 것이다. 훈민정음 언해본 번역에 참여한 행위자(세종+학자) 문제와 번역 과정에 대한 고찰(제1부 제2장의 3절)에서도 동일한 연구 방법이 적용된다.

제자론(제자 원리+운용법)을 만들고, 이를 적용하여 조선어음을 분석한 후 제자 대상이 되는 음성 목록을 작성하고, 이를 체계화하여 자형을 형상화하는 작업은 〈표 1〉의 T_1(제자론의 고안)에 해당한다. 이 작업은 『훈민정음』 텍스트에 기술된 내용을 근거로 추론하는 것이기 때문에 텍스트에 대한 구조 분석과 해석의 방법을 적용한다. T_2(제자론의 체계적 정리)는 세종과 언문팔유가 공동으로 행한 정음해례편 문장 작성 및 다듬기 작업에 해당한다. 이와 관련된 문제는 제3부 제2장에서 집중적으로 다루어진다. 훈민정음 창제의 작업 단계를 재구성하여 각 단계에 적용된 제자론과 관련지어 고찰하는 제3부

제2장에는 구조주의적 방법과 해석학적 방법이 적용된다. 제자론의 융합성을 논하는 제3부 제3장과 창제 목적 및 제자론의 보편적 가치를 논하는 제3부 제4장에서는 해석학적 방법을 중심으로 논의가 진행된다.

O_1 즉 문자 훈민정음은 초성체계, 중성체계, 성조를 표기한 방점체계로 세분된다. 창제 주체자로서의 세종이 창제한 정태적 결과물이 훈민정음 문자체계 O_1이다. O_1에는 성리학·성운학·문자학·차자법의 경험 등을 통해서 익힌 이론과 세종이 창안한 방법론이 녹아들어 있다. 1443년 12월에 훈민정음을 창제하고 세종이 '약게예의略揭例義'한 후에 최만리 등의 상소문 사건이 일어났고(1444.2.20), 그 후의 어느 시점에 세종의 명을 받은 언문팔유가 정음해례편 편찬을 시작했을 것이다. 정음해례편의 편찬 작업을 하면서 창제 작업 과정에 적용되었던 제자론이 더 다듬어지고 이론적 체계화를 거쳐 문장으로 표현되었을 것이다. 특히 제자론에 적용된 성리론은 문장화 작업을 거치면서 정련된 모습을 갖추게 되었을 것이다. O_1에는 이런 과정을 거친 정제되고 다듬어진 제자론이 담겨 있다. 필자는 훈민정음 창제에 적용된 제자론을 보다 명료하게 파악하기 위해, O_1을 만들어 낸 작업 단계를 재구성하고 각 단계에 적용된 제자론을 도표에 담아 질서화하였다(제3부 제2장 〈표 1〉).

O_1에 대한 연구는 제자론의 학문적 의미와 배경, 제자론에 미친 외부 학문의 영향 등을 밝혀야 하는 것이어서 '체계'를 중시하는 소쉬르의 구조주의 이론을 적용할 수 있다. 정태성을 띤 훈민정음 문자체계의 연구에는 구성 요소의 관계를 중시하는 구조주의적 방법이 적절하다. 그러나 이것만으로는 한계가 있다. O_1의 연구에는 체계적 관점의 접근과 함께 실증적 연구 및 해석학의 방법을 함께 적용하는 것이 적절하다.

문헌 『훈민정음』 즉 O_2는 임금(세종)으로부터 훈민정음 해설서를 지으라고 명을 받은 언문팔유가 훈민정음 창제자인 세종의 지도를 받아 완성한 결과물이다. 해례본은 훈민정음이란 새 문자가 완성된 이후에 이 문자를 창제한 목적을 세상에 공포하고, 문자체계에 담긴 성리론과 자형에 담긴 학문적 이치를 다섯 개의 해解에 담은 책이다. 물질적 형태로 구현된 이 책에는 훈민정음의 정수精髓가 담겨 있다. 이 책이 존재함으로써 훈민정음의 문자체계와 제자론의 실체가 드러나게 되었다. 정음해례편 제자해에 나온 용어를 빌려 표현하면, 문자 훈민정음의 제자론이 '定質정질' 또는 '質成질성'한[50] 것이 『훈민정음』이란 책이다. 이 책을 깊이 이해하는 것이 훈민정음 연구의 출발점이다. 『훈민정음』 해례본의 형태서지적 특징, 해례본 텍스트의 구조적 특성, 해례본에 쓰인 한자와 한자어의 특성, 해례본에 반영된 당시 조선어의 실상 등이 주요 연구 대상이다. 현전하는 해례본에 가해진 후대의 변개變改 요소도 밝혀야 한다.

문헌 『훈민정음』의 정음편을 번역한 훈민정음 언해본은 O_2의 일부를 다른 문자 텍스트로 바꾼 것이다. 언해본 번역문에 담겨 있는 우리말의 특성, 번역의 양상, 성립 시기 등을 연구 문제로 삼는다.

〈표 1〉의 행위 주체자 A와 사용자 U는 문자 훈민정음과 문헌 『훈민정음』의 외부에 놓인 사람이다. U_1과 U_2는 결과물의 개별 사용자이다. 행위 주체자는 결과물 산출 이전 시점에 놓여 있고, 사용자는 결과물 산출 이후 시점에 놓여 있다. 문자 훈민정음은 조선시대의 상하 전 계층(왕부터 소수 하층민까지)이 사용했고, 문헌 『훈민정음』은 간행 직후에 소수의 양반층 지식인이 이용했을 뿐이다. 훈민정음 창제의 정치적 배경에 대한 연구는 행위 주체자 A와 관련되어 있고, 이 문자에 관한 국가 정책, 『훈민정음』을 후대인

50 이 용어들은 제자해에서 가져온 것이다. 나무와 쇠는 음양이 '定質(정질)'된 것이고, 초성의 음성적 속성은 剛柔(강유)와 五行(오행)이 겉으로 드러나 '質成(질성)'한 것이라고 하였다. 木金陰陽之定質 故闢 〈정음해례7a_5〉. 初聲者或虛或實或颺或滯或重或輕, 是則剛柔著而五行之質成焉, 地之功也 〈정음해례7b_6〉

이 어떻게 활용했는지, 훈민정음이란 문자의 사회적 위상이 어떻게 변천되어 갔는지 등의 문제는 사용자인 U와 관련되어 있다. A와 U에 대한 연구에는 관련 인물과 정책 그리고 문자 사용의 사회적 맥락에 대한 고찰이 필요하므로 실증적 연구와 해석학적 연구가 함께 적용된다. 여기에는 실증적 방법을 기초로 삼고 해석학적 방법을 더해야 의미 있는 연구 결과를 얻을 수 있다.

훈민정음 창제자, 해례본 편찬자, 훈민정음의 제자론, 『훈민정음』 해례본에 관한 연구는 일정한 관계망 속에 놓여 있으므로 이에 대한 연구에는 구조주의 방법론을 적용할 수 있다. 이때의 '구조주의'는 소쉬르가 말한 랑그 체계로서의 언어를 연구하는 구조주의가 아니라 포괄적으로 표현하여 '이론 통합적 방법'이라 부름이 적절하다. 훈민정음 연구는 훈민정음 창제의 정치적 배경, 제자론의 학문적 배경과 이론적 특성, 문자체계를 생성한 제자 원리와 방법, 훈민정음의 사용자, 『훈민정음』이라는 텍스트의 서지 정보, 정음자로 표기된 언어 현상에 관한 연구 주제를 망라한다. 이처럼 다양한 범위의 주제를 연구하려면 실증적 연구 방법을 기본으로 하고, 구조주의적 관점과 해석학의 방법론이 모두 동원되어야 한다. 그리하여 훈민정음 연구 방법은 이론 통합적 성격을 띠게 된다. 훈민정음의 문화중층론은 이런 요소들의 관계와 상호 작용을 파악하기 위해 '문화'와 '중층성'를 열쇳말로 삼아 연구 대상을 들여다보고 해석하는 통합적 연구 방법론이다. 문화론적 관점과 중층성의 관점에서 훈민정음에 접근하는 것이 훈민정음의 문화중층론이다. 문자 훈민정음과 문헌 『훈민정음』에 내재된 여러 가지 문화적 요소를 찾아내어 그것의 의미를 통합적 관점에서 해석하고, 이것의 미래 가치를 탐색하는 것이 훈민정음의 문화중층론이다.

문헌 기반 학문 연구의 일반적 방법론은 연구 자료와 관련된 사실을 실증적 방법으로 고증하고, 고증한 연구 자료를 체계적으로 분석하여, 그것이 가진 역사적 의미를 해석하는 것이다. 역사적 의미 해석에서 더 나아가 이것이 가진 미래 가치를 조망眺望해 낸다면 연구 가치는 더 높아질 것이다.

5. 용어의 정의

이 책에서 사용한 용어들에 대해 각 장의 필요한 부분에서 설명을 해 두었으나 독자 제위의 이해를 돕기 위해 주요 용어의 뜻풀이를 표에 담아 요약 제시한다.

〈표 2〉 이 책에서 사용한 주요 용어의 뜻풀이

용어	정의	비고
훈민정음	세종이 창제한 신제 문자를 격식을 갖추어 부르는 말. 문자체계로서의 훈민정음과 문헌 『훈민정음』을 통칭한다.	창제 목적 '훈민'과 '정음'(한자음 교정)을 명칭에 반영한 공식적 이름. '정음' 혹은 '정음자'로 문자체계를 지칭한다.
언문	세종이 창제한 훈민정음을 일상적으로 이르는 말	창제 당시부터 '훈민정음'과 같이 쓰였다.
『훈민정음』	문자체계 훈민정음을 해설한 책. 『훈민정음』 해례본(약칭은 '해례본')	문자체계로서의 훈민정음과 구별하기 위해 겹낫표(『 』)를 붙인다.
훈민정음 언해본	『훈민정음』의 정음편을 정음자로 번역한 것. 약칭은 '언해본'	한문본 『훈민정음』에 대해 '훈민정음언해'로 표기할 때도 있다. 『월인석보』 권두에 수록
정음편	『훈민정음』 해례본의 어제 서문과 예의를 아울러 이르는 말	종래의 '예의편'과 같은 말
정음해례편	『훈민정음』 해례본의 5해1례와 정인지 서문을 아울러 이르는 말. 편명은 「훈민정음해례」	약칭은 '해례편'
5해1례	제자해, 초성해, 중성해, 종성해, 합자해, 용자례를 묶어서 이르는 말	약칭은 '해례'. 정인지 서문은 제외
결시(訣詩)	다섯 개 해(解)를 산문으로 설명한 뒤 그 내용을 칠언시의 형식에 담아 압축한 시	해례에 '결(訣)'이라 한 것을 하나의 용어로 만들기 위해 '시(詩)'를 붙인 것
정음자	훈민정음체로 쓴 낱자 혹은 음절자를 이르는 말	음소 정음자(초성자 C, 중성자 V)와 음절 정음자(CVC, CV 등)로 나눌 수 있다.
언문자	'정음자'를 평범하게 이르는 말	16세기 이후에 많이 쓰였다.
제자 방법	제자 원리를 제자 수단으로 구체화한 것	'-법'을 접미하여 '상형법', '가획법', '합성법' 등으로 세분한다.
제자 원리	훈민정음 28자를 만든 원리 상형, 가획, 합성(=合而成)	초성 17자의 조음기관 상형과 가획, 중성 11자의 삼재 상형과 합이성 및 이에 관련된 이론을 포함한다.

용어	정의	비고
합이성(合而成)과 합성법	중성 기본자를 합쳐 초출자와 재출자를 만드는 방법	'합이성(合而成)'을 줄여서 '합성(合成)'으로도 쓴다.
합용법(合用法)	초성자와 초성자를 합쳐 쓰는 방법. 각자병서와 합용병서를 모두 이르는 말 중성자와 중성자를 합쳐 쓰는 방법. 중성자 합용은 제자 대상 11자 이외의 중성자를 만든 원리	초성자 합용의 예: ㅺ, ㅄ, ㅶ, ㅽ 등 중성자 합용의 예(동출 합용자, ㅣ상합자): ㅘ, ㅝ, ㅚ, ㅟ, ㆇ, ㆌ 등 종성자 합용에도 적용된다. '합용법'은 운용 방법을 표현한 용어이다.
합용자	합용하여 산출된 글자 초성 합용자, 중성 합용자, 종성 합용자	상동
ㅣ상합자(ㅣ相合字)	한 글자 중성에 ㅣ를 서로 합한 것(一字中聲ㅣ相合者. ㆎ, ㅢ, ㅚ, ㅟ, ㅐ, ㅔ 등)을 'ㅣ相合字'라 칭한다.	정음 해례 중성해에 '相合者'라 표기되어 있다.
운용법	제자한 28자를 이용하여 다른 글자 단위를 만드는 방법	'-법'을 접미하여 '연서법', '합용법', '합자법', '부서법' 등으로 세분한다. 방점법(가점법)과 국한 혼용법까지 포함한다.
운용 원리	운용 방법에 내재한 방법론적 속성을 가리키는 말. 합용, 합자, 부서	'운용법'을 달리 표현한 말
제자론	훈민정음의 제자 원리와 제자 방법, 운용 원리와 운용 방법(운용법)을 포괄하여 이르는 말	제자 방법론과 운용 방법론을 모두 이르는 말
기본음	기본자에 상당(相當)하는 음성형. 기본자 자형을 만들기 전 단계에 속한다.	기본자를 형상화하기 위해 분석해 낸 음을 가리키는 말
기본자	28자 중 가획이 행해지지 않은 초성자 5개와 삼재 상형으로 만든 중성자 3개를 가리키는 말	초성 기본자는 ㄱ, ㄴ, ㅁ, ㅅ, ㅇ 중성 기본자는 ·, ㅡ, ㅣ
자소(字素)	문자를 구성하는 최소 단위. 선, 점, 원 등	선은 가로선, 세로선, 사선으로 세분할 수 있고, 점과 원도 속이 빈 것과 속이 찬 흑원으로 구별할 수 있다.
낱자	초성자와 중성자의 자모자 하나하나. 정음 28자를 개별적으로 가리키는 말	병서자와 합용자는 '낱자'에서 제외된다.
음절자	초성자, 중성자, 종성자가 합쳐져 하나의 음절 단위를 이룬 글자	CV, CVC, CCVCC 등
자모자(字母字)	초성자와 중성자를 합쳐서 부르는 말	
자모 한자(字母 漢字)	예의에 제시된 음가 예시용 한자(君 등). '초성 자모 한자'와 '중성 자모 한자'로 나누어진다.	'음가 예시용 한자'를 달리 부르는 말. 성운학의 성모자(성모 한자)와 다른 한자이다.
음가 예시용 한자	자모자의 음가를 예시하기 위해 쓴 한자	예의에 쓰인 23개 한자(君糾快業 등)를 가리킨다. '자모 한자'를 달리 부르는 말
병서법(並書法)	초성자를 가로(좌→우)로 쓰는 서법	ㄲ, ㅺ, ㅶ 등
각자병서(各自並書)	같은 초성자를 합쳐 나란히 쓰는 것[同字並書]	ㄲ, ㄸ, ㅃ, ㅆ, ㅉ, ㆅ 등 전탁음 표기 병서자
합용병서(合用並書)	다른 초성자를 합쳐 나란히 쓰는 것[異字並書]	ㅅ계 합용병서(ㅺ, ㅼ, ㅽ 등) ㅂ계 합용병서(ㅄ, ㅳ, ㅌ, ㅶ, ㅽ 등)
연서법(連書法)	초성자를 세로(상→하)로 쓰는 서법	ㅸ, ㅱ 등

용어	정의	비고
부서법(附書法)	초성자, 중성자, 종성자를 서로 합하여 음절자를 만드는 서법	'부서'는 음절자를 생성하는 운용 원리이며, 합자법(合字法)의 세부 사항에 해당한다.
합자법(合字法)[51]	초성자+중성자 혹은 초성자+중성자+종성자를 합하여 음절자를 이루는 방법. 음절 합자법. 성음법	'합자'는 낱자를 합치는 운용 원리를 뜻하는 용어
방점(傍點), 방점법	음절자의 왼쪽에 점을 찍어 사성을 구별하는 방법. 평성은 무점(無點), 거성은 1점, 상성은 2점	가점(加點) 혹은 가점법이라 부르기도 한다.
오음(五音)	아음, 설음, 순음, 치음, 후음을 묶어서 이르는 말	성운학의 오음법. 발음기관을 기준으로 붙인 것
오성(五聲)	궁, 상, 각, 치, 우를 묶어서 이르는 말	악률의 오성

〈표 2〉의 용어들[52]은 대부분 학계에서 이미 사용하고 있는 것인데, 그중 일부는 이 책의 집필에 필요하여 필자가 특정한 정의도 있다. 이러한 용어를 중심으로 약간의 설명을 덧붙여 둔다.

단행본으로 간행된 해례본은 『훈민정음』으로 표기하고, '『훈민정음』 해례본'으로 부르거나 '해례본'으로 약칭한다. '훈민정음 언해본'은 『월인석보』 권두에 합철된 것이며, 독립된 단행본이 아니다. 이런 까닭에 '훈민정음 언해본'으로 칭하고 단행본을 지시하는 겹낫표(『 』)를 쓰지 않는다. 지시 대상이 자명한 문맥에서는 '훈민정음 언해본'을 '언해본'으로 약칭한다. '결시訣詩'는 산문으로 다섯 개 해(제자해, 초성해, 중성해, 종성해, 합자해)의 끝에 설명 내용을 각각 칠언시의 형식에 담아 압축한 것이다. 용자례에는 결시가 없다. 제자 원리를 암송하기 좋도록 산문을 운문으로 다시 쓴 것이 결시이다.

'제자 원리'와 '제자 방법'의 구별, '운용 원리'와 '운용법'의 구별, '합성'과 '합용'의 구별, '기본자'와 '기본음'의 구별 등은 엄밀한 용어 사용을 위해 필자가 별도로 설정한 것이다. '제자 원리'는 훈민정음 28자를 만든 원리를 뜻

---

51 각자병서 및 합용병서를 생성하는 원리는 '합용법(合用法)'으로 구별한다.

52 이 표에는 해례본에 쓰인 용어도 있고, 학술적 논구를 위해 만든 용어도 있다. 이상혁(2017)은 『훈민정음』의 예의를 대상으로 하여 〈훈민정음 용어 사전〉 구축 방법을 논한 바 있다. 이런 작업은 이 책의 말미에서 필자가 제안한 〈한글문화유산 데이터베이스〉 구축 사업을 통해 실천할 수 있을 것이다.

한다. 초성 기본자(5개)를 생성한 조음기관 상형, 기본자 5개를 바탕으로 나머지 12개의 초성자를 만든 가획이 초성자의 제자 원리이다. 다시 말해 초성 제자 원리 즉 발음기관 상형법, 가획법은 초성 17자를 생성한 원리이고, 그 밖의 초성자는 운용 원리에 해당하는 연서법과 병서법(각자병서+합용병서)으로 생성한다. 중성 제자 원리 즉 삼재 상형법과 합이성법은 중성 11자를 생성한 원리이고, 나머지 중성자는 운용 원리에 해당하는 합용법으로 생성한다. 다시 말해 중성자 제자 원리는 중성 기본자(3개)를 만든 삼재 상형과, 중성 기본자를 조합해 초출자와 재출자 8개를 만든 '합이성合而成'(줄여서 '합성合成')이다.

'제자 방법'은 제자 원리를 제자의 수단으로 구체화한 것을 뜻하며,[53] '-법'을 접미하여 '상형법', '가획법', '합성법' 등과 같이 표현한다. '운용 원리'와 '운용법'의 구분도 이와 같은 맥락이다.[54] '운용 원리'와 이것을 방법의 뜻으로 표현한 '운용법'은 28자 밖의 합용자(초성 합용자·중성 합용자·종성 합용자)를 만든 원리, 음절자를 만드는 성음법(=합자법), 운소를 표현하는 방점법 등을 포괄하는 용어이다. 예의에서 운용법은 다섯 가지로 나뉘어 연서법, 합용법, 부서법附書法, 성음법成音法(=합자법), 방점법 순서로 서술되어 있다.

'기본음'은 각각의 기본자에 상당相當하는 음을 가리킨다. 기본자 상당음相當音이 기본음이다. 초성 기본자 5개와 중성 기본자 3개를 형상화하려면 각각에 대응하는 음성 단위를 설정해야 한다. 자형이 마련되지 않은 단계에서 '기본자'를 가리키기 위해 '기본음'이란 용어를 쓴다. 국어학계에서는 '기본자'라는 용어는 널리 쓰이나 '기본음'은 널리 쓰이지 않는다. '기본음'은 기

53 국어사전(우리말샘)에 '원리'는 "사물의 근본이 되는 이치", '방법'은 "어떤 일을 해 나가거나 목적을 이루기 위하여 취하는 수단이나 방식"이라 풀이되어 있다. 필자가 '원리'와 '방법'을 구별한 것도 이 풀이와 같다.

54 〈표 2〉에서 운용에 넣어 둔 방점법(=가점법)과 국한 혼용법은 자모자의 범위 밖에 있는 것이어서 논의가 더 필요한 부분이다.

본자로 형상화되기 전의 음을 가리킨다. 제자의 작업 단계로 보면 각 낱자의 자형을 만들기 전에 음성 분석 작업을 먼저 행하였을 것이고, 분석한 음성들 중에서 기본음을 선정한 후 이에 대응하는 기본자를 만들었을 것이다. 이와 같은 작업 단계의 흐름을 기술하기 위해서 '기본음基本音'이란 용어가 필요하다. '기본자'와 마찬가지로 '기본음'이란 용어도 초성과 중성에 모두 적용될 수 있다. 초성에서는 기본자 ㄱ, ㄷ, ㅁ, ㅅ, ㅇ이 표상하는 음가가 초성 기본음으로 선정되었고, 중성에서는 ㆍ, ㅡ, ㅣ가 표상하는 음가가 중성 기본음으로 선정되었다.

『훈민정음』에서 '합이성'[55]은 초성+중성+종성이 합하여 한 음절자를 이루는 경우[56] 및 중성 초출자와 재출자 생성을 표현하는 문맥에서 쓰였다. 전자의 '합이성'을 학계에서 이미 익숙히 써 온 '합자법'이라 칭하고, 후자의 '합이성'을 현대국어 쓰임에 맞는 '합성'[57]으로 줄여서 부르기로 한다.[58]

예의에 "범자필합이성음凡字必合而成音"(4a)이라는 문장에 '성음成音'이란 표현이 나온다. 여기에 쓰인 '성음'은 '음절 합자법'(줄여서 '합자법' 혹은 '음절자법')이라 칭하는 것이 더 적확한 용어가 된다. 필자는 이 책에서 '음절 합자

---

55 해례 제자해에서 초출자(ㅗ, ㅏ, ㅜ, ㅓ)의 설명에는 각각 '合而成(합이성)'을 문면에 노출해 놓았다. 예컨대 "ㅗ與ㆍ同而口蹙, 其形則ㆍ與ㅡ合而成"〈정음해례5a〉과 같다. 그러나 재출자(ㅛ, ㅑ, ㅠ, ㅕ)에는 "ㅛ與ㅗ同而起於ㅣ"처럼 '同(동)'으로 대신하고 구체적 표현을 생략했다.

56 凡字必合而成音 (예의)〈정음4a_4〉. 盖字韻之要 在於中聲 初終合而成音 (제자해)〈정음해례8b_4〉 初中終三聲 合而成字 (합자해)〈정음해례20b_3〉

57 제자해에 '합성(合成)'이 단일어처럼 쓰인 경우가 있는데 이곳의 '합성지자(合成之字)'는 음절자를 가리킨다. 以初中終合成之字言之, 亦有動靜互根陰陽交變之義焉. 〈정음해례8a_3-4〉

58 김유범(2017)은 교과서에서 '합이성'을 '합성'으로 칭하는 것의 문제점을 지적하였고, 김부연(2022)은 '합이성'이 사용된 구문을 자세히 분석한 바 있다. 필자는 중성 초출자와 재출자를 생성하는 '합이성'을 줄여 '합성'으로 부르고, 초성+중성+종성을 결합하는 성음법을 '합자법'으로 구별하여 쓰는 것이 현대국어의 낱말 '합성'과 학계가 써 온 '합자법'의 관용에 알맞은 현실적 선택이라고 본다.

법' 혹은 이를 줄인 '합자법'이란 용어를 쓸 것이다.

'합용법'은 초성자와 초성자를 합치거나 중성자와 중성자를 합쳐 글자를 만드는 '합용合用'[59]을 취한 용어이다. 합용법은 초성자의 낱자를 서로 합하여 합용병서자나 각자병서자를 만드는 방법, 중성 동출자(ㅘ, ㅝ 등)와 ㅣ상합자를 만드는 방법, 종성 합용자를 만드는 방법 등에 두루 적용되는 용어이다.

'ㅣ상합자ㅣ相合字'는 중성해에서 ㆎ, ㅢ, ㅚ, ㅟ 등을 ㅣ상합자相合者라고 표기한 것을 가리킨다. 이 책에서 중성자 중의 하나를 가리키는 용어로 쓰는 'ㅣ상합자'는 'ㅣ相合字'를 뜻한다.

'낱자'는 제자 대상이 된 초성자 17자와 중성자 11자의 자모자 하나하나를 가리킬 때 쓴다. 초성의 각자병서자, 합용병서자, 중성 합용자(ㅘ, ㅝ 등)와 ㅣ상합자는 모두 '낱자'에서 제외된다.

자소字素(grapheme)는 문자학에서 문자를 구성하는 최소 단위를 가리킬 때 쓴다. 한글의 경우 자소를 세로선(ㅣ), 가로선(ㅡ), 원(·, ㅇ), 왼쪽 삐침(ノ), 오른쪽 삐침(㇏)으로 나눌 수 있다[60](홍윤표 2012). 이런 의미의 '자소'는 김상태와 배보은 등에서 말한 '단자소'와 그 개념이 다르다. 김상태(2012: 122)는 훈민정음의 자모자를 '단자소單字素'와 '복자소複字素'로 나누고, 초성 17자와 중성 기본자(·, ㅡ, ㅣ)는 단자소에, 나머지 자음자(연서자, 합용병서자, 각자병서자)와 모음자(초출자, 재출자, 중성 합용자, ㅣ상합자 등)는 모두 복자소에 넣었다. 배보

---

59 해례에 '合用(합용)'이 쓰인 예문은 다음과 같다. 初聲合用則並書 終聲同 〈정음3b_8-4a_1〉. 二字合用者 ㅗ與ㅏ同出於· 〈정음해례16a_6〉. 洪覃自呑可合用 君業出卽亦可合 〈정음해례17a_4〉. 初聲二字三字合用並書, 如諺語·ᄯᅡ爲地, ᄧᅡᆨ爲隻, ·ᄢᅳᆷ爲隙之類. 〈정음해례21a_4〉. 中聲二字三字合用, 如諺語·과爲琴柱, ·홰爲炬之類. 〈정음해례21a_6-21b_1〉. 終聲二字三字合用, 如諺語ᄒᆞᆰ爲土, ·낛爲釣, ᄃᆞᇌ·ᄢᅢ爲酉時之類. 〈정음해례21b_2〉. 其合用並書, 自左而右, 初中終三聲皆同 〈정음해례21b_3〉. 初終合用各並書 中亦有合悉自左 〈정음해례23b_2〉.

60 로마자의 E와 F는 가로선과 세로선이 각각 자소이고, O는 원, Z는 가로선과 사선이 자소이다.

은(2013: 19-30)은 이익섭과 강옥미의 선행 연구 및 문자학 이론을 참고하여 '단자소'를 설정하고, "단자소는 한 언어의 문자체계에서 시각적으로 의미를 구별해 주는 가장 작은 분절 단위"라고 정의했다. 그런데『훈민정음』제자해에서 중성 초출자를 기본자의 '합이성'이라 했기 때문에 '단자소'를 훈민정음에 적용하기 모호한 점이 있다. 김상태는 중성 초출자와 재출자를 복자소에 넣었으나, 배보은의 정의대로 한다면 이들은 모두 단자소에 넣을 수도 있다. 초출자 'ㅗ, ㅏ, ㅜ, ㅓ'는 기본자 ·와 ㅡ, ·와 ㅣ가 결합된 것이어서 단자소로 보기 어렵다. 그러나 배보은의 정의대로 한다면 단자소가 된다. 중성 재출자(ㅛ, ㅑ, ㅠ, ㅕ)도 마찬가지다. '오리:요리'에서 ㅛ는 "시각적으로 의미를 구별해 주는 가장 작은 분절 단위"이기 때문이다. 필자는 홍윤표에서 설정한 '자소' 개념을 그대로 받아들여 쓰고, 정음자 28자를 각각 칭할 때는 '낱자'라는 용어를 쓰기로 한다.[61]

'방점법傍點法'은 '가점법加點法'이라 부르기도 한다. '가점법'은 해례본 예의 말미에 표현된 "좌가일점즉거성左加一點則去聲"과 "입성가점동이촉급入聲加點同而促急"에 쓰인 '가일점加一點'과 '가점加點'에서 취한 용어이다. '가점加點'에 쓰인 '가加'와 '점點'은 '점을 더하다'는 동사구이고 하나의 용어로 쓰인 것이 아니다.『훈몽자회』의 "범자음고저 개이자방점지유무다소위준凡字音高低 皆以字傍點之有無多少爲準"에 쓰인 '방점傍點'은 하나의 용어로 쓰인 것이다. 이 점을 고려하여 필자는 성조 표시법을 '방점법'이라 부르는 것이 적절하다고 생각한다. '가점加點'의 '가加'는 점을 '더함'의 뜻만 있으나 '방점傍點'의 '방傍'은 점의 위치 개념까지 표현하는 장점이 있다. 국어학계에서는 '방점' 혹은 '방점법'이란 용어가 관용화되어 있다.

---

61 이익섭(1992: 14)은 '자소(字素 grapheme)'란 용어를 설정은 했으나 혼동을 줄 염려 때문에 쓰지 않는다고 했다.

'오성'과 '오음'에 대해서는 약간의 설명이 필요하다. 〈표 2〉에서 '오음'은 조음기관에 따른 음류이고, '오성'은 악률의 음류로 구별되어 있다. 이 둘을 구별하지 않고 '오음'이라 칭하기도 하고 위와 같이 구별하기도 한다. 그런데 송본宋本 『광운』에는 '오음五音'이라는 용어를 쓰고서 구체적 음의 명칭에 '순성脣聲', '설성舌聲', '후성喉聲', '치성齒聲' 등과 같이 '성聲'자를 접미해 놓았다[62](성원경 1970: 136). 성원경이 그린 오성, 오음, 오행, 오계五季 대응표에는 아설순치후 음을 '오성五聲'으로, 궁상각치우 음을 '오음五音'으로 분류해 놓았다. 그러나 필자는 학계에 통용되어 온 관례에 따라 전자를 '오음五音', 후자를 '오성五聲'이라 칭한다.

62 凡呼吸文字卽有五音 脣聲 舌聲 喉聲 齒聲 等 (宋本 廣韻) (성원경 1970: 136)

제1부
『훈민정음』의 서지와 내용 구조

제1부의 설정 취지와 논의의 구성

어떤 문헌의 연구를 시작할 때 두 가지 경로로 접근할 수 있다. 하나는 그 문헌의 외형을 분석하는 것이고, 다른 하나는 그 문헌의 내용을 파악하는 것이다. 문헌의 외형 연구는 주로 서지 사항에 관한 것이고, 내용 연구는 텍스트에 사용된 문자, 문자로 표현된 언어 단위(음절, 낱말, 문장, 단락), 언어 단위들이 결합하여 이룬 텍스트를 대상으로 한다. 『훈민정음』에 대한 본격적 연구로 나아가려면 『훈민정음』 해례본과 언해본의 서지 정보와 텍스트의 내용을 정확히 이해할 필요가 있다. 제1부의 제1장에서는 『훈민정음』 해례본의 서지 사항과 내용 구조를 논하고, 제2장에서는 언해본의 서지 사항과 내용 구조를 논한다.

제1장

『훈민정음』 해례본의 서지와 내용 구조

제1부의 제1장에서 다루는 주요 내용은 다음과 같다. 훈민정음의 창제와 완성 기록을 분석하여 연구 대상이 만들어진 과정을 파악한다(1절). 이어서 『훈민정음』 해례본의 몇 가지 형태 서지 사항을 다음과 같이 나누어 고찰한다(2절). 간송본과 상주본의 장정裝幀에 4침안과 5침안이 혼재된 양상을 분석하여 최초 침안 및 장정법에 담긴 중층성에 대해 논한다. 간송본의 전래 경위에 대한 논란을 정리하고, 이 문제에 대한 필자의 생각과 그 근거를 밝힌다. 『훈민정음』 해례본 정음자의 서체를 제자 원리와 연관지어 고찰하고, 『석보상절』과 『월인석보』에 나타난 서체 변화를 파악한다. 이어서 『훈민정음』 해례본의 권두서명을 정하는 문제(3절)와 병서행의 줄바꿈 문제를 검토하여(4절), 학자 간에 엇갈린 이설異說의 해소 방안을 제시한다. 이어서 해례본 전체 텍스트의 개념 구조도를 수형도 형식의 계층적 구조로 표현하고, 『훈민정음』의 예의 및 훈민정음 창제 기사를 근거로 정인지 서문에서 말한 '약게예의略揭例義'의 내용을 재구성해 본다(5절).

1. 훈민정음의 완성과 반포

훈민정음 창제 및 『훈민정음』 완성과 관련된 세종실록의 기록은 다음 세 가지이다.

첫 번째 기록은 훈민정음의 창제를 알려 주는 세종 25년(1443) 12월 30일의 기사[1]이다. 훈민정음 창제 기사에는 훈민정음의 글자 수, 음절 합자법, 문자체계의 특성 등 다음 여섯 가지 정보가 들어 있다. ①창제 주체가 세종이다.[上親制] ②훈민정음의 글자꼴은 한자 서체인 고전古篆을 모방했다.[其字倣古篆] ③초성·중성·종성으로 나뉘고, 이를 합쳐 음절자가 이루어진다.[分爲初中終聲 合之然後乃成字] ④훈민정음으로 중국 한자와 우리나라 말을 다 적을 수 있다.[凡于文字及本國俚語 皆可得而書] ⑤글자가 비록 간요簡要하나 전환이 무궁하다.[字雖簡要 轉換無窮] ⑥이 문자의 이름을 '훈민정음' 즉 '백성을 가르치는 바른 소리'라고 칭한다.[是謂訓民正音] ⑥은 새 문자를 만든 의도가 '훈민訓民'에 있음을 밝힌 것이다.[2] 아주 짤막한 창제 기사에 새 문자가 갖춘 핵심 내용이 요약되어 있다.

이 기사에는 "이달에 임금이 언문 28자를 친히 만들었다."라는 훈민정음 탄생 사실이 명기되어 있다. 세종실록을 편찬한 사관史官이 이 기사를 한 해의 마지막 달, 마지막 날짜 즉 12월 30일에 배치해 둔 점에 유의할 필요가 있다. '이달[是月]'이라고 모호하게 표현한 까닭은 문자 창제 작업이라는 것

---

1 是月 上親制諺文二十八字, 其字倣古篆, 分爲初中終聲, 合之然後乃成字. 凡于文字及本國俚語 皆可得而書, 字雖簡要 轉換無窮, 是謂訓民正音. (세종 25년 12월 30일 기사) 이 책에서 조선왕조실록 기사의 인용 표기는 '세종 25년 12월 30일 기사'와 같이 한다. '세종'은 세종실록을 가리키고, '25년'은 재위 연도를 가리키며, 그 이하는 사건의 월일을 뜻한다.

2 '정음(正音)' 앞에 '훈민(訓民)'을 붙인 것은 새로 만든 정음자가 공용문자로 써 온 한자와 대립하지 않으며, 훈민을 위한 것임을 천명한 것이다.

이 완성 날짜를 특정하기 어려운 속성을 지니기 때문일 것이다. 문자 창제 작업은 단기간에 뚝딱 이루어질 수 있는 일이 아니라, 장기간에 걸쳐 진행될 수밖에 없다. 이 기사를 쓴 사관은 훈민정음이란 문자체계가 '언제 창제되기 시작하여, 얼마 동안 진행되다가, 언제 완성되었는지' 정확히 알 수 없었기에 창제 결과물의 전모가 알려진 시점을 '이달'로 표현한 것이다.[3]

문자 창제 작업이 갖는 이러한 특성을 고려하여 기존의 통념 하나를 바로잡고자 한다. 흔히 사관史官이 훈민정음 창제의 완성 시기를 '이달'이라고 막연히 기록한 까닭은 훈민정음 창제가 세종의 '비밀 프로젝트'였기 때문이라고 말한다. 필자가 이 말에 동의하지 않는 근거는 다음과 같다. 세종이 최만리 등 언문 반대 상소에 가담한 자들을 불러서 그 경위를 질문하는 중에 "전번에 김문金汶이 아뢰기를, '언문을 제작함에 불가할 것은 없습니다.'라고 하였는데, 지금은 도리어 불가하다고 말하는구나."[4]라고 말한 내용(1444.2.20)이 있다. 그리고 세종은 앞뒤로 말을 바꾼 김문을 국문鞫問하여 그 사유를 아뢰라는 특별 명령을 내렸다. 세종실록의 이 기록은 세종이 김문을 포함한 신하들에게 훈민정음 창제의 가부에 대해 물은 적이 있음을 증언한 것이다. 다만 '전번에[前此]'라고 표현한 것이 정확히 언제였는지 알 수 없을 뿐이다. 필자는 이 기록에 근거하여 세종이 훈민정음 창제를 적어도 조정 내부에서 비밀스럽게 진행한 것은 아니라고 생각한다.[5]

훈민정음 창제 시점을 알려 주는 또 다른 기록은 훈민정음 완성 기사 뒤

---

3 한영우(2021: 11)는 세종이 훈민정음을 공표할 때 섣달그믐을 택한 이유를 전혀 다르게 보았다.

4 前此金汶啓曰 '制作諺文, 未爲不可' 今反以爲不可. (세종 26년 2월 20일 기사)

5 최만리 등의 상소문에, 이 일이 "만일 중국에라도 흘러들어 가 혹시라도 비난하여 말하는 자가 있사오면, 어찌 사대모화에 부끄러움이 없사오리까.[若流中國, 或有非議之者, 豈不有愧於事大慕華.]"라는 말이 있다. 이 말을 통해 상소문 제출 당시까지 정음 창제가 명나라에 알려지지 않았음을 알 수 있다.

에 실린 정인지 서문이다.[6] 정인지 서문에서 "계해년 겨울에 우리 전하께옵서 정음 28자를 창제하셨다."[7]라고 쓴 문장은 훈민정음이 계해년(세종 25, 1443) 겨울에 창제되었음을 증언한다. 실록 기사에서 '이달'이었던 것이 '겨울'로 바뀌어 시간적 범위가 더 넓게 표현되어 있다. 이렇게 표현한 것은 문자 창제 작업의 성격상 그 날짜를 특정하기 어려웠기 때문이다.

훈민정음에 관한 두 번째 기록은 최만리 등이 올린 언문 반대 상소문 관련 기사이다. 세종실록의 1443년 12월 30일 기사에 훈민정음 창제 기록이 실려 있고, 이로부터 두 달이 채 못 된 1444년 2월 20일에 최만리 등이 훈민정음 창제를 비판하는 상소를 올렸다.[8] 최만리 등의 상소문은 훈민정음 창제를 둘러싼 정황을 일부 알려 주는 중요 자료이다. 이 상소문의 가치와 여기에 담긴 정보의 정밀한 분석과 해석은 제4부 제4장에서 다룬다.

훈민정음에 관한 세 번째 기록은 훈민정음 완성 기사이다. 세종 28년(1446) 9월 29일 기사[9]에 "이달에 훈민정음이 완성되었다."로 시작하여 세종의 어제 서문, 예의, 정인지 서문이 잇달아 수록되어 있다. 이 기사는 『훈민정음』이란 책이 언제 완성되었는지를 알려 준다. 따라서 문자 훈민정음이 창제된 때는 1443년 12월이고, 책 『훈민정음』이 완성된 때는 1446년 9월이 된다. 1443년 12월 30일의 창제 기사가 훈민정음이란 문자체계의 탄생을 알린 기록이라면, 1446년 9월 29일의 기사는 이 문자의 해설서가 완성된 때를 알려 주는 기록이다.

---

6 이 서문은 해례본 말미에 실린 것과 같다.

7 癸亥冬 我殿下創制正音二十八字. (정인지 서문)

8 庚子, 集賢殿副提學崔萬理等上疏曰 臣等伏覩諺文制作, 至爲神妙, 創物運智, 敻出千古. 然以臣等區區管見, 尙有可疑者, 敢布危懇, 謹疏于後, 伏惟聖裁. (최만리 등의 상소문, 세종 26년 2월 20일 기사)

9 是月, 訓民正音成. 御製曰 國之語音, 異乎中國, 與文字不相流通, 故愚民有所欲言, 而終不得伸其情者多矣. 予爲此憫然, 新制二十八字, 欲使人易習, 便於日用耳. (세종 28년 9월 29일 기사)

세종은 1443년 12월 즈음에 새 문자 창제 작업을 1차로 마무리하였다. 그 후 '어느 때'인가 집현전 대제학 정인지를 비롯한 언문팔유諺文八儒에게 새 문자의 해설서를 편찬하도록 명하였다. 해례본의 편찬을 명한 기록이 조선왕조실록에 없어서 해례본 편찬이 언제 시작되어, 어느 정도의 시일이 소요되었는지 알 수 없다. 해례본 편찬을 명한 것은 짐작건대 최만리 등이 상소문을 올린 1444년 2월 20일 이후로 봄이 적절하다. 최만리 등의 상소문에 "어찌 옛부터 쓰여 온 폐단 없는 글을 고쳐서 비루하고 상스러우며 무익한 글자를 따로 만드시옵니까?"[10]라는 말이 있다. 이 상소문에서 최만리 등은 언문을 "비루하고 상스러우며 무익한 글자[鄙諺無益之字]"이며, "새롭고 기이한 한 가지 기예[新奇一藝]"[11]에 지나지 않는 것이라고 심하게 폄하했다. 세종이 해례본 편찬을 명한 것에는 최만리 등의 이러한 비판에 자극받은 바가 있었을 것이다. 즉 훈민정음에 담긴 운학 및 성리학적 이치를 드러내어 훈민정음이 결코 비루하거나 신기한 기예가 아님을 보여 주기 위한 세종의 뜻이 해례본 편찬에 담겨 있다. 『훈민정음』의 편찬은 새 문자의 '제도화'를 위한 첫 걸음으로 새 문자의 역사적 의의를 대내외에 공표하고 성리학적 정당성을 확보하기 위한 것이다(석주연 2010: 215).

"訓民正音成훈민정음성"이란 문장은 『훈민정음』 해례본이 책으로 완성되었음을 뜻한다.[12] 나라에서 책을 편찬 간행하여 이를 정부의 주요 기관과 신

---

10 何用改舊行無弊之文, 別創鄙諺無益之字乎. (최만리 등의 상소문)

11 今此諺文不過新奇一藝耳. (최만리 등의 상소문)

12 이동석(2017: 236-237)은 세종실록의 "是月治平要覽成(시월치평요람성)"(세종 27년 3월 30일 기사), "諸家曆象集成(제가역상집성)"(세종 27년 3월 30일 기사), "是月東國正韻成 凡六卷 命刊行(시월동국정운성 범육권 명간행)"(세종 29년 9월 29일 기사)이라는 기사에 책의 완성을 '서명+成'으로 표현한 사례를 들고, '訓民正音成(훈민정음성)'이 책의 완성임을 재확인하였다. "東國正韻成" 뒤에 "凡六卷 命刊行"이 첨기된 점으로 보아 '서명+成'에서 '成'은 원고본의 완성을 뜻한다. 원고가 완성되면 한 부를 정서한 후 왕에게 진상하여 간행을 명(命) 받았음을 보여 준다.

하들에게 나누어 주는 것을 '반사頒賜'[13](=나누어 줌)라 하는데, 이를 '반포頒布'(=나누어 배포함)라 부르기도 한다. 이런 점에서 『훈민정음』 해례본의 완성 기사를 훈민정음 '반포'로 간주하는 것이 일반화되어 있다.[14] 그런데 세종실록에는 『훈민정음』이 완성되었다는 기사만 있고, 간행한 책을 조정 내외에 반사頒賜했다는 기록은 없다. 조선왕조실록에는 책의 출판과 반사에 관한 사실을 싣지 않은 경우가 적지 않다.[15] 현전하는 간송본과 상주본은 권두가 결락되어 내사기內賜記 혹은 선사지인宣賜之印이 확인되지 않는다. 그러나 상식적으로 생각건대, 임금이 명하여 완성한 책을 간인刊印하여 관계자들에게 배포하지 않았다고 보기 어렵다.

해례본의 권말에 붙은 정인지 서문 끝에 "正統十一年九月上澣정통십일년구월상한"이 나오는데 이는 서문을 쓴 때이다. 1446년 9월 상한(1~10일)에 서문을 썼다고 했으므로 이때 해례본 원고가 완성되었을 것이다. 원고 완성 후 곧 판각 작업을 하였을 터이니 1446년 정인지가 서문을 쓴 9월 상한 직후에 판각을 시작하여 9월 29일경에 『훈민정음』이란 책이 완성된 것으로 보인다. 정인지가 서문을 쓴 9월 상한부터 9월 29일까지는 25일 정도밖에 안 된다. 판각하고 인쇄하여 제본과 장정을 하는 등의 작업을 마치기에 기간이 짧은 느낌이 들지만, 『훈민정음』을 완성시키려는 세종의 명에 의해 판각과 인출 작업이 신속하게 진행되었을 수 있다. 훈민정음 창제와 해례본의 완성 과정을 표에 담아 요약하면 다음과 같다.

---

13 '반사(頒賜)'는 '반포(頒布)'와 거의 같은 뜻으로 보아도 무방하다.

14 『훈민정음』 완성(해례본 완성) 기사를 훈민정음 '반포'로 볼 수 있는가에 대한 문제 제기도 있으나 자세히 언급할 필요는 없다고 생각한다.

15 훈민정음에 관한 조선왕조실록의 기사는 그 소루(疏漏)함이 적지 않다. 일찍이 안병희(2004: 13-14) 선생이 이 점을 거론한 바 있다.

〈표 1〉 훈민정음 창제와 『훈민정음』 해례본의 완성 과정

훈민정음 창제	최만리 등의 상소	해례본의 완성과 반포
세종 25년(1443) 12월 30일	세종 26년(1444) 2월 20일	세종 28년(1446) 9월 29일
"이달에 임금이 언문 28자를 친히 만들었다."	"집현전 부제학 최만리 등이 상소를 올려 말하였다."	"이달에 훈민정음이 완성되었다."

1443년 12월과 1446년 9월 사이에 『훈민정음』 편찬이 진행되었고, 이 과정에서 '팔자가족용八字可足用'과 같은 단서 조항이 추가되고, 제자 원리와 운용법 등의 제자론이 문장화되었을 것이다. 『훈민정음』 해례본을 편찬한 목적은 훈민정음의 제자에 담긴 성리론과 성운학 이론 그리고 문자학적 이치를 설명하기 위함이다. 해례본의 내용 구성에 의거하여 이 책의 편찬 목적을 다음 네 가지로 세분하여 말할 수 있다.

첫째, 정음편의 어제 서문은 훈민정음 창제 목적을 밝히기 위한 것이다. 둘째, 정음편의 예의例義는 28개 자모자의 자형과 그 음가를 보이기 위한 것이다. "ㄱ 牙音 如君字初發聲ㄱ 아음 여군자초발성"에서 'ㄱ'이 '예例'이고, 그 이하는 '의義'(풀이)에 해당한다(정광 2009a: 243). "ㄴ 舌音 如那字初發聲ㄴ 설음 여나자초발성"에도 동일한 설명이 적용된다. 중성자의 경우 "ㅏ 如覃字中聲ㅏ 여담자중성"에서 'ㅏ'가 '예'이고, 그 이하는 '의'이다. 글자에 따라 예의의 내용과 형식에 약간의 차이가 있다. 셋째, 정음해례편의 5해1례는 정음자의 제자 원리, 새 문자의 운용법, 표기 규정 등을 성운학·성리학·문자학 이론으로 설명하고, 정음자로 조선어를 적은 예시를 보이기 위한 것이다. 넷째, 정음해례편의 정인지 서문은 이두의 불편함을 해소한 훈민정음의 뛰어남과 해례본 편찬 경위를 설명하기 위한 것이다.

훈민정음 창제를 완성하고 이어서 세종은 해례본을 편찬했다. 해례본 내용에는 최만리 등이 상소문에서 비판한 점을 의식하고 이를 해명한 듯

이 보이는 부분이 있다. 최만리 등은 상소문에서 "어찌 옛부터 쓰여 온 폐단 없는 글을 고쳐서, 비루하고 상스러우며 무익한 글자를 따로 만드시옵니까?"라고 하며 정음 창제를 비판했다. 또 그는 "이번의 언문은 새롭고 기이한 한 가지 기예技藝에 지나지 않는 것으로서, 학문에 손실을 끼치고 정치에 유익함이 없으므로, 다시 헤아려 보아도 그 옳음을 찾을 수 없사옵니다."라고 주장했다. 최만리의 이러한 비판에 대해 정음해례편 제자해에서 정음자의 자형은 고전을 본받아 상형의 원리에 따른 것이고, 제자 원리에는 천지인 삼재론과 음양오행의 성리학 이치가 담겨 있음을 말하고 있다. 훈민정음의 이치가 성리학적 정당성을 가진 것임을 보여 주려고 하였다. 해례본 특히 정음해례편은 보통의 백성이 아니라 한문에 익숙한 양반 지식인 독자를 대상으로 지은 것이다. '언문諺文'은 한갓 기예에 불과하며, 성리학 공부를 방해하는 것이라고 여긴 최만리 등 당시의 유학자들에게 훈민정음에 담긴 성운학 원리와 성리학적 이치를 이해시키기 위해 지은 글이 정음해례편이다.

훈민정음이 학문에 손실을 끼친다고 한 최만리 등의 주장은 정인지가 그의 서문에서 비판하였다. 정인지는 "정음으로 서적을 번역하면 가히 그 뜻을 알 수 있고, 한자 자운의 청탁을 능히 판별할 수 있다."[16]라고 하며 훈민정음의 학문적 효용성을 들어 최만리 등을 논박했다. 훈민정음이 정치에 유익함이 없다는 최만리의 비판에 대해서는 "훈민정음으로 송사를 듣고 기록하면 가히 그 정상情狀을 알 수 있고, 악가 율려를 능히 조화롭게 할 수 있다."[17]라고 하며 훈민정음의 정치적 효용성을 설명하였다. 당시에는 음률도 정치의 한 방편으로 보았기 때문에, 훈민정음이 음률을 조화롭게 할 수 있

16 以是解書, 可以知其義. 字韻則淸濁之能辨. (정인지 서문)
17 以是聽訟, 可以得其情. 樂歌則律呂之克諧. (정인지 서문)

다고 말한 것이다.

2. 『훈민정음』의 형태 서지와 내용 구조

2.1. 『훈민정음』 해례본의 형태 서지

2.1.1. 간송본의 서지 사항

『훈민정음』 해례본은 간송미술관에 소장되어 있는 33장 1책의 목판본이다. 안병희(1997: 193), 김슬옹(2015a), 정우영(2015) 등 선행 연구를 참고하고,[18] 필자가 확인한 기본 정보 몇 가지를 추가하여 해례본의 서지 사항[19]을 정리하면 다음 〈표 2〉와 같다.[20]

〈표 2〉 『훈민정음』 해례본(간송본)의 서지 정보

구분 \ 문헌	해례본	
판종	목판본	
표지서명	없음(표지가 개장改粧됨)	
권두서명	정음편	訓民正音(이용준이 보사補寫한 것)
	해례편	訓民正音解例
판심서명	정음편	正音(이용준의 보사補寫도 있음)
	해례편	正音解例

18 안병희(1997: 193)에 언급되어 있듯이, 책 크기와 광곽 크기 등에 대한 기록은 이상백(1957: 영문 요약 p.8)과 김민수의 『주해훈민정음』(1957: 98)에 있다.

19 해례본과 언해본의 서지 정보는 정우영(2015)에 종합 정리되어 있다. 정우영은 간송본의 책 크기가 학자에 따라 약간의 차이가 있음을 지적하고, 김슬옹(2015: 55)을 따랐다고 밝혀 놓았다.

20 『훈민정음』 한문본과 언해본의 간행 시기와 현전하는 이본들의 연관성에 대한 정리는 임용기(1991b: 695)가 작성한 표를 참고하기 바란다. 김주원(2013a: 303-305)은 실록본의 교정과 재간행 과정, 정족산사고본과 태백산사고본의 차이점을 정밀히 분석하여 『훈민정음』 정음편 텍스트의 특성과 그 변이에 대한 이해 수준을 높였다.

<table>
<tr><th colspan="3">구분 / 문헌</th><th colspan="2">해례본</th></tr>
<tr><td colspan="3">권말서명</td><td colspan="2">訓民正音</td></tr>
<tr><td colspan="3">책 크기</td><td colspan="2">세로 29.3cm[21]
가로 20.1cm</td></tr>
<tr><td colspan="2" rowspan="2">장수(張數)</td><td>정음편</td><td>4장</td><td rowspan="2">33장</td></tr>
<tr><td>해례편</td><td>29장</td></tr>
<tr><td colspan="2" rowspan="2">반곽(半郭) 크기</td><td>정음편 4a*</td><td colspan="2">세로 22.6cm
가로 16.1cm</td></tr>
<tr><td>해례편 1a</td><td colspan="2">세로 22.6cm
가로 16.0cm</td></tr>
<tr><td rowspan="8">판식</td><td rowspan="4">정음편</td><td>광곽</td><td colspan="2">사주쌍변(四周雙邊)</td></tr>
<tr><td>계선</td><td colspan="2">유계(有界)</td></tr>
<tr><td>행관</td><td colspan="2">반엽 7행 11자</td></tr>
<tr><td>판심</td><td colspan="2">흑구,[22] 상하 하향 흑어미, 장차(張次) 번호</td></tr>
<tr><td rowspan="4">해례편</td><td>광곽</td><td colspan="2">사주쌍변(四周雙邊)</td></tr>
<tr><td>계선</td><td colspan="2">유계(有界)</td></tr>
<tr><td>행관</td><td colspan="2">반엽 8행 13자</td></tr>
<tr><td>판심</td><td colspan="2">흑구, 상하 하향 흑어미, 장차(張次) 번호</td></tr>
<tr><td colspan="3">장정</td><td colspan="2">4침안, 개장(改粧)</td></tr>
<tr><td colspan="3">지질</td><td colspan="2">닥종이[楮紙]</td></tr>
</table>

〈표 2〉는 간송미술관 소장 『훈민정음』의 서지 정보이다. 〈표 2〉에 적은 서지 정보 중 주요 사항 몇 가지에 대해 보충 설명을 해 둔다.

21 이 크기는 안병희(1997: 193쪽 제4행)에 있는 것이며, 문화재청 누리집에도 올라가 있다. 김슬옹(2015a: 55)은 책 크기를 세로 28.9cm, 가로 20.0cm로 보고하여 안병희(1997)의 보고와 약간 다르다. 안병희가 측정한 것과 세로 길이는 0.4cm, 가로 길이는 0.1cm 차이를 보인다. 가로 길이는 오차 범위 내라고 볼 수 있지만 세로 길이는 차이가 크다. 길이를 잰 위치가 서로 달랐던 듯하다.

22 판구(版口)의 색에 따라 크게 흑구(黑口)와 백구(白口)로 나누고, 백구 바탕에 수직으로 길게 내려와 있는 폭이 넓은 검은 띠를 대흑구(大黑口), 가는 띠를 세흑구(細黑口)라 부른다. 안병희(1997: 193)는 해례본 판구의 흑구가 판심 넓이의 절반을 차지하기 때문에 기존의 보고서에 '세흑구'라고 한 것을 '흑구'로 고쳐야 한다고 보았다.

① 판종: 현전하는 『훈민정음』 간송본과 상주본은 모두 목판본이다.[23] 해례본이 활자본으로 간행되지는 않았다.[24] 『훈민정음』을 목판본으로 찍은 이유는 목판본의 효용성에서 찾을 수 있다. 금속활자본은 일정한 수의 책을 찍은 후에 해체하여 그 활자를 다른 책의 인쇄에 써야 한다. 그러나 목판본은 새긴 판목을 보관해 두었다가 필요한 경우에 책을 인출해 낼 수 있다. 훈민정음 학습을 위한 책으로 사용될 가능성을 염두에 두고 『훈민정음』을 목판에 새겨 두었다가 필요할 때 다시 인출하려고 했을 것이다. 새로 만든 정음 28자의 자형을 금속활자로 주조하는 것보다 목판에 새기는 것이 기술적으로 더 용이한 점도 작용했을 것이다.

② 표지서명: 간송미술관에 소장된 이 책의 표지는 비단으로 개장改粧한 것이고, 표지 안에 화선지로 면지面紙[25]를 덧붙여 놓았다. 현재의 간송본은 원래의 표지가 아니라 개장한 것으로, 이 책의 표지서명이 씌어 있지 않다.

③ 권두서명: 해례본은 발견 당시(1940)에 어제 서문 및 예의에 해당하는 권두의 두 장이 낙장된 상태였다. 이를 보완하기 위해 김태준이 이용준의 손을 빌려 어제 서문과 예의의 앞부분을 한지에 묵서하여 첨입한 것으로 짐작된다. 붓글씨에 능한 이용준이 해례본의 글씨를 모방하여 권두의 두 장을

---

23 현전하는 『훈민정음』 해례본(간송본과 상주본)은 둘 다 같은 판목에서 인출해 낸 것이다(김주원·남권희 2017: 51-52).

24 방종현(1946/1963)은 간송본 『훈민정음』이 세종 16년에 주조한 갑인자로 간행되지 않은 점을 의아하게 생각했다. 이런 생각에 대해 손보기(1998)는 수요가 많아서 반복해서 찍을 필요가 있는 책은 목판으로 간행한 사실, 그리고 세종 대 간행 문헌 308종 가운데 목판본이 194종이고 활자본이 114종이라는 사실을 들어 『훈민정음』이 목판본으로 간행된 이유를 설명했다(임용기 2000a: 324-325).
방종현(1946), 조선어학회 영인 『훈민정음』 해제, 『일사국어학논집』(1963/1972)(민중서관 재수록).
손보기(1998), 세종대왕의 인쇄술 혁신, 『세종대왕』(신구문화사: 71-72). 임용기(2000a)에서 재인용함.

25 겉표지 안쪽에 대는 종이를 면지, 내지(內紙), 호엽(護葉) 등으로 부른다.

보사補瀉하여 낙장을 보충했다. 이때 권두서명을 '訓民正音훈민정음'으로 써넣었는데 이 판단도 김태준이 했을 것이다. 이용준의 보사 행위는 세종실록을 알고 있는 김태준의 지도를 받아 이루어졌을 것이다. 그런데 어제 서문의 끝부분에서 세종실록에 '便於日用耳편어일용이'로 되어 있는 것을 '便於日用矣편어일용의'로 오기誤記해 놓았다. 이 오기는 한문에 익숙한 이용준이 한문에서 문장 종결사로 흔히 쓰이는 '의矣'자에 습관적으로 이끌린 결과일 듯하다.

④ 책 크기: 안병희(1997: 193)는 해례본의 책 크기를 세로 29.3cm, 가로 20.1cm로 측정하였다. 그런데 해례본(간송본)은 배접과 재장정을 하는 과정에서 책의 상하단을 잘라 내어 원본 책 크기를 정확히 알 수 없다.[26] 안병희(1997: 192)와 김주원(2005: 182)에서 지적된 바와 같이 원본『훈민정음』은 배접을 새로 하면서 책의 상하단이 약간 잘려 나가 원본 모습과 달라졌다. 김주원(2010: 160)은 간송본 책의 윗부분이 2.5cm, 아랫부분이 1.5cm 정도 잘려 나간 것으로 판단했다. 이 점은 김주원·남권희(2017: 53-54)에서 상주본 9a면과 간송본의 동일 면을 비교함으로써 확인되었다. 상하에 잘려 나간 길이를 합치면 약 4.0cm이다. 이것을 현재 간송본의 세로 길이에 더하면 잘리기 전의 세로 길이는 33.3cm가 된다. 이렇게 보면『훈민정음』의 원래 책 크기는 세로 33.3cm, 가로 20.1cm가 된다.[27]

⑤ 반곽 크기: 반곽半廓의 크기는 정음편 제4장 앞면이 세로 22.6cm, 가로 16.1cm이고,[28] 정음해례편 제1장 앞면이 세로 22.6cm, 가로 16.0cm이

26 간송본이 상하단의 너덜너덜한 부분을 잘라 내지 않고 원형을 살려 배접하지 않은 점은 옥의 티이다. 문화재 보존 처리의 엄격함에 대한 인식이 없을 때 이런 일이 발생한 듯하다. 누가 간송본의 배접지 붙임을 한 것인지는 밝혀져 있지 않다.

27 간송본의 가로도 잘렸을 가능성을 배제할 수 없으므로 가로 길이 20.1cm 역시 확정된 것이라 할 수 없다.

28 이상백(1957: 21)은 장차를 표시하지 않고, 광곽의 세로는 23.2cm, 가로는 16.5cm라

다. 정음편 제3장(3a, 3b)과 제4장(4a, 4b)은 원형이 보존된 장이다. 〈표 2〉의 '반곽 크기' 난의 '정음편 4a'에 *를 붙인 것은 안병희 선생이 이 면을 측정했음을 표시한 것이다. 3a면의 좌하단에 떨어져 나간 부분이 있어서 제4장을 잰 것이다. 반곽 크기의 세로와 가로 길이는 상하 좌우 광곽 테두리 선의 안쪽과 안쪽 사이를 잰 것이다.[29]

⑥ 판식: 해례본 정음편의 판심서명은 '正音정음'[30]이고, 해례편의 판심서명은 '正音解例정음해례'이다. 이것은 정음편과 해례편의 관계를 보여 주는 바, 후자는 전자의 해설편인 것이다. 행관에 있어서 정음편은 반엽 7행 11자이다.[31] 이에 비해 정음해례편은 반엽 8행 13자이다. 정음해례편 끝에 붙은 정인지 서문은 반엽 8행 12자인데, 그 이유는 매 행의 첫 글자 자리를 비워 두었기 때문이다.

세종이 지은 정음편과 신하가 지은 정음해례편을 구별해 주는 형태적 요소는 다음 두 가지이다. 첫째, 정음편은 글자 크기를 크게 하고, 정음해례편은 작게 한 것이다. 글자 크기를 차이 나게 해서 반엽에 배치된 행의 수와 한 행에 들어간 글자 수가 달라졌다. 정음편의 글자가 더 크기 때문에 한 행의 글자 수가 적다. 둘째, 판심제를 각각 달리한 것이다. 세종이 지은 정음편의 판심제는 '正音정음'이고, 신하가 지은 정음해례편의 판심제는 '正音解例정음해례'이다. 판심제를 기준으로 보면 해례본은 2권 1책의 구성으로 되어 있다.

2017년에 문화재청에서 『훈민정음』 해례본 낙장 복원을 위한 정본 제작

고 기록해 놓았다. 문헌학자가 아닌 이상백의 측정치를 취하지 않기로 한다.

29 테두리 선의 넓이가 광곽 크기에 영향을 주므로 이 넓이를 빼기 위해 테두리 선 안쪽을 재는 것이 서지학의 관례이다.

30 낙장된 제1장과 제2장을 이용준이 보사할 때, 판심서명은 '正音(정음)'으로 보사했으나 판심에 있는 흑구, 흑어미, 장차 번호는 보사하지 않았다.

31 글자 수는 꽉 채워진 행을 기준으로 한 것이다.

연구 사업을 진행하면서 판식에 대한 정밀한 조사가 다시 이루어졌다.[32] 문화재청의 연구 사업은 낙장된 제1장과 제2장을 복원하기 위한 기초 작업이었기 때문에 간송미술관 소장의 원본을 이용하여 원형이 남아 있는 제3장과 제4장의 판식과 변란, 행관을 정밀하게 실측하였다. 이 실측에서 〈표 2〉의 *를 붙인 4a면의 크기는 가로 16.15cm, 세로 22.65cm임이 확인되었다. 4b면의 크기는 가로 15.9cm, 세로 22.65cm로서 가로가 4a면보다 약간 짧았다(문화재청 2017: 74).[33]

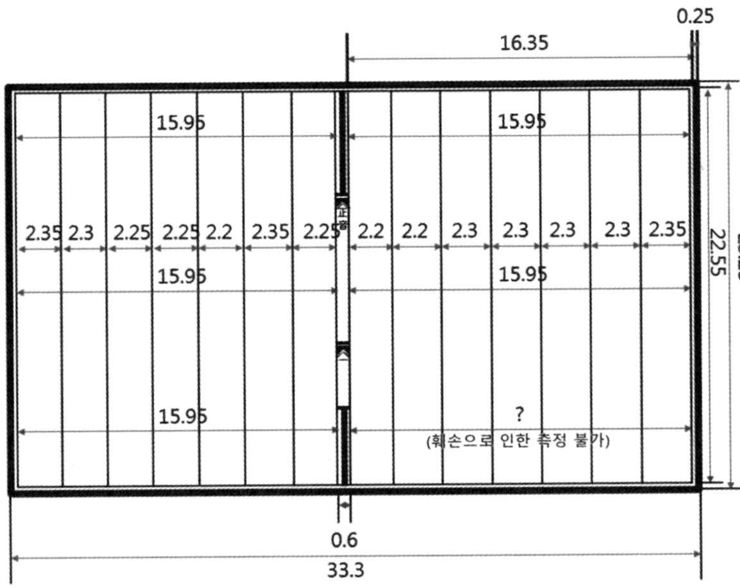

[그림 1]『훈민정음』 해례본 실측을 바탕으로 한 제3장의 변란 규격(문화재청 2017: 73)

---

32 이 연구 사업의 연구책임자는 한재영, 공동연구원은 정우영·김주원·백두현·이현희·옥영정·황선엽, 연구보조원은 최준호였다. 2017년 11월 29일에 간송미술관의 협조를 받아 국보 제70호『훈민정음』을 실사(實査)하였다. 실측 작업은 서지학자 옥영정 교수가 행하였다.

33 '문화재청(2017)'이라 표시한 것은「국보 제70호 훈민정음 정본 제작 연구」(발간등록번호 11-1550000-001754-01) 보고서를 가리킨다.

[그림 1]은 문화재청(2017: 73)의 제3장 광곽 크기를 표시한 도면이다. 3a면의 반곽 크기는 세로 22.55cm, 가로 15.95cm이며, 좌우엽 가로 길이가 제4장과 달리[34] 좌우 동일하다. 이 보고서에는 각 행의 폭도 행마다 정밀하게 표기되어 있다. 이는 판식에 관한 가장 정밀한 조사라 할 수 있다. [그림 1]에서 보듯이 좌우엽 반곽의 가로 길이가 mm 단위까지 정확히 같고(15.95cm), 각 행 가로 폭의 오차가 1mm 이내이다. 해례본 목판의 판면을 손으로 만들었을 터인데, 이 정도의 정밀도를 보이는 점은 주목할 만하다. 당대 최고의 각수와 장인들이 판각 작업에 참여하여, 엄한 왕명을 받아 세심하게 작업했음이 틀림없다.

2.1.2. 상주본의 서지 사항

2008년 7월에 처음 알려진 상주본은 점유자 배익기가 이 책의 전모를 공개하지 않아서 책 크기 등 서지 사항을 실측할 수 없다. 안동 MBC TV에서 촬영한 화면과 이상규(2012)와 김주원·남권희(2017)에서 밝혀진 서지 관련 정보를 정리하면 다음과 같다.

상주본의 앞표지에는 '五聲制字攷오성제자고'라는 서명이 묵서되어 있다. 상주본의 이 서명은 정음편 전체가 결락되고, 남아 있는 제자해와 정인지 서문 등의 일부 내용만 본 후대의 누군가가 '五聲制字攷오성제자고'가 내용에 걸맞는 제목이라 생각하고 임의적으로 써넣은 것이다. 이상규(2012: 11)는 "현재 공개된 잔엽의 상황은 '9엽, 10엽, 11엽, 12엽, 13엽, 14엽, 15엽, 16엽, 17엽, 18엽, 30엽, 31엽, 32엽'인 총 13엽에 지나지 않는다."라고 하였다. 김주원·남권희(2017: 53)에서는 남아 있는 장이 정음해례편의 5, 8, 9,

---

34 문화재청(2017: 74)에 제4장 광곽 크기를 표시한 도면이 있는데, 좌엽 반곽의 가로 길이는 15.9cm, 우엽 반곽의 가로 길이는 16.15cm이다.

10, 11, 12, 13, 14, 26, 27, 28장이라고 했으니 11장이 되는 셈이다. 이상규의 보고대로라면 상주본은 최대 13장까지 보존되어 있는 듯 보이지만 실물을 확인해야 확정할 수 있다. 해례본 전체가 33장이니 이 중의 20여 장이 미확인 상태인 셈이다. 게다가 상주본은 어제 서문과 예의 즉 정음편이 모두 결락되어 있다. 이상규(2012)는 이 자료를 '잔엽殘葉 상주본'이라 불렀다.

상주본은 간송본과 동일한 판목에서 쇄출한 것이다. 두 판본에서 행간의 계선이 떨어져 나간 부분 다섯 곳이 완전히 일치한다(김주원·남권희 2017: 52). 상주본은 책의 상하단이 잘리지 않은 원래 크기를 유지하고 있어서 현존 간송본보다 크다(김주원·남권희 2017: 53).[35] 이상규(2012: 16)는 상주본 제9장의 크기를 잰 결과 "세로 32cm, 가로 16cm 정도의 크기"라고 했다.[36] 상주본의 크기에 대한 조사는 달리 이루어진 것이 없다.

이상규(2012) 및 김주원·남권희(2017)는 상주본의 10b, 11a, 11b, 12a, 12b 면의 여백에 쓴 묵서 내용을 판독하고 그 내용을 밝혔다. 묵서 내용은 성모자의 한자, 한글로 표기한 한자음, 중성자의 자형, 초성자를 오음법에 따라 나누어 쓴 것 등이다.

2.1.3. 그 밖의 서지 사항

앞의 〈표 2〉에 들어가지 않은 내용으로서 『훈민정음』(간송본)에 나타난 그 밖의 서지 사항 몇 가지에 대해 기술해 둔다.

---

35 같은 판목에서 쇄출한 책이라 하더라도 각각 서로 다른 시기에 인출한 책일 경우에는 책 크기와 장정에서 약간의 차이가 날 수 있다. 고서는 수제본(手製本)인지라 인출과 장정을 맡은 장인에 따라, 혹은 사용한 종이에 따라 책 크기에 약간의 차이가 발생할 수 있다.

36 이 길이는 재확인이 필요하다. 책 크기가 세로 32cm, 가로 16cm라면 세로 길이가 가로의 두 배나 되는 것이어서 가로와 세로의 균형이 맞지 않는 책이 된다.

1) 글자 크기

글자 크기를 확인하기 위해 교보문고에서 간송본을 복제한 책을 이용하여 예의,[37] 제자해, 정인지 서문에 각각 쓰인 '字자'자의 크기를 재어 보니 다음과 같았다.

예의 3a의 제2행 네 번째 자에 쓰인 '字'[38]: 세로 1.8cm, 가로 1.5cm
해례 제자해 1b의 제2행 맨 끝 자에 쓰인 '字'[39]: 세로 1.5cm, 가로 1.2cm
정인지 서문의 제2행 맨 끝 자에 쓰인 '字'[40]: 세로 1.3cm, 가로 1.1cm

정음편의 글자 크기가 더 큼을 알 수 있다. 정음편은 세종대왕이 직접 지은 어제 글이기 때문에 글자 크기로써 임금에 대한 예의를 갖춘 것이다. 이러한 글자 크기의 차별은 불교와 유교 경전에서 성인(부처, 공자 등)의 말씀에 해당하는 본문은 글자를 크게 하고, 후대인이 붙인 주석문의 글자는 작게 한 것과 비슷하다. 정음편은 세종이 지은 것이고, 정음해례편은 언문팔유가 지은 훈민정음 해설문이다. 글자 크기와 체제 등에 나타난 양상이 경전經傳[41]의 그것과 대응됨은 주지의 사실이다.

37 어제 서문은 이용준이 써넣은 것이기 때문에 글자 크기를 잴 가치가 없다.
38 "·如呑字中聲(·여탄자중성)"의 '字'. 세로 길이는 갓머리(宀)의 상부 세로획 끝에서 '子'의 세로획 맨 아래 끝까지 잰 것이다. 가로 길이는 '子'의 가로획 왼쪽 머리돌기에서 오른쪽 꼬리돌기 끝까지 잰 것이다. 다른 글자의 크기도 이런 방식으로 쟀다.
39 "正音二十八字(정음이십팔자)"의 '字'.
40 "因聲制字(인성제자)"의 '字'.
41 '경전(經傳)'이라 할 때 '경(經)'은 성인의 말씀이나 가르침이고, '전(傳)'은 후대의 현인들이 여기에 붙인 해설과 주석문을 가리킨다.

2) 글경어법: 자소법, 줄바꿈법, 칸비움법

조선시대의 언어생활에서 경어법(=예의갖춤법)은 매우 중요한 것이어서[42] 말(speaking)경어법과 글(writing)경어법이 모두 작동하는 경어법 질서가 있었다. 말경어법은 문법형태(조사와 어미)와 높임의 뜻을 가진 어휘에 의해 표현되고, 글경어법은 문자와 문장의 외형적 형태로 표현되었다. 글경어법은 글자를 작게 하여 화자(=서사자)를 낮추는 ①자소법字小法, 줄을 바꾸어 상대(=독서자)를 높이는 ②줄바꿈법[이행법移行法=별행법別行法=개행법改行法], 한 칸을 띄워 상대를 높이는 ③칸비움법[이격법離隔法=공격법空隔法=공극법空隙法], 글자의 상대적 위치를 올려 쓰는 ④글자올림법[대두법擡頭法]으로 나누어진다.[43] 글경어법에도 서사자인 '나'를 낮추는 주체겸양법과 독서자인 상대를 높이는 상대높임법 등 두 가지가 있다. 줄바꿈법, 칸비움법, 글자올림법은 상대높임법이다. 상대의 신분이나 지위에 따라 글자올림의 정도나 칸비움의 정도를 달리하는 경우도 있다. 그리고 칸비움법보다 줄바꿈법이 더 깍듯한 표현이 된다. 『훈민정음』에는 글자올림법을 제외한 세 가지 유형의 비언어적 경어법 장치가 쓰였다.[44]

줄바꿈법[45]에 의한 경어법은 다음과 같이 나타난다. 아래의 '[줄바꿈]'은 줄이 바뀌는 위치를 표시한다.

---

42 말경어법은 국어학자들의 큰 관심을 받아 왔으며, 국어사 연구의 주요 연구 대상이다. 그러나 글경어법에 대한 통시적 연구는 찾기 어렵다.

43 '줄바꿈법', '칸비움법', '글자올림법'이란 용어는 한자에 미숙한 젊은 세대를 위해 난해한 한자 용어를 필자가 우리말로 바꾼 것이다. 그러나 '자소법(字小法)'은 우리말로 바꾸기가 어렵고 한자도 쉬운 것이어서 그대로 두었다. 이 셋은 윗사람이 읽는 글을 쓸 때 지켜야 하는 예절 규범이었다. 필자가 지은 『한글문헌학』(태학사, 2015)의 196쪽을 참고하기 바란다.

44 글자올림법은 줄바꿈법과 겹치는 부분이 있어서 ①②③만 나타난 것처럼 보인다. 글자올림법은 편지글에서 보다 분명하게 관찰된다.

45 정음편의 텍스트 구성에서 병서(並書)행의 줄바꿈 문제는 본 장의 4절에서 자세히 논한다.

〈제자해〉

是殆天啓 [줄바꿈] 聖心而假手焉者乎 (제자해 말미)

〈합자해〉

一朝 [줄바꿈] 制作侔神工 (합자해 결시)

〈정인지 서문〉

癸亥冬 我 [줄바꿈] 殿下創制正音二十八字

遂 [줄바꿈] 命詳加解釋 以喩諸人

恭惟我 [줄바꿈] 殿下天縱之聖

而開物成務之 [줄바꿈] 大智 盖有待於今日也歟

줄바꿈법을 쓴 위치 뒤에는 '聖心성심', '制作제작', '殿下전하', '命명', '大智대지'가 온다. 이들은 모두 왕과 관련된 낱말이기 때문에 줄을 바꾸어 존경의 뜻을 나타낸 것이다.

상대를 높이는 칸비움법은 정인지 서문 말미에서 다음의 예가 나타난다.

集賢殿大提學知春秋館事 [칸비움] 世子右賓客

칸을 비운 위치 뒤에는 '世子세자'가 나온다. 세자는 왕에 비해 예우의 격이 낮으므로 줄바꿈법을 쓰지 않고 칸비움법을 쓴 것이다. 그런데 앞의 행관에서 언급한 바, 정인지 서문은 매 행의 첫 글자 자리를 비워 빈칸을 두었는데 이것도 겸양을 위해 신하의 글을 낮춘 칸비움법의 하나이다.

자소법은 정인지 서문의 말미에 나오는 해례 편찬자 성명 표기에 나타나 있다. 해례 편찬에 참여한 인물로 최항, 박팽년, 신숙주, 성삼문, 강희안, 이개, 이선로가 순서대로 나오고, 서문 말미에 서문을 쓴 정인지의 성명이 나온다. "臣與集賢殿 應敎 臣崔恒신여집현전 응교 신 최항"과 같이 신하임을 뜻하는 '臣신'자를 아주 작게 쓰고, 성姓 '崔최'는 보통 크기로, 이름자 '恒항'은 아주 작게 썼다. 서문 필자인 '臣鄭麟趾신 정인지'의 경우도 동일하다. 글자를 작게 하여 겸양을 표현하는 자소법字小法이 성을 제외한 이름에만 적용되어 있다. 글자 크기를 달리하는 자소법은 군신君臣 관계의 표현에서 많이 쓰였다.

ㄱ 象舌根閉喉之形。

[그림 2] 중권점과 우권점

3) 문장 부호

『훈민정음』의 한문 텍스트에는 오늘날의 문장 부호에 해당하는 권점이 사용되어 있다. [그림 2]에서 보듯이 한문 속에 두 가지 유형의 권점이 찍혀 있다. 대체로 오늘날의 문장 마침표에 해당하는 부호인 고리점(◦)을 한자의 오른쪽 하단에 찍었다. [그림 2]의 끝 글자인 '形형' 아래의 고리점이 여기에 해당하며 이것을 우권점右圈點이라 부른다. 한편 'ㄱ' 아래에 고리점처럼 중간 부위에 찍힌 점을 중권점中圈點이라 부른다. 우권점을 구점句點, 중권점을 두점讀點이라 부르기도 한다.[46]

이 부호들은 한문에 달린 토(구결)와 비슷한 기능을 하는 것이어서 독서자

---

46 이런 권점 표기는 세종 당시 명나라에서 가져온 『성리대전』(1415)의 형식을 취한 것이다. 필자는 현전하는 성리서의 세종 대 판본에 동일한 문장 부호가 사용되었음을 확인하였다. 그러나 이러한 구두점 표기 방법은 조선시대의 전적 출판에서 일반화되지 못하였다.
이규경(李圭景)의 『오주연문장전산고(五洲衍文長箋散稿)』에서 구두법(句讀法)을 다음과 같이 설명한 내용이 있다. 『자휘(字彙)』에, "무릇 경서 중에 한마디 말이 끊어지는 곳을 구(句)라 하고 말이 끊어지지 않았어도 점을 찍어 나누어 송영(誦詠)을 편하게 하는 것을 두(讀)라 한다. 지금 비서성(祕書省)에서 글을 교열하는 방식에 무릇 구(句)가 해당하는 곳에는 글자 옆에 점을 찍고, 두(讀)가 해당하는 곳에는 글자의 중간에 점을 찍는다."(經傳雜說 經書口訣本國正韻辨證說)라고 하였으니 그것이 바로 우리나라의 이른바 토(吐)이다. 〈한국고전번역원 https://db.itkc.or.kr에서 인용함〉

의 문리文理 파악에 큰 도움이 된다.[47]

4) 전존 과정에서 해례본에 가해진 묵서

간송본에는 전존 과정에서 발생한 몇 가지 묵서가 있다. 간송본에는 여러 장에 걸쳐 이면지에 『십구사략언해』의 언해문을 묵서한 내용이 있다. 묵서의 내용을 『소학언해』의 것이라고 추정한 적이 있으나, 김주원(2005)에 의해 『십구사략언해』의 언해 문장임이 밝혀졌다. 통문관 영인본을 스캔하여 각 면 사진을 모니터 화면에서 반전反轉시켜 보면 이면지의 묵서를 읽어 낼 수 있다.

해례본에 보이는 또 하나의 묵서는 어제 서문이 끝난 다음 면(정음편 4b)에 쓰인 것이다. 원래의 이 지면은 판광과 계선만 있는 여백이다. 말하자면 글을 써넣지 않고 행 구별 선이 그어져 있는 공책의 빈 면처럼 되어 있던 것이다. 그런데 간송본 4b면에 누군가가 해례 제자해 첫 면 내용을 붓으로 써 놓았다. 복원판을 만든다면 이 면에 묵서된 내용을 모두 없애고 판광과 계선만 있는 형태로 해야 한다. 그리고 간송본의 권말 33b면의 좌하단부에는 누군가의 수결手決처럼 보이는 한자 8~9자가 씌어 있다. 이것은 모두 낙서에 해당한다. 이 낙서를 언제, 누가 한 것인지는 알 수 없다.

상주본에 가해진 변개 요소는 크게 두 가지이다. 하나는 앞표지에 서명처럼 '五聲制字攷오성제자고'라고 써 놓은 것이고, 다른 하나는 본문 일부 장차의 여백에 훈민정음의 자모자, 성모자, 칠음 오성의 배치 등의 내용을 묵서한 것이다. 제14엽 뒷면 하단에는 "元和韻譜及神珙 喉音脣宮土원화운보급신공 후음순궁토"와 "韻譜及沈約神珙 皆以脣爲羽音운보급심약신공 개이순위우음"[48](이상

47 현대 중국에서 고문헌을 활자로 출판할 때, 다양한 문장 부호로 구두점을 찍어서 독자들에게 편의를 제공하고 있다. 이는 과거의 구두법을 발전시킨 것이다.

48 이 내용에는 '元和韻譜(원화운보)' 및 '韻譜(운보)'라는 운서 이름이 나오고, 운학을 연

규 2012: 30)이란 내용이 묵서되어 있는바 이것은 묵서자가 성운학에 밝은 사람[49]이었음을 보여 준다. 이상규(2012: 28-36)는 상주본의 묵서 내용을 최초로 정리하여 제시했고, 성운학의 오음과 악률의 오성 분속分屬에 나타난 차이를 논하였다. 김주원·남권희(2017)는 묵서의 정음 표기와 여기에 반영된 음운 변화를 분석하였는데, ㅅ 뒤의 j 탈락을 근거로 이 묵서가 18세기 이전에 쓰인 것이 아니라 18세기 중엽 이후에 쓰인 것이라고 판단하였다.

2.2. 해례본 장정의 침안針眼에 나타난 중층성

2.2.1. 간송본의 침안

『훈민정음』 해례본과 언해본은 모두 장정을 새로 고쳐 개장改粧한 것이어서 침안이 원형 그대로가 아니다.[50] 현재 간송미술관에 소장된 해례본(국보 제70호)은 비단 표지를 새로 붙였고 4침안의 선장본으로 재장정되어 있다. 서강대학교 도서관에 소장된『월인석보』의 권두에는 훈민정음 언해본이 수록되어 있다. 이『월인석보』의 표지는 다른 고서의 표지를 떼어서 이 책에 꿰맨 것이며, 4침안으로 고쳐 맨 개장본改粧本이다. 훈민정음 문헌 중 가장 중

구한 중국의 '神珙(신공)', '沈約(심약)'의 이름이 나온다. 김주원·남권희(2017: 61-62)는 '원화운보'가 『대광익회옥편(大廣益會玉篇)』(1013)이고, '신공'은 당나라의 승려임을 밝혔다.

49 어느 문화재 절도범이 한 말을 듣고서 상주본을 불복장물(佛腹藏物)로 보려는 견해가 있다. 『월인석보』는 부처님의 일생담과 가르침을 담은 책이어서 불복장에 넣을 수도 있다. 그러나 『훈민정음』은 그 내용으로 보아 불복장에 들어갈 리 없는 책이다. 상주본에는 앞뒤 표지가 남아 있다. 불복장에 넣는 책은 표지를 없애고 본문만 넣는다. 내용과 외형에 있어서 상주본 『훈민정음』은 불복장물의 요건을 전혀 갖추고 있지 않다.

50 '침안(針眼)'이란 선장본의 책을 장정하기 위해 책 우단에 구멍을 뚫고 바늘로 실끈을 꿰어 그 구멍들을 이어서 꿰맬 때 생기는 바늘구멍을 가리킨다. '침눈'이라 부르기도 한다. 『훈민정음』의 침안 장정에 대한 본 절은 배은혜·백두현(2020)을 바탕으로 새로 고쳐 쓴 것이다. 최초 침안을 5침안으로 추정했으나 본 절에서는 4침안 쪽으로 무게 중심이 바뀌었다.

요한 두 책이 조선시대 고서의 전형적 장정인 5침안 선장본이 아니라 4침안으로 개장되어 있다. 공교롭게도 『훈민정음』 해례본과 서강대 소장 언해본(월인석보 권1, 2)이 모두 통문관 이겸로 옹의 손을 거친 책들이다.[51] 서강대본 『월인석보』의 4침안은 이겸로 옹에 의해 개장된 것일 수 있다.

간송본은 수백 년 동안 보존되어 오는 과정에서 여러 번 장정한 흔적이 있고, 여러 차례 뚫은 침안이 섞여 있다. 간송본은 재장정되면서[52] 상하단(책의 천두天頭와 지각地脚)의 손상된 부분을 조금씩 잘라 낸 것이 안병희(1997: 192)와 김주원(2005: 182)의 연구에서 밝혀졌다. 책 크기가 작아지면서 최상단 침안과 최하단 침안의 위치가 불균형한 모습을 보인다. 통문관 영인본(1957)은 간송본을 해책解冊하여 사진 찍은 것이기에 침안 구멍 모습을 있는 그대로 볼 수 있는 유일 자료이다.[53] 그러나 현재의 간송본은 배접한 후 새로 장정하여 묶었기 때문에 침안 구멍의 상태를 관찰할 수 없다.

이겸로(1987: 288-289) 옹이 쓴 수필에 해례본의 영인본을 내기 위해 간송 전형필과 함께 책을 풀어서 사진을 찍은 이야기가 기록되어 있다. 이 글에는 작업 당시에 고서를 귀중히 여기는 간송의 태도가 다음과 같이 묘사되어 있다. "책의 끈을 끌러 책의冊衣를 떼려고 조심스럽게 장장이 해체하는 작업도, 타인의 손이 닿는 것을 극히 꺼려할 뿐만 아니라, 안심이 안 되기 때문에 모든 작업을 자수自手로 집행하였다." "훈민정음 촬영 때인지 아니면 동국정운 때인지 기억이 알쏭달쏭하지만 책을 해체하는 과정에서 쇠못과 같

51 통문관에서 영인 출판한 『몽산화상법어약록언해』와 『송강가사』 등도 전통적 조선 고서의 외양을 갖추기 위해 선장을 했으며, 모두 4침안으로 장정되어 있다. 필자가 경북대학교 도서관 고서실 백강문고에 소장된 문헌을 통해 이 사실을 확인했으며, 이와 함께 일제강점기에 간행된 많은 신활자본 문헌이 4침안임을 확인하였다.

52 2019년 6월에 필자가 간송본의 재장정을 한 때가 언제인지 간송미술관에 문의하였다. 여러 달 뒤에 1990년대 이전이라는 답을 이메일로 받았다.

53 통문관 영인본은 국립국어원에서 2008년에 간행한 『알기 쉽게 풀어쓴 훈민정음』에 다시 영인되었다. 그 크기를 통문관 영인본보다 약간 크게 하였다.

이 단단한 지정紙釘들이 나왔는데, 간송선생은 그것들을 하나도 버리지 않고 조심스러이 펴 보기도 하며 하나도 빠뜨리지 않고 모아 싸들고 돌아가는 세심한 광경을 목견目見한 바 있다."라고 1957년에 간송본을 풀던 장면을 생생하게 그려 놓았다. [그림 3]에서 보듯이 꿰맨 실끈을 풀어 해책解冊하여 찍었기 때문에 낱장이 완전히 펼쳐져 있고 침안의 분포가 잘 드러나 있다. 이 사진을 찍은 후 다시 묶은 것이 현재의 간송본이다. 통문관본(1957)의 사진에 4침안이 나타나 있으므로 그 이전에 이미 4침안으로 묶여 있었음이 분명하다.

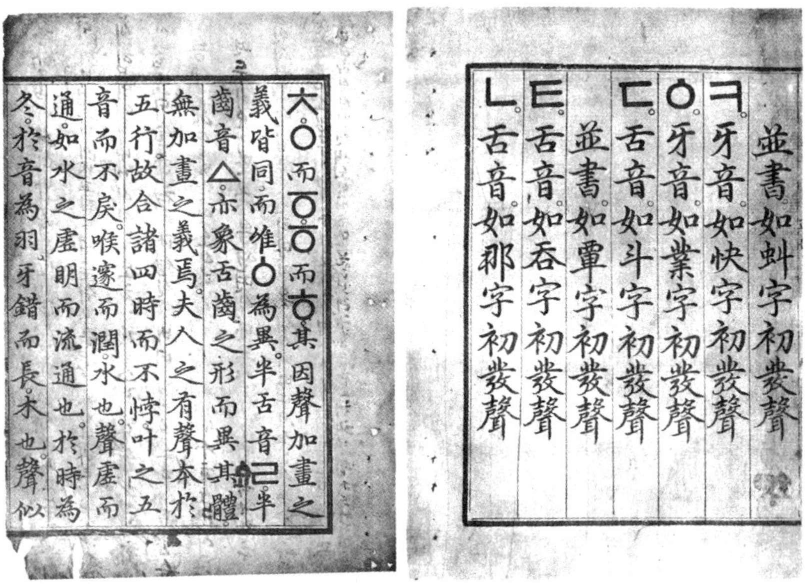

ㅊ ㅇ而ㆆ ㆆ而ㅎ 其因聲加畫之
義皆同而唯ㆁ爲異 半舌音ㄹ半
齒音ㅿ亦象舌齒之形而異其體
無加畫之義焉 夫人之有聲本於
五行 故合諸四時而不悖 叶之五
音而不戾 喉邃而潤 水也 聲虛而
通 如水之虛明而流通也 於時爲
冬 於音爲羽 牙錯而長 木也 聲似

並書 如虯字初發聲
ㅋ 牙音 如快字初發聲
ㆁ 牙音 如業字初發聲
ㄷ 舌音 如斗字初發聲
並書 如覃字初發聲
ㅌ 舌音 如呑字初發聲
ㄴ 舌音 如那字初發聲

[그림 3] 왼쪽은 6a면(원형 유지), 오른쪽은 1b면(간송본, 이용준 보사 부분)

그러나 미심쩍은 점이 남아 있다. 현재 간송본의 4침안은 이 책이 발견된 1940년 직후에 이 책을 재장정하면서 생겨난 것인가? 세종 당시에 간행된

『훈민정음』의 최초 장정은 4침안이었을까, 5침안이었을까? 이 의문은 아직 완전히 해소되지 않은 상태여서 해례본의 장정에 대해 자세히 고찰할 필요가 있다.

1446년에 『훈민정음』이란 책을 완성할 때의 침안 상태를 알아내기 위해 제일 먼저 해야 할 작업은 1940년에 해례본을 발견할 당시 이용준이 보사해 넣은 권두 제1장과 제2장의 침안을 파악하는 것이다. 이 두 장의 침안은 나머지 장에 나타난 침안에서 제외해야 한다. [그림 3]의 두 개 지면에 나타난 침안을 비교해 보면 그 차이점을 파악할 수 있다. [그림 3]의 오른쪽 1b면에는 이용준이 권두의 두 장을 보사해 넣고 다시 책을 묶을 때 뚫은 침안이 흑점 형태로 산포散布되어 있다. 왼쪽 6a면은 『훈민정음』 간행 당시(1446)의 판면인데 여기에도 1b면과 동일한 위치의 침안이 배치되어 있다. 왼쪽 6a면과 오른쪽 1b면에 동일하게 나타난 침안(=흑점 형태)을 제외해야 최초 침안의 검증으로 나아갈 수 있다. 왼쪽 6a면에는 흰 구멍 형태의 침안이 있는데 이 침안이 오른쪽 1b면에는 없다. 따라서 왼쪽 6a면에 있는 흰 구멍 침안이 더 오래된 것이 분명하다.

1) 4침안 A형과 B형

이용준이 간송본의 권두 낙장된 두 장을 보사하여 첨입한 후 다시 장정할 때 생성된 것이 분명한 침안의 모습이 [그림 4]이다. 오른쪽 1b면은 바탕색을 검게 하여 흰 점이 잘 보이도록 한 것이다.

낙장을 보사하여 첨입하고 재장정할 때 생성된 침안의 모습이 [그림 4]에 나타나 있다. 이것을 4침안 A형(A_1~A_4)이라 부른다. 4침안 A형은 통문관에서 영인을 위해 장정을 푼[解冊해책] 1957년 이전에 발생한 것이며, 후술할 4침안 B형과 5침안보다 늦은 시기에 만들어진 것이 분명하다. 현재의 간송본 장정에서 확인되는 4침안은 이미 4침안으로 선장되어 있던 것을 1957년에

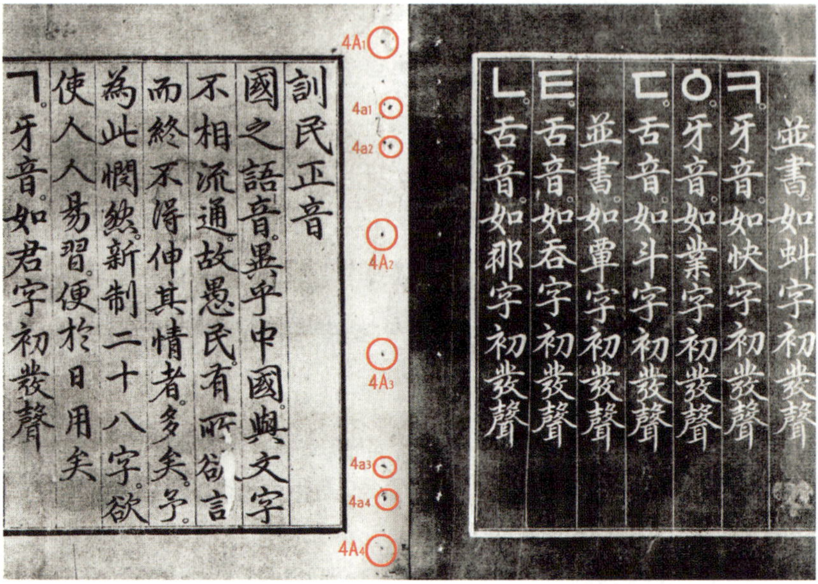

[그림 4] 4침안 A형. 이용준이 보사한 후 생성된 것(왼쪽 1a, 오른쪽 1b)

영인하기 위해 해책하였다가 그대로 다시 맨 것이다(김주원 2005: 183). 따라서 간송본을 해책하던 1957년에 이미 4침안으로 매어져 있었던 것이다. 고서를 다루는 전형필의 엄격한 태도(이겸로 1987: 288-289)로 보아, 간송본은 이겸로 옹이 사진을 촬영한 후에 해책하기 이전과 동일한 침안 상태로 재장정되었을 것이다.

4침안 A형의 침안이 지면을 관통한 모습은 이용준이 보사해 넣은 두 장에는 물론 『훈민정음』의 모든 면에 명료하게 나타나 있다. 4침안 A형은 가장 최근에 행한 장정으로 생겨난 것이다. 4침안 A형에서 네 개 침안의 간격이 등비례하지 않는다. $4A_2$-$4A_3$의 간격은 짧고, $4A_1$-$4A_2$의 간격은 상대적으로 길다. $4A_3$-$4A_4$의 간격은 $4A_1$-$4A_2$의 간격과 등비례한다. 4침안 A형에서 매듭형 지념 구멍 두 쌍($4a_1$-$4a_2$, $4a_3$-$4a_4$)이 정연하게 나타나 있다.

이용준이 낙장을 보사해 넣고 장정할 때 뚫은 침안을 제외하고, 남은 침안들이 있다. 이러한 침안들 중에서 동일한 거리 비율을 보이면서 일직선 위에 놓인 침안을 가려내면 또 다른 4침안이 도출된다. 이를 4침안 B형이라 칭한다. 4침안 B형에 해당하는 침안의 위치를 표시하면 [그림 5]와 같다.

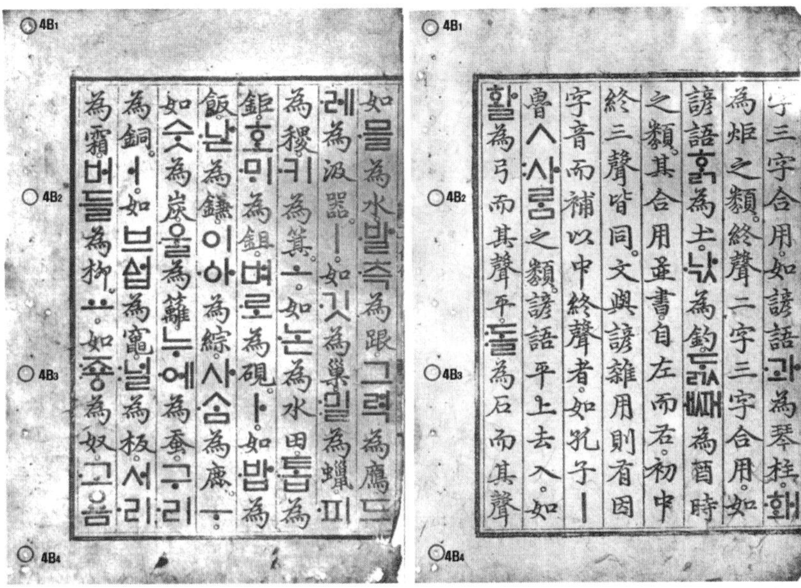

[그림 5] 간송본의 4침안 B형(왼쪽 29b, 오른쪽 25b)

$4B_1$과 $4B_4$의 위치가 지나치게 책 상단과 하단에 치우쳐 있으나 상단과 하단이 약간씩 잘린 점을 고려하면 문제가 되지 않는다. 그런데 4침안 B형을 찾아냈으나 이때 뚫은 지념 구멍을 설정할 수 없다. 『훈민정음』은 33장의 비교적 얇은 책이나 왕명으로 만든 것이라 제본의 법도에 따라 지념을 넣어 묶었을 것이다.

그런데 4침안 B형에서 네 개 침안의 간격은 4침안 A형과 달리 모두 등비례한다. 4침안 B형은 이용준이 보사해 넣은 제1장과 제2장에는 나타나 있지 않다. 따라서 4침안 B형은 간송본이 발견된 1940년 이전에 생성된 것이다. 현재 간송본의 4침안(A형)이 언제 형성된 것인지에 대해서는 두 가지 견해가 있다. 김주원(2006: 43)은 이 책이 개수된 시기를 책이 세상에 알려진 1940년 이후부터 영인본이 나온 1957년 이전 사이로 추측하였다. 책을 푼 후 책 위 아래의 너덜이를 없애기 위해 일부를 잘라 내 재단한 후에 원래의 침안을 그대로 이용하기 어려워 새로 네 개의 구멍을 뚫고 장정한 것으로 보았다. 이상규(2012: 19)는 4침안법이 1~2엽의 보사 이후에 이루어진 것이 아니라 그 이전의 개장 때 생긴 것일 가능성이 높다고 보았다. 즉 4침안은 간송본이 1940년에 발견되기 이전에 이미 있었다고 짐작한 것이다. 김주원의 견해는 4침안 A형에 해당하고, 이상규의 견해는 4침안 B형에 해당하는 셈이다.[54]

간송본의 이면지에는 『십구사략언해』의 한글 문장이 필사되어 있으며, 이 필사는 17세기와 18세기 사이로 추정되었다(김주원 2005: 197). 이 점을 고려하면 4침안 B형은 간송본의 이면지[背紙배지]의 『십구사략언해』의 내용을 필사하고 나서 다시 묶었을 때 발생한 것일 수 있다. 간송본을 해책하여 재장정을 한 시기가 1940년 해례본 발견 직후라면 4침안 A형은 김태준과 이용준이 개입한 이 즈음에 생성된 것이라 할 수도 있다.[55]

2) 간송본의 5침안

한편 간송본에는 위 4침안 A형 및 B형의 침안과 구별되는 5침안이 다음 [그림 6]과 같이 나타나 있다.

---

54 두 분은 4침안을 A형과 B형으로 나누지 않고 단일한 것으로 보았다. 필자가 4침안을 A형과 B형으로 구별하였다.

55 간송본의 4침안 B형은 상주본에 존재하는 4침안과 연관성을 가진다. 상주본의 4침안이 최초 장정 침안이라면 간송본의 4침안도 같은 것이 된다.

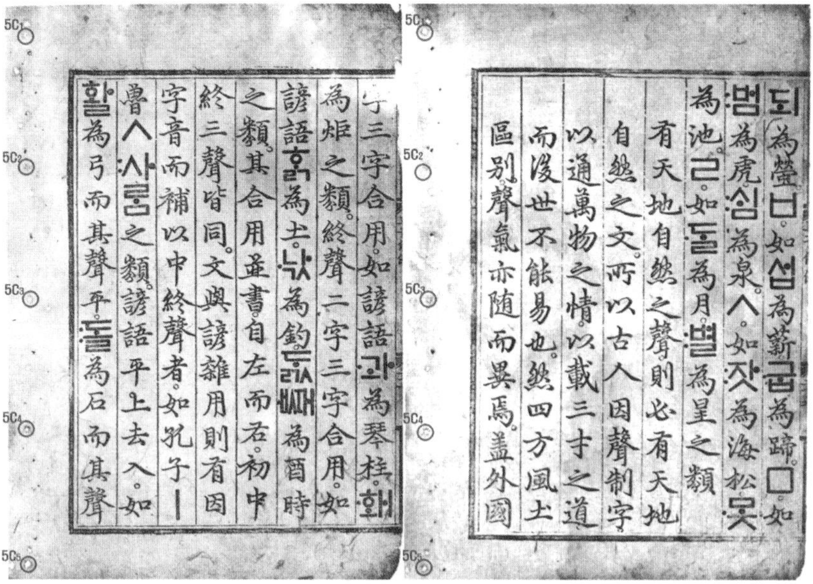
字三字合用。如諺語과為琴柱。홰
為炬之類。終聲二字三字合用。如
諺語흙為土。낛為釣。닭ᄣᅠ為酉時
之類。其合用並書自左而右。初中
終三聲皆同。文與諺雜用則有因
字音而補以中終聲者。如孔子ㅣ
魯ㅅ사ᄅᆞᆷ之類。諺語平上去入。如
활為弓而其聲平。돌為石而其聲

되為螢。ㅂ。如섭為薪。굽為蹄。ㅁ。如
범為虎。ᄉᆡᆷ為泉。ㅅ。如잣為海松。못
為池。ㄹ。如ᄃᆞᆯ為月。별為星之類
有天地自然之聲則必有天地
自然之文。所以古人因聲制字
以通萬物之情。以載三才之道
而後世不能易也。然四方風土
區別。聲氣亦隨而異焉。蓋外國

[그림 6] 간송본의 5침안(왼쪽 25b, 오른쪽 30b)

이 그림의 5침안은 이용준이 보사해 넣은 제1장과 제2장에는 나타나 있지 않다. 통문관 영인본에는 5침안 흔적이 잘 보이는 판면이 다수 확인된다.[56] 5침안으로 장정할 때에는 먼저 가운데의 침안 구멍을 뚫고, 이어서 각 침안의 간격이 균형을 이루도록 상하에 나머지 침안 구멍을 뚫는다(윤병태 1983: 27). 기준이 된 침안 위치로부터 일정한 비율로 간격을 두어 침안을 내는 것이다. 이 유형은 가운데 침안을 중심으로 각 침안까지의 거리가 등비례한다. 위 다섯 지점은 가운데 침안 $5C_3$를 기준으로 하였을 때 다른 침안과 동일한 간격으로 떨어져 있다. $\overline{C_3C_2}$는 $\overline{C_3C_4}$와 간격이 동일하고, $\overline{C_3C_1}$은

56 김주원(2005: 182)은 판면의 흰 점 부분을 자세히 살펴 5침안을 판단한 바 있는데, [그림 6]에 표시한 5침안 자리는 김주원(2005)에서 판단한 것과 동일하다.

$\overline{C_3C_5}$와 간격이 동일하다. 뿐만 아니라 $\overline{C_3C_2}$와 $\overline{C_2C_1}$의 간격 역시 동일하다. [그림 6]의 5침안에는 선장할 때 5개 침안의 위치를 정하는 일반적 원리가 반영되어 있다. C_1과 C_5의 위치가 지나치게 상단과 하단 끝에 치우쳐 있는 것은 간송본의 상하단이 조금씩 잘려 나갔기 때문이다.

그런데 여러 침안이 누적되고 겹쳐지면서 이 5침안 유형에 딸린 지념 구멍을 지정하기 어렵다.[57] 간송본에 존재하는 5침안은 4침안 B형 이전에 생성된 것인지, 그 이후에 생성된 것인지 판단할 근거를 찾기 어렵다. 만약 5침안이 1446년『훈민정음』간행 당시의 것이라면, 간송본의 장정은 원 장정인 5침안에서 이면지에『십구사략언해』를 써넣은 17~18세기 사이에 4침안 B형으로 바뀌었고, 1940년 발견 직후에 4침안 A형으로 바뀌어 현재까지 이어진 것이라 할 수 있다. 그러나 4침안 B형이 최초 장정 때의 것이라면 이면지 한글 문장을 쓴 후 재장정한 17~18세기 사이에 5침안으로 바뀌었다가, 1940년 해례본 발견 직후에 다시 4침안으로 되돌아간 것이 된다. 이 문제를 더 고찰해 보자.

3) 4침안과 5침안의 표시 및 기타 침안의 흔적

앞의 1)항과 2)항에서 논한 4침안과 5침안을 모두 합쳐 각각 하나의 판면에 표시하면 다음 [그림 7]과 같다.

동그라미(○)로 표시한 부분은 앞에서 본 모든 침안과 지념 구멍에 해당하는 것이고, 세모(△)로 표시한 부분은 특정 침안에 배정할 수 없어서 미상으로 남겨 둔 것이다.

[그림 7]의 작은 세모 $4b_1$과 $4b_2$ 그리고, $4b_3$와 $4b_4$는 각각 한 쌍의 짝이 되므로 지념을 박았던 구멍이다. 그런데 두 지념은 4침안 B형과 5침안 중

57 [그림 7]을 설명하는 곳에서 상주본의 지념 흔적과 비교하여 이 점을 다시 검토할 것이다.

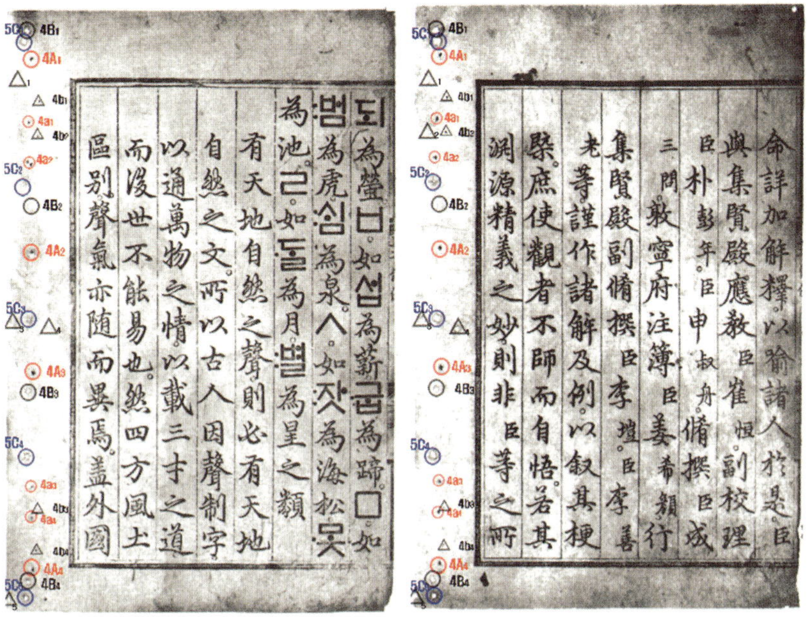

[그림 7] 간송본의 침안을 모두 표시한 것(왼쪽 30b, 오른쪽 32b)

어떤 침안을 뚫을 때 형성된 것인지 판단하기 어렵다. 4침안 A형의 지념 구멍 $4a_1$과 $4a_2$, $4a_3$와 $4a_4$는 등거리로 안배되어 있으나, $4b_1$과 $4b_2$, $4b_3$와 $4b_4$는 등거리 패턴을 보이지 않는다. 큰 세모($△_1$, $△_2$) 지점도 그 역할이 무엇인지 판단하기 어렵다.

지념의 유형은 매듭형과 못형 두 가지로 나뉜다. 4침안 A형의 지념 구멍처럼 두 개로 된 것이 매듭형이고 하나의 구멍에 종이못을 박은 것이 못형이다. 이 점을 고려하면 큰 세모로 표시한 구멍 역시 못형 지념의 흔적일 수도 있다. 이것이 지념 구멍이라면, 4침안 B형 혹은 5침안 C형에 속한 것이겠으나 침안의 흔적이 누적되어 있어서 어느 것인지 판단하기 어렵다.

한편, 침안이나 지념 중 어느 것으로도 분류하기 어려운 구멍도 세 개나 있다. 5침안 $5C_3$의 왼편($\triangle_3$)과 오른편($\triangle_4$)에 놓여 있는 2개의 구멍과 $5C_5$의 왼편에 있는 1개의 구멍($\triangle_5$)이 그것이다. 이 흔적은 어떤 의도로 뚫은 것인지, 어떤 침안의 유형과 연관된 것인지 판단하기 어렵다. 선장 작업 도중에 잘못 뚫은 구멍이거나[58] 파본 상태로 전해 오던 해례본을 임시로 묶기 위해 뚫었던 구멍일 수 있다.

2.2.2. 상주본의 침안

상주본은 실물이 전면 공개되지 않아 서지 사항 전반을 자세히 볼 수 없다. 지금까지 알려진 상주본 자료 중에서 2008년 안동 MBC TV의 보도 화면과 한국일보 2017년 3월 27일자 기사(추종호 기자 작성)에 붙은 사진을 통해서 침안을 확인할 수 있다. 안동 MBC, 서울 MBC, KBS TV의 보도 뉴스 화면에 나온 상주본 『훈민정음』의 영상을 이용하여 침안을 확인해 보았다. 여러 매스컴에서 보도한 뉴스 화면 중, 안동 MBC의 아카이브에 나온 이 사진(그림 8)[59]이 침안 확인에 가장 적합하다. [그림 8]은 정인지 서문의 내용이 있는 31b면과 32a면이 서로 연결되는 부분이다. 4침안 위치를 삼각형으로 표시했고, 5침안 위치를 사각형으로 표시했다. 상주본에는 4침안과 5침안이 둘 다 선명하게 나타나 있다.

상주본 사진 중 한 장의 전체 모습을 가장 선명하게 보여 주는 것은 점유자 배익기가 2009년 10월 19일에 한국일보에 제공했다는 [그림 9]이다.

---

58 필자는 해책(解冊)이 된 18세기 후기의 목판본 『朱子大全』「附錄 卷六」의 파본을 우연히 입수하여 이 책의 선장법을 자세히 보았다. 5침안 구멍이 선명하고, 매듭형 지념 구멍이 천두(天頭)와 지각(地脚) 부위에 각각 두 쌍이 있었다. 그 중 한 쌍에 박았던 종이못[(紙釘)이 남아 있었다. 그런데 천두와 지각 부위에 뚫은 각각의 두 쌍 지념 중 한 쌍은 잘못 뚫어서 쓰지 않고 구멍만 남은 상태였다. 위치를 잘못 잡고 뚫은 구멍을 버리고, 새로 뚫은 지념 구멍을 쓴 모습이다.

59 이상규(2012: 20)에 이 면의 사진이 제시된 바 있다.

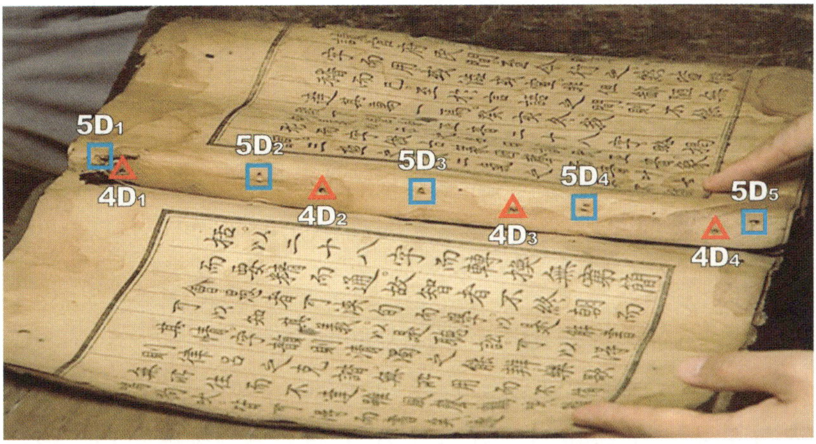

[그림 8] 상주본 31b면의 4침안(붉은색 삼각형)과 5침안(청색 사각형)
(안동 MBC 아카이브)

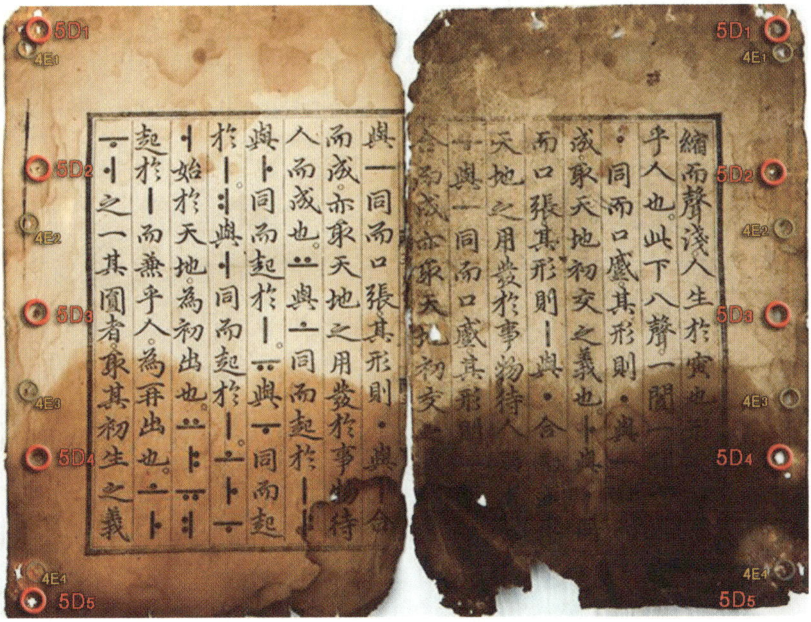

[그림 9] 상주본 제9장에 나타난 4침안과 5침안, 9a(오른쪽) 및 9b(왼쪽)
(한국일보 자료 사진)

[그림 9]에서 5침안의 위치는 $5D_1$, $5D_2$, $5D_3$, $5D_4$, $5D_5$로 표시했다. [그림 9]의 9b면(왼쪽)에 4침안과 5침안의 위치를 각각 구별하여 표시했다. 9a면(오른쪽)에도 4침안과 5침안의 위치를 각각 구별해서 표시했는데, 결락으로 인해 $5D_5$의 위치를 표시하기 어렵다. D_3를 기준으로 상하 각각 2개씩 침안의 위치가 일정한 간격으로 배치되어 있다. $\overline{D_3D_2}$, $\overline{D_3D_4}$와 $\overline{D_2D_1}$, $\overline{D_4D_5}$가 일정한 간격을 보인다.

[그림 9]에서 4침안의 위치는 $4E_1$, $4E_2$, $4E_3$, $4E_4$로 표시했다. 4침안 위치는 균형 있는 안배를 보여 준다. 김주원·남권희(2017: 50)의 [그림 12][60]에서는 $4E_4$의 위치를 9b면 최하단의 흰 점 두 개 중 위의 흰 점에 배정하고, $5D_5$의 위치는 그 아래의 흰 점에 배정했다. 필자가 9b면 사진을 크게 확대하여 자세히 보니 최하단 흰 구멍 바로 위에 희미한 침안이 있었다. 이 위치에 $4E_4$를 배정하면 4침안을 일직선상에 정연하게 배열할 수 있다. 9b면 최하단 흰 구멍에는 $5D_5$를 배정했다. 그런데 9b면과 9a면에서 $5D_1$과 $5D_5$의 위치가 지나치게 상단 끝과 하단 끝에 치우쳐 있어서 정상적 5침안 배열로 보기 어렵다. 상주본에 나타난 5침안의 비정상적 배열은 후대 개장자가 자의적으로 침안을 뚫으면서 생겨난 것으로 보인다.

[그림 8]과 [그림 9]에는 지념 구멍이 표기되어 있지 않다. 현재의 상주본이 5침안으로 되어 있으므로 4침안을 기준으로 지념 구멍을 찾아야 한다. 4침안의 지념 구멍으로 가장 적절한 것은 $5D_2$와 $5D_4$이다. $5D_2$와 $5D_4$는 최초 장정에 있었던 4침안의 지념 구멍으로 판단된다. $5D_2$와 $5D_4$는 각각 작은 구멍 두 개로 되어 있다. 이것은 매듭형 지념 구멍의 흔적이다. 4침안을 5침안으로 재장정한 사람이 4침안의 지념 구멍을 5침안 구멍으로 삼아서

60 이 논문에서 처음 나오는 그림이므로 [그림 1]이 되어야 맞는데, 논문에 [그림 12]로 되어 있다. 편집상의 착오로 보인다. 이하에서 [그림 12]로 표기해 둔다.

[그림 8]과 [그림 9]에서 보듯이 $5D_2$와 $5D_4$는 5침안 구멍처럼 되어 버린 것이다.

[그림 8]과 [그림 9]에는 4침안과 5침안 두 유형이 공존한 것처럼 보인다. 둘 중에서 어느 것이 1446년 간행 당시의 최초 침안인지 판단해야 한다. 이를 위해 상주본의 표지에 나타난 침안을 검토해 보자. 안동 MBC에서 촬영한 화면에 표지 모습을 보여 주는 사진이 있다.

[그림 10] 상주본의 앞표지 모습(안동 MBC 아카이브)

[그림 10]은 상주본 앞표지 모습을 찍은 사진이다. 이 그림의 오른손 엄지손가락 위부터 표지 상단에 놓인 3개 침안으로 보아 하단에 2개 침안이 있어야 한다. 따라서 앞표지에 나타난 상주본은 5침안이다. 앞표지에 표지 서명이 '五聲制字攷오성제자고'로 묵서되어 있다. 이 서명은 권두의 어제 서문과 예의는 물론 제자해의 앞부분 여러 장이 낙장된 상태에서 후대의 소유

자(=개장자改粧者)가 남아 있는 낙장의 내용을 보고서 '五聲制字攷오성제자고'라는 서명을 임의적으로 써넣은 것이다.

상주본 10b, 11a, 11b 등의 상 여백[天頭천두]과 하 여백[地脚지각]에 묵서된 성모자와 정음 자모자 등이 한글과 한자로 씌어 있다. 이 묵서에는 아래아(·)자가 유지되어 있고, ㅅ 뒤에서 반모음 j가 탈락한 변화 등이 나타난다. 이 점으로 보아 이 묵서는 18세기 이전이 아니라, 19세기 이전에 쓴 것이다(김주원·남권희 2017: 51, 66-67). 이 묵서를 쓴 사람이 앞표지에 '五聲制字攷오성제자고'라는 서명도 썼을 것이다. 그런데 상주본의 표지에 새겨진 능화판의 문양은 연꽃과 보상화문寶相華紋이 어우러진 것으로 16~17세기까지의 유형이다(김주원·남권희 2017: 49). 본문에 묵서한 내용이 18세기 이전에 쓴 것이 아니라고 본 점과 표지 능화문 유형의 시대가 서로 부합하지 않는다. 이 책의 능화문은 15세기를 포함하여 17세기까지의 문양이라고 본 남권희 교수의 판단을 고려할 때, 기존에 전해 오던 다른 고서의 표지를 이용하여 '五聲制字攷오성제자고'라는 서명을 쓰고 이것을 상주본의 표지로 삼은 것이 된다.

상주본에 남아 있는 4침안과 4침안에 딸린 지념 구멍은 상주본을 찍은 [그림 11]에서 찾아낼 수 있다. [그림 11]에 4침안은 T_1, T_2, T_3, T_4로 표시했고, 지념 구멍은 t_1, t_2로 표시했다. 4침안이 균형 있게 배열되어 있고, 매듭형 지념 구멍 t_1, t_2가 지념이 있어야 할 자리에 위치해 있다. [그림 11]은 상주본이 원래 4침안이었음을 보여 주는 훌륭한 증거이다.

그런데 상주본의 현재 표지는 5침안으로 장정되어 있다. 상주본에 본문 종이에 뚫린 4침안은 표지에 나타나 있지 않다. 김주원·남권희(2017: 49-51)는 현재 표지의 침안이 5침안이므로 초간될 당시의 침안 형태는 4침안이며,[61]

61 김주원 교수는 이 점에 동의하지 않고 간송본의 최초 침안을 5침안으로 보았다. 김주원·남권희(2017: 49)의 각주 4 참고.

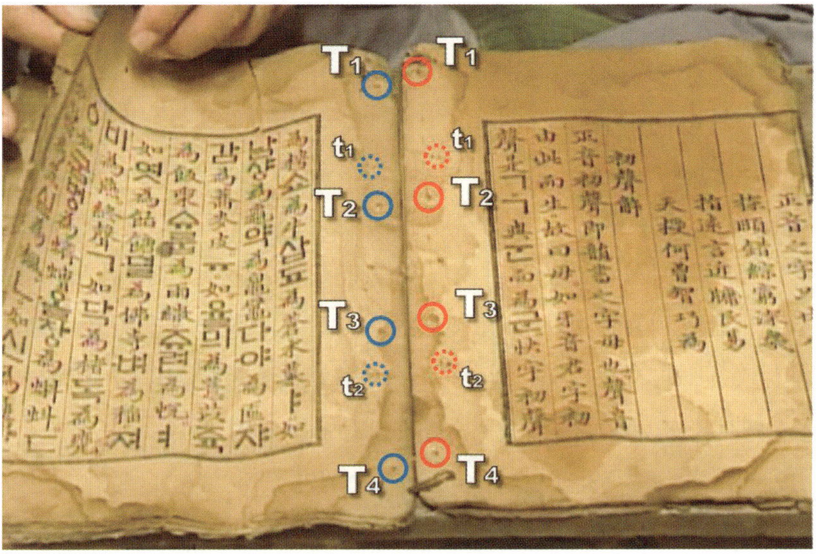

[그림 11] 상주본 4침안과 지념 구멍 표시(안동 MBC 아카이브)

상주본은 개장되는 과정에서 5침안으로 장정된 것이라고 보았다. [그림 8] 이하 상주본의 현 장정이 5침안으로 되어 있고, 과거의 침안 흔적으로 남은 4침안과 4침안의 지념 구멍이 확인되었으므로 상주본의 최초 장정은 4침안이라고 판단한다.[62]

2.2.3. 간송본과 상주본의 침안 비교

간송본과 상주본이 동일한 판목에서 쇄출되었음은 김주원·남권희(2017: 52)에서 검증되었다. 그런데 김주원·남권희(2017: 50)는 상주본 8b면과 간송본 27a면을 서로 비교하여 두 해례본의 장정이 일치하지 않음을 지적했다.

62 그러나 이 판단은 사진 영상을 이용한 것이라 한계가 있다. 상주본이 완전히 공개되어 정밀한 조사가 이루어진 후 최종 판단을 할 수 있다.

배은혜·백두현(2020: 302-303)은 간송본과 상주본의 동일 면(9a)을 비교하여 두 해례본의 침안이 어느 정도 일치하는지를 검토한 바 있다.

여기서 상주본과 간송본의 침안을 4침안은 4침안끼리, 5침안은 5침안끼리 서로 비교해 보기로 한다. 먼저 간송본 4침안 B형과 상주본 4침안을 비교해 보자. [그림 12]는 상주본 9b면에 표시한 4침안 B형과 간송본 29b면의 4침안 B형의 대응 관계를 보기 위해 반곽 크기를 비슷하게 맞추어 두 개 판면을 나란히 세운 것이다. 사진 배율 차이 때문에 반곽 크기를 정확히 일치시킨 것은 아니지만 대체로 일치하도록 만들었다. [그림 12]의 간송본과 상주본에서 4침안 위치가 서로 비슷하게 대응함을 알 수 있다. 4침안이 최초 침안이라면 [그림 12]에 나타난 4침안이 여기에 해당한다. 두 본의 침안이 대체로 일직선상에 놓여 있다.

이어서 상주본 5침안과 간송본 5침안을 나란히 놓고 5침안의 대응 관계를 검토해 보자. [그림 13]은 두 본에 나타난 5침안의 대응 관계를 비교하기 위해 반곽 크기를 서로 비슷한 크기로 맞추어 나란히 세운 것이다. 상주본과 간송본의 5침안은 일직선상에 놓이지 않는다. 특히 위로부터 제1침안($5C_1$과 $5D_1$), 제2침안($5C_2$와 $5D_2$), 제3침안($5C_3$과 $5D_3$)이 서로 어긋나 보인다. 간송본의 침안이 약간씩 아래로 처져 있다. 이 점은 지면 크기의 차이 때문일 수 있다. 간송본과 상주본의 5침안은 안배가 정연하지 못하다.

2.2.4. 침안 고찰의 마무리

간송본은 현재의 장정이 4침안 A형이면서, 4침안 B형과 5침안의 흔적을 지니고 있다. 상주본은 현재의 장정이 5침안이면서, 4침안의 흔적을 지니고 있다. 이것을 정리하면 〈표 3〉과 같다.

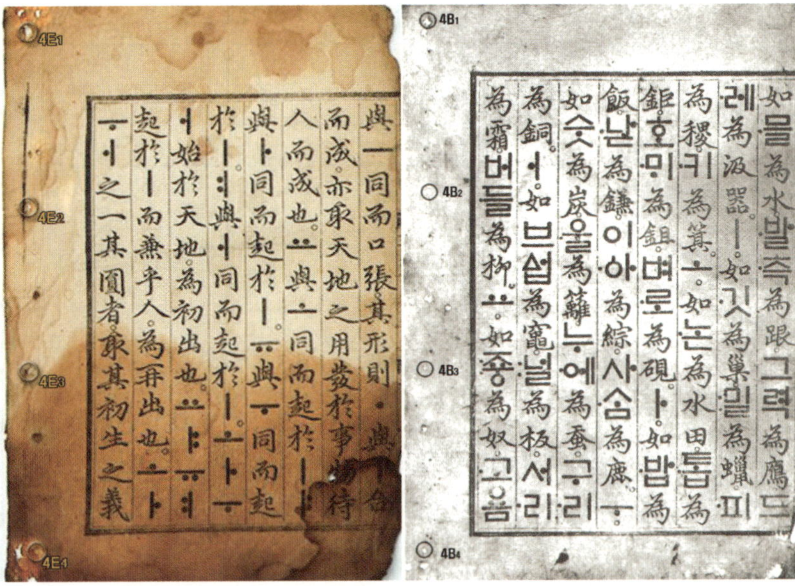

[그림 12] 상주본과 간송본의 4침안 대응 관계(왼쪽 상주본 9b, 오른쪽 간송본 29b)

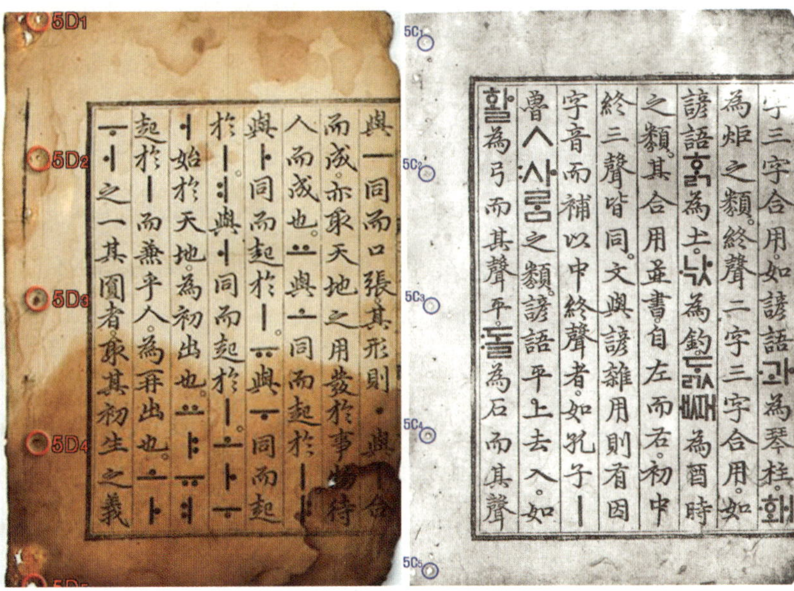

[그림 13] 상주본과 간송본의 5침안 대응 관계(왼쪽 상주본 9b, 오른쪽 간송본 25b)

〈표 3〉 간송본과 상주본의 침안 정리

	현재 침안	침안 흔적	
간송본	4침안 A형	4침안 B형	5침안
상주본	5침안	4침안	

간송본과 상주본은 현재 침안이 서로 반대이고, 현재 침안과 다른 흔적 침안이 각각 나타나 있다. 특히 간송본은 몇 번의 개장을 거치면서 세 가지 침안이 누적되어 최초의 침안을 파악하는 데 어려움이 더 크다.

1) 최초 침안을 4침안으로 볼 때의 설명과 문제점

앞에서 분석한 상주본 [그림 8], [그림 9], [그림 11]의 침안 상태로 보아 4침안이 최초 침안이다. 현재의 5침안 장정은 본문의 상 여백[天頭천두]과 하 여백[地脚지각]에 묵서하고 표지 서명 '五聲制字攷오성제자고'를 쓴 사람이 18세기 전후에 재장정하면서 생겨난 것이 된다. 이렇게 보면 4침안이 상주본의 최초(1446) 침안이자 『훈민정음』의 최초 침안이 된다. 이것은 남권희 교수의 판단과 같다. [그림 14]에 보이는 4침안과 두 쌍의 매듭형 지념 구멍(t_1, t_2)도 이 판단을 지지해 준다.

그러나 『훈민정음』의 최초 침안을 4침안으로 보는 견해가 답해야 할 문제는 『훈민정음』(1446)과 가까운 시기에 간행된 『용비어천가』(1447), 『석보상절』(1447), 『동국정운』(1448) 등이 모두 5침안이라는 사실이다. 세종이 훈민정음이라는 조선의 문자를 창제하고, 창제의 취지와 제자론을 밝힌 『훈민정음』을 간행하면서 1~2년 뒤에 간행한 여타의 정음 문헌과 달리 4침안으로 장정했다고 보아야 한다. 이 점에 대해 합당한 해명을 할 수 있다면 해례본 장정의 4침안설[63]은 설득력이 높아질 것이다.

---

63 남권희 교수에 따르면 조선 전기에 4침안을 쓴 책이 더러 있다고 한다. 4침안법은 중

2) 최초 침안을 5침안으로 볼 때의 설명과 문제점

간송본의 4침안 A형은 1940년에 해례본 발견 직후 상단과 하단의 너덜너덜한 부분을 자르고 재장정할 때 생겨난 것이다. 간송 전형필의 문헌을 다루는 꼼꼼한 태도로 보아 통문관 이겸로 옹이 영인본을 내기 위해 해책·촬영한 후 다시 제본할 때 그 이전 장정 형태를 그대로 따랐을 가능성이 높다. 이렇게 가정하면 4침안 B형이 1940년 이전 간송본의 장정이 된다.

그런데 간송본의 4침안 B형은 이면지의 『십구사략언해』 한글 문장을 쓴 후에 만들어진 것이라고 볼 수도 있다. 이면지의 한글 문장은 17세기와 18세기 사이에 쓰인 것이다. 이때 이면지에 문장을 쓰고 난 묵서자가 이 책을 다시 묶으면서 기존의 5침안을 쓰지 않고, 4침안 B형으로 바꾸었다고 가정해 보는 것이다. 이렇게 본다면 간송본의 5침안은 1446년 간행 당시의 최초 침안이 될 수도 있다. 그러나 간송본의 5침안은 상주본의 5침안과 마찬가지로 정연하지 못한 점이 문제로 남는다.

그리고 간송본의 최초 침안을 5침안으로 볼 때, 상주본의 침안을 설명하기 어렵게 된다. 상주본만의 현재 침안은 5침안이고 4침안 흔적을 갖고 있으니, 최초 침안은 4침안이라고 봄이 자연스럽다. 최초 침안을 5침안으로 보면 상주본은 5침안 → 4침안 → 5침안을 거친 것으로 보아야 하는데, 이것은 매우 부자연스럽다. [그림 14]에는 상주본의 4침안이 정연한 모습으로 나타나 있고, 매듭형 지념 구멍 두 쌍이 제자리에 놓여 있다.

국과 일본의 장정법으로, 특히 일본에서 많이 쓰인다고 한다.

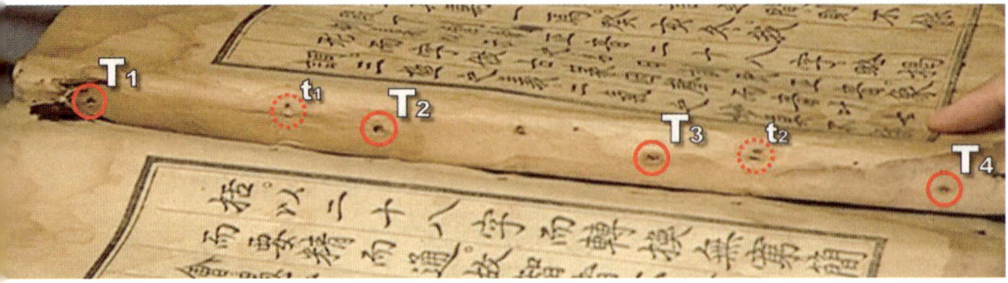

[그림 14] 상주본 31b면의 4침안(T_1~T_4)과 지념 구멍(t_1, t_2)

3) 마무리

『훈민정음』의 침안 장정에는 시대의 흐름에 따른 변화가 중층되어 있다. 세종 당시에 이 책을 처음 만들 때 최고의 각수刻手와 장책장粧冊匠이 동원되어 세밀하게 글자를 새기고, 공들여 책을 묶어 장정했을 것이다. 해례본 목판의 판각 상태를 보면 정교하고 섬세하다. 이런 점에서 가장 질서정연하고 균형 잡힌 침안 배열을 찾아내어 이것을 최초 침안으로 보는 것이 합리적이다. 상주본의 침안을 보여 주는 [그림 12]와 [그림 13]의 4침안과 5침안은 정교함에서 서로 차이가 크다. [그림 14]는 앞에서 보인 [그림 8]의 침안 부위를 더 정밀하게 확대한 것이다. 사진 위쪽 지면의 좌변 광곽선에 가까이 놓인 침안 행렬이 5침안이다. [그림 8]의 5침안 중에서 $5D_2$와 $5D_4$는 구멍이 두 개씩이다. $5D_2$와 $5D_4$는 4침안의 매듭형 지념 구멍을 다시 이용한 것이다. 이 둘을 5침안에 배정한 것이 [그림 8]의 5침안이다. 상주본의 4침안은 네 개 침안의 배열이 질서정연하고, 지념 구멍 두 개([그림 14]의 t_1과 t_2)가 확인된다. 이런 점으로 보아 상주본의 최초 침안은 4침안으로 판단한다. 이 판단은 남권희 교수의 견해와 같다. 그러나 최종적 결론은 상주본이 공개된 후 여러 지면을 자세히 분석한 후에 내려야 할 것이다.

2.3. 간송본과 상주본의 전래 경위에 대한 논란

2.3.1. 간송본의 발견과 소개

간송본은 1940년에 안동군 와룡면臥龍面 주하리周下里 이한걸李漢杰(1880~1950)의 집안에서 발견되었다.[64] 이한걸의 셋째 아들 이용준李容準이 서울 경학원經學院[65]에서 수학하던 중 이곳에서 가르치던 김태준金台俊에게 안동의 본가에 『훈민정음』이 전한다는 사실을 알려 주었다. 이 책의 가치를 알아본 김태준이 이용준과 함께 안동 주하리로 내려가서 책을 보았다. 권두의 두 장이 떨어져 나가고 없었다. 김태준과 이용준은 떨어져 나간 두 장을 복원하였다. 결락된 두 장은 세종 어제 서문과 예의의 일부로 세종실록에 그 내용이 실려 있다. 김태준이 세종실록의 해당 내용을 찾아서 이용준에게 주었고, 붓글씨에 능한 이용준[66]이 해례본의 글씨를 모방하여, 두 장의 내용을 새로 마련한 한지에 보사補寫해 넣었다.[67] 김태준이 이한걸에게 이 책의 양도를 요청하여 대금으로 3천 원을 지불하고 서울로 가져가 간송 전형필全鎣弼에게 넘겼다(정철 1954: 15). 이용준이 이 책의 존재를 스승 김태준에게 알렸고, 책의 가치를 인지한 김태준이 간송 전형필에게 이 책을 구입토록 중개함으로써 『훈민정음』 해례본이 조선 땅에 남아 세상의 빛을 보게 된 것이다.

해례본 소장자 전형필은 홍기문과 송석하에게 이 책의 투사透寫를 허락했고 홍기문과 방종현이 이 투사본[68]으로 『훈민정음』 연구를 시작하였다.

---

64 이하 단락의 내용은 정철(1954)의 설명을 간추린 것이다.

65 경학원經學院은 일제가 조선의 성균관을 개명한 것이다.

66 이용준은 조선 서예전에 입선한 서예가이기도 했다.

67 새로 마련한 한지가 "고색창연한 원본과는 차이가 많음을 느끼어 드디어 이 한지를 소죽 솥에 삶아 누른 빛을 내어서 원본과 비슷하게 재단하여 꿰어 매고"(정철 1954: 15)라는 이야기도 있다. 그런데 한지를 소죽솥에 넣어 삶으면 종이가 녹아 버린다. 이런 이야기는 나중에 덧붙여진 '스토리'일 것이다.

68 투명한 종이를 원본 위에 놓고 종이에 비친 글자를 베껴 써서 만든 책으로, 이를 '모사

『훈민정음』 해례본의 원문 내용은 조선일보 지면을 통해서 세상에 널리 알려졌다. 1940년 7월 30일부터 8월 4일까지 조선일보에 해례본 내용이 번역 연재되었다. 방종현의 이름으로 된 첫 연재는 '소화昭和 15년 7월 30일'자 조선일보 4면에 실렸고, 그 제목은 "原本訓民正音원본훈민정음의 發見발견"으로 되어 있다. 글 첫머리에서, 세간에 이미 전해 온 『훈민정음』은 원본이 아니라고 한 다음, 해례본을 입수한 지 열흘이 지나지 못해 아직 번역을 완성하지 못했으며, 이 번역이 누구의 이름으로 나오든 간에 홍기문과 방종현의 공동 작업[69]이라고 밝혀 놓았다. 두 사람의 번역문은 해례 용자례에서 끝맺고, 예의 부분과 정인지 서문의 번역문은 연재되지 않았다.[70] 조선일보에 번역 소개된 내용은 해방 뒤 정재운鄭再雲이 권두언을 붙이고 재편집하여 『해석 원본 훈민정음解釋 原本 訓民正音』(震學出版協會 1946)이라는 제목의 소책자로 간행되었다. 또한 조선어학연구회의 기관지 『정음正音』 제35호(1940.10)에 해례본의 내용이 등사謄寫되어 실리기도 했다(백두현 2010: 2-5).

공개된 해례본을 대상으로 가장 먼저 연구 논문을 쓴 분은 정인승이다. 정인승(1940: 3)은 "今年금년 여름에 慶北경북 義城郡下의성군하의 한 古家고가로부터 偶然우연히 굴러나온 印版인판 古本고본의 訓民正音훈민정음 一冊일책이 多幸다행히 識者식자의 눈에 發見발견되어, 卽時즉시 原文원문의 原形원형 그대로 精密정밀히 臨畫임획 摹寫모사하여 그 古本고본과 함께 京城경성 學者

본(摹寫本)'이라 부르기도 한다.

69 그런데 방종현(1946b: 1)은 「譯者(역자)의 말」에서 "이 글은 벌써 五年前(오년전)인 庚辰年(경진년) 七月(칠월) 三十日(삼십일)로부터 八月(팔월) 四日(사일)까지 五回(오회)로 分(분)하여 朝鮮日報(조선일보)에 게재되었던 것이다. 그 發表者(발표자)의 名義(명의)는 비록 내 이름으로 되었으나 이것을 實際(실제)로 飜譯(번역)한 이는 홍기문(洪起文 1903~1992)이다."라고 증언해 놓았다. 이로써 『훈민정음』의 최초 번역자는 홍기문임이 밝혀진 것이다. 이상혁(2005)은 이 문제를 자세히 논하였다.

70 예의 부분과 정인지 서문은 이미 널리 알려져 있었기 때문일 것이다.

間학자간에 紹介소개하게 되었다."라고 발견 경위를 서술했다.[71] 이어서 "摹寫本모사본은 民俗민속 考古學고고학의 泰斗태두인 宋錫夏氏송석하씨의 特志특지에 依의하여 벌써 斯學사학 同好間동호간에 研究연구의 資料자료로 提供제공되어 있다. 筆者필자 또한 氏씨의 特別특별한 好意호의에 依의하여 七月칠월 下旬하순에 一讀일독의 行榮행영을 입었다."라고 밝혀 놓았다. 정인승이 1940년 7월경 송석하가 베낀 투사본을 얻어 보고[72] 연구 논문을 쓴 것이다(백두현 2010: 3-4).

2.3.2. 간송본의 출처에 관한 논란과 필자의 판단

그동안 간송본의 출처에 관한 논란이 적지 않았다.[73] 이용준의 본가인 이한걸의 집안에서 세전되어 온 『훈민정음』이 이용준과 김태준의 손을 거쳐 간송 전형필에게 넘어갔다는 것이 통설이었다. 그런데 간송본이 이용준의 처가인 광산김씨 집안의 장서라는 주장이 김계곤(1964/2005)[74]에 의해 처음 제기되었다. 김계곤은 이용준의 형 이용훈의 말, 정철의 말,[75] 이가원의 말 등을

---

71 정인승의 이 문장은 당시에 이 책의 출처가 '의성'으로 알려져 있었음을 보여 준다. 이와 동일한 기록이 방종현(1946b), 최현배(1946 한글갈) 등 여러 곳에 반복되다가 정철(1954)에서 안동 주하리 이한걸 댁으로 수정되었다.

72 방종현(1946b)의 「역자의 말」에 다음 내용이 기록되어 있다. 간송 전형필이 소장한 『훈민정음』 고본이 공개될 때 모사본 2부가 동시에 세상에 나왔는데, 그중 1부가 홍기문의 것으로 조선일보 및 조선어학연구회 발행 『정음(正音)』 제35호에 게재되었고, 또 다른 1부는 송석하의 차지가 되어 조선어학회 발행 『한글』 제8권 9호에 정인승의 논문(고본 훈민정음의 연구)으로 발표되었다.

73 김계곤(1964/2005)은 간송본 발견 경위와 이에 대한 학자들의 연구 내용을 정리했고, 박종덕(2006: 175)은 간송본에 관한 여섯 가지 설을 정리해 놓았다.

74 이 글은 원래 보성중고등학교 교지 『보성』 제3호(1964.1.15)에 실렸던 것이라고 김계곤이 밝혀 놓았다.

75 김계곤(1964/2005: 7)은 정철과 전화로 통화하여 들은 말을 다음과 같이 적어 놓았다. "이용준의 형이 현재 인천교육대학에 재직 중인데 그분을 만나 직접 들은 이야기라면서 자기 가문의 가장으로 자기 본가 보존이라고 했지마는 사실은 그렇지 않고 자기 아우(이용준)의 처가 소유라고 하더라는 것이다."(1963.11.27) 정철이 이용준의 형인 이용훈의 말이라고 김계곤에게 전한 내용이 사실이라면 간송본이 긍구당 장서였다는 가

인용하여 간송본이 광산김씨 집안에서 나온 것이라고 결론지었다. 김계곤이 주장한 요지는 이용준(1916~?)이 처가인 광산김씨 긍구당에 전해 오던 해례본을 장인의 허락을 받지 않고 반출하여 간송 전형필에게 넘겼다는 것이다.

이와 비슷한 결론을 담은 박영진(2005)의 글이 『한글 새소식』에 발표되었다. 박영진은 안동대학교 한문학과를 다니고 있던 1983년 10월에 고등학교 친구들과 가야리 긍구당에 묵으면서 주인 김대중 옹(1935~)으로부터 이용준이 간송본을 반출했던 당시의 정황에 대해 들었다고 한다. 1991년 10월 18일에 김대중 옹이 박영진에게 보낸 편지에도 같은 사연이 적혀 있었다. 김대중 옹으로부터 들은 말과 편지 사연을 근거로 박영진은 간송본이 긍구당 장서였고, 이용준이 『매월집』과 함께 무단 반출하여 간송에게 넘겼으며, 권두 두 장도 이용준이 긍구당 장서인을 없애기 위해 찢어 버린 것이라고 주장했다(박영진 2005: 10).

이어서 박종덕(2006)은 박영진과 김대중 옹의 주장을 그대로 받아들여, 광산김씨 긍구당에 소장되어 있던 『훈민정음』을 이용준이 '유출'한 것이라고 하였다. 박종덕(2006)은 긍구당의 주인이자 이용준의 장인인 김응수(1880~1957)가 쓴 편지를 소개하며 해례본의 '유출'을 주장했다. 또 간송본에 묵서된 수결이 긍구당에 전래된 고문서의 수결과 일치한다고 주장하며 이를 '유출' 근거로 삼기도 했다. 박영진(2005)과 박종덕(2006: 189-190)은 긍구당(광산김씨) 후손 김대중 어른의 말을 근거로, 긍구당 장서인이 찍혀 있었던 권두 두 장을 이용준이 찢어 없앴다는 주장까지 내놓았다.[76]

장 유력한 증거로 삼을 수 있다. 그런데 앞서 발표한 정철(1954)에는 이런 내용이 없다. 이용훈의 말이 사실인지 검증할 필요가 있다.

76 2017년 2월에 진성이씨 대종회가 안동시청에서 기자회견을 하여 간송본이 주하리 두루종택 소장임을 주장하는가 하면, 2017년 3월 28일에 광산김씨 김대중 옹이 안동시청에서 기자회견을 열어 이용준이 처가인 긍구당에 있던 책을 몰래 가져가 긍구당 장서인이 있는 부분을 찢어 내고 간송에게 매도했다고 주장하였다. 두 집안 사이의 이

필자는 2018년 7월 27일에 안동시 와룡면 주하리의 진성이씨 두루종택과 이한걸李漢杰(1880~1951)의 고택을 방문하였다.[77] 이튿날인 7월 28일에는 와룡면 가야리의 광산김씨 고택 긍구당을 찾아갔다. 긍구당은 주촌종택과 달리 외딴집이었다. 종손 김대중(김좌희로 개명) 옹이 필자를 맞아, 집안에 전해 오는 분재기[78] 문서와 이용준이 처에게 쓴 한글편지 4매와 이용준이 저술한 『조일합방사朝日合邦史』(1946)[79]라는 희귀본을 보여 주셨다. 김대중 옹은 본인이 6세였을 무렵에 조부(이용준의 장인인 김응수)가 마루에서 마당에 선 사위 이용준을 심히 꾸짖으며 집안 출입을 하지 못하게 했다는 기억이 있다고 말씀하셨다. 김대중 옹은 이용준이 해례본을 가져갔다고 철석같이 믿고 있으면서도, 이용준이 이 책을 널리 알리는 데 큰 공을 세운 분임을 강조하셨다. 그러나 이용준이 권두의 장서인을 찢었다는 말은 나에게 하지 않으셨다.[80]

현장 조사 및 문헌 분석을 통해 필자가 내린 몇 가지 판단은 다음과 같다. 첫째, 간송본이 긍구당에서 나온 것임을 주장하는 구두 증언은 있으나(김계곤 1964/2005), 이를 증명하는 물증이 없다. 이용준이 그의 장인 김응수에게 보낸 간찰(1941.12.30)에 『매월집梅月集』이란 책을 가져온 일을 사죄하는 내용

문제는 아직도 미해결 상태로 보인다.

77 주하리 두루종택에서 만난 종손 이세준 어른과 종부님이 이한걸과 이용준 그리고 이한걸의 다른 아드님에 대한 이야기를 해 주셨다. 이어서 종손의 안내로 이한걸이 살았던 고택을 방문하였는데, 마침 그곳에 와 계시던 이한걸의 손자 이재갑 씨를 만나 여러 가지 이야기를 들었다. 이재갑 씨는 공직에서 퇴직한 분으로, 이 마을과 『훈민정음』에 각별한 관심을 갖고 계셨다. 이 밖에도 이재갑 씨는 일제강점기 때 이 마을에서 간행한 『여자소학』을 언급하였다.

78 김언기(1520~1588)의 6세손인 김치상(金致祥)이 그의 아들 김인탁(金寅鐸)에게 준 분재기를 말한다.

79 이 책의 '저작인'은 '이기범(李奇範)', '발행인'은 '민중조선사(民衆朝鮮社)'로 되어 있다. '이기범'은 이용준의 다른 이름이다.

80 필자가 보기에, 박종덕이 김대중 옹으로부터 들었다고 하는 이 이야기는 김 옹이 유년 시절에 보았던 정황에 기대어 한 말로 생각된다.

은 있으나(박종덕 2006: 183), 『훈민정음』 해례본과 『동국정운』에 대한 언급은 없다. 간송 전형필은 당시 소장자로부터 해례본과 함께 『동국정운』 두 책(권1, 6)을 인수하여 소장했는데, 이 『동국정운』 권두에 '선사지기宣賜之記'가 날인되어 있다(안병희 2007b: 129). 이 두 책에 대한 언급이 이용준의 편지에 없다는 것은 해례본이 긍구당에서 나왔다는 주장을 미심쩍게 한다. 둘째, 긍구당에 전해 오는 분재기의 수결과 해례본 권말에 있는 수결이 일치한다고 보기 어렵다. 박종덕(2006: 188)은 간송본 끝 장의 낙서처럼 보이는 수결이 긍구당에 보존된 고문서(김치상이 아들 김인탁에게 준 분재기) 뒷면의 수결 중 하나와 같다고 판단했었다. 필자가 7월 28일 긍구당에서 이 분재기를 실사實査하고, 수결을 촬영해 와서 확대한 후 간송본의 해당 묵서와 비교해 보았다.

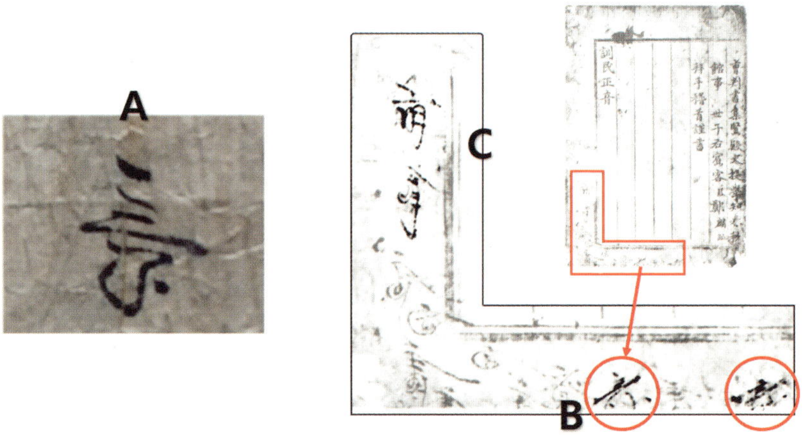

[그림 15] A: 긍구당 소장 분재기의 수결, B: 간송본 해례본 권말의 수결 연습, C: 간송본 해례본 권말의 수결 연습

[그림 15]의 A는 긍구당 소장 분재기의 수결이고, B와 C는 간송본 권말에 묵서된 것이다. B의 수결이 A의 수결과 형태상 비슷한 점이 있다. 그러나

자세히 보면 두 개의 필획에 다른 점이 뚜렷하다. B의 상부 획은 ‘立’자형이나, A의 상부 획은 ‘[illegible]’[81]자형이다. A의 ‘[illegible]’자형에서 맨 밑의 가로획은 좌에서 우로 하향하고, B의 ‘立’자형에서 맨 밑의 가로획은 좌에서 우로 상향하는 형태이다. 또한 A의 하부 획은 ‘子’와 비슷한 모양이나, B의 하부 획은 이와 전혀 다르다. C의 수결은 A 및 B와 아주 달라서 서로 비교할 만한 것이 아니다. C의 하부 글자 획은 ‘月’자에 가깝다.

이러한 분석 결과, 분재기의 수결 A와 간송본 권말에 쓰인 수결 비슷한 낙서문 B는 그 자형이 다르다는 것이 필자의 판단이다. 고문서를 많이 본 고문서학 전공자 및 한문학 전공자에게 [그림 15]를 보여 주고, 자형에 대한 의견을 들어 보니 필자의 판단과 같았다.

이상의 고찰로 볼 때, 간송본이 긍구당에서 나온 것이라는 주장은 분명한 물증을 갖추지 못하고 있다. 이용준과 그의 장인 김응수 사이에 있었던 당시의 정황과 이용훈(이용준의 형)의 구두 증언이 있어서 긍구당 전래설에 심정적으로 공감이 가는 바가 없지 않으나 확실한 물증이 부족하다. 김계곤(1964/2005)이 정철과의 전화 통화에서 들었다고 하는 이용훈의 말이 사실이라면 이것이 가장 유력한 증거가 될 수 있다.

그런데 필자는 권두에 긍구당 장서인이 있던 두 장을 이용준이 찢어서 없앴다는 긍구당 측의 주장과 이 말을 옮긴 박영진·박종덕 등의 주장에 동의할 수 없다. 후촌 이한걸 집안에서는 “연산군 시절, 언문 금압 사건이 일어났을 때 책 이름을 없앰으로써 이 물건을 보존하려고 찢어 버렸다.”라고 하였으나 이 말도 그대로 믿기 어렵다.[82] 책 이름을 없애려면 권두서명이 있는

81 [그림 15] A의 상부는 ‘三’자 아래 가로획이 하나 더 있는 모양이다.

82 정철(1954: 15)이 이한걸 가문으로부터 들은 말을 기록하면서, “연산군 때 언문 책 소지자를 엄벌할 때 생명을 유지하기 위하여 부득이 첫 머리 두 장을 뜯어 버리고”라고 적은 내용도 믿기 어려운 것이다. 연산군을 비방하는 언문서의 범인을 색출할 때 언문 글씨를 쓰게 하여 필적을 대조했으나 언서 책을 수색했다는 기록은 없다. 게다가 『훈

첫 장만 뜯어내면 된다. 설령 장서인을 찢어 냈다고 하더라도 첫 장만 찢으면 되지 굳이 두 장을 찢어 낼 이유가 없다. 서명을 완전히 없애려면 권말서명이 있는 끝 장도 뜯어내야 한다. 그런데 현재의 간송본에는 권말서명 장이 남아 있다. 이용준이 김태준과 함께 낙장된 두 장을 애써 복원해 넣은 사실만 보더라도 이용준이 권두 두 장을 찢어 버렸다는 말은 매우 부적절하다. 간송본의 상태를 보면 원본이 보존된 제3장 등도 마멸과 결락이 심하다. 이런 상태로 보아 앞의 두 장은 긴 세월을 견디지 못해 낙장된 것이라고 필자는 판단한다.

박영진과 박종덕이 긍구당 김대중 옹의 말을 듣고 『훈민정음』 권두에 긍구당 장서인이 있었다고 하지만 간송미술관에 소장된 『동국정운』에는 긍구당 장서인이 아니라 '선사지기宣賜之記' 인장이 있을 뿐이다. 『동국정운』처럼 해례본 권두에도 '선사지기'가 있었다고 가정하면 이것을 굳이 뜯어낼 이유가 전혀 없다.

이용준은 진성이씨 가문의 후손으로, 경학을 비롯한 전통 학문을 익힌 분이다. 그는 강경공립고등여학교 교사였으며, 『조일합방사朝日合邦史』를 저술한 역사학자이기도 하다. 명문가 후손이자 교육자로 활동했으며 일제의 강제 병합에 관한 역사서를 낸 분이 처가의 책을 몰래 빼냈고, 이 책이 처가의 것이라는 사실을 감추기 위해, 장서인이 있던 권두 두 장을 찢어 없앴다고 하는 주장은 도저히 받아들일 수 없다.[83]

간송본과 상주본이 둘 다 안동을 중심으로 한 경북 북부에서 발견된 점도 주목할 만하다. 간송본이 안동 주하리에서 나왔고, 이른바 상주본도 원

민정음』 해례본은 한문본이고 특히 권두 두 장은 어제 서문이다. 어제 서문을 찢어 없애는 것은 조선왕조 시대에 있을 수 없는 일이다. 정철이 인용한 유래담은 스토리텔링에 가까운 전설적 이야기로 보인다.

83 국가의 보물이자 세계기록유산인 『훈민정음』을 명백한 증거 없이 그 출처와 연원을 손상시키는 일은 좋지 않다.

래 출처는 안동의 어느 고택이라는 설이 있다. 주하리의 진성이씨 두루종택은 세종시대의 조상인 이정李禎[84]을 불천위 제사로 모시고 있다. 간송본이 이한걸 집안에 전해진 것은 이정이 군공을 세워 하사받은 것[85]이라고 진성이씨 측에서 주장하기도 했다. 그러나 박영진(2005)에서 이 점을 적절히 비판했듯이, 군공을 세웠다고 책을 하사하는 일은 없었기 때문에 '군공' 운운하는 진성이씨 측의 말은 받아들이기 어렵다.

[그림 16] 이기범(이용준)이 저술한 『조일합방사』(김대중 소장)

---

84 이정은 퇴계 이황(1501~1570)의 증조부로, 세종 때 최윤덕 장군을 따라 북쪽 오랑캐를 토벌한 공이 있고, 영변 판관을 거쳐 선산 부사를 지냈으며 세조 때 원종공신에 들어간 인물이다. 이황이 지은 「증조고비묘갈지」의 내용이 박영진(2005: 9)에 인용되어 있어서 이것을 참고하였다.

85 정철(1954: 15)이 이한걸 가문을 소개하면서 "일찍 선조께서 여진 정벌의 공이 있어 세종대왕으로부터 상으로 받아(단 한 卷) 늘 궤中에 감추어 世傳家寶(세전가보)로 남겨오다가 연산군 때 언문 책 소지자를 엄벌할 때 생명을 유지하기 위하여 부득이 첫머리 두 장을 뜯어 버리고 돌돌 말아서 서급(書笈)에 비장(秘藏)했던 것입니다."란 내용이 있다. 정철은 이 글을 쓰던 당시에 안동고등학교 교사로 근무하면서 진성이씨 가문에서 나온 이런 이야기를 듣고 그의 글에 옮겨 쓴 것으로 보인다.

안병희(2007: 129)는 간송 전형필이 당시 소장자로부터 해례본과 함께 『동국정운』 2책(권1, 6)을 받아서 함께 수장하였는데, 이 『동국정운』 권수에 '선사지기'가 날인되어 있음을 지적하면서, 해례본은 『동국정운』과 같은 시기에 동일 인물이 받은 것일 가능성이 높다고 보았다. 세종이 간행한 『성리대전』을 반사한 기록은 있으나(1428년 윤4월 1일)[86] 『훈민정음』을 나누어 준 기록은 없다. 그러나 책 출판이 실록 기사에 누락된 사례는 적지 않다. 『훈민정음』 반사 기록도 누락되었을 수 있다. 이런 점을 고려할 때 현전하는 해례본 두 책은 출판 당시의 관직자가 받은 것일 수 있다. 성균관 학생으로 입학하여 공부하던 유생이 문과 초장 시험 및 성균관 강경에 부과된 『훈민정음』 과목[87]을 공부하기 위해 입수했던 책이었을 가능성도 있다. 문과 시험을 준비하기 위해 성균관에서 수학했던 유생이 『훈민정음』을 구득하여 보다가, 훗날 낙향할 때 고향으로 가져가 집안에 보존했던 책일 수도 있다.[88]

『훈민정음』과 『동국정운』은 중간된 적이 없어서 매우 귀한 책이 되었다. 『동국정운』은 인위적으로 교정한 한자음이어서 실용성이 없었기에 중간될 여지가 없었다. 그러나 『훈민정음』 특히 정음해례편은 조선 후기의 성운학자들에게 유용한 것이어서 중간될 수도 있었는데 그렇지 못하였다. 『훈민정음』이 중간되거나 복각되기만 했더라도 오늘날 이렇게 희귀한 책이 되지 않았을 것이다.

끝으로 한 가지 더 언급해 둘 것이 있다. 1940년에 『훈민정음』 해례본이 발견된 주하리에서 이 책을 번역하여 『국문강의』라는 책을 만들어 마을 부녀자들에게 한글을 가르쳤다고 말하는 마을 어른도 있다. 이에 대해서 안병

86 이 책의 제3부 제1장의 2.1절 '『성리대전』의 도입과 간행'을 참고하기 바란다.

87 세조 6년 5월 28일 기사, 세조 6년 9월 17일 기사.

88 이 책의 제4부 제5장 '『훈민정음』의 활용과 후대의 학문적 수용'에서 이 점을 재론할 것이다.

희(2007: 130) 선생이 적절히 비판한 바 있다. 일제강점기에 한글을 '국문'이라 할 수도 없었고, 이 책은 아무리 번역하더라도 도저히 부녀에게 가르칠 만한 내용이 아니라는 것이다. 일제강점기라면 이미 여러 가지 한글 학습자료가 유포되어 있었으므로 굳이 해례본과 같이 어려운 한문 서적을 번역해서 한글을 가르칠 필요는 없었을 것이다.

2.3.3. 상주본의 출처와 가치

2008년 7월에 또 하나의 훈민정음 해례본이 경북 상주에서 발견되어 안동 MBC에서 보도한 바 있다. 고故 조용훈이 생전에 상주에서 운영하던 골동점에 있던 것을 상주 낙동에 거주하는 배익기가 다른 여러 책과 함께 구매했다고 주장하였다. 조용훈은 배익기의 구매 주장을 부인했다. 이 책이 상주에서 발견되었지만 원래 소장처가 상주인지 안동 등 다른 지역인지는 분명하지 않다. 상주본의 원 출처가 안동의 어느 고택이라는 말도 있으나 확인되지 않았다.

조용훈과 배익기 사이에 이 책이 매매냐 절도냐를 두고 법적 분쟁이 생겨 재판이 벌어지기도 했다. 조용훈은 세상을 뜨기 전에 이 책의 소유권을 국가에 헌납했다. 배익기는 이 책의 소유권이 본인에게 있다고 주장하며 소유권 소송을 제기했으나, 대법원에서는 소유권이 국가에 있다는 판결을 내렸다. 그럼에도 불구하고 이 책을 점유한 배익기는 이 책을 공개하지 않고 있다. 상주의 고등학생들이 찾아가 자료 공개를 요구해도 응하지 않았다(2019.10).

안동 MBC가 상주본 발견 당시에 촬영한 화면을 통해 잔존한 낙장이 확인되었으나(이상규 2012), 실물 계측이 이루어지지 않아 서지 사항은 조사되지 못했다. 남권희(2009)가 이 책의 상태를 학계에 소개했고, 이상규(2012)가 잔존한 장수張數와 상란에 묵서된 기록, 권성점 등에 대해 연구하였다. 김주원·남권희(2017)는 상주본의 서지와 묵서 내용에 대해 고찰하였다.

상주본이 처음 발견된 후 이 책을 보러 안동으로 가던 남권희 교수의 전화를 받고 필자는 권두의 어제 서문이 있는지 확인해 보고, 있다면 필자에게 바로 연락해 달라고 부탁한 적이 있었다. 남권희 교수가 안동 MBC에 가서 촬영된 화면을 확인해 보니 권두에 어제 서문을 포함한 다수의 장이 없고, 그 밖의 많은 장이 없다고 알려 주었다. 실망스럽긴 했으나 『훈민정음』 해례본이 유일본으로 있다가 그 일부가 또 나왔으니 다행한 일이라고 생각했다. 앞에서 언급했듯이 상주본에는 정음편이 모두 없고, 정음해례편 11장만 그 존재가 확인되었을 뿐이다. 상주본은 낙장이 많아서 문화재로서의 가치는 물론 학술적 가치도 간송본에 비해 현저히 낮다. 연구자의 관점에서 볼 때, 상란에 묵서된 내용과 책 크기와 장정 등 서지 사항을 알 수 있는 몇몇 부분이 관심을 끌 뿐이다.[89]

2.4. 해례본 정음자의 서체

세종이 지은 정음편(어제 서문과 예의)의 서체는 해서체楷書體, 집현전 학사들이 지은 정음해례편은 해행서체楷行書體로 쓰여 있다. 해행서체란 해서체보다 약간 흘려 쓴 것이며 해서체와 행서체의 특징을 아울러 가진 서체이다.[90] 정음편과 정음해례편의 한문자는 세종의 아들이자 당대의 명필인 안평대군이 쓴 것이라고 보아 왔다. 안병희(1979: 110 각주 2)는 안평대군이 손수 짓고 쓴 「법화경 발法華經跋」(1448)의 글씨와 "해례본의 글씨는 완전한 일치를 보여준다."라고 했고, 안병희(1997: 100)는 안평대군이 쓴 「당송팔가시선

89 김주원은 "『훈민정음』 상주본의 가치"라는 글(한글 새소식 577호, 2-3쪽, 2020.9)에서 책의 가치를 1조 원 운운한 평가의 문제점, 낙장이 많은 점, 묵서에 특별한 내용이 없는 점 등을 지적하며 상주본의 학술적 가치를 객관적으로 서술했다.

90 그런데 이용준이 보사한 정음편 제1장과 제2장은 해서체가 아니라 정음해례편과 같은 해행서체로 잘못 쓰여 있다(김주원 2013a: 123-141).

서唐宋八家詩選序」(1a, 5a)의 글씨는 해행서체인데 이것은 "해례본의 해례 글씨와 너무나 혹사하다."라고 하며 그 사진을 제시했다. 손환일(2021: 207-208)은 안평대군이 쓴 다른 작품과 해례본의 한자 서체를 비교하여 한문漢文은 안평대군이 쓴 것이라고 판단했다.[91] 그런데 손환일(2021: 206)은 '昭信之寶소신지보'를 강희안이 쓴 사실을 들어,[92] 해례본의 정음자(=한글자)는 강희안이 썼다고 추정했다. 필자가 보기에 글자가 좌 혹은 우로 기울었다고 하는 손환일의 판단은 수학적 검증이 필요한 부분이다. 해례본에 나타난 정음자의 자형이 동일한 것이 있는 점을 중시하여 정음자는 목활자로 찍은 것이라는 손환일의 주장[93]도 납득하기 어렵다.

박병천(2021: 276-340)은 『훈민정음』의 한자 서체를 안평대군 서체 및 강희안 서체와 비교하였다. 두 분이 쓴 여러 자료의 필서체를 『훈민정음』과 정밀히 비교한 결과, 『훈민정음』 해례본의 한자 서체는 안평대군 서체와 유사점이 더 많다는 결론을 내렸다. 박병천의 분석 결과는 해례본을 안평대군이 썼다고 한 기존의 설을 검증한 셈이다.

본 절에서는 해례본의 한자 서체에 대한 논의는 제외하고, 정음자 서체에 나타난 특성과 이것이 제자 원리와 맺고 있는 상관성을 고찰한다. 필자는

---

91 손환일이 제시한 사진의 한자 서체는 서로 비슷한 점이 있으나 차이점도 뚜렷하여 동일인의 서체라고 단정하는 것은 문제가 있다. 안병희(1979, 1997)에서 언급된 「법화경발」 및 「당송팔가시선서」의 서체와 해례의 서체가 혹사(酷似)하다고 한 것도 '인상적 느낌'으로 판단한 것이다. 박병천(2021)은 동일한 글자를 정밀하게 비교 대조하여 해례본의 서체가 안평대군 글씨와 가장 비슷하다는 결론을 내렸다.

92 '昭信之寶(소신지보)'는 어보의 하나로, 세종 25년인 1443년 10월에 '國王信寶(국왕신보)'를 고쳐 만든 것이다.

93 손환일(2021)은 안평대군이 해례본 한문을 쓸 때 정음자가 들어갈 자리는 비워 두었고, 강희안이 쓴 정음자를 목활자에 새겨서 이 빈 자리에 찍은 후, 획이 잘 나오지 않은 부분은 가필(加筆)한 다음 이것을 등재본(登梓本)으로 삼아 목판 위에 놓고 도각(刀刻)한 후 먹물을 발라 인출한 것이 현재의 『훈민정음』 해례본이라고 하였다. 활자와 목판 연구 전문가에게 문의해 보니 한마디로 인쇄와 활자를 모르는 사람이 지어낸 이야기라고 답해 주었다.

『훈민정음』 해례본에서 우리말 자모자와 낱말의 표기에 나타난 서체를 '훈민정음체'(약칭 '정음체')라 부르고, 정음체로 쓰인 낱자와 음절자를 '정음자'라 칭한다. 정음자는 초성자와 중성자 등의 낱 자모자를 쓴 음소 정음자와 초성자+중성자를 합치거나 초성자+중성자+종성자를 합쳐 쓴 음절 정음자(음절자)로 나눌 수 있다.[94]

해례본의 정음자 서체는 한문의 한자 서체와 전혀 다르다. 해례본의 정음자는 초성자와 중성자의 자획이 매우 엄정하게 형상화되어 있다. 또 가로획과 세로획의 넓이가 고르게 일정하고, 모필毛筆로 쓸 때 획의 시작과 끝 마무리에 자연스럽게 생겨나는 세리프(serif 돌기)가 전혀 없다. 가로획 ㅡ와 세로획 ㅣ는 획의 시작 부위와 마침 부위가 동일한 면적을 유지하며 일관된 폭의 직선 획으로 뻗어 있다. [그림 17]의 중성자 자형에서 보듯이 가로획과 세로획의 끝부분에 돌기가 없고, 획의 넓이가 항상 균일하다. 넓이가 균일한 직선 획의 흐름이 끝부분에서 사각형 모습으로 마무리되어 있다. 이런 자형은 끝이 뾰족한 모필로 쓰기 어렵다. 해례본의 한문과 정음 자모자 및 고유어 낱말은 붓촉 끝이 뾰족한 모필이 아니라 대조각 따위로 끝을 납작하게 만든 붓으로 쓴 듯하다. 고대 이집트에서 사각형의 끌 모양 갈대 펜이 사용되었다. 아래 각주 95에 보인 갈대 펜 형태의 붓이 로마로 전해져, 비문碑文의 로만 알파벳 글자를 이런 모습의 펜으로 썼다고 한다.[95] 해례본의 정음자도 끝이 뾰족한 모필이 아니라 붓촉이 좁은 직사각형 형태의 목필木筆 같은 것으

---

94 최형인·이성진·박경환(1996)은 해례본에 나타난 음절 정음자 190자의 수학적 구조를 분석하여 가능한 음절자의 생성 원리를 연구한 바 있다.

95 Edward M. Catich 지음, 권현민·유진숙·채유경 옮김, 『세리프의 기원』, 국립한글박물관, 2018, 286-288쪽. 아래 그림에서 보듯이, 이 책의 109쪽에 해례본의 가로획, 세로획과 완전히 같은 산세리프(돌기 없는) 자형이 제시되어 있다. 이 책 51쪽에는 끝이 사각형 모양과 비슷한 갈대 펜 그림이 있다. 두 그림을 아래에 인용해 둔다.

ETPH (산세리프 자형) (갈대 펜 그림)

로 쓴 듯이 보인다.

[그림 17] 정음편의 중성자 자형(3a)

중성자 자형에 쓰인 아래아 자의 검은 동그라미는 정교한 원형이다. 정음해례편에 등장하는 아음자 'ㆁ'과 후음자 'ㅇ'의 자형에 들어간 동그라미 역시 아주 정교하게 그린 원형이다.

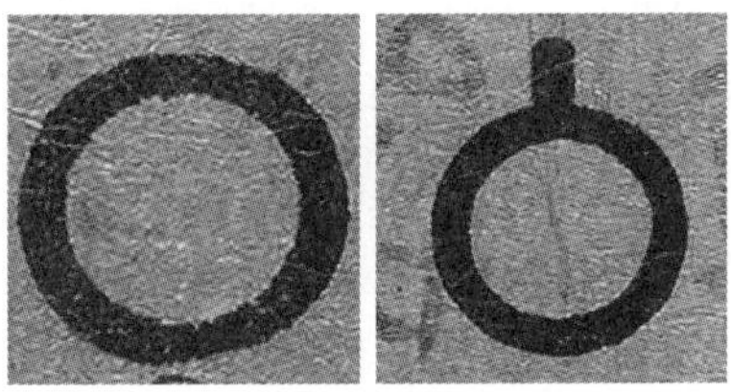

[그림 18] 후음자 ㅇ(5b)과 아음자 ㆁ(6a)

[그림 17]과 [그림 18]에 보인 정음자의 가로획과 세로획 그리고 둥근 원은 끝이 뾰족한 모필로는 쓰기 어렵고, 끝이 약간 길쭉하고 면적이 있는 필기구로 쓸 수 있다. 이런 서체는 해례본의 훈민정음 자모자에 나타난 가장 뚜렷한 특징이다. 새 문자를 창제하고 그 자형의 전범典範을 보인 책이 해례본인 만큼 각 자모자의 전형적 형상을 보여 줄 필요가 있었다. 이런 의도에서 정제되면서도 규격화된 획으로 쓴 자모자의 형상이 [그림 17], [그림 18], [그림 19]와 같이 나타난 것이다.

해례본의 초성자와 중성자 자획을 이런 형태의 서체로 쓴 이유는 두 가지로 나누어 설명할 수 있다. 첫째, 면적이 고른 직선 획으로 일관된 자형을 만든 이유는 각 글자의 원형자原型字(architype letter)를 보여 주기 위한 것이다. 음소 정음자 즉 낱자는 놓이는 환경에 따라 자형이 변이될 수 있다. 변이되지 않는 각 자모자의 본원적 원형原型을 훈민정음의 공식적 반포 문헌에서 보여 줄 필요가 있다.

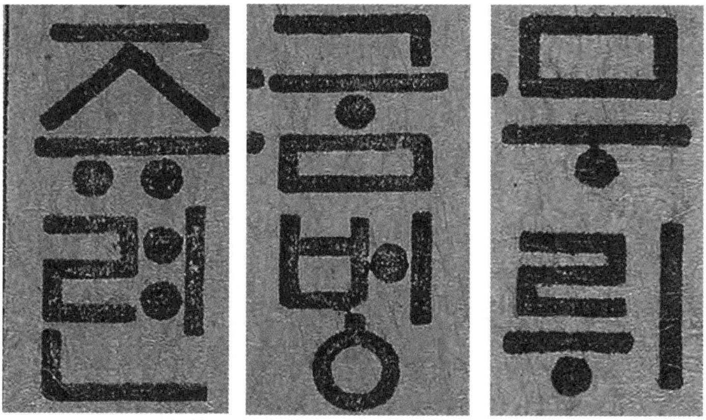

[그림 19] 훈민정음체 음절자 자형이 보여 주는 가로획, 세로획, 흑원의 서체

원형자는 음소 개념에 비유해 설명할 수 있다. 음성적 차원에서 음소는 고정된 심리적 실체를 가진다. 언어학에서는 이러한 추상적 차원의 음소를 / / 안에 표기한다. 이것이 입으로 실현될 때 사람에 따라, 발음 환경에 따라 생기는 다양한 변이를 변이음이라 부른다. 이 변이음을 [ ] 안에 표기한다. 이러한 음소와 변이음의 관계를 글자 자형에 적용할 수 있다. 예컨대 ㄱ자는 놓이는 자리에 따라, 쓰는 사람에 따라 글꼴이 달라질 수 있다. 그 달라짐에도 불구하고 항상 ㄱ이라고 인식하는 ㄱ자가 '원형자'이다. 이 원형자가 환경에 따라 약간씩 모양을 달리하는 글자가 '변이자變異字'(variable letter)이다. 훈민정음이란 새 문자를 창제한 후 그 글자들의 자형을 보여 주고 해설하는

해례본에서 각 자모자의 원형자를 보여 줄 필요가 있다. ㄱ자를 붓으로 쓰거나 활자로 만들더라도 'ㄱ자는 이런 모양이다'라고 누구나 인식할 수 있는 ㄱ자의 원형을 정해야 한다. 이는 새 문자를 실용함에 있어서 중요한 과업이다. 해례본의 ㄱ자는 초성 위치에 놓이든 종성 위치에 놓이든 거의 비슷한 자형이다. 새로 창제한 각 글자의 원형原型 혹은 전범典範을 정확히 제시하기 위해 해례본의 자형 구현에 세심한 주의를 기울였음을 보여 준다.

둘째, [그림 17]과 [그림 19]에 나타나 있듯이 훈민정음 자형은 주역의 역리에 바탕을 둔 제자 원리를 구현하기 위해 효爻의 형상을 취하고 있다. 훈민정음 제자 원리가 주역의 이치 즉 역리易理에 바탕을 두었음을 자획으로 보여 주려고 한 것이다. 자소字素 ㅡ는 주역의 효를 구성하는 가로획과 같다.[96] 자소 ㅣ도 ㅡ와 마찬가지로 획의 처음과 끝의 모양과 획이 흘러가면서 형성되는 면적이 동일한 상태를 유지한다. 자소의 하나이자 중성 기본자로 제자된 ㆍ 역시 둥근 원형이 일정하게 고르다. 모든 자획이 엄정하고 흐트러짐이 없어서 '둥글고 뾰족한 붓 끝으로 어떻게 이런 고른 직선 획을 그렸을까?'라는 의구심을 갖게 한다.[97]

자소 ㆍ, ㅡ, ㅣ는 중성자일 뿐 아니라 초성자의 가로획과 세로획을 구성한다. 예컨대 ㄱ의 가로획은 ㅡ이고 세로획은 ㅣ인데 그 시작과 끝의 모양이 같고, 획이 진행되면서 이루어지는 면적도 같다. 가로획이든 세로획이든 처음과 끝의 모양이 같고 획의 흐름이 만드는 면적이 고르게 같다. ㆍ와 형태적으로 유사한 후음자 ㅇ도 완전히 둥근 원형을 구현하고 있다.[98] 천지인天地人

---

96 ㅡ 획이 주역의 효와 같은 형태임은 노마 히데키(2011: 326)에서 언급된 바 있다.

97 그러나 이러한 자획의 형태는 이용준이 보사(補寫)해 넣은 부분(정음편 1장, 2장)의 자모자에는 나타나지 않는다. 그가 쓴 정음 자모자는 획이 흐트러지고 자형의 균형이 깨어져 있다.

98 노마 히데키(2011: 325-332)는 해례본의 정음자가 보여 주는 이런 글꼴은 붓을 거부한 서체로서, 문자의 미학을 혁신하기 위한 시도라고 하고서, 이는 수천 년 동양 문자사

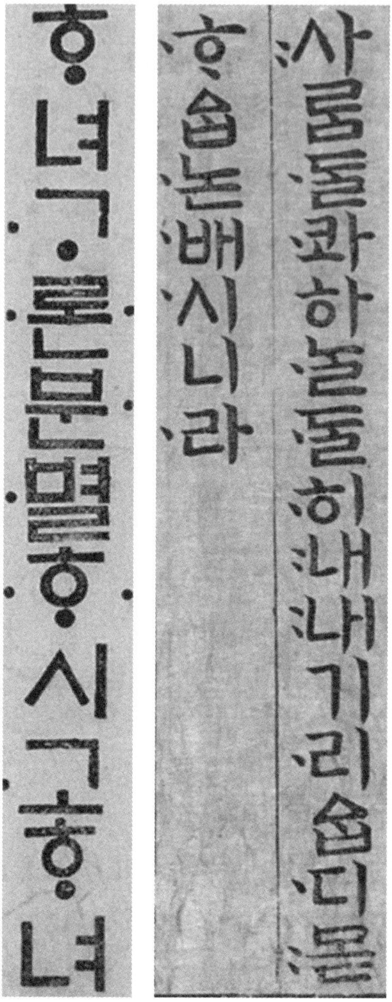

[그림 20] 『석보상절』(왼쪽은 권6, 3a)과 『월인석보』(오른쪽은 권1, 2a) 간의 자형 변화

에 자신의 형태를 각인하고 스스로의 존재를 당당히 과시하는 '게슈탈트의 변혁'이라고 평가한 바 있다. 노마 히데키 교수의 이런 해석은 동양 문자사에 대한 안목과 서예에 대한 통찰을 보여 준다.

삼재의 이치로 제자된 훈민정음의 제자 원리를 자형으로 보여 주려는 듯이 천지인 삼재를 자획으로 형상화하였다. 획의 시작과 끝이 길쭉한 사각형처럼 생긴 자획을 엄정하게 그려 내려면 끝이 각진 필기구가 필요하다. 해례본의 정음자를 쓰기 위해서 대나무 조각이나 나무 막대를 한쪽 끝이 끌날처럼 되도록 깎은 목필木筆 같은 것으로 썼다고 추정한 까닭이 여기에 있다. 『훈민정음』 제자해制字解에서 동일 지면에 쓰여 있는 정음 초성자 및 중성자의 자획을 한자 자획과 비교해 보면 양자의 확연한 차이를 알 수 있다.

그런데 『훈민정음』의 정음자는 『석보상절』 등의 문헌에 실용되면서 곧바로 서체 변화가 시작되었다. 『훈민정음』(1446) 해례본에 쓰인 정음자의 원형 서체는 1447년에 완성된 『석보상절』, 『월인천강지곡』, 『용비어천가』에서 다음과 같은 세 가지 변화를 보인다.[99]

첫째, ·의 형태가 속이 찬 흑원黑圓(·)에서 짧은 막대 모양의 점획(-)으로 바뀌었다. 『석보상절』 등에서 중성 초출자(ㅏ ㅗ ㅜ ㅓ)와 재출자(ㅑ ㅛ ㅠ ㅕ)에 포함된 ·가 원형이 아닌 짧은 막대획(-)으로 바뀌어 ‘ㅏㅗㅜㅓ’, ‘ㅑㅛㅠㅕ’ 모양이 되었다. 『훈민정음』보다 불과 1년여 뒤에 완성된 『석보상절』 등에서 ·의 자형에 변화가 생겨난 것이다. 『훈민정음』 해례본은 새로 창제한 문자의 원형적 자형을 보일 필요가 있었고, 이에 따라 모든 ·의 자형을 엄격히 통일하여 단일하게 표현했다. 그러나 『석보상절』에서는 실용적 편의를 좇은 결과 흑원이 점획으로 변화하였다. ㅣ획과 ㅡ획에 결합한 ·를 끝이 뾰족한 모필로 쓰는 과정에서 이런 자형 변개는 불가피했을 것이다.

둘째, 세조 대에 간행된 『월인석보』(1459)에서는 초성자 아래 단독으로 쓰인 ·자까지 점획(､)으로 바뀌었다.[100] 예컨대 ‘ᄒᆞ〉ᄒᆞ’, ‘ᄉᆞ〉ᄉᆞ’, ‘ᄌᆞ〉ᄌᆞ’와 같

99 15세기 한글 문헌에 나타난 한글 서체의 변화는 일찍이 최현배(1961: 35-36)와 이기문(1963: 33-35)에서 고찰된 바 있다.

100 창제 직후에 일어난 훈민정음 자모자의 서체 변화에 대한 설명은 백두현(2015a: 411-

은 자형 변화가 일어난 것이다. 이 변화도 끝이 뾰족한 모필로 둥근 ·를 쓰기가 어려웠기 때문에 일어난 것이다. [그림 20]에 보인 『석보상절』과 『월인석보』의 ·를 비교해 보면 이 변화를 관찰할 수 있다.

셋째, 중성자의 가로줄기 ㅡ와 세로줄기 ㅣ의 시작과 마침에서 돌기(세리프)가 생겨났다. 이 변화는 세조 대에 간행한 『월인석보』 권두의 훈민정음 언해본과 『월인석보』 등의 정음자 서체에 나타나 있다. 특히 필사본인 『오대산상원사 중창권선문』(1464)은 모필로 쓰면서 생겨난 서체 변화를 잘 보여 준다.[101] 『훈민정음』 해례본에서 ㅣ획의 시작부는 ⊓형으로, 마침부는 ⊔형으로 씌어 있고, ㅡ획의 시작부는 ⊏형으로, 마침부는 ⊐형으로 씌어 있다. 시작부와 마침부의 형태가 모두 사각형이다. 『훈민정음』은 신제한 정음자의 원형을 보여 주기 위해 이런 자형을 썼던 것이다.

서체는 당대의 필기 도구와 서사書寫 재료에 적합하도록 변하기 마련이다. 세종~세조 당시의 필기 도구는 끝이 뾰족한 모필이었고, 서사 재료는 먹과 종이였다. 서사 행위는 쓰는 도구에 부여된 물질적 환경의 구속을 벗어날 수 없다. 그리하여 『훈민정음』의 정음체는 모필로 쓰기에 적합한 서체로 변하게 된 것이다.

자형과 자획 변화를 연구하기 위해서는 여러 가지 자획의 부위별 명칭을 정해야 한다. 자획의 부위별 명칭은 이 방면의 연구자들이 합의한 통일안이 없는 듯하다. 김진평(1991: 29)에 제시된 명칭어를 여기에 인용해 둔다.

김진평은 서양의 알파벳 자형을 논한 글에서 세리프(serif)라고 부르는 부위를 '돌기'라고 불렀다. 『세리프의 기원』(국립한글박물관) 25쪽에 있는 'R'자

---

415)을 참고할 수 있다.

101 16세기 이후에는 ㄱ, ㅋ, ㅅ, ㅈ, ㅊ, ㅎ, ㅂ 등 초성자의 자형에 크고 작은 변화가 일어난다. 김두식(2008)에서 밝힌 초성자 자형 변화의 주요 사항을 백두현(2015a: 415-421)에 요약해서 설명했다.

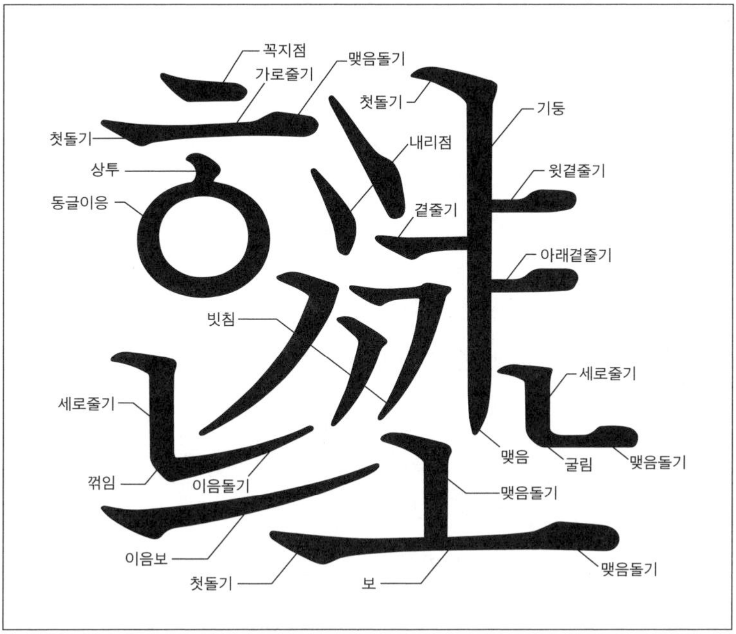

[그림 21] 한글 자획의 이름
(김진평, 『한글의 글자 표현』, 1991, 29쪽)

의 부위별 명칭을 보면 head serif를 '머리 돌기', tail serif를 '꼬리 돌기', stem을 '줄기'라고 번역해 놓았다. 김진평에서는 head serif를 '첫돌기', tail serif를 '맺음돌기', stem을 '줄기'라고 이름 붙여 놓았다.[102] 그리고 '줄기'는 그 방향에 따라 '가로줄기'와 '세로줄기'라고 이름 붙였다. '줄기'는 획의 형상과 위치에 따라 '곁줄기', '아래곁줄기', '윗곁줄기'로 세분했고, '줄기' 전체를 가리킬 때 '기둥'(세로) 혹은 '보'(가로)라고 이름 붙인 것도 있다. 사선을 '빗침'이라 불렀는데 'ㅅ, ㅈ' 등에 쓰인 왼쪽 삐침과 오른쪽 삐침을 가리키는 이

102 서예학 전공자들은 붓으로 쓰는 행위 순서를 '입필(入筆)', '수필(收筆)', '행필(行筆)'이라 부른다. 이런 용어는 관련 전공자들에게는 익숙하나 그 밖의 사람들에게는 어렵고 생경하다.

름말은 빠져 있다. [그림 21]은 자획의 부위별 명칭어를 아주 자세히 붙인 것이어서 이 방면의 글을 쓸 때 이용함직하다.[103]

3.『훈민정음』 해례본의 권두서명 문제와 해결 방안[104]

간송본『훈민정음』 해례본은 1940년 발견 당시, 권두에 두 장의 낙장이 있었다. 이용준이 온전히 보존된 지면의 서체를 모방하여[105] 낙장 부분을 보사補寫해 넣었다. 낙장된 두 장에는『훈민정음』의 권두서명을 필두로 어제 서문, 초성자의 자형, 초성자의 음가 예시[106] 및 병서 규정이 포함되어 있다. 김태준과 이용준이 권두의 낙장 부분을 보사해 넣는 과정에서 어제 서문의 한자 오기(耳→矣)와 구두점 및 권성점의 오기가 발생했다. 권두서명 결정과 병서행의 구분 여부는 김태준이 판단하고 이용준이 써넣어서 현재와 같은 간송본의 형태가 된 것이다.

김태준과 이용준이 보사한 것 중 권두서명과 병서행 문제가 특히 학자 간의 쟁점이 되어 왔다. 권두서명이 '御製訓民正音어제훈민정음'이라는 주장과

---

103 김두식(2002)은 한글 서체의 특성을 분석하기 위해 대표 글자를 선정하는 방법을 논했다. 김두식(2002: 915)은 한글 서체 용어를 검토하면서 [그림 21]을 인용하였다.

104 3절 전체 내용은 백두현(2018)의 2절 '권두서명에 대한 선행 연구의 분석과 해결 방안'을 일부 고친 것이다. 본 장 4절의 내용도 이 논문의 3절을 일부 고친 것이다. 이하에서 인용처를 일일이 표시하지 않았다. 백두현(2018)은 필자가 한국연구재단의 우수학자 지원을 받은 이후에 쓴 것이며, 문화재청에서 2017년에 시행한 〈훈민정음 해례본의 정본 제작에 관한 연구〉 사업에 필자가 공동연구원으로 참여하여 얻은 글이다. 이 과제를 공동으로 수행한 한재영(연구책임자), 정우영, 김주원, 이현희, 황선엽, 옥영정 교수와 발표장의 토론자로 참여한 박창원, 김영욱 교수의 조언을 받았다.

105 2.4절에서 언급했듯이『훈민정음』의 글씨는 안평대군이 썼다는 것이 통설이었고, 최근에 박병천(2021) 교수가 안평대군이 쓴 여러 자료와 비교하여 통설을 검증하였다.

106 음가 예시란 초성 17자와 중성 11자 각각의 음가를 한자의 예를 들어 표시한 것을 말한다. 예컨대 "ㄱ 牙音 如君字初發聲"의 '君군'이 음가 예시용 한자 즉 자모 한자(字母漢字)이다.

'訓民正音훈민정음'이라는 주장이 대립되었고, 전청자 병서並書행의 줄바꿈(=행 구분) 여부에서 소수 의견이 있었다. 예컨대, "ㄱ。牙音。如君字初發聲 並書。如虯字初發聲 ㄱ。아음。여군자초발성 병서。여규자초발성"에서 '並書병서' 이하의 구절을 줄바꿈하지 않고 앞 행에 붙여야 한다는 주장과 줄바꿈을 하여 별도 행으로 구분해야 한다는 주장이 서로 달랐다. 이하의 3절에서 권두서명 문제를 다루고, 4절에서 병서행 줄바꿈 문제를 논한다. 두 문제에 관한 학자들의 주장을 분석하고, 각 설의 타당성과 문제점을 검토한 후 바람직한 해결 방안을 제시한다.

권두서명 및 병서행 줄바꿈 문제는 『훈민정음』 텍스트의 원형을 확정하기 위해 해결해야 할 숙제이다. 이 문제의 해결 방안을 찾기 위한 필자의 기본적인 태도는 해례본의 텍스트 내에서 쟁점 해소를 위한 증거를 찾아낼 수 있다는 것이다. 이와 함께 훈민정음 언해본과 조선왕조실록의 관련 기사를 논증의 근거로 이용할 것이다.

3.1. 권두서명에 대한 선행 연구 분석

권두서명에 관한 선행 연구는 두 가지로 나누어진다. 권두서명이 '御製訓民正音어제훈민정음'이란 주장과 '訓民正音훈민정음'이란 주장이 그것이다. 두 주장을 요약하면 다음과 같다.

①어제훈민정음설御製訓民正音說: '御製어제'가 있어야 한다는 주장(御製 冠稱說어제 관칭설)

②훈민정음설訓民正音說: '御製어제'가 없다는 주장

①의 대표적 주장자는 고 안병희 선생이고, ②의 대표적 주장자는 정우

영 교수이다. 두 주장을 보다 정확히 파악하기 위해 두 분의 논문[107]에 제시된 논거와 주장의 핵심 내용을 간추려 음미하고 그 타당성을 고찰해 본다.

안병희(1986)는 왕의 글에는 '御製어제' 관칭冠稱이 있어야 하고, 그것이 신하의 저작물과 함께 실린 경우에는 더욱 철저하게 지켜지며, 어제 관칭을 두어야 세종실록 기사의 "是月訓民正音成 御製曰시월훈민정음성 어제왈"과 부합되므로 권두서명에 '御製'가 있어야 한다고 주장했다. 한 책 안에서 권두서명과 권말서명은 다를 수 있다고 주장하며, 그 증거로 『월인석보』 권두의 훈민정음 언해본 권두서명이 '世宗御製訓民正音세종어제훈민정음'이고, 권말서명이 '訓民正音훈민정음'임을 들었다.

정우영(2001)은 어제 관칭설을 비판하고 해례본의 권두서명은 '訓民正音'이라고 주장하며, 다음 몇 가지 논거를 내세웠다. 첫째, '御製'가 들어간 국립중앙도서관의 목록 서명(219건)과 규장각도서 목록 서명(278건)을 분석한 결과, '御製'를 관칭한 경우는 조선 전기 문헌에서 극히 적고 대부분 조선 후기에 쏠려 있다. 둘째, '御製'가 왕의 글임을 변별하는 필수적 용어는 아니며, 왕의 글임을 나타내기 위해 판식에서 글자를 높이거나(대두법), 글자의 크기를 크게 하여 행관의 자수字數를 조정하는 등의 방식이 존재한다. 셋째, 『월인석보』 권두 수록 훈민정음 언해본에서 변개된 첫면 1~4행의 행관과 판식 안배를 행하여 보면 변개 이전 언해본의 권두서명은 '訓훈民민正졍音흠'이다. 언해본의 대본은 한문본이므로, 한자의 독음을 없앤 '訓民正音'이 한문본(해례본)의 권두서명이다.[108] 이런 논거를 근거로 세종 당시에 이루어진 언해본(『석보상절』 권두 수록)의 권두서명을 '訓民正音'으로 해야 서강대

---

107 두 분 주장의 핵심을 담고 있는 안병희(1986, 2002) 및 정우영(2001)을 가리킨다.
108 정우영(2001: 198-201)은 서강대 소장 『훈민정음』 언해본에서 변개된 제1장 1~4행에 권두서명이 '御製訓民正音'인 경우와 '訓民正音'인 경우 두 가지를 가정해서 행관의 안배와 이에 따른 정합성(整合性) 여부를 치밀하게 분석하고 논증하였다.

본 『월인석보』의 판식과 일치하고, 해례본의 권두서명 역시 이와 같아야 한다고 주장했다.

정우영(2001)의 주장이 나온 후에 안병희(2002)는 언해본의 권두서명이 '訓훈民민正正경音흠'이라는 정우영의 주장을 수용했으나, 한문본(훈민정음 해례본)의 권두서명은 '御製訓民正音어제훈민정음'이라는 주장을 다시 보완해서 내놓았다. 안병희(2002)에서 보완하여 제시한 주요 논거는 다음과 같다. 첫째, '御製' 관칭 없이 글자 크기와 행관 조정으로 왕을 높이는 방법은 일반적인 것이 아니다. 둘째, 『월인천강지곡』에 '御製' 관칭이 없는 까닭은 세종의 불교 숭상을 비판하는 신하의 상소를 염려한 조치일 것이다. 셋째, 언해본 권두서명에 '御製' 관칭이 없는 까닭은 해례본에 없던 '치음齒音' 규정이 추가된 것과 관련되어 있다. '치음' 규정은 세종이 만든 것이 아니라 신숙주 등이 만들었을 것인데, 신하가 만든 글이 추가되어서 언해본에는 '御製' 관칭을 하지 않았을 것이다.[109] 안병희(2002)는 이러한 논거들을 제시하며 해례본의 권두서명은 '御製訓民正音'이라고 다시 주장하였다.

필자는 안병희 선생의 논거에 다음과 같은 몇 가지 문제점이 있다고 생각한다. 첫째, 한문본(해례본)의 권두서명과 언해본의 권두서명이 다를 수 있다고 본 것은 그리 바람직하지 않다. 한문본과 언해본의 권두서명이 달랐을 수도 있겠지만, 언해본이 한문본의 번역이란 점을 고려하면 두 책의 권두서명이 같았을 것이라고 본 정우영의 판단이 더 합리적이다. 둘째, 언해본에 치성齒聲 관련 규정이 추가되었다고 언해본에 '御製'를 관칭하지 않았을 것이라는

109 이렇게 보면 『月印釋譜(월인석보)』 권두의 언해본 서명에 '御製'가 들어간 것이 문제가 된다. 이에 대해 안병희(2002: 178)는 "『月印釋譜』에서 「御製月印釋譜序(어제월인석보 서)」를 싣고 보니, 御製가 아닌 규정을 추가한 문제가 없지는 않지만 크게 보아 관칭을 붙이는 것이 그 序文(서문)과의 균형을 이룬다고 판단되어 이미 이루어진 版下(판하)에 '世宗御製(세종어제)'를 首題(수제)에 얹고 그에 관한 주석도 보충하는 수정이 있었다고 추측된다."라고 변호해 놓았다.

추정은 쉬 납득되지 않는다. 치성 규정은 해례본의 예의에 없다가 언해본에 추가되기는 했으나 이 추가가 세종의 재가 없이 이루어지지 않았을 것이다. 신숙주는 『동국정운』 서문에서 한자음 표기와 관련한 크고 작은 일을 모두 세종의 결재를 받아 결정했음을 밝혀 놓았기 때문이다.[110] 이러한 일 처리 정황으로 볼 때 치두음과 정치음을 구별하고 자형을 각각 달리한 규정[111]도 세종이 만들었거나 세종의 재가를 거친 것이라고 봄이 타당하다. 셋째, 『월인천강지곡』에 '御製' 관칭을 넣지 않은 까닭이 숭불 정책에 대한 신하들의 반대 상소를 염려했기 때문이라 본 것은 설득력이 높지 않다. 최만리 등의 언문 반대 상소를 강경하게 제압한 세종의 모습을 우리는 익히 알고 있다.

3.2. 텍스트 분석에 의거한 권두서명 문제 해결 방안

해례본의 권두서명에 대한 두 분의 연구 성과를 비교 분석해 봄으로써 이에 관련된 문제점과 핵심 요지는 충분히 드러났다. 권두서명에 대한 선행 연구를 고찰하면서 필자는 해례본 텍스트 내부에서 권두서명에 대한 단서를 찾을 수 있다고 생각하고, 텍스트 자체를 정밀하게 분석해 보았다. 이 작업을 통해 『훈민정음』 해례본의 권두서명은 '訓民正音'으로 봄이 타당하다는 판단을 내렸다. 이 판단을 뒷받침하는 해례본 텍스트의 내적 증거와 외적 증거를 각각 나누어 아래에 제시한다.

---

110 "신들이 재주와 학식이 얕고 짧으며 학문 공부가 좁고 비루하매, 뜻을 받들기에 미달하여 매번 지시하심과 돌보심을 번거로이 하였습니다. 옛사람의 편성한 음운과 제정한 자모를 가지고 합쳐야 할 것은 합치고 나눠야 할 것은 나누었으되, 하나의 합침과 하나의 나눔이나 한 성음과 한 자운마다 모두 위에 결재를 받았사오니" (동국정운 序) (강신항 1990: 180).

111 ᅎ ᅔ ᅏ ᄼ ᄽ 字쫑ᄂᆞᆫ 齒칭頭뚷ㅅ소리예 쓰고 ᅐ ᅕ ᅑ ᄾ ᄿ 字·쫑ᄂᆞᆫ 用·용於ᅙᅥᆼ正·졍齒:칭·ᄒᆞᄂᆞ·니 〈훈민정음 언해본 15a〉

3.2.1. 해례본 텍스트의 내적 증거

① 해례본의 권두서명이 '訓民正音'임을 말해 주는 명백한 증거는 해례본 안에서 찾을 수 있다.

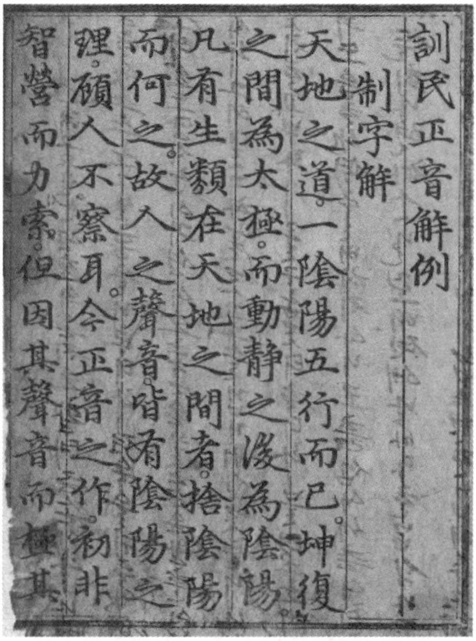

訓民正音解例

制字解

天地之道一陰陽五行而已坤復之間爲太極而動靜之後爲陰陽凡有生類在天地之間者捨陰陽而何之故人之聲音皆有陰陽之理顧人不察耳今正音之作初非智營而力索但因其聲音而極其

[그림 22] 정음해례편의 권두서명

현전 해례본에서 정음해례편(5해1례와 정인지 서문)의 권두서명은 '訓民正音解例훈민정음해례'로 되어 있다. 이 서명은 정음해례편이 '訓民正音'의 '解例'임을 명시한 것이다. 세종이 훈민정음을 창제하여 '간략히 例義예의를 들어 보인 것'에 집현전 학사들이 '자세히 해석을 더하여 사람들에게 일러 준 것'[112]이 정음해례편이다. 세종이 간략히 예를 들어 보인 것이 정음편의 '예

112 我 殿下創制正音二十八字 略揭例義以示之 〈정음해례27b〉. 遂命詳加解釋 以喩諸人 〈정음해례28a〉

의'이고, 여기에 자세히 해석을 더한 것이 정음해례편의 '訓民正音解例'이다. '예의'와 '해례'는 서로 짝을 이루는 텍스트이다. 전자가 본문本文이라면 후자는 이 본문에 대한 해설문解說文이 된다. 해설문의 제목이 '訓民正音解例'이니 본문의 제목은 '訓民正音'이 된다. 따라서 해례본의 첫머리에 놓인 정음편의 권두서명이 '訓民正音'이 되는 것은 지극히 자연스러운 결론이다. 만약에 정음편의 권두서명이 '御製訓民正音어제훈민정음'이었더라면 정음해례편의 권두서명은 '御製訓民正音解例어제훈민정음해례'로 표기되었을 것이다. 그러나 정음해례편의 권두서명은 '御製訓民正音解例'가 아니라 '訓民正音解例'이다.[113] 우리는 해례본 텍스트 안에 나타난 이 사실을 간과해서는 아니 된다.

② 해례본의 권말서명이 '訓民正音'인 사실도 중시되어야 마땅하다. 안병희(1986: 929-930)는 권두서명과 권말서명이 서로 다를 수 있음을 몇 가지 증거를 들어 논하였다. 언해본의 권두서명이 '世宗御製訓民正音세종어제훈민정음'이고 권말서명이 '訓民正音'인 사실, 『노박집람老朴集覽』의 권두서명이 각 분권에서 '單字解단자해'와 '累字解누자해'로 나왔다가 권말서명은 '字解자해'로 되어 있는 사실을 증거로 들었다. 그러나 『노박집람』은 내용의 분권이 많고 구성이 복잡하여 적절한 사례로 보기 어렵다.[114] 언해본의 권말서명이 '訓民正音'인 점은 원본인 해례본의 그것을 그대로 사용하였다고 볼 수 있

113 정음해례편의 권두서명을 '어제훈민정음해례'로 하면, 이 해례를 집현전 학사들이 아닌 세종이 지은 것처럼 오해할 수 있기 때문에 '훈민정음해례'로 삼았다고 주장할 수도 있다. 이 주장은 [[어제훈민정음]해례]가 아니라 [[어제]훈민정음해례]로 생각하는 오해를 피하기 위해 정음해례편의 권두서명을 '훈민정음해례'로 삼았다고 보는 것이 된다. 그러나 그 앞에 놓인 정음편 권두서명이 '어제훈민정음'이었다면 이런 오해가 일어날 여지가 없다.

114 김유범(2000: 73)에 따르면 『노박집람』은 범례(凡例), 단자해(單字解), 누자해(累字解), 노걸대집람 상(老乞大集覽上), 노걸대집람 하(老乞大集覽下), 음의(音義), 박통사집람 상(朴通事集覽上), 박통사집람 중(朴通事集覽中), 박통사집람 하(朴通事集覽下)와 같은 여러 편명으로 구성되어 있다.

다. 권두서명과 권말서명이 서로 다른 경우가 없지는 않지만 두 가지가 같은 경우가 훨씬 더 일반적이다. 『용비어천가』와 『월인천강지곡』(권상)은 권두서명과 권말서명이 같고, 간경도감판 불경 언해본, 16세기의 『훈몽자회』, 『신증유합』 등의 자훈서字訓書, 역학서 언해, 교화서 언해 등의 많은 한글 문헌에서 권두서명과 권말서명이 일치하는 것이 대부분이다. 양자가 다른 경우가 오히려 예외적이고 드물다.[115] 해례본의 권두서명과 권말서명이 달랐을 가능성이 없지는 않지만, 현전 해례본의 권말서명이 '訓民正音'으로 되어 있음을 가볍게 볼 수 없다.

③ 해례본의 판심서명(=판심제)도 정음편의 권두서명을 판단하는 데 중요 증거로 이용할 수 있다.[116] 정음편을 자세히 풀이하여 해설을 더한 것이 정음해례편이다. 정음편의 판심서명이 '正音'이고, 정음해례편의 판심서명이 '正音解例'인데, 이는 두 텍스트 간의 내적 연계 관계(=상호지시성)를 외적으로 드러내 보인 것이다. 두 판심서명의 내적 연계 관계를 정음편과 정음해례편의 권두서명에 그대로 적용해야 마땅하다. 정음해례편의 권두서명이 '訓民正音解例'이므로 이와 대응 관계를 가진 정음편의 권두서명을 '訓民正音'으로 삼음은 자연스러운 귀결이다. 두 판심서명의 '正音'은 '訓民正音'을 줄여서 표기한 것이다. 정음편과 정음해례편의 편명과 판심서명의 평행적 관계는 〈표 4〉와 같이 정리할 수 있다.

〈표 4〉 정음편과 정음해례편의 편명(권두서명)과 판심서명의 평행적 관계

명칭 / 편	편명(篇名)	판심서명
정음편	訓民正音[117]	正音
정음해례편	訓民正音解例	正音解例

115 이 점에 대해서는 더 많은 문헌을 대상으로 한 실증적 연구가 필요하다.
116 해례본의 판심서명에 관한 논의는 김부연(2018: 201-203)을 참고한 것이다.
117 세종 어제인 정음편의 편명 '훈민정음'은 권두서명이 된다.

3.2.2. 해례본 텍스트의 외적 증거

해례본의 권두서명을 '訓民正音'이라고 판단하는 해례본 텍스트 외적 증거는 다음 세 가지이다.

① 해례본의 권두서명이 '訓民正音'이 되어야 하는 첫 번째 외적 증거는 정우영이 서강대본 언해본의 판식 안배를 통해 논증한 언해본의 권두서명 '訓훈民민正졍音흠'이다. 정우영의 논증을 통해 세종 때 이루어진 언해본(『석보상절』 권두본)의 권두서명은 '訓民正音'임이 확실해졌다. 언해본의 권두서명을 한문본인 해례본에 그대로 적용하면, 해례본의 권두서명은 '訓民正音'이 된다. 정우영의 논증에 따라 세종 당대에 편찬된 『석보상절』 권두에 수록되었던 언해본의 권두서명은 '訓훈民민正졍音흠'으로 봄이 타당하다.

② 『훈민정음』 해례본의 권두서명을 '訓民正音'이라고 판단하는 두 번째 증거는 세종 28년 9월 29일의 실록 기사이다. "是月 訓民正音成[118] 御製曰 시월 훈민정음성 어제왈…"[이달에 訓民正音이 완성되었다. 어제에서 말씀하기를…]이 그것이다. 이 문장은 『訓民正音』이란 책이 완성되었음을 기록한 것이다. "是月 御製訓民正音成시월 어제훈민정음성"이라 하지 않고, "是月 訓民正音成시월 훈민정음성"이라고 했다. 이 기록은 이 책의 이름이 '訓民正音'임을 분명히 보여준다. 따라서 이 책의 이름인 '訓民正音'을 해례본의 권두서명으로 삼을 수 있다. 안병희(2002)에서도 이 기사를 언급하면서 "해례본이 전체로서는 訓民正音이라 불리어진 것임을 알 수 있다."라고 하였다. 해례본 책 전체의 서명은 '訓民正音'으로 인정했지만, '御製어제' 관칭의 사례를 거론하면서 정음편의 권두서명은 '御製訓民正音어제훈민정음'이 되어야 한다고 주장한 셈이다.

---

118 이 문장은 "是月 東國正韻成 凡六卷 命刊行(시월 동국정운성 범육권 명간행)"(1447.9.29)과 평행적 구성을 보인다. 두 기사는 모두 책의 서명을 가져와서 쓴 것이다.

이호권(2011: 96)은 『월인석보』 수록 훈민정음 언해본의 권두서명에 추가된 자구가 '世宗세종' 2글자인가, '世宗御製세종어제' 4글자인가 하는 문제를 거론하면서 협주 내용을 행당 16자 행관에 맞추어 '세종어제' 네 글자를 빼면 총 4행에 들어맞게 되고, '세종' 두 글자를 빼면 5행이 되어 버리므로 『석보상절』 훈민정음 언해본의 권두서명은 '훈민정음'이 맞다고 결론지었다. 『월인석보』를 간행하면서 팔상도는 『석보상절』 간행시 판각한 것을 가져와 그대로 썼으나[119] 훈민정음 언해본은 판하를 새로 써서 목판에 새긴 것이다. 판하를 새로 쓴 이유는 '세종어제'라는 관칭을 넣어야 했고, 『월인석보』의 판면 행관에 맞추어야 했기 때문일 것이다.

③ 세 번째 증거는 언해본인 육당문고본(박승빈본)과 일본 궁내성 소장본, 그리고 정음편만 옮겨 놓은 배자예부운략본 「훈민정음」(한문본), 이 세 본의 권두서명이 모두 '訓民正音'으로 되어 있는 사실이다. 다만 언해본인 육당문고본과 일본 궁내성 소장본의 권두서명은 동국정운식 한자음까지 표기된 '訓훈民민正졍音흠'으로 되어 있다. 이 서명의 다음 행에 "御製曰ᄒᆞ샤ᄃᆡ어제왈ᄒᆞ샤ᄃᆡ"가 삽입되어 있고, 이어서 어제 서문 첫머리(國之語音 異乎中國국지어음 이호중국) 문장이 연결된다. 본문 앞머리에 삽입된 '어제왈'은 이하의 문장이 왕이 지은 것임을 명시明示하기 위한 것이다. 배자예부운략본 「훈민정음」의 권두서명 역시 '訓民正音'이고, 다음 행의 본문 첫머리에 "御製曰 國之語音 異乎中國어제왈 국지어음 이호중국"이란 문장이 이어진다.[120] 게다가 이 서문 끝

119 이호권(2011: 100-103)은 『월인석보』 권두의 팔상도가 『석보상절』의 팔상도판을 가져와 그대로 쓴 것임을 다음 세 가지 서지적 사실을 근거로 논증하였다. ①팔상도 광곽 크기가 『석보상절』 본문과 거의 같은 점, ②사주단변인 변란이 『석보상절』 본문과 같은 점, ③현전 『월인석보』의 팔상도는 인물의 이목구비의 새김이 뚜렷하여 원화(原畫)를 바탕으로 한 첫 번째 판각인 점.

120 배자예부운략본 「훈민정음」과 육당문고본의 '御製曰(어제왈)'의 상관성에 대한 고찰은 제4부 제5장 1.2절 1)항(『배자예부운략』에 수록된 정음편)을 참고하기 바란다.

에는 "正統十一年丙寅九月 日정통십일년병인년구월 일"이라며 서문을 쓴 연기年紀까지 씌어 있다.[121] 『열성어제』에 들어간 정음편의 권두서명 역시 '訓民正音'이다.[122]

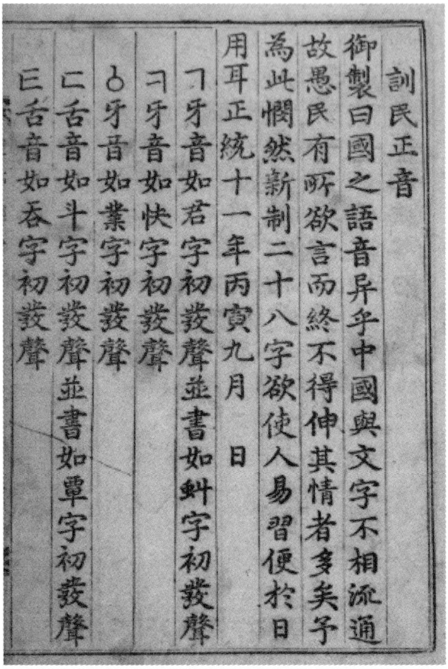
訓民正音
御製曰國之語音異乎中國與文字不相流通
故愚民有所欲言而終不得伸其情者多矣予
爲此憫然新制二十八字欲使人易習便於日
用耳正統十一年丙寅九月 日
ㄱ牙音如君字初發聲並書如虯字初發聲
ㅋ牙音如快字初發聲
ㆁ牙音如業字初發聲
ㄷ舌音如斗字初發聲並書如覃字初發聲
ㅌ舌音如呑字初發聲

[그림 23] 『배자예부운략』에 실린 「훈민정음」(1a)의 권두서명과 본문

이 문헌들의 본문 첫머리에 '御製曰어제왈'이 첨입되어 있다. 이 사실이 해례본의 권두서명에 '御製'가 있어야 한다는 '어제훈민정음'설의 증거가 되기

121 이 연기(年紀)는 해례본 권말의 정인지 서문 끝에 나온 "正統十一年九月上澣(정통십일년구월상한)"이란 표현과 일치하지 않는다.

122 해례본의 권두서명이 '어제훈민정음'이라고 주장한 안병희 선생은 『열성어제』 정음편의 권두서명에 '어제'가 없는 이유를 다음과 같이 설명했다. "『列聖御製(열성어제)』는 書名(서명) 그대로 御製(어제)의 詩文(시문)을 모은 것이므로 그 詩文에 다시 御製란 관칭을 얹는 것은 중복된 일"(안병희 2002: 178 각주 5)이다.

어렵다. 현재 원형이 남아 있는 해례본 제3장 앞면 이하의 내용에 비추어 볼 때, 낙장된 제1, 2장에 들어갈 본문 행관에는 "正統十一年丙寅九月 日정통십일년병인구월 일"이란 연기年紀는 물론이고, '御製曰'이란 세 글자를 수용할 여백도 없다. 해례본 권두서명이 '御製訓民正音'이라고 주장하는 관점에서 보면, 어제 서문 첫머리에 '御製曰'이 없어야 하는 이유는 권두서명에 이미 '御製'가 있었기 때문이라고 말할 수도 있다.[123] 그러나 앞에서 논한 다섯 가지 논증의 무게가 이러한 추정과는 비교할 수 없이 더 중한 것이라 생각한다.

육당문고본은 독립된 단행본으로 출판된 해례본과 달리, 『월인석보』 권두 수록 언해본을 분책하여 만든 것으로 본다. 분책된 언해본에서 왕이 지은 글과 신하들이 지은 글을 구별하는 전체 텍스트의 맥락이 드러나지 않기 때문에 '御製曰'이란 표현을 삽입하여 이하의 글이 왕이 지은 글임을 명시한 것이다.[124] 배자예부운략본 「훈민정음」에서 권두서명 뒤 본문 첫머리에 '御製曰'이란 표현을 넣은 것도 이하의 문장이 세종 어제임을 드러내기 위한 조치이다.[125] 세종실록의 『훈민정음』 완성 기사, 해례본 권두서명 등에서 '御製訓民正音'이란 명칭이 관용되어 왔다면 후대의 여러 문헌에서 '御製'가 빠진 '訓民正音'이란 권두서명이 통용되지 않았을 것이다.

---

123 안병희(1986: 929)는 "해례본 본문의 행관을 고려할 때, 서문 첫머리에 「御製曰(어제왈)」을 붙이면 1행이 늘어나게 되어 주어진 2장으로는 보사된 본문을 담을 수 없다. 본문이 그러한 방식으로 시작되는 것도 물론 책의 체재로 보아서 어려운 일이다. 권두서명의 관칭이 유일한 방법으로 남는 것이다."라고 한 것이 이러한 뜻을 담고 있다.

124 어제 서문 앞에 '御製曰'이 들어간 기원은 『훈민정음』 완성을 기록한 세종실록(1446년 9월 29일 기사)에 있다. 이 기사에서도 어제 서문 앞에 '御製曰'을 두었는데, 이것은 이하의 글이 어제임을 분명히 드러내기 위한 것이다.

125 이러한 생각은 현재 전하지 않는 『석보상절』 권두 수록 훈민정음 언해본에도 적용될 수 있다. 이 언해본의 권두서명은 '訓民正音'이고, 어제 서문 첫머리에 '御製曰'이 있었다고 가정해 보는 것이다(박성종 선생의 조언). 이 가정에 따라 『월인석보』(권1, 2) 권두 수록 훈민정음의 첫면 제1-4행 안에서 '御製曰'을 수용해 낼 수 있는지 검토해 볼 수 있다.

안병희(1986, 2002)의 연구에서 해례본의 서명은 책 전체 서명 '訓民正音', 정음편 권두서명 '御製訓民正音', 정음해례편 권두서명 '訓民正音解例', 권말서명 '訓民正音' 등 네 개(명칭어로는 세 개)나 된다. 필자는 앞에 제시한 해례본 텍스트 내적 증거 세 개와 외적 증거 세 개를 함께 고려해 볼 때, 해례본의 권두서명을 '訓民正音'으로 삼는 것이 옳다고 본다. 해례본 서명에 대한 필자의 안과 안병희 선생의 주장을 표에 담아 비교하면 다음과 같다.

〈표 5〉 해례본의 서명 및 편명 비교

서명 / 학자	책 전체 서명 (표지서명)	정음편 편명 (권두서명)	정음해례편 편명	권말서명
안병희	訓民正音	御製訓民正音	訓民正音解例	訓民正音
백두현	訓民正音	訓民正音	訓民正音解例	訓民正音

필자의 관점에서 보면 해례본에 나타난 서명과 판명은 '訓民正音'과 '訓民正音解例' 두 개가 된다. 필자는 정음편의 권두서명 '訓民正音'이 이 책 전체의 서명 즉 표지서명이라고 판단한다.[126]

그동안 우리는 해례본 텍스트의 내적 증거를 가벼이 여기고, 해례본의 권두서명 문제를 너무 많이 고민하며 오히려 먼 길로 둘러 온 것이 아닌가 싶다. '御製' 관칭 여부, 언해본의 행관 안배 등에 대한 선행 연구를 통해 문제점을 분석하고 이에 대한 토론이 계속되어 왔다. 필자는 해례본 텍스트 자체에 나타난 내적 증거를 중시하고, 세종실록의 기사와 언해본 권두의 판식 안배를 통해 도출된 연구 결과를 고려하여, 정음편의 권두서명을 '訓民正音'으로 판단하고, 이것을 해례본 전체의 책 이름으로 삼는다.[127]

126 현재의 간송본은 표지가 개장(改裝)되어 있으며, 표지 서명이 없는 상태이다.
127 이상 3절의 내용은 백두현(2018: 11-18)에서 가져온 것이다.

4. 해례본 병서행의 줄바꿈 문제와 해결 방안[128]

4.1. 병서행 문제에 대한 선행 연구 분석

현재의 간송본은 이용준이 보사補寫하면서, 전청음 초성자 ㄱ, ㄷ, ㅂ, ㅅ, ㅈ의 전탁음 병서행을 줄바꿈하여 별행으로 구분했다. 이렇게 하면서 줄바꿈한 병서행의 첫 칸을 빈칸으로 비워 두었다. 낙장된 두 장의 보사가 이용준의 손으로 이루어진 것이기는 하나 이용준은 김태준의 교시를 받았을 것이다. 그러나 김태준이 무엇을 근거로 이렇게 판단했는지 알 수 없다. 김태준과 이용준이 줄바꿈한 모습이 지금까지 출판된 여러 영인본에 그대로 실려 널리 유포되었다. 저간의 사정을 잘 모르는 학자들 혹은 일반인들은 이러한 줄바꿈과 빈칸 처리를 아주 당연한 것처럼 여기고 있다.

그러나 『훈민정음』을 깊이 연구한 학자들은 보사 부분의 병서행 처리에 문제가 있음을 알고 바로잡으려 했다. 최세화(1997: 6)에서 언급했듯이, 홍기문(1946上: 4-5), 방종현(1946/1963: 1), 최현배(1961: 55),[129] 안병희(1986) 등은 간송본에서 이용준이 보사한 부분의 병서행 줄바꿈을 받아들이지 않고, 병서행을 앞 행에 붙여서 썼다.[130] 최세화(1997: 6-7)도 이 견해를 받아들였다. 그러나 정우영(2001)은 이와 다른 견해를 제출하였다. 정우영(2001)은 정음해례

---

128 이하의 4절 전체 내용은 백두현(2018)의 3절 '병서행 줄바꿈의 실태 분석과 해결 방안'(백두현 2018:18-39)에서 가져온 것이다. 이하에서 인용처를 일일이 표시하지 않았다. 3절과 4절의 내용은 우수학자 지원 사업의 연구를 수행하는 과정에서 쓴 글이다.

129 이 세 분(홍기문, 방종현, 최현배)은 병서행을 줄바꿈하지 않은 까닭을 구체적으로 논하지 않았다. 병서행을 줄바꿈하지 않고 붙여 쓰는 것이 당연하다고 보았기 때문이다.

130 최세화가 인용한 논저의 원본 출처를 필자가 모두 확인하였다. 이 중 '최현배(1961: 55)'는 책의 판차에 따라 쪽수가 다르다. 1976년에 간행된 『고친 한글갈』에서는 '첫째 매 역사편' 4쪽에 '훈민정음 본문'이라 하여 원문을 배열하였다. 여기서도 병서행을 줄바꿈하지 않았다.

편의 제자해 내용을 예의편(=정음편)의 구성과 관련지어 분석하여, 이용준이 보사해 놓은 현재 상태의 것과 같은 모습으로 줄바꿈을 해야 한다고 주장하였다. 병서행 줄바꿈에 관한 두 가지 주장을 요약 제시하면 다음과 같다.

① 병서행 줄바꿈설(간송본) (정우영)[131]

병서행을 '初發聲초발성' 행과 나누고, 바로 위의 행보다 한 글자 내려 써야 한다.

예) ㄱ。牙音。如君字初發聲

並書。如虯字初發聲

② 병서행 붙임설(열성어제본) (홍기문, 안병희, 최세화 등)

병서행을 '初發聲초발성' 바로 뒤에 붙여 써야 한다.

예) ㄱ。牙音。如君字初發聲 並書。如虯字初發聲

①은 병서행의 줄바꿈을 주장한 설이고, ②는 병서행을 앞 행에 붙여 써야 한다고 주장한 설이다.[132] 병서행 줄바꿈 문제를 다룬 여러 학자의 주장을 간략히 요약하면 다음과 같다. 해례본 복원 문제를 다룬 안병희(1986: 934)는 언해본의 병서가 초성 규정과 한 단락으로 이어진 사실을 들며 병서행 붙임설을 주장했다. 안병희는 병서행을 붙여 쓰는 것을 아주 당연하다고 보고, 이 문제를 간단히 언급하는 데 그쳤다. 그 후 안병희(1997, 2002) 등의 여러 후속 논문에서 병서행 줄바꿈 문제는 거론되지 않았다. 그러나 선생의 유고를 묶어서 간행한 『훈민정음연구』(2007)에 「훈민정음 해례본의 복원」(11-23쪽)이라는 제목으로 안병희(2002)를 재수록해 놓았다. 재수록한 글 말미의

131 간송본의 병서행 줄바꿈에 관여한 김태준도 이 설을 주장한 사람으로 간주할 수 있다.
132 이하에서 필요한 경우에 ①을 '줄바꿈설', ②를 '붙임설'로 약칭한다.

'저자 附記부기'란에 언해본 및 『열성어제』(1776)에서 병서행이 붙어 있는 점을 들어 병서행 붙임설을 재확인해 놓았다.[133] 최세화(1997)에서도 '글줄의 按配안배'라는 별도의 장을 두고 병서행을 붙여 씀이 합리적이고 자연스럽다고 결론지었다.

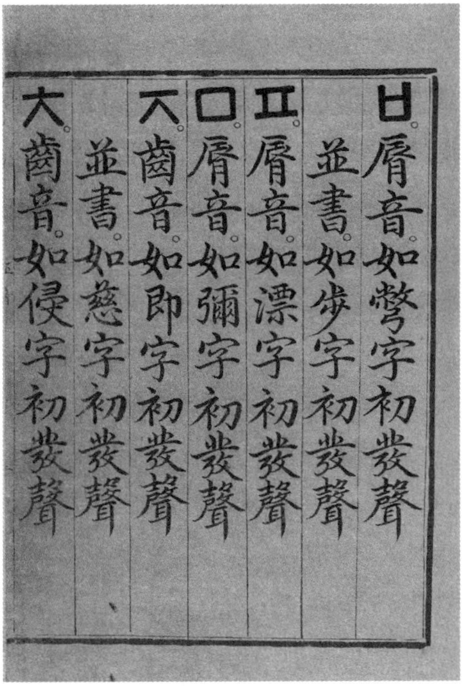

[그림 24] 병서행을 줄바꿈한 모습(이용준 보사, 간송본 2a면)

133 안병희(2007: 23)에 '저자 附記(부기)'라는 제목의 글상자에 "'竝書(병서)' 조항의 別行(별행)은 모두 전청자의 설명에 계속되어야 한다."라고 병서행 붙임설을 재확인해 놓았다. 그 증거로 언해본 병서행이 별행으로 되어 있지 않은 점과 『열성어제』(1776)의 「훈민정음」에도 병서 조항이 줄바꿈되지 않은 점을 지적했다. 안병희(2007)의 권두에 이현희 교수가 쓴 서문이 있다. 이 서문에 '저자 附記'는 안병희 선생께서 생전에 이 논문의 별쇄본에 수기(手記)하신 것임을 밝혀 놓았다.

정우영(2001)은 위 여러 학자와 달리 병서행 줄바꿈(=별행 처리)을 주장하면서 다음 몇 가지 논거를 제시했다. 첫째, 『동국정운』 23자모의 청탁 분류체계가 예의의 초성자 자모로 제시되어 있다. 둘째, 병서행을 줄바꿈 하고 그 첫 칸에 빈칸을 둔 것은 초성 17자와 병서 6자를 효과적으로 전달하는 시각적 배치이다.[134] 셋째, 예의의 병서행은 구조적 결합이 있는 한문 문장이다. 이 구조적 결함 때문에 현토 구결문에 어미 '-니'가 중출하여 상당히 부자연스럽고, 한문에서 '병서행'의 의미 파악이 다소 지연된다. 예의의 병서행 문장이 한문으로서 지닌 문법적 결함을 보완하기 위해 줄바꿈을 하고 그 첫 칸을 비웠다. 『열성어제』에서 병서행을 붙여 쓴 것은 '병서행'을 기교적으로 처리한 세종의 세심한 의도를 간파하지 못한 결과이다.

정우영(2001)은 병서행 줄바꿈 문제를 가장 깊이 생각하고 그 원인을 찾으려고 애쓴 논문이다. 그러나 그가 제시한 논거와 주장의 타당성은 검증해 볼 필요가 있다. 필자가 『훈민정음』 해례본의 텍스트 구조를 분석하였을 때(백두현 2009a), 권두서명 문제와 병서행 처리 문제에 대해 선행 연구들 간에 이견이 있음을 인지했으나 이 문제를 깊이 생각하지 않았다. 텍스트 구조를 분석하는 작업에서 권두서명과 병서행 처리 문제는 그리 중요한 것이 아니었기 때문이다. 그러나 문화재청의 낙장 복원 연구팀에 참여하면서 이 문제를 깊이 생각하게 되었다. 원본에 가장 가까운 모습을 복원하기 위한 이 사업에서 권두서명과 줄바꿈 문제는 형태 서지학적으로 매우 중요한 의미가 있다. 병서행 처리 문제도 권두서명의 경우와 같이 해례본 및 언해본 텍스트 안에서 해결의 열쇠를 찾아보기로 한다.

---

134 해당 부분을 그대로 인용하면 다음과 같다. "초성 설명문 단락 첫 칸에는 17자, 중성 단락에는 11자가 가지런히 제시되어 '新制二十八字(신제이십팔자)' 정보가 일목요연하게 부각된다. 또 규격화된 설명문이 같은 눈높이에 세로로 제시되므로 초성 17자 및 병서(전탁) 6자의 정보가 효과적으로 전달되는 장점이 있다."(정우영 2001: 212)

4.2. 정음편의 줄바꿈 양상

병서행 줄바꿈(=행 구분) 여부에 대한 판단 기준을 세우려면 해례본의 정음편과 정음해례편에서 어떤 기준으로 행을 줄바꿈 했는지 파악할 필요가 있다. 이를 위해 먼저 정음편의 줄바꿈 양상을 분석하고, 이어서 정음해례편의 줄바꿈 실태를 분석한다. 정음편은 한문본과 언해본을 공유하고 있다. 이 둘을 서로 대조하여 줄바꿈 양상을 분석해 보면 병서행 줄바꿈 문제에 대한 중요한 시사점을 얻을 수 있다. 해례본의 정음편과 이것을 번역한 언해본 텍스트에서 줄바꿈을 어떻게 했는지 그 실태를 분석하여 줄바꿈의 기준을 파악하고, 이를 근거로 병서행 처리에 관한 필자의 판단을 제시한다.

4.2.1. 원형이 보존된 정음편 제3~4장의 줄바꿈 실태

병서행의 처리 문제는 여러 가지 관점에서 접근할 수 있지만, 가장 중요한 참고점은 정음편에서 원본의 본래 모습 즉 원형原形이 보존되어 있는 제3장과 제4장을 분석하여 찾아낼 수 있다. 정음편에서 낙장되지 않고 원본 그대로 보존되어 있는 제3장 앞뒷면과 제4장 앞면의 줄바꿈 실태를 표로 정리하면 다음 〈표 6〉과 같다. 〈표 6〉의 '장차張次와 행行'란에서 '3a, 1'은 제3장 앞면, 제1행을 뜻한다. 각 장의 뒷면은 b로 표기한다.

제3장 앞뒷면(a, b)에서 보듯이 제자 대상이 된 낱자(28자)는 모두 줄바꿈이 행해졌다. 제3장 앞면 제1행(3a, 1)은 "ㅿ。半齒音。如穰字初發聲ㅿ。반치음。여양자초발성"이고, 제2행부터 7행까지는 중성자의 음가 규정이다. 제3장 뒷면 제5행에서 중성자 음가 규정이 끝나고, 제6행에서 줄바꿈을 하여 "終聲復用初聲종성부용초성"을 두었다. 제6행의 중간 아래 위치부터 "ㅇ連書脣音之下 則爲脣輕音ㅇ연서순음지하 즉위순경음"이라 하여 순경음 서법 규정을 두었다. '종성부용초성' 규정과 ㅇ연서법 규정은 내용이 전혀 다른 것인데

〈**표 6**〉 원형이 보존된 예의 제3-4장의 줄바꿈 실태

장차와 행 (張次와 行)	글자 및 내용	내용	줄바꿈 여부	비고
3a, 1	ㅿ	ㅿ。半齒音。如穰字初發聲	o	
3a, 2	•	•。如呑字中聲	o	
3a, 3	ㅡ	ㅡ。如卽字中聲	o	
3a, 4	ㅣ	ㅣ。如侵字中聲	o	
3a, 5	ㅗ	ㅗ。如洪字中聲	o	
3a, 6	ㅏ	ㅏ。如覃字中聲	o	
3a, 7	ㅜ	ㅜ。如君字中聲	o	
3b, 1	ㅓ	ㅓ。如業字中聲	o	
3b, 2	ㅛ	ㅛ。如欲字中聲	o	
3b, 3	ㅑ	ㅑ。如穰字中聲	o	
3b, 4	ㅠ	ㅠ。如戌字中聲	o	
3b, 5	ㅕ	ㅕ。如彆字中聲	o	
3b, 6-7	종성법, 연서법, 병서법	終聲復 用初聲。ㅇ連書脣音之下。則爲脣輕音。初聲合用	o, x	종성법은 o, 연서법 이하는 모두 x
4a, 1-6	병서법, 부서법, 합자법, 방점법	則並書。終聲同。•ㅡㅗㅜㅛㅠ。附書初聲之下。ㅣㅏㅓㅑㅕ。附書於右。凡字必合而成音。左加一點則去聲。二則聲。無則平聲。入聲加點同而促急	x	전체 내용이 붙어 있음
4a, 7		여백		
4b, 1-7		여백		

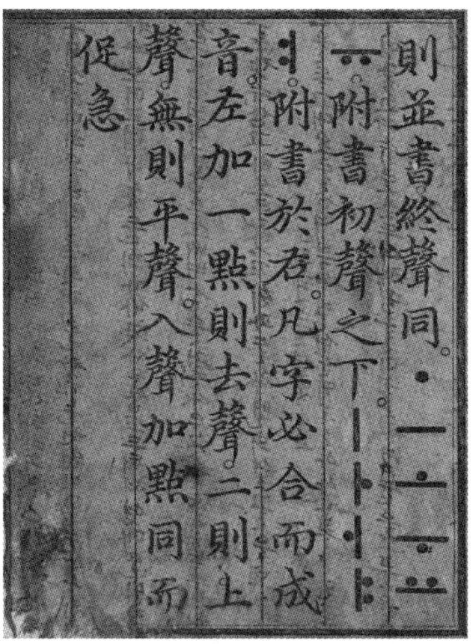
則並書終聲同·ㅡㅗㅜㅛ
ㅠ附書初聲之下ㅣㅏㅓㅑ
ㅕ附書於右凡字必合而成
音左加一點則去聲二則上
聲無則平聲入聲加點同而
促急

[**그림 25**] 원형이 보존된 예의 제4장 앞면(4a)

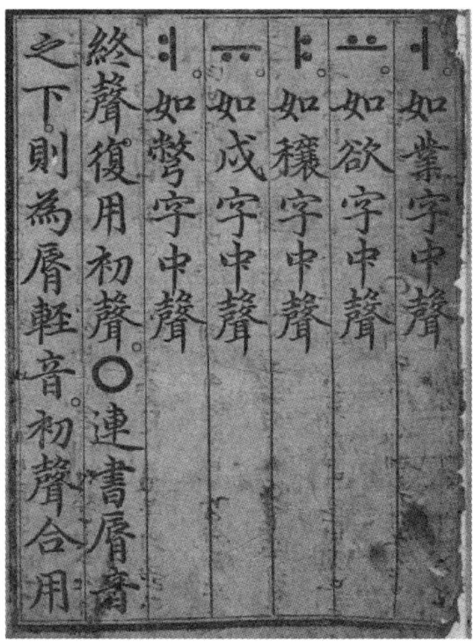
ㅓ如業字中聲
ㅛ如欲字中聲
ㅑ如穰字中聲
ㅠ如戌字中聲
ㅕ如彆字中聲
終聲復用初聲ㅇ連書脣音
之下則爲脣輕音初聲合用

[**그림 26**] 원형이 보존된 예의 제3장 뒷면(3b)

도 줄바꿈을 하지 않았다. 이어서 제3장 뒷면 제7행 중간 아래부터 제4장 앞면 제1행 중간까지 "初聲合用則並書 終聲同초성합용즉병서 종성동"이란 병서법 규정을 두었으되 줄바꿈을 하지 않고, 앞 행에 붙여 썼다. 그 뒤에 3개 행에 걸쳐 이어지는 중성의 부서법附書法 규정도 줄바꿈을 하지 않았다. 부서법 규정 뒤에 "凡字必合而成音범자필합이성음"이란 합자법 규정을 두었으되 이 역시 줄바꿈을 하지 않았다. 합자법 뒤에 이어진 방점법(=가점법) 역시 줄바꿈을 하지 않고 앞 행에 붙여 썼다. 이렇게 붙여 쓰고는 제4장 앞면 끝 행과 그 뒷면은 모두 비워 두었다.

제3-4장에서 설명된 연서법, 부서법, 합자법, 방점법 등은 각각 독립적 성격을 갖는다. 그럼에도 불구하고 줄바꿈을 하지 않고, 이들을 모두 이어서 붙여 썼다. 설명하는 내용이 다름에도 불구하고 줄바꿈을 하지 않은 것이다. 이러한 줄바꿈 실태를 고려할 때, 청탁음 분류체계에 있는 전탁음을 분명히 드러내기 위해 병서행을 줄바꿈했다는 주장은 납득하기 어렵다.

만약 제3장과 제4장도 낙장이었고 이용준이 이를 보사하였다고 가정하면, 앞에 언급한 제3장 뒷면 제6행의 연서법 규정, 제4장 앞면 제1-6행의 중성 부서법, '凡字必合而成音' 규정, 초성자+중성자+종성자의 합자법, 방점법 규정을 각각 별행 처리했을 가능성이 높다. 『월인석보』 권두에 실린 언해본에 이 규정들이 모두 별행 처리되어 있기 때문이다. 이용준과 김태준은 『월인석보』 권두에 실린 정음편(예의편)의 언해본을 이미 알고 있었다. 이런 점에서 정음편 넉 장이 모두 낙장이었더라면 이용준이 보사하면서 이 규정들을 모두 줄바꿈했을 것이다. 이런 방식으로 줄바꿈하여 별행 처리하더라도 판식과 지면 구성에는 아무런 문제가 없다. 위에 언급한 여러 규정을 모두 별행 처리해도 제4장 뒷면에 여백이 있어서 판면이 늘어나지 않기 때문이다.

정음편 작성자는 제4장 앞면 제7행과 제4장 뒷면 전부를 여백으로 남겨두고도, 앞에 언급한 여러 가지 규정을 각각 별행으로 처리하지 않고 붙여 썼다. 제3장과 제4장의 붙여 씀이 이러할진대, 성운학의 성모 분류에서 나온 전탁음자의 구별을 드러내기 위해 제1장과 제2장의 병서행을 별행으로 처리했다는 주장은 받아들이기 어렵다. 성운학의 이론 체계에서 전탁음을 구별하는 것이 네 가지 성조 단위를 구별하는 방점법 규정보다 더 중요하다고 볼 수 없다. 주지하다시피 평성, 거성, 상성, 입성으로 나누는 사성법은 운서에서 자음字音 분류와 배열의 최상위 기준이다. 최상위 기준인 사성법을 줄바꿈하지 않고 붙여 썼는데, 전탁음을 표기한 병서행을 줄바꿈했다고 볼 수는 없다.

4.2.2.『월인석보』 권두 수록 언해본의 줄바꿈 실태

정음편을 언해한『월인석보』 권두의 언해본은 낙장 없이 원형이 보존되어 있다. 한문본과 언해본의 차이를 이해함에 있어서 공시문이냐 교육용이냐라는 텍스트의 목적을 따지는 것에 앞서서 예의와 그 언해문의 줄바꿈 실태를 자세히 분석하는 작업이 필요하다. 언해본에서는 예의의 한문 문장에 한글 주음을 달고 토를 붙여 현토하였는데, 이 부분의 줄바꿈 실태를 분석하여 정리하면 〈표 7〉과 같다.

『월인석보』 권두의 훈민정음 언해본은 간송본『훈민정음』의 어제 서문과 예의를 한글로 번역한 것이다. 언해본의 초성자 부분만 〈표 7〉에 정리했다. 중성자 부분은 예의의 줄바꿈과 동일하여 생략했다. 〈표 7〉과 [그림 27], [그림 28]에서 보듯이 언해본에서는 전청자의 각 병서자를 줄바꿈하여 별행으로 처리하지 않았다. 그 이유를 공시문과 교육용 텍스트의 차이에서 찾는 것도 가능한 방법의 하나이다. 교육용 텍스트는 구송口誦을 기본으로 하므로 구송의 흐름상 병서행을 붙여 썼다는 설명이 그것이다. 그러나 줄바꿈을 하면 구송 흐름은 끊어질 수 있으나 문자 단위를 시각적으로 더 잘 드러낼 수 있다. 각각 나름대로의 교육적 효과가 있는 방법이다. 따라서 이런 설명은 설득력이 높지 않다.

〈표 7〉 훈민정음 언해본 초성자 부분의 줄바꿈 실태

장차(張次)	글자	내용	줄바꿈 여부	비고
3b	ㄱ	ㄱᄂᆞᆫ 牙앙音음이니 如셩君군ㄷ字쫑初총發벓聲셩ᄒᆞ니 並뼝書셩ᄒᆞ면 如셩虯뀰ㅸ字쫑初총發벓聲셩ᄒᆞ니라	o-x[135]	병서행을 줄바꿈하지 않음
4a	ㅋ	ㅋᄂᆞᆫ 牙앙音음이니 如셩快쾡ㆆ字쫑初총發벓聲셩ᄒᆞ니라	o	
4b	ㆁ	ㆁᄂᆞᆫ 牙앙音음이니 如셩業업字쫑初총發벓聲셩ᄒᆞ니라	o	
4b	ㄷ	ㄷᄂᆞᆫ 舌쎯音음이니 如셩斗둫ㅸ字쫑初총發벓聲셩ᄒᆞ니 並뼝書셩ᄒᆞ면 如셩覃땀字쫑初총發벓聲셩ᄒᆞ니라	o-x	병서행을 줄바꿈하지 않음
5a	ㅌ	ㅌᄂᆞᆫ 舌쎯音음이니 如셩呑튼ㄷ字쫑初총發벓聲셩ᄒᆞ니라	o	
5b	ㄴ	ㄴᄂᆞᆫ 舌쎯音음이니 如셩那낭ㆆ字쫑初총發벓聲셩ᄒᆞ니라	o	
5b	ㅂ	ㅂᄂᆞᆫ 脣쑨音음이니 如셩彆볋字쫑初총發벓聲셩ᄒᆞ니 並뼝書셩ᄒᆞ면 如셩步뽕字쫑初총發벓聲셩ᄒᆞ니라	o-x	병서행을 줄바꿈하지 않음
6a	ㅍ	ㅍᄂᆞᆫ 脣쑨音음이니 如셩漂푷ㅸ字쫑初총發벓聲셩ᄒᆞ니라	o	
6b	ㅁ	ㅁᄂᆞᆫ 脣쑨音음이니 如셩彌밍字쫑初총發벓聲셩ᄒᆞ니라	o	
6b	ㅈ	ㅈᄂᆞᆫ 齒칭音음이니 如셩卽즉字쫑初총發벓聲셩ᄒᆞ니 並뼝書셩ᄒᆞ면 如셩慈쫑ㆆ字쫑初총發벓聲셩ᄒᆞ니라	o-x	병서행을 줄바꿈하지 않음
7a	ㅊ	ㅊᄂᆞᆫ 齒칭音음이니 如셩侵침ㅂ字쫑初총發벓聲셩ᄒᆞ니라	o	
7b	ㅅ	ㅅᄂᆞᆫ 齒칭音음이니 如셩戌숧字쫑初총發벓聲셩ᄒᆞ니 並뼝書셩ᄒᆞ면 如셩邪썅ㆆ字쫑初총發벓聲셩ᄒᆞ니라	o-x	병서행을 줄바꿈하지 않음
7b-8a	ㆆ	ㆆᄂᆞᆫ 喉흫音음이니 如셩挹흡字쫑初총發벓聲셩ᄒᆞ니라	o	
8a	ㅎ	ㅎᄂᆞᆫ 喉흫音음이니 如셩虛헝ㆆ字쫑初총發벓聲셩ᄒᆞ니 並뼝書셩ᄒᆞ면 如셩洪ᅘᅩᆼ字쫑初총發벓聲셩ᄒᆞ니라	o-x	병서행을 줄바꿈하지 않음
8b	ㅇ	ㅇᄂᆞᆫ 喉흫音음이니 如셩欲욕字쫑初총發벓聲셩ᄒᆞ니라	o	
8b-9a	ㄹ	ㄹᄂᆞᆫ 半반舌쎯音음이니 如셩閭령ㆆ字쫑初총發벓聲셩ᄒᆞ니라	o	
9a	ㅿ	ㅿᄂᆞᆫ 半반齒칭音음이니 如셩穰샹ㄱ字쫑初총發벓聲셩ᄒᆞ니라	o	

135 '줄바꿈 여부'란의 'o-x'는 이 단락 시작 부분에 줄바꿈이 있고(○), 병서행은 줄바꿈이 없음(x)을 표시한 것이다.

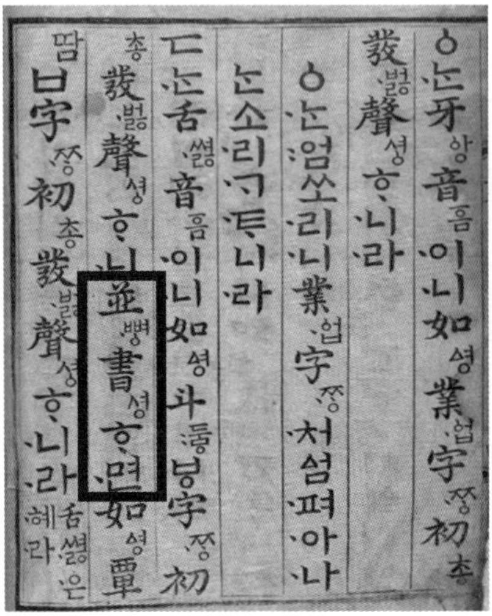

[그림 27] 언해본에서 병서행(並뼝書셩ᄒᆞ면)을 붙여 쓴 모습(설음 ㄷ의 병서) (『월인석보』 권두 제4장 뒷면)

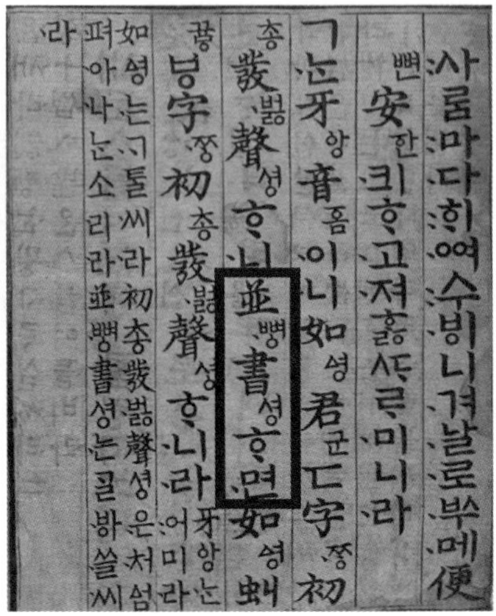

[그림 28] 언해본에서 병서행(並뼝書셩ᄒᆞ면)을 붙여 쓴 모습(아음 ㄱ의 병서) (『월인석보』 권두 제3장 뒷면)

병서행 줄바꿈설의 관점에서 보면, 예의에서 병서행을 줄바꿈했던 것을 언해본에서 구송의 자연스러움을 위해 붙여 썼다고 주장할 수밖에 없다. 그러나 〈표 8〉은 한문본 예의에서 붙여 쓴 문장을 언해본에서 모두 줄바꿈해 놓았음을 보여 준다. 이 부분[136]에 대한 언해본의 줄바꿈 실태를 분석하여 정리한 것이 〈표 8〉이다.

앞의 〈표 6〉에서 보았듯이 원형이 보존된 해례본 예의 제3장과 제4장에서 줄바꿈하지 않고 붙여 썼던 규정들을 〈표 7〉과 〈표 8〉에서 보는 바처럼 언해본에서는 모두 내용 단위에 따라 줄바꿈하여 별행 처리해 놓았다. 한문본 제3장 뒷면 제6행의 '終聲復用初聲종성부용초성' 규정을 줄바꿈했고, ㅇ을 순음 아래 연서하는 순경음 규정도 줄바꿈을 했다. '초성합용즉병서'라는

136 언해본의 11b면부터 15b면에 걸쳐 실린 내용을 가리킨다.

〈**표 8**〉 해례본 예의의 '종성부용초성' 이하 내용을 언해본에서 줄바꿈한 실태

위치	글자 및 내용	내용	줄바꿈 여부	비고
11b	종성법	終즁聲셩은 復뿍用용初총聲셩ᄒᆞᄂᆞ니라	o	
11b	순경음 연서법	ㅇᄅᆞᆯ 連련書셩脣쑨音흠之징下:항ᄒᆞ면 則즉 爲윙脣쑨輕켱音흠ᄒᆞᄂᆞ니라	o	
12a	병서법	初총聲셩을 合합用용ᄒᆞᇙ디면 則즉 並뼝書셩ᄒᆞ라 終즁聲셩도 同똥ᄒᆞ니라	o	
12b	부서법	· ㅡ ㅗ ㅜ ㅛ ㅠ란 附뿡書셩初총聲셩之징下:항ᄒᆞ고	o	부서법을 둘로 나누어 줄바꿈함
12b	부서법	ㅣ ㅏ ㅓ ㅑ ㅕ란 附뿡書셩於헝右:울ᄒᆞ라	o	
13a	합자법	凡뻠字ᄍᆞᆼㅣ 必빓合합而ᅀᅵᆼ成쎵音흠ᄒᆞᄂᆞ니	o	
13b	방점법-거성	左장加강一ᅙᅵᇙ點뎜ᄒᆞ면 則즉 去컹聲셩이오	o	방점법에서 성조별로 줄바꿈함
13b	방점법-상성	二ᅀᅵᆼ則즉 上썅聲셩이오	o	상동
14a	방점법-평성	無뭉則즉 平뼝聲셩이오	o	상동
14a	방점법-입성	入ᅀᅵᆸ聲셩은 加강點뎜이 同똥而ᅀᅵᆼ促쵹急급ᄒᆞ니라	o	상동
14b	한음 치성	漢한音흠齒칭聲셩은 有ᅌᅮᇢ齒칭頭뚷正졍齒칭之징別볋ᄒᆞ니	o	한음 치성을 줄바꿈함
14b	한음 치두음	ᅎ ᅔ ᅏ ᄼ ᄽ 字ᄍᆞᆼ는 用용於헝齒칭頭뚷ᄒᆞ고	o	한음 치두음을 줄바꿈함
15a	한음 정치음	ᅐ ᅕ ᅑ ᄾ ᄿ 字ᄍᆞᆼ는 用용於헝正졍齒칭ᄒᆞᄂᆞ니	o	한음 정치음을 줄바꿈함
15b	한음 아설순후음	牙앙舌쎠ᇙ脣쑨喉ᅘᅮᇢ之징字ᄍᆞᆼ는 通통用용於헝漢한音흠ᄒᆞ ᄂᆞ니라	o	한음 아설순후음을 줄바꿈함

규정도 줄바꿈을 했고, 방점법도 줄바꿈을 했다. 특히 방점법에서는 거성법, 상성법, 평성법, 입성법을 각각 줄바꿈하여 별행 처리해 놓았다. 예의에서 붙여 써서 줄바꿈하지 않았던 문장을 언해본에서 모두 줄바꿈했음을 〈표 8〉이 보여 준다.

〈표 8〉에 보인 언해본의 줄바꿈은 한문 예의의 구점(句點) 위치에 따른 것이나 방점법만 예외적이다. 예의에서 방점법 규정의 구두점은 "左加一點則去聲 ◦ 二則上聲 ◦ 無則平聲。 入聲加點同而促急좌가일점즉거성 ◦ 이즉상성 ◦ 무즉평성。 입성가점동이촉급"으로 되어 있다. '去聲거성 ◦'과 '上聲상성 ◦'에 두점讀

點 ◦이 있음에도 불구하고 이를 번역한 언해본에서는 각 성조 단위를 줄바꿈하여 별행 처리하였다. 언해본의 이런 조치는 사성법의 중요성과 교육용 텍스트로서의 특성을 고려한 것이라고 볼 수 있다.

그러나 해례본 예의의 보사된 부분(제1, 2장)의 병서 규정은 언해본에서 줄바꿈하지 않았다. 이에 비해 예의 제3장, 제4장의 여러 규정(연서법 이하)은 언해본에서 모두 줄바꿈하여 별행 처리했다. 이는 언해본에서 병서 규정을 붙여 쓴 것과 반대이다. 해례본 예의의 병서행 줄바꿈설을 주장하는 입장에서, 언해본과 예의가 보여 주는 이런 반대 현상을 어떻게 설명할 수 있을까? 교육용 텍스트로서의 성격이 더 강한 언해본에서 연서법 이하의 행을 모두 줄바꿈했듯이, 병서행도 줄바꿈으로 되어 있어야 교육용 텍스트를 중시하는 관점의 일관성을 유지할 수 있다. 그러나 언해본의 병서행은 하나의 행에 붙어 있다. 따라서 교육적 효과 혹은 시각적 변별성 확보라는 기준으로 한문본과 언해본의 줄바꿈 실태를 일관성 있게 설명해 낼 수 없다.

4.2.3. 정음편과 그 언해본의 줄바꿈 기준

훈민정음이란 신제新制 문자의 제자 대상은 초성 17자와 중성 11자, 모두 합쳐 28자이다. 이 28자가 예의에서 자형 제시의 대상이자 음가 규정의 대상이다. 병서자는 자형 제시의 대상이 아니다. 예의에서 줄바꿈을 하고 자형을 제시한 것은 이 28자 안에 들어간 글자들이다. 초성 합용병서 ㅺ, ㅼ, ㅽ 등, 중성 합용병서 ㅘ, ㅝ 등, ㅣ상합자 ㅔ, ㅐ, ㅚ, ㅟ 등은 28자에 들지 않으므로 예의의 자형 제시에 포함되지 않았다.[137]

---

137 이광호(1989)는 해례본의 '新制(신제) 28자'와 그렇지 않은 '非新制(비신제) 39자'를 나누고(115쪽), 각각의 목록을 제시하였다(126쪽). 비신제자에는 각자병서 7자(ㄲ ㄸ ㅃ ㅆ ㅉ ㆅ ㆀ), 합용병서 7자(ㅼ ㅳ ㅴ ㄺ ㅺ ㄼ ㅵ), 연서 5자(ㅸ ㆄ ㅱ ㅹ ㅭ), 이자합용(二字合用) 4자(ㅘ ㆇ ㅝ ㆊ), ㅣ상합(相合) 14자(ㆎ ㅢ ㅚ ㅐ ㅟ ㅔ ㆉ ㅒ ㆌ ㅖ ㅙ ㅞ ㆈ ㆋ), ·ㅡ기(起) ㅣ성(聲) 2자(ᆜ ᆖ) 도합 39자를 들었다(126쪽). 그런데 이광호의 비

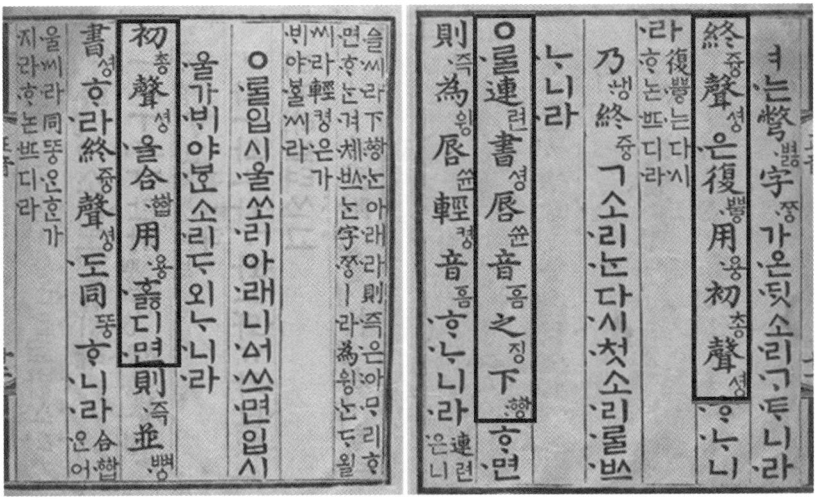

[그림 29] 『월인석보』 권두 언해본에서 종성부용초성 규정, 순경음 연서법 규정, 초성 합용 규정을 줄바꿈해 놓은 모습

ㄲ, ㄸ, ㅃ, ㅉ, ㅆ, ㆅ 등의 초성 각자병서를 표음하는 성모자(虯규, 覃담, 步보, 慈자, 邪사, 洪홍)가 '並書병서'라는 이름으로 예의에 포함된 것은 동국정운식 한자음 표기 23자모에 이들이 포함되어 있는 사실과 연관된다. ㄲ, ㄸ, ㅃ 등의 각자병서는 동국정운식 한자음 표기를 위한 초성자로 필요했기 때문에, 예의에서 그 서법書法과 음가를 기술記述해 놓은 것이다. 그러나 제자 대상 17자에 각자병서자가 포함되지 않기 때문에 그 자형을 독립 행으로 제시하지 않았다.

그런데 다수의 중성 합용자 ㅔ, ㅐ, ㅘ, ㅝ 등이 예의의 기술 대상에 들어가 있지 않음에 비해, ㄲ, ㄸ, ㅃ 등의 전탁자는 각 음의 전청자 아래에 두고 기술 대상에 포함시킨 것은 주목할 만하다. 전탁자에 이런 배려를 한 까

신제자 목록에 합용병서자인 ㅺ, ㅽ, ㅆ, ㅳ, ㅌ 등이 빠져 있다. 이것은 해례본에 이 합용자들이 등장하지 않았음을 고려한 것으로 보인다.

닮은 청탁에 의한 성모의 분류법이 운학에서 중요한 기준임을 고려하여, 청탁법 체계에 의거한 전탁자(각자병서자)의 한자음 표기 방법을 명시하기 위한 조치이다. 동국정운식 한자음 표기에 이 병서들이 이용된 사실도 이와 관련된다.

예의 전체에서 별행으로 줄바꿈 처리된 자는 모두 제자 대상 28자에 들어가는 것이다. 그러므로 여기에 포함되지 않은 전탁음 각자병서자를 줄바꿈했다고 볼 수 없다. 예의에서 초성자 줄바꿈 기준을 '4성 7음'이라 했는데 전탁음은 여기에 포함되지 않는다. 중성자의 줄바꿈 기준이 제자 대상 11자이듯이, 초성자 줄바꿈 기준도 제자 대상 17자로 봄이 일관성 있는 논리다.

4.3. 정음해례편의 줄바꿈 실태와 그 기준

어제 서문과 예의 즉 정음편을 해설한 것이 정음해례편(5해1례 및 정인지 서문)이다. 한문본에만 있는 정음해례편의 줄바꿈 실태를 분석해 봄으로써 예의의 줄바꿈 문제를 결정하기 위한 중요 참고점을 찾을 수 있다. 이른바 언문팔유諺文八儒가 지은 정음해례편에서 줄바꿈이 어떤 문맥에서 이루어졌는지 그 실태를 분석해 제시하면 〈표 9〉와 같다.[138]

〈표 9〉에서 보듯이 정음해례편 전체에서 줄바꿈은 제한된 환경에서 행해졌다. 해례를 구성한 5해1례의 각 편명이 달라질 때, 각 해와 례의 편명과 그 본문 시작 부분에 줄바꿈이 행해져 있다. 제자해의 경우만 보아도 제자해 전체의 긴 본문에서 줄바꿈이 전혀 없다가 끝 행의 '聖心성심'에서 줄바꿈을 1회 하였다. '성심'은 세종의 마음을 가리키므로 줄바꿈법[移行法]으로 글경어법을 구사한 것이다.

---

138 정음해례편은 그 내용이 길고 내용 단락이 많아서 앞의 표와 다른 방식으로 정리하였다.

〈표 9〉『훈민정음』 정음해례편(해례 및 정인지 서문)의 줄바꿈 실태

위치	구분	내용	줄바꿈여부	비고
1a[139]	권두서명	訓民正音解例	o	
1a	해(解) 명칭	制字解	o	
1a-9a	제자해 본문	天地之道 一陰陽五行而已~是殆天啓 聖心而假手焉者乎 訣曰	o 聖心(1)[140]	제자해의 끝 행 '聖心(성심)'에서 줄바꿈을 함
9a-14b	제자해 결시(訣詩)	天地之化本一氣~天授何曾智巧爲	訣詩의 각 행을 줄바꿈함	86행의 칠언시
14b	해(解) 명칭	初聲解	o	
14b-15a	초성해 본문	正音初聲~半舌半齒之閭穰皆倣此 訣曰	o	초성해 본문 전체에서는 줄바꿈이 없음
15a-15b	초성해 결시(訣詩)	君快虯業其聲牙~萬聲生生皆自此	訣詩의 각 행을 줄바꿈함	8행의 칠언시
15b	해(解) 명칭	中聲解	o	
15b-17a	중성해 본문	中聲者 居字韻之中~無所不通也 訣曰	o	중성해 본문 전체에서는 줄바꿈이 없음
17a-17b	중성해 결시(訣詩)	母字之音各有中~於十四聲徧相隨	訣詩의 각 행을 줄바꿈함	8행의 칠언시
17b	해(解) 명칭	終聲解		
17b-19a	종성해 본문	終聲者 承初中而成字韻~不爲入也 訣曰	o	종성해 본문 전체에서는 줄바꿈이 없음
19a-20b	종성해 결시(訣詩)	不淸不濁用於終~斗輕爲閭是俗習	訣詩의 각 행을 줄바꿈함	20행의 칠언시
20b	해(解) 명칭	合字解		
20b-23a	합자해 본문	初中終三聲 合而成字~與他不同 訣曰	o	합자해 본문 전체에서는 줄바꿈이 없음
23a-24b	합자해 결시(訣詩)	初聲在中聲左上~大東千古開矇矓	訣詩의 각 행을 줄바꿈함 制作(1)	20행의 칠언시. 결시 제19행 '制作(제작)' 앞에서 줄바꿈함
24b	례(例) 명칭	用字例	o	
24b-26b	용자례 본문	初聲ㄱ 如:감爲柿~:별爲星之類	o	용자례 본문 전체에서는 줄바꿈이 없음
26b-29b	정인지 서문	鄭麟趾序	o 殿下(2) 命(1) 大智(1)	왕과 관련한 표현에서 줄바꿈이 4회 있음
29b	권말 서명	訓民正音	o	

139 정음해례편의 장차는 판심서명을 기준으로 1a부터 새로 붙였다.
140 '聖心(1)'은 '聖心(성심)'에서 줄바꿈이 1회 이루어졌음을 뜻한다.

제자해는 본문 내용이 다양하고 그 분량도 총 2,315자로 가장 길며, 본문(1,711자)+결(604자)로 구성되어 있다. 백두현(2009a: 91)에서 밝혔듯이 제자해의 내용은 5개 단락의 본문과 결시訣詩로 구성되어 있다. 초성에 대한 설명에서 제2단락 중 세 번째 소단락이 청탁에 의한 초성 분류에 관한 것이다. 왕과 관련된 표현을 제외하고는 각 소단락의 내부는 물론 소단락 외부에서도 줄바꿈이 전혀 없다. 이와 같은 줄바꿈 양상은 5해1례 전체에서 동일하다.

〈표 9〉에 표시했듯이 제자해 말미, 합자해 결시, 정인지 서문에서 왕과 관련된 표현을 할 때 특수한 줄바꿈이 나타나 있다. 이때의 줄바꿈은 글 경어법의 일종이다. 각 해의 결시는 시문詩文의 각 행이 줄바꿈되어 있다. 이는 시문 형식이 가진 특수성에 기인한다. 산문의 줄바꿈은 〈표 9〉에 나타나 있듯이 극히 제한되어 있다. 〈표 9〉에 제시한 정음해례편의 줄바꿈 실태에 나타난 줄바꿈의 기준을 추출하면 다음 〈표 10〉과 같다.

〈표 10〉 정음해례편에 나타난 줄바꿈 기준

일반적 줄바꿈을 행한 경우	특수한 줄바꿈을 행한 경우(왕과 관련된 표현)
권두서명	聖心(성심), 制作(제작), 殿下(전하), 命(명), 大智(대지)
5해1례의 각 편명	
각 편의 본문 시작 부분	
결시의 시작 부분 및 결시의 각 행	

일반적 줄바꿈은 본문의 형식적 구성에서 반드시 행을 구별할 필요가 있는 경우에 국한되어 있다. 5해의 본문에는 기술 내용이 달라지는 소단락이 다수 포함되어 있지만 내용의 분단分段은 줄바꿈에 아무런 기준이 되지 못하였다.

해례편 전체에서 5해1례의 각 편 단위와 결시를 제외하면 줄바꿈한 경우가 전혀 없다. 또한 각 행 안에서 칸비움법(=공백)을 두어 내용상의 구별을 표시한 경우도 물론 없다. 왕과 관련된 표현에서 줄바꿈법은 썼으나 칸비움법은 사용하지 않았다. 이 점은 정음해례편의 줄바꿈과 칸비움의 적용 양상을 살필 때 중시되어야 마땅하다. 이용준이 낙장 부분을 보사하면서 병서행을 줄바꿈하고 '並書병서'행 상란 한 칸을 비워 둔 조치는 해례본의 줄바꿈법과 칸비움법 양상 전체를 고려해 볼 때 합당치 않다. 『동국정운』의 23자모 체계를 시각적으로 잘 드러내기 위해 병서행을 줄바꿈하고, 그 행의 첫 칸을 빈칸으로 처리했다는 주장도 재고할 필요가 있다. 예의는 '훈민정음' 28자에 대한 예의이지, 『동국정운』의 자모체계를 보이기 위한 것이 아니다. 후자는 부차적인 것으로 봄이 적절하다.

정우영(2001: 213)은 병서행 문장 "ㄱ 牙音 如君字初發聲 並書 如虯字初發聲ㄱ 아음 여군자초발성 병서 여규자초발성"을 구조적으로 부적격한 한문으로 보았다. 병서행 문장이 부적격한 한문이 아님은 백두현(2018: 34-36)에서 논하였다.

4.4. 병서행 줄바꿈 문제 해결 방안

병서행의 줄바꿈 여부에 관한 선행 연구의 성과와 이에 대한 논의 내용을 정리하여 필자가 판단한 결과를 제시하면 다음과 같다.

4.4.1. 해례본 텍스트의 내적 증거

첫째, 해례본에서 보사되지 않고 원형이 보존된 예의의 말미 제3장과 제4장의 행 구분 실태를 분석해 본 결과 '終聲復用初聲종성부용초성' 이하에 나열된 연서법, 부서법, 합자법, 방점법 등은 그 내용이 각각 독립적인 것임에도 불구하고 줄바꿈을 하지 않았다. 합자법, 방점법 등에서도 줄바꿈 없이 모두 한 줄로 붙어 있다. 특히 방점법은 성운학의 최상위 분류 기준인 사성

四聲을 구별한 것인데도 예의에서 모두 줄바꿈 없이 붙어 있다. 이런 사실로 볼 때, 청탁 분류체계의 하나인 전탁음자(각자병서자)를 시각적으로 잘 드러내기 위해 병서행을 줄바꿈했다는 주장은 성립하기 어렵다. 전탁음을 구별하는 것이 네 가지 성조 단위를 구별하는 방점법 규정보다 더 중요하다고 볼 수 없다.

둘째, 예의에서 줄바꿈을 하고 자형을 제시한 것은 '新制二十八字신제이십팔자'에 속하는 글자들이다. 각자병서자 ㄲ, ㄸ 등은 여기에 들어가지 않으므로 자형 제시를 하지 않았다. 자형 제시도 하지 않은 병서자를 독립된 행으로 줄바꿈한 것은 적절치 않다. 이용준이 보사한 간송본에서 병서행을 줄바꿈하고, '並書병서'자 위에 빈칸을 둔 것은 잘못된 처리이다. 해례본 전체에서 이런 방식의 빈칸을 둔(=칸비움법) 예가 전혀 없다. 예의에 '並書'라는 이름 아래 ㄲ, ㄸ, ㅃ, ㅉ, ㅆ, ㆅ 등의 전탁음자를 표음表音하는 성모자(虯, 覃, 步, 慈, 邪, 洪)를 제시해 놓은 것은 동국정운식 한자음 표기에 이 각자병서들이 필요하여, 청탁법에 의거한 한자음 표기 방법을 명시하기 위한 조치이다.

셋째, 한문본인 정음편과 정음해례편 전체 텍스트에서 줄바꿈을 행한 실태를 분석한 결과, 문장의 기술 내용이 달라지는 곳에 줄바꿈한 곳이 없다. 예의 말미에 있는 합자법, 종성법, 방점법도 줄바꿈 없이 한 단락으로 이어져 있다. 특히 방점법은 성운학의 최상위 분류 기준인 사성을 구별한 것인데도 예의에서는 모두 줄바꿈 없이 붙어 있다. 사성 구별법을 줄바꿈하지 않고 붙여 쓰면서, 전탁음을 표기한 병서행을 줄바꿈했다고 볼 수는 없다. 이런 사실로 볼 때, 청탁 분류체계의 하나인 전탁음(병서자)을 시각적으로 잘 드러내기 위해 병서행을 줄바꿈했다는 주장은 성립하기 어렵다.

넷째, 정음해례편(5해1례 및 정인지 서문)의 줄바꿈 실태를 분석해 본 결과, 해례를 구성하는 5해1례의 각 편명 및 각 편의 본문이 시작하는 부분, 그리고 결시訣詩에서만 줄바꿈이 행해져 있다. 정음해례편 전체에서 5해1례의 각 편 단위와 결시를 제외하고 줄바꿈을 한 예가 전혀 없다. 각 행 안에서 칸비움법(=공백)을 두어 내용을 구별한 경우도 전혀 없다. 왕과 관련된 표현에서 줄바꿈법은 썼으나 칸비움법은 사용하지 않았다. 이와 같은 정음해례편의 줄바꿈과 칸비움 양상으로 볼 때, 이용준이 보사하면서 병서행을 줄바꿈하고 '並書'행 상란 한 칸을 비워 둔 조치는 합당치 않다. 또 병서행 한문 문장이 문법적으로 결함이 있어서 이 문장의 구결문에 연결어미 '-니'가 중출된 어색한 문장이 되었다는 주장도 적절치 못하다. 『논어언해』의 몇몇 예시에서 보듯이 이런 구결문은 매우 흔하다.

이 네 가지는 해례본 텍스트 내에서 줄바꿈 실태를 분석하여 나온 필자의 결론이다.

4.4.2. 해례본 텍스트의 외적 증거

병서행의 구분과 관련된 해례본 텍스트의 외적 증거로 다음 두 가지를 들 수 있다.

첫째, 예의를 번역한 언해본에서 '종성부용초성'의 언해문은 물론 그 이하에 나오는 연서법, 합용법, 부서법, 합자법, 방점법 등을 모두 각각 줄바꿈해 놓았다. 특히 방점법에서는 거성법, 상성법, 평성법, 입성법을 하나하나 줄바꿈하여 별행 처리하였다. 예의에서 붙여 써서 줄바꿈하지 않았던 문장을 모두 줄바꿈한 것이 언해본의 모습이다. 그러나 이용준이 보사하면서 별행 처리한 초성자 병서행은 언해본에서 앞줄에 붙어 있다. 한문본 예의에서 병서행이 원래 별행으로 되어 있었다면 언해본에서 이런 방식으로 붙여 쓰지 않았을 것이다.

둘째, 선행 연구에서 지적된 바와 같이 『열성어제』나 『배자예부운략』에서 병서행은 앞의 내용에 바로 붙어 있다. 이렇게 붙여 쓴 것은 병서행 문장을 붙여 써야 한문 문법에 더 적격하기 때문이다.

'병서'행을 줄바꿈하고 바뀐 행 첫 칸에 빈칸을 둠으로써 규격화된 설명문이 같은 눈높이에 세로로 제시되어 초성 17자 및 병서(전탁음) 6자의 정보가 효과적으로 전달되는 장점이 있다는 줄바꿈설은 결과적으로 이용준이 보사한 예의의 현재 상태를 나름대로 '합리적'으로 설명한 셈이다. 동국정운 23자모 체계를 시각적으로 드러내기 위한 방편으로 이런 행관 처리를 했다는 것이 줄바꿈설의 요지이다. 그러나 이용준이 결락된 두 장을 보사했던 1940년 당시에 그가 세종의 의도와 『동국정운』 성모체계를 고려하여, 이런 방식의 줄바꿈 및 빈칸 처리를 했다고 말할 수 없다.

그렇다면 이용준은 왜 이런 방식으로 보사하였을까? 그는 김태준의 지도를 받아 보사 작업을 했을 것이다. 이용준과 김태준은 줄바꿈을 하여 얻게 되는 행관 배치의 시각적 효과를 위해 행 구분을 한 듯하다. 그러나 해례본 편찬자가 이런 행 구분을 행한 증거는 어디에서도 찾을 수 없다. 『열성어제』나 『배자예부운략』 등에서 병서행을 붙여 쓴 조치가 "세종의 기교적 처리"를 이해하지 못한 결과라는 해석도 주관적 판단에 치우쳤다.

홍기문, 방종현, 최현배, 안병희, 최세화 등 여러 선학(先學)들은 간송본에서 병서행을 줄바꿈한 것은 옳지 않다고 보고 이를 붙여서 읽었다. 이는 언해본에서 병서행을 붙여 쓴 사실, 『열성어제』와 『배자예부운략』의 병서행을 붙여 놓은 사실과도 일치한다. 조선시대의 관련 문헌과 20세기 선학들의 병서행 붙임이 서로 일치한다. 즉 문헌적 사실과 선학의 연구 성과가 서로 합치한다. 필자는 이 점을 중시한다.[141]

141 이상 4절의 내용은 백두현(2018: 18-39)에서 가져온 것이다.

5. 『훈민정음』 해례본의 텍스트 구조 분석[142]

5.1. 『훈민정음』 텍스트의 구성 단위와 명칭

『훈민정음』의 텍스트 전체를 하위 구성 단위로 분석하고 분석된 단위들의 상호 관계를 계층 구조도로 표현하면 [그림 30]과 같다.[143]

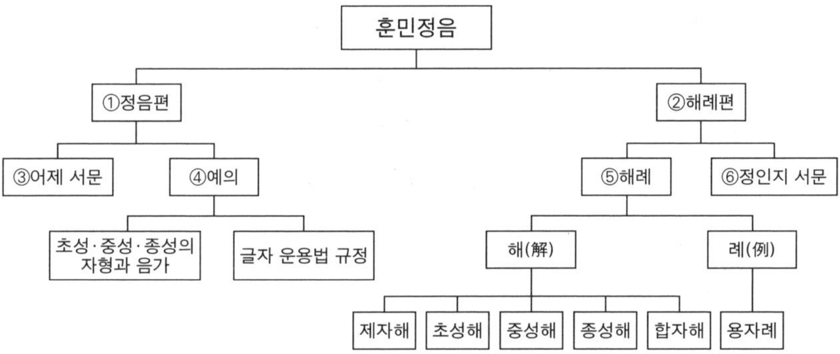

[그림 30] 『훈민정음』 해례본 텍스트의 계층 구조와 구성 단위

정음편 406자와 해례편 4,931자를 합치면 『훈민정음』은 도합 5,337자로 이루어져 있다. 위 그림은 『훈민정음』 텍스트를 구성하는 각 단위의 종적 위계와 횡적 관계를 잘 드러내 준다. 그리하여 해례편의 짜임새를 일목요연하

---

142 이곳의 5절은 백두현(2009a)의 해당 내용을 새로 고쳐 쓴 것이다. 백두현(2009a)에서 제시한 5해1례의 세부 단락 분석과 텍스트 수형도는 5절에서 모두 제외했다. 이에 대한 자세한 논의는 상기 논문을 참고하기 바란다.

143 이 그림은 백두현(2009a: 90)의 구조도에서 '예의편'을 '정음편'으로 바꾼 것이다. 이 수정은 판심서명에 따른 것이다. 또 이전 그림에 ①~⑥의 번호를 추가했다. 번호 추가는 설명의 편의를 위한 것이다. ②의 '해례편'은 '정음해례편'의 약칭이다. 이하의 글에서 '해례편'은 '정음해례편'을 가리킨다.

게 직관直觀할 수 있다. 위 그림은 『훈민정음』을 이루는 구성 요소가 종횡으로 어떻게 결합하는지 잘 보여 주며, 구성 요소의 상호 결합으로 생성된 텍스트의 구조를 파악하고, 이 구조로부터 산출되는 크고 작은 주제들의 응집성을 포착하는 데 유용한 틀이 된다.

각 구성 단위의 정확한 지칭과 약칭의 편의를 위해 각각 ①~⑥의 번호를 매겼다. ①정음편은 세종 어제이고, ②해례편은 정인지 등 언문팔유가 세종을 협찬하여 지은 것이다.[144] 홍기문(1946上: 1-20)은 ①정음편을 '例義예의'라 칭하고, 이 '例義' 아래 ③과 ④를 두었다. 홍기문(1946上: 2)은 어제 서문까지 例義에 넣은 것이다. 홍기문은 문자 제작의 목적을 설명한 어제 서문을 예의의 '序論章서론장'이라 칭하고, 초성·중성·종성의 자형과 음가 설명문을 '文字章문자장', 그 뒤에 이어진 용법 설명문을 '用法章용법장'([그림 30]의 '글자 운용법 규정')이라고 이름 붙였다. '例義'라는 용어는 정인지 서문에 처음 나온 것이고, 홍기문(1946)이 이를 끌어와 『훈민정음』의 내용 단위를 가리키는 말로 학술용어화한 것이다. 이로써 '예의'라는 용어가 학계에서 일반화되었다.

그러나 최현배(1976: 4-14)는 해례본의 내용 구성을 '훈민정음'(그림의 ①)과 '훈민정음해례'(그림의 ②)로 크게 나누고 ③과 ④를 합친 ①의 문장 텍스트를 '훈민정음 본문'이라 이름하였다. 박지홍(1984: 16-34) 역시 ①정음편을 '훈민정음 본문'이라 불렀다. 그러나 유창균(1993: 9-10)은 홍기문과 같이 ①을 '例義'라 부르고 ③을 '御製序어제서', ④를 '本文본문'이라 불렀다. 안병희(1997: 192-194)는 세종 어제의 '本文'과 집현전 학사들의 '解例'로 나누고 전자를 가리킬 때 '本文'이라는 용어를 자주 썼다.

①(③+④)을 '本文'이라 칭한 까닭은 ②(⑤+⑥)의 편명 및 판심서명에 들어

---

144 이하의 논의에서 ①정음편과 ②해례편의 내용적 대응 관계는 다루지 않았다. 이 주제는 정우영(2014: 145)에서 그림으로 제시된 바 있고, 김부연(2018)과 김유범(2018)에서 치밀하게 논구된 바 있다.

간 '解例'가 '本文'(①)에 대한 해설이라고 보기 때문이다. ③을 제외한 ④만 '本文'이라고 부르는 경우도 있다. 이 관점은 서문 격인 ③(어제 서문)의 몸말이 되는 ④를 '본문'으로 간주한 것이다. 앞에 서문이 오면 당연히 그 뒤에 '本文'이 오는 것이 순리라고 보는 생각이다. 이런 관점을 ②해례편에 적용하면, ⑥정인지 서문이 해례편의 서문이 되고, ⑤해례는 ⑥의 본문이 된다. 이를 달리 표현하면 ③은 ①의 서문이고, ⑥은 ②의 서문이 된다. 그러나 『훈민정음』을 구성하는 특정 문장 텍스트 단위를 가리키는 명칭어로서 보통명사인 '본문'과 '서문'을 사용하는 것은 적절치 않다.

한편 이기문(1972a/1998: 122)은 해례본이 '본문, 해례, 정인지의 해례서'로 구성되어 있다고 말하여, 정음편을 '本文'이라 칭했다. 이기문(1974: 3)은 본인이 해례본의 '예의'를 '本文'이라 불러 왔음을 언급하고, 이 부분을 '예의'라고 부르는 것은 문제가 있다고 하였다. 그는 『훈민정음』에 실린 ④(예의)와 정인지 서문에서 말한 '약게예의略揭例義'의 '예의'('약예의'로 약칭함)의 관계를 자세히 논하면서 '약게예의'의 '예의例義'를 '原文원문'이라 칭했다. 그리고 이 '原文'이 해례본의 '本文'(어제 서문을 제외한 ④)과 "완전히 동일했다고 단정할 근거는 아무 데도 없다."라고 하였다(이기문 1974: 3). 이기문의 지적처럼 세종 25년에 임금이 행한 '약게예의'가 세종 28년에 완성된 『훈민정음』 해례본의 ④예의와 완전히 동일하지 않았을 것이다.

정인지 서문에 언급된 '약게예의'와 『훈민정음』의 예의(④)의 관계를 필자는 다음과 같이 추론한다. 1446년 9월에 완성된 『훈민정음』의 예의(④)는 세종이 3년 전(1443년 12월)에 작성하여 주변 사람에게 보여 준 '약예의'를 바탕으로 『훈민정음』을 편찬하는 과정에서 언문팔유의 의견을 반영하여 보완한 결과라고 할 수 있다. 1443년 12월에 세종이 보여 준 약예의는 공포된 것이 아니라 세종이 작성한 비공식적 자료이다. 1446년 12월에 간행한 『훈민정음』 예의(④)는 공식적 자료이면서 공포된 최종판 예의이다.

그런데 세종 25년의 약예의가 28년 『훈민정음』의 ④예의와 같았다고 볼 증거가 없다고 하며 양자가 달랐음을 강조하는 견해도 있다. 이기문 선생이 언급했듯이, 세종이 이미 작성한 약예의가 3년 뒤의 예의와 어느 정도 같고 다른지 판단할 수 있는 아무런 근거가 없다. 그런데 신하가 어제御製 글을 고친다는 것은 상상하기 어렵기 때문에 언문팔유가 『훈민정음』을 편찬하는 과정에서 세종이 어제한 문장을 변개하지 않았을 것이다. 약예의와 해례본의 예의는 모두 세종이 지은 것이다. 이 점을 고려하면 ④가 3년 전의 약예의와 동일한 것은 아니라 하더라도 크게 다르지는 않았다고 볼 수 있다.

약예의에는 신제 문자 28개 자모자의 생김새(자형)를 예시하고, 그 자모자의 음가를 설명하는 내용, 그리고 음절자 합자법 등 몇 가지 서법을 설명한 내용이 있었을 것이다. 창제 기사(1443.12.30)에서 "是月 上親制諺文二十八字, <u>其字倣古篆</u>, 分爲初中終聲, 合之然後乃成字시월 상친제언문이십팔자, <u>기자방고전</u>, 분위초중종성, 합지연후내성자"라고 한 내용이 바로 이것이다. 이 인용문의 밑줄 친 부분을 제외한 나머지는 모두 예의(④)에 기술된 내용에 포함되어 있다. 이런 내용이 포함된 약예의를 본 정인지가 "癸亥冬 我殿下 創制正音二十八字 略揭例義以示之[145]계해동 아전하 창제정음이십팔자 약게예의이시지"라고 표현한 것이다. 필자는 정인지 서문에서 "略揭例義以示之약게예의이시지"라고 말한 글 속의 '약게예의'와 ④예의 간에 유사성이 있었다고 생각하지만 어느 정도 같고 다른지 숙고할 필요가 있다고 본다.[146]

필자는 학술 연구 논문에서 문맥에 따라 ④를 가리키는 용어로 '本文'을 쓸 수도 있다고 본다. 그러나 보통명사로 널이 쓰이는 '본문'이란 낱말을 특정 문헌의 특정 텍스트를 가리키는 고유명사로 쓰는 것은 적절치 않다고 생

145 한문 인용문에 대한 풀이와 자세한 설명은 다음 절을 보기 바란다.

146 세종이 보인 '약예의'가 『훈몽자회』의 「언문자모」 내용과 비슷했을 것이라는 주장(강창석 2014, 김주필 2020a)이 있으나 논증이 더 필요하다.

각한다. 국어사전 〈우리말샘〉에 '본문'은 다음 네 개 뜻으로 등재되어 있다. "문서에서 주가 되는 글", "원래 문장을 주석註釋, 강의講義 따위와 상대하여 이르는 말", "번역 또는 가감을 하지 아니한 본디 그대로의 원문", "한글 자모를 반절식으로 배열한 본문". 이처럼 여러 개의 뜻을 가진 '본문'을 ④(해례본의 예의)를 가리키는 말로 쓰려면 '세종 어제 훈민정음 본문'으로 자세히 명세해 주어야 오해를 없앨 수 있다. '세종 어제 훈민정음 본문'은 ③도 포함하므로 ④만 특정 지시하는 데는 모자람이 있다. 정인지 서문에서 말한 '약게예의'의 '약예의'는 세종 어제 서문 즉 ③을 포함하지 않는다. 필자는 ③을 포함하지 않는 ④를 가리키는 용어로는 '예의例義'보다 나은 것이 없다고 생각한다. 해례편의 해례와 대응하는 용어로 일반 명사 '本文'을 쓰는 것은 문제가 되지 않으나, ④를 특정하는 고유명사로는 일반 명사 '本文'보다 '例義'가 적합하다.

'例義'라는 용어의 장점은 세 가지로 말할 수 있다. 첫째, '예의'라는 용어는 정인지 서문에서 쓰인 역사적 연원을 가지고 있다. 둘째, '예의'라는 용어가 '세종 어제 훈민정음 본문'보다 훨씬 짧고 간편하다. 셋째, '예의'는 정인지가 말한 '약게예의'의 '약예의'와 내용적 연결성을 가질 수 있는 용어이다. 현전 해례본의 예의(④)와 약예의가 동일하지는 않겠지만 기본적인 내용은 공유했다고 본다. 셋째 사항을 충분히 이해하기 위해서는 '약게예의'의 '예의'가 어떤 내용으로 구성되어 있는지 더 자세한 고찰이 필요하다.

5.2. '略例義약예의'의 내용 재구성

'例義'란 정음자의 예例와 그 뜻풀이[義]를 가리킨다. 정음자의 예例란 정음 28자의 자형 예시이고, '그 뜻풀이'란 각 자형의 음가를 설명한 것이다. 정인지 서문에서 말한 '약게예의이시지略揭例義以示之'를 직역하면 "간략하게 예와 뜻을 들어 보이시다.”가 되고, 이를 의역하면 “정음 28자의 자형 예와 그 음가 풀이를 간략히 들어 보이시다.”가 된다. 1443년에 세종이 지어 보인 ‘略揭例義’의 ‘예의’를 1446년에 간행한 『훈민정음』 해례본의 ④예의와 구별하기 위해, ‘略揭例義’를 줄인 ‘略例義약예의’란 용어를 쓰기로 한다.

최현배(1942/1961: 43)는 정인지 서문에서 말한 ‘약게예의’의 ‘예의’를 ‘원본’이라 칭했다. 이기문(1974: 2-3)은 이를 ‘원문’이라 가칭하고, 이 ‘약게예의’는 “아마도 새 문자의 實例실례를 들어 설명한 부분이 생략된 것이 아닌가 한다.”라고 짐작했다. 그리고 세종 25년 세종실록 기사, 최만리 등의 상소문, 세종 28년의 『훈민정음』(정인지 서문 포함)을 참고하여 가칭한 ‘원문’이 “어느 정도 재구성될 수 있다.”고 보았다(이기문 1974: 2).[147]

‘약예의’는 어떤 내용으로 구성되어 있을까? 이 질문에 대해 가장 많은 정보를 담고 있는 것은 훈민정음 창제 기사이다. 훈민정음 창제 기사 내용을 자세히 분석하여 이것을 『훈민정음』의 예의(④)와 비교함으로써 정인지 서문에서 말한 ‘약예의’의 내용을 재구성해 볼 수 있다.

㉮ 훈민정음 창제 기사

是月, 上親制<u>諺文二十八字</u>, <u>其字倣古篆</u>, <u>分爲初中終聲</u>, <u>合之然後乃成字</u>, 凡于文字及本國俚語 皆可得而書, 字雖簡要 轉換無窮, <u>是謂訓民正音</u>. (세종 25년 12월 30일 기사)

㉯ 훈민정음 정음해례편의 정인지 서문

癸亥冬, 我殿下 創制<u>正音二十八字</u>, <u>略揭例義以示之</u>, 名曰<u>訓民正音</u>. <u>象形而字倣古篆</u>.

147 임용기(1991b: 676-679)는 약게예의의 예의를 ‘원문’이라 칭하고 이에 관한 최현배, 홍기문, 이기문의 연구 내용을 정리하였다. 임용기(2000a: 316-317)는 이기문의 견해를 인용하고, 이 문제는 앞으로 충분히 논의되어야 한다고 언급한 바 있다.

㉮의 밑줄 친 부분은 세종 25년 훈민정음 창제 당시 훈민정음이 갖추고 있었던 내용 요소이다. ㉯는 정인지가 『훈민정음』의 서문을 쓰면서, 계해년 겨울(1443.12) 정음 창제 당시 훈민정음이 갖춘 28자 문자와 세종이 예의를 간략히 써 보인 사실, 신제 문자 이름을 '훈민정음'이라고 칭한 사실 등을 말한 것이다. ㉮의 기술 내용을 근거로 ㉯에서 말한 '약예의'의 내용을 추론할 수 있다. ㉮의 내용을 기준으로 1443년 12월의 훈민정음 문자체계가 갖춘 내용 정보는 다음과 같이 정리된다.

- 上(세종)이 친히 언문 28자를 창제하였다. (창제자=세종) (친제) (28자)
- 그 자字는 고전古篆을 모방한 것이다. (음절자의 자형 정보)
- 그 자字는 초성, 중성, 종성으로 나누어진다. (음절자 삼분법)
- 초성, 중성, 종성을 합쳐야 자字가 이루어진다. (음절자 합자법)
- 새 문자체계를 훈민정음이라 이름 붙였다. (신제 문자의 명칭)

㉮창제 기사에는 창제 당시의 주요 정보가 명세되어 있다. 훈민정음은 세종이 친제한 것이며, 문자 개수는 28자이고 자형은 고전을 모방했다는 정보를 비롯해, 음절 삼분법과 음절자 합자법, 공식적 문자 명칭(훈민정음)과 일상적 문자 명칭(언문)이 여기에 밝혀져 있다. 문자체계에 한정해서 말한다면 28자, 음절 삼분법, 음절 합자법 세 가지이다.

㉯정인지 서문에는 계해년 겨울(세종 25년 12월경)의 훈민정음이 갖춘 내용을 알려 준다. 정음자 28자가 갖추어져 있고, 세종이 간략한 예의를 지어[略揭例義] 28자 문자체계의 용례를 보이셨다고 했다. ㉯에서 말한 계해년의 훈민정음이 갖춘 정보는 다음과 같다.

- 전하께서 창제한 정음은 28자이다.

• 전하께서 간략히 예의를 지어 (사람들에게) 보이셨다.

• 전하께서 새 문자의 이름을 '훈민정음'이라고 붙이셨다.

• 상형을 하고 그 자는 고전을 모방했다.

㉯의 기록은 1443년 겨울에 훈민정음 28자 문자체계에 대해 세종이 간략한 예의(=略例義)를 지었음을 알려 준다. 이 약예의에 포함된 내용은 창제 기사 ㉮를 통해 알 수 있다. 해례본 수록 예의를 ㉰라 칭하고, ㉮, ㉯, ㉰의 내용을 비교하여 〈표 11〉과 같이 정리해 보면 이 셋의 상관성과 약예의가 갖춘 요소를 대비하여 파악할 수 있다.

〈표 11〉 훈민정음 창제 기사, 정인지 서문, 해례본 예의의 내용 비교

자료 / 항목	㉮창제 기사(1443)	㉯정인지 서문(1443)[148]	㉰『훈민정음』 예의(1446)
㉠문자 명칭	訓民正音, 諺文 (훈민정음, 언문)	正音, 訓民正音 (정음, 훈민정음)	訓民正音(훈민정음)
㉡자모자 개수	28자(諺文二十八字)	28자(正音二十八字)	28자
㉢자형의 특성	고전 모방(其字倣古篆)	상형하고 고전을 모방함 (象形而字倣古篆)	발음기관 상형(초성자) 삼재 상형(중성자)
㉣음절 삼분법	초성·중성·종성 (分爲初中終聲)		아래의 ㉤에 함의됨
㉤음절 구성법 [成字法]	음절자 합자법 (合之然後乃成字)		음절자 합자법 (凡字必合而成音)
㉥자형과 음가 예시	생략[149]	예의를 간략히 들어 보임 (略揭例義以示之)	초성 17자 및 중성 11자의 자형과 음가 예시

148 정인지 서문의 작성 시기는 『훈민정음』이 완성된 1446년 9월 직전일 것이다. 그러나 ㉯의 문장 "癸亥冬, 我殿下 創制正音二十八字, 略揭例義以示之, 名曰訓民正音"은 계해년 겨울(1443년 12월경) 시점의 훈민정음 상태를 표현한 것이다. 이 점을 고려하여 ㉯에서 말한 내용이 행해진 시기는 1443년 겨울로 간주할 수 있다.

149 이 '생략'은 자형 예시가 생략되었음을 뜻한다. ㉯정인지 서문의 ㉣, ㉤에 빈칸이 있는데, 정인지 서문에 음절 삼분법, 음절 구성법에 대한 내용이 나오지 않으므로 이 빈칸들은 당연한 것이다. 이와 달리 '생략'이라고 표시한 난은 28자의 자형과 음가에 대한 기술이 들어갈 자리이나 실록 편찬자가 생략한 곳이다.

가에 포함된 28개 자모자, 음절 삼분법, 음절 합자법이 1443년 12월 창제 당시의 훈민정음이 갖춘 핵심 정보이고, 이것이 1443년 12월경에 세종이 작성한 약예의에 포함되었을 것이다. 창제 기사에는 예시되지 않았으나 약예의에는 28자의 자형과 음가 예시(ⓑ)가 있었다고 판단한다. 그 이유는 나정인지 서문에서 세종이 "正音二十八字정음이십팔자"를 "略揭例義以示之[간략한 예의를 들어 보이셨다.]"라고 했기 때문이다. 정음 28자에 대해 간략한 예例와 의義(=뜻풀이)를 들어 보였으니 당연히 28자의 자형과 음가의 예시가 있었다고 보는 것이다. 즉 '약게예의'의 '예의'는 28자 자모자의 자형字形 예例와 각 자모자에 대한 뜻풀이[義]인 것이다. 예컨대 "ㄱ。牙音如君字初發聲"에서 자형 ㄱ은 자모자의 예例이고, '牙音如君字初發聲아음여군자초발성'은 ㄱ에 대한 의義(=뜻풀이)이다.[150] 중성자의 경우를 보면, "ㅡ。如卽字中聲"에서 자형 ㅡ는 자모자의 예例이고, '如卽字中聲여즉자중성'은 의義(=뜻풀이)에 해당한다.

필자는 정광의 견해를 참고하여 어제 예의의 "ㄱ。牙音如君字初發聲"에서 ㄱ은 28개 자모자 중의 하나를 보인 例예이고, 이어진 '牙音如君字初發聲'은 자모자 ㄱ에 대한 義의라고 본다. 이 문장을 번역하면 "자모자 ㄱ은 아음이며 君자의 첫머리에 나는 소리다."가 된다. 이 번역문에서 '자모자 ㄱ'은 이 자형을 제시한 例예이고, '아음이며 君자의 첫머리에 나는 소리다.'는 ㄱ에 대한 뜻풀이 즉 義의가 된다.

정인지 서문에서 1443년 12월 창제 당시에 임금이 "간략히 예의를 들어

---

150 '例義(예의)'에 대한 이 설명은 정광(2009a: 243)을 참고한 것이다. 정광은 "ㄱ 牙音 如君字初發聲"에서 자형의 보기를 든 ㄱ이 '例'이고, 그 음가 설명에 나타난 'ㄱ+ㅜㄴ(君)'이란 한자음이 '義'라고 보았다. 한편 김주필(2020a)은 해례본 용자례의 기술 내용을 이용하여 '例義'를 설명했다. 김주필(2020a: 30)은 용자례의 "ㄱ。如:감爲枾"라는 형식에서 'ㄱ'은 표제항, '如' 이하는 설명항이라 하고, 설명항의 ':감'이 例이고, '枾(시)'가 義라고 보았다.

보이셨다.”라고 한 증언으로 보면 어떤 내용과 형식이든 간에 28자에 대한 예의例義가 이때 존재했음은 분명하다. 따라서 ㉥란에서 ‘생략’이라고 부른 자리에는 ㄱ자부터 시작하여 28자를 차례대로 자형과 음가를 기술한 내용을 넣을 수 있다. ㄱ의 자형과 음가를 기술한 문장은 해례본 예의의 ㄱ행을 기술한 문장과 비슷했을 것 같다. 다만 ‘君’자 등의 음가 예시용 한자(=자모 한자)가 모두 서로 같았던 것인지는 판단하기 어렵다.[151]

훈민정음 창제자 세종이 약예의를 처음 작성하였을 때 ㄱ의 자형을 보이고 그 음가를 설명했을 것이다. 이때 이미 알고 있는 한자음의 성모자와 운모자를 이용하여 고유어의 초성자와 중성자의 음가를 설명했을 것이다. 해례본 예의에서는 ‘君’자의 음을 이용하여 ㄱ음을 설명했으나 약예의에서도 ‘君’자를 이용했던 것인지는 판단하기 어렵다. 해례본 용자례에서 고유어에 쓰인 ㄱ음을 예시하기 위해 ‘감[柿]’과 ‘골[蘆]’이란 낱말을 들었다. ‘君’의 한자음 ‘군’의 ㄱ과 ‘감’과 ‘골’의 ㄱ음이 동일한 것임을 확인한 결과이다. ㄱ자의 자형을 설명하는 최초의 문장인 약예의에서 한자 뜻풀이 없이 ‘감’과 ‘골’ 같은 고유어 표기만을 보여 줄 수는 없다. 음가를 알고 있는 ‘君’의 한자음을 이용하여 ㄱ음을 설명한 까닭은 새 문자를 전혀 모르는 사람에게 새 문자로 쓴 낱말로 음가를 설명할 수 없기 때문이다. ㄱ자의 음가와 ㄱ음이 쓰인 예를 설명하기 위해 이미 알고 있는 ‘君’자를 이용한 것이다. 이와 같은 설명은 28개 자모자 모두에 적용된다.

1443년 겨울에 세종이 써 보인 약예의는 1446년 9월에 완성된 『훈민정음』 해례본 정음편의 예의와 동일한 것이 아니라 하더라도 약예의에 훈민정음 초성자와 중성자의 자형과 낱자의 음가 예시는 있었을 것이다. 이런 내용

151 1446년의 예의(④)에서 義(의)를 기술하는 데 쓴 한자(君, 卽 등)가 1443년의 약예의에도 동일하게 쓰였던 것인지 논란이 될 수 있다.

이 없다면 예例를 들어 뜻풀이[義]한 것이 될 수 없기 때문이다. 세종의 약예의에는 초성 17자와 중성 11자의 자형과 음가 예시가 28회 반복되어 있었을 것이다. 28자 행렬 뒤에 이어서 해례본의 예의 말미에 나오는 '종성부용초성'이라는 종성 규정, 한 음절을 이루는 방법을 설명한 성음법 혹은 부서법에 상응하는 내용이 있었을 것이다.[152]

『훈민정음』 해례본의 예의에 나온 내용과 형식을 빌리고, 창제 직후의 약예의에 있었음이 확실한 사항을 넣어 약예의의 내용을 재구성해 본 안案은 〈표 12〉와 같다.[153] 이 안은 한자음으로 28개 자모자가 쓰인 예시를 보인 것이기 때문에 '약예의 한자음 안案'이라 부르기로 한다.

약예의 한자음 안에 '君군'과 같은 형식으로 음가 예시 한자와 당시의 현실 한자음을 나란히 표시했다. '군'은 초성자+중성자+종성자를 합하여 음절자를 이룬다[凡字必合而成音]고 한 서법의 용례를 보여 줌으로써 신제 문자의 학습자에게 요긴한 것이다. 서로 다른 초성자를 합쳐 쓰는 합용병서법, 서로 같은 초성자를 합쳐 쓰는 각자병서법, 사성의 고저를 구별하는 방점법 등이 약예의에 있었는지는 판단을 유보한다.

ㄲ, ㄸ, ㅃ 등의 병서행에 대한 언급은 약예의에 없었다고 봄이 당연하다. 각자병서는 동국정운식 한자음 표기를 위한 것이고 이것을 넣으면 창제 기사에서 "二十八字이십팔자"라고 한 것의 범위를 벗어난다. 최만리 등의 상소문 제3항에 "二十七字諺文이십칠자언문"이라는 표현이 나오므로 약예의에는 ㆆ이 빠진 27자가 실렸다고 주장할 수도 있다. 그런데 ㆆ은 동국정운식 한자음 표기인 이영보래법에 주로 쓰였지만 고유어의 관형형 어미 표기

152 해례본 예의(1446.9)와 훈민정음 창제 기사(1443.12)의 내용을 비교하여 재구성해 본 약예의의 내용은 제4부 제2장 2.1절의 〈표 2〉(이 책의 797쪽)를 참고하기 바란다.

153 가정해 본 아래의 약예의에 '君虯快業(군규쾌업)' 등 음가 예시용 한자(=자모 한자字母漢字)는 편의상 『훈민정음』 예의의 것을 빌려서 썼다. 양자의 음가 예시용 한자가 같다고 판단한 것은 아니다.

〈표 12〉 약예의 한자음 안(案)(28자 안)

訓民正音

初聲	中聲
ㄱ牙音如君군字初發聲	ㆍ如呑ᄐᆞᆫ字中聲
ㅋ牙音如快쾌字初發聲	ㅡ如卽ᄌᆞᆨ字中聲
ㆁ牙音如業업字初發聲	ㅣ如侵ᄎᆞᆷ字中聲
ㄷ舌音如斗두字初發聲	ㅗ如洪ᅘᅩᆼ字中聲
ㅌ舌音如呑ᄐᆞᆫ字初發聲	ㅏ如覃담[155]字中聲
ㄴ舌音如那나字初發聲	ㅜ如君군字中聲
ㅂ脣音如彆별字初發聲	ㅓ如業업字中聲
ㅍ脣音如漂표字初發聲	ㅛ如欲욕字中聲
ㅁ脣音如彌미字初發聲	ㅑ如穰ᅀᅣᆼ字中聲
ㅈ齒音如卽ᄌᆞᆨ字初發聲	ㅠ如戌슐字中聲
ㅊ齒音如侵ᄎᆞᆷ字初發聲	ㅕ如彆별字中聲
ㅅ齒音如戌슐字初發聲	終聲復用初聲
ㆆ喉音如挹ᅙᅳᆸ字初發聲	ㆍㅡㅗㅜㅛㅠ附書初聲之下
ㅎ喉音如虛허字初發聲	ㅣㅏㅓㅑㅕ附書於右
ㅇ喉音如欲욕字初發聲	凡字必合而成音
ㄹ半舌音如閭려字初發聲	
ㅿ半齒音如穰ᅀᅣᆼ字初發聲	

(“홇 배 이셔도” 등)에도 쓰인 바 있다. 창제 기사의 “上親制諺文二十八字상친제언문이십팔자”, 정인지 서문의 “癸亥冬 我殿下創制正音二十八字 略揭例義以示之계해동 아전하창제정음이십팔자 약게예의이시지”에 28자가 명시되어 있다. 강희맹(1424~1483)이 쓴 신숙주 행장(「文忠公行狀문충공행장」)에도 “御製諺文字母二十八字어제언문자모이십팔자”라 하여 ‘언문자모’가 28자임을 명시해 놓았다.

최만리 등의 상소문에만 27자라고 적어 놓았으니 이것이 문제이다. 최세진은 『훈몽자회』「언문자모」의 협주에서 '속소위반절이십칠자俗所謂反切二十七字'라고 하였다. 두 기록을 근거로 ㆆ이 빠진 27자의 정음 자모 자료가 존재했다고 주장할 수도 있다.

필자는 28자라고 명기한 세 기록을 중시하고, 일부 고유어 표기에 ㆆ이 쓰인 점을 고려하여 약예의에 ㆆ자가 있었다고 판단하여 약예의 한자음 안에 ㆆ을 넣었다.

약예의 한자음 안은 『훈민정음』 해례본의 예의의 형식을 빌려 작성한 것이다. 그런데 『훈몽자회』의 「언문자모」에 서술된 내용이 약예의와 더 가깝다고 보는 학자도 있다. 이 견해를 고려하고, 해례본 용자례에 제시된 고유어 낱말을 이용하여 또 다른 내용의 약예의 안을 〈표 13〉과 같이 상정想定해 본다. 이것을 '약예의 고유어 안案'이라 부르기로 한다.

초성자와 중성자의 예시에 한자음을 이용했는지, 고유어를 이용했는지에 따라 약예의 한자음 안과 약예의 고유어 안으로 구별하였다. 고유어 안의 문제점은 각 낱자의 음가 예시와 이에 대한 설명이 없다는 점이다. 한자음 안에서는 ㄱ은 '君군'의 첫소리와 같다는 예시 설명이 있었으나 고유어 안에서는 ㄱ이 쓰인 낱말 예시만 있을 뿐이다. 고유어 안을 처음 접하는 사람이 ㄱ의 예시 어휘(감, ᄀᆞᆯ)를 읽을 수 없다는 것이 고유어 안의 가장 큰 약점이다. 그러나 누군가 가르쳐 주는 사람이 있다면 이 약점은 별 문제가 되지 않는다.

27자로 구성된 고유어 안은 최만리 등의 상소문에서 말한 '二十七字諺文'과 최세진의 『훈몽자회』「언문자모」의 '속소위반절이십칠자俗所謂反切二十七字'에서 말한 '二十七字'와 부합되는 장점이 있다. 특히 최만리 등의 상소문에서 언문을 27자로 한 사실은 이들이 본 자료에 ㆆ이 빠져 있었음을 뜻한다. 그런데 최세진이 '反切二十七字반절이십칠자'라고 한 것은 어폐가 있다. '反切'은 한자음 표기법을 뜻하고, 한자음 표기에는 'ㆆ'자가 있어야 하기 때문이다.

〈표 13〉 약예의 고유어 안(案)(27자 안)

> 訓民正音
>
> 初聲 ㄱ如감爲柿 ᄀᆞᆯ爲蘆
>
> ㅋ如우케爲未舂稻 콩爲大豆
>
> ㆁ如러ᅌᅮᆯ爲獺 서ᅌᅦ爲流凘
>
> ㄷ如뒤爲茅 담爲墻
>
> ㅌ如고티爲繭 두텁爲蟾蜍
>
> ㄴ如노로爲獐 납爲猿
>
> ㅂ如ᄇᆞᆯ爲臂 벌爲蜂
>
> ㅍ如파爲葱 ᄑᆞᆯ爲蠅
>
> ㅁ如뫼爲山 마爲薯薁
>
> ㅈ如자爲尺 죠ᄒᆡ爲紙
>
> ㅊ如체爲簏 채爲鞭
>
> ㅅ如손爲手 셤爲島
>
> ㅎ如부헝爲鵂鶹 힘爲筋
>
> ㅇ如비육爲鷄雛 ᄇᆞ얌爲蛇
>
> ㄹ如무뤼爲雹 어름爲氷
>
> ㅿ如아ᅀᆞ爲弟 너ᅀᅵ爲鴇
>
> 中聲 ㆍ如ᄐᆞᆨ爲頤 ᄑᆞᆺ爲小豆
>
> ㅡ如믈爲水 발측爲跟
>
> ㅣ如깃爲巢 밀爲蠟
>
> ㅗ如논爲水田 톱爲鉅
>
> ㅏ如밥爲飯 낟爲鎌
>
> ㅜ如숫爲炭 울爲籬
>
> ㅓ如브섭爲竈 널爲板
>
> ㅛ如죵爲奴 고욤爲梬
>
> ㅑ如남샹爲龜 약爲鼅鼊
>
> ㅠ如율믜爲薏苡 쥭爲飯乘
>
> ㅕ如엿爲飴餹 뎔爲佛寺
>
> 終聲復用初聲
>
> ㆍㅡㅗㅜㅛㅠ附書初聲之下
>
> ㅣㅏㅓㅑㅕ附書於右
>
> 凡字必合而成音

한자음 안과 고유어 안에는 모두 별도의 종성자 예시가 없고, '납', '셤', '쥭'처럼 초성자와 중성자 예시어가 종성자 예시를 겸하고 있다. 『훈민정음』의 어제 예의에는 '종성부용초성'만 있고, '팔자가족용八字可足用' 규정은 없다. 전자는 세종이 정한 창제 당시(1443)의 원칙이었고, 후자는 『훈민정음』 편찬 과정에서 추가된 단서 조항이다.[154] 음절 삼분법과 관련된 부서법과 음

154 종성부용초성과 팔종성법의 선후(先後) 문제는 제3부 제2장 3.3.2절(이 책의 554쪽)에

절 합자법은 한자음 안과 고유어 안에서 둘 다 동일하다.

약예의 고유어 안에 제시한 고유어는 편의상 해례본 용자례에서 취한 것인데[155] 하나의 자모당 두 개 낱말만 예시했다. 중성 항 예시어가 끝난 뒤 혹은 '終聲復用初聲종성부용초성' 뒤에 종성별 예시어가 있었을 가능성이 있으나 고유어 안에 넣지 않았다. '終聲復用初聲' 규정을 그대로 적용하여 고유어 예시어를 제시하면 고유어 안은 내용이 길고 번다한 것이 되어 버린다.

세종이 보였다고 하는 약예의의 고유어 어휘는 용자례의 그것과 다른 것이었을 가능성이 높다. 훈민정음 창제 목적을 조선 고유어 표기에 두었다가 도중에 한자음 표기로 변경했다고 보는 강창석(2014)의 관점에서는 고유어 안이 먼저 만들어지고, 동국정운식 한자음 표기 목적이 추가되면서 한자음 안 즉 『훈민정음』 예의와 같은 내용으로 바뀌었다고 보려 할 듯하다.

정음 학습자의 처지로 보면 고유어 안이 한자음 안보다 쉬울 수 있다. 그러나 고유어 안에서 고유어 뜻을 한자로 풀이한 부분은 오히려 더 어렵게 여겨진다. 한자음 안이든 고유어 안이든 한문자를 모르는 사람에게는 둘 다 어렵다. 누군가 아는 사람이 가르쳐 주지 않으면 혼자서 깨치기 어려운 것이 문자 학습이다.

이기문(1974)은 1443년의 약예의를 '原文원문'이라 칭하고 재구 가능성을 언급하는 정도의 신중한 태도를 보였다. 필자는 정인지 서문에 나온 '略揭例義약게예의'에 착안하고, 훈민정음 창제 기사의 내용 및 『훈민정음』의 예의를 이용하여 세종이 '약게예의略揭例義'한 1443년의 약예의를 두 가지 안으로 재구성해 보았다. 재구성한 약예의가 가정적인 것이기는 하나 세종이 행한 '약게예의'는 이러한 내용과 크게 다를 수 없다고 본다. 훈민정음 창제 기사에 기술

서 자세히 논한다.

155 이 점은 약예의 한자음 안에서 자모 표시 한자를 예의에서 가져온 것과 비슷하다.

된 내용에 의거하여 약예의에는 해례본의 예의처럼 28개 자모자의 자형, 각 자모자가 쓰인 예시, 종성부용초성 규정, 부서법附書法, 음절 합자법이 있다고 판단하였다. 그러나 약예의에 쓰인 음가 예시용 한자 혹은 고유어가 현전 『훈민정음』 예의 혹은 용자례의 그것과 같은 것인지는 판단을 유보하였다.

필자가 이기문 선생의 '신중함'을 버리고, 1443년의 약예의를 재구성해 본 것은 두 가지 뜻을 담고 있다. 하나는 1443년 12월경 세종이 직접 써서 주변 사람에게 보인 '약게예의'야말로 훈민정음의 원형原形이자 원본原本이라는 점이다. 이것이 갖는 역사적 의의는 크고 무겁다. 따라서 이 원형에 접근해 보려는 시도는 그 의의가 작다고 할 수 없다. 다른 하나는 비판받을 만한 시안試案을 던져 이 문제에 대한 학계의 논쟁을 불러일으켜 연구의 불씨를 이어가려는 뜻이다. 활발한 학문적 논쟁은 문제에 대한 이해를 심화시킬 수 있다.

5.3. 정음편의 구조 분석

정음편의 가장 큰 구성 단위는 어제 서문과 예의이다. 정음편은 그 내용 단위로 볼 때 네 개 단위로 나누어진다. 각 내용 단위의 시작 문장과 끝 문장을 ~ 부호의 좌우에 표시하고, 각 단위의 글자 수[156]를 괄호 안에 넣어서 표시하면 다음과 같다.[157]

1) 권두서명(4자): 訓民正音

2) 어제 서문(54자)[158] (國之語音 ~ 便於日用耳)

3) 예의(348자)[159]

---

156 글자 수 계산에서 오늘날 문장 부호에 해당하는 권점(圈點)과 성조치(聲調値)를 표기한 성점(聲點)은 제외하였다.

157 아래 1), 2), 3)은 백두현(2009a: 83)의 것에 1)을 추가한 것이다.

158 권두서명 '訓民正音'을 포함하면 어제 서문의 글자 수는 58자가 된다.

159 홍기문(1946上: 2)은 어제 서문까지 예의에 넣었다. 홍기문은 어제 서문을 예의의 '序

(1) 초성, 중성, 종성의 자형과 음가(275자)

①초성자의 자형과 음가(203자) (ㄱ牙音如君字初發聲 ~ ㅿ半齒音如穰字初發聲)

②중성자의 자형과 음가(66자) (·如呑字中聲 ~ ㅕ如彆字中聲)

③종성자 규정(6자) (終聲復用初聲)

(2) 글자 운용법 규정(73자) (ㅇ連書脣音之下~入聲加點同而促急)

①연서법(순경음)(12자)

②합용법(초성 및 종성의 병서)(10자)

③부서법(附書法, 중성)(21자)

④성음법(成音法)(7자)

⑤방점법(23자)

정음편의 전체 글자 수는 권두서명 4자, 어제 서문 54자, 예의 348자를 모두 합쳐 406자이다. (1)-③의 종성자 규정은 '終聲復用初聲종성부용초성'으로 짧게 나오지만 종성은 초성 및 중성과 대등한 위상을 가진 단위라는 점에서 (2)의 글자 운용법 규정과 구별하였다.[160] (2)에 포함된 다섯 가지 글자

論章(서론장)', 28자에 대한 설명문을 '文字章(문자장)', 용법 설명문을 '用法章(용법장)'이라 불렀다. 그는 서론장이 54자, 문자장이 269자, 용법장이 79자라고 하여 글자 수까지 계산해 놓았다. 끝의 79자는 종성자 규정(6자)을 포함한 수치이다. 해례본 텍스트의 글자 수를 계산한 최초 연구자는 홍기문이다. 한편 임용기(2017: 113-114)는 예의의 "ㄱ。牙音。如君字初發聲 並書。如虯字初發聲" 등에서 병서(並書)에 대한 기술은 용법장(用法章)에 포함되어야 할 내용이기 때문에, 홍기문이 행한 '문자장'과 '용법장'의 구별이 적절치 않다고 보았다.

160 정우영(2014)은 '終聲復用初聲(종성부용초성)' 규정을 종성 제자 규정인 동시에 표기 규정으로 보았다. 김부연(2018: 49-53)은 이 규정에 대한 여러 학자의 설을 소개한 후 '終聲復用初聲'의 위치가 갖는 맥락적 의미를 중시하여 양쪽에 모두 걸린 규정으로 보았다. '終聲復用初聲' 뒤에 행 구분 없이 연서법(連書法) 규정 등이 이어지는 행관 배치와 의미 맥락의 흐름으로 볼 때, 이러한 해석은 설득력이 있다. 그러나 제자 규정과 표기(=문자 운용) 규정이 순차적으로 기술된다는 점을 중시한다면 '終聲復用初聲'의

운용법 규정은 각각 매우 간명하고 짧은 문장으로 서술되어 있어서 그 분량이 얼마 되지 않는다. 분석한 정음편의 구성을 수형도樹型圖(=나무그림)로 나타내면 다음 [그림 31][161]과 같다.

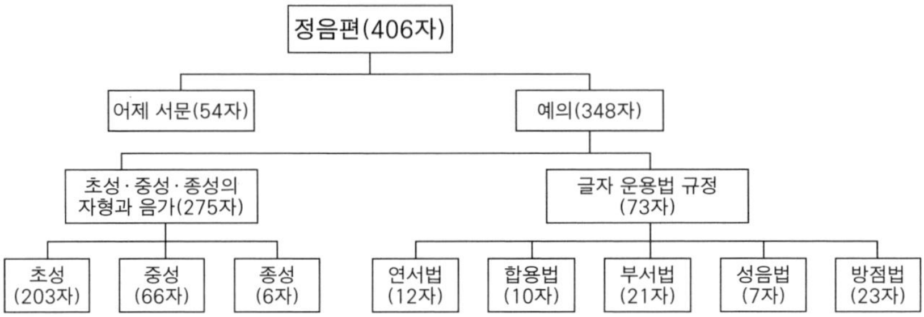

[그림 31] 정음편 텍스트의 구성 단위와 단위별 글자 수

[그림 31]의 최상단에 있는 정음편의 글자 수 406자는 어제 서문 54자와 예의 348자, 권두서명 4자를 합한 것이다. [그림 31]에서 알 수 있듯이 정음편의 구성은 매우 체계적이다. 정음편에 들어간 구성 단위 하나하나가 새로 만든 문자에 관해 가장 요긴하고 핵심적인 내용을 담고 있다. 세종은 정음편을 지으면서 거기에 들어갈 내용을 면밀하게 선정하고, 그것을 간명하게 표현하기 위해 심사숙고했음이 분명하다. 당대 최고 학자인 세종이 만년에 지은 글이 이 정음편이니 대왕의 글쓰기[162]가 높은 경지에 이르렀음을 알 수

1차적 위상은 제자 규정에 속한 것이라 할 수 있다. 임용기(2017: 114, 118)는 종성부용초성은 제자 규정이지, 종성 표기와 관련한 규정이 아니며, 해례 종성해에 나오는 '八終聲可足用(팔종성가족용)'이 종성 표기 규정이라 하였다. 어느 주장의 타당성이 높은지 검증하는 방법을 찾을 필요가 있다.

161 이 그림은 백두현(2009: 84)에서 그렸던 그림의 '예의편'을 '정음편'으로 바꾼 것이다.

162 『열성어제』 세종대왕편에 세종이 김종서에게 내린 유서(諭書) 「유김종서서(諭金宗瑞書)」 등이 실려 있다. 세종이 남긴 글은 매우 드물다. 세종의 글을 모두 모아 연구해 볼 필요가 있다.

있다(백두현 2009a: 84).

어제 서문과 함께 정음편을 구성하고 있는 예의는 새로 만든 훈민정음 28자(초성자와 중성자)의 각 자형과 그것의 음가를 예시하기 위한 글이다. 위에서 내용과 글자 수를 분석해 보인 3)의 (1)과 (2)가 예의 텍스트에 해당한다. (1)에 속한 3개 항은 각각 '초성자의 자형과 음가', '중성자의 자형과 음가', '종성자 규정'을 간결하게 기술한 내용이다. '초성자의 자형과 음가'에 나타난 자모 순서 중 관심을 끄는 점은 제자 순서(기본자-가획자 순서)를 따르지 않고, 성운학의 자모 배열 순서인 오음 순서(아설순치후)를 따른 것이다. 정음편에 기술된 자모자 배열 순서에서 관심을 끄는 또 하나의 특이점은 성운학의 전청-차청-전탁-불청불탁의 순서를 따르지 않고, 전탁음(병서자 ㄲ, ㄸ 등)을 차청음 앞에 두어 전청-전탁-차청-불청불탁의 순서로 예시했다는 점이다. 전청자 바로 뒤에 각자병서로 표현되는 전탁자를 두었다. 이것은 전청자와 같은 낱자를 나란히 써서[並書] 만든 전탁자의 음가를 잇달아 기술하기 위함이다.

그런데 예의의 두 번째 구성소인 (1)-②항 '중성자의 자형과 음가'의 예시에서는 그 배열 순서가 제자 순서로 되어 있다. 즉 기본자 ·ㅡㅣ를 앞세우고, 이어서 초출자 ㅗㅏㅜㅓ를 놓고, 끝에 재출자 ㅛㅑㅠㅕ를 두었다(백두현 2009a: 86). 이 순서는 제자 순서와 같다는 점에서 초성자의 예시 순서와 다르다.

예의의 네 번째 구성소는 (2) '글자 운용법 규정'이다. 이것을 '서법書法 규정'이라 부른다. 여기에 속해 있는 다섯 가지 서법의 배열 순서도 깊이 음미해 볼 필요가 있다. 다섯 가지 서법 규정은 ①연서법(순경음), ②합용법(초성 및 종성의 병서), ③부서법附書法, ④성음법成音法,[163] ⑤방점법 순서로 배열되어 있다. (2)-①은 초성 17자 중에서 연서(連書) 즉, '세로쓰기'로 만든 순경음(ㅸ,

---

163 성음법(成音法)은 '음절 합자법'(줄여서 '합자법' 혹은 '음절자법')이라 칭하는 것이 더 정확한 명칭이다. '성음법'이란 용어는 예의에서 "凡字必合而成音(범자필합이성음)"(4a)이라고 규정한 문장의 '成音(성음)'을 취한 것이다.

ㅸ 등)의 제자법을 규정한 것이다. (2)-②는 초성 17자 중에서 합용合用 즉, '가로쓰기'로 만든 합용병서(ㅺ, ㅄ, ㄺ 등)의 제자법을 규정한 것이다. 여기에 합용병서는 초성과 종성에 두루 쓴다는 설명이 덧붙어 있다. (2)-①과 (2)-②는 제자 대상에 들어가지 않은 병서자(두 개 문자를 나란히 합친 글자)를 만들기 위한 것이다. 28개의 문자로 우리말 표기에 필요한 나머지 글자(연서자와 병서자 등의 합용자合用字) 만드는 방법을 규정한 것이 (2)-①과 (2)-②이다.

(2)-②의 합용병서 규정은 "初聲合用則並書 終聲同초성합용즉병서 종성동"[164](正音 3b)이라는 문장으로 표현되어 있다. 여기에서 주목되는 표현은 '終聲同종성동'이다. 초성을 합용하면 곧 병서가 되는데 이 방법은 종성에서도 같다는 뜻이다. 종성자의 합용병서법은 초성자의 합용병서법과 같다고 규정한 것이다. 이 규정은 합용병서법의 세부 규정에 해당한다.

(2)-③은 초성과 중성을 붙여서 쓸 때(부서법), 중성이 초성의 아래쪽과 오른쪽에 놓임을 규정한 것이다. (2)-④는 초성자, 중성자, 종성자를 합쳐서 음절을 구성하는 성음법(음절 합자법=음절자법)을 규정한 것이다. (2)-③과 (2)-④는 초성자와 중성자, 그리고 초성자·중성자·종성자를 합쳐 하나의 음절자를 생성하는 원리를 규정한 것이다. 음소문자인 훈민정음을 음절문자로 기능하게 만든 규정이다.[165]

(2)-⑤는 음절 위에 얹히는 운소 즉 성조를 구별하여 표기하는 방법을 규정한 것이다. 이 규정은 비분절 음소의 표기법을 만들었다는 점에서 세계 문

---

164 이 문장은 "초성자를 합용하는 것이 곧 병서이니, 이는 종성자에서도 같다."라고 풀이된다. 종성자에도 초성자처럼 병서법이 동일하게 적용됨을 말한 것이다.

165 초성자, 중성자, 종성자를 모아쓰도록 한 음절 합자법은 한글이 지닌 주요 특성 중의 하나이다. 이 규정은 한글 음절자의 자형을 한자처럼 사각형으로 만들었고, 음소문자 훈민정음을 음절문자처럼 기능하게 만들었다. 이런 음절 합자법은 타자기와 컴퓨터 자판 작업, 형태소 분석과 문자 텍스트 자동 번역기 등 언어 처리 기술 개발에서 크고 작은 문제를 야기했다. 이런 점에서 음절 합자법이 한국인의 어문생활에 미친 영향은 매우 크다.

자사에서 유례가 없는 사례이다. 노마 히데키(2011: 186-199)는 이 점을 중시하여 훈민정음 표기법을 초성·중성·종성에 방점 표기가 더해진 사분법 체계라고 하였다.

(2)-①부터 (2)-⑤까지 이어진 텍스트는 신제 문자의 확대적 운용법, 서법, 방점법을 정연하게 제시하였다. 질서정연한 배열과 간명한 서술이 예의의 구성을 견고하게 만들었다. 세종이 발휘한 면밀한 문장 구성과 이로부터 생성된 구조적 정연함이 예의에 나타나 있다.

5.4. 정음해례편의 구조 분석

편명 '訓民正音解例훈민정음해례'와 판심서명 '正音解例정음해례'는 정음해례편 전체가 하나의 구성 단위임을 뜻한다. 정음해례편 전체를 하나의 단위로 보는 근거는 다음 두 가지이다. 첫째, 판심서명인 '正音解例'가 정인지 서문을 포함한 해례편 전체에 일관되어 있다. 둘째, 정인지 서문이 용자례가 끝난 다음 별도의 편명篇名 없이 바로 이어져 있다. 해례에 포함된 각 단위는 제자해부터 용자례에 이르기까지 각각 하위 편명을 별도 행으로 제시하고 줄바꿈을 하였다. 그러나 정인지 서문은 편명이 없이 줄바꿈만 되어 있고 각 행의 첫 칸을 공백으로 비워 놓았다. 정인지 서문의 이런 행관 배치는 신하로서 왕에게 겸양을 표현하기 위한 글경어법의 하나이다. 내용 면에서 정인지 서문은 그 앞의 해례와 명백하게 구별되는 문장 텍스트이기 때문에 정음해례편은 1차적으로 해례와 정인지 서문이라는 두 개의 텍스트로 나누어진다.

정음해례편의 해례는 다섯 개의 '해解'와 한 개의 '례例'로 구성되어 있다. 이것을 흔히 '5해1례五解一例'라 부른다. 제자해制字解, 초성해初聲解, 중성해中聲解, 종성해終聲解, 합자해合字解가 5해이고, 용자례用字例가 1례이다. '해解'

되為筌。ㅂ。如섭為薪。굽為蹄。ㅍ。如
범為虎。ᄉᆡᆷ為泉。ㅅ。如잣為海松。못
為池。ㄹ。如ᄃᆞᆯ為月。별為星之類
有天地自然之聲。則必有天地
自然之文。所以古人因聲制字
以通萬物之情。以載三才之道
而後世不能易也。然四方風土
區別。聲氣亦隨而異焉。蓋外國

[그림 32] 용자례가 끝나고 정인지 서문이 시작하는 면

는 해설을 뜻하고, '례例'는 문자 그대로 예를 보인다는 뜻이다. 다섯 개 '해' 의 말미에는 각 해의 본문 내용을 시詩로 압축 표현한 '결訣'을 붙였다. 이 시를 '결시訣詩'라 칭한다. 이 결시는 각 해에 담긴 제자론과 그 뜻을 외워 낭송하기에 알맞도록 시 형식으로 요약한 것이다.[166] 당시의 지식인층에서 가장 일상적으로 행해지던 문예 활동이 시를 지어 음영吟詠하는 것이었기 때문에 이들이 훈민정음의 이치를 쉽게 이해하고 암송할 수 있도록 다섯 개 해解의 요지를 시 형식에 담아 놓은 것이다(백두현 2009a: 88). 용자례用字例는 예시의 단순한 나열이기 때문에 압축 요약이 불가능하여 결시를 붙이지 않았다.

166 어떤 주제에 대한 내용을 산문으로 먼저 쓰고, 이것을 시로 바꾸어 쓰는 것은 글쓰기 수련 방법으로 매우 의미 있는 것이나 상당한 수준의 글쓰기 능력과 연습을 요한다.

해례편 전체의 구성을 글자 수까지 계산하여 표시하면 다음과 같다.[167]

1) 편명(6자): 訓民正音解例

2) 해례(4,363자)[168]

(1) 제자해(2,315자): 본문(1,711자)[169]+결시(604자)

(2) 초성해(169자): 본문(111자)+결시(58자)

(3) 중성해(283자): 본문(225자)+결시(58자)

(4) 종성해(487자): 본문(345자)+결시(142자)

(5) 합자해(678자): 본문(536자)+결시(142자)

(6) 용자례(431자): 본문(431자)+결시(0자)

3) 정인지 서문(558자)

4) 권말서명(4자): 訓民正音

해례편의 전체 분량은 편명인 '訓民正音解例' 6자와 해례 4,363자, 정인지 서문 558자, 권말서명 '訓民正音' 4자를 합쳐서 모두 4,931자이다. 해례의 구성 내용 중 제자해가 2,315자로 분량이 가장 많고 초성해가 169자로 가장 적다. 특히 제자해의 분량은 여타의 것보다 몇 배로 많아서 해례 전체 구성에서 가장 중요한 위상을 차지한다. 제자해의 분량이 많은 이유는 제자

167 아래의 구성 단위 설정과 글자 수 계산은 백두현(2009a: 88-90)의 것을 바탕으로 표현 방식을 약간 달리한 것이다. 본문의 글자 수는 각 해의 제목(제자해 등) 글자와 본문 글자를 합친 것이고, 결시(訣詩)의 글자 수는 '訣曰(결왈)'까지 포함한 것이다.

168 홍기문(1946上: 4)에는 해례의 글자 수를 제자해 2,312자, 초성해 166자, 중성해 280자, 종성해 484자, 합자해 682자, 용자례 428자 등 총 4,352자로 계산해 놓았다. 여기에 예의의 402자와 정인지 서문의 558자를 더하면 전권의 총 자수는 5,312자라고 했다. 여기에 다시 2개의 대제목과 6개의 소제목 이름 그리고 '訓民正音'이라는 대제목까지 더하면 32자가 더 늘어난다고 하였다. 1940년대에 행한 홍기문의 치밀한 연구에 감탄하게 된다.

169 '본문(1,711자)'에는 '제자해'라는 명칭어 3자도 포함한다. 이 점은 초성해 등 5해1례에서 모두 같다.

해에서 초성, 중성, 종성의 제자론을 모두 설명했기 때문이다. 글자 수를 기준으로 각 해의 분량 순위를 세운다면 '제자해〉합자해〉종성해〉용자례〉중성해〉초성해'의 순서가 된다(백두현 2009a: 89). 해례편을 구성하고 있는 5해1례의 글자 수를 계산한 것을 백분율의 점유율로 환산하면 [그림 33]과 같다.

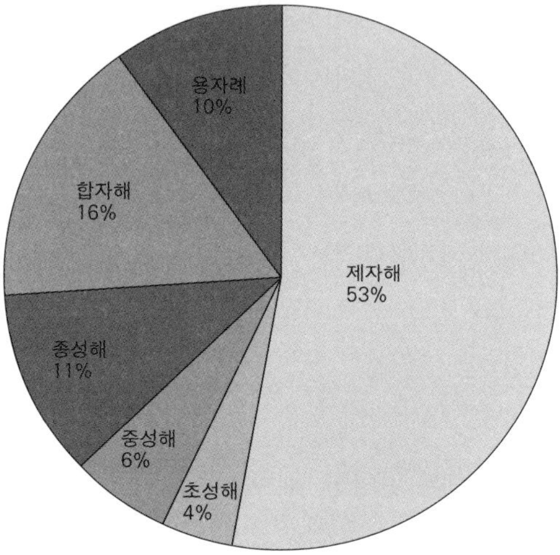

[그림 33] 해례(5해1례) 텍스트의 구성 비율

5해1례에 정인지 서문을 합한 것이 해례편이다. 정인지 서문을 포함한 해례편을 구성한 하위 단락의 글자 수와 해례편 전체의 구조를 나무그림으로 그려 보면 [그림 34]와 같다.[170] [그림 34]의 최상단에 있는 해례편의 글자 수 4,931자는 5해1례의 4,363자와 정인지 서문 558자, 편명(訓民正音解例) 6자와 권말서명(訓民正音) 4자를 포함한 것이다.

170 [그림 33]과 [그림 34]는 백두현(2009a: 89)에서 가져온 것이다.

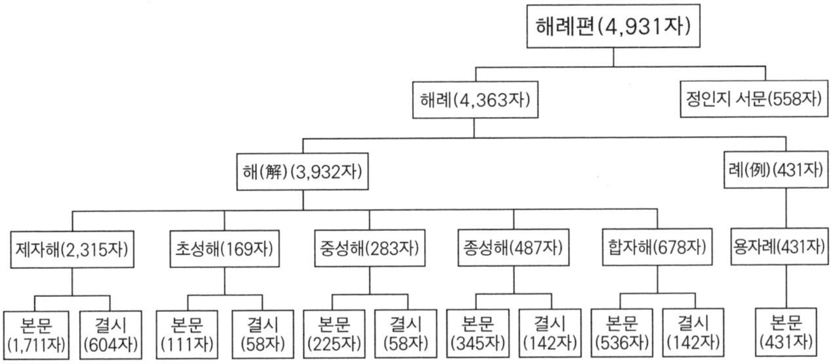

[그림 34] 해례편 텍스트의 구성 단위와 내용별 글자 수

지금까지 해례본 텍스트의 정음편과 해례편, 그리고 정음편과 해례편을 묶은 전체 텍스트의 계층 구조를 나무그림으로 그리고 이에 대해 논하였다. 해례본 텍스트의 개념 구조도를 그린 셈이다. 이 개념 구조도를 통해 구성 단위의 명제와 주제, 전체 텍스트를 뒷받침하는 상위 단락과 하위 단락 간의 내적 관계를 파악할 수 있었다.

해례본 텍스트는 크고 작은 단위가 상하 위계를 이루며 중층적 구조를 형성하고 있다. 번쇄한 설명을 생략하고, 간명하고 요점을 압축한 문장으로 '간이요簡易要'의 경지를 보여 주는 텍스트이다. '간이요'는 정인지가 훈민정음 문자체계의 특성을 표현한 말이지만 해례본 문장 텍스트의 문장 표현과 구성에도 적용될 수 있다. 고도로 조직화된 텍스트 구성과 간결한 문장으로 논리적 흐름을 갖춘 것이 『훈민정음』 해례본이다. 이처럼 뛰어난 문장을 만들어 낸 장본인은 세종과 언문팔유諺文八儒이다. 『훈민정음』 말미의 정인지 서문 끝에 편찬자의 이름이 기재되어 있다.

이조판서 겸 집현전 대제학 정인지, 집현전 응교 최항, 집현전 부교리 박팽년, 집현전 부교리 신숙주, 집현전 수찬 성삼문, 돈녕부 주부 강희안, 집현전 수찬 이개, 집현전 수찬 이선로

집현전 대제학부터 수찬에 이르기까지 노학자와 중견학자, 신진학자들이 골고루 안배되어 있다. 이들은 세종이 직접 낙점하여 선발했다.[171] 언문팔유는 세종 당대 최고의 학자들이었다. 세종과 언문팔유가 힘을 합쳐 만든 것[172]이 해례본 텍스트이다. 고도로 조직화되어 있으면서도 '간이요'의 경지를 갖춘 해례편은 이들이 쌓은 학문적 연찬研鑽이 깊고 두터운 것임을 보여 준다.

정음해례편 문장을 만드는 데는 세종의 역할도 컸을 것이다. 『동국정운』을 편찬할 때 세종이 하나하나 재가하여 정한 것처럼 정음해례편에 서술된 각종 규정과 서법, 자형 등을 결정할 때도 최종 결정자는 세종이었을 것이다. 편찬 작업 진행 중에 언문팔유는 여러 차례 모여서 세종의 설명을 듣고 교시를 받았을 것이다. 편찬 과정에서 세종은 해례본 텍스트 제작의 기획자, 연구자, 최종 결정자의 역할을 모두 담당했을 것이다.

해례본 전체 문장의 내용을 문체, 작성자, 형식으로 구분하여 분석한 다음 표에 담아 정리하면 〈표 14〉와 같다.

---

171 이를 '親揀(친간)'이라 한다. 세종의 낙점을 받지 못한 최만리, 정창손, 김문 등 7인은 언문 반대 상소문에 서명하였다. 집현전 구성원이 『훈민정음』 편찬으로 인해 둘로 갈라진 것이다.

172 김슬옹(2010: 281-282)은 해례본을 '공동 저술'로 간주하고 "세종과 여덟 신하가 아주 많은 시간 동안 충분한 토론을 거치고 고쳐쓰기를 거듭했음"을 보여 주는 것이라고 표현했다.

〈표 14〉 해례본의 내용 구성별 문체, 작성자, 형식

판심 편명	내용 구성	문체	작성자	형식
정음편 (예의편)	어제 서문	포고문체	세종	산문
	예의	설명문체	세종	산문
정음해례편	제자해	설명문체	언문팔유+세종	산문+운문(결시)
	초성해	설명문체	언문팔유+세종	산문+운문(결시)
	중성해	설명문체	언문팔유+세종	산문+운문(결시)
	종성해	설명문체	언문팔유+세종	산문+운문(결시)
	합자해	설명문체	언문팔유+세종	산문+운문(결시)
	용자례	설명문체	언문팔유+세종	산문
	정인지 서문	설명문체	정인지	산문

6. 마무리

지금까지 『훈민정음』 해례본의 형태 서지 및 내용 구조에 관련된 문제점과 주요 사항을 논하였다. 『훈민정음』의 형태 서지 사항을 먼저 정리하고, 이어서 『훈민정음』이란 책의 장정에 나타난 침안과 관련된 문제점을 논하였다. 해례본의 정음편과 정음해례편의 내적 연계 관계를 중시하여 권두서명을 파악하고, 해례본과 그 언해본의 행 구분 실태를 정밀하게 분석하여 병서행 줄바꿈 문제에 대한 해결 방안을 제시하였다. 권두서명을 '訓民正音'으로 보는 근거 여섯 가지를 『훈민정음』 해례본 텍스트의 안과 밖에서 찾아서 제시하였다. 해례본 텍스트 자체에 나타난 내적 증거를 중시하고, 세종실록의 기사와 언해본 권두의 판식 안배를 통해 도출된 연구 결과를 고려하여, 필자는 정음편의 권두서명을 '訓民正音'으로 보고, 이것을 해례본 전체의 책 이름으로 삼음이 옳다고 판단하였다. 병서행 줄바꿈 문제에 대해서는 해례본 텍스트 내적 증거 네 가지와 외적 증거 두 가지를 제시하고, 병서행

붙임설이 옳음을 논증하였다. 병서행 줄바꿈설이 추정적 해석을 통해 나온 것임에 비해, 병서행 붙임설은 해례본의 텍스트 내적 증거 및 외적 증거를 갖추고 있다.

이어서 해례본 텍스트 전체의 구성 단위를 계층 구조로 파악한 개념 구조도를 그려 각 구성 단위의 내용과 상호 간의 연계성을 직관直觀할 수 있도록 하였다. 정인지 서문에서 언급된 '약게예의略揭例義'의 중요성을 고려하여, 해례본의 예의 및 조선왕조실록의 관련 기사를 이용해 '약게예의'의 내용을 추론하여 한자음 안과 고유어 안으로 재구성해 보았다. 본 장의 논구 결과는 『훈민정음』 해례본의 온전한 이해를 위해 유용한 정보가 되리라 믿는다.

제2장
훈민정음 언해본의 서지와 내용 구조

『훈민정음』 해례본과 달리 언해본은 그 내용이 짧고 단순하다. 언해본의 서지 사항과 내용 구조를 검토하고, 이어서 언해본의 번역 과정을 『능엄경언해』에 비추어 추론해 보기로 한다. 훈민정음 언해본은 서강대학교 소장 『월인석보』(권1, 2)에 수록된 것을 기본 텍스트로 삼는다. 후대에 생산된 몇 가지 이본의 서지 사항은 선행 연구를 참고하여 정리하고, 이본 간에 나타난 차이를 분석하고 그 의미를 고찰한다.

1. 훈민정음 언해본의 서지와 이본

1.1. 『월인석보』 권두 수록 훈민정음 언해본의 서지

서강대학교 소장 『월인석보』 권두에 실린 언해본의 형태 서지 사항을 표로 정리하고, 이와 관련된 몇 가지 쟁점을 검토한다. 서강대학교출판부에서 영인한 『월인석보』(1972) 권말에 정연찬 선생의 해제(375-376쪽)가 실려 있고,

여기에 이 책의 서지 정보가 자세하다. 국립한글박물관에서 공개한 원본 사진을 통해 서지 사항의 일부를 확인할 수 있다. 이 두 가지를 이용하여 정리한 훈민정음 언해본(서강대본)의 서지 사항은 다음 표와 같다.

〈표 1〉『월인석보』 권두 수록 훈민정음 언해본의 서지 사항

판종		목판본
표지서명		없음(표지 개장)
권두서명		世·솅宗종御·엉製졩訓·훈民민正·졍音흠
권말서명		訓·훈民민正·졍音흠
책 크기		세로 32.5cm, 가로 22.5cm
장수(張數)		15장
반곽(半郭) 크기		세로 21.7cm, 가로 17.5cm
판식	광곽	사주쌍변(四周雙邊)
	계선	유계(有界)
	행관	7행 16자, 주 쌍행(註 雙行)
	판심	흑구, 상하내향흑어미, 장차(張次) 표시
	판심서명	正音
장정		4침안, 개장(改粧)
지질		닥종이[楮紙]

〈표 1〉에는 서강대 소장 『월인석보』 수록 훈민정음 언해본의 서지 사항만 넣었다.[1] 서명과 장수를 제외한 나머지(책 크기, 반곽 크기, 판식 등)는 『월인석보』(권1, 2)의 것과 같다. 『훈민정음』 해례본은 단행본으로 간행되었지만 언

---

1 고려대 육당문고 소장본(목판본, 박승빈 구장본), 희방사판 『월인석보』 권두본(목판본), 일본 궁내청 서릉부 소장본(필사본), 일본 고마자와대학 다쿠소쿠 문고본(필사본, 가나자와 쇼자부로金澤庄三郎 구장본), 장서각 소장본(필사본, 안춘근 구장본) 등의 사진과 서지 정보는 『훈민정음 언해본 이본 조사 및 정본 제작 연구』(문화재청, 2007) 41-71쪽을 참고하기 바란다.

해본은 『월인석보』 권두에 첨입된 판본만 전한다.[2] 서강대 소장 『월인석보』는 개장된 것이고 표지서명이 씌어 있지 않다. 이 언해본의 권두서명은 '世·솅宗종御·엉製졩訓·훈民민正·졍音음'이고 권두서명이 있는 첫 면은 최초 간본[3](석보상절 수록 언해본)에 변개가 가해진 것임이 밝혀졌다. 세종이 1447년에 간행한 『석보상절』 권두 수록 훈민정음 언해본의 권두서명은 '訓·훈民민正·졍音음'이라고 본다(정우영 2001, 2005). 언해본의 판심서명이 '正音'인 것은 『훈민정음』의 정음편을 번역한 것이기 때문이다.

언해본의 장수(張數)는 15장이다. 언해본이 실린 서강대본 『월인석보』는 권1(108장)과 권2(79장)가 합철된 것인데 권1의 앞부분에 「세종어제훈민정음」 언해(15장), 「석보상절 서」(6장), 「어제월인석보 서」(26장)가 차례대로 실려 있다.[4] 각 편의 장차張次와 판심제가 각각 별도로 부여되어 있다. 언해본의 반엽 행관은 7행 16자이고, 이 점은 『월인석보』의 행관과 같다.

서강대본 『월인석보』의 제1면에서 두 가지 사항이 주목받아 왔다. 하나는 권두서명이고, 다른 하나는 판식 행관의 변개 문제이다. 이 두 가지 문제는 여러 논저에서 다루어졌으며, 정우영(2005)에서 정밀하게 고찰되었다. 권두 첫면(1a)의 1-4행의 행관이 같은 판면의 5행 이하 행관과 다르다. 이 차이는 첫 면의 1-4행이 『월인석보』 간행 시에 변개되었기 때문이다. 행관이 변

---

2 구 박승빈 구장본(현 고려대 육당문고본)이 단행본으로 되어 있으나 이것은 『월인석보』에서 분리하여 따로 제책한 것에 지나지 않는다(안병희 1976: 192).

3 안병희 선생의 연구에 의해 훈민정음 언해본의 최초 간본은 『석보상절』 권두 수록본이라는 것이 정설로 굳어졌다. 서체의 변이 양상 문제가 약간의 논란이 될 수 있으나 더 이상의 논증은 어려운 것으로 보인다. 임용기(1991a, 1991b)는 최현배(1961)와 안병희(1990)의 연구를 검토하면서 훈민정음 언해본의 간행 시기를 더 자세히 고찰하였다. 해례본과 『석보상절』을 펴낸 사이쯤에 해당하는 세종 28년(1446) 9월 이후에서 세종 29년(1447) 7월 사이에 언해본이 간행되었다고 결론지었다(임용기 1991b: 689).

4 「세종어제훈민정음」과 「석보상절 서」 사이에 부처님의 일생을 그림으로 표현한 팔상도(八相圖) 도판이 실려 있다. 각 도판의 우상단에 넉 자의 한문구로 그림 제목이 붙어 있다. 그런데 맨 끝의 '쌍림열반(雙林涅槃)' 도판이 낙장되어서 7개 도판만 실려 있다.

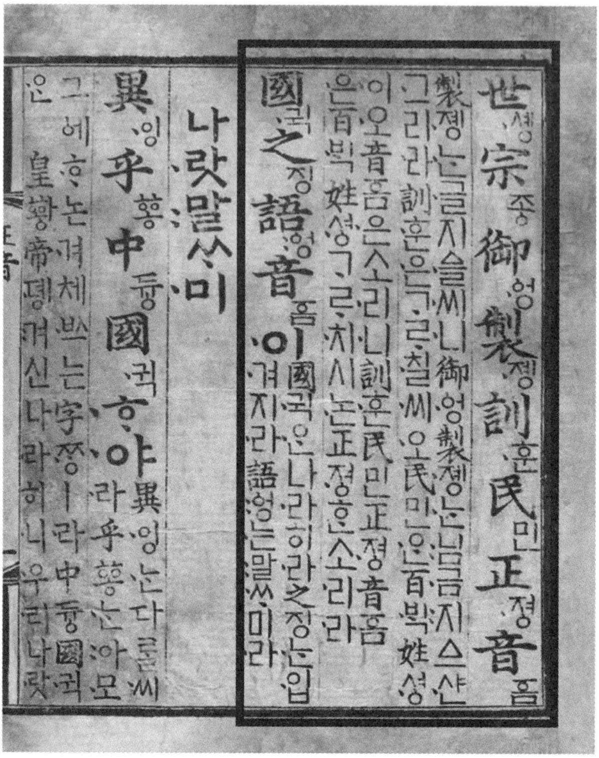

[그림 1] 언해본 권두에서 제1-4행의 행관이 변개된 모습(네모 안)

개되지 않은 6, 7행의 협주문은 1행 16자지만, 변개된 2, 3, 4행의 협주문은 1행 18자로 두 글자가 더 많다. 현전하지 않는 『석보상절』 권두에 실린 언해 훈민정음은 변개되지 않은 6, 7행의 서체와 행관이 같았을 것이다.[5]

이호권(2011: 97-99)은 활자본 『석보상절』의 반곽半廓은 8행 15자의 체재이고, 훈민정음 언해본이 실린 『월인석보』는 목판본 7행 16자로 행관行款이 서

5 「세종어제훈민정음」 첫 면의 변개에 대한 이상의 서술은 정우영(2001)을 참고하여 인용한 것이다.

로 다름을 지적하고, 『석보상절』에 실린 훈민정음 언해본은 세조 때 『월인석보』의 권두에 이것을 첨입하면서 『월인석보』의 체재에 맞추어 판하를 새로 쓴 것이라고 하였다. 그리고 현전 『월인석보』의 「세종어제훈민정음」 첫 면 권수제에서 '世宗御製세종어제' 네 글자와 '御製어제'에 대한 주석을 추가한 것은 이미 써 놓은 원고를 수정한 것이라고 하였다(이호권 2011: 98-99)

언해본의 행관에서 특히 유의해야 할 점은 전청자 병서행을 번역한 문장의 줄바꿈 여부이다. [그림 2]에서 보듯이, 전청자 ㄱ의 병서행 부분의 번역문을 줄바꿈하지 않고 앞 행에 붙여 놓았다. 이런 방식이 아설순치후 오음의 전청자 병서행의 예시문에 모두 적용되어 있다.

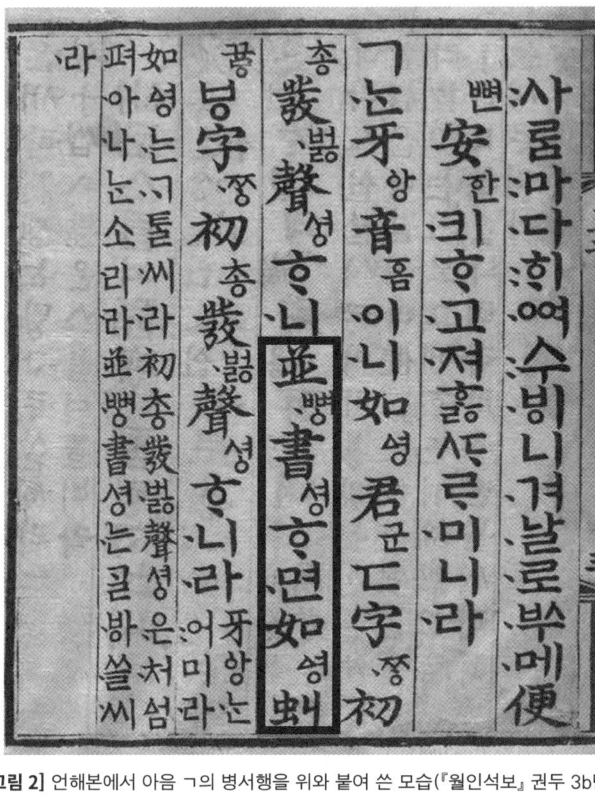
사ᄅᆞᆷ마다 ᄒᆡᅇᅧ 수ᄫᅵ 니겨 날로 ᄡᅮ메 便뼌安한킈 ᄒᆞ고져 ᄒᆞᇙ ᄯᆞᄅᆞ미니라
ㄱᄂᆞᆫ 牙앙音음이니 如ᅀᅧᆼ君군ㄷ字ᄍᆞᆼ 初총發벓聲셩ᄒᆞ니 竝뼝書셩ᄒᆞ면 如ᅀᅧᆼ虯ᇴ봉字ᄍᆞᆼ 初총發벓聲셩ᄒᆞ니라 牙앙ᄂᆞᆫ 어미라
如ᅀᅧᆼᄂᆞᆫ ᄀᆞᄐᆞᆯ 씨라 初총發벓聲셩은 처ᅀᅥᆷ 펴아나ᄂᆞᆫ 소리라 竝뼝書셩ᄂᆞᆫ ᄀᆞᆯᄫᅡ ᄡᅳᆯ 씨라

[그림 2] 언해본에서 아음 ㄱ의 병서행을 위와 붙여 쓴 모습(『월인석보』 권두 3b면)

전청자 병서행과 달리 언해본 11b-14a면에 걸쳐서 나오는 종성부용초성, 연서법, 초성과 종성의 합용법, 초성과 중성을 붙여 쓰는 부서법, 음절자 합성법, 방점법(가점법)은 각각의 규정이 모두 줄바꿈되어 있다. 특히 소리의 높낮이를 표기한 방점법은 평성, 상성, 거성, 입성 하나하나를 각각 줄바꿈해 놓았다. 이 규정들은 해례본 해당 면에서 모두 행 구분 없이 줄글로 붙어 있었던 것들이다.

행 구분에서 해례본의 한문 원문과 언해본의 정음 번역문 간에 차이가 뚜렷하다.[6] 한문본의 줄글이 언해본에서 줄바꿈을 하여 여러 개 행으로 나누어진 것이다. 이러한 행 구분은 글 읽기에 미숙한 언해본 독자를 배려한 조치일 것이다. 한문을 읽는 지식인층과 언해문을 읽는 보통 사람들은 문장 독해력에 차이가 크다. 이 점을 고려하여 언해본에서는 종성부용초성과 연서법 등 여러 항의 내용 단위가 시각적으로 쉽게 구별되도록 각각 줄바꿈을 행한 것이다. 언해본에 나타난 이러한 줄바꿈 양상과 병서행을 앞 행에 붙여 쓴 사실은 해례본의 병서행을 앞 행에 붙여야 한다는 주장의 논거가 됨을 앞 장에서 설명하였다.

1.2. 훈민정음 언해본 이본의 출현과 그 의미

『석보상절』 권두에 수록된 훈민정음 언해본은 아직 그 모습을 드러낸 적이 없다.[7] 현재까지 알려진 훈민정음 언해본은 두 종류이다. 가장 오래된 판

---

6 이 점은 본 장 2절(언해본 텍스트의 내용 구조)에서 자세히 논할 것이다.

7 『석보상절』 제1권이 발견된다면 훈민정음 언해본의 초간본 모습을 볼 수 있을 것이다. 1963년 2월 2일자 동아일보에 "대구 김씨 가에 전승한 고전 석보상절 첫 권 발견"이라는 기사가 보도된 적이 있다. 대구 칠성동 654번지 김성래(金成來) 씨가 7년 전에 별세한 그의 부친 김문국(金文國) 씨로부터 물려받은 『석보상절』 첫 권이라고 기사 본문에 소개해 놓았다. 그 후 이 책의 행방은 2023년 1월 현재까지 전혀 알려진 바가 없다.

본인 서강대본 『월인석보』(권1-2, 1459)의 권두본과 이것을 번각한 희방사판 『월인석보』(권1-2, 1568)의 권두본이 그것이다. 훈민정음 언해본의 이본들에 대한 고찰은 최현배(1961/1976: 29-33), 안병희(1976: 191-192), 정우영(2005) 등에서 이루어졌다. 문화재청(2007)의 부록1(91-100쪽)에 8개 이본의 서지 사항과 권두면 컬러 사진이 실려 있다. 여기에 나와 있는 8개 이본의 주요 특징을 정리하여 보이면 〈표 2〉와 같다.[8] 아래 표의 '이본 명칭'은 문화재청(2007) 보고서의 것을 그대로 가져왔다.

〈표 2〉 훈민정음 언해본의 이본들(문화재청 2007 참고)

번호	이본 명칭	연대	판종	제책	비고
①	서강대 소장 『월인석보』 권두본	1459년 (세조 5)	목판본	합철본	제1면의 판식이 변개됨. 『석보상절』 권두본을 고친 것
②	고려대 육당문고본	1459년	목판본	단행본	남학명(南鶴鳴 1654~1722)이 찍은 장서인. 권두 제1장 등이 보사됨. 박승빈 구장본
③	희방사판 『월인석보』 권두본	1568년 (선조 1)	목판본	합철본	①의 복각판. 후쇄본 다수
④	일본 궁내청(宮內廳)본	18세기 추정	필사본	단행본	권두 제1장이 ②와 동일. ②의 사본
⑤	고마자와(駒澤)대학 다쿠소쿠 문고본(濯足文庫)	1824년 (순조 24)	필사본	단행본	行智가 久昌院 소장본을 필사했다는 기록이 있음. 내용은 ①과 같음. 가나자와 쇼자부로(金澤庄三郞) 구장본
⑥	한국학중앙연구원본	1920년대	필사본	단행본	이진환(李震桓)이 ③을 보고 필사한 것. 안춘근 구장본
⑦	서울대 일사문고본	20세기 전반	필사본	단행본	서상집(徐相集 1865~1897)이 적상산 사고본을 베낀 사본을 보고 다시 필사했다는 기록이 있음. 내용은 ②와 거의 일치함. 방종현 소장본
⑧	서울대 가람문고본	20세기 전반	필사본	단행본	③을 저본으로 삼아 필사한 것이나 행관이 다름. 이병기 소장본

8 훈민정음 언해본의 형태 서지(판식, 문자 표기, 서체 등)와 성립 시기에 대한 자세한 고찰은 『훈민정음 언해본 이본 조사 및 정본 제작 연구』(문화재청, 2007) 보고서에 수록된 「훈민정음 언해본의 정본 수립을 위한 연구」(41-71쪽)를 참고하였다. 이 연구는 언해본의 서체 변화, '한음치성(漢音齒聲)' 규정의 성립 시기, 최초 언해본의 성립 시기 등을 논하고 주요 사실을 밝혀 놓았다.

〈표 2〉의 8개 이본에 대한 서지 사항과 주요 특징은 문화재청(2007: 43-47)에 자세히 기술되어 있다. 선행 연구를 참고하여, 간본 훈민정음 언해본의 이본에 나타난 주요 특징을 간단히 검토한다. 이어서 훈민정음 언해본을 필사한 이본의 생성 배경을 고찰하고, 이들이 갖는 역사적 의미를 해석한다. 아울러 언해본에 나타난 정음자의 서체 변화를 해례본과 비교하여 기술한다.

훈민정음 언해본의 간본들은 해례본과 달리 독립된 책의 형태를 갖추지 못하고 『월인석보』에 합철된 것이 대부분이다. 서강대본과 이것의 복각본인 희방사판이 그러하다. 희방사판 『월인석보』 권두본 ③은 전체 분량이 15장 30면이며, 반엽 행관은 서강대본의 그것과 같다. 일찍이 최현배(1976: 31-32)는 희방사판의 특징과 '글자의 그릇새김[誤刻]'을 지적하였고, 정우영(2000a: 27-34)은 이본들에 나타난 오류를 자세히 밝혔다.

고려대 육당문고본(박승빈 구장본)은 단행본 형태로 되어 있으나 지질, 글자 모양, 판식 등의 세부 사항이 모두 서강대본과 완전히 동일하여 별개의 이본이라 할 수 없다(안병희 1976: 192). 이런 점이 있지만 육당문고본은 단행본 형태로 존재하는 언해본이라는 점에서 주목할 만하다. 이 책은 제1장이 보사補寫되어 있고, 제2장 이하에도 부분적 보사가 있다. 이 보사는 이 책에 장서인藏書印을 찍은 남학명南鶴鳴[9](1654~1722)에 의해 이루어졌을 가능성이 높다(안병희 1976: 192). 안병희는 이 보사가 세종실록의 훈민정음 완성 기사(1446.9.29) 및 해례본의 제2장 이하 내용을 참조하여 숙종 무렵에 이루어졌고, 이때 단행본 형태로 장정된 것으로 추정했다. 육당문고본 권두 첫머리에 '御製曰어제왈'이 삽입된 것은 정족산본 조선왕조실록을 보수하면서 세종실록(전주사고본)에 실린 훈민정음 완성 기사의 "是月訓民正音成 御製曰시월훈민정음성 어제

9 남학명은 약천 남구만(藥泉 南九萬)의 아들이고, 남극관(南克寬 1689~1714)의 아버지이다. 남극관의 문집인 『몽예집』에는 그가 관찰한 우리말에 대한 여러 가지 기록이 있다. 이 책에 대한 정우택(1995)의 연구를 참고하였다.

왈"이란 구절을 열람할 수 있었고, 이를 보고 옮긴 결과일 것이다.

훈민정음 언해본의 필사본 중에서 19세기 이전의 것으로는 일본 궁내청 서릉부宮內廳 書陵部 소장본과 일본 고마자와駒澤대학 다쿠소쿠 문고 소장본이 있다.[10] 전자는 육당문고본과 보사된 내용까지 완전히 같고, 후자는 보사가 없고 서강대본과 그 내용이 같다. 육당문고본은 권두 낙장을 보사해 넣은 것이고, 서릉부본은 영조·정조 연간에 『월인석보』 권두본을 필사한 것으로 추정되었다. 가나자와 쇼자부로金澤庄三郞 소장본(현 다쿠소쿠 문고본)도 『월인석보』 권두본과 같다(안병희 1976: 192).

육당문고본은 권두에 보사된 부분을 제외한 나머지 내용은 서강대 소장 『월인석보』 권두본과 동일하다. 육당문고본에 보사된 제1장에 남학명의 장서인이 찍혀 있어서 주목을 끌었다. 이 장서인은 훈민정음 언해본에 대한 남학명의 학문적 관심을 보여 준다. 안병희(1976: 192)는 남학명이 『월인석보』 권두본을 입수하여 낙장을 보사한 후 본인의 장서인을 찍은 것이라고 했다. 안병희는 남학명의 문집 『회은집晦隱集』[11]에 국어에 대한 그의 소양을 보여 주는 내용이 있음을 그 근거로 들었다.

남학명의 생존 기간에 훈민정음에 대한 관심이 일어났고 관련 문헌이 간행된 사실이 우리의 주목을 끈다. 남학명이 살았던 숙종 대에 이르러 『훈민정음』의 일부 내용을 담은 『배자예부운략』이 간행되었다. 1678년(숙종 4)에

---

10 이 책은 원래 가나자와 쇼자부로(金澤庄三郞) 소장이었다. 현재는 고마자와대학(駒沢大学) 도서관의 다쿠소쿠 문고(濯足文庫)에 소장되어 있다. 가나자와 쇼자부로는 일본어와 조선어의 조상이 같다는 한일어 동조론[日鮮同祖論]을 주장하여 한반도 강제병합을 위한 이론적 근거를 마련해 준 인물이다.

11 남학명의 문집 『회은집』(5권 2책)은 운각인서체자를 사용하여 1723년경에 간행된 것이다. 권5 「風土(풍토)」편에 전국을 답사한 경험과 함께 지명의 유래와 연혁을 밝힌 것이 있다. 이 내용은 한국고전종합DB의 『회은집』 해제(이미실 집필)를 참고한 것이다. 남학명은 『경세훈민정음』의 저자인 최석정(崔錫鼎)과 교유했으니 최석정을 통해 훈민정음의 가치를 알게 되었을 것이다.

간행된 『배자예부운략』 권두에 해례본의 정음편이 실렸다.[12] 남학명의 장서인이 찍힌 육당문고본 권두의 어제 서문 첫머리에 '御製曰어제왈'이 삽입되어 있다. 이것은 1666년에 정족산사고본 조선왕조실록을 보수하면서 전주사고본 세종실록의 훈민정음 완성 기사(1446.9.29)를 볼 수 있었기 때문이다.[13] 이 기사에 "是月訓民正音成 御製曰시월훈민정음성 어제왈"이란 표현이 나타나 있다. 정족산사고본에는 훈민정음 서문, 예의, 정인지 서문이 필사되어 있다. 이 필사는 1666년에 보수하면서 써넣은 것이다(김주원 2013b: 282-283).

숙종 대에 대제학과 영의정을 지낸 최석정(1646~1715)은 젊은 시절에 『경세훈민정음』(1678)을 저술하면서 훈민정음을 운학 연구에 이용하였다. 1682년(숙종 8)에 간행된 『열성어제』의 세종어제편에도 해례본의 정음편이 수록되어 있다. 숙종의 「훈민정음 후서」는 1692년에 지어져서 『열성어제』 숙종어제편(1720)에 수록되었다. 이 문헌들은 왕을 포함한 숙종 대 학자들의 훈민정음에 대한 관심을 보여 준다. 이 시기에 이루어진 훈민정음 관련 서적들의 출판이 남학명에게 영향을 미쳐 훈민정음에 대한 그의 관심을 증대시켰고, 그가 훈민정음 언해본을 구하여 새로 장정한 것도 이러한 맥락에서 나온 것으로 보인다.

〈표 2〉의 ⑥, ⑦, ⑧은 20세기 전기에 필사된 것이어서 그 가치가 ④, ⑤가 갖는 학술적 가치와 다르다. 20세기 전기(아마도 일제강점기)에 훈민정음 언해본을 필사하거나 연구하는 행위는 조선시대에 이루어진 필사 행위와 그

12 세종실록에 수록되어 있던 훈민정음 정음편이 이 시기의 학자들에게 알려진 계기는 병자호란(1636) 때 파손된 실록을 현종 때에 보수하여 정족산사고로 옮긴 일과 관련이 있다. 이 일을 하면서 학자들이 세종실록의 훈민정음 창제 및 완성 기사를 볼 수 있었고 그 내용이 『배자예부운략』 권두에 실린 것이다(김주원 2013a: 184-185).

13 이 판단은 김주원(2013b: 282-283)을 참고한 것이다. 정족산본은 을해자 활자본과 필사본이 섞여 있다. 전자는 성종 때의 것이고, 훈민정음 서문, 예의, 정인지 서문은 1666년에 보수할 때 전주사고본을 참고하여 보수한 필사본이다.

성격이 다르다. 일제강점기의 한글 연구는 일제에 항거하는 독립운동과 비슷한 활동이어서 단순한 학문적 관심을 뛰어넘는 시대성을 갖는다. 〈표 2〉에 제시된 여러 이본에는 학술적 의미와 함께 당대 사회의 특수성이 반영되어 있다.

훈민정음 언해본의 간본을 단행본으로 제책하거나 간본을 필사하여 단행본으로 만든 이유가 무엇인지 생각해 볼 문제이다. 『월인석보』 권두본과 동일한 간본을 단행본 형태로 제책한 육당문고본에서 이 문제에 대한 답을 추리해 볼 수 있다. 불교를 배척했던 조선 후기 양반 지식인들은 임금이 지은 어제 서문과 훈민정음 예의가 불교서에 합철된 점을 달갑지 않게 생각했을 것이다. 숙종 대에 몇몇 학자들이 세종실록을 열람하여 훈민정음 관련 기사와 정음편의 내용을 알게 됨으로써 훈민정음에 대한 관심이 커졌다. 이 시기에 활동한 남학명은 『월인석보』 권두에 합철된 훈민정음 언해본을 입수한 후 언해본만 분리하여 별책으로 장정하고,[14] 세종실록 기사를 참고하여 권두의 낙장 부분을 보사해 넣었으며, 스스로 장서인을 찍었던 것으로 짐작된다.[15]

언해본을 필사하여 단행본으로 만든 서릉부본 등에도 이와 같은 설명을 적용할 수 있다. 18세기 전후 양반 지식인들이 훈민정음 언해본을 별도 제책하거나 필사한 행위는 어제서御製書를 귀히 여겨 불교서로부터 분리하려는 마음과, 훈민정음에 대한 관심의 증대 등이 복합적으로 작용한 소산일 것이다. 이런 점에서 육당문고본 등의 언해본에는 이 글의 저자인 세종의 애민 정신, 정음 28자에 융합된 학문적 요소, 후대 양반 지식인의 학문적 관심과 어제서에 대한 태도 등이 적층積層되어 있다고 본다.

---

14 안병희(1979: 110-111)는 "육당문고본이 보사 부분만 제외하면 지질, 印面(인면)의 字樣(자양), 판식의 세부까지 서강대본과 완전히 일치한다. 따라서 『월인석보』의 권두에서 분리하여 따로 제책한 것에 지나지 않는다."라고 판단하였다.

15 이 책은 육당 최남선의 장서였다가 고려대학교 도서관 육당문고본으로 이관된 것이다. 많은 분들의 손길을 거쳐서 특별한 느낌이 있는 책이다.

1.3. 훈민정음 언해본에 나타난 서체 변화

훈민정음 언해본 안에서 정음자 서체가 균일하지 않고, 시대 차이를 반영하는 변이가 있음이 정우영(2005), 문화재청(2007), 홍윤표(2017b) 등에서 논의된 바 있다. '齒'자, '聲'자에 나타난 서체 차이를 정밀하게 분석하여 언해본에 '漢音齒聲한음치성' 규정(14b 제2행)이 첨가된 시점에 서체가 달라진 사실이 밝혀졌다(문화재청 보고서 2007: 54-55). 홍윤표(2017b: 211-226)는 언해본을 4개 단위(①~④)[16]로 나누어 고찰하고, 여기에서 일어난 서체 변이를 다음과 같이 기술하였다. ①은 『월인석보』를 간행할 때 변개한 부분이고, ②에 쓰인 'ᄯᅡ'의 서체는 16세기에 쓰인 변이체여서 언해본 중에서 가장 후대적 성격을 지닌다고 보았다. ③은 필서체筆書體처럼 보이는 서체이며, 언해본의 원간본[17]은 바로 이 서체로 되어 있었을 것이라고 추정했다. ④는 『월인석보』에 실린 「석보상절 서」의 서체와 동일하여 훈민정음 언해본이 『석보상절』의 권두에도 있었을 것이라는 안병희(1979: 110, 1990/2007: 92)의 추정을 뒷받침한다.

서강대 소장 『월인석보』 권두본 내에서 관찰된 서체 변이는 정우영(2005)과 홍윤표(2017b)에서 자세히 분석되었다. 이러한 서체 변이는 『석보상절』

16 ①1a면 전체, ②1b면 1행~3b면 끝까지, ③4a면 1행~12b면 끝까지, ④13a면 1행~15b면 끝까지.

17 훈민정음 언해본이 『석보상절』(1447) 권두에 실렸다고 보기 때문에 훈민정음 언해본의 원간 연대를 1447년으로 보는 것이 통설이다. 그런데 안병희(1990/1992a: 200)는 『훈민정음』 해례본과 언해본 사이에 약 1년의 기간이 있어서 『훈민정음』 해례본을 간행하고서 이 기간에 언해본이 단행본으로 간행되었을 수 있다고 추정했다. 안병희는 언해본의 원간 연대가 『석보상절』보다 앞선다는 추정이 배제되지 않는다고 했으나, "기간을 올려 잡기 위한 상상은 보류함이 온당하"다고 말했다. 홍윤표(2017b: 223)는 언해본의 원간본은 "현재까지 발견되지 않고 있다. 그리고 언제 발행되었는지도 알 수 없다. 석보상절이 간행되기 이전의 일일 것이다."라고 쓴 바 있다. 필자가 보기에 훈민정음 언해본의 분량(15장)은 독립 단행본으로 묶기에 너무 적다는 생각이 든다.

권두 수록 훈민정음 언해본보다 시기적으로 앞선 언해본이 존재했음을 주장하는 논거가 되기도 하였다. 훈민정음 언해본의 서체 변이에 대한 선행 연구에 기대어, 서강대 소장 『월인석보』 권두본과 『훈민정음』 해례본의 한글 서체에 나타난 차이점을 고찰해 보기로 한다. 같은 목판본이지만 『훈민정음』 해례본과 『월인석보』 권두 언해본의 서체는 상당한 차이를 보인다. 다음 사진의 두 개 판면을 서로 비교해 보면, 『훈민정음』 해례본과 그 후에 간행된 『석보상절』 간의 서체 차이를 발견할 수 있다.

[그림 3] 해례본(간송본) 29a면-목판본

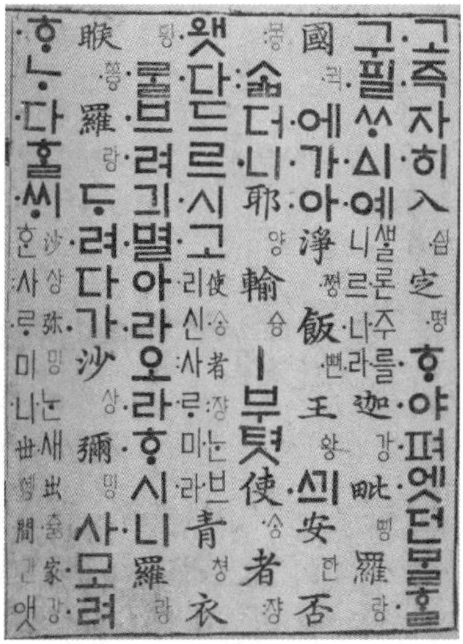

[그림 4] 『석보상절』 권6, 2a면-활자본

[그림 3]과 [그림 4]에서 ·자의 서체를 비교해 보자. 목판본인 해례본의 ·자는 원형 흑점이지만 『석보상절』에서 초출자 및 재출자 중성의 ·자는 짧은 막대 모양의 점획點劃[18]으로 바뀌었다. 이러한 서체 변화는 세종 당대에

18 '점획(點劃)'은 둥근 원형의 점 ·자가 、로 바뀐 것을 드러내기 위한 용어이다.

출판된 『석보상절』과 『월인천강지곡』에서 처음 나타난 것이다. 『석보상절』에서 ·자가 단독자로 쓰이는 환경(ᄒᆞ, ᄂᆞ, ᄉᆞ)에서는 해례본의 것처럼 원형 흑원이다. 그러나 중성 초출자(ㅗㅏㅜㅓ) 및 재출자(ㅛㅑㅠㅕ)에 합성된 ·자는 그 형태가 짧은 막대 모양의 점획으로 바뀌었다. 『석보상절』 초간본 권6에서 가져온 [그림 4]에서 'ㅗ, ㅏ, ㅑ, ㅕ, ㅖ' 등의 자형을 찾아보면 이런 변화를 발견할 수 있다. '고', '아', '야', '예', '려'의 자형에 ·가 점획으로 바뀐 모습이 나타나 있다. 이 변화는 『훈민정음』 해례본의 한글 서체에서 초출자 및 재출자에 합성된 ·자가 모두 흑원인 사실과 차이를 보인다.

『석보상절』과 『월인천강지곡』에서 초출자 및 재출자에 합성된 ·자가 짧은 막대 모양의 점획으로 바뀐 원인은 무엇일까? 『훈민정음』 해례본은 정음 28자를 반포하면서 자모자의 원형적原型的 전범典範을 공시公示하기 위한 문헌이다. 그러나 『석보상절』과 『월인천강지곡』은 정음 28자가 실용된 문헌이다. 전범 자형을 공시하기 위한 문헌에서는 본디 자형을 온전히 지켜서 나타내야 한다. 그러나 정음 28자를 실용하는 문헌에서는 편의를 좇아 자형 변이를 허용할 수 있다. 『훈민정음』 해례본은 목판본이고 『석보상절』과 『월인천강지곡』은 금속활자본이다. 정음자를 금속활자로 주조하는 것은 한자 활자의 주조와 공정이 다르지 않다. 한자 주조와 마찬가지로 어미자[母字]를 만들기 위해 자본字本의 글자를 붓으로 써서 이를 다듬은 목재에 붙이고 글자대로 새겨 이것을 주형틀에 삽입한 후 주물을 부어 넣어 어미자를 만든다. 목판본이든 활자본이든 판하본 혹은 자본字本의 글자를 종이에 붓으로 쓰고 이것을 다듬은 목재에 붙여서 글자를 새긴다. 붓으로 쓰거나 목재에 새기는 작업에서 아래아의 둥근 흑원 ·를 원형자대로 쓰고 새기기가 쉽지 않다. 'ᄒᆞ, ᄂᆞ, ᄉᆞ' 등과 같이 ·가 독립된 글자보다 중성 초출자(ㅗㅏㅜㅓ) 및 재출자(ㅛㅑㅠㅕ)에 들어간 아래아자는 크기도 작고 길이도 짧아서 쓰거나 새기는 데 더욱 섬세한 집중과 고도의 정밀함이 요구된다. 활자의 자본을 붓으로 쓰는 작업에서 이런 어려움을 피하기 위해 초출자와 재출자의 ·가 짧은 막대형의 점획으로 먼저 바뀐 것이다. 'ᄒᆞ, ᄂᆞ, ᄉᆞ' 등과 같이 단독으로 쓰인 ·자가 흑원을 유지한 점과 중성 초출자와 재출자의 ·자가 점획으로 바뀐 점의 차이는 이렇게 설명할 수 있다.

이어서 『월인석보』 권두에 수록된 훈민정음 언해본의 정음자 서체를 [그림 5]에 제시하고, 해례본 및 『석보상절』의 서체와 비교해 보자. 『석보상절』에서 둥근 흑원 형태가 유지되었던 ·자(ᄒᆞ, ᄂᆞ, ᄉᆞ)의 형태도 붓촉 놀림의 영향을 받아 돌기(=세리프)가 있는 점획으로 변했다. 『훈민정음』 해례본에서는 가로획과 세로획의 시작 부분과 끝부분이 돌기 없는 사각형 모습이며, 이는 주역의 효爻의 형태와 비슷한 것이었다. 그러나 [그림 5]의 『월인석보』에서는 획의 시작과 끝부분에 모필 붓촉의 놀림으로 생성된 세리프가 나타나 있다. 'ㅣ'나 'ㅡ' 획이 들어간 글자를 비교해 보면 그 차이를 쉽게 간파할 수 있다. 이렇게 세리프가 나타나는 『월인석보』의 정음자 서체는 『훈민정음』 해례본과 『석보상절』의 서체에 비해 붓으로 쓴 특성이 뚜렷하다.[19] 금속활자본인 『석보상절』과 『월인천강지곡』[20]의 서체가 목판본인 『월인석보』로 넘어가면서 초성자 뒤의 단독형 ·자까지 모두 둥근 흑원에서 점획으로 바뀌었다. 그리고 세로획 ㅣ와 가로획 ㅡ의 첫돌기와 마침돌기 부위에 모필로 인해 생겨난 세리프가 뚜렷이 나타나 있다.

---

19 홍윤표(2017b)에서 제시된 언해본의 서체는 『월인석보』에 수록된 「석보상절 서」의 서체와 일치한다.

20 김기종(1998: 16-24)은 『석보상절』 권9의 뒤표지 안쪽에 묵서된 "正統拾肆年貳月初肆日(정통십사년이월초사일)"을 근거로 『석보상절』이 완성된 1447년 7월 25일에서 1449년 2월 4일 사이에 『월인천강지곡』이 간행된 것으로 추정했다. 유근선(2014: 66)에서 재인용함.

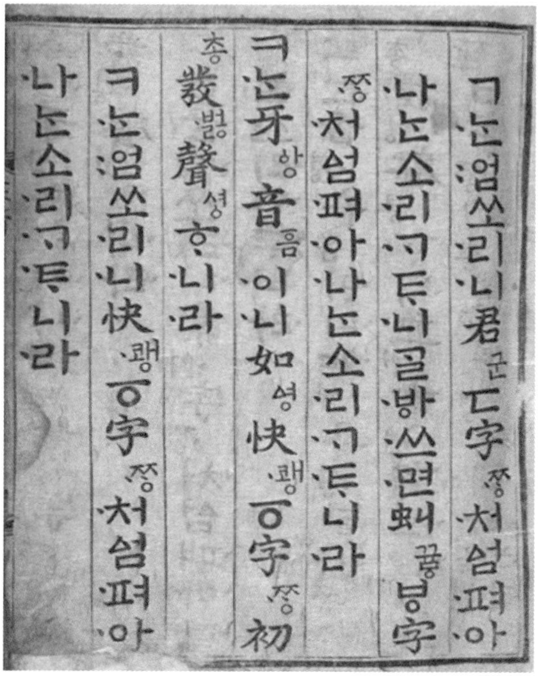
ㄱ·ᄂᆞᆫ :엄쏘·리·니 君군ㄷ字·쫑 ·처ᅀᅥᆷ·펴·아
·나·ᄂᆞᆫ 소·리·ᄀᆞ·ᄐᆞ·니 ·ᄀᆞᆯ·방·쓰·면 虯끃ㅸ字
·쫑 ·처ᅀᅥᆷ·펴·아 ·나·ᄂᆞᆫ 소·리·ᄀᆞ·ᄐᆞ니·라
ㅋ·ᄂᆞᆫ 牙앙音흠·이·니 如영快·쾡ᅙ字쫑初
총發볋聲셩ᄒᆞ·니·라
ㅋ·ᄂᆞᆫ :엄쏘·리·니 快·쾡ᅙ字쫑 ·처ᅀᅥᆷ·펴·아
·나·ᄂᆞᆫ 소·리·ᄀᆞ·ᄐᆞ니·라

[그림 5] 『월인석보』 권두 언해본의 서체(4a)

이런 변화가 생겨난 원인은 완전한 원형의 흑원(•)을 붓으로 쓰기 어렵고, 이것을 목판에 판각하는 것은 더욱 번거롭고 힘든 일이라는 점에서 찾을 수 있다. 뾰족한 붓으로 속이 찬 •자를 둥근 원형으로 쓰는 것이 쉽지 않고, 이것을 목판에 판각하는 일은 더 많은 노력과 시간이 든다. •자를 점획으로 찍으면 붓으로 쓰기 쉽고 판각도 둥근 흑원을 새기는 것에 비해 훨씬 용이하다. 필사와 판각의 용이함을 추구한 결과 •자의 자형이 점획으로 바뀐 것이다.

2. 언해본 텍스트의 내용 구조

2.1. 언해본 텍스트의 구성 단위

언해본 텍스트의 내용 구조를 논하기 위해 언해문의 구성 단위를 분석하고, 각 단위의 특성과 그것의 의미를 논한다. [그림 6](234쪽)에 나타난 언해본 본문 텍스트의 구성 단위를 다음 〈표 3〉과 같이 나눌 수 있다.

〈표 3〉 언해본의 텍스트 구성 단위 예시

①정음현토	國之語音·이
②정음표음	國·귁之징語:엉音음·이
③정음주석	國·귁·ᄋᆞᆫ 나·라히·라 之징·ᄂᆞᆫ ·입·겨지·라 語:엉·는 :말·ᄊᆞ미·라
④정음번역	나·랏:말ᄊᆞ·미

①정음현토는 정음편 어제 서문의 첫 구절에 정음자 토씨(문법형태)를 붙인 것이고, ②정음표음은 한자에 동국정운식 한자음을 붙인 것이다. ③정음주석은 ①에 쓰인 한자를 정음자로 주석한 것이다. 주석문에 쓰인 한자에는 ②의 방식으로 동국정운식 한자음이 붙어 있다. ③정음주석 행은 글자의 크기가 작고 한 행에 두 줄을 넣은 협주 형식으로 표현되어 있다. 정음주석 행은 ①정음현토와 ②정음표음 행에 이어져 있고 줄바꿈을 하지 않았다.

④정음번역은 ①을 우리말로 번역하여 정음자로 적은 것이다. 글자의 크기와 획의 굵기는 ①의 그것과 같다. ④정음번역을 줄바꿈하여 독립 행에 배치했으나, 행의 첫 칸을 비우고, ①에 비해 첫 글자를 한 자씩 낮추어 놓았다. 이런 배치는 본문과 번역문을 시각적으로 구별하기 위한 지면 행관법(arrangement method the number of lines and characters in a page) 혹은 지면 배치(page layout) 방식이다.

홍기문(1946上: 5)에서는 훈민정음 언해본의 내용 구성 단위를 셋으로 나누었으며, 다음과 같이 설명해 놓았다.

> 그런데 언해에는 첫째 諺讀언두라고 부르려는 부분이 있으니 그것은 예의를 각 節절로 나누어 別行별행으로 만들고 漢字한자의 每字매자 아래 음을 달고 또 토가 떨어지는 곳에 토를 단 것이요, 둘째 諺註언주라고 부르려는 부분이 있으니 그 節內절내로 새로 나오는 漢字한자를 註解주해한 것이요. 셋째 諺譯언역이라고 부르려는 부분이 있으니 그 節절을 다시 우리말로 새기어 놓은 것이다. 諺讀언두와 諺譯언역은 다 각각 別行별행이요, 또 같은 大字대자로서 오직 諺讀언두가 諺譯언역보다 上一字상일자 낮추어 있을 뿐이나 諺註언주는 小字소자 兩行양행으로서 諺讀언두와 바로 접속되어 있다. (필자가 한자음을 달고 맞춤법과 띄어쓰기를 함)

홍기문은 훈민정음 언해본의 내용 구성을 논하면서 구성 요소를 '諺讀언두',[21] '諺譯언역', '諺註언주', '漢字音한자음' 등 네 가지로 나누었다(홍기문 1946上: 95-108). 홍기문이 설정한 언두는 〈표 3〉의 ①정음현토에 해당하고, 한자음은 ②정음표음, 언주는 ③정음주석, 언역은 ④정음번역에 해당한다. "國·귁之징語:엉音흠·이"를 예로 들어 보면, 한글 구결토 '-이'를 붙인 '國之語音·이'가 정음현토이고, 여기에 동국정운식 한자음을 붙인 '國·귁之징語:어音흠이'가 정음표음에 해당한다. 〈표 3〉의 ③정음주석에서 '國·온', '之·는', '語·는'은 정음현토이고, '國·귁', '之징', '語:엉'는 정음표음에 해당한다. 위 표의 용어

---

21 '諺讀'는 우리말로 '토 달기'라는 뜻이다. '讀'의 음은 주로 '독'이지만 토를 붙이거나 읽는 방식을 뜻할 때는 '두'로 읽는다(예: 吏讀이두). 따라서 홍기문의 '諺讀'란 용어는 '언두'로 독음하는 것이 정확하다.

들은 홍기문의 '언역'을 '정음번역'으로 바꾸고, '언주'를 '정음주석'으로 바꾼 것이다. 〈표 3〉에서 '諺언'을 '정음', '譯역'을 '번역', '註주'를 '주석'으로 각각 바꾼 것은 요즘 사람들이 이 용어의 개념을 더 쉽게 이해할 수 있도록 하기 위함이다. 홍기문의 용어에는 '언諺'이 명기되어 있어서 '언문'에 의한 주석과 번역이라는 특징이 반영되어 있으나 다른 분들의 명칭에는 이 점이 반영되어 있지 않다. 필자는 홍기문의 용어가 가진 장점을 살려 '언諺'을 '정음正音'으로 바꾸고, '두讀', '주註', '역譯'을 각각 2음절 한자어 '현토', '주석', '번역'으로 현대화하여 관련 용어를 정비하였다. 필자가 정비한 이 용어들은 정음으로 된 언해문의 특성을 드러내는 동시에 현대인들이 쉽게 이해할 수 있다.

김슬옹(2018b: 109-110)은 '언해본의 짜임새'와 명칭 문제에 대해 홍기문(1946上), 권재선(1988/1998), 김주필(2011)의 설을 정리하고, 본인의 용어를 제시하였다. 홍기문과 달리 권재선, 김주필, 김슬옹 세 분은 〈표 3〉의 ①정음현토와 ②정음표음을 하나로 묶어 세 단위로 분석했다. 필자는 정음 토를 붙이는 ①과 한자의 음을 붙이는 ②는 명백히 다른 작업이므로 홍기문과 같이 구별하는 것이 낫다고 보고, 〈표 3〉과 같이 네 개 단위로 나누고, 이해하기 쉽도록 현대적인 이름을 붙였다. 필요한 경우 ①정음현토와 ②정음표음을 묶어서 '정음표음현토'라 칭할 수도 있다.

김슬옹(2018b)에서 정리한 명칭에 필자가 제안한 명칭까지 포함시켜 '홍기문/권재선/김주필/김슬옹/백두현'의 순서로 배열하면, '언두/토달기/구결문/음토부/정음현토', '언주/글자새김/주석문/주석부/정음주석', '언역/구옮김/언해문/언해부/정음번역'이 된다. 홍기문의 '한자음'은 필자의 '정음표음'과 대응된다. 다른 분들은 홍기문의 '한자음'에 대응하는 별도의 명칭을 정하지 않았다.

〈표 3〉의 '國之語音·이' 뒤에 이어진 구절을 하나 더 분석해 보이면 〈표 4〉와 같다.

〈표 4〉 언해본 텍스트의 구성 단위 예시

①정음현토	異乎中國·ᄒᆞ·야
②정음표음	異·ᅌᅵᆼ乎ᅘᅩᇰ中듕國·귁·ᄒᆞ·야
③정음주석	異·ᅌᅵᆼ·ᄂᆞᆫ 다ᄅᆞᆯ·씨·라 乎ᅘᅩᇰ·ᄂᆞᆫ :아·모그에 ·ᄒᆞᄂᆞᆫ ·겨체 ·ᄡᅳᄂᆞᆫ 字·ᄍᆞᆼㅣ·라 中듕國·귁·ᄋᆞᆫ 皇ᅘᅪᆼ帝·뎽 :겨신 나·라히·니 ·우·리나·랏 常썋談땀·애 江강南남·이·라 ·ᄒᆞ·ᄂᆞ니·라
④정음번역	中듕國·귁·에 달·아

2.2. "國之語音 異乎中國"의 행 구분과 그 해석

〈표 3〉과 〈표 4〉에 보인 "國之語音 異乎中國국지어음 이호중국"의 번역문은 언해본에서 두 개 행으로 구분되어 있다. 그러나 해례본의 정음편 원문은 이 구절이 한 행으로 붙어 있다. 해례본의 한문에서 한 행으로 이어져 있던 "國之語音 異乎中國"을 언해본의 번역문에서 각각 독립된 행으로 구분한 것이다. 이런 방식의 행 구분은 이어지는 어제 서문의 다른 구절과 비교해 보면 특이한 것이다. "國之語音 異乎中國" 뒤에 이어지는 해례본의 한문과 언해본의 표음현토문[22]은 다음과 같이 서로 짝이 된다.

〈표 5〉 해례본의 한문과 언해본의 표음현토문의 대응 양상

해례본의 한문구	언해본의 표음현토문
與文字 不相流通	與:영文문字·ᄍᆞᆼ·로 不·붏相샹流륳通통홀·씨
故愚民 有所欲言	故·공·로 愚웅民민·이 有:울所:송欲·욕言언·ᄒᆞ야·도
而終不得伸其情者 多矣	而ᅀᅵᆼ終즁不·붏得·득伸신其끵情쪙者:쟝ㅣ 多당矣:ᅌᅴᆼ·라

22 '표음현토문'은 한자어에 정음으로 표음하고, 우리말 토씨(조사와 어미)를 현토한 문장이다. '정음표음현토'에 해당한다.

〈표 5〉에서 두 개 단위의 한문구가 현토문에서 모두 한 행으로 이어져 있다. 이 같은 해례본의 한문 구성 양상으로 볼 때, “國之語音 異乎中國”의 표음현토문은 다음과 같이 행을 붙여 배열하는 것이 자연스럽다.[23]

〈표 6〉 가정해 본 “國之語音 異乎中國”의 자연스러운 행 구분

해례본의 한문 구성	언해본의 표음현토문
國之語音 異乎中國	國·귁之징語:엉音ᅙᅳᆷ·이　異·잉乎ᅘᅩᆼ中듕國·귁ᄒᆞ야

그러나 훈민정음 언해본에서는 이런 방식으로 붙여 쓰지 않고, 〈표 3〉과 〈표 4〉에 나타나 있는 것처럼 “國之語音 異乎中國”을 두 행으로 나누어 놓았다. 이런 방식으로 행 구분을 한 이유는 무엇일까? 이 질문에 두 가지로 답할 수 있다. 첫째, 〈표 6〉과 같이 “國之語音 異乎中國”을 한 행에 붙이면 같은 행에서 ‘中國’을 ‘國(조선)’의 아랫자리에 놓아야 한다. 이는 명나라를 섬기는 사대 외교에 위배되는 것이면서 동시에 글경어법에도 어긋나는 것이다. [그림 6]의 좌단 끝 행의 세주細註에는 “中듕國·귁·ᄋᆞᆫ 皇ᅘᅪᆼ帝·뎽 :겨신 나·라히·니”라는 정음주석문이 있다. 본문에 없는 내용을 특별히 부가하여 중국을 ‘황제 계신 나라’라고 설명해 놓았다. 황제가 계신 上國상국으로서의 중국을 의식하고, 이를 주석에 표현해 놓은 것이다. 중국(명나라)을 事大사대하는 당시 조선 관리의 사고방식이 작용하여 [그림 6]과 같이 줄바꿈을 행한 것이다.

---

23 고려대 소장 육당문고본 권두면에는 “國之語音 異乎中國”를 한 행으로 붙여 놓았다. 이것은 남학명이 보사해 넣은 부분이므로 원본이 있었다면 『월인석보』 권두본(서강대 소장)과 동일하였을 것이다.

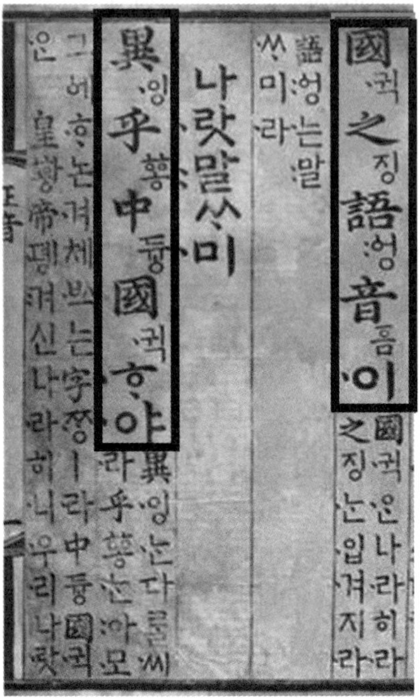

[그림 6] 언해본에서 '國·귁之징語:엉音음·이'와 '異·잉乎흫中듕國·귁ᄒᆞ야'를 줄바꿈한 모습

둘째, 각 행의 협주에 여러 개의 한자 풀이(세주)를 배치하기 위해 행을 구분하여 행관의 여유를 마련한 것이라고 설명할 수도 있다. 정음주석에 해당하는 자리에 여러 개의 한자 풀이를 넣으려고 하면, 본문의 행을 잘게 쪼갤 필요가 있다. 그렇지 않으면 한 행의 본문(정음현토)에 붙는 한자 풀이(정음주석)의 수가 많이 늘어나게 되고, 한자 풀이가 본문과 멀어지게 된다. 한자 풀이를 본문 바로 밑에 두어야 독자가 본문의 뜻을 보다 쉽게 이해할 수 있다. 이러한 점을 고려하여 본문 행을 잘게 나눈 것이라고 설명할 수 있다. 두 가지 설명 중 명분상 더 적절한 것은 첫째 설명이고, 실용적 행관 배치라는 점에서는 둘째 설명이 쓸모 있는 해석이다.

2.3. 한어 치성齒聲 두 가지의 구별 표기

해례본의 한문 원문에 없는 내용이 언해본에 추가된 것이 있다. 조선 한자음에는 없고 중국 한어음漢語音에 존재하는 치성齒聲의 두 가지 소리, 즉 정치음正齒音과 치두음齒頭音을 구별 표기하기 위한 정음자를 만들어 예시하고, 그 음가를 설명한 치음장齒音章이 그것이다.[24] 이 내용을 설명한 문장을 앞에서 보인 네 가지 유형을 기준으로 같은 것끼리 묶어서 정리하면 다음과 같다.

(1) 정음현토 + 정음표음

ⓐ 漢·한音흠齒:칭聲셩·은 有:웋齒:칭頭뚷正·졍齒:칭之징別·볋ᄒᆞ·니 〈훈민정음 언해본 14b〉

ⓑ ᅐ ᅕ ᅏ ᄼ ᄽ 字·쭝·ᄂᆞᆫ 用·용於ᅙᅥᆼ齒:칭頭뚷ᄒᆞ고 〈훈민정음 언해본 14b〉

ⓒ ᅎ ᅔ ᅑ ᄾ ᄿ 字·쭝·ᄂᆞᆫ 用·용於ᅙᅥᆼ正·졍齒:칭·ᄒᆞᄂᆞ·니 〈훈민정음 언해본 15a〉

ⓓ 牙앙舌·쎯脣쓘喉ᅘᅮᇢ之징字·쭝ᄂᆞᆫ 通통用·용於ᅙᅥᆼ漢·한音흠·ᄒᆞ·ᄂᆞ니·라 〈훈민정음 언해본 15b〉

(2) 정음번역

ⓐ 中듕國귁 소리옛 니쏘리ᄂᆞᆫ 齒칭頭뚷와 正졍齒칭왜 ᄀᆞᆯᄒᆡ요미 잇ᄂᆞ니 〈훈민정음 언해본 14b〉

ⓑ ᅐ ᅕ ᅏ ᄼ ᄽ 字쭝ᄂᆞᆫ 齒칭頭뚷ㅅ소리예 쓰고 〈훈민정음 언해본 15a〉

---

24 홍기문(1946上: 4-5)은 언해본에 추가된 이 내용을 '齒音章(치음장)'이라 부르고 이 추가는 세종 자신이 한 것임이 틀림없다고 단정했다. 군왕의 어제 글을 신하가 건드리지 못함을 그 이유로 들었다.

ⓒ ᅐ ᅕ ᅑ ᄾ ᄿ 字ᄌᆞᆼᄂᆞᆫ 正졍齒칭ㅅ소리예 ᄡᅳᄂᆞ니 〈훈민정음 언해본 15a-15b〉

ⓓ 엄과 혀와 입시울와 목소리옛 字ᄍᆞᆼᄂᆞᆫ 中듀ᇰ國귁 소리예 通통히 ᄡᅳᄂᆞ니라 〈훈민정음 언해본 15b〉

(3) 정음주석

ⓐ 漢音은 中國 소리라 頭는 머리라 別은 ᄀᆞᆯᄒᆡᆯ씨라 〈훈민정음 언해본 14b〉

ⓑ 이 소리ᄂᆞᆫ 우리나랏소리예셔 열ᄫᅳ니 혓그티 웃닛머리예 다ᄔᆞ니라 〈훈민정음 언해본 15a〉

ⓒ 이 소리ᄂᆞᆫ 우리나랏소리예셔 두터ᄫᅳ니 혓그티 아랫닛므유메 다ᄔᆞ니라 〈훈민정음 언해본 15a〉

위에서 (1)과 (2)에 속한 ⓐ, ⓑ, ⓒ, ⓓ는 각각 서로 짝이 되는 정음현토문과 정음번역문이다. 여기서 가장 특이한 존재는 (3)정음주석에 속한 (3)ⓑ와 (3)ⓒ의 주석문이다. (3)의 ⓐ는 (1)ⓐ에 있는 한자를 주석한 것이지만 (3)의 ⓑ와 ⓒ는 (1)에 없는 내용을 삽입하여 추가 주석한 것이다. (3)의 ⓑ와 ⓒ는 한어 치두음과 정치음의 조음동작과 음가에 관한 설명이다. (3)의 ⓑ는 한어 치두음을 우리나라말(=조선어)로 발음하면, "이 소리는 우리나랏소리에서 엷으니 혀끝이 웃니 머리에 닿느니라"라고 그 음가를 묘사했다. (3)의 ⓒ는 한어 정치음을 우리나라 말로 발음하면, "이 소리는 우리나랏소리에서 두터우니 혀끝이 아랫잇몸에 닿느니라"라고 그 음가를 묘사했다. 치두음은 혀끝이 가볍게 윗니 머리에 닿으면서 나는 소리이고, 정치음은 혀끝이 아랫잇몸에 두텁게 닿으면서 나는 소리라고 조음위치와 조음동작을 세밀하게 묘사하였다. 한어와 조선어 발음에 대한 조음 음성학적 관찰 수준이 높았음을 (3)에 들어간 주석문 ⓑ와 ⓒ에서 확인할 수 있다. 성운학에 이해가 깊었던 세종과 주변 학자들의 학문적 역량이 여기에 반영되어 있다.

한어 치성에 관한 위 내용은 언해본 전체 15장 30면 중 3면에 걸쳐 있는 것이어서 그 분량이 적지 않다. 언해본의 맨 끝에 해례본 원문에 없는 내용을 추가한 것이다. 추가된 이 내용은 漢語한어에 존재하는 치두음과 정치음의 구별이 조선어음에 없음을 인식하고, 한어음 특유의 치두음과 정치음을 훈민정음으로 구별 표기한 자형을 제시하여 그 음가를 설명한 것이다. 치음에 속하는 ㅅ과 ㅈ 계열 문자의 좌변 삐침획과 우변 삐침획을 각각 길게 빼내어 변형 자형을 만들어 한어음의 치두음과 정치음을 구별하는 표기법을 고안해 냈으니 그 기교가 감탄할 만하다.

치두음과 정치음의 구별 표기는 치음 계열에 존재하는 중국 한자음과 조선 한자음의 차이를 정확하게 인식하고, 그 차이를 자형에 반영한 것이다. 이 구별 표기는 외국어음 표기에 이용되었다. 『사성통고』 범례에는 치두음자 ᄼᅎᅔ과 정치음자 ᄾᅐᅕ의 구별을 두어(강신항 1987: 195-196) 한자음 표기에 이용하였고, 『홍무정운역훈』의 한자음 표기에서도 동일한 표기 방법이 이용되었다(강신항 1987: 361, 367). 치두음자 ᄼᅎᅔ과 정치음자 ᄾᅐᅕ을 구별하여 중국 한자음 표기에 이용한 것이다.

성삼문이 「동자습 서」에서 "훈민정음으로 각 글자 아래 표음하고 한어漢語의 뜻풀이를 하니, (…중략…) 음音과 의義가 분명하여 마치 손바닥을 들여다보는 듯하다."[25]라고 말하였다. 이 말에는 치두음과 정치음의 구별 표기도 함의되어 있다고 본다.

치두음과 정치음의 구별 표기는 한자음뿐 아니라 다라니 진언 표기에도

25 以正音譯漢訓. 細書逐字之下. 又用方言. 以解其義. (…중략…) 音義昭晳. 若指諸掌. (동자습 서)

쓰였다. [그림 7]에 그 사례를 네모로 표시해서 보였다.

[그림 7] 『석보상절』에 나타난 치두음과 정치음 구별 표기(권21, 23b)

안병희(1976: 192)는 『월인석보』 권10(72b-116b) 석보부 다라니주陁羅尼呪 표기에 치두음자와 정치음자가 나오므로, 『석보상절』 권10(전하지 않음)에도 당연히 이 표기가 사용되었을 것이라 예견하였다.[26] 이 같은 예견은 근래에

---

26 안병희(1976: 192)는 치두음과 정치음 구별 표기 규정이 국어 표기 및 동국정운 한자음 표기에 불필요한 것임을 지적하고, 세종조에 편찬된 『사성통고』의 범례에 이 규정이 있고, 『월인석보』 권10의 『석보상절』 다라니 표기에 이미 실용된 예가 있으므로 이 규정은 『석보상절』(1447) 이전에 정해진 것이라고 하였다.

『석보상절』 권21이 발견되고,[27] 사용된 표기 사례들(23a-24a, 25b-27b, 55b-56b)이 확인됨으로써 실증되었다(문화재청 2007: 57-58). 치두음과 정치음을 구별하기 위해 만든 교묘하고 간결한 이 방법은 동국정운식 한자음 표기에는 이용되지 않았다. 조선 한자음 교정 작업에 치두음자와 정치음자를 쓰지 않은 것은 조선어 발음에는 이 음들이 존재하지 않았기 때문이다. 훈민정음 언해본 권말에 치두음과 정치음 구별 표기를 넣은 까닭은 『석보상절』의 진언眞言 주음呪音을 표기하기 위한 것이었다.

3. 훈민정음 언해본 텍스트의 편찬과 번역

3.1. 훈민정음 언해본의 편찬 시기와 참여자

『석보상절』 권1이 현전하지 않지만 이 책에도 훈민정음 언해본이 실려 있었을 것으로 추정된다(안병희 1976: 192, 1979: 110, 1990a/2007b: 92). 『월인석보』 권1에는 수양대군이 쓴 「석보상절 서」가 수록되어 있는데, 이 서문은 『석보상절』 권1에서 가져온 것이다. 수양대군이 「석보상절 서」를 지은 때는 1447년 7월 25일이다.[28] 훈민정음 언해본도 이때 완성된 것으로 본다.

---

27 안병희(1990a/1992a: 200)는 "중국 한자음의 치두 정치음에 대한 구별 표기는 『홍무정운역훈』(1455)의 편찬이 시작되면서 이미 확정된 것이 틀림없다."라고 하였다. 이어서 『석보상절』에 치두음과 정치음의 구별 표기가 나타남을 지적하고, 『석보상절』 간행에 앞서서 『홍무정운역훈』의 편찬 작업이 시작된 것이라고 하였다.

28 『석보상절』의 편찬 연도는 『월인석보』 권1에 실린 수양대군의 「석보상절 서」의 기록을 통해 알 수 있다. 수양대군이 쓴 이 서문의 말미에 "正統十二年七月二十五日(정통십이년칠월이십오일)에 首陽大君諱序(수양대군휘서)ᄒᆞ노라"라는 기록이 있다. 정통 12년(1447) 7월 25일에 『석보상절』 원고가 완성되었음을 알 수 있다. 『석보상절』 권9의 마지막 장에 묵서된 "正統拾肆年貳月初肆日(정통십사년이월초사일)"(1449년 2월 4일)이란 기록을 근거로 『석보상절』 간행의 하한 연도를 1449년 2월로 보는 견해도 있다.

『석보상절』의 한자는 금속활자인 갑인자 큰 자[大字]와 작은 자[小字]이고, 한글자는 갑인자체 한자와 서체가 다른 활자이다. 『석보상절』 권두에 수록된 것으로 보는 훈민정음 언해본도 이와 같은 활자로 찍었을 것이다. 원래 금속활자본이던 『석보상절』의 훈민정음 언해본이 『월인석보』에 와서 목판본으로 바뀌었다.

그런데 『석보상절』에 앞서서 훈민정음 언해본이 번역되었으며, 나아가 간행까지 이루어졌을 수 있다는 의견히 꾸준히 제기되어 왔다. 여러 학자들이 훈민정음 언해본이 최초로 이루어진 시기에 대해 논구하였다.[29] 정우영(2005), 홍윤표(2017b), 조규태 외(문화재청 2007: 55) 등은 『석보상절』 권두의 훈민정음 언해본에 앞서서 정음편(어제 서문+예의)의 번역(혹은 간행)이 이루어진 것으로 보았다. 특히 정우영(2005: 81)은 훈민정음 반포 후 이 문자를 교육할 필요성 세 가지를 들고, 한음漢音 치성齒聲 규정이 마련되기 이전에 '본문'(정음편)의 번역이 이루어졌다고 추정했다. 정우영(2005: 82-84)은 언해본의 성립 시기를 사이시옷 표기 문제, 관형사형 어미 '-ㄹ'과 후행어의 통합 표기 방식

그러나 이호권(2001: 24-26)은 세종이 김수온에게 『석가보(釋迦譜)』를 증수하게 명한 사실(1446.12.2), 『석보상절』 서문 말미의 연기(年紀)(1447.7.25), 현전 『석보상절』에 보이는 동국정운 한자음의 교정 기록, 권6의 난상에 남아 있는 교정 기록(9월 9일~9월 12일, 권6: 4장~34장) 등을 종합적으로 고찰한 결과, 『석보상절』이 1447년 7월에 편찬 완료되었고, 1448년 8월 이전에 간행된 것으로 판단했다. 이호권은 『석보상절』 간행의 하한 연도를 1448년 8월 이전으로 본 것이다. 필자는 이호권의 논증을 따른다.

현전 『석보상절』(권6, 권9, 권13, 권19)에는 한자음을 동국정운식으로 교정한 보인(補印)과 개서(改書)가 나타나 있다(안병희 1974). 난상에는 4명의 교정자 이름이 한자 및 한글로 표기되어 있다. '金重鉉/重鉉/重현/仲鉉/賢/듕현', '韓衆伊/韓衆/韓즁/한즁', '朴티손/治孫', '友仁/右仁/友ᅀᅵᆫ/우ᅀᅵᆫ'(안병희 1974: 22)과 같이 한 사람의 이름이 다양한 표기로 나타나 있다. 안병희(1974: 22)는 교정자 이름에 나타난 한자 표기 '伊(이)'자와 이름자의 한글 표기를 근거로 이들의 신분을 관원이 아니라 서리(胥吏)라고 추정했다. 이들의 교정을 검토한 사람은 '安(안)'씨 성을 가진(?) 관리로 보인다(이호권 2001: 35).

29 정우영(2005: 79-81)은 최현배(1942/1961), 안병희(1985 외), 김동언(1985), 정우영(2000)의 연구 성과를 정리하고, 훈민정음 언해본이 이루어진 시기를 정밀하게 고찰한 바 있다. 김슬옹(2018: 114-115)은 표를 그려 이 문제에 대한 여러 학설을 정리했다.

에 나타난 문헌(훈민정음 언해본, 석보상절, 추가된 한음 치성 번역문) 간의 차이점, 언해문(특히 한음 치성 부분)에 나타난 서체 변이 등을 세밀히 비교하여 훈민정음 언해본이 독립적으로 번역되었던 것이라고 하였다. 홍윤표(2017b)는 훈민정음 언해본에 나타난 정음자의 서체 차이를 지적하고, 『석보상절』 권두본보다 앞선 훈민정음 언해본이 존재했던 것으로 짐작했다. 『석보상절』 권두본에 앞서서 언해본이 번역 간행되었다고 추정한 분들은 대체로 『훈민정음』이 반포된 1446년 9월에서 『석보상절』이 편찬된 1447년 7월 사이에 훈민정음 언해본이 존재했던 것으로 본다. 그러나 훈민정음 언해본이 『석보상절』에 앞서서 번역되었을 가능성은 있지만[30] 이것을 뒷받침하는 문헌 기록이 없다. 이러한 상황에서 필자는 현전하는 서강대본 『월인석보』 권두의 언해본을 최고본最古本으로 간주하고 논의를 진행한다.

3.2. 훈민정음 언해본의 번역 과정

한문으로 지은 해례본의 '어제 서문과 예의'(=정음편)를 훈민정음으로 번역한 것이 훈민정음 언해본이다. 어떠한 과정을 거쳐 한문을 훈민정음으로 번역했을까? 이 질문에 답하는 길은 두 가지이다. 하나는 훈민정음 언해본의 텍스트 자체를 정밀하게 분석하여 번역 과정을 재구성해 보는 것이고, 다른 하나는 당대에 기록된 한문 언해 과정과 비교해 보는 것이다. 후자에 해당하는 『능엄경언해』의 번역 절차를 살펴보고, 이 과정을 훈민정음 언해본에 적용하여 정음편의 번역 과정을 설정해 보기로 한다.

---

30 필자는 이 문제를 깊이 연구한 적이 없어서 선행 연구 성과를 요약 제시하는 데 그쳤다.

1) 『능엄경언해』의 번역 과정과 참여자의 역할

훈민정음 창제 이후에 한문을 훈민정음으로 번역한 과정과 그 절차를 보여 주는 기록이 있다. 간경도감판 『능엄경언해』에 세조가 지은 「어제 발御製跋」이 있고, 그 속의 협주문에 번역 과정이 묘사되어 있다. 세조가 지은 「어제 발」의 협주문에 『능엄경』의 언해 과정이 다음과 같이 묘사되어 있다.[31]

> 上이 입겨ᄎᆞᆯ ᄃᆞᄅᆞ샤 慧覺尊者ᄭᅴ 마ᄀᆡ와시ᄂᆞᆯ 貞嬪韓氏等이 唱準ᄒᆞ야ᄂᆞᆯ 工曹叅判臣韓繼禧 前尙州牧事臣金守溫ᄋᆞᆫ 翻譯ᄒᆞ고 議政府檢詳臣朴楗 護軍臣尹弼商 世子文學臣盧思愼 吏曹佐郎臣鄭孝常은 相考ᄒᆞ고 永順君臣溥ᄂᆞᆫ 例一定ᄒᆞ고 司贍寺尹臣曺變安 監察臣趙祉ᄂᆞᆫ 國韻 쓰고 慧覺尊者信眉 入選思智 學悅 學祖ᄂᆞᆫ 翻譯 正ᄒᆡ온 後에 御覽ᄒᆞ샤 一定커시ᄂᆞᆯ 典言曹氏 豆大ᄂᆞᆫ 御前에 翻譯 닑ᄉᆞ오니라 〈능엄경언해 권10, 어제 발문 4a-4b〉
>
> ⋆**번역문**: 임금께서 구결을 다시고 혜각존자께 확인하시었다. 정빈 한씨 등이 창준唱準(소리 내어 읽어서 맞춤)하였다. 공조참판 한계희, 전 상주 목사 김수온이 번역하고, 의정부 검상 박건, 호군 윤필상, 세자문학 노사신, 이조좌랑 정효상이 상고相考(서로 비교하여 고찰함)하고, 영순군 부가 예例를 일정케 하고, 사섬시윤 조변안, 감찰 조지가 國韻(=동국정운 한자음)을 쓰고, 혜각존자 신미, 입선 사지, 학열, 학조가 번역을 바르게 고친 후에, 임금이 보시고 하나로 정하시었다. 전언 조씨 두대가 어전에서 번역문을 읽었다.

협주문으로 들어간 위 인용문 앞의 본문에는 세종이 정통正統 무오년

---

31 아래 인용문은 홍윤표(2008)에 설명된 내용을 약간 다듬은 것이다. 『능엄경언해』의 번역 과정에 대한 고찰은 이경하(2006: 166-168)에서 이루어졌고, 김무봉(2012: 19-20)에도 이 과정이 설명되어 있다.

(1438)에 『능엄경』을 보시고 번역하려는 뜻을 품으셨고, '나'(수양대군)에게 『능엄경』을 궁구窮究하라는 명을 내렸으며, 내(세조)가 즉위한 후 숙부 효령대군이 『능엄경』과 『영가집』의 번역을 청했다는 내용이 있다. 『능엄경』 번역이 세종의 뜻에서 비롯된 일임을 밝혀 놓은 것이다. 세종이 처음 『능엄경』 번역의 뜻을 세웠고,[32] 세조가 이를 받들어 완성한 것이라고 하였다.

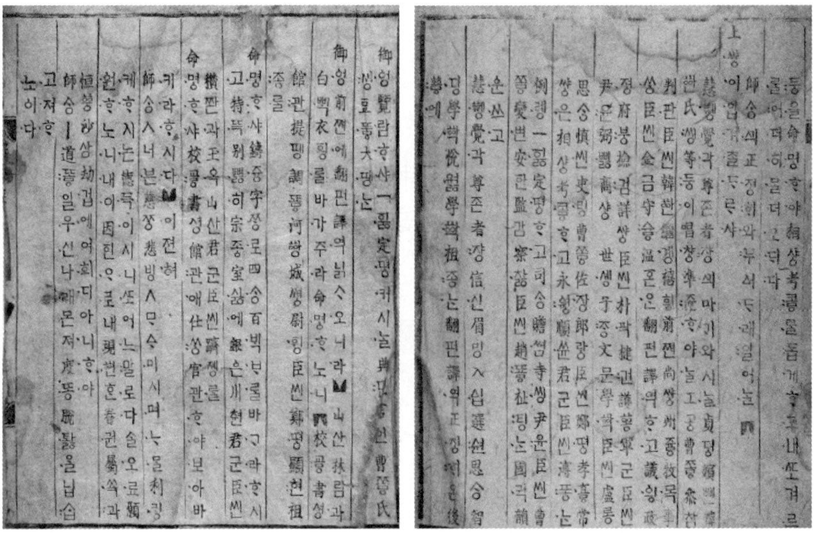

[그림 8] 『능엄경언해』 권10, 「어제 발」 3b(오른쪽)와 4a(왼쪽)

앞의 인용문에 나타난 언해 과정을 홍윤표(2008: 136)에서는 다음과 같이 표로 정리했다.

---

32 그런데 세종이 『능엄경』 번역의 뜻을 품었다고 한 1438년은 훈민정음 창제 5년 전이다. 따라서 이때 세종이 뜻한 '번역'은 훈민정음에 의한 번역이 아니라 구결토를 다는 번역이었을 것이다. 『능엄경』에는 부처와 제자 아난다의 대화를 통해 사마타, 삼마지, 선정을 위한 관법과 수행법을 강설(講說)한 내용이 많고, 교학적 내용과 선수행법을 설한 것이 있어서 난해하다. 난해한 곳을 제대로 이해하기 위해서 올바른 현토와 번역이 필요한 책이었다.

〈표 7〉『능엄경언해』의 번역 절차와 과정(홍윤표 2008: 136)

순서	언해의 작업 내용과 과정
1	구결을 단다.
2	그 구결을 확인한다.
3	한문과 구결을 소리 내어 읽으면서 교정을 한다.
4	한글로 번역한다.
5	이 번역을 여러 사람이 서로 비교하여 고찰한다.
6	예를 일정하게 한다.
7	한자음을 단다.
8	번역을 교정한다.
9	번역을 일정하게 한다.
10	번역을 소리 내어 읽으면서 확인한다.

각 단계의 행위자, 언해 작업에서의 역할, 사회적 신분을 포함시켜 더 자세히 분석하여 일람표를 작성해 보이면 다음과 같다.

〈표 8〉『능엄경언해』의 번역 과정에 참여한 행위자, 역할, 신분 일람표

단계	행위자	언해 작업에서의 역할	신분
1	세조	한문에 구결 달기	왕
2	혜각존자 신미	세조가 단 구결을 검토하고 확인하기	승려
3	정빈 한씨(훗날의 인수 대비)	한문과 구결을 소리 내어 읽으면서 어법에 맞는지 확인하기	여성
4	한계희, 김수온	정음으로 번역하기	유학자
5	박건, 윤필상, 노사신, 정효상	번역한 문장을 네 사람이 서로 견주어 깊이 생각하고 살펴보기	유학자
6	이부(李溥)(永順君)[33]	예(例)를 일정하게 하기	왕자
7	조변안, 조지	동국정운식 한자음 달기	유학자
8	신미, 사지, 학열, 학조[34]	번역문을 바르게 교정하기	승려
9	세조	어람하여 번역문을 하나로 정하기	왕
10	조두대	어전에서 번역문을 소리 내어 읽기	여성

33 문종실록(1451, 문종 1) 1월 6일 기사에 이부(李溥)를 가덕대부(嘉德大夫) 영순군(永順君)으로 삼았다는 관직 제수기가 있다. 이 기사에 "이부(李溥)는 광평대군(廣平大君) 이여(李璵)의 아들이다. 임금은 이여(李璵)가 일찍 졸(卒)한 것을 애도하여서, 이부를 아들같이 사랑하여 항상 궁중에 두고 세자와 더불어 벗하여 글을 읽게 하니, 나이는 비록 어렸으나 특별히 일품(一品)을 제수하여 작질(爵秩)이 임금의 여러 아우의 아들보다 높았다."라는 내용이 있다. 세조실록에 영순군 이부가 참여한 여러 행사 기록이 있다.

34 사지, 학열, 학조의 승품계는 '入選(입선)'으로 나타나 있다. 승과 시험에 있었던 '입선'

〈표 8〉에는 언해 작업에 참여한 사람(행위자)과 각각의 역할이 단계별로 정리되어 있다. 〈표 8〉의 1단계에서 보듯이 세조가 한문에 구결을 다는 것으로 번역이 시작되었다. 『능엄경언해』의 본문과 협주문의 한문에는 한글 구결이 달려 있다.[35] 세조는 번역의 마무리 단계인 9단계에서 정음으로 작성한 번역문을 최종 확정하였다. 언해 과정에서 가장 중요한 단계는 4단계, 5단계, 8단계이다. 4단계는 초벌 번역 단계로, 한계희와 김수온이 이 일을 맡았다. 5단계는 4단계의 초벌 번역문을 네 명의 유학자가 서로 비교하면서 다듬는 작업이었다. 8단계에서는 네 명의 승려가 번역문을 재검토하여 바르게 고쳤다. 네 명의 승려가 유학자가 작업한 결과물을 다시 살핀 것은 불교 교리 해석 및 불교적 표현에 오류가 없는지 확인하기 위한 작업이었을 것이다.

동국정운식 한자음 표기는 번역문이 거의 완성된 7단계에서 행해진 것으로 본다(홍윤표 2008). 훈민정음 언해본에는 한문 본문의 각 한자마다 동국정운식 한자음이 붙어 있으나 『능엄경언해』에서는 한문 본문에는 한자음 표기가 없고, 번역문에만 한자음 표기가 있어서 서로 차이를 보인다. 〈표 8〉에서 『능엄경언해』 번역문의 동국정운식 한자음 표기는 조변안曺變安과 조지趙祉가 행한 것임을 알 수 있다. 조변안은 『동국정운』과 『홍무정운역훈』의 편찬자로 각 책의 서문에 그의 이름이 올라 있다. 그러나 조지는 두 운서의 번역 사업에 참여한 기록이 없다. 이로 보아 조변안이 이 일을 주도하고, 조지는 조변안의 보조 역할을 한 것으로 짐작된다.

위 언해 과정에서 흥미로운 점은 정빈 한씨[36](훗날의 인수대비)와 조두대[37]라

이란 승품계는 고려시대의 인각사 보각국사 비문에도 보인다.

35 한 예문을 보이면 다음과 같다. 如來ㅅ 果體ᄂᆞᆫ 其體ㅣ 本然커시니 何假密因ᄒᆞ시며 菩薩ㅅ 道用ᄋᆞᆫ 其用이 無作거시니 孰爲萬行이리오 〈능엄경언해 1, 6a〉

36 정빈 한씨(貞嬪 韓氏)는 세조의 맏아들 의경세자의 빈이었으나 세자가 20세에 요절하고, 시동생 해양대군이 왕세자에 책봉되자 '정빈(貞嬪)'이란 작호를 받았다. 정빈 한씨는 한문에 능통하여 경서를 즐겨 읽었고 『내훈』을 엮어 간행하기도 했다.

37 조두대는 아주 특이한 경력을 가진 여성으로 조선왕조실록에 여러 번 등장한다. 이경

는 두 명의 여성이 이 작업에 참여한 사실이다. 정빈 한씨는 한문과 거기에 붙인 구결을 낭송하는 역할을 했고, 조두대는 언해문을 소리 내어 읽는 일을 했다. 한문에 능통한 정빈 한씨가 구결문을 낭송하고, 한문과 언문에 능했던 조두대가 정음 번역문을 낭송했다. 두 사람의 낭송을 통해 구결문과 정음 번역문이 호흡의 흐름에 맞고 문법에 어긋나지 않는지를 확인했을 것이다. 이렇게 낭송하는 자리에는 번역에 관계한 사람들이 참석하여 함께 듣고서 모자란 점을 다시 보완했을 것이다.

2) 『능엄경언해』에 비추어 가정해 본 훈민정음 언해본의 번역

『능엄경언해』의 언해 과정에 나타난 절차가 훈민정음 언해본의 작성에도 적용되었을 수 있다. 〈표 8〉의 절차를 『훈민정음』 정음편 번역 과정에 대응시켜서 〈표 9〉와 같은 가설적 일람표를 작성해 보았다.

〈표 9〉 『훈민정음』 정음편의 번역 과정에 참여한 행위자, 역할, 신분 일람표(1)

단계	행위자	언해 작업에서의 역할	비고
1	세종	어제 서문과 예의의 한문에 한글 구결 달기**(정음현토)**	
2	세종, 학자?	한글 구결을 검토하기	불필요
3	궁중 여성	한문과 구결을 소리 내어 읽으면서 어법에 맞는지 확인하기	불필요
4	세종, 학자?	본문을 정음으로 번역하고**(정음번역)**, 한자 주석 붙이기**(정음주석)**	
5	세종, 학자?	정음 번역문과 정음주석문을 깊이 생각하고 살피기 **(정음번역 및 정음주석을 숙고함)**	
6	세종, 학자?	예(例)를 일정하게 만들기	
7	세종, 학자?	동국정운식 한자음과 성점 달기**(정음표음-한자음 표기 및 성점 달기)**	
8	세종, 학자?	번역된 우리말에 방점 달기**(정음표음-우리말 방점 달기)**	
9	세종	어람하여 번역문을 하나로 정하기	
10	궁중 여성	어전에서 번역문을 소리 내어 읽기	불필요

하(2006: 168)는 『내훈』의 발문을 쓴 '조 상궁'이 조두대일 것이라고 추정했다.

정음편은 세종이 지은 글이다. 이 글을 번역하는 일은 신하들이 맡기 어려워하여 세종 스스로 했을 듯하다. 이 점을 고려하여 1단계 작업을 세종이 한 것으로 보았다. 2단계 이하에서 '세종, 학자?'로 표기한 것은 세종과 세종을 도운 측근 학자가 보조 작업을 한 것이 아닐까 짐작했음을 뜻한다. '학자'에 ?를 붙인 것은 누가 했는지 알 수 없음을 의미한다. 2단계는 실제 작업에서 없었을 듯하다. 왕이 붙인 구결토를 신하들이 고친다는 것도 상상하기 어렵고, 어제 서문은 매우 짧은 글이라 토 달기가 어렵지 않기 때문이다. 4단계 이하 작업에 적힌 '학자?'는 『훈민정음』 해례본 편찬에 참여한 언문팔유 중의 한두 사람이었을 듯하다. 특히 7단계의 동국정운식 한자음을 붙이는 일은 동국정운식 한자음 지식을 갖춘 사람이라야 할 수 있다. 『석가보』의 증수增修를 맡은 김수온은 세종의 한자음 사업에 참여하지 않은 분이어서 7단계 일을 수행하기에 부적합하다. 7단계 작업을 할 만한 분은 『동국정운』 편찬과 『훈민정음』 해례본 편찬에 공히 참여한 신숙주, 최항, 성삼문, 박팽년, 이개 등이다.

『능엄경언해』에서는 여성이 두 단계의 작업에 참여했으나 정음편 번역에 왕실 여성이나 궁녀가 참여했다는 아무런 증거가 없다. 따라서 〈표 9〉의 3단계와 10단계는 없애도 무방하다.[38] 또 『능엄경언해』와 달리 언해본의 내용은 불교적인 것이 아니기 때문에 정음편의 언해 작업에 승려는 참여하지 않았을 것이다.[39]

훈민정음 언해본이 『석보상절』 권두에 실려 처음 간행되었다고 본다면 1447년 7월에 훈민정음 언해본의 원고가 완성되었다고 볼 수 있다.[40] 『동국

---

38 그래서 〈표 9〉의 3단계와 10단계를 점선으로 하고 글자 크기도 작게 하였다.

39 이 작업에 승려의 도움이 필요하지 않았을 것이다.

40 이 판단은 세조가 수양대군 시절에 쓴 「석보상절 서」가 1447년 7월 25일에 작성되었음을 근거로 한 것이다.

정운』의 원고 완성이 1447년 9월이니 정음편 번역 즉 훈민정음 언해본 번역은 이와 비슷한 시기에 함께 진행되었던 것이다. 훈민정음 언해본에 동국정운식 한자음이 표기되어 있기 때문에 완성된 동국정운 한자음을 참고하여 훈민정음 언해본에 반영했을 것이다.[41] 훈민정음 언해본의 번역과 인쇄가 『동국정운』 원고 완성보다 먼저 이루어졌다면, 『석보상절』 권6 등에 보이는 동국정운식 한자음의 교정 작업을 추가로 했을 것이다.[42] 번역된 우리말에 방점을 표기하는 8단계 작업은 『능엄경언해』 발문에 묘사되어 있지 않지만 반드시 필요한 과정이다. 이 작업은 정음 번역문 및 정음주석문의 한자에 음과 방점 표기를 붙이는 7단계 작업 뒤에 행해졌을 것이다.

〈표 9〉에서 불필요한 것으로 본 단계와 참여 정황이 없는 여성의 역할을 빼는 것이 훈민정음 언해 과정에 알맞다. 훈민정음 언해의 번역 분량이 『능엄경』에 비해 훨씬 적어서 〈표 9〉의 4-5-6단계를 각각 구별하여 여러 사람이 나누어 작업할 필요도 없었을 것이다. 앞에서 불필요하다고 본 2단계, 3단계, 10단계를 빼고, 4-5-6단계를 하나로 합쳐 훈민정음 언해의 작업 단계를 줄이면 다음과 같다.

〈표 10〉 『훈민정음』 정음편의 번역 과정에 참여한 행위자, 역할, 신분 일람표(2)

단계	행위자	언해 작업에서의 역할
1	세종	어제 서문과 예의의 한문에 한글 구결 달기**(정음현토)**
2	세종, 학자?	정음으로 번역하고**(정음번역)**, 한자 주석 붙이기**(정음주석)**. **예(例)**를 일정하게 만들기
3	세종, 학자?	동국정운식 한자음과 방점 달기**(정음표음-한자음 표기 및 방점 달기)**
4	세종, 학자?	번역된 우리말에 방점 달기**(정음표음-우리말 방점 달기)**
5	세종	어람하고 최종 번역문을 확정하기

41 이런 작업 흐름으로 볼 때 1447년 『석보상절』 간행 이전(1445년 전후)에 훈민정음 언해본이 단행본 형태로 간행되었을 가능성은 매우 낮다. 동국정운식 한자음 표기가 확정되기 이전에 훈민정음 언해본의 간행은 불가능한 것으로 본다.

42 『석보상절』 권1의 초간본이 발견된다면 이 짐작의 사실 여부가 검증될 수 있다.

〈표 10〉과 같이 줄인 작업 단계에서는 2단계 작업이 가장 중요하다. 2단계에 포함된 '예例를 일정하게 만들기'의 작업 내용에는 사잇소리 표기를 일정하게 하는 일도 포함되었을 것이다. 훈민정음 언해본의 사잇소리 표기는 이론 지향적 특성을 띠고 있으며, 고도의 음운학 지식을 가진 사람만 할 수 있는 일이다.

〈표 9〉, 〈표 10〉의 모든 작업 단계에 세종을 포함시킨 것은 다음 두 가지 사실을 고려했기 때문이다. 첫째는 훈민정음 언해본에 나타난 사잇소리 표기의 높은 학문적 수준이다. 훈민정음 언해본에 나타난 사잇소리 표기의 원리는 선행어의 말음이 유성음일 때 선행어의 '종성자'와 같은 음류音類(조음점이 같은 음)의 전청자全清字가 첨가된다는 것이다. 이렇게 표현하니 이 작업이 단순해 보일 수 있으나 말음의 다양한 특성에 따라 첨가되는 사잇소리 자가 달라지고, 동국정운식 한자음 표기까지 관여하면서 매우 복잡한 양상을 보인다.[43] 이기문(1972b: 73-76)은 『용비어천가』와 『월인천강지곡』에 나타난 종성부용초성 표기례를 고찰하면서 이것을 설명하는 방법은 "세종과 직접적으로 관련된 데 있었다고 하는 것 외에 달리 찾을 수 없지 않은가 한다."라고 하였다. 이어서 "세종은 대단한 이론가여서 형태음소적 원리까지 생각해 낸 것"(76쪽)이라고 추측하였다.[44] 이러한 추측은 훈민정음 언해본의 사잇소리에 그대로 적용될 수 있다. 어간형을 밝혀서 적는 종성부용초성은 이론 지향적 표기여서 보통의 백성들이 실용하기 어렵다. 언해본의 사잇소리 표기는 종성부용초성의 원칙보다 '두 걸음 정도' 더 나아간 고도의 이론이다. 종

43 훈민정음 언해본의 사잇소리 표기에 대한 자세한 설명은 제2부 제3장의 2.3절(이 책의 377쪽)을 참고하기 바란다.

44 이 인용문은 이기문(1972b: 73-76)에서 가져온 것이다. 위의 인용문에 이어서 이기문은 종성부용초성 원칙이 훈민정음 해례에서 채택되지 않은 까닭은 '우민(愚民)'의 '편어일용(便於日用)'을 위함이며, 개인적으로 팔종성법에 만족하지 못한 세종이 종성부용초성 원칙을 『용비어천가』와 『월인천강지곡』에 반영시킨 것이라고 짐작하였다.

성부용초성과 언해본의 사잇소리 표기는 이론적 표기라는 점에서 그 궤(軌)를 같이한다. 유사한 음운론적 성격을 가진 이 두 가지는 모두 세종으로부터 나온 것이라는 설명 이외에 다른 대안이 없다.

둘째는 정음편의 두 글(어제 서문과 예의)이 모두 세종의 친제라는 점이다. 세종이 말년에 온 힘을 쏟아 집중한 일이 훈민정음 창제와 『훈민정음』 반포였던 만큼 친제한 서문과 예의의 정음 번역을 당신 스스로 했을 가능성이 높다. 이 일에 참여한 '학자?'는 세종을 돕는 보조적 역할을 수행했을 것이다.

3) 언해본 텍스트 분석을 통해서 본 번역 과정

언해본 텍스트에 나타난 번역문의 실제 사례를 분석하여 번역의 과정을 재구성해 보기로 한다. 먼저 이 책의 권두서명을 풀이한 부분을 살펴보자.

〈표 11〉 권두서명의 번역 과정

①권두서명	訓民正音
②정음주석	訓은 ᄀᆞᄅᆞ칠씨오 民ᄋᆞᆫ 百姓이오 音은 소리니
③정음주석	訓民正音은 百姓 ᄀᆞᄅᆞ치시논 正ᄒᆞᆫ 소리라
④정음표음 (한자음 표기)	訓·훈民민正·졍音흠 訓·훈은 ᄀᆞᄅᆞ칠씨오 民민ᄋᆞᆫ 百·ᄇᆡᆨ姓·셩이오 音흠은 소리니 訓·훈民민正·졍音흠은 百·ᄇᆡᆨ姓·셩 ᄀᆞᄅᆞ치시논 正·졍ᄒᆞᆫ 소리라
⑤정음표음 (방점 표기)	訓·훈·은 ᄀᆞᄅᆞ·칠·씨·오 民민·ᄋᆞᆫ 百·ᄇᆡᆨ姓·셩·이·오 音흠·은 소·리·니 訓·훈民민正·졍音흠·은 百·ᄇᆡᆨ姓·셩 ᄀᆞᄅᆞ·치시·논 正·졍ᄒᆞᆫ 소·리·라

〈표 11〉은 권두서명의 번역 과정을 추정적으로 재구성해 본 것이다. 권두서명이어서 정음번역에 해당하는 본문 번역 작업이 없다. ②의 정음주석은 권두서명에 들어간 각 한자의 음과 뜻을 개별적으로 풀이한 한자의 주석이다. ③은 '訓民正音'의 전체 뜻을 한 문장으로 묶어서 풀이한 정음주석인데 권두서명의 정음번역에 가깝다. ④는 권두서명 및 ②와 ③의 문장에 들

어간 한자에 동국정운식 한자음을 달고 방점을 표기하는 작업이다. ④에서 권두서명은 독립된 행에 굵은 글씨로 표기되어 있지만 정음주석문(한자 주석문)은 작은 글씨의 협주문 형식으로 표현되어 있다. ⑤는 정음주석문의 우리말 요소에 음절 단위로 방점을 붙이는 일이다. 이 작업은 맨 끝에 이루어졌을 것이다. 정음주석문과 정음 번역문이 완성되어야 방점 표기가 가능하기 때문이다.

어제 서문의 첫 문장(國之語音 異乎中國)을 하나의 표에 묶어서 번역 과정을 표현해 보면 다음과 같다.[45]

〈표 12〉 어제 서문 첫 문장(國之語音 異乎中國)의 번역 과정

①한글 구결 달기 (정음현토)	國之語音이 異乎中國ᄒᆞ야
②한자 주석 달기 (정음주석)	國ᄋᆞᆫ 나라히라 之ᄂᆞᆫ 입겨지라 語는 말ᄊᆞ미라 異ᄂᆞᆫ 다ᄅᆞᆯ씨라 乎ᄂᆞᆫ 아모그에 ᄒᆞ논 겨체 쓰는 字ㅣ라 中國ᄋᆞᆫ 皇帝 겨신 나라히니 우리나랏常談애 江南이라 ᄒᆞᄂᆞ니라
③본문 번역하기 (정음번역)	나랏말ᄊᆞ미 中國에 달아
④한자음 표기 (정음표음)	國·귁之징語:ᅌᅥᆼ音ᅙᅳᆷ이 異·잉乎ᅘᅩᆼ中듕國·귁ᄒᆞ야 國·귁ᄋᆞᆫ 나라히라 之징ᄂᆞᆫ 입겨지라 語:ᅌᅥᆼ는 말ᄊᆞ미라 異·잉ᄂᆞᆫ 다ᄅᆞᆯ씨라 乎ᅘᅩᆼᄂᆞᆫ 아모그에 ᄒᆞ논 겨체 쓰는 字·ᄍᆞᆼㅣ라 中듕國·귁ᄋᆞᆫ 皇ᅘᅪᆼ帝·뎽 겨신 나라히니 우리나랏常쌍談땀애 江강南남이라 ᄒᆞᄂᆞ니라
⑤우리말에 방점 달기 (정음표음)	國·귁之징語:ᅌᅥᆼ音ᅙᅳᆷ·이 異·잉乎ᅘᅩᆼ中듕國·귁·ᄒᆞ·야 國·귁·ᄋᆞᆫ 나·라히·라 之징·ᄂᆞᆫ ·입·겨지·라 語:ᅌᅥᆼ·는 :말·ᄊᆞ미·라 異·잉·ᄂᆞᆫ 다ᄅᆞᆯ·씨·라 乎ᅘᅩᆼ·ᄂᆞᆫ :아·모그에 ·ᄒᆞ논 ·겨체 ·쓰는 字·ᄍᆞᆼㅣ·라 中듕國·귁·ᄋᆞᆫ 皇ᅘᅪᆼ帝·뎽 :겨신 나·라히·니 ·우·리나·랏 常쌍談땀·애 江강南남·이·라 ·ᄒᆞ·ᄂᆞ니·라

〈표 12〉의 ①은 한문 "國之語音 異乎中國국지어음 이호중국"에 우리말 구결을 붙인 것이다. 체언토로서 주격조사 '-이'와 용언토로서 동사 'ᄒᆞ야'가

45 "國之語音이 異乎中國ᄒᆞ야"는 언해본 원문에서 번역문과 주석문이 각각 나누어져 있으나 문맥 흐름을 보기 위해 하나로 묶어서 도표화했다.

붙어 있다. 이 구절은 동사 서술어이기 때문에 이유나 원인의 뜻을 표현하는 구결토 'ᄒᆞ야'를 현토한 것이다.

②는 원문 ①에 쓰인 각 한자의 뜻을 풀이한 주석문이다. 주석문은 기본적으로 주어+서술어 형식(예: 國은 나라히라)으로 되어 있다. "國之語音" 중 앞의 세 글자의 뜻풀이만 보이고, '音'의 풀이는 제외되었다. 그 이유는 바로 앞에 나온 권두서명 "訓民正音"에서 '音'의 뜻을 "音은 소리니"라고 이미 풀이했기 때문이다. "異乎中國"의 한자 주석에서 '乎'와 '中國'의 풀이가 흥미를 끈다. '乎'의 용도를 "아모그에 ᄒᆞ논 겨체 쓰는 字"라고 했다. 어조사 '乎'를 "'아무것에'라고 하는 곁에 쓰는 글자"로 풀이한 것은 이 한자의 문법 기능이 '곁'으로 인식되었음을 뜻한다. 이 문장의 언해자는 한자 '乎'가 당시 조선어 번역문에서 어떤 문법 기능을 하는지 정확히 인식했던 것이다.

②에서 '中國'은 축자적으로 풀이하지 않았다. 축자적으로 풀이했다면 '中ᄋᆞᆫ 가온ᄃᆡ라', "國ᄋᆞᆫ 나라히라' 정도로 했을 것이다. 그러나 '中國'은 황제가 계신 나라이고, 당시 조선 사람의 일상어에 '강남'이라 불렸다고 풀이해 놓았다. 장강長江의 남쪽, 즉 양자강揚子江의 남쪽을 가리키는 '江南강남'이란 한자어가 중국을 대신한 말로 통용되었음을 보여 준다.

③의 "나랏말ᄊᆞ미 中國에 달아"는 "國之語音"은 우리말로 완전히 번역했으나 고유어 '中國'은 한자어로 표기하였다. ②의 주석문에서 '황제가 계신 나라'라고 뜻풀이를 하고, 정음 번역문에서는 하나의 고유명사로 쓴 것이다.

④는 ①과 ②에 쓰인 한자에 동국정운식 한자음과 사성을 표기한 것이고, ⑤는 ④의 단계를 거친 한자 주석문과 본문 번역문의 우리말 요소에 방점을 단 것이다. 동국정운식 한자음 표기와 우리말 요소의 방점 달기는 단계를 구별하여 행해진 것으로 봄이 적절하다. ④와 ⑤가 동일인에 의해 행해진 것이라 하더라도 한자음 표기의 전문성이 더 높기 때문에 작업 단계가 나뉘어 진행되었을 듯하다.

어제 서문 마지막 행의 번역은 줄바꿈(=행 구분) 단위가 더 커져 있는데 〈표 12〉와 같은 방식으로 나타내 보면 〈표 13〉과 같다.

〈표 13〉 어제 서문 마지막 문장의 번역 과정

①한글 구결 달기 (정음현토)	欲使人人ᄋᆞ로 易習ᄒᆞ야 便於日用耳니라
②한자 주석 달기 (정음주석)	使ᄂᆞᆫ ᄒᆡᅇᅧ ᄒᆞ논 마리라 人ᄋᆞᆫ 사ᄅᆞ미라 易ᄂᆞᆫ 쉬ᄫᅳᆯ씨라 習ᄋᆞᆫ 니길씨라 便은 便安ᄒᆞᆯ씨라 於는 아모그에 ᄒᆞ논 겨체 ᄡᅳ는 字ㅣ라 日ᄋᆞᆫ 나리라 用ᄋᆞᆫ ᄡᅳᆯ씨라 耳ᄂᆞᆫ ᄯᆞᄅᆞ미라 ᄒᆞ논 ᄠᅳ디라
③본문 번역하기 (정음번역)	사ᄅᆞᆷ마다 ᄒᆡᅇᅧ 수ᄫᅵ 니겨 날로 ᄡᅮ메 便安킈 ᄒᆞ고져 ᄒᆞᇙ ᄯᆞᄅᆞ미니라
④한자음 표기 (정음표음)	欲·욕使:ᄉᆞᆼ人ᅀᅵᆫ人ᅀᅵᆫᄋᆞ로 易·잉習·씹ᄒᆞ야 便뼌於ᅙᅥᆼ日·ᅀᅵᇙ用·용耳:ᅀᅵᆼ니라 使:ᄉᆞᆼᄂᆞᆫ ᄒᆡᅇᅧ ᄒᆞ논 마리라 人ᅀᅵᆫᄋᆞᆫ 사ᄅᆞ미라 易·잉ᄂᆞᆫ 쉬ᄫᅳᆯ씨라 習·씹ᄋᆞᆫ 니길씨라 便뼌은 便뼌安한ᄒᆞᆯ씨라 於ᅙᅥᆼ는 아모그에 ᄒᆞ논 겨체 ᄡᅳ는 字·ᄍᆼㅣ라 日ᅀᅵᇙᄋᆞᆫ 나리라 用·용ᄋᆞᆫ ᄡᅳᆯ씨라 耳:ᅀᅵᆼᄂᆞᆫ ᄯᆞᄅᆞ미라 ᄒᆞ논 ᄠᅳ디라
⑤우리말에 방점 달기 (정음표음)	:사ᄅᆞᆷ:마·다 :ᄒᆡ·ᅇᅧ :수·ᄫᅵ 니·겨 ·날·로 ·ᄡᅮ·메 便뼌安한·킈 ᄒᆞ·고·져 ᄒᆞᇙ ᄯᆞᄅᆞ·미니·라 使:ᄉᆞᆼ·ᄂᆞᆫ :ᄒᆡ·ᅇᅧ ·ᄒᆞ논 :마리·라 人ᅀᅵᆫ·ᄋᆞᆫ :사·ᄅᆞ미·라 易·잉·ᄂᆞᆫ :쉬ᄫᅳᆯ ·씨·라 習·씹·ᄋᆞᆫ 니·길·씨·라 便뼌·은 便뼌安한ᄒᆞᆯ·씨·라 於ᅙᅥᆼ·는 :아·모그·에 ·ᄒᆞ논 ·겨체 ·ᄡᅳ는 字·ᄍᆼㅣ·라 日ᅀᅵᇙ·ᄋᆞᆫ ·나리·라 用·용·ᄋᆞᆫ ·ᄡᅳᆯ·씨·라 耳:ᅀᅵᆼ·ᄂᆞᆫ ᄯᆞᄅᆞ·미·라 ·ᄒᆞ논 ·ᄠᅳ디·라

"國之語音"과 "異乎中國"을 줄바꿈하여 나누었던 점과 달리 "欲使人人易習 便於日用耳욕사인인이습 편어일용이"는 중간을 나누어 줄바꿈하지 않고 하나로 붙여 놓았다. 후자는 전자에 비해 한자 수도 많고 길이도 길지만 붙여 쓴 것이다. 후자의 문장은 글경어법을 고려할 필요가 없는 것이며, 의미상 한 단위로 판단했기 때문에 붙여 쓴 것이다. 어제 서문의 언해자가 한문의 의미론적 단위를 중시하여 줄바꿈 단위를 정했음을 알 수 있다.

이상에서 언해문의 번역 형식과 내용 단위를 고려하여 해례본의 한문 원문이 번역된 양상을 분석하여 언해본의 번역이 이루어진 단계와 각 단계에서 행한 번역 내용을 고찰해 보았다.

4) 어제 서문과 예의 즉 정음편만 번역한 이유

『훈민정음』 해례본은 전체가 한문으로 되어 있기 때문에, 한문을 모르는 사람에게는 접근 불가능한 책이다. 문자(=한자)를 모르는 백성들에게 한문으로 된 해례본은 쓸모가 없다. 훈민정음은 세종이 어제 서문에서 명시했듯이, 한문자로 제 뜻을 능히 펼칠 수 없는 백성[愚民]을 위해 창제한 것이다. 그러므로 해례본 중에서 가장 요긴한 부분을 가려서 한문자를 모르는 백성들이 알 수 있도록 정음자로 번역할 필요가 있었다. 이러한 필요에 따라 해례본의 내용 중 세종이 직접 지은 어제 서문과 새 문자의 자형과 음가 그리고 운용법을 간략히 예시한 예의例義만 우리말로 번역한 것이다. 해례본의 전체 내용 중에서 어제 서문과 예의 즉 정음편이 새 문자 창제의 취지를 널리 알리고, 읽고 쓰기 위한 방법을 배우는 데 유용한 것이었다. 요컨대 새 문자 학습에 가장 요긴한 정음편을 번역한 것이 훈민정음 언해본이다.

해례본의 어제 서문과 예의는 한글로 번역했지만 정음해례편은 번역하지 않았다. 정음해례편을 번역하지 않은 것은 정음해례편의 내용이 양반 지식인층을 대상으로 한 것이기 때문이다. 훈민정음 문자체계가 성운학과 성리학에 바탕을 둔 것임을 한문으로 설명한 것이 정음해례편이다. 정음해례편은 고도의 성운학적·성리학적 지식을 갖춘 양반층 지식인만이 읽고 이해할 수 있는 내용이었기에 정음으로 번역할 필요가 없었던 것이다.

『석보상절』과 『월인석보』는 한문본 없이 언해본만 간행되었다. 이 두 책은 양반 지식인을 예상 독자로 삼은 것이 아니다. 훈민정음이 1443년에 창제되어 1446년에 완성되었으므로 1446~1448년경에는 언문팔유, 조정의 일부 관리, 정음을 배운 이서吏胥, 왕실 사람과 궁중의 소수 사람들을 제외한 대부분의 사람들이 새 문자를 몰랐을 것이다. 『석보상절』을 읽어 내려면 먼저 새 문자를 익혀야 하기에 『석보상절』 권두에 훈민정음 언해본을 붙여서 새 문자를 배우도록 하였다. 『석보상절』과 『월인석보』 권두의 언해본은 훈민정음 학습자료였던 것이다.

그러나 새 문자를 전혀 모르는 사람이 '혼자서' 언해본을 보고 정음 자모의 쓰임을 익히기는 불가능하다. 이 문자를 이미 알고 있는 누군가가 글자꼴과 쓰는 법, 글자의 음가, 초성·중성·종성이 합쳐져 음절자를 만드는 법을 학습자에게 가르쳐 주어야 한다. 그래서 훈민정음 언해본보다 더 쉽고 효율적인 정음 학습자료가 있었을 것이라는 주장이 나오게 된 것이다. 훈민정음 창제 직후에 이루어진 훈민정음의 학습과 교육에 관한 기록은 거의 없으나 최만리 등의 상소문에 그 편린이 나타나 있다. 세종 26년(1444) 2월 20일에 올린 최만리 등의 상소문에서 이배吏輩 10여 인에게 언문을 가르쳐 익히게 했다는 내용이 이것이다. 이배들에게 언문을 가르쳤다면 당연히 언문 학습을 위한 자료가 존재했을 것이다. 최만리 등의 상소문에 나타난 언문 교육의 정황으로 보아 『석보상절』 권두에 수록된 훈민정음 언해본이 간행되기 이전에 새 문자 학습을 위한 자료가 있었던 것으로 필자는 판단한다. 이 문제는 강창석(2012, 2014)에서 깊이 다루어졌다. 강창석(2012: 20)은 정인지 서문에 언급된, 세종이 "略揭例義以示之약게예의이시지"했다고 한 사실을 중시하고 이때 "약게예의하여 보여 준" 그 문서가 훈민정음 교재로 이용되었을 가능성이 높다고 보았다. 강창석은 여기서 더 나아가 세종 25년 12월에 '略揭例義약게예의'한 것의 내용이 『훈민정음』 본문(=현전 해례본의 예의)과는 다른 것이고,[46] 최세진의 「언문자모」와 같았을 가능성이 높다고 보았다.

정우영은 이서 선발 시험에 훈민정음을 부과한 것(세종 28년 12월 26일, 세종 29년 4월 20일)은 "언해본이 제작되어 광범위하게 유포되었음을 전제로 할 때

---

46 세종이 예의를 공개한 이후, 한자음 교정 등의 정책 변화로 말미암아 문자 표기 대상에 한자음이 포함되었고, 이 과정에서 원래 '언문(諺文)'이었던 문자의 명칭도 '훈민정음(訓民正音)'으로 바뀌었다고 보는 견해가 있다(강창석 2012: 20-21). 이 점에 대해서는 제3부 제2장 1.2절(이 책의 460쪽)에서 다시 논한다.

에만 성립될 수 있는 이야기”라 하고, 1446년 12월까지 언해본이 제작·유통되었을 개연성이 있으며, 아무리 늦잡아도 1447년 4월 이전에 언해본이 존재했을 것으로 판단했다(정우영 2005: 91).

필자가 보기에, 『월인석보』 권두에 실린 훈민정음 언해본과 같은 것이 『석보상절』 권두에 수록된 사실은 분명하므로 훈민정음 언해본은 1447년 7월경에 완성되었음이 확실하다. 훈민정음 언해본이 『석보상절』 권두에 수록되기 이전에 유통된 학습자료가 있었다고 하더라도 그것을 간본刊本으로 볼 근거는 없다. 예의의 내용은 그 분량이 적어서 한 권의 책으로 묶을 정도가 되지 못한다. 한두 장 지면에 다 적을 수 있는 분량이다. 이 점을 고려하여 필자는 창제 직후에 이용된 훈민정음 학습자료는 간본이 아니라 필사본으로 유통되었을 것으로 본다. 이 필사본 정음 학습자료는 세종이 ‘약게예의略揭例義’한 ‘약예의’였을 것이다. 이 점은 강창석 교수의 주장과 같다. 그러나 세종이 지은 ‘약예의’와 『훈몽자회』의 「언문자모」가 같은 것이라고 보는 생각에는 동의하기 어렵다. ‘약예의’의 내용은 앞의 제1부 제1장 5.2절에서 자세히 논하였다.

제2부

『훈민정음』 텍스트의 언어와 해석

제2부의 설정 취지와 논의의 구성

제2부에서는 『훈민정음』 해례본과 언해본 텍스트에 담겨 있는 언어문화 요소를 분석하여 그것이 갖는 의미를 해석한다. 차자借字표기라는 궁색한 표기 수단으로 우리말의 흐릿한 윤곽만 그려 내다가 훈민정음이란 고해상도 음성 촬영기를 제작하여 우리말 말소리를 찍어 낼 수 있게 되었다. 『훈민정음』 해례본에는 처음으로 찍힌 우리말의 선명한 모습이 정음자로 기록되어 있다. 제2부 제1장에서는 해례본에 실린 우리말 요소를 다룬다. 정음자로 표기된 조선어 어휘 123개가 가진 특징과 이들이 15세기 조선어의 어떤 측면을 반영한 것인지 논한다. 제2장에서는 해례본의 한자(어) 빈도를 조사하여 각 한자의 빈도가 훈민정음 제자론을 어떻게 구현하고 있는지 고찰한다. 제3장에서는 훈민정음 언해본 텍스트에 쓰인 한자 및 학술 용어의 우리말 번역 표현을 자세히 논한다. 언해본에 나타난 우리말 문법범주에 대한 인식과 표현 방법, '나'를 높인 특수 경어법의 성격, 사잇소리 표기 체계가 갖는 의미, 중국어 및 우리말에 대한 인식 등의 제 문제를 논함으로써 언해본에 반영된 언어문화의 다양한 면모를 밝힌다.

제1장

『훈민정음』 해례본 텍스트에 쓰인 우리말의 특성과 그 해석

『훈민정음』 해례본의 예의에는 새로 창제한 28개 자모자[1]의 자형과 그 음가가 한자로 예시되어 있다. 이어서 자모자의 운용법, 서법, 방점법 등을 규정해 놓았다. 제자해에서는 훈민정음 문자체계를 생성한 음성학적 방법과 성리학적 원리를 밝혀 놓았다. 초성해, 중성해, 종성해, 합자해에서는 위치에 따른 각 자모자의 운용법을 설명하고 그 용례를 제시하였다. 용자례에는 새로 창제한 정음자로 우리말 어휘를 표기한 예가 다수 등재되어 있다. 본 장에서는 해례본 텍스트에 나타난 우리말의 언어적 특성을 분석하고 그 의미를 해석한다.

1. 해례본에 나타난 자모자의 특성

1.1. 초성자와 중성자의 자형에 나타난 특성

〈표 1〉의 초성자와 중성자는 『훈민정음』 해례본 제자해의 것을 복사해

1 '자모자(字母字)'는 초성자(=자음자)와 중성자(=모음자)를 합쳐 부르는 용어이다.

옮긴 것이다.

〈표 1〉 해례본 제자해의 초성 17자와 중성 11자의 자형

초성자	아음	설음	순음	치음	후음	**중성자**				
초성 기본자	ㄱ	ㄴ	ㅁ	ㅅ	ㅇ	중성 기본자	ㆍ	ㅡ	ㅣ	
1차 가획자		ㄷ	ㅂ	ㅈ	ㆆ	초출자	ㅗ	ㅏ	ㅜ	ㅓ
2차 가획자	ㅋ	ㅌ	ㅍ	ㅊ	ㅎ	재출자	ㅛ	ㅑ	ㅠ	ㅕ
이체자	ㆁ	ㄹ		ㅿ						

『훈민정음』 해례본에 나타난 이러한 글꼴을 '훈민정음체'(=정음체)라 부른다. 정음체에는 제자 원리가 구현되어 있다. 초성 기본자 ㄱ과 ㄴ은 혀의 움직임을 자형에 반영한 것이고, 초성 기본자 ㅁ은 입, ㅅ은 이, ㅇ은 목구멍의 형상을 각 자형에 반영하였다. 초성 가획자는 가획된 획이 시각적으로 구별되도록 글자꼴을 만들었다. 예컨대 ㄴ에 가획한 ㄷ자는 상단 가로획의 왼쪽 끝이 돌출되어 있어서(ㄷ) 이 획이 가획에 의해 더해진 것임을 시각적으로 드러내었다. 중성 기본자 ㆍㅡㅣ는 천지인 삼재의 형상을 본뜬 제자 원리를 자형에 표현했다. 중성 초출자와 재출자는 기본자 셋을 1차와 2차에 걸쳐 서로 합성하여 자형을 만든 것인데, 합성 원리가 자형에 구현되어 있다. 초출자 ㅗㅏㅜㅓ, 재출자 ㅛㅑㅠㅕ의 자형은 합성 원리를 잘 보여 준다. 이러한 제자 원리를 더 자세히 고찰해 보자.

1) 자형 생성의 원리: 상형, 가획과 합성

아음 ㄱ의 자형은 '혀뿌리가 목구멍을 막는 형상[舌根閉喉之形설근폐후지형]'을 시각적으로 구현해 놓은 것이다. ㄱ에 가획한 ㅋ의 아래쪽 가로획은 세

로획의 가운데 놓여 있으며, 위쪽 가로획과 길이와 넓이가 동일하다. ㄱ자형의 전범典範을 세우기 위해 사각형 틀에 ㄱ자를 넣고 모든 획의 가로 넓이를 고르게 만들어 놓았다.

설음 ㄴ의 자형은 '혀가 윗잇몸에 닿는 형상[舌附上腭之形설부상악지형]'을 시각적으로 구현해 놓은 것이다. 가로획과 세로획의 길이가 같다. ㄴ에 가획한 ㄷ은 상단 가로획의 좌단이 돌출되어 있다. 이 돌출로써 가획된 것임을 드러냈다. ㄷ에 가획한 ㅌ은 가획한 중간 가로획이 상하 가로획과 길이가 같다.

순음 기본자 ㅁ은 입[口] 모양을 상형한 것이다. ㅁ에 가획한 방법은 앞의 ㄱ, ㄴ과 전혀 다르다. ㅁ의 좌우에 짧은 세로획을 두 개 가획하여 ㅂ을 만들었는데, 그 길이가 짧아서 ㅁ자 세로획의 절반에도 미치지 못한다. 순음자 ㅁ에는 여러 방법의 가획이 가능하나 최종적으로 결정된 것은 좌우 세로획의 상부를 짧게 늘려 ㅂ자와 같은 형상으로 가획하는 방법이다. ㅂ에 가획한 ㅍ은 ㅂ의 하단 양쪽에 상단과 같이 두 개의 획을 더한 후 90도로 돌린 형상이다.[2] 순음자의 가획 양상이 다른 부류의 초성자보다 훨씬 복잡하다. 기본자 ㅁ에 가획해서 ㅂ과 ㅍ자형을 도출해 내는 과정이 간단치 않아서 순음자의 가획 방식을 결정할 때 세종은 많이 고심했을 듯하다. 고심의 결과 안정적이고 균형 잡힌 자형을 안출案出해 냈다.

치음 ㅅ은 좌우 삐침 획이 정확히 대칭을 이룬다. ㅈ은 ㅅ의 상단에 가로획을 더한 것이고, ㅊ은 ㅈ의 상단에 수직으로 짧은 세로획을 가획한 것이다. ㅈ에 가로획을 더하면 ㅈ̄형이 되지만, 세로획을 더하여 ㅊ형을 만들어 놓았다. 2차 가획에서 세로획을 더한 것은 후음 ㅎ에도 나타난다. 이런 방식의

2 ㅂ을 먼저 시계 반대 방향으로 90도 눕힌 후에 오른쪽 끝에 두 개의 획을 더하여 ㅍ을 만든 것이라고 볼 수도 있다. ㅁ에 가획하여 ㅂ과 ㅍ을 만든 방법이 초성자 제자 중에서 가장 특이하다.

가획은 자형의 균형과 조화를 고려한 결과로 생각된다.

후음 ㅇ에 1단계 가획을 하여 ㆆ을 만들고 여기에 다시 짧은 세로획을 더하여 ㅎ을 만들었다. 소리에 따라 가획을 한 뜻이 모든 초성자에서 같으나 ㆁ자만 다르다고 했다.[3] 그러나 아음자에 속한 ㆁ자도 자형으로 보면 사실상 후음 ㅇ의 상단에 짧은 세로획을 더한 것이다. 유모喩母와 의모疑母가 서로 상통함을 고려하여 후음 ㅇ(유모)과 아음 ㆁ(의모)의 자형을 비슷하게 만들어 놓았다.

반설음 ㄹ은 혀 모양을, 반치음 ㅿ은 이 모양을 본뜬 것이지만 그 체體를 달리했을 뿐 가획한 뜻은 없다고 했다.[4] 그러나 ㄹ에서 설음 기본자 ㄴ의 형상을 분석해 낼 수 있고, ㅿ은 치음 기본자 ㅅ의 하단에 가로획을 더한 모양이다. 즉 ㄹ은 설음 기본자(ㄴ)를 지니고 있고,[5] ㅿ은 치음 기본자(ㅅ)를 지니고 있다.

중성 기본자 ㆍㅡㅣ는 각각 천지인天地人의 형상을 상형한 것이다. 초성자의 ㄱ과 ㄴ은 혀의 움직임을 상형한 것이나 중성자의 자형은 천지인의 형상을 상형하였다. ㆍ의 음가를 세밀히 기술한 내용[6]이 제자해에 나와 있지만 이 관찰이 중성자 ㆍ의 자형 결정에 아무런 영향을 미치지 않았다. ㅡ와 ㅣ도 혀의 움직임과 소리의 깊이에 대한 음성학적 기술이 제자해에 나와 있지만,[7] 이것이 자형에 반영되지 않았다. 이 점은 초성자의 자형이 음성기관의 조음 동작 혹은 음성기관의 상형에서 나온 점과 대조적이다.

중성 초출자는 기본자를 합이성合而成[8]하여 만들었다. 이 점 역시 초성자

---

3 其因聲加畫之義皆同, 而唯ㆁ爲異 〈정음해례2a_1〉

4 半舌音ㄹ, 半齒音ㅿ, 亦象舌齒之形而異其體, 無加畫之義焉 〈정음해례2a_2〉

5 ㆁ과 ㄹ, ㅿ은 그 성격이 다른 점이 있으나 '異(이)'[다르게 함]라는 공통성이 있어서 〈표 1〉의 '이체자'에 함께 넣었다.

6 ㆍ舌縮而聲深 〈정음해례4b_5〉 (번역: ㆍ는 혀가 움츠러들고 소리가 깊다.)

7 ㅡ舌小縮而聲不深不淺. ㅣ舌不縮而聲淺 〈정음해례4b_6〉 (번역: ㅡ는 혀가 조금 움츠러들고 소리가 깊지도 얕지도 않다. ㅣ는 혀가 움츠러들지 않고 소리가 얕다.)

8 합이성(合而成)을 줄여 '합성'이라 부른다.

와 차이를 보인다. 초성자는 각각의 기본자에 두 단계에 걸쳐 가획했으나 중성 초출자는 기본자를 서로 합성하는 방법을 썼다. 초성자는 기본자에 획을 더하고, 중성자는 기본자를 서로 합성[合而成]한 점에서 차이가 있다. 그러나 서로 같은 점도 있다. 가획과 합성[合而成]이 각각 두 단계에 걸쳐 이루어진 점이 서로 같고, 초성자의 가획도 넓은 의미에서 '합이성'의 속성을 가진다는 점에서 중성 초출자와 공통성을 가진다고 볼 수 있다.

기본자가 합해서 이루어진[合而成] 초출자 ㅗ ㅏ ㅜ ㅓ의 자형에서 ㆍ와 ㅡ, ㆍ와 ㅣ 사이에 간격을 두어, ㆍ가 합성된 요소임을 시각적으로 드러나게 했다. 재출자 ㅛ ㅑ ㅠ ㅕ 역시 그러하다. 중성해에는 한 글자[一字] ㅣ상합자에 해당하는 ㆎ ㅢ ㅚ ㅐ ㅟ ㅔ ㆉ ㅒ ㆌ ㅖ(10자)와 두 글자[二字] ㅣ상합자에 해당하는 ㅙ ㅞ ㆈ ㆋ(4자)가 등장한다. 이 14개 ㅣ상합자에서도 합성된 ㆍ가 시각적으로 구별되어 있다.

가획과 합성은 훈민정음의 제자 원리를 시각적으로 형상화한 방법이다. 초성자에 획을 더한 것은 '因聲加畫인성가획'[소리의 성질에 따라 가획함]의 원리를 자형에 구현해 놓은 것이고, 중성 기본자를 서로 합한 것은 '合而成합이성'[합해서 만듦]의 원리를 자형에 구현해 놓은 것이다. 이와 같은 자형 만들기의 원리와 방법은 훈민정음 창제자의 고심과 창의적 발상으로부터 나온 것이다.

2) 최소 단위의 환원 자소 분석

음운론에서 음성의 변별자질을 설정하거나 형태론에서 최소자립형태라는 개념을 만든 것은 과학적 환원주의의 한 방법이다.[9] 훈민정음 28자의 자형 만들기에는 철저한 환원주의 방법이 적용되어 있다. 훈민정음 28자의 자

---

9 현대과학의 핵심적 방법론인 환원주의는 물질의 구성 요소를 최소 단위로 환원하는 것이다. 원소 주기율표는 물질적 환원주의의 상징이다. 분자에서 소립자, 양성자, 중성자를 밝혀낸 것도 물질계의 최소 단위를 찾아내려는 노력의 산물이다.

형은 4~6개 자소字素[10]로 환원된다. ㄱ과 ㄴ의 자소는 가로 직선과 세로 직선이니 직선 하나로 환원될 수 있다. ㅁ의 자소도 ㄱ, ㄴ과 같다. ㅅ의 자소는 직선이 기울어진 사선이며, 좌하향 사선과 우하향 사선으로 나누어진다. 사선을 직선으로 환원하는 방법도 가능하지만 따로 세울 수도 있다. 가운데가 빈 ㅇ(圓, 동그라미)도 자소의 하나이다. 따라서 훈민정음 초성자의 자소는 가로 직선, 세로 직선, 좌하향 사선, 우하향 사선, 원 등 5개가 된다. 가로 직선과 세로 직선을 '직선'으로, 좌하향 사선과 우하향 사선을 '사선'으로 합하면 훈민정음 초성자의 자소는 직선, 사선, 원 등 3개로 환원된다. 중성 기본자(·ㅡㅣ)는 그 자체가 자소이다. ·는 점, ㅡ는 가로 직선, ㅣ는 세로 직선이 각각 중성자의 자소이다. 초성자와 중성자의 자소를 통합하여 최소 단위로 환원하면 직선, 사선, 원, 점[11]이라는 4개 자소가 설정된다. 이 4개가 훈민정음 28자 전체의 환원 자소가 된다. 직선의 방향을 구별해서 세분한 자소를 설정한다면 가로 직선, 세로 직선, 좌하향 사선, 우하향 사선, 원, 점 등 6개가 훈민정음 28자의 자소가 된다. 이런 자소 분류를 초성 기본자와 중성 기본자에 적용해 표로 보이면 〈표 2〉와 같다.

〈표 2〉 초성 기본자와 중성 기본자의 자소 분석

기본자	ㄱ	ㄴ	ㅁ	ㅅ	ㅇ	·	ㅡ	ㅣ	개수
세분한 자소	가로 직선 세로 직선	세로 직선 가로 직선	세로 직선 가로 직선	좌하향 사선 우하향 사선	원	점	가로 직선	세로 직선	6개
환원 자소	직선	직선	직선	사선	원	점	직선	직선	4개

초성 17자와 중성 11자 도합 28자의 환원 자소는 직선, 사선, 원, 점 등 4

10 자소(字素)의 뜻과 자세한 설명은 서장의 5절(이 책의 84쪽)을 참고하기 바란다.
11 원은 안과 밖으로 구분되어 내부 공간을 갖는 것이고, 점은 안과 밖이 없는 것이다.

개로 압축된다. 즉 훈민정음 28자는 고도로 추상화된 4개 자소를 2차원 평면에서 기하학적으로 결합하여 만든 것이다. 훈민정음의 환원 자소는 훈민정음 자형 생성의 근원이며, 과학적 제자 방법의 바탕이다. 또한 훈민정음 28자와 이를 결합한 음절자는 환원 자소의 입체적 결합으로 이루어진 것이며, 이러한 결합이 빚어내는 형상미形象美[12]를 내재한 것이 훈민정음 28자 문자체계이다.

1.2. 초성자와 중성자의 음가 예시용 한자의 특성

정음편의 예의에는 "ㄱ牙音如君字初發聲並書如虯字初發聲ㄱ아음여군자초발성병서여규자초발성", "ㅗ如洪字中聲ㅗ여홍자중성"과 같은 방식으로 초성자의 음가와 중성자의 음가를 예시한 23개 한자[13]가 나온다. 이 한자들을 '자모자 음가 예시용 한자'라 부른다.[14] 이 23개 한자 중에서 해례편의 초성해에는 초성자 4개가 쓰인 한자음 음절자 4개(군, 뀨, 쾌, 업)가 나오고, 종성해에는 종성자를 나타낸 한자음 음절자 6개(군, 업, 땀, 볃, 즉, 뽛)가 23개 한자 중에서 다시 이용되었고, 한자음 종성자가 없는 2개 음절자(옷, 실)는 한자 '衣의'

---

12 2000년 노벨 생리의학상 수상자인 에릭 캔델(Eric R. Kandel, 1929~)은 사람이 추상화를 감상하면서 감동하는 까닭을 뇌과학과 신경과학의 원리로 설명하였다. 뇌의 시각 피질은 망막을 통해 인체에 들어온 시각 정보를 받아들이는 관문이다. 캔델은 시각으로 인지하는 선은 형상과 윤곽의 구성 단위이며, 뇌는 선의 모서리와 각을 기하학적으로 조립하여 심상화한다고 설명했다. 『어쩐지 미술에서 뇌과학이 보인다』(에릭 캔델 지음·이한음 옮김, 프시케의숲, 2018).

13 〈표 3〉에서 보듯이 초성자의 음가 예시용 한자는 도합 23자이다. 이 23개 한자 중에서 11자는 중성 음가 예시를 겸하고 있다. 23자 중에서 전탁음을 표기한 6자(虯覃步慈邪洪)는 한자음 표기를 위한 것이다(邪ㅆ는 예외). 이 6자를 뺀 17자가 조선어 고유어음 표기에 쓰였다. 따라서 고유어음 표기를 위한 한자는 17자이다.

14 최영환(2019)은 이를 '자모 설명을 위한 한자' 혹은 '자모 설명용 한자'라 불렀다. 필자의 직관으로는 '君(군)'자 등이 자모자의 음가를 '설명'한 것이라기보다 음가를 '예시'한 것이라고 표현하는 것이 더 적확(的確)한 느낌이 든다.

와 '絲사'의 고유어 훈이 이용되었다. 그리고 훈민정음 언해본에는 이 한자에 동국정운식 한자음(〈표 3〉의 '언해본 한자음')이 붙어 있다.

〈표 3〉 초성, 중성, 종성의 음가 예시용 23개 한자와 음가 표기

출처	구분	아음				설음				순음				치음					후음				반설음	반치음
정음편 예의	한자	君	虯	快	業	斗	覃	呑	那	彆	步	漂	彌	卽	慈	侵	戌	邪	挹	虛	洪	欲	閭	穰
	초성음	ㄱ	ㄲ	ㅋ	ㆁ	ㄷ	ㄸ	ㅌ	ㄴ	ㅂ	ㅃ	ㅍ	ㅁ	ㅈ	ㅉ	ㅊ	ㅅ	ㅆ	ㆆ	ㅎ	ㆅ	ㅇ	ㄹ	ㅿ
	중성음	ㅜ			ㅓ		ㅏ	ㆍ		ㆇ				ㅡ		ㅣ	ㆌ				ㅗ	ㅛ		ㅑ
정음해례편	초성해	군	ᄁᆔ	쾡	ᅌᅥᆸ																			
	종성해	군			ᅌᅥᆸ		ᄄᆞᆷ			ᄇᆑᆮ				즉							ᅘᅩᇰ			
언해본	한자음	군	ᄁᆔᇢ	쾡	ᅌᅥᆸ	ᄃᆕᇢ	ᄄᆞᆷ	ᄐᆞᆫ	ᄂᆞᆼ	ᄇᆑᇙ	ᄈᆞᆼ	ᅗᅭᇢ	ᄆᆡᆼ	즉	ᄍᆞᆼ	침	ᄉᆔᇙ	ᄊᆢᆼ	ᅙᅳᆸ	헝	ᅘᅩᇰ	ᅌᅭᆨ	령	ᅀᅣᇰ
운서	성모자	見	群	溪	疑	端	定	透	泥	幫	並	滂	明	精 照	從 牀	淸 穿	心 審	邪 禪	影	曉	匣	喩	來	日

〈표 3〉의 '정음편 예의' 첫 행에 제시된 '한자'는 음가 예시용 한자이다.[15] 이 중의 11자는 중성음을 표기하는 데도 병용되었다. 예를 들어, '君'은 초성음 ㄱ과 중성음 ㅜ를, '業'은 초성음 ㆁ과 중성음 ㅓ를, '呑'은 초성음 ㅌ과 중성음 ㆍ를 표기하는 데 사용되었다. '중성음'란에 표시된 한자는 초성과 중성 표기를 겸한 것이다. '종성해'란에 놓인 6개 음절자는 종성해의 설명에 나오는 것이다. '君군'자는 종성 ㄴ자의 예시를 보이는 데 다시 이용되었고, '業업'자는 종성 ㅂ자,[16] '覃ᄄᆞᆷ'자는 종성 ㅁ자, '彆ᄇᆑᆮ'자는 종성 ㄷ자, '卽즉'자

15 아음의 '君快虯業(군쾌규업)', 설음의 '斗呑覃那(두탄담나)', 순음의 '彆漂步彌(별표보미)'와 같이 한자 넉 자가 연결되어 일정한 의미를 형성한다고 본 견해가 있다(김영욱 2007: 145-146). 최영환(2019: 195-196)은 일부 '君快虯業'에서 이런 의미의 연계성이 있다 하더라도 초성해 전체에 적용하기 어렵다고 잠정 결론지었다.

16 해례본의 한자음 표기에 특이한 사항 몇 가지가 있다. 예컨대 '業'자의 음을 표기한 '업'에 거성점이 없고, '卽'자의 음을 표기한 '즉'에도 거성점이 없다(안병희 1976: 191).

는 종성 ㄱ자, '洪ᅘᅩᇰ'자는 종성 ㆁ자의 예시를 보이는 데 다시 이용되었다. 이 여섯 개 한자는 초성, 중성, 종성 표기를 보이기 위한 예시에 모두 이용되었다.[17] 종성 ㅅ과 종성 ㄹ의 예시는 고유어 '옷'과 '실'을 이용했기 때문에 관련 한자가 없다.

〈표 3〉 '구분'의 '초성해'란의 것은 정음해례편의 초성해에 나와 있는 한자음 표기의 예이다.[18] 아음에 속하는 '군뀨쾌업'의 예시만 보이고, 설음, 순음, 치음, 후음, 반설음, 반치음 등의 초성자 음가는 "모두 이를 모방한다[皆倣此]"라며 예시를 생략했다. 초성해에 나온 아음 표기 한자음(군뀨쾌업) 중 '虯뀨'를 제외한 세 개 한자의 음은 당시의 현실 한자음과 같은 것으로 보인다. '업業'자의 초성인 아음 ㆁ도 당시의 현실 한자음이었을 듯하다.[19] 23개 음가 예시용 한자 중에서 전탁음자들과 '볃鷩', 'ᅙᅳᆸ挹'자를 제외하고는 모두 조선어에 쓰이는 현실 한자음과 같았을 듯하다. 해섭蟹攝에 속하는 '快'를 '쾌'로 표기한 것은 『동국정운』 한자음 표기 '·쾡'와 다르다(임용기 2012: 10).[20]

業字初聲是ㆁ ㆁ與ᅥᆸ而爲업之類 〈정음해례15a_3〉. 卽字中聲是ㅡ ㅡ居ㅈㄱ之間而爲즉 〈정음해례16a_3〉. 그런데 『동국정운』의 '業'과 '卽'에는 모두 거성점이 있다. ·업【入】業 〈東國4, 1b〉. ·즉【入】卽 〈東國1, 3a〉. 해례본에서 '業'과 '卽'의 음 표기에 거성점이 빠져 있는 것이 단순한 누락인지, 아니면 해례본 편찬 당시(1446)에 동국정운식 한자음 표기법이 확정되지 않아서였는지 문제가 된다.

17 최영환(2019)은 안병희(2002)를 토대로 삼아 음가 예시용 한자들이 선택되는 과정과 각 한자가 여러 곳에서 활용된 양상을 정밀하게 논구하였고, 이것이 학습자에 미치는 영향까지 논하였다.

18 如牙音君字初聲是ㄱ, ㄱ與ᅮᆫ而爲군. 快字初聲是ㅋ, ㅋ與ᅫ而爲쾌. 虯字初聲是ㄲ, ㄲ與ᅲ而爲뀨. 業字初聲是ㆁ, ㆁ與ᅥᆸ而爲업之類. 舌之斗呑覃那, 脣之鷩漂步彌, 齒之卽侵慈戌邪, 喉之挹虛洪欲, 半舌半齒之閭穰, 皆倣此. 〈정음해례14b-15a〉

19 비어두이기는 하나 '業'의 초성이 [ŋ]에 가까운 음으로 발음된 예가 있다. 경상도의 노인층에서 '農業(농업)'을 '노업'으로 발음하는 경우가 있는 것도 그 흔적이다.

20 임용기(2012: 10)는 『훈민정음』에 나타난 한자음 표기와 『동국정운』의 한자음 표기를 고찰하면서 다음 몇 가지 사항을 지적한 바 있다. 산섭(山攝)의 입성에 속하는 '鷩'을 '볃'으로 표기한 것은 중국 한자음을 표기한 것이다. 유섭(流攝)에 속하는 '虯'를 '뀨'로 표기한 것 역시 『동국정운』 한자음 표기 '뀨ᇢ'와 다르다. 『동국정운』에서 지섭(止攝)·우섭(遇攝)·과섭(果攝)·가섭(假攝)·해섭(蟹攝)에 속하는 한자음은 종성 자리에 반드시

〈표 3〉의 '언해본'의 '한자음'은 예의를 번역한 언해본에서 23개 초성자의 동국정운식 한자음을 표기한 것이다.

예의의 23개 초성자는 중국 운서의 36개 성모자와 그 개수도 다를뿐더러 각 음가를 대표하는 한자도 다르다. 강신항(1987)과 강창석(1989)은 예의의 23개 초성자와 중국 운서의 36개 성모자 표기에 쓰인 한자의 차이를 중시하여 훈민정음의 초성자는 조선 한자음을 대상으로 하여 분석한 것이고, 중성자는 우리말(조선의 고유어)을 분석한 것이라고 했다. 한편 이기문(1972a/1998: 128)은 훈민정음은 국어의 전면적 표기를 위해 제작되었고, 국어의 고유 요소와 외래 요소를 모두 표기해야 했으므로 순수한 국어 단어와 외래 요소인 한자음 표기를 아울러 고려한 것이라고 보았으며, 외래 요소인 한자음 표기를 위해 마련한 것이 『동국정운』이라고 하였다.

예의에 제시된 음가 예시용 23개 한자는 '邪사'자를 제외하고는 중국 운서의 36자모 한자와 모두 다르다. 예의에서 중국 운서의 36자모 한자와 동일한 한자를 쓰지 않은 까닭은 조선 한자음이 운서음과 다르기 때문일 것이다. 양자를 동일 한자로 표시하면 그 음가가 서로 동일하다는 오해를 초래할 수 있다. 중국 한자음과 조선 한자음의 차이를 인식하고, 조선어음 표기에 운서 성모자가 아닌 별도의 한자를 쓴 것이다. 이것은 운서와 성운학의 분류 틀을 빌려 조선어음의 분석과 표기에 이용했으되, 조선어음의 고유성을 드러내기 위한 방편이다.

조선의 한자음이든 조선의 고유어이든 이들은 모두 당시의 조선어 말소리[語音]이다. 예의의 28개 초성자와 중성자 음가는 각각 하나의 한자로 예시되어 있다. 초성자는 한자음을 분석하여 제자했고, 중성자는 고유어를 분석

'ㅇ'을 표기한다. 효섭(效攝)·유섭(流攝)의 한자음은 종성 자리에 반드시 'ㅱ'을 표기한다. 진섭(臻攝)과 산섭(山攝)의 입성은 그 종성 자리에 'ㅭ'을 표기한다.

하여 제자했다고 구별하는 것은 초성자가 표상한 음운체계와 중성자가 표상한 음운체계가 서로 다른 음성 자료에서 나온 것이라는 오해를 불러일으킬 수 있다. 게다가 28개 자모자가 한자로 예시된 점을 과도하게 중시하여 훈민정음이 조선의 한자음만 분석하여 제자된 것이라고 보는 것은 합당치 않다. 해례본 용자례 등에는 제자를 위해 분석 대상이 된 고유어 어휘들이 다수 수록되어 있다. 조선 한자음이든 조선 고유어이든 이들은 모두 '조선어음'에 속한다. 따라서 초성자이든 중성자이든 '조선어음'(고유어+한자음)의 분석을 통해 제자된 것이라고 봄이 창제자가 행했던 제자 작업의 실제와 부합한다.

1.3. 자모자의 배열 순서에 나타난 특성

1) 초성자의 배열 순서

예의에는 초성 17자의 자형과 그 음가가 순서대로 제시되어 있다. 예의에 나타나 있는 17개 초성자의 배열 순서는 〈표 4〉와 같다.

〈표 4〉 예의에 제시된 17개 초성자의 배열 순서

아음			설음			순음			치음			후음			반설	반치
ㄱ	ㅋ	ㆁ	ㄷ	ㅌ	ㄴ	ㅂ	ㅍ	ㅁ	ㅈ	ㅊ	ㅅ	ㆆ	ㅎ	ㅇ	ㄹ	ㅿ
전청	차청	불청불탁	전청	차청	불청불탁	전청	차청	불청불탁	전청	차청	전청	전청	차청	불청불탁	불청불탁	불청불탁

『훈민정음』 예의의 초성자 배열 순서[21]는 아음, 설음, 순음, 치음, 후음이

21 이 순서는 『훈몽자회』의 초성자 배열 순서(ㄱㄴㄷㄹㅁㅂㅅㆁㅋㅌㅍㅈㅿㅇㅎ)와 아주

라는 오음 분류체계를 따르고, 반설음과 반치음은 아설순치후음 뒤에 놓여 있다. 오음의 각 음류 안에서는 전청음, 차청음, 불청불탁음의 순서로 배열하였다.[22] 다만 치음의 경우 전청(ㅈ)-차청(ㅊ)-전청(ㅅ)으로 전청이 2회 중복되어 있다. 초성자를 제자한 순서대로 한다면 초성 기본자 5개를 각 음류의 첫 자리에 두어야 하겠지만 이렇게 하지 않았다. 아음, 설음, 순음, 치음, 후음에서 첫 자리 글자는 전청음 ㄱ, ㄷ, ㅂ, ㅈ, ㆆ이고, 이어서 차청음과 불청불탁음 순서로 배열했다.

그런데 제자 대상 초성 17자에 전탁음자가 포함되지 않았기 때문에 〈표 4〉에는 전탁음자 즉 각자병서자[23]가 없다. 전탁음자의 자형은 예의에서 빠져 있지만, 예의 본문에서는 각 음류의 전청음자 바로 뒤에 전탁음자(각자병서자)에 해당하는 한자가 제시되어 있다. "ㄱ牙音如君字初發聲 並書如虯字初發聲"과 같은 방식이다. 이와 같이 전탁음자를 차청음자 앞에 놓은 것은 전청음자 자형과 그 음가를 제시하고, 그 자형을 이용하여 잇달아 전탁음자(각자병서자)의 음가를 설명하기 위함이다.

그러나 제자해에서는 예의와 달리 전탁음자가 차청음자 뒤에 놓여 있다. 제자해에 기술된 23개 초성자의 체계를 오음법과 청탁법을 기준으로 표로

다르다.

22 청탁에 따른 네 가지 명칭과 그 순서는 운서에 따라 차이가 있다. 유창균(1966)은 운서에 따른 이러한 차이를 정리하고, 『훈민정음』 및 『동국정운』의 '전청, 차청, 전탁, 불청불탁'이란 순서는 중국의 운도(韻圖)인 『사성등자(四聲等子)』 및 『절운지장도』의 그것과 일치함을 지적하였다. 유창균은 이 운도들이 『동국정운』 편찬에 영향을 미친 것으로 보았다.

23 해례 합자해(25a)에 '各自並書(각자병서)'란 용어가 나온다. '各自並書'라는 용어에 '自'를 쓴 점이 관심을 끈다. '各自'는 '각각 본디 있는 글자 그대로'라는 뜻으로 볼 수 있다. ㄲ, ㄸ 등은 각각의 본디 글자를 그대로 병서한 것이다. 홍기문(1946下: 55-56)에서 각자병서를 '同字並書(동자병서)'라고 불렀다. 해례 합자해(25a)에 '合用並書(합용병서)'란 용어도 나오는데, 홍기문은 합용병서를 '異字並書(이자병서)'라고 부르지는 않았다.

나타내면 〈표 5〉와 같다.

〈표 5〉 오음과 청탁을 기준으로 본 23개 초성자 체계

청탁 \ 오음	아음	설음	순음	치음		후음	반설음	반치음
전청	ㄱ	ㄷ	ㅂ	ㅈ	ㅅ	ㆆ		
차청	ㅋ	ㅌ	ㅍ	ㅊ		ㅎ		
전탁	ㄲ	ㄸ	ㅃ	ㅉ	ㅆ	ㆅ		
불청불탁	ㆁ	ㄴ	ㅁ			ㅇ	ㄹ	ㅿ

〈표 5〉에서 보듯이 제자해에서는 예의와 달리 성운학의 청탁음 분류체계에 따라 전탁음을 차청음 뒤에 배치해 놓았다. 제자해에서 초성자의 자모 순서는 정음편의 순서와 달리 '전청, 차청, 전탁, 불청불탁'의 순서이고, 각 음류 안에서 다시 오음(아설순치후) 순서로 되어 있다. 〈표 5〉의 초성자들을 청탁을 기준으로 일렬로 나타내면 〈표 6〉과 같다.

〈표 6〉 청탁과 오음을 기준으로 세운 23개 초성자의 배열 순서

전청						차청					전탁						불청불탁					
ㄱ	ㄷ	ㅂ	ㅈ	ㅅ	ㆆ	ㅋ	ㅌ	ㅍ	ㅊ	ㅎ	ㄲ	ㄸ	ㅃ	ㅉ	ㅆ	ㆅ	ㆁ	ㄴ	ㅁ	ㅇ	ㄹ	ㅿ
아	설	순	치		후	아	설	순	치	후	아	설	순	치		후	아	설	순	후	반설	반치

〈표 3〉, 〈표 5〉, 〈표 6〉의 23자 자모체계와 〈표 4〉의 17자 자모체계는 전탁자(각자병서자) 6개의 유무만 다르다. 그러나 〈표 4〉와 〈표 6〉의 초성자 배열 순서는 크게 다르다. 전자의 배열 순서는 조음위치에 따른 오음(아설순치후)을 상위 기준으로 삼고, 청탁을 하위 기준으로 삼은 것인 데 비해, 후자의 배열 순서는 청탁을 상위 기준으로 삼고 오음을 하위 기준으로 삼은 것이다. 〈표 4〉에는 전탁음 표기자가 없으나 〈표 5〉와 〈표 6〉에는 전탁음 표

기자가 있다. 〈표 5〉와 〈표 6〉은 성운학의 성모 분류체계를 기준으로 한 것이고, 〈표 4〉는 훈민정음 초성자 체계를 따른 것이어서 이런 차이가 생겨난 것이다.

초성자의 배열 순서를 정함에 있어서 성운학의 성모 분류체계를 기준으로 삼은 것은 당시의 음운 연구에서 나온 자연스러운 결과이다. 세종은 새 문자를 만드는 작업을 수행하기 위해, 음성 분류의 틀을 중국의 성운학에서 가져와 조선어음을 분석하였다. 세종과 집현전 학사들은 성운학을 깊이 연구하여 운학의 분류체계를 꿰뚫고 있었다. 그 증거 중의 하나가 『사성통해』 권두에 실린 「字母之圖자모지도」들이다. 신숙주 등이 편찬한 『사성통고』는 전해지지 않으나 이를 줄인 최세진의 『사성통해』가 전하고 있다. 이 『사성통해』 상권 제5장부터 「廣韻三十六字母之圖광운 삼십육 자모지도」, 「韻會三十五字母之圖운회 삼십오 자모지도」, 「洪武韻三十一字母之圖홍무운 삼십일 자모지도」[24]라는 제하에 운서의 성모자 및 각 성모를 청탁에 따라[25] 분류한 3개의 표가 실려 있다. 『사성통해』에 실린 3개 「자모지도」는 당시 운학 연구자들이 이 운서음 분류체계를 깊이 이해했음을 보여 준다. 『사성통해』의 3개 「자모지도」에는 각 성모자와 청탁에 따라 나누어진 각 성모자의 음가가

---

24 고려대학교 중앙도서관 소장본인 『홍무정운역훈』은 전체 16권 8책 중 제1책(권1, 권2)이 결권이다. 고려대학교출판부에서 1974년에 이 책을 영인하면서 박병채 선생이 해제와 함께 결권을 복원하여 「결본복원편」(347-411쪽)을 영인본 뒤에 붙였다. 복원편 안에 「홍무정운역훈 서」, 「범례」 등과 함께 「洪武韻三十一字母之圖」(353쪽)가 포함되어 있다. 이 「洪武韻三十一字母之圖」는 복원편에만 있고, 명(明)판 『홍무정운』에는 없다. 필자가 확인해 본 『홍무정운』으로 "萬曆三年四月十七日司禮監奉旨重刊(만력삼년사월십칠일 사례감 봉지 중간)"(1575)이란 간기를 가진 판본에 서문과 범례는 있으나 「홍무운 삼십일 자모지도」는 없었다.

25 중국 한음(漢音)의 성운학에서 청탁에 따른 네 가지 분류(전청, 차청, 전탁, 불청불탁)는 『운경(韻鏡)』에 나타나고, 『사성등자(四聲等子)』와 『절운지장도(切韻指掌圖)』 등에서는 사모(邪母)와 선모(禪母)를 반청(半淸)과 반탁(半濁)으로 나누기도 했다(李新魁 1983/2004: 38). 이신괴(李新魁)는 명청(明淸)시대 청탁을 자모류에 따라 나눈 학설을 간략히 소개해 놓았다.

정음자로 표기되어 있다. 세종과 집현전 학사들은 『고금운회』를 번역하고, 『사성통고』, 『동국정운』, 『홍무정운역훈』 등의 편찬 사업을 진행하면서 중국의 성운학 분류체계를 깊이 파악했던 것이다. 당시의 학자들이 한음 성운학의 성모 분류체계를 이해하고, 각 성모자에 정음 초성자를 짝지어 체계화한 것이 바로 이 「자모지도」들이다. 성운학에 대한 이러한 이해를 바탕으로 삼아 당시의 조선어음을 정확하게 분석해 낼 수 있었고, 운서음과 조선의 현실 한자음을 상호 관련지어[系聯] 교정校定을 목표로 조선 한자음 체계를 궁구한 결과가 『동국정운』으로 나타난 것이다.

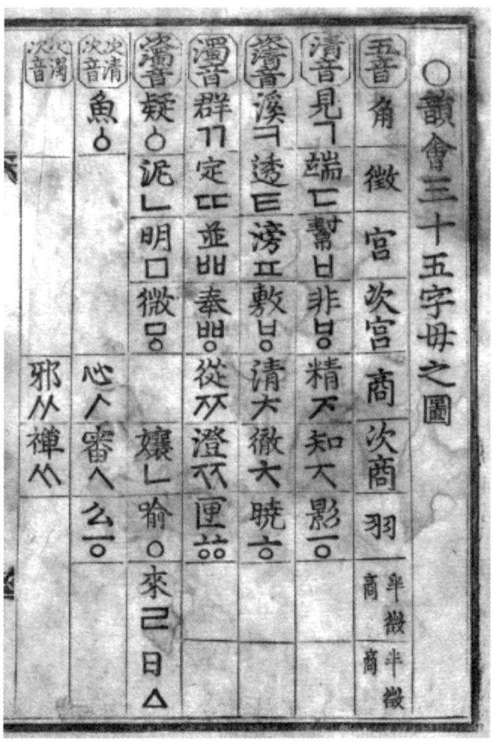

[그림 1] 『사성통해』 상권 제6장에 수록된 「韻會三十五字母之圖(운회 삼십오 자모지도)」

2) 중성자의 배열 순서

훈민정음 초성자의 배열 순서는 성운학의 성모 분류체계를 기준으로 한 것이다. 그러나 중성자의 배열 순서는 성운학의 운모 분류체계와 거리가 멀다.

〈표 7〉『훈민정음』 예의에 나타난 중성 11자의 자형과 배열 순서

기본자			초출자				재출자			
·	ㅡ	ㅣ	ㅗ	ㅏ	ㅜ	ㅓ	ㅛ	ㅑ	ㅠ	ㅕ

〈표 7〉에 나타난 훈민정음 중성자의 분류체계와 배열 순서는 중국의 운서나 등운도에서 찾아볼 수 없는 것이다. 중성 11자는 세 부류로 나뉘어 있는바, 기본자 '· ㅡ ㅣ', 초출자 'ㅗ ㅏ ㅜ ㅓ', 재출자 'ㅛ ㅑ ㅠ ㅕ'가 그것이다. 기본자 셋은 천지인天地人이라는 삼재三才의 순서이다. 초출자 넷은 天(·)이 地(ㅡ)와 人(ㅣ)에 각각 합이성合而成하여 산생産生된 것이고, 재출자 넷은 초출자 넷에 人(ㅣ)의 역할로 변용된 天(·)이 한 번 더 합이성하여 산생된 것이다.[26]

초출자의 순서는 양陽인 'ㅗ ㅏ'가 앞서고, 음陰인 'ㅜ ㅓ'가 뒤에 놓였다. 양인 'ㅗ ㅏ'를 다시 분석해 보면 ㅗ는 합음闔音(입이 좁아지는 음)이고, ㅏ는 벽음闢音(입이 열리는 음)이다. 제자해에 "이 여덟 개 소리는 하나가 합이면 하나는 벽이다."라 하며, 초출자 'ㅗ ㅏ ㅜ ㅓ'와 재출자 'ㅛ ㅑ ㅠ ㅕ'의 음가 및 삼재의 교합 원리를 설명해 놓았다.[27] '합벽闔闢'은 『주역』[28]에 나온 역리의 술어인데 제

---

26 재출자 'ㅛ ㅑ ㅠ ㅕ'는 ㅣ(人)에서 일어나는[起於ㅣ] 음으로 표현되어 있다. ·는 天을 상징하는 형태임에도 人의 작용으로 설명되어 있어서 자형과 삼재 작용 간에 괴리가 있다. 'ㅛ ㅑ ㅠ ㅕ'의 음가는 ㅣ가 반모음화한 jo, ja, ju, jə일 것이다. i가 변한 j를 ·(아래아)로 표현한 셈이다.

27 此下八聲, 一闔一闢. ㅗ與·同而口蹙, 其形則·與ㅡ合而成, 取天地初交之義也. 〈정음해례5a_2-3〉 (이하 생략)

28 闔(합=닫힘)은 땅의 문이고, 闢(벽=열림)은 하늘의 문이어서 한 번 합하고 한 번 벽하는 것이 곧 변화(變化)의 본질이라는 뜻이다. 합벽이 쓰인 원문은 다음과 같다. "是故

자해에서 중성의 음가 기술에 전용轉用한 것이다.[29] 중성 초출자의 배열은 '음양陰陽'을 1차 기준으로 삼아, 양류 'ㅗㅏ'를 앞세우고 음류 'ㅜㅓ'를 뒤에 놓는 순서로 하였다. 초출자와 재출자의 배열 순서를 역리의 음양의 수數와 오행의 상생 순서로 설명할 수도 있다.[30] 각류에 각각 합벽闔闢을 다시 적용하여, 합闔인 ㅗ를 앞에 두고 벽闢인 ㅏ를 뒤에 놓아 'ㅗ-ㅏ' 순서로 하고, 합闔인 ㅜ를 앞에 두고 벽闢인 ㅓ를 뒤에 놓아 'ㅜ-ㅓ' 순서로 배열하였다. 재출자의 배열 순서도 초출자와 같다. 이러한 고찰을 통해 중성 11자의 배열 순서에 몇 가지 기준이 복합되어 있음을 알 수 있다. 이것을 요약하면 〈표 8〉과 같다.

〈표 8〉 중성 11자 배열 순서와 배열 기준

기본자			초출자				재출자			
·	ㅡ	ㅣ	ㅗ	ㅏ	ㅜ	ㅓ	ㅛ	ㅑ	ㅠ	ㅕ
양	음	양음	양		음		양		음	
천	지	인	합	벽	합	벽	합	벽	합	벽

闔戶謂之坤, 闢戶謂之乾, 一闔一闢謂之變, 往來不窮謂之通, 見乃謂之象, 形乃謂之器, 制而用之謂之法, 利用出入, 民咸用之謂之神." 〈주역 계사 상 10〉.
번역: 이런 까닭으로 闔戶(합호=문을 닫음)를 곤(坤)이라 이르고, 闢戶(벽호=문을 엶)를 건(乾)이라 이르고, 한번 닫고 한번 여는 것[一闔一闢]을 변화함[變]이라 이르고, 가고 옴에 막히지 않는 것을 통함[通]이라 이르고, 나타나는 것을 상(象)이라 이르고, 형체를 가지는 것을 기(器)라 이르고, 지어서 쓰는 것[制用]을 법(法)이라 이르고, 나고 듦에 이용하여 백성이 다 쓰게 되는 것을 신(神)이라 이른다. (이 번역은 대산 김석진 선생의 대산주역강해를 참고하여 필자가 다듬은 것이다.)

29 中聲者, 一深一淺一闔一闢, 是則陰陽分而五行之氣具焉, 天之用也. 〈정음해례7b_5〉 中聲以深淺闔闢唱之於前 〈정음해례7b_7-8a_1〉

30 이성구(1987a: 299)는 초출자 'ㅗㅏㅜㅓ'의 순서가 계절의 순서와 일치한다고 하고, 하도(河圖)의 천수(天數)와 지수(地數)가 각 중성자에 배정된 것을 근거로 ㅗ는 '天一生水(천일생수)'이므로 水(수)는 冬(동), ㅏ는 '天三生木(천삼생목)'이므로 木(목)은 春(춘), ㅜ는 '地二生火(지이생화)'이므로 火(화)는 夏(하), ㅓ는 '地四生金(지사생금)'이므로 金(금)은 秋(추)에 해당한다고 하였다. 이것은 '冬→春→夏→秋' 차례가 되어 계절 순서에 맞다고 하였다. 재출자 ㅛ는 '天七成火(천칠성화)'이므로 火(화)는 夏(하), ㅑ는 '天九成金(천구성금)'이므로 金(금)은 秋(추), ㅠ는 '地六成水(지육성수)'이므로 水(수)는 冬(동), ㅕ는 '地八成木(지팔성목)'이므로 木(목)은 春(춘)에 해당하여, '夏→秋→冬→春' 차례가 되어서 계절 순서에 맞다고 하였다. 그런데 초출자와 재출자에서 계절 순서가 서로 다르게 되어 있다.

〈표 8〉은 중성자가 삼재, 음양, 합벽을 기준으로 배열된 것임을 보여 준다. 이와 같은 중성의 분류와 배열 순서는 중국 성운학의 운모론에서 찾을 수 없다. 훈민정음 초성자의 배열 순서는 성운학의 청탁법과 오음법 체계에 근거하여 나온 것이지만 중성자의 제자와 배열 순서는 성리론의 삼재론, 음양론, 합벽론을 종합하여 훈민정음 창제자가 정립한 것이다.

앞의 〈표 7〉은 제자 대상이 된 중성 11자의 배열 순서를 보인 것이고, 〈표 8〉은 배열 순서에 내재된 기준을 분석해 보인 것이다. 11자에 들지 않은 나머지 중성 합용자의 배열 순서가 중성해에 나와 있다. 그 내용을 정리하면 〈표 9〉와 같다.

〈표 9〉 중성해에 나온 중성 합용자의 배열 순서와 배열 기준

<table>
<tr><th colspan="4">합용</th><th colspan="14">ㅣ상합</th></tr>
<tr><td colspan="4">두 글자를 합용한 것
[二字合用者]</td><td colspan="10">한 글자 중성에 ㅣ가 합한 것
[一字中聲ㅣ相合者]</td><td colspan="4">두 글자 중성에 ㅣ가 합한 것
[二字中聲ㅣ相合者]</td></tr>
<tr><td>ㅘ</td><td>ㆇ</td><td>ㅝ</td><td>ㆊ</td><td>ㆎ</td><td>ㅢ</td><td>ㅚ</td><td>ㅐ</td><td>ㅟ</td><td>ㅔ</td><td>ㆉ</td><td>ㅒ</td><td>ㆌ</td><td>ㅖ</td><td>ㅙ</td><td>ㅞ</td><td>ㆈ</td><td>ㆋ</td></tr>
<tr><td colspan="2" rowspan="2">양</td><td colspan="2" rowspan="2">음</td><td>양</td><td>음</td><td colspan="2">양</td><td colspan="2">음</td><td colspan="2">양</td><td colspan="2">음</td><td rowspan="2">양</td><td rowspan="2">음</td><td rowspan="2">양</td><td rowspan="2">음</td></tr>
<tr><td colspan="2">기본자+ㅣ</td><td colspan="4">초출자+ㅣ</td><td colspan="4">재출자+ㅣ</td></tr>
</table>

〈표 9〉의 '두 글자를 합용한 것[二字合用者이자합용자]', '한 글자 중성에 ㅣ가 합한 것[一字中聲ㅣ相合者일자중성ㅣ상합자]', '두 글자 중성에 ㅣ가 합한 것[二字中聲ㅣ相合者이자중성ㅣ상합자]'은 중성해에 나오는 용어를 그대로 옮겨 놓은 것이다. 초성 합용자(ㄲ,ㄸ, ㅺ, ㅼ, ㅄ, ㅵ 등)를 제자 대상 17자에 넣지 않았듯이, 중성 합용자도 제자 대상 11자에 넣지 않고 이미 만든 중성자를 합용해서 만들었다. 중성자 합용에서 가장 중요한 역할을 한 자형은 ㆍ와 ㅣ이다.

〈표 9〉에 나타난 중성 합용자의 배열 순서에서 합용이 ㅣ상합에 앞선다. 이어서 두 글자를 합용한 것, 한 글자 중성에 ㅣ가 합한 것, 두 글자 중성에 ㅣ가 합한 것 등 세 개 부류로 다시 나누었다. 각 부류 내부의 배열 순서는 〈표 8〉에서 보듯이 양陽과 음陰을 기준으로 하였다. 한 글자 중성에 ㅣ가 합

한 것[一字中聲ㅣ相合者] 안에서의 배열 순서는 〈표 8〉에 보인 중성 11자 배열 순서와 같다.[31] 〈표 8〉과 〈표 9〉를 종합해 보면 중성자는 삼재론, 음양론, 합벽론의 순서를 기본으로 하고, 두 글자를 합용한 것, ㅣ가 합한 것 순서로 배열되었음을 알 수 있다. 이와 같은 중성자의 배열 순서는 제자 원리(삼재 상형 및 기본자의 합성)와 운용법(합용과 ㅣ상합)에 입각한 것이며, 정연한 체계성을 갖추고 있다.

〈표 4〉의 초성자 배열 순서와 〈표 8〉의 중성자 배열 순서는 용자례에서 예시 어휘를 배열하는 순서로 활용되었다. 〈표 4〉와 〈표 8〉의 배열 순서가 용자례라는 소규모 어휘집에 적용된 것이다. 만약 15세기 조선어 사전이 편찬되었다면 〈표 4〉와 〈표 8〉의 자모 배열 순서와 〈표 9〉의 중성 합용자 배열 순서를 기준으로 표제어의 배열 순서를 정했을 것이다.[32]

차익종(2014)은 『동국정운』 중성자의 배열 순서가 훈민정음 중성자의 배열 순서와 밀접하게 관련되어 있음을 논하였다. 그는 등운학의 사호四呼[33]와 사등四等을 기준으로 『동국정운』 운모의 배열 순서를 분석할 때 발생한 문제점을 지적하고, 이 문제를 해결하는 방안을 『훈민정음』 해례의 중성자 배열 순서에서 찾을 수 있다고 보았다. 그런데 운모의 배열 순서에서 『동국정운』은 중국 운서와 현저히 다르다. 조선어의 중성은 한어 운부漢語 韻部와 차이가 커서 『동국정운』은 『운경韻鏡』의 사호四呼라는 기준을 버리고 핵모음

---

31 다만 ㅣ에 ㅣ를 합한 글자는 빠졌다.

32 1458년에 간행된 초간본을 17세기 초기경에 필사한 것으로 보이는 『초학자회』(국립한글박물관 소장)는 『동국정운』의 26개 운목 중에서 네 번째 운목인 '公拱貢穀(공공공곡)', 여섯 번째 운목인 '弓重仲匊(궁중중국)', 다섯 번째 운목인 '江講絳覺(강강강각)'에 해당하는 한자 417자에 대해 새김을 단 것이다. 『초학자회』는 『동국정운』의 23자모 순서로 배열하고 있다(홍윤표 2017a: 314-315).

33 등운학의 사호(四呼)는 개구호(開口呼: 개구도가 크고 개음介音이 없는 것), 제치호(齊齒呼: 개음 j가 있고 개구도가 작은 것), 합구호(合口呼: 개음 w가 있거나 핵모음이 원순성을 가진 것), 촬구호(撮口呼: 개음 jw가 있는 것)를 뜻한다.

을 중심으로 운목을 분류하였다.[34] 『동국정운』은 26개 운류를 세우고, 그것을 사성 등의 차이에 따라 다시 나누어 91운으로 분류했다. 『동국정운』의 운목 배열 순서는 중국의 운서와 차이가 크고 『훈민정음』 해례의 중성자 배열 순서와 밀접하게 연관되어 있다(유창균 1963, 차익종 2014).

3) 자모자 배열 순서의 역사적 변화와 그 의미

『훈몽자회』(1527)의 「언문자모」에 나타난 초성자의 배열 순서는 〈표 4〉에서 본 정음편의 초성자 배열 순서와 전혀 다른 모습을 보여 준다.

〈표 10〉 『훈몽자회』 「언문자모」에 나타난 초성 16자의 배열 순서

<table>
<tr><td>ㄱ</td><td>ㄴ</td><td>ㄷ</td><td>ㄹ</td><td>ㅁ</td><td>ㅂ</td><td>ㅅ</td><td>ㆁ</td><td>ㅋ</td><td>ㅌ</td><td>ㅍ</td><td>ㅈ</td><td>ㅊ</td><td>ㅿ</td><td>ㅇ</td><td>ㅎ</td></tr>
<tr><td>아</td><td colspan="3">설</td><td colspan="2">순</td><td>치</td><td>아</td><td>아</td><td>설</td><td>순</td><td colspan="3">치</td><td colspan="2">후</td></tr>
<tr><td colspan="8">초종성 통용 8자</td><td colspan="8">초성 독용 8자</td></tr>
</table>

「언문자모」에 나타난 초성자의 배열은 초종성 통용 8자와 초성 독용 8자로 크게 양분한 후, 전자를 앞세우고 후자를 뒤에 놓았다. 그리고 각 부류에 아설순치후라는 오음 순서를 적용하여 그 차례를 정했다. 아설순치후에 따라 오음 순서를 적용한 것은 해례본과 『훈몽자회』의 공통점이다.

『훈몽자회』의 초종성 통용 8자에 ㄱ과 ㆁ이 모두 아음으로 표기되어 있

34 유창균(1963)은 중국 등운학의 사등 구분을 『동국정운』의 운류에 적용하여 운목을 갑류(1, 2등운. ・ㅗㅏㅚㅐ), 을류(3등운. ㅡㅜㅓㅟㅢ), 병류(4등운. ㅣㅛㅠ ㅑㅕ ㆉㆌ ㅒ ㅖ)로 구분하였다. 그리고 『동국정운』에서는 개음(介音)의 차이에 따른 사등 구분을 도입하지 않고, 동일 운섭을 갑을(甲乙) 양류(兩類)로 구분하여 운목을 설정한 것으로 보았다. 여기서 갑류(甲類)는 양모음(陽母音), 을류(乙類)는 음모음(陰母音)에 대체로 해당한다. 즉 1, 2등은 양성모음, 3등은 음성모음, 4등은 이들과 결합한 /ㅣ/가 선행하는 복합모음이다. 4등의 경우 양성적인 것은 갑류에, 음성적인 것은 을류에 분속된다고 보았다. 중성 기본자 ・ ㅡ ㅣ에서는 운목을 갑을(甲乙) 양류(兩類)로 구분하지 않고, 일괄하여 한 운목으로 묶었다.

다. ㆁ이 후음이 되어야 아설순치후 순서에 맞지만 후음 ㅇ과 옛이응(ㆁ)의 자형이 같아져서 어느 하나로 표시하기 곤란하다. 〈표 10〉의 '초종성 통용 8자'란에 '아설순치아'로 하여 ㆁ을 아음으로 표기한 것은 옛이응의 음가를 기준으로 했음을 뜻한다.

『훈민정음』의 배열 순서는 오음법을 기준으로 삼았으나 『훈몽자회』에서는 초종성 통용 여부를 중요 기준으로 앞세웠다. 『훈몽자회』에서 ㅈ, ㅊ, ㅿ의 위치가 ㅋ, ㅌ, ㅍ 뒤에 놓여 있다. 이것은 '초성 독용 8자' 내부에서 아설순치후라는 오음법 순서를 적용했기 때문이다.

『훈민정음』에서는 오음의 각 부류 안에서 전청음자, 차청음자, 불청불탁음자의 순서로 배열했으나 『훈몽자회』에서는 청탁 여부는 고려 대상이 아니다. 이러한 내용을 표로 정리하면 〈표 11〉과 같다.

〈표 11〉 『훈민정음』과 『훈몽자회』의 초성자 배열 기준 대비표

기준 \ 문헌	『훈민정음』 해례본	『훈몽자회』 언문자모
오음 순서	적용함	적용함
반설 반치	적용함	적용하지 않음
청탁 분류	적용함	적용하지 않음
초종성 통용 여부	적용하지 않음	적용함

이 표가 보여 주듯이 두 문헌에 나타난 차이점은 두 가지이다. 『훈몽자회』에서 초종성 통용 여부를 배열 순서의 첫째 기준으로 삼은 점과 청탁 분류를 제외한 점이 그것이다. 『훈몽자회』에서 초종성 통용 여부를 첫째 기준으로 삼은 까닭은 언문 학습의 실용적 효과를 얻기 위함이다. 초종성 통용 8자 규정은 실제로 언문을 배우거나 쓸 때 반드시 익혀야 하는 것이다. 『훈몽자회』의 분류 기준에서 청탁이 제외된 것은 조선어음에서 청탁이 초성자 분류 기준으로 기능하지 못하기 때문이다.

『훈몽자회』「언문자모」에 나타난 중성 11자 배열 순서는 〈표 12〉와 같다.

〈표 12〉『훈몽자회』「언문자모」의 중성 11자 배열 순서

ㅏ	ㅑ	ㅓ	ㅕ	ㅗ	ㅛ	ㅜ	ㅠ	ㅡ	ㅣ	·
초출	재출	초출	재출	초출	재출	초출	재출	기본	기본	기본
양		음		양		음		음		양
ㅣ류				**ㅡ류**				**기타류**		

양과 음, 초출과 재출, ㅣ류와 ㅡ류 등의 기준에 따른 중성자 배열 순서가 〈표 12〉에 요약되어 있다. 『훈민정음』 해례본의 중성 11자의 배열 순서가 『훈몽자회』에서 크게 달라져 있다. 해례본에서는 '천지인' 삼재를 형상화한 기본자가 앞에 오고, 그 뒤에 초출자와 재출자가 차례대로 놓였다. 이 순서는 중성자의 제자 원리에 입각한 것이었다. 그런데 『훈몽자회』에서는 이 질서가 없어졌다. 기본자를 끝에 놓았을 뿐 아니라, 그 순서도 'ㅡㅣ·'(地人天)로 하여 '天地人'이란 삼재 순서와 전혀 다르다. 'ㅏㅑㅓㅕㅗㅛㅜㅠ'라는 중성자 순서에서 보듯이 초출자와 재출자의 순서도 퇴색되었다. 양과 음, 초출과 재출의 질서는 두 개 중성자 사이에서만 유효할 뿐이다.

자형을 기준으로 보면, 『훈몽자회』「언문자모」의 중성자 순서는 ㅣ류, ㅡ류, 기타류로 삼분되어 있다. ㅣ획을 공유한 4자(ㅏㅑㅓㅕ)를 앞에 놓고, ㅡ획을 공유한 4자(ㅗㅛㅜㅠ)를 뒤에 놓았으며, 기타류에 넣은 기본자 3개(ㅡㅣ·)를 그 뒤에 배치했다. 만약 기본자 3개의 순서를 'ㅣㅡ·'로 해 놓았다면 ㅣ류를 앞에 놓고, ㅡ류를 뒤에 놓은 점과 연결될 수 있다. 그러나 위 표에서 보듯이 기타류에 넣은 기본자 3개의 순서를 'ㅡㅣ·'로 해 놓아서 이런 연결성을 말할 수 없게 되었다.

『훈몽자회』의 「언문자모」에서 중성자의 배열 순서가 이렇게 변화한 것

을 어떻게 설명할 수 있을까? 『훈몽자회』에 나타난 초성자 순서의 변화를 '언문 학습의 실용적 효과'라는 측면에서 설명한 바 있다. 이 설명을 중성자 순서의 변화에도 적용할 수 있다. 『훈민정음』 예의에서 초성자의 순서는 아설순치후 오음법과 가획법을 기준으로 배열되었다. 『훈몽자회』에서 오음법은 배열 순서의 기준으로 부분적으로 작용하였으나 가획법은 없어졌다. 제자 원리라는 기준이 사라지고, 그 대신에 초종성 통용과 종성 독용이 배열 순서의 1차 기준이 되었다. 자모자 부류를 이렇게 바꿈으로써 자모자의 순서와 쓰임새를 보다 쉽게 배우는 학습 효과를 얻을 수 있다. 〈표 12〉에 나타난 『훈몽자회』의 중성자 배열 순서의 세부에는 초출-재출, 양-음의 기준이 적용되어 있다. 이 기준이 『훈민정음』 예의의 그것보다 언문 학습의 효과를 높이는 효과가 있다.

『훈몽자회』에서 ㅣ류와 ㅡ류를 크게 나누어 전자를 앞에 두고, 후자를 뒤에 둔 점도 언문 학습의 효과를 높이는 데 도움이 되었을 것이다. 이런 배열 순서는 중성자의 시각적 변별성을 높여 준다. 또 양모음을 두 개씩 묶어서 앞에 두고, 음모음을 두 개씩 묶어서 뒤에 둔 점은 입으로 구송할 때 율동적 리듬을 자연스럽게 이어 가는 효과를 준다. 자형의 시각적 변별성과 구송의 율동성은 언문 학습의 효과를 높일 수 있다.

홍윤표(2016a: 297)에서 언급했듯이 'ㅏㅑㅓㅕ/ㅗㅛㅜㅠ'라는 순서는 『홍무정운역훈』의 서序에 인용된 『사성통고』의 범례에 나타나 있다.[35] 전자 4개는 장구張口[입을 폄]여서 발성할 때 입 모양이 바뀌지 않고, 후자 4개는 축구縮口[입을 오무림]여서 발성할 때 혀 모양이 바뀌지 않는다. 이를 근거로 삼아 홍윤표는 『훈몽자회』의 중성자 배열 순서가 개구도에 따른 것이라고 보았다. 이

35 이 예가 쓰인 원문은 다음과 같다. 如中聲ㅏㅑㅓㅕ張口之字 則初聲所發之口不變 ㅗㅛㅜㅠ縮口之字 則初聲所發之舌不變(사성통고 범례, 홍무정운역훈 수록)(홍윤표 2016a: 297에서 재인용).

런 설명은 〈표 12〉의 ㅣ류와 ㅡ류에도 적용된다.

기타류에 해당하는 ㅡㅣ·의 순서는 개구도와 무관하다. 기타류에 넣은 중성 기본자의 순서가 'ㅡㅣ·'로 된 이유는 밝혀 말하기 어렵다. 『훈몽자회』에서 ·의 순서가 중성자 맨 끝에 놓임으로써 그 후에 나온 한글 음절표(=반절표)에서 ·는 세로 행의 맨 아래에 위치하게 된다. '아래아'라는 문자 명칭어는 '언본諺本'이라 불린 음절표에서 ·가 제1 세로 행의 맨 아래에 놓여 있기 때문에 붙여진 것이다. 天에 해당하는 ·를 맨 뒤로 돌린 까닭은 더 깊이 생각해 보아야 할 문제이다.

그리고 『훈민정음』의 중성자 배열 순서에서 하나의 기준으로 작용했던 '합벽'의 원리도 『훈몽자회』에서 사라졌다. 이는 초성자 순서에서 '청탁'의 원리가 사라진 것과 그 성격이 비슷하다. 성운학의 분류 기준이 제자 원리를 설명하는 데는 유용했지만 문자 학습을 위한 배열 순서에서 이 원리들이 의미 없는 것이라고 판단한 결과이다.

『훈몽자회』 범례에 실린 「언문자모」의 자모 배열 순서는 『진언집』(1658, 신흥사판), 『화한창화집和韓唱和集』(1719)의 「조선언문朝鮮諺文」에서 그대로 계승되었다. 이들은 모두 입문자용 언문 학습자료이다. 이에 비해 『경세훈민정음』(1678), 『화동정음통석운고』(1747), 『삼운성휘』(1751) 등의 운학서 및 운서의 자모자 배열 순서는 『훈몽자회』의 그것과 다르다(홍윤표 2016a).[36]

1905년에 지석영이 고종에게 올린 「신정국문」의 배열 순서는 자음자가 "ㄱㄴㄷㄹㅁㅂㅅㅇㅈㅊㅋㅌㅍㅎ"이고, 모음자가 "ㅏㅑㅓㅕㅗㅛㅜㅠㅡ·ㅣ"로 바뀌었다.[37] 자음자에서 ㅈ과 ㅊ이 ㅇ 뒤로 이동하고, 모음자에서 ·의 순

---

36 『삼운성휘』의 경우 모음자의 배열 순서는 『훈몽자회』의 그것과 같다.

37 지석영이 지은 「대한국문」(1905)의 상단에는 '五音 象形(오음 상형)'이라 하여 ㄱㅋㄴㄷㅌㄹㅁㅂㅍㅅㅈㅇㅎ이라는 자모 순서가 제시되어 있다. 『훈민정음』 예의에 제시된 아설순치후음의 순서에 근접한 모습이다.

서가 한 자리 앞으로 이동하였다. 1933년에 조선어학회에서 만든 「한글맞춤법통일안」은 「신정국문」의 순서와 동일하고 다만 모음자에서 아래아(·)를 뺀 점만 다르다.[38]

1.4. 자모자의 명칭에 나타난 특성

해례본에는 초성자와 중성자의 명칭이 나타나 있지 않다. 그런데 해례본의 예의를 읽으면서 낭송을 위한 현토를 붙였을 것이다. 낭송을 위한 현토가 훈민정음 언해본에 나타나 있다. 언해본의 현토를 근거로 우리는 해례본 예의에 등장한 자모자의 명칭을 추론할 수 있다.

훈민정음 언해본에는 자모자 명칭을 추론할 수 있는 번역문이 있다. 예의를 번역한 언해문에 "ㄱ▯ 엄쏘리니, ㄷ▯ 혀쏘리니, ㅂ▯ 입시울쏘리니" 등과 같이 자모자 뒤에 조사 '-▯'이 결합된 것이 그것이다. 모음자의 경우, "·▯, ㅏ▯, ㅗ▯"과 같이 양모음 뒤에서는 조사 '-▯'이 결합하고, "ㅡ는, ㅓ는, ㅜ는"과 같이 음모음 뒤에서는 조사 '-는'이 결합되어 있다. "ㅣ▯"과 같이 중성모음 ㅣ 뒤에서는 조사 '-▯'이 결합하였다. 조사 '-▯'은 양모음과 중성모음 뒤에 모두 결합할 수 있다. "ㄱ▯, ㄷ▯" 등과 같이 자음 17자 뒤에서 모두 조사 '-▯'이 결합된 것으로 보아, "ㄱ▯"에서 'ㄱ'은 '기' 아니면 '가'로 읽혔을 것이다. 따라서 'ㄱ'의 독음은 '기'나 '가' 중의 하나가 된다.

언해본에 나타난 조사 '-▯'과 '-는'의 결합 양상으로 볼 때 자음자의 명칭은 '기니디리미비시…' 혹은 '가나다라마바사…' 둘 중 하나라는 것이다. 모음자의 명칭은 글자 그대로 '아어오우…'이다. 모음조화의 원리에 따라 양성

---

38 「한글맞춤법통일안」에서는 사전의 자모 순서를 정하였다. 여기에는 쌍자음자를 넣었고, 모음자에도 ㅐ, ㅔ, ㅒ, ㅖ, ㅚ, ㅟ 등을 포함시켜 그 면모가 완전히 달라졌다.

모음 ㅏ, ㅗ 뒤에 '-ᄂᆞᆫ'이 결합하고 음성모음 ㅓ, ㅜ 뒤에 '-는'이 결합하므로 모음자의 명칭은 이 모음들의 음가 그대로였다고 단정할 수 있다. 그러나 자음자의 명칭은 두 가지가 가능한 상황이다. '기니디리…'인지 아니면 '가나다라…'인지 둘 중에서 하나를 결정해야 한다. 이 국면에서 문제 해결의 열쇠를 『훈몽자회』「언문자모」에서 찾을 수 있다. 이 문헌의 자모 명칭은 다음과 같이 나타나 있다.

『훈몽자회』「언문자모」의 자모 명칭

초성과 종성에 두루 쓰는 8개 글자[初聲終聲通用八字]

ㄱ其役 ㄴ尼隱 ㄷ池(末)[39] ㄹ梨乙 ㅁ眉音 ㅂ非邑 ㅅ時(衣) ㆁ異凝

초성에만 쓰이는 8개 글자[初聲獨用八字]

ㅋ(箕) ㅌ治 ㅍ皮 ㅈ之 ㅊ齒 ㅿ而 ㅇ伊 ㅎ屎

중성에 쓰는 11개 글자[中聲獨用十一字]

ㅏ阿 ㅑ也 ㅓ於 ㅕ餘 ㅗ吾 ㅛ要 ㅜ牛 ㅠ由 ㅡ應 ㅣ伊 ㆍ思[40]

초성과 종성에 두루 쓰는[通用] 8개 글자는 각 글자의 명칭이 두 글자의 한자로 표기되어 있다. 첫 글자만 떼어서 보면 'ㄱ其, ㄴ尼, ㄷ池, ㄹ梨, ㅁ眉, ㅂ非, ㅅ時, ㆁ異'가 되어, 이 한자의 음이 곧 자모자 명칭이었음을 알 수 있다. ㄱ을 '기', ㄴ을 '니'로 불렀음을 이들이 증명해 준다. 따라서 '기, 니, 디, 리, 미, 비, 시, 이'가 합당한 명칭이 된다.

초성과 종성에 두루 쓰는 8개 글자의 명칭을 표기한 한자는 차자표기법의 원리로 보면 대부분 음가자音假字에 해당한다. '其役기역' '尼隱니은', '梨

39 ( ) 안의 글자는 해당 한자를 훈독한다는 뜻이다. 예 (末)=귿, (衣)=옷, (箕)=키.
40 ㅡ應('應'의 종성은 제외), ㅣ伊(중성만 씀), ·思('思'의 초성은 제외).

乙리을', '眉音미음' 등의 한자가 모두 음가자이다. 그런데 '池末디귿'과 '時衣시옷'의 두 번째 한자는 '末'의 훈 '귿'과 '衣'의 훈 '옷'을 취한 훈가자訓假字이다. 음가자와 훈가자의 원리는 향찰과 이두, 석독구결 등에서 널리 이용되어 온 차자법이다. '초성종성통용팔자'에 속하는 자모자의 명칭어를 누가 지은 것일까? 최세진을 이 명칭어의 작명부作名父라고 한 적도 있으나 민간에서 통용되던 것을 최세진이 채록한 것으로 보는 것이 일반적이다. 민간에서 통용되던 것이라고 해도 보통의 백성[民]이 '池末디귿'과 '時衣시옷' 같은 이름을 만들어 낼 수 없다.

해례본 종성해에서 ㅅ종성의 예를 들면서 "諺語옷爲衣"이라고 표현한 부분이 있다. '時衣시옷'이라는 명칭어의 단초를 이 예시어에서 발견할 수 있다. 『훈몽자회』 「언문자모」의 '時衣시옷'과 '池末디귿'에는 전통적 차자표기법의 원리가 내포되어 있다. 해례본 종성해의 '옷爲衣'과 같은 예시어는 향찰과 석독구결의 훈독법을 반영하면서 「언문자모」의 '時衣시옷'과 연결되는 고리이다. 『훈몽자회』에 처음 나타난 자모 명칭어에는 우리말을 표기해 온 전통과 경험이 중층되어 있음을 알 수 있다.

또 초성에만 쓰이는 8개 글자의 명칭에 표기된 'ㅌ治, ㅍ皮, ㅈ之, ㅊ齒' 등에서 이 글자들의 명칭이 '티, 피, 지, 치'임을 확인할 수 있다. 이런 사실을 근거로 해례본에 제시된 자모자의 당시 명칭은 '기, 니, 디, 리, 미, 비, 시, 이'라고 판단한다.[41]

중성 11개 글자의 명칭은 『훈몽자회』 「언문자모」에 'ㅏ阿, ㅑ也, ㅓ於, ㅕ餘, ㅗ吾, ㅛ要, ㅜ牛, ㅠ由, ㅡ應, ㅣ伊, ㆍ思'로 나와 있어서 이 중성자들의 명칭이 중성자 음가 그대로 불렸음을 확인할 수 있다. '아야어여오요

41 위에서 기술한 자모자 명칭에 대한 설명은 선행 연구들에서 이미 밝혀진 사실을 필자의 관점에서 정리한 것이다.

우유으이ᄋ'는 각각 중성자의 명칭이다. 그런데 「언문자모」의 중성자 명칭 표기에 쓰인 한자는 『훈민정음』 예의에서 중성 표기에 쓰인 한자와 전혀 다르다.

한글 자모자의 명칭은 홍윤표(2016a)에서 다수의 문헌 용례를 통해 종합 정리되었다. 모든 초성자의 명칭에서 초성자와 종성자가 동일하게 표기된 것(기윽, 니은 … 피읖, 치읓)은 국문연구소의 「국문연구의정안」(1907)에 나타나 있다.[42] 1800년대의 『화동음원華東音源』에는 '기윽, 끼윽, 디읃, 띠읃, 지읏, 치읏, 찌읏' 등과 같은 경음자 명칭까지 등장한다(홍윤표 2016a: 269-270). 그런데 이 책은 한자음 표기를 연구한 학술서여서 그 성격이 「국문연구의정안」과 아주 다르다.

이러한 고찰에서 확인했듯이, 『훈민정음』 해례본 완성 당시(1446)에 자음자와 모음자의 명칭은 모두 1음절어였다. 『훈몽자회』 간행 시기에는 자음자 중 초성과 종성에 두루 쓰이는 8개 글자의 명칭은 2음절어이고, 초성에만 쓰이는 8개 글자는 1음절어였다. 모든 자음자를 종성에 쓰기로 한 「국문연구의정안」에서 모든 자음자의 명칭이 2음절어로 정해졌고, 이것이 오늘날 남한과 북한의 어문규범에 수용되어 있다.

2. 해례본에 예시된 우리말 표현의 특성

『훈민정음』 해례본에는 한문 문장 속에 우리말 자모자, 음절, 낱말, 구절 등이 섞여 있다. 앞의 1절에서 해례본에 실린 초성자와 중성자 낱자를 표기

42 「국문연구의정안」의 자모자 순서와 명칭은 다음과 같다. ㅇ이응, ㄱ기윽, ㄴ니은, ㄷ디읃, ㄹ리을, ㅁ미음, ㅂ비읍, ㅅ시읏, ㅈ지읒, ㅎ히읗, ㅋ키읔, ㅌ티읕, ㅍ피읖, ㅊ치읓.

한 자모자의 특성과 명칭을 고찰했고, 2절에서는 우리말을 표현한 음절, 어휘, 문법형태를 분석하고 여기에 담긴 의미를 논한다.

2.1. 우리말 음절의 표현 양상

음절 단위(=음절자)는 초성이나 중성을 표기한 자모자의 음가 예시용 한자 등에 나타나 있다. 해례본에 나타난 음절자를 모두 찾아서 표로 정리해 보면 〈표 13〉과 같다.

〈표 13〉 초성해·중성해·종성해·합자해에 나타난 음절 단위와 그 설명

구분 / 출처	음절 단위	관련 한자	출현 맥락	표기 대상
초성해	ᅟᅮᆫ	君	'君'의 초성 ㄱ이 중성 이하 단위와 결합하는 원리를 설명함	한자음
	군	君	ㄱ이 'ᅟᅮᆫ'과 더불어 '君'의 음(군)이 됨을 설명함	한자음
초성해	ᅟᅫ	快	'快'의 초성 ㅋ이 중성 이하 단위와 결합하는 원리를 설명함	한자음
	쾌	快	ㅋ이 'ᅟᅫ'의 위쪽에 결합하여 '快'의 음(쾌)이 됨을 설명함	한자음
초성해	뀨	虯	ㄲ이 'ㅠ'의 위쪽에 결합하여 '虯'의 음(뀨)이 됨을 설명함	한자음
초성해	ᅟᅥᆸ	業	'業'의 초성 ㆁ이 중성 이하 단위와 결합하는 원리를 설명함	한자음
	ᅌᅥᆸ	業	ㆁ이 'ᅟᅥᆸ'의 왼쪽에 결합하여 '業'의 음(ᅌᅥᆸ)이 됨을 설명함	한자음
중성해	ᄐᆞᆫ	呑	ㅌ과 ㄴ 중간에 ·가 들어가 '呑'의 음(ᄐᆞᆫ)이 되는 원리를 설명함	한자음
중성해	즉	卽	ㅈ과 ㄱ 중간에 ㅡ가 들어가 '卽'의 음(즉)이 되는 원리를 설명함	한자음
중성해	침	侵	ㅊ과 ㅁ 중간에 ㅣ가 들어가 '侵'의 음(침)이 되는 원리를 설명함	한자음
종성해	즉	卽	ㄱ이 '즈'의 끝에 들어가 '卽'의 음(즉)이 되는 원리를 설명함	한자음
종성해	ᅘᅩᇰ	洪	ㆁ이 'ᅘᅩ'의 끝에 들어가 '洪'의 음(ᅘᅩᇰ)이 되는 원리를 설명함	한자음
종성해	볃	彆	ㄷ이 '彆'(볃)의 종성이 됨을 설명함	한자음
종성해	군	君	ㄴ이 '君'(군)의 종성이 됨을 설명함	한자음
종성해	ᅌᅥᆸ	業	ㅂ이 '業'(ᅌᅥᆸ)의 종성이 됨을 설명함	한자음
종성해	ᄄᆞᆷ	覃	ㅁ이 '覃'(ᄄᆞᆷ)의 종성이 됨을 설명함	한자음
종성해	옷	衣	ㅅ이 '衣'의 우리말[諺語] '옷'의 종성이 됨을 설명함	고유어
종성해	실	絲	ㄹ이 '絲'의 우리말[諺語] '실'의 종성이 됨을 설명함	고유어
합자해	구	君	ㄴ이 '구'의 아래에 놓여 '君'의 음(군)이 됨을 설명함	한자음
합자해	ᅌᅥ	業	ㅂ이 'ᅌᅥ'의 아래에 놓여 '業'의 음(ᅌᅥᆸ)이 됨을 설명함	한자음

〈표 13〉은 초성자, 중성자, 종성자 각각이 놓이는 위치와 이들이 결합하여 생성된 음절 단위를 모두 정리한 것이다. 아래의 밑줄 친 부분이 보여 주듯이 초성해·중성해·종성해·합자해에서, 자모자의 출현 맥락을 설명한 한문 구성은 각각 차이가 있다.

초성해: 如牙音君字初聲是ㄱ, ㄱ與ㅠ而爲군. 〈정음해례14b_6〉

중성해: 如呑字中聲是ㆍ, ㆍ居ㅌㄴ之間而爲ᄐᆞᆫ. 〈정음해례16a_2〉

종성해: 如卽字終聲是ㄱ, ㄱ居즈終而爲즉. 〈정음해례17b_4〉

합자해: 如君字ㄱ在ㅜ上, 業字ㆁ在ㅓ左之類. 〈정음해례20b_5〉

如呑字ㆍ在ㅌ下, 即字ㅡ在ㅈ下, 侵字ㅣ在ㅊ右之類. 〈정음해례20b_8-21a_1〉

如君字ㄴ在구下, 業字ㅂ在어下之類. 〈정음해례21a_3〉

한문 구성의 차이를 보인 자모자의 결합 방식을 형식과 구성을 중심으로 분석하여 정리하면 〈표 14〉와 같다.

〈표 14〉 초성자, 중성자, 종성자의 결합 방식을 표현한 한문 구성의 차이

구분 / 출처		자모자 결합 예시	표현 형식	한문 구성	한문 구성의 뜻풀이
초성해		君字 ㄱ與ㅠ而爲군	C與VC而爲CVC	與…而爲~	…와 더불어 ~가 된다
중성해		即字 ㅡ居ㅈㄱ之間 而爲즉	V居CC之間而爲CVC	居…之間而爲~	…의 사이에 놓여 ~가 된다
종성해		即字 ㄱ居즈終而爲즉	C居CV終而爲CVC	居…終而爲~	…의 끝에 놓여 ~가 된다
합자해	초성	君字 ㄱ在ㅜ上	C在V上	在…上	…의 위에 자리한다
		業字 ㆁ在ㅓ左	C在V左	在…左	…의 왼쪽에 자리한다
	중성	即字 ㅡ在ㅈ下	V在C下	在…下	…의 아래에 자리한다
		侵字 ㅣ在ㅊ右	V在C右	在…右	…의 오른쪽에 자리한다
	종성	君字 ㄴ在구下	C在CV下	在…下	…의 아래에 자리한다
		業字 ㅂ在어下	C在CV下	在…下	…의 아래에 자리한다

초성해의 "ㄱ與ㄴ而爲군[ㄱ은 ㄴ과 더불어 '군'이 된다]"에서 보듯이 '與…而爲~'라는 한문 구성이 사용되었다. '與여'는 한문 문법의 연사連詞로 '…와 더불어'를 뜻한다. '與'에 여러 가지 뜻이 있으나 이 문맥에서는 '더불어'로 봄이 알맞다. ㄱ과 ㄴ의 결합은 성운학의 측면에서 보면 음절 구성의 가장 큰 단위인 성모자와 운모자의 결합이다. 성모자와 운모자의 대등한 위상이 C與V라는 형식에 반영되어 있다.

중성해의 "一居ㅈㄱ之間而爲즉[一는 ㅈ과 ㄱ 사이에 놓여 '즉'이 된다]"에서 보듯이 '居…之間而爲~'라는 한문 구성이 사용되었다. '居거'의 뜻은 『한어대사전』에 있는 여러 가지 풀이 중에서 '…에 자리잡다'는 뜻의 '處在처재' 혹은 '處於처어'가 알맞다. 이것을 우리말로 풀이하면 '놓여'가 적합하다. 초성자와 종성자 사이에 놓이는 중성자의 위치적 특성을 '居'로 표현한 점이 주목된다. 이것은 성모자와 운모자의 결합을 '與'로 표현한 점과 비교된다.

종성해의 "ㄱ居즈終而爲즉[ㄱ은 즈 끝에 놓여 '즉'이 된다]"에서 보듯이 '居…終而爲~'라는 한문 구성이 사용되었다. '居'의 쓰임과 뜻은 중성해의 경우와 같다. 중성과 종성의 위치적 특성을 '居'라는 동일 한자로 표현한 것이다.

위 예시문에 일일이 보이지 않았지만 종성해에는 여타 8종성의 용례가 나타나 있다. 이 중에서 종성 ㄷ의 용례로 '볃爲鷩'(정음해례 18b)을 든 것은 특히 주목할 만하다. '鷩'의 조선 현실음은 '별'인데 운서음에 근사한 입성자 '볃'으로 표기해 놓았다. 동국정운식 교정음 '볋'로 표기하지 않았다. 동국정운식 한자음 표기법이 적용된 훈민정음 언해본에서 이 글자가 '鷩·볋'(11a, 11b)로 표기되어 있다. '볋'은 동국정운식 한자음 표기 방식인 '이영보래법'을 이용하여 입성 운미 t를 'ㅀ'로 표기한 것이다.[43]

---

43 鷩·볋 〈훈민정음 언해본 11a, 11b〉, 發·벓 〈훈민정음 언해본 9a 외 다수〉, 戌·슗 〈훈민정음 언해본 7b〉.

해례본 종성해에서 '鷩'의 음을 '볃'으로 표기한 것은 종성 ㄷ의 예를 보이기 위함이다. 이 표기는 해례본이 완성된 1446년 9월에 아직 동국정운식 한자음 표기, 특히 입성 운미 t>l에 대한 이영보래以影補來 방식이 확정되지 않았음을 암시한다. 이영보래법이 정해졌더라면 '鷩'의 음을 '볃'으로 표기하지 않았을 것이다. 이영보래以影補來[44]는 신숙주가 쓴 『동국정운』 서문(1447.9)에 처음 나타나는 표현[45]이며, 조선 한자음에서 중국 운서음 입성 운미자 t가 모두 l로 반영된 점을 바로잡기 위해 만든 방안이다. 해례본 종성해에는 한자음 종성에 ㄹ을 쓰는 문제를 깊이 고민했음을 보여 주는 내용이 기술되어 있으나,[46] '이영보래'에 대한 언급은 없다. 이러한 사실은 해례본 완성 당시에 이영보래법이 정해지지 않았음을 의미한다. '·옷爲衣'와 ':실爲絲'의 표기도 이 문제와 관련되어 있다. 두 예는 종성 ㅅ과 ㄹ을 가진 한자음이 없기 때문에 고유어 훈을 이용해 종성 ㅅ과 ㄹ의 용례를 보인 것이다.[47]

여기에서 짚어 볼 문제는 "ㄷ如볃爲鷩"과 같이 '鷩'을 '볃'으로 적은 것은 입성 t를 가진 한어漢語 운서음을 표기한 것이라는 점이다. 조선 한자음에 ㄷ종성을 가진 한자가 없어서 '鷩'의 운서음 '볃'을 끌어와 조선어 종성 ㄷ의

---

44 '이영보래(以影補來)'는 '영모(ㆆ)로 래모(ㄹ)를 도움'이란 뜻이다.

45 又於質勿諸韻, 以影補來, 因俗歸正, 舊習譌謬, 至是而悉革矣. 〈동국정운 서〉 (해석: '質'·'勿' 등의 운(韻)은 영모(影母)로 래모(來母)를 도와서 속음을 바르게 돌리니, 오래된 습관의 그릇됨이 이에 이르러 모두 고쳐졌다.)

46 且半舌之ㄹ, 當用於諺, 而不可用於文. 如入聲之鷩字, 終聲當用ㄷ, 而俗習讀爲ㄹ, 盖ㄷ變而爲輕也. 若用ㄹ爲鷩之終, 則其聲舒緩, 不爲入也. 〈정음해례19a_2-4〉 (해석: 반설음 ㄹ은 마땅히 우리말에 써야 하고 한문에는 쓸 수 없다. 예컨대 입성 '鷩'의 종성자는 마땅히 ㄷ(볃)을 써야 하나, 속습에 ㄹ(별)로 읽고 있다. ㄷ이 모두 변하여 가벼운 소리(ㄹ)로 된 것이다. 만약 ㄹ을 '鷩'자의 종성으로 삼는다면 그 소리가 열리고 늘어져 입성이 되지 못한다.)

47 ㄷ如볃爲鷩, ㄴ如군爲君, ㅂ如업爲業, ㅁ如땀爲覃, ㅅ如諺語·옷爲衣, ㄹ如諺語 :실爲絲之類. 〈정음해례18b_2〉
(해석: ㄷ은 볃鷩, ㄴ은 군君, ㅂ은 업業, ㅁ은 땀覃, ㅅ은 우리말 '옷[衣]', ㄹ은 우리말 '실[絲]'이 있다.)

용례를 보인 것이다. 이 점은 종성 ㅅ을 가진 조선 한자음이 없어서 '衣'의 훈(옷)을 끌어온 것이나, 종성 ㄹ을 가진 조선 한자음 표기를 위해 '絲'의 훈(실)을 끌어온 것과 평행적이지 못하다. '達달', '月월'과 같은 조선 한자음이 종성 ㄹ을 가지고 있는데도[48] 이 한자음을 이용하지 않고 '絲'의 훈 '실'로 조선어 종성 ㄹ의 용례를 보인 것은 '鷩'을 운서음 '볃'으로 적은 것과 대조적인 모습이다. "ㄷ如볃爲鷩"이 아니라 "ㄷ如붇爲筆"과 같이 조선어 훈을 이용해 표기했다면 조선어 종성 ㄷ의 용례를 보이는 데 입성자 운서음을 끌어오지 않아도 되었을 것이다. 세종과 언문팔유가 종성 ㄷ과 ㄹ의 용례를 보이기 위해 깊이 고심하였을 것이나 오늘날 연구자가 생각해 볼 문제점은 여전히 남겨져 있음을 알 수 있다.

그런데 〈표 13〉의 한자음 '끃虯', '훙洪', '땀覃'에서 초성자를 전탁음으로 표기한 것은 동국정운식 한자음 표기와 같다. 이영보래以影補來 방식은 결정되지 않았으나 한자음의 전탁음을 각자병서로 표기하는 방식은 해례본 완성 당시(1446.9)에 확정되었음을 알 수 있다. 한자음의 전탁음을 각자병서로 표기하는 방식이 정해졌다면 ㅺ, ㅽ 등의 ㅅ계 합용병서를 고유어의 된소리 표기에 쓰도록 하는 방식도 이때 결정되었을 것이다.[49]

〈표 14〉의 '합자해'란에서는 초성, 중성, 종성의 경우를 각각 나누어 음절 구성법을 설명해 놓았다. 초성(C)의 경우 C在V上 및 C在V左라는 두 가지 방식의 음절 구성법이 쓰였고, 중성(V)의 경우 V在C下 및 V在C右라는 두 가지 방식의 음절 구성법이 쓰였다. 종성(C_2)의 경우, 두 낱자의 예를 들었으나 음절 구성 형식은 C_2在C_1V下 하나만 예시되어 있다. 각각의 예시에 든

48 이 점은 다음과 같이 해명될 수 있다. 즉 '達(달)', '月(월)'과 같은 조선 한자음은 '정음(正音)'이 아니라 조선에서 변음(變音)된 음 즉 교정 대상 음으로 간주되었기 때문에 이 한자음을 이용하지 않았을 것이다. '達(달)', '月(월)'과 같은 음은 이영보래의 대상이었던 것이다.

49 그 결과로 나타난 것이 『훈민정음』 해례본의 합용병서법 규정이다.

한자는 예의의 것을 가져와 그대로 썼다. 합자해에서 음절 구성법을 설명한 한문구의 동사는 '在재'이다. 이 문맥에서 '在'는 '자리하다'로 풀이함이 무방하다. 『한어대사전』에 '在'의 뜻풀이가 여러 가지인데, 그중에서 '居於거어' 혹은 '處於처어'로 봄이 알맞다. 이 뜻은 바로 앞에서 본 '居거'의 뜻과 같다. 합자해에서 CVC라는 음절자를 구성한 초성자, 중성자, 종성자의 위치 표현에 모두 '在'자를 썼다. 새로 만든 문자 훈민정음의 실제 사용법을 보이기 위해, 한자음과 우리말 어휘를 적재적소에 이용한 언문팔유의 고심과 심사숙고를 〈표 13〉과 〈표 14〉에서 감지할 수 있다.

2.2. 우리말 어휘와 문법형태의 표현 양상

우리말 음절 단위의 표현 양상에 대해 검토해 보았으니, 이어서 우리말 어휘의 표현 양상을 살펴볼 차례이다. 해례본 전체에 등장한 우리말 표현(어휘, 구)을 내용 순서에 따라 표로 정리하고 이에 대해 논한다.

1) 종성해와 합자해에 쓰인 어휘와 문법형태

종성해에 4개, 합자해에 25개 도합 29개의 우리말 표현 단위(어휘+구절)가 등재되어 있다. 종성해에 등장한 4개의 표현 단위 중 '빗곶'과 '엿의갗'에는 각각 속격조사 '-ㅅ'과 '-의'가 포함되어 있다. '빗곶'과 '엿의갗'은 종성에 ㅈ, ㅿ, ㅊ을 쓸 수도 있으나, 이 종성들은 모두 ㅅ 하나로 씀을 설명하기 위한 예시이다. 종성에 쓰인 ㄷ, ㄴ, ㅂ, ㅁ을 예시하기 위해 각각 '볃鷩', '군君', '업業', '땀覃'이란 한자음을 들었다. 고유어 '옷'과 '실'을 예시한 것은 종성에 ㅅ 혹은 ㄹ을 가진 한자음이 없기 때문이다. 종성해 2번 '엿의갗'은 '여스-의 갗'으로 분석되며, 이는 '체언 어간+속격조사+체언 어간'이 결합한 구성이다. 따라서 '엿의갗'은 3개의 우리말 요소로 구성된 것이다.

〈표 15〉 종성해와 합자해에 쓰인 어휘와 문법형태

구분/출처	번호	우리말	한자어	뜻풀이	형태소 분석	분류
종성해	1	ᄇᆡᆺ곶	梨花	배꽃	ᄇᆡ, -ㅅ(속격조사), 곶	식물-과일
	2	여ᇫ·의갗	狐皮	여우 가죽	여ᅀᅳ, -의(속격조사), 갗	동물-신체
	3	·옷	衣	옷	옷	가공품-의생활
	4	:실	絲	실	실	가공품-의생활
계	**4개 어휘**					
합자해	5	·ᄯᅡ	地	땅	ᄯᅡ	자연물-지형
	6	ᄡᅡᆨ	隻	짝	ᄡᅡᆨ	수량어
	7	·ᄡᅳᆷ[50]	隙	틈	ᄡᅳᆷ	건물공간어
	8	·혀	舌	혀	혀	동물-신체
	9	·ᅘᅧ	引	당기다	ᅘᅧ-어(연결어미)	동작동사어
	10	괴·여	我愛人	사랑하다	괴-j 첨가-어(연결어미)	동작동사어
	11	괴·ᅇᅧ	人愛我	사랑받다	괴-이-(피동접미사)-j 첨가-어(연결어미)	동작동사어
	12	소·다	覆	쏟다(동사)	솓-아(연결어미)	동작동사어
	13	쏘·다	射	쏘다	쏘-다(종결어미)	동작동사어
	14	·과	琴柱	기러기발	과	도구-악기
	15	·홰	炬	횃불	홰	가공품
	16	ᄒᆞᆰ	土	흙	ᄒᆞᆰ	자연물
	17	·낛	釣	낚시	낛	도구
	18	ᄃᆞᇌ·ᄣᅢ	酉時	닭때	ᄃᆞᆰ, -ㅅ(속격조사), ᄣᅢ	시간어
	19	孔子ㅣ 魯ㅅ:사ᄅᆞᆷ		공자는 노나라 사람	孔子(한자어), -ㅣ(주격조사), 魯(한자어)-ㅅ(속격조사)-사ᄅᆞᆷ	인명, 국명
	20	활	弓	활	활	도구
	21	:돌	石	돌	돌	자연물
	22	·갈	刀	칼	갈	도구
	23	붇	筆	붓	붇	도구
	24	긷	柱	기둥	긷	건물공간어
	25	녑	脅	옆구리	녑	동물-신체
	26	·낟	穀	낟알	낟	곡물
	27	:깁	繒	비단	깁	의복
	28	·몯	釘	못	몯	도구
	29	·입	口	입	입	동물-신체
계	**25개 어휘**					

50 'ᄡᅳᆷ[隙]'이 '틈'으로 교체된 것을 ㅄ>ㅌ 변화로 보기는 어렵다. 이 교체는 음운론적 설명이 불가능하다. '맜-[任]'이 '맡-'으로 교체된 것도 ㅼ>ㅌ을 보인 것이어서 설명하기

합자해에서는 초성자, 중성자, 종성자를 합하여 하나의 음절자를 만드는 방법을 먼저 설명하고, 이어서 초성자 간의 합용법(ᄯ, ᄢ…), 중성자 간의 합용법(ᅪ, ᅫ…), 종성자 간의 합용법(ᆰ, ᆪ…), 한문과 한글을 섞어 쓰는 법, 고저 표시의 방점법 등을 차례로 설명했다. 이들을 설명하는 문장 속의 예시 표현에 우리말 어휘와 구절이 쓰였다. 5해1례 중에서 합자해에 우리말을 표현한 구성 방식이 비교적 다양하게 나타나 있다. 합자해에는 우리말의 명사와 동사의 활용형뿐 아니라 주격조사 및 속격조사가 포함된 구성도 있다.

대부분 체언 어간을 예시했음에 비해 합자해의 5개 예(9~13번)는 동사의 활용형이라는 점에서 관심을 끈다. ‘ᅘᅧ’, ‘괴여’, ‘괴ᅇᅧ’, ‘소다’는 동사 어간에 연결어미 ‘-어/아’가 결합한 것이고, ‘쏘다’는 동사 어간에 종결어미 ‘-다’가 결합한 것이다. 11번의 ‘괴ᅇᅧ’는 ‘괴-이-여’로 분석되며, 중간에 끼인 ‘-이-’는 피동접미사이다. ‘괴ᅇᅧ’는 ‘동사 어간+피동접미사+연결어미’가 결합된 구성이므로 3개의 우리말 요소가 함유된 셈이다. ‘소다’는 동사 어간 ‘솓-’과 연결어미 ‘-아’의 결합형이고, ‘쏘다’는 ‘射사’를 뜻하는 동사의 기본형이다. 9~13번 예시어에서 세 가지 결합 유형 즉 ‘동사어간+피동접미사+연결어미’, ‘동사어간+연결어미’, ‘동사어간+종결어미’라는 구성이 모두 확인된다. 활용에는 다양한 어미의 결합이 가능하지만 위 예들은 모두 어미 ‘-아/어’를 결합한 것이거나 종결어미 ‘-다’를 결합한 동사 기본형이다. 당시의 학자들이 이 두 가지 활용형을 동사의 가장 전형적 용법으로 간주한 것으로 보인다.

합자해 18번의 ‘ᄃᆞᆰᄣᅢ’는 합성어의 예이다. 이것은 ‘ᄃᆞᆰ-ㅅ-ᄣᅢ’로 분석되므로 3개의 우리말 요소가 합성되어 있다. 19번의 ‘孔子ㅣ魯ㅅ사ᄅᆞᆷ’은 한자어와 훈민정음을 섞어 쓰는 법[國漢混用法]을 예시하기 위한 구절이다. ‘孔子ㅣ

어렵다. 이러한 교체는 쌍형어로 공존한 변이 어형들 중에서 어느 하나가 살아남은 것으로 봄이 적절하다.

魯ㅅ사름'이라는 구절에서 주격조사 '-ㅣ', 속격조사 '-ㅅ', 명사 '사름' 등 3개의 우리말 요소를 분석해 낼 수 있다. 한자로 표기된 '孔子공자'와 '魯노'는 고유어는 아니지만 우리말에 녹아든 한자어로 볼 수 있다. 이 구절은 한자어 뒤에 오는 주격조사(-ㅣ)나 속격조사(-ㅅ)가 음절자의 구성 요소가 아니라 단독자로 표기됨을 예시한 것이다. '孔子ㅣ'는 어간 말음이 모음인 한자어 '孔子'에 주격조사가 결합할 때, 초성자 'ㅇ'이 없는 'ㅣ'가 쓰임을 예시한 것이다. '魯ㅅ사름'은 모음으로 끝난 한자어 '魯' 뒤에 속격조사(사잇소리) '-ㅅ'이 결합한 구성이다. 이 예는 한자어와 고유어 사이에 속격조사 '-ㅅ'이 단독 자로 표기됨을 예시한 것이다. 이 점은 고유어 '둜빼'에서 사이시옷이 음절자 받침의 일부로 표기된 점과 대조적이다. 이 구절은 정음자와 한자어를 병용하여 정음자와 한문자의 공존을 꾀했던 세종의 뜻을 반영한다.[51] '孔子ㅣ魯ㅅ사름'이라는 구절은 우리말과 한자어를 섞어 쓰는 국한 혼용을 고려한 서법書法이라는 점 에서 어문생활사적 의의가 크다.

2) 용자례의 초성자 예시에 쓰인 어휘

한편 용자례에서는 초성자, 중성자, 종성자의 사용 예시를 보이기 위해 다수의 우리말 어휘들이 일정한 순서와 체계를 갖추고 등재되어 있다. 용자례에 쓰인 우리말 어휘 자료를 표로 정리하여 그 특성을 고찰한다.

---

51 19세기에 훈민정음을 연구한 홍희준은 "언자(諺字)로써 문자(=漢字)의 음을 해석하고 문자로써 언자의 뜻을 해석하면 형태와 소리가 서로 구비되고 음과 뜻이 서로 해석되어 마치 새가 날개가 있고 수레가 바퀴가 있는 것처럼 될 것이니 천하만국에 통행될 수 있을 것이다."라고 하며 훈민정음과 한문의 상보적 관계를 말했다. 이것은 뜻글자 한자와 소리글자 정음자를 결합함으로써 보편 문자체계를 만들려는 구상이었다(조성산 2009a: 22-23).

〈표 16〉 용자례의 초성자 예시에 쓰인 우리말 어휘

구분 / 출처	번호	초성자	어휘	한자어	뜻풀이	분류
용자례 초성자	30	ㄱ	:감	柿	감	식물-식생활
	31		·ᄀᆞᆯ	蘆	갈대	식물
	32	ㅋ	우·케	未舂稻	찧지 않은 벼알	곡식-식생활
	33		콩	大豆	콩	곡식-식생활
	34	ㆁ	러·울	獺	수달	동물-포유류
	35		서·에	流澌	성에	자연물-기후
	36	ㄷ	·뒤	芽	띠	식물
	37		·담	墻	담	건물공간어
	38	ㅌ	고·티	繭	고치	동물-곤충
	39		두텁	蟾蜍	두꺼비	동물-양서류
	40	ㄴ	노로	獐	노루	동물-포유류
	41		납	猿	원숭이	동물-포유류
	42	ㅂ	ᄇᆞᆯ	臂	팔	사람-신체
	43		:벌	蜂	벌	동물-곤충
	44	ㅍ	·파	葱	파	식물-식생활
	45		·ᄑᆞᆯ	蠅	파리	동물-곤충
	46	ㅁ	:뫼	山	산	자연물-지형
	47		·마	薯萸	마	식물-식생활
	48	ㅸ	사·ᄫᅵ	蝦	새우	동물-어류
	49		드·ᄫᅴ	瓠	표주박	자연물-도구
	50	ㅈ	·자	尺	자	도구
	51		죠·ᄒᆡ	紙	종이	도구
	52	ㅊ	·체	籭	체	도구
	53		·채	鞭	채찍	도구
	54	ㅅ	·손	手	손	사람-인체
	55		:셤	島	섬	자연물-지형
	56	ㅎ	·부헝	鵂鶹	부엉이	동물-조류
	57		·힘	筋	힘줄	동물-신체
	58	ㅇ	·비육	鷄雛	병아리	동물-조류-가축
	59		·ᄇᆞ얌	蛇	뱀	동물-파충류
	60	ㄹ	·무뤼	雹	우박	자연물-기후
	61		어·름	氷	얼음	자연물-기후
	62	ㅿ	아ᅀᆞ	弟	아우	사람-가족
	63		:너ᅀᅵ	鴇	너새	동물-조류
계	**34개 어휘**					

용자례에서 초성자의 쓰임을 보이기 위해 동원된 어휘는 34개이다. 1음절어가 18개, 2음절어가 16개이며, 3음절어는 없다. 아음자 ㆁ의 예시어는 모두 2음절어인데 이는 어두 초성에 아음 ㆁ을 가진 낱말이 없기 때문이다. 이 점은 ㅸ과 ㅿ의 예시어에서도 동일하다. ㅸ과 ㅿ을 어두 초성자로 가진 낱말을 일상어에서 찾을 수 없다. ㅇ(58, 59번)과 ㄹ(60, 61번)의 경우에도 2음절어만 예시되어 있는데, ㄹ이 어두에 쓰인 낱말이 없어서 이렇게 한 것은 아니다. 〈표 16〉에서 어두 ㄹ을 가진 낱말 '러울'(34번)을 확인할 수 있기 때문이다.

3) 용자례의 중성자 예시에 쓰인 어휘

〈표 17〉은 용자례에서 중성자 예시에 쓰인 우리말 어휘들이다. 이 표에서 중성자 11자의 쓰임을 보이기 위해 배열한 낱말들의 순서는 제자해에 나온 중성자의 배열 순서와 같다. 용자례에서 중성자의 쓰임을 보이기 위해 동원된 어휘는 44개이다. 중성자 예시어 중에는 1음절어가 21개이고 2음절어가 23개여서 2음절어가 약간 더 많다. 여기에도 3음절어는 없다.

각 중성자의 어두 용례와 비어두 용례가 각각 몇 개씩 선정된 것인지, 그 기준을 분명히 말하기 어렵다. ㅓ자의 경우는 비어두 용례가 한 개이고(브섭), 나머지는 모두 어두 용례뿐이다. ㅛ자의 경우 1음절어 '죵'과 '쇼'는 어두 용례이고, 2음절어 '고욤'과 '삽됴'는 비어두 용례여서 서로 균형이 맞추어져 있다. 그런데 ㅑ자의 경우 1음절어가 한 개이고 2음절어가 세 개여서 불균형하지만, 어두 용례가 두 개이고 비어두 용례가 두 개인 점은 서로 균형이 맞다. ㅠ자의 경우 2음절어 세 개(율믜, 슈룹, 쥬련)와 1음절어 한 개(쥭)가 모두 어두 용례이다. ㅠ자의 비어두 용례는 없다. ㅕ자의 경우 1음절어가 세 개, 2음절어가 한 개인데, ㅕ가 어두에 쓰인 예만 제시되어 있다.

초성자와 종성자는 글자별로 2개 낱말이 예시되어 있는 반면, 중성자는

〈표 17〉 용자례의 중성자 예시에 쓰인 우리말 어휘

구분 / 출처	번호	중성자	어휘	한자어	뜻풀이	분류
용자례 중성자	64	ㆍ	·ᄐᆞᆨ	頤	턱	동물-신체
	65		·ᄑᆞᆺ	小豆	팥	곡식-식생활
	66		ᄃᆞ리	橋	다리	건물공간어
	67		ᄀᆞ래	楸	가래나무	식물-과실
	68	ㅡ	·믈	水	물	자연물
	69		·발·측	跟	발꿈치	사람-신체
	70		그력	鴈	기러기	동물-조류
	71		드·레	汲器	두레박	도구
	72	ㅣ	·깃	巢	깃	동물-조류
	73		:밀	蠟	밀랍	자연물
	74		·피	稷	피	곡식-식생활
	75		·키	箕	키	도구
	76	ㅗ	·논	水田	논	자연물
	77		·톱	鉅	톱	도구
	78		호·ᄆᆡ	鉏	호미	도구
	79		벼·로	硯	벼루	도구
	80	ㅏ	·밥	飯	밥	가공품-식생활
	81		·낟	鎌	낫	도구-농사
	82		이·아	綜	잉아	도구-의생활
	83		사·ᄉᆞᆷ	鹿	사슴	동물-포유류
	84	ㅜ	숫	炭	숯	도구-주생활
	85		·울	籬	울타리	건물-주생활
	86		누·에	蚕	누에	동물-곤충
	87		구·리	銅	구리	광물
	88	ㅓ	브섭	竈	부엌	건물-주생활
	89		:널	板	널판자	도구-목재
	90		서·리	霜	서리	자연물-기후
	91		버·들	柳	버들	식물
	92	ㅛ	:죵	奴	종	사람
	93		·고욤	梬	고염	식물-과실
	94		·쇼	牛	소	동물-가축
	95		삽됴	蒼朮菜	삽주	식물-약재
	96	ㅑ	남샹	龜	남생이	동물-어류
	97		약	鼊	거북, 대모(玳瑁)	동물-어류
	98		다·야	匜	대야	도구
	99		쟈감	蕎麥皮	메밀	곡식-식생활
	100	ㅠ	율믜	薏苡	율무	곡식-식생활
	101		쥭	飯乘	죽	가공품-식생활
	102		슈·룹	雨繖	우산	도구
	103		쥬련	帨	수건	도구-의생할
	104	ㅕ	·엿	飴餹	엿	가공품-식생활
	105		·뎔	佛寺	절	건물-주생활
	106		·벼	稻	벼	식물-식생활
	107		:져비	燕	제비	동물-조류
계	**44개 어휘**					

글자마다 4개 낱말이 예시어로 배정되어 있다. 중성자의 예시어가 초성자와 종성자의 두 배로 된 이유는 분명치 않다. 보다 풍부한 예시를 보이기 위해 4개 어휘로 늘린 듯하다. 각 중성자에 배정된 네 개의 낱말에 어떤 순서가 있는가? 중성자 예시어들에 어떤 질서가 내재되어 있는가? 이런 질문은 더 궁구해 볼 여지가 있다.

4) 용자례의 종성자 예시에 쓰인 어휘

〈표 18〉 용자례의 종성자 예시에 쓰인 우리말 어휘

구분 / 출처	번호	종성자	어휘	한자어	뜻풀이	분류
용자례 종성자	108	ㄱ	닥	楮	닥나무	식물
	109		독	甕	독	도구-식생활
	110	ㆁ	:굼벙	蠐螬	굼벵이	동물-곤충
	111		·올창	蝌蚪	올챙이	동물-양서류
	112	ㄷ	·갇	笠	갓	가공품-의생활
	113		싣	楓	단풍나무	식물-나무
	114	ㄴ	·신	屨	신(신발)	가공품-의생활
	115		·반ᄃᆡ	螢	반딧불이	동물-곤충
	116	ㅂ	섭	薪	섭나무	식물-나무
	117		·굽	蹄	굽(발굽)	동물-신체
	118	ㅁ	:범	虎	범	동물-포유류
	119		:심	泉	샘	자연물-지형
	120	ㅅ	:잣	海松	잣나무	식물-나무
	121		·못	池	못	자연물-지형
	122	ㄹ	·ᄃᆞᆯ	月	달	자연물-천문
	123		:별	星	별	자연물-천문
계	**16개 어휘**					

〈표 18〉에서 보듯이 용자례 종성자 예시를 위해 사용된 우리말 어휘는 모두 16개이다. 종성으로 쓰인 8개 자음자에 각각 2개의 용례 어휘가 배정되어 16개가 된 것이다. 전체 16개 어휘 중 2음절어는 3개이고, 나머지는 모두 1음절어이다. 지금까지 본 것처럼 용자례에 등장하는 어휘는 모두 1음절

어와 2음절어뿐이고, 3음절어는 전혀 없다. 자모자의 용례를 보이는 자리에 굳이 3음절어를 동원할 필요는 없었을 것이다.[52] 종성자 예시에 쓰인 어휘들의 배열 순서는 아설순치후의 오음 기준을 앞세우고, 각 음류 안에서는 전청자와 불청불탁자로 나누어 놓았다. 이는 초성자의 배열 순서와 같다. 성조는 평성, 거성, 상성을 가진 어휘가 골고루 섞여 있다.

종성해부터 용자례에 이르기까지 앞의 여러 표에 정리된 낱말의 수는 종성해에 4개, 합자해에 25개, 용자례에 94개이니 모두 123개가 된다. 그런데 분석하는 방법에 따라 낱말의 개수가 달라질 수도 있다. 합성구인 '여ᇫ의갗', 합성어인 'ᄇᆡᆺ곶'과 'ᄃᆞᇌᄣᅢ'는 재분석이 가능하다. '여ᇫ의갗'은 '여ᇫ(여우)'과 '갗(가죽)', 'ᄇᆡᆺ곶'은 'ᄇᆡ'와 '곶', 'ᄃᆞᇌᄣᅢ'는 'ᄃᆞᆰ'과 'ᄣᅢ'로 재분석되어 모두 6개의 낱말이 된다. 이렇게 계산하면 해례본에 등장하는 낱말의 총수는 126개이다.[53] 그러나 '여ᇫ의갗', 'ᄇᆡᆺ곶', 'ᄃᆞᇌᄣᅢ'와 같은 합성구들은 해례본 텍스트에서 하나의 단위로 표현되어 있기 때문에 각각 하나로 계산하여 전체 어휘 수를 123개로 간주한다.

2.3. 어휘 부류별 출현 양상과 그 의미

〈표 15〉~〈표 18〉에 예시된 우리말 어휘들을 동물, 식물, 광물, 사람, 자

---

52 '올창', '두텁', '굼벙' 등은 접미사 '-이'가 결합한 '올창이', '두텁이', '굼벙이'가 쓰일 수도 있었을 터이다. 이런 3음절어가 쓰이지 않은 까닭은 예시어를 2음절 이하의 낱말로 국한했기 때문이다. 최경봉, 『훈민정음』 해례본의 현대어 번역, 용자례(2019.6.21. 국립한글박물관 발표 원고) 참고.

53 '여ᇫ의갗', 'ᄇᆡᆺ곶', 'ᄃᆞᇌᄣᅢ'에는 속격조사 '-의'와 '-ㅅ'이라는 문법형태도 포함되어 있는데, 이들은 126개에 포함시키지 않았다. 합자해에 나온 '孔子ㅣ 魯ㅅ:사ᄅᆞᆷ'에는 주격조사 '-ㅣ'와 속격조사 '-ㅅ'이 포함되어 있다. 세 가지 조사를 모두 구별해서 계산하면 129개가 될 것이다.

연물 등 14개 부류로 분류하여 각류의 어휘 수와 그 점유율을 산출해 보면 [그림 2]와 같다.

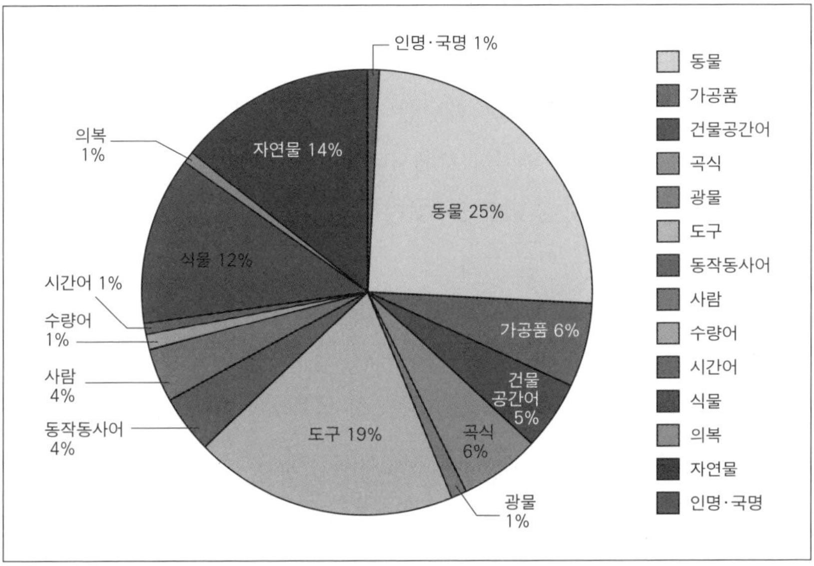

[그림 2] 해례편에 쓰인 우리말 어휘의 분류와 점유율

이 그림의 '동물'류에는 전통 분류어휘집에서 '벌레[蟲]'류에 넣은 어휘들도 포함되어 있다. 14개 각 부류의 점유율에 차이가 크지만 전체적으로 인간 생활의 다양한 측면을 반영하는 어휘들이 골고루 포함되어 있다. 이 점을 고려할 때 해례편에 등장한 전체 123개 우리말 표현어들은 일상생활의 기초 어휘[54]에 가까운 것이라 할 수 있다.

위 14개 어휘류를 다시 크게 두 부류로 나누어 볼 수 있다. 동물, 식물, 자연물, 곡식을 모두 '자연류' 어휘로 묶고, 기타 가공품 등의 항을 모두 '인공

---

54 이상혁(2004a)에서 '기초 어휘'라는 용어를 썼다.

류’ 어휘로 묶을 수 있다. 두 부류의 점유율을 계산해 보니 자연류 어휘가 57%이고, 인공류 어휘가 43%로, 자연류의 비율이 약간 더 높다.

123개 어휘를 구상어와 비구상어로 양분해 보면, 후자는 8개에 지나지 않는다. 점유율은 구상어가 93%이고, 비구상어가 7%이다. 명사인 ‘ᄣᅳᆷ(틈)’, ‘ᄧᅡᆨ(짝)’, ‘ᄃᆞᆰᄣᅢ[酉時]’와 동사인 ‘ᅘᅧ(당겨)’, ‘괴여(사랑하여)’, ‘괴ᅇᅧ(사랑받아)’, ‘소다(쏟아)’, ‘소다(쏘다)’가 비구상어에 해당한다. 이 어휘들은 비구상어이기는 하나 추상적 관념어가 아니라 뚜렷한 구체성을 가진다. 해례 편찬자가 용례 어휘 선정에서 일상적이면서도 구체성이 뚜렷한 어휘를 선택했음을 알 수 있다.

이상혁(2004a: 152-170)[55]은 용자례의 어휘를 분석하여 각 자모자를 예시한 형식이 ‘자모-자모자가 쓰인 어휘-한자 뜻풀이’의 순서로 되어 있고, 이 형식은 ‘자모-표제어-뜻풀이’로 된 사전 형식과 흡사하여 “현대적 시각에서 보면 엉성하기는 하나 거친 사전적 형식을 띠고 있다.”라고 말하며, 국어사전의 싹을 용자례에서 찾았다. 이상혁은 용자례의 어휘를 ‘기초 어휘’의 관점에서 사람, 의식주, 사회생활, 자연계, 교육 및 예체능에 관한 것으로 나누고, 용자례는 당시의 기초 어휘 표본을 제시한 텍스트로서 농업 기반 사회의 면모를 반영한다고 해석했다. 그런데 농업 어휘의 범위를 좁게 보면 용자례에 그 수가 그리 많지 않다. ‘우케, 콩, 파, 마, 비육, 팃, 밀, 피, 키, 논, 호ᄆᆡ, 낟, 누에, 쇼, 쟈감, 율믜, 벼’ 등 17개 정도가 농업 어휘이다. 용자례의 94개 우리말 어휘 중 18% 정도에 해당한다. 도구 및 의식주 관련 어휘를 포함하여 용자례에 등재된 어휘들의 시대적 특성을 표현해 본다면, 전근대의 농업 및 수공업 시대를 기반으로 한 자급자족 경제 체제를 반영한 것이라고 해석할 수 있다.

합성구 ‘여ᇫ의갗’, 합성어 ‘빗곶’과 ‘ᄃᆞᆰᄣᅢ’, 절 단위에 해당하는 ‘孔子ㅣ魯ㅅ사ᄅᆞᆷ’ 등이 예시어의 하나로 등장한 까닭도 생각해 볼 만하다. ‘여ᇫ의갗’과

55 이상혁(2004a), 『훈민정음과 국어 연구』(도서출판 역락), 제9장 참고.

'빗곶'은 종성부용초성의 원칙에 따른 표기이지만 8종성법이란 부가 규정에 따라 종성 ㅿ, ㅊ, ㅈ이 실용되지 않음을 보이기 위한 예시이다. 합성어 'ᄃᆞᇌᄣᅢ[酉時]'는 두 개 구성 요소에 대한 형태론적 인식에 근거하여 모음 간에 자음자가 6개나 표기되었다는 점에서 한국어 표기사의 특별한 존재이다.

3. 방점 표기의 기원과 사성의 음가 기술

3.1. 방점 표기의 기원과 특성

중국 한자음에서 성조(tone)는 중요한 음성 요소로 운서韻書의 한자음 분류에서 최상위 기준이었다. 성운학의 사성 구분 용어인 평성, 상성, 거성, 입성이 조선어음 분석에 도입되어 해례본에서 우리말 운소를 가리키는 데 쓰였다. 평성, 상성, 거성, 입성이라는 성조 분류 틀은 중국의 성운학에서 빌려온 것이지만, 조선어음에 쓰인 성조의 음가 기술과 성조치聲調值의 표기 방식은 성운학의 그것과 다르다.

해례본의 성조치 표기 방식은 점의 유무와 그 개수이다. 평성을 기정치(default value)로 간주하여 무점無點으로 표기했고, 거성은 점 1개, 상성은 점 2개를 음절자音節字 왼쪽에 표기했다. 음절자 왼쪽에 찍은 점의 개수로 운율소인 성조 단위를 구별토록 한 것, 그리고 평성을 기정치로 간주하여 무점을 배정한 것은 훈민정음 창제자의 독창적 창안이다. 이 방식으로 사성을 구별 표기하는 것을 방점법傍點法 또는 가점법加點法이라 부른다. 운소를 표기하기 위해 별도의 기호를 만든 문자는 세계 문자사에서 훈민정음 이외에 달리 찾아보기 어렵다. 음절자 왼쪽에 점을 찍어 성조 단위를 구별 표기한 것은, 조선어에서 초성+중성+종성이 결합하여 한 음절을 형성하고, 음절이 성조를 싣는 단위(tone bearing unit)임을 인식한 결과이다.

[그림 3]『훈민정음』 정음해례 2b, 4행

중국 운서의 한자음 분류에는 사성을 구별하는 표기 장치가 없다. 개별 한자에 사성을 구별 표기하는 것이 아니라, 운서나 운도에서 사성을 부류별로 나누었을 뿐이다. 그러나 훈민정음 창제자 세종은 사성을 구별 표기하는 시각적 장치를 만들었다. 세종은 이 방법을 어디에서 착상했을까? 이 질문을 받을 때 떠오르는 것은 권성점이다. 같은 한자가 음이 달라지면서 뜻도 다르게 쓰일 때 그 성조가 달라지기도 한다.[56] 이렇게 달라진 성조를 표기하는 방법이 [그림 3]에서 '徵치'의 좌상변에 있는 고리점(○, 백권점)이다. '徵'가 다섯 음률音律(궁상각치우) 중의 하나인 '치'로 읽힐 때, 좌상변에 고리점을 찍어 상성임을 표기한 것이 권성점이다. 그러나 이 방법은『훈민정음』의 방점 표기법과 같지 않다.

최세진은『훈몽자회』「범례」의「평상거입정위지도平上去入定位之圖」라는 그림(예산본叡山本「범례」 5a)으로 성조 표기법을 설명했다. 이것은 한자의 네 변에 고리점을 찍어서 사성(평상거입)을 구별하는 방식이다. 한자의 네 변에 점을 찍어 성조를 표시하는 방법은『훈민정음』 해례본 본문에 이미 적용된 사례가 있다.「평상거입정위지도」에서 설명한 권성점 표기 방식은 최세진의 창안이 아니라 고대 중국에서 이미

56 이것을 파음법(破音法)이라 부르기도 한다. 성조의 차이가 한자의 뜻을 다르게 만드는 예증은『논어』와『맹자』에 나타나 있다(김동석 2000: 263-264). '三[셋]'과 '妻[아내]'는 원래 평성인데 거성이 되면 각각 '재삼(여러 번)', '출가시키다'로 뜻이 바뀐다.『맹자』에 나오는 "惡惡之心[악을 미워하는 마음]"에서 앞의 '惡[미워하다]'는 '오'로 읽고, 뒤의 '惡[나쁜 것]'은 '악'으로 읽는다. 이런 현상이 고대 중국에 이미 있었던 것임을 알 수 있다.

[그림 4] 해례본의 흑권점

쓰여 온 것이다.[57]

사성의 구별에 흰 고리점[白圓點]을 사용한 것과 『훈민정음』에서 한글 음절자 왼쪽 중간에 흑점(·)을 찍어서 사성을 구별한 것은 서로 통하는 점이 있으나 같지는 않다. 해례본에서 성조를 표기하는 것은 점의 수를 기준으로 하고, 「평상거입정위지도」에서는 백권점(흰 고리점)의 위치를 기준으로 하였다. 한자의 사성 구별법을 참고했으되, 아주 다른 방식으로 한 것이 해례본의 방점법이다.

훈민정음 창제자가 성조 표기를 위해 방점법을 만든 배경과 목적은 다음 세 가지 정도로 설명할 수 있다. 첫째, 훈민정음 창제자는 말소리가 실현되는 음절 단위에는 분절 음소와 함께 운소가 실려야 한다고 생각했을 것이다. 이런 생각은 중국 성운학의 중요한 범주로 존재한 사성법의 영향을 받은 결과로 보인다. 한어음과 운서에서 사성법은 중요한 분류 기준이었다. 한어 사성법에 대한 인식이 조선어에서 사성에 해당하는 음성적 특징을 찾게 하였고, 조선어에서 사성에 대응하는 운소韻素를 찾아내어 이를 방점법으로 표기했다고 설명할 수 있다.[58] 둘째, '正音정음'이란 이름에 나타나 있듯이, 훈민정음 창제자는 이 문자가 조선어의

57 한자의 모서리에 권성점을 찍어서 성조를 구별 표기하는 방법은 중국에서 쓰이던 방법이다. 그러나 이 방식을 「평상거입정위지도」와 같이 그림 형식으로 표현한 것은 『훈몽자회』가 처음인 듯하다. 이 그림이 중국 운서에서 이미 존재했던 것을 최세진이 참고한 것인지, 아니면 관행되어 오던 권성점 찍는 법을 최세진이 그림으로 표현하는 방법을 고안해 낸 것인지 더 깊은 연구가 필요하다. 필자가 중국의 운서와 운도를 연구한 학술서 등을 찾아보았으나 「평상거입정위지도」와 같은 형식의 그림을 발견하지 못했다. 『훈몽자회』에 수록된 「평상거입정위지도」는 최세진이 그린 것일 수 있다. 「평상거입정위지도」의 기원을 밝힐 필요가 있다. 「평상거입정위지도」의 하단에 기술된 음가 설명은 이 책의 364-365쪽에서 재론할 것이다.

58 김영국(1997)은 해례본의 사성 체계는 칠음과 사성이 횡과 종으로 어우러져 음운이 형성된다는 중국 등운도의 음운관을 받아들인 결과라고 하였다.

[그림 5]『훈몽자회』(예산본)의 「평상거입정위지도」(「범례」 5a)

고유어와 한자음을 모두 정확하고 바르게 적어 내야 한다고 생각했었고, 이러한 생각으로 운소까지 표기하는 방점법을 고안해 냈다고 설명할 수 있다. '正音'의 뜻 그대로 '바른 음'을 온전히 표기해 내려면 사성 표기도 갖추어야 한다. 정음자의 실제 쓰임을 보인 15세기 한글 문헌(석보상절 등)의 고유어에 방점이 표기되어 있고, 조선 한자음을 바로잡기 위한 『동국정운』에서 운류 단위의 정음자 표기에 방점이 사용되어 있다. 이런 문헌에서 방점법이 실용된 것은 '正音정음[바른 음]'을 지향한 표기의 실천이었다. 셋째, 세종이 사용한 당시의 조선어(=서울말)에 운소가 있었고, 이것을 나타내기 위해 방점법을 창안했다고 설명할 수 있다. 세종은 1397년(태조 6)에 서울의 준수방俊秀坊에서 태어나 서울에서 자란 분으로 모어母語가 서울말이다. 당시의 서울말에는 변별적 기능의 운소가 존재했고 이것을 표기하기 위해 만든 것이 방점법이라고 설명할 수 있다. 당시의 운소가 지역방언에만 존재한 것이라면 ᆝ 및 ᆜ음처럼 아동의 말이나 시골 변방에 쓰이는 것이라고 하며[59] 방점법을 만들지 않았을 것이다.

노마 히데키(2011)는 훈민정음에서 초성, 중성, 종성을 나누고 이를 합쳐 음절을 쓰는 원리를 삼분법(trichotomy)이라 하고, 음절 단위에 성조를 표기하기 위해 방점을 찍은 것을 사분법(tetrachotomy)이라 불렀다. 그는 언어음을 극한까지 형태화한 것이 사분법이라고 하였다. 운소를 표기하기 위한 방법을 별도로 만든 문자는 세계 문자사에서 그 유례가 없다. 이런 점에서 『훈민정음』 해례본의 사성 표기 규정과 방점법은 세계 문자사에서 독보적 존재라 할 수 있다.

3.2. 방점법에 따른 우리말 사성의 음가 기술

중국 운서에서 말한 사성四聲(평상거입)은 문어文語 혹은 문언文言의 성조를 가리키는 것이며, 고대의 사성이 변하여 달라진 것을 각각 음평, 양평, 상성, 거성이라 불렀다. 음평과 양평은 평성 성모자가 청탁 차이로 인해 분화된 것이다. 운서의 입성은 말음이 탈락하고 음가가 변화하여 양평, 상성, 거성에 각각 파입波入되었다. 15세기 조선어의 입성은 종성이 폐쇄음 p, t, k로 음절말이 닫히는 소리이면서 평성, 거성, 상성에 분입分入되어 있다.[60] 이 점은 중국어의 입성이 변하여 여러 성조에 파입된 사실과 견주어 볼 만하다.

---

59 ㆍㅡ起ㅣ聲, 於國語無用 兒童之言, 邊野之語, 或有之. 當合二字而用, 如ᄀᆝᄀᆜ之類. 〈정음해례22b_7-8〉

60 입성은 점의 수와 무관하게 음절말이 빨리 닫히는 소리 이른바 불파음(不破音)을 뜻한다. 따라서 15세기 조선어의 '입성'은 사실상 고저와 무관한 용어이다.

사성을 나타내는 용어(평성, 거성, 상성, 입성)는 성운학과 같지만 각 성조가 나타내는 음가는 중국 한어음과 조선어음에서 서로 달랐다.[61] 해례본에서 성조 단위를 풀이하여 음가를 기술한 내용은 다음과 같다.

(1) 左加一點則去聲, 二則上聲, 無則平聲. 入聲加點同而促急. 〈정음4a_5-6〉
왼쪽에 한 점을 더하면 거성이요, 두 점을 더하면 상성이요, 점이 없으면 평성이다. 입성은 점을 더하는 방식은 같지만 소리가 촉급하다.

(2) 凡字之左 加一點爲去聲 二點爲上聲 無點爲平聲 而文之入聲 與去聲相似 諺之入聲無定 或似平聲 如긷爲柱 녑爲脅 或似上聲 如:낟爲穀 :깁爲繒 或似去聲 如·몯爲釘 ·입爲口之類 其加點則與平上去同 平聲安而和 春也 萬物舒泰 上聲和而擧 夏也 萬物漸盛 去聲擧而壯 秋也 萬物成熟 入聲促而塞 冬也 萬物閉藏 〈정음해례22a_2-22b_4〉
무릇 글자의 왼쪽에 한 점을 더하면 거성이 되고, 두 점을 더하면 상성이 되고, 점이 없으면 평성이 된다. 중국 한자음의 입성은 거성과 서로 비슷하나, 우리말의 입성은 일정함이 없다. 혹은 평성과 비슷하여 '긷'이 柱가 되고, '녑'이 脅이 된다. 혹은 상성과 비

61 김동석(2000: 238, 240)은 '고대 중국 문언의 사성 발음체계도'(추정)와 '현대 중국 표준어의 사성 발음 체계도'를 각각 그려 비교했고, 해례본에 기술된 성조 음가 및 방점 표기된 우리말 어휘를 통해 '우리말 사성의 발음(성조) 체계도'를 그렸다. 이 체계도는 "'활', '·돌' 따위의 성조체계가 예나 지금이나 거의 변함이 없다는 전제 하의 입론"이라고 스스로 밝힌 바와 같이(김동석 2000: 240), 성조의 역사적 변화를 고려하지 않은 것이다. 그는 '평성은 높고 짧은 소리', '거성은 약간 낮으면서 긴 소리'라고 규정하였다. 그러나 이 결론은 평성과 거성의 음가에 대한 해례본의 기술과 상반된다.

슷하여 '':낟'이 穀이 되고, '':깁'은 繒이 된다. 혹은 거성과 비슷하여 '·몯'이 釘이 되고, '·입'이 口가 되는 類와 같으나 그 점을 더함은 평·상·거성과 같다. 평성은 낮고 부드러우니[安而和] 봄이다. 만물이 점차 늘어나고 피어난다. 상성은 부드럽게 들리니[和而擧] 만물이 점차 무성해진다. 거성은 들리면서 세니[擧而壯] 가을이다. 만물이 성숙한다. 입성은 빠르고 막히니[促而塞] 겨울이다. 만물이 닫히고 감추어진다.

예의에 나오는 (1)은 사성에 따라 달라지는 가점법을 설명한 것이다. 여기에는 각 성조의 음가 기술이 없다. 해례 합자해에 나오는 (2)는 사성의 가점법은 물론 조선어의 입성에 대해 예시어를 들어 자세히 설명했다. 또 "平聲安而和 春也 萬物舒泰평성안이화 춘야 만물서태"와 같이 각 성조의 청각적 느낌과 심리적 인상을 표현했고(安而和), 각 성조에 계절(春)을 배정하여 배정된 계절에 수반된 의미(萬物舒泰)를 표현했다. 사성을 사계四季에 배정한 것은 사성에 만물순환의 이치가 담겨 있다고 본 것이며, 성리학적 세계관으로 사성을 이해했음을 뜻한다.

그런데 방점 표기는 오래가지 못하고 없어졌다. 음운론적으로 중요한 단위를 표기하는 방점법이 17세기 이후 사라져 갔다. 그 이유가 무엇일까? 한국어 성조를 연구해 온 여러 학자들이 이 질문에 대한 답을 궁구하였다. 평범하면서도 상식적인 답은 17세기 이후의 조선어에서(적어도 서울말에서) 성조가 소멸했기 때문에 방점법이 폐기되었다고 보는 것이다. 단음절어인 중국 한어와 달리 조선어는 다음절어여서 성조가 담당하는 변별적 기능이 약하고, 그것의 표기 장치(방점법)도 그리 중요하지 않을 수 있다. 그러면 함경방언과 경상방언 등에는 왜 성조가 남아 있는가라는 질문을 다시 던질 수 있다. 지역방언에 따라 성조 소멸과 변화가 달랐다고 말할 수 있으나 미진한 점이 있다.

이러한 점 때문에 훈민정음 창제 당시의 서울말에 성조가 없었다고 보는 견해도 있다. 해례본에서 방점법을 마련하여 여러 문헌에 성조 표기를 한 것은 15세기 당시 성조가 존재하던 지역방언을 고려하여 고안한 절충적 표기법이라고 보는 견해(최명옥 2019)가 그것이다. '·'음을 보존하고 있는 현대의 제주방언에 성조가 없는 것을 보면 15세기 당시의 여러 지역방언에서 성조의 유무에 차이가 있었을 수도 있다. 그러나 성조방언이 비성조방언으로 바뀌는 변화도 불가능한 것은 아니다.

이 문제를 설명하기 위해 여러 가지 추정적 가설을 입론立論할 수는 있으나 객관적 논증을 통해 입증立證하기 어렵다. 표기법과 음운론적 실재 간의 대응 관계, 하나의 단일어 안에 성조방언과 비성조방언이 공존하는 문제, 성조방언이 비성조방언으로 변화하는 문제, 이른바 '절충적 표기'라는 개념이 문자 일반론에서 성립 가능한 것인지의 문제 등이 복합적으로 얽혀 있다. 현재 우리가 알고 있는 사실(fact)은 15세기 조선어에 존재했던 운소가 해례본의 방점법으로 기술되어 있고, 후대의 한글 문헌에 방점법이 상당 기간 동안 존속되었다는 점이다. 이 사실을 인정하는 것이 논의의 출발점이 되어야 한다.

이 문제와 관련하여 부수적인 것이기는 하나 유의해 둘 사항이 있다. 필자는 음절자 왼쪽에 점을 찍는 방점법이 없어진 것은 판각과 조판의 어려움과 연관되어 있다고 생각한다. 음절자 곁에 점을 찍는 것은 목판에 판각板刻하거나 활자의 조판組版에서 매우 불편한 일이다. 목판에 점을 새기는 것, 그것도 음절자 곁에 밀착된 점을 새기는 것은 결코 쉬운 일이 아니다. 이는 금속활자 조판에서도 마찬가지이다. 금속활자본의 방점을 관찰해 보면, 방점을 음절자와 별도로 만들어 음절자 곁에 부착했음을 알 수 있다.[62] 만약에

62 방점이 활자와 별도로 주조되었음은 이호권(2001) 등 여러 논저에서 언급되었고, 김성수(2011)는 『월인천강지곡』의 한글 활자를 실제로 주조하여 조판하는 실험을 통해 논증하였다. 필자는 도산서원본(현재는 한국국학진흥원 소장) 『논어언해』 등을 자세히

음절자와 방점을 한 덩어리 활자로 만들었다면 활자 수가 크게 늘어나 활자 제작 비용이 더 높아진다. 판각과 조판 작업의 불편함이 방점법의 폐기와 무관하지 않다고 본다. 표기 장치의 존재가 음운 변화를 제약할 수 있듯이 방점 표기의 폐기가 성조 소멸을 촉발했을 수 있다. 현대 한국어에서 진행 중인 음장의 비음운화 현상도 음장 표기 장치가 없는 사실과 무관치 않을 것이다. 이런 관점에서 방점 표기의 혼란이 성조 소멸의 촉발자(trigger)라고 볼 여지가 있다.

관찰하여 이 사실을 확인하였다.

제2장
『훈민정음』 해례본 텍스트에 사용된 한자(어)의 빈도와 그 해석

1. 논구의 초점과 대상

『훈민정음』 해례본은 한자로 구성된 한문 텍스트이다. 이 한문 텍스트 안에 정음자 자모와 정음자로 표기된 우리말이 포함되어 있다. 본 장[1]의 목적은 제자론과 관련된 한자 및 한자어(구)의 빈도를 밝히고 그것이 갖는 의미를 해석하는 것이다.[2] 특히 해례본 텍스트에 사용된 한자 및 한자어(구)의 빈도가 『훈민정음』 텍스트의 주제(=제자론)를 어떻게 드러내고 있는지에 논구의 초점을 둔다. 작업의 순서는 다음과 같다. 먼저 해례본에 사용된 개별 한자의 빈도를 계량하여 수치로 파악하고, 이 수치가 해례본 텍스트에서 갖는 의미를 고찰한다. 이어서 두 자 이상의 한자로 구성된 한자어(구)의 사용 빈도와 그 의미를 고찰한다.

1 본 장은 백두현·김명주(2020)를 전면 개수(改修)하여 새로 쓴 것이다. 통계 처리한 표는 앞의 것을 재편성하거나 수정하였다.

2 '제자론'은 제자 원리와 제자 방법 그리고 운용법을 포괄하는 용어이다. 본 장의 연구 대상은 해례본 텍스트에 사용된 한자이다. 따라서 정음자로 표기된 초성자, 중성자, 음절자, 낱말과 구절 등은 빈도 조사 대상에서 제외되었다.

『훈민정음』 해례본은 어제 서문, 어제 예의, 5해1례, 정인지 서문이라는 4개의 하위 텍스트로 구성되어 있다. 앞의 둘이 정음편이고, 뒤의 둘이 정음해례편이다. 정음편과 정음해례편을 묶어서 '『훈민정음』 해례본 텍스트'(줄여서 '해례본 텍스트')라 칭한다. 해례본 텍스트에서 제자론에 대한 설명은 5해1례 텍스트(=해례 텍스트)[3] 중 5해에 나와 있다. 해례본 텍스트에서 세종 어제 서문, 예의, 정인지 서문을 뺀 것이 5해1례 텍스트이다. 다섯 개 해의 끝에 각각 결시訣詩가 붙어 있다. 이 결시는 앞의 서술 내용을 압축한 것으로, 제자론 관련 한자가 반복되어 있기 때문에 빈도 분석 대상에 포함하였다.

정음편에 포함된 세종 어제 서문과 예의는 제자에 대한 해설문이 아니다. 정음해례편 끝에 들어간 정인지 서문 역시 그러하다. 이 점을 고려하여 해례본 전체 텍스트에서 세종 어제 서문, 예의, 정인지 서문을 뺀 5해1례 텍스트의 한자 빈도를 별도로 파악하였다. 제자론과 직접 관련된 5해1례 텍스트의 특성을 포착하고자 해례본 전체 텍스트와 5해1례 텍스트의 한자 빈도를 비교 고찰하였다. 용자례는 제자론을 직접 서술한 것은 아니지만 제자를 위한 용례를 보인 것이기 때문에 5해와 묶어서 다루었다(백두현·김명주 2020: 158).

2. 개별 한자의 사용 빈도와 그 해석

해례본 텍스트의 정음편은 새 문자를 만든 취지를 선언하고(어제 서문), 28자의 자형과 음가를 예시한 것이다(예의). 이어진 정음해례편은 조선어의 성음을 분석하여 훈민정음 28자를 제자한 원리와 28자의 운용 방법을 설명하

3 '5해1례 텍스트'를 '해례 텍스트'라 부르기도 하나, '해례 텍스트'라는 용어는 『훈민정음』 해례본 전체를 가리키는 '해례본 텍스트'와 혼동될 우려가 있다. 이 점을 고려하여 지시 대상의 실체가 쉽게 인지되는 '5해1례 텍스트'라는 용어를 주로 쓴다.

고 그 예를 보인 것이다. 따라서 정음해례편 텍스트에는 '言語언어', '聲音성음', '文字문자'에 관련된 한자(言언, 語어, 聲성, 音음, 文문, 字자)와 초성자와 중성자의 제자 원리를 표상한 한자(象상, 合합, 陰음, 陽양), 조음기관을 뜻하는 한자(牙아, 舌설, 脣순, 齒치, 喉후, 口구) 등의 빈도가 높을 것으로 예상된다. 2절에서는 성음과 문자 그리고 제자와 관련된 개별 한자(=1자 한자)의 사용 빈도를 분석하여 그 빈도가 갖는 의미를 해석한다.[4]

2.1. 해례본 텍스트의 한자 사용 빈도와 그 해석

『훈민정음』 해례본 텍스트에 사용된 문자 중에서 한글로 표기된 자모자와 음절자를 모두 제외하고, 한자만 헤아려 보니 사용된 한자의 수는 총 4,786자이다. 자형이 같은 한자를 하나로 묶어서 한자의 종수種數로 계산하니 728자이다. 이 728자 중에서 빈도가 3회 이상 쓰인 한자는 다음 〈표 1〉[5]과 같다. 빈도가 2회 및 1회인 한자는 〈표 2〉 하단에 제시해 놓았다.

개별 한자의 빈도 조사에서 유의할 점은 같은 자형의 한자가 성조 혹은 한자음이 바뀌면서 그 뜻이 달라지는 경우이다. 〈표 1〉, 〈표 2〉에 포함된 한자 중에서 이러한 한자가 여러 개 있다. '爲위', '上상', '復복/부', '易역/이', '處처', '讀독/두' 등이 여기에 해당한다. 빈도 설정에서 이 한자들을 따로 구별하지 않고 대표 한자에 묶어서 산입算入했다. 여기에 해당하는 한자들을 자세히 설명해 둔다.

4 해례본 텍스트에 사용된 개별 한자 중에서 어조사, 종결사, 접속사 등 문장 구성소 표시 한자는 제자론과 관련된 것이 아니기 때문에 필요한 경우에만 언급한다.

5 〈표 1〉은 백두현·김명주(2020: 159-160)에서 가져온 것이다. 각 열 왼쪽의 번호는 빈도수에 따라 매겨진 것이다.

〈표 1〉『훈민정음』 해례본 텍스트의 한자 중 3회 이상 쓰인 한자 271자의 사용 빈도

번호	한자	빈도	번호	한자	빈도	번호	한자	빈도	번호	한자	빈도	번호	한자	빈도	번호	한자	빈도
1	爲	233	47	脣	21	93	制	11	139	民	7	185	矣	5	231	季	3
2	之	221	48	齒	21	94	卽	11	140	事	7	186	異	5	232	古	3
3	聲	210	49	可	20	95	洪	11	141	緩	7	187	再	5	233	觀	3
4	而	161	50	五	20	96	加	10	142	曰	7	188	才	5	234	歸	3
5	字	108	51	出	20	97	輕	10	143	唯	7	189	殿	5	235	難	3
6	如	102	52	類	19	98	覃	10	144	因	7	190	智	5	236	但	3
7	也	96	53	自	19	99	理	10	145	作	7	191	知	5	237	達	3
8	音	80	54	欲	18	100	復	10	146	靜	7	192	質	5	238	待	3
9	初	79	55	全	18	101	似	10	147	何	7	193	和	5	239	兩	3
10	於	77	56	皆	17	102	臣	10	148	闔	7	194	交	4	240	禮	3
11	其	55	57	三	17	103	此	10	149	後	7	195	窮	4	241	六	3
12	中	55	58	牙	17	104	呑	10	150	蓋	6	196	虯	4	242	妙	3
13	不	53	59	濁	17	105	各	9	151	起	6	197	極	4	243	倣	3
14	用	48	60	相	16	106	氣	9	152	金	6	198	今	4	244	辨	3
15	終	45	61	語	16	107	動	9	153	迺	6	199	及	4	245	夫	3
16	則	45	62	諺	16	108	文	9	154	多	6	200	當	4	246	乍	3
17	與	44	63	入	16	109	時	9	155	對	6	201	東	4	247	使	3
18	天	44	64	取	16	110	深	9	156	道	6	202	連	4	248	尙	3
19	地	40	65	平	16	111	穰	9	157	得	6	203	未	4	249	舒	3
20	以	37	66	下	16	112	言	9	158	例	6	204	步	4	250	先	3
21	成	36	67	去	15	113	點	9	159	流	6	205	本	4	251	手	3
22	者	36	68	萬	15	114	淺	9	160	變	6	206	比	4	252	習	3
23	舌	35	69	業	15	115	侵	9	161	附	6	207	非	4	253	外	3
24	是	35	70	通	15	116	解	9	162	分	6	208	邪	4	254	運	3
25	合	35	71	君	14	117	虛	9	163	若	6	209	隨	4	255	元	3
26	有	33	72	彆	14	118	間	8	164	右	6	210	實	4	256	子	3
27	書	32	73	並	14	119	口	8	165	猶	6	211	我	4	257	轉	3
28	發	30	74	水	14	120	急	8	166	挹	6	212	凝	4	258	情	3
29	人	30	75	十	14	121	能	8	167	至	6	213	已	4	259	縱	3
30	亦	28	76	次	14	122	方	8	168	促	6	214	易	4	260	重	3
31	同	27	77	半	13	123	闢	8	169	春	6	215	慈	4	261	只	3
32	一	26	78	所	13	124	雖	8	170	夏	6	216	精	4	262	集	3
33	喉	26	79	又	13	125	始	8	171	剛	5	217	諸	4	263	參	3
34	故	25	80	位	13	126	焉	8	172	開	5	218	且	4	264	處	3
35	無	25	81	正	13	127	韻	8	173	訣	5	219	最	4	265	推	3
36	生	25	82	行	13	128	定	8	174	兼	5	220	秋	4	266	縮	3
37	象	24	83	乎	13	129	左	8	175	根	5	221	七	4	267	就	3
38	義	24	84	或	13	130	土	8	176	乃	5	222	快	4	268	學	3
39	在	24	85	四	12	131	火	8	177	冬	5	223	閉	4	269	賢	3
40	形	24	86	然	12	132	國	7	178	母	5	224	漂	4	270	互	3
41	物	23	87	八	12	133	那	7	179	凡	5	225	必	4	271	橫	3
42	陽	23	88	居	11	134	大	7	180	備	5	226	畫	4			
43	上	22	89	木	11	135	斗	7	181	神	5	227	訓	4			
44	陰	22	90	數	11	136	閭	7	182	要	5	228	假	3			
45	二	22	91	戌	11	137	厲	7	183	柔	5	229	乾	3			
46	淸	22	92	圓	11	138	彌	7	184	宜	5	230	見	3			

① 爲위

1번 ‘爲’는 해례본 전체 텍스트에서 가장 높은 233회의 빈도를 보였다. 이 중의 232회가 ‘~이다, ~되다’의 뜻이며, 그 성조는 평성이다. 5해1례에서 “A는 B이다”란 구문이 ‘A爲B’로 표현되어 있다.[6] 특히 용자례 등에 등장한 100여 개 고유어 낱말의 뜻풀이에서 “諺語·ᄯᅡ爲地. ᄧᅡᆨ爲隻. ·ᄢᅳᆷ爲隙. 如諺語·ᄒᆞᆰ爲土. ·낛爲釣. ᄃᆞᆰ·ᄣᅢ爲酉時언어·ᄯᅡ위지. ᄧᅡᆨ위척. ·ᄢᅳᆷ위극. 여언어·ᄒᆞᆰ위토. ·낛위조. ᄃᆞᆰ·ᄣᅢ위유시” 등과 같은 구성이 반복적으로 사용되었다. 어제 서문에 ‘爲’가 거성(爲°)이면서 ‘위하여’의 뜻으로 쓰인 것(1회)이 있는데, 성조가 달라져 뜻이 다르게 쓰인 ‘爲’의 예이다.[7]

② 上상

43번 ‘上’은 해례본 텍스트에서 22회 쓰였다. 이 중에서 9회는 평성으로 ‘위’를 뜻한다.[8] 나머지 13회는 성조 명칭어 ‘上聲상성’에 쓰였으며, 이때의 성조는 상성(°上)이다.[9]

③ 復복/부

100번 ‘復’는 10회 쓰였는데, 성조에 따라 한자음이 두 가지로 달라진다. ‘復’의 빈도 10회 중 7회는 성조가 거성이고(復°) 이때의 뜻은 ‘다시’이며, 그

6 無點爲平聲[점이 없는 것은 평성이다], 二點爲上聲[점 두 개는 상성이다], 凡字之左加一點爲去聲[무릇 글자 왼쪽에 한 점을 더한 것은 거성이다] 등.

7 予爲°此憫然(어제 서문). 이하 인용처 표기는 해례본 구성 단위의 명칭만 표기한다. 그 이유는 해당 한자(어)가 쓰인 텍스트의 성격을 보이기 위함이다.

8 象舌附上腭之形(제자해), ㅗㅏㅛㅑ之圓居上與外者(제자해), 舌迺象舌附上腭(제자해 결시), 出天爲陽在上外(제자해 결시), 初聲或在中聲之上(합자해), 如君字ㄱ在ㅜ上(합자해), 舌乍附上腭(합자해), 初聲在中聲左上(합자해), 九月上澣(정인지 서문)

9 二則 °上聲(예의), 故平°上去其終聲不類入聲之促急(종성해), 故用於終則宜於平°上去(종성해), 所以ㆁㄴㅁㅇㄹㅿ六字爲平°上去聲之終(종성해), 爲平°上去不爲入(종성해 결시), 諺語平°上去入(합자해), :돌爲石而其聲°上(합자해), 二點爲 °上聲(합자해), 或似 °上聲(합자해), 其加點則與平°上去同(합자해), °上聲和而擧(합자해), 平聲則弓°上則石(합자해 결시), 一去二°上無點平(합자해 결시)

음은 '부'이다. 나머지 3회는 성조가 평성으로(復) 그 뜻이 '돌아가다'이며, 그 음은 '복'이다.

④ 易역/이

214번 '易'는 4회 쓰였다. 4회 중 3회는 '쉽다'의 뜻이며, 그 한자음은 '이'이고,[10] 성조는 거성 권성점이 찍혔다(易°). '易'의 빈도 4회 중에서 1회는 '바꾸다'의 뜻으로 쓰였고, 이때의 한자음은 '역'이며, 평성이고 권성점이 없다(易).[11]

⑤ 處처

264번 '處'는 총 3회 출현하며 그중 2회는 평성이고,[12] 1회는 상성(°處)[13]으로 쓰였다. 3회 모두 한자의 음은 '처'이다.

〈표 1〉에는 넣지 않았지만, 빈도가 2회 이하이면서 성조 차이로 뜻이 달라진 한자는 다음과 같다.

⑥ 讀독/두

'讀'은 전체 2회 중 1회는 '읽다'의 뜻이며 이때 한자음은 '독'이고,[14] 성조는 평성으로 권성점이 없다(讀). 나머지 1회는 한자어 '吏讀'에 쓰인 것으로 그 음은 '두'이고,[15] 성조는 거성의 권성점이 찍혔다(讀°).

⑦ 强강, 徵치

'强'이 상성(°强)이며 '억지로'의 뜻으로 쓰인 예가 1회 나타난다.[16] '徵'가

---

10 欲使人人易°習(어제 서문), 中聲十一亦取象, 精義未可容易°觀(제자해 결시), 指遠言近牖民易°(제자해 결시)
11 以後世不能易也(정인지 서문)
12 唯有欲聲所當處(종성해 결시), 欲書終聲在何處(합자해 결시)
13 要°皆各隨所°處而安(정인지 서문)
14 而俗習讀爲ㄹ(종성해)
15 始作吏讀°(정인지 서문)
16 不可°强之使同也(정인지 서문)

상성(°徵)이며 오성五聲의 하나인 '치'의 뜻으로 쓰인 예가 2회 나타난다.[17] '徵'가 성조 차이로 인해 그 뜻이 달라진 경우는 없다.[18]

이상과 같이 성조의 차이로 한자의 뜻 또는 한자음이 달라진 예가 해례본 텍스트에 여러 개 있다. 〈표 1〉에서는 이러한 한자는 각각 본디의 한자에 묶어서 합산했다. 이 점은 다음의 〈표 2〉(백두현·김명주 2020: 163-164)에서도 같다.

다음 〈표 2〉는 728자의 한자를 사용 빈도별로 묶어 순위별로 재구성한 것이다. 〈표 2〉에서 빈도가 2회인 '眀명'자는 '明'의 이체자이다. 해례본의 자형대로 입력해 놓았다.

고빈도 한자(80회 이상)[19]에 함의된 특성은 한자에 따라 다르다. 앞에서 언급했듯이 최고 빈도를 보인 '爲(위)'는 5해1례의 한문 문장에 "A는 B이다[A爲B]"란 구성이 많기 때문이다. 고빈도 한자이면서 제자론 해설서인 해례본의 특성과 직접 관련된 것은 '聲성'(210회), '字자'(108회), '音음'(80회) 등의 성음·문자 관련 한자이다. '聲'의 빈도가 210회로 특히 높다. 그 까닭은 해례본 텍스트가 성음을 분석하여 문자화한 원리를 설명한 것이고, '初聲초성', '中聲중성', '終聲종성' 등 '聲'이 들어간 용어가 많이 쓰였기 때문이다. '字'와 '音'의 빈도가 높은 것도 음가를 표상한 문자 해설서라는 해례본의 특성에 기인한다.

'聲'과 '音'은 둘 다 '소리'를 뜻하지만, 빈도의 격차가 크다. 이를 어떻게 설명할 수 있을까? 이성구(1986)는 해례의 '聲', '音', '字'의 의미를 문맥과 용도에 따라 분석하고, '聲'은 '발음·낱글자'의 뜻, '音'은 '글자·음절·오음'의

---

17 於音爲°徵. °徵音夏火是舌聲(제자해)

18 위 ①~⑦의 설명은 백두현·김명주(2020: 161-162)를 바탕으로 다시 정리한 것이다.

19 이 글에서 '고빈도'는 80회 이상, '중빈도'는 20~79회, '저빈도'는 20회 미만으로 본다. 이런 구분은 해례본 텍스트에 나타난 빈도를 고려하여 필자가 임의적으로 설정한 것이다.

〈표 2〉『훈민정음』 해례본 텍스트 한자의 빈도 순위별 묶음

순위	한자	빈도
1	爲	233
2	之	221
3	聲	210
4	而	161
5	字	108
6	如	102
7	也	96
8	音	80
9	初	79
10	於	77
11	其, 中	55
12	不	53
13	用	48
14	終, 則	45
15	與, 天	44
16	地	40
17	以	37
18	成, 者	36
19	舌, 是, 合	35
20	有	33
21	書	32
22	發, 人	30
23	亦	28
24	同	27
25	一, 喉	26
26	故, 無, 生	25
27	象, 義, 在, 形	24
28	物, 陽	23
29	上, 陰, 二, 淸	22
30	脣, 齒	21
31	可, 五, 出	20
32	類, 自	19
33	欲, 全	18
34	皆, 三, 牙, 濁	17
35	相, 語, 諺, 入, 取, 平, 下	16
36	去, 萬, 業, 通	15
37	君, 彆, 並, 水, 十, 次	14
38	半, 所, 又, 位, 正, 行, 乎, 或	13
39	四, 然, 八	12
40	居, 木, 數, 戌, 圓, 制, 卽, 洪	11
41	加, 輕, 覃, 理, 復, 似, 臣, 此, 呑	10
42	各, 氣, 動, 文, 時, 深, 穰, 言, 點, 淺, 侵, 解, 虛	9
43	間, 口, 急, 能, 方, 闢, 雖, 始, 焉, 韻, 定, 左, 土, 火	8
44	國, 那, 大, 斗, 閭, 厲, 彌, 民, 事, 緩, 曰, 唯, 因, 作, 靜, 何, 闔, 後	7
45	盖, 起, 金, 迺, 多, 對, 道, 得, 例, 流, 變, 附, 分, 若, 右, 猶, 挹, 至, 促, 春, 夏	6
46	剛, 開, 訣, 兼, 根, 乃, 冬, 母, 凡, 備, 神, 要, 柔, 宜, 矣, 異, 再, 才, 殿, 智, 知, 質, 和	5
47	交, 窮, 虯, 極, 今, 及, 當, 東, 連, 未, 步, 本, 比, 非, 邪, 隨, 實, 我, 凝, 已, 易, 慈, 精, 諸, 且, 最, 秋, 七, 快, 閉, 漂, 必, 畫, 訓	4
48	假, 乾, 見, 季, 古, 觀, 歸, 難, 但, 達, 待, 兩, 禮, 六, 妙, 倣, 辨, 夫, 乍, 使, 尙, 舒, 先, 手, 習, 外, 運, 元, 子, 轉, 情, 縱, 重, 只, 集, 參, 處, 推, 縮, 就, 學, 賢, 互, 橫	3
49	角, 蓋, 豈, 擧, 稽, 鷄, 固, 坤, 功, 貫, 廣, 九, 宮, 弓, 謹, 年, 刀, 稻, 讀, 豆, 等, 樂, 靈, 老, 俚, 李, 立, 明, 飯, 別, 輔, 副, 府, 斯, 絲, 商, 序, 鉏, 石, 屑, 盛, 聖, 世, 小, 俗, 屬, 修, 須, 首, 承, 伸, 新, 尋, 心, 芽, 腭, 安, 愛, 揚, 颺, 愚, 羽, 源, 月, 喩, 由, 維, 儀, 擬, 衣, 日, 壯, 張, 長, 展, 接, 朝, 綜, 主, 周, 柱, 止, 眞, 徵, 錯, 撰, 唱, 滯, 體, 蹙, 他, 統, 悖, 便, 偏, 風, 皮, 筆, 含, 叶	2
50	歌, 簡, 肝, 姜, 强, 塏, 槩, 客, 據, 炬, 鉅, 揭, 繭, 鎌, 梗, 輕, 啓, 癸, 顧, 曲, 穀, 孔, 工, 恭, 蝌, 冠, 官, 管, 館, 括, 巧, 敎, 校, 橋, 蕎, 久, 具, 區, 狗, 究, 龜, 屨, 厥, 鬼, 克, 隙, 筋, 近, 跟, 琴, 汲, 器, 寄, 幾, 旣, 箕, 南, 內, 寧, 奴, 斷, 端, 鍛, 獺, 淡, 餹, 島, 度, 獨, 敦, 童, 銅, 蚪, 羅, 蠟, 略, 呂, 戾, 唳, 力, 蘆, 魯, 鹿, 論, 賴, 曨, 陋, 柳, 鷚, 律, 吏, 梨, 籬, 離, 麟, 笠, 莫, 末, 每, 麥, 萌, 名, 命, 鳴, 侔, 矇, 務, 問, 門, 憫, 朴, 雹, 反, 拜, 配, 百, 鼊, 邊, 病, 補, 鵏, 覆, 蜂, 簿, 北, 佛, 脾, 臂, 鄙, 鼻, 賓, 氷, 俟, 寫, 寺, 射, 師, 捨, 私, 蛇, 簏, 山, 轍, 澁, 詳, 霜, 塞, 索, 賾, 庶, 敍, 薯, 西, 薁, 蜍, 昔, 釋, 善, 薛, 蟾, 星, 細, 帨, 巢, 松, 訟, 瑣, 授, 殊, 遂, 邃, 叔, 熟, 循, 旬, 述, 乘, 蠅, 施, 示, 澌, 柹, 識, 信, 申, 腎, 薪, 悉, 兒, 腭, 顔, 鴈, 礙, 野, 齬, 予, 歟, 餘, 淵, 燕, 硯, 軟, 營, 椳, 銳, 枘, 吾, 悟, 獄, 甕, 往, 旺, 王, 容, 牛, 雨, 吁, 云, 猿, 遠, 越, 惟, 酉, 牖, 潤, 應, 依, 疑, 薏, 耳, 苡, 飴, 匜, 頤, 仁, 寅, 引, 卄, 資, 雜, 墻, 將, 獐, 章, 藏, 哉, 財, 載, 楮, 著, 前, 田, 篆, 折, 漸, 貞, 鄭, 釘, 弟, 提, 第, 蹄, 蠐, 曺, 祖, 調, 釣, 竈, 螬, 足, 從, 縱, 注, 舟, 卽, 曾, 繒, 指, 旨, 池, 紙, 趾, 稷, 窒, 着, 鑿, 贊, 察, 創, 彰, 蒼, 菜, 尺, 隻, 千, 泉, 蚕, 聽, 稍, 超, 聰, 葱, 崔, 楸, 雛, 丑, 蓄, 朮, 沖, 趣, 治, 彈, 炭, 探, 太, 殆, 泰, 判, 板, 彭, 鞭, 評, 吠, 肺, 楓, 蝦, 鶴, 澣, 咸, 恒, 亥, 海, 該, 諧, 憲, 協, 浹, 脅, 螢, 呼, 狐, 瓠, 虎, 混, 化, 花, 華, 丸, 患, 換, 環, 會, 曉, 揮, 鵂, 希, 鼺	1

뜻, '字'는 '문자 일반·낱글자·음절자'의 뜻으로 나누었다. 송기중(2014: 65-68)은 해례본에서 '聲'과 '音'이 쓰인 용례문을 모두 적출하여 이 둘의 차이를 논하면서 '聲'을 대개 '(일반적인) 소리'의 의미이고, '音'은 '한정된 소리' 혹은 '체계가 있는 소리'를 뜻한 것으로 보았다. '音'은 '언어의 최소 단위 음성' 즉 '음소'의 뜻으로 쓰인 것이 많으며, '訓民正音'의 '音'이 '文字'와 혼용된 관례를 반영한 것이라고 하였다(송기중 2014: 71). 장윤희(2018)는 해례본에 쓰인 '音'과 '聲'의 용례들을 분석하여 "'音'은 실제 발음되는 소리 단위"(552쪽) 곧 현대의 '음절'과 유사한 의미이고, "'聲'은 세상에 존재하는 만물의 소리, 곧 '음향' 정도를 가리킨다."(554쪽)라고 하였다. 이어서 "해례본에서 '音'이 실제 발음되는 단위로서의 소리, 곧 음절에 가까운 개념으로 사용되었고, '聲'이 개별적인 자음이나 모음, 또는 특정 소리의 음성적 특성을 가리키는 용어로 사용된 사실"(556쪽)을 지적했다. 송기중(2014)과 장윤희(2018)는 모두 '音'과 '聲'의 차이를 밝혀 보려는 시도였다.

'聲'은 구체적으로 실현된 소리[發聲발성]로서 자연 상태에서 들을 수 있는 온갖 소리를 포괄한다. 이에 비해, '音'은 인간이 의미를 부여하여 체계화한 음조音調이고, 악樂은 이러한 음조가 더욱 고양되어 도덕적 가치가 부여된 예술을 뜻한다(박소정 2006: 177, 182-184). '聲'은 자연적으로 생성된 소리이고, '音'은 인간이 작용하여 체계화한 소리라 할 수 있다.[20] 이에 앞서 강신항(1987: 11-12)에서 『예기』 권37 「악기樂記」를 인용하여 聲과 音의 구별에 대해 거론한 바 있다. 『예기』에 바탕을 둔 이러한 구별이 『훈민정음』 해례본의 聲과 音에 동일하게 적용되는 것은 아니다. 해례본에 쓰인 聲과 音의 용례를 분석해 보면 박소정의 구별 방식이 적용되지 않는다. 한 예를 들어, '初聲',

20 이 설명은 『예기(禮記)』의 「악기(樂記)」를 참고하여 '聲'은 자연의 소리, '音'은 인간이 작용하여 체계화된 소리로 구별한 것이다(박소정 2006).

'中聲', '終聲'의 '聲'은 인간이 작용하여 체계화한 소리를 뜻한다. 김주원·남권희(2017: 57, 각주 12)에서도 聲과 音이 뒤바뀌어 쓰인 예를 지적한 바 있다.

『훈민정음』은 인간이 발성한 자연 언어의 소리를 분석하여 체계를 세우고, 이를 문자화한 방법을 설명한 책이다. 따라서 '聲'에 대한 언급이 더 많은 것이 당연하다. 해례본 텍스트 내용에 '初發聲초발성', '中聲중성', '終聲종성' 등의 용어가 빈번하게 쓰인 점도 '聲'의 빈도를 높인 중요 요인이다.

이 밖에 빈도 20~79회에 속하는 중빈도 한자로서 『훈민정음』 해례본 텍스트의 내용과 밀접하게 관련된 것은 '初초'(79회), '中중'(55회), '終종'(45회)과 '天천'(44회), '地지'(40회), '人인'(30회), '合합'(35회) 등이다. '初', '中', '終'은 발성의 위치 개념과 관련된 용어(初發聲, 中聲, 終聲)에서 많이 쓰였기 때문에 그 빈도가 높다. '天'(44회), '地'(40회), '人'(30회)의 높은 빈도는 三才삼재에 관련된 제자 원리(삼재론)가 중요한 위상을 차지하고 있음을 반영한다. '陽양'(23회)과 '陰음'(22회)의 빈도는 음양의 이치가 제자 원리로서 중요하게 작용했음을 의미한다.

고빈도 한자 '之지'(221회), '而이'(161회), '如여'(102회), '也야'(96회)와 중빈도 한자 '於어'(77회), '其기'(55회), '則즉'(45회), '與여'(44회) 등의 한자들은 한문을 구성하는 종결사와 연결사 등으로 자주 쓰인 것이다. 이런 한자들은 『훈민정음』 해례본 텍스트가 지닌 내용적 특성과 관련된 것이 아니다. 다만 '如'는 예시 구문이 많은 해례본 텍스트의 특성과 관련이 있다. "가령, 예를 들어"라는 뜻을 표현하는 예시문에서 '如'가 자주 쓰여서[21] 이 글자의 빈도가 높은 것이다(백두현·김명주 2020: 164-166).

빈도 36회를 기록한 '者자'는 어제 서문의 "故愚民 有所欲言而終不得伸

---

21 ㅋ牙音如快字初發聲(예의), ㅓ如業字中聲(예의), ㄴ如군爲君(종성해), 如諺語·과爲琴柱(합자해) 등.

其情者 多矣고우민 유소욕언이종부득신기정자 다의"에 쓰인 '者'의 뜻풀이와 관련하여 중요한 의미를 가진 한자이다. 정요일(2008)에서 이 문맥의 '者'는 인칭대명사가 아니라 '것'을 뜻하는 사물대명사로 해석되었다. '伸其情者신기정자'의 '者'를 '것'으로 해석하면 훈민정음 창제 목적을 조선어음 표기에 두는 관점이 뚜렷해진다. 송기중(2022)은 정요일(2008)의 주장을 수용하여, '者'를 '어음語音'을 지칭하는 대명사로 보았다. 그리하여 "말하고자 하는 바에는 그 정황(음성)을 제대로 표현하지 못할 '것'들이 많다."라고 해석했다.[22]

2.2. 분야별 의미 부류로 본 한자 사용 빈도와 그 해석

이 절에서는 각 한자의 빈도와 그것이 해례본 텍스트에서 갖는 의의를 몇 가지 의미 부류로 나누어 논한다. 제자론과 음성 분석 등 제자 작업과 직접 관련된 한자는 분야에 따라 의미 부류를 세부적으로 나누어 〈표 3〉과 같이 빈도를 표시했다.[23]

훈민정음 창제를 아주 단순하게 말한다면, 조선어음을 분석하여 각 음에 알맞은 낱자의 자형을 만드는 일이다. 음소에 대응하는 낱자를 초성과 중성으로 나누어 만들고, 만든 낱자를 합해 음절자를 만들었다. 이 두 가지 작업에서 중요한 것이 자형(글꼴)을 형상화한 원리이다. 이 점을 고려하여 제자론과 관련된 한자의 빈도와 그 의미를 먼저 논한다. 이어서 〈표 3〉에서 음성학 분야의 네 개 의미 부류에 속한 한자의 빈도와 그 의미, 언어와 문자의 두 개 의미 부류에 속한 한자의 빈도와 그 의미, 성운학·성리학·음악 관련 한자의 빈도와 그 의미를 차례로 논한다.

---

22 송기중(2022)에서 언급되었듯이 정인지 서문의 '者'(3회)는 인칭대명사로 쓰였다.

23 아래 〈표 3〉은 백두현·김명주(2020)의 2.3절(169-185쪽)에서 논한 내용을 총괄하여 새로 그린 것이다. 〈표 3〉에 이어진 해석문도 형식과 내용을 고쳐 새로 쓴 것이다.

〈표 3〉 분야별 의미 부류에 따른 한자 사용 빈도

번호	분야	의미 부류	해당 한자와 빈도 수																		
1	제자론	제자 원리 및 제자 방법을 뜻한 한자	合	象	加																
			35	24	10																
2	음성학	조음기관을 지시한 한자	牙	舌	脣	齒	喉	口													
			17	35	21	21	26	8													
		조음기관의 움직임과 음성 성상을 표현한 한자	闔	闢	開	閉	附	起	縮	展	蹙	張									
			7	8	5	4	6	6	3	2	2	2									
		발성 기류의 움직임과 음성 성상을 표현한 한자	發	出	通	緩	急	厲	舒	轉											
			30	20	15	7	8	7	3	3											
		소리의 청각적 느낌과 성상을 표현한 한자	深	淺	虛	實	颺	滯	重	輕	凝										
			9	9	9	4	2	2	3	10	4										
3	언어와 문자	언어 관련 한자	聲	音	形	義	言	語	諺												
			210	80	24	24	9	16	16												
		문자 관련 한자	圓	點	畫	文	字	書													
			11	9	4	9	108	32													
4	성운학	성운학 관련 한자	淸	濁	字	韻	母	平	上	去	入										
			22	17	108	8	5	16	22	15	16										
5	성리학	성리학 관련 한자	음양		강유		오행					삼재				이기		생성		위수	
			陰	陽	剛	柔	木	火	土	金	水	天	地	人	才	理	氣	生	成	位	數
			22	23	5	5	11	8	8	6	14	44	40	30	5	10	9	25	36	13	11
6	음악	음악 관련 한자	음악 일반					음악의 오음													
			樂	歌	律	調	呂	宮	商	角	徵	羽									
			2	1	1	1	1	2	2	2	2	2									

1) 제자론: 정음 28자의 제자와 그 운용을 표현한 한자

〈표 3〉의 맨 위에 설정된 '분야'의 1번이 '제자론'이다. '제자론'은 '음성학'이나 '성리학'처럼 하나의 학문 분야가 아니라 제자 관련 이론을 묶어서 붙인 명칭이다. 그럼에도 불구하고 '제자론'을 맨 앞에 독립시켜 세운 까닭은 해례본 텍스트에서 가장 중요한 것이 제자론이기 때문이다.

'제자론'란에 제시한 한자는 '合합'(35),[24] '象상'(24), '加가'(10)이다. 훈민정음 초성자와 중성자의 자형을 만든 원리는 '合[어우름]', '象[본뜸]', '加[더함]'라는 세 개 한자로 요약된다. 특히 '合'과 '象'이 훈민정음 제자의 원리와 방법을 상징한다. 세 개 한자 중 가장 빈도가 높은 '合'은 "凡字必合而成音범자필합이성음"(예의)에서 보듯이 초성자와 중성자에 모두 적용된 원리이다. 초성자에 사용된 '合'은 "初聲合用則並書초성합용즉병서"와 같이 병서자 생성 원리[25]로도 작용하였다. 종성자에서도 두 글자와 세 글자를 각각 합용하여 종성 합용 병서자를 만들었다.[26] '合'의 원리는 중성 기본자(·, ㅡ, ㅣ)를 서로 합성[合而成]하여 초출자와 재출자를 만들고, '合而爲ㅘ합이위ㅘ'와 같은 방식으로 同出동출 중성자를 만들고, ㅣ상합자를 만들어 내면서 가장 적극적으로 기능하였다. 또한 '合'은 초성자+중성자+종성자가 합하여 음절자를 만드는 원리로 작용하였다.[27] '合'은 음양과 오행, '交合교합'과 '妙合묘합'처럼 성리학적 의미를 기술하는 데 쓰이기도 했다.[28] '合'의 원리는 '象'의 원리와 함께, 훈민정음 제자 원리 중에서 가장 비중이 높고 중요한 것이다. '合'의 빈도수가 높은 까닭이 여기에 있다.[29]

빈도 24회인 '象'은 발음기관의 조음동작 혹은 형상을 본뜬[30] 초성 기본자의 제자 원리이다. 중성 기본자 ·, ㅡ, ㅣ가 천지인의 형상을 본뜬 것도 象의 원리이다. 조음기관과 삼재의 형상을 본뜬 제자 원리가 '象'이다. 제자 방

---

24 이하에서 해당 한자의 빈도는 '合'(35)과 같이 괄호 안에 넣어 표기한다.

25 순경음의 음성적 특질을 설명하는 곳에서도 두 입술이 합쳐지는 모습을 '合'이라 표현하였다. 脣輕音者 以輕音脣乍合而喉聲多也(제자해) (번역: 순경음은 입술이 합칠락 말락 하며 목구멍소리가 많다.)

26 終聲二字三字合用 如諺語긺爲土 ·낛爲釣 돐·때爲酉時之類 其合用並書(합자해)

27 以初中終合成之字言之(제자해), 初中終三聲合而成字(합자해)

28 陰陽交合之初. 二五之精 妙合而凝(제자해)

29 '合'에 상대되는 한자가 '分(분)'(6)이다. '分'은 음양오행의 기운이 작용하는 모습을 표현하는 데 주로 쓰였고, 제자 원리를 뜻하는 한자로 쓰이지 않았다.

30 牙音ㄱ象舌根閉喉之形. 脣音ㅁ象口形(제자해)

법으로서의 '象形상형'은 제자 원리인 '象'을 구체적으로 표현한 것이다. '象'이 쓰인 문맥을 분석해 보면, 동사 '본뜨다'의 뜻으로 쓰인 것이 대부분이고, '形象형상'에서처럼 명사 '象[모양]'의 뜻으로 쓰인 예가 6회이다.[31]

'象'의 기원적 의미는 『주역』「계사繫辭」 상上 제8장과 제12장에 나온 '象'의 풀이에서 찾을 수 있다. "聖人有以見天下之賾, 而擬諸其形容, 象其物宜, 是故謂之象성인유이견천하지색, 이의제기형용, 상기물의, 시고위지상"[32]이라는 문장이 「계사」 상 제8장과 제12장에 두 번이나 반복되어 나온다. 『주역』에서 '象'은 매우 중요한 용어여서 '象'의 본질을 설명한 문장을 두 번이나 반복한 것이다. '象'의 본질은 "而擬諸其形容 象其物宜"라는 구절에 담겨 있다. '사물의 마땅함을 본떠[象] 형용한 것'이 '象'이다. '사물의 마땅함'이란 사물에 내재된 본질을 뜻한다. 사물이 품은 본질을 눈으로 볼 수 있는 이미지로 형상화한 것이 '象'[33]이다. '象'은 공통되는 특성이나 속성을 추출하여 그것을 이미지화(=시각화)하는 사고 작용이다. 조선어의 음성 특성을 포착하여 초성과 중성의 기본자를 만들 때 '象'의 원리가 적용되었다.

빈도 10회인 '加'는 초성자 제자 원리인 가획의 원리[34] 및 성조 표기의 가

---

31 今亦取象於喉, 而不爲牙音制字之始(제자해), 故至此乃皆取象於牙也(제자해), 取象於天地人而三才之道備矣(제자해), 五音制字尙其象(제자해), 取象同而體則異(제자해), 中聲十一亦取象(제자해)

32 이 문장은 다음과 같이 번역된다. "성인이 천하의 심오한 것을 봄에 있어서, 그 모양과 생김새[形容]를 헤아려 그 사물의 마땅함을 본뜨는[象] 것이다. 이런 까닭에 '象'이라 이른다." 이 번역은 대산 김석진 선생의 『대산 주역강해』를 참고하여 필자가 윤문한 것이다.

33 『주역』의 골간을 이루는 '卦(괘)'와 '爻(효)'의 형상은 象을 행한 결과이다. 서병국(1973a/1978: 87) 선생은 상형설을 설명하면서 "象(상)이라 함은 그 物(물)과 準似(준사)한 肖像(초상)을 말함이니 象(상)과 法(법)은 同一物(동일물)의 표리 관계에 있는 것"이라고 정의했다. '서병국(1973a/1978: 87)'은 1973년 논문을 『신강훈민정음』(학문사, 1978)에 재수록한 쪽수를 가리킨다.

34 ㅋ比ㄱ 聲出稍厲 故加畫(제자해)

점법加點法을 설명하는 데에 쓰였다.[35] 소리의 성질이 약간 세므로 획을 더하는 것이 '加'의 원리이고, 점을 더하여 성조치를 표기하는 데에도 '加'의 원리가 적용되었다. '加畫가획'과 '加點가점'이란 구성에 쓰인 '加'의 예가 가장 많다. '合합', '象상', '加가'는 문자학적 제자론에 해당한다. 〈표 3〉의 5번 '성리학 관련 한자' 중 음양과 삼재에 속하는 '陰음/陽양', '天천/地지/人인'은 성리학적 제자론에 해당한다.

2) 음성학 관련 한자

(1) 조음기관을 지시한 한자

어떤 언어의 말소리를 표기하는 문자를 만들려면 먼저 그 언어의 음성을 분석해야 하고, 이 작업을 하려면 음성학 지식을 갖추어야 한다. 해례본에는 음성 분석과 관련된 용어가 한자로 표현되어 있다. 여기에는 조음기관의 명칭을 뜻하는 한자, 성음과 성음 단위를 지시하는 한자, 조음기관의 조음동작을 지시하는 한자가 포함되어 있다.

〈표 3〉의 2번 음성학 분야의 '조음기관을 지시한 한자'의 빈도와 그 의미를 검토해 보자. 여기에 속한 5개 한자(牙舌脣齒喉아설순치후)는 조음위치에 따른 오음의 조음방법과 분류체계를 의미한다. 발성기관 명칭으로 조음위치를 뜻하는 한자는 '舌'이 35회, '喉'가 26회, '齒'와 '脣'이 21회, '牙'가 17회 쓰였다. 이들이 '音'과 결합한 '牙音'(6), '舌音'(4), '脣音'(6), '齒音'(4), '喉音'(5) 등의 두 글자 한자어 용례도 〈표 3〉의 2번 난의 빈도 수치에 산입되어 있다. '舌'(35)의 빈도가 상대적으로 높은 까닭은 舌音설음에 속하는 초성자의 개수가 많고, 음성 실현에서 혀의 조음동작이 가장 중요하게 작용하기 때문이다. '喉'(26)의 빈도가 '舌' 다음 순위로 높다. 제자해 앞부분에 "목구

35 左加一點則去聲 二則上聲 無則平聲 入聲加點同而促急(예의)

멍은 소리를 내는 문이고, 혀는 소리를 구별하는 관이기 때문에 오음 가운데서 중앙이 되고 목구멍과 혀가 主주가 된다."[36]라는 내용이 있다. 조음위치로 나눈 다섯 가지 중에서, "喉와 舌이 主가 된다.[喉舌爲主也후설위주야]"라고 한 점과 '舌'과 '喉'의 빈도가 각각 1위와 2위인 점은 서로 잘 들어맞는다. 이에 비해 입 전체를 뜻하는 '口'의 빈도는 8회에 지나지 않는다. 그 이유는 '口'가 발성에서 세부적으로 작용하는 경우가 드물기 때문이다.

(2) 조음기관의 움직임과 음성 성상을 표현한 한자

〈표 3〉의 음성학에서 조음기관의 움직임과 이에 따라 생성된 음성의 성상性狀을 표현한 한자로는 '闔합', '闢벽', '開개', '閉폐', '附부', '起기', '縮축', '展전', '蹙축', '張장' 등이 있다.

〈표 3〉에서 '闔합'(7)과 '闢벽'(8)의 빈도에는 '闔闢합벽'과 같이 한 단어처럼 쓰인 빈도(2회)가 산입되어 있다. '闔합'과 '闢벽'은 입의 '닫힘'과 '열림'을 뜻하며 중성의 성상을 표현한 것이다.[37] '합벽'은 성운학의 등호 분류에 쓰인 '개합開合'의 개념을 변용한 것으로 본다.

'開개'(5)가 입의 열림을 뜻한 예(開口개구)도 있으나, 나머지 4회는 추상적 의미의 '열림'을 뜻한다. "開物成務개물성무"와 "天開於子也천개어자야"의 '開개'가 특히 그러하다. 한편 "舌根閉喉설근폐후"[혀뿌리가 목구멍을 막음]의 '閉폐'는 조음기관의 움직임을 표현한 전형적 예이다.

'附부'(6)는 "舌附上腭之形설부상악지형"[혀가 위턱에 붙는 모습]에서 혀의 움직임을 표현했으나 '附書부서'에서는 '붙여 쓰는 서법'을 뜻한다. '附부'가 조음기관의 움직임과 서법書法 표현에 모두 쓰였지만 둘 다 운용법과 관련된 용

---

36 喉乃出聲之門 舌乃辨聲之管 故五音之中 喉舌爲主也(제자해)

37 '합벽(闔闢)'이 성리학적 측면에서 천지(天地)의 열림과 닫힘을 뜻한 경우도 있다.

례이다. '起기'(6)는 6회 모두 ㅣ를 가진 이중모음(ㅛ, ㅑ, ㅠ, ㅕ 등)의 발음을 표현하는 데 쓰였다. 이중모음 발성에서 혀의 움직임을 '起於ㅣ기어ㅣ'로 표현하였다.

'縮축'(3)은 3회 모두 '혀의 움츠리는 모습'을 표현하였다. 특히 주목되는 것은 혀의 움직임을 표현한 '縮축'의 빈도가 3회에 불과한 점이다. '縮축'은 중성 분류의 핵심 기준임에도 불구하고 그 빈도가 낮다. 이 점은 빈도수가 제자론의 모든 면을 다 반영한 것이 아님을 의미한다.

'展전'(2)이 쓰인 용례 중의 하나는 'ㅣ相合者ㅣ상합자'의 음가를 묘사한 것인데, ㅣ를 발성할 때 혀가 앞으로 펼쳐지는 상태를 뜻한다.[38] 다른 하나의 '展'은 五行오행의 火화 및 五音오음의 徵치의 속성을 혀의 펴짐과 불의 펴짐에 비유한 표현에 쓰였다.[39] '縮축', '起기', '展전'은 모두 혀의 움직임을 표현한 조음음성학 용어이다.

'蹙축'(2)과 '張장'(2)은 '口蹙구축'과 '口張구장'이란 구성에서만 쓰였다. 입술의 움직임을 기술한 '蹙'과 '張'은, 혀의 움직임을 묘사한 '舌縮설축'의 '縮'과 함께 조음음성학 용어이다. '口蹙'의 '蹙'은 드물게 쓰이는 특수 한자이다. 그러나 '口張'의 '張'은 일반적 용법으로 널리 쓰이는 한자이다. '口蹙'과 '口張'에서 '蹙 : 張'은 입술 모양을 묘사하는 대립적 의미로 사용되었다. '펴다'의 뜻으로 쓰인 '張'은 해례본 전체 텍스트에서 '口張'의 2개 용례만 보인다. '蹙'과 '張'의 빈도가 2회에 불과한 것은 이 한자들이 중성의 원순모음과 비원순모음의 대립을 구별하는 용도에 국한되어 사용되었기 때문이다.

---

38 '展(전)'이 설축의 '縮(축)'의 대립적 개념을 나타낸 것은 아니다. '舌縮(설축)'에 대립되는 의미는 '舌不縮(설불축)'과 '舌小縮(설소축)'으로 표현되었다.

39 舌銳而動, 火也. 聲轉而颺, 如火之轉展而揚揚也. 於時爲夏, 於音爲徵(제자해) (해석: 혀는 예민하고 잘 움직여 火이다. 소리가 굴러 날아오르는 것이 마치 불꽃이 구르고 펴져 솟아오름과 같다. 계절로는 여름이요, 음으로는 徵(치)이다.)

(3) 발성 기류의 움직임과 음성 성상을 표현한 한자

〈표 3〉의 음성학 분야에서 말소리를 발성할 때의 공기 움직임과 그 움직임에 수반된 음성의 성상을 표현한 한자들과 그 빈도에 대해 논한다.

'發발'(30)은 공기가 입 밖으로 발출됨을 뜻한다. '發'의 빈도가 높은 까닭은 '初發聲초발성'이란 연어 구성의 빈도가 23회나 되기 때문이다. 초성자의 음가 표현에 '發'이 모두 사용되었다고 보면 된다. '出출'(20)도 공기가 발출됨을 뜻하는데, "聲氣出鼻성기출비"[공기가 코로 나온다]에 쓰인 것이 전형적 예다.[40] 그런데 '初出초출'과 '再出재출'에 쓰인 '出'은 음가의 생겨남과 문자의 생성이란 뜻을 겸유하고 있다. '通통'(15)은 "聲虛而通성허이통"[소리가 텅 비어 통한다]과 같이 공기 혹은 소리의 성질을 표현한 것과 "流通유통"[흘러 통한다] 및 "無所不通무소불통"[통하지 않음이 없다]처럼 '通'의 일반적 의미로 쓰인 것이 섞여 있다.

'緩완'(7), '舒서'(3), '急급'(8)은 소리의 성질 혹은 공기 흐름의 빠르고 느림을 표현한 것이다. '舒'의 빈도 3회 중 1회는 만물이 봄에 '천천히' 자라는 모습을 표현한 것이며, 이때의[41] '舒'는 조음기관의 움직임을 뜻한 것이 아니다. 그러나 공기 흐름이 느린 특성을 '舒[천천히]'로 비유 표현한 것이라는 점에서 조음음성적 속성을 가진다.

'厲려'(7)는 소리가 세게 나오는 성질을 표현한 것이다.[42] "聲出稍厲성출초려"[소리가 조금 세게 나온다]는 '厲'의 전형적 의미를 보여 주는 용례이며, 7회 모두 같은 뜻으로 쓰였다. '轉전'의 빈도 3회 중 소리의 흐름을 뜻한 것은 1회[43]

---

40 '聲出稍厲(성출초려)'(제자해)와 '喉乃出聲之門(후내출성지문)'(제자해) 등도 이와 같은 용례이다.

41 萬物舒泰[만물이 점차 늘어나고 자라난다](합자해)

42 김무식(1993, 1998: 9-10)은 '厲' 자질을 조음적인 것이 아닌 청취 음성학의 술어로 파악하고, '厲'의 값을 단계별로 나누어 이해함은 잘못된 것이라고 하였다. 이승재(1991: 203)는 厲에 의한 ㅅ과 ㅈ의 구별에 문제가 있음을 지적하고 厲의 값을 −2에서 +2까지 5단계로 설정한 바 있다.

43 聲轉而颺[소리가 구르고 날리는 것](제자해)

이고, 나머지 2회는 '돌고 구르는' 사물의 속성을 표현하는 데 쓰였다.[44] 그러나 구르듯이 생성되는 음성의 속성을 '轉'으로 비유 표현한 것이라는 점에서 이들을 묶어서 다룰 수 있다.

(4) 소리의 청각적 느낌과 성상을 표현한 한자

〈표 3〉의 음성학 분야에서 소리의 청각적 느낌과 성상을 표현한 한자와 그 빈도에 대해 논한다. '深심'(9)과 '淺천'(9)은 귀에 들리는 소리의 청각적 느낌을 '깊이'로 표현한 것인데 빈도가 서로 같다. '深'과 '淺'은 두 글자가 항상 짝이 되어 쓰였기 때문에 빈도수가 서로 같은 것이다. 이 한자들은 '聲深성심'과 '聲淺성천' 그리고 '深淺심천'과 같은 구성에서 주로 쓰였다. '深淺'은 중성의 청각적 느낌을 표현하는 데 주로 쓰였지만, 초성의 청각적 느낌을 표현하는 데 쓰인 예도 있다. "ㅎ比ㆆ聲淺ㅎ비ㆆ성천"[ㅎ은 ㆆ에 비하여 소리가 얕다]이라는 구절에서 보듯이, 후음 ㅎ의 음성적 특질을 표현하는 데 '淺'이 쓰였다.

'虛허'(9)는 "聲虛而通성허이통"[소리가 비어서 통한다]과 같이 소리의 청각적 느낌 혹은 소리의 성상을 표현한 것이다. 물의 성질을 '虛明허명'[비어서 맑다]이라 표현하고[45] 이 느낌을 후음의 속성에 비유했다. "ㅇ聲淡而虛ㅇ성담이허"(종성해)에서도 물의 속성을 표현한 '淡'과 '虛'를 연결 지어 후음 ㅇ의 음성적 특질을 표현했다. '虛'의 대립어 '實실'(4)은 어금닛소리(아음)의 속성을 표현하는 데 쓰였다. 어금닛소리는 그 속성이 목구멍소리(후음)와 비슷하지만 '實[실하다]'한 속성을 가진다고 하였다. 소리의 청각적 느낌이 분명한 어금닛소리를 '實'로 표현한 것이다.

---

44 轉換無窮[전환하여 씀에 막힘이 없다](정인지 서문), 如火之轉展而揚揚也[불이 구르고 펼쳐져 날리는 것](제자해)

45 水也 聲虛而通 如水之虛明而流通也(제자해)

'滯체'와 '颺양'은 서로 뜻이 대립되며, 빈도가 각각 2회이다. 혀의 속성을 표현하면서 "소리가 굴러 날아오르는 것이 마치 불꽃이 구르고 퍼져 솟아오름과 같다."[46]라고 한 문맥에서 '颺[날림]'을 썼고, 같은 의미를 '揚揚양양'이란 중첩 한자어(구)로 표현하기도 했다. 여러 초성의 다양한 속성을 종합 표현한 "初聲者 或虛或實 或颺或滯 或重或輕초성자 혹허혹실 혹양혹체 혹중혹경"[47]에는 '虛 : 實', '颺 : 滯', '重 : 輕'처럼 청각적 의미가 대립된 한자 쌍이 병렬되어 있다. '重중'(3)은 소리의 무거움을, '輕경'(10)은 가벼움을 표현한 것이다. '輕'의 빈도가 상대적으로 높은 까닭은 '脣輕音순경음', '輕音경음'과 같은 음성의 명칭어에 여러 번 쓰였기 때문이다. '凝응'(4)은 소리의 '엉김'을 뜻한다. 전청음이 '엉기면' 전탁음이 된다[48]고 한 표현에서 '凝응'이 된소리에 가까운 음성적 성질[49]을 묘사한 것임을 알 수 있다.

3) 언어와 문자 관련 한자

(1) 언어 관련 한자

〈표 3〉의 '언어와 문자'란에서는 언어와 문자 관련 한자와 그 빈도에 대해 논한다. 언어에 관련된 한자로 대표적인 것이 말소리를 뜻하는 '聲성'(210)과 '音음'(80)이다. '聲'의 빈도 순위는 전체 한자 중 '爲위'(233)와 '之지'(221) 다음인 3위이다. '聲'의 빈도가 이렇게 높은 것은 새로운 문자의 창제가 '말소리'를 분석하여 문자화하는 작업이었기 때문에, 분석 대상이 된 '聲'에 대한 언급이 많은 것이다. '聲'이 '音'보다 더 많이 쓰인 까닭은 2.1절의 말미에서

---

46 舌銳而動 火也 聲轉而颺 如火之轉展而揚揚也(제자해)

47 초성은 혹은 허하고 혹은 실하고 혹은 날아오르고 혹은 막히고 혹은 무겁고 혹은 가볍다.

48 全淸之聲凝則爲全濁也(제자해)

49 聲深不爲之凝 ㅎ比ㆆ聲淺(제자해). 후음에서는 '엉김[凝]'이 이루어지지 않기 때문에 ㆅ과 같은 된소리가 생성될 수 없음을 말한 것이다. 김무식(1993, 1998: 9)은 '凝(응)'을 전청음이나 차청음에 작용하여 된소리를 만드는 자질이라고 하였다.

지적한 바와 같이, '初發聲초발성', '中聲중성', '終聲종성' 등의 용어가 빈번하게 쓰여 '聲'의 빈도를 높였기 때문이다.

'形형'과 '義의'의 빈도는 24회로 동일하다. '形'자는 대부분 조음기관을 포함한 사물의 형상과 관련지어 글자의 자형字形을 설명한 문맥에 쓰였다.[50] '義'의 용례 중 23회는 '뜻'이라는 의미로 쓰였고,[51] 1회는 윤리적 가치 개념(의로움)을 표현했다.[52] '言언'(9)은 명사 '말'과 동사 '말하다'의 뜻으로 쓰였다.[53] '語어'(16)는 대다수의 예가 조선어 혹은 고유어 낱말을 가리키는 '諺語언어'(7)에 쓰였다. 조선어 일반을 뜻하는 '國之語音국지어음'(1)과 '國語국어'(2)에 '語'가 쓰였고, 시골방언을 뜻하는 '邊野之語변야지어'와 '俚語이어'에 '語'가 쓰인 몇 예가 있다. '外國之語외국지어'와 '言語언어'(정인지 서문)의 예처럼 '다른 나라의 말'이나 '언어 일반'을 가리키는 한자어에 '語'가 쓰인 예도 발견된다.[54]

'諺언'은 16회 중 7회가 '諺語언어'란 한자어에서 쓰였고, 조선의 고유어를 가리키는 낱자로 쓰인 빈도는 9회이다. '諺'이 '文문'의 대립어로 사용된 다음과 같은 예도 있다. "且半舌之ㄹ 當用於諺 而不可用於文차반설지ㄹ 당용어언 이불가용어문"(종성해). '諺'은 조선 고유어를 뜻하고, '文'은 한문자 혹은 한자어음을 뜻한다.[55]

---

50 脣音ㅁ 象口形 齒音ㅅ 象齒形 喉音ㅇ 象喉形(제자해), 形之圓, 形之平, 形之立(제자해) 등.

51 '뜻'을 의미하는 '義': 其因聲加畫之義皆同(제자해), 無加畫之義焉(제자해), 土無定位而寄旺四季之義也(제자해), 取天地初交之義也(제자해), 以是解書可以知其義(정인지 서문) 등.

52 윤리적 가치 개념으로 쓰인 '義': 在人則仁禮信義智神之運也(제자해)

53 有所欲言(어제 서문), 又以聲音淸濁而言之(제자해), 兒童之言(합자해), 方言(합자해 결시) 등.

54 '語'는 구체적으로 실현된 말(=파롤parole)을, '言'은 추상적 체계로 존재하는 말(=랑그langue)을 의미하는 것으로 구별해서 이해하는 방식도 생각해 볼 수 있다.

55 '文'과 '諺'이 대립어로 쓰인 용례는 종성해의 결시와 합자해에도 나온다. 六聲通乎文

(2) 문자 관련 한자

〈표 3〉의 '문자 관련 한자'에서 '圓원'(11)은 본뜻 '원'으로 쓰인 것과 아래 아(·)자의 형상을 가리킨 것으로 구별할 수 있다.[56] 문맥에 따라 '圓'과 '圓者원자'[57]가 함께 쓰였다. '點점'(9)은 성조를 구별 표기하는 부호의 뜻이며, 거성 '一點일점', 상성 '二點이점', 평성 '無點무점'을 설명하는 데[58] 사용되었다. '加點가점', '左點좌점', '無點' 등의 성어成語 구성에 쓰인 예도 있다. '畫획'(4)은 '劃획'의 이체자인데,[59] '加畫가획'이란 성어 구성에만 쓰였다. '加畫'은 초성자의 제자 과정에서 '象形' 다음에 적용된 제자 원리이다.

'文문'(9)은 '諺언'의 대립어로 한자어음을 가리킨다. '文'은 글자와 소리를 동시에 지시한다는 점에서 한자만을 뜻한 것이 아니다. '字자'는 그 빈도가 108회로 아주 높은데 문자 및 성운학 관련 용법이 합해진 수치이다. '字'의 빈도가 이렇게 높은 것은 낱자, 낱자가 결합한 음절자를 가리키는 데 모두 '字'가 쓰였기 때문이다. "ㄱ 牙音 如君字初發聲ㄱ 아음 여군자초발성", "一如卽字中聲一여즉자중성"과 같은 표현에서 보듯이 개별 초성자와 중성자의 음가를 예시할 때 '如X字' 구성을 쓴 것이 많다. 또 "業字初聲是ㆁ업자초성시ㆁ"과 같은 구성이나 글자 수를 표현하는 'N字' 구성(一字中聲 등)도 다수 보인다. '字'가 초성자+중성자, 초성자+중성자+종성자가 결합한 음절자를 지시할 때 쓰인 것도 많다. 이 점은 상형 원리로 만들어진 것이 '文'이고, 형성形

與諺(종성해 결시). 文與諺雜用則有因字音而補以中終聲者 如孔子ㅣ 魯ㅅ:사ᄅᆞᆷ之類(합자해)

56 '圓'의 용례: ·舌縮而聲深 天開於子也 形之圓 象乎天也(제자해), 所以圓形如彈丸(제자해 결시), 象取天圓合地平(제자해 결시), 中聲則圓者橫者在初聲之下 縱者在初聲之右(합자해), 中聲十一附初聲 圓橫書下右書縱(합자해) 등.

57 '圓者'의 용례: ㅗㅏㅜㅓ之一其圓者 取其初生之義也 ㅛㅑㅠㅕ之二其圓者 取其再生之義也 ㅗㅏㅛㅑ之圓居上與外者 以其出於天而爲陽也 ㅜㅓㅠㅕ之圓居下與內者(제자해)

58 左加一點則去聲 二則上聲 無則平聲 入聲加點同而促急(예의), 一點爲去聲 二點爲上聲 無點爲平聲(합자해)

59 여기에 입력한 '畫(획)'은 '畫(화)'와 자형이 같다.

聲에 의해 만들어진 것이 '字'라는 본뜻과 부합한다.

'書서'(32)는 '並書병서', '連書연서', '附書부서' 등의 서법書法 용어에 쓰인 것이 가장 많다. '書'가 '책'을 뜻한 예는 한자어 '韻書운서'에 3회, 기타에 2회, 관직명에 1회 쓰였다.[60] 동사 '쓰다'의 뜻으로 쓰인 예가 5회이다.[61] 이러한 11개 예를 제외하고 나머지 21회는 '並書', '連書' 등의 문자 용어에 쓰인 것이다. 따라서 '書'(21)는 서법 용어로 주로 쓰였고, 일부(11회)는 명사 '책'과 동사 '쓰다'의 뜻으로 쓰였다.

4) 성운학 관련 한자

〈표 3〉의 '성운학 관련 한자'에서 '淸청'(22)과 '濁탁'(17)은 초성자의 청탁을 구별하는 성운학 용어인 '淸濁청탁', '全淸전청', '次淸차청', '全濁전탁', '不淸不濁불청불탁' 등에 쓰였다. '淸'과 '濁'이 단독으로 쓰인 예는 전혀 없다. 일반적 의미로 쓰일 수도 있는 '淸'과 '濁'이 오로지 성운학 용어로만 사용된 것은 해례본이 성음과 문자를 다룬 텍스트이기 때문이다.

'字母자모'[62][聲母]나 '字韻자운'[63]과 같은 성운학 용어에도 '字'가 쓰였다. '字'가 성운학 용어에 쓰인 것은 '字韻'까지 포함해도 6회뿐이다. 이들을 제외한 나머지 '字'(102)의 용례는 '글자' 혹은 '문자'를 뜻한다.

'韻운'(8)은 '韻書'(3), '字韻'(4)과 같이 2음절 한자어(구)에 쓰인 것이 7회이

---

60 '書'가 명사 '책'으로 쓰인 예는 韻書(3회), 學書者患其旨趣之難曉(정인지 서문), 以是解書可以知其義(정인지 서문)가 있으며, 그 밖에 관직명 '禮曹判書'(정인지 서문)에 쓰인 예가 하나 있다.

61 '書'가 동사 '쓰다'로 쓰인 예: 若書卽字終用君(종성해 결시), 圓橫書下右書 縱(합자해 결시), 欲書終聲在何處(합자해 결시), 鷄鳴狗吠 皆可得而書矣(정인지 서문), 鄭麟趾拜手稽首謹書(정인지 서문)

62 '字母'의 용례(2회): 正音初聲 卽韻書之字母也(초성해), 然韻書字母唯一(합자해)

63 '字韻'의 용례(4회): 盖字韻之要 在於中聲(제자해), 中聲者 居字韻之中(중성해), 終聲者 承初中而成字韻(종성해), 字韻則淸濁之能辨(정인지 서문)

고, 단독으로 쓰인 것은 1회뿐이다.[64] 음절의 '중심'을 의미하는 '韻'의 빈도가 1회뿐인 이유는 '中聲중성'이란 해례본 특유의 용어가 운모를 뜻하는 '韻'의 용법을 대신했기 때문이다. '母모'(5)는 단독으로 쓰이거나(3)[65] '字母'(2)라는 한자어에 쓰였다. '母'가 쓰인 '字母'는 한자음의 성모를 뜻하며 훈민정음의 초성에 해당한다. '母'의 빈도가 낮은 까닭은 '初聲초성'이란 용어가 '字母'를 대신했기 때문이다.

'平평'의 빈도는 16회인데 이 중에서 3회는 땅의 평평함을 뜻하고,[66] 나머지 13회는 '平聲평성' 등의 성조치를 뜻한다. '上상'은 22회 중에서 13회가 성조치를 뜻한다. '去거'(15)와 '入입'(16)은 해례본에서 모두 성조치를 뜻하는 용어로 쓰였다.

5) 성리학 관련 한자

〈표 3〉의 5번 '성리학 관련 한자'는 음양, 강유, 오행, 삼재, 이기, 생성, 위수 등 성리학적 개념을 표현한 한자를 가리킨다. 이 중에서 빈도가 높은 한자가 제자론에서 차지하는 비중이 무겁다. 이 점을 고려하여 빈도가 높은 한자부터 차례로 논한다. 삼재三才에 속한 '天천'(44), '地지'(40), '人인'(30)의 빈도가 가장 높다. 삼재론은 중성 기본자의 자형 결정에 작용하였고, 초성자·중성자·종성자를 모아쓰는 음절자 형성의 바탕 이론이다. 삼재를 뜻하는 '天', '地', '人'의 각 한자 빈도가 높은 까닭이 여기에 있다. 특히 각 중성자가 天數천수와 地數지수를 갖는다고 설명한 제자해에서 '天'과 '地'가 다수 쓰였다. 그 밖에 자연의 이치를 말할 때 '天地천지'를 끌어와서 설명하는 경우가

---

64 단독으로 쓰인 '韻': 韻成要在中聲用(제자해 결시)

65 단독으로 쓰인 '母': 正音初聲 卽韻書之字母也 聲音由此而生 故曰母(초성해), 二十三字是爲母 萬聲生生皆自此(초성해 결시), 母字之音各有中(중성해 결시)

66 '平'이 '평평함'의 뜻으로 쓰인 예(3회): 地闢於丑也 形之平 象乎地也(제자해), 其形之平象乎地(제자해 결시), 象取天圓合地平(제자해 결시)

많아서 '天'과 '地'의 빈도가 높다. '天', '地', '人'의 높은 빈도는 삼재론이 훈민정음 제자론에서 차지한 위상을 보여 준다.

성리학 용어 중 두 번째로 빈도가 높은 한자는 '生생'(25)과 '成성'(36)이다. 生'과 '成'은 주역의 근본 이론이다. '무극=태극-음양-사상-팔괘'로 이어지는 변화에 모두 생성의 원리가 작용한다.[67] 특히 오행상생론에서 '相生상생'의 개념은 만물순환 원리의 핵심이다. '生'에 의해 '成'이 이루어지므로 '生'과 '成'은 동전의 양면과 같다. 해례본 텍스트에 '生'과 '成'의 빈도가 높은 것은 초성자,[68] 중성자,[69] 음절자를 만든 제자 원리에 모두 '生'과 '成'의 원리가 작용하였기[70] 때문이다. 초성 기본자에서 가획자를 만드는 것과 중성 기본자에서 초출자와 재출자를 만드는 과정에 生成의 방법이 작용하였다. '生'과 '成'이 쓰인 문맥을 보면, 역리적易理的 의미를 직접 표현한 것과 일반적 의미로 쓰인 것이 있으나 양자 간의 구별 기준을 찾기 어렵다.[71] 그러므로 이들을 묶어서 다룸이 적절하다.

성리학 용어 중 세 번째로 빈도가 높은 한자는 '陰음'(22)과 '陽양'(23)이다. '陰'과 '陽'은 서로 대립되는 짝이 되어 쓰이는 경우가 많아서 그 빈도가 거의 같다. '陰'과 '陽'은 중성자 제자 원리로 작용하였다.

'位數위수'는 중성자에 생성과 위수의 개념을 부여한[72] 제자해의 성리학적 용어이다. '位위'(13)와 '數수'(11)의 빈도는 '生'과 '成'의 빈도에 비해 훨씬 낮

67 팔괘의 8이 확장되어 16, 32, 64괘에 이르는 과정도 생성의 원리에 따른 것이다.
68 然水乃生物之源, 火乃成物之用(제자해), 猶木之萌芽生於水而柔軟(제자해)
69 ㅗㅏㅜㅓ之一其圓者, 取其初生之義也 ㅛㅑㅠㅕ之二其圓者, 取其再生之義也(제자해)
70 而爲初亦爲終 亦可見萬物初生於地, 復歸於地也(제자해)
71 '生'은 오행의 상생에 의거하여 초성자가 나오는 원리와, 중성 초출자와 재출자의 생성을 설명한 부분에 집중적으로 쓰였다. 이 용례들은 모두 주역의 生成(생성) 이론에 관련된 것이다. "凡有生類在天地之間者"(제자해)의 '生類(생류)'에 쓰인 '生'은 '産生(산생)'이라는 일반적 의미와 역리 개념으로서의 '生'을 포괄한다.
72 ·天五生土之位也 一地十成土之數也(제자해)

다. '位'는 방위方位나 자리[位]를 표현하는 문맥에서 주로 쓰였고, '數'는 '天'과 '地'에 방위의 수나 오행이 나는 자리를 매기는 문맥에서 쓰였다. '位'와 '數'의 빈도가 낮은 것은 두 한자의 개념이 제자론에서 유의미하게 작용하지 않았음을 의미한다.

오행을 표시하는 다섯 한자들은 각각 그 빈도가 다르다. 이 빈도수에는 성리학적 용법이 아니라 원래의 뜻 그대로 쓰인 것도 포함되어 있다. 예컨대 제자해에 나온 "如水之虛明而流通也여수지허명이유통야", "然水乃生物之源연수내생물지원"이나 용자례의 "믈爲水믈위수"에 쓰인 '水'는 원래 뜻 그대로 '물'을 가리킨다.[73] '水'의 빈도가 다른 오행 자보다 높은 것은 이런 예가 상대적으로 많기 때문이다.

'理이'(10)는 박팽년의 관직명 '副校理부교리'의 '理'를 제외한 나머지 9회가 모두 천지 만물의 이치를 뜻한다. '氣기'는 9회 중 2회가 발성기관에서 생산되는 공기를 뜻하는데, 제자해의 "聲氣出鼻성기출비"[공기가 코로 나온다]와 정인지 서문의 '聲氣'가 여기에 해당한다. 나머지 '氣'의 용례는 '水氣수기', '五行之氣오행지기'와 같이 성리론의 '氣'를 뜻한다.

'剛강'(5)과 '柔유'(5)는 '陰陽음양'처럼 대립 구성 한자어에 쓰인 것으로 그 빈도가 동일하다. '剛柔강유'라는 한자어는 '陰陽'에 대응하는 성리학 용어이다.[74] '剛柔'와 '陰陽'은 각각 한 낱말로 굳어진 한자어 구성이어서 각각이 낱자로 쓰인 예는 드물다.[75]

---

73 오행의 다른 한자도 이 점은 마찬가지이다.

74 陰陽 天道也 剛柔 地道也(제자해)

75 '剛(강)'이 단독으로 쓰인 예는 "齒剛而斷 金也"(제자해)밖에 없고, '柔(유)'가 단독으로 쓰인 예는 "猶木之萌芽生於水而柔軟"(제자해)밖에 없다. '剛'과 '柔'의 나머지 빈도는 모두 '剛柔(강유)'라는 한자어에 쓰인 것이다.

6) 음악 관련 한자

〈표 3〉의 6번 '음악'에 나타나 있듯이 음악 관련 한자들은 모두 그 빈도가 낮다. 이것은 음악의 개념이 제자 원리로 작용하지 않았음을 뜻한다. '樂악'(2), '歌가'(1), '律율'(1)은 전형적인 음악 용어이다. '調조'는 음악 용어 '七調칠조'에서 단 1회만 쓰였고[76] '呂여'도 '律呂율려'에서 1회 쓰였을 뿐이다. 음악 일반에 관련된 한자 5개는 모두 정인지 서문의 "因聲而音叶七調인성이음협칠조"와 몇 구절 뒤에 이어진 "樂歌則律呂之克諧악가즉율려지극해"에서 쓰인 것이다. "因聲而音叶七調"는 훈민정음 문자가 표상하는 성음으로 조선 음악의 율조를 잘 표현해 낼 수 있음을 말한 것이다. "樂歌則律呂之克諧"는 '樂歌악가'와 '律呂율려'로 대표되는 음악 일반에 훈민정음을 활용하면 음률을 능히 조화롭게 할 수 있음을 뜻한다. 훈민정음의 제자 원리가 아니라 효용성을 말한 문장이다. 5해1례 텍스트 안에서 음악 관련 한자가 쓰인 예는 없다.

악률의 오성을 가리키는 '宮商角徵羽궁상각치우'의 빈도는 각각 2회로 균등하다. 오성을 뜻하는 '宮商角徵羽' 각 한자의 빈도가 나란히 2회인 것은 이에 관한 설명이 특정 맥락에 국한되어 있기 때문이다. 빈도가 80회에 이르는 '音'의 용례 중에서 성음[語音=말소리]이 아닌 음악 용어로 쓰인 것은 극소수이다. '音'이 음악 용어로 쓰인 경우는 궁상각치우와 관련된 기술에 국한되어 있다. 예컨대 제자해의 결시訣詩 시구 "五行五音無不協오행오음무불협"에 쓰인 '五音'은 악률의 오성五聲이다. 왜냐하면 바로 뒤에 "維喉爲水冬與羽 牙迺春木其音角유후위수동여우 아내춘목기음각"과 같이 '羽', '角', '徵',

---

76 因聲而音叶七調[소리에 따라 음은 칠조(七調)에 화합한다](정인지 서문). 이 문맥의 칠조(七調)는 조선의 향악에 쓰인 일곱 가지 조이며, 선율이 아니라 선율에 쓰인 중심음의 고저를 뜻한다. 『악학궤범』 권1의 「악조총의(樂調總義)」에 따르면, 칠조는 일지(一指), 이지(二指), 삼지(三指), 사지(四指) 또는 횡지(橫指), 오지(五指) 또는 우조(羽調), 육지(六指) 또는 팔조(八調), 칠지(七指) 또는 막조(邈調) 등 일곱 조이다(한국민족문화대백과사전 참고).

'商', '宮音궁음' 등의 오성 용어가 이어지기 때문이다. 나머지 '音'의 용례는 성음[語音]의 音을 뜻한다. 악률 용어가 성음 용어보다 훨씬 적은 이유는 해례본 텍스트가 언어 음성을 분석하여 문자화하는 내용이기 때문이다.

3. 한자어(구)의 사용 빈도와 그 해석

본 절에서는 두 개 한자로 구성된 한자어(구)[77]의 빈도를 분석하고 그 의미를 해석한다. 논의의 진행에 앞서 먼저 짚어 둘 문제가 있다. "두 글자로 구성된 한자어(구)가 하나의 단어單語인가? 그러하다면 15세기 중엽에 하나의 단어로 굳어졌다고 판단할 수 있는 기준은 무엇인가?"라는 문제이다. 이 질문의 정답을 찾기란 쉽지 않다. 21세기의 한국인은 15세기 조선어를 사용했던 화자의 언어 직관을 갖고 있지 않기 때문이다. 따라서 두 글자로 구성된 모든 한자어(구)의 단어 여부를 판별하는 엄격한 기준을 설정하기란 사실상 불가능하다.

현재의 우리가 할 수 있는 방법은 두 글자의 한자 구성이 하나의 단어처럼 쓰이는지 사용된 문맥을 자세히 분석해 보는 것이다. 현대국어에서 하나의 단어로 쓰이는 두 글자 한자어(구)를 일차적 고려 대상으로 삼아, 이 한자어(구)가 쓰인 문맥과 그 의미를 자세히 분석함으로써 완벽하지는 않지만 납득할 만한 답을 찾을 수 있다. 두 글자 이상으로 구성된 한자어(구)를 몇 가지 주제로 나누어 〈표 4〉[78]에 담아서 제시하고 논의를 진행한다.

---

77 '한자어(구)'는 한자어와 한자구를 망라한다. 이렇게 표기한 이유는 두 개의 한자 구성이 하나의 한자어로 굳어진 것과 한자구인 것을 구별하기 어렵기 때문이다.

78 아래 〈표 4〉는 백두현·김명주(2020)의 3절(185-193쪽)에서 논한 내용을 총괄적으로 압축하여 새로 작성한 것이다. 〈표 4〉에 이어진 해석문도 형식과 내용을 고쳐 새로 쓴 것이다.

〈표 4〉 분야별 의미 부류로 본 한자어(구)와 그 빈도

번호	분야	의미 부류	한자어(구)와 그 빈도											
1	음성학	음절 관련	初聲	中聲	終聲	成音	聲音							
			29	39	17	6	5							
		중성 조음	舌縮	舌小縮	舌不縮	聲深	聲淺	深淺	不深不淺	口蹙	口張	闔闢		
			1	1	1	2	4	2	1	2	2	2		
2	성운학	칠음 분류	牙音	舌音	脣音	齒音	喉音	半舌音	半齒音					
			6	4	6	4	5	2	3					
		청탁 분류	全淸	次淸	全濁	不淸不濁	淸濁							
			9	5	9	3	4							
		사성 분류	平聲	去聲	上聲	入聲	四聲	緩急	促急					
			5	7	4	8	4	4	3					
		경중과 자운	輕重	輕音	字韻	字母	字音	韻書						
			2	1	4	2	2	3						
3	언어와 문자	제자 방법	制字	並書	連書	附書	加畫	加點	合用	初出	再出	合成	合而成	象形
			6	13	4	2	4	3	8	1	2	1	7	3
		문자 명칭과 한자	吏讀	正音	訓民正音	形聲	古篆	文字	字書					
			1	8	4	1	1	1	1					
		언어의 하위 개념	國語	諺語	俚語	語音	言語	方言						
			2	7	2	1	1	2						
4	성리학	성리학 개념	陰陽	五行	天地	三才	剛柔	動靜	兩儀	太極	坤復	理氣	無極	
			15	10	16	5	4	3	2	1	1	1	1	
5	일반 한자어	일반 한자어	萬物	自然	四時	事物	再生	季夏	方位	東方	流通	復歸	俗習	殿下
			12	4	3	3	3	2	2	2	2	2	2	2

1) 음성학 관련 한자어(구)

〈표 4〉의 '음성학' 분야의 한자어(구)는 음절 구성과 관련된 것과 중성의 조음방법 및 소리의 느낌에 대한 것으로 나눌 수 있다. 음절 구성 요소를 뜻한 한자어로 '中聲중성'[79]의 빈도가 가장 높고, 그다음이 '初聲초성'과 '終聲종

79 해례본 텍스트에는 '中終聲(중종성)'으로 중성과 종성을 아울러 칭한 예도 나온다. 이 경

성'이다. 해례본 텍스트의 목적이 초성자와 중성자의 제자론을 설명하는 데 있으므로 '初聲'과 '中聲'의 빈도가 높고, 종성의 빈도가 낮은 것은 당연하다. 이 한자어들이 비록 중국 성운학 용어는 아니지만, 『훈민정음』에서 쓰인 용례와 문맥으로 볼 때 하나의 용어로 굳어진 것으로 여겨진다. '成音성음'은 그 빈도가 비교적 높으나, 초성·중성·종성이 합하여 음을 이룬다는 문맥에 쓰인 것이 다수여서 하나의 한자어[單語]로 보기 어렵다. 그러나 '聲音'은 그 문맥으로 볼 때, 하나의 한자어로 굳어진 것 같다.

음성학 분야에서 '중성 조음'으로 분류된 '舌縮설축', '舌小縮설소축', '舌不縮설불축'은 해례본에서 독창적 의미로 쓰였지만[80] 하나의 한자어로 보기 어렵다. 소리의 청각적 느낌을 표현한 '聲深성심'과 '聲淺성천' 역시 해례본에서 새로 창안된 구성이고, 사용 빈도도 낮아서 하나의 한자어로 볼 수 없다. '不深不淺불심불천'도 그러하다. 그런데 '深淺심천'은 소리의 느낌을 표현할 뿐 아니라 일반 한자어로도 쓰인 것이어서 하나의 한자어로 볼 여지가 있다.

'口蹙구축'과 '口張구장'도 해례본에서 신조新造된 구성이어서 하나의 한자어로 보기 어렵다. '闔闢합벽'은 빈도가 낮지만 '開合개합'과 같은 뜻의 성운학 용어로 쓰인 것이어서 하나의 용어로 간주할 수 있다. '闔闢'은 '深淺'과 결합한 '深淺闔闢심천합벽' 구성에서만 나타난다. '深淺闔闢'은 중성자의 음가를 기술하는 데 쓰였고, 이에 대응하여 초성자의 음가를 기술하는 데는 '五音淸濁오음청탁'이 쓰였다.[81]

우는 중성이나 종성만을 가리킨 것이 아니므로 '中聲'과 '終聲'의 빈도에서 제외하였다.

80 『대광익회옥편』(1013)의 「오음지도(五音之圖)」에 '설축각(舌縮却)'[혀가 줄어들어 물러난다]이란 표현이 있으나(김주원·남권희 2017: 59), 이는 초성 아음의 음가를 기술한 것이어서 그 뜻이 해례본과 다르다. '舌縮'의 뜻은 '혀 전체가 설근을 향하여 긴축되는 느낌'을 자질로 표상한 것이다(김무식 1993: 235).

81 中聲以深淺闔闢唱之於前 初聲以五音淸濁和之於後(제자해)

2) 성운학 관련 한자어(구)

〈표 4〉의 '성운학' 분야의 한자어를 칠음, 청탁, 사성, 경중과 자운으로 다시 나누었다. '칠음 분류'는 오음을 세분한 명칭이다. '牙音아음' 등 칠음의 부류명은 성운학에서 일반화된 용어이며, 하나의 한자어로 굳어진 것이다. '청탁 분류'의 '全淸전청' 등과 '사성 분류'의 '平聲평성' 등도 마찬가지이다. '경중, 자운, 자모, 자음, 운서' 등도 성운학 용어로 굳어진 것으로 간주한다. '輕重경중'은 반설음의 두 가지 종류를 설명할 때만 쓰여서 성운학 용어로 볼 수 있다.[82] '輕音경음'이 단독으로 쓰인 빈도는 1회뿐인데, '脣輕音순경음'(2)과 '半舌輕音반설경음'(1)에 포함된 '輕音'은 빈도 계산에서 제외했다.

모든 성운학 용어의 빈도는 〈표 4〉의 '음성학' 분야에 제시한 '初聲', '中聲', '終聲'의 빈도에 비해 훨씬 낮다. '初聲', '中聲', '終聲'의 빈도가 더 높은 까닭은 이 음성들이 훈민정음 제자 작업에서 가장 중요한 분석 대상이었고, 『훈민정음』 해례본은 초성·중성·종성을 분석하여 시각적 이미지로 문자화한 후, 각 문자의 음가와 특성을 설명한 텍스트이기 때문이다.

3) 언어와 문자 관련 한자어(구)

〈표 4〉의 '언어와 문자' 관련 한자어(구)는 제자 방법, 문자 명칭, 언어의 하위 개념 등을 뜻한 것이다. '제자 방법'란에서 빈도가 상대적으로 높은 것은 '並書병서'(13), '合用합용'(8), '合而成합이성'(7), '制字제자'(6)이다. '制字'는 편명 '制字解제자해'에 1회 쓰였고 나머지 5회는 본문 속에 쓰였으며, 문맥으로 봤을 때 한 단어가 아니라 '글자를 만들다'라는 의미를 표현한 경우가 많다.[83] '並書'는 동일 초성자 혹은 서로 다른 초성자를 가로로 나란히 쓰는 서

---

82 半舌有輕重二音 然韻書字母唯一 且國語雖不分輕重 皆得成音 若欲備用 則依脣軽例 ㅇ連書ㄹ下 爲半舌輕音(합자해)

83 而象形制字則爲之始, 而不爲牙音制字之始(제자해), 所以古人因聲制字(정인지 서문)

법書法[84]을 가리키며, 한 단어로 굳어진 것은 아니다. 한자의 전탁음 표기와 고유어의 된소리 표기에 병서법이 적용되었다.[85] '合用並書합용병서'(2), '各自並書각자병서'(1)와 같이 4개 한자로 구성된 것은 하나의 성어로 볼 수 있다. '連書연서'는 '이어 쓰다'라는 구로 해석할 수 있어서[86] 하나의 한자어로 보기 어렵다. '附書부서'도 하나의 한자어가 아니라 복합동사 '붙여 쓰다'라고 풀이해도 무방하다.[87] 이런 점에서 '合用', '並書', '連書', '附書'는 15세기 중엽 당시에 문자 서법 단어單語로 굳어진 것이라 할 수 없다.

해례본에서 '象形상형'이 쓰인 문맥을 보면 한자 육서법의 '象形'처럼 하나의 용어로 굳어진 것이 아닌 듯하다.[88] '合而成합이성'의 7회 용례[89]는 모두 하나의 용어가 아니라 어구가 분명하다. 예의의 "凡字必合而成音범자필합이성음"의 '合而成音'과 합자해의 "初中終三聲 合而成字초중종삼성 합이성자"의

---

84 初聲合用則並書 終聲同(예의), 初聲二字三字合用並書 如諺語·싸爲地(제자해), 初終合用各並書(제자해 결시). 이들 문장에 쓰인 '並書'는 서로 다른 초성자를 가로로 '나란히' 쓰는 것을 의미한다. 全淸並書則爲全濁 以其全淸之聲凝則爲全濁也(제자해)에서는 동일 초성자를 나란히 씀을 뜻한다.

85 이런 병서가 고유어 표기에 적용된 것은 다음 문장에서 확인된다. 各自並書如諺語 ·혀爲舌而·혀爲引 괴·여爲我愛人而괴·여爲人愛我 소·다爲覆物而쏘·다爲射之之類(제자해)

86 ㅇ連書脣音之下(예의)(제자해), ㅇ連書ㄹ下 爲半舌輕音(합자해)

87 附書初聲之下 ㅣㅏㅓㅑㅕ 附書於右(예의)

88 '象形'의 용례는 다음과 같다.
ㄴㅁㆁ, 其聲最不厲, 故次序雖在於後, 而象形制字則爲之始(제자해)
那彌戌欲聲不厲 次序雖後象形始(제자해)
象形而字倣古篆, 因聲而音叶七調(정인지 서문)
위 세 용례의 '象形'은 제자해의 앞부분에 나온 "正音二十八字, 各象其形而制之(정음이십팔자, 각상기형이제지)"〈정음해례1b_3〉의 '象其形'[그 모양을 본뜨다]과 같은 뜻이다. 즉 하나의 한자어가 아니라 한문구로 뜻풀이해도 무방하다.

89 해례본에서 '合而成'이 쓰인 예문은 다음과 같다. 凡字必合而成音(예의)〈정음4a_4〉. ㅗ與·同而口蹙, 其形則·與ㅡ合而成, 取天地初交之義也〈정음해례5a_3〉. ㅏ與·同而口張, 其形則ㅣ與·合而成, 取天地之用發於事物待人而成也〈정음해례5a_4〉. ㅜ與ㅡ同而口蹙, 其形則ㅡ與·合而成, 亦取天地初交之義也〈정음해례5a_5〉. ㅓ與ㅡ同而口張, 其形則·與ㅣ合而成, 亦取天地之用發於事物待人而成也〈정음해례5a_6-5b_1〉. 蓋字韻之要, 在於中聲, 初終合而成音〈정음해례8b_4〉. 初中終三聲, 合而成字(합자해)〈정음해례20b_3〉

'合而成'은 동사구로 해석된다. '合而成'의 나머지 4회 용례는 중성 초출자의 생성을 설명한 문맥에 쓰였다. 여기에 쓰인 '合而成'도 하나의 용어로 보기 어렵다. 28자 안에 든 중성 초출자를 만든 '합이성'은 제자 원리라 할 수 있다. 그러나 음절자 생성을 설명한 '合而成字'의 '合而成'은 이미 만든 낱자를 합성한다는 뜻이어서 운용법에 해당한다.

'合成합성'이 단일어처럼 쓰인 예가 1회 나타나 있다.[90] 그런데 '合成之字합성지자'의 '合成'은 초성자+ 중성자+종성자가 결합한 음절자를 가리키는 데 쓰였다. 초성자와 중성자 각각의 낱자를 서로 합하여 쓰는 것은 '합성'이 아니라 '合用합용'을 쓰고 있다.

'문자 명칭과 한자' 부류에서 '正音정음'의 빈도가 가장 높다. '正音'은 전체에서 8회 쓰였는데 '訓民正音'의 약칭이다. '訓民正音'과 '正音'은 당시에 새로 만든 한자어지만 사용된 문맥과 의미의 특성상 하나의 한자어로 인정할 수 있다. '訓民正音'의 빈도 4회 중 3회가 권두서명, 권말서명, 편명 '訓民正音解例훈민정음해례'에 쓰였고, 1회는 정인지 서문에서 이 문자의 명칭을 말한 구절 '名曰訓民正音명왈훈민정음'에 쓰인 것이다. 빈도가 1회에 지나지 않는 '文字'는 일반적으로 널리 쓰인 것이므로 '한자'를 뜻한 하나의 한자어로 간주한다. '吏讀이두'는 설총과 관련하여 정인지 서문에서 1회 쓰였다.[91]

'언어의 하위 개념'란에 표시된 '國語국어'(2), '諺語언어'(7), '俚語이어'(2), '方言방언'(2)은 모두 15세기의 조선어를 가리킨다. 이 중에서 '諺語'의 빈도가 7회로 가장 높다. 우리말을 뜻하는 명칭어로 '諺'이 16회나 쓰였다. '諺語'와 '諺'의 빈도가 높은 것은 용자례 등에서 고유어 예시를 보일 때 이 한자를 자주 썼기 때문이다. 예의에서 '國之語音국지어음'으로 표현되었던 것이

---

90 以初中終合成之字言之, 亦有動靜互根陰陽交變之義焉. 〈정음해례8a:3-4〉

91 세종실록에서 세종과 최만리가 나눈 대화문의 기록에는 '吏讀(이두)'가 빈번히 쓰였다.

합자해에서 두 번이나 '國語'로 표기되어 있음이 주목된다. 합자해의 기술 내용은 고유어에 집중되어 있으며, 합자해에 '兒童之言 邊野之語아동지언 변야지어'와 함께 '國語'가 2회 쓰였다. 아동의 말은 사회방언을 가리킨 것이고, '변야지어'는 지역방언을 가리킨 것이다. 이런 방언 개념을 표현한 맥락에서 두 번이나 쓰인 '國語'는 사회방언과 지역방언을 포괄하여 조선어 전체를 표현한 한자어임이 분명하다. '方言'은 지역어 개념이 내포된 용어이고, '俚語'는 '위항이어委巷俚語'에서처럼 '거리에서 쓰는 일상어'라는 사회적 의미가 함의되어 있다. 이 한자어들은 하나의 단어로 굳어진 것으로 판단된다. '言語'는 언어 일반을 포괄적으로 가리킨 한자어이며, 한 단어로 간주된다.

4) 성리학 관련 한자어(구)

〈표 4〉의 4번란이 성리학 관련 한자어(구)이다. 이 중에서 빈도가 가장 높은 것은 '天地천지', '陰陽음양', '五行오행'이다. 이 셋은 만물의 이치를 설명하는 핵심어이고, 제자 원리를 설명하는 데 이용되었다. '陰陽五行음양오행'과 같이 두 한자어가 결합하여 하나의 구성처럼 쓰인 빈도가 4회이다. '三才삼재'는 天地人을 포괄하는 용어로서 초성자, 중성자 그리고 음절자의 생성 원리로 작용하였다.

'天地'와 '陰陽'의 빈도는 거의 비슷하다. '天地'는 성리학적 의미로 쓰인 예와 함께 '온 세상' 혹은 '자연'의 뜻을 나타낸 경우도 있다. 제자해 말미에 "亦猶天地生成萬物역유천지생성만물"[또 천지가 만물을 생성하니]과 "正音作而天地萬物之理成備정음작이천지만물지이성비"[정음을 지음에 천지만물의 이치를 이루어 갖추었으니]라고 한 문장에서 '天地'는 음양의 이치이면서 온 세상 우주를 뜻한다. '天地萬物천지만물'은 1회만 쓰였다. '剛柔강유'는 음양을 달리 표현한 것인데, 한 단어처럼 붙어서 쓰였다. '剛'과 '柔'가 단독으로 쓰인 예는 각 1회이다. '動靜동정'은 음양의 작용을 표현한 한자어이다.

성리학 관련 한자어들은 대부분 하나의 한자어로 굳어진 것으로 판단된다. 이 용어들은 한문으로 작성하는 온갖 글에서 자주 쓰이는 것들이어서 성운학 관련 한자어와 함께 가장 먼저 한 단어의 자격을 획득했을 것이다. '太極태극', '坤復곤복', '理氣이기', '無極무극'은 각 1회만 쓰였다. 이 중에서 '無極'은 정인지 서문에만 쓰였다. 성리학과 관련된 여러 개 한자가 하나의 성어처럼 쓰인 예도 나타나 있다. 제자해에 나타난 '仁禮信義智인예신의지'와 '財成輔相재성보상' 등이 그러한 예이다(백두현·김명주 2020: 191).

5) 일반 한자어

〈표 4〉의 5번 '일반 한자어'란은 학술 용어나 전문어가 아니라 일반적으로 널리 쓰이는 2음절 이상의 한자어들이다. 앞서 보인 음성학, 성운학, 언어와 문자, 성리학 관련 한자어를 제외한 나머지를 일반 한자어로 간주하였다. 일반 한자어 중에서 빈도가 2회 이상인 것을 표에 제시하였다.

'萬物만물'과 '自然자연'의 빈도가 높은 것은 음양과 오행의 작용으로 생성되는 사물을 설명하는 내용이 자주 나오기 때문이다. '四時사시', '事物사물' 등도 이와 같은 맥락에 있다. 〈표 4〉는 '流通유통', '通用통용', '復歸복귀', '方位방위' 등의 한자어가 15세기 사람들에게도 익숙한 것이었음을 보여 준다.[92]

끝으로 해례본 전체 텍스트에서 1회만 쓰인 일반 한자어들을 가려 뽑으면 다음과 같다(백두현·김명주 2020: 192).

〈표 5〉 빈도 1회의 일반 한자어

癸亥, 官府, 廣大, 交合, 區別, 今日, 樂歌, 禮樂, 例義, 律呂, 梨花, 朦朧, 萬一, 無窮, 無用, 文章, 民間, 發動, 發生, 發揮, 邊野, 不察, 不通, 北東, 佛寺, 非但, 鄙陋, 四季, 四方, 四物, 相對, 生類, 生物, 生成, 鉏鋙, 世子, 成熟, 所用, 水田, 循環, 始作, 始終, 信義, 兒童, 淵源, 外國, 容易, 愚民, 圓形, 柔然, 唯一, 飴餹, 一年, 一朝, 自明, 雜用, 轉換, 制度, 制作, 至今, 地理, 錯綜, 創制, 千古, 超越, 彈丸, 風土, 含蓄, 解釋, 海松, 虛字, 狐皮, 華夏, 後世

92 현대 한국인에게 비교적 익숙한 '無所不通(무소불통)'이 하나의 성구(成句)처럼 쓰인 예가 중성해에 있다. 亦可見人之參贊開物而無所不通也(중성해)

'人生인생'은 현대적 관점에서 단어로 굳어진 한자어지만 제자해의 "人生於寅也인생어인야"에서 人은 주어이고, 生은 서술어이다. 그래서 〈표 5〉에 '人生'을 넣지 않았다. 기타 식물, 벌레, 음식 등을 가리킨 2~3음절 한자어[93]가 합자해와 용자례에 나타나 있다. 이 한자어들은 1회만 나타나고 해례본에서 갖는 중요성이 낮은 것들이어서 별도로 논하지 않는다.

6) 고유명사 한자어

고유명사를 뜻한 한자어가 몇 가지 있다. 나라 이름으로 '中國중국'이 2회, '新羅신라'가 1회 쓰였다. 정음해례편의 편찬에 참여한 관직자 겸 학자였던 분들의 인명이 정인지 서문 말미에 각각 1회씩 나타나 있다. '鄭麟趾정인지, 崔恒최항, 朴彭年박팽년, 申叔舟신숙주, 成三問성삼문, 姜希顔강희안, 李塏이개, 李善老이선로'가 이들이다. 이들의 이름 앞에 이들이 속한 관청 이름과 이들의 관직명을 나타낸 한자어들이 있다.

4. 마무리: 융합성 및 중층성과 빈도의 상관성

지금까지 『훈민정음』 해례본 텍스트에 쓰인 한자와 한자어(구)의 빈도를 통계 처리하여, 이 빈도가 『훈민정음』 해례본의 제자론과 어떤 상관성을 맺고 있는지 논했다. 여러 학문 분야별로 한자의 의미 부류를 나누고, 각각의 빈도가 보여 준 양상과 여기에 함의된 의미를 해례본 텍스트의 성격과 관련지어 해석하였다. 논구의 결과 해례본 텍스트의 한자와 한자어(구)의 빈도

93 다음 예들이 여기에 해당한다. ·우케爲未春稻, 콩爲大豆, 비육爲鷄雛, 삽됴爲蒼朮菜, 엿爲飴餹, 굼벙爲蠐螬, ·올창爲蝌蚪(용자례)

는 음성학을 포함한 성운학적 내용과 음양오행과 삼재론을 중심으로 한 성리학적 내용이 서로 밀접히 관련되어 있음이 드러났다. 앞에서 논한 주요 요지를 간략히 요약하고, 한자와 한자어(구)의 빈도가 해례본의 융합성 및 중층성과 어떤 상관성을 맺고 있는지를 해석하며 본 장을 마무리한다.

1) 개별 한자의 빈도와 그 의미

2절에서는 해례본 텍스트에 쓰인 개별 한자의 사용 빈도를 통계 처리하여 한자별 빈도의 수치와 빈도 순위를 표로 요약했다. 해례본 텍스트에 쓰인 한자의 종수는 728자로, 그중 빈도 20회 이상 쓰인 한자가 51자이다.

〈표 3〉에서 분야별로 학문 영역을 나눈 후 개별 한자들의 빈도를 다시 의미 부류별로 세분하였다. 제자론 분야는 음성학이나 성리학처럼 독립된 학문 분야는 아니지만 맨 앞에 별도로 세웠다. 그 이유는 해례본 텍스트가 문자를 만든 원리를 설명한 것이고, 이 작업에서 가장 중요한 것이 제자론이기 때문이다. 문자학적 제자론을 표현한 '合합', '象상', '加가'의 빈도가 높은 편이다. 그러나 중성 음가 기술에서 혀의 움직임을 표현한 '縮축'의 빈도는 3회에 불과하다. '縮축'은 중성 분류의 핵심 기준이지만 그 빈도가 매우 낮다. 한자의 출현 빈도가 제자론의 모든 면을 반영하지 않음을 '縮'의 빈도에서 알 수 있다. '縮'은 중성의 음가 기술에 쓰인 것이고 중성의 제자 원리가 아니었기 때문에 그 빈도가 낮다.

〈표 3〉의 성리학 관련 한자 중에서 가장 빈도가 높은 것은 '天천'(44), '地지'(40), '人인'(30)이다. '天', '地', '人'의 빈도가 상대적으로 높은 것은 '天地人' 삼재론이 훈민정음 제자론의 여러 국면에서 작용했기 때문이다. 중성 기본자의 자형 형상화, 초성·중성·종성으로 나눈 삼분법과 음절 합자법의 관련성, 종성부용초성을 天地의 순환으로 본 관점 등 여러 제자의 국면에 삼재론이 작용하였다.

성리학 관련 한자로 그다음 빈도를 차지한 것은 '生생'(25)과 '成성'(36)이다. '生成'은 주역의 핵심어이고, 훈민정음 제자론에 주역 이론이 작용했기 때문에 이 두 개 한자의 빈도가 상대적으로 높은 것이다. 성리학 용어인 '陰음'(22)과 '陽양'(23)의 빈도 역시 음양론이 갖는 위상을 보여 준다. 이에 비해 악률 관련 한자의 빈도는 2회를 넘는 것이 하나도 없다. 이는 악률이 훈민정음 제자론에 중요하게 작용한 것이 아님을 의미한다.

2) 한자어(구)의 빈도와 그 의미

3절에서는 해례본 텍스트에 쓰인 두 글자 이상 한자어(구)의 사용 빈도를 분석하여 〈표 4〉에 요약 정리했다. 두 글자 한자어(구) 중에서는 '中聲중성'(39), '初聲초성'(29), '終聲종성'(17) 순으로 음성학 관련 한자어가 높은 빈도를 보였다. 그다음으로 '天地천지'(16), '陰陽음양'(15), '五行오행'(10)과 같은 성리학 관련 한자어가 높은 빈도로 나타났으며, 제자 방법을 가리킨 '並書병서'(13)의 빈도도 비교적 높다. 〈표 4〉의 1번 '음성학' 분야에서 '중성 조음'란에 들어간 '舌縮설축', '舌小縮설소축', '舌不縮설불축', '聲深성심', '聲淺성천', '口蹙구축', '口張구장'은 출현 빈도가 낮으나 음성 분석에서 갖는 의미는 크다. 그러나 이들은 하나의 한자어가 아니라 한자 어구로 봄이 적절하다.

〈표 4〉의 3번 '언어와 문자'에서 '제자 방법'란에 속한 한자어(구) 중에서 '並書병서'(13), '合用합용'(8), '制字제자'(6), '加畫가획'(4)의 빈도가 상대적으로 높다. 이 중에서 가장 중요한 용어이자 운용 방법을 표현한 한자어는 '合用'이다. '並書' 역시 두 개 낱자를 가로로 합한다는 점에서 합용의 일종이다. '언어의 하위 개념'란에 속한 '國語국어', '諺語언어', '俚語이어', '方言방언' 등 6개 한자어는 당시에 하나의 한자어로 굳어진 것으로 보인다. 이 용어들은 조선어에 대한 다양한 인식 층위를 보여 준다. 이른바 언어 의식에 관련된 문화적 중층성을 함의한 한자들이다. 특히 조선어를 '國語'라고 표현한

것은 여러 가지 관점에서 음미해 볼 만하다. 〈표 4〉의 4번 '성리학 개념'란의 한자어 중에서 빈도가 가장 높은 것은 '天地천지'(16), '陰陽음양'(15), '五行오행'(10)이다. '天地'의 높은 빈도는 훈민정음 제자론에서 차지하는 삼재론의 위상을 보여 준다.

3) 융합성 및 중층성의 관점에서 본 빈도

해례본 텍스트에 사용된 개별 한자와 한자어의 빈도를 융합성 및 중층성의 관점에서 해석해 보면 다음 세 가지로 말할 수 있다.

첫째, 해례본에서 고빈도를 보인 개별 한자와 한자어들은 훈민정음 제자와 관련된 여러 학문 분야에 걸쳐 있다. 〈표 3〉에는 음성학, 문자학, 성운학, 성리학 분야가 있고, 〈표 4〉에도 음성학, 성운학, 문자학과 언어, 성리학 등의 분야에 한자와 한자어들이 편재遍在되어 있음을 알 수 있다. 여러 분야의 학문 이론이 훈민정음 제자론에 융합되어 있음을 한자와 한자어의 빈도가 보여 주고 있다. 이 점은 제3부 제3장에서 제자 원리의 융합성을 논한 결과와 부합한다.

둘째, 〈표 3〉의 1번 '제자론'에 속한 세 개 한자 '合합', '象상', '加가'는 상대적으로 높은 빈도를 보이면서 자형을 만든 핵심 원리를 가리킨다. 이 한자들 중에서 '象'이 가장 근본적인 것이면서 주역 역전의 '象'의 뜻에 바탕을 두고 있다. 중성 기본자(·, ㅡ, ㅣ) 석 자와 초성 기본자 다섯 자(ㄱ, ㄴ, ㅁ, ㅅ, ㅇ)에 '象'의 원리가 작용했다. '象'은 초성 기본자와 중성 기본자의 자형을 부여한 원리이다. '象'은 기본자 자형을 만든 제자 원리이므로 근본적 1차 원리라 할 수 있다.

'合'은 중성 기본자를 서로 합하여 중성 초출자 혹은 재출자, 중성의 ㅣ상합자 등을 만든 원리이면서 동시에 초성 병서자(각자병서자 및 합용병서자)를 만든 방법이다. '合'은 종성 합용 병서자의 생성 방법이고, 초성자+중성자+종성자가 결합한 음절자(CVC)의 생성 방법이기도 하다. '合'은 훈민정음 제자론에서 가장 중요한 원리이자 방법이다. 이런 점에서 '合'은 이미 만들어진 글자를 합하여 다른 글자를 만든 2차 원리이다.

'加'는 초성 기본자에 획을 더하여 초성의 나머지 글자를 만든 제자 원리이면서 동시에 성조치를 표기하는 방점법에서 점을 더하는[加] 원리이다. '加點가점'의 '加'는 '合用합용'의 '合'처럼 운용법에 쓰이기도 했다.

주역의 이치에 닿아 있는 '象'을 근본적 1차 원리로 하여, '合'과 '加'라는 2차 원리가 융합되어 훈민정음 28자를 생성한 것이다. '合', '象', '加'는 상호작용하면서 자형을 만들었고, 이 한자들의 빈도는 이와 같은 작업 과정에 작용한 제자 원리를 반영한다.

셋째, 〈표 3〉의 5번 성리학 분야의 한자에서 삼재를 뜻한 '天천'(44), '地지'(40), '人인'(30)의 빈도가 가장 높고, '生생'(25)과 '成성'(36)이 그다음이며, '陰음'(22)과 '陽양'(23)의 빈도가 그다음이다. 이러한 빈도 순위는 성리론 중에서 삼재론, 생성론, 음양론이 훈민정음 제자론에 융합된 중요 이론임을 의미한다. 이 점은 한자어 빈도에도 반영되어 있다. 〈표 4〉의 4번 '성리학 개념 한자어' 중 '天地천지'(16), '陰陽음양'(15), '五行오행'(10)의 빈도가 상대적으로 높은 것은 성리학 개념 중 이 셋이 훈민정음 제자 원리로 가장 중요하게 작용했음을 보여 준다. 해례본에서 '天地'는 삼재론과 관련하여 자주 쓰인 한자어이고, '陰陽'은 중성자 기본자가 '합이성合而成'하는 원리로 작용했고, '五行'은 초성자와 중성자에 모두 작용한 성리론으로 설정되어 있다.

이상의 고찰을 통해 우리는 『훈민정음』 해례본의 텍스트에 쓰인 한자와 한자어(구)의 출현 빈도가 제자론에 융합된 여러 학문의 이론과 관련되어 있음을 계량적 차원에서 이해할 수 있게 되었다.

제3장

훈민정음 언해본 텍스트의 언어적 특성과 그 해석

1. 한자의 우리말 번역과 학술 용어

훈민정음 언해본은 한문으로 된 해례본의 정음편(어제 서문과 예의)을 우리말로 번역하고 주석을 붙인 것이다. 따라서 한문 내용만으로 본다면 훈민정음 언해본은 정음편과 같다. 그러나 한문을 우리말로 번역한 텍스트이기 때문에 언해본 문장에는 한문본 정음편과 다른 면모가 나타나 있다. 정음편의 한문에 정음자로 한자음을 달고(정음표음), 우리말 토를 붙이고(정음현토), 한자를 풀이한 언해 주석문을 삽입하는(정음주석) 등 언해본 특유의 다양한 요소가 훈민정음 언해본에 담겨 있다. 해례본에 쓰인 성운학 용어는 모두 한자어인데, 훈민정음 언해본에서 이것을 우리말로 번역해 놓았다. 그리하여 우리는 언해본의 번역문을 통해 조선어에 대한 당대인의 인식을 엿볼 수 있다. 본 장에서 훈민정음 언해본의 번역문에 나타난 주요 특징을 고찰한다.

1.1. 초성·중성·종성의 우리말 번역

초성·중성·종성이라는 분절 음소 단위와 이들이 결합하여 구성된 음절 관련 용어를 어떻게 번역했는지, 성조 단위를 표현한 사성의 명칭과 그 음가를 어떻게 번역했는지 분석해 보면, 훈민정음 창제 당시 사람들이 가졌던 우리말에 대한 인식을 엿볼 수 있다. 먼저 '初聲·中聲·終聲'을 우리말로 어떻게 번역했는지 검토해 본다. 정음편 예의에서 초성은 '初發聲초발성'과 '初聲초성'이라는 두 가지 한자어(구)로 표현되어 있다. 언해본에서 '初發聲', '初聲', '中聲', '終聲'은 다음과 같이 번역되어 있다.

① 初發聲: 처ᅀᅥᆷ 펴아 나ᄂᆞᆫ 소리

ㄱ牙音 如君字初發聲, 並書 如虯字初發聲, ㅋ牙音 如快字初發聲 〈정음1a_5-1b-2〉

ㄱᄂᆞᆫ 엄쏘리니 君군ㄷ字ᄍᆞᆼ **처ᅀᅥᆷ 펴아 나ᄂᆞᆫ 소리** ᄀᆞᄐᆞ니 ᄀᆞᆯᄫᅡ 쓰면 虯끃ㅸ字ᄍᆞᆼ **처ᅀᅥᆷ 펴아 나ᄂᆞᆫ 소리** ᄀᆞᄐᆞ니라. ㅋᄂᆞᆫ 엄쏘리니 快쾡ㆆ字ᄍᆞᆼ **처ᅀᅥᆷ 펴아 나ᄂᆞᆫ 소리** ᄀᆞᄐᆞ니라 〈언해본 4a〉[1]

② 初聲: 첫소리

初총聲셩을 合·햅用·용·홇디면 則·즉 並·뼝書셩ᄒᆞ·라 〈12a〉

첫소리ᄅᆞᆯ 어울워 ᄡᅮᇙ디면 ᄀᆞᆯᄫᅡ 쓰라 〈12b〉

③ 中聲: 가온ᄃᆡᆺ소리

ㆍᄂᆞᆫ 如셩呑ᄐᆞᆫㄷ字·ᄍᆞᆼ中듕聲셩ᄒᆞ·니·라 〈9b〉

ㆍᄂᆞᆫ 呑ᄐᆞᆫㄷ字ᄍᆞᆼ **가온ᄃᆡᆺ소리** ᄀᆞᄐᆞ니라 〈9b〉

④ 終聲: 乃終소리

終즁聲셩·도 同똥ᄒᆞ·니·라 〈12a〉

---

1 이하에서 언해본의 출전은 '언해본' 표시를 생략하고 장차만 표시한다.

乃냉終즁ㄱ소리도 ᄒᆞᆫ가지라 〈12b〉

終즁聲셩·은 復·뿡用·용初총聲셩·ᄒᆞ·ᄂᆞ니·라 〈11b〉

乃냉終즁ㄱ소리ᄂᆞᆫ 다시 첫소리ᄅᆞᆯ 쓰ᄂᆞ니라 〈11b〉

네 개의 한자 명칭어는 각각 '처ᅀᅥᆷ 펴아 나ᄂᆞᆫ 소리', '첫소리', '가온ᄃᆡᆺ소리', '乃終내종소리'로 번역되어 있다. 이 명칭어들은 음절자 CVC(자음+모음+자음)의 구성 요소, 즉 CVC를 구성하는 발성 단위를 가리킨 것이다. '처ᅀᅥᆷ 펴아 나ᄂᆞᆫ 소리', '첫소리', '가온ᄃᆡᆺ소리', '乃終소리'라는 번역 표현에는 '처음→가운데→나중'이라는 발성의 시간적 순서가 나타나 있다. 발성되는 시간적 순서를 기준으로 각각의 음성 단위를 명명한 것이다.

그런데 네 개 명칭어 중에는 음절 내의 공간적 위치 인식을 반영한 것도 있다. '가온ᄃᆡᆺ소리'라는 표현은 시간적 위치와 공간적 위치의 뜻을 공유하고 있다. 중성자가 음절의 중앙에 오는 위치적 특성을 번역어에 반영한 것이다. 음성 단위 명칭어를 번역한 우리말 표현에는 시간적 위치 인식과 공간적 위치 인식이 함께 반영되어 있다.

1.2. 오음五音 용어의 번역과 음성 기술記述

성운학의 오음을 가리키는 다섯 개 용어가 언해본에서 우리말로 번역된 양상은 다음과 같다.

'牙舌脣齒喉아설순치후'는 신체어의 하나로, 입속에서 음성 생산에 작용하는 발음기관을 가리키는 다섯 개 한자이다. 언해본에서 牙아는 '엄', 舌설은 '혀', 脣순은 '입시울', 齒치는 '니', 喉후는 '목'으로 번역되었다. 이 명칭어 뒤에 '音'의 번역어인 '소리'를 합성한 것이 '엄쏘리, 혀쏘리' 등이다.[2] '쏘리'에

2 '소리'가 덧붙지 않은 용어는 다음 예이다.

〈표 1〉 성운학 오음 용어의 우리말 번역

한자어	우리말 번역	한자어	우리말 번역
牙音	엄쏘리		
舌音	혀쏘리	半舌音	반혀쏘리
脣音	입시울쏘리	脣輕音	입시울 가ᄫᅧ야ᄫᆞᆫ 소리
齒音	니쏘리	半齒音	반니쏘리
喉音	목소리		

포함된 첫 ㅅ은 선행어 뒤에 삽입된 사잇소리가 뒤 음절 초성으로 옮겨 가 표기된 것이다. 어간말이 폐쇄음 ㄱ으로 끝난 '목소리'의 경우는 사잇소리가 들어가지 않았다. '半舌音 반혀쏘리'와 '半齒音 반니쏘리'에서 한자 '半'은 번역되지 않고 당시의 조선 한자음 그대로 표기되었다. '半'에 해당하는 고유어가 없었기 때문이다.[3] '脣輕音순경음'은 '입시울 가ᄫᅧ야ᄫᆞᆫ 소리'로 번역되어 있다. "순경음은 가벼운 소리로서 두 입술이 서로 닿을락 말락 하면서 목소리가 많다."[4]라고 순경음의 조음동작과 청각적 느낌을 술해 놓았다. 순경음을 조음할 때 두 입술 사이가 좁아지면서 마찰이 생겨나고 성대 진동(=목소리)이 섞여서 나는 음성적 특징을 정확하고 정밀하게 묘사하였다.

치두음의 조선 한자음 음가를 묘사한 다음 문장은 특히 관심을 끈다.[5]

中듕國귁 소리옛 니쏘리ᄂᆞᆫ 齒칭頭뚜ᇹ와 正졍齒칭왜 ᄀᆞᆯᄒᆡ요미 잇ᄂᆞ니

牙앙舌써ᇙ脣쓘喉ᅘᅮᇢ之징字ᄍᆞᆼᄂᆞᆫ 通통用용於ᅙᅥᆼ漢한音ᅙᅳᆷᄒᆞᄂᆞ니라
엄과 혀와 입시울와 목소리옛 字ᄍᆞᆼᄂᆞᆫ 中듕國귁 소리예 通통히 ᄡᅳᄂᆞ니라 〈15b〉

3 『신증유합』(1576)에 '半 반 반'〈下47b〉과 같이 한자어 훈 그대로 나온다. 『광주천자문』, 『훈몽자회』 등에는 '半'자가 표제어로 등재되지 않았다. '半'의 동국정운식 한자음도 '·반'이다. 〈동국정운 2, 35b〉

4 순경음의 음가를 기술한 원문은 다음과 같다. 脣輕音者, 以輕音脣乍合而喉聲多也.

5 아래 인용문은 언해본 14b-15a면의 내용을 간추린 것이다. 이 내용은 해례본에는 없고, 언해본에서 추가된 것이다. 따라서 한문 원문이 없다.

① ᅎ ᅔ ᅏ ᄼ ᄽ 字ᄍᆞᆼᄂᆞᆫ 齒칭頭ᄄᆞᇢㅅ소리예 ᄡᅳ고, 이 소리ᄂᆞᆫ 우리나ᄅᆞᆺ 소리에셔 열ᄫᅳ니 혓 그티 웃닛머리예 다ᄔᆞ니라

② ᅐ ᅕ ᅑ ᄾ ᄿ 字ᄍᆞᆼᄂᆞᆫ 正졍齒칭ㅅ소리예 ᄡᅳᄂᆞ니, 이 소리ᄂᆞᆫ 우리나ᄅᆞᆺ 소리에셔 두터ᄫᅳ니 혓 그티 아랫닛므유메 다ᄔᆞ니라

①은 치두음의 정음자 자형과 그 음가를 표현한 문장이고, ②는 정치음의 정음자 자형과 그 음가를 표현한 문장이다. 인용한 두 문장 ①과 ②는 한어漢語 한자음의 치두음과 정치음에 대응하는 조선어 발음을 관찰하여 두 언어 간의 음가 차이를 기술記述한 것이다. 치두음의 음가 차이는 조음적 측면과 청각적 측면의 두 가지로 묘사되었다. 치두음의 조음은 혀끝이 윗니 머리에 닿고, 정치음은 혀끝이 아랫잇몸에 닿는다고 조음위치의 차이를 기술하였다. 청각적 측면에서 치두음의 느낌은 '소리가 엷다'라고 표현하였고, 정치음의 느낌은 '소리가 두텁다'라고 표현하였다. '엷다: 두터ᇦ다'와 같은 대립어를 치두음과 정치음의 음가 기술에 사용한 것이다. 그런데 위 인용문은 한문 텍스트에는 없는 것이어서 우리말 '엷다: 두터ᇦ다'에 대응하는 한자어를 찾을 수 없다. 다행히 『사성통고』 「범례」에 漢語한어의 치두음과 정치음 음가를 구별 기술한 내용이 있다. 한어의 치두음은 혀를 들어 이에 대고 발음하므로 그 소리가 얕고, 한어의 정치음은 혀를 말아 윗잇몸에 대어 발음하므로 그 소리가 깊다[6](강신항 2003a: 238)고 하였다.

『사성통고』 「범례」의 한문에는 치두음과 정치음의 차이를 '聲淺성천'과 '聲深성심' 즉 '深淺심천'[깊거나 얕음]으로 표현해 놓았다. 그러나 훈민정음 언해본에서는 이 차이를 '두터ᇦ다 : 엷다'로 표현했다. '두터ᇦ다 : 엷다'의 한자 대

6 이 번역문의 한문 원문은 다음과 같다. "凡齒音 齒頭則擧舌點齒 故其聲淺 正齒則卷舌點腭 故其聲深"

립어는 '厚薄후박'이지 '深淺심천'이 아니다. '소리가 엷다'라고 한 것은 순경음 脣輕音의 번역에서 '소리가 가볍다'(가비야본 소리)라고 표현한 것과 차이를 보인다. 순경음을 '입시울 가비야본 소리'로 번역했으므로 '가볍다'는 한자 '輕경'에 대응한다. 순경음의 음가는 소리가 '가볍다'라고 표현했고, 치두음의 음가는 소리가 '엷다'라고 표현했다. 훈민정음 언해자가 음가 차이를 기술하는 우리말 어휘 선택에서 정확하면서도 변별성 있는 낱말을 찾아내려고 고심했음을 보여 준다. 소리의 청각적 느낌의 차이를 묘사한 '가볍다'와 '엷다'의 대립적 의미차를 현대 한국인의 언어 직관으로 달리 표현하기 어렵다.

앞에 인용한 두 문장에는 발음기관 명칭도 우리말로 풀이되어 있다. '혓긑', '웃닛머리', '아랫닛므윰'과 같은 우리말 발음기관 명칭어를 확인할 수 있다. 치음과 순경음의 음가 기술에 나타난 조음동작과 청각적 느낌을 세밀히 기술한 것은 훈민정음 창제와 운서 번역 사업을 계기로 세종과 주변 학자들이 중국 성운학을 깊이 이해하였고, 음성 분석과 분석 결과를 기술하는 수준이 높았음을 보여 준다.

1.3. 성조聲調의 음가 번역과 후대의 변화

해례본의 예의에 기술된 방점 표기법과 방점에 의해 구별된 사성의 음가 번역은 언해본에 다음과 같이 나타나 있다. 번역 양상을 쉽게 파악할 수 있도록 해례본 예의의 한문 문장을 앞에 제시하고, 이를 번역한 언해 문장(13b-14a)을 그 뒤에 나란히 배열하였다. 언해문의 성격을 파악하기 위해 해당되는 구성 단위 이름을 인용문 끝의 괄호 안에 표기하였다.

① 거성

예의: 左加一點則去聲

언해: 左:장加강一·ᅙᅵᇙ點:뎜ᄒᆞ·면 則·즉 去·컹聲셩·이·오 (정음현토+정음표음)

왼녀긔 ᄒᆞᆫ 點뎜을 더으면 ᄆᆞᆺ 노ᄑᆞᆫ 소리오 (정음번역)

② 상성

예의: 二則上聲

언해: 二·ᅀᅵᆼ則·즉 上:썅聲셩·이·오 (정음현토+정음표음)

點뎜이 둘히면 上썅聲셩이오 (정음번역)

③ 평성

예의: 無則平聲

언해: 無뭉則·즉 平뼝聲셩·이·오 (정음현토+정음표음)

點이 업스면 平聲이오 (정음번역)

④ 입성

예의: 入聲加點同而促急

언해: 入·ᅀᅵᆸ聲셩·은 加강點:뎜·이 同똥而ᅀᅵᆼ促·쵹急·급ᄒᆞ·니·라 (정음현토+정음표음)

入ᅀᅵᆸ聲셩은 點뎜 더우믄 ᄒᆞᆫ가지로ᄃᆡ ᄲᆞᄅᆞ니라 (정음번역)

각 성점의 번역문 아래의 협주에는 사성의 음가가 각각 다음과 같이 번역되어 있다.

平聲은 ᄆᆞᆺ ᄂᆞᆺ가ᄫᆞᆫ 소리라
去聲은 ᄆᆞᆺ 노ᄑᆞᆫ 소리라
上聲은 처ᅀᅥ미 ᄂᆞᆺ갑고 乃終이 노ᄑᆞᆫ 소리라
入聲은 ᄲᆞᆯ리 긋 돋ᄂᆞᆫ 소리라

평성은 '가장 낮은(못 늣가뷩) 소리'이고, 거성은 '가장 높은(못 노픈) 소리'다. 평성은 현대음성학 용어로 말해 주파수(pitch) 값이 낮은 저조低調(low tone)이고, 거성은 주파수 값이 높은 고조高調(high tone)이다. 상성은 '처음은 낮고 나중이 높은 소리'인데 현대 음운론의 상승조上昇調(rising tone)에 해당한다. 입성은 음절말 받침이 '빨리 닫히는 소리'이다. 사성은 음절자 왼쪽에 찍는 점의 수로 구별하였다. 평성은 음절자音節字 왼쪽에 점이 없고, 거성은 음절자 왼쪽에 점을 1개 찍고, 상성은 점을 2개 찍도록 규정하였다. 입성은 점의 수와 무관하게 음절말이 빨리 막히는 소리 이른바 불파음不破音을 뜻한다. 입성은 사실상 고저를 변별하는 용어가 아니다.

'거성'의 번역문에서 보듯이 한자어 그대로 쓴 '平聲', '上聲'과 달리 '거성'은 한자어 그대로 '去聲'이라 쓰지 않고, "못 노픈 소리오"라고 우리말로 풀이해 놓았다. 이것은 오역이 아니라 "방점으로는 거성과 같아진 한자음의 입성을 거성과 구별하기 위한 장치로써 마련된, 고심에 찬 번역"이라고 설명된 바 있다(안병희 1990a/1992a: 201-203, 안병희 2007b: 97-100). 거성과 입성의 점이 같아지는 것은 고유어에서는 별문제가 되지 않으나 한자음에서 사성 체계가 무너지는 문제점이 있음을 지적하고, 거성을 '못 노픈 소리'라고 번역했다는 설명이다.

언해본의 번역문과 번역 용어들은 한어 성운학에 대한 이해를 바탕으로 하여 당시 조선어의 분절음과 비분절음(=성조) 음가를 표현한 것이다. 『훈민정음』 해례본 및 언해본 편찬자들이 한어 성운학에 통달해 있었고, 이를 활용하여 조선어 성조의 특성을 정확히 포착했음을 알 수 있다.

한편 성조의 음가 기술은 『훈몽자회』「범례」(4a-4b)와 『소학언해』「범례」(2b-3a)의 한문과 그 번역문에도 나타나 있다. 이것을 훈민정음 언해본의 성조 기술과 비교하여 성조에 대한 인식의 같고 다름을 파악할 수 있다. 두 문헌의 성조 음가를 기술한 번역문과 해당 한문은 다음과 같다.

1) 『훈몽자회』의 방점법과 성조 기술

번역문: 믈읫 글字ᄌᆞ音음의 노ᄑᆞ며 ᄂᆞᆺ가오미 다 字ㅅ겨틔 點뎜이 이시며 업스며 하며 져금으로 보라믈 사믈 거시니 ᄂᆞᆺ가온 소릐옛字ᄌᆞᄂᆞᆫ 平평聲셩이니 點뎜이 없고 기리 혀 나죵 들티ᄂᆞᆫ 소릐옛字ᄌᆞᄂᆞᆫ 上샹聲셩이니 點뎜이 둘히오. 곧고 바ᄅᆞ 노픈 소릐옛字ᄌᆞᄂᆞᆫ 去거聲셩이니 點뎜이 ᄒᆞ나히오. 곧고 ᄲᆞ른 소릐옛字ᄌᆞᄂᆞᆫ 入입聲셩이니 點뎜이 ᄒᆞ나히라. 諺언文문으로 사김ᄒᆞᆫᄃᆡ ᄒᆞᆫ가지라. ᄯᅩ 字ᄌᆞ돌히 본ᄃᆡᆺ 소릐 두고 다른 ᄠᅳᆮ 다른 소릐로 ᄡᅳ면 그 달이 ᄡᅳᄂᆞᆫ 소릐로 그 ᄌᆞᆺ귀예 돌임ᄒᆞᄂᆞ니 行녈힝平평聲셩本본音음[7] 行져제항平평聲셩 行힝뎍힝去거聲셩 〈훈몽자회 叡山本예산본 범례 4a-4b〉

한문: 凡字音高低, 皆以字傍點之有無多少爲準, 平聲無點, 上聲二點, 去聲入聲皆一點, 平聲哀而安, 上聲厲而擧, 去聲淸而遠, 入聲直而促, 諺解亦同.

그런데 『소학언해』(1586)의 「범례」에는 사성의 음가 기술이 위 『훈몽자회』의 것과 달리 표현되어 있다.

2) 『소학언해』의 방점법과 성조 기술

믈읫 字ᄌᆞㅅ音음의 놉ᄂᆞᆺ가이[8]를 다 겨틧 點뎜으로ᄡᅥ 법을 삼을디니 點뎜 업슨 이ᄂᆞᆫ 편히 ᄂᆞᆺ가이 ᄒᆞ고 두 點뎜은 기리 혀 들고 ᄒᆞᆫ 點뎜은 바ᄅᆞ 노피 홀 거시니라. 訓훈蒙몽字ᄌᆞ會회예 平평聲셩은 點뎜이 업고 上샹聲셩은 두 點뎜이오 去거聲셩 入입聲셩은 ᄒᆞᆫ 點뎜이로ᄃᆡ 요

7 이 설명은 두 줄로 된 협주 형식을 취하고 있다. 이하 같다.

8 17세기 판본을 계승한 1744년판(무신자본) 『소학언해』에는 ‘놉ᄂᆞᆺ이’로 달리 번역되어 있다.

ᄉᆞ이 時시俗쇽애 音음이 上샹去거셩이 서르 섯기여 뼈 과글리 고티기 어려온디라. 만일 다 本본音음을 쓰면 시쇽 듣기예 히괴홈이 이실 故고로 戊무寅인년 칙에 上샹去거 두 聲셩을 시쇽을 조차 點뎜을 ᄒᆞ야실ᄉᆡ 이제 이 법녜롤 의지ᄒᆞ야 뼈 닐그리롤 便편케 ᄒᆞ니라. 〈소학언해 범례 2b-3a〉(1586, 도산서원본)

『훈몽자회』「범례」에 표현된 한문에서 자음의 고저를 글자에 점을 찍어 구별한 방법을 "凡字音高低 皆以字傍點之有無多少爲準범자음고저 개이자방점지유무다소위준"이라고 하였다. 이 한문 문장을 간략하게 줄이면 '字音高低 傍點法'자음고저 방점법이 되는데, 이를 더 줄여 '傍點法방점법'이라 부른다. 방점법에 따른 성조의 음가를 우리말로 묘사한 문장은 문헌별로 약간의 차이를 보인다. 문헌별 차이를 인식하기 쉽도록 표로 정리해 보이면 다음과 같다.[9]

〈표 2〉 방점법의 뜻을 설명한 우리말 문장의 비교

	방점법 설명문
훈몽자회	믈읫 글字ᄌᆞ音음의 노ᄑᆞ며 ᄂᆞᆺ가오미 다 字ㅅ겨틔 點뎜이 이시며 업스며 하며 져금으로 보라믈 사믈 거시니 [凡字音高低 皆以字傍點之有無多少爲準]
소학언해 초간본	믈읫 字ᄌᆞㅅ音음의 놉ᄂᆞᆺ가이를 다 겨틧 點뎜으로뼈 법을 삼을디니 [凡字音高低 皆以傍點爲準]
어제 소학언해	믈읫 字ᄌᆞㅅ音음의 놉ᄂᆞᆺ이를 다 겻희 點뎜으로뼈 법을 삼을띠니 [凡字音高低 皆以傍點爲準]

『훈민정음』 해례본의 예의 및 해례편에는 방점법을 점의 수에 따라 고저를 구별하는 방법으로 설명하고 있다. 이는 예의를 번역한 언해본에서도 마

9 『훈민정음』과 『훈몽자회』 등에서 사성의 음가 표현이 조금씩 달라진 점은 남광우, 허웅, 이기문 등의 선행 연구에서 언급되었다(김주원·남권희 2017: 62, 각주 29).

찬가지다. 『훈몽자회』 「범례」에 방점법의 뜻을 설명한 한문과 번역문이 나오고, 『소학언해』에는 이것이 더 간략한 문장으로 표현되어 있다.

사성 하나하나의 음가는 문헌에 따라 표현의 차이가 있다. 훈민정음 언해본에서는 거성을 'ᄆᆞᆺ 노ᄑᆞᆫ 소리'로 표현하였고, 『훈몽자회』에서는 '곧고 바ᄅᆞ 노픈 소ᄅᆡ', 『소학언해』에서는 '바ᄅᆞ 노ᄑᆡ ᄒᆞᆯ 것'으로 각각 달리 표현하였다. 이 표현을 비교하여 'ᄆᆞᆺ'의 뜻을 '바ᄅᆞ[直]'로 본 견해(김주원 1995)[10]도 있다. 『어제소학언해』(1744)에는 위의 내용에 약간의 변화가 있는바, '놈ᄂᆞᆺ가이'가 '놉ᄂᆞᆺ이'로, 'ᄂᆞᆺ가이'가 'ᄂᆞᆺ게'로, '법녜'가 '법례'로 바뀌었다. 사성의 음가 기술이 문헌에 따라 달리 표현된 양상 전체를 표로 만들어 비교하면 다음과 같다.[11]

〈표 3〉 문헌별 사성 음가 기술의 비교

	평성	상성	거성	입성
훈민정음 해례편	安而和(안이화)	和而擧(화이거)	擧而壯(거이장)	促而塞(촉이색)
훈민정음 언해본	ᄆᆞᆺ ᄂᆞᆺ가ᄫᆞᆫ 소리라	처ᅀᅥ미 ᄂᆞᆺ갑고 乃終이 노ᄑᆞᆫ 소리라	ᄆᆞᆺ 노ᄑᆞᆫ 소리라	ᄲᆞᆯ리 긋 돋ᄂᆞᆫ 소리라
훈몽자회	ᄂᆞᆺ가온 소ᄅᆡ 哀而安(애이안)	기리 혀 나죵 들티ᄂᆞᆫ 소ᄅᆡ 厲而擧(려이거)	곧고 바ᄅᆞ 노픈 소ᄅᆡ 淸而遠(청이원)	곧고 ᄲᆞᄅᆞᆫ 소ᄅᆡ 直而促(직이촉)
소학언해	편히 ᄂᆞᆺ가이 ᄒᆞ고 平而低(평이저)	기리 혀 들고 厲而擧(려이거)	바ᄅᆞ 노ᄑᆡ ᄒᆞᆯ 거시니라 直而高(직이고)	

사성의 음가 표현이 15세기부터 16세기에 이르기까지 문헌에 따라 각각 다르다. 특히 세 글자의 한문구(安而和 등)로 표현[12]된 사성의 음가 기술에 차

10 김주원(1995)은 훈민정음 언해본의 "ᄆᆞᆺ 노ᄑᆞᆫ 소리라"의 'ᄆᆞᆺ'을 '가장'이 아닌 '바로[正, 直]'의 뜻으로 보았다. 『소학언해』의 "바ᄅᆞ 노ᄑᆡ ᄒᆞᆯ 거시니라[直而高]"를 주요 논거로 삼았고, 『광주천자문』의 '正 ᄆᆞᆺ 졍〈10a〉', '方 ᄆᆞᆺ 방〈7a〉' 등의 예(김주원 1995: 12)도 제시하였다.

11 김영국(1997: 95)은 '조치 비교표(調値 比較表)'라 하여 훈민정음 해례본과 언해본, 훈몽자회 범례, 번역노박범례, 소학언해 범례의 성조 음가 기술을 정리한 바 있다.

12 김동석(2000: 236)은 당나라 때의 『원화운보』에 평성=哀而安(애이안), 상성=厲而擧

이가 크다. 평성의 음가 표현은 安而和(해례본)~哀而安(훈몽자회)~平而低(소학언해)로 각각 다르고, 상성 등 나머지 성조의 음가를 표현한 한문구도 각각 다르다. '安안'자의 의미를 더 명료히 하려고 『소학언해』에서 '平평'자로 바꾸었고, '和화'자와 '哀애'자의 모호한 뜻을 배제하려고 『소학언해』에서 '低저'자로 바꾸었다. 거성의 음가 표현에서 가장 모호한 표현은 『훈몽자회』의 '淸而遠'이고, 가장 명료한 것은 『소학언해』의 '直而高'이다. 『소학언해』에서 사성의 음가 표현이 보다 정확해진 것이다. 『소학언해』에서 입성 음가 기술을 아예 빼 버린 것은 우리말에서 입성이 고저 구별의 기준이 되지 못함을 인식했기 때문이다. 『소학언해』 편찬자의 성조 음가 묘사 및 성조에 대한 인식 수준이 가장 높다.

한편 앞에 인용한 『훈몽자회』 「범례」의 사성 음가 기술문 뒤에는, 한자의 사성 표기를 권성점으로 구별하는 방법을 그린 그림이 있다. 즉 '나라 國국' 자의 예를 들어 한자의 네 모서리에 권성점을 찍어서 표현하는 방법을 「평상거입정위지도平上去入定位之圖」라 부르고, 이것을 그림으로 그려 놓았다(이 책의 306쪽). 한자의 네 모서리에 권성점을 찍는 방법을 'ᄌᆞᆺ귀예 돌임'한다고 표현했다. 'ᄌᆞᆺ귀'는 'ᄌᆞ字-ㅅ-귀'로 분석되고, '귀'는 '귀퉁이'(모서리)의 '귀'와 같다. 이어서 「평상거입정위지도」의 뜻을 우리말로 풀이하고, 이 그림의 하

(려이거), 거성=淸而遠(청이원), 입성=直而促(직이촉)이 나와 있다고 하면서, 청나라 학자 고염무가 설명한 사성의 음가를 예시하였다. 또 명나라 승 진공(眞空)이 지은 「옥약시가결(玉鑰詩歌訣)」에 평성=平道莫低昂(평도막저앙), 상성=高呼猛烈强(고호맹렬강), 거성=分明哀遠道(분명애원도), 입성=短促急收藏(단촉급수장)과 같이 각 성의 음가를 시로 표현한 예를 들었다. 『훈몽자회』의 '哀而安' 등 사성 음가 표현의 출처는 김주원·남권희(2017: 61)에서 언급되었다. 『大廣益會玉篇(대광익회옥편)』에 첨부된 「玉篇廣韻指南(옥편광운지남)」이 있고, 그중에 승려 신공(神珙)이 지은 「四聲五音九弄反紐圖序(사성오음구롱반뉴도서)」의 글에 『원화운보(元和韻譜)』가 언급되어 있으며, "平聲者哀而安上聲者厲而擧去聲者淸而遠入聲者直而促(평성자애이안 상성자려이거 거성자청이원 입성자직이촉)"이란 음가 기술이 나온다고 하였다. 그런데 『훈민정음』에 묘사된 '安而和' 등의 사성 음가 묘사는 앞선 문헌에서 확인되지 않았다.

단에 사성의 의미를 비유적으로 설명한 한문과 그 번역문이 다음과 같이 실려 있다.

> ① 平上去入定位之圖: 평셩 샹셩 거셩 입셩 네 가짓소릐의 터흘 칙워[13] 노흔 그림
>
> ② 平上去入如人自平地升上行去還入之意: 平평上샹去거入입 네 즈는 사르미 平평地디로브터 올아 둔녀 가 도로 드러옴과 그툰 쁘디라 〈훈몽자회 범례 4b〉

①은 「平上去入定位之圖평상거입정위지도」라는 한문구를 번역한 것이고, ②는 글자의 네 모서리에 좌하단, 좌상단, 우상단, 우하단의 순서로 고릿점을 찍어서 사성을 구별하는 방법을 비유적으로 설명한 것이다. '平上去入'을 '사람이 평지로부터 올라가 다니다가 도로 들어옴'과 같은 뜻이라고 사람의 보행 행위에 비유하여 풀이하였다. 『훈몽자회』의 이 풀이가 최세진이 다른 문헌을 참고한 것인지 그의 독창적 기술인지 검증되어야 할 것이다.

그런데 『훈몽자회』 「언문자모」[14]를 인용한 『진언집』의 안심사판(1569)·만연사판(1777)·망월사판(1800), 그리고 『밀교개간집』(1784)에는 ②의 문장이 다음과 같이 다르게 표기되어 있다.[15]

> 『훈몽자회』: 平上去入 네 즈는 사르미 平地로브터 올아 둔녀 가 도로 드러옴과 그툰 쁘디라

---

13 이 문맥의 '칙워'는 '정하여'의 뜻이다.

14 「언문자모」는 어린이를 위한 한자 학습서인 『훈몽자회』의 책 머리에 한글을 먼저 배울 수 있도록 한글 자모 글자와 음절 글자 쓰는 법을 설명한 한글 학습자료이다.

15 아래 인용문에서 한자음과 방점 표기는 모두 생략하였다.

안심사판 『진언집』: 平上去入 四字는 사ᄅᆞ미 平地로브터 올아 ᄃᆞᆫ녀 가 도로 도라옴과 ᄀᆞᄐᆞᆫ ᄠᅳ디라[16]

만연사판 『진언집』: 平上去入 四字는 사ᄅᆞ미 平地로브터 올나 ᄃᆞᆫ녀 가 도로 도라옴과 ᄀᆞᄐᆞᆫ ᄠᅳ디라

망월사판 『진언집』: 平上去入 四字는 사ᄅᆞᆷ이 平地로브터 올나 ᄃᆞᆫ녀 가 도로 도라옴과 ᄀᆞᄐᆞᆫ ᄯᅳᆺ이라

『밀교개간집』: 平上去入 四字는 사ᄅᆞᆷ미 平地로부터 올아 ᄃᆞᆫ녀 가 도로 도라옴과 ᄀᆞᄐᆞᆫ ᄠᅳ디라

『훈몽자회』와 안심사판 『진언집』의 언해 문장에는 방점 표기가 있다. 번역 어휘가 달라진 것으로는 '네 ᄌᆞ'와 '四字', '드러옴'과 '도라옴'이 있다. 나머지는 모두 표기 차이만 보인다. 망월사판 『진언집』에서는 '사ᄅᆞ미'를 '사ᄅᆞᆷ이'로 분철했고, 『밀교개간집』에서는 '사ᄅᆞᆷ미'로 중철했다. 이 밖에 '-로브터'와 '-로부터', '올아'와 '올나', 'ᄠᅳ디라'와 'ᄯᅳᆺ이라' 같은 표기 차이가 발견된다. 짤막한 문장이 수 세기를 거치면서 큰 변화 없이 꾸준히 이어져 왔음을 확인할 수 있다. 미미한 표기 차이와 약간의 언어 변화만 반영되어 있다.

사성을 구별하는 표기법(=방점법)은 17세기 이후 한글 문헌에서 쓰이지 않았다. 갑오개혁 이후 대한제국이 출범하면서 국문 정비와 보급에 발분고심發奮苦心했던 지석영은 「신정국문」(1905)에서 '자음고저표'를 제안했다. 지석영은 국문 보급을 위해 스스로 제작한 「대한국문」(1905)에서 '고저음 분별표'라는 이름으로 새로운 운소韻素 표기법을 만들어 보였다. 그는 '고저음 분별표' 아래 '눈'[雪]'과 '눈[目]', '동'動'과 '동東'을 각각 변별적 대립어로 예시하고, "무슨 자든지 그 소래가 긴 데난 점 찍어 표함"이라고 하였다. 글자 오른

---

16 안심사판 문장에만 방점이 찍혀 있으나 비교의 명료함을 위해 생략했다.

쪽 어깨에 '을 찍는 방식의 고저 표기법을 만든 것이다. 그런데 지석영이 든 예시어를 보면 단어의 오른쪽 어깨에 찍은 ' 부호는 사실상 장음 표기에 해당한다. 그가 '고저음 분별표'라고 한 것은 장단을 구별하는 표기였던 것이다. 지석영의 '고저음 분별표'는 『훈민정음』의 방점법과 『훈몽자회』「언문자모」에 나온 사성법 표기의 전통을 계승한 것이다. 국문연구소 위원들의 보고서(국문연구의정안, 1909)에 단음은 점을 찍지 않고 장음 자字의 좌견左肩에 점 한 개를 찍는 방법이 결정되었다(백채원 2022: 190-191).

지금까지 초성·중성·종성, 오음의 술어, 방점법에 관한 우리말 번역 표현을 고찰해 보았다. 방점법으로 조선어의 고저를 기술한 내용은 당시 학자들이 조선어의 고저를 정확히 관찰하여 그 음가를 연구한 음운학적 성취라 할 수 있다. 이런 점에서 훈민정음 언해본에 나타난 방점법과 우리말 번역 표현은 『훈몽자회』와 『소학언해』의 성조치 표현을 거치면서 역사적으로 축적된 중층성을 보여 준다. 20세기 초기에 지석영의 「대한국문」에 이르러 방점법이 '고저 분별표'로 바뀌어 새로운 표기 방안이 제안되었다.

1.4. '합合' 관련 용어들의 번역 양상

『훈민정음』 정음편 예의에는 '合합'의 원리가 작용한 '並書병서', '連書연서', '附書부서'라는 운용법 용어가 있다. 그리고 "初聲合用則並書 終聲同초성합용즉병서 종성동"이라는 구절에 '合用합용'이란 표현이 쓰여 있다. "凡字必合而成音범자필합이성음"은 초성자·중성자·종성자를 서로 합하여 음절을 이루는 합자법合字法(=음절자법)을 규정한 것이다. 이 규정들은 이미 제자한 초성자·중성자·종성자를 합하여 실제로 글자를 쓸 때 필요한 운용법이다. '合'은 제자 원리로 작용한 개념이면서 운용법에 관련된 여러 용어를 생성하였다. '合' 관련 용어(並書, 連書, 附書, 合用, 加點)가 언해본에서 우리말로 번역되어 있는바, 이것을 한자어와 비교하여 그 의미를 고찰해 본다. '合' 관련 용어가 우리말로 번역된 양상은 다음 표와 같이 정리된다.

〈표 4〉 '合' 관련 문자학 어구와 우리말 번역

한자 어구	언해본의 번역	해례본의 원문
병서(並書)	ㄱᄂᆞᆫ 엄쏘리니 君군ㄷ字ᄍᆼ 처ᅀᅥᆷ 펴아 나ᄂᆞᆫ 소리 ᄀᆞᄐᆞ니 **ᄀᆞᆯᄫᅡ 쓰면** 虯끃ㅸ字ᄍᆼ 처ᅀᅥᆷ 펴아 나ᄂᆞᆫ 소리 ᄀᆞᄐᆞ니라	ㄱ 牙音 如君字初發聲 **並書** 如虯字初發聲 〈정음1a-3b〉
	첫소리ᄅᆞᆯ 어울워 ᄡᅮ디면 **ᄀᆞᆯᄫᅡ 쓰라**	初聲合用則**並書** 〈정음3b〉
연서(連書)	ㅇᄅᆞᆯ 입시울쏘리 아래 **니ᅀᅥ 쓰면** 입시울 가ᄇᆡ야ᄫᆞᆫ 소리 ᄃᆞ외ᄂᆞ니라	ㅇ**連書**脣音之下, 則爲脣輕音 〈정음3b〉
부서(附書)	ㆍ와 ㅡ와 ㅗ와 ㅜ와 ㅛ와 ㅠ와란 첫소리 아래 **브텨 쓰고**	ㆍㅡㅗㅜㅛㅠ, **附書**初聲之下〈정음4a〉
	ㅣ와 ㅏ와 ㅓ와 ㅑ와 ㅕ와란 올ᄒᆞᆫ 녀긔 **브텨 쓰라**	ㅣㅏㅓㅑㅕ, **附書**於右 〈정음4a〉
합용(合用)	첫소리ᄅᆞᆯ **어울워 ᄡᅮ디면** ᄀᆞᆯᄫᅡ 쓰라	初聲**合用**則並書 〈정음3b〉
합이성음(合而成音)	믈읫 字ᄍᆞᆼㅣ 모로매 **어우러ᅀᅡ 소리 이ᄂᆞ니**	凡字**合而成音** 〈정음4a〉
가점(加點)	왼녀긔 **ᄒᆞᆫ 點뎜을 더으면** ᄆᆞᆺ 노ᄑᆞᆫ 소리오	左**加一點**則去聲 〈정음4a〉
	入ᅀᅵᆸ聲셩은 **點뎜 더우믄** ᄒᆞᆫ가지로ᄃᆡ ᄲᆞᄅᆞ니라	入聲**加點**同而促急 〈정음4a〉

〈표 4〉의 한자 어구 중 '並書'는 예의의 첫 장에 나오고, 나머지는 모두 정음편 제3장 뒷면(정음3b) 이하에 나온다. '並書'는 ㄲ, ㄸ, ㅃ 등과 같이 가로로 나란히 쓰는 서법 즉 가로쓰기[橫書]에 해당한다. '並書'를 우리말 동사구 'ᄀᆞᆯᄫᅡ[17] 쓰-'라고 번역하였다. 이 동사를 명사형으로 바꾸어 보면 'ᄀᆞᆯᄫᅡ 쓰기' 혹은 'ᄀᆞᆯᄫᅡ 씀'이 된다.

'連書'는 순경음 ㅸ, ㅱ 등의 서법을 규정한 것인데, 글자를 쓰는 방향으로 보면 세로쓰기[縱書]에 해당한다. '連書'를 우리말 동사구 '니ᅀᅥ 쓰-'라고

17 어간 'ᄀᆞᆲ-'은 대등한 위상으로 나란히 놓여 있는 동작·상태를 뜻한다.

번역하였다. 이 동사를 명사형으로 바꾸어 보면 '니ㅅㅓ 쓰기' 혹은 '니ㅅㅓ 쑴'이 된다. 어간 '닛-'은 우리말 뜻 그대로 보면 '잇다'는 뜻이지만 '連書'가 쓰인 문맥에서는 상하로 이어 씀을 뜻한다. 위에서 아래 방향으로 쓴다는 의미를 '連'자로 표현한 것이다. 15세기 어형으로 이 뜻을 정확히 표현하려면 '아라우 니ㅅㅓ 쓰기'로 번역해야 더 적중的中한 것이 된다.

'附書'는 초성자·중성자·종성자가 결합한 음절자를 생성하는 서법이다. 초성자와 중성자를 결합하여 쓸 때, 자소字素 /ㅡ/를 가진 중성자는 ㅡ 위에 초성자를 쓰고(예 그, 고, 규), 자소 /ㅣ/를 가진 중성자는 ㅣ의 왼쪽에 초성자를 쓴다(예 기, 가, 거)라고 규정한 것이 부서법이다. 전자는 상하(세로)로 붙여 쓴다는 점에서 앞에 언급한 '連書'와 쓰는 방향이 같다. 후자는 좌우(가로)로 붙여 쓴다는 점에서 '並書'와 쓰는 방향이 같다. 부서는 연서와 병서의 서사 방향을 내재하고 있다. 한 음절자를 만들기 위해 초성자, 중성자, 종성자를 서로 합자하는 방법을 '附書'라 칭하고, 이것을 우리말 '브터 쓰-'로 번역하였다.

한글 자모로 CV(C) 음절자를 쓰는 데 너무나 익숙한 현대 한국인은 '이런 규정이 왜 필요할까?'라는 의아심을 가질 수도 있다. 그러나 훈민정음이라는 신제新制 문자를 반포한 시점에서는 이 문자들을 서로 합쳐 쓰는 법을 규정해 주어야 한다. 그래서 훈민정음 창제자는 각각의 초성자와 중성자를 쓰는 동작의 순서와 방향, 초성자와 중성자를 합성한 음절자의 서법을 일일이 설명한 것이다. 쓰기의 편리함, 음절자의 형태적 균정성均整性,[18] 한문자와 정음자의 조화 등을 심사숙고하여 이와 같은 합자법 규정을 만들었을 것이다.

---

18 균정성(均整性)이란 고르고 가지런한 성질을 뜻한다. 하나의 음절자가 균정성을 가진다는 것은 서법(書法)과 음절자 조형(造形)의 면에서 중요하다.

'合用'은 훈민정음 28자로 초성자 합용자, 동출 중성 합용자, 종성 합용자를 생성하는 데 두루 적용된 운용법의 하나이다. 해례본 전체에 '合用'이란 용어가 8회나 쓰인 까닭이 여기에 있다. ㅺ, ㅲ, ㅴ 등의 합용병서자는 초성자를 합용한 대표적인 것이며, 종성에서도 합용법이 적용되었다. '合用'은 우리말로 '어울워 ᄡᅳ-'로 번역되었다. '並書', '連書', '附書' 등의 '書'는 '쓰-'로 번역하고, '合用'의 '用'은 'ᄡᅳ-'로 번역하여 동사 어간 표기를 구별해 놓았다. '合用'에서 쓰는 방향은 좌→우 가로쓰기[橫書]밖에 없다. 해례편 합자해에는 초성 2~3자를 합용한 병서자의 예[19]와 중성 2~3자를 합용한 중성 합용자의 예[20] 그리고 종성 2~3자를 합용한 병서자의 예[21]가 각각 제시되어 있다. 언해본에서 '並書', '連書', '附書', '合用'을 우리말로 번역한 문장을 보면 모두 선행어와 후행어 사이에 연결어미 '-아/어'가 개재되어 있다. 이러한 번역은 '並書', '連書', '附書', '合用'이 하나의 단어로 굳어진 것이 아님을 뜻한다.

〈표 4〉의 '合而成音합이셩음'은 초성자, 중성자, 종성자가 결합한 CVC 음절 구조 즉 음절자의 생성 원리를 규정한 것이다. 이 구절에 쓰인 '合'은 '어우러ᅀᅡ'로 번역되어 있다. 우리말 어휘 '어울-'로 음절자 서법書法을 표현한 것이다.

'加點'은 음절자 왼편 가운데 자리에 점을 더하여 성조를 표기하는 방법을 규정한 것인데, '點'은 음독하여 '뎜'으로 읽고, '加'는 우리말 동사 '더으-'로 번역했다. '加點'은 '點뎜을 더으면'과 '點뎜 더우믄'같이 두 가지로 번역되어 있다. 후자는 목적격 조사 '-을'이 생략된 구성이다.

'並書', '連書', '附書', '合用', '加點' 등은 훈민정음 문자체계를 실용함에

19 初聲二字三字合用並書, 如諺語·ᄯᅡ爲地, ᄧᅡᆨ爲隻, ·ᄢᅳᆷ爲隙之類 〈정음해례21a_4〉
20 中聲二字三字合用, 如諺語·과爲琴柱, ·홰爲炬之類 〈정음해례21a_6-21b_1〉
21 終聲二字三字合用, 如諺語ᄒᆞᆰ爲土, ·낛爲釣, ᄃᆞᇌ·ᄣᅢ爲酉時之類 〈정음해례21b_2〉

있어서 필요한 표기 장치를 만들기 위한 운용법이다. 이러한 용어를 만든 배경에는 한자의 구성 원리에 대한 지식이 있다. 한자의 구성을 관찰해 보면 가로쓰기 방식과 세로쓰기 방식을 쉽게 확인할 수 있다. 예컨대 '豆두', '召소', '旦단'에서는 세로쓰기 방식이, '仁인', '朴박', '加가'에서는 가로쓰기 방식이 적용되었다. 송宋나라 학자 정초鄭樵(1104~1162)의 『통지通志』에는 한자의 구성 원리를 설명한 「육서략六書略」이 있다. 훈민정음 창제 당시 세종은 이런 책에서 얻은 한자학 지식[22]을 활용했을 것이다.[23] 이런 점에서 문자 훈민정음의 운용법에는 한자의 구성 원리가 영향을 미친 점이 있다고 본다. 조선어음 분석에 중국의 성운학이 이용되었고, 합자법 규정에는 중국의 문자학 지식이 활용되었을 것이다. 훈민정음 문자체계에는 외래 학문의 영향이 중층적으로 녹아들어 있다.

1.5. 한자를 풀이한 정음주석의 의의

훈민정음 언해본에는 권두서명 '訓民正音'을 비롯하여 정음편에 쓰인 한자가 우리말로 풀이되어 있다. 한문 본문을 정음으로 번역한 문장을 제시하기 전에 한문 원문에 쓰인 한자 하나하나의 뜻풀이를 정음주석(=협주)에 담아 놓았다. 몇 개를 예시하면 다음과 같다.[24]

---

22 세종이 언문 반대 상소를 올린 최만리 등을 불러서 한 말 속에 "내가 늘그막에 날을 보내기 어려워서 서적을 벗 삼을 뿐인데"라는 내용이 있다. 세종이 여러 서적을 두루 읽고 여기서 얻은 지식을 활용하여 훈민정음을 창제했음을 당신 스스로 말한 것이다.

23 제3부 제2장 3.2.2절의 3)항 '중성자 제자 원리의 창안과 자형 형상화'에서 천지인 삼재론이 정초가 지은 『육서략』의 영향일 수 있다는 강신항 선생의 연구를 언급할 것이다.

24 번거로움을 피하기 위해 아래 예문 ②에서 동국정운식 한자음 및 방점 표기는 생략하였다. ③에서는 방점 표기를 생략했다. 원본의 모습을 반영하기 위해 각 난의 글자 크기와 진하기를 달리했다.

〈표 5〉 훈민정음 언해본의 번역 형식

① 정음표음현토	② 정음주석	③ 정음번역
國·귁之징語:엉音흠·이	國ᄋᆞᆫ 나라히라 之ᄂᆞᆫ 입겨지라 語는 말ᄊᆞ미라	나랏말ᄊᆞ미
異·잉乎홍中듕國·귁ᄒᆞ야	異ᄂᆞᆫ 다ᄅᆞᆯ씨라 乎ᄂᆞᆫ 아모그에 ᄒᆞ논 겨체 ᄡᅳ는 字ㅣ라 中國ᄋᆞᆫ 皇帝 겨신 나라히니 우리 나랏常談애 江南이라 ᄒᆞᄂᆞ니라	中듕國귁에 달아
而싱終즁不·붏得·득伸신其끵情·쪙者:쟝ㅣ 多당矣:읭·라	而ᄂᆞᆫ 입겨지라 終은 ᄆᆞᄎᆞ미라 得은 시를씨라 伸ᄋᆞᆫ 펼씨라 其ᄂᆞᆫ 제라 情은 ᄠᅳ디라 者ᄂᆞᆫ 노미라 多ᄂᆞᆫ 할씨라 矣ᄂᆞᆫ 말 ᄆᆞᆺᄂᆞᆫ 입겨지라	ᄆᆞᄎᆞᆷ내 제 ᄠᅳ들 시러 펴디 몯ᄒᆞᇙ 노미 하니라

이 표에 나타나 있듯이 정음표음현토의 한자를 하나하나 빠짐없이 정음자로 주석해 놓았다. 그리하여 본문을 번역한 문장보다 한자어 뜻풀이를 한 정음주석의 분량이 더 많다. 아주 쉬운 한자(어)까지 우리말로 풀이하였다. 예컨대 "人ᄋᆞᆫ 사ᄅᆞ미라", "二十八ᄋᆞᆫ 스믈여듧비라"와 같은 한자(어)도 주석해 놓았다.

한자어 뜻풀이 중에는 단순히 축자적인 한자 풀이가 아닌 것도 있다. 한자어 '中國'의 뜻풀이가 그러한 예이다. "中國ᄋᆞᆫ 皇帝 겨신 나라히니 우리나랏常談애 江南이라 ᄒᆞᄂᆞ니라"가 그것이다. '中國'을 이런 방식으로 자세히 풀이한 예는 다른 문헌에서 찾을 수 없다. 한자에 일일이 정음주석을 달고, 평범한 한자어까지 이렇게 자세히 풀이한 것은 훈민정음 언해본이 정음자를 처음 배우는 보통 백성[愚民][25]을 위한 것이기 때문이다.

한문 속의 한자 뜻을 자세히 풀이한 예는 훈민정음 언해본에만 있는 것이 아니다. 독자층을 유학 지식인으로 상정하지 않은 다른 언해서에도 주석문이 많이 나타난다. 『석보상절』과 『월인석보』가 이러한 언해서이다. 이 두 문

25 '愚民(우민)'은 조선왕조실록과 관아에 제출한 청원서 등 고문서에 일반 백성 혹은 백성이 자신을 겸칭하는 대명사로 쓰였다. 이러한 의미의 '愚民'은 한문자를 모르는 사람이 대부분이었기 때문에 '한문자를 모르는 백성'이라고 뜻풀이를 해도 틀리지 않다.

헌에는 협주 형식으로 한자의 훈을 풀이한 예가 다수 보인다.[26]

2. 문법범주에 대한 인식과 특이 문법형태의 쓰임

2.1. 언해본의 우리말 문장에 나타난 문법범주와 표현

전통시대 중국의 성운학이나 훈고학 등 이른바 '소학小學'이라 불린 학문 영역에서 현대 언어학의 통사론(syntax)에 해당하는 내용은 찾아보기 어렵다. 한어漢語는 문법형태(조사와 어미)가 없고, 놓이는 자리에 따라 한자의 통사 기능이 달라지는 이른바 위치어이기 때문에 통사론이 발전하지 못하였다. 이러한 연유로 『훈민정음』 해례본의 제자해에 통사론 관련 용어를 찾아보기 어렵고, 통사 구조에 대한 언어학적 인식도 명료하게 드러나 있지 않다.

그런데 훈민정음 언해본의 우리말 번역문 속에는 한자어의 뜻을 풀이한 협주夾註 즉 정음주석문이 다수 포함되어 있다. 이 협주의 문장 속에 당시 조선어의 통사 구조 혹은 문법범주에 대한 인식이 반영되어 있다. 언해본의 정음주석문에는 다음과 같이 서로 다른 풀이 방식으로 표현된 네 가지 부류가 나타난다.[27]

---

26 『석보상절』과 『월인석보』에 실린 한자 석의 유형 분류는 백두현(2021b: 303-348)을 참고하기 바란다. 여기에 예만 들어 둔다. 處는 고디라〈월석序 20a, 석보 13, 12a, 월석 2, 8b〉.

27 아래의 네 가지 부류는 안병희(1977)와 김민수(1980)를 참고한 것이다. 안병희(1977: 16-18)에서는 한자 어석의 분류를 제1군 명사류, 제2군 동사류, 제3군 부사류, 제4군 허사류로 나누었으며, 제2군 동사류는 '-ㄹ씨라'와 같이 'ᄾ'로써 명사화한다고 보았다. 안병희(1990a/1992a: 204)에서는 명사류, 동사류, 부사류, 조사류라는 용어를 썼다. 김민수(1980: 126-127)는 협주문을 체언류(-이라 유형), 용언류(-씨라 유형), 부사류(쁘디라, 마리라 유형), 허사류(입겨지라, 겨치라 유형) 등 네 범주로 나누었다.

①체언류: 民은 百姓이오. 人은 사ᄅᆞ미라. 國은 나라히라. 語는 말ᄊᆞ미라. 文은 글와리라.

②용언류: 訓은 ᄀᆞᄅᆞ칠씨오. 制는 ᄆᆡᇰᄀᆞᄅᆞ실 씨라. 愚는 어릴씨라. 多는 할씨라.

③부사류: 相은 서르 ᄒᆞ논 ᄠᅳ디라. 不은 아니 ᄒᆞ논 ᄠᅳ디라. 凡은 믈읫 ᄒᆞ논 ᄠᅳ디라. 必은 모로매 ᄒᆞ논 ᄠᅳ디라. 使는 ᄒᆡ여 ᄒᆞ논 마리라.

④허사류: 之는 입겨지라. 而는 입겨지라. 矣는 말 ᄆᆞᆺ는 입겨지라. 乎는 아모그에 ᄒᆞ논 겨체 ᄡᅳ는 字ㅣ라.

①체언류의 풀이는 서술어 '-이라'가 포함된 구문으로 표현되었다. 동사 및 형용사에 해당하는 ②용언류의 풀이는 용언 어간에 '-ㄹ씨라'가 결합된 구문으로 표현되었다. '-ㄹ씨라'는 명사화소 'ᄉᆞ'가 문법화된 이른바 통합형 어미여서 ②와 같은 용언류 구문에도 명사성 의미가 함축되어 있다. ③부사류의 풀이는 "서르 ᄒᆞ논 ᄠᅳ디라"와 같이 부사 어간 '서르'를 앞에 놓고 그 뒤에 'ᄒᆞ논 ᄠᅳ디라'라는 풀이말을 붙였다. ④허사류(어조사)의 풀이는 '입겿' 혹은 '겿'을 서술어로 삼은 명사문으로 표현되었다.

위의 네 부류는 15세기 당시의 주석자들이 체언류, 용언류, 부사류, 허사류虛辭類라는 네 가지 문법범주를 인식했음을 보여 준다. 비록 문법 용어를 써서 이 범주를 분류하고 체계를 세운 것은 아니지만 한자어를 풀이한 협주 형식을 통해 우리말 품사류에 대한 인식을 보여 주었다(안병희 1977: 16-18, 김민수 1980: 127). 15세기의 조선어에 존재한 문법범주가 협주문의 한자 풀이에 반영되어 있다는 점에서 정음주석문의 표현 방식을 언어문화 층위론에서 논할 수 있다.

그런데 김민수(1980: 126)의 분류에서 ③에 보인 '-ᄠᅳ디라' 구문이 체언류,

용언류, 부사류에 모두 겹쳐 있다는 점이 문제이다. 그는 ①의 체언류 안에 "予는 내 ᄒᆞ숩시논 ᄠᅳ디시니라"(2b)와 "尊ᄋᆞᆫ 노ᄑᆞ신 부니시니라 ᄒᆞ논 ᄠᅳ디라"(석보상절 서 1a)를 넣었다. ②의 용언류 안에 "不能은 몯 ᄒᆞᄂᆞ다 ᄒᆞ논 ᄠᅳ디라"(석보상절 서 2a)를 넣었고, ③의 부사류 안에 "凡은 믈읫 ᄒᆞ논 ᄠᅳ디라"(13a)를 넣었다. 'ᄒᆞ논 ᄠᅳ디라' 구성이 여러 부류에 공유되어 있다. 그러나 ②와 ③의 경우 'ᄒᆞ논 ᄠᅳ디라' 앞에 놓인 동사와 부사에 초점을 두고 생각해 보면, 이와 같은 분류는 별문제가 되지 않는다. 다만 ①유형에 포함된 "予는 내 ᄒᆞ숩시논 ᄠᅳ디시니라"와 "尊ᄋᆞᆫ 노ᄑᆞ신 부니시니라 ᄒᆞ논 ᄠᅳ디라" 같은 관계절 구문의 예는 문법범주 분류의 예시에서 빼는 것이 더 낫겠다. 이 예문들은 'ᄠᅳ디라' 구성이 확장된 구문이다. 이 문장은 'ᄠᅳᆮ'을 수식하는 관계절 보문이 놓인 구성이므로 체언류의 확장으로 볼 수 있다.

2.2. 주어 '나'를 높인 경어법 '-숩시-'에 대한 해석

해례본의 어제 서문에 세종이 자신 스스로를 가리키는 자칭自稱대명사 '予여'가 쓰였다. 언해본에서 이 한자를 "予는 내 ᄒᆞ숩시논 ᄠᅳ디시니라"(2b)로 주석해 놓았다. '내 ᄒᆞ숩시논'의 '내'는 '나-ㅣ(주격조사)'로 분석하는 것이 일반적이다. 관형절 '내 ᄒᆞ숩시논'에서 '내'가 주어이고 'ᄒᆞ-'는 서술어가 된다. 그런데 '-ᄠᅳ디라'형 협주문의 일반적 구성을 고려하여 '내'는 부사어 기능을 하며, '나-ㅣ라'를 표현한 것이라는 설도 나올 수 있다.[28] 어느 쪽으로 보더라도 이 문장은 일인칭 주어 '나'에 호응하는 동사 'ᄒᆞ-'에 겸양법과 주체경어

28 '予'를 번역한 '내'에 대한 고찰은 안병희(1990a/1992a: 205-207), 안병희(1990a/2007b: 103-104)를 참고하였다. 안병희(1990a)는 '훈민정음언해의 두어 문제'라는 제목으로 『국어국문학논총: 벽사이우성선생 정년퇴직기념』(여강출판사, 21-33쪽)에 실렸던 것이다.

법 선어말어미가 중첩 사용된 점은 분명하다. ‘ᄒᆞᅀᆸ시논’의 ‘-ᅀᆸ-’과 ‘-시-’ 그리고 ‘쁘디시니라’의 ‘-시-’가 중첩된 것이다. 문장의 주어가 일인칭 ‘나’임에도 불구하고 겸양법(=객체경어법) ‘-ᅀᆸ-’과 주체경어법 ‘-시-’가 결합한 특이례이다. 일인칭 주어 ‘나’에 이런 경어법 선어말어미가 결합한 것은 문장 내부 구조에 초점을 둔 통사론적 관점으로 설명할 수 없다. 이승욱(1968), 허웅(1975: 728-729), 안병희·이광호(1990: 224) 등에서 이와 관련된 예들을 논한 바 있다. 15세기 한글 문헌의 ‘셤기ᅀᆞᄫᆞ시니’, ‘ᄒᆞᅀᆞᄫᆞ시논’과 같이 ‘-ᅀᆸ-’과 ‘-시-’ 사이에 매개모음(ㆍ)이 개재된 단순 통합일 경우는 각각 겸양과 존경의 의미를 표현한다.[29] 그런데 위 예문에 나타난 ‘ᄒᆞᅀᆸ시논’의 경우는 매개모음 없이 직접 ‘-ᅀᆸ시-’가 통합되어 있어서 이러한 해석이 적용되지 않는다. 우리는 다른 설명 방법을 찾아야 한다.

위 언해본의 ‘-ᅀᆸ시-’와 동일한 구성이 고려시대 『금광명경』 석독구결 자료에 구결자 ‘-白 ㅊ(ᅀᆸ시)-’로 표기된 예가 있다(백두현 1995: 26). 필자는 석독구결 자료의 ‘-白 ㅊ-’를 문장의 객어인 ‘부처’에 대한 겸양과, 문장의 주어 ‘보살’(혹은 보살무리)을 높이는 주체존대를 표현한 것이라고 해석했다. 높임 자질이 화용론적 원리에 의해 결정되며 화자가 가장 중요한 역할을 한다는 유동석(1993: 381)의 논의를 활용하여, 부처의 동작을 묘사한 서술어에 ‘-白 ㅊ-’가 쓰인 특이례를 논하였다(백두현 1995). 필자는 석독구결의 이 현상을 현토자懸吐者가 부처[佛]의 동작을 겸양의 대상으로 인식했기 때문에 ‘-白 ㅊ-’와 같은 구성이 나타난 것이라고 설명했다. 주어 ‘佛[부처]’의 동작을 표현하는 서술어에 주체존대법의 ‘-ㅊ(시)-’를 통합한 것은 통사론적 원리에 의한 존대법이고, 주어 ‘佛불’의 동작을 표현하는 서술어에 겸양법의 ‘-白(ᅀᆸ)-’을 통합하는 것은 현토자가 주어 ‘佛’에 대해 가진 겸양적 태도를 보여 주는

29 이 해석은 안병희·이광호(1990: 224)를 참조한 것이다.

것이라고 설명했다. 이것은 화용론적 원리에 의한 존대법이며, 현토자(구결을 붙인 사람)가 주어 '佛'이 행하는 동작을 겸양의 대상으로 인식한 결과라고 보았다.

석독구결 자료의 '-白-'에 대한 설명을 훈민정음 언해본 연구에 가져온 목적은 "予는 내 ᄒᆞ습시논 ᄠᅳ디시니라" 구문에 쓰인 '-습시-'를 해명하기 위함이다. "予는 내 ᄒᆞ습시논 ᄠᅳ디시니라"라는 번역문을 작성한 사람은 어제 서문의 언해자諺解者[30]이다. 이 주석문에서 언해자(혹은 문장 서술자)를 전제하지 않으면 여기에 사용된 경어법 요소를 설명하기 어렵다. 이승욱(1968: 11-12)은 이를 '언술자言述者'라 부르고, '-습시-'에는 언술자의 개입이 일어났다고 보았다. 필자의 설명은 용어만 다를 뿐 이승욱의 설명과 일치한다. 옛한글 문헌 자료에서 주어가 '나'이고 이 주어의 서술어에 '-습시-'와 '-시-'를 쓴 예는 달리 찾기 어렵다. 주어 '나'의 서술에서 '-습시-' 혹은 '-시-'를 쓴 것은 어떤 통사론적 원리로도 해명할 수 없다. 훈민정음 언해본의 언해문 작성에 관여한 사람[31]이 이 문장의 '予'는 그의 군상君上 즉 당시의 임금(세종)임을 인지하고 있었기 때문에 '내 ᄒᆞ습시논 ᄠᅳ디시니라'라는 문장을 만들어 낸 것이다.

현대국어에서 '이 결정은 아버님 뜻이시다', '이분은 나의 아버님이시다'

---

30 석독구결 자료에서 구결을 붙인 사람을 '현토자(懸吐者)'라고 불렀다. 언해문에서는 '언해자(諺解者)'로 부름이 적절하다. 특정 문장에 국한하여 칭할 때는 '문장 서술자'라고 부를 수도 있다. 논의 대상이 된 위 문장은 주석문에 해당하므로 '주석자'라는 용어를 쓸 수도 있다. '문장 서술자'는 이승욱(1968: 11-12)에서 '언술자(言述者)'라 칭한 것과 같다.

31 이 사람을 줄여서 '언해문 작성 관여자'라 부를 수 있다. 이렇게 표현한 이유는 훈민정음 언해 작업을 세종이 행한 것으로 보는 점과 관련되어 있다. 언해본의 사잇소리 표기는 세종이 직접 행한 것일 가능성이 높다. 이렇게 보면 언해문 작성의 주체는 세종이 된다. 그러나 세종 자신이 본인을 지칭한 '予'의 주석문에 '-습시-'를 썼다고 보기는 어렵다. 세종이 작성한 언해문을 정서하여 원고본을 만든 사람 즉 언해문 작성 관여자가 '-습시-'를 써넣은 것이라고 추정한다.

와 같은 구문에서 체언 서술어에 '-시-'를 쓰고 있다. 그러나 주어가 '나'일 때, 이 주어에 호응하는 서술어의 어간에 '-시-'를 결합할 수 없다. "予는 내 ᄒᆞᅀᆞᆸ시논 ᄠᅳ디시니라"와 같은 특이한 주석문에는 이 문장 작성에 관여한 사람의 경어 의식이 반영되어 있다.

일본학자 고바야시 요시노리(小林芳規)가 소개하고, 남풍현(2013)과 박부자(2013)가 연구한 신라 사경 『대방광불화엄경大方廣佛華嚴經』(권12-20)에 '白백'을 뜻하는 각필자角筆字(點吐 구결자)가 다수 출현한다. 이 문헌의 각필자 '白'은 부처와 같이 존귀한 주어의 행위 동사에 통합된 것이 여러 개 있다(박부자 2013: 90-93). 필자는 신라 사경에 나타난 '白'의 이러한 기능이 고려시대 석독구결로 이어졌고, 15세기 한글 문헌에 그 잔영을 남긴 것이 '내 ᄒᆞᅀᆞᆸ시논'이라고 본다.

2.3. 언해본에 쓰인 사잇소리 표기 체계와 그 해석

훈민정음 언해본에는 이른바 사잇소리라고 불리는 특별한 표기 장치가 쓰였다. 예의에서 한자음을 이용하여 초성자를 예시한 문장의 번역문에 다음과 같은 표기가 나타나 있다.[32]

---

32 최현배(1976: 384-393)는 '사잇소리의 적는 법'에서 훈민정음 언해본, 『용비어천가』, 『석보상절』, 『월인천강지곡』, 『원각경언해』 등을 대상으로 15세기 사잇소리의 쓰임에 대해 많은 용례를 적출하여 자세히 논하였다. 그는 사잇소리의 일함[作用]을 "그 말의 끝의 소리가 그 뒷말의 첫소리에 소리 바꾸는 얼(변이적 영향)을 미침을 막기 위하여, 그 앞말의 끝소리의 남은 김[勢]을 딱 막아 끊음에 있다."(384쪽)라고 말했다. X+Y 구성에서 Y의 첫소리가 바뀌는 것을 막기 위해 Y 앞에 사잇소리를 삽입한다는 뜻이다. 훈민정음 언해본에 쓰인 사잇소리는 ㄱ, ㄷ, ㅂ, ㅸ, ㅅ, ㆆ 등 6개이고, 『용비어천가』에 유성자음(흐린 소리=ㄴ, ㄹ, ㅁ, ㆁ) 앞에 놓이는 ㅿ이 하나 더 있음을 지적했다(389쪽). 이어서 세조 때 간행한 『원각경언해』에서 사잇소리가 모두 ㅅ 하나로 통일되었으나, 이 책에는 '字(ᄍᆞᆼ)' 앞에 사잇소리 ㅈ이 쓰인 '圓원ㅈ字ᄍᆞᆼ' 등의 예외가 있는데 이는 잘못된 것이라 했다(390쪽). 최현배는 『원각경언해』에 쓰인 '眞實ㅅ ᄆᆞᅀᆞᆷ(진실ㅅ

〈표 6〉 한자음 종성에 따라 달리 삽입된 사잇소리

선행어의 종성자	사잇소리	예시 한자음
ㄴ	ㄷ	君군ㄷ字ᄍᆞᆼ. 呑튼ㄷ字ᄍᆞᆼ
ㅁ	ㅂ	覃땀ㅂ字ᄍᆞᆼ. 侵침ㅂ字ᄍᆞᆼ
ㅱ	ㅸ	斗둘ㅸ字ᄍᆞᆼ. 漂푷ㅸ字ᄍᆞᆼ
ㆁ	ㄱ	穰샹ㄱ字ᄍᆞᆼ. 洪ᅘᅩᇰㄱ字ᄍᆞᆼ
ㅇ	ㆆ	快쾡ㆆ字ᄍᆞᆼ. 那낭ㆆ字ᄍᆞᆼ 步뽕ㆆ字ᄍᆞᆼ. 彌밍ㆆ字ᄍᆞᆼ 邪쌍ㆆ字ᄍᆞᆼ. 閭령ㆆ字ᄍᆞᆼ 慈ᄍᆞᆼㆆ字ᄍᆞᆼ. 虛헝ㆆ字ᄍᆞᆼ

〈표 7〉 사잇소리가 들어가지 않은 예

선행어의 종성자	사잇소리	예시 한자음
ㄱ		卽즉字ᄍᆞᆼ. 欲욕字ᄍᆞᆼ
ㅀ		彆볋字ᄍᆞᆼ. 戌슗字ᄍᆞᆼ
ㅂ		業업字ᄍᆞᆼ. 挹흡字ᄍᆞᆼ

〈표 6〉에 나타난 사잇소리 선택의 원리는, 선행어의 말음이 유성음일 때 선행어의 '종성자'와 같은 음류音類(조음점이 같은 음)의 전청자全清字가 첨가된다는 것이다. 여기서 굳이 '종성자'라고 표현한 것은 사실상 종성음이 없는 '快쾌', '那나', '步보' 등에서 음가 없는 종성자 'ㅇ'을 표기하고, 'ㅇ'과 조음위치가 같은 후음의 전청자 'ㆆ'을 사잇소리로 표기했기 때문이다. '斗둘ㅸ字ᄍᆞᆼ', '漂푷ㅸ字ᄍᆞᆼ'에서는 순경음 미음(ㅱ) 뒤에 순경음 비읍(ㅸ)을 사잇소리로 표기하였다. 이것은 'ㅁ'의 전청자 'ㅂ'을 표기한 '覃땀ㅂ字ᄍᆞᆼ', '侵침ㅂ字ᄍᆞᆼ'와 평행적 관계를 이루도록 하기 위함이다. 선행어의 말음이 무성 폐쇄음 'ㄱ', 'ㅂ', 'ㅀ'일 때는 사잇소리가 삽입되지 않음을 〈표 7〉에서 알 수 있다. 〈표 6〉과 〈표 7〉을 비교해 보면 훈민정음 언해본에서 사잇소리가 삽입되는 환경을 파악할 수 있다.

ᄆᆞᅀᆞᆷ)' 등과 『두시언해』의 '石壁ㅅ面(석벽ㅅ면)', '城郭ㅅ밧긔(성곽ㅅ밧긔)' 등의 예를 들면서, 이런 사이시옷은 음성적 효과를 가진 부호가 아니라 "두 낱말이 거듭하였다는 표, 또는 매김자리토씨(관형격조사) '-의'의 준표"라고 보았다. 사잇소리에 대한 최현배(1976)는 이 주제를 여러 관점(기능, 자리, 변화)에서 분석하였고, 관련된 예를 풍부하게 제시해 놓아 후속 연구에 큰 도움을 주었다. 최현배(1976)는 최현배(1961/1976/1982)(『고친 한글갈』)의 1976년 판에 해당한다.

'X字'의 구성을 번역한 '君군ㄷ字쫑'에서 '君군'과 '字쫑'는 동국정운식 한자음을 표기한 것이고, 사잇소리 'ㄷ'은 한자음 고유의 요소가 아니라 우리말로 번역하면서 삽입된 것이다. 사잇소리로 삽입된 'ㄷ, ㅂ, ㅸ, ㄱ, ㆆ'은 어떤 음가를 나타내기 위한 것일까? 사잇소리로 삽입된 'ㄷ, ㅂ, ㅸ, ㄱ, ㆆ'이 각각의 문자대로 발음되었다고 보기는 어렵다. 선행음의 말음이 무성 폐쇄음인 '業업字쫑'에는 사잇소리가 들어가지 않고, 유성음인 '覃땀ㅂ字쫑'에는 사잇소리 'ㅂ'이 들어간 점을 비교함으로써 이 질문에 대한 답을 찾아낼 수 있다. '覃땀ㅂ字쫑'에서 'ㅂ'을 삽입하지 않으면 후행음 '쫑'의 초성이 유성화되어 고유의 전탁음을 유지할 수 없게 된다.[33] '業업字쫑'에서는 선행어의 종성이 무성음 'ㅂ'이기 때문에 후행음 '쫑'의 초성이 유성화될 수 없다. 이렇게 보면 사잇소리로 삽입된 'ㄷ, ㅂ, ㅸ, ㄱ, ㆆ'은 문자 그대로 발음된 것이 아니라, 선행음과 후행음 사이에 불파不破의 휴지(unleased pause)가 있음을 표기한 것이라고 볼 수 있다. 이 휴지는 성문폐쇄음(glottal stop)에 해당하는 것이며 그 음가를 [ʔ]로 표기할 수 있다.

그러나 '斗둫ㅸ字쫑'와 '漂푷ㅸ字쫑'에 쓰인 'ㅸ'은 유성마찰음이므로 성문폐쇄음 [ʔ]와 관련지을 수 없다. '斗둫'와 '漂푷'의 말음 'ㅱ'은 동국정운식 한자음으로 표기된 교정음이어서 당대의 현실 한자음과 거리가 있다.[34] 교

---

33 최현배(1976)는 사잇소리의 삽입이 후행 명사의 첫 자음이 유성화되는 것을 방지하기 위함이라고 보았고, 이숭녕과 허웅은 사이시옷의 기능이 후행 명사의 첫소리를 된소리로 만드는 데 있다고 보았다(하세경·문양수 2005: 271에서 재인용). 이 밖에도 여러 설이 있는데 사잇소리의 기능에 대한 여러 학설의 정리는 하세경·문양수(2005: 270-274)를 참고하였다.

34 강신항(1992/2003)은 『동국정운』 한자음이 15세기 조선의 현실 한자음과 대응하는 양상을 분석하여, 『훈민정음』 해례본의 중성체계와 『동국정운』의 중성체계는 매우 가까운 관계에 있음을 확인하였다. 『동국정운』이 나타내는 음계와 한국 한자음의 음계는 여러 면에서 차이가 있고, 특히 교정을 목표로 한 규범적인 것이 다르다. 그러나 한국 한자음의 중성과 『동국정운』 한자음의 운모음이 서로 같은 점이 많다는 것은 『동국정운』이 한국 한자음을 반영한 운서임을 말하는 것이라고 하였다(240쪽).

정된 한자음의 종성 'ㅱ' 뒤에 사잇소리 'ㅸ'을 쓴 것은 사잇소리 표기의 틀에 맞추기 위한 이론적 성격이 뚜렷한 표기이다.[35] 이런 점에서 언해본에 나타난 사잇소리 표기는 지극히 이론 지향적 체계성을 띠고 있다. 〈표 6〉과 같은 사잇소리의 음성·음운론적 구별 표기는 언해본 작성자가 음운학 이론에 밝은 분이었음을 의미한다.

〈표 4〉와 같은 'X字'의 구성은 아니지만 『용비어천가』에 '兄ㄱᄠᅳᆮ', '先考ㆆᄠᅳᆮ', '사ᄅᆞᆷㅂᄠᅳᆮ', '몃 間ㄷ지븨' 등의 예가 나타남[36]은 잘 알려져 있다. 『용비어천가』의 이 예들에 쓰인 'ㄱ, ㆆ, ㅂ, ㄷ'은 속격(genitive)의 의미가 뚜렷하다.[37] 이 점을 중시하면 '사잇소리'라고 부른 〈표 6〉의 예들을 관형적 속격 형태로 볼 수도 있다.[38]

한편 언해본의 번역문에는 이른바 사잇소리 혹은 속격 '-ㅅ'이라 불린 표기가 나타나 있다. 이런 예를 유형별로 나누어 제시하면 다음과 같다.

① 나랏말ᄊᆞ미, 우리나랏常談애, 우리나랏소리예셔
　혓그티 웃닛머리예 다ᄔᆞ니라, 혓그티 아랫닛므유메 다ᄔᆞ니라

② 니쏘리, 엄쏘리, 혀쏘리, 입시울쏘리, 가온딧소리

③ 齒ᄎᆡᆼ頭ᄄᇢㅅ소리, 正ᄌᆼ齒ᄎᆡᆼㅅ소리

④ 中ᄃᆬᇰ國귁 소리옛니쏘리ᄂᆞᆫ 齒ᄎᆡᆼ頭ᄄᇢ와 正ᄌᆼ齒ᄎᆡᆼ왜 ᄀᆞᆯᄒᆡ요미 잇ᄂᆞ니

35 김동소(2007: 188)는 사잇소리로 쓰인 ㅸ, ㅅ, ㅿ, ㅈ 등의 구별 표기는 현실음과는 아무런 상관이 없었고 순전히 이론적인 기호로만 사용되었을 뿐이라고 하였다.

36 이기문(1977: 75-76)은 『용비어천가』에서는 사이시옷에 해당하는 ㅅ, ㅿ, ㅂ, ㄷ, ㄱ, ㆆ 등이 규칙적으로 쓰였음을 지적한 바 있다.

37 『용비어천가』에는 '狄人ㅅ서리예', '野人ㅅ서리예'(4장)와 같이 종성이 ㄴ인 '人(인)' 뒤에 ㅅ이 쓰인 예가 있다. 이런 경우는 사잇소리가 아니라 속격형 '-ㅅ'으로 간주한다. 외형상 사잇소리처럼 표기되었으나 그 기능은 속격이다.

38 김창섭(1994)은 현대국어 합성명사의 유형과 사잇소리의 삽입을 논하면서, 속격의 관형 합성명사에 사잇소리가 삽입된다고 보았다.

엄과 혀와 입시울와 목소리엣字쫑는 中듕國귁 소리예 通통히 쓰ᄂᆞ니라

①의 '나랏말ᄊᆞ미' 등의 ㅅ은 관형 구성에 쓰인 속격 형태이다. '웃닛머리'는 '우-ㅅ-니-ㅅ-머리'로, '아랫닛므윰'은 '아래-ㅅ-니-ㅅ-므윰'으로 분석된다. '웃니'와 '아랫니'의 ㅅ은 속격이 아니라 사잇소리로 볼 수도 있다. 이 낱말들의 ㅅ은 사잇소리인지, 속격인지 구별하기가 애매한 경계적 존재로 보인다.[39] ②의 '니쏘리'는 '니-ㅅ-소리'로 분석되므로 속격 ㅅ이 뒷음절로 이동 표기된 것이다. '엄쏘리', '혀쏘리', '입시울쏘리'가 모두 이와 같으나 '가온딧소리'만 속격 ㅅ이 제자리에 표기되어 있다.[40]

③의 '齒칭頭뚜ᇢㅅ소리'와 '正졍齒칭ㅅ소리'는 〈표 6〉의 '斗둘ㅸ字쫑'나 '步뽕ㆆ字쫑'와 차이가 있다. '斗둘ㅸ字쫑'와 달리 ③의 '齒칭頭뚜ᇢㅅ소리'는 종성 'ㅱ' 뒤에서 사잇소리가 'ㅸ'이 아닌 'ㅅ'으로 표기되었다. 또 ③의 '正졍齒칭ㅅ소리'는 '步뽕ㆆ字쫑'와 달리 종성 'ㅇ' 뒤에서 'ㆆ'이 아닌 'ㅅ'이 사잇소리로 쓰였다. 같은 한자음 뒤에서 서로 다른 사잇소리가 쓰인 것이다. 이런 차이가 발생한 원인은 표면적으로 볼 때, 전자는 후행하는 낱말이 한자어 '字자'이고, 후자는 고유어 '소리'이기 때문이라고 설명할 수 있다. 그러나 이 설명은 '齒칭頭뚜ᇢㅅ소리'와 '正졍齒칭ㅅ소리'를 '齒칭頭뚜ᇢㅸ소리'와 '正졍齒칭ㆆ소리'로 표기하지 않은 이유를 충분하게 해명한 것이 아니다. 후행 요소가 한자어와 고유어로 서로 달라서 표기 차이가 빚어진 것이라고 봄은 후행어의 어종 차이에 따른 설명이고, 사잇소리의 음성·음운론적 환경을 고려한 설명이 아니기 때문이다. 선행어의 음절말 자음자(=종성자)를 기준으로 표기한다면 '齒칭頭뚜ᇢㅅ소리'는 '齒칭頭뚜ᇢㅸ소리'로, '正졍齒칭ㅅ소리'는 '正졍

39 '웃니' 등은 속격 '-ㅅ'이 사잇소리 'ㅅ'에 합류된 예라고 볼 수도 있다.

40 언어 단위의 구성요소를 계층적으로 분석하는 직접구성요소 분석 방식으로 표기해 보면 다음과 같다. [[우+ㅅ+니]+ㅅ+머리], [[아래+ㅅ+니]+ㅅ+므윰], [니+ㅅ+소리].

齒칭ㆆ소리'로 표기해야 체계적 일관성을 가진다. ③의 두 예는 '한자어+고유어' 환경의 사잇소리가 '고유어+고유어' 환경의 사잇소리(엄쏘리, 혀쏘리 등)와 같아진 것이라고 설명해 볼 수 있다.

④의 '소리옛니쏘리'와 '목소리옛字쫑'는 처격조사 '-예'와 후행 체언 사이에 속격 '-ㅅ'이 들어간 것이다. '中듕國귁소리'에 ㅅ이 들어가지 않은 것은 선행어 '國'의 종성이 폐쇄음이기 때문이다. 이 점은 '스믈여듧字쫑'에서도 같다.

훈민정음 언해본에서 사잇소리 혹은 속격 '-ㅅ'의 표기를 이처럼 정밀하게 체계화한 것은 이론적 측면에서 놀라운 것이다. 훈민정음 창제자 혹은 언해본 작성자는 선행어의 종성자가 가진 음성학적 특성에 따라 사잇소리를 엄밀하게 구분하여 체계화했다. 이 점은 15세기 당시 학자들이 가진 음성학과 음운론에 대한 깊은 지식과 통찰력을 보여 준다. 제1부 제2장 3.2절 3)항에서 훈민정음 언해본의 번역 작업 단계를 논하면서 세종이 이 작업의 중심적 역할을 한 것이라고 판단하였다. 그리고 종성부용초성 규정과 언해본의 사잇소리 표기가 공통적으로 지닌 이론 지향적 특성을 고려하여 이러한 작업을 행한 분은 세종이라고 추정했다.

훈민정음 언해본의 사잇소리 표기는 ㅺ, ㅼ, ㅽ 등 ㅅ계 합용병서의 음가 문제와도 연관되어 있다. ㅅ계 합용병서가 문자 그대로 두 개 음을 나타낸 것이냐[41] 된소리를 표기한 하나의 음가를 나타낸 것이냐 하는 문제는 국어사의 해묵은 논쟁점이 되어 왔다. 언해본과 『용비어천가』 등 15세기 한글 문헌에 나타난 사잇소리 표기례는 이 논쟁을 푸는 열쇠 중의 하나이다.[42]

---

41 후쿠이 레이(2006: 124)는 '속격조사 ㅅ'의 표기를 논하면서 "특정한 음성 환경에서 일어나는 현상을 세밀하게 관찰하여 표기할 수 있었던 사람들이 'ㅅ'으로 표기했다면 이 음은 분명히 [s]로 발음되었으리라."라고 하였다. 후쿠이 레이는 Ramsy(1978)가 이미 같은 주장을 한 사실을 언급하고 이에 찬성함을 밝혀 놓았다.

42 사이시옷을 포함한 사잇소리의 음가 문제는 여기에서 더 논하지 않는다. 필자는 용언 어간말의 ㅺ 표기형(셗-, 닧-, 갃- 등)과 어두경음화 표기형(짛→찧-, 그스→ᄭᅳ스- 등)

앞의 주석에서 길게 인용한 최현배 선생의 해석에 주목되는 내용이 있다.

3. 언해본에 나타난 우리말 인식과 문체

3.1. 언해본에 나타난 중국어와 조선어의 인식 양상

해례본의 어제 서문 첫 구절인 "國之語音 異乎中國 與文字 不相流通국지어음 이호중국 여문자 불상유통"을 언해본에서 "나랏말ᄊᆞ미 中듕國귁에 달아 文문字쫑와로 서르 ᄉᆞᄆᆞᆺ디 아니ᄒᆞᆯᄊᆡ"라고 번역했다. 두 언어 간의 소통 매체가 '문자'로 표현되어 있다.[43] 이 구절은 조선의 구두 언어 즉 일상어를 한문자로 표현해 낼 수 없음을 뜻한다. 이어서 "이런 젼ᄎᆞ로 어린 百ᄇᆡᆨ姓셩이 니르고져 ᄒᆞᇙ 배 이셔도 ᄆᆞᄎᆞᆷ내 제 ᄠᅳ들 시러 펴디 몯ᄒᆞᇙ 노미 하니라"라고 하였다. 일반 백성[愚民]이 글로 제 생각을 능히 펼칠 수 없음을 말한 것이다. 여기에 이어진 문장 "내 이ᄅᆞᆯ 爲윙ᄒᆞ야 어엿비 너겨 새로 스믈여듧 字쫑ᄅᆞᆯ ᄆᆡᆼᄀᆞ노니 사ᄅᆞᆷ마다 ᄒᆡᅇᅧ 수ᄫᅵ 니겨 날로 ᄡᅮ메 便뼌安한킈 ᄒᆞ고져 ᄒᆞᇙ ᄯᆞᄅᆞ미니

이 이 문제를 푸는 데 중요한 참고 자료라고 생각한다. 외국어의 어두 자음군 표기에 ㅅ계 합용병서가 쓰인 예는 참고 자료 정도로 이용할 수 있겠으나 이것이 ㅅ계 합용병서의 음가를 결정하는 핵심 논거는 되지 못한다고 생각한다.

43 홍윤표(2013: 17-36)는 '정음', '훈민', '문자'의 뜻을 상세히 논하고, 어제 서문의 '문자'는 '한자로 된 숙어나 성구 또는 문장' 즉 '한문구'를 뜻하는 것이라고 하였다. 예컨대 '國之語音이 異乎中國ᄒᆞ야'는 '문자'이고, '나랏말ᄊᆞ미 듕귁에 달아'는 '정음'이라 하였다. 당시 통용되던 '문자'의 뜻을 적절하게 정의한 것이라 하겠다. 다만 '國之語音이 異乎中國ᄒᆞ야'에 있는 우리말 요소 '-이'와 'ᄒᆞ야'를 '문자'에 넣어야 하는지는 문제로 남는다. '문자'의 뜻은 국어사전에 두 가지로 정의되어 있다. "예전부터 전해 내려오는, 한자로 된 숙어나 성구(成句) 또는 문장"과 "인간의 의사소통을 위한 시각적인 기호체계. 한자 따위의 표의문자와 로마자, 한글 따위의 표음문자로 대별된다."라고 풀이되어 있다. 어제 서문의 '문자'는 전자의 뜻이다.

라"는 세종 스스로 훈민정음을 창제한 목적을 천명한 것이다. 한문자로 제 생각을 펼쳐 내지 못하는 사람들에게 배우기 쉬운 문자를 만들어 주어 나날의 쓰임에 편안케 하려는 것이 세종의 훈민정음 창제 목적이다.

어제 서문에는 조선어와 중국어(漢語한어) 간의 이질성에 대한 세종의 인식이 나타나 있다. 중국어를 위해 만든 한자로는 뜻을 표현해 낼 수 없는 백성들이 많기에 이들의 편안한 의사표현을 위해 훈민정음을 창제한다고 그 목적을 밝혔다.

3.2. 언해본에 쓰인 한자어

언해본의 본문 번역문과 주석문에는 우리말로 번역되지 않은 한자 어휘가 섞여 쓰였다. 음절수별로 나누어 제시하면 다음과 같다.

(1) 1음절 한자어

① 單字語단자어: 字자, 點점, 半반(혀쏘리, 니쏘리)

② 單字단자에 우리말이 결합한 것: 爲위ᄒᆞ야, 通통히

(2) 2음절 한자어

① 반복 출현어: 百姓백성(3회), 中國중국(3회), 乃終내종(2회)

② 일반어: 皇帝황제, 常談상담, 江南강남, 便安편안

③ 문자학 및 성운학 용어: 文字문자, 去聲거성, 上聲상성, 平聲평성, 入聲입성, 促急촉급, 漢音한음, 齒頭치두, 正齒정치

(1)-①의 단자어 중에서 '字'는 한자 그대로 쓰였고 한 번도 고유어로 번역된 예가 없다. 어제 서문의 "與文字 不相流通여문자 불상유통"에서 '文字'의 '文'은 "文문은 글와리라"라고 주석하였으나 '字'는 주석하지 않았다.

"乎ᄂᆞᆫ 아모그에 ᄒᆞᄂᆞᆫ 겨체 ᄡᅳᄂᆞᆫ 字ㅣ라"와 같이 "XX 겨체 ᄡᅳᄂᆞᆫ 字ㅣ라" 형식의 주석문이 여러 번 나오지만 '字'를 번역한 예는 없다. 그 이유는 '字'에 대응하는 우리말이 없었기 때문이다. 이는 '文'[44]과 '字'가 외래 문물로 한반도에 유입되었음을 뜻한다.

(1)-② '爲ᄒᆞ야'는 현대국어의 '위하여'에 해당한다. 여기에 쓰인 '爲'는 우리말로 번역할 방법이 없어서 한자어 그대로 쓴 것이다. 이와 달리 '流通유통'을 "흘러 ᄉᆞᄆᆞᆺ출ᄊᆞ라"로 주석한 예로 보아, '通히'를 'ᄉᆞᄆᆞᆽ-'에 부사 파생 접미사를 결합한 어형 'ᄉᆞᄆᆞ치' 정도로 번역할 수 있었을 터이다. 그러나 '通히'와 같이 '한자+고유어 접미사'의 파생어 형태로 번역하는 데 그쳤다.

(2)-①, ②에 쓰인 '百姓, 中國, 皇帝, 常談, 江南, 便安' 등의 2음절 한자어는 15세기 당시의 조선어에서 우리말로 굳어진 한자어이다. (2)-③의 문자학 및 성운학 용어는 학술 용어로서 이에 대응하는 고유어가 없었기 때문에 번역하지 않고 한자어 그대로 쓴 것이다.

언해문의 본문 번역문과 주석문은 이 문장을 읽는 일반 백성[愚民]을 염두에 두고 최대한 쉽게 이해할 수 있는 고유어로 번역되어 있다. 그럼에도 불구하고 (1), (2)와 같은 한자어가 사용된 것은 이런 어휘들을 우리말로 번역할 방안이 없었기 때문이다. 이는 15세기의 조선어에 우리말 요소로 굳어진 한자어들이 적지 않게 존재했음을 보여 준다.

---

44 이기문(1991: 229-230)은 '文'의 우리말 '글'이 한자어 '契(계)'의 상고음 *k'ear(周法高의 재구)에서 비롯된 것임을 논했다. 한자어 '文'은 우리말 '무늬'에 그 흔적을 남긴 것으로 추정하였다(이기문 1991: 229). 문자와 관련된 우리말 '붇[筆]'과 '먹[墨]'도 한자에서 차용한 것이다. 그런데 중세국어 어형 '죠히'는 한자 '紙(지)'와 연결되지 않아 숙제로 남아 있다. '字(ᄌᆞ)'는 '글', '붇', '먹'과 달리 상고음을 반영한 차용어가 확인되지 않았다.

3.3. 언해본의 문체

정음편의 한문 원문에서 어제 서문과 예의의 문체가 서로 다르다. 정음편의 어제 서문은 왕이 백성에게 말하는 포고문체布告文體이고, 예의는 설명문체이다. 정음편을 번역한 언해문에서도 이러한 차이가 그대로 반영되어 있다. 번역문 몇 개를 가져와 비교해 보면 이러한 차이를 쉽게 파악할 수 있다.

> 이런 젼ᄎᆞ로 어린 百ᄇᆡᆨ姓셩이 니르고져 홇배 이셔도 ᄆᆞᄎᆞᆷ내 제 ᄠᅳ들 시러 펴디 몯홇 노미 하니라. 내 이ᄅᆞᆯ 爲윙ᄒᆞ야 어엿비 너겨 새로 스믈여듧 字ᄍᆞᆼᄅᆞᆯ ᄆᆡᇰᄀᆞ노니 사ᄅᆞᆷ마다 ᄒᆡᅇᅧ 수ᄫᅵ 니겨 날로 ᄡᅮ메 便뼌安한킈 ᄒᆞ고져 홇 ᄯᆞᄅᆞ미니라.

이와 유사한 포고문체는 선조가 임진왜란 도중에 백성들에게 내린 「ᄇᆡᆨ셩의게 니ᄅᆞᄂᆞᆫ 글이라」(1593)라는 유서諭書에서도 찾아볼 수 있다. 이 유서의 일부를 인용하면 다음과 같다.

> 그 듕에 예ᄅᆞᆯ 자바 나오거나 예 ᄒᆞᄂᆞᆫ 이ᄅᆞᆯ ᄌᆞ셰 아라 나오거나 후리인 사ᄅᆞᆷᄋᆞᆯ 만히 더브러 나오거나 아ᄆᆞ란 공 이시면 냥쳔 믈론ᄒᆞ여 벼슬도 ᄒᆞ일 거시니 너희 싱심도 젼의 먹던 ᄆᆞᅀᆞᆷ믈 먹디 말오 섈리 나오라 이 ᄠᅳᄃᆞᆯ 각쳐 쟝슈의손ᄃᆡ 다 알외여시니 싱심도 의심 말고 모다 나오라

이 유서에는 왕이 백성들을 타이르고, 도망친 피난지에서 나와 생업에 종사해 달라는 당부와 효유曉諭의 뜻이 담겨 있다. 백성들에게 명령하는 문체인지라 '나오라'에서 보듯이 명령형 어미가 사용되었다. 그런데 언해본의 어제 서문에서는 왕의 뜻을 밝혔을 뿐, 명령하는 말투는 아니다. 이러한 연유로 어

제 서문의 문체가 ‘설명적’ 포고문이라면 선조의 유서는 ‘명령적’ 포고문이라 할 수 있다. 전란의 와중에 산골 깊숙이 피난 간 백성을 불러내기 위한 문체와, 평화 시에 새 문자를 만들고 그 뜻을 밝히는 문체가 같을 수는 없었을 것이다.

이에 비해 예의는 어제 서문과 달리 자모의 음가를 예시 한자어로 설명하는 내용이어서 당연히 그 문체가 설명문체로 되어 있다. 다음이 전형적인 예이다.

> ㄱᄂᆞᆫ 엄쏘리니 君군ㄷ字ᄍᆞᆼ 처ᅀᅥᆷ 펴아 나ᄂᆞᆫ 소리 ᄀᆞᄐᆞ니 ᄀᆞᆯᄫᅡ 쓰면 虯
> 끃ᇢ字ᄍᆞᆼ 처ᅀᅥᆷ 펴아 나ᄂᆞᆫ 소리 ᄀᆞᄐᆞ니라.
> ㅇᄅᆞᆯ 입시울쏘리 아래 니ᅀᅥ 쓰면 입시울 가ᄇᆡ야ᄫᆞᆫ 소리 ᄃᆞ외ᄂᆞ니라.
> 이 소리ᄂᆞᆫ 우리나랏 소리예셔 열ᄫᅳ니 혓그티 웃닛머리예 다ᄡᆞ니라.
> 엄과 혀와 입시울와 목소리옛 字ᄍᆞᆼᄂᆞᆫ 中듕國귁 소리예 通통히 쓰ᄂᆞ
> 니라.

예의는 각 자모 글자의 음가를 예시 한자를 들어 설명하고, 문자 사용법을 규정한 내용이기 때문에 그 번역문이 종결어미 ‘-(ᄂᆞ)니라’를 사용한 설명문체로 되어 있다. 정음해례편이 모두 설명문체로 되어 있는 이유도 이와 같다.

지금까지 훈민정음 언해본의 언해문에 나타난 언어적 특성을 부류별로 나누어 그 의미를 해석하였다. 언해문 텍스트의 언어적 특성을 종합적으로 고찰한 셈이다. 훈민정음 언해본 텍스트는 연구자의 관점이나 연구 목적에 따라 다양한 방향에서 접근할 수 있는 자료이다. 우리는 언해본 텍스트의 안과 밖을 고려하여 여러 가지 질문을 던져 볼 수 있고, 이 질문에 대한 해석을 찾아냄으로써 훈민정음 연구의 속살을 더욱 충실하게 채울 수 있다. 본 장을 쓴 뜻도 여기에 있다.

제3부
훈민정음의 제자 원리와 보편적 가치

제3부의 설정 취지와 논의의 구성

정인지는 해례본 말미에 실린 서문에서, 훈민정음의 본질적 특성을 "전환하여 씀에 막힘이 없고, 간결하고 종요로우며, 정세精細하면서 두루 통한다.[轉換無窮 簡而要 精而通전환무궁 간이요 정이통]"라고 표현했다. 상형 원리로 기본자를 만들고, 기본자에 가획하거나 합성하여 나머지 20개 자모자를 만든 제자 원리의 질서정연함이 훈민정음 문자체계를 '간이요'하고 '정이통'하며, '전환무궁'한 존재가 되게 한 것이다. 제3부에서는 훈민정음이 지닌 이러한 특성을 밝히기 위해 훈민정음의 제자론을 몇 가지의 서로 다른 관점을 세워 논한다.

제3부 제1장에서는 훈민정음 창제의 바탕이 된 세종시대의 학문 활동을 세종실록 기사를 통해 고찰한다. 제2장에서는 훈민정음 창제의 작업 단계를 재구성하여 각 단계에서 적용된 제자론을 종합하고 체계화한다. 세종이 행한 실제 창제 작업에서 각 단계의 세부 작업은 서로 순환 혹은 교차하면서 상호 피드백(feedback) 하는 과정이 있었겠으나 작업 단계의 체계적 이해를 위해 제자 과정을 순차적인 것으로 간주하고 각 단계를 기술했다. 제3장은 융합성의 관점에서, 제4장은 보편적 가치(민주성·과학성·철학성)의 관점에서 훈민정음의 창제 목적과 제자론을 논한다.

필자가 내세운 '관점의 전환'에 초점을 두고 말한다면, 제1장은 훈민정음 창제의 배경이 된 학문론의 관점, 제2장은 작업 단계의 관점, 제3장은 융합성의 관점, 제4장은 보편적 가치의 관점에서 훈민정음 제자론을 고찰한 것이 된다. 제5장은 훈민정음 제자론制字論의 문제점을 비판적으로 조명하여 이에 대한 이해를 심화시키기 위한 것이다.

제1장
훈민정음 창제의 바탕이 된 세종시대의 학문 연구

1. 세종시대의 학문 연구가 갖는 의의

세종시대의 학문 활동은 훈민정음 창제를 위한 이론적 바탕이 되었다. 훈민정음 창제는 세종 당시의 학문 활동과 불가분의 관계를 맺고 있다. 조선왕조실록의 기사를 중심으로 세종시대의 학문 연구 동향을 파악하여, 훈민정음 창제의 학문적 배경을 이해하는 것이 본 장의 목적이다. 본 장은 제3부 제2~5장의 논구를 진행하기 위한 기초 작업이다.

세종은 즉위 초에 경연 제도를 개혁하여 왕과 신하가 함께 학문을 연구하고 토론하는 장으로 활용했다. 호학의 세종은 대군 시절부터 독서에 침잠하여 학문을 닦았고, 22세에 즉위한 후 경연에 참석하여 군신이 동학同學하매 학문이 점점 성숙해 갔다. 경연 시행 이후 하루도 거르지 않고 경연 자리에 나아가니, 관직 업무를 겸임한 경연관들이 오히려 강의 수준과 분량을 제대로 맞출 수 없었다(권연웅 1982: 74). 태종이 훙거薨去하자 상중喪中에도 경연을 진행하였다. 세종 2년 3월에는 집현전을 설치하여 집현전의 신진 학자로 하여금 시독관과 시강관을 겸하게 하였다.[1] 세종은 명나라로부터 『사서오경대전』을 도입한 후 이 방대한 책의 주해까지 철저히 연구하고 강독했으며 그것도 한 번이 아니라 두세 번씩 강독하였다(권연웅 1982: 77). 세종이 경연에서 강론한 서적은 성리서를 중심으로 하고 사서도 포함되어 있었다.

훈민정음 창제와 특히 연관성이 깊은 경연의 교재[2]는 세종 7년과 8년에 걸쳐 읽은 『주역』이다. 세종 7년(1425) 12월 12일에 세종은 경연에서 『주역』을 읽기 시작하였다.[御經筵 始講周易] 7개월이 지난 세종 8년(1426) 7월 4일에 세종이 경연관에게 "내가 이미 『주역』을 다 읽었으니 당분간 전에 배운 것을 숙고하겠다.[予讀易已畢 姑且溫古]"라고 하였다.[3] 세종이 『주역』을 다 읽은 후에 이미 배운 내용을 깊이 사색하여 그 이치를 소화시키겠다[溫古온고]는 뜻을 경연관에게 밝힌 것이다. 이와 같은 방식의 『주역』 공부를 통해 세종은 주역에 담긴 이치를 깊이 이해했을 것이다.

세종은 즉위 14년부터 16년에 걸쳐 경연에서 『성리대전』을 강론했다. 세종은 경사經史의 주석까지 면밀히 검토하며 성리학 연구에 앞장섰다. 그의 학문은 '사람을 위한 공부[爲人之學]'였고, 인민을 위한 좋은 정치를 실현하기 위한 것이었다. 세종 21년 3월경에 건강이 나빠져 경연을 폐한 후, 세종 32년에 서거할 때까지 경연을 열지 못했다(권연웅 1982: 80). 이 무렵에 세종은 3년간의 주석 작업으로 시력이 매우 약화되어 치병 조섭에 유의하였고, 국정 잡무를 점차 세자에게 대행시키기 시작하여 세종 24년에 세자의 집무 기관인 첨사부詹事府를 설치하였다(권연웅 1982: 80).[4] 이어서 25년 4월에는 조참朝參

---

1 집현전 관직과 경연관의 대응 관계는 권연웅(1982: 75)의 표에 그려져 있다.

2 권연웅(1982: 78)의 [표 3]에 세종이 읽은 경연 교재가 연월일별로 정리되어 있다. 이 표를 만들기 위해 세종실록을 꼼꼼히 분석한 선생의 노고를 짐작할 만하다.

3 세종 7년 12월 12일 및 세종 8년 7월 4일 기사.

4 이때부터 세종이 친히 결재하는 일은 관리의 임명, 사형수의 판결, 군대의 통수뿐이었다(권연웅 1982: 80).

시에 세자가 백관을 대하게 하였다.

세종 대의 경연은 정치 문제를 배제하고 경사經史 연구에 집중한 것이 특징이다. 관리 임명이나 수세율收稅率 결정 등 당면 시무時務는 경연에서 거론하지 않았으며, 왕에 대한 간언도 거의 없었다.[5]

세종시대의 학문 연구는 집현전集賢殿과 경연經筵을 통해 여러 분야에 걸쳐 이루어졌다. 명나라에서 『성리대전』을 도입하여 세종과 집현전 학사들이 함께 연구한 것은 성리학의 학문적 수용이라는 측면에서 중요한 의의를 가진다. 세종시대에 이루어진 의학서, 천문학서, 농학서 편찬은 세종과 그를 보좌한 학자들이 실천한 학문 연구의 성과이다. 국가 의례에 필요한 악곡 창작과 정간보井間譜 창안, 천문 관측 시설과 기기機器 제작, 천문학서 편찬 등도 세종과 여러 학자들의 연구가 어우러진 성과였다.

『훈민정음』 해례본에는 새 문자 창제의 배경이 된 학문 이론이 나타나 있는바, 역리 기반 성리학, 성운학, 문자학 분야로 나누어진다. 해례본에 나타난 성음 분류체계와 성운학 지식은 훈민정음 창제를 위해 관련 학문을 깊이 연구했음을 보여 준다. 이 방면의 학문적 연마가 없었다면 해례본에 나타난 초성과 중성의 체계적 분류와 음성학적 기술이 불가능하다. 이숭녕(1958), 강신항(1963b, 1977, 2003), 서병국(1973a/1978), 이성구(1985), 곽신환(2016), 이재돈(2016) 등은 세종과 당대 학자들의 학문 활동과 훈민정음 창제에 영향을 미친 성리학과 성운학을 연구한 업적이다. 이분들의 연구 성과에 기대어 훈민정음 제자론에 영향을 미친 성리학, 성운학, 문자학 내용을 검토하면서 본 장의 논의를 다음과 같이 진행한다.

첫째, 세종실록의 기록을 근거로 『성리대전』의 도입과 간행을 살펴보고, 경연經筵에서 이 책을 연구하는 과정을 밝히고, 여기서 얻은 역리론을 훈민

---

5 세종시대의 경연에 관한 설명은 권연웅(1982)의 2절을 간추려 인용한 것이다.

정음에 적용한 양상을 고찰한다. 명나라에서 『성리대전』이 편찬된 후에 얼마 지나지 않아 이 서적을 조선에 도입하여 세종과 경연관들이 함께 연구한 것은 성리학의 학문적 수용이라는 점에서 역사적 의미가 크다.

둘째, 세종시대에 편찬하였거나 편찬을 시작한 운서의 서문을 통해 성운학에 대한 연구 수준과 이해의 깊이를 파악한다. 세종시대에 편찬한 문헌 중에서 훈민정음 창제와 관련성이 높은 것은 운서와 한어漢語 학습서이다. 『동국정운』·『홍무정운역훈』·『사성통고』·『동자습』[6] 등 15세기에 편찬된 운서와 한어 학습서의 서문 및 범례에 나타난 이론과 학문적 수준을 고찰한다. 운서 편찬 사업을 통해서 이해한 성운학 이론이 훈민정음 창제에 어떻게 작용하였는지, 해례편에 기술된 내용에 비추어 간략히 검토한다.

셋째, 세종실록을 통해 세종시대에 행해진 문자학 관련 연구를 살펴보고, 해례본에서 쓰인 문자학 관련 용어를 통해 문자학의 수용 양상을 논한다. 최만리 등의 상소문 및 그 처결 기사에 나타난 문자 관련 내용도 함께 다룬다.

2. 『성리대전』 연구와 훈민정음에의 적용

2.1. 『성리대전』의 도입과 간행

성리학 연구에 가장 중요한 책이 『성리대전性理大全』이고, 이 책에 담긴 사상은 훈민정음 창제와 『훈민정음』 편찬에 큰 영향을 미쳤다.[7] 『성리대전』

6 『동자습』은 '직해동자습'으로 불러 왔던 책을 가리킨다. 이 책의 서명이 '동자습'임은 후술한다.

7 홍기문(1946下: 139-145)은 '세종문화의 사대 요소(四大要素)'라는 제목 아래, 활자 주자(鑄字), 집현전, 『성리대전』, 훈민정음을 들고 각 항을 자세히 설명했다. 홍기문은 『성리대전』 연구를 포함한 앞의 세 개가 훈민정음 창제의 기초가 된 것으로 보았다. 필

은 명나라 제3대 황제인 성조成祖(영락제永樂帝)가 한족漢族 문명의 사상적 정체성을 정립하여 새 왕조의 통치 이념으로 삼기 위해 1415년에 편찬한 문헌 집성이다. 『성리대전』은 송·원대의 성리학자 120여 명의 저술을 채택하여 전체 70권으로 간행한 거질이다. 주돈이周敦頤(1017~1073)[8]의 『태극도설太極圖說』과 『통서通書』, 소옹邵雍(1011~1077)의 『황극경세서皇極經世書』,[9] 주희朱熹(1130~1200)의 『역학계몽易學啓蒙』[10] 등 훈민정음 창제와 밀접한 관련성을 가진 저술들이 『성리대전』에 포함되어 있다.[11] 훈민정음의 제자 원리로 융합된 역학易學 이론은 이러한 저술들에 기반하고 있다.

조선은 성리학을 통치 이념으로 삼았기에 명에서 간행한 『성리대전』에 큰 관심을 갖고 있었고, 간행된 지 4년이 지난 세종 1년(1419)에 이 책을 반입하였다. 조선이 『성리대전』을 들여온 경위와 조선에서 이루어진 『성리대전』의 간행, 세종과 학자들이 『성리대전』을 연구한 활동 등이 세종실록에 기록되어 있다.[12] 이 세 가지 사항에 관한 세종실록의 기록을 적출하고 분석하여

자가 본 장 2절(『성리대전』 연구와 훈민정음에의 적용)에서 이 문제를 자세히 논한다.

8 주돈이는 송대(宋代) 사람으로 호는 염계(濂溪)이다. 정호(程顥)와 정이(程頤)의 스승이며, 성리학을 연 주희(1130~1200)의 학문에 큰 영향을 미쳤다.

9 소옹(邵雍)은 시호가 '강절(康節)'이어서 '소강절'이라 칭하기도 한다. 그의 저술 『황극경세서(皇極經世書)』는 소옹이 직접 지은 「관물편(觀物篇)」과 제자들이 스승의 이론을 확충한 「관물외편(觀物外篇)」으로 구성되어 있다. 주백곤(朱伯崑)은 '황극경세'를 다음과 같이 풀이했다. '황극경세(皇極經世)'의 '황(皇)'은 삼황(三皇)의 한 사람인 복희씨(伏羲氏)를 가리키고, '극(極)'은 복희씨가 세운 최고의 법칙을 뜻하고, '경세(經世)'는 세도(世道)의 변화를 고찰함을 뜻한다. 따라서 '황극경세'란 삼황이 세운 지고한 법칙에 따라 인류 역사의 변화를 관찰하고 추측하여 세상을 다스림을 뜻한다(정해왕 1993: 192).

10 주희는 채원정(蔡元定)을 통해서 소옹의 상수학을 전해 들었을 것이다(정해왕 1993: 194).

11 강신항(1963b: 179)에 『성리대전』의 권차별 목록이 정리되어 있다. 이 중에서 역리(易理)와 관련된 내용으로 권1에 태극도, 『태극도설』, 태극도 부록이 실려 있고, 권7-권13에 소옹의 『황극경세서』, 권14-권17에 주희의 『역학계몽』이 각각 수록되어 있다.

12 강신항(1963b)은 『성리대전』의 내용 구성을 요약 제시하고, 조선에 전래된 경위와 이 책이 『훈민정음』의 정인지 서문, 『동국정운』 서문, 『홍무정운역훈』 서문 등에 미친 학

세종이 신하들과 함께 이루어간 성리학 연구를 정리한다. 이 작업은 세종과 당대 학자들이 연구한 역학적易學的 성리론이 『훈민정음』 해례본에 어떻게 작용하였는지 그 토대를 파악하기 위한 것이다.

1) 『성리대전』의 반입

『성리대전』을 조선에 반입한 기록은 세종실록의 세종 1년, 8년, 15년 기사에 걸쳐 다음과 같이 나타나 있다.

- 세종 1년(1419.12.7)에 경녕군敬寧君 이비李裶가 사신으로 북경에 갔다가 돌아오면서 명의 황제가 내린 『신수성리대전新修性理大全』과 『사서오경대전』을 가지고 왔다.[13]
- 세종 8년(1426.11.24)에 진헌사 김시우金時遇가 명에서 돌아와 황제가 보낸 칙서를 바쳤다. 황제는 칙서와 함께 사서오경四書五經, 『성리대전』 1부部 도합 1백20권, 『통감강목』 1부 도합 14권을 조선 왕에게 보냈다.[14]
- 세종 15년(1433.12.13)에 사신으로 간 박안신朴安臣이 황제의 칙서와 함께 『오경사서대전』 1부, 『성리대전』 1부, 『통감강목』 2부를 받아 왔다.[15]

문적 영향을 논한 바 있다. 아울러 『사서대전』과 『오경대전』의 영향도 언급하였다. 서병국(1973a/1978: 86)은 명에서 간행한 『성리대전』이 4년 뒤 조선에 전래되어 세종 10년에 경상도에서 간행된 사실 등을 거론하고, 『성리대전』은 훈민정음 창제의 직접적인 이론적 배경이 되었다고 하였다.

13 세종 1년 12월 7일 기사

14 세종 8년 11월 24일 기사

15 세종 15년 12월 13일 기사

이 기록들은 『성리대전』의 조선 반입이 모두 명나라 황제의 하사로 이루어졌음을 알려 준다. 황제의 명으로 편찬된 『성리대전』을 황제가 조선 사신을 통해 보내 준 것이다. 조선에 반입된 『성리대전』은 그 부수가 각 1부에 지나지 않아 세종을 포함한 여러 학자들이 보기 위해 새로 간행하는 작업이 필요했다.

2) 『성리대전』의 간행과 반포

『성리대전』의 간행 및 반사頒賜(나누어 줌)와 관련된 기록은 세종 7년에 가서 처음 나타나고, 그 이후 여러 번 보인다.[16]

- 세종 7년(1425.10.15)에 『성리대전』을 조선에서 간행하기 위해 인쇄용 종이를 지방의 여러 도에서 진상토록 하라는 명을 내렸다.[17] 종이 수량을 지방에 따라 달리하여 충청도에는 3천 첩貼, 전라도에는 4천 첩, 경상도에는 6천 첩을 할당했다.
- 세종 8년(1426.12.8)에 세종이 임석한 경연에서 설순偰循이 『성리대전』을 간행하여 과거 시험에 응할 선비들로 하여금 습독習讀게 할 것을 청하였다.
- 세종 9년(1427.7.18)에 경상도 감사가 새로 간행한 『성리대전』을 바쳤다.[18]
- 세종 9년(1427.9.3)에 경상도 감사에게 『주자대전』, 『역경』, 『서경』, 『춘추』를 보내어 앞서 간행한 『성리대전』의 예를 따라 목판에 새

16 세종 대에 이루어진 『성리대전』의 반입·간행·연구에 대한 것은 권연웅(1982: 102-105)을 참고하여 필자의 관점에서 정리했다. 강신항(2010: 22-26)은 세종 대에 이루어진 『성리대전』, 『사서대전』, 『오경대전』의 반입과 간행 과정을 소개한 바 있다.

17 세종 7년 10월 15일 기사

18 세종 9년 7월 18일 기사

기라고 명하였다.[19]

- 세종 9년(1427.10.28)에 전라도 감사에게 『주자대전』, 『시경』, 『춘추』를 보내어 전에 보낸 『성리대전』의 예를 따라 간행하라고 명하였다.[20]
- 세종 10년(1428.윤4.1)에 경상도 감사 이승직李繩直이 『성리대전』 50부를 진상하니, 문신 2품 이상과 여섯 대언代言과 집현전 박사 이상에게 나누어 하사하고, 또 춘추관과 성균관에 각각 1부씩 보관케 하였다.[21]
- 세종 10년(1428.12.13)에 『성리대전』과 『경서대전』의 간행에 애쓴 사람들에게 상으로 미곡을 하사했다.
- 세종 17년(1435.9.21)에 제주 향교에 『대학』·『중용』·『논어』·『맹자』·『시경』·『서경』·『예기』·『역경』·『춘추』·『성리대전』 각 2질과 『소학』 10질을 내려 주었다.[22]

위의 실록 기사들은 『성리대전』의 반입과 간행에 세종이 얼마나 큰 관심을 기울였는지 보여 준다. 『성리대전』 간행과 관련된 기사는 세종 7년(1425)에 가장 먼저 나타났다. 이 책의 간행에 필요한 종이를 여러 도에 배정하여 진상토록 하였다. 이는 『성리대전』 간행에 필요한 책지冊紙를 장만하기 위한 것이다. 세종 8년 12월에 경연에서 설순이 『성리대전』 간행을 건의하였고, 이듬해인 세종 9년(1427) 7월에 경상도 감사가 새로 간행한 『성리대전』을 진상하였다. 세종 10년(1428)에도 경상도 감사 이승직李繩直이 『성리대전』

---

19 세종 9년 9월 3일 기사
20 세종 9년 10월 28일 기사
21 세종 10년 윤4월 1일 기사
22 세종 17년 9월 21일 기사

50부를 진상하니, 이것을 2품 이상의 문신과 집현전 박사 직급 이상의 관리에게 하사한 것은 특히 주목할 만한 기록이다. 1427년과 1428년부터 비교적 많은 사람들이 『성리대전』을 간본으로 접할 수 있게 된 것이다. 간행에 수고한 사람들의 공로를 치하하기 위해 세종 10년(1428) 12월에는 관계자들에게 곡식을 상으로 내리기도 했다. 세종 17년(1435)에는 제주 향교까지 『성리대전』을 내려 준 것으로 보아 다른 지방 향교에는 이미 이 책들을 모두 하사한 것으로 보인다. 『성리대전』 간행과 반사頒賜 기록을 통해 조선의 유학자들이 조선판 『성리대전』을 직접 접하고 읽게 된 것은 1427년 7월 이후임을 알 수 있다.

2.2. 『성리대전』의 연구와 학습

명나라에서 가져온 『성리대전』을 세종 9년(1427)에 경상도 감사가 처음 간행하였고, 세종 10년부터 이 책을 본격적으로 연구하기 시작하여 상당 기간 동안 연구를 진행한 기록이 있다. 세종 10년(1428) 3월 2일 기사에 왕이 경연에 나아가 집현전 응교集賢殿 應教 김돈金墩과 나눈 대화를 보면 『성리대전』에 대한 연구와 이해 수준을 알 수 있다.[23] 세종이 말하기를, "『성리대전』 책이 지금 인쇄되었는지라, 내가 이를 시독試讀해 보니 의리義理가 정미精微하여 궁구하기에 쉽지 않다. 그대는 정밀하고 자세한 사람이니 마음을 써서 한번 읽어 보라."라고 명했다. 이에 김돈이 답하기를, "스승에게 배우지 않으면 쉽사리 궁구해 볼 수 없는 내용이나 신臣이 마땅히 마음을 다하겠습니다."라고 아뢰었다. 세종이 다시 말하기를 "비록 스승을 얻고자 하나 진실로

23 세종 10년 3월 2일 기사

얻기가 어렵다."라고 했다.[24] 김돈이 스승 없이 혼자 공부하기가 쉽지 않음을 말하자, 『성리대전』을 가르칠 수 있는 좋은 스승 찾기가 어려운 현실을 세종이 안타까워한 대화 내용이다. 이때만 해도 『성리대전』을 깊이 이해한 사람이 없었음을 확인해 주는 기록이다.

그 후 한 달 보름이 지난 1428년 4월 16일 기사에 세종이 김돈에게 명하기를, 중국 사신이 서울에 와 있으니 찾아가서 의문처를 질문해 보라고 하였다. 이에 김돈이 한어漢語 역관 김청金聽과 이변李邊을 통역으로 세워 『성리대전』 내의 「어록」 내용을 명나라에서 온 두 사신에게 물었으나 둘 다 대답하지 못하고 말하기를, "선생들은 허물하지 마시오. 감히 망령되이 말할 수 없습니다."라고 답할 뿐이었다.[25] 명나라 사신조차도 『성리대전』에 밝지 못했음을 알려 주는 기록이다.

그 후 세종과 주변 학자들은 『성리대전』을 꾸준히 공부했다. 이로부터 약 4년이 지난 세종 14년(1432.2.6)에 "임금이 정사를 마치고 경연에 나아가 『성리대전』을 강하였다."라는 기사가 나온다.[26] 그 후 다시 1년 6개월이 지난 세종 15년(1433.8.13)에 임금이 경연에 나아가 『성리대전』을 강론하면서 "성음으로 귀를 수양하고 채색으로 눈을 수양한다.[聲音以養其耳, 采色以養其目]"라는 구절의 의미를 신하들과 토론하였다.[27] 이 구절에 이르러 세종이 말하기를, "옛날 주나라가 융성할 때에는 문물이 크게 정비되어서 성음과 채색의 수양을 중히 여겼는데, 내가 생각하기에 주나라의 평화 시절에는 성음 수양이 좋지만 후세에는 성음으로 사치에 빠지기 쉬우니 마땅히 이것으로 경계를 삼아야 할 것이다."라고 했다. 이 기사는 『성리대전』에 대한 세종의 이해

24 세종 10년 3월 2일 기사
25 세종 10년 4월 16일 기사
26 세종 14년 2월 6일 기사
27 세종 15년 8월 13일 기사

가 상당한 수준으로 높아졌음을 알려 준다.

『성리대전』을 본격적으로 연구하기 시작한 지 약 6년이 지난 세종 16년(1434.3.5)에 정사를 처리한 후, 경연에 나아가 『성리대전』 강론을 마쳤다는 기사가 있다.[28] 1434년 3월 5일에 드디어 세종과 경연관들이 『성리대전』 강론을 완료했음을 기록한 것이다. 이에 이르러 『성리대전』에 대한 이해가 더 깊어졌을 것이다.[29] 세종 17년(1435.8.24)에 형조 참판 남지南智를 성절사로 북경에 보낼 때 종사관이 가지고 간 사목事目에 세종의 명령을 적어 놓았다.[30] 그 사목의 내용 중에, 『사서대전』과 『오경대전』 등의 서적은 경자년에 경녕군敬寧君이 북경에 가서 황제의 하사품으로 받았고, 그 후에 여러 번 황제가 주신 책을 읽어 보니 "정미精微한 부분까지 자세히 알아서 실로 깊은 이치에 남긴 것이 없었다."라는 문구가 있다. 『사서대전』 등을 받아서 연구한 결과, 7년이 지난 1435년 8월 즈음에 세종과 조선의 학자들이 성리학의 심오한 이치를 남김없이 이해했음을 확인해 주는 기록이다.

세종과 주변 학자들은 7년 동안의 연구를 통해 『주역』 「계사전」에 나오는 주역의 활용 방안을 말한 문장[31]도 읽었을 것이다. 이 문장의 요지는 성

---

28 세종 16년 3월 5일 기사

29 『성리대전』의 이해 과정에서 가장 어려움을 겪었던 부분은 『황극경세서』와 『율려신서(律呂新書)』였던 것으로 보인다. 중종 25년(1530.12.30) 기사에 최세진이 중국에서 『황극경세서집람』 사본을 구해 와 임금에게 진상하면서 아뢴 말이 기록되어 있다. 그 내용인즉, 최세진이 이 책을 이순(李純)에게 보였더니 알기 어려운 곳이 있다고 말했다는 것이다. 이 내용은 심소희(2013: 253-257)를 참고하여 간추린 것이다.

30 세종 17년 8월 24일 기사. 이 사목 속에는 호삼성(胡三省)이 음주(音註)한 『자치통감』, 조완벽의 『원위』, 김이상의 『통감전편』, 진경(陳桱)의 『역대필기』 등의 서적을 하사해 달라고 명나라 황제에게 주청한 내용이 있다. 또한 『강목서법(綱目書法)』과 『국어(國語)』 등을 구입해 오라고 명하면서 분실에 대비하여 반드시 두 질씩 구하라고 지시한 내용도 있다.

31 이 문장의 원문과 그 번역문은 다음과 같다. 易有聖人之道四焉, 以言者尙其辭, 以動者尙其變, 以制器者尙其象, 以卜筮者尙其占. 〈주역 계사전 제10장〉 (번역: 易에는 성인의 도 네 가지가 있으니, 말에서 이치를 구하는 사람은 그 말을 숭상하고, 움직임에서 이치를 찾는 사람은 그 변화를 숭상하고, 그릇을 만드는 사람은 그 형상을 숭상하

인은 易역을 공부함으로써 '言者언자'(말하기), '動者동자'(행동하기), '制器者제기자'(제도 만들기), '卜筮者복서자'(점치기)의 도道를 배울 수 있다는 것이다. 훈민정음을 제작한 것은 주역 공부의 네 가지 효용성 중에서 '制器者제기자'에 해당한다. 훈민정음이란 문자체계는 말소리를 담는 그릇이자 새로운 제도이기 때문이다.[32] 주역의 이치를 활용하여 훈민정음이란 제도를 만든 것은 주역의 공부 취지를 제대로 실천한 결과라 할 수 있다.

세종과 당시 학자들의 『성리대전』에 대한 이해 수준을 보여 주는 기록은 세종 17년(1435.12.13)의 기사에서 찾을 수 있다. 이 기사에 성절사聖節使로 명에 갔던 통사通事 김한金漢과 전의全義 등이 사목事目을 가지고 먼저 서울에 돌아와서 아뢰었다. 그 내용 속에, 조선의 서장관 정이한鄭而漢이 명나라 예부원외랑禮部員外郞 소의蕭儀에게 "황제께서 조선에 내리신 사서四書·오경五經·『성리대전』 등을 받아 **정미한 이치를 자세히 알게 되니** 진실로 동방의 보배가 되었습니다."라고 한 말이 있다.[33] 이 말은 『성리대전』을 연구한 지 7년이 지난 1435년경에 조선의 학자들이 이 문헌을 깊이 이해했음을 선언한 것이라 할 수 있다.

세종 17년(1435) 이후의 세종실록에는 『성리대전』에 관한 강론 기록이나 의심처를 물어보는 내용의 기사가 등장하지 않고, 『성리대전』을 활용하여 현실 문제를 논한 내용이 여러 번 나온다. 『성리대전』을 상고하여 당면한 제례 문제를 논한 사실이 세종 18년(1436.8.8)에 1회, 세종 19년(1437.5.14, 5.20, 6.3)에 3회에 걸쳐 나타나 있다. 『성리대전』에 대한 깊은 수준의 이해가 성취됨으로써 당면한 문제 해결에 이 책을 활용할 수 있게 된 것이다. 세종이 훈

고, 복서를 하는 사람은 그 점을 숭상한다.) 이 번역문은 이세동 교수에게 자문을 얻어 의역한 것이다.

32 이 기술은 곽신환(2016: 51)을 참고하여 필자의 관점에서 재해석한 것이다.

33 세종 17년 12월 13일 기사

민정음 창제에 이용한 성리학 이론은 『성리대전』의 조선 반입과 간행 그리고 이에 대한 연구를 통해 획득한 것이다.

지금까지 세종과 집현전 학사들의 학문 연구 과정을 『성리대전』에 초점을 두고 논하였다. 이 밖에도 세종실록에는 여러 경전에 대한 토론과 연구, 음악 관련 서적의 연구, 천문학 연구 등에 관한 기록이 나와 있다. 세종은 박연, 맹사성, 남급, 정양 등으로 하여금 채원정蔡元定의 『율려신서律呂新書』·임우林宇의 『석전악보釋奠樂譜』 등 중국 악서를 연구토록 명하였다(한만영 1982: 54). 또 왕이 스스로 아악을 정비하였고 직접 신악新樂을 작곡하였으며, 악기 제작에 관여하여 음률을 바로잡기도 하였다.[34]

특히 세종이 직접 관계한 정간보井間譜 창안은 신제 문자의 제정과 함께 중요한 역사적 의의를 가진다. 조선의 말소리를 기록하기 위해 만든 것이 훈민정음이고, 조선의 악률樂律을 기록하기 위해 만든 것이 정간보이다. 청각적 존재인 소리를 시각적 형태로 바꾸는 제도 마련이라는 점에서 훈민정음과 정간보의 창안은 공통성을 가진다. 두 제도의 창안은 『예기』에서 말한 바, 성음과 음률을 바로잡아 풍속을 교화한다는 정치사상 성교聲教[35]와 악치樂治에 바탕을 둔 것이다.[36]

---

34 세종의 음악 정책에 대한 해설은 송혜진(2001: 363-400)을 참고하였다.

35 '성교(聲教)'는 『서경(書經)』 등에 등장하는 용어로 '풍성교화(風聲教化)'(풍: 제왕의 덕으로 백성들을 교화하다)라는 뜻이다(구만옥 2013: 208).

36 세종실록 권136에 실린 「아악보 서(雅樂譜序)」는 "음악이란 것은 성인이 성정을 기르는 바로써 신인(神人)을 조화롭게 하고 천지를 좇아 음양의 도를 고르게 하는 것이다.[樂者, 聖人所以養性情, 和神人, 順天地, 調陰陽之道也]"로 시작한다. 이 문장에 음악이 갖는 정치적 의미가 압축되어 있다.

2.3. 훈민정음 제자론에 작용한 성리론

조선의 개국과 통치의 이념적 토대는 성리학이었다. 실천 윤리적 성격을 가진 유교는 송대 주자 등의 주요 학자에 의해 철학적 사상체계로 발전하였으며, 주역의 핵심 개념들이 성리철학에 수용되었다.[37]

세종은 1년(1419)에 70권 거질巨秩의 『성리대전』을 황제에게 요청하여 조선에 반입하였고, 이를 간행하여 학자들과 함께 연구하였다. 그리하여 『성리대전』에 포함된 『태극도설』, 『역전易傳』,[38] 『황극경세서』(소옹) 등이 훈민정음 창제의 철학적 기반이 되었다. 세종과 해례본 편찬에 참여한 집현전 학사들은 새 문자 창제의 배경 이론으로 주역과 관련된 성리론을 활용하였다.[39] 주역에 기반한 성리론은 성음의 일반적 성격을 설명하는 포괄적 차원에서 이용된 것도 있고, 제자 작업의 특정 국면에서 제자 원리로 이용된 것도 있다.

『훈민정음』 해례본에서 훈민정음의 제자론에 대한 이론적 설명을 담은 부분은 다섯 해[五解][40]이다. 해례에서 제자론 및 관련된 학문에 대한 언급은

---

37 조희영(2018a: 126)은 성리학 즉 송학(宋學)은 역학적 사유로 더 깊은 경지를 조망한 것이라고 하였다. 이 말은 곧 정주학(程朱學)의 학문적 성취를 달리 표현한 것이다.

38 『역전(易傳)』은 성리학을 정립하는 데 기여한 송대(宋代) 유학자 정이천(程伊川)이 공자가 편찬한 『역경』에 주석을 붙인 책이다. 이 책은 성리학(신유학)의 학문체계 수립을 염두에 두고 역(易)을 이론화한 것이다.

39 우리나라에 『주역』을 도입하여 가르친 연원은 고대의 신라로 거슬러 올라간다. 『삼국사기』 권38 지(志)7에 신라의 국학에서 『주역』을 가르쳤다는 내용이 있다. 『고려사』 권14 용종 편에는 김부식으로 하여금 『주역』 건괘를 강의하도록 했다는 기록이 있다. 『고려사』 열전(권22 우탁 편)에서는 우탁이 역학에 조예가 깊어 생도들에게 가르쳐 이학(理學)이 비로소 행해졌다고 하였다. 『주역』이 주자에 의해 자연철학의 원리로 승화되어 성리학(신유학)에 흡수되었고, 우탁의 『주역』 강의는 이것을 수용하는 시초를 보여 주었다. 조선시대에 이르러 권근(입학도설, 주역천견록), 서경덕(이기설, 태허설), 이황(계몽전의, 성학십도), 이이(천도책, 역수책), 장현광(역학도설, 역괘총설), 정약용(주역사전, 역학서언) 등의 저서가 나와 주역학이 발전해 갔다. 이 내용은 김석진의 『대산 주역강해』(홍역학회)에 기술된 「주역의 학통과 전래」를 참고하여 필자가 요약한 것이다.

40 이하에서 다섯 개의 해를 가리킬 때는 '5해(五解)'라 하고, 용자례를 포함할 때는 '해

제자해에 집중되어 있고, 나머지 네 개[四解]에는 부분적 언급만 나타나 있다. 해례편의 말미에 붙은 정인지 서문에도 훈민정음 창제의 학문적 배경이 일부 나타나 있다. 이하에서는 5해五解와 정인지 서문을 중심으로 훈민정음 창제의 바탕이 된 성리학 이론을 간략히 검토한다.[41]

1) 포괄적 일반론으로 적용된 성리학 이론

제자해에서 말한 '천지의 도[天地之道]'나 '천지 만물의 이치[天地萬物之理]'는 포괄적이면서 일반론적 성리론에 해당한다. 성리론이 포괄적 일반론으로 이용된 대표적 예는 제자해 서두에 나온다. "천지의 도는 음양과 오행인 것이니"로 시작하여, 곤복坤復 사이가 태극이 되고, 태극에 동정動靜이 작용하여 음양이 생겨난 것이라는 사상이다. 말소리[聲音]에 음양의 이치가 있으며, 말소리로부터 만들어진 훈민정음 문자체계에도 이 이치가 담겨 있다고 했다.[42] 제자해에 나온 "天地之道 一陰陽五行而已천지지도 일음양오행이이"와 "二五之精이오지정" 등의 구절은 모두 주렴계의 『태극도설』에서 가져온 표현이다(곽신환 2016: 50). 정인지 서문에서 옛사람들이 말소리에 따라 문자를 만들었고, 만물의 이치와 삼재의 도를 문자에 실었음[43]을 말한 것도 성리학의 문자관을 인용한 것이다.

제자해 말미에서 성리론을 다음과 같이 표현했다. "일원의 기운이 두루 흘러서 막힘이 없고 사시四時의 운행이 돌고 돌아 끝이 없는 까닭에 정貞이 다시 원元이 되고, 겨울이 다시 봄이 되는 것이다. 초성이 다시 종성이 되고

례'라 칭한다. 정인지 서문까지 포함하면 '정음해례편'(약칭은 해례편)이 된다.

41 훈민정음에 융합된 성리론에 대한 고찰은 제3부 제2장 3.4절(이 책의 562쪽) 및 제3부 제3장 2.3.1절(이 책의 611쪽)을 참고하기 바란다.

42 天地之道, 一陰陽五行而已. 坤復之間爲太極, 而動靜之後爲陰陽. 凡有生類在天地之間者, 捨陰陽而何之. 故人之聲音, 皆有陰陽之理, 顧人不察耳. 〈정음해례1a_3-7〉

43 所以古人因聲制字 以通萬物之情以載三才之道 〈정음해례26b_8〉

종성이 다시 초성이 되는 것도 역시 이러한 뜻이다. 아아! 정음을 지음에 천지만물의 이치를 이룩하여 갖추니 그 신묘함이여."[44] 성리학적 역리易理가 성음에 담겨 있고, 성음에 근거하여 정음을 제작하니 천지만물의 이치가 두루 갖추어져 있다고 말한 것이다. 이 인용문은 초성자·중성자·종성자 및 합자법에 천지만물의 이치가 두루 갖추어진 신묘함을 찬탄하고, 이는 하늘이 왕(세종)의 마음을 열어 그 손을 빌려 이루어진 것이라는 말로 마무리되었다. 하늘이 왕의 손을 빌려 훈민정음을 만들었다는 표현은 왕에 대한 의례적 찬탄이 아니라, 세종이 온축한 학문을 바탕으로 훈민정음을 창제한 사실을 해례편 집필자들이 그들의 세계관에 의거하여 말한 것이다.

『성리대전』에 수록된 宋代 易學송대 역학을 세종과 해례본 편찬자들이 연구하여 이해한 결과가 5해1례에 반영되어 있다. 훈민정음 제자에 담긴 이치는 지혜를 굴려 힘써 찾아낸 것이 아니라, 성음에 담긴 이치를 지극히 한 것일 뿐이라고 하였다.[45] 역리와 성음을 관련지은 이론은 소옹의 『황극경세서』에 나타나 있으며, 성음과 역리를 결합한 훈민정음의 성리론(삼재론, 음양론, 오행론, 상수론)은 『태극도설』과 『황극경세서』에 기댄 것이다. 훈민정음 창제자의 성음관은 성리학적 세계관에 기반한 것이라고 결론지을 수 있다.

2) 제자 원리로 적용된 성리학 이론

해례에 나타난 역리의 핵심이면서 훈민정음의 제자 원리로 적용된 것은 삼재론, 음양론, 오행론, 상수론이다.[46] 훈민정음 창제자는 성리학의 이 이

---

44 一元之氣, 周流不窮, 四時之運, 循環無端, 故貞而復元, 冬而復春. 初聲之復爲終, 終聲之復爲初, 亦此義也. 吁. 正音作而天地萬物之理咸備, 其神矣哉. 〈정음해례9a_1-3〉

45 今正音之作, 初非智營而力索, 但因其聲音而極其理而已 〈정음해례1a_7-1b_1〉. 이 문장에 나온 "智營而力索[지혜를 굴려 힘써 찾아냄]"은 소옹의 『황극경세서』에 나오는 표현이다(곽신환 2016: 36).

46 이 네 가지 성리론이 초성자 등에 적용된 양상은 제3부 제3장의 2.3.1절에 그린 〈표 7〉

론들을 훈민정음의 제자 원리로 활용했다. 이 이론들은 『훈민정음』 해례본의 제자해 첫머리부터 초성해, 중성해, 종성해, 합자해에 이르기까지 일관되어 있다. 그러나 태극론은 음양론, 오행론, 삼재론 등과 달리 구체적인 제자 원리로 적용되지 않고, 포괄적 일반론의 차원에서 언급되었을 뿐이다. 이론의 위상이나 그 성격으로 볼 때 태극론은 구체적 제자 원리로 이용하기 어려운 점이 있다. 앞의 2.1절에서 언급했듯이 주돈이周敦頤의 『태극도설太極圖說』과 『통서通書』, 소옹邵雍의 『황극경세서皇極經世書』, 주희朱熹의 『역학계몽易學啓蒙』 등 훈민정음 창제와 밀접한 관련성을 가진 저술들이 『성리대전』에 포함되어 있다. 훈민정음 제자 원리로 적용된 삼재론, 음양론, 오행론, 상수론은 『성리대전』 연구를 통해 획득한 성리철학의 이론들이다.

3. 15세기 중엽의 성운학 연구와 조선어음 분석의 수준

말소리를 분석하여 음운체계를 세우고, 여기에 부합하는 문자를 만들기 위해서는 음성 분석을 위한 도구가 필요하다. 음양론, 오행론, 삼재론은 제자制字의 바탕 이론으로 이용할 수는 있으나 이것으로 음성을 분석할 수는 없다. 음성이라는 실체를 분석하기 위한 실질적 도구가 필요하다. 이 도구를 마련하는 데 이용된 학문이 바로 운서와 등운도의 바탕이 된 성운학이다. 성운학에는 초성과 중성의 분류체계를 세우기 위한 성모론과 운모론, 성모 간의 구별을 위한 청탁론, 성조 구별을 위한 사성론 등의 방법이 갖추어져 있다.

조선 초기 문헌에 나타난 중국 운서로 『광운』, 『절운』, 『집운』, 『예부운략』, 『중원음운』, 『몽고운략』, 『홍무정운』 등이 있었고, 『절운지장도』와 같

(이 책의 612쪽)을 참고하기 바란다.

은 운도까지 등장하였다(이숭녕 1958: 31). 이숭녕(1958: 32)은 일본인 소장 『신간배자예부운략』이 고려 충숙왕 26년(1300) 때의 복각본인 사실과, 한시문 창작의 성행에 따른 운서의 수요가 고려시대에 이미 있었음을 지적하고, 운서에 대한 이런 관심이 세종 대에 이르러 학문적 연구로 발전한 것이라고 하였다.

중국 운학의 성모 분류는 『광운』의 36자모가 일반적이지만 『동국정운』에서는 23자모로 줄었다.[47] 조선어음에 없는 성모자를 없앤 것이다. 『동국정운』 23자모 체계는 중국 운서의 36성모 체계와 자모의 수는 물론 각 자모를 표상한 한자가 다르다. 이러한 변용은 훈민정음의 초성체계와 중성체계뿐 아니라 청탁 표기법과 사성 표기법에서도 발견된다. 세종은 성운학을 깊이 연구하여 조선어 말소리의 체계를 파악하였고, 이를 새 문자 창제의 원천자료로 이용하였다. 성운학의 방법론은 해례본에 여러 가지 모습으로 용해되어 있으며, 차자표기의 경험[48]과 어우러져 창의적으로 변용되어 조음기관 상형, 설축, 성심 등의 새로운 개념과 방법론을 이루어 냈다.

3.1. 성운학 연구와 조선 한자음 분석의 수준

본 절에서는 세종 당대 및 세종 직후에 편찬된 『동국정운』, 『사성통고』, 『동자습』, 『홍무정운역훈』의 서문과 범례에 기술된 성운학의 연구 내용을 검토한다. 이 작업을 통해 우리는 조선어음의 음성을 체계적으로 분석하여

---

47 『훈민정음』 해례본에 제시된 23자모는 『동국정운』의 성모체계와 같다. 고노 로쿠로(1959)가 이 점을 발견하고 23자모를 표상한 한자음으로 훈민정음의 초성+중성+종성이 결합한 도표를 제시하였다. 고노는 훈민정음 제작 과정에 있어서 조선어음 분석에 앞서 조선 한자음 분석이 선행하였고, 조선어 한자음의 정리와 올바른 중국어 자음의 검색이 필요하여 『동국정운』과 『홍무정운역훈』이라는 두 운서가 나왔다고 하였다(와타나베 다카코 2016: 180).

48 차자표기를 통해 음절 단위 표기와 종성 분리 표기에 관한 경험적 지식을 얻었으나 이것이 이론적 위상을 가진 것은 아니다.

훈민정음 창제에 성공할 수 있었던 세종 당시의 음성 분석 수준과 이론적 배경을 파악할 수 있다.[49]

1)『동국정운』의 서문에 나타난 성운학 연구와 조선 한자음 분석

(1) 성운학 연구

『동국정운』 서문은 세종의 명을 받아 신숙주가 썼다. 이 서문에는 중국 성운학의 흐름이 요약되어 있는바 심약沈約(441~513)의 사성 발견, 육법언陸法言의 『절운切韻』 편찬, 『절운지장도切韻指掌圖』 편찬,[50] 북송 소옹邵雍의 성리학적 성운 이론서 『황극경세 성음창화도皇極經世 聲音唱和圖』 등을 망라하여 중국 성운학사를 정연하게 서술해 놓았다(이재돈 2016: 3). 심약과 육법언 등이 한자음을 유별로 나누고, 성모를 고르게 하고 운율을 맞추니 이로써 성운학이 일어났다고 하였다. 중국 운서의 연원이 된 『절운』의 편찬자 육법언과 남조시대의 학자 심약이 『四聲譜사성보』를 지어 사성 체계를 정비한 공적을 말한 것이다. 그 후에도 여러 학자들이 각각의 이론을 내세웠고 이에 수반된 잘못됨이 많았으나 사마온공이 음계를 도식화하고, 소강절邵康節이 수數로 음리를 밝혔다고 하였다.[51] 오방五方의 음이 각각 다른 까닭에 여러 가지 시비 논란이 이어져 온 것이라고 하였다. 『동국정운』 서문에는 심약, 육법언, 소강절, 사마온공 등의 성운학자가 언급되어 있다(임다영 2021: 8-10).

---

49 중국 운학에 대한 세종~중종 연간 조선 학자들의 학문적 이해 수준은 최영애(2003: 106-112)를 참고하였다. 최영애(2003)는 『사성통고』, 『사성통해』, 『번역노걸대박통사』의 「범례」를 정밀하게 분석하여 중국어음의 변화, 조선 한자음의 특성, 훈민정음을 이용한 한자음 표기의 변화 등을 밝혔다.

50 『절운지장도』는 사마온공(司馬溫公 1019~1086)이 편찬했다고 알려져 있으나 19세기 중반에 이르러 이 책이 사마온공에 의해 편찬된 것이 아님이 밝혀졌다. 이규경(1788~1856)은 물론 중국의 『사고전서』에도 사마온공이 『절운지장도』를 편찬했다고 잘못 적고 있다(임다영 2021: 10-11).

51 論議旣衆, 舛誤亦多. 於是, 溫公著之於圖, 康節明之於數, 探賾鉤深, 以一諸說. 〈동국정운 서문〉

『동국정운』의 참고 문헌은 『광운』, 『절운지장도』, 『황극경세서』, 『홍무정운』, 『몽고운략』(『몽고자운』), 『고금운회거요』로 정리된다(임다영 2021: 13).

신숙주가 『동국정운』 서문에 쓴 이런 내용은 편찬에 참여한 학자들이 중국의 운서와 등운도를 깊이 연구했음을 알려 준다. 신숙주 등의 성운학 연구는 교정 조선 한자음(동국정운)과 중국 한어음(홍무정운역훈)까지 훈민정음으로 표기해 낸 성취를 이루어 냈다.

(2) 조선 한자음 분석

『동국정운』 서문에는 중국 한자음과 달라진 조선 한자음의 실상을 자세히 기술해 놓았다. 그 주요 내용은 다음과 같다.[52]

첫째, 조선의 고유어 음에는 청탁의 분변分辨이 중국과 다름없이 존재하지만 조선 한자음에는 탁성이 없다. 둘째, 조선 고유어 음에 사성의 구별이 분명히 존재하지만 조선 한자음에는 상성과 거성의 구별이 없다. 셋째, '質질'과 '勿물' 등의 운모는 마땅히 단모端母(ㄷ)로 종성을 삼아야 하는데 조선 한자음에서는 래모來母(ㄹ)로 발음되어 입성이 되지 못한다. 넷째, 단모端母를 래모來母로 발음하는 현상이 종성에만 있는 것이 아니고 'ᄎᆞ뎨次第'의 '뎨'와 '목단牧丹'의 '단'과 같이 초성 ㄷ이 ㄹ로 변한 예도 있다.[53] 다섯째, 조선 고유어음에는 계모溪母(유기음 ㅋ) 발음이 많으나 조선 한자음에는 오직 '快쾌'자 하나밖에 없다. 여섯째, 한어음漢語音에는 설두음舌頭音와 설상음舌上音, 순중음脣重音과 순경음脣經音, 치두음齒頭音과 정치음正齒音의 구별이 각각 존재하지만 조선 한자음에는 이 구별이 없다. 이러한 변화로 인해 조선 한자음

---

52 이영월(2009: 269-270)은 『홍무정운』 서문과 『동국정운』 서문에 기술된 내용상의 공통점을 간추려 표로 정리하고, 『동국정운』 서문은 『홍무정운』 서문을 저본으로 작성된 것이라고 하였다.

53 신숙주의 이 진술은 15세기 당시의 조선 사람들이 'ᄎᆞ뎨(次第)'를 'ᄎᆞ례'로, '목단(牧丹)'을 '모란'으로 발음했음을 의미한다.

이 문란해졌으며, 사성의 경위經緯가 없어지고, 경중輕重의 차례가 뒤바뀌는 등 성운의 어지러움이 극에 이르렀다. 이를 바로잡지 않으면 갈수록 더욱 심하여져 장차 구할 수 없게 된다고 하였다.

신숙주 등은 조선의 세속 발음을 두루 채집하고 전해 오는 전적을 널리 고찰하여, 널리 쓰는 음을 본으로 삼고, 이것을 운서음[古韻]의 반절과 자모字母의 칠음七音, 청탁淸濁과 사성四聲에 맞추어 그 근원을 연구하였다. 이 작업을 하면서 옛사람이 편성한 운모와 자모를 참고하여 가히 합칠 만한 것은 합치고, 나눌 만한 것은 나누되 하나하나를 세종에게 품신하여 임금의 판단을 받았다. 세속의 발음 습관으로 인해 바뀌어 버린 조선 한자음의 실상을 적절히 수용하면서 동시에 옛 운서음의 규범에 어느 정도 맞출 수 있는 표기 방안[54]을 창안해 낸 것이 『동국정운』이다.

세종과 신숙주 등 여러 학자들이 마음을 쏟아 연구한 노력의 결과가 『동국정운』의 91운모韻母와 23자모字母 그리고 '以影補來이영보래'[影母영모로 來母래모를 보완하기 위해 ㆆ을 종성 ㄹ 뒤에 받쳐 씀] 규정으로 열매를 맺은 것이다. 신숙주는 이 결과를 두고, "속음을 따르면서도 운서음韻書音에 맞게 하니, 옛 습관의 그릇됨이 이에 이르러 모두 고쳐졌다."[55]라고 자평했다. 『동국정운』 편찬에 참여한 신숙주 등 조선의 학자들이 성운학 이론을 깊이 이해하였고, 이 이론으로 조선 한자음의 실태를 정확히 분석해 냈으며, 분석

---

54 신숙주가 『동국정운』 서문에서 설명한 조선 한자음 교정의 명분과 표기 방안은 다음 세 가지로 요약된다. ①『시경(詩經)』 삼백 편에 운(韻)이 있었지만 한(漢)·위(魏)·진(晉)·당(唐)의 시인들은 여기에 구애되지 않았으니, 조선 한자음의 운도 조선 한자음에 통하도록 맞추는 것이 옳다. ②성모체계를 세움에 있어서 설두음(舌頭音)과 설상음(舌上音), 순중음(脣重音)과 순경음(脣經音), 치두음(齒頭音)과 정치음(正齒音)은 조선 한자음에서 구별되지 않는 것이니 자연의 소리에 따름이 마땅하고, 옛 운서의 36자모에 구애될 바가 아니다. ③'質(질)'과 '勿(물)'의 운모는 '영모(影母)'로써 '래모(來母)'를 보완하여 조선의 속음을 따르면서 동시에 운서의 정음에도 맞도록 한다.

55 因俗歸正, 舊習譌謬, 至是而悉革矣. 〈동국정운 서문〉

결과에 근거하여 어지러워진 조선 한자음을 바로잡는 방안을 찾아낸 것이다. 세종을 중심으로 한 당시의 학자들은 성운학에 대한 수준 높은 학문적 이해를 바탕으로 당대의 조선어음을 정확히 분석하여 초성과 중성의 음가를 파악하고 조선 한자음의 체계를 세웠다. 또한 이러한 학문적 이해와 성취를 바탕으로 『훈민정음』 해례본의 정음해례편을 편찬하였다. 정음해례편에 나타난 초성자와 중성자의 음성과학적 분석법과 분석한 음성의 체계적 분류는 성운학의 방법론을 소화하여 조선어음에 창의적으로 변용한 결과이다.

2) 『홍무정운역훈』의 서문에 나타난 성운학 연구와 조선 한자음 분석

(1) 성운학 연구

『홍무정운역훈』의 서문도 신숙주가 썼다.[56] 이 서문에 언급된 참고문헌은 『사성보四聲譜』·『홍무정운』·『사성통고』·『몽고운략』·『운회』이다(임다영 2021: 11). 『홍무정운역훈』 편찬은 세종의 명을 받아 신숙주, 성삼문, 조변안, 김증, 손수산 등이 옛 문헌을 상고하여 성음의 정오正誤를 찾아 바로잡고, 수양대군과 계양군 이증李璔이 이 사업의 서무와 출납을 관리하고, 임금(세종)이 친히 임석하여 크고 작은 과업課業을 결정하는 방식으로 중국 한자음 번역이 진행되었다.[57] 『홍무정운역훈』의 서문에 반영된 성운학 관련 지식을 다음과 같이 간추려 제시하고 학문적 의미를 고찰해 본다.

---

56 신숙주가 쓴 『홍무정운역훈』의 서문 말미에 "景泰六年仲春既望(경태육년중춘기망)"이라는 작성 연대가 있다. 1455년(단종 3) 2월 16일(음력)에 신숙주가 서문을 쓴 것이다. 서문을 쓴 해에 간행까지 된 것으로 간주하고 『홍무정운역훈』의 간년을 1455년으로 본다(박병채 1983: 14). 단종실록에는 『홍무정운역훈』 간행 기사가 없다. 수양대군의 왕위 찬탈로 인한 난세인지라 역사 기록이 제대로 되지 않은 듯하다.

57 禮曹參議臣成三問, 典農少尹臣曹變安, 知金山郡事臣金曾, 前行通禮門奉禮郎臣孫壽山及臣叔舟等, 稽古證閱, 首陽大君臣諱, 桂陽君臣璔, 監掌出納, 而悉親臨課定. 〈홍무정운역훈 서문〉

> 심약이 『사성운보』를 지은 이후 중국 남방음이 북방음에 섞여 들어와 혼란이 생겨났다. 명 태조가 성운체계의 어그러짐을 근심하여 중원의 아음雅音으로 『홍무정운』 편찬을 명했다. 『홍무정운』에서 운모 설정은 바르게 되었으나 성모의 순서가 맞지 않다. 운모와 사성에 대한 고찰은 남조南朝에서 시작되었고, 성모에 관한 고찰은 인도의 불교가 전래된 후 시작되었다. 송나라 학자들이 운도를 만들어 종횡으로 성모와 운모를 배열하여 자음字音을 표기하였다. 성모는 36자모로 표시하였으나 설상음 넷과 순경음 차청 성모는 음이 변하여 없어진 지 오래되었다.[58] 평상거입 사성에 변화가 일어나 전탁음을 가진 평성자가 차청음과 비슷하게 바뀌었고, 전탁음자의 상성·거성·입성자가 전청음으로 변하였다. 또한 세간의 속음에서 종성이 사라졌으며 이를 따른 몽고운과 황공소의 운회도 입성에 종성을 쓰지 않으니, 이것이 무슨 까닭인가? 이런 것이 한둘이 아니니 이 또한 의심스러운 일이다.[59]

이 인용문은 전탁음의 변화, 종성의 소멸 등 한어음漢語音에 일어난 일련의 음운 변화를 요약한 것이다. 음운 변화의 근본 원인에 대한 의문을 던지고 있으나 마땅한 설명을 찾지 못하고 있는 모습이 인용문에 나타나 있다.[60] 조선의 학자들은 한어음에 대한 이해를 통해 조선어음의 분석 능력을 갖추게 되었으니 다음과 같은 내용이 이를 말해 준다.

58 이는 『홍무정운』이 31자모(字母)를 설정한 까닭을 말한 것이다.

59 이 번역문은 박병채(1983: 128-129, 147-148)와 강신항(1987: 184-192)을 참고하여 요점을 간추린 것이다. 홍기문(1946上: 225-231)에 수록된 『홍무정운역훈』의 소개 내용 및 번역문도 검토해 보았으나 번역문이 난삽하여 인용하지 않았다.

60 이런 의문에 대한 근본적 설명은 시공 속에 존재하는 모든 사물과 현상은 변화를 본질로 한다는 역리철학적 성격을 띠게 될 것이다.

> 세종께서 성운학의 근원을 궁구하시어 훈민정음 약간 자를 창제하시니 사방 만물의 소리를 다 전할 수 있게 되었다. 그리하여 우리나라 선비들이 처음으로 사성과 칠음이 특별히 字韻[漢字音]에만 있는 것이 아니라 (조선어음에도) 자연히 다 갖추어져 있음을 알게 되었다."[61]

성운학을 익힌 조선의 선비들이 한어 자운字韻뿐 아니라 조선어음에도 사성과 칠음이 모두 갖추어져 있음을 알게 되었다고 했다. 이는 한어 성운학 연구를 통해 조선어음을 분석할 능력을 갖추게 되었음을 의미한다.

『홍무정운역훈』의 서문은 "성운학은 정밀하게 깨치기가 가장 어려운 학문이다.[聲韻之學 最爲難精]"라는 말로 시작한다. 신숙주 등이 어려운 부분에 부딪혀 이를 해결하려고 중국 학자 황찬을 찾아가 질의하였다. 또 조선의 사신이 중국 연경을 오갈 때 변방 여러 나라 사신과 중국 평민을 만나 속음의 변화를 알아내려고 했다. 중국을 왕래하며 알아내고 바로잡은 것이 많지만, 운학에 정통한 사람을 만나 성모(紐뉴)와 운모(攝섭)를 맞추어 고르고 분변하는 법을 얻어 내지 못했다고 토로하였다.

이러한 과정을 거친 신숙주 등은 그간의 작업 과정에서 행한 노력과 이를 통해 이루어낸 성취를 다음과 같이 표현하였다.

> 그 언어를 소리 내어 읽고 발음하면서[其言語讀誦] 자모의 청탁과 운모의 열리고 닫힘[開闔]을 근원에 이르기까지 거슬러 고찰함으로써 소위 가장 어렵다고 하는 부분을 정밀히 하였으니 이는 고생과 노력[辛勤]을 오래 겪어 내어 근근이 얻어 낸[僅得] 바이다.[62]

---

61 我世宗莊憲大王, 留意韻學, 窮硏底蘊, 創制訓民正音若干字, 四方萬物之聲, 無不可傳. 吾東邦之士, 始知四聲七音自無所不具, 非特字韻而已也. 〈홍무정운역훈 서문〉

62 特因其言語讀誦之餘, 遡求淸濁開闔之源, 而欲精夫所謂最難者, 此所以辛勤歷久

성운학 공부의 어려움을 말하고 힘들여 가장 어렵다고 하는 부분까지 정밀히 표기해 낸 소회를 적어 놓았다. 이 번역문의 한문 원문에 있는 '其言語讀誦기언어독송'이란 표현은 신숙주 등이 한자음을 수없이 발음해 보면서 음성적 특성을 밝히려 했음을 보여 준다. 한문 원문의 "辛勤歷久而僅得신근역구이근득"이란 구절에서 이들이 얼마나 힘들게 이 작업을 수행했는지 미루어 짐작할 수 있다.[63] '辛勤신근'을 '歷久역구'하여 '僅得근득'했다는 신숙주의 말은 "고생스럽게 노력하기를 오랫동안 해서 가까스로 얻은 것"이라는 뜻이다.

신숙주 등은 이 일을 하면서 어려운 부분을 만날 때마다, 세종 임금의 헤아림과 결정에 힘입었음을 밝혀 놓았다. 오랫동안 부지런히 노력한 결과, 신숙주는 다음과 같은 말로 자신감 넘치는 모습을 표출하였다.

> 우리 동방에서 천백 년 동안 알지 못하던 것을 이제 열흘이 못 되어 배울 수 있게 되었다. 진실로 깊이 생각하고[沈潛침잠] 반복한다면 이를 깨우칠 수 있으니, 성운학을 정밀히 이해함이 어찌 어렵겠는가?[64]

서문에서 성운학은 정밀히 깨치기가 가장 어려운 학문이라고 했다가 드디어 훈민정음으로 성운을 표음하고 그 체계를 드러냈으니, 이 방법으로 침

而僅得者也. 〈홍무정운역훈 서문〉

63 신숙주가 쓴 『홍무정운역훈』의 서문 중에 "원고를 10여 회 옮겨 쓰면서 괴로움과 부지런함을 되풀이한 것이 8년에 이르렀다.[凡謄十餘藁 辛勤反復 竟八載之久]"라고 말했다. 이 일을 시작한 지 8년이 지났다고 했으니 역훈 사업의 시작은 1448년(세종 30) 즈음이 된다. 8년 동안 '신근반복(辛勤反復)'한 것이다. 임용기(1991b: 692-693)는 박병채와 유창균의 연구를 검토한 후 "『홍무정운역훈』의 편찬은 훈민정음 창제(세종 25년 12월) 후 곧바로 시작되어(세종 26년 2월) 10여 년 뒤인 단종 3년(1455)에 그 작업이 끝난 것"으로 보았다.

64 吾東方千百載所未知者, 可不浹旬而學. 苟能沈潛反復, 有得乎是, 則聲韻之學, 豈難精哉. 〈홍무정운역훈 서문〉

잠을 반복하여 깊이 생각하면 성운학의 요체를 이해하는 것이 어렵지 않다고 하였다. 신숙주 등이 도달한 학문적 성취와 자신감을 보여 주는 문장이다.

(2) 조선 한자음 분석의 수준

신숙주는 『홍무정운역훈』의 서문에서 조선 한자음에서 일어난 성모 변화와 입성의 달라짐을 설명하고, 세종이 훈민정음을 통해 조선 한자음을 바로잡는 제도를 만들었다고 칭송하였다. 이 서문에 훈민정음이 한어음(중국 한자음)을 표기하는 데 얼마나 탁월한 것인지 서술해 놓았다. 세종이 창제한 훈민정음으로 칠음을 맞추고 청탁과 사성을 고르게 하니 어그러짐이 없어졌다고 하였다. 또한 훈민정음으로 한자음을 표기하여 그것을 읽으면 바로 그 한자의 음이 되고, 이로써 한자음을 적어 낼 수 있게 되었다고 경탄하였다.

조선 후기 학자 정동유(1744~1808)는 번절飜切[65]과 훈민정음의 차이를 다음과 같이 말했다. "'飜切번절'이 서역 승려 요의了義로부터 기원했으나 이 방법은 '東동'의 음을 徒紅飜도홍번, '江강'의 음을 古雙飜고쌍번이라 표현하는 데 그친다. 이는 字자로 字를 빗대고 音음으로 音을 빗대어 말할 뿐이다.[以字論字 以音論音] 지금 정음은 '東'의 음은 바로 '동'이라 하고, '江'의 음은 바로 '강'이라 한다. 정음으로 한자 음을 적으면 아무리 오랜 세월이 지나도 착오가 생기지 않는다." 정동유의 이 말은 정음의 한자음 표기 능력을 실제 예를 들어 설명한 것이다.

이영월(2009: 271-272)은 『홍무정운역훈』 편찬이 갖는 의의를 다음과 같이 요약하였다. 『홍무정운』이 편찬된 지 불과 4년 후인 홍무洪武 12년(1380) 11

---

65 정동유는 '反切(반절)'이란 용어를 쓰지 않고 '飜切(번절)'이란 용어를 썼다. 이 한자어의 의미 기능으로 보아 '飜(번)'자를 씀이 옳다고 본 것이다. 위의 인용문은 정동유의 『주영편』 권2에 실린 것이다. 번역문은 안대회·이현일 역해, 『훈민정음을 찾아서』, 37-38쪽을 참고하여 필자가 요약한 것이다.

월에 명 태조의 명으로 중수본重修本이 편찬되었다. 그리하여 『홍무정운』은 초간본(76운본)과 중수본(80운본) 두 종류가 칙명에 의해 탄생하였다. 두 운서의 반절법은 상당한 차이를 보인다. 중수본의 음은 우연의 일치로 보기 어려울 정도로 『홍무정운역훈』의 속음과 상당히 일치하여 “감탄해 마지않을 수 없는 일”이라는 중국 학자의 평가가 있다. 이는 『홍무정운역훈』 편찬자들의 탁월함이 입증된 것이다. 『홍무정운역훈』에서 정음과 속음의 괴리를 변화의 관점에서 설명한 것은 가장 의미 있는 학문적 성과라 할 수 있다.

3) 『사성통고四聲通考』의 「범례」에 나타난 성운학 연구와 조선 한자음 분석

『사성통고』는 책이 전해지지 않으나 이 책의 「범례」[66]가 최세진이 지은 『사성통해四聲通解』(1517)에 전재되어 있어서 주요 내용을 알 수 있다. 『사성통고』는 『홍무정운역훈』이 지나치게 방대하고 음을 찾아보기 어려워 그 색인 격으로 편찬한 책이다. 『사성통고』의 「범례」에는 한어음漢語音에 대한 성운학적 이해가 아주 세밀한 부분까지 표현되어 있다. 주요 내용을 간추리면 다음과 같다.[67]

- 사성통고의 한자음 표기는 『홍무정운역훈』의 자음字音을 기본으로 삼고, 운서음과 다른 중국의 현실음은 ‘속음’으로 반절자 밑에 구별 표기하였다.
- 전탁음 성모로서 상성·거성·입성을 가진 자모는 전청음[淸聲]에 가깝게 변했으나 원래의 전청음과 구별이 있다. 전탁음 성모로서 평

---

66 ‘범례’란 요즘 말로 쉽게 하면 사전 따위의 첫머리에 나오는 ‘일러두기’에 해당한다. 사전의 체제와 형식, 풀이 방법과 발음 표기 방식 등을 설명한 것이 범례이다.

67 아래의 요약문은 강신항(2003a: 235-241)의 것을 바탕으로 삼아, 독자의 이해를 돕기 위해 필자가 약간 다듬고 고친 것이다.

성의 자모는 차청음에 가깝게 변했는데 원래의 차청음 자모는 소리가 맑고 곧아서 구별이 된다.

- 운회에서는 설상음 知지·徹철·澄징·孃냥 성모가 정치음 照조·穿천·牀상·禪선 성모와 합쳐졌으나 중국 현실음에서는 설상음 孃母냥모만 설두음 泥母니모와 같아졌다. 그러나 『홍무정운』에는 니모와 냥모가 뒤섞여 구별이 없어서 냥모를 니모에 귀속시켰다.
- 순경음 중 비모非母와 부모敷母의 한자들은 본운(홍무정운)과 몽고운(원元의 몽고자운蒙古字韻)에서 뒤섞여 있고, 중국 현실음에도 구별이 없으므로 敷母부모를 없애고 非母비모로 통합하였다.
- 한어漢語의 치두음은 혀를 들어 이에 대고 발음하므로 그 소리가 얕고, 정치음은 혀를 말아 윗잇몸에 대어 발음하므로 그 소리가 깊다. 조선어에서 치음 ㅅㅈㅊ은 한어 치두음과 정치음의 중간 음이다. 『훈민정음』에서 치두음과 정치음을 분립하지 않았으나 『사성통고』 음 표기에서는 치두음은 ᄼᅎᅔ으로, 정치음은 ᄾᅐᅕ으로 각각 구별하여 표기했다.
- 한어漢語 중고음에서 구별되던 疑母의모와 喩母유모가 중국 현실음에서 뒤섞여 버렸다. 『홍무정운역훈』과 『사성통고』에서는 중고음을 따라 유모에는 ㅇ자를 쓰고, 의모에는 ㆁ자를 써서 이들을 구별하였다.
- 조선어의 중성은 가볍고 얕으나[輕而淺] 한어漢語는 그 음이 무겁고 깊다[重而深]. 훈민정음 중성자는 조선어음을 바탕으로 만든 것이라 훈민정음으로 표기한 한어음漢語音을 본디 한어음에 가깝게 소리 내려면 그 발음을 변화시켜야 통할 수 있다. 예컨대 조선어음의 ㅏㅑㅓㅕ는 입을 펴는 음[長口音]으로 첫소리로 발음할 때 '입'이 변하지 않으나, ㅗㅛㅜㅠ는 입을 오므리는 음[縮口音]으로 첫소

리로 발음할 때 ('입'은 변하나) '혀'의 움직임이 변하지 않는다. 그러므로 한어음 표기에 쓴 중성 ㅏ는 조선어음으로 ㅏ와 ·의 사이음[間音]으로 소리 내어야 하고, 한어음을 표기한 중성 ㅑ는 ㅑ와 ·의 사이음으로 발음해야 한어음의 음가에 가깝다. 한어음의 ㅓ는 조선어음 ㅓ와 ㅡ의 사이음으로, 한어음 ㅕ는 조선어음 ㅕ와 ㅡ의 사이음으로, 한어음 ·는 조선어음 ·와 ㅡ의 사이음으로, 한어음 ㅣ는 조선어음 ㅣ와 ㅡ의 사이음으로 발음해야 한어음의 운모에 가깝게 된다.

- 중고음에서 분명했던 입성운의 종성(p t k)은 지금의 남방음에서 너무 분명하게(강하게) 발음되어 원래 음에서 이지러짐이 생겼고, 북방음에서는 입성자의 촉급함이 없어져 이완된 발음으로 흘러 버렸다. 입성운이 입성이 되는 까닭은 아음(k)·설음(t)·순음(p)이 종성이 되어 촉급함에 있으므로 『홍무정운』에서 이들을 입성자로 분명히 구별해 놓았다. 훈민정음 종성자(ㄱㄷㅂ)로 입성음을 구별 표기했으나, ㄱㄷㅂ을 글자 그대로 발음하면 남방음처럼 들리므로 가볍게 소리 내어 너무 분명하게 발음하지 않는 것이 좋다. 그런데 오늘날 한어 속음에서 종성 ㄱㄷㅂ에 해당하는 소리를 내지 않으므로 『홍무정운역훈』의 속음 표기에서 입성자 종성 표기에 후음 전청자 ㆆ을 썼고, 藥韻약운의 입성 종성자 표기에는 순경음 전청자 ㅸ을 썼다.
- 무릇 字音자음에는 종성이 있어야 하지만 종성이 없는 평성의 支지, 齊제, 魚어, 模모, 皆개, 灰회 운들의 받침에 ㅇ을 표기하지 않았다. 상성과 거성의 여러 운에서도 이와 마찬가지로 ㅇ을 받침에 표기하지 않았다. ㅇ이 없더라도 이 운들은 저절로 字音자음을 이루기 때문이다.

인용한 요약문에 나타나 있듯이 중국 한어음漢語音에 대한 조선 학자들의 성운학 이해 수준이 나타나 있는 글이 『사성통고』 「범례」이다. 이 「범례」에는 한어음의 치두음과 정치음의 음가와 발음법이 정밀하게 기술되어 있다. 예컨대, "조선어에서 치음 ㅅㅈㅊ은 한어 치두음과 정치음의 중간 음이다." 라고 하며 두 언어 간 치음 발음의 차이를 기술해 놓았다. 한어음 표기에 쓰인 ㅏ는 조선어음으로 ㅏ와 ·의 사이음[間音]으로 소리 내야 한다는 기술(밑줄 친 내용)이 특히 주목된다. 훈민정음 중성자 ㅏ로 중국 한어음을 표기했지만 한어의 실제 발음은 이와 달리 조선어의 ㅏ와 · 소리의 중간음 정도로 내야 한다고 하였다. 조선어와 한어음의 차이를 엄밀히 관찰하고 기술해 놓은 것이다. 위에 간추린 내용은 세종과 주변 학자들의 음성학과 음운학에 대한 이해 수준이 높았음을 증언한다.

『사성통고』 「범례」에는 중국 한어음漢語音에 대한 자세한 기술과 함께, 조선어 모음의 음가와 한어漢語 모음 음가의 질적 차이를 포착하고, 한어음답게 발음하는 방법이 세밀하게 묘사되어 있다. 『사성통고』에는 『동국정운』과 달리 중성 운모만 가진 음의 종성에 ㅇ을 쓰지 않았으며, 그 이유를 「범례」에서 언급해 놓았다. 이는 조선어 음절 구성의 특성을 정확히 포착했음을 보여 준다.

4) 성삼문의 『동자습』 서문에 나타난 성운학 연구 및 서명 책정

성삼문이 직해한 『동자습童子習』은 그 원본이 전해지지 않는다. 성삼문이 쓴 이 책의 서문이 『동문선東文選』(1478년 초간)과 성삼문의 문집 『성근보선생집成謹甫先生集』[68](영조 이후 간행), 『육선생유고六先生遺稿』(권2), 『해동잡록海東雜

68 영조 대에 편간된 성삼문의 문집 『성근보선생집』을 제외하고는 『동문선』 등 여러 문헌에서 이 서문의 이름을 「童子習序(동자습 서)」라 칭하였다(정재영 1998).

錄』(성삼문 항) 등에 실려 있다(홍기문 1946上: 224, 정재영 1998: 1).[69] 『동자습』의 서문을 통해 세종 때 편찬을 시작하여 문종을 거쳐 단종 때 이 책이 완성되었음을 알 수 있다.[70] 성삼문이 직해한 『동자습』은 한어漢語 학습서를 훈민정음으로 편찬한 최초의 책이다. 성삼문의 서문에 서술된 조선어음 및 훈민정음 관련 내용은 다음 몇 가지로 요약된다.[71]

① 우리 세종·문종께서 중국 한자음의 혼란과 한어漢語 배우기가 매우 어려움을 안타깝게 여기시어 훈민정음을 만드시니, 천하의 모든 소리를 다 기록할 수 있게 되었다.[72]

② 이에 『홍무정운』을 번역하여 화음華音(중국 한어음漢語音)을 바로잡고, 또 『동자습』을 직해直解하고 『평화評話』를 역훈譯訓하니 이것은 화어華語를 배우는 길잡이[門戶문호]이다.

③ 우리나라가 생겨난 지 천백여 년으로 오래이나 날마다 쓰는 우리말에 칠음七音과 청탁과 경중이 갖추어져 있는 줄도 모르고 있었다. 훈민정음으로 이 책을 번역하니 사성과 칠음이 입을 따라 저

69 이 중에서 『성근보선생집』에는 서문의 제목이 '直解童子習序(직해 동자습 서)'로 되어 있다. '直解(직해)'가 후대에 추가된 것이다. '한국문집총간DB'에 의하면 『성근보선생집』의 저본은 『六先生遺稿(육선생유고)』에 포함된 「成先生遺稿(성선생유고)」를 분리·재편하여 영조 연간에 간행한 삼간본(三刊本)이다(http://db.mkstudy.com). 『성근보선생집』에 실린 '직해 동자습 서'에는 오자와 탈자 등 부실한 점이 있다(정재영 1998: 2). 이런 점을 고려하여 『성근보선생집』의 '직해 동자습 서'라는 제목은 『동문선』에 실린 원문을 잘못 이해하여 옮긴 것으로 본다.

70 다음과 같은 구절이 이 점을 말해 준다. "우리 세종과 문종께서 이를 개탄하셨다.[我世宗 文宗慨念於此]", "책이 겨우 이루어졌으나 세종과 문종께서 이어서 돌아가셨다.[書僅成編 弓劍繼遺]"

71 이 서문의 번역문은 홍기문(1946上: 221-224), 강신항(1987: 199-202), 정재영(1998: 3-5)을 참고하여 필자가 간추려 다듬은 것이다.

72 我世宗文宗慨然念於此, 既作訓民正音, 天下之聲始無不可書矣. 〈성삼문의 동자습 서문〉

절로 분별되고 경위經緯가 교차하여 바르게 되니 털끝만큼의 차질도 없게 되었다. 학자가 훈민정음을 먼저 배우고 이 책을 보면 열흘 정도에 한어를 가히 통하고 운학에도 밝을 수 있으며 사대事大의 일도 능히 이루어 낼 수 있다.[73]

한자음의 변화에 따른 혼란과 이를 바로잡아 줄 사람이 없음을 안타까이 여긴 세종이 정음을 창제한 후에, 『동자습』을 직해하고 『평화』를 역훈함으로써 한어漢語 학습의 길잡이가 되었다는 내용이다. 또한 훈민정음으로 『동자습』을 직해하고, 『평화』를 역훈하여 한어 학습서로 사용하면 사대事大 외교에 큰 도움이 될 수 있다고 말하였다. 이 서문에는 성운학 이론에 대한 언급은 적고, 『동자습』 및 『평화』의 유용함과 두 책의 편찬에 이용된 훈민정음의 효용성을 주로 설명해 놓았다.

필자가 "『동자습』을 직해하고 『평화』를 역훈함"이라고 표현한 것에는 보충 설명이 필요하다. ②의 원문에 대한 기존 번역을 검토하고 문제점을 지적한 후, 서명에 대한 필자의 생각을 제시한다. 성삼문의 서문에서 책 이름이 등장하는 단락은 ②이다. ②의 번역문에서 생략한 내용까지 넣어 한문 원문을 보이면 다음과 같다.

②의 원문

於是, 譯洪武正韻, 以正華音, ⓐ <u>又以直解童子習譯訓評話, 乃學華語之門戶</u>, 命今右副承旨臣申叔舟, 兼承文院校理臣曹變安, 行禮曹

---

73 東方有國, 經幾千百載之久, 人日用而不知七音之在我, 七音且不知, 況其淸濁輕重乎, 無惑乎漢語之難學也, 此書一譯, 而七音四聲, 隨口自分, 經緯交正, 毫釐不差, 又何患從旁正之之無其人乎. 學者苟能先學正音若干字, 次及於斯, 則浹旬之間, 漢語可通, 韻學可明, 而事大之能事畢矣. 〈성삼문의 동자습 서문〉

佐郞臣金曾, 行司正臣孫壽山, ⓑ 以正音譯漢訓, 細書逐字之下, 又用方言, 以解其義.

필자는 ②의 원문을 다음과 같이 번역한다.

②의 번역문[74]
(세종이) 이에 『홍무정운』을 번역[譯]하여 이로써 화음華音을 바로잡고, ⓐ′ 또 이로써 『동자습』을 **직해**直解**하고** 『평화』를 **역훈**譯訓**하니** 이것은 화어를 배우는 길잡이다. 우부승지 신臣 신숙주·승문원 교리(承文院校理) 신 조변안曹變安·예조좌랑 신 김증金曾·사정司正 신 손수산孫壽山에게 명하여 ⓑ′ 정음正音으로 한어漢語의 훈[漢訓]을 번역하여 글자 밑에 작은 글씨로 쓰고 또 조선말로 그 뜻을 풀이하게 하시었다.

이 원문에서 책 이름이 나타난 부분은 '又以直解童子習譯訓評話우이직해동자습역훈평화'이다. 홍기문(1946上: 221-224)은 '直解童子習譯訓評話직해동자습역훈평화'를 하나의 서명으로 보았다.[75] 강신항(1987: 200)은 ⓐ를 "또「직해 동자습 역훈 평화」는 곧 화어를 배우는 문이라고 하시어"로 번역했다. '直解

74 이 번역문을 다듬는 데 조언해 주신 홍윤표, 박성종, 정재영, 스기야마(杉山豐) 선생님께 감사 드린다.

75 홍기문(1946上: 221-224)에 「직해동자습 서」의 원문과 번역문 및 주해가 실려 있다. 주해에서 "한 개의 책명으로는 너무 길어서 마치 二種(이종) 이상을 한데 든 것처럼 보이지만은 直解小學(직해소학), 直解大學(직해대학)과 같이 童子習(동자습)이 다시 漢語(한어)로 直解(직해)된 데다가 '以正音譯漢訓(이정음역한훈)'에 따라 譯訓(역훈)이요 '又用方言以解其義(우용방언이해기의)'에 따라 評話(평화)인 듯하다."라고 하였다. 두 개 서명을 합한 것으로 보이기는 하지만 '直解童子習譯訓評話(직해동자습역훈평화)'의 '直解童子習'을 목적어로 보고 뒤에 놓인 '譯訓'과 '評話'를 동사적으로 풀이하여 '직해동자습을 역훈하고 평화한 것'이란 뜻을 가진 하나의 서명으로 추정한 것이다. 홍기문의 풀이가 갖는 문제점은 '評話'를 동사로 간주한 것이다.

童子習譯訓評話' 전체를 하나의 서명으로 간주한 것이다. 정광(2002: 282-284)은 "'평화評話'는 송대에 발달한 구비문학의 일종으로 이야기꾼이 어떤 설화를 구연口演하는 것을 말한다."라고 설명하고, 성삼문의 「동자습 서」에 등장한 '평화'는 "담화체의 문장을 우리말로 전문을 번역하는 것을 의미한다고 볼 수 있"다고 하며, 홍기문이 '평화'를 동사적으로 풀이한 의견을 따랐다. 정광은 '평화'라는 장르의 실체를 파악했으나 결론은 홍기문과 같이 '直解童子習譯訓評話' 전체를 서명으로 간주한 셈이다.

그러나 정재영(1998: 5-9)은 홍기문과 강신항의 번역을 비판적으로 검토하고, 이 구절을 '直解童子習직해동자습'과 '譯訓評話역훈평화'로 나누어 두 책의 서명을 나타낸 것이라고 보았다. 정재영(1998: 9)은 성삼문이 쓴 서문의 제목이 '童子習序동자습 서'인 점, 1404년에 명나라의 주자치周子治가 쓴 서문 역시 '童子習序동자습 서'인 점 등을 들어, 이 책의 이름을 '童子習'으로 보았다. 정재영(1998: 9)은 "『直解童子習』은 『童子習』과 같은 책으로 이것의 이명異名"이라고 간주했다.

필자는 정재영과 같이 두 개의 책으로 보는 점에 동의하면서 ⓐ의 번역을 조금 달리하여, ②의 원문 ⓐ를 ②의 ⓐ'와 같이 번역하였다. ②의 번역문에서 굵은 글씨로 돋보이게 한 한자어(直解, 譯訓)는 한문 속에 쓰인 동사들이다. 필자는 '直解童子習직해동자습'의 '直解'는 동사이고 그 목적어가 '童子習'이며, '譯訓評話역훈평화'의 '譯訓'[76]은 동사이고 그 목적어가 '評話'라고 본다. 따라서 이 문장을 "『동자습』을 직해直解하고 『평화』를 역훈譯訓함으로써"라고 번역한다. '童子習'과 '評話'는 둘 다 책 이름이고, 두 책 모두 백화

76 15세기 중엽 전후에 편찬된 서명(書名)에 '直解'가 쓰인 사례는 『大明律直解(대명률직해)』이고, '譯訓'이 쓰인 사례는 『洪武正韻譯訓(홍무정운역훈)』이다. '直解'와 '譯訓'의 내용적 실체는 위에 인용한 성삼문의 서문 중 ②에 표현되어 있다. "정음으로 한어(漢語)의 음훈을 번역하여 한자 밑에 작은 글씨로 쓰고 또 우리말로 그 뜻을 풀이하라."라고 한 것이 '직해'와 '역훈'의 실체이다.

문 한어漢語를 학습하기 위한 학습서이다. 한어 학습의 길잡이[門戶문호]로 삼기 위해 두 책을 직해하고 역훈하라고 세종이 명한 것이다.

이렇게 보는 근거는 다음 몇 가지이다. 첫째, '直解童子習'이란 책 이름은 조선왕조실록은 물론이고 어떤 기록에서도 찾을 수 없다. 이 점은 『直解小學』의 경우와 다르다. 『직해소학』이란 책은 편찬자가 설장수偰長壽(1340~1399)로 밝혀져 있고, 조선왕조실록에도 20회나 등장한다(양오진 2007: 26). 그러나 『직해동자습』이란 서명은 실록에 나타나지 않는다. 『동자습』[77]은 전하지만 『직해동자습』은 전하는 책이 전혀 없다. 성삼문이 쓴 서문의 제목이 '童子習序'[78]인 점 역시 이 책의 이름이 '童子習'임을 말한다.

둘째, 조선왕조실록에 서명 『童子習』이 3회 등장하는데, 그중의 하나는 역과譯科 시험에서 『홍무정운』과 『동자습』을 아울러 시험케 하기를 청하는 내용이다.[79] 나머지 두 건[80]에도 『동자습』이란 책 이름이 한어 학습교재로 등장하고 있다. 세조 및 성종 연간의 한어 학습서로 『동자습』이란 서명이 쓰인 것은 성삼문이 직해한 '동자습'이 실용되지 못했음을 의미한다. 성삼문이 직해하여 서문까지 쓴 책이 간행되거나 유포되지 못했기 때문에 과거부터 써 오던 『동자습』을 계속 그대로 사용한 것이다. 성삼문의 「동자습서」에 "다만 한스러운 것은 책이 겨우 완성될 즈음에 세종께서 승하하시고 문종께서도 뒤따라 돌아가셨다. 우리 임금께서 자리에 오르시자마자 선대

77 현전하는 『동자습』은 한어 학습서가 아니라 정재영(1998)이 밝힌 대로 그 내용이 어린이를 가르치기 위한 윤리 교육서이다. 따라서 이 책은 어린이가 한문을 배우는 교재로 삼을 수 있으나 한어 학습서로는 쓸 수 없는 책이다. 현전하는 『동자습』은 명나라의 주자치(周子治)가 편찬한 책이며, 성삼문이 직해한 한어 담화문체 『동자습』과 다른 별도의 책으로 볼 수밖에 없다.

78 앞의 각주에서 인용한 정재영(1998)에서 밝혀졌듯이, 『성근보선생집』에만 '직해동자습 서'로 된 것은 후대의 오해에서 비롯된 것이다.

79 세조실록 권28, 세조 8년(1462) 6월 10일 기사.

80 성종실록 권129, 성종 12년(1481) 5월 7일 기사. 성종실록 권133, 성종 12년(1481) 9월 14일 기사.

先代의 뜻을 좇아서 빨리 간행하도록 하라고 하셨다. 또 신 삼문이 일찍부터 교열하는 일에 참여했다고 하여 서문을 짓도록 명하셨다."[81]라는 내용이 있다. 문종이 돌아가시고 단종이 즉위한 후에 단종의 명을 받아 서문을 지었다는 것이다. 1452년 5월에 단종이 즉위하였고 1453년 10월에 수양이 계유정난을 일으켜 성삼문 등 사육신을 도륙했으니 『직해동자습』의 원고가 간행으로 이어지지 못했을 가능성이 있다. 설령 간행되었다 하더라도 성삼문이 주도한 책이 유통되었을 리 없다. 『직해동자습』이란 서명이 어떤 기록에도 나타나지 않은 것에는 이러한 정치적 변고가 작용한 것으로 보인다.

셋째, '評話'라는 문예물 장르가 존재한다는 사실이다. 정재영(1998: 10-17)은 홍기문이 '直解童子習譯訓評話' 전체를 하나의 서명으로 간주한 것을 비판하면서 박재연(1998)의 연구를 인용하였다. 박재연에 따르면 '評話'는 원나라 때부터 쓰인 것이며, 역사 이야기를 백화문으로 기록한 '강화사본講話士本'을 가리키는 것이어서 '評話'를 '방언으로 풀이했다'는 뜻으로 쓸 수 없다고 하였다. 필자가 중국의 〈维基百科유기백과〉[82]를 확인해 보니, '評話'는 '平話평화'라 부르기도 하는데 중국 고대에 민간에서 유행했던 구송문학[83] 형식의 하나로, 특히 宋代송대에 유행한 장르라고 설명되어 있었다. 일본의 〈世界大百科事典세계대백과사전〉에는 북송과 남송의 수도(개봉과 항주)에서 상설 공연장 무대에서 강담사講談師가 역사 이야기나 단편 소설의 내용을 구송하는 장르가 '評話'라고 설명되어 있다. 評話는 구송 언어로 낭송하는 장르로 담화체 한어漢語를 배우기에 적합한 텍스트이다. 세종이 성삼문 등에게 '評話'를 '譯訓'하여 한어 학습의 기초로 삼으라고 명한 까닭이 여기에 있다.

---

81 所痛恨者. 書僅成編. 弓劍繼遺. 恭惟主上嗣位之初. 遹追先志. 亟令刊行. 又以臣三問亦嘗參校. 命爲之序.

82 〈维基百科〉와 같이 〈 〉 안에 넣은 것은 웹사이트에 실린 명칭임을 뜻한다.

83 평화에는 읊조리는 사설과 唱(창)이 있다.

넷째, 앞의 한문의 문맥상 밑줄 친 ⓐ의 전후 한문 구절에 쓰인 여러 동사들과 함께 '直解직해'와 '譯訓역훈'이 동사 기능을 한다는 점이다. '②의 원문' 한문의 각 구절에는 동사 기능을 하는 '直解직해', '譯訓역훈', '學학', '命令명령', '細書세서', '用용', '解해'가 골고루 쓰여 있다. '直解'와 '譯訓'도 이런 맥락 속에 쓰인 동사이다.

②의 인용문에서 또 하나 짚고 넘어가야 할 점이 있다. 홍기문(1946下: 105-106)은 현전하는 『동자습』에 대해 논했는데 그 요지는 다음 두 가지이다. 첫째, 『동자습』은 사친事親, 사장師長 등에 관한 문장을 모은 책이고, 한문 본문에 한글 구결을 달아 놓았다. 둘째, 본문이 한문으로 된 현전본은 후대의 누군가가 구어체 한어였던 『동자습』을 고한문체古漢文體로 다시 번역한 것인 듯하다. 정재영(1998: 10)은 1404년(영락 2)에 주자치周子治가 서문을 쓴 『동자습』은 초학자용 교과서이며, 한글 구결토와 차자 구결토가 붙은 이본이 존재함을 밝혔다.

홍기문과 정재영의 연구를 참고하고, 『동자습』 서문을 다시 검토해 본 결과, 필자는 『동자습』과 『평화』가 각각 다른 책이라고 판단하였다. 전자는 漢語한어 학습서로 쓰인 책이며 세조와 성종 연간에도 사역원의 한어 교재로 등장하고 있다. 중종 이후 이 책의 이름이 조선왕조실록에 등장하지 않는 이유는 최세진의 『번역노걸대』와 『번역박통사』 같은 한어 학습서가 간행되어서 담화체의 한문본 『동자습』이 더 이상 필요 없게 되었기 때문이다. 16세기 이후 한어 학습서 『동자습』은 더 이상 간행되지 않았고 결국 인멸되어 없어진 것으로 보인다. 현전하는 고한문체 『동자습』[84]은 주자치周子治가 편찬한 초학자용 한문 학습서로서, 주자치의 서문만 남아 있는데, 성삼문이

84 현전하는 『동자습』의 이본에 대한 정보는 정재영(1998: 11-13)을 참고하기 바란다.

직해했던 한어 학습서 『동자습』과 문체가 다른 것이다.

필자는 성삼문이 '직해'하려고 한 책의 이름이 『직해동자습』이 아니라 『동자습』이라고 본다.[85] 마찬가지로 "又以直解童子習 譯訓評話우이직해동자습 역훈평화"에 나타나 있듯이 성삼문이 '역훈'하려고 한 문헌은 『평화』라고 본다. 성삼문의 「동자습 서」가 『동문선』에 실려 전하는 것으로 보아 성삼문이 수행한 『동자습』의 직해는 책으로 완성된 것 같다. 성삼문이 직해하여 완성한 책의 서명은 『직해동자습』일 수 있다. 그리고 이 책은 원고만 완성되고 계유정난으로 인해 간행되지 못했을 가능성도 있다. 『평화』라는 담화체 텍스트를 훈민정음으로 역훈하여 한어 학습서로 쓰려 했으나 『평화』의 역훈은 원고조차 완성하지 못했던 것으로 보인다. '평화'의 역훈이 완성되거나 간행된 기록은 전혀 없고, 그 전본傳本도 없다.[86] 성삼문 등이 수양의 쿠데타로 희생되면서 이 일이 중단된 것으로 짐작된다. 담화체 한어문漢語文 텍스트의 정음 번역은 이로부터 50년 뒤의 인물인 최세진에 의해 이루어졌다.

5) 운서 번역과 한자음 교정 사업의 의도

여기서 세종이 시행한 운서 번역과 한자음 교정 사업이 갖는 의의를 짚어보자. 세종이 최만리 등을 불러 "만일 내가 그 운서를 바로잡지 아니하면 누가 이를 바로잡을 것이냐?"라고 질책하듯이 물었다. 세종의 이 말은 훈민정음을 이용한 (조선) 한자음 교정 사업을 특히 강조하고 있다. 한자음 표기와

---

85 앞에서 언급했듯이 홍기문은 누군가가 고한문으로 번역한 것이 현전 『동자습』이라고 보았다. 그러나 성삼문이 직해한 책이 주자치가 서문을 쓴 『동자습』이라고 봄이 문헌의 시대 순서와 맞다. 고한문체 『동자습』을 백화문체로 바꾸어 한어 학습교재로 쓰려고 했던 듯하다.

86 『동자습』과 『평화』의 훈민정음 번역판이 간행되었더라면, 훈민정음을 이용한 조선어음 표기(석보상절 등), 교정 조선 한자음 표기(동국정운), 중국 운서 한자음 표기(홍무정운역훈), 담화체 한어 학습을 위한 한어 표기(동자습, 평화)라는 네 부류의 문헌이 15세기에 모두 출판되는 결과가 되었을 것이다.

교정은 최만리 등이 주장하는 사대를 위해서 필요한 일이므로 훈민정음 창제의 명분을 편민便民과 훈민에서 더 나아가 대명對明 외교로 확장할 수 있다. 훈민정음이 사대교린에 도움이 된다는 점을 내세워 반대자들을 설득하려는 세종의 전략으로 볼 여지가 있다.[87] 세종이 훈민정음을 이용한 운서 번역과 조선 한자음 교정 사업을 중시한 것은 분명한 사실이다. 그러나 훈민정음 창제의 일차적 목적이 한자음 표기에 있다는 주장은 세종의 어제 서문을 부정하는 것이어서 받아들일 수 없다.[88]

성삼문이 쓴 「동자습 서」에는 훈민정음으로 『동자습』을 직해하고, 한어漢語 학습을 위해 『평화評話』를 역훈하라는 세종의 명에 따라 이 일을 착수한 사실이 기록되어 있다. 「동자습 서」에서 성삼문은 운서 번역과 한어 학습서 편찬의 효용성을 표현하기를, "『홍무정운』을 번역하여 중국 원음原音을 바로잡고, 훈민정음으로 『동자습』을 직해하며 『평화』를 역훈하여 표음하고 한어문漢語文의 뜻풀이를 하니, 음音과 의義가 분명하여 마치 손바닥을 들여다보는 듯하다."라고 했다. 대중적 공연장에서 구송口誦된 『평화』를 역훈케 한 것은 구어 한어漢語를 정확히 익혀 훈민정음이 사대교린에 유용한 것임을 보여 주려고 한 것이다. 언문 반대 상소문 첫 항 말미에, 조선이 독자적인 문자(언문)를 창제했다는 소식이 명나라에 흘러들어 이를 비난하는 외교적 갈등이 벌어질까 우려한 내용이 있다.[89] 사대교린에 유용한 『동자습』과 『평화』를 훈민정음으로 역훈하는 것은 훈민정음 창제 명분을 떳떳하게 내세울

87 필자의 이런 생각은 이성무가 이미 설파한 바와 같다. "지식인 관료들은 지식을 독점하고 기득권을 지키기 위해 존명 사대를 빌미로 훈민정음 창제를 반대했다. 이들의 명분론과 타협하기 위해 중국어 학습이나 한자음 정리를 강조한 것일 수도 있다."(이성무 2001: 66)

88 이에 대한 자세한 논의는 이 책의 제4부 제3장 2.3절(이 책의 867쪽)을 참고하기 바란다.

89 若流中國, 或有非議之者, 豈不有愧於事大慕華.

수 있는 근거가 된다. 훈민정음이 한어 학습에 유용하게 사용될 수 있음을 보여주는 사례가 되기 때문이다.

3.2. 운서에 나타난 언어풍토설

자연환경에 따라 사람의 언어가 달라진다고 보는 것이 언어풍토설이다. 육법언陸法言의 「절운서切韻序」에 서술된 풍토설이 해례본 정인서 서문 및 황윤석黃胤錫(1729~1791)의 『이수신편理藪新編』 등에 인용되어 있다(이숭녕 1958: 34). 동방, 남방, 서방, 북방의 발음 차이는 『황극경세서』에 적시摘示되어 있고, 이와 비슷한 내용이 『동국정운』 서문에 인용되어 있다(유창균 1989: 80).[90]

1) 『동국정운』의 서문

『동국정운』 서문에는 당시의 대표적 언어관인 언어풍토설이 자세하게 표현되어 있다.

> 소리[音]의 같고 다름은 사람의 같고 다름에 따른 것이고, 사람의 같고 다름은 (사는) 지방의 같고 다름에 따른 것이다. 대개 지세地勢가 다름으로써 풍습과 기질이 달라지고, 풍습과 기질이 다름으로써 호흡이 달라진다. 동남 지방 사람의 이[齒]와 입술의 움직임과 서북 지방 사람의 볼과 목구멍의 움직임이 서로 다른 것이어서 글[文軌]로는 비록 통할지라도 성음聲音은 같지 않다. 우리나라는 안팎 강산이 저절로 한 구역이 되어 풍습과 기질이 이미 중국과 다르니, 호흡이 어

90 정초의 육서략 수문총론(各隨所習而安 不可疆之使同)에도 언어풍토설이 암시되어 있다.

찌 중국과 서로 합치될 것이랴. 말의 소리가 중국과 다른 까닭은 이치가 저절로 그리된 것이다.[91]

언어와 성음의 차이는 사람의 다름에 따라 생긴 것이고, 사람의 다름은 지세地勢의 다름에 따른 것이라고 했다. 지방마다 지세가 다름으로 인해 풍습과 기질이 다르고 이로 인해 사람의 호흡이 달라졌다. 호흡의 차이로 인해 동남 지방 사람과 서북 지방 사람의 발음기관(이와 입술)의 움직임이 달라진 것이라고 하였다. 조선어와 중국어의 차이가 풍토와 지세의 차이로 생겨난 것이고, 특히 조선 한자음이 중국 한자음과 크게 달라진 원인도 이와 같다고 보았다.

신숙주의 이러한 생각은 정인지의 『훈민정음』 서문에 짤막하게 표출되어 있다. 정인지는 "사방의 풍토가 구별되매 성음의 기운 또한 이에 따라 달라진다."라고 하고서, "처한 바에 따라 각각 편안함을 따르고, 억지로 같게 할 수 없는 것이다."라고 말했다.[92] 지방에 따른 기후와 지세의 차이가 사람의 차이를 만들고, 사람이 달라짐에 따라 성음의 구별이 생겨난 것이니, 서로 다른 성음의 차이를 같게 할 수 없다고 한 것이다. 이러한 생각이 바로 언어풍토설이고, 이는 동아시아의 전통적 언어관이었다.[93] 풍토에 따라 성음

---

91 원문: 夫音非有異同, 人有異同; 人非有異同, 方有異同. 蓋以地勢別而風氣殊, 風氣殊而呼吸異. 東南之齒唇, 西北之頰喉是已. 遂使文軌雖通, 聲音不同焉. 吾東方表裏山河, 自爲一區, 風氣已殊於中國, 呼吸豈與華音相合歟! 然則語音之所以與中國異者, 理之然也. 〈동국정운 서문〉

92 然四方風土區別, 聲氣亦隨而異焉. (…중략…) <u>要皆各隨所處而安, 不可强之使同也</u>. 〈해례본 정인지 서문〉 밑줄 친 문장은 정초가 지은 『통지』에 나온 표현과 유사하다. 세종과 신숙주 등이 『통지』에 나온 성운과 문자 이론을 보았음을 알 수 있다. 『통지』의 영향은 본 장의 4.1절 3)항(이 책의 446쪽)에서 후술한다.

93 언어풍토설은 넓게는 풍토이론의 한 부분이다. 서양의 풍토이론은 그리스 철학자 히포크라테스로 소급된다. 그는 공기, 물, 땅, 계절 변화의 차이가 각 지역 주민의 신체, 성격, 외모는 물론 생활관습, 윤리, 정치 체제까지 규정한다고 보았다. 아리스토텔레스

이 구별된다는 언어관은 훈민정음 창제의 명분으로 작용했다. 풍토의 구별됨은 곧 조선 강역의 독자적 통치를 내세우며 독자적 통치와 문화의 상징인 문자 창제의 논리적 근거가 될 수 있었던 것이다.

2) 『홍무정운역훈』의 서문

『동국정운』 서문에서 본 언어풍토설이 여기에도 나타나 있으나 그 내용이 훨씬 간명하고 짤막하다. "대개 사방의 풍토가 같지 않으면 기氣도 이에 따라 다르게 되는데 소리는 기에서 생기는 것이라, 이른바 사성과 칠음, 곧 성과 운이 지역에 따라서 다르게 마련이다."[94]라는 문장으로 풍토에 따른 성운의 차이를 서술했다. 그러나 이 서술은 중국의 남방 한자음과 북방 한자음의 차이를 설명하기 위한 것이라는 점에서 조선어음의 특성에 초점을 맞춘 『동국정운』 서문의 풍토설과 차이가 있다. 중국의 한자음이 조선에 들어오면 여러 가지 변이를 겪게 되는데, 언어풍토설은 이러한 변이를 설명하기

가 이 설을 문명론으로 정립하여, 북유럽 사람은 자유를 사랑하고 아시아 사람은 노예적 성향을 가지며, 그리스 사람은 자유로우면서도 질서와 절제로 최상의 국가 조직을 만들었다고 설명했다. 그리스 문명의 우수함을 풍토설로 합리화한 것이다. 풍토이론은 근대 프랑스에서 더욱 강화되었고, 이를 근거로 독일을 비하했다. 칸트도 풍토이론에 가세하여 프랑스 학자와 달리 독일을 우월 문명권에 포함시켰다. 풍토이론이 문화적 우월주의·문화제국주의·인종차별주의를 합리화하는 데 동원되면서 서구 식민지배의 도구 이론으로 이용되었다. 서구에서 풍토설은 언어의 차이뿐 아니라 인종의 차이, 문화의 우열을 설명하는 이론이 되어 서구 제국주의의 식민지 정책과 인종차별 정책을 뒷받침했다.
그러나 독일의 철학자 헤르더가 공간적 차이에만 주목하는 풍토이론의 모순점을 비판하고, 인간의 윤리와 제도 등이 세대의 흐름에 따라 변화함에 주목하여 새로운 역사철학 이론을 세움으로써 풍토이론은 크게 약화되었다. 필자의 풍토이론에 대한 설명은 「문명과 야만 1: 차별의 문명 담론」(안성찬 집필, 『문명 안으로』, 한길사, 2011, 55-87쪽)을 참고한 것이다. 풍토이론의 전개와 그 실체에 대한 자세한 논의는 『인류의 교육을 위한 새로운 역사철학』(2011, 한길사)의 권말에 실린 「풍토이론과 역사철학」(안성찬)을 참고할 수 있다.

94 蓋四方風土不同, 而氣亦從之. 聲生於氣者也, 故所謂四聲七音, 隨方而異宜. 〈홍무정운역훈 서문〉

좋은 이론이다.

한편 「홍무정운역훈 서」에는 풍토적 차이를 뛰어넘은 것이 훈민정음이라는 신숙주의 생각이 다음과 같이 표출되어 있다.

> 이제 훈민정음으로 이를 번역하니(=주음注音하니) 성모와 운모가 잘 들어맞아 제대로 자음字音을 나타낼 수 있을 것이다. 음화·유격·정절·회절법[95]과 같은 번거롭고 수고로운 짓을 안 해도, 입으로 발음하면 소리를 얻되, (쓰여진 글자의 음과) 조금도 차이가 나지 않을 것이니, 또 무엇 때문에 풍토의 같지 않음을 걱정하겠는가?[96] (강신항 2003: 229)

훈민정음으로 복잡 미묘한 한어음을 표기해 내니 중국에서 통용되어 온 반절법 등의 한자음 표기 방법이 모두 쓸모없게 되었음을 말하고, 풍토의 같지 않음을 걱정할 필요가 없다고 설파하였다. 입으로 발음하면 바로 소리가 되는 훈민정음은 풍토적 차이를 극복할 수 있는 보편적 문자라는 인식이 위 인용문에 나타나 있다.

3.3. 『훈민정음』 해례본에 반영된 성운학 이론

1) 성모 분류법의 도입

세종은 중국 운서韻書의 뼈대가 된 성운학의 방법론을 이해하고 이를 훈

95 음화(音和), 유격(類隔), 정절(正切), 회절(回切) 등의 용어들은 중국에서 한자음을 표기하기 위해 쓰여 온 여러 가지 방법을 뜻한다.
96 한문 원문은 다음과 같다. "今以訓民正音譯之, 聲與韻諧, 不待音和, 類隔正切回切之繁且勞, 而擧口得音, 不差毫釐, 亦何患乎風土之不同哉."

민정음 창제 도구로 이용하였다. 전청·차청·전탁·불청불탁 등의 청탁 분류법, 아음·설음·순음·치음·후음 등의 오음 분류법, 그리고 평성·상성·거성·입성 등의 사성 분류법 등이 여기에 해당한다. 『훈민정음』에는 성운학의 성모 분류법이 조선어음 분석에 이용된 모습이 반영되어 있다. 운서에 나오는 성운학의 용어를 그대로 도입하여 쓴 대표적인 것이 아설순치후 오음의 자모 명칭이다. 자모를 다섯 가지로 분류한 용어 아음, 설음, 순음, 치음, 후음과 여기에 다시 둘을 추가한 반설음, 반치음이란 자모 명칭이 해례본에 나타나 있다. 정음편을 번역한 훈민정음 언해본에는 치두음齒頭音과 정치음正齒音이란 용어까지 나타나 있다. 중국 성운학의 자모 분류체계를 받아들여 조선어 자모 분석에 활용한 것이다.

성운학 용어는 그대로 수용했지만 각 자모의 대표자(=성모자)는 해례본의 자모 한자와 중국 운서의 36자모가 서로 다르다. 예컨대 아음의 경우 해례본과 『동국정운』에서 君ㄱ, 虯ㄲ, 快ㅋ, 業ㆁ자가 성모자이나, 운서의 성모 체계에서는 見견, 群군, 溪계, 疑의자가 성모자이다. 훈민정음 창제자와 해례본 편찬자가 조선어 자모를 대표하는 한자를 운서의 36자모와 달리한 것은 조선어의 17자모의 음가가 운서의 36자모의 음가와 서로 같지 않음을 인식한 결과이다. 중국 운서의 36자모 한자를 그대로 가져와 쓰면 조선어 자모가 갖는 음성적 차별성을 드러낼 수 없다. 성운학의 성모에 대한 지식을 바탕으로 조선어음의 특징을 드러낼 수 있는 음가 예시용 자모자를 별도로 정한 것이다.

2) 중성체계 수립을 위한 운모 분류법의 변용

『훈민정음』 해례본에서 중성에 관련된 용어와 음가 기술 방법은 성운학의 그것과 크게 다르다. 해례본에서 중성의 음가 기술에 쓴 용어는 네 부류로 나누어진다. ①설축舌縮(혀의 움츠림), ②성심聲深(소리의 깊음)과 성천聲淺(소리의 얕음), ③합벽闔闢(입의 열림과 닫힘), ④구축口蹙(입술 오므림)과 구장口張(입술 펴짐)이 그것이다. ②는 청음적 용어(auditory terms)이고, 나머지는 발음기관의 움직임을 표현한 조음적 용어(articulatory terms)이다.

해례본에서 중성의 음가를 네 가지 기준을 세워 기술한 것은 등운도等韻圖의 운모 분류법의 영향을 받은 것일 수 있다. 등운도를 작성하기 위한 등운학에는 운모를 대부류로 나누는 '섭攝'과 '운韻'[97]이란 분류 용어가 있다. 각각의 운을 다시 세밀하게 분류하는 용어로 '개구開口'와 '합구合口', '촬구撮口'와 '제치齊齒' 등이 있다. 그러나 등운학에서 사용된 이런 용어들과 그 개념은 해례본에 사용된 설축 등 네 개 부류의 용어와 같은 것이 하나도 없다. 개념이 비교적 서로 근사한 용어는 해례본의 '합벽闔闢'과 등운학의 '개합開合' 정도지만 실질적 개념에 서로 차이가 있다. '합벽'은 조선어 중성의 초출자 넷과 재출자 넷에서 원순성 유무에 따라 구별하는 것이고,[98] 등운학의 '개합'은 개음介音(반모음) [w]의 유무에 따른 구별이다.

세종은 36개 자모와 106개 운모에 관련된 성운학 지식을 바탕으로 하여 조선어음의 초성과 중성을 분석하기 위해 새로운 개념과 용어를 창안하였다. 해례본에는 성운학에 없거나 그 뜻이 전혀 다른 용어가 나타나 있다. '초성', '중성', '종성', '설축', '성심' 등이 여기에 해당한다. 당시 조선어음의 중성을 분석하기 위해 성운학의 성모론과 운모론에 없는 개념과 용어를 창안한 것이다. 성운학의 이론적 틀은 이용하되, 조선어에 적합한 것을 취하고 불필요한 것은 버렸다. 필요한 경우 성운학에 없는 용어와 음성 분석법을

---

97 '운(韻)'은 운모를 나누는 부류로, 『예부운략』에서 106운 혹은 『광운』에서 206운으로 나눈 것이 대표적이나 운서에 따라 출입이 있다. '섭(攝)'은 106운 혹은 206운을 13섭 혹은 16섭으로 나누어 운도(韻圖)를 그리는 데 이용된 용어이다. 16섭을 다시 크게 둘로 나누어 내전(內轉)과 외전(外轉)이라 부른다.

98 제자해에서 "此下八聲 一闔一闢(차하팔성 일합일벽)"〈정음해례5a_2〉이라 하고, ㅗㅏ 및 ㅜㅓ, ㅛㅑ 및 ㅠㅕ의 각 쌍에서 전자를 '합(闔)', 후자를 '벽(闢)'이라고 했다.

창안하여 새로운 음성 분석 틀을 만들었다. 해례본의 음성 분석법은 성운학의 수용과 창의적 변용變容이 결합한 산물이다. 창의적 변용에는 차자표기법에서 얻은 조선어 분석의 경험도 작용했을 것이다.

3) 사성법의 변용

중국 성운학에는 성조를 분류하는 틀로서 사성법이 확립되어 있었다. 중국 운서에서 사성은 성음 분류의 첫 번째 기준이다. 평성, 거성, 상성, 입성이라는 사성 분류를 맨 앞에 두고 그 아래 36자모와 운류를 세분하여 순서대로 배열하였다.

그런데 『훈민정음』과 운서에서 평성, 거성, 상성, 입성이란 용어는 서로 같으나 각 성조가 표상한 음가는 큰 차이가 있다. 이는 한어와 조선어의 성조치가 서로 달랐기 때문이다. 해례본 편찬자는 이 점을 알고 있었기에 "한자의 입성은 거성과 서로 비슷하나 우리말의 입성은 성조가 정해져 있지 않다."라고 그 차이점을 밝혀 놓은 것이다.[99] 조선어 사성의 음가는 훈민정음 언해본 말미에 우리말로 번역 표현되어 있다. "平聲은 ᄆᆞᆺᄂᆞᆺ가ᄫᆞᆫ 소리라. 上聲은 처ᅀᅥ미 ᄂᆞᆺ갑고 乃終이 노ᄑᆞᆫ 소리라. 去聲은 ᄆᆞᆺ노ᄑᆞᆫ 소리라. 入聲은 ᄲᆞᆯ리 긋돋ᄂᆞᆫ 소리라."라는 번역은 조선어 사성의 음가를 기술한 것이다. 평상거입의 음가를 이렇게 기술한 것은 조선어의 성조가 가진 특질을 이해하고, 한어漢語와의 차이를 숙지했음을 의미한다.

지금까지 세 편의 서문과 한 편의 「범례」를 분석하여 세종과 측근 학자들의 언어관과 성운학 연구의 성취 수준을 파악해 보았다. 세종과 측근 학자들은 성운학의 음성 분석법을 깊이 이해하여 훈민정음으로 중국 한어음漢

---

99 而文之入聲. 與去聲相似. 諺之入聲無定. 〈해례 합자해〉

語音을 정확히 표기해 냈으며, 조선 한자음에서 일어난 변화를 포착하여 한어와의 차이점을 명료하게 기술하였다. 나아가 훈민정음으로 표기된 한어음의 발음을 조선어 중성자의 발음법과 관련지어 설명하기도 했다. 운서와 『훈민정음』 해례본 편찬에 참여한 학자들의 학문적 능력이 한어음·조선 한자음·조선 고유어음의 정치精緻한 분석과 체계화를 가능케 했던 것이다.

4) 최만리 등의 상소문과 세종의 답변에 나타난 성운학 요소

최만리 등의 상소문에는 "옛사람들이 이루어 놓은 운서韻書를 가벼이 고쳐 근거 없는 언문을 附會부회하여 工匠공장 수십 인을 모아 급히 판각하여 널리 반포하려는"[100] 세종의 처사를 비판한 내용이 있다. 그러나 성운학 자체에 대한 최만리의 발언은 상소문에 나타나 있지 않다. 세종이 언문 반대 상소자들을 불러서 문책한 자리에서, "네가 운서를 아느냐? 사성과 칠음 그리고 자모는 몇 개나 있느냐? 만일 내가 그 운서를 바로잡지 않으면 누가 바로잡겠느냐?"[101]라고 물었다. 최만리에게 사성과 칠음 그리고 자모가 몇 개인지 아느냐고 묻는 세종의 말에서 성운학에 대한 세종 스스로의 자신감을 읽을 수 있다. 이렇게 꾸짖듯이 물었다는 것은 최만리 등이 성운학에 대한 지식이 없었음을 암시한다. 세종시대 이전에 성운학에 대한 조선 학자들의 연구 성과는 거의 없었다.[102] 세종이 『성리대전』을 조선에서 간행하여 이

---

100 又輕改古人已成之韻書, 附會無稽之諺文, 聚匠數十人刻之, 劇欲廣布 其於天下. 여기에 언급된 '운서'는 원나라 웅충(熊忠)이 엮은 『고금운회거요(古今韻會擧要)』(1297)일 가능성이 높다. 이 책은 고려 때부터 전해져 이용되다가 세종 16년(1434)에 경상도 밀양에서 목판본으로 처음 간행하였다. 30권 10책으로 구성된 이 책은 고려대학교 도서관 화산문고에 소장되어 있으며, 경상도 감사 신인손(辛引孫)의 발문이 붙어 있다(박병채 1983: 152). 최세진은 『고금운회거요』의 색인서인 『운회옥편』(1537년 이후)을 편찬하였다.

101 且汝知韻書乎. 四聲七音, 字母有幾乎. 若非予正其韻書, 則伊誰正之乎.

102 태종 14년 11월 기사에 『동국약운(東國略韻)』을 편찬했다는 내용이 있으나(命印左議政河崙撰進東國略韻頒諸中外), 이 책은 실체가 밝혀진 바 없다.

를 널리 보급하고, 경연의 학자들에게 성리학 연구를 독려하면서 비로소 성운 연구가 본격화되었다. 이런 사실로 미루어 볼 때 최만리와 같은 노학자가 당시 조선에서 신학문이었던 성운학을 잘 몰랐던 것은 자연스러운 일[103]이라 할 수 있다.

3.4. 세종시대의 문헌 편찬과 참여 학자

앞에서 검토한 문헌들과 그 밖의 세종시대 문헌 편찬에 참여한 학자 및 관리들의 이름을 문헌별로 나누어 도표로 나타내 보면[104] 세종시대의 훈민정음 관련 문헌 편찬에 참여한 학자들을 일목요연하게 파악할 수 있다. 〈표 1〉에서 문헌 순서는 연대순으로 놓았다.[105]

참여 빈도별 순위를 보면, 신숙주가 6회로 가장 많고, 성삼문이 5회, 최항·박팽년·강희안·이개·권제가 각각 3회, 정인지·이선로·조변안·김증·손수산·안지가 각각 2회씩 참여하였다. 참여 빈도수로 보아 신숙주와 성삼문의 역할이 가장 컸음을 알 수 있다.[106] 김하金何와 이변李邊[107]은 『동자습』 직해에 단 한 번 관여하는 데 그쳤다. 『홍무정운역훈』과 『동자습』 직해 사업에

103 이숭녕(1958: 57)은 최만리 일파를 운학에 어두운 일반 유신으로, 최항 일파를 운학에 관심을 가진 그룹으로 나눈 바 있다.

104 김민수(1964/1982: 140)는 『훈민정음』(1446.9), 『용비가』(1447.2), 운회 번역(1444.2), 『동국정운』(1447.9), 『홍무역훈』(1455.2), 『동자습』(1453) 등 6개 문헌의 편찬 관련자 이름을 표로 정리해 놓았다. 아래 표는 이것을 참고하여 더 확장한 것이다.

105 '운회 번역'은 세종이 명을 내린 일(1444.2.16)을 가리킨다. '반대 상소'는 최만리 등의 상소 건(1444.2.20)을 가리킨다. 『사성통고』는 『홍무정운역훈』(1455) 이후에 나온 것이 분명하고, 『동자습』은 세종의 명으로 편찬을 시작했으나 성삼문이 쓴 서문으로 보아 단종 때 완성된 것이어서 뒤에 놓았다.

106 성삼문이 신숙주보다 1회 적은 것은 1444년 2월 16일에 세종이 명한 운회 번역 사업에 성삼문이 들어가 있지 않기 때문이다.

107 성삼문이 쓴 「동자습 서」에 김하(金何)는 동지중추부사(同知中樞府事), 이변(李邊)은 경창부윤(慶昌府尹)을 맡은 관직자로 나와 있다.

〈표 1〉 훈민정음 관련 문헌의 편찬 및 언문 반대 상소문 참여자

문헌 / 참여자	운회 번역	반대상소	훈민정음 해례본	용비어천가	동국정운	홍무정운 역훈	사성통고	동자습	사서언해
정인지			○	○					
최항	○		○		○				
박팽년	○		○		○				
신숙주	○		○		○	○	○	○	
성삼문			○		○	○	○	○	
강희안	○		○		○				
이개	○		○		○				
이선로	○		○						
조변안						○		○	
김증						○		○	
손수산[108]						○		○	
김하								○	
권제					○	○		○	
안지					○			○	
김문									△[109]
김구									△
이변								○	
최만리		○							
신석조		○							
김문		○							
정창손		○							
하위지		○							
송처검		○							
조근		○							

108 손수산은 통사(通事: 번역관)로 참여한 분이어서 신숙주나 성삼문 등과 위상이 다르다.
109 △로 표기된 김문과 김구는 세종으로부터 사서언해 번역을 명 받았으나 갑자기 죽어[暴死] 아무런 결과를 남기지 못했다.

모두 참여한 분은 여섯(신숙주, 성삼문, 조변안, 김증, 손수산, 권제)이다. 조변안·김증·손수산은 한어에 능통한 역관譯官(혹은 통사通事)이었고, 신숙주와 성삼문은 문관으로 한어에 능통하였다. 『홍무정운역훈』과 『동자습』은 한어음을 번역하는 것이어서 편찬자를 한어 능통자로 구성한 것이다. 이에 비해 『동국정운』 편찬자 중에는 한어 역관이 없다. 『동국정운』 편찬은 교정 조선 한자음의 표기를 위해 운류와 성류를 책정하고 표기의 원칙과 기준을 연구하는 일이어서 중국 한어음을 번역하는 일과 그 성격이 크게 달랐다. 이 점을 고려하여 참여자를 분정分定했던 것이다.[110]

1444년 2월 16일에 세종이 운회 번역을 명했다.[111] 이로부터 4일 후에 최만리 등 7인이 운회 번역을 포함한 언문 사업 전반에 대한 반대 상소문을 제출하였다. 그런데 운회 번역 사업의 결말에 대한 기록은 찾을 수 없다. 그 뒤에 『동국정운』 편찬과 『홍무정운역훈』 편찬이 진행된 것으로 보아 운회 번역이 이 두 개 사업으로 바뀌었음을 알 수 있다. 원대에 편찬된 『고금운회거요』보다 명나라 황제의 명으로 편찬된 『홍무정운』을 번역하는 것이 사대의 명분 혹은 외교적 시의時宜에 맞다고 판단하여 번역 대상이 변경된 것으로 짐작된다.

『사성통고』 범례에는 이 책의 편찬자 이름이 나타나 있지 않다. 위 표에서 신숙주와 성삼문을 『사성통고』 편찬자 이름에 올린 것은 성종실록에 "세종조에 신숙주·성삼문 등을 요동에 보내어 황찬黃瓚에게 어음語音과 자훈字訓을 질정하게 하여 『홍무정운』과 『사성통고』 등의 책을 이루었기 때문에, 우리나

---

110 『홍무정운역훈』 편찬에 가장 긴 세월이 걸렸고, 요동 왕래 등으로 참여한 분들의 고생이 매우 컸음을 신숙주가 쓴 『홍무정운역훈』 서문을 통해 엿볼 수 있다. 이 작업은 현장 조사가 필요한 일이어서 그만큼 고생스러웠다.

111 命集賢殿校理崔恒, 副校理朴彭年, 副修撰申叔舟·李善老·李塏, 敦寧府注簿姜希顔等, 詣議事廳, 以諺文譯韻會, 東宮與晉陽大君 瑈, 安平大君 瑢 監掌其事. 皆稟睿斷, 賞賜稠重, 供億優厚矣. (세종 26년 2월 16일 기사)

라 사람들이 이에 힘입어서 한훈漢訓을 대강 알게 되었습니다."[112]라는 기록에 근거하였다. 『사성통고』가 『홍무정운역훈』의 색인 격으로 편찬된 책인 만큼 후자의 편찬에 참여한 사람이 전자에도 참여했을 것이다. 신숙주와 성삼문 그리고 통사通事 손수산은 요동에 가서 운서에 대해 질문하였고[113](1445.1.7), 중국 사신을 방문하여 운서에 대해 강론하기도 했다[114](1450.윤1.3).

『훈민정음』 해례본에서 『동자습』에 이르기까지 여러 문헌 편찬에 참여한 학자들의 이름이 곳곳에 중복되어 있다. 『훈민정음』 해례본 편찬을 비롯하여, 운서 및 한어 학습서 편찬은 성운과 문자에 대해 학문적 소양을 갖춘 사람이 할 수 있는 것인지라 이런 중복이 나타난 것이다. 다만 언문 반대 상소문에 서명한 관리들은 여러 문헌 편찬 사업에서 모두 배제된 사실이 주목된다. 이들은 훈민정음 창제를 반대하다가 처벌받은 후 훈민정음을 이용한 문헌 편찬 사업에 참여할 수 없게 된 것이다.[115] 세종의 어문 정책에 대한 견해 차이가 이런 결과를 만든 것으로 보인다.

문헌 편찬 업무의 서무 감장監掌 역할을 왕자들에게 맡긴 점도 주목할 만하다. 운회 번역 사업은 동궁東宮, 진양대군 이유晉陽大君 李瑈, 안평대군 이용安平大君 李瑢에게 감장케 했다. 『홍무정운역훈』의 경우 수양대군과 계양군 이증桂陽君 李璔이 감장을 맡았고,[116] 『동자습』의 감장은 화의군 이영和義君 李瓔과 계양군 이증이 맡았다.[117] 동궁을 포함한 왕자들에게 감장 역할을 맡긴

---

112 성종 18년(1487) 2월 2일 기사

113 集賢殿副修撰申叔舟·成均注簿成三問·行司勇孫壽山于遼東, 質問韻書. (세종 27년 1월 7일 기사)

114 命直集賢殿成三問·應教申叔舟·奉禮郎孫壽山, 問韻書于使臣. (…중략…) 三問 叔舟將《洪武韻》講論良久 (세종 32년 윤1월 3일 기사)

115 김문의 경우는 조금 다르다. 1448년 3월 13일 자 세종실록 기록에 김문의 졸기(卒記)가 있고, 이 졸기에 세종이 김문에게 사서 번역을 명했다는 내용이 있다.

116 首陽大君臣 諱 桂陽君臣璔 監掌出納. 〈홍무정운역훈 서문, 보한재집 권15〉

117 仍命和義君臣瓔 桂陽君臣璔監其事. 〈성삼문의 동자습 서문, 동문선 수록〉

것은 이 사업에 대한 임금의 특별한 관심을 의미한다. 『훈민정음』 해례본 편찬은 감장 역할자가 따로 명시되어 있지 않다. 이 일의 감장은 세종 당신이 직접 맡았을 것이다.

4. 외래 문자학의 영향과 창의적 변용

훈민정음 제자론의 사상적 바탕은 주역의 이치[易理]를 중심으로 한 성리론이다. 조선어음을 분석하여 초성체계와 중성체계를 세우는 작업에는 성운학의 음성 분석법을 이용하였고, 설축과 성심 등 새로운 개념을 창안하여 이 일을 이루어 냈다. 외래 학문을 수용하고 독창적 방법론을 개발하여 조선어음을 분석하고 체계화한 것이다. 그다음으로 해야 할 일은 분석해 낸 어음을 시각적 형태 즉 문자로 만드는 것이다. 이 단계에서 필요한 것이 문자학에 대한 지식이다. 제자 대상으로 설정한 음성 목록 하나하나에 글자꼴[字形]을 부여하려면 문자학의 지식과 방법론이 필요하다. 문자학과 관련된 기록을 세종실록에서 찾아보고, 해례본 텍스트에 반영된 문자학 관련 용어를 분석하여 이것이 훈민정음 제자론과 어떻게 연관되어 있는지를 고찰한다.

4.1. 중국 문자학의 학습과 그 영향

1) 세종실록에 나타난 전서篆書 교육

조선 왕조는 개국 이듬해인 태조 2년(1393)에 병학兵學·율학律學·자학字學·역학譯學·의학醫學·산학算學 등 육학六學을 설치하여 인재 육성 제도를 갖추었다.[118] 태종 6년(1406)에는 이 제도를 확대하여 유학·무학武學·이학理學·역

118 태조 2년 10월 27일 기사

학易學·음양풍수학·의학·자학·율학·산학·악학으로 구성된 십학十學을 설치하고, 각각 책임관(=제조관提調官)을 두었다.[119] 또 태종 16년에 각 학과의 제조관이 소속 생도의 학업을 시험하여 등급을 매기도록 제도화했다.[120] 세종 5년에는 각 학과의 제조관을 새로 정해 임금에게 아뢰게 하였다.[121]

세종 12년에는 각 학과의 인재 선발 시험에 부과할 과목을 정했다. 자학字學의 경우, 대전大篆·소전小篆·팔분八分[122] 등 세 과목을 시험 보도록 했다.[123] 세종 19년에는 전서를 잘 쓰는 사람을 천거하여 교서관에 임용하였고,[124] 세종 20년에는 의정부 관원을 뽑으면서 그 시험에 자학 점수를 상등에 두도록 했다.[125] 세종 21년에는 교서관의 실무 담당자(권지權知)로 하여금 크고 작은 전자篆字와 팔분체를 반드시 익히도록 했다.[126]

세종 22년에는 교서관 관원들이 자학을 부지런히 연마토록 강제하는 방안을 만들었다.[127] 주요 내용은 다음과 같다. 교서관에서 전서를 익힌 3~6품 관원을 성균관 종학宗學 박사나 교리나 낭관을 겸직토록 하되, 반드시 교서관의 천거를 받아 임용케 하였다. 전서를 모르면 관직에 임용되지 못하도록 내규를 정한 것이다. 관원들은 사맹삭四孟朔[128]마다 자학 시험을 치러야 했는

---

119 태종 6년 11월 15일 기사
120 태종 16년 3월 29일 기사
121 세종 5년 3월 24일 기사
122 팔분(八分)은 십체(十體)의 하나로, 예서(隸書) 이분(二分)과 전서(篆書) 팔분(八分)을 섞어서 장식적인 효과를 낸 서체이다. 중국 한(漢)나라 때 채옹이 만들었다고 한다. 십체(十體)는 한자의 열 가지 서체로, 고문(古文), 대전(大篆), 주문(籒文), 소전(小篆), 팔분(八分), 예서(隸書), 장초(章草), 행서(行書), 비백(飛白), 초서(草書)를 이른다. 〈표준국어대사전〉
123 세종 12년 3월 18일 기사
124 세종 19년 8월 12일 기사
125 세종 20년 11월 4일 기사
126 세종 21년 7월 16일 기사
127 세종 22년 1월 10일 기사
128 '사맹삭(四孟朔)'은 봄, 여름, 가을, 겨울의 각 첫 달인 정월, 사월, 칠월, 시월을 통틀어 이르는 말이다. 〈표준국어대사전〉

데, 대전·소전·인전印篆·팔분체를 차례대로 쓰게 하여 3등급으로 나누어 평가하였다. 매 연말에는 받은 등급을 모두 합산하여 그 점수에 따라 경관京官의 청요직清要職과 외직에 보임토록 하였다. 평상시에 전서체를 익히지 않는 자가 많으므로 교서관 제조가 시험관이 되어 매월 한 차례 녹관祿官과 겸관兼官 등을 모아서 전자篆字를 쓰게 하고, 그 등급을 매겨 매월 말에 아뢰고, 연말에 그 성적을 이조吏曹에 통보하여 승진과 좌천의 인사 고과考課 자료로 삼게 한 것이다.

이와 같은 평가와 임용 제도는 관원의 전서 능력을 매우 중시했음을 보여 준다. 세종 22년이면 훈민정음 창제 3년 전이다. 전서를 존중하고 전서 학습을 권면하는 분위기가 팽배해 있었음이 실록 기사에 나타나 있다. 전서를 중시한 관원 교육 제도 및 당시의 학문적 경향이 훈민정음 창제 기사(1443.12.30)의 '字倣古篆자방고전'과 해례본(1446) 정인지 서문의 '象形而字倣古篆상형이자방고전' 같은 표현이 나오는 데 영향을 미쳤을 것이다.[129]

2) 몽골문자의 학습

세종실록에는 몽골문자의 학습과 관련된 기사가 2회 나타난다. 세종 5년에 예조에서 다음과 같이 아뢰었다.[130]

> "몽고자蒙古字가 두 개의 모양이 있으니, 첫째는 위올진偉兀眞이요, 둘째는 첩아월진帖兒月眞이라 합니다. 전의 조서詔書와 인서印書에는 첩아월진을 사용하고, 상시 사용하는 문자文字에는 위올진을 사용하였

---

129 조선 전기 전서의 흐름, 조선 중기 전서 학습서의 발간과 그 영향에 대한 고찰은 박준호(2016)의 제4장(조선 중기 전서篆書와 인문印文)을 참고하였다. 이 책에는 전서 33종이 소개되어 있다. 박병천(2021: 76)은 전서 서체 중 8종을 선별하여 비교 예시한 바 있다.

130 세종 5년 2월 4일 기사

으니, 한쪽만 폐지할 수 없는 것입니다. 지금 생도들은 모두 위올진만 익히고, 첩아월진을 익힌 사람은 적은 편이니, 지금부터는 사맹삭四孟朔에 몽학蒙學으로써 인재를 뽑을 적에는 첩아월진까지 아울러 시험해서, 통하고 통하지 못하는 것을 헤아려 위올진의 시험 보는 예例에 의할 것입니다."라고 하니, 그대로 따랐다.

몽골문자에 위올진偉兀眞과 첩아월진帖兒月眞 두 가지가 있는데[131] 지금 생도들이 첩아월진을 익히지 않는 폐단이 있으니 이 둘을 모두 익혀 시험토록 하겠다는 것이다. 세종 12년에 10학의 각 학과에서 익혀야 할 과목을 정하였는데,[132] 역학譯學에는 『위올진偉兀眞』과 『첩아월진帖兒月眞』도 들어가 있다. 이 기록들은 고려의 유습을 이어받아 세종시대에도 몽골어와 몽골문자의 학습이 이루어졌음을 알려 준다. 음소문자의 특성이 뚜렷한 몽골문자 특히 파스파문자를 익힌 것은 조선에서 새로운 음소문자를 창제하는 데 배경지식으로 작용했을 것이다.

원나라의 강력한 영향 아래 있었던 고려시대에 황제 쿠빌라이 칸의 명령으로 파스파(Phags-pa 八思巴)문자가 제정되었고, 이 문자를 이용한 운서 『몽고자운』이 고려에 전해졌다. 세종은 조선 한자음의 교정 사업을 진행하면서 『몽고자운』을 참고했을 것이다.[133] 이러한 과정에서 파스파문자로 표기한

131 홍기문(1946下: 25)은 위올진(偉兀眞)과 첩아월진(帖兒月眞)에 관한 실록 기사를 논하면서 양자의 구별을 다음과 같이 설명했다. 본래 몽골은 위구르족의 문자를 빌려 쓰다가 원 세조 정통 원년에 제사(帝師)인 서장(西藏)의 승려 파스파가 범자 계통인 서장문자를 약간 고쳐 새 문자를 만들었다. 위올진은 위구르문자를 빌려 쓴 몽골자이고, 첩아월진은 파스파가 새로 만든 문자를 가리킨다.

132 세종 12년 3월 18일 기사

133 『몽고자운』에 대한 자세한 설명은 최영애(2003: 91)를 참고하였다. 『몽고자운』에 대한 주요 내용을 간추려 여기에 인용해 둔다. "『몽고자운(蒙古字韻)』은 작자 미상이며 초간 연도도 불명이다. 현재 전하는 판본은 元 至大 元年(원 지대 원년, 1308)에 간행된 주종문(朱宗文)의 교정본(校訂本)이 유일하고 현전본은 청대(淸代)에 베낀 필사본

한자음을 접하면서 파스파문자가 가진 표음문자의 특성과 효용성을 인식했을 것이다. 표음문자인 파스파문자의 원리와 그 효용성을 이해함으로써 음소문자로서의 훈민정음을 구상하는 데 도움을 받았을 것이다.

원나라가 새 문자를 창제하여 이 문자로 표음한 운서 『몽고자운』을 편찬한 사실은 세종의 『동국정운』 편찬에 영향을 미쳤을 듯하다. 『동국정운』의 성모와 운모체계의 분류에 『몽고자운』과 『고금운회거요』 등 원대 운서의 영향이 컸음은 이미 밝혀져 있다(유창균 1974, 왕옥지 1997, 최영애 2003, 정광 2009b). 세종 대에 이룩된 다양한 학문 연구와 여기서 얻은 성리학, 성운학, 문자학, 몽고운학 등에 대한 지식은 훈민정음 창제의 학문적 기초가 되었을 것이다.

3) 『통지通志』 문자학의 영향

한글 창제에 영향을 미친 문자학은 북송 대의 정초鄭樵(1104~1162)가 지은 『통지通志』[134]의 「육서략六書略」(권31-35)과 「칠음략七音略」(권36-37)의 내용이

이다. 이 필사본마저도 오랫동안 유실되어 전하지 않다가 1939년 위 따오취앤(于道泉)이 영국 국립박물관에서 촬영해 온 것이 츠언 인커(陳寅恪)를 거쳐 루어 츠앙페이(羅常培)에게로 전해지고, 루어가 이를 논문으로 발표하여 최초로 세상에 알려지게 되었다. 그 후 루어는 이 『몽고자운』의 전문을 영초(影抄)한 것을 『파스파자여원대한어(八思巴字與元代漢語)』〔자료휘편(資料彙編)〕(羅常培·蔡美彪 合編, 1959)에 실어 세상에 널리 알렸다. 그가 소개한 사본은 뒷부분의 여섯 반엽(半葉)이 없어졌고 중간의 두 반엽도 누락된 것이었다. 그러므로 현재 『몽고자운』은 1956년에 일본 간사이대학(關西大學) 동서학술연구소(東西學術研究所)에서 간행한 영인본 『대영박물관 장구초본 몽고자운(大英博物館 藏舊鈔本 蒙古字韻)』 2권(壺井義正 編)을 근거로 하여 없어진 부분을 보충하고 오류를 교정하여 뒤에 교감기(校勘記)를 첨부하여 펴낸 『몽고자운교본(蒙古字韻校本)』(照那斯圖·楊耐思 編著, 1987)이 널리 이용된다. 현재 전하는 이 『몽고자운』 필사본은 원(元)의 멸망과 함께 파스파문자가 사자(死字)가 된 지 수백년이 지난 청대에 필사된 것이기 때문에 파스파자의 글자체나 필획상의 오류가 상당히 많다. 그러나 다행히도 『고금운회거요(古今韻會擧要)』, 『예부운략칠음삼십육모통고(禮部韻略七音三十六母通攷)』, 『신간운략(新刊韻略)』 등 서적에 의거하여 『몽고자운』의 오류를 교감할 수 있다."

134 『통지(通志)』는 삼황시대부터 수나라까지의 역사를 기록한 문화사적 역사서로 알려져 있다. 전체 200권이며 이 중에서 『이십략(二十略)』이 특히 가치 있는 것인데 여기에

다. 「칠음략」의 주요 내용은 『훈민정음』 해례 제자해, 『동국정운』 서문, 『홍무정운역훈』 서문 등에 흡수되어 있다.[135] 세종은 「육서략」 권5에 실린 「기일성문도起一成文圖」[136]의 자획 운용 방법을 이해하고, 이것을 변용하여 훈민정음 창제에 이용했던 것으로 보인다.

강신항(1990: 38, 137)은 정인지가 쓴 해례본 서문에 「육서략」의 내용이 인용되었음을 논하고, 「육서략」의 「수문총론殊文總論」과 정인지 서문, 그리고 「칠음략 서七音略序」와 정인지 서문의 문장을 서로 대조하여 거의 같은 문장 표현이 공유되어 있음을 밝혔다. "각각 익숙하고 편한 바에 따르되 억지로 같게 할 수 없다.[各隨所習而安 不可疆之使同]"(육서략 수문총론)와 "각각 처하여 편한 바를 모두 따르되 억지로 같게 할 수 없다.[要皆各隨所處而安 不可强之使同] "(정인지 서문)의 문장 표현이 거의 같다. 그리고 "비록 학울음소리, 바람소리, 닭울음소리, 개 짖는 소리, 뇌성치는 소리라도 다 번역할 수 있다.[雖鶴唳風聲 鷄鳴狗吠 雷霆驚天 皆可譯也]"(칠음략 서)와 "비록 바람소리, 학울음소리, 닭울음소리, 개 짖는 소리라도 다 적어낼 수 있다.[雖風聲鶴唳 鷄鳴狗吠 皆可得而書矣]"(정인지 서문)의 문장 표현이 거의 같다. "「칠음략 서」를 읽고 있으면, 마치 「동국정운 서」를 읽고 있는 것 같은 느낌을 가질 정도로 내용이 대동소이" 하며, "훈민정음 창제 무렵에 우리나라 학자들은 성리대전 권7부터 권13까지 수록되어 있는 황극경세서의 성음 이론과 함께, 통지 육서략에서 문자학의 이론을, 또 칠음략에서 운도의 지식 등 성음 이론을 섭취한 것"이라고 했다(강신항 1977: 58).

포함된 「육서략」과 「칠음략」이 훈민정음 창제에 영향을 미쳤다. 『이십략』 중의 하나인 「도보략(圖譜略)」에 대한 연구는 고인덕(2015)을 참고하였다.

135 「칠음략」이 훈민정음에 미친 영향은 홍기문의 『정음발달사 상(上)』(204, 208, 212, 228쪽)에 언급되어 있다.

136 「기일성문도」에 대한 자세한 설명은 제3부 제3장 2.3.3절 1)항 (2)(이 책의 622쪽)를 참고하기 바란다.

정초의 『통지』 특히 「육서략」으로부터 얻은 중국 문자학의 지식이 훈민정음 창제에 일정한 영향을 미쳤음은 부인할 수 없다. 정인지 서문에도 중국 문자학의 영향이 일부 나타나 있다. 그러나 훈민정음 창제가 과거에 존재한 어떤 것을 근본으로 삼아 모방한 것이 아님을 정인지는 분명하게 밝혀 놓았다. "正音之作 無所祖述정음지작 무소조술"이 바로 그것이다. 정음이 전대의 것을 본받아 만든 것이 아니라고 못 박은 것이다. 이는 정음 제작의 밑바탕에 여러 가지 학문과 방법론적 이론이 흡수되어 있지만 근본적으로 세종의 독창에 의해 창제되었음을 천명한 것이다.

4.2. 한자학 관련 용어의 창의적 변용

해례본의 제자해에는 성리학, 성운학 이론과 함께 중국 한자학漢字學[137]의 영향을 받은 용어가 녹아들어 있다. 한자의 생성 원리를 수용하여 제자 이론으로 이용한 사실을 제자해에서 찾을 수 있다. 한자학 관련 용어가 어떻게 창의적으로 변용되어 훈민정음 제자론으로 발전했는지 그 양상을 고찰한다.

1) 상象

'상象'은 한자 생성의 원리로, 사물의 형상 혹은 그것을 본뜸이란 뜻이다. 사물의 본질을 포착하여 그것을 이미지로 표현한 것이 '象'이다. '象'의 본뜻을 『주역』에서 찾을 수 있다. 『주역』「계사」 상 제8장과 12장에 실린 "聖人有以見天下之賾, 而擬諸其形容, 象其物宜, 是故謂之象성인유이견천하지색, 이의제기형용, 상기물의, 시고위지상"이란 문장[138]의 '象'이 본뜻에 해당한다. "사물

137 한자학(漢字學)을 줄여서 '자학(字學)'이라 칭하기도 하고 '문자학'이라 통칭하기도 한다.
138 이 문장은 다음과 같이 번역된다. "성인이 천하의 심오한 것을 봄에 있어서, 그 모양과 생김새[形容]를 헤아려 그 사물의 마땅함을 본뜨는[象] 것이라. 이런 까닭에 '象'이라

의 모양과 생김새[形容]를 헤아려 그 사물의 마땅함을 본뜨는 것"이 '象'이다. '象'은 사물의 형상을 본떠 그 사물이 가진 본질적 속성[物宜]을 드러내는 것이고, 이를 구체화하여 '象形상형'이라 부른다. 허신許愼은 그의 저술 『설문해자說文解字』에서 '象形'을 육서법[139]의 첫째로 세웠다. 한자의 원초적 기원이 '상형'에 있음을 인식한 것이다. '象形'은 사물의 형상을 본떠 글자를 만든 것이며 한자 생성의 근본 원리이다.

정음해례편 제자해 첫머리의 "正音二十八字 各**象其形**而制之정음이십팔자각상기형이제지"[140]와 제자해 결시 제5행의 "正音制字**尙其象**정음제자상기상"에 '象'의 본뜻이 표현되어 있다. 전자는 정음해례편 제자해의 첫머리에서 제자 원리의 본질을 밝힌 것이다. 두 인용문에 나오는 '象'은 훈민정음 제자 원리가 '象'에 있음을 말해 준다.

'象'은 훈민정음의 초성자 및 중성자 제자의 근본 원리로 작용하였다. "정음 28자는 각각 그 형상을 본떠 만들었다."라고 총괄적으로 서술하고, 이어서 "아음 ㄱ은 혀뿌리가 목구멍을 막는 모습을 본떴다.[牙音ㄱ 象舌根閉喉之形]"와 같은 문장으로 초성의 기본자 다섯 개가 각각 발음기관을 '象'했음을 밝혀 놓았다. '象'의 원리는 중성 기본자의 형상화에도 적용되었다.[141] 제자해에서 ·의 형상이 둥근 원인 것은 하늘을 본뜬 것이고[形之圓 象乎天也], ㅡ의 형상이 평평한 것은 땅을 본뜬 것이며[形之平 象乎地也], ㅣ의 형상이 서 있는

이른다." (대산 이상정 선생의 『주역강해』를 참고함)

139 육서법의 기원과 변천은 최영애(1988: 75-77)를 참고하였다.

140 '象其形(상기형)'을 정확히 이해하려면 『주역』「계사전」 상 제12장을 보아야 한다. 文(문)은 말을 다 표현하지 못하고 말은 뜻을 다 전달하지 못하기에 성인이 그 뜻을 온전히 전달하기 위해 象(상)을 썼다고 하였다. 象이란 사람 중에서 가장 탁월한 이가 세상의 지극히 어지럽고 복잡한 현상을 보고, 그것이 지닌 특징을 잡아 그려 낸 것을 뜻한다(곽신환 2016: 52).

141 유창균(1966/1977: 159-163)은 육서법의 '象形' 개념을 훈민정음 제자론에 적용하였고, 훈민정음 초성자와 중성자 제자에서 상형의 원리를 찾으려 했다.

것은 사람을 본뜬 것[形之立 象乎人也]이라고 하였다. 중성 기본자는 각각 天地人천지인의 형상을 '象'한 것이다. 한자의 상형자(日, 水, 山)와 중성 기본자의 '象'을 비교해 보면 '象'의 대상과 방법이 전혀 다름을 알 수 있다. 중성 기본자에 작용한 '象'은 한자 생성의 근본 원리인 '象形'에서 빌려 온 것이지만 '象'의 대상과 방법이 다르다. 그 결과 또한 매우 달라서 삼재를 象상한 정음 중성자는 기호의 최소 단위인 점과 선의 형상을 띠고 있다. 중국의 자학字學과 역학易學에서 '象'의 개념을 빌려 왔으나 그 실질에서 커다란 변용이 있었던 것이다.

2) 합合

'합合'은 두 개 이상의 구성소를 합쳐 새 글자를 만드는 원리이다. '合'[142]의 원리는 수많은 한자 생성에서 빈번히 활용된 방법이다. '江강', '紅홍', '松송'과 같은 글자는 횡橫(=가로)으로 두 구성소를 합한 것이고, '岩암', '唇진', '究구'와 같은 글자는 종從(=세로)으로 두 구성소를 합한 것이다. '草초', '棠당', '敬경'과 같은 글자는 세 구성소를 세로 및 가로로 합해 새 글자를 만든 것이다. 이와 같은 조자법造字法을 한자의 편방偏旁 합성법이라 부를 수 있다. 二合이합, 三合삼합, 四合사합 등의 방법이 범자梵字나 거란문자에만 있었던 것이 아니다. 조선의 학자들에게 익숙한 중국의 한자에 여러 번 합치는 重合중합의 원리가 이미 존재하고 있었다.

훈민정음에서도 '合'의 원리가 다양한 방식으로 변주되어 제자론에 활용되었다. 첫째, '合'의 원리는 초성자의 합용合用에 적용되었다. 같은 초성자 두 개를 가로로 나란히 합한 각자병서자(ㄲ, ㄸ, ㅃ 등)에 合의 원리가 적용

142 '合'이 중국 문자학의 용어로 굳어져 통용되어 온 것은 아니나 한자 생성의 원리로 작용해 온 것은 분명하다.

되었다. 서로 다른 초성자 두 개를 가로로 합한 ㅺ, ㅼ, ㅽ 등의 2자 합용병서자와, 초성자 세 개를 가로로 합한 ㅴ, ㅵ 등의 3자 합용병서자에도 '合'의 원리가 적용되었다. ㅸ은 초성자 두 개를 세로 방향으로 합한 것이다. '合'의 원리는 종성자의 합용에도 적용되어 이합 종성자(흙, 낛)와 삼합 종성자(돐빼)가 만들어져 실용되었다.[143]

둘째, '合'의 원리는 중성 초출자와 재출자의 생성에 적용되었다. 제자해에서 중성 기본자(·, ㅡ, ㅣ)를 합해 초출자(ㅗ, ㅏ, ㅜ, ㅓ)와 재출자(ㅛ, ㅑ, ㅠ, ㅕ)를 만든 원리를 '合而成합이성'이라 표현했다. ·와 ㅣ를 合해 ㅏ나 ㅓ가 이루어진다[成]. ·와 ㅡ를 合해 ㅗ나 ㅜ가 이루어진다[成]. 이 과정을 각각 한 번 더 반복하면 재출자 ㅛ, ㅑ, ㅠ, ㅕ가 이루어진다[成]. 이들은 중성 기본자를 '合而成'(=合成)하여 만든 것이다. 중성 초출자는 두 개 구성소를 합친 것이고, 중성 재출자는 세 개 구성소를 합친 것이다. 중성자 생성에도 합용법合用法이 적용되어 동출 합용자(ㅘ, ㅝ 등)를 만든다. 중성자 생성에 적용된 또 하나의 合의 원리가 'ㅣ相合法ㅣ상합법'(=ㅣ서로 합침)이다. ㅏ, ㅓ, ㅗ, ㅜ에 각각 ㅣ를 합해 ㅐ, ㅔ, ㅚ, ㅟ를 만드는 방법이 'ㅣ相合'이다. 1자 중성에 'ㅣ相合'을 하여 만든 중성자가 10개이고, 2자 중성에 'ㅣ相合'하여 만든 중성자가 4개이다.[144] 다양한 유형의 중성자 생성에 '合'의 원리가 적용되었다.

'合'의 원리는 초성자+중성자+종성자를 결합한 음절자(CVC) 생성에도 적용되었다. "初中終三聲 合而成字초중종삼성 합이성자"(합자해)는 '合而成'의 완성된 단계를 보여 준다. '合'은 초성, 중성, 종성과 이를 모두 합친 음절자에 이르기까지 훈민정음 제자 과정을 관통하는 핵심 원리이다. '合'은 한자 형성법일 뿐 아니라 거란문자와 파스파문자의 제자 원리이기도 하다. 원나라

143 初聲二字三字 合用並書(합자해), 中聲二字三字合用(합자해), 終聲 二字三字合用(합자해)

144 一字中聲之與ㅣ相合者十. 二字中聲之與ㅣ相合者四. (중성해)

세조 쿠빌라이 칸이 1269년에 파스파문자를 반포하면서 내린 조령詔令에 2개, 3개, 4개의 운모를 '합'하여 글자를 이룬다는 표현이 나온다.[145] 이 조령에 나온 '合成字합성자'의 방식이 훈민정음 창제에 일정한 영향을 미쳤을 가능성도 있다.

앞에서 본 '象'은 초성 기본자와 중성 기본자의 자형을 부여한 원리이다. '象'은 기본자 자형을 만든 원리이므로 근본적 1차 원리라 할 수 있다. 이에 비해 '合'은 중성 기본자 간의 1차 합성과 2차 합성을 통해 중성 초출자와 중성 재출자를 만든 원리이고, 초성 병서자와 종성 병서자를 만든 원리이기도 하다. 나아가 '合'은 초성자+중성자+종성자가 결합하여 음절자를 만드는 원리이기도 하다. 이런 점에서 '合'은 이미 만들어진 글자를 合하여 다른 글자를 만드는 2차적 원리이자 운용법이라 할 수 있다.

3) 상형象形과 고전古篆

정인지 서문에 나온 '象形而字倣古篆상형이자방고전'은 한자학漢字學의 영향을 잘 보여 준다. 이 구절에서 가장 핵심적인 자학 용어는 '象形상형'[146]과 '古篆고전'이다. 이 구절은 많은 학자들의 관심을 끌었다.[147] 정인지 서문에

---

145 "이 문자에는 모두 1천여 개의 글자가 있다. 운모(韻母)는 모두 41개인데 성모(聲母)와 서로 관련지어 자(字)를 이룬다. 운을 관련 짓는 법은 두 개, 세 개, 네 개의 운모를 합하여 글자를 만드는 것이고, 어운(語韻)의 법은 서로 잘 어울리는 발음을 으뜸 원칙으로 삼는 것이 요점이다.[這種文字祗有一千多個字, 韻母共四十一個, 和相關聲母造成字的, 有韻關法; 用兩個, 三個, 四個韻母合成字的, 有語韻法; 要點是以諧音爲宗旨.]" 여기에 인용한 세조의 조령 원문과 번역문은 정광(2015a: 208)을 참고한 것이다.

146 안병희(1990: 143)는 육서법의 여러 원리 중 '상형'만 해례본 문장에 반영되고 나머지 지사, 회의, 형성이 나타나지 않은 이유를 다음과 같이 설명한 바 있다. 당시 학자들이 육서에 대해 공부한 『한서(漢書)』 「예문지(藝文志)」에 지사, 회의, 형성이란 용어가 '상사(象事)', '상의(象意)', '상성(象聲)'이란 용어로 불렸고, 「육서략(六書略)」(제1)에도 '六書也者 皆象形之變也(육서야자 개상형지변야)'라고 한 사실에 비추어 당시 학자들이 지사, 회의, 형성을 상형과 크게 다르지 않은 것으로 보았을 가능성이 있다고 했다.

147 '字倣古篆'에 대한 여러 학자의 주장은 제3부 제3장 2.3.3절 1)항 (1)(이 책의 617쪽)을

나온 이 구절을 직역하면 훈민정음은 "象形을 한 것이되 글자는 古篆을 본떴다."라고 풀이된다. '字倣古篆자방고전'에서 '古篆'의 실체가 무엇이냐를 두고 논란이 많았다.[148] '古篆'에 대한 해석 차이가 있음에도 불구하고, 이 용어가 한자 서체의 하나인 '篆'과 관련되어 있음은 분명하다.

유창균(1966/1977: 171-172)은 두학지杜學知의 학설과 고야왕顧野王이 지은 『옥편玉篇』의 내용을 인용하며, 篆字전자의 특징으로 "左右均一좌우균일, 規旋矩折규선구절, 字形方整자형방정, 筆畫勻稱필획균칭" 등 네 가지를 들었다. 그는 『몽고자운』 권두에 실린 파스파문자의 네 가지 자체字體를 제시하고 이것을 '篆字母전자모'라고 한 사실을 지적했다.[149] 파스파문자의 이런 속성을 본떠 해례본에 나온 훈민정음의 자형을 사각형 구조로 만들고서 이를 '자방고전'이라 칭한 것이라고 하였다. '자방고전'의 '고전'이 파스파문자를 가리킨 것이라는 유창균의 해석은 발표 당시에 새로운 제안으로 관심을 끌었다.

중국 한자학 문헌[150]에서 '文字문자'의 뜻풀이는 그 유래가 허신의 『설문해자』까지 올라간다.[151] 「설문해자 서說文解字叙」에는 "창힐이 처음으로 書

참고하기 바란다.

148 학자들의 여러 주장이 홍윤표(2005)와 박형우(2008)에 정리되어 있다.

149 유창균은 『동국정운』이 『몽고자운』의 영향을 크게 받은 것이라 하고, 『몽고자운』에서 한자음을 표음한 파스파문자의 자형과 문자 구성 원리가 훈민정음 창제에 영향을 미쳤다고 보았다.

150 고대의 몇몇 문헌에 수록된 한자 자수는 다음과 같다. 기원전 3세기 진나라 시대의 자서 『창힐편』에는 3,300자, 기원후 121년경의 『설문해자』에는 9,353자의 한자가 수록되었다. 543년에 만든 『옥편』에는 22,726자, 1716년의 『강희자전』에는 40,545자, 『현대어 자전』에는 해서체 한자 54,678자가 수록되었다(유경숙 1999: 203-204).

151 중국 문자학은 동한(東漢)의 허신(許愼)이 한자 9,353자를 분류하고 각 한자의 형음의(形音義)를 설명한 『설문해자(說文解字)』 14편을 지음으로써 확립되었다. 『설문해자』의 편찬 연대는 허신의 아들 허충(許沖)이 황제에게 이 책을 바친 건광(建光) 원년(기원후 121)경으로 추정한다. 허신보다 앞서서 유흠(劉歆)이 공자의 고택에서 출토된 경서를 통해 고문자를 연구하여 『칠략(七略)』을 저술하였고 여기서 한자의 조자(造字) 원리를 육서(六書)로 파악하였다고 한다. 유흠의 『칠략』은 전해지지 않아서 한자 육서법의 확립은 허신의 공으로 돌아갔다.

[글자]를 만들었는데 모두 모양을 본뜬 것[象形]이어서 이를 文이라 한다. 두 개의 상형 한자가 결합하거나 형성形聲이 더해진 것을 字라고 부른다."라는 풀이가 있다.[152] '文'은 상형이나 지사의 원리로 만들어진 글자이고, '字'는 상형자(文)에 소리를 뜻하는 성부聲符가 결합한 글자이다. '字'는 합자合字인 셈이다. 예컨대 '日일'과 '月월'은 상형자로서 '文'이고, '日'과 '月'을 합한 '明명'은 '字'가 된다. '江강', '紅홍' 등은 형성자로서 '字'에 해당한다. 이 원리를 훈민정음에 적용해 보면, 초성 기본자 다섯 개와 중성 기본자 세 개는 '文'이고, '소', '비'와 같이 초성자와 중성자가 합쳐진 것과 '달', '봄'처럼 초성자, 중성자, 종성자가 합쳐진 것은 '字'가 된다.

이러한 '文字'의 풀이를 '象形而字倣古篆상형이자방고전'에 적용하면, '象形'은 기본자(=文)의 꼴(자형)을 만든 원리이고, '字倣古篆'은 기본자를 합하여 만든 음절자(=字)가 '古篆'을 모방했다는 뜻이다. 정인지 서문(1446.9)보다 연대가 앞서는 세종실록의 훈민정음 창제 기사(1443.12)에는 '象形而字倣古篆'이 아니라 '其字倣古篆기자방고전'이라고 표현되어 있다.[153] 이 기사의 '其字倣古篆' 뒤에는 '分爲初中終聲 合之然後乃成字분위초중종성 합지연후내성자'라는 문장이 이어진다. 초성, 중성, 종성이 합쳐진 연후에 '字'가 이루어진다는 뜻이 여기에 함의되어 있다. 따라서 '其字倣古篆'의 '字'는 초성자·중성자·종성자가 합쳐진 음절자를 가리킨 것도 된다. 이 음절자의 자형이 '古篆'을 모방했다는 뜻을 밝힌 것이 '字倣古篆'이다.[154] 그런데 제자해의 "正音

152 敍蒼頡之初作書, 盖依類象形, 故谓之文, 其后形聲相益, 即謂之字. 文者物象之本, 字者言孳乳而浸多也. 〈說文解字叙〉

153 是月, 上親制諺文二十八字, 其字倣古篆, 分爲初中終聲, 合之然後乃成字, 凡于文字及本國俚語 皆可得而書, 字雖簡要 轉換無窮, 是謂 訓民正音. (세종 25년 12월 30일 기사)

154 홍윤표(2005: 65)는 '字倣古篆'의 '古篆'은 한자의 구성 원리로, 훈민정음에서 자음 글자를 만들 때 적용된 것이며, '象形'이 기본자를 만드는 원리로 이용되었다면 '字倣古篆'은 기본자 이외의 글자를 만드는 원리라고 보았다

二十八字정음이십팔자", "初聲凡十七字초성범십칠자", "中聲凡十一字중성범십일자" 등에 쓰인 '字'는 낱 자모자를 가리킨다. 해례본의 '字'는 낱자와 음절자를 모두 가리키는 용어이다.

세종실록에는 당시 관리들이 篆體전체의 학습을 중요시했고 이를 독려한 기사가 여러 번 나옴을 앞에서 보았다. 이러한 내용의 실록 기사를 통해 篆體가 당시의 문자생활 혹은 문서 작성에서 중요한 위상을 차지했음을 알 수 있다. 이러한 학문적 분위기 속에서 '古篆고전'을 훈민정음 자형과 관련지은 것이다. 이러한 관련지음에는 한자 篆體가 가진 권위를 새로 만든 문자에 부여하려는 의도가 있었을 것이다. '字倣古篆자방고전'의 '古篆'은 중국 한자의 전서체, 특히 小篆體소전체와 관련되어 있다. 이 구절의 '古篆'을 한자 서체의 하나로 보는 것이 분분한 논란을 해결하는 길이다.

훈민정음에서 '古篆'을 제자론에 끌어온 이유는 두 가지로 말할 수 있다. 하나는 소전체가 가진 정방형의 형태와, 자획의 시작과 끝 부분의 넓이가 고르게 같은 특성을 훈민정음 자형과 관련짓기 위함이다. 다른 하나는 새로 만든 문자가 "한갓 신기한 기예"가 아니라 '古篆'이 가진 특성을 지니고 있음을 강조하기 위한 것이다. 세종 당시에 전서 서체를 중시하고 그것의 학습을 중시한 세종실록의 기록은 '古篆'을 숭상한 당시의 학풍을 보여 준다. '古篆'이 가진 권위를 새 문자 훈민정음에 부여하려는 뜻이 '字倣古篆자방고전'에 함축되어 있다.

5. 마무리

훈민정음이란 걸출한 문자가 탄생할 수 있었던 학문적 배경은 다음과 같이 요약할 수 있다. 중국 성운학의 이해와 이를 기반으로 세종이 독창적으로 창안한 방법론, 성리학의 삼재론·음양론·오행론의 역학 이론, 한자학과 파스파문자를 중심으로 한 동아시아의 문자학이 한글 창제에 영향을 미쳤다. 훈민정음 창제자와 해례본 편찬자들은 말소리를 실질적으로 분석하는 방법론을 성운학 연구를 통해 익혔고, 여기에 음성과학적 분석법을 더하여 조선어음을 정밀하게 분석하여 체계화하였다.

본 장에서 훈민정음 창제를 가능케 했던 학문적 바탕을 논구하였다. 세종시대에 행해진 『성리대전』의 도입과 간행, 그리고 세종실록에 기록된 경연 기사를 통해 세종이 집현전 학사들과 함께 『성리대전』을 독파하면서 여기에 포함된 주역 관련 서적을 깊이 연구했음을 보았다. 세종과 경연관 학자들이 7년에 걸쳐 『성리대전』을 독파해 드디어 그 내용을 장악하여 실용의 단계에 도달했음을 세종실록 기사에서 확인하였다. 이렇게 획득한 역학적 성리론이 훈민정음 제자론의 바탕이 되었던 것이다. 아울러 성운학과 한자학을 받아들여 훈민정음 제자론으로 이용하였음을 살펴보았다. 성운학이 해례본에 수용된 양상의 분석과 세종 대에 편찬한 운서의 서문 분석을 통해 세종과 측근 학자들의 학문적 수준이 높았음을 알 수 있었다. 한자학과 관련된 전서篆書의 학습과 교육, 그리고 이것이 훈민정음의 제자에 미친 영향을 '象상', '合합', '古篆고전' 등의 핵심어를 통해 살펴보았다 이어지는 제3부 제2장에서는 작업 단계의 재구성이라는 관점에서 훈민정음의 제자론을 자세히 논하고, 제3부 제3장에서는 융합성의 관점에서 제자론을 해석한다.

제2장
훈민정음 창제의 작업 단계 재구성과 제자론의 단계별 적용

1443년의 훈민정음 창제는 조선어의 말소리를 정밀하게 찍어 낼 수 있는 고해상도 디지털 스캐너를 제작해 낸 것과 다름없다. 세종대왕은 훈민정음이라는 스캐너를 만들기 위해서 어떤 설계를 하고 어떤 순서로 제작 공정을 진행했을까? 본 장에서는 세종대왕이 어떤 작업 단계를 거쳐 어떤 방법과 원리를 적용하여 훈민정음을 만들었는지를 재구성해 본다. 이 일은 훈민정음의 제작 과정에서 어떤 이론을 바탕으로, 어떤 순서로 제자制字 작업을 진행했는지 탐색하는 것이다. 본 장의 목적은 훈민정음 창제 과정을 '작업 단계'라는 관점에서 질서화함으로써, 훈민정음의 제자 과정과 제자론을 종합적으로 이해하기 위한 새로운 틀을 제시하는 것이다. 이 작업은 제자 과정에서 행해진 작업 내용과 여기에 관련된 제자론을 체계적으로 제시하여 훈민정음에 대한 이해를 심화하기 위한 것이다.[1]

1 본 장은 백두현(2013)을 심화 확장하여 새로 쓴 것이다.

1. 몇 가지 논점에 관한 예비적 고찰

본론에 들어가기에 앞서 연구 문제와 연관된 몇 가지 논점을 고찰하여 후속 논의를 위한 기초로 삼는다.

1.1. 문자 창제에 필요한 기초 작업

문자가 없는 언어를 위해 문자를 만들려고 할 때 필요한 것이 무엇일까? 문자를 만드는 데 이용한 방법론은 무엇이며, 이 일의 작업 단계는 어떻게 진행되었을까?[2] 문자를 만드는 데는 크게 나누어 두 가지 종류의 작업이 필요하다. 첫째는 해당 언어의 말소리를 분석하여 음성 목록을 만들고, 이를 체계적으로 분류하여 문자화할 음성 단위를 설정하는 일이다.[3] 둘째는 설정한 음성 단위를 시각 이미지로 형상화하는 원리를 개발하고, 이것을 이용하여 자형을 만들어 내는 일이다.

첫 번째 작업은 해당 언어에 사용되는 음성 단위를 파악하는 것이다. 이 작업을 하려면 소리 덩어리로 실현되는 음성 단위를 분석해야 하고, 이 분석에 필요한 도구를 갖추어야 한다. 이 도구의 사용법을 알아야 함은 물론이다. 세종과 측근의 학자들은 중국 성운학이란 도구와 전통적 차자표기에서 얻은 우리말 표기의 경험을 통해 얻은 음성 분석법을 알고 있었다. 성운학에는 성모와 운모 단위를 설정하고 체계화하는 방법이 있다. 한반도에서 한자를 이용해 우리말을 표기해 온 차자표기(이두, 향찰, 구결, 고유명사 표기)에는 음

---

2 필자가 본 문자학 관련 서적 혹은 역사언어학 서적 등에서 새로운 문자 창제의 일반적 절차를 논한 내용은 없었다. 이것은 필자의 과문함일 수 있다.

3 '소리글자'를 만들기 위해, 해당 언어의 음소 목록과 음절 구조를 파악함은 물론 음소를 구성하는 자질까지 분석할 수 있는 이론과 방법을 갖추어야 한다(임용기 2008: 117).

절 단위 표기 및 종성 분리 표기법이 있었다. 차자표기로 우리말의 낱말과 문법형태(조사와 어미)를 적어 낸 경험이 축적되어 있었던 것이다(후술 3.1.2의 2)항 참고).

두 번째 작업은 음성 분석을 거쳐 설정한 음성 단위를 시각적 형상을 가진 문자로 전환하는 일이다. 『훈민정음』에 나타난 정음 자모체계와 제자해에 기술된 제자론을 분석해 보면, 세종이 문자 창제 작업에서 이용한 제자 방법을 알아낼 수 있다. 중국 한자학漢字學[4]으로부터 상형과 합성의 방법을 빌려 창의적으로 변용하였고, 육서법과 같은 한자 생성 원리를 참고하였다. 세종은 성리학과 성운학, 한자학에 대한 지식을 바탕으로 차자표기의 경험적 지식을 더하여 독창적 제자론을 창안하였다. 발음기관 상형법, 소리의 세기에 따라 획을 더하는 가획법, 중성 기본자의 삼재 상형법, 중성 기본자를 먼저 만들고 이를 합성하여 초출자와 재출자를 제자制字한 합성법, 낱자를 다시 합쳐 필요한 글자를 만드는 합용법 등과 같은 것이 바로 독창적 제자론에 해당한다.

전통적 차자표기에서 획득한 우리말 표기 경험은 음절을 음성 분석의 기본 단위로 삼고, 음절 삼분법을 세우는 데 기여했을 것이다.[5] 이들은 훈민정음 창제를 위한 이론적 바탕이자 도구이며, 경험적 토대가 되었다. 훈민정음 창제는 전통적 차자표기의 경험을 바탕으로 하여 중국의 성운학과 문자학의 방법을 활용하고, 여기서 더 나아가 독창적 제자론을 창안함으로써 성공할 수 있었던 것이다. 여기에는 파스파문자의 영향도 있었다고 본다.

---

4 '중국 한자학(漢字學)'을 흔히 '중국 문자학'이라 부르기도 하나 '한자학'이라 칭함이 더 정확하다. 이 책에서는 '한자학'을 주로 쓰고 필요한 문맥에서 '중국 문자학'을 쓰기도 할 것이다.

5 필자의 이 표현은 강창석(1992)의 연구를 수용한 것이다. 차자표기와 훈민정음을 관련지은 여러 학자 중에서 강창석(1992)은 긍정적 관점에서 이 문제를 가장 깊이 고찰하였다.

1.2. 훈민정음 창제 과정에서 표기 대상(고유어와 한자음)을 변경했는가?

강창석(1992: 25)은 "훈민정음의 용도나 목적 등은 창제 작업이 단계적으로 진행되는 동안 조금 변화했을 수도 있기 때문"에 훈민정음 창제 과정에서 표기 대상의 변화가 있었다고 보았다. 『훈민정음』이 완성된 시점(1446)에는 운서 번역 및 교정校正 한자음(동국정운식 한자음) 표기가 훈민정음의 중요한 용도로 설정되었지만, 훈민정음 창제의 계획 단계에서부터 그러했는지는 분명치 않다고 하였다. 세종이 훈민정음 창제를 시작하면서[6] 고유어 표기를 위한 문자를 계획했으나 진행 도중에 이 문자의 용도를 교정 한자음 표기로 확대했다는 것이 강창석의 견해이다. 이 견해는 훈민정음 창제 목적이 조선 한자음 표기에 있다고 본 이숭녕, 강길운, 정광 등의 주장과 부분적으로 맥락이 닿아 있다. 훈민정음 창제의 작업 단계를 논함에 있어서 이 문제는 중요한 것이기 때문에 이 문제를 먼저 검토한 후에 후속 논의를 진행한다.

훈민정음이란 문자체계가 창제된 사실은 세종 25년(1443) 12월 30일 세종실록 기사에 처음 나타났다. 이 기사의 첫머리에 "이달에 임금이 언문 28자를 친히 만들었다.[是月 上親制諺文二十八字]"라고 하였으니 1443년 12월 중에 문자체계가 완성되었음을 알 수 있다. 세종실록 편찬자들이 창제 기사를 12월 30일에 배치한 것은 사관들이 창제한 날짜를 특정하기 어려워서 해당 연도의 마지막 달 마지막 날에 이 기사를 편입해 넣었기 때문일 것이다.[7] 이 점

6 훈민정음 창제의 시작 시점은 사실상 알 수 없다. 최만리 상소문에 나온 언급으로 보아 세종이 온천과 약수를 찾아 요양할 때도 언문 일에 매달렸음을 알 수 있다. 세종이 첨사원을 설치하여 국정을 세자에게 맡긴 사실과 온천·냉천을 찾아 요양한 사실이 훈민정음 창제 및 『훈민정음』 편찬의 시간적 배경이 되었던 것으로 보인다. 세종의 전지(轉地)요양에 대한 자세한 설명은 이숭녕(1975b)과 이왕무(2006)를 참고하기 바란다. 제4부 제2장 2.3절(이 책의 832쪽)에서도 관련 내용을 다룬다.

7 앞의 제1부 제1장 1절에서 이 점을 말한 바 있다.

을 고려하면 적어도 훈민정음이란 문자체계가 완성된 시점은 1443년 12월 30일 이전이라고 말할 수 있다. 세종이 문자 창제 작업을 '시작한 때'를 특정하기도 어려운데 창제 작업이 진행되는 도중에 표기 대상이 변경되었다고 추정하는 것은 부담스러운 점이 없지 않다. 이에 대한 정밀한 고찰이 필요하다.

창제 기사에서 놓치지 말아야 할 중요한 사실은 "凡于文字及本國俚語皆可得而書범우문자급본국이어 개가득이서"라는 문장에 있다. 신제한 훈민정음으로 '文字문자' 즉 한자음과 '本國俚語본국이어'(우리나라 고유어)를 모두 적어낼 수 있다고 한 것이다. 이 기사문에 훈민정음이 한자음 표기까지 가능한 것임을 명시해 놓았다. 이 내용이 1443년 12월의 창제 기사에 들어간 것은 훈민정음 창제 목적에 조선의 고유어와 한자음 표기가 포괄되어 있음을 의미한다.

훈민정음을 창제하고 얼마 지나지 않아 세종은 한자음 번역 사업팀을 구성하였다. 다음의 두 기사가 이와 관련된 정황을 알려 준다. 1444년 2월 16일의 세종실록 기사에 집현전 교리 최항, 부교리 박팽년, 부수찬 신숙주·이선로·이개, 돈녕부 주부 강희안 등에게 훈민정음으로 운회[8]를 번역하라고 명한 내용이 있다.[9] 운회 번역팀이 구성된 것은 한자음 번역 사업을 본격적으로 시작했음을 뜻한다. 그런데 4일 뒤(1444.2.20)의 기사에 최만리 등이 올린 상소문에는 운서 번역이 이미 상당히 진행된 것처럼 말한 내용이 있다. 최만리 등은 "또 가볍게 옛사람이 이미 이룩한 운서를 고쳐 근거 없는 언문

---

8 조선왕조실록에서 '운회(韻會)'를 검색해 보니 태종 17년(1417) 윤5월 12일, 세종 1년, 세종 3년 등 십여 건의 기사에 '운회'가 나온다. 기사 내용은 대부분 어려운 한자의 뜻풀이를 위해 운회를 참고했다는 것이다. 이 '운회'는 원(元)의 웅충(熊忠)이 편찬한 『고금운회거요(古今韻會擧要)』(1297)로 간주된다. 원의 운서 『몽고자운(蒙古字韻)』·『고금운회거요』가 미친 영향은 왕옥지가 행한 일련의 연구(2006b 등)를 참고하였다.

9 命集賢殿校理崔恒, 副校理朴彭年, 副修撰申叔舟·李善老·李塏, 敦寧府注簿姜希顔等, 詣議事廳, 以諺文譯《韻會》, 東宮與晉陽大君 瑈, 安平大君 瑢監掌其事. 皆稟睿斷, 賞賜稠重, 供億優厚矣. (세종 26년 2월 16일 기사)

을 갖다 붙여서 공장工匠 수십 인을 모아 각본刻本하여 급히 널리 반포하려 하시니, 천하 후세의 공론이 어떠하겠습니까?"[10]라고 운서 번역의 상황을 묘사해 놓았다.[11]

이 상소문을 본 세종이 최만리를 불러 꾸짖어 말하기를, "네가 운서를 아느냐. 사성과 칠음 자모字母가 몇이나 있느냐. 만일 내가 운서를 바로잡지 아니하면 누가 이를 바로잡을 것이냐?"[12]라고 논박했다. 세종의 말에 '운서를 바로잡는다[正其韻書정기운서]'라는 표현이 있다. 이것은 단순한 번역이 아니라 정음으로 올바른 한자음을 밝혀 적어서, 운서음韻書音에서 크게 벗어난 조선 한자음을 '바로잡겠다'는 뜻이다. 세종이 최만리 등에게 이렇게 말한 것으로 보아 세종은 1444년 2월에 이미 『동국정운』 편찬을 염두에 두고 있었음을 알 수 있다. 훈민정음 창제 후 한 달 보름 정도가 된 시점(1444.2.16)에 운회 번역 사업을 시작한 사실은 훈민정음을 통한 한자음 번역(과 교정) 사업이 창제 후 얼마 지나지 않아 시작된 것임을 알려 준다.

훈민정음 창제 기사가 실린 1443년 12월 30일과 운회 번역 및 언문 반대 상소 기사가 실린 1444년 2월 16일에서 20일 사이의 시간적 거리는 길지 않다. 훈민정음을 창제하고 한 달 보름 정도 지나서 운회 번역 사업에 돌입했음을 실록의 기사가 기록하였다. '正其韻書정기운서'라는 세종의 말도 훈민정음 창제 직후부터 교정 한자음을 새 문자의 표기 대상으로 삼았음을 의미한다. 훈민정음이 창제되어야 비로소 이 문자로 한자음을 교정하거나 번역하

---

10 又輕改古人已成之韻書, 附會無稽之諺文, 聚工匠數十人刻之, 劇欲廣布, 其於天下後世公議何如? (최만리 상소문)

11 운서에 언문을 붙인 것을 출판하기 위해 공장 수십 인을 모아 조판하는 일이 진행되고 있는 것처럼 말한 것이다. 이 말대로라면 1444년 2월 16일에 꾸린 번역팀은 이 일을 막 시작한 것이 아니라 상당한 수준으로 진행되어 온 한자음 번역을 검토하고 이를 각본(刻本)하기 위한 일을 맡은 것이라고 볼 여지도 있다.

12 且汝知韻書乎? 四聲七音, 字母有幾乎? 若非予正其韻書, 則伊誰正之乎? (최만리 상소문)

는 사업을 시작할 수 있기 때문에 한자음 관련 사업은 창제 이후에 시작될 수밖에 없었다.

문자로서의 훈민정음이 1443년 12월에 창제되었고, 1444년 2월에 운회 번역 사업이 시작되었다. 1446년 9월에 『훈민정음』 해례본이 완성되었고, 1447년 9월 29일에 『동국정운』 원고가 완성되어 간행을 명했다.[13] 1444년 2월에서 1445년경 사이에 진행된 '운회 번역' 사업은 『동국정운』 편찬 사업과 무관치 않을 것이다. 『몽고자운』에서 元원의 신제 문자(파스파문자)로 중국 한자음을 표음했듯이, 세종은 신제 문자 훈민정음으로 조선 한자음의 교정과 중국 한자음의 번역 사업을 추진하였다. 이 사업의 결과가 『동국정운』과 『홍무정운역훈』으로 나타난 것이다.

『동국정운』 한자음 표기가 완성되면서 『석보상절』 등에 교정 한자음을 표기할 수 있었다. 『석보상절』의 서문을 지은 때가 1447년 7월이다. 1447년에 『석보상절』과 『월인천강지곡』이 편찬되면서 훈민정음으로 고유어와 동국정운식 한자음을 모두 표기하는 실용 단계가 시작되었다.

그런데 『용비어천가』 본문 가사의 편찬은 1445년 2월에 이루어졌고, 한문 주석을 더하여 1447년에 간행되었다.[14] 『용비어천가』에는 한자음 표기를 하지 않았으므로 해례본 편찬과 『용비어천가』 편찬이 동시에 진행되어도 아무 문제가 없었을 것이다. 그러나 『석보상절』 편찬에는 한자음 표기가 필

---

13 이달에 『동국정운』 6권이 모두 완성되어 간행을 명했다.[是月 東國正韻成 凡六卷 命刊行] (세종 29년 9월 29일 기사)

14 용비어천가 본문 가사의 완성을 언급한 정인지의 서문은 정통 10년(1445) 10월에 쓴 것이고, 안지(安止)의 전문(箋文)은 같은 해 4월에 쓴 것이다. 반포 이전에 이미 훈민정음으로 조선어 시문을 지은 것이다. 정우영(2018: 308)은 『용비어천가』의 편찬 과정을 "해례본의 간행(1446.9)을 기점으로, 이보다 앞서 편찬 사업이 시작되어(1442.3.1~1445.4.5), 해례본 간행(1446.9)보다 늦게 완성(1447.2)된 후, 간행(1447.10)된 것"이라고 요약하고, 이러한 우여곡절로 인해 같은 책의 '한글 가사'와 '주해' 부분에 신구(新舊) 표기법이 혼재하게 된 것이라고 추론하였다.

요했기 때문에 동국정운식 한자음 표기가 확정되어야 한다. 1444년 2월 16일에 세종이 운회 번역을 명한 때부터 한자음 표기 방안을 연구하여 세부적 표기 방안까지 만들어 갔을 것이다. 『고금운회거요古今韻會擧要』는 파스파문자로 표음한 『몽고운략』의 형식에 따라 자모운을 설정하여 심음審音을 중시한 운서이다. 『동국정운』은 『고금운회거요』의 반절을 정음자로 표기함으로써 자모운字母韻의 설정 방법이 서로 같다(임용기 1991a: 58-59). 동국정운식 한자음 표기 방안을 세우기 위해 운회 즉 『고금운회거요』 번역을 1444년 2월에 본격적으로 진행했던 것이다.

한자음을 온전히 표기해 내려면 전탁음 표기법, 입성 t 표기법, 치두음과 정치음 구별법 등의 세부 사항을 결정해야 한다. 이러한 작업의 결과로 이영보래법以影補來法, 치음자의 삐침 획을 좌우 방향으로 길게 하여 치두음과 정치음을 구별하는 방법, 합용병서(고유어 표기)와 각자병서(한자음 표기)의 용도를 구별하는 방안 등이 나온 것이다. 이러한 한자음 표기법이 마련됨으로써 교정된 조선 한자음과 중국 한어음의 전면적 표기가 가능해졌다. 조선 한자음 교정 사업은 『동국정운』 편찬으로 결실을 맺었고, 『동국정운』이 완성됨으로써 『석보상절』과 『월인천강지곡』에 동국정운식 한자음 표기가 적용될 수 있었던 것이다.

『동국정운』 한자음 표기법 중 입성 t>l 변화를 표기하는 방안(이영보래법以影補來法)은 『훈민정음』 해례본 간행 당시(1446.9)에도 결정되지 않은 것으로 보인다. 해례본에는 '彆'의 음이 '볃'으로 표기되어 있다. "ㄷ如볃爲彆"은 이영보래가 적용되지 않은 모습이다. ㄷ이 종성자로 쓰인 예를 보여 주려고 일부러 '볃爲彆'을 예시한 것이라고 해석할 수도 있으나 이영보래법이 확정되지 않았기 때문이라고 봄이 타당하다. 굳이 종성 ㄷ의 용례를 보여 주려면, '絲실'처럼 한자 석釋을 이용하여 '筆붇'을 예시할 수도 있다. 초성해에는 종성 ㅇ자와 방점 표기가 없는 한자음(快쾌, 虯뀨, 業업, 君군)도 나와 있다. 한자음

종성 표기는 『동국정운』의 원고가 완성된 시점(1447.9)에 가서 비로소 결정된 것으로 본다(안병희 2002: 185-186).

다른 한편으로 '운회 번역' 사업의 번역 대상이 元원의 운서 『고금운회거요』에서 明명의 운서 『홍무정운』으로 변경된 것으로 보인다. 번역 대상 운서를 『홍무정운』으로 변경한 까닭은 명의 흠정欽定 운서를 번역하는 것이 조선의 사대 외교에 부합하기 때문일 것이다. 명은 건국 후 파스파문자 사용을 금지하는 등 원의 문화를 철저히 배격하였고 명의 이런 정책이 조선에 영향을 주었을 것이다. 『고금운회거요』(1297)는 원이 편찬한 것이고, 『홍무정운』은 명이 건국된 후 국가적 사업으로 완성한 운서이기 때문에 후자의 번역을 택한 것으로 보인다.[15] 최만리 등의 상소문에 명나라와의 외교적 마찰을 우려한 부분이 있고, 이 점을 고려한 세종이 한어음 번역 대상을 『홍무정운』으로 바꾼 것이라고 볼 수도 있다. 그런데 『홍무정운』의 번역은 지난한 것이어서 신숙주와 성삼문 등이 여러 차례 요동까지 가서 황찬에게 물어보아야 했다. 이 사업은 세종 사후에 비로소 완성되어 『홍무정운역훈』(1455)으로 간행되었다.[16]

필자는 '운회 번역' 사업의 '운회'는 『고금운회거요』라고 보는 학계의 통설을 따른다. 이 책은 일찍부터 관리들의 참고서로 많이 이용되어 실용성이

---

15 왕옥지(2006b: 5)는 조선에서는 명대(明代)의 『홍무정운』보다 원대(元代)의 운회를 중시하여 "한글이 창제된 다음 해인 1444년에 명대의 관청음계(官廳音系)를 반영한 『홍무정운』에 대한 언해가 아닌 원대의 운회에 대한 언해를 시작하였다."라 하고, "다만 무슨 이유에서인지 '운회 언해'는 완성 간행되지 않았"다고 의아해 하였다.

16 박병채(1983: 14)는 『홍무정운역훈』 편찬 과정을 정리하면서 1444년 2월 16일에 세종이 명한 '以諺文譯韻會(이언문역운회)'의 '운회'를 『홍무정운』을 가리킨 것이라 단정하고 『홍무정운역훈』의 편찬이 이때 시작된 것이라고 하였다. 세종이 운회 번역을 명한 학자와 『홍무정운역훈』 및 『동국정운』 편찬에 참여한 학자들을 비교하면서 그 배경을 논하기도 했다(박병채 1983: 15-21). 그런데 1444년 2월 16일에 세종이 운회 번역을 명한 기사에 번역 대상이 '운회'라고 명시되어 있는데 이것을 『홍무정운』이라고 단정한 것은 납득하기 어렵다.

높은 책이었다. 그러나 이 책은 역사의 무대에서 퇴장한 원나라가 만든 운서이고, 명의 흠정 운서 『홍무정운』을 젖혀 두고 『고금운회거요』를 번역하는 것은 조선의 사대 정책에 맞지 않는 것이었다. 그래서 '운회'를 『홍무정운』으로 바꾸어 한어음漢語音 번역을 계속하였고 그 결과물이 『홍무정운역훈』으로 나타난 것이다. 『홍무정운역훈』 사업은 신숙주와 성삼문 등이 맡고, 운회 번역을 명命 받은 학자들이 『동국정운』 편찬 사업을 맡도록 하는 등의 참여자 조정이 있었을 것이다.[17] 운회 번역 사업은 『홍무정운역훈』이라는 결과를 만들어 냈기 때문에 중단된 것이 아니라 번역 대상이 바뀌었다고 봄이 적절하다.

운회 번역, 『동국정운』 편찬, 『석보상절』 등 동국정운식 교정음을 실용한 문헌의 편찬 경과를 검토해 본 결과, 훈민정음 창제 작업이 진행되는 과정의 어느 단계에서 표기 대상이 고유어에서 한자음으로 변경되었다고 볼 만한 근거를 찾을 수 없다. 한자음을 교정하겠다는 세종의 발언과 한자음 표기를 위한 편찬 사업은 모두 훈민정음 창제가 완료된 1443년 12월 이후의 기록에 나타난 것이다. 세종이 의도한 조선어음 표기에는 고유어는 물론 조선 한자음도 포함되어 있다고 본다. 이두를 대체할 수 있는 '조선어음 표기'에는 고유어뿐 아니라 조선 한자음도 당연히 포함된다. 필자는 동국정운식 교정 한자음 표기를 조선 한자음 표기와 완전히 분리하여 다룰 필요가 없다고 본다.[18] 『홍무정운역훈』 등의 한어음漢語音 번역은 훈민정음의 용도用途가 외국어음 표기로 확장된 것으로 본다.

이런 논의에 의거하여 필자는 훈민정음 창제 과정 혹은 해례본 편찬 과정

---

17 『훈민정음』 등 세종이 명한 문헌 편찬의 참여자 명단은 제3부 제1장 3.4절 〈표 1〉(이 책의 439쪽)을 참고하기 바란다.

18 이 말은 『동국정운』에 반영된 한자음이 기본적으로 조선의 전승 한자음에 바탕을 둔 것이라는 강신항(2003b)의 논의를 수용한 것이다. 강신항(2003b: 678-681)은 동국정운의 성모체계와 운모체계는 전승 한국 한자음을 바탕으로 한 것이라고 보았다.

에서 새 문자의 표기 대상이 변경되었다고 보지 않는다. 훈민정음의 표기 대상은 조선어음(조선 한자음 포함)이 몸통이고 외국어음 표기에 훈민정음을 사용한 것은 용도의 '확장' 혹은 '전용轉用'에 해당한다. 훈민정음이 중국 한어를 중심으로 하여 범어, 몽골어, 일본어 등 외국어 표기에도 이용되었음은 주지의 사실이다.

이기문(1974: 11)에서 적절히 지적되었듯이 "한자음 표기도 국어 표기의 일면"이다. 고유어 표기와 한자음(한자어) 표기가 모두 국어 표기에 해당한다. 세종 당시의 조선어에는 고유어도 있고, 한자어도 있었음은 당연하다. 당시의 조선어음語音에 존재한 조선 고유어 음과 한자어 음은 조선어를 구성하는 부분들이다. 세종은 훈민정음으로 '조선어음'을 표기하려고 했다. 어제 서문에 '國之語音국지어음'으로 표현되어 있는 것이 바로 조선어음이다. 이런 관점에서 보면, 창제 과정에서 표기 대상을 변경했다거나 훈민정음 창제의 일차적 목적이 한자음 표기에 있다는 주장은 설 자리가 없다. 당시의 조선 한자음은 '조선어음'의 일부이므로 이를 따로 구별하여 한자음 표기가 훈민정음 창제의 일차적 목적이라고 주장하는 것은 의미 없는 일이기 때문이다.[19]

1.3. 제자의 작업 단계와 성리론의 적용 시점 문제

1) 훈민정음 제자에 적용된 성리론 혹은 역리론의 내용

『훈민정음』 해례편에는 상당한 분량을 할애하여 역학적 성리론으로 제

19 이기문(1974: 11)은 "훈민정음은 일차적으로는 한자음을 표시하는 음성 기호의 필요에서 만들어진 것이며 그것이 국어의 표기에 쓰인 것은 이차적인 것처럼 말하는 것은 용인되기 어렵다."라고 설파한 바 있다. 필자는 이기문 선생의 이 주장에 동의한다. 훈민정음 창제 목적에 대한 고찰은 제4부 제3장(이 책의 844쪽)을 참고하기 바란다.

자 원리를 설명한 내용이 있다. 훈민정음 제자론에 적용된 성리론은 『성리대전』에 포함된 역학 이론易學 理論이며, 삼재론·음양론·오행론·상수론象數論을 가리킨다.[20] 훈민정음 제자론에 적용된 주역 관련 이론을 가리키는 용어로 '성리학 이론'과 이를 줄인 '성리론性理論', '역학 이론'과 이를 줄인 '역리론易理論'이 쓰이고 있다. 생성론, 삼재론, 음양론, 오행론, 상수론은 성리론에 속한 하위 이론이고, '성리론' 혹은 '역리론'은 이들을 묶어서 부르는 포괄적 용어이다. 조희영(2018a: 125-126)은 '성리학'과 '역학'이란 용어를 서로 혼용함은 문제라고 지적하였다. 필자는 삼재론, 음양론 등 구체적 이론을 가리키는 용어로 '역리론'을 사용하고, 이들 용어를 포괄적으로 사용하거나 성리학과의 연관성을 보여야 하는 맥락에서는 '성리론', '역리적 성리론' 혹은 '역학적 성리론'을 쓴다.

훈민정음 창제의 작업 단계를 설정함에 있어서 성리론에 대한 필자의 관점을 밝혀 둘 필요가 있다. 훈민정음 제자에는 생성론, 삼재론, 음양론, 오행론, 상수론 등의 역학적 성리론이 적용되어 있다. 이 중에서 제자의 여러 국면에 적용된 삼재론이 특히 비중이 높다. 초성을 天천, 중성을 人인, 종성을 地지에 대응시켜 놓은 것이 음절 삼분법에 결합된 삼재론이다. 중성 기본자의 자형 형상화에도 天(·), 地(ㅡ), 人(ㅣ) 삼재론이 적용되었다. 삼재론은 합자법에도 적용되었다. 중성 초출자와 재출자 생성 원리에는 음양론이 적용되었다. 초성 기본자에는 오행론이 적용되었으며, 중성자에는 음양론, 오행론, 상수론이 함께 적용되어 있다. 생성론은 초성 기본자에서 가획자가 나오고, 중성 기본자에서 초출자와 재출자가 나오는 제자론에 적용되었다. 생성론, 삼재론, 음양론, 오행론, 상수론이 훈민정음 제자에 적용된 역리론易理論의 핵심이다.

---

20 강신항(2006)은 『훈민정음』 해례에 기술된 역학 이론을 정리한 바 있다.

2) 성리론을 긍정적으로 본 연구

훈민정음에 적용된 성리론을 긍정적으로 보는 대표적 연구는 이정호(1975)와 김석득(1983)이고, 허웅, 이근수 등도 간략하게 성리론의 적용을 긍정적으로 언급하였다.[21] 김슬옹(2007a)에서 언급되지 않은 연구로 조영진(1969), 김영만(1987), 이성구(1987a, 1987b), 조희영(2018a, 2018b) 등이 있다. 이 분들의 설을 간단히 소개한다.

조영진(1969: 196)은 "문자의 과학성이란 어디까지나 그 문자의 기호로서의 체계성이나 명확성, 구별성, 또는 학습이나 서사書寫의 용이성 등에서 찾아야 하는 것"이라 하고, "발음기관을 모방하지 않고 다른 어떤 허망하고 비과학적인 대상을 모방했다고 해서 한글의 우수성이 조금도 손상될 수 없다는 것"을 강조하였다. 이어서 정음 제작의 철학이 태극설에 있다고 하고, "태극설은 결코 겉치레는 아니다. 태극설은 절대적인 정치 철학일 뿐 아니라 모든 자연 현상의 생성 변화를 다 말해 주는 엄격한 과학이요, 편리한 공식"으로 "훈민정음 창제에 즈음해서도 태극설은 그들의 사고 과정에서 하나의 지침이 되었던 것"이라고 하였다. 조영진(969)은 태극(無形무형)→음양(天地천지)→오행(水木火金土수목화금토=喉牙舌齒脣후아설치순)의 틀을 세우고, 음양(천지)을 상징하는 원圓(○●)과 선(—□)이 훈민정음 28자의 근원이라고 하였다.[22]

김영만(1987: 44-49)은 훈민정음의 제자 원리를 주역, 태극설, 음양오행설

---

21 김슬옹(2007a: 121-122)은 제자론에 결합된 성리론을 긍정적으로 본 김석득, 이근수, 허웅, 최상진의 견해를 인용하였다. 또한 이를 부정적으로 본 이상백, 김영환, 리득춘의 견해를 각주에 인용하였다.

22 조영진(1969: 196)은 "초성 기본자 5개는 한 개는 원이고 나머지 네 개는 하나의 직각 사각형에서 한 걸음도 벗어나지 못하고 있는 것이다. 이것은 여러 자형이 당초부터 발음기관을 충실히 묘사해서 만든 것이 아니라 旣成(기성)의 어떤 도형에서 추출해 낸 것이라는 강한 의심을 우리에게 안겨 주는 것이다."라고 하였다. 조영진의 이 설은 조선 후기의 학자 이사질의 원방(圓方) 상형설과 통한다.

과 연관시킨 사고방식은 고려 말 이래 개화기까지 지배적 사상이었고, 태극→음양→오행→만물로 확대 생성된다고 보는 생각은 당시 사람들이 사물을 관찰하고 문제를 해결하는 길잡이라고 보았다. 해례의 설명 중에는 세부적인 면까지 모두 성리학 이론에 맞추어 견강부회한 점이 더러 있음을 지적했으나 훈민정음 제작 과정에 성리철학이 영향을 미쳤음은 부정할 수 없고, 이러한 영향이 훈민정음의 과학성을 손상시키는 것은 아니라고 하였다. 김영만(1987)은 인성가획因聲加劃을 성리학의 생성론과 관련지어, 제자의 진행이 '不厲불려'(=약한 소리)에서 '厲려'(=센 소리)로 나아가며 자형을 만드는 것도 생성론으로 해석하였다.[23] 김영만의 관점은 성리론이 제자 원리로 작용했음을 긍정하는 편에 서 있다.

이성구(1987a)는 하도河圖의 구조와 훈민정음의 중성체계를 상관지어 해석했다. 특히 해례 본문에 쓰인 '天천'과 '地지'는 글자 뜻 그대로 하늘과 땅이 아니라 중성 기본자 ·와 ㅡ를 가리킨 것이라 하며, 하도의 천수天數와 지수地數를 관련지었다. 해례의 합벽闔闢 역시 易의 '一闔一闢(일합일벽)'과 관련되어 있다고 하였다(303쪽). 『훈민정음』의 중성체계와 하도의 관련성은 이성구(1987a: 303)에 다섯 개 조항으로 정리되어 있다. 이성구(1987b)는 훈민정음 초성체계와 오행을 관련지어 역리가 제자론에 작용했음을 말하였다.

조희영(2018a: 130-131)은 해례에 반영된 역리 특히 소옹의 『황극경세서』가 미친 이론적 영향을 자세히 밝혔다. 해례 제자해의 "今正音之作, 初非智營而力索금정음지작, 초비지영이역색"은 소옹의 책에 나오는 말을 인용한 것이고, "天開於子也, 地闢於丑也, 人生於寅也천개어자야, 지벽어축야, 인생어인야"란 표

---

23 김경탁(1965: 61)은 易(역)의 생성철학을 훈민정음의 자음에 적용하였다. 그는 초성 기본음에서 시작하여 다른 자음자가 만들어지는 과정을 '자음원형도(子音圓形圖)'라는 그림으로 그렸다. 그런데 이 그림에는 허술한 점이 있다. 김경탁은 '모음제형도(母音梯形圖)'(=모음사각도)를 그리고, 여기에 혀[舌], 입술[脣], 입[口]을 배치하여 모음체계를 설정해 놓았다(65쪽).

현은 『황극경세서』에서 처음 사용한 것임을 지적하였다. 또한 주렴계의 『태극도설』이 제자해에 미친 영향을 관련 문구를 예시하며 음양오행론을 중심으로 논하였고, 주희의 『역학계몽』이 미친 영향을 표에 담아 정리하였다. 제자해에서는 주희의 『역학계몽』에 나오는 하도와 이에 대한 논설을 인용하고, 이것을 「계사전」의 천지지수天地之數와 결합하여 설명했다. 삼재론과 음양과 동정, 천지와 강유에 대한 제자해의 표현은 「계사전」과 「설괘전」 등에서 취한 것이라고 하였다(142쪽). "세종이 특히 '人聲인성'으로 터를 잡고 '象상'으로 모양을 빚어 정음을 창제하고, 관련자들이 제자해로써 그 이론적 논리를 뒷받침한 것"(조희영 2018a: 142)이라는 결론에 나타나 있듯이, 조희영은 역의 이론이 세종의 창제 작업에 활용된 것을 긍정적으로 기술하였다.

3) 성리론을 부정적으로 본 연구

훈민정음 창제 이후에 최만리 등 반대파를 설득하기 위해 성운학과 성리학 이론으로 신제 문자의 제자 원리를 분식粉飾 혹은 윤색潤色했다고 주장한 학자도 적지 않다. 이상백(1957)은 새 문자의 "이론적 배경을 유력하게 하고 그 연원을 심오하게 하고 그 설명을 정교하게 하기 위하여 차용 또는 부가한 요소"가 성리론이라고 하였다. 서병국(1973a/1978: 91-96)[24]은 훈민정음에 적용된 역학 원리(삼재, 순환, 생생生生, 음양오행 등)를 해설하고, "제자해는 성리철학의 이론을 빌어다가 정음 자체字体의 성질에 맞추어 적용하는 작업이 주가 되어 있다. 단순히 해례를 붙인 것이 아니라 본문(예의)과 해례 사이에 어떤 사정이 개재함을 느끼게 한다."라고 하였다. 또 '결언結言'에서 "그리하여 제정된 훈민정음은 처음부터 운학과 성리학의 이론체계를 갖춘 것이 아니고 집현전 학사 일부의 반소反疏에 부딪치자 세종의 명에 의해 운학과 성

24 『신강훈민정음』(1978, 학문사)에 재수록된 논문을 인용하였다.

리학의 체계로 상가해석詳加解釋된 것이라 본다."라고 결론지었다. 서병국 선생의 이 말에는 세종이 지은 예의에는 성운학과 성리학 이론이 표면화되지 않았는데, 1446년의 『훈민정음』 해례본에 이르러 예의를 '상가해석詳加解釋'하면서 성리론과 성운학이 입혀진 것으로 보는 생각이 깔려 있다.

김완진(1984b: 3)은 "음양오행의 이론이 매우 정교하고 포괄적인 논리로 제자해를 뒤덮고 있는 것이기는 하지만, 필경 그것은 제자해의 표피에 지나지 않는 것이요, 따라서 훈민정음의 제자 원리를 논의함에 있어서는 2차적 또는 3차적 요인으로 제쳐 놓지 않을 수 없게 된다."라고 했다. 음양론, 오행론, 삼재론 등의 성리론이 근본적 제자 원리가 아니라 표피에 입힌 포장이라는 견해이다. 김영환(2012)은 성리론의 적용을 부정적으로 본 논문 중에서 가장 극단적인 경우이다.[25] 이러한 주장들은 현대 학문의 관점에서 세종의 훈민정음 창제를 재단裁斷한 것이다.

---

25 김영환은 "『훈민정음』에 나타난 음양, 삼재, 오행 같은 세계관은 처음부터 일부러 한 거짓말일 뿐인가?"라는 물음을 제기하고 "엄밀히 따진다면 그렇다고 할 수 있다."라고 말했다. 그는 훈민정음의 상형 원리는 한자를 만든 원리인 상형을 끌어온 것일 뿐이며, 유학적 상고주의로 옛 전자(篆字)를 끌어와 정당화한 것이라고 주장했다. 그는 알파벳은 기표(記標)와 기의(記意)가 완전히 분리되는 것이고, 한글도 알파벳의 일종임을 근거로 해례본에 명시된 상형의 원리를 부정하기도 했다. 김영환의 이런 주장은 알파벳에 기반한 음소문자의 관점에서 훈민정음 제자 이론을 재단한 것이며, 현대 문자학 지식을 15세기의 훈민정음 제자론에 투사한 견해이다. 문자의 변천 과정에서 음소문자가 기원적으로 지녔던 상형성이 세월의 흐름 속에서 상실되는 현상은 자연스럽다. 그러나 제자 원리를 해설한 『훈민정음』 해례본에 기술된 상형 원리는 이와 다르다. 훈민정음 창제에서 제자 원리로 작용한 상형을 그리스 알파벳과 동일한 차원에 놓고 비교할 수는 없다. 훈민정음이 실용되어 가면서 이 문자를 사용하는 사람들은 초성자와 중성자에 내재된 상형성을 인식하지 못하게 되었을 것이다. 해례본이 중간된 적이 한 번도 없어서 조선 후기에는 유학자들조차 상형성은 물론 훈민정음의 제자 원리를 알 수 없게 되었다. 김영환(2012)처럼 서양의 알파벳 개념으로 15세기 훈민정음 제자 원리를 부정하는 것은 이른바 '현대적 편견'의 하나이다.

4) 성리론의 적용 단계에 대한 판단과 논거

이기문(1976: 188)은 이정호(1972, 1975)의 훈민정음에 대한 역학적 연구를 언급하고, "훈민정음의 자형을 정함에 있어 易역과 관련된 동양 古來고래의 기본 도형들이 의식적이건 무의적이건 작용했을 가능성은 크다고 할 수 있다."라고 하였으나 "세종 당대의 기록이 字倣古篆자방고전과 象形상형을 말하고 있을 뿐이어서 위에서 말한 가능성은 가설의 단계를 넘어설 수 없는 것"이라는 생각을 밝힌 바 있다.

필자는 이기문(1976)이 말한 '가설의 단계'가 45년이 지난 오늘날(2022)에도 극복된 것이 아니라고 보고, 가설 단계를 넘어설 수 있는 논증을 시도해 보려 한다. 우리는 먼저 세종이 훈민정음 창제와 관련하여 체득한 학문 이론이 무엇인지 살펴보고, 당시 학자들이 가진 사상적 기반을 이해할 필요가 있다. 먼저 해례본에 기술된 오행론의 내용을 자세히 살펴보자. 해례본에서는 아설순치후 각각의 초성 기본자에 오행 중의 하나를 배정하여 오음 각각의 음성적 특성과 오행의 속성을 상관 지어 기술해 놓았다. 예컨대 후음에 水수, 아음에 木목, 설음에 火화, 치음에 金금, 순음에 土토를 부여하고 오행의 물성物性을 각 음의 음성적 특성과 결합하여 다음과 같이 설명했다.

> 목구멍은 깊고 젖어 있으니 水이다. 소리가 허하여 통하니, 물[水]이 허명하고 흘러 통함과 같다.[喉邃而潤 水也. 聲虛而通, 如水之虛明而流通也.]〈정음해례2a_5-6〉

> 어금니는 서로 섞이고 기니 木이다. 소리가 목구멍소리와 비슷하고 실實하니, 나무[木]가 물에서 나 그 꼴이 있음과 같다.[牙錯而長 木也. 聲似喉而實, 如木之生於水而有形也.]〈정음해례2a_8-2b_1〉

혀는 예민하고 잘 움직이니 火이다. 소리가 구르고 날리니, 불[火]이 구르고 펼쳐 날림과 같다.[舌銳而動 火也. 聲轉而颺, 如火之轉展而揚揚也.]〈정음해례2b_3-4〉

이는 단단하여 끊으니 金이다. 소리가 부스러지고 걸리니, 쇠[金]가 부수어지고 단련되어 이루어짐과 같다.[齒剛而斷 金也. 聲屑而滯, 如金之屑瑣而鍛成也.]〈정음해례2b_6-7〉

입술은 모나고 합해지니 土이다. 소리가 품어서 넓으니, 흙[土]이 만물을 품어 간직함이 넓고 큰 것과 같다.[脣方而合 土也. 聲含而廣, 如土之含蓄萬物而廣大也.]〈정음해례2b_9-10〉

아설순치후 오음에 각각 오행 중의 하나를 배정하여 양자의 상관성을 서술해 놓았다. 아설순치후라는 오음 분류법은 오행론과 평행적 관계를 맺고 있다. 서술 내용을 보면 피상적 관찰이 아니다. 위 인용문들은 오행과 오음의 속성을 깊이 관찰하고 사유한 결과이다.

그런데 오행론이 초성의 제자 단계에서 적용된 것인지, 해례본 편찬 단계에서 제자론을 그럴듯하게 분식하고 이론적 정합성을 부여하려고 견강부회한 것인지 판단하는 것은 간단치 않다. 세종 대의 학문 연구에서 보았듯이(제3부 제1장), 훈민정음 창제자 세종은 오행론을 포함한 성리론은 물론 오음법 체계를 포함한 성운학에도 밝았다. 오음법과 오행론[26]을 이미 잘 알고 있

26 이성구(1987b: 772)는 『예기』에 오성(五聲) '궁상각치우'와 '군신민사물(君臣民事物)'을 각각 대응시킨 내용이 있고, 권근(權近 1352~1409)이 지은 『입학도설』(1397)에 오성에 오행을 배정시킨 내용이 있음을 지적한 바 있다. 세종시대보다 앞서서 오성과 오행의 대응 관계가 학문적으로 수용되었음을 알려 준다.

는 상태에서 훈민정음 창제 작업을 하였으니, 이 이론들이 제자 단계에서 활용되었을 가능성이 충분하다. 필자는 주역 기반 성리론 중에서 삼재론, 음양론, 오행론은 창제 작업이 진행되던 단계에서 제자 원리로 작용한 것이라고 본다. 이렇게 판단한 논거는 다음 몇 가지이다.

첫째, 음절의 구성 요소를 초성, 중성, 종성으로 나눈 삼분법이 삼재론에 바탕을 둔 것이라는 점이다. 음절 삼분법이 전제되어 있지 않았다면 훈민정음 창제 작업은 한 걸음도 나아갈 수 없다. 필자는 해례본에 기술된 음절 삼분법과 음절 합성법 등에 삼재론이 일관되게 관통되어 있는 점을 중시한다. 물론 음절 삼분법을 정한 후에 여기에 삼재론을 덧씌웠다고 주장할 수도 있다. 그러나 아래의 다섯 가지 논거는 이러한 주장을 부정하기에 충분하다.

둘째, 중성 기본자의 자형을 형상화할 때 삼재론이 적용된 점이다. ·는 둥근 하늘을, ㅡ는 평평한 땅을, ㅣ는 사람이 서 있는 모양을 형상화한 것이라고 제자해에 밝혀져 있다. 삼재론은 중성 기본자 자형을 형상화하는 원리이다. 이것을 제자 단계에 적용하지 않으면 ·ㅡㅣ라는 자형이 만들어지지 않는다. 제자해에서는 설축과 성심을 기준으로 중성 기본자의 음가를 음성학적으로 분석하고 기술했다. 그러나 각 음가에 대응하는 자형을 만드는 일은 과학적 음성 분석과 차원이 다른 작업이다. 세종은 자형 형상화 작업 단계에서 천지인 삼재의 형상에 착안하여 중성 기본자 ·ㅡㅣ를 만들어 냈다. 중성 기본자 ·ㅡㅣ의 자형을 먼저 만들어 놓고 나중에 삼재의 형상을 끌어와 그럴듯하게 포장했다고 주장하는 것과, 천지인 삼재의 형상에 착안하여 ·ㅡㅣ를 만들어 냈다고 보는 두 설 중에서 어느 쪽이 순리적이고 합리적인가? 전자와 같은 주장은 성리론의 사상적 기반이 없어진 현대인의 관점이 크게 작용한 결과일 것이다. 세종과 당대 학자들의 사고방식에는 삼재론이란 철학이 바탕에 깔려 있었기 때문에 중성 기본자를 천지인의 형상으로 시각화시킨 착상이 가능했다고 봄이 순리다. 삼재론의 핵심 개념을 고려하여 제자 작업을 하였고, 제자론 해설서 『훈민정음』을 편찬할 때 제자에 적용했던 삼재론을 문장화하면서 표현을 정제하고 다듬은 작업 과정이 있었을 것이다.

셋째, 중성 초출자와 재출자 형상화에 음양론이 적용된 점이다. 기본자 ·ㅡㅣ를 서로 합성하여 초출자(ㅗㅏㅜㅓ)와 재출자(ㅛㅑㅠㅕ)를 만들었다. 이때 ㅡ 위에 ·를 합하면(ㅗ) 陽양이 되고, ㅡ 아래 ·를 합하면(ㅜ) 陰음이 된다. ㅣ의 바깥쪽에 ·를 합하면(ㅏ) 양이 되고, ㅣ 안쪽에 ·를 합하면(ㅓ) 음이 된다. 이것이 중성 초출자에 적용된 음양 원리이다. 재출자에도 이 원리가 동일하게 적용되었다. 음양론을 제자 단계에서 적용하지 않으면 중성 초출자와 재출자의 자형을 정연하게 만들어 낼 수 없다.

그러나 여기에서도 삼재론의 적용 시점과 동일한 문제에 부딪힌다. 중성 초출자를 만들어 놓고 음양론을 갖다 붙였다고 주장할 수도 있는 것이다. 음양론과 같은 이분법적 사고방식은 인간이 가진 보편적 사고 중의 하나이다. 위[上]와 밖[外]을 양陽으로 생각하고, 아래[下]와 안[內]을 음陰으로 생각하는 것 역시 보편적 사고 유형의 하나이다. 인간이 가진 보편적이면서도 자연스러운 사고의 하나인 음양 개념이 중성자의 형상화 단계에서 작용했다고 보는 것이 자연스럽다. 초출자와 재출자를 다 만들어 놓고 음양 원리를 갖다 붙여 그럴듯하게 포장했다고 보는 설명과, 초출자와 재출자를 만드는 과정에서 음양 원리를 착상하여 자형을 형상화했다는 설명 중 어느 것이 순리적인가? 이에 대한 판단은 개인의 주관에 따라 다를 수 있으며, 그 판단이 갖는 타당성 또한 같지 않다. 필자는 후자가 더 자연스러우면서 타당성이 높다고 판단한다.[27] 음양오행설은 세종과 당시의 학자들에게 체화體化된 이

27 설축이 언어 보편적인 것임을 논증한 김주원(1988: 88)은 훈민정음 제작자가 중성자를 만들 때 "음양의 원리를 이용하여 글자를 만든 후 세 부류 즉 ·ㅏㅗ와 ㅡㅓㅜ 그리고 이 어느 것과도 어울리는 ㅣ로 나눈 후 (하략…)"라고 기술하였다. 자형을 만들면서 음양 원리를 적용한 것으로 본 견해이다.

론이었으며, 새로운 문자 창제라는 중요한 제도를 마련함에 있어서 자연스럽게 작용했다고 본다.

넷째, 주역의 핵심 이론인 생성론生成論이 훈민정음 28자를 관통하는 근본적 제자론이라는 점이다. 일찍이 이정호(1975)는 초성자와 중성자의 제자 원리를 논하면서 '역학적 의의'라는 소절을 각각 두고 천지天地와 음양의 작용, 생위生位와 성수成數의 원리를 적용하여 자모자 생성도를 여러 개 그린 바 있다. 제2도(初聲菱圖초성능도,[28] 59쪽), 제7도(ㅗㅏㅜㅓ도, 78쪽), 제8도(ㅛㅑㅠㅕ도, 80쪽), 제10도(중성평면도, 81쪽), 제12도(훈민정음도, 87쪽) 등은 역리를 도상화하여 생성 원리의 작용 양상을 그림으로 표현한 것이다. 『주역』「계사전」상에 "태극이 양의兩儀를 낳고[生], 양의는 사상四象을 낳고, 사상은 팔괘를 낳고, 팔괘가 길흉을 정하고, 길흉이 대업을 이룬다[成]."[29]라고 했다. '생生'과 '성成'의 작용이 만물과 만사를 관통하고 있는 근본 원리임을 말한 것이다. 주돈이의 『태극도설』에 태극이 움직여 양을 낳고, 음과 양의 두 기운이 화합하여 오행을 낳고, 음양과 오행이 화합하여 만물을 생성한다고 했다(김만태 2012: 62). 생성은 주역 사상의 핵심 개념이다. 훈민정음 제자에 작용한 근본 원리가 바로 생성론이다.

훈민정음 제자에서 초성 기본자에 가획을 하여 가획자를 생성한다. 예컨대 기본자 ㄴ에 1차 가획을 하여 ㄷ을 生하고, 2차 가획을 하여 ㅌ을 生한다. ㄱ을 병서하여 각자병서 ㄲ을 生하고, ㅅ을 합용하여 합용병서 ㅺ을 生한다. 중성 기본자를 1차 합성하여 초출자를 生하고, 2차 합성하여 재출자를 生한다. 중성자끼리 동출 합용하여 ㅘ, ㅝ, ㆇ, ㆊ를 生한다. 초성자+중성자+종성자를 합쳐 음절자를 成한다. 제자 원리로 작용한 생성의 원리는 주

28 '初聲菱圖(초성능도)'는 초성체계를 마름모꼴[菱]로 그린 도형을 뜻한다.

29 是故易有太極. 是生兩儀, 兩儀生四象, 四象生八卦, 八卦 定吉凶, 吉凶生大業. 〈『周易』繫辭傳 上〉

역의 생성론과 부합한다. 주역의 생성론이 제자 작업 과정에 작용하여 훈민정음 자모자들이 만들어졌다. 신경준이 「訓民正音圖解叙훈민정음도해 서」에서 말한 '加一倍法가일배법'[30]은 생성론을 정교한 형식으로 발전시킨 이론이다.[31] 주역의 생성론이 훈민정음 제자 작업에 근간으로 작용하지 않았다면 기본자에 생성의 이치가 작용하여 초성 가획자와 중성 초출자 및 재출자를 체계적으로 만드는 결과를 얻지 못했을 것이다.

다섯째, 주역의 역리에 바탕을 둔 제자 원리를 구현하기 위해 효爻의 형상을 취하여 정음자의 자소를 만든 점이다. 초성자와 중성자의 자소인 가로선과 세로선의 형상을 주역의 효爻와 같은 형상으로 만든 것은 훈민정음에 내재된 역리易理를 시각적으로 표현한 것이다.[32]

여섯째, 세종을 비롯한 집현전 학사들은 명나라로부터 도입한 『성리대전』을 함께 연구하였다. 세종은 집현전 학사 중에서 특정인을 지명하여 특정 서적을 집중적으로 연구케 했으며, 경연의 강론을 통해 신하들과 함께 『성리대전』 강독을 완료하였다.[33] 『성리대전』에는 주역의 핵심 이론서가 포함되어 있다.[34] 세종은 『성리대전』 연구를 통해 이 책에 포함된 역학 이론을

---

30 신경준이 말한 가일배법은 다음과 같이 표현되어 있다. "訓民正音 其象用交易變易加一倍之法[훈민정음의 상[字形]은 교역, 변역, 가일배법을 써서 만든 것이다.]" (조희영 2018a를 참고함)

31 신경준은 『訓民正音韻解(훈민정음운해)』의 「訓民正音圖解叙(훈민정음도해 서)」에서 훈민정음 자모자의 생성 원리를 하나를 더하여 배로 만드는 법[加一倍之法] 즉 '加一倍法(가일배법)'으로 설명하였다. 정음 초성자의 경우, 聲(성)과 象(상)을 근간으로 水火(수화) 중심의 '1-2-5'의 수칙을 세우고, 이 수칙에 따라 聲(1)-水火(2 舌喉)-기본자 5-가획자 9, 이체자 3(12)가 연산되며, 여기에 가일배법이 적용된 것이라고 설명했다(조희영 2018b: 257).

32 이 점은 제1부 제1장의 2.4절(이 책의 142쪽)에서 자세히 논하였다.

33 제3부 제1장 2절(이 책의 394쪽)에서 관련 내용을 자세히 논하였다.

34 주돈이(周敦頤)의 『태극도설(太極圖說)』과 『통서(通書)』, 소옹(邵雍)의 『황극경세서(皇極經世書)』, 주희(朱熹)의 『역학계몽(易學啓蒙)』 등이 『성리대전』에 포함되어 있다. 자세한 내용은 강신항(1963)을 참고할 수 있다.

이미 충분히 이해하였고, 훈민정음 창제 작업에서 당시 가장 새롭고 존중받았던 『성리대전』의 사상과 이론을 활용했다고 본다.[35] 세종은 중요한 제도制度를 만들 때 주역이 유용한 것임을 『주역』「계사전」 제10장에 나오는 '制器者제기자'(새로운 제도를 만듦)를 통해 알고 있었다.

훈민정음을 다 만든 이후에 이론적 합리화를 위해 새 문자체계와 무관한 이론을 견강부회했다는 생각은 당대 지식인의 세계관과 사상적 토대를 도외시한 것이며,[36] 음절 삼분법의 생성 배경과 자형 형상화 원리를 부정하는 것이다. 15세기 학자들의 사상적 토대이면서 세계관을 형성한 성리론이 새 문자 창제의 학문적 배경으로 작용했다고 보는 것은 지극히 자연스러운 생각이다. 제자 작업이 완료된 후 해례편을 찬술하는 단계에서 이론적 포장을 위해 오행론을 오음과 결합한 것이 아니라, 제자 단계에서 오행론을 오음과 상관 지어 사유했고, 말소리에서 오행의 이치를 찾아내어 이를 바탕으로 훈민정음을 제자한 것이다.

정음 28자의 제자가 완성된 후에 『훈민정음』 해례본을 편찬하면서 정인지 등 언문팔유는 창제자 세종으로부터 제자론에 대한 교시敎示를 받았을 듯하다. 훈민정음 창제자 세종이 제자 과정에서 이미 적용한 제자의 여러 방법론을 언문팔유에게 설명해 주었고, 언문팔유는 5해1례를 집필하면서 세종으로부터 들은 제자론을 체계적으로 정리하고 이를 문장으로 표현하는 작업을 행하였을 것이다. 제자론을 문장화하는 작업 단계에서 삼재론, 음양

---

35 이 방면에 대한 연구는 이정호(1975)가 선편을 잡아 깊이 논구했고, 심소희(1996), 김만태(2012), 곽신환(2016), 조희영(2018a, 2018b) 등이 그 뒤를 이었다. 특히 조희영은 소강절의 상수론이 훈민정음 제자론에 미친 영향을 자세히 논하였다.

36 『성리대전』을 도입하여 간행·반포하고 열심히 연구했던 세종과 당시 학자들에게 성리론은 세계를 해석하는 눈이었다. 현대인에게 그 의미가 퇴색되어 버린 성리론(삼재론, 음양론, 오행론)에 대한 생각을 성리학을 존숭한 15세기 학자들에게 투사하는 것은 바람직하지 않다.

론, 오행론, 생성론, 상수론에 대한 기술記述에 체계적 질서를 부여하고, 정제된 표현으로 다듬었을 것이다. 특히 삼분법과 합자법을 성리론으로 설명한 부분, 초성자에 적용된 오행론, 중성자에 적용된 오행론과 상수론을 설명한 부분은 해례본을 편찬하면서 문장 표현이 정제되었을 것이다.

중성자 제자에서 상수론은 자형을 형상화하거나 음성적 특성을 기술하는 데 이용된 이론이 아니었다. 상수론은 하도河圖의 천수天數와 지수地數를 성음체계에 짝지은 것이고, 이것을 중성자에 적용했기 때문에 중성자의 상수론에 분식粉飾이 있다고 하며 의혹의 눈길을 보낼 수 있다. 중성자에 적용된 상수론은 해례편 찬술 작업을 하면서 역학적 성리론을 체계적으로 정리하고 윤문潤文을 더할 때, 새 문자에 담긴 사상적 의미를 심화시키려는 의도로 부가한 것이라고 볼 여지가 있다. 그러나 훈민정음 제자론 일부에 나타난 특성으로 제자론 전체를 재단해서는 아니 될 것이다.

제자해 앞머리에서 언문팔유는 다음과 같이 말하며 글을 시작했다. "정음 제작이 슬기를 부리고 애써 힘들여 찾아낸 것이 아니라, 다만 성음을 바탕으로 그 이치를 다해서 이룬 것일 뿐이다. 이치가 이미 둘이 아니니 천지귀신과 그 쓰임[用]을 함께하지 않겠는가."[37] 그리고 제자해 말미에서, "정음을 지음에 천지만물의 이치를 다 갖추었으니 참으로 신묘하다. 이는 하늘이 임금의 마음을 열어 주시고 그 손을 빌려 이룩한 일이로다."[38]라고 말했다. 이기문(1996: 4-5)은 이 구절을 인용하고, "이렇듯 제자해制字解는 한글 제작을 신비화하고 있음을 본다."라고 말하며 언문팔유의 문장 표현을 '신비화'라고 간주했다. 고광모(2020: 659)도 "·, 一, ㅣ를 천지인과 결부한 것도 신비

37 今正音之作, 初非智營而力索, 但因其聲音而極其理而已. 理既不二, 則何得不與天地鬼神同其用也. 〈정음해례1a_7-1b_2〉

38 吁. 正音作而天地萬物之理咸備, 其神矣哉. 是殆天啓聖心而假手焉者乎. 〈정음해례9a_3-4〉. 이 번역문은 강신항(2003a: 147)을 참고하여 필자가 표현을 조금 고친 것이다.

화의 일환일 수 있다."라고 했다. 두 분이 '신비화'라는 용어를 쓴 이유는 이 문장에 쓰인 '천지 귀신天地 鬼神'과 "하늘이 임금의 마음을 열어 주시고 그 손을 빌려 이룩한 일"과 같은 문구 때문인 듯하다.

그러나 '천지 귀신'은 위 인용문에 나온 '이기理氣'의 다른 표현이고, 자연의 이치 일부를 상징한 말이다.[39] 하늘이 임금의 손을 빌렸다는 말은 '기적'처럼 이루어진 정음 제작을 비유적으로 표현한 것이다. 언문팔유에게 이런 비유 표현은 훈민정음에 담긴 '자연自然의 이치'를 드러내기 위한 방편의 하나일 뿐 '신비화'라고 할 수 없는 것이다. '천지인'은 곧 자연의 이치를 상징하는 말이고, 종교적 차원의 '신비'와 거리가 멀다. 인간을 포함한 '자연'은 신비로운 것이 아니라 한자어 뜻 그대로 '스스로 그러한' 것이다. 훈민정음의 제자 원리는 천지만물에 담긴 '스스로 그러한 이치'를 드러낸 것이지 신비한 것은 아니라는 말이다. 정인지 서문의 말미에서 "훈민정음을 지어 냄이 스스로 그러함[自然]에서 이루어진 것"[40]이라고 한 뜻이 여기에 있다.

훈민정음의 제자론은 주역의 핵심 개념인 '象상'과 '生成생성' 이론을 바탕으로 삼고 있다. '象상'은 사물의 본질을 포착하여 시각 이미지로 전환하는 방법이다. 주역의 태극→양의→사상→팔괘를 거쳐 생성된 64효爻는 천지만물이 변화 유전하는 것을 '象'한 것이다. 훈민정음 초성 기본자는 발음기관을 '象'한 것이고, 훈민정음 중성 기본자는 天地人을 '象'한 것이다. 나머지 초성자와 나머지 중성자는 가획과 합성(합이성)의 방법으로 생성해 냈다. 그래서 象상과 生成생성은 주역의 핵심 개념이자 훈민정음 제자론의 핵심을 이룬다. 이와 같이 훈민정음 제자론과 주역 이론이 한 덩어리가 되어 정음 28자를 제자해 낸 것이다.

---

39 현대인이 생각하는 '천지 귀신'에 대한 생각과 다르다는 것이다.

40 正音之作, 無所祖述, 而成於自然. 〈정음해례28b〉

2. 훈민정음 창제의 작업 단계 설정

훈민정음이란 문자는 어떤 과정 혹은 단계를 거쳐 창제되었을까? 지금 남아 있는 어떤 기록에서도 훈민정음 창제의 작업 단계를 알려 주는 정보를 찾을 수 없다. 창제자 세종과 해례본 편찬자들은 이와 관련된 어떤 기록도 남기지 않았다. 이 질문에 대한 답은 해례본에서 찾을 수밖에 없다.

강창석(1992: 23-24)에서 지적한 바와 같이, 훈민정음 창제자 세종과 정음 해례편을 편찬한 언문팔유諺文八儒는 처지가 서로 달랐다. 언문팔유는 창제자 세종으로부터 『훈민정음』을 편찬하라는 명을 받았다. 그러나 언문팔유는 세종이 새 문자 창제 작업에서 실제로 행한 일을 세세히 알지 못했을 것이다. 예컨대 제자 단위를 어떻게 설정했는지, 제자를 위한 음성 분석과 음성 목록을 어떻게 작성했는지 언문팔유는 알 수 없었다. 그리하여 해례본에는 제자 단위의 설정이나 음성 분석 과정에 관한 정보가 나타나 있지 않다. 이런 내용이 해례본에 기술되지 않은 까닭은 해례본 편찬자들 즉 언문팔유가 28자의 창제자가 아니어서 제자 과정에서 행한 실제 작업을 몰랐기 때문이다. 그래서 언문팔유가 지은 해례편의 내용이 성운학과 성리학적 설명에 치우쳐 있는 것이다.[41] 강창석 교수가 이미 이러한 점을 지적한 바처럼 해례 편찬자들은 새 문자의 창제 과정이 아니라 제자 원리와 자형에 대한 학문적(성운학+성리학) 해설에 집중했다.

창제자 세종이 행한 작업 과정을 알려 주는 기록이 없는 상황에서 우리는 해례본 텍스트에 기술된 내용과 창제 작업의 결과로 나온 '훈민정음'이란 문

41 그런데 해례본 편찬에 세종이 깊숙이 관여했을 것이기 때문에 언문팔유와 세종을 엄격히 구별하는 것은 간단치 않다. 해례본의 내용 구성, 제자 원리의 설명 방법, 문장 표현 등의 작업을 행하면서 언문팔유는 주요 내용마다 세종의 판단을 받았을 것이다. 해례본 편찬 작업을 오늘날의 연구 과제에 비유해 본다면, 세종은 지도교수이자 연구책임자이고, 정인지는 수석연구원, 나머지 일곱 분은 실무 연구원이라 할 수 있겠다.

자체계를 분석하고, 문자 창제의 일반적 절차를 고려하여, 훈민정음 창제의 작업 단계를 추론적으로 재구성해 보는 방법밖에 없다.

훈민정음의 작업 단계에 관한 고찰은 강창석(1992)에서 찾아볼 수 있다. 강창석(1992: 14)은 훈민정음 창제와 관련된 15세기 음운론의 연구 논제를 '음의 분석과 음의 단위 설정', '음의 목록 작성', '음의 체계 수립과 음의 자질 파악', '표기법 결정' 등 네 개 부류로 설정하고, 각 논제의 결론을 요약하여 표로 정리한 바 있다. 강창석(1992: 19)은 중성의 제자 단계(절차)를 다음과 같이 설정했다.

ㄱ. 중성이라는 제자 단위(개념)의 결정(음절의 삼분법)

ㄴ. 11개의 중성 목록(제자 대상) 확인

ㄷ. 11개 중성(음)의 체계 파악

ㄹ. 체계 해석 및 제자 원리 개발

ㅁ. 제자(자형 결정)

이것은 훈민정음 창제의 작업 단계를 설정한 최초의 시도이다.[42] 그러나 강창석은 초성자를 망라하여 제자의 작업 단계 전체를 설정하는 연구로 더 나아가지 않았다. 필자는 제자 단계의 일부를 설정한 강창석의 시도를 이어받아 훈민정음의 전체 제자 단계를 자세히 설정해 보려 한다. 제자의 각 단

42 필자가 창제 작업 단계 문제에 접근하게 된 계기는 강창석(1992)에 힘입은 바 크다. 강창석(1992)은 15세기 음운 이론에 초점을 두고 초성자와 중성자 체계에 내포된 이론적 함의를 밝히는 데 힘을 기울였다. 박창원(1998: 68-70)은 중성 11자의 분석 과정을 설명한 바 있는데, 이 설명을 요약하면 다음과 같다. 제자 대상이 되는 중성 11개를 결정한다. 중성 중에서 단음은 '제자(制字)'하고 합음은 '합자(合字)'하기로 판단한다. 11개의 중성 중에서 4개는 ㅣ에서 시작하는 사실을 파악한다. 나머지 7개 성(聲)을 관찰하여 이들이 상호 관계 속에서 존재함을 포착하고, 이 관계가 혀의 위치와 상태에 의해 구분됨을 파악한다.

계에 결부된 학문 이론과 제자 원리를 밝혀서 훈민정음 창제 과정과 제자 원리의 상호 작용을 보다 깊이 이해하는 것이 본 장의 목표이다.

훈민정음 제자의 작업 단계를 빈틈없이 재구성하는 것은 쉽지 않은 일이다. 순차적 단계를 차례대로 거쳐서 훈민정음 문자체계가 만들어졌다고 말하기도 어렵다. 새로운 문자 창제를 위해 필요한 작업 내용에는 여러 가지가 있고, 작업 과정에도 여러 단계가 있었을 뿐 아니라, 각각의 작업 단계에서 행해진 작업 순서가 고정되어 있지 않았을 것이다. 처음 시도하는 문자 창제인지라 작업의 단계와 내용이 유동적이었을 터이고, 진행 과정에서 여러 차례 수정과 보완이 행해졌을 것이다. 수정과 보완을 거듭하면서 앞뒤 단계 간의 왕복과 뒤섞임이 여러 차례 일어났을 것이다.

그럼에도 불구하고 훈민정음 창제의 실제 작업이 어떤 단계를 거쳐 진행된 것인지 추론해 보고, 창제 작업의 단계를 가설화해 봄으로써 훈민정음의 제자 과정과 제자론에 대한 이해를 심화시킬 수 있다. 이러한 취지에서 훈민정음 창제의 작업 단계를 제자론과 관련지어 고찰해 본 것이 백두현(2013)이었고, 본 장은 이를 확대 발전시킨 것이다. 백두현(2013: 136)에서 제시한 작업 단계를 〈표 1〉과 같이 수정 보완하여 제시하고 논의를 이어 나간다.

이 표의 작업 단계 전체에 작용한 기반 이론은 성리학의 역리론易理論, 성운학의 음성 분류체계, 한자 생성 원리를 중심으로 한 문자학, 파스파문자의 제자 원리, 차자표기를 통해서 얻은 우리말 표기 경험 등으로 요약된다. 예컨대 ②의 음절 삼분법에 작용한 기반 이론을 적시해 본다면 역리론의 하나인 삼재론, 성운학의 반절법과 차자표기의 말음첨기법(종성 분리 표기), 파스파문자의 음절 삼분법 등을 들 수 있다. 또한 고유어 발음을 관찰하여 얻은 경험도 음절 삼분법 설정에 작용했을 것이다.

〈표 1〉의 전체 작업 단계에 ①~⑯까지 번호를 부여한 것은 전체 작업의 흐름을 순차적으로 보여 주기 위함이다.[43] 이 번호 순서가 모든 국면에서 고정된

〈**표 1**〉 훈민정음 창제의 작업 단계표: 작업 단계 설정과 제자 원리의 적용

작업 단계	작업 단계별 세부 과제와 내용		
제1단계: 제자 단위 설정 단계	①음절을 음성 분석의 단위로 삼음		
	②음절 삼분법을 세우고 세 개의 제자 단위를 설정함. **삼재론 적용**		
제2단계: 제자 단계 -음성 분석과 목록 작성 -작성한 음성 목록의 체계적 분류와 기본음 결정 -제자 원리 개발과 자형 형상화 -28자 및 합용자 제자	초성	③초성 분석과 제자 대상 목록 작성	조선 한자음과 고유어를 이용한 초성 분석
			제자 대상 초성 목록 17개를 선정함
		④초성 목록의 체계적 분류와 기본음 선정	조음위치에 의한 오음법과 청탁을 기준으로 초성을 분류함
			세기[厲]를 기준으로 초성 기본음 5개를 정함
			㉮오음법과 오행론을 결합함. 오행론 적용
		⑤초성자 제자 원리의 창안과 자형 형상화	발음기관 상형법을 창안하여 초성 기본자 5개를 형상화함
			소리의 세어짐을 기준으로 한 가획법을 창안하고 1, 2차 가획 및 이체(異體)로 나머지 초성자 12개를 만듦
		⑥연서법·병서법을 창안하여 나머지 초성자 만들기	초성자를 상하로 합하는 연서법, 좌우로 합하는 병서법(각자병서·합용병서) 등의 합용법을 창안하여 나머지 초성자를 만듦
	중성	⑦중성 분석과 제자 대상 목록 작성	조선 한자음과 고유어를 이용한 중성 분석
			제자 대상 중성 목록 11개를 선정함
		⑧중성 목록의 체계적 분류와 기본음 선정	설(舌)의 축(縮) 자질, 성의 심천(深淺) 자질, 구축과 구장에 따라 중성을 분류함
			축(縮) 자질과 심천(深淺) 자질을 기준으로 중성 기본음 3개를 정함
			㉯오행론과 상수론을 중성 분류에 적용함
		⑨중성자 제자 원리의 창안과 자형 형상화	삼재 상형법을 창안하여 중성 기본자 3개를 형상화함. **삼재론 적용**
			음양 원리에 따른 기본자 합성법[合而成]을 창안하여 초출자와 재출자 8개를 형상화함. **음양론 적용**
		⑩동출 합용법, ㅣ상합법을 창안하여 나머지 중성자 만들기	동출 이자(二字) 합용법과 ㅣ상합법을 창안하여 2, 3자 합용 중성자를 만듦
	종성	⑪종성부용초성 원칙을 정함	종성 분석을 통해 종성과 초성의 동일성을 확인하고 종성부용초성 원칙을 결정함. **삼재론 적용**
		⑫종성 합용법	초성자를 합용하여 종성자에 쓰도록 규정함
제3단계: 운용법 규정 단계	⑬음절 합자법 규정		초성자·중성자·종성자의 합자법. **삼재론 적용**
			부서법(초성자·중성자·종성자의 위치 규정)
	⑭팔종성법 규정		종성부용초성에 제한을 가함
	⑮국한 혼용법 규정		정음자와 한자 섞어 쓰기 규정
	⑯방점법 규정		평성의 음가와 가점 규정
			상성의 음가와 가점 규정
			거성의 음가와 가점 규정
			입성의 음가와 가점 규정

것은 아니다. 예컨대 제3단계의 ⑬(음절 합자법 규정)은 제1단계의 ②(음절 삼분법을 세우고 세 개의 제자 단위를 설정함)와 밀접히 관련되어 있다. ②는 제자 작업 전 단계에 해당하고, ⑬은 초성자·중성자·종성자 제자를 마친 후에 행하는 작업이다. 그러나 제자론의 설계 단계에서 ②와 ⑬은 한 묶음(set)으로 다루어졌을 것이다. 훈민정음 창제 기사(1443.12.30)에 "②分爲初中終聲분위초중종성 ⑬合之然後乃成字합지연후내성자"라고 하여 삼분법 ②와 음절 합자법 ⑬이 함께 명기된 것은 작업 단계 ②와 작업 단계 ⑬이 표리 관계에 놓인 것임을 보여 준다.

제자를 위한 음성 분석 단위를 음절로 삼고, 음절을 삼분하여 초성·중성·종성으로 나눈 것을 제1단계의 ①과 ②로 삼았다. 제2단계는 초성, 중성, 종성을 분석하고 제자 원리를 개발하여 자형을 형상화하는 제자 작업의 핵심 단계이다. 초성 제자 단계는 ③, ④, ⑤, ⑥으로 나누어지고, 중성 제자 단계는 ⑦, ⑧, ⑨, ⑩으로 나누어지며, 종성 제자 단계는 ⑪, ⑫로 나누어진다. ⑪의 종성부용초성은 제자 단계에 놓이면서 초성자의 운용법을 겸한 점이 있다. ⑭팔종성법은 ⑪종성부용초성에 단서 조항을 붙인 것임에도 ⑪과 ⑭의 선후 관계 설정에 이견이 있다(3.2.3절에서 후술함).

〈표 1〉처럼 제2단계에 초성·중성·종성 제자를 묶어 넣으면 이 셋에 공통적으로 행해지는 음성 분석과 목록 작성, 음성 목록의 분류와 체계화, 제자 원리 개발과 자형 결정 등의 작업을 하나의 단계에서 통합 수행할 수 있다.

〈표 1〉에 설정한 작업 단계는 전체 3단계 체제로서 제자 단위 설정 단계, 제자 단계, 운용법 규정 단계로 나뉜 점에서 백두현(2013: 136)의 작업 단계표와 기본 구조가 같다. 그러나 세부적으로 달라진 점 몇 가지가 있다. 가장 중요한 첫 번째 차이는 역리론의 적용을 초성과 중성 제자의 제4단계에 두었던 것을 없애고, 각각의 제자 작업 단계에 흡수한 점이다. 〈표 1〉에서는 역

---

43 번호 부여는 작업 단계를 설명하는 데 편리한 점도 있다.

리론의 적용을 백두현(2013: 136)에서처럼 별도 단계로 설정하지 않고, 제2단계 중 초성과 중성 목록의 체계적 분류와 기본음 선정(④와 ⑧)에 각각 흡수하였다(표의 ㉮와 ㉯). 역학 이론의 적용을 별도 단계로 세우지 않은 이유는 훈민정음 제자론에 중요하게 작용한 삼재론이 ②, ⑨, ⑪, ⑬ 등에 골고루 적용되어야 하는 것이고, 음양론 역시 ⑨에서 적용되어야 하기 때문이다.

그런데 〈표 1〉의 초성에 오행론을 적용한 ④의 ㉮와 중성에 오행론과 상수론을 적용한 ⑧의 ㉯는 서로 다른 점이 있다. 초성에 적용된 오행론은 아설순치후 오음 분류체계와 결합되어 있고, 중성에 적용된 오행론과 상수론은 중성 분류의 이론적 틀로 기능하고 있다. 중성자 제자의 오행론과 상수론은 구체적 제자 방법으로 기능하지 않고 중성의 체계화를 위한 이론으로 작용하였다. 삼재론은 음절 삼분법과 중성 기본자의 형상화라는 제자 원리로 이용되었고, 음양론은 중성 기본자를 합성하여 초출자와 재출자를 만드는 제자 원리로 이용되었다. 이와 달리 오행론과 상수론은 중성의 제자 원리로 작용한 것이 아니라 제자한 중성의 체계화를 위해 이용된 것이다. 해례에 기술된 오행론과 상수론의 이런 특성 때문에 역리적 성리론을 이론적 포장으로 보는 견해가 나온 것이다. 필자는 중성의 오행론 및 상수론에 해당하는 ⑧의 ㉯는 『훈민정음』 해례본을 편찬할 때 제자론을 문장화하면서 성음의 체계화를 위해 이용한 역리易理라고 본다.[44] 오행론과 상수론이 중성체계 설정의 이론적 바탕으로 작용했으나 제자 원리로 작용한 것은 아니라고 본다. 제3부 제1장 2절에서 논했듯이 역리론易理論을 담고 있는 주돈이周敦頤의 『태극도설太極圖說』과 『통서通書』, 소옹邵雍의 『황극경세서皇極經世書』, 주희朱熹의 『역학계몽易學啓蒙』 등이 『성리대전』에 포함되어 있고, 세종은 경연에

44 〈표 1〉의 작업 단계는 『훈민정음』 해례본에 기술된 내용을 바탕으로 나온 것이다. 훈민정음 창제의 작업 단계에 관한 여타의 정보가 없는 상황에서 이러한 선택은 불가피한 것이다.

서 7년 동안 이 책들을 독파하여 그 이치를 깨우쳤다. 이렇게 학습한 오행론과 상수론 등의 성리론이 훈민정음 창제의 이론적 바탕으로 작용했다고 본다. 이러한 생각에서 ㉯를 〈표 1〉에 넣은 것이고, 해례본 편찬 작업을 할 때 역학적 성리론을 문장화하면서 정연한 이론으로 다듬어진 것으로 본다.

두 번째로 달라진 점은 제2단계의 초성 ⑥, 중성 ⑩, 종성 ⑫에 표시된 합용자·연서자·상합자 등의 제자에 관한 것이다. ⑥은 제자 대상 초성 17자에 들지 못한 병서자와 연서자를 만들기 위한 단계이다. ⑩은 제자 대상 중성 11자에 들지 못한 동출 합용자와 ㅣ상합자를 만들기 위한 작업 단계이다. ⑫는 종성자 자리에 초성 합용자를 쓰도록 한 규정을 두기 위한 단계이다. ⑥, ⑩, ⑫는 모두 이미 만든 낱자를 합용하는 것이어서 별도의 낱자를 제자하는 작업과 다르다. 이들은 이미 만든 낱자를 합용한 것이라는 점에서 운용법에 해당한다. 초성 병서자와 합용자 만들기, 중성 합용자와 ㅣ상합자 만들기, 종성 합용자 만들기는 운용법의 성격을 띤 것이다. 그러나 초성자 제자 및 중성자 제자 작업에 포함시키는 것이 제자 작업의 실상에 더 가까운 것이라고 생각하여 〈표 1〉에서와 같은 위치에 두었다. ⑥, ⑩, ⑫는 운용법 규정이지만 제자 작업의 실상을 반영하기 위해 제2단계에 배치한 것이다.

백두현(2013: 136)에서 제시한 작업 단계를 〈표 1〉처럼 수정한 것은 창제의 작업 과정을 더 잘 반영할 수 있도록 하기 위함이다. 세종이 행한 실제 작업 과정에서 위 표에 설정한 세부 단계가 '엄격하게 구별되어' 진행되지는 않았을 것이다. 단계와 단계를 오르내리면서 여러 번의 수정과 첨가가 순서에 구애되지 않고 교차되었을 것이다. 처음 시도하는 조선어 음성 분석과 문자 창제인지라 시행착오도 적지 않았을 것이다. 그러나 제자를 위한 작업의 큰 줄기와 기본 틀은 〈표 1〉과 같이 세울 수 있다.[45] 그렇지 않았더라면 제자 작업은 지지부진하고 뒤죽박죽이 되어 버려 정연한 문자체계를 만들어 내지 못했을 것이다. 〈표 1〉과 같은 작업 단계는 훈민정음 제자 작업의 기본

틀에 해당한다. 이 기본 틀은 실제 작업 과정에서 크고 작은 수정과 보완이 가해져 변경된 점이 적지 않았을 것이다. 그러나 이러한 기본 틀을 세워 제자 작업 과정과 제자론을 관련지어 고찰해 보면 훈민정음에 관한 우리의 이해는 깊어질 수 있다.

3. 훈민정음 창제의 단계별 작업 내용

3.1. 제1단계: 제자 단위의 설정

3.1.1. 음절을 음성 분석의 단위로 삼고 삼분법을 세움

어떤 언어의 말소리를 표기하기 위해 새로운 문자를 만들려면 먼저 그 언어의 음성을 분석하여 음성 목록을 작성하고, 작성한 음성 목록 중에서 제자 대상이 되는 음성을 선정해야 한다. 세종은 제자 작업을 어디에서부터 시작했을까? 조선어음 표기를 위한 문자를 만들려면 먼저 조선어음을 분석하여 음성 목록을 작성해야 한다. 음성 목록 작성을 위해서 음성 분석 단위를 무엇으로 삼을 것인지 결정해야 한다. 정음편 예의에서 자모자와 그 음가를 기술한 문장을 분석해 보면 음절을 음성 분석 단위로 삼았음을 알 수 있다. 예의에서 "ㄱ은 아음으로 君군자의 초발성이다.", "ㅜ는 君군자의 중성이다."[46]라고 하였다. 이것은 음성 분석 단위를 음절자 '君군'으로 잡았음을 보여 준다. 초성 ㄱ과 중성 ㅜ는 '君군'이란 음절의 구성 요소이다. 초성 ㄱ과

45 〈표 1〉의 작업 단계를 설정함에 있어서 훈민정음 창제 도중에 표기 대상의 변화가 있었다는 견해는 수용하지 않았다. 중요한 일을 행함에 있어서 진행 도중에 목표(표기 대상)를 바꾸면 작업 전체가 혼란에 빠질 수 있다.

46 ㄱ牙音 如君字初發聲〈정음 1a_5〉, ㅜ如君字中聲〈정음 3a_7〉

중성 ㅜ를 제자 단위로 설정하기 위해 '군'이란 음절을 분석한 것이다. 세종은 초성, 중성, 종성이 실현되는 최소 단위가 음절임을 인식하고, 음절을 음성 분석 단위로 삼았던 것이다. 합자해에서 "초성, 중성, 종성은 합하여 글자를 이룬다."[47]라고 한 것은 한 음절의 구성소를 설명한 것이며, 음절을 음성 분석 단위로 삼았음을 의미한다.

훈민정음 제자의 제1단계는 음성 분석 단위를 음절로 설정하고 음절을 다시 초성·중성·종성의 세 개 구성소로 나누어 제자 단위를 설정한 작업이다. 음절을 세 개 구성 단위로 나눈 삼분법은 초성자, 중성자, 종성자를 다시 합쳐 음절을 이루도록 한 합자법과 표리 관계에 놓여 있다. 조선 한자음과 고유어음을 분석하여 초성, 중성, 종성에 해당하는 음성 단위를 찾아냈다. 찾아낸 음성 단위에 자형을 부여하여 낱자를 만들었고(制字제자), 제자한 낱자를 다시 음절 단위로 묶었다(成字성자, 成音성음). 음절을 삼분하여 낱자를 제자하고, 제자한 낱자를 묶어 다시 음절로 돌려보낸 것이다.[48]

세종이 음절을 음성 분석 단위로 삼은 까닭은 말소리가 음절 단위로 실현되는 사실을 인식했기 때문이다. 세종이 이런 인식에 도달할 수 있었던 배경에는 음절 단위로 발음된 한자음 학습 경험, 음절 단위로 표기된 구결자 등 차자법에서 얻은 경험, 음절 단위로 발음되는 조선 고유어에 대한 직관적 인식이라는 세 가지 경험이 자리 잡고 있다. 이 세 가지를 더 자세히 살펴보기로 한다.

1) 음절 단위로 발음되는 조선 고유어에 대한 인식

말소리가 한 음절 단위로 발음된다는 인식은 1차적으로 조선어 고유어의

---

47 初中終三聲 合而成字 (합자해) 〈정음해례20b_3〉

48 신승용(2002)은 해례본에 기술된 음절 관련 내용과 한국어 음절 실현에 대한 고찰을 통해 한국어의 음절 구조를 C-V-C 삼지적 구조라고 결론지었다. 이 연구는 음절 삼분법의 원리를 현대의 음절 이론으로 해명한 것이다.

음성 관찰로부터 형성되었을 것이다. 해례본 용자례의 고유어 예시에는 "如: 감爲柹 ·골爲蘆여:감위시 ·골위로", "如·파爲葱 ·폴爲蠅여·파위총 ·폴위승"과 같이 1개 한자에 1음절 고유어가 대응되는 예들이 다수 나타나 있다. 음절 단위로 발음되는 현상은 한자음과 고유어에 공통된 특성이다. 고유어 발음에 대한 경험과 인식이 음절을 기본적 제자 단위로 삼는 데 작용했을 것이다. 그런데 용자례에는 1음절 한자어가 2음절 고유어로 표기된 "·ᄇᆡ얌爲巳·ᄇᆡ얌위사", "그력爲鴈그력위안"과 같은 예가 있고, 2음절 한자어가 1음절 고유어로 표기된 "如·논爲水田여·논위수전", "잣爲海松잣위해송", "쥭爲飯锸쥭위반초"도 있으며, 3음절 한자어가 2음절 고유어로 표기된 "쟈감爲蕎麥皮쟈감위교맥피" 등의 예도 실려 있다. 이와 같이 한자음과 대응되는 고유어 어휘의 음절 수가 유동적인 사실도 음절 단위에 대한 언어적 인식에 영향을 미쳤을 것이다.

2) 한자음 학습에서 얻은 음절 단위의 인식

말소리가 음절을 기본 단위로 실현된다는 인식을 갖게 된 데는 한자음 학습에서 얻은 경험이 작용했을 것이다. 한자는 한 자字가 하나의 독립 단어를 이루며, 각 자는 자형字形·자음字音·자의字義 즉 형음의形音義를 가진다.[49] 여기서 '字音'은 항상 한 음절 단위로 발음된다. 조선에서 빌려다 쓴 한자음도 이와 같다. 예컨대 한자 초학서 『천자문』에는 하나의 한자에 각각 한 음절의 음이 부여되어 있다(예: 天텬). 2음절 한자어의 경우는 그 음이 두 개 음절로 발음된다. 예컨대 '중국中國'이나 '조선朝鮮'이란 나라 이름은 두 개 음절로 발음되고. '성삼문成三問'이란 사람 이름은 세 개 음절로 발음된다. 한자는 한 글자가 한 음절 단위로 발음된다는 것을 어릴 때부터 배웠고, 이러한 한자 학습 경험

---

49 그래서 한자의 경우 '자전(字典)'이란 말을 쓴다. 중국어에서 '자전'은 곧 '사전(辭典)'을 뜻한다.

을 통해서 음절이 말소리의 기본 단위라는 인식이 자연스럽게 형성되었을 것이다. 훈민정음을 음소문자로 만들고서 이를 음절 단위로 합자하여 쓰게 한 규정(합자법)은 한자음 학습에서 얻은 경험과 무관하지 않을 것이다.

3) 차자법에서 얻은 음절 단위 표기의 경험

한자의 음과 훈을 빌려 우리말을 표기한 차자표기는 한자음이 가진 특성에 따라 음절 단위로 표기되고 발음되었다. 한문 학습을 위해 필수적으로 익혀야 했던 구결자들은 대부분 하나의 차자借字가 한 음절로 발음된다. 우리말 조사(是이, 臥와)와 어미(古고, 去거)를 표기한 구결자는 모두 한 글자가 한 음절로 발음된다. 석독자 '在재'는 '겨'로 석독되었고, '加가'는 석독하면 '더', 음독하면 '가'로 읽혀 모두 한 음절로 발음되었다. 오랫동안 사용해 온 차자표기의 경험을 통해 한 글자는 한 음절로 발음된다는 인식이 조선 유학자들의 언어와 문자 의식에 굳어졌을 것이다.

3.1.2. 음절 삼분법의 배경

세종은 음절을 음성 분석 단위로 삼으면서 한 음절이 세 개 요소로 구성됨을 인식하고, 삼분법 원리를 세웠다. 해례본 합자해에서 "초성, 중성, 종성은 합하여 글자를 이룬다.[初中終三聲 合而成字]"라고 한 것이 음절 삼분법이다. 음절 삼분법은 훈민정음 제자 작업을 위한 기초에 해당한다. 음절 삼분법이 확립되어야 제자 단위인 초성, 중성, 종성의 분석으로 나아갈 수 있다.

제자해에서 "대개 자운의 종요로움은 중성에 있으며, 초성과 종성과 합하여 음을 이룬다."[50]라고 한 것은 음절을 구성하는 세 단위 중 중성이 음절 핵임을 말한 것이다. 초성, 중성, 종성이라는 삼분법을 세웠지만, 음절을 이

---

50 盖字韻之要, 在於中聲, 初終合而成音 (제자해) 〈정음해례8b_4〉

루는 구성 요소가 동등한 위상을 가진 것이 아님을 인식했던 것이다.

세종은 음절을 기본 단위로 세우고, 이 음절을 다시 삼분하는 방법을 어떻게 획득하였을까? 음절 삼분법의 형성에 대한 탐색은 학자들의 중요한 연구 주제였다. 음절 삼분법의 학문적 배경에 관한 여러 학자들의 학설은 이현희(1990: 623)에 학자별로 주장의 요지가 서술되어 있고, 강창석(1992: 33)에 다섯 가지로 요약되어 있다. 임용기(1991a, 1992, 2002)는 음절 삼분법의 형성 과정을 깊이 천착하였다. 임용기는 이분법을 발전시켜 운모를 운복韻腹과 운미韻尾로 분리한 등운도의 삼분법이 훈민정음 삼분법을 형성시킨 것으로 보았다(임용기 1991a: 53-63). 임용기(2002)에서는 삼분법의 배경과 형성 과정에 대한 여러 연구자의 설을 소개하면서[51] 등운학의 삼분법이 가장 중요한 영향을 미친 것임을 재확인하였다.

성운학, 차자표기, 조선어음의 분석, 파스파문자에 존재한 삼분법 등에서 음절 삼분법의 형성 배경을 찾으려는 시도가 이어져 왔다.[52] 이 문제에 관련된 선행 연구를 분석해 보면, 음절 삼분법의 형성에는 다음과 같은 여러 요소가 작용하였음을 알 수 있다.

1) 반절反切의 이분법과 운도韻圖의 삼분법

정음해례에 초성, 중성, 종성을 '운서韻書'와 관련지어 정의해 놓았다.[53]

---

51 음절 삼분법의 형성 배경에 대한 연구사적 정리는 이현희(1990)와 임용기(2002)를 참고하기 바란다.

52 정음의 음절 합자법이 범자(梵字)의 합자법에 영향을 받은 것이라는 섭보매(2016)의 견해도 있다. 범자의 영향 문제는 제3부 제3장에서 합자법의 융합 요소에 대한 해석을 다룰 때 논한다.

53 '운서(韻書)'와 관련지어 서술한 내용은 다음과 같다. "正音初聲 卽韻書之字母也[정음의 초성은 곧 운서의 자모이다.]"(초성해), "中聲者 居字韻之中 合初終而成音[중성은 자운의 가운데 있어서 초성, 종성과 합하여 음을 이룬다.]"(중성해), "終聲者 承初中而成字韻[종성은 초성과 중성을 이어받아 자운을 이룬다.]"(종성해)

이 내용은 운서 연구를 통해 조선어음의 단위를 인식했다는 증거이다. 초성 및 중성의 정의와 종성에 대한 정의는 표현상 약간의 차이가 있다. 초성은 운서의 '자모字母'에 해당하고, 중성은 '자운字韻'의 중간에 있다고 정의했지만 "종성은 초성과 중성을 이어받아 자운을 이룬다.[承初中而成字韻]"라고 하여, 그 기능에 초점을 두어 정의했다. 표현상의 차이는 있지만 우리말의 종성이 지닌 고유의 기능을 인식했음을 보여 준다.

정음해례의 음절 삼분법은 말소리의 기본 단위인 음절을 다시 쪼갤 수 있다는 인식에서 출발한다. 음절을 쪼갤 수 있다는 인식은 운서의 한자음 표기 방식인 반절법에서도 찾을 수 있다. 운서의 반절은 한자의 한 음절을 둘로 나누는 이분법이다. 예컨대 '東동'의 음을 '德洪切덕홍절'이라 했다. '東동'을 표기할 때 성모 t를 '德덕'자로 표상하고, 운모 -ong을 '洪홍'자로 나타내는 방식이다. 한글로 표기해 보면 '동'을 'ㄷ+ㅎ'으로 나누어 적는 방식이 반절법이다. 세종과 당시 학자들은 운서의 반절을 통해 한 음절을 성모와 운모로 나누는 이분법을 이미 알고 있었다.

반절의 이분법에서 더 나아간 한자음 분류법은 운도 혹은 등운도에 나타나 있다. 송대宋代에 발달한 등운도는 한자음을 사성, 등운, 자모, 전차轉次, 개합開合 등으로 분석하여 표 형식의 평면도에 표시하는 것이다. 등운도의 자음字音 구성 요소는 '성모+운두, 운복, 운미/사성'(I+MVE/T)으로 표시된다. 반절법의 운모가 등운도에서는 운두韻頭, 운복韻腹, 운미韻尾로 쪼개진 것이다(임용기 1991a: 54-55). 등운도의 음절 분석법을 이용하여 파스파문자로 한자음을 표시한 것이 『몽고운략』이고, 『몽고운략』의 자모운字母韻 배열 방식에 따른 운서 『고금운회거요』(1297)는 『동국정운』 한자음 표기법에 큰 영향을 미쳤다. 정음자로 한자음을 표기한 『동국정운』은 파스파문자로 한자음을 표기한 『몽고운략』과 그 성격이 유사하다. 두 운서 모두 음절 삼분법을 취하고 있다. 임용기(1991a)는 이러한 맥락에서 『동국정운』 한자음을 연구한 유창균(1979)의 설을 이용하여 등운도의 한자음 분류체계가 훈민정음의 음절 삼분법에 큰 영향을 미친 것으로 보았다.

2) 차자법의 종성 분리 표기

운서의 한자음 표기법인 반절법은 한 음절을 성모와 운모로 나누는 이분법이다. 초성과 중성을 분리하는 방법은 운서의 반절법에 이미 존재한 것이지만, 종성을 따로 분리해 낸 음절 삼분법은 이와 다른 것이다. 훈민정음에서 종성을 독립된 단위로 인식할 수 있었던 데는 음절말 자음을 분리 표기해 온 차자표기법의 영향이 있었던 것으로 본다. 차자표기법의 경험을 바탕으로 음절 삼분법이 형성된 것으로 보는 견해는 권재선(1987/1988: 106-107)에서 피력된 바 있다. 권재선(1987/1988: 106)은 음절 삼분법을 취한 『몽고자운』(1308)의 파스파문자와 범자梵字를 언급하고, 이것이 우리나라에 알려져 세종의 삼분법 발상에 참고가 되었을 가능성이 있다고 보았다. 그러나 권재선은 차자표기의 영향을 더 중시하여, "그러나 그것보다도 한자 자체를 사용하여 우리나라 사람이 널리 사용한 향찰 이두의 음절 분석 의식은 세종의 삼분 분석의 발상에 직접적인 자극이 되었을 것이다. 이두에서 행하여지는 분석 의식은 우리나라 사람들의 고유한 음절 분석 의식이라 하겠는데, 우리나라 사람들은 신라 때부터 전통적으로 음절의 종성을 분리 의식하는 음절 분석 의식을 가져 왔다."라고 하였다.[54]

차자표기법의 영향에 관한 본격적 고찰은 강창석(1992)에서 이루어졌다. 강창석(1992)은 차자표기법을 통해서 얻은 경험이 음절 삼분법의 설정에 영향을 미친 것으로 보았다. 훈민정음 문자체계에 나타난 15세기 음운 이론은

54 이어서 『향약구급방』(1417)과 『향약집성방』(1433)에 실린 종성 분리 표기의 예를 제시했다.

음절을 기본 단위로 한 음절 삼분법에 바탕을 두었으며, 이렇게 한 배경은 음절문자인 한자의 영향과 한자를 빌려 우리말을 음절 단위로 표기해 온 전통, 즉 음절을 기본 단위로 우리말을 표기해 온 차자표기의 전통에 있다고 하였다. 또한 훈민정음 문자체계가 음절을 더 분석하여 '聲성'의 단위를 제자 단위로 삼게 된 배경을 종성을 분리 표기한 차자법의 방법론에서 찾았다(강창석 1992: 33-38).

이른바 말음첨기末音添記는 음절말 자음을 분리 표기한 전통적 방법이다. 예컨대 '心音(ᄆᆞᅀᆞᆷ)'의 '音음'은 'ᄆᆞᅀᆞᆷ'의 끝 자음 ㅁ을 표기한 것이다. '千隱(즈믄)', '有叱-(잇-)', '道尸(길)' 등의 두 번째 글자 '隱은', '叱질', '尸시'는 음절말 자음 'ㄴ, ㅅ, ㄹ'을 하나의 차자로 분리 표기한 것이다.[55] 이 방법은 한자음을 빌려 우리말을 표기하는 더 발전된 차자법이었으나 우리말 표기에 전면적으로 사용하는 데까지 확장되지 못했다. 음절 삼분법은 이분법인 반절법과 등운도의 운모 분석법을 이론적 바탕으로 여기에 종성을 분리 표기한 말음첨기법의 경험을 결합한 것이라고 결론지을 수 있다.

3) 조선어 종성 발음의 분리적 특성과 그 인식

강창석(1992: 40-41)이 지적했듯이, 설령 훈민정음 창제자가 차자법의 말음첨기 방식을 몰랐다 하더라도 당시 조선어의 실제 발음을 조금만 관찰해 보면, 음절 말음 즉 종성의 분리적 특성을 쉽게 인지해 낼 수 있었을 것이다. 예컨대 '박'을 단독형으로 발음할 때와 달리, 이 낱말에 주격조사 '-이'를 붙여 [바기]라고 발음하면 음절말 자음 ㄱ이 뒷음절 첫소리로 이동하는 음운 현상이 발생함을 쉽게 인지할 수 있다. 달리 말해, '박'의 발음에서는 종성 ㄱ이 음절말에서 발음되지만, '박이'의 발음에서는 종성 ㄱ이 선행 중성에서

55 더 많은 차자표기의 예는 강창석(1992: 36-37)을 참고할 수 있다.

분리되어 뒷음절의 초성으로 옮겨 가 [바기]라고 발음된다. 이러한 관찰을 통해 중성에 매여 있지 않은 종성의 분리적 발음 양상을 인식했던 것이다. 그리하여 종성을 별도의 발성 단위로 인지하였고, 이것이 음절 삼분법을 세우는 데 영향을 미쳤을 것이다.

4) 파스파문자의 삼분법

선행 연구에서 언급되었듯이 파스파문자에 존재한 음절 삼분법이 훈민정음의 음절 삼분법에 영향을 미쳤을 가능성이 높다. 세종 대의 학자들이 접한 운서 중에서 한어음漢語音을 정확히 표기한 책은 『몽고자운』을 능가하는 것이 없었다. 세종 대 학자들은 『몽고자운』을 운서 번역 사업에 이용하였고, 이를 통해 파스파문자의 원리를 익혔을 것이다. 한자음을 삼분법으로 표기한 것은 『몽고자운』에서 확립된 것이며, 파스파문자는 음절 삼분법과 모아쓰기를 채용하고 있었다(연규동 2019). 이런 점에서 파스파문자의 삼분법과 모아쓰기 원리가 훈민정음에 영향을 미친 것으로 볼 수 있다.[56]

5) 삼재론의 영향

음절 삼분법은 삼재론과 결합되어 있다. 음절 삼분법은 성운학적 분석이나 차자법의 경험에만 근거한 것이 아니라, 15세기 조선 지식인의 철학이었던 성리학의 삼재론을 배경으로 하였다. 음양(혹은 動靜동정)이라는 양의兩儀가 작용하여 천天과 지地를 생성하고, 음양을 겸유한 사람이 천지와 상호 작용한다는 사상에 근거를 둔 것이 삼재론이다. 초성은 '발동發動'의 뜻을 가져 천天에 해당하고, 종성은 '지정止定'의 뜻으로 지地에 해당하며, 중성은 초성에 이어 나

56 훈민정음에 대한 파스파문자의 영향은 제3부 제3장의 2.3.3절(이 책의 617쪽)에서 논한다.

면서 종성에 접하니 하늘과 땅을 이어 주는 인人에 해당하는 것이라고 하였다.[57] 이는 곧 삼재 사상을 초성·중성·종성의 결합에 적용한 것이다. 음절 삼분법은 합자법(초성·중성·종성을 합쳐 글자를 만드는 것)과 표리 관계를 이룬다. 이런 점에서 음절 삼분법은 훈민정음 창제의 사상적 기초이자 제자론의 근간이다.

지금까지 설명한 훈민정음 음절 삼분법의 생성 배경은 다음과 같이 요약할 수 있다. 훈민정음의 음절 삼분법은 성운학의 반절법에 나타난 이분법, 등운도의 운모 분석법, 음절 단위로 우리말을 표기해 온 차자표기법의 전통, 종성을 분리하여 표기한 말음첨기법, 조선어 종성 발음의 분리적 실현과 이에 대한 인식, 파스파문자에 존재한 음절 삼분법 등의 학문적 지식과 경험이 융합되어 생성된 것이라 할 수 있다. 음절 삼분법은 '융합'의 전형적 사례이다.

음절 삼분법은 성리학의 삼재론을 바탕으로 한 것이며, 삼재론은 『훈민정음』 해례의 음절 삼분법, 중성 기본자의 자형 만들기, 종성부용초성 등 훈민정음 제자론의 철학적 기초가 되었다.

3.2. 제2단계: 음성의 분석과 분류, 기본음 선정, 초성자와 중성자의 형상화

훈민정음 창제자 세종은 제자 대상인 음성 단위를 파악하기 위해, 초성과 중성을 분석하여 음성 목록을 작성하고 이를 체계적으로 분류한 후, 각각의 음성 단위를 시각적으로 형상화하는 작업 단계를 거쳤을 것이다.[58] 이것을

---

57 以初中終合成之字言之 亦有動靜互根陰陽交變之義焉. 動者 天也. 靜者 地也. 兼互動靜者 人也. (…중략…) 初聲有發動之義 天之事也. 終聲有止定之義 地之事也. 中聲承初之生 接終之成 人之事也. 盖字韻之要 在於中聲 初終合而成音. 亦猶天地生成萬物 而其財成輔相則必賴乎人也. (제자해) 〈정음해례8a_3-8b_5〉

58 고광모(2020: 659-661)는 "15세기 국어에는 단모음이 7개 있었으니"라고 하며 단모음

제2단계로 간주한다. 제2단계에서는 크게 세 가지 작업이 이루어진다. 음성 분석과 목록 작성, 목록의 체계적 분류와 기본음 선정, 제자 원리의 개발과 자형 형상화가 이것이다.

이 절에서는 초성과 중성의 제자 대상 음성 단위를 찾아내기 위해 어떤 방법으로 음성을 분석하였으며, 분석한 음성 목록을 어떻게 분류하여 기본자에 해당하는 기본음을 선정했는지 등의 문제를 고찰한다. 『훈민정음』 해례에 나타난 초성과 중성의 음성 기술記述과 예의 및 용자례에 등재된 한자음과 고유어 낱말을 분석하여, 새 문자 창제를 위해 세종이 행한 음성 분석과 분류 작업의 내용을 파헤쳐 보려 한다.

먼저 음성 분석을 어떻게 한 것인지, 그 방법을 고찰해 보자. 말소리는 덩어리로 실현된다. 표기문자가 없거나 표기 방법을 모르는 언어의 음성을 들어 보면 말소리가 분석하기 어려운 덩어리로 실현된다는 사실을 실감할 수 있다. 이 말은 한글이 없었던 시기에 살았던 한국인에게 그대로 적용될 수 있다.[59] 훈민정음과 같은 음소문자를 만들려면 먼저 해당 언어의 말소리에서 가장 작은 단위로 기능하는 음성을 분석해 내야 한다. 즉 한 덩어리로 실현되는 말소리를 분절음 단위로 잘라야 한다. 음성을 분석하고 분석된 음성 단위를 목록화하려면 음성 분석을 위한 도구와 분석한 음성 단위를 체계화하기 위한 이론이 필요하다. 세종은 성운학의 음성 분석법과 체계적 음성 분류법을 알고 있었기에 이를 이용하여 조선어음을 분석하고 분류해 낼 수 있

7개를 기정사실로 전제하고, "일단 단모음을 적을 7자가 필요하므로 세종은 일단 7개의 형상을 만든 것"이라 하였다. 그 결과로 만든 것이 ·, ㅡ, ㅣ, ㅗ, ㅏ, ㅜ, ㅓ라는 7개 형상이고, 이 7개 형상 각각에 단모음 음가를 배정했는데, 이 배정은 "음절별로 모아 쓴 모양이 짜임새 있게 되도록 만드는 데 초점을 맞추어 결정했을 것"이라고 했다.

59 한글을 이미 배워서 알고 있는 현대인들은 [해바라기]라는 말소리를 들으면 이 낱말의 문자 표기형을 연상하게 되고, 이 말소리가 [해][바][라][기]라는 네 개 음절로 구성되어 있음을 쉽게 인지한다. 그러나 훈민정음 창제 이전의 사람들에게는 이 발음이 한 덩어리로 들려서 음절 단위별 인식이 현대인처럼 쉽지 않았을 것이다.

었다. 세종은 음률을 듣고 그 특질을 판단할 수 있는 밝은 귀를 가지고 있었고, 성리학 이론을 공부하여 삼라만상을 설명하는 철학을 갖추었으며, 문자 창제의 실질적 도구인 성운학 이론과 음성 분석 방법을 알고 있었다.[60]

3.2.1. 초성 관련 작업

세종은 조선어의 초성을 분석하기 위해 어떤 음성 자료를 이용하였을까? 해례본 텍스트에는 음성 분석의 대상으로 삼은 두 종류의 조선어음 자료가 나타나 있다. 하나는 예의에 등장한 23개 자모 한자의 조선 한자음이고, 다른 하나는 용자례 등에 등장한 고유어들이다. 전자는 한자음을 이용해 조선어 음성을 분석한 것이고, 후자는 고유어를 이용해 조선어 음성을 분석한 것이다. 해례본 텍스트 전체에 123개 정도[61]의 고유어가 실려 있다. 세종은 조선어의 음성 단위를 찾아내기 위해 당시 조선어의 낱말들을 분석하였고, 그 중에서 대표적인 123개 낱말과 어절을 해례본에 등재한 것이다. 음성을 분석하는 작업에서 낱말을 가장 기본적 단위로 삼았지만 보다 큰 단위인 합성어와 어절도 분석 대상에 포함하였다. 해례에 등장한 '빗곶', 'ᄃᆞᆳᄣᅢ', '여ᇫ의갗', '孔子ㅣ魯ㅅ:사ᄅᆞᆷ'이 합성어 및 어절의 예이다. 이들은 모두 새로운 문자 창제를 위해 분석 대상으로 삼았던 당시의 조선어음 자료이다.

이 음성 자료들을 분석하기 위해 어떤 방법과 도구를 사용했을까? 성운학 지식을 갖춘 세종은 성운학의 성모 분류법을 알고 있었다. 성모 분류법은 조선어음의 초성체계를 파악하는 데 유용한 틀이다. 특히 조음위치에 따른 오음 분류법(아설순치후)은 제자 대상이 되는 자음 목록 파악에 유용하다.

---

60 세종의 이러한 능력과 지식이 그가 지향한 편민 정책과 결합하여 백성을 위한 문자 창제에 성공한 것이다.

61 '123개 정도'라고 적은 이유는 분석 방법에 따라 문법형태의 처리가 다를 수 있기 때문이다. 제2부 제1장 2절에서 이에 대해 자세히 논하였다.

세종은 성운학에서 더 나아가 조음음성학과 청음음성학 분석법을 창안하여 초성 오음의 음가를 관찰하고 그 결과를 정확히 기술했다. 성운학의 오음 분류법과 독창적으로 창안한 음성 분석법을 이용하여 조선어 초성을 분석하여 각 조음위치에 해당하는 음성 목록을 작성하였다.[62] 『훈민정음』에 기술된 문장 자료를 통하여 여기서 행해진 작업 내용을 더 자세히 고찰해 보자.

1) 초성 분석과 제자 대상 목록 작성

초성 목록을 작성하기 위해 한자음과 고유어를 분석한 과정을 살펴보자.

(1) 한자음을 이용한 초성 분석과 목록 작성

세종은 조선어음의 초성을 찾아내기 위해 운서의 성모체계(31~36개 성모)를 음성 분석의 틀로 참고했을 것이다. 예의에서 한자음으로 조선어음의 초성 음가를 예시한 것으로 보아, 초성 목록을 작성하기 위해 분석 대상으로 삼은 1차 자료는 15세기 당시 조선의 현실 한자음이었다. 예의의 "ㄷ은 설음인데 '斗'자의 첫소리다."[63]에서 보듯이, 조선의 현실 한자음[64]으로 초성의 음가를 예시했다.

세종이 조선어의 음성 분석을 위해 이용했던 한자음 자료가 예의에 나타나 있다. 예의에 제시된 음가 예시용 한자는 중국 운서에 쓰인 성모자[65]와

62 강창석(1992: 55-56)은 중국의 운학 이론이 초성 목록을 작성하는 과정에 반영되었다고 보았지만 목록 작성의 방법론 자체가 통째로 운학 이론에서 왔다고 하는 것을 의미하는 것은 아니다."라고 말하고 그 근거를 제시하였다. 필자의 생각도 기본적으로 이와 같다.

63 ㄷ舌音 *如斗字初發聲* (예의) 〈정음1b_4〉

64 아음 ㄱ에서 "*並書 如虯字初發聲*(병서 여규자초발성)"에서 보듯이 조선의 현실 한자음이 아닌 전탁음도 포함되어 있다. 아음 ㄱ의 전탁음을 표기한 병서자(ㄲ)는 동국정운식 교정 한자음을 표기하기 위한 것이다.

65 필자는 예의에 정음 자모자의 음가를 예시하기 위해 쓴 한자를 '음가 예시용 한자'라 부른다. 중국 운서에 쓰이는 '성모자'에 대응하는 용어를 만든다면 '자모 한자' 정도가 알맞다. '자모 한자'는 정음 자모자의 음가를 예시하기 위해 쓴 한자라는 뜻이고 '음가

다른 한자이다. 예의에서 초성자의 음가를 예시하기 위해 사용한 한자(아래 표의 ①)와 『고금운회거요』·『홍무정운』 등 운서에서 성모를 표상한 성모자를 오음과 청탁에 따라 분류하여 〈표 2〉에 제시한다.[66]

〈표 2〉 조선 한자음을 이용한 초성 분석과 목록 작성

분류	청탁 구분	①초성 음가 예시용 한자 (초성 자모 한자)	②운회·『홍무정운』 성모자	③음성 목록	④예의의 정음 초성자[67]	⑤언해본 한자음[68]
아음 牙音	전청	君	見	k	ㄱ	군
	전탁	虯	群	g	(ㄲ)	끃
	차청	快	溪	k^h	ㅋ	쾡
	불청불탁	業	疑	ŋ	ㆁ	업
설음 舌音	전청	斗	端	t	ㄷ	둘
	전탁	覃	定	d	(ㄸ)	땀
	차청	呑	透	t^h	ㅌ	튼
	불청불탁	那	泥	n	ㄴ	나
순음 脣音	전청	彆	幫	p	ㅂ	볋[69]
	전탁	步	幷	b	(ㅃ)	뽕
	차청	漂	滂	p^h	ㅍ	푷
	불청불탁	彌	明	m	ㅁ	밍
치음 齒音	전청	卽	精	ts	ㅈ	즉
	전탁	慈	從	dz	(ㅉ)	쯩
	차청	侵	淸	ts^h	ㅊ	침
	전청	戌	心	s	ㅅ	슗
	전탁	邪	邪	$s'{\sim}s^h$	ㅆ	썅
후음 喉音	전청	挹	影	ʔ	ㆆ	흡
	차청	虛	曉	h	ㅎ	헝
	전탁	洪	匣	h^h	(ㆅ)	뿅
	불청불탁	欲	喩	zero	ㅇ	욕
반설음 半舌音	불청불탁	閭	來	l	ㄹ	령
반치음 半齒音	불청불탁	穰	日	z	ㅿ	샹

예시용 한자'를 간략히 표현한 용어이다.

66 음성 분석 단계에서 초성자의 자형은 아직 마련되지 않은 상태이므로 〈표 2〉의 ④'예의의 정음 초성자'와 ⑤'언해본 한자음'을 훈민정음 자모자로 표기한 것은 편의적 조치일 뿐이다.

①'초성 음가 예시용 한자(=초성 자모 한자)는 예의에 나타난 23개 한자를 가리킨다. ③'음성 목록'에 해당하는 조선어 음성을 찾아내기 위해 ①의 한자음을 이용한 것이다. ①의 한자음을 분석하여 조선어 초성 목록을 찾아냈고, 찾아낸 조선어의 음성 목록을 운서음의 성모와 짝지어 비교함으로써 그 음가를 기술했을 것이다.[70] 훈민정음 창제자는 운서의 성모체계와 비교해 가면서 조선어 초성의 음성 목록을 파악했을 것이다. 구체적으로 말해 ②에 예시한 운회와 『홍무정운』 등의 36개 성모체계와 비교했을 것이다.

그런데 〈표 2〉의 ①과 ②의 비교에서 확인되듯이, 예의에 쓰인 음가 예시용 한자(=자모 한자)는 운서의 성모자와 다르다. 한자의 개수個數도 다르다. ②에 보인 운서 『고금운회거요古今韻會擧要』(1297)의 성모자는 35개이고, 『홍무정운洪武正韻』(1375)의 성모자는 31개이다. 그러나 조선음을 표상한 ①의 초성 자모 한자는 23개이다. ①과 ②에 쓰인 한자로서 동일한 한자는 치음 전탁자의 '邪(ㅆ)'자밖에 없다.

①초성 자모 한자에서 *邪母*사모자만 운서 성모자와 같은 한자를 쓰고 나머지 한자는 왜 성모자와 다른 한자로 바꾸었을까? 그 이유는 다음 몇 가지로 설명할 수 있다. 첫째, 조선의 현실 한자음이 운서 성모자의 음가와 다른 것이 많기 때문이다. 예컨대 운서에서 아음 차청자인 '*溪*계'는 그 음가가 기식성을 가진 [k^h](ㅋ)인데 조선 한자음에서는 '계'로 발음되어 전청자 [k]로 변했다. 이런 변화 때문에 조선어의 [k^h]를 나타내는 데 성모자 '*溪*'를 쓸 수

---

67 ④'예의의 정음 초성자'의 순서는 예의편의 자모 배열 순서를 따른 것이다. ④란의 ( ) 안에 표기한 ㅠ 등은 예의편에 그 자형이 제시되어 있지 않은 병서자들이다.

68 ⑤'언해본 한자음'은 동국정운식 한자음 표기와 같다.

69 해례 종성해에는 '彆(별)'의 음을 '볃'으로 표기하고, 종성 ㄷ이 조선어의 속습에서 모두 ㄹ로 변했음을 언급해 놓았다.

70 세종이 초성 음가를 분석하면서 중성과 종성 음가도 동시에 분석했을 가능성이 높다. 이 글에서는 초성, 중성, 종성 순서대로 분석한 것으로 간주하고, 이 순서에 따라 논한다.

없었다. 둘째, 운서 성모자에는 설음에 설두음과 설상음의 구별이 있고, 치음에 치두음과 정치음의 구별이 있으며, 순음에 순중음과 순경음의 구별이 있다. 그러나 조선 한자음에는 이런 구별이 없다. 운서음에서 두 개로 나누어진 성모자 중 어느 하나를 택할 경우 조선 한자음의 음가 표기에 혼선을 초래하게 된다. 이런 문제점을 피하기 위해 조선어의 초성 표기 자모 한자를 제3의 한자로 바꾼 것이다. 셋째, 훈민정음 초성 표기를 위해 선택된 ①의 자모 한자 중에는 중성과 종성 표기의 한자로 쓰인 것도 있다. 하나의 한자가 초성과 중성 등 여러 음을 표상할 수 있도록 주도면밀하게 선정한 것이다.[71] 하나의 한자가 조선어의 초성과 중성 그리고 종성까지 표상할 수 있도록 하려니 중국 운서의 36개 성모자와 다른 한자를 선택하지 않을 수 없었던 것이다. 넷째, 치음 전탁자 '邪(ㅆ)'자만 운서 성모자와 같은 한자를 쓴 까닭은 '邪사'가 몇몇 성모자의 음가를 포괄하여 표상한 점[72]과 연관되어 있다. 『동국정운』의 *邪母*사모는 중고음의 *邪母*사모·*禪母*선모와 함께 *船母*선모도 포함한다. 중고음의 *牀母*상모도 언해서에서 ㅆ으로 주음되었다(조운성 2011: 22). 운서음의 *邪母*사모가 지시하는 전탁음을 표기하려니 각자병서인 ㅆ을 이용하게 된 것이다.[73]

그렇다면 〈표 2〉의 ①에 속한 한자를 선정한 방법은 무엇이었을까? 가장 쉬운 방법은 운서의 36자 성모체계를 기준으로 삼아 조선 한자음에서 구별되지 않는 성모자를 빼거나 다른 성모자와 병합하는 것이다. 15세기의 조선

71 『훈민정음』 예의에서 초성, 중성, 종성을 설명하기 위한 한자의 선정 이유와 음운론적 의미는 이준환(2020)을 참고하였다.

72 중국의 전통 운서에서 *邪母*(사모)가 [z]에 대응하기도 하나 동국정운 한자음에서 [z]는 *穰母*(양모)에 배정되어 있다.

73 〈표 2〉에서 *邪母*의 음가 표기에 s'~s^h라고 쓴 것은 『동국정운』의 *邪母*가 몇 개 음가를 포괄한 점을 고려했기 때문이다. 특히 s^h로 표기한 것은 ㅅ의 차청음이 없는 점을 고려하여 ㅆ이 차청음을 겸했을 것으로 추정하기 때문이다. *邪母*의 주음 양상과 그 재구음에 대한 고찰은 조운성(2011: 22-25)을 참고하였다.

한자음에는 설두음과 설상음, 순중음과 순경음, 치두음과 정치음의 구별이 모두 없었다. 그리하여 각 조음위치의 두 개 음류는 하나의 한자음으로 병합되었다. 운서음의 성모 분류체계를 틀로 삼아 각 성모자에 대응하는 조선어 음성을 설정하고, 운서 성모자와 다른 한자로 정음 자모의 음성을 표상케 한 것이 ①이다.

그런데 조선 한자음에서 전탁음은 전청음과 구별되지 않았으나 ①의 자모 한자에는 전탁음을 나타내기 위한 한자를 별도로 마련해 두었다. 이렇게 한 목적은 훈민정음 창제자와 해례 편찬자가 『홍무정운』의 청탁 구별을 받아들여 각자병서를 이용한 전탁음 표기법을 마련해 두기 위함이다.[74] 세종은 명나라 황제의 명으로 편찬된 『홍무정운』의 운서음을 따랐다. 『홍무정운』에서 청탁은 전청음과 전탁음을 나누는 주요 분류 기준이었기 때문에 전탁음 표기자를 23개 자모체계 안에 넣었다. 정통성을 가진 중국 운서음을 기준으로 조선 한자음의 와오訛誤를 바로잡으려 한 동국정운식 한자음 교정 사업에서 각자병서를 이용한 전탁음 자모자는 반드시 필요한 것이었다.

(2) 고유어 낱말을 이용한 초성 분석과 목록 작성

훈민정음 창제자는 조선어음을 분석해 내기 위한 자료로 한자음뿐 아니라 고유어 낱말도 이용하였다. 해례본에는 용자례를 중심으로 당시의 고유어 낱말이 다수 나타나 있다. 이 낱말들은 세종이 음성 분석에 이용했던 많은 고유어들을 대표하여 문면에 등장한 존재들이다.[75] 용자례에 등재된 94개

74 두 운서보다 먼저 편찬된 『황극경세성음창화도』(11세기 후기)와 『중원음운』(1324)은 전탁음이 모두 무성화된 현실음을 반영하여 전탁 성모자를 쓰지 않았다(이재돈 2016). 중고음 시대에 있어서 평성의 전탁음은 같은 조음위치의 유기 무성음으로 변하였고, 측성의 전탁음은 같은 조음위치의 무기 무성음으로 변하였다(이재돈 2016).

75 해례본 전체에 123개 고유어 낱말이 등장하지만, 세종이 조선어 음성 분석을 위해 실제로 이용한 낱말들은 이보다 훨씬 많았을 것이다. 집을 짓는 목재를 다듬을 때 많은

낱말은 조선어음의 초성 자리에 쓰이는 음성을 찾아내기 위해 분석했던 고유어들 중에서 예시에 꼭 필요한 것만 골라낸 결과일 것이다. 용자례에 등재된 고유어 낱말 중에서 초성자의 예시에 이용된 낱말을 정리하면 다음 〈표 3〉과 같다.[76]

①에 제시된 17개의 '초성 목록'은 ②'고유어 낱말'이 실현된 음성형 ③에 쓰인 것이며, 제자 대상으로 선정된 음들이다. 이 작업 단계에서 ②'고유어 낱말'들은 ③의 [ ] 안에 표기한 음성형으로만 존재하고 문자로 표기되지 못한 상태이다. ②의 '감', '글' 등과 같이 정음 자모자로 표기해 둔 것은 고유어 낱말의 어형을 보이기 위한 편의적 조치이다. 이 단계에서는 정음 자모자가 아직 마련되지 않았다.

③에 제시한 '고유어 낱말의 음성형'은 문자로 표기되지 못한 상태를 음성 기호로 표시한 것이다. ②'고유어 낱말'이 소리로 실현된 음성형 ③을 귀로 들으면서 이 음성형에 포함된 '초성' ①을 일일이 확인했을 것이다. 이 작업을 거쳐 제자 대상 초성 목록이 선정되었을 것이다. 각 초성을 찾아내기 위해 실제로는 많은 수의 고유어 낱말들이 분석되었을 것이나 용자례에 등재된 낱말은 하나의 초성에 각각 2개 어휘로 제한되었다.

④는 초성이 쓰인 음절 위치를 어두와 비어두로 나누어 본 것이다. 초성의 예시를 보이기 위한 총 34개 고유어 낱말 중에서 어두 위치의 초성은 20개 낱말이고, 비어두 위치의 초성은 14개 낱말이다. ⑤는 34개 고유어 낱말을 음절 수별로 분류한 것인데, 1음절어가 18개 낱말, 2음절어가 16개 낱말이다. 3음절어가 하나도 없는 것으로 보아 예시어를 2음절 이하의 낱말로

원목을 이용하지만 나무를 자르고 다듬는 과정에서 여러 부분이 잘려 나가서 버려진다. 완공된 건물에 남아 있는 목재는 전체 목재의 일부이다. 용자례에 등재된 94개 낱말들은 음성 분석에 이용된 후 버려지지 않고 문면에 살아남은 존재들이다.

76 〈표 3〉의 단계는 아직 각 초성에 해당하는 초성자가 만들어지지 않은 상태이다. 그래서 〈표 3〉의 ①과 ③에서 [ ] 안에 음성기호로 음성형을 표시했다.

〈표 3〉 초성 목록을 찾기 위해 분석 대상이 된 고유어 낱말과 초성 목록(용자례)

번호	①초성 목록	②고유어 낱말	③음성형	④음절 위치	⑤음절 수
1	[k]	:감爲柿	[kam]	어두	1
		·ᄀᆞᆯ爲蘆	[kʌl]	어두	1
2	[kʰ]	·우케爲未舂稻	[Φu-kʰəi]	비어두	2
		콩爲大豆	[kʰoŋ]	어두	1
3	[ŋ]	러·ᅌᅮᆯ爲獺	[lə-ŋul]	비어두	2
		서·ᅌᅦ爲流澌	[sə-ŋəi]	비어두	2
4	[t]	·뒤爲茅	[tui]	어두	1
		·담爲墻	[tam]	어두	1
5	[tʰ]	고·티爲繭	[ko-tʰi]	비어두	2
		두텁爲蟾蜍	[tu-tʰəp]	비어두	2
6	[n]	노로爲獐	[no-ro]	어두	2
		납爲猿	[nap]	어두	1
7	[p]	ᄇᆞᆯ爲臂	[pʌl]	어두	1
		:벌爲蜂	[pəl]	어두	1
8	[pʰ]	·파爲葱	[pʰa]	어두	1
		·ᄑᆞᆯ爲蠅	[pʰʌl]	어두	1
9	[m]	:뫼爲山	[moi]	어두	1
		·마爲薯藇	[ma]	어두	1
10	[β]	사ᄫᅵ爲蝦	[sa-βi]	비어두	2
		드ᄫᅴ爲瓠	[tɨ-βɨi]	비어두	2
11	[ts]	자爲尺	[tsa]	어두	1
		죠ᄒᆡ爲紙	[tsjo-hʌi]	어두	2
12	[tsʰ]	·체爲籭	[tsʰəi]	어두	1
		·채爲鞭	[tsʰai]	어두	1
13	[s]	·손爲手	[son]	어두	1
		:셤爲島	[sjəm]	어두	1
14	[h]	·부헝爲鵂鶹	[pu-həŋ]	비어두	2
		·힘爲筋	[him]	어두	1
15	[Φ]	·비육爲鷄雛	[pi-juk]	비어두	2
		·ᄇᆞ얌爲蛇	[pʌ-jam]	비어두	2
16	[l]	·무뤼爲雹	[mu-lui]	비어두	2
		어·름爲氷	[ə-lɨm]	비어두	2
17	[z]	아ᅀᆞ爲弟	[a-zʌ]	비어두	2
		:너ᅀᅵ爲鴇	[nə-zi]	비어두	2

제한했음이 분명하다.

초성의 몇 가지 예를 통해 각 초성의 음절 위치와 음절 수가 어떤 관련성을 가졌는지 살펴보자. [k]는 모두 1음절어 어두 위치에 온 예만 제시되어 있다. [kʰ]는 어두와 비어두에 놓인 어휘가 모두 예시되었고, 1음절어와 2음절어가 안배되어 있다. 이와 동일한 안배는 [h]의 예시어에도 나타나 있다. [n]의 예시어에는 1음절어와 2음절어가 안배되어 있으나 어두의 예만 제시되어 있다. [ts], [tsʰ]의 경우는 비어두와 어두의 안배가 가능함에도 불구하고 어두 위치에 쓰인 어휘만 나와 있다. [ŋ](ㆁ), [β](ㅸ), [z](ㅿ)[77]은 고유어의 비어두에만 쓰였으므로 2음절어 비어두의 예만 제시되었다. 전체적으로 볼 때, 용자례에 제시된 고유어 낱말에서 자모자의 출현 위치와 이용된 낱말의 음절 수 안배가 일정치 않다.

그런데 초성 목록 책정에서 유동적 상황이 있었음을 보여 주는 예가 있다. 대표적인 것이 10번의 [β](ㅸ)이다. 예의편에 제시된 초성 17자 중에는 ㆆ[ʔ]이 있었는데, 용자례에서는 ㆆ이 빠지고 17자에 없던 ㅸ이 들어갔다.[78] 그 이유는 ㆆ이 고유어 표기에 쓰이지 않았기 때문이다. 고유어 표기에서 ㆆ은 관형형 어미 '-ㅭ'의 표기에 국한되어 쓰였다. 고유어 표기에 불필요한 ㆆ자는 빼고, 고유어 표기에 필요한 ㅸ자를 용자례에 넣은 것이다.[79]

---

77 ㅿ은 어두에 쓰인 '설설'이 있으나 특수하게 쓰이는 의성어이다.

78 강창석(1992: 58-60)은 ㆆ이 당시의 현실 한자음에 존재했다고 보았다. ㆆ이 초성 제자 대상 17자 목록에 포함된 까닭이 여기에 있다고 본 것이다. 이와 달리 ㅸ이 17자 초성에 들지 못한 것은 당시의 현실 한자음에 이 음가가 없었기 때문으로 보았다(강창석 1992: 60-61). 당시의 조선어 초성에 하나의 단위 음가로 존재했지만 단일 문자를 배정받지 못한 'ㅺ', 'ㅼ', 'ㅽ' 등 이른바 ㅅ계 합용병서자의 경우도 ㅸ의 경우와 같다고 보았다. 당시의 현실 한자음에 된소리가 존재하지 않았기 때문에 ㅺ 등에 대응하는 된소리를 제자 대상으로 삼지 않았다는 것이다. 그런데 ㆆ을 초성 17자 목록에 넣은 것은 ㆆ이 후음 기본자 ㅇ에서 제1단계 가획으로 만들어지는 자형이어서 제자 단계상 필요한 점도 작용했을 것이다.

79 최만리 등의 상소문에 '언문(諺文)'을 27자라고 한 것은 ㆆ을 제외한 것으로 본다.

〈표 3〉의 17번 음성 [z]는 용자례에 포함되어 있다. [z]는 당시의 현실 한자음과 고유어에 널리 쓰였기 때문에 초성 17개 목록에 포함되어 'ㅿ'자형을 부여받았다. 이 점은 ㅸ[β]을 표기할 한자음이 없어서 17자 초성 목록에서 제외한 사실과 대조적이다. ㅸ과 ㆆ은 15세기 중엽에 사라졌지만, ㅿ은 16세기 문헌은 물론 17세기 문헌에도 드물게 사용되었다. ㅿ이 ㅸ과 ㆆ보다 상대적으로 더 오랫동안 쓰인 사실은 ㅿ이 한자어와 고유어 발음에 두루 존재했기 때문이다. ㅿ의 음운론적 위상은 ㅸ이나 ㆆ보다 안정적이어서 장기간 존속할 수 있었던 것이다.

(3) 초성 분석에 나타난 정밀한 음성 관찰과 기술

〈표 2〉에 제시된 조선 한자음과 〈표 3〉에 예시된 고유어 낱말들은 세종과 해례본 편찬 학자들이 조선어음의 음성 분석에 이용한 당시의 조선어 자료를 대표한다. 〈표 2〉와 〈표 3〉에 보인 초성의 음가 분석 방법과 분석 결과가 해례편에 기술되어 있는바, 그 요점을 정리하면 다음과 같다.

① 예의에서 "ㄱ은 어금닛소리이며, '군君'자의 처음 나는 소리와 같다.[ㄱ牙音 如君字初發聲]"와 같은 형식으로 초성 17자의 자형과 음가 예시 한자를 차례로 기술했다.

② 제자해에서 아설순치후 오음 기본자의 음가를 발음기관의 움직임 혹은 발음기관의 형상과 관련지어 기술했다. "아음 ㄱ은 혀뿌리가 목구멍을 막는 모양을 본떴다.[牙音ㄱ 象舌根閉喉之形]"라고 하거나, "설음 ㄴ은 혀가 위턱에 붙는 모양을 본떴다.[舌音ㄴ 象舌附上腭之形]"와 같은 문장 표현에서 보듯이 발음기관의 움직임을 정밀하게 기술했다.

③ 제자해에서 초성 기본자에 가획된 각 초성자의 음가를 '조금 세

어짐[稍厲초려]'이라는 음성 특질을 포착하여 기술했다. "ㅋ은 ㄱ에 비해 소리가 조금 세게 나는 까닭으로 획을 더하였다.[ㅋ比ㄱ 聲出稍厲 故加畫]"라는 문장은 '厲려'[세어짐]를 기준으로 초성자의 음가를 기술한 대표적 예시다. 같은 방식으로 ㄴ-ㄷ-ㅌ, ㅁ-ㅂ-ㅍ, ㅅ-ㅈ-ㅊ, ㅇ-ㆆ-ㅎ으로 전개되는 초성자의 음가를 '厲려'의 정도 차이로 기술했다. '聲出稍厲성출초려'에 따라 가획한 것을 '因聲加畫인성가획'이라 하였다. 여기에는 음성학적 관찰과 이에 따른 제자 원리의 적용 과정이 기술되어 있다.

④ 제자해에서 후음의 음성 특징을 '聲虛而通성허이통'[소리가 비어서 통함]이라 하고, 설음의 음성적 특성을 '聲轉而颺성전이양'[소리가 구르고 날림]이라고 기술했다. 이와 같은 방식으로 다섯 가지 조음위치에서 일어나는 오음의 속성을 각각 기술해 놓았다. '虛而通허이통'과 '轉而颺전이양' 같은 음가 기술은 조음음성학적 표현도 아니고, 청음음성학적 표현도 아니다. 이러한 표현은 오음이 가진 속성을 오행과 관련지은 것이다. 다섯 가지 조음위치에서 나는 음성을 오행이라는 철학적 원리와 결합하여 그 속성을 표현한 것은 15세기 학문의 통합적 관점을 반영한다.

⑤ 제자해에서 ㅸ의 음가를 "ㅸ은 가벼운 소리로서 입술이 겨우 붙을락 말락 하여 목구멍소리가 많다.[以輕音 脣乍合而喉聲多也]"라고 기술했다. 이는 ㅸ의 음가를 입술과 목구멍의 움직임을 동시에 고려하여 정확하게 기술한 것으로, 높은 수준의 음성 관찰과 음가 기술 능력을 보여 준다.

⑥ 제자해에 소리의 청탁淸濁과 심천深淺을 기준으로 초성의 음가를 기술한 내용이 있다. "ㆆ은 소리가 깊어 엉기지 아니하고, ㅎ은 ㆆ에 비하여 얕다.[盖以ㆆ聲深不爲之凝. ㅎ比ㆆ聲淺]"라고 한 문장에서

는 초성의 음성적 특성을 '깊음과 얕음[深淺]', '엉김[凝]'이라는 청각적 느낌으로 표현해 놓았다. 이런 표현은 청음음성학적 관점에서 초성의 음가를 분석한 과정이 있었음을 의미한다. 초성의 음성 특질을 분석하기 위해 조음음성학과 청음음성학 두 가지 방법을 활용했음을 알 수 있다.

⑦ 합자해에서 중국 운서의 자모자에서 하나뿐인 반설음半舌音이 조선어에서는 두 개(반설경음과 반설중음)로 나뉘어 있음을 말하고, 반설경음의 음가는 "혀가 윗잇몸에 겨우 닿을락 말락 함"[80]이라고 기술했다. 이 음가를 문자로 표기하려면 'ㅸ'처럼 ㄹ 아래 ㅇ을 연서(ᄛ)하면 된다고 표기 문자까지 만들어 놓았다. ᄛ은 조선어 표기에 실제로 사용되지 않은 것임에도 조선어음에 실현된 ㄹ의 두 가지 변이음[81]을 정확히 관찰하고 이를 표기해 낼 수 있는 문자까지 마련해 둔 것이다.

⑧ 합자해에서 조선어음에 존재하는 평성, 거성, 상성, 입성의 음가를 운서의 해당 음가와 비교하여 기술하였다. 조선어음이 가진 분절음소뿐 아니라 비분절음소인 고저에 대한 음성학적 관찰과 표기 방안을 만든 것이다.

이 여덟 가지는 훈민정음 창제자와 해례본 편찬자들이 행했던 음성 분석

---

80 半舌有輕重二音, 然韻書字母唯一. 且國語雖不分輕重, 皆得成音. 且國語雖不分輕重, 皆得成音. 若欲備用, 則依脣輕例, ㅇ連書ㄹ下爲半舌輕音, 舌乍附上腭. (합자해) 〈정음해례22b_7〉

81 반설경음(半舌輕音)은 현대 음성학 용어로 말하면 설탄음(舌彈音 flap) [ɾ]에 가까운 음으로 볼 수 있다. 합자해에서 반설경음의 음가를 "혀가 윗잇몸에 닿을락 말락 한다.[舌乍附上腭]"라고 조음동작을 묘사해 놓았다. 여기에 가장 가까운 음이 설탄음이며, 현대국어에서 모음 사이의 ㄹ음에 해당한다. 반설중음은 현대 음성학 용어로 설측음(舌側音 lateral) [l]에 해당하며 어말의 ㄹ음에 해당한다.

작업으로, 해례본에 기술되어 있는 내용이다. 이러한 기술에는 음성 분석 과정도 함축되어 있다. 예의에 제시된 23개 자모 음가 예시용 한자음만 음성 분석 대상으로 삼았다면 위와 같은 세밀한 음성 기술을 얻어 낼 수 없다. 조선 한자음과 고유어를 망라하여 발음기관의 움직임을 관찰했기 때문에 위 ①~⑧과 같은 음성학적 기술이 나올 수 있었던 것이다. 예컨대 ③의 '조금 세어짐[稍厲]'이라는 표현은 조선어 초성의 음가를 정밀하게 분석하지 않고서는 나올 수 없다. 특히 ⑤의 ㅸ, ⑦의 ㅭ음은 조선 한자음에 없는 것이어서 고유어음을 분석해야 포착할 수 있는 것이다. 이런 점에서 위에 요약한 여덟 가지는 훈민정음 창제 과정에서 행해진 음성 분석 특히 고유어 분석의 실제 사례인 것이다.

2) 초성 목록의 체계적 분류와 제자 기본음 선정

이제 분석해 낸 초성음을 질서화하고, 기본음을 결정할 단계가 되었다. 기본음을 정해야 여기에 대응하는 기본자를 만들 수 있다. 이 작업의 과정을 재구성해 보자.

(1) 초성 분류 기준을 정함: 성운학의 오음법과 청탁법을 빌림

조선 한자음과 고유어의 초성을 분석하여 제자 대상이 된 초성 목록을 선정한 후 이어서 이것을 체계적으로 분류하는 작업이 필요하다.[82] 성운학에는 조음위치와 청탁에 따라 성모를 나누는 분류 틀이 있다. 이것을 알고 있었던 세종은 우리말 초성 분류 작업에 운서의 분류 틀을 이용하였다. 초성해 첫머리에 "정음의 초성은 곧 운서의 자모이다.[正音初聲卽韻書之字母也]"라고 하

---

82 초성 목록의 체계적 분류 작업은 목록 작성 단계와 거의 동시에 이루어졌을 수도 있지만, 문자 창제 과정을 분석적으로 재구성해 보는 관점에서 독립 단계로 설정하는 것이 제자 과정을 이해하는 데 도움이 된다.

였다. 예의에서 17개 초성을 "ㄱ은 아음으로 '군君'자의 처음 나는 소리와 같다.[ㄱ。牙音。如君字初發聲]"와 같은 방식으로 초성자의 음가를 예시한 것에는 성운학의 아설순치후음이라는 오음 분류의 틀이 나타나 있다.

제자해에서 초성 17개를 다섯 가지로 나누어 아음, 설음, 순음, 치음, 후음의 순서로 설명하고 이어서 반설음과 반치음의 음가 및 자형을 설명하였다. 여기에 쓰인 용어와 순서는 모두 성운학의 것을 가져왔다. 17개 초성을 아·설·순·치·후의 순서로 배열한 것도 그러하다.

성운학의 성모는 '청탁'을 기준으로 전청全淸, 차청次淸, 전탁全濁, 불청불탁不淸不濁으로 분류된다. 제자해에서 성운학의 이 분류 틀을 이용하여 각 조음위치 안에서 전청음, 전탁음(병서), 차청음, 불청불탁음의 순서로 제시되어 있다. ㄱㄷㅂㅈㅅㆆ은 전청음, ㅋㅌㅍㅊㅎ은 차청음, 병서자 ㄲㄸㅃㅉㅆㆅ은 전탁음, ㆁㄴㅁㅇㄹㅿ은 불청불탁음으로 분류해 놓았다. 제자해에 나타난 결과는 성운학의 오음법과 청탁법을 이용하여 조선어 초성의 분류체계를 세웠음을 보여 준다.[83]

〈표 4〉 성운학의 오음법과 청탁법을 이용하여 분류한 초성체계

청탁＼오음	아음	설음	순음	치음	후음	반설음	반치음
전청	君(ㄱ)	斗(ㄷ)	彆(ㅂ)	卽(ㅈ) 戌(ㅅ)	挹(ㆆ)		
차청	快(ㅋ)	呑(ㅌ)	漂(ㅍ)	侵(ㅊ)	虛(ㅎ)		
전탁	虯(ㄲ)	覃(ㄸ)	步(ㅃ)	慈(ㅉ) 邪(ㅆ)	洪(ㆅ)		
불청불탁	業(ㆁ)	那(ㄴ)	彌(ㅁ)		欲(ㅇ)	閭(ㄹ)	穰(ㅿ)

83 이 단계에서는 초성자의 글꼴이 마련되지 않은 상태이다. 이 점을 고려하여 〈표 4〉에서 초성자를 (ㄱ) 등과 같이 괄호에 넣어 표기했다.

조음위치에 따른 오음법(아설순치후)을 기준으로 초성체계를 세울 때, 역리론易理論의 하나인 오행론이 이용되었다. 세종은 『성리대전』 강독을 이미 마쳤기 때문에,[84] 『성리대전』에 포함된 역리론(삼재론, 음양론, 오행론 등)을 숙지하고 있었고, 이 이론들은 세종의 초성체계 설정 작업에 이용되었을 것이다. 〈표 1〉 훈민정음 창제 작업 단계표(이 책의 485쪽)에서 제2단계의 초성 ④항 '초성 목록의 체계적 분류와 기본음 선정'에 해당하는 작업을 하면서 조음위치에 의한 오음법과 오행론을 서로 관련짓고, 오음 각각의 음성적 특질과 오행 각각의 물리적 속성을 비교하여 오음법과 오행론의 다섯 개 구성요소를 서로 대응시키는 작업이 행해졌을 것이다.

(2) 초성 기본음을 선정함: 최불려의 기준을 창안함

다음 작업은 각 조음위치의 초성 중에서 기본음을 하나씩 정하는 단계이다. 기본음을 정하기 위해서는 그 기준을 마련해야 한다. 제자해에 나타난 기준은 '厲려'(소리의 세기)이다. 이 기준에 의거하여 '가장 거세지 않은[最不厲 최불려] 소리'를 기본음으로 정했다. 세어짐의 정도를 단계적으로 나누고 '가장 厲려하지 않은[最不厲] 소리'를 기본음으로 삼은 것이다. 아음에서 가장 거세지 않은 소리는 ㆁ[ŋ]이지만 이 음은 후음 ㅇ[zero]과 서로 혼용되므로 [ŋ]음을 아음의 기본음으로 삼지 않았다. 설음에서는 '가장 거세지 않은 소리' ㄴ음이 기본음으로 선정되었다. 순음에서는 ㅁ음, 치음에서는 ㅅ음, 후음에서는 ㅇ음이 각각 '최불려最不厲한 기본음으로 선정되었다. 오음의 각 조음위치에서 기본음을 출발점으로 삼아 세어짐[厲려]의 정도가 커짐에 따라 순차적으로 초성의 질서를 세웠다.

84 이에 대한 자세한 정보는 제3부 제1장 2.2절(이 책의 399쪽)을 참고하기 바란다.

3) 초성자 제자 원리의 창안과 자형 형상화

세종은 초성 분석의 결과로 나온 17개 초성을 성운학의 분류 틀을 이용하여 아음, 설음, 순음, 치음, 후음에 각각 분속시키고, 기본음을 선정하기 위한 기준 '厲려'를 세워 오음의 각 부류에 하나씩의 기본음을 선정했다. 이 다음 작업 단계는 이 기본음에 형상을 부여하여 기본자의 글꼴(=자형)을 만드는 일이다. 초성 기본음에 글꼴을 부여하기 위한 원리를 개발하는 단계가 된 것이다. 세종은 글꼴 부여의 원리를 발음기관의 조음동작과 발음기관의 형상을 본뜨는 데에서 찾았다. 이 원리를 적용한 초성자의 형상화 과정을 다음과 같이 세 단계로 나누어 설명할 수 있다.

(1) 발음기관 상형법을 창안하고 초성 기본음 다섯 개의 자형을 형상화함

발음기관을 상형하여 글꼴을 만든 원리는 해례 제자해에 오음별로 각각 나누어 기술되어 있는바 그 내용은 다음과 같다. 아음 ㄱ은 혀가 목구멍을 막는 모양을 본뜬 것, 설음 ㄴ은 혀가 윗잇몸에 붙는 모양을 본뜬 것, 순음 ㅁ은 입 모양을 본뜬 것, 치음 ㅅ은 이 모양을 본뜬 것, 후음 ㅇ은 목구멍 모양을 본뜬 것이다.[85] 초성 기본음의 형상화에 적용한 기준은 발음기관의 조음동작과 발음기관의 모양을 본뜬 상형의 원리이다. 아음과 설음은 발음기관이 움직이는 동작을 형상화하였고, 나머지 순음, 치음, 후음은 각 발음기관의 모양을 형상화한 것이라는 점에서 차이가 있다.

한자음과 고유어 낱말에서 분석해 낸 조선어의 초성을 글꼴로 형상화하는 단계에서 발음기관 상형의 원리를 창안해 냈다. 발음기관을 상형하여 글자꼴을 만든다는 발상은 어디에서 온 것일까? '상형'이라는 용어는 육서법

---

85 牙音ㄱ 象舌根閉喉之形. 舌音ㄴ 象舌附上腭之形. 脣音ㅁ 象口形. 齒音ㅅ 象齒形. 喉音ㅇ 象喉形. (제자해) 〈정음해례1b_5-9〉

에서 가져온 것이나 상형의 내용과 실질이 다르다. 한자 육서법의 상형은 사물의 모양을 본뜬 것이나 『훈민정음』 제자해의 상형은 발음기관의 움직임과 그 모양을 본뜬 것이라는 점에서 공통점과 차이점을 동시에 가진다. 이러한 점에서 제자해의 발음기관 '상형'[86]은 한자 생성의 핵심 원리인 '상형'을 창의적으로 변용한 것이라고 말할 수 있다.

(2) 가획법의 창안과 단계별 적용으로 자형을 형상화함

세종은 다섯 개 기본자의 글꼴을 만들어 낸 후 나머지 글자를 만들기 위해서 또 하나의 제자 원리를 창안해 내었으니 이것이 바로 가획이다. 가획은 기본자 자형을 바탕으로 삼고 "소리가 조금 세게 나옴[聲出稍厲성출초려]"에 따라 획을 더하는 방법이다.[87] '세어짐[厲]'이란 기준은 초성 기본음의 설정, 초성의 체계적 분류에 작용한 청음음성학 용어인데 나머지 초성자의 자형을 형상화하는 단계에서 '가획'이라는 시각적인 문자학 용어로 표현된 것이다. 가획은 새로운 낱자를 생성하는 원리이므로 역학의 생성론에 해당한다. 가획의 원리는 오음의 각 기본자에 두 번에 걸쳐 단계적으로 적용되었다. 가획의 단계는 다음과 같이 요약된다.

〈표 5〉 초성자 가획의 두 단계

단계 / 오음	기본자	1단계 가획	2단계 가획
아음	ㄱ	ㅋ	
설음	ㄴ	ㄷ	ㅌ
순음	ㅁ	ㅂ	ㅍ
치음	ㅅ	ㅈ	ㅊ
후음	ㅇ	ㆆ	ㅎ

86 정인지 서문의 "象形而字倣古篆(상형이자방고전)"에 쓰인 '象形'도 이런 맥락에서 이해할 수 있다.

87 ㅋ은 ㄱ보다 소리가 약간 더 세게 나온다. 그런 까닭으로 가획을 하였다.[ㅋ比ㄱ 聲出稍厲 故加劃] (제자해) 〈정음해례1b_10〉

가장 세지 않은[不厲불려] 소리는 ㄴㅁㅅㅇ(ㆁ)이고, 이보다 조금 센[稍厲초려] 소리는 ㄷㅂㅈㆆ이고, 이것보다 다시 조금 더 센[稍厲] 소리는 ㅌㅍㅊㅎ(ㅋ)이다. 소리의 청각적 크기가 커짐에 따라 이것을 글꼴에 반영하여 획을 하나씩 더해 간 것이 가획법이다. 그런데 아음의 기본자를 ㆁ으로 삼지 않아서 아음의 2단계 가획에 빈칸이 생겨나 전체 균형이 일그러졌다.[88]

자형상 가장 복잡하고 특이한 것은 ㅁ-ㅂ-ㅍ에 나타난 가획이다. ㅁ의 좌우 세로획 상단에 짧은 길이의 수직선 2개를 가획한 것이 ㅂ이다. 다른 가획자는 1개 획을 가획하는데 ㅂ은 2개 획을 가획했다. ㅍ은 ㅂ의 하단에 좌우 세로획 2개 획을 가획한 후 이것을 90도로 눕힌 것이다(홍윤표 2005: 62).[89] 순음자 계열에 나타난 이러한 가획법은 매우 특이한 것이다. ㅁ에 가획하는 방법은 여러 가지로 생각해 볼 수 있다. 세종은 순음 기본자 ㅁ에 가획법을 적용할 때 많이 고심했을 듯하다. 고심을 거듭하여 ㅁ-ㅂ-ㅍ과 같은 형태로 결론지은 것은 음절 합자법을 염두에 두었기 때문일 것이다. 초성자, 중성자, 종성자를 합쳐 쓰도록 한 음절자 구성에 조화롭게 어울리도록 순음자 계열의 자형을 만들어야 했고, 여기에 가장 적합한 자형이 ㅁ-ㅂ-ㅍ이라고 본 것이다.

그런데 순음자 계열 ㅁ-ㅂ-ㅍ은 각 낱자가 모두 4개 획으로 구성되어 있다. 가획된 획수가 ㅂ은 2개, ㅍ은 4개지만 각 낱자의 구성 자소는 모두 4개

---

88 이것은 초성 제자에서 가획의 일관성을 지키지 못한 것이어서 옥의 티가 되었다. 더 심각한 문제는 ㆁ의 글꼴이 ㅇ과 너무 유사하여 자형의 변별성을 확보하지 못했다는 점이다. 그리하여 결국 ㆁ의 꼭지가 떨어져 ㅇ과 동일한 자형이 되었으며, 1자 1음의 기본 원칙을 지키지 못하는 결과를 초래하였다.

89 순서를 다르게 볼 수도 있다. ㅂ을 먼저 90도로 눕힌 후에 2개 획을 가획했을 수도 있다. 이때 좌우 어느 방향으로 눕혀도 같은 결과가 나오므로 눕힌 방향은 중요하지 않다. ㅂ의 하단에 2개 획을 먼저 가획한 후 이를 눕혀서 ㅍ을 만들었다고 해도 눕힌 방향을 어느 하나로 굳이 정할 필요는 없다. ㅁ-ㅂ-ㅍ의 가획은 복잡한 과정을 내포하고 있다. 권재선(1992a: 557)은 ㅂ 하단에 2개 획을 가획한 후 눕힌 것으로 보았으나 좌우 방향은 언급하지 않았다.

획이다. 따라서 ㅁ-ㅂ-ㅍ을 필서할 때 각각 4개 획 이내로 쓸 수 있는 편리함을 얻었다. 설음 계열 ㄴ-ㄷ-ㅌ은 2-3-4개 획으로 쓰고, 치음 계열 ㅅ-ㅈ-ㅊ도 2-3-4개 획으로 쓴다. ㅁ-ㅂ-ㅍ은 4-4-4개 획이어서 세 글자 모두 동일 개수의 획으로 쓸 수 있다.[90]

가획법은 앞에서 설명한 기본자 설정 원리 및 기본자의 발음기관 상형과 함께 훈민정음을 과학적 문자로 만든 주요 근거가 되었다. 오음에서 각각 하나의 기본음을 선정하고, 발음기관 상형에 의해 각각의 기본음에 자형을 부여하여 기본자를 만들고, 기본자에 획을 더하거나 합하여 다른 글자를 만들어 냈기 때문에 훈민정음은 형태적 일관성을 가진 자형 체계를 갖출 수 있게 되었다. 홍윤표(2005: 60-63)는 「인문성상도因文成象圖」에 보이는 '加가'를 〈표 5〉의 가획자 체계와 병서법[91]에 모두 적용하여 '字倣古篆자방고전'을 설명하였다. 이러한 원리가 일관성 있게 작용한 결과 정연한 문자체계가 만들어진 것이다.

장윤희(2013)는 상형과 가획(초성), 상형과 합이성(중성)의 관계를 위계적 관점에서 해석하여, 상형이 상위 원리이고, 가획과 합이성은 하위 원리라고 보았다. 제자 원리 간의 관계를 포착한 설명이다. 기본자가 상형의 원리로 만들어졌기 때문에 기본자를 포함하고 있는 가획자는 상형의 원리를 내재한다. 가획은 1차적 제자 원리인 상형의 바탕 위에 더해진 2차적 제자 원리라고 할 수 있다. 두 원리 간의 위계성을 또 다른 관점에서 보면 제자 원리의 중층성重層性이라고 해석할 수 있다. 상형 원리에 가획 원리가 겹친 제자 원

---

90 이러한 결과를 의도적으로 만든 것인지는 알 수 없다. 고광모(2020: 657-658)는 "ㅂ과 ㅍ은 ㅁ처럼 균형 잡힌 모양을 가졌고, ㅁ과 마찬가지로 네 획으로 쓸 수 있으니 그 디자인은 최선의 것"이라고 말한 바 있다. 필자의 위 기술은 고광모의 견해를 참고한 것이다.

91 병서법에 의한 글자가 합용병서와 각자병서이다. 병서법도 넓은 의미의 '가(加)'라고 볼 수 있으나, 훈민정음 제자론의 핵심 원리인 '합(合)'의 하나로 보는 것이 '합용(合用)'이란 이름에 걸맞다.

리의 중층인 셈이다.

세종이 창안한 제자 원리 중에서 가장 탁월하면서도 독창적인 방법은 기본음에 해당하는 기본자를 만들고 나서 나머지 글자는 기본자에 체계적 가획을 하거나(초성자) 기본자를 합성해서(중성자) 만든 것이다.[92] 제자의 실제 작업에서 자형 만들기의 원리 적용과 형상화 작업은 함께 어우러져 수행되면서, 크고 작은 수정과 보완이 이루어지고 상호 지원(feedback)을 거듭하는 과정을 거쳤을 것이다.

(3) 이체異體로 나머지 글자를 형상화함

(1), (2)의 작업을 거치면서, 초성 17개 중 14개의 글꼴 형상화 작업이 완료되었다. 나머지 세 개 음(ㄹ ㅿ ㆁ)이 남아 있다. ㄹ ㅿ ㆁ의 제자 방법은 가획의 틀에서 벗어나 있을 뿐 아니라 ㆁ과 ㄹ ㅿ의 생성이 각각 다르게 기술되어 있다.[93] 아래 각주 93에서 인용한 한문에서 두 가지 점에 유의해야 한다. 하나는 ㄷ ㅌ ㅂ ㅈ ㆆ ㅎ은 '인성가획因聲加畫'이지만 오직 ㆁ만 다르다[而唯ㆁ爲異]고 한 것이고, 다른 하나는 ㄹ과 ㅿ은 각각 혀와 이 모양을 상형한 것이지만 '體체'를 달리한 것일 뿐 가획한 것은 아니라고 한 점이다. 국어학계에서는 '異其體이기체'를 줄여서 '異體이체'라 부르며, ㆁ ㄹ ㅿ을 '이체자'로 보아 왔으나 이 부분을 깊이 들여다본 임용기(1999/2003)에 의해 이에 대한 반성적 고찰이 이루어졌다.

'소리가 세어짐에 따라 기본자에 획을 더하는 방식'이 ㄱ ㅋ, ㄴ ㄷ ㅌ, ㅁ ㅂ ㅍ, ㅅ ㅈ ㅊ, ㅇ ㆆ ㅎ에 공통적으로 적용되었다. 그러나 오직 ㆁ만 다르다[而

92 이 원리는 현대의 첨단 기기인 휴대전화의 문자판에 도입되어 다양한 한글 생성 기술을 개발하는 원천이 되었다.

93 ㄴ而ㄷ, ㄷ而ㅌ, ㅁ而ㅂ, ㅂ而ㅍ, ㅅ而ㅈ, ㅈ而ㅊ, ㅇ而ㆆ, ㆆ而ㅎ, 其因聲加畫之義皆同, 而唯ㆁ爲異. 半舌音ㄹ, 半齒音ㅿ, 亦象舌齒之形而異其體, 無加畫之義焉. 〈정음해례1b_11-2a_1-2〉

唯ㆁ爲異]고 하며 인성가획因聲加畫의 방식이 ㆁ에는 적용되지 않았다고 하였다. ㆁ에는 소리에 따른[因聲] 가획의 뜻이 없다고 말한 이유는 ㆁ이 후음 기본자 ㅇ에 가획한 것이 아님을 명백히 하기 위함이다. ㆁ은 아음이기 때문에 후음 기본자에 가획하면 안 된다. 그래서 ㆁ은 인성가획에 해당되지 않는다고 명기한 것이다.

그럼에도 불구하고 ㆁ은 그 자형상 ㅇ에 가획한 것처럼 보인다. 후음 ㅇ에 가획한 것이 아니라고 하면서도 자형을 가획처럼 보이게 만든 것은 후음 ㅇ과 아음 ㆁ의 음성적 성격이 비슷하고, 운서에 의모疑母와 유모喩母[94]가 혼용되는 점을 고려한 것이다.[95] 그런데 아음 중에서 소리가 가장 거세지 않은[最不厲] 음은 ㆁ[ŋ]이다. [ŋ]을 아음의 기본음으로 잡지 않은 것은 운서의 한자음에 이끌린 판단이었다. 이러한 판단에서 나온 아음자 ㆁ은 결국 단명한 운명이 되어 후음자 ㅇ에 그 자형이 합류되어 버렸다.

반설음 ㄹ과 반치음 ㅿ에 대한 제자해의 설명은 ㆁ과 다르다. 제자해에서 ㄹ은 혀를, ㅿ은 이[齒]를 상형한 것이되 각각 그 '體체'를 다르게 한 것이며, 가획한 뜻은 없다고 했다. 그러나 ㄹ과 ㅿ의 자형을 분석해 보면, 반설음 ㄹ에는 설음 기본자 ㄴ이 포함되어 있다. 자형으로 보면 ㄹ은 ㄴ에 3개 획을 더한 것이고, ㄷ에 2개 획을 더한 것이 된다. 그러나 이런 방식으로 여러 번에 걸쳐 획을 더하여 ㄹ을 만들면 다른 초성자에 순조롭게 적용된 가획의 패턴(pattern)이 깨어진다. 1차 가획과 2차 가획으로 전청음자와 차청음자를 만들어 낸 가획 패턴이 깨어지는 것이다. 가획의 단계적 순서에 ㄹ을 놓을 자리가 없다. 그래서 '異其體이기체'[체를 달리함]라고 표현한 것이다. '異其體'

---

94 의모(疑母)와 유모(兪母)는 성운학에서 각각 하나의 자음 부류를 가리키는 용어로, 36개 성모 중의 하나이다. 의모(疑母)는 아음 [ng]를 가리키고, 유모(兪母)는 후음 ㅇ [zero]를 가리킨다.

95 唯牙之ㆁ, 雖舌根閉喉聲氣出鼻, 而其聲與ㅇ相似, 故韻書疑與喩多相混用, 今亦取象於喉, 而不爲牙音制字之始. 〈정음해례3b_8-4a_1〉

의 '體'는 가획자가 생성되는 패턴을 뜻한다. 한편 ㄹ도 상형한 것이라고 말한 이유는 ㄹ에 설음 기본자 ㄴ이 포함되어 있기 때문이다. 설음 ㄴ이 상형자이므로 ㄴ을 내재한 ㄹ도 상형성을 띤다. ㄹ은 상형자이면서 가획의 패턴을 달리하여 만든 것이어서 가획의 뜻이 없다고 말한 것이다. ㄹ은 혀의 움직임을 상형한 설음에 속하면서 가획법을 변용하여 글자꼴을 만든 것이라 할 수 있다.

반설음 ㄹ에 대한 이런 설명 방식은 반치음 ㅿ에도 적용된다. ㅿ에는 치음 기본자 ㅅ이 포함되어 있어서 상형성을 띤다. ㅿ은 ㅅ의 하단에 1개 획을 더한 것이어서 가획의 속성을 가진다. 그러나 ㅅ에 1단계 가획을 한 ㅈ자가 이미 만들어졌기 때문에 ㅿ을 1단계 가획자 자리에 놓을 수 없다. ㅿ을 가획이라는 체體(=패턴)에 넣을 수 없기 때문에 ㅿ에는 가획의 뜻이 없다고 하며 '異其體'라고 말한 것이다.

아음 ㆁ은 인성가획한 것이 아니어서 그 자형을 달리한 것이고[而唯ㆁ爲異], 반설음 ㄹ과 반치음 ㅿ은 가획하는 방식에서 벗어난 것이어서 가획의 패턴(=체體)을 달리한 것[異其體]이라고 했다.[96] '體'자는 해례 전체에서 '異其體'에 단 한 번 쓰였다. '異其體'의 '體'를 '字形자형'의 뜻으로 풀이하는 사람도 있으나 더 깊이 생각해 볼 점이 있다. 해례본에서 '자형'을 뜻할 때는, 제자해 첫머리 "正音二十八字, 各象其形而制之정음이십팔자, 각상기형이제지"에서 보듯이 '形형'자를 썼다. 초성 기본자의 자형 기술에서도 "脣音ㅁ 象口形순음ㅁ 상구형"과 같이 '形'자로 자형을 뜻했다. 중성 기본자의 자형을 설명할 때도 '形之圓형지원'(·), '形之平형지평'(ㅡ), '形之立형지립'(ㅣ)이라 하여 '形'자를 썼다. 따라서 '異其體'의 '體'를 자형이라 보기 어렵다. '體用체용'

96 이 점을 고려하여 ㄹ과 ㅿ은 이체자(異體字)라 부르고, ㆁ은 이들과 구별하여 이형자(異形字)라고 부름이 적절하겠다.

이란 용어에서 '體체'는 바탕이 되는 체계를 뜻한다. '異其體이기체'의 '體체'도 앞의 문맥으로 보아 가획의 바탕이 되는 체계를 뜻한다. 정우영(2016: 64)은 '體'를 '본성'과 '(제자의) 체계'로 해석했다.[97] 김만태(2012: 70)는 "亦象舌齒之形而異其體역상설치지형이이기체"의 體를 '바탕으로 삼은 기본 글자'라고 보고, 구체적으로 ㄴ과 ㅅ을 지시한 것이라고 했다. 필자는 가획법 기술에 나온 '異其體'의 '體'를 가획의 바탕이 되는 체계 혹은 가획 패턴으로 해석한다.

(4) 17자 이외의 초성자 만들기: 합용법

발음기관 상형법으로 초성 기본자 5개를 형상화했고, 가획의 단계적 적용과 이체異體(ㄹ ㅿ), 이형異形(ㆁ)의 방법으로 17개 초성 제자가 완성되었다. 이제 제자 대상 17자에 들지 못한 나머지 초성자를 제자할 단계이다. 제자 대상 17자 이외의 초성자를 제자하기 위한 방법으로 17자 중의 일부를 서로 합하는 초성자 합용법을 만들었다. 초성자 합용법은 연서법連書法과 병서법並書法으로 나누어지고, 병서법은 다시 각자병서와 합용병서로 세분된다. 연서법은 초성자 2개를 상하 세로로 합쳐 쓰는 것이고, 병서법은 초성자 2~3개를 좌우 가로로 합쳐 쓰는 것이다.[98] 각자병서는 같은 초성자를 좌우 가로로 합쳐 쓰는 것이고, 합용병서는 서로 다른 초성자를 좌우 가로로 합쳐 쓰는 것이다.[99] 각자병서법으로 ㄲ, ㄸ, ㅃ 등을 만들고, 합용병서법으로 ㅺ,

---

97 정우영(2016)은 '異其體'의 의미를 정밀히 분석하여, '체(體)'의 의미를 '체1=본성'과 '체2=(제자의) 체계'라는 두 가지로 규정했다. 정우영(2016: 64)은 '체(體)'의 두 가지 의미 중에서 '체1'이 '체2'보다 위계가 높고 필수적 요소라고 하였다. '體用(체용)'은 불교학 용어가 성리학으로 건너가 철학적 의미가 확충된 것이다.

98 初聲二字三字合用並書 如諺語·ᄯᅡ爲地 ᄧᅡᆨ爲雙·ᄢᅳᆷ爲隙之類. (합자해) 〈정음해례 21a_4〉

99 초성 합용병서자의 연결 제약은 다음과 같다. 두 글자 합용병서(ㅺ, ㅼ, ㅳ, ㅄ, ㅶ 등)의 첫 번째 자리에는 ㅅ 혹은 ㅂ만 올 수 있고, 두 번째 자리에는 다양한 초성자가 올

ㅼ, ㅽ, ㅄ, ㅳ, ㅷ, ㅴ, ㅵ 등을 만들었다. 병서법과 연서법에는 '합合'이라는 제자 원리가 적용되었다. 합의 원리는 초성, 중성, 종성에 모두 적용될 뿐 아니라 '초성+중성+종성'이 결합하는 음절자 구성에도 적용된다. 합의 원리는 초성자와 중성자 그리고 음절자를 관통하는 핵심 제자론이다.

합용병서가 조선어음 표기에 실제로 쓰인 예는 합자해와 용자례에 예시된 고유어[100]에서 찾을 수 있다. 각자병서는 전탁全濁의 한자음 표기에 쓰였다. 전탁 한자음 표기에 각자병서자를 쓰고, 고유어 된소리 표기에 ㅅ계 합용병서자를 구별 사용한 것은 이 규정을 정한 당대인들이 한어음漢語音의 전탁음과 고유어의 ㅅ계 합용자(된소리)의 음가 차이를 인식했음을 의미한다. 동국정운식 조선 한자음 혹은 운서의 전탁음 표기를 고려하지 않았더라면 ㅅ계 합용병서를 만들지 않고 각자병서만 만들어 조선어의 된소리 표기에 썼을 가능성이 있다.[101] ㅂ계 합용병서와 ㅅ계 합용병서는 고유어 표기를 위해 만든 합용법이었다.

초성자의 제자 과정을 기본음 설정, 기본자 자형 형상화, 가획, 합용[102]이라는 작업 단계에 따라 체계화하면 다음 〈표 6〉과 같이 정리할 수 있다.

수 있다. 세 글자 합용병서(ㅴ, ㅵ)의 첫 번째 자리에는 ㅂ만 올 수 있고, 두 번째 자리에는 ㅅ만 올 수 있고, 세 번째 자리에는 ㄱ이나 ㄷ만 올 수 있다. 중세국어 표기에서 세 글자가 합용된 ㅴ, ㅵ이 각각 문자 그대로 발음되었다면 [psk], [pst]가 되고, ㅺ과 ㅼ이 된소리 표기라면 [pk'], [pt']가 된다. 영어의 경우, 어두에 자음이 세 개까지 올 수 있지만 일정한 연결 제약이 있다. 첫 자음은 s, 둘째 자음은 p, t, k 중 하나, 셋째 자음은 l, r 중 하나가 되어야 한다.

100 初聲二字三字合用並書 如諺語·ᄯᅡ爲地 ᄡᅡᆨ爲雙·ᄢᅳᆷ爲隙之類. (합자해) 〈정음해례 21a_4〉

101 이런 추정은 ㅅ계 합용병서의 음가가 된소리라는 전제를 깔고 있다.

102 '합용'은 제자 방법이 아니라 이미 만든 17자를 이용한 운용법의 일종이다. 그래서 '가획'란과 '합용'란 사이의 경계선을 이중선으로 표시했다.

〈표 6〉 초성자의 작업 단계와 제자 방법의 적용

작업 단계 / 오음 분류	기본음 설정 단계	기본자 형상화 단계	가획 단계		형체를 달리함	합용 단계		
						병서		연서
			1단계	2단계		각자병서	합용병서	
아음(牙音)	[k]	ㄱ	ㅋ		ㆁ	ㄲ	ㅺ ㅴ	
설음(舌音)	[n]	ㄴ	ㄷ	ㅌ	ㄹ	ㄸ	ㅼ ㅳ ㅵ	(ᄛ)
순음(脣音)	[m]	ㅁ	ㅂ	ㅍ		ㅃ	ㅽ ㅷ	ㅸ
치음(齒音)	[s]	ㅅ	ㅈ	ㅊ	ㅿ	ㅆ ㅉ	ㅾ ㅶ	
후음(喉音)	[ ]	ㅇ	ㆆ	ㅎ		ㆅ		
특징	가장 거세지 않음 [最不厲]	발음기관 상형	소리가 조금 세게 나옴[聲出稍厲]		체를 달리함 [異形, 異體]	한자 전탁음 표기	고유어 표기	

박창원(2005: 284)은 훈민정음의 가획법, 병서법 등 자음자 제자 방식을 검토하고, 자음의 자질과 문자의 모양과 관련하여 네 가지[103]의 보편성과 개별성을 갖는다고 정리하였다. 이 해석은 초성자 제자 방법의 적용 결과로 나타난 〈표 6〉의 자형들을 음성·음운론적 관점에서 설명한 셈이다.

3.2.2. 중성 관련 작업

1) 중성 분석과 제자 대상 중성 목록의 작성

성운학의 오음 분류 틀을 가져와 조선어의 초성 분석에 이용함으로써 초성의 분석과 분류 작업은 비교적 수월했을 것이다. 그러나 중성 분석에서는 성운학의 운모 분류 틀을 가져와 이용할 수 없었다. 운서와 등운도의 운모 분류체계는 훈민정음의 중성 11개 체계와 아주 다른 것이어서 조선어의 중성 분석에 전용轉用할 수 없기 때문이다. 106운을 기본으로 하는 중국 운서

103 이 네 가지는 다음과 같다. ①동일한 자형을 가진 문자는 동일한 조음위치 자질을 공유함. ②동일한 자형을 공유하는 문자 중 가장 복잡한 자형을 가진 문자는 거센소리라는 자질을 공유함. ③동일한 문자가 겹쳐져 있는 문자는 모두 된소리라는 자질을 공유함. ④동일한 자형을 공유하면서 획의 차이를 가진 문자는 조음방식의 차이를 가지게 됨. 구체적인 예는 위에 언급한 책을 참고하기 바란다.

의 운모체계는 조선어 중성 분석에 전용하기에 너무나 복잡한 것이었다.[104] 『동국정운』에 설정된 교정 조선 한자음은 91운이고 이것을 유사 운모끼리 모으면 26개 운류로 나뉜다.[105] 『동국정운』의 운류는 기본적으로 『훈민정음』 해례에 기술된 중성자를 바탕으로 한 것이다(차익종 2014).

『훈민정음』의 11개 중성자가 어떤 중성 분석 과정을 거쳐 선정되었는지를 알려 주는 정보는 어디에서도 찾을 수 없다. 세종은 제자 대상 중성 목록을 선정함에 있어서 운학의 운모 분류 틀(운목, 운류 등)을 이용할 수 없었다. 『훈민정음』의 중성 분석과 분류 작업은 운서나 등운도의 운류에 기댈 수 없는 것이었다. 그리하여 조선의 현실 한자음 및 고유어 낱말에서 실현되는 조선어음을 분석해 중성 목록을 찾아내고, 이것을 분류하는 방법을 찾아야 했다.

초성의 경우와 마찬가지로 중성 분석에서도 당시 조선 한자음과 고유어 낱말의 음성형을 분석 대상으로 삼았다. 조선 한자음과 고유어 낱말에 쓰인 중성을 찾아내고, 찾아낸 중성을 음성적 유사성과 특질에 따라 분류했을 것이다. 이러한 탐색 작업에서 차자 자료에서 나온 중성 표기 사례[106]도 검토했을 듯하다. 예컨대 구결자 刂(이), ㇏(이), 阝(아), 扌(어), 于(우), 也(야), 要(요), ラ(의), 厂(애) 등은 모음만으로 이루어진 V형 차자이다. 이에 비해 カ(가), 厺(거), ㅁ(고), 里(리) 등은 자음+모음으로 이루어진 CV형 차자이다. 그리고 ㄱ(ㄴ), 尸

---

104 중국 운서에서 운의 개수는 『절운』과 『광운(廣韻)』은 206운, 『평수신간예부운략(平水新刊禮部韻略)』은 106운, 『임자신간예부운략(壬子新刊禮部韻略)』은 107운, 『고금운회거요(古今韻會擧要)』는 107운, 『홍무정운(洪武正韻)』은 22개 운부, 『중원음운(中原音韻)』은 19개 운부(韻部) 등 운서에 따라 차이가 적지 않다. 『몽고자운(蒙古字韻)』의 경우 각 소운(小韻) 상단에 표기한 파스파자를 귀납하여 성모 35개와 운류 70개를 얻을 수 있다(최영애 2003: 102-103).

105 차익종(2014: 165)에 26개 운류가 제시되어 있다.

106 홍기문(1957: 50-51)은 「정도사 조탑형지기」의 '郡百姓 光賢亦(군백성 광현이)'에서 폐음절 뒤에 결합한 이두토 '亦'(주격조사 ㅣ)과 '副戶長 稟柔亦(부호장 품유이)'에서 개음절 뒤에 결합한 '亦'의 예를 제시하고, 이러한 표기가 해례 합자해의 '孔子ㅣ'와 같은 용법의 제정에 영향을 미친 것이라고 했다.

(ㄹ), ㅌ(ㅅ) 등은 자음만으로 이루어진 C형 차자이다. V형 혹은 CV형 차자에 쓰인 중성음도 분석 대상이 되었을 듯하다. 여러 가지 자료를 분석하여 조선어음에 쓰인 중성 목록을 찾아내는 작업을 했고, 그 결과 제자 대상으로 삼은 중성 11개 음이 선정된 것이다. 이 과정을 세부 단계로 나누어 고찰해 보자.

(1) 한자음을 이용한 중성 분석과 목록 작성

세종과 해례본 편찬자들이 조선어의 중성 목록을 작성하기 위해 분석한 조선 한자음 자료가 예의에 나타나 있다. 예의에 나타난 중성 음가 예시용 한자(=중성 자모 한자)의 한자음에서 도출된 중성 목록을 정리하면 다음 표와 같다.[107]

〈표 7〉 한자음 분석을 통한 중성 목록

① 중성 음가 예시용 한자 (중성 자모 한자)	② 중성 목록	③ 예의의 중성자	④ 언해본의 한자음 표기[108]
呑	[ʌ]	·	ᄐᆞᆫ
卽	[ɨ]	ㅡ	즉
侵	[i]	ㅣ	침
洪	[o]	ㅗ	뽕
覃	[a]	ㅏ	땀
君	[u]	ㅜ	군
業	[ə]	ㅓ	업
欲	[jo]	ㅛ	욕
穰	[ja]	ㅑ	샹
戌	[ju]	ㅠ	슏
彆	[jə]	ㅕ	볋
	11개	11자	

107 〈표 7〉에서 ③과 ④는 편의상 제시한 것이다. 새 문자 창제를 위한 중성 분석 단계에서 중성자의 자형과 동국정운식 한자음은 아직 마련되지 않은 상태이다.

108 이 난의 한자음 표기는 동국정운식 한자음이다. 1446년 전후의 조선 현실 한자음을 표

〈표 7〉에서 중성 음가를 나타내기 위해 쓰인 한자들은 모두 〈표 2〉에서 보인 초성 분석에서 이용된 자모자와 겹친다. 초성 자모자 23자 중에서 11자를 가져와서 중성 자모자로 이용했다. 〈표 7〉의 중성을 분석하는 과정에서 〈표 2〉의 23개 초성 자모 한자의 중성을 모두 분석했을 것이다. 예의에 나타난 초성 자모 한자와 중성 자모 한자를 서로 비교해 보면 다음 표와 같다.

〈표 8〉 초성 자모 한자가 중성 자모 한자로 쓰인 11자

①초성 자모 한자	②중성 자모 한자	③중성 목록	④예의의 중성자
君	○	u	ㅜ
虯		ju	ㅠ
快*		oai	ㅙ*
業	○	ə	ㅓ
斗		u	ㅜ
覃	○	a	ㅏ
呑	○	ʌ	·
那		a	ㅏ
彆	○	jə	ㅕ
步		o	ㅗ
漂		jo	ㅛ
彌		i	ㅣ
卽	○	ɨ	ㅡ
慈		ʌ	·
侵	○	i	ㅣ
戌	○	ju	ㅠ
邪		ja	ㅑ
挹		ɨ	ㅡ
虛		ə	ㅓ
洪	○	o	ㅗ
欲	○	jo	ㅛ
閭		jə	ㅕ
穰	○	ja	ㅑ
23자	11자		

기한 자료가 없어서 편의상 동국정운식 한자음을 이 난에 넣어 두었다.

〈표 8〉의 ①은 초성 자모 한자이고, ②의 '○'는 동일 한자가 중성 자모 한자로 겸용된 것을 의미한다. ①에 보인 23개 한자음의 중성은 '快쾌'[109]를 제외하고는 모두 중성 11자 중의 하나에 해당한다. 자모자는 23자지만 중성 자모 한자로 쓰인 것은 11자(快 제외)이다. 예의에 중성 자모 한자는 〈표 8〉의 ②에서 '○'로 표시한 11자이지만 ①의 23개 한자음도 모두 중성음 분석에 이용했을 것이다.

(2) 고유어를 이용한 중성 분석

한자음과 함께 고유어 낱말도 중성 분석에 이용하였다. 용자례에는 제자 대상 중성 목록을 선정하기 위해 분석한 조선어 고유어가 등재되어 있다.[110]

〈표 9〉의 ①은 고유어 분석 결과 얻어진 중성 목록이다. 이 음들을 얻어내기 위해 분석 대상이 된 고유어가 ②이고, 이것의 음성형이 ③이다. ③의 음성형은 세종과 해례 편찬자들이 발음하여 귀로 들으면서 음성 분석을 행했던 언어 자료이다. ③의 음성형이야말로 중성자 제정을 위한 원천 자료(source material)인 셈이다.

〈표 7〉, 〈표 8〉, 〈표 9〉는 제자 대상이 된 중성 목록의 선정 과정을 알아

---

109 〈표 8〉에서 'ᅫ*'로 표기한 것이다. 제자 대상 중성 11자에 없는 '快'자를 선택한 이유는 안병희(2002: 179-183)에서 다음과 같이 설명된 바 있다. "다른 22자모(字母)와 달리 오직 초성 ㅋ의 설명에만 소용되고 현실 한자음과의 관련도 보장된 자모 '쾌(快)'는 유일한 외톨이란 부담을 보상하고도 남는 글자 그대로 '쾌심(快心)'의 선정이었을 것으로 짐작된다."(안병희 2002: 180). 이준환(2020: 105)은 '快'를 비롯하여 각 조음위치의 차청음을 설명하기 위한 용자의 현실 한자음은 모두 격음의 초성을 지닌 것들이고, ㅋ를 적기 위해 '快'를 선택한 것은 당시 현실 한자음을 고려한 것이라고 했다. 또한 '快'의 중성 'ᅫ'는 23개 자모 한자의 중성과 달리 유일하게 중성 11자에 속하지 않는 것이라 하고(이준환 2020: 114), '快'의 'ᅫ'는 2자 중성과 ㅣ상합자를 함께 예시한 한자음이라고 하였다(이준환 2020: 119). 이준환의 연구는 안병희 선생이 말한 "快心의 선정"을 구체적으로 설명한 셈이다.

110 〈표 9〉와 같은 음성 분석 단계에서 정음 문자의 글꼴은 아직 만들어지지 않았다. 그러므로 ②'고유어 낱말'을 정음 자모로 표기한 것은 편의적 조처일 뿐이다.

〈표 9〉 중성 목록을 찾기 위해 분석 대상이 된 고유어 낱말(용자례)과 중성 목록

번호	①중성 목록	②고유어 낱말	③음성형	④음절 위치	음절 수
1	[ʌ]	·ᄐᆞᆨ爲頤	[tʰʌk]	어두	1
		·ᄑᆞᆺ爲小豆	[pʰʌs]	어두	1
		ᄃᆞ리爲橋	[tʌ-ri]	어두	2
		ᄀᆞ래爲楸	[kʌ-rai]	어두	2
2	[ɨ]	·믈爲水	[mɨl]	어두	1
		·발·측爲跟	[pal-tsʰɨk]	비어두	2
		그력爲鴈	[kɨ-rjək]	어두	2
		드·레爲汲器	[tɨ-rəi]	어두	2
3	[i]	·깃爲巢	[kis]	어두	1
		:밀爲蠟	[mil]	어두	1
		·피爲稷	[pʰi]	어두	1
		·키爲箕	[kʰi]	어두	1
4	[o]	논爲水田	[non]	어두	1
		·톱爲鉅	[tʰop]	어두	1
		호·ᄆᆡ爲鉏	[ho-mʌi]	어두	2
		벼·로爲硯	[pjə-ro]	비어두	2
5	[a]	·밥爲飯	[pap]	어두	1
		·낟爲鎌	[nat]	어두	1
		이·ᅌᅡ爲綜	[i-ŋa]	비어두	2
		사·ᄉᆞᆷ爲鹿	[sa-sʌm]	어두	2
6	[u]	숫爲炭	[sus]	어두	1
		·울爲籬	[ul]	어두	1
		누·에爲蚕	[nu-əi]	어두	2
		구·리爲銅	[ku-ri]	어두	2
7	[ə]	브ᅀᅥᆸ爲竈	[pɨ-zəp]	비어두	2
		:널爲板	[nəl]	어두	1
		서·리爲霜	[sə-ri]	어두	2
		버·들爲柳	[pə-tɨl]	어두	2
8	[jo]	죵爲奴	[tsjoŋ]	어두	1
		·고욤爲梬	[ko-jom]	비어두	2
		쇼爲牛	[sjo]	어두	1
		삽됴爲蒼朮菜	[sap-tjo]	비어두	2
9	[ja]	남샹爲龜	[nam-sjaŋ]	비어두	2
		약爲 鼊	[jak]	어두	1
		다야爲匜	[ta-ja]	비어두	2
		쟈감爲蕎麥皮	[tsja-kam]	어두	2
10	[ju]	율믜爲薏苡	[jul-mɨi]	어두	2
		쥭爲飯乗	[tsjuk]	어두	1
		슈룹爲雨繖	[sju-rup]	어두	2
		쥬련爲	[tsju-rjən]	어두	2
11	[jə]	·엿爲飴餹	[jəs]	어두	1
		뎔爲佛寺	[tjəl]	어두	1
		벼爲稻	[pjə]	어두	1
		:져비爲燕	[tsjə-pi]	어두	2

내기 위해 용자례와 예의의 자모 한자음을 분석한 결과를 정리한 것이다. 이러한 작업을 진행하면서 『훈민정음』 해례본에 반영된 중성 제자 과정과 관련된 세부 사항을 일부나마 파악할 수 있었다. 세종이 행한 중성 분석 작업과 그 결과를 한 문장으로 요약하면 다음과 같다. 세종은 한자음과 고유어의 중성 분석을 거쳐서 [ʌ ɨ i o a u ə jo ja ju jə]라는 11개 중성 목록을 선정하여 이것을 제자 대상으로 삼았다.

2) 중성 목록의 체계적 분류와 제자 대상 음 선정

〈표 9〉의 ①은 제자 대상으로 선정한 11개 중성 목록이다. 이 11개 중성은 이후 글자꼴 형상화 단계를 거쳐 'ㆍㅡㅣㅗㅏㅜㅓㅛㅑㅠㅕ'라는 11개 중성자로 전환되어야 한다. 이 작업이 진행된 과정을 고찰해 보자.

(1) 중성 분류 기준을 창안함: 설축舌縮과 성聲의 심천深淺

중성자를 제자하려면 글자꼴을 형상화하기에 앞서 제자의 대상이 된 11개 음성을 체계적으로 분류해야 하고, 이 분류 작업을 위한 기준이 필요하다. 해례본에 나타나 있는 중성 분류의 핵심 기준은 설舌의 축縮 자질이다. '설축'은 혀가 혀뿌리[舌根] 방향으로 당겨져 후퇴하는 조음동작 즉 설근후축舌根後縮(김주원 1988: 81)을 표현한 용어이다. 설축이란 개념은 다른 언어들의 모음체계에서도 유효하며, 15세기에 관찰되어 20세기에 실험적으로 입증된 것이다(김주원 1988: 40).

성聲의 심천深淺 자질도 중요한 기준의 하나이다. 심천 자질을 표현한 성심聲深과 성천聲淺은 설의 축縮과 불축不縮에 수반된 청각 인상을 표현한 것이다. 구축口蹙 및 구장口張은 입술 모양을 기준으로 중성의 원순성 유무를 기술하기 위한 것이다. 구축과 구장은 설축에 비해 그 위상이 낮다. 초성 분류에는 중국 성운학의 오음 분류체계를 이용했지만 중성 분류에 사용한 방법과 용어들은 전혀 새로운 것이다.[111] 성운학에 없는 용어(설축, 성심 등)를 창안[112]해 냈다. 이와 같은 중성 분류 기준을 설정하여 중성 기본음을 결정하고, 이어서 기본음의 자형을 만들기 위한 제자 원리를 찾아내 기본자를 형상화하는 작업이 진행되었다. 그 내용은 아래의 (2), (3)과 같다.

(2) 중성 기본음을 정함: 축縮과 심천深淺 자질을 기준으로

세종은 설축의 정도를 세 단계로 나누어 설축, 설불축, 설소축이라 칭하고, 이 기준에 따라 중성을 세 부류로 나누었다. 설축을 기준으로 가장 극단적 대립을 보이는 설축 [ʌ]음과 설불축 [i]음을 먼저 정하고, 이어서 양자의 중간치인 설소축 [ɨ]음을 정했을 것이다.[113] 설축의 정도를 세 단계로 구분한 이 방법으로 기본음 세 개를 결정했을 것이다.

설축은 혀의 움츠리는 정도를 관찰하여 만든 조음음성학적 술어이다. 훈민정음 창제자는 조음음성학적 관찰과 함께 청음음성학적 관찰도 병행하였다. 소리가 귀에 들리는 느낌을 '심천深淺'이라는 술어로 표현하였다. 성심聲深은 소리의 울림이 크게 들리는 것이고, 성천聲淺은 소리의 울림이 작게 들

111 성운학에서 자모운(字母韻)의 분류에 쓴 운섭(韻攝), 등호(等呼), 음성운과 양성운 등의 용어는 조선어 중성을 분석하는 데 도움이 되지 못했다. 한자음의 운모와 전혀 다른 조선어의 중성을 분석하기 위해 성운학에서 빌려다 쓸 마땅한 개념과 용어가 없었던 것이다.

112 김주원·남권희(2017: 62)는 『대광익회옥편』(1013)의 오음지도(五音之圖)에 '설축각(舌縮却)'과 '구개장(口開張)'이란 용어가 나옴을 지적하고 '설축'과 '구장'이 해례의 독창적 용어가 아니라고 보았다. 그런데 '설축각[혀가 수축하여 물러나다]'과 '구개장[입이 열리어 펴지다]'은 각각 초성 아음과 치음을 기술한 어절이어서 하나의 용어로 보기 어렵고, 그 용법도 제자해의 그것과 차이가 있다. 필자는 '설주치(舌拄齒)'와 '구촬취(口撮聚)'는 물론 '설축각(舌縮却)'과 '구개장(口開張)'도 하나의 용어가 아니라 어절 구성체라고 본다(이 책의 661-662쪽 참고).

113 현대 음성학에서 기본모음(cardinal vowel) 8개의 위치를 모음사각도에서 정할 때, 혀의 높이와 혀의 전후를 기준으로 가장 극단적 대립을 이루는 기본모음 1번에 해당하는 [i]와 기본모음 5번에 해당하는 [ɑ]를 먼저 정한다.

리는 것이다. 여기서도 앞의 설축에서 행한 것처럼 심천의 정도에 따라, 성심(깊은 소리)과 성천(얕은 소리) 그리고 그 중간치인 성불심불천(깊지도 얕지도 않은 소리)이라는 세 부류로 나누었다. 이에 따라 나누어진 소리가 성심음 [ʌ], 성천음 [i] 그리고 성불심불천음 [ɨ]이다. 성심에 의한 분류는 설축에 따른 분류와 같은 결과를 산출하였다. 성심 자질은 현대 음성학의 울림도(sonority)에 가깝다. 울림도는 분절음 고유의 특질이며 음의 성질을 결정하는 중요 요소이다. 제자해에서 울림도에 상응하는 성심을 중성 분류 기준으로 삼은 것은 음성과학적 타당성을 가진다.

(3) 중성의 음성적 특질을 분석하여 제자 대상 11자를 선정함

이제 설축과 심천에 근거하여 중성 기본음 세 개가 정해졌다. 이어서 나머지 중성음 중에서 제자 대상에 넣을 중성을 정하는 단계로 넘어가게 된다. 세종의 이 작업이 어떻게 진행되었는지 알아내기 어렵다. 세종이 행한 작업 내용을 미루어 짐작할 수 있는 방법은 제자한 중성음 11개에서 기본음 3개를 뺀 나머지 8개의 음성적 특질을 분석해 보는 것이다. 이 분석에서 얻은 8개 중성음의 특질을 근거로 세종이 8개 중성음을 정한 과정을 추론할 수 있다.

기본음을 뺀 나머지 8개 중성음의 음성 특질과 관련된 용어는 구축口蹙과 구장口張이다. 구축은 입술의 오므림을 표현한 술어이고, 구장은 입술의 펼쳐짐을 표현한 술어이다. [o]와 [u]에 구축 값을 부여하고, [a]와 [ə]에 구장 값을 부여했다. 이 작업을 통해 초출자에 해당하는 〈표 9〉의 4개 중성음(4~7번 [o][a][u][ə])이 선정되었을 것이다. 여기서 주목되는 것은 기본자에 해당하는 세 개 소리에 대해서는 구축과 구장의 값이 어떠한지 아무런 언급이 없다는 점이다. ·ㅡㅣ가 구축 및 구장에 대해 어떤 값을 갖는지 명시하지 않은 것은 이 중성들이 구축과 구장에 대해 중립적임을 의미한다.[114]

구축口蹙과 구장口張을 기준으로 4개 중성음을 선정한 후 이 기준을 기정

치 값으로 가지면서 ㅣ에서 일어나는 중성음 4개를 선정했다. 전자의 중성이 [o], [a], [u], [ə]이고 ㅣ에서 일어나는 후자의 중성은 [jo], [ja], [ju], [jə]이다. 〈표 9〉의 11개 중성 중에서 8~11번이 후자의 중성에 해당한다. 제자해에서는 '起於ㅣ기어ㅣ'[ㅣ에서 일어나는 소리]라는 공통점을 가진 후자의 4개 중성을 하나의 부류로 묶어 놓았다. 그리하여 기본음 3개, 초출음 4개, 재출음 4개, 도합 11개의 중성음이 제자 대상으로 선정되었다.

그런데 ㅣ로 끝나는 중성음(ㅣ상합자)[115]은 제자 대상 목록에서 제외되었다. ㅣ에서 일어나는 소리[起於ㅣ]는 한 개 단위의 중성으로 인식하였고, ㅣ로 끝나는 소리는 두 개 단위의 중성으로 인식한 것이다. 다시 말해, ㅛ, ㅑ, ㅠ, ㅕ에 각각 대응하는 음성은 한 개 소리로 간주하여 제자 대상에 넣었고, ㅚ, ㅐ, ㅟ, ㅔ에 각각 대응하는 음성은 두 개 소리로 간주하여 ㅣ상합자로 돌린 것이다.[116] ㅘ, ㅝ는 동출 중성 합용자로 처리했다. ㅗ, ㅏ, ㅜ, ㅓ에 j가 결합한 ㅛ, ㅑ, ㅠ, ㅕ는 하나의 중성 단위로 인식하였으나, ㅣ상합자와 동출 합용자(ㅘ, ㅝ)는 두 개 중성의 합용으로 간주하여 제자 대상에서 제외하였다. ㅘ, ㅝ는 [oa], [uə]로 인식하고 선행 요소(ㅗ/ㅜ)를 반모음 w로 인지하지 않았던 것이다.[117]

[jo], [ja], [ju], [jə]를 각각 하나의 중성으로 인식하여 제자 대상 음에 넣은 것은 차자표기의 전통과 관련된 것이라고 보기도 한다. 강창석(1992: 52-53)은 차자표기에서 'ㅐ'나 'ㅔ' 등은 두 개의 한자로 나뉘어 표기된 경우가 많았지만('게'를 '去伊거이/巨是거이'로 표기한 것) 'ㅑ'나 'ㅕ' 등은 두 개의 문자로

---

114 ㆍ에 구축 값이 더해지면 ㅗ가 되고, ㅡ에 구축 값이 더해지면 ㅜ가 된다. 이것이 국어 음운사에 나타난 원순모음화 현상이다. 그러나 ㆍ가 구장 값을 가지면 ㅏ가 되고, ㅡ가 구장 값을 가지면 ㅓ가 되는 음운론적 과정은 국어 음운사에 나타나지 않았다.

115 ㅚ, ㅐ, ㅟ, ㅔ 등을 가리킨다.

116 중성에 대한 이러한 인식은 15세기 당시의 모어(母語) 즉 조선어에 대한 직관적 판단의 결과일 것이다.

117 현대국어에서 ㅘ와 ㅝ의 선행음은 반모음 w로 발음되지만 『훈민정음』에서는 글자 그대로 [oa], [uə]로 발음되어 두 개 중성으로 간주된 듯하다.

표기된 일이 없었음을 지적하였다. 차자표기의 이 전통으로 말미암아 [jo], [ja], [ju], [jə]를 한 개 중성으로 인식하고 이 음들을 단문자單文字로 제자했다는 것이다. 그러나 차자표기에는 '臥와', '厓애', '矣의', '衣의' 등과 같이 1개 한자가 중성 합용자 혹은 ㅣ상합자를 표기한 차자의 예[118]도 적지 않기 때문에 차자표기의 영향만으로 해석하기에는 모자란 점이 있다. 이 문제를 풀기 위해서 더 깊은 고찰이 필요하다.

현대 음운론의 관점에서, "ㅚ, ㅐ, ㅟ, ㅔ에 각각 결합한 ㅣ가 단모음 i인가, 아니면 반모음 j인가?"라는 문제가 있다. 해례에서 ㅚ 등을 ㅣ상합자로 기술한 것은 후접한 ㅣ를 단모음 i로 간주했음을 의미한다. on-glide j가 ㅗ, ㅏ, ㅜ, ㅓ 앞에 결합한 ㅛ, ㅑ, ㅠ, ㅕ는 한 단위로 인식하여 단자單字 중성 11개에 포함시켰으나, i가 후접한 ㅚ, ㅐ, ㅟ, ㅔ는 두 개 음으로 인식하여 ㅣ상합자로 처리했다. 이러한 판단에는 '게'를 '去伊거이'로 나타낸 차자표기의 전통이 작용했을 수 있으나 앞에서 언급한 것처럼 1자 차자가 중성합용자 혹은 ㅣ상합자를 표기한 것이 여러 개 존재하기 때문에 차자표기의 영향만으로 설명되지 않는다. 해례에 기술된 제자론을 중시한다면, 15세기의 ㅚ, ㅐ, ㅟ, ㅔ는 off-glide j가 붙은 것이 아니라 단모음 i가 붙은 것으로 보는 것이 합당하다.[119]

한편 중성 목록 선정에서 다양한 방언 음성을 고려한 사실이 『훈민정음』 해례 합자해에 나타나 있다. 앞에서 언급한 방언과 아동의 말에 존재하는

---

118 고려시대 구결 자료에 사용된 약체 차자의 목록, 각 차자의 음가, 약체자의 본자(本字) 등을 종합 정리한 차자 목록표는 백두현(1997: 296-308)을 참고할 수 있다.

119 제자 대상이 된 중성 목록은 모두 한 개의 음 단위로 인식된 것들이다. 두 개의 단위로 인식된 소리는 모두 중성자 합용법에 따라 두 개의 중성 글자가 결합되어 만들어졌다. 따라서 ㅚ, ㅐ, ㅟ, ㅔ는 두 개의 단위로 인식된 소리이기 때문에 합용법에 따라 만들어진 글자에 해당한다. 참고) 二字合用者, ㅗ與ㅏ同出於·, 故合而爲ㅘ. 〈정음해례 16a_6〉

[jʌ](ᆝ)와 [jɨ](ᆜ)는 세종이 중성 분석에서 인지했던 음성들이다. 그러나 'ᆝ'와 'ᆜ'는 특수한 지역방언 혹은 사회방언의 차원에서 존재하는 중성이다. 이 두 중성은 ㅛ, ㅑ, ㅠ, ㅕ와 같은 '起ㅣ聲기ㅣ셩'이지만 제자 대상 목록에서 제외되었다.[120] 중성 목록 선정 과정에서 [jʌ]와 [jɨ] 음도 고려 대상이 되어 이 음가를 나타내는 중성자(ᆝ, ᆜ)까지 만들었다. 그러나 이 중성들은 방언에서 쓰이는 특이한 존재로 간주되어 제자 대상 11자에 포함시키지 않았던 것이다.[121]

중성 목록의 체계적 분류와 기본음 선정 과정을 요약하면 다음과 같다. 중성 11개 중에서 기본음을 선정한 기준은 설축과 성심이다. 설축과 성심의 정도를 각각 3단계로 나누어 각 단계에 해당하는 중성 기본음 3개를 정했다. 설축이라는 조음음성학적 관찰과 성심이라는 청음음성학적 관찰을 병행하여 중성체계가 3단계의 대립관계로 구성되어 있음을 파악했다. 설축과 성심의 정도에 따른 3단계 중성 분류는 그 결과가 서로 일치한다. 기본음 3개를 선정한 후 구축과 구장의 개념을 창안하여 나머지 중성 4개를 선정했다. 이어서 구축과 구장 값을 가지면서 i에서 일어나는 소리 4개를 선정하여 제자 대상 중성 목록 11개를 완성했다.

제자 대상 중성음을 선정하고 분류하기 위해 창안한 개념(설축, 성심, 구축, 구장)과 이것이 적용된 양상을 표에 담아 정리하면 〈표 10〉과 같다. '자형'은 아직 만들어지지 않은 단계이지만 독자의 이해를 돕기 위해 중성자의 자형을 〈표 10〉의 맨 하단에 배치해 놓았다.

---

120 ·一起ㅣ聲 於國語無用, 兒童之言 邊野之語 或有之 當合二字而用. 如ᄀᆝᄀᆜ之類 (합자해) 〈정음해례22b_9-23a_1-2〉

121 방언과 어린이의 말소리까지 분석 대상으로 삼은 사실들은 세종이 조선어음의 중성 분석을 위해 광범위한 어음 자료를 이용했음을 알려 준다.

〈표 10〉 중성음 분석을 위해 창안한 개념과 분류체계

자질＼중성	ʌ	ɨ	i	o	a	u	ə	jo	ja	ju	jə
설축의 정도	축	소축	불축	축	축	소축	소축	축	축	소축	소축
성심의 정도	심	불심 불천	천	심	심	불심 불천	불심 불천	심	심	불심 불천	불심 불천
구축과 구장				구축	구장	구축	구장	구축	구장	구축	구장
자형	기본자			초출자				재출자(起於ㅣ音)			
	·	ㅡ	ㅣ	ㅗ	ㅏ	ㅜ	ㅓ	ㅛ	ㅑ	ㅠ	ㅕ

중성을 자질로 체계화한 〈표 10〉은 15세기 조선어의 중성체계를 형성한 대립관계를 보여 준다. 제자해서 "이 아래 여덟 개 중성은 한 번 닫히고 한 번 열린다."[122]라고 한 것은 바로 '구축과 구장'란에서 '구축'과 '구장'이 규칙적으로 반복되는 양상을 말한 것이다.

제자해에 기술된 중성음 11개는 세 부류로 나누어진다. 설축과 성심의 정도에 따른 대립체계를 세워서 나온 기본음 3개, 기본음 3개를 음양의 원리로 1차 합성한 초출음 4개, 음양의 원리로 2차 합성한 재출음 4개가 그것이다. 재출음 4개는 ㅣ에서 일어나는 음성적 공통성을 가진다. 제자해의 이러한 기술은 중성을 음가에 따라 체계적으로 분류한 작업이 실재했음을 의미한다.

3) 중성자 제자 원리의 창안과 자형 형상화

초성의 기본음을 다섯 개로 정한 것과 달리, 중성은 기본음을 세 개로 정했다. 세종은 제자 대상이 된 중성 목록을 선정한 후 이어서 선정된 중성 기

122 此下八聲, 一闔一闢. 〈정음해례5a_2〉

본음에 글꼴을 부여하기 위한 원리를 궁구했을 것이다. 초성 기본음의 글꼴 형상화에 발음기관 '상형' 원리를 적용했듯이 중성 기본음의 글꼴 형상화에도 '상형' 원리를 적용한다는 원칙을 먼저 세웠을 수 있다. 그런데 중성 기본음의 형상화에는 발음기관 상형 원리를 적용할 수 없었다. 중성(모음)의 발음은 초성(자음)과 달리 조음체와 조음점의 결합이 없기 때문에 초성처럼 발음기관의 움직임을 포착하기 어렵다. 중성 기본음이 발음될 때 혀의 움직임을 표현한 설축, 설소축, 설불축의 정도 차이를 글꼴로 형상화해 내려는 시도도 해보았을 듯하다. 그러나 설축과 불축의 개념을 시각 이미지로 구현하는 것은 난감한 일이다. 마찬가지로 성심, 성천, 성불심불천이란 청각적 차이를 글꼴로 형상화하기란 더욱 어렵다. 소리의 깊고 얕음을 글꼴에 어떻게 구현해 낼 수 있을까? 입술의 오므림(구축)과 펼쳐짐(구장)은 구체적 조음동작을 표현한 것이지만 이 움직임을 글꼴로 형상화하는 것 역시 쉽지 않은 일이다. 만약 오므림을 둥근 형상으로 표현한다면 초성자 ㅇ과 비슷하게 될 것이다. 중성 기본음을 글꼴로 형상화하는 단계에서 세종의 고심이 상당히 컸을 듯하다.

(1) 삼재 상형법의 창안과 그 적용: 중성 기본자 3개의 형상화

초성과 달리 중성은 분명한 조음점을 가지고 있지 않다. 초성은 발음기관의 어느 지점에서 막히거나 마찰이 일어나면서 발음되므로 발성자가 스스로 조음점을 감지할 수 있다. 그러나 중성은 폐에서 유출된 공기가 입안 공간에서 아무런 장애 없이 통과하면서 나오는 소리이기 때문에 조음점을 인식하기 어렵다. 세종은 초성과 중성이 지닌 이러한 조음적 차이를 인지했을 것이고, 중성을 어떤 방법으로 형상화할 것인지 심사숙고하였을 것이다. 세종은 초성자 제자에 적용한 발음기관 상형의 원리를 중성에도 적용하려고 중성 음가를 기술한 설축과 성심의 개념을 글꼴로 형상화해 보려고 고심했

을 것이다.[123] 이것이 불가능함을 깨닫고, 생각의 방향을 바꾸어 천지인天地人 삼재의 형상을 본떠 중성 기본음의 글꼴을 만든다는 착상을 얻었다. 세종은 심사숙고 끝에 해결 방안을 찾아냈고, 해례 제자해(4b-5a)에 그 결과가 다음과 같이 표현되어 있다.

> ·는 그 형상이 둥글어 하늘을 본뜬 것이다. [· 形之圓 象乎天也]
>
> ㅡ는 그 형상이 평평하여 땅을 본뜬 것이다. [ㅡ 形之平 象乎地也]
>
> ㅣ는 그 형상이 서 있어서 사람을 본뜬 것이다. [ㅣ 形之立 象乎人也]

세종의 착상은 초성과 전혀 다른 방향으로 전개되어, '천지인'이라는 삼재의 형상을 본떠 중성 기본자의 글꼴을 만들어 냈다. 그리하여 중성도 초성과 같이 '상형의 원리'를 지키면서 원(·), 가로선(ㅡ), 세로선(ㅣ)이라는 간결한 기본자 글꼴을 만들어 냈다. 중성 기본자의 자형은 자소字素와 실질적으로 같다. 중성의 글꼴을 삼재에서 찾은 이 발상은 세종의 폭넓은 학문적 경험으로부터 생성된 회심會心의 묘안이었다.

세종이 경연에서 학자들과 같이 공부한 『성리대전』에는 주돈이의 『태극도설』 등 여러 역학서易學書가 포함되어 있다. 세종과 측근 학자들은 정초의 『통지』도 연구하였다. 세종은 역학서 연구를 통해 삼재론을 이해하였고, 정초鄭樵의 『육서략六書略』을 통해 중국 문자학의 상형에 관한 학설을 알게 되었을 것이다. 정초鄭樵가 지은 『육서략』 서문에 육서라는 것은 상형이 근본이고, 상형의 종류에 '천지지형天地之形', '산천지형山川之形', '인물지형人物之形', '초목지형艸木之形', '조수지형鳥獸之形' 등 10종이 있다고 하였다(강신

---

123 김양진(2015a: 163-167)은 중성 기본자 및 초출자가 모두 혀뿌리[舌根]와 혓몸[舌身]이 어울리는 방식을 상형한 것이라는 설을 제출했다. 이 논지를 더 심화시킨 논문이 김양진(2020)이다.

항 1990: 21에서 재인용).[124] 한자의 상형자 중에 하늘, 땅, 사람, 산, 초목, 조수의 형상을 본뜬 것이 있음을 말한 것이다. 상형의 종류로 든 10종 가운데 상형의 대상으로 '천지'와 '인물'이 포함되어 있다. 세종은 여기서 착상을 얻어 천, 지, 인을 상형한다는 아이디어를 얻었고, 이 아이디어를 중성 기본자의 상형 원리로 발전시켰을 가능성이 있다.[125] 중성 기본자의 글꼴 형상화 작업에는 성리학의 삼재론은 물론 『육서략』 등에서 얻은 문자학 지식의 영향도 있었다고 본다.

한편 『통지』의 기일성문도起一成文圖에는 ·ㅡㅣ의 형상과 똑같은 자형이 나와 있다.[126] 여기에 나온 자형도 중성 기본자의 글꼴 만들기에 참고했을 것이다. 이와 같은 여러 가지 학문적 요소가 중성 기본자의 삼재 상형법에 작용한 것으로 보인다. 세종이 최만리 등에게 훈민정음을 만든 것에 대해 말하기를 "내가 늘그막에 날을 보내기 어려워서 서적으로 벗을 삼아 한 것일 뿐"이라고 하였다. 이 말은 세종이 온갖 책을 들여다보며 정음자 만드는 일에 잠심潛心했음을 보여 준다. 이러한 고찰을 종합해 볼 때, 중성 기본자의 글꼴을 삼재 상형에서 찾은 것은 세종의 학문적 온축蘊蓄에서 비롯된 창의

---

124 양원석(2016: 94)에 「육서도(六書圖)」의 내용이 정리되어 있다. 이 「육서도」에 상형의 다양한 분류체계가 나타나 있다. 상형은 정생(正生: 천물지형天物之形 등 10종), 겸생(兼生: 형겸성形兼聲, 형겸의形兼意), 측생(側生: 상모象貌, 상수象數 등 6종)으로 세분되어 있다. 양원석은 『육서략』의 구성은 물론 이 책이 조선 후기의 학자들(이형상, 이익 등)에게 활용된 양상을 설명하고, 주희의 경학을 존숭하던 조선 학자들이 청에 대한 반감으로 송대 책인 『육서략』을 적극적으로 이용한 것이라고 추정하였다(양원석 2016: 217).

125 김영만(1987: 59-60)은 이사질의 원방설(圓方說)에 대한 조영진(1969)의 연구를 인용하여 초성자와 중성자의 공통적 원형을 하늘[天圓]을 상형한 ㅇ과 땅[地方]을 상형한 ㅁ에서 찾았다. 하늘과 땅은 음과 양이고 음과 양이 교합하여 만물을 생성하는 것이라고 하였다. 이어서 김영만은 훈민정음의 자형은 점[圓]과 직선[方]을 바탕으로 하고, 이것이 음과 양에 대응하고 있음을 지적했다.

126 기일성문도(起一成文圖)에 나와 있는 자형(ㅡㅣ·)이 중성 기본자와 연관되었을 가능성도 있다. 그러나 음가의 관련성은 전혀 없다. 이 문제는 제3부 제3장 2.3.3절 1)항(이 책의 617쪽)에서 논한다.

적 사고의 산물[127]이라고 결론지을 수 있다.

(2) 음양 원리에 따른 합이성법合而成法의 창안과 그 적용: 초출자와 재출자의 형상화

중성 분석을 통해 산출된 중성 기본음 셋 [ʌ], [ɨ], [i]에 글자꼴을 부여하는 방법으로 삼재(天地人) 상형법을 창안하고, 이에 의거하여 ·ㅡㅣ라는 중성 기본자의 글꼴을 만들어 냈다. 이어서 나머지 중성자를 형상화하기 위해 기본자 ·를 ㅡ와 ㅣ에 합이성合而成(=合成)하는 방법을 창안했다. ·를 ㅡ와 ㅣ에 합성하여 초출자(ㅗㅏㅜㅓ)와 재출자(ㅛㅑㅠㅕ)[128]를 생성하는 데 삼재론과 음양 원리를 적용하였다. 天地人의 삼재론에서 天이 주재자이고, 天이 生을 주재한다는 논리에 의거하여 天의 상징인 ·가 ㅡ(地)와 ㅣ(人)에 결합하였다.[129] 이 논리에 따라 초출자와 재출자가 만들어지고 이 작업에 음양 원리가 적용되었다.

중성 초출자에 적용된 합이성合而成(=합성)의 원리는 편偏과 방旁을 결합하여 글자를 만드는 한자어 구성에서 흔히 쓰이는 것이다. 해례에서 ᅩ의 형상은 ·와 ㅡ를 합하여 이룬 것[其形則·與一合而成]이라 하였다. 이처럼 합이성법에 따라 만든 ᅩᅡᅮᅥ를 초출자라 부르고, 이 초출자에 ·를 한 번 더 합성

127 중성 기본음을 시각 이미지로 전환할 때 천지인의 상형에 착안한 것은 창의적 발상이 무엇인지 보여 준 전형적 사례이다. 새롭고도 창의적인 아이디어는 이미 소유한 지식을 재해석하거나 변용하는 과정에서 만들어진다. 기존의 지식 요소 중에서 목표 달성에 유효하게 작용하는 요소를 선택하고, 이를 재조직하여 새로운 지식을 만들어 낼 때 창의적 결과가 산출된다. 세종이 발휘한 창의력은 많은 독서를 통해 얻은 광범위한 지식의 바탕에 새 문자 창제를 위한 집념과 집중력이 함께 작용한 산물이다. 행위 주체가 가진 풍부한 지식 기반과 목적 달성을 위한 의지, 그리고 집중적 실천이 결합할 때 창의력이 극대화된다.

128 합이성의 제자 원리로 생성된 초출자와 재출자에는 상형으로 제자된 기본자 ·ㅡㅣ가 포함되어 있다. 따라서 초출자와 재출자는 상형 속에서 적용된 합이성에 의해 생성된 것이라 할 수 있다(장윤희 2013).

129 天은 生의 주체이고, 地는 成의 바탕이다. 生成(생성)의 원리가 天과 地에서 나온다. 하늘[天]이 낳고, 땅[地]이 기른다는 관념도 여기에서 나온 것이다.

하여 만든 ㆉ ㆑ ㆌ ㆎ를 재출자라 이름 붙였다.

중성자 제자의 합이성은 초성자 제자의 가획에 대응한다. 가획의 관점에서 보면 초성 ㅡ와 ㅣ에 ㆍ를 합하는 것은 획 더함[加劃]의 일종으로 볼 수도 있다. 그런데 초성 가획법은 '聲出稍厲성출초려'에 따라 '因聲加畫인성가획'한 것이어서 음성학적 근거를 갖추고 있다. 그러나 중성 기본자 간의 합성법은 음성학적 근거를 가진 것이 아니라 天과 地의 생성生成 작용이라는 성리철학에 기반한 것이다.

중성 초출자와 재출자를 만드는 데는 기본자의 합성 원리와 함께 음양의 원리가 더해졌다. 해례 제자해에, "ㅗ ㅏ ㆉ ㆑는 원圓이 위 혹은 밖에 자리하고, 天천에서 나온 것이므로 陽양이 된다."라고 했다. 그리고 "ㅜ ㅓ ㆌ ㆎ는 원이 아래 혹은 안에 자리하고 地지에서 나온 것이므로 陰음이 된다."라고 했다.[130] ㅡ의 위는 양이고, 아래는 음이다. 또 ㅣ의 오른쪽은 양이고 왼쪽은 음이다. 그리하여 ㅗ와 ㅏ는 양모음이 되고, ㅜ와 ㅓ는 음모음이 된다. 이 음양의 원리는 ㆉ ㆑ ㆌ ㆎ에도 동일하게 적용되어 전체 중성은 양중성과 음중성으로 구분된다. 기본자 합성 원리와 음양 원리에 의해 중성 초출자 4자와 재출자 4자를 형상화하였다.[131]

중성 제자의 철학적 기반은 삼재론과 음양론이다. 음양과 삼재의 상호 관계는 "ㆍ가 초출자 넷과 재출자 넷 모두 여덟 글자에 두루 관통하는 것은 양

130 ㅗ ㅏ ㆉ ㆑ 之圓居上與外者 以其出於天而爲陽也. ㅜ ㅓ ㆌ ㆎ 之圓居下與內者 以其出於地而爲陰也. (제자해) 〈정음해례6a_3〉

131 재출자 ㆉ ㆑ ㆌ ㆎ가 중성 제자 대상 11자에 들어가고 이 넷처럼 '起於ㅣ' 음인 'ㅣ̈'와 'ᆜ'는 아이들 말이나 변방 사람의 말에 있는 것이라는 이유로 제자 대상 11자에 들지 못하였다. 이광호(1989: 125-126)는 재출자 넷에는 기본자 ㆍ가 '고정된 자형'을 유지하나 '독자적인 음가'가 유지되지 않아서 11자에 들었고, 'ㅣ̈'와 'ᆜ'는 이 조건을 충족하지 못하여 11자에 들지 못했다고 하였다. 이 중성자들의 자형에 나타난 모습을 결과론적으로 해석한 설명이다.

이 음을 다스리면서 만물에 두루 흐르는 이치와 같다."[132]라는 문장에 표현되어 있다. 음양의 상호 관계에서 양이 주主가 되는 이치가 문자에도 동일하게 적용되었다.

ᆢ ᆤ ᆕ ᆧ가 모두 '人'을 뜻하는 'ㅣ'에서 일어나는 까닭은 사람이 만물의 영장으로서 하늘의 일과 땅의 일에 함께 참여하는 이치를 반영한 것이라고 했다. 삼재가 만물의 시작이 됨은 ·ㅡㅣ 석 자가 모든 말소리의 머리가 되는 것과 같고, 삼재 중 하늘이 첫째가 됨은 ·가 기본자 중의 첫째가 됨과 같다고 했다. 삼라만상의 세계에서 삼재가 갖는 지위를 말소리에서 중성 기본자 셋이 가지는 지위와 동질적인 것으로 파악했다. 중성 기본자 셋 중에서 天으로부터 나온 ·가 첫째가 되는 것은 天이 삼재의 우두머리가 되는 이치와 같다고 하였다. 해례에 기술된 이러한 설명에서 우리는 음양과 삼재의 사상을 중성자의 자형에 구현한 해례 편찬자의 철학적 사유를 읽을 수 있다.

삼재론이 『역전易傳』에 근거를 두고 있듯이,[133] 음양론 역시 『역전』에 근거를 둔 역학의 핵심 이론이다. 주역의 삼재론과 음양론을 훈민정음 중성자의 글꼴 형상화 원리로 이용한 것이다. 주역 이론이 문자 형상화 작업에 결합함으로써 훈민정음은 그 문자체계 및 글꼴[字形]에 있어서 체계적 정연함은 물론 철학적 깊이를 획득하였다. 삼재론과 음양 원리를 중성 11자와 상관 지어 중성의 글꼴 형상화 원리(상형과 합성)를 하나의 표에 담아 통합하면 다음 〈표 11〉과 같다.

---

132 ·之貫於八聲者, 猶陽之統陰而周流萬物也. (제자해) 〈정음해례6a_5〉

133 삼재론은 『역전』의 「계사전」과 「설괘전」에 나온다. 삼재론은 하은주(夏殷周) 삼대의 기월법(紀月法)인 삼정(三正)과 한대(漢代) 동중서(B.C. 179~B.C. 104)의 삼통론(三統論)과 관련이 있다. 주희의 『논어집주』 「위령공편」의 '행하지시(行夏之時)'에 대한 주석에 "天開於子 地闢於丑 人生於寅(천개어자 지벽어축 인생어인)"이란 표현이 나온다(조희영 2018a: 131-132).

〈표 11〉 중성의 자형 형상화에 적용된 제자 원리

제자 원리 \ 중성음	ʌ	ɨ	i	o	a	u	ə	jo	ja	ju	jə
중성 분류	기본음			초출음				재출음			
삼재론	天	地	人								
상형	·	ㅡ	ㅣ								
음양론	양	음		양		음		양		음	
합성				ㅗ	ㅏ	ㅜ	ㅓ	ㅛ	ㅑ	ㅠ	ㅕ
				1차 합성				2차 합성			
중성자 분류	기본자			초출자				재출자(起於ㅣ音)			

앞에서 논한 제자 작업의 과정을 〈표 11〉과 관련지어 요약하면 다음과 같다. 세종은 조선 한자음과 고유어 음성형 분석을 통해 7개 단모음과 ㅣ에서 일어나는 4개 이중모음을 추출하여 11개 중성 목록을 선정했다. 이 11개 중성의 음성적 특징과 상호 간의 대립관계를 파악하기 위해 설축과 성심, 구축과 구장, ㅣ에서 일어남 등의 기준을 창안했다. 설축과 성심의 대립에 따라 중성을 3단계로 나누고, 각 단계의 3개 중성을 기본음으로 선정했다. 설축과 성심을 기준으로 산출된 기본음 3개를 글꼴로 형상화하는 단계에서 삼재(=天地人)를 상형하여 기본자 3개의 글꼴을 만들었다. 이렇게 만들어 낸 기본자 셋에 음양론을 결합하였고, 기본자를 1차와 2차 두 단계에 걸쳐 서로 합성하여 초출자 4개와 재출자 4개의 글꼴을 형상화했다. 초출자와 재출자는 역리의 음양론에 바탕을 두고 합성 원리로 생성된 것이다. 이 점은 기본자가 역리의 삼재론에 바탕을 두고 상형 원리로 생성된 것과 유사하다.

(3) 동출 합용법과 ㅣ상합법을 창안하여 11자 이외의 중성자를 만듦

제자해에서 삼재 상형법으로 기본자 3개를 형상화했고, 합이성合而成과 음양 원리를 적용하여 초출자와 재출자 8개를 제자하여 11개 중성자가 완성

되었다. 이제 제자 대상 11자에 들지 못한 나머지 중성자를 제자할 단계이다. 중성해에 11자 이외의 중성 합용자를 만드는 방법이 기술되어 있다. 초성에 합용법이 적용되어 ㅺ, ㅴ 등의 합용병서자를 만들었듯이, 중성에서도 합용법을 적용하여 두 개 중성을 합한 중성 합용자를 만들도록 규정했다.

두 개의 낱자 중성자를 합용할 때는 동출同出의 원리에 따랐다. 예컨대 "ㅗ와 ㅏ는 ㆍ에서 '동출'한 것이므로 서로 합하여 ㅘ가 된다.[ㅗ與ㅏ同出於ㆍ 故合而爲ㅘ]"라는 방식이다. 이 방식으로 ㅛ와 ㅑ를 합용하여 ㆇ를 만들고, ㅜ와 ㅓ를 합용하여 ㅝ를 만들고, ㅠ와 ㅕ를 합용하여 ㆊ를 만들었다. 합용자의 용례는 합자해에 제시되어 있다.[134]

중성해에서 '동출'의 개념은 글꼴을 기준으로 한 것이 아니라 설축 및 성심 등과 같은 음가를 기준으로 한 것이다. ㆍ, ㅗ, ㅏ는 공히 설축이자 성심이란 점에서 '동출'이다. 글꼴만 기준으로 본다면 ㅗ는 ㅡ에서 나온 것이고, ㅏ는 ㅣ에서 나온 것이어서 동출이 되지 않는다. ㅛ와 ㅑ, ㅠ와 ㅕ를 모두 ㅣ에서 동출한 것이라고 기술한 문장(ㅛ與ㅑ又同出於ㅣ 故合而爲ㆇ)(ㅠ與ㅕ又同出於ㅣ 故合而爲ㆊ)에서 확인할 수 있듯이 동출은 음가를 기준으로 한 것이다.

ㅣ상합법相合法은 한 글자 중성 및 두 글자 중성에 각각 ㅣ를 합하는 방법이다. ㅣ는 음양을 겸한 것이므로 ㅣ상합법에는 동출의 원리를 적용하지 않았다. ㅣ상합법을 이용하여 한 글자 중성과 ㅣ를 합용한 글자 10개(ㆎ ㅢㅚㅐ ㅟㅔ ㆉ ㅒ ㆌㅖ)[135]와 두 글자 중성과 ㅣ를 합용한 글자 4개(ㅙㅞㆈㆋ)[136]를 만들었다.

중성자의 제자 과정을 기본음 설정, 기본자 자형 형상화, 합성이라는 작업 단계에 따라 체계화하여 다음 〈표 12〉와 같이 정리하였다.

---

134 中聲二字三字合用 如諺語·과爲琴柱 ·홰爲炬之類. (합자해) 〈정음해례21a_6-21b_1〉
135 一字中聲之與ㅣ相合者十 ㆎ ㅢ ㅚ ㅐ ㅟ ㅔ ㆉ ㅒ ㆌ ㅖ是也. (중성해) 〈정음해례16b_3〉
136 二字中聲之與ㅣ相合者四 ㅙㅞㆈㆋ是也. (중성해) 〈정음해례16b_4〉

〈표 12〉 중성자를 만든 작업 단계와 제자론의 적용

<table>
<tr><th rowspan="2">작업 단계 / 분류</th><th colspan="2">기본음 설정</th><th rowspan="2">기본자 자형 형상화</th><th colspan="2">합이성(合而成=합성)</th><th colspan="3">합용</th></tr>
<tr><th>혀 움직임</th><th>청각 느낌</th><th>기본자 1차 합성</th><th>기본자 2차 합성</th><th>동출 합용</th><th colspan="2">ㅣ상합</th></tr>
<tr><td rowspan="3">중성 11자 및 합용자</td><td>설축 [ʌ][137]</td><td>성심</td><td>ㆍ</td><td rowspan="3">ㅗ ㅏ ㅜ ㅓ</td><td rowspan="3">ㅛ ㅑ ㅠ ㅕ</td><td rowspan="4">ㅘㅝㆇㆊ</td><td rowspan="2">1자</td><td rowspan="2">2자</td></tr>
<tr><td>설소축 [ɨ]</td><td>성불심불천</td><td>ㅡ</td></tr>
<tr><td>설불축 [i]</td><td>성천</td><td>ㅣ</td><td rowspan="2">ㆎ ㅢ ㅚ ㅐ ㅟ ㅔ ㆉ ㅒ ㆌ ㅖ</td><td rowspan="2">ㅙㅞㆈㆋ</td></tr>
<tr><td rowspan="2">과학적 음성 분석 및 제자론</td><td>조음음성학적 분석</td><td>청음음성학적 분석</td><td>삼재론</td><td colspan="2">음양론</td></tr>
<tr><td colspan="2">음성학적 분석</td><td>삼재 상형법</td><td colspan="2">합성법</td><td colspan="3">합용법</td></tr>
</table>

〈표 12〉는 제자 대상이 된 중성 11자와 이 11자를 합성한 동출 합용자 및 ㅣ상합자를 모두 통합하여 전체 작업 단계와 제자 원리를 관련지어 체계화한 것이다. 〈표 12〉의 '기본자 자형 형상화'는 청각적 존재인 기본음을 시각적 존재인 기본자로 상전이相轉移하는 작업이다. 중성 기본음을 천지인 삼재의 형상과 결합한 것이 여기에서 이루어졌다. 〈표 12〉에 입술 모양을 기준으로 중성자를 분류한 구축口蹙과 구장口張의 개념을 반영하지 않았다. 구축과 구장은 음가 기술 및 음성 분류를 위한 용어이고, 자형 만들기에 직접 관련된 것이 아니다.

끝으로 〈표 12〉에 나온 중성자 중 ㅛ ㅑ ㅠ ㅕ의 자형이 이들의 음성 자질인 'ㅣ에서 일어나는 소리[起於ㅣ音]'와 부합되지 않는 점을 첨언해 둔다. ㅛ ㅑ ㅠ ㅕ는 'ㅣ에서 일어나는 소리'임에도 불구하고 자형에 ㅣ가 아닌 ㆍ가 합성되어 있다. 그러나 ㆎ와 ㅢ는 'ㅣ에서 일어나는 소리'에 걸맞게 그 자형에 ㅣ가

137 음성 표시를 나타내는 [ ]를 써서 [ʌ], [ɨ], [i]로 표기한 것은 각 모음이 음성 단위로 존재함을 뜻한다.

합성되어 있다.[138] 이들은 ㅣ에서 일어난다는 공통적 음성 자질을 가졌음에도 합성된 중성자의 꼴이 서로 다르다.[139] 음성 분석과 자형 간에 괴리가 있다. 이러한 괴리는 초출자와 재출자에 공히 적용된 ·의 합성 원리를 자형에 구현하려다가 발생한 것이라고 설명할 수 있다.

3.2.3. 종성 관련 작업

해례본 용자례에 실린 고유어의 종성과 종성해에 기술된 종성 관련 내용을 분석하여 종성 목록의 설정 과정을 탐색해 본다.

1) 고유어를 이용한 종성 분석

용자례에는 종성자의 쓰임을 예시하기 위한 고유어 낱말이 다음 〈표 13〉과 같이 실려 있다. 이들은 종성 분석을 위해 이용한 고유어 낱말이다. 더 많은 낱말들이 분석되었을 것이나 문면에 얼굴을 내민 낱말은 〈표 13〉의 16개이다.

〈표 13〉의 ①에 제시된 종성 목록은 ②고유어 낱말을 대상으로 한 종성 분석의 결과이다. 종성에 쓸 수 있는 8개 글자에 각각 두 개씩의 고유어 낱말이 배정되어 있다. 앞에서 다룬 초성 분석의 대상이 된 고유어 낱말(표 3)과 중성 분석의 대상이 된 고유어 낱말(표 9) 목록에도 종성을 가진 낱말이

---

138 ㅛㅑㅠㅕ 및 ᆝᆜ는 모두 'ㅣ에서 일어나는 소리'라는 점에서 음성적 공통성이 뚜렷한 중성들이다. 그러나 ㅛㅑㅠㅕ는 재출자로 제자 대상 11자 목록에 들어갔고, ᆝ와 ᆜ는 변방 방언과 아동어에만 쓰이는 소리라는 이유로 제자 대상 11자 목록에서 제외되었다.

139 박창원(2005: 284-286)은 훈민정음 모음의 자질과 문자 모양 간의 연관성을 혀의 자질, 입의 자질, 활음 자질이라는 세 가지로 나누어 논하였다. 검토 결과, 모음의 문자 모양에 나타난 모음 자질의 보편성과 개별성을 다음 세 가지로 정리했다. ①수평적 대립관계를 가진 문자 모양(ㅗㅜㅛㅠ)은 원순성 자질을 공유하고 개구도 차이를 가짐. ②수직적 대립관계를 가진 문자 모양(ㅏㅓㅑㅕ)은 비원순성 자질을 공유하고 혀의 위치 차이를 가짐. ③점이 2개인 모음은 전설성 활음을 공유함. 박창원의 이러한 논의는 자형에 나타난 공통점을 모음 자질과 관련지은 해석이다.

〈표 13〉 종성을 찾아내기 위해 분석 대상이 된 고유어 낱말(용자례)과 종성 목록

번호	①종성 목록	②고유어 낱말	③음성형	④음절 위치	⑤음절 수
1	[k]	닥爲楮	[tak]	어두	1
		독爲甕	[tok]	어두	1
2	[ŋ]	:굼벙爲蠐螬	[kum-pəŋ]	비어두	2
		·올창爲蝌蚪	[ol-tsʰaŋ]	비어두	2
3	[t]	·갇爲笠	[kat]	어두	1
		싣爲楓	[sit]	어두	1
4	[n]	·신爲屨	[sin]	어두	1
		·반되爲螢	[pan-toi]	어두	2
5	[p]	섭爲薪	[səp]	어두	1
		·굽爲蹄	[kup]	어두	1
6	[m]	:범爲虎	[pəm]	어두	1
		:심爲泉	[sʌim]	어두	1
7	[s]	:잣爲海松	[tsas]	어두	1
		·못爲池	[mos]	어두	1
8	[l]	·돌爲月	[tʌl]	어두	1
		:별爲星	[pjəl]	어두	1

많다. 이런 고유어들의 음성형을 분석하면서 종성의 특성을 파악하고, 종성이 초성과 동일한 소리임을 확인했을 것이다.

종성해에는 종성 음성 분석을 행한 결과가 기술되어 있다. 그 요지와 이에 대한 필자의 해석을 묶어서 제시하면 다음과 같다.

① 예의의 종성부용초성終聲復用初聲은 초성을 종성에 다시 쓰도록 한 규정이다. 종성 제자론이면서 동시에 초성자 운용법의 성격을 띤다. 초성자를 종성자에 그대로 쓰도록 한 것이 초성자 운용법에 해당한다. 종성과 초성이 동질적인 소리라는 인식은 국어의 형태

소 분석과 음절 구조 변동 현상을 관찰하는 과정에서 자연스럽게 얻어진 결과이다(강창석 1992: 41-42). 예를 들어, '밥이'는 [바비]로 실현되는바 '밥이'의 종성 ㅂ은 재음절화되어 뒷음절 초성으로 발음된다. 종성 ㅂ이 초성으로 넘어가서 발음되는 사실을 관찰하고 초성의 ㅂ과 종성의 ㅂ이 같다는 인식에 도달했을 것이다.[140] 이것은 '종성부용초성'이라는 규정을 세우게 된 음운론적 과정을 간결하게 설명한 것이다. '종성부용초성'과 이에 부수된 '팔자가족용八字可足用' 규정은 세종과 언문팔유가 당시 조선어의 음성 실현과 위치에 따른 교체 현상을 깊이 이해했음을 의미한다.

② ㅇ은 소리가 담백하고 텅 비어[ㅇ聲淡而虛] 종성에 쓰지 않고 중성만으로 음을 이룬다고 한 것은 종성 없이 중성만으로 종결되는 음절 구조가 가능함을 말한 것이다. 음가 없는 종성 자리에 ㅇ을 표기하지 않는다는 이 규정은 고유어 표기에 모두 적용되었고, 『월인천강지곡』에서는 동국정운식 한자음 표기에도 적용되었다.

③ 종성의 오음에 각각 緩急완급의 짝이 있음을 말하고 아음의 경우 ㆁ은 緩완이고, ㄱ은 急급이라 했다. '강'의 종성 ㆁ은 소리가 막히지 않고 천천히 지속되지만 '박'의 종성 ㄱ은 급히 막히는 음성적 특성을 포착한 것이다.

④ 조선 한자음의 속습俗習으로 종성 ㄷ이 ㄹ로 변했음을 지적하고, '鷩별'자의 종성을 ㄷ으로 발음해야 마땅한데도 속음에서 '별'로 발음하여 종성 ㄷ이 모두 가벼운 소리 ㄹ로 변했다고 하였다. 조선 한자음에서 입성 t가 l로 변화했음을 인식하고, 이것은 잘못된

140 '國-이', '答-을', '心-에' 등과 같은 조선 한자음의 발음에서도 '밥-이', '국-을', '몸-에' 등 고유어 어절의 발음과 같이 종성이 후행 음절 초성으로 발음되는 사실을 관찰했을 것이다.

발음이므로 교정되어야 한다고 보았다.

2) 종성부용초성 원칙을 정함

이와 같이 행한 종성 분석을 통해 종성이 초성과 다르지 않음을 확인하였고, 어제 예의에 종성부용초성終聲復用初聲이라는 규정을 명시하였다. 그러나 종성해에 이르러 "ㄱㆁㄷㄴㅂㅁㅅㄹ 여덟 자만으로 종성 표기에 족하다."[141]라며 종성 표기자의 범위를 좁혔다. 전자(종성부용초성)는 제자론 영역에 놓여 있고, 후자(팔자가족용)는 이미 만든 자모자를 부려 쓰는 운용 규정에 해당한다. 합자해에는 초성·중성·종성을 합하여 한 글자를 이룬다는 음절 합성법(=음절자) 규정과 종성자의 합용에 관한 규정이 있다.[142] 이것들은 모두 운용 규정에 해당한다.

정우영(2014: 142-143)은 '종성부용초성'이 쓰인 문맥을 분석하여, 이 문장이 종성 제자 규정과 운용 규정(종성 표기 규정)을 겸하는 중의성을 띠고 있다고 보았다. 임용기(2017: 113-118)는 홍기문(1946上: 15)이 '終聲復用初聲종성부용초성'을 표기 규정으로 보려 한 점을 비판하고, 해례본의 관련 기술을 분석하여 '종성부용초성'은 제자 규정이라고 단정하였다. 이에 대한 필자의 생각은 다음과 같다. 종성부용초성은 종성을 따로 만들지 않고 초성자를 그대로 쓰도록 한 것이므로 종성자 제자 규정의 성격을 띤다. 또한 이미 만든 초성자를 종성자로 부려 쓰도록 한 것은 초성자 운용 규정의 성격도 가진다. 종성자 측면에서 보면 제자 규정이고, 초성자 측면에서 보면 운용 규정이 된다.

훈민정음 제자론에서 음절 삼분법과 종성부용초성 규정이 갖는 의의는

---

141 然ㄱㆁㄷㄴㅂㅁㅅㄹ 八字可足用也. (종성해) 〈정음해례18a_4〉

142 初中終三聲, 合而成字. (합자해) 〈정음해례20b_3〉
終聲二字三字合用, 如諺語ᄒᆞᆰ爲土, ·낛爲釣, ᄃᆞᇌ·ᄣᅢ爲酉時之類. (합자해) 〈정음해례21b_2〉

매우 크다. 이기문(1963: 24-25)은 음절 삼분법이 의의를 가질 수 있게 된 것은 분리한 종성이 초성과 같음을 확인하여 종성부용초성 규정을 만들었기 때문이라 하고, 종성부용초성은 우리나라 음운론의 빛나는 성과임은 물론, 훈민정음을 진정한 음소문자에 가까워질 수 있게 한 요인이라고 평가했다. 이병근(1988: 63)은 초성과 종성 사이의 음운론적 동질성을 인식했기 때문에 초성자로 종성자를 쓰게 할 수 있었다고 하고, 음절 구조상 가장자리를 차지하고 있는 초성과 종성의 동질성이 개개 음절마다 존재함을 알고 있었다고 보았다.

종성부용초성 규정은 훈민정음 문자의 수를 크게 줄여 문자체계를 간결하게 만들었다. 종성을 각각 별도의 문자로 만들었다면 초성 17자에 버금가는 수효의 자형을 더 만들어야 했을 것이고, 그 결과 훈민정음의 자모자 수가 크게 늘어나 아주 번잡하고 배우기 어려운 문자체계가 되었을 것이다. 종성자를 따로 만들지 않고 초성자를 그대로 씀으로써 문자의 수효를 줄여 쉽게 배울 수 있도록 한 것이다. 이는 곧 훈민정음을 만든 원래의 취지 즉 편민便民의 목적에 충실할 수 있도록 하였다.

3) 종성 합용법 규정 만들기

초성에서 합용법을 적용했듯이 종성에도 합용법을 적용했다. 작업의 성격으로 보면 초성 합용법과 종성 합용법은 크게 다르지 않아서 초성 합용법을 만들 때 함께 고려되었을 듯하다. 초성해-중성해-종성해 순서에 따라 종성 합용법 만들기 단계를 중성 제자 뒤에 놓았다. 종성 합용법은 예의의 끝부분에서 "초성을 합용하면 곧 병서가 되는데 종성도 이와 같다."[143]라고 짤막하게 언급되어 있다. 종성 합용법에 의해 ㄺ, ㄻ, ㅺ, ㅯ 등과 같은 합용자

143 初聲合用則並書, 終聲同 (예의) 〈정음3b_8-4a_1〉

를 종성에도 쓸 수 있게 되었다. 2자 종성이 쓰인 고유어 'ᄒᆞᆰ, 낛'과 3자 종성이 쓰인 고유어 'ᄃᆞᇌᄣᅢ'가 합자해에 예시되어 있다.[144] 그런데 제자론의 여러 곳에 적용된 삼재론이 합용법에서는 아무 역할을 하지 않았다. 합용법은 초성자는 초성자끼리, 중성자는 중성자끼리 합해지는 원리이기 때문에 삼재론의 적용 영역이 아닌 것이다.

그런데 종성해에는 사성과 입성을 설명한 내용이 나타나 있다. 성조를 설명한 방점법 규정이 나오기도 전에 사성과 입성을 언급한 것은 해례의 내용 구성에서 앞뒤 맥락의 부정합不整合을 보인 경우이다. 그럼에도 불구하고 입성을 굳이 종성해에서 설명한 것은 종성 자리에 ㄷ, ㅂ, ㄱ 등이 올 때 이들이 모두 입성(=끝이 빨리 닫히는 소리)이 되는 현상을 기술하기 위함이다.

3.3. 제3단계: 운용법 규정의 마련

초성자와 중성자 모두 28개 자모자의 자형을 만들어 제자 단계를 마쳤으니, 제자해 놓은 28자를 실제로 사용하는 운용 규정을 마련하는 단계에 이르렀다. 15세기의 '훈민정음 맞춤법'에 해당하는 규정을 만들어야 하는 단계가 된 것이다. 정음 자모자의 운용 규정은 예의 말미에 그 요점이 간단하게 언급되어 있고,[145] 해례편의 합자해에 더 자세히 기술되어 있다. 해례편 합자해에 기술된 내용을 중심으로 글자 운용 규정을 만들어 간 과정을 재구성해 본다.

---

144 終聲二字三字合用 如諺語ᄒᆞᆰ爲土 ·낛爲釣 ᄃᆞᇌ·ᄣᅢ爲酉時之類 (합자해) 〈정음해례21b_2〉 (번역: 종성은 두 자 석 자를 합용하면 우리말의 'ᄒᆞᆰ'은 토土가 되고, '낛'은 조釣가 되고, ᄃᆞᇌ·ᄣᅢ는 유시酉時가 되는 부류와 같다.)

145 ㅇ連書脣音之下, 則爲脣輕音. 初聲合用則並書, 終聲同. ·ㅡㅗㅜㅛㅠ, 附書初聲之下. ㅣㅏㅓㅑㅕ, 附書於右. 凡字必合而成音. 左加一點則去聲, 二則上聲, 無則平聲. 入聲加點同而促急. (예의) 〈정음3b_7-4a_6〉

3.3.1. 합자법의 설정과 적용

합자법이란 초성자, 중성자, 종성자를 서로 합쳐서 하나의 음절자音節字를 만드는 방법(=음절자법)이다. 합자법에 대한 설명은 해례본의 여러 곳에 걸쳐 있다.[146] 합자법에 관한 설명이 해례의 여러 곳에 나타나 있는 까닭은, 훈민정음 제자 단위를 설정하는 음절 삼분법에서부터 자모자의 자형을 만든 후 운용 규정을 마련하는 단계에 이르기까지, 합자법이 모두 관련되어 있기 때문이다. 삼재론이 여러 곳에서 언급된 까닭도 여기에 있다.

합자해 첫머리에서 "初中終三聲合而成字초중종삼성합이성자"라는 총론을 내세운 후, 여러 개 음절자의 예를 들어 초성자·중성자·종성자가 놓이는 자리를 다음과 같이 설명했다.

- 초성자는 중성자의 위에 있거나(군) 왼편에 놓인다(건).
- 둥근 ·와 가로획 ㅡ를 가진 중성자는 초성자의 아래에 놓인다 (ᄀᆞ, 근, 북).
- 세로획 ㅣ를 가진 중성자는 초성자의 오른편에 놓인다(기, 나, 벼).
- 종성자는 중성자의 아래에 놓인다(군, 업).

초성자·중성자·종성자 세 글자를 합자하여 하나의 음절을 이루도록 한 합자법 규정은 음절 삼분법과 표리表裏 관계에 놓여 있다. 제자해에서 "중성은 초성과 종성과 합하여 音음을 이룬다."[147]라고 한 것과 합자해에서 "초성·

146 음절 합자법에 관한 내용을 가려 보니 다음과 같다. 예의 말미의 "凡字必合而成音"〈정음4a_4〉, 제자해의 "以初中終合成之字言之"〈정음해례8a_3〉, 제자해의 "盖字韻之要, 在於中聲, 初終合而成音"〈정음해례8b_4〉, 중성해 첫머리의 "中聲者 居字韻之中, 合初終而成音"〈정음해례15b_3-16a_1〉

147 盖字韻之要, 在於中聲, 初終合而成音 (제자해) 〈정음해례8b_4〉

중성·종성 세 소리가 합하여 자字를 이룬다."[148]라고 한 것이 이 점을 보여 준다. 제자해의 '成音성음'은 초성+중성+종성이 합하여 하나의 음절이 이루어짐을 표현한 것이고, 합자해의 '成字성자'는 초성자+중성자+종성자가 합하여 하나의 음절자가 이루어짐을 표현한 것이다. 이런 점으로 보아 합자법 규정은 음절 삼분법을 세우는 단계에서 이미 정해진 것으로 볼 수 있다. 음절을 삼분하는 원리는 삼분한 요소를 다시 합쳐 쓰는 것을 전제한다. 훈민정음 창제의 첫 단계이자 음성 분석의 출발점이 된 음절 삼분법이 문자 운용법 규정을 만드는 마지막 단계에서 음절 합자법의 모습을 띠고 다시 나타난 것이다. 이는 제자 작업 단계가 수미상응首尾相應하는 모습을 보여 준 것이라 할 수 있다.

조선어의 고유어와 한자음이 음절을 기본 단위로 발음되는 것도 합자법의 생성 배경이 되었을 것이다. 하나의 한자는 하나의 음절로 발음되고 한 字자로 표기된다. 허신許愼의 『설문해자』에 언급되었듯이, 한자는 기원적으로 상형자인 '文문'을 기본으로 하고, 이들을 합성하여 많은 수의 '字'가 만들어진다. '字'는 편偏과 방旁이 상하 혹은 좌우로 결합하여 구성된다. 안병희(2002: 186-194)는 편과 방이 합성되는 한자의 구성 원리가 훈민정음의 합자법에 영향을 미쳤다고 보았다.[149] 권인한(2019)은 고대 중국의 합자법이 신라에 전파되어 고구려와 신라의 국자國字 생성에 영향을 준 것으로 보고, '椋'·'畓'·'太[콩]' 등의 한국 한자와 이두자(특· 耆·광 등)의 예를 들었다. 합자법은 훈민정음뿐 아니라 한자와 동아시아의 여러 문자(거란문자·파스파문자[150] 등)에 공통되는 조자造字 원리다. 따라서 훈민정음의 합자법을 어느 특정 문자

148 初中終三聲, 合而成字 (합자해) 〈정음해례20b_3〉
149 한자의 육서법과 훈민정음 자형의 연관성 문제는 제3부 제3장 2.3.3절 1)항(이 책의 617쪽)에서 중국 문자학의 영향을 다룰 때 자세히 논할 것이다.
150 파스파문자에 존재하는 음절 삼분법도 훈민정음의 삼분법에 영향을 미쳤을 수 있다. 이 문제는 제3부 제3장의 2.3.3절 2)항(이 책의 635쪽)에서 상론한다.

에 영향을 받은 것이라고 말하기 어렵다.

합자법으로 인해 훈민정음 음절자는 사각형 모양이 되었다. 그 결과 한글 음절자는 한자漢字와 조화롭게 어울릴 수 있게 되었다. 합자법 규정을 만든 배경에는 한자와 정음자를 섞어 쓸 때 시각적 균형과 조화를 이루도록 하려는 의도가 있다. 음소문자인 정음자를 사각형 구조의 음절 단위로 써야 한자와 섞어 쓰기가 조화롭게 된다. 한자 사이에 풀어쓰기한 정음 낱자를 삽입해 보면 부조화스러움을 여실하게 볼 수 있다. 예컨대 '孝子ㅇㅡㅣ道ㄹㆍㄹ順ㅎㅣㅎㆍㄴㆍㄴ法ㅇㅡㄹㅗ'와 '孝子의道ᄅᆞᆯ順히ᄒᆞᆫ法으로'를 서로 비교해 보라. 후자는 한자와 정음자의 조화로운 혼용을 보여 주나 전자는 그렇지 못하다.[151] 합자해에 예시된 "孔子ㅣ 魯ㅅ:사ᄅᆞᆷ"은 훈민정음 음절자와 한자를 섞어 쓴 예시이다.

음절 삼분법에 바탕을 둔 합자법 규정은 훈민정음 표기법의 근간이다. 이 규정은 본질적으로 음소문자인 훈민정음을 음절문자처럼 기능하게 만들었다.[152] 합자법 규정은 한글을 가장 한글답게 만든 것이며 현대 한국인의 문자생활에 이르기까지 지대한 영향을 미치고 있다.

3.3.2. 팔종성법이라는 단서 조항을 붙임

예의에서 "종성은 초성을 다시 쓴다.[終聲復用初聲]"라는 원칙을 세웠다. 종성해에서 이 원칙에 단서를 붙여, 종성을 여덟 자로 제한하는 '八字可足用팔자가족용'이란 부속 규정을 추가하고, 음가 없는 ㅇ은 종성에 쓰지 않아도 된다는 규정도 덧붙였다. 다음이 그 내용이다.

---

151 일본 어문에서 가나문자와 한자를 섞어 쓸 때도 이러한 부조화가 관찰된다.

152 고노 로쿠로(河野六郎 1968)가 한글은 표음문자라는 점에서 알파벳의 계통을 이어받는 것이고, 음절 단위로 쓰는 점에서 한자 계통을 이어받는 것이라고 하였다(와타나베 다카코渡辺高子 2016: 163).

> 그러나 (종성에는) ㄱㆁㄷㄴㅂㅁㅅㄹ의 여덟 자로 족히 쓸 수 있다. 예컨대, '빗곶[梨花]'과 '엿의갗[狐皮]'에서 종성을 ㅅ자로 가히 통용할 수 있기 때문에 ㅅ으로만 쓴다. 또 ㅇ은 그 소리가 담박하고 허하여 종성에 쓸 필요가 없다.[153]

팔자가족용八字可足用에 의거하여 '빗곶[梨花]'이 아니라 '빗곳'으로 쓰고, '엿의갗[狐皮]'이 아니라 '엿의갓'으로 쓰도록 규정했다. 이 규정은 종성 위치에서 17개 초성자가 모두 발음되지 않음을 인식한 데서 나온 것이다. '빗곶'은 '빗곳'으로, '엿의갗'은 '엿의갓'으로 쓴다는 예시는 팔자가족용을 설명하기 위한 것이다. 이 예들은 ㅈ이나 ㅊ이 종성에 올 때 ㅅ으로 발음되는 대표음화 현상을 인식한 결과이다. '빗곳'과 '엿의갓'처럼 소리 나는 대로 적는 것이 음소적 표기이고, '빗곶'과 '엿의갗'처럼 어간 형태를 밝혀 적는 것이 형태적 표기이다.[154] 위 인용문은 훈민정음 창제자 세종과 해례편 작성자 언문팔유가 이 두 가지 원리를 모두 알고 있었음을 의미한다. 종성 표기에 여덟 자만으로 족하다는 팔자가족용 규정은 음소적 표기를 달리 표현한 것이다. 이와 같은 음소적 표기는 훈민정음 창제의 근본 취지, 즉 백성들이 이 문자를 쉽게 익혀 일상의 쓰임에 편하게 하려는 창제 목적을 구현하기 위한 것이다.

여기서 짚어 두어야 할 문제는 〈표 1〉(이 책의 485쪽)의 ⑪종성부용초성과 ⑭팔종성법의 선후先後에 대한 이설異說이다. ⑪종성부용초성은 어제 예의에 나오고, ⑭팔종성법은 언문팔유가 지은 정음해례 종성해에 나오는 것이

---

153 然ㄱㆁㄷㄴㅂㅁㅅㄹ 八字可足用也. 如빗곶爲梨花, 엿의갗爲狐皮, 而ㅅ字可以通用 故只用ㅅ字. 且ㅇ聲淡而虛, 不必用於終. (종성해) 〈정음해례18a_4-5〉

154 한국어 표기법의 유형은 흔히 음소적 표기와 형태적 표기로 나눈다. 노마 히데키(野間秀樹 2011: 221)는 한글 표기의 유형을 세 가지 차원으로 나누었다. 형태음운론의 평면(밤-이), 음절구조론의 평면(바-미), 음운론의 평면(ㅂㅏㅁㅣ). '엿의갗'은 형태음운 표기이고, '여싀갓'은 음절구조 표기이고, 'ㅕㅅㅢㄱㅏㅅ'은 음운 표기인 셈이다.

므로 전자가 먼저 결정되었고 후자가 나중에 단서 조항으로 첨가된 것이라고 봄이 자연스러운 판단이다. 그러나 강창석(2014: 44)은 종성자의 '팔자가족용'이 먼저 정해지고 나중에 '종성부용초성' 규정이 정해진 것으로 보고, 『월인천강지곡』에서 종성 ㅅ이나 ㄷ으로 표기했던 것을 ㅈ, ㅊ, ㅿ, ㅌ으로 교정한 것은 세종이 처음에 팔종성법을 세웠다가 나중에 종성부용초성으로 바꾼 원칙을 따른 결과라고 해석했다.[155] ⑭팔종성법이 먼저이고 ⑪종성부용초성이 나중이라고 본 것이다. 『월인천강지곡』의 교정을 처음으로 가장 정밀하게 고찰한 안병희(1992b: 65)의 글에는 ⑪과 ⑭의 선후에 대한 언급은 없고, 이 교정은 "이미 알려진 바와 같이 세종 개인의 표기법에 말미암은 것으로 보인다."라고 말하였다. 이 말은 ⑪종성부용초성이 세종의 뜻이라는 해석이다. 어제 예의에 ⑪이 있고, 언문팔유가 지은 종성해에 ⑭팔종성법이 있으니 이렇게 판단한 것은 당연하다. 종성부용초성은 제자 단계의 작업이고, 팔종성법은 제자한 초성자 중 8개만 종성에 쓰도록 한 것이므로 운용법 규정 단계의 작업이다. 따라서 종성부용초성이 앞선다고 봄이 당연하다.

이 문제를 더 자세히 살펴보기 위해 세종 대의 문헌 세 가지, 『용비어천가』·『석보상절』·『월인천강지곡』의 종성 표기를 함께 묶어 고찰해 보자. 『용비어천가』에는 종성부용초성을 지킨 표기('높고' 등)[156]가 목판에 새겨져 인쇄되어 있고, 『월인천강지곡』에는 교정된 붓질이나 교정 자를 인쇄하여 붙인

---

155 강창석의 이러한 해석은 세종이 만든 '약게예의'가 『훈몽자회』의 「언문자모」와 같은 것이라는 그의 주장에 닿아 있다.

156 이기문(1972b: 74-75)은 『용비어천가』 국문 가사에 나타난 "곶(2), 깊고(34), 높고(34), 좇거늘(36), 좇줍거늘(36), 좇ᄌᆞᄫᆞ니(55), 좇줍고져(78), 빛나시니이다(80), 닢(84), 지명 표기 등산곶 登山串(1. 31), 암림곶 暗林串(1. 36), 잣곶 城串(4. 21)" 등의 예를 적시했다. 그러나 이런 종성부용초성 원칙에 따른 표기는 『용비어천가』 전체에 부분적으로 적용되었다고 하며, '맛거늘'(40), '닛디 마ᄅᆞ쇼셔'(110장 이하) 등 종성부용초성이 적용되지 않은 예를 언급하였다. 그리고 지명 표기 '삼받개 三田渡'(3. 13)와 '대받 竹田'(5. 26)의 '받'도 종성부용초성 원칙에 따른다면 '밭'으로 표기되어야 한다고 지적했다.

형태로 되어 있다.[157] 이런 수정은 '종성부용초성'이란 최초 원칙을 지키려고 한 세종의 뜻과 관련된 것으로 본다.[158]『석보상절』은 팔종성법을 따르고 있다.[159] 여기서 주목되는 점은『용비어천가』에서 종성부용초성을 지킨 표기가 인쇄되어 있다는 것이다.『용비어천가』의 본문 가사는 1445년에 훈민정음으로 지어져서 임금에게 진상되었고, 여기에 박팽년 등이 한문 주해를 붙여 1447년에 목판본으로 간행하였다(백두현 2021: 233-234). 1445년에 완성된 정음 가사에 종성부용초성을 지킨 표기가 인쇄되어 있음은『훈민정음』해례본 종성해의 팔종성법이 나중에 추가된 단서 조항임을 의미한다. 세종이 관여한『용비어천가』와『월인천강지곡』의 종성부용초성 표기는 어제 예의에 나온 종성부용초성이 세종의 뜻임을 말한다. 따라서 종성에 ㅍ이나 ㅈ, ㅊ 등을 쓴 예(깊고, 곶, 좇거늘, 낱, 빛)는 종성부용초성을 지키려는 세종의 뜻을 반영한 것이 된다. 이미 인쇄까지 한『월인천강지곡』의 팔종성 표기례를 찾아서 세밀하게 고쳐 쓰거나 활자를 다시 만들어 고쳐 찍어[改捺개날] 교정한 것에는 세종의 뜻이 작용한 것으로 본다.

훈민정음 창제(1443.12) 이후 해례본 편찬에 착수하고,『용비어천가』가사 표기에 정음자를 사용하는 등 3년간의 유보 기간을 거쳤다. 이 기간 동안 종성부용초성이 갖는 문제점을 발견하고, 해례본을 편찬할 때 팔자가족용이

157『월인천강지곡』의 교정에 대한 연구는 안병희(1992b), 옥영정(2018), 정우영(2018)을 참고하였다. 안병희(2009: 252-253)는『월인천강지곡』을 인쇄한 후에 종성부용초성에 맞도록 인쇄된 종성자를 교정한 사실을 밝혀냈다. 옥영정(2018: 153)은 인쇄된 종성자에 획을 추가하여 교정한 것은 붓으로 세밀하게 그려 넣은 것임을 밝혔다. 현전하는『월인천강지곡』(한국학중앙연구원 위탁 소장)이 불복장물로 봉안된 것은 효령대군과 관련되어 있다. 세종의 뜻을 받들어 수정한『월인천강지곡』을 효령이 받아서 봉안한 것이 아닐까 짐작해 본다.

158 이기문(1972b: 73-76)은『용비어천가』와『월인천강지곡』에 나타난 종성부용초성 표기례를 설명하는 방법은 "세종과 직접적으로 관련된 데 있었다고 하는 것 외에 달리 찾을 수 없지 않은가 한다."라고 한 바 있다.

159 세 문헌의 이러한 특성은 안병희(1992b: 64)에서 언급된 바 있다.

라는 단서 조항을 추가한 것이다. 이 조항을 추가한 배경은 다음과 같이 설명할 수 있다. 종성부용초성 규정을 온전히 지키려면 모든 어간의 기본형을 알고 있어야 한다. 새 문자를 창제하여 이제 막 사용하려는 단계에서 이 규정을 지키는 것이 불가능함을 깨닫고 최초에 정한 원칙(종성부용초성)을 수정하였다. '종성부용초성'과 '팔자가족용' 규정은 서로 상치되는 것이 아니라, 후자가 전자에 수용되는 부분집합의 성격을 띠는 것이어서 원칙을 그대로 두고 단서 조항을 추가하는 것으로 문제점을 해소한 것이다.[160]

3.3.3. 정음자와 한자의 혼용 규정 만들기

훈민정음 창제자인 세종은 당시의 공용문자인 한자와 신제 정음자를 서로 섞어 쓰도록 한 국한 혼용 규정을 만들었다. 합자해의 끝에 붙인 국한 혼용 규정이 이것이다. 한자어와 정음자를 섞어 쓰는[雜用] 것을 '합용合用'의

---

160 이 글의 논지와 직접 관련되지 않아서 언급하지 않은 문제가 남아 있다. 그것은 'ㄱㆁㄷㄴㅂㅁㅅㄹ'이란 8종성자 중에서 ㄷ과 ㅅ이 음절말에서 과연 구별되어 발음되었을까 하는 문제이다. 안병희(2003), 김동소(2007: 199-202) 등에서 이 문제를 깊이 다루었다. 이익섭(1987, 1992)과 북한학자 염종률·김영황(1982), 염종률(1990) 등에서 15세기에도 현대국어와 마찬가지로 음절말의 ㄷ:ㅅ이 중화되었으나 설음 ㄷ과 치음 ㅅ의 대립에 따라 별개 음으로 인식하여 8종성 표기에 ㅅ과 ㄷ을 각각 설정했다고 보았다. 안병희(2003)는 이러한 주장을 비판하고, 음절말에서 ㄷ과 ㅅ은 변별되었다고 본 안병희(1959)의 주장을 강화하였다. 종성 ㅅ과 ㄷ의 구별 표기는 오음(五音)의 부류를 배려한 표기가 아니라, 실제 발음의 차이를 반영하는 표기임을 재확인했다(안병희 2003: 16). 그러나 이른바 된시옷이라 부르는 ㅺ, ㅼ, ㅽ 등의 문제를 접어 둔 판단이어서 8종성에 대한 본인의 주장이 "잠정적이란 멍에를 지닐 수밖에 없다."라고 단서를 붙여 놓았다. 김동소(2007: 199-202)는 『조선관역어』의 음절말 자음 표기(花 果思 등)는 '-이'가 결합한 주격형을 적은 것이라 하고, 15세기 문헌의 '겻굳'(능엄경 10: 62)과 '겻굿'(능엄경 6: 99) 간의 혼기 등을 근거로 15세기에 음절말의 ㅅ과 ㄷ은 각 계열의 자음 글자를 대표해서 쓸 수 있다는 표기 규정이지 실제 발음에서 구별된 것은 아니라고 판단했다. 이동석(2020)은 제자해의 입성 부류와 그 음가 기술, 한글 문헌에 등장한 종성 ㅅ과 ㄷ 표기례, 중국인이 조선어를 전사한 『조선관역어』 자료 등을 종합적으로 검토하여 종성에서 ㅅ과 ㄷ이 변별되었다는 이기문과 안병희 등의 주장을 비판하였다. 종성 ㅅ과 ㄷ은 ㅅ계 병서의 음가 문제와 관련되어 있고, 다양한 문헌 예들이 존재하고 있어서 앞으로도 이에 대한 논쟁이 계속될 것으로 보인다.

일종으로 보고 합자해 말미에 배치해 놓았다.

> 한자와 우리말을 섞어 쓸 때는 한자의 음에 따라 중성이나 종성으로 보충해야 한다. 예컨대 '孔子ㅣ 魯ㅅ:사룸'과 같은 부류이다.[161]

이 규정은 요즘 용어로 하면 국한 혼용법國漢混用法이 된다. '孔子공자'와 '魯노'는 모음으로 끝난 한자어이다. 모음으로 끝나는 한자어 뒤에 정음자를 쓸 때, 주격조사 '-이'는 'ㅣ'로 쓰도록 정했다(孔子ㅣ). 모음으로 끝나는 한자어 뒤에 '-이'(주격조사)가 아니라 초성자 'ㅇ'이 없는 'ㅣ'를 쓰도록 한 까닭은 무엇인지 궁구해 볼 만하다.[162] 속격조사 'ㅅ'은 '魯ㅅ:사룸'에서처럼 한자 뒤에 단독자로 쓰도록 예시하였다. '魯'자 뒤에 놓이는 'ㅅ'과 '孔子ㅣ'의 'ㅣ'가 모음으로 끝나는 한자어 뒤에서 단독자로 표기된 점이 서로 같다.

'孔子ㅣ 魯ㅅ:사룸'에서 한자음이 표기되어 있지 않은 점도 주목할 만하다. 한자음을 적지 않은 이유는 두 가지로 생각해 볼 수 있다. 하나는 해례본 편찬 당시에 한자음 표기법이 결정되지 않았기 때문일 것이고, 다른 하나는 해례본의 독자층을 양반 지식인으로 삼았기 때문일 것이다. 후자의 사례로 『용비어천가』와 『두시언해』가 있다. 일반 대중을 독자층으로 삼은 『석보상절』 등 불교서에는 정음으로 한자음을 붙였으나 한문자를 잘 아는 양반 지식인을 대상으로 한 책에는 그렇게 하지 않았다.

---

161 文與諺雜用則有因字音而補以中終聲者 如孔子ㅣ魯ㅅ:사룸之類 (합자해) 〈정음해례 21b_4〉

162 '子'의 한자음 'ᄌᆞ'의 모음과 조사 'ㅣ'가 한 음절로 발음됨을 문자로 보여 주기 위함일 수도 있겠다.

3.3.4. 방점법 규정의 마련

국한國漢 혼용 규정 뒤에 조선어 사성의 예시와 방점傍點 찍는 규정을 두었고 중국 한어의 입성은 거성과 비슷하지만 조선어의 입성 발음은 일정치 않다는 보충 설명을 붙였다. 조선어에서 입성이면서 평성인 '긷[柱]', 입성이면서 상성인 ':깁[繒]', 입성이면서 거성인 '·몯[釘]'과 같은 예를 들어 이 점을 설명했다. 사성(平上去入)의 음가와 그 속성을 설명한 내용은 다음 표와 같이 정리된다. 당대唐代 『원화운보元和韻譜』의 사성 음가[163] 표현도 표에 같이 넣었다.[164]

〈표 14〉 사성의 음가 기술과 그 속성

성조	훈민정음	원화운보	계절	속성
평성	安而和(안이화)	哀而安(애이안)	봄	萬物舒泰(만물서태)
상성	和而擧(화이거)	厲而擧(려이거)	여름	萬物漸盛(만물점성)
거성	擧而壯(거이장)	清而遠(청이원)	가을	萬物成熟(만물성숙)
입성	促而塞(촉이색)	直而促(직이촉)	겨울	萬物閉藏(만물폐장)

각 성조의 음가를 3자 성어成語로 표현하고, 이것을 계절과 관련지어 그 속성을 '만물서태' 등의 4자 성어로 표현했다. '평성 안이화平聲 安而和'[평성은 편안하고 부드럽다]와 같은 성조의 음가 묘사는 중국 당나라 『원화운보』의 "平聲者哀而安 上聲者厲而擧 去聲者清而遠 入聲者直而促평성자애이안 상성자려이거 거성자청이원 입성자직이촉"[165]이란 표현과 연관이 있어 보이지만 차이가 더

163 사성의 음가를 가리키는 '성조치(聲調值)'(=성조값)라는 용어가 있으나 평이하게 풀어서 쓰기로 한다.

164 『원화운보(元和韻譜)』의 사성 음가 표현은 『훈몽자회』 범례 및 『번역노걸대박통사』 범례에도 그대로 옮겨져 있다(김영국 1997: 96). 최세진이 『원화운보』를 이용했음을 알 수 있다.

165 이 문장은 『대광익회옥편(大廣益會玉篇)』의 「사성오음구롱반뉴도 서(四聲五音九弄

크다. 입성의 음가를 '促而塞촉이색'이라고 표현한 것은 『원화운보』의 '直而促직이촉'과 뜻이 비슷하고, 거성의 음가를 표현한 '擧而壯거이장'과 '淸而遠청이원'[166]은 사용된 한자와 음성 속성을 표현한 내용이 다르다. 『훈민정음』의 사성 음가 표현은 『원화운보』의 것을 참고하여 조선어 사성값을 드러낼 수 있는 문구로 바꾼 것이다.

방점법(=가점법)은 음절자 왼쪽 중간에 점을 찍는 것이다. 점이 없으면 평성, 점 두 개는 상성, 점 한 개는 거성으로 정하고 그 예시(활, :돌, ·갈)를 보였다. 이와 같은 형식의 방점법을 어디에서 착안한 것일까? 중국 한자음에서 사성의 구별을 보이기 위해 한자의 네 변에 점을 찍는 방법을 방점법과 관련지어 생각해 볼 수 있다.[167] 그러나 중국 한자의 네 변에 성조를 표기하는 방법과 해례의 방점법은 점의 위치와 수에서 차이가 있다. 방점법은 점의 위치가 음절자 왼쪽 중간으로 고정되어 있고, 점의 수(0, 1, 2)로 사성을 구별한다. 해례의 방점법은 한어漢語의 사성 분석법을 익힌 세종대왕이 중국 한어와 다른 조선어의 운소韻素를 표기하기 위해 창안한 장치이다. 당시의 조선어에 쓰인 운소를 관찰하여, 이를 표기해 내기 위해 새로운 표기 방법을 만든 것이다. 중국의 운서에는 별도의 사성 표기법이 없고, 운서 분류의 상위

反紐圖序)」에 있는 것이며, 김주원·남권희(2017: 61)의 것을 인용하였다. 이 논문에서 언급한 바와 같이, 「사성오음구롱반뉴도 서」의 성조 기술을 처음으로 언급한 학자는 홍기문(1946上: 78)이다.

166 앞에서 언급했듯이 『훈몽자회』의 「언문자모」에는 사성의 음가를 "平聲哀而安 上聲厲而擧 去聲淸而遠 入聲直而促(평성애이안 상성려이거 거성청이원 입성직이촉)"이라고 표현해 놓았다. 이것은 해례본과 다르고, 당대(唐代)의 『원화운보』의 것과 같다.

167 이것을 발권법(發圈法), 권성점(圈聲點), 성점(聲點), 성부(聲符) 등으로 부른다. 한자의 네 모서리에 점을 찍는 이 방법에서 좌하점(左下點)은 평성, 좌상점(左上點)은 상성, 우상점(右上點)은 거성, 우하점(右下點)은 입성을 가리킨다. 성점은 중국에서 비롯된 것으로, 안사고(顔師古)의 『광류정속(匡謬正俗)』, 장수절(張守節)의 『사기정의자례(史記正義字例)』 서문에 나타나 있다. 이 방법은 해례본의 한문 원문에 나타나 있다. 『훈몽자회』의 「평상거입정위지도」는 이것을 그림으로 표현한 것이다. 제2부 제1장의 [그림 5](이 책의 306쪽)를 참고할 것.

범주에 사성을 두고 한자를 분류했을 뿐이다.

3.4. 제자 작업에 적용한 성리론의 종합적 해석

해례편에는 상당한 분량을 할애하여 성리학(=역학) 이론으로 제자 원리를 설명한 내용이 있다. 성리론은 앞에서 기술한 여러 작업 단계에서 적용되었다. 제자 제1단계 '제자 단위의 설정'에서 삼재론에 바탕을 둔 음절 삼분법을 세웠다. 제자 제2단계의 초성 항에서 오음법과 오행론을 관련지어 초성 분류체계를 세웠다. 제자 제2단계의 중성 항 ⑨번 '중성자 제자 원리의 창안과 자형 형상화' 작업을 하면서 중성자 기본자의 형상화를 위해 삼재론을 적용하였다. 또 오행론과 상수론[168]을 중성의 체계적 기술에 적용하였다. 중성 초출자와 재출자의 생성을 위해 중성 기본자를 서로 합성하였고 여기에 음양론을 적용하였다. 제자 제2단계의 종성 항에서 삼재론에 근거하여 종성부용초성이라는 원칙을 정했다. 여기에도 삼재의 순환론(정貞이 다시 원元이 됨)과 음양론(음이 양이 되고, 양이 음이 됨)이 적용되었다. 성리학의 역리론易理論은 새 문자 창제의 기반 이론으로 제자 작업의 밑바탕에 놓여 있다.[169] 그런데 팔종성법에 역학 이론을 결합하여 설명한 내용은 해례에 나타나지 않는다. 팔종성법은 특수하고 제한적인 것이어서 보편적 성격의 역리론을 적용할 수

---

168 조희영(2018a, 2018b)은 소강절의 상수역이 훈민정음에 미친 영향을 논하고, 특히 『황극경세서』를 주석한 소백온(邵伯溫 1057~1134)의 성음론이 세종과 해례 편찬자들에게 큰 영향을 미쳤다고 하였다. 소백온은 만물에 聲[소리], 色(색), 氣[기운], 味[맛]이 있는바 이 중 성(聲)이 오직 두드러진 것이고, 성음의 이치를 안 연후에 만물의 이치를 알 수 있다고 했다(조희영 2018a: 130). 소옹의 『황극경세서』는 성음을 역리와 결합함으로써 성음학과 역학 이론을 혁신한 것이다. 하도의 천지의 수(數)는 소옹에 의해 성음과 결합하여 상수론으로 흡수된 것이다.

169 권오휘(2018)는 훈민정음 제자론에 적용된 역리를 초성자, 중성자, 종성자별로 구분하고 태극론, 음양오행론, 상수론, 순환론 등을 정음 문자체계와 관련지어 논하였다.

없었을 것이다.

훈민정음을 다 만들고 난 후에 당시에 숭상하던 성리학 이론으로 포장하여 사상적 합리화를 꾀했다는 주장[170]을 필자는 받아들이지 않는다. 음절 삼분법의 방법론과 중성 기본자의 자형 제자에 이미 성리학의 삼재론이 융합되어 있고, 중성 초출자와 재출자의 제자에 이미 음양론이 적용되었다. 삼재론이 제자 초기 단계에서 적용되지 않았다면 중성 기본자의 자형을 만들어 낼 수 없다. 음양론이 제자 과정에서 적용되지 않았다면 중성 초출자와 재출자를 생성해 낼 수 없다. 역리 기반 성리론은 정음 창제의 바탕 이론으로 작용하였고, 해례편을 편찬하면서 문장으로 표현할 때 정제된 것이다. 해례편은 정인지 등 여덟 명의 학자(언문팔유)의 이름이 편찬자로 문면에 나타나 있으나 이들은 창제자 세종으로부터 제자 원리에 대한 설명을 들었을 것이고, 이들이 작성한 문장은 세종의 어람御覽을 거쳐 확정되었을 것이다. 해례에 서술된 성리론은 창제 작업에서 작용한 것인 만큼 창제자 세종의 사상과 학문을 반영한 것으로 본다. 다만 새 문자를 창제한 후 제자 원리와 사용법을 설명한 해설서(훈민정음 해례편)를 편찬할 때, 창제 과정에서 적용한 성리론을 문장으로 표현하면서 새 문자에 담긴 성리론을 정제하는 작업을 했을 것이다. 이 단계에서 초성자 기술에 적용된 오행론과 중성자 기술에 적용된 상수론 및 오행론을 제자론의 학문적 배경에 추가하여 성리론을 더 다듬었을 것이다.

해례본 정음편(어제 서문+예의)을 지은 목적은 어제 서문을 통해 훈민정음의 창제 목적을 왕이 직접 밝히고, 예의를 통해 새 문자의 자형과 그 음가를

---

170 앞의 1.3절에서 언급한 김완진(1984b)과 김영환(2012) 등의 주장이 여기에 해당한다. 권재선(1988: 127)은 최만리 등의 반대에 부딪힌 세종이 "한글의 값어치를 높이기 위하여 해례 저자들에게 훈민정음을 역학적(易學的)으로 해설하여 한글의 값어치를 높이도록 명령한 것 같다."라고 하였다.

규정하여 새 문자를 널리 알림에 있다. 해례본 정음해례편(5해1례+정인지 서문)의 편찬 목적은 정음편을 더 자세히 해설하여 새 문자의 제자 원리와 사용 방법을 알리고, 새 문자에 담긴 철학적 의미를 명료하게 드러내기 위함이다. 정음해례편을 편찬한 의도에는 최만리 등이 반대 상소문에서 "이번의 언문은 새롭고 신기한 한 가지 기예技藝에 지나지 않는 것"[171]이라고 한 주장을 반박하려는 뜻도 있었을 것이다. 새로 만든 문자가 하나의 신기한 재주에 불과한 것이 아니라 삼재론, 음양오행론, 상수론 등의 성리학을 바탕으로 한 것임을 말하려는 뜻이 정음해례편에 담겨 있다.

훈민정음과 성리학을 관련지은 것을 이론적 포장이라고 말하는 것은 온당치 않다. 천지만물의 운행에 삼재론과 음양오행론이 내재되어 있듯이 성음과 문자에도 이러한 이치가 담겨 있음은 세종과 해례본 편찬자들에게 지극히 당연한 진리였다. 세종은 자신이 익힌 학문 지식과 이론을 훈민정음 창제에 이용하였고, 언문팔유는 세종의 도움을 받아 훈민정음에 담긴 이치를 문장화시켜 드러낸 것이다.

이어서 훈민정음 제자 원리와 성리론의 상관성을 보다 명료하게 인식하기 위해 정음해례편에 기술된 성리론을 초성자와 중성자로 나누어 정리한다.[172]

3.4.1. 초성자에 적용한 성리론

초성자 제자에서 중요하게 작용한 성리론은 오행론이다. 정음해례에서

---

171 今此諺文 不過新奇一藝耳. (최만리 상소문)

172 서병국(1973a/1978: 91-95)은 제자 원리에 적용된 이론을 역학 원리(삼극三極과 이기二氣, 사시四時의 이理, 삼재, 순환, 생생生生), 음양오행설, 상형설로 나누어 설명한 바 있다.

초성의 오음 분류법(아·설·순·치·후음)은 역리易理의 오행론五行論과 상관 짝을 이루고 있다. 해례 편찬자들은 초성 오음에 오행을 결합하고[173] 여기에 다시 오성五聲(궁상각치우)과 오시五時를 상관 지어, 초성의 음성적 특질과 오행적 속성을 다음과 같이 서술하였다.[174]

① 목구멍은 깊고 축축하니 (오행으로는) 수水이다. (후음은) 그 소리가 비어서 통하니, 마치 물이 허명虛明하여 흘러 통함과 같다. 시절로는 겨울이고, 오성의 우羽이다.[175]

* 목구멍과 거기서 나는 후음의 음가와 성질을 오행 중의 하나인 水의 성질과 결합하여 그 유사성을 설명하였다. 후음은 사시四時로 보면 겨울[冬]이고, 오성의 우조羽調이다.

② 어금니는 섞갈리고 기니 (오행으로는) 목木이다. (아음은) 그 소리가 후음에 가까우나 실질이 있어서 마치 나무가 물에서 나서 실實한 형상을 가지는 것과 같다. 시절로는 봄이고, 오성의 각角이다.[176]

* 아음이 가진 음가와 성질을 오행의 木의 성질과 결합하여 그 유사성을 설명하였다. 아음은 사시로 보면 봄[春]이고, 오성의 각조角調이다.

---

173 초성 오음에는 음양론을 결합하지 않았다. 음양론은 중성 초출자와 재출자의 제자 원리로 작용하였다. 필자의 이 관점은 조영진(1969)과 크게 다르다. 조영진은 음양(천지)을 상징하는 원(圓, ○●)과 선(一□)에서 훈민정음 28자가 나온 것이며, 음양 원리가 초성자 및 중성자 모두에 적용된 근본 원리라고 하였다. 조영진의 설명은 철학적 해석이고, 필자의 설명은 해례본에 기술된 내용을 충실히 따른 것이다.

174 원문의 번역문을 먼저 제시하고 그 뒤에 *를 붙인 필자의 해석을 두었다. 원문은 각 번역문 끝의 각주에 넣었다. '於音爲羽(어음위우)'의 '音(음)'은 악률의 오성을 가리키므로 '오성(五聲)'으로 번역했다.

175 喉邃而潤 水也. 聲虛而通, 如水之虛明而流通也. 於時爲冬, 於音爲羽. 〈정음해례 2a_5-7〉

176 牙錯而長 木也. 聲似喉而實 如木之生於水而有形也. 於時爲春, 於音爲角. 〈정음해례 2a_8-2b_2〉

③ 혀는 예민하게 움직이니 (오행으로는) 화火이다. (설음은) 그 소리가 구르고 날리니 마치 불이 활활 번지면서 솟아오르는 것과 같다. 시절로는 여름이고, 오성의 치徵이다.[177]

* 설음이 가진 음가와 성질을 火의 성질과 결합하여 그 유사성을 설명하였다. 설음은 사시로 보면 여름[夏]이고, 오성의 치조徵調이다.

④ 치아는 굳세고 자르니 (오행으로는) 금金이다. (치음은) 그 소리가 부스러지고 막혀 갈리니, 마치 쇠가 자잘하게 부스러지는 것과 같다. 시절로는 가을이고, 오성의 상商이다.[178]

* 치음이 가진 음가와 성질을 金의 성질과 결합하여 그 유사성을 설명하였다. 치음은 사시로 보면 가을[秋]이고, 오성의 상조商調이다.

⑤ 입술은 네모지고 합하는 것이니 (오행으로는) 토土이다. (순음은) 그 소리가 머금어서 넓으니 마치 흙이 만물을 머금었다가 널리 크게 함과 같다. 시절로는 늦여름이고, 오성의 궁宮이다.[179]

* 순음이 가진 음가와 성질을 土의 성질과 결합하여 그 유사성을 설명하였다. 순음은 사시로 보면 계하季夏(늦여름)이고, 오성의 궁조宮調이다.

조음위치를 기준으로 하는 오음법(아설순치후)에 오행을 각각 배정하여 상호 간의 공통적 속성을 자연의 이치에 빗대어 기술하였다. 예컨대 목구멍의 축축한 속성을 오행 水와 결합하고, 목구멍에서 나는 후음의 음성적 특징을 물[水]의 속성에 비유하여 묘사했다. 혀가 예민하게 움직이는 속성을 오행 火에 결합하고, 혀에서 나는 설음의 음성적 특징을 불[火]의 속성과 연결

177 舌銳而動 火也. 聲轉而颺, 如火之轉展而揚揚也. 於時爲夏, 於音爲徵. 〈정음해례2b_3-5〉

178 齒剛而斷 金也. 聲屑而滯, 如金之屑瑣而鍛成也. 於時爲秋, 於音爲商. 〈정음해례2b_6-8〉

179 脣方而合 土也. 聲含而廣. 如土之含蓄萬物而廣大也. 於時爲季夏, 於音爲宮. 〈정음해례2b_9-3a_1〉

지어서 묘사했다. 나머지 음도 이처럼 오행과 오음의 유사성을 자연의 이치에 비유하여 묘사했다. 소리가 스스로 그러한[自然] 이치를 담고 있음을 관찰하여 이를 비유적 문장으로 표현한 것이다. 오행과 오음을 관련지은 작업은 필자가 설정한 작업 단계 중 제2단계의 ④'초성 목록의 체계적 분류와 기본음 선정' 작업에서 행해진 것으로 본다.

오행이란 목木·화火·토土·금金·수水의 다섯 범주를 말한다. 이 다섯 범주가 유행流行·변전變轉하고 상호 작용하여 만물을 생성·운행한다는 것이 오행론의 핵심이다. 오행론은 생성론과 결합되어 있다. "목은 화를 낳고, 화는 토를 낳고, 토는 금을 낳고, 금은 수를 낳고, 수는 목을 낳는다."는 것이 오행상생설五行相生說의 요지이다. 초성 기본자로부터 가획자가 生하고, 1차 가획자에서 2차 가획자가 生하며, 초성자를 병서하여 각자병서자와 합용병서자를 生하고, 초성자를 상하로 연서하여 ㅸ자를 生하는 원리는 생성론의 전형적 모습이다.

오행론은 한대漢代에 더욱 발전하여 내용이 풍부해지는데, 계절(오시五時)과 방위(오방五方), 색채(오색五色), 맛(오미五味), 소리(오성五聲)도 오행과 결합하여 오행의 내포를 풍부히 하고 그 외연도 넓혔다. 초성 제자해에서 오행설에 오음, 오시, 오성 등이 결합된 모습은 이와 같은 역사적 배경에서 나온 것이다. 『훈민정음』 해례편 편찬자들은 그들의 관념과 믿음 속에 깊숙이 자리 잡고 있던 오행론을 음성체계 및 그것을 형상화한 문자체계에 적용한 것이다.[180]

---

180 해례 제자해의 다음 문장은 『태극도설』의 태극론과 음양오행론으로부터 나온 것이다. 이정호(1975) 참고.

*天地之道, 一陰陽五行而已. 坤復之間爲太極, 而動靜之後爲陰陽. 凡有生類在天地之間者, 捨陰陽而何之. 〈정음해례1a_3-5〉

*夫人之有聲本於五行, 故合諸四時而不悖, 叶之五音而不戾. 〈정음해례2a_3-4〉

*·之貫於八聲者, 猶陽之統陰而周流萬物也. ㅛㅑㅠㅕ之皆兼乎人者, 以人爲萬物之靈而能參兩儀也. 取象於天地人而三才之道備矣. 〈정음해례6a_5-7〉

*ㅣ獨無位數者, 盖以人則無極之眞, 二五之精, 妙合而凝, 固未可以定位成數論也. 〈정

3.4.2. 중성자에 적용한 성리론

중성 제자에 적용된 역리론은 삼재론, 생성론, 음양론, 오행론, 상수론象數論으로 요약된다. 중성 기본자를 선정하고 글꼴을 형상화하는 단계에서 삼재론이 적용되었고, 중성 초출자와 재출자를 만드는 단계에서 음양의 원리가 적용되었음이 〈표 1〉의 제2단계 ⑨에 표시되어 있다. 중성의 제자 원리가 된 삼재론과 음양론[181]은 기본자 및 기본자의 합성으로 생성된 초출자·재출자에 공통적으로 적용되었다.

"ㅗㅏㅜㅓ는 '천지天地'에서 시작하는 것이므로 초출자가 된다."[182]라고 했으나 ㅏ와 ㅓ에는 '인人'을 상징하는 ㅣ획이 들어 있다. 이어서 "ㅛㅑㅠㅕ는 ㅣ에서 일어나는 것으로 '人'을 겸하고 있으므로 재출자가 된다."라고[183] 하여 人의 작용으로 이 중성자들이 生하는 원리를 말하였다. 이러한 기술에 삼재론과 생성론이 내재되어 있다. 중성 기본자의 1차 합성으로 초출자가 生하고, 2차 합성으로 재출자가 生하며, 중성자를 서로 합성하여 2자 중성자가 生하는 제자 과정에는 모두 생성론이 작용하였다. 생성론은 초성자와 중성자 모두를 관통하고 있다. 삼재론과 생성론은 1~3단계 전체 과정에서 작용한 바탕 이론이다.

음해례7a_8〉.

*中聲者, 一深一淺一闔一闢, 是則陰陽分而五行之氣具焉, 天之用也. 〈정음해례7b_5〉

*一元之氣, 周流不窮, 四時之運, 循環無端, 故貞而復元, 冬而復春. 〈정음해례9a_1〉

181 음양론은 고대 중국의 전국(戰國)시대 이전부터 있었다. 오행론은 전국시대에 나타나 한(漢)대 상수론자들에 의해 발달하였으며, 음양론과 결합하여 음양오행론으로 널리 성행하였다. 송대에 와서 음양오행론은 상수역과 결합하여 주역 이론을 변모시켰다. 주렴계는 음양오행을 기반으로 천도(天道)와 지도(地道), 인도(人道)를 궁리하여 대역(大易)으로 귀결시켰다. 주렴계의 태극론에 주희가 주석과 해설을 더해 송학(宋學=성리학)의 최고 이념으로 발전된 것이다(조희영 2018a: 134-135).

182 ㅗㅏㅜㅓ始於天地, 爲初出也. (제자해) 〈정음해례5b_6〉

183 ㅛㅑㅠㅕ起於ㅣ而兼乎人, 爲再出也. (제자해) 〈정음해례5b_7〉

초성과 달리 중성 제자 이론에는 상수론이 적용되었다. 상수론은 수를 상징적 매개물로 삼아 만물의 변전變轉과 성음의 이치를 설명한 소옹의 『황극경세서』에서 비롯되었다. 주역에서 천지와 음양을 양의兩儀라고 한다. 이 양의에 사람[人]이 더해져 삼재가 된다. 삼재가 서로 합성하여 초출자 넷이 만들어지고, 이것이 반복되어 재출자 넷이 만들어졌다. 초출자 넷은 주역의 사상四象에 대응한다. 초출자에 재출자 넷을 합하면 여덟 자가 된다. 이 여덟 자는 주역의 팔괘八卦[184]에 대응한다(이정호 1975: 81). 2-4-8로 이어지는 이 원리는 『서경書經』에 나오는 하도河圖[185]에서 비롯된 것이다. 상수론象數論의 뿌리는 여기에 있다. 정음해례에서는 홀수 '一三五七九'가 생위生位, 짝수 '二四六八十'이 성수成數가 되어 각 중성자에 배정되었다. 홀수 '一三五七九'는 오행의 '水木土火金'에 각각 대응하고, 짝수 '二四六八十'은 오행의 '火金水木土'에 각각 대응한다. '天地人'이라는 삼재, '木火土金水'라는 오행, 생성生成의 위수位數가 상호 연관을 맺어 각각 중성자와 결합하여 중성체계를 형성한다.[186]

상수론, 음양론, 오행론으로 중성자에 담긴 이치를 설명한 정음해례편의 내용에 대해 학계에서는 서로 다른 평가를 해 왔다. 긍정적 관점에서는 주역

---

184 정해왕(1993: 196-199)은 '팔괘'의 철학적 의미를 다음과 같이 풀이했다. 복희씨가 삼라만상을 관찰하여 공통된 보편 범주를 추상한 것이 八卦(팔괘)이고, 이것은 태극-양의-사상-팔괘로 이어지는 연쇄 구조에 놓여 있다. 소옹이 세운 순수 형식 8개(陰陽음양에서 난 四時사시와 剛柔강유에서 난 四維사유)는 경험적 요소가 배제된 논리적 형식이며, 이것이 바로 소옹 철학에서 말하는 '先天(선천)'의 뜻이다. '先天'은 서양철학의 a-priori의 뜻에 가깝다. 8개의 순수 형식은 太陽(태양), 太陰(태음), 少陽(소양), 少陰(소음), 太柔(태유), 太剛(태강), 少柔(소유), 小剛(소강)이라는 8개 범주로 표현된다. 陰·陽·剛·柔라는 4개 범주와 太陽 등 8개 범주가 소옹 철학의 기본 얼개이다. 이 범주들은 천지와 우주 등 모든 존재의 설명에 적용된다.

185 하도(河圖)는 삼황 중의 하나인 복희씨가 그린 것이다. 이정호(1975: 81)에서 두 개의 사각형 구조를 가진 중성 평면도를 그리고 그것을 '河圖'와 비교하여 보였다.

186 상수론을 정리한 표는 제3부 제3장의 2.2.2절의 〈표 4〉(이 책의 591쪽)를 참고하기 바란다.

의 주요 이론을 중성체계에 통합하여 훈민정음 제자론의 철학적 깊이를 더한 것이라고 본다. 훈민정음의 성리론은 당대의 세계관과 사상의 근본 원리를 문자 창제에 적용하여 체계화한 것이며, 당대의 최고 지식인들이 행한 사유의 결과이다. 그러나 부정적 관점에 선다면, 중성자 하나하나에 상수론을 적용하여 수리적 값을 부여한 것은 역학 이론의 지나친 적용이라 비판할 수 있다. 필자의 소견으로 볼 때, 초성 오음에 오행을 적용하여 설명한 내용은 발음기관의 속성을 자연물로서의 오행과 관련지어 묘사한 것이어서 그 나름대로의 설명력을 가지고 있다고 생각한다. 그러나 중성자에 오행론과 생성의 수數를 부여한 것은 역리론과의 정합성을 목적으로 한 것이어서 현실적 호소력이 약하다. 현실감(reality)이 떨어진다고 표현할 수 있다. 그러나 상수역象數易은 인간의 감각 밖에 존재하는 수리數理의 세계를 논한 이론이어서 이런 기준으로 재단裁斷하는 것이 부적절할 수도 있다.

초성자 생성 원리인 가획은 말소리에 근거한 것[因聲加劃][187]이지만 중성자 생성 원리인 기본자 간의 합성은 말소리에 근거한 것이 아니라 삼재론과 음양론에 바탕을 두었다. 이런 점에서 중성자 제자론에서 성리론의 비중이 초성자보다 더 무겁게 작용한 것이라 할 수 있다. 상수론 역시 중성자에만 적용된 역리이다. 15세기 당대인의 관점에서 보면, 역리 기반의 성리론이 더 뚜렷하게 적용된 중성자의 제자 원리가 더 깊은 학문과 이론을 갖춘 것일 수 있었겠으나 현대인의 관점으로 보면 관념화된 이론으로 느껴진다.

187 인성가획(因聲加劃)은 훈민정음 제자론에서 중요한 의의를 가진다. 이것은 조선어의 말소리를 관찰하여 가획하였음을 뜻한다. 자형을 결정함에 있어서 조선어 말소리를 기준으로 삼았다는 것이다. 박창원(2005: 234)은 보편적 원리와 개별적 특수성의 조화를 꾀한 것이 정음 제자의 기본적 인식이라고 말한 바 있다. 인성가획은 개별적 특수성의 측면을 표현한 것이라 할 수 있다.

4. 마무리

세종이 행한 실제의 제자 작업에서 필자가 설정한 〈표 1〉의 각 단계들은 엄격히 고정된 것이 아니라, 제자 작업의 전 과정에서 앞뒤 단계가 서로 교차하면서 수정과 보완을 거듭하여 창제 작업이 진행되었을 것이다. 〈표 1〉에서 설정한 각 단계는 회귀 불가능한 것이 아니라 단계 간의 순차적 진행과 역행적 회귀(Progressive and Regressive relation between Stages)를 되풀이하면서 많은 수정과 보완이 이루어졌을 것이다. 단계 간의 상호 지원(Mutual Feedback) 관계 속에서 융통성 있게 작동되었을 것이다.

본 장에서 논한 내용을 간략히 요약하면 다음과 같다. 훈민정음 창제의 작업 단계는 크게 세 단계로 나눌 수 있다. 제1단계는 음절이라는 제자 단위를 설정하고 음절 삼분법을 세운 단계이다. 제2단계는 음성을 분석하고 이를 분류하여 그 목록을 작성하고, 기본음을 정하여 상형의 원리로 기본자의 자형을 만든 다음, 기본자에 가획법과 합성법을 적용하여 나머지 자형을 만든 단계이다. 제2단계의 세부 작업은 초성과 중성에서 각각 다르게 진행되었다. 종성 자리에는 초성자를 다시 쓴다는 규정을 정했기에 이런 세부 작업이 불필요하였다. 세종의 문자 창제 작업 과정에서 가장 중요한 단계는 초성체계를 분석하여 17개 초성의 목록을 선정하고 각각의 초성음에 대응하는 글꼴을 만든 것과, 중성체계를 분석하여 11개 중성의 목록을 선정하고 각각의 중성음에 대응하는 글꼴을 만든 일이다. 성운학의 음성 분석법, 중국 문자학에서 얻은 한자의 구성 원리, 전통적 차자표기법, 세종의 독창적 음성 분석 방법 등을 총화總和하여 제자 대상 28개 음성 단위를 선정하고, 각 음성 단위를 형상화하여 훈민정음 문자체계를 창안해 낸 것이 제2단계이다. 제3단계는 제자 단계가 완료된 후 글자 운용법 규정을 마련한 단계로서 합자법, 합용법, 팔종성법, 정음자와 한자의 혼용법, 성조를 표시하는 방점법 등을 만든 단계이다.

세종은 훈민정음 문자체계의 창제를 마친 후에, 제자 원리를 설명하고 문자의 실제 쓰임을 예시하기 위해 언문팔유의 도움을 받아 『훈민정음』 해례본을 편찬했다. 이때 음성 분석법, 자형 만들기를 위한 제자론, 만든 낱자의 운용법, 문자 창제의 배경 철학으로 작용한 성리론 등을 문장으로 표현하면서, 적용한 이론을 가다듬고 정제하는 작업이 이루어졌을 것이다. 성리론 중에서 생성론, 삼재론, 음양론은 제자 원리 및 글꼴 부여에 작용한 이론이다. 이에 비해 오행론과 상수론은 초성 혹은 중성의 체계적 분류에 작용한 이론이다. 이와 같이 성리론(오행론과 상수론)을 문장으로 표현하면서 제자에 적용된 이론이 다듬어졌고, 그 결과 제자론은 더욱 정제된 모습을 띠게 된 것이다.

지금까지 훈민정음을 제자한 과정과 제자 원리를 보다 명료하게 인식하기 위해, 작업 단계의 관점에서 훈민정음 제자의 전 과정을 재구성해 보았다. 기록 자료가 거의 없는 훈민정음 창제의 작업 단계와 단계별 작업 내용을 재구성해 볼 수 있었던 것은 『훈민정음』 해례본이라는 창제 작업의 결과물이 존재하기 때문이다. 『훈민정음』 해례본에 실린 문자체계와 제자론은 필자의 작업을 가능케 한 근거였다.

필자가 작업 단계의 재구성을 시도한 목적은 훈민정음 창제 작업의 각 단계와, 단계별로 적용된 제자 원리를 상호 관련지어 고찰함으로써 훈민정음에 대한 이해를 심화시키기 위함이다. 본 장을 통해 필자는 훈민정음의 창제 주체와 그가 행한 작업 단계에 초점을 두고, 각 단계에서 작용한 제자 원리를 드러냈다. 훈민정음을 바라보는 관점의 전환을 통해 훈민정음의 제자 과정과 제자론의 적용에 대한 이해를 심화시킬 수 있었다.

제3장

훈민정음 제자론의 융합성과 그 해석

일찍이 이희승(1937: 3)은 훈민정음이 어떤 문자를 기본으로 삼아 만들었는지 아직 밝히지 못한 수수께끼로 남아 있다고 하고, "그 까닭은 훈민정음의 조직이나 자형이 어느 문자에서 나왔다고 꼭 지적해서 말할 아무 근거가 없기 때문"이며 "그만큼 독창적이기 때문에 아마도 이 문자는 다른 모든 문자를 초월한 조선 사람의 창작이 아닌가."라고 말한 바 있다.

전통적 차자표기를 통해 획득한 우리말 표기의 경험을 바탕으로 삼고, 성운학의 지식과 독창적으로 개발한 음성 분석 방법론을 이용하여 조선어 음성 목록을 작성해서 이것을 문자로 형상화한 것이 훈민정음이다. 훈민정음은 15세기에 이르기까지 이루어진 동아시아의 학문적 성취가 우리나라에 유입되어 재해석되고, 창의적 변용을 거쳐 고도의 문자체계로 결정結晶된 정화精華이다(이기문 1980: 395). 훈민정음 창제 작업에는 성운학, 문자학, 성리학 등의 여러 학문이 일정한 영향을 미쳤다. 훈민정음은 다양한 외래 학문과 고유의 경험, 그리고 창의적 방법론을 융합한 결정체結晶體인 것이다.

본 장에서는 중국의 성운학과 한자학 이론, 성리학 이론, 파스파문자의 원리, 전통적 차자표기법의 경험, 스스로 창안한 독창적 음성 분석론 등 훈민정음 제자론에 융합된 요소들을 분석하고, 여기에 통합적 해석을 더하여 훈민정음 문자체계의 특성을 논구한다.[1] 본 장의 진행 순서는 다음과 같다. 먼저 융합의 뜻을 정의하고(1절), 세종의 편민 정책이 훈민정음을 주성鑄成해 낸 거푸집임을 논한다(2.1절). 이 거푸집에 여러 융합 요소가 부어져 훈민정음 문자체계가 나온 것이다. 이어서 『훈민정음』 해례 텍스트에 기술된 융합 요소를 제자 단위별(초성자·중성자·종성자·음절자)로 분석하여 표에 담아 정리하고, 융합 요소가 제자론에 어떻게 작용했는지를 논한다(2.2절). 다음으로 융합 요소의 출처를 분류하고 그 의미를 해석한다(2.3절). 여기서는 성리학 이론과 성운학 이론을 관련지어 논하고, 한자학, 파스파문자, 범문자, 티베트문자와 거란문자, 차자표기법의 영향을 검토한다. 끝으로 외래 요소, 독창적 창안, 우리말 표기의 전통이라는 측면에서 융합 요소가 갖는 의미를 평가하여 결론으로 삼는다(3절).

1. 융합의 뜻

융합은 서로 이질적인 것을 교합하여 새로운 결과물을 만드는 방법이다. 융합融合은 한자어의 뜻 그대로 '녹여서 합하는 것'을 의미한다. 예컨대 구리와 주석을 '녹여서 합하면[融合]' 놋쇠가 된다. 이 놋쇠로 생활 도구인 놋그릇, 악기로 사용되는 징이나 꽹과리 같은 물건을 만들어 낸다. 놋쇠를 만들기 위해서는 구리와 주석의 정확한 비율을 알아내야 한다. 78:22라는 이 비율을 찾아내지 못하면 제대로 된 놋쇠를 만들어 낼 수 없다(백두현 2012: 117).

1 본 장은 백두현(2012)을 기초로 삼아 새로 쓴 것이다. 백두현(2012)에서 가져온 문장에는 인용 출처를 표시하였다.

'융합'과 관련된 학술 용어로 'interdisciplinarity'와 'convergence'가 있다. 전자는 서로 다른 두 개의 학문이 결합하여 새로운 학문 분야를 산출하는 것이다. 과학과 철학이 만나 과학 철학이 되거나, 생물학과 화학이 만나 생화학이 되는 것이 그 예이다. 'convergence'는 생명과학 등 이과 학문에서 '수렴收斂'이라 번역하는 것인데, 성질이 다른 두 가지 이상이 하나로 귀일歸一되는 것을 뜻한다. 현대 학문에서 거론하는 융합은 후자에 더 가까운 것으로 보고 있다.[2] '통섭統攝'으로 번역되는 'consilience'도 '융합'과 밀접한 관련이 있다. 통섭이라는 추상적 개념이 물질적 혹은 이론적 차원에서 구체화된 용어가 바로 '융합'이다(백두현 2012: 116).[3] 본 장에서 논하는 '융합'은 서로 다른 학문이 화학적으로 결합하여 새로운 학문 분과를 만들어 내는 것을 의미하지 않는다. 출처가 서로 다른 사상과 이론, 전통과 경험 등의 이질적 요소가 서로 결합하여 새롭고 창조적인 결과물을 만들어 내는 것이 이 글에서 말하는 '융합(fusion)'이다(백두현 2012: 117).

인간이 창조한 특정 결과물에는 인류가 쌓아 온 기술·지식·경험·예술 등이 일체화된 경우가 적지 않다. 예컨대 이집트의 피라미드, 인도의 타지마할, 조선의 경복궁과 같은 건축물은 당대의 이용 가능한 지식과 기술 그리고 예술이 총체적으로 결합된 융합체이다. 훈민정음 역시 그러하다. 훈민정음에는 성리학에 기반한 삼재론, 음양론 등의 역학 이론이 녹아 있을 뿐 아니라 중국에서 도입한 음성 분석 이론[성운학]과 중국 문자학[漢字學], 우리나라에서 전승되어 온 차자법, 15세기에 세종이 창안한 음성 분석법 등 다양한 요소들이 수렴되어 있다(백두현 2012: 117). 세종은 당대의 세계관이 된 성

2 참고: 과학자로 살기-융합의 시대를 살아가며, by strada, 2010.12.16, http://chang4u.egloos.com/2691462.

3 '융합'과 관련하여 '통섭', '통합', '수렴' 등에 대한 논의가 철학계에서 이루어졌으며(이중원 2010, 고인석 2010), 이정모(2010)는 인지 과학의 관점에서 이 용어를 검토하였다. 이 용어 중에서 필자는 '융합'을 택하였다(백두현 2012: 117).

리론, 중국에서 유입된 성운학과 문자학[漢字學]의 방법론, 한자를 이용한 우리말 표기의 경험(차자표기) 등을 창의적으로 변용하고 융합하여 새로운 문자 체계를 창제하였다. 여러 가지 요소들이 어떻게 융합하여 훈민정음이란 문자체계가 탄생하였는지 그 이면裏面을 드러내는 것이 본 장의 목적이다.

해례본 말미의 정인지 서문에서 정인지는 "정음을 만듦에 전대의 것을 본으로 삼은 바 없이 스스로 그리되어[自然] 이루어진 것이니, 그 지극한 이치가 들어 있지 않은 바가 없다."라고 하였다. 훈민정음이란 문자가 '無所祖述무소조술'한 것이며, 이 문자에 담긴 지극한 이치는 '無所不在무소부재'한 것이라고 말했다.[4] '祖述조술'은 앞선 사람이 이미 말한 바를 근본으로 삼아 지어내는 것인데 훈민정음은 그렇지 않다는 것이다. 정인지는 훈민정음의 속성을 '無所不備무소불비'[갖추어지지 않은 바가 없음], '無所不達무소부달'[미치지 못하는 바가 없음], '無所不在무소부재'[모든 곳에 다 있음], '無所祖述무소조술'[본받은 바가 없음]이라고 표현하였다. 이를 훈민정음의 '四無所性사무소성'이라 이름 붙일 만하다.

그런데 세계의 문자는 이미 존재하는 문자를 도입하여 각각의 말소리에 맞추어 조금씩 변형하여 만든 것이 대부분이다. 세계 문자 발달사를 보면, 거의 모든 문자가 '無所祖述무소조술'이 아니라 '有所後述유소후술' 즉 이미 있는 것을 이용하여 약간 변형한 것이다. 위구르문자가 동쪽으로 전해져 그 모양을 조금씩 달리하여 몽골문자, 만주문자, 시버문자 등이 만들어진 것이 '有所後述유소후술'의 좋은 예이다. 페니키아문자가 그리스로 건너가 그리스 문자가 되고, 이것이 로마문자로 변형되었으며, 이로부터 서유럽의 여러 문자가 만들어진 것도 '有所後述유소후술'의 예이다. 중국의 한자가 변형되어

4 정인지 서문 원문의 관련 내용은 다음 두 가지이다. 無所用而不備, 無所往而不達. 〈정음해례28a_7〉 正音之作, 無所祖述, 而成於自然, 豈以其至理之無所不在, 而非人爲之私也. 〈정음해례28b_6-7〉

거란문자, 서하문자, 쯔놈문자가 되었고, 한자 자형을 아주 단순화하여 만든 한국의 구결자와 일본의 가타카나 역시 이와 같은 부류에 속한다.

정인지가 훈민정음을 '無所祖述무소조술'이라고 한 것은 기존에 있었던 어느 문자를 가져와 본받은 것이 아님을 의미한다. 훈민정음이 비록 '無所祖述무소조술'한 것이기는 하나, 정음해례의 제자론을 분석해 보면 기존 학문의 방법론과 새롭게 창안한 요소가 융합되어 있음을 알 수 있다. 훈민정음 제자론에 흡수된 학문 이론과 새롭게 창안한 방법론의 실체가 무엇인지 차례대로 논구해 보자.

2. 훈민정음 문자체계의 융합성

2.1. 훈민정음 창제의 거푸집: 편민 정책

세종이 백성들을 위해 베푼 여러 정책을 묶어서 편민便民 정책이라 부른다. 훈민정음 문자체계에 융합 요소를 본격적으로 논하기에 앞서서 세종의 편민 정책을 먼저 검토한다. 훈민정음 창제의 근본 바탕은 세종대왕이 펼친 여러 정책의 기조가 된 편민 정책이다. 세종이 시행한 여러 정책들이 민생民生의 안정과 편의를 도모하는 데 있음은 잘 알려진 사실이다. 고려 말기 이래 지방의 중소 지주층이 새로운 지배층으로 부상하면서 정치의식은 크게 달라졌고, 이러한 정치의식이 민본民本 사상으로 수렴되었으며, 세종이 스스로 훈민정음 창제에 앞장선 것은 이러한 정치의식이 누구보다도 투철했기 때문이라는 역사학자의 해석(한우근·이태진 1984: 99-100)이 있다. 세종의 조세개혁 정책, 수차 개발과 농서 편찬, 의약서 편찬, 천문 관측을 위한 과학 서적의 편찬 등은 모두 편민과 민생으로 귀결된다. 세종이 말년에 심혈을 기울여 만든 훈민정음은 문자를 통한 의사소통에서 불편함을 겪고 있던 백성들의 어려움을 덜어 주려는 편민 정책에서 나온 것이다(백두현 2012: 118).

세종의 이 뜻은 해례본 권두의 어제 서문과 세종실록의 훈민정음 창제 기사에 나타나 있다. "일반 백성[愚民우민][5]이 말하고자 하는 바가 있어도 마침내 제 뜻을 능히 펴지 못하는 것이 많으므로, 내가 이를 불쌍히 여겨 새로 스물여덟 자를 만들었으니, 백성들이 쉽게 익혀 날마다 씀에 편하게 할 따름이라."라는 세종의 말에 새 문자 창제의 목적이 천명되어 있다.[6] 훈민정음의 창제 목적이 편민에 있음은 최만리 등의 상소문에서도 확인된다.[7] 최만리 등이 옥송獄訟[8] 문서를 정음 문서로 대체하려는 세종의 의도를 언급하였다. 조선시대의 옥송 문서란 죄인에 대한 심문 조서와 소송에 관련된 각종 기록물이다. 당시에 이런 문서는 한문이나 이두문으로 작성되었기에 한자를 읽을

---

5 서병국(1978: 23)은 "'愚民(우민)'은 한자 한문을 모르는 백성을 이르는 말"이라 하고, "'訓民正音(훈민정음)'의 '民(민)'도 역시 한자 한문을 모르는 백성을 주로 지칭한 것이라 할 만하다."라고 풀이하였다. 그런데 '愚民'은 조선왕조실록에서 일반 백성을 범칭하는 한자어로 많이 쓰였다. 백성이 관아에 제출한 문서에 자신을 겸칭하는 대명사로 '愚民'이 쓰이기도 했다. 이런 용법의 '愚民'은 '일반 백성'을 뜻한다. 이러한 '愚民'은 대부분 한문자를 몰랐을 것이니 '愚民'을 '한문자를 모르는 백성'이라 풀이해도 무방하다.

6 창제자 세종은 스스로 쓴 어제 서문에서 창제 목적을 밝혀 놓았다. 그럼에도 불구하고 일부 학자들은 훈민정음 창제의 목적이 조선 한자음 표기에 있다고 주장한다. 어제 서문에서 세종이 밝힌 창제 목적은 '표면적인 것'일 뿐이고 사실상의 목적은 한자음 표기에 있다고 말한다. 이 주장은 한국인에게 문화유전자처럼 박힌 한문자 숭상과 결합하여 지식 교양인들에게 널리 퍼져 있다. 훈민정음 창제 목적에 대한 논란과 해결 방안은 제4부 제3장에서 상론한다.

7 관련 내용은 다음과 같다. "형옥의 공평하고 공평하지 못한 것이 옥리가 어떠냐에 달려 있지, 말과 글이 같고 같지 않음에 달려 있지 않다는 것을 알 수 있습니다. 그런데 언문으로써 옥사를 공평하게 하려 한다니 신 등은 이것이 옳은지 모르겠습니다."(최만리 등의 상소문, 한우근·이태진 편저(1984: 102-107)의 번역문을 참고함)

8 최만리 등의 상소문 제4항 "若曰如刑殺獄辭 以吏讀文字書之(약왈여형살옥사 이이두문자서지)", "獄訟之間 冤枉甚多(옥송지간 원왕심다)", "親讀招辭(친독초사)", "是非不知招辭之文意(시비부지초사지문의)" 등의 문장에 '형살옥사(刑殺獄辭)', '옥송(獄訟)', '초사(招辭)'라는 용어가 쓰여 있다. 이 중에서 현대국어 사용자에게 크게 낯설지 않으면서 형사 사건과 민사 사건을 아우를 수 있는 용어가 '獄訟(옥송)'인 듯하다. 조선시대 관아의 민형사 관련 소송과 재판 문서를 총칭하여 '옥송 문서'라고 부르기로 한다.

수 없는 백성들이 억울한 일을 당하기 일쑤였다. 백성들은 본인의 명운이 걸린 옥송 문서가 어떤 내용으로 작성되었는지 읽어 낼 수가 없었다. 문자를 모르는 백성들이 억울한 일을 당하지 않도록 하려는 세종의 뜻이 최만리 등을 불러 묻고 답한 기사에 나타나 있다(백두현 2012: 119). 이러한 세종의 뜻이 곧 '편민'이고, 훈민정음 창제 목적이 여기에 있다.

훈민정음을 창제한(1443.12) 직후에 이 문자를 이서吏胥들에게 가르친 사실[9]이 최만리 등의 상소문(1444.2)에 나타나 있다. 훈민정음 반포(1446.9) 이후에는 함경도 등의 이서 선발 시험에 훈민정음 과목을 부과했다. 이 정책은 훈민정음 창제 목적의 구체적 실천이라 할 수 있다. 세종의 애민 정신과 편민 정책이야말로 훈민정음을 만든 바탕이요 거푸집이다. 이 거푸집에서 산출된 훈민정음의 제자 원리와 제자 방법은 『훈민정음』 해례본에 기술되어 있다. 이어서 정음해례편으로 들어가 훈민정음 문자체계에 녹아든 융합 요소를 분석하고 그 의미를 해석한다.

2.2. 융합 요소의 제자 단위별 분석과 그 해석

하나의 융합체에는 그것을 구성하는 틀(frame)이 있고, 그 틀을 채우고 있는 성분 요소들(elements, component parts)이 있다. 훈민정음에 내재한 틀과 성분 요소를 찾아내어야 그것이 갖는 의미를 해석할 수 있다. 이 작업을 함에 있어서 가장 중요한 분석 대상이 『훈민정음』 텍스트이다. 『훈민정음』 중에서도 5해1례에 훈민정음 문자체계의 틀과 성분 요소가 담겨 있다. 5해1례 중에서 제자해에 새 문자를 만든 제자론이 집중적으로 기술되어 있다.

9 상소문의 원문에 "驟令吏輩十餘人訓習(취령이배십여인훈습)"[갑자기 이서 무리 10여 인으로 하여금 (언문을) 가르쳐 익히게 하고]라고 한 내용이 여기에 해당한다.

5해에는 제자론에 작용한 성운학 이론, 성리학 이론, 독창적으로 창안한 방법이 서술되어 있다.[10] 28자를 제자한 후 이것을 운용하는 방법에 대한 설명도 제자해를 중심으로 한 5해에 나와 있다. 제자해에는 조선어음을 분석한 방법, 성리론에 입각한 음성 해석, 초성과 중성의 분류와 체계화, 분석한 음성 목록 각각에 자형을 부여한 원리가 설명되어 있다.

본 장에서는 5해에 반영된 융합 요소를 분석하고 그 의미를 해석한다.[11] 이를 위해 5해 텍스트를 정밀하게 분석하여 초성·중성·종성·음절이라는 제자 단위별로 융합 요소를 찾아내고, 그 요점을 표에 담아 체계화한다. 융합 요소의 분석 결과를 표 형식으로 만든 것은 융합 요소를 질서화하여 시각 이미지로 보여 주기 위함이다.[12]

2.2.1. 초성자의 융합 요소 분석과 그 해석

1) 초성자의 융합 요소 분석

제자해의 첫머리에 정음 28자는 각각 그 형상을 본뜬 것이라 하고, 오음 각각의 기본자 및 가획자의 제자 원리를 밝혀 놓았다. 초성 기본자 5개(ㄱㄴㅁㅅㅇ)는 발음기관의 동작과 형상을 본뜬 상형의 원리로 만들었고, 나머지 초성 가획자들은 '소리가 조금 세어짐[聲出稍厲성출초려]'에 따라 획을 더한 가획법으로 만들었다. 초성음 전체를 발음기관의 속성, 음성적 특성, 오행 분속分屬과 각각의 속성, 오시五時와 오성五聲[13]을 모두 관련지어 체계적으로 설명하였다. 융합성의 관점에서 이 내용을 정리하면 〈표 1〉과 같다.

---

10 초성해, 중성해, 종성해, 합자해에도 운용법과 관련된 내용이 일부 나타나 있으나 제자해에 비하면 그 내용이 적다.

11 〈표 1〉에서 출처 언급이 없는 것은 모두 제자해에 나오는 것이고, 나머지 4해에 나오는 내용은 그 출처를 명기하였다.

12 표 형식의 시각 이미지는 직관적 이해를 돕는 유용한 수단이다.

13 '五聲(오성)'은 음률의 오음(궁상각치우)를 가리킨다.

〈표 1〉 초성체계에 융합된 성운학 오음법과 성리론

분류	발음기관의 속성	음성적 특성	오행적 속성	오행	오시	오성
후음	목구멍은 깊고 젖어 있다. 喉邃而潤	소리가 허(虛)하여 통한다. 聲虛而通	물[水]이 허명하고 흘러 통함과 같다. 如水之虛明而流通也	水	겨울 於時爲冬	우 於音爲羽
아음	어금니는 서로 섞이고 길다. 牙錯而長	소리가 목구멍소리와 비슷하나 실(實)하다. 聲似喉而實	나무[木]가 물에서 나되 그 형상이 있음과 같다. 如木之生於水而有形也	木	봄 於時爲春	각 於音爲角
설음	혀는 예민하고 잘 움직인다. 舌銳而動	소리가 구르고 날린다. 聲轉而颺	불[火]이 구르고 펼쳐져 날림과 같다. 如火之轉展而揚揚也	火	여름 於時爲夏	치 於音爲徵
치음	이는 단단하여 끊는 것이다. 齒剛而斷	소리가 부스러지고 걸린다. 聲屑而滯	쇠[金]가 부스러지고 단련되어서 이루어짐과 같다. 如金之 屑瑣而鍛成也	金	가을 於時爲秋	상 於音爲商
순음	입술은 모나고 합해지는 것이다. 脣方而合	소리가 머금어 넓다. 聲含而廣	땅[土]이 만물을 머금으면서 넓고 큰 것과 같다. 如土之含蓄萬物而廣大也	土	계하 於時爲季夏	궁 於音爲宮

초성 오음을 성리론 오행과 융합하여 정연하게 체계화해 놓았다. 오음이 생산되는 다섯 개 발음기관의 배열 순서가 '후-아-설-치-순'으로 되어 있고, 여기에 대응하는 오행의 순서는 '수-목-화-금-토'이다. 다섯 발음기관의 배열 순서는 가장 안쪽인 목구멍(후음)부터 시작하여 단계적으로 입의 앞쪽(=바깥쪽)인 입술(순음)의 방향으로 나아가고 있다. 이와 같은 다섯 발음기관과 배열 순서는 흔히 말하는 오행의 상생相生 순서[14]가 아니고, 상극相克 순서도 아니다. '水木火金土'라는 순서는 입의 안쪽부터 바깥쪽 방향으로 놓인 다섯 발음기관의 순서에 따라 배정된 것이고, 오행의 순서와 무관하다. 〈표 1〉에서 보듯이 다섯 발음기관에서 생산되는 초성 오음[15]을 성리론의 오행에 각각 배정하고, 서로 짝이 된 오음의 발음기관과 오행의 속성은 자연의 이치에 따

14 흔히 말하는 오행의 상생 순서는 '수-목-화-토-금'이다. '수-화-목-금-토' 순서로 보는 설도 있다.

15 이때의 오음(五音)은 발음기관에 따른 다섯 가지 분류(아설순치후)를 가리킨다.

라 저절로 부합하는 것이라고 했다. 〈표 1〉의 오행 순서 '水木火金土'에서 水가 첫 번째 자리에 있는 까닭은 물은 사물을 살리는 근원[然水乃生物之源]이기 때문이고, 火가 가운데 자리에 있는 까닭은 불은 사물을 이루는 작용[火乃成物之用]이기 때문이라고 특별한 설명을 덧붙여 놓았다.[16] 초성 가운데에 음양·오행·방위의 수가 스스로 있다[是則初聲之中 自有陰陽五行方位之數也]고 했다. 아울러 오시五時와 오성五聲 체계가 서로 상응하는 것으로 보았다. 사람은 삼재[天地人천지인]의 하나로서 우주만물의 운행에 참여하는 존재이니, 사람이 내는 성음에도 우주 만물의 이치가 스스로 존재한다고 보았다. 이 관점은 하나의 원리가 사람과 사람의 말소리 등 우주 만물에 두루 편재遍在되어 있다고 본 통합적 세계관의 전형이다.

초성음의 분석과 체계 설정에 이용된 학문은 성운학과 성리학 그리고 독창적 음성 분석법이 가장 중요한 자리를 차지한다. 성운학에서 비롯된 오음·청탁의 분류체계와 독창적으로 개발한 음성 분석법이 초성체계에 융합되어 있다. "又以聲音淸濁而言之우이성음청탁이언지"로 시작하여 ㅸ의 음가를 설명한 "脣乍合而喉聲多也순사합이후성다야"에 이르는 긴 문장이 이 내용을 담고 있다.[17]

초성의 분류체계를 설정하기 위해 성운학의 청탁법(전청, 차청, 전탁, 불청불탁)을 가져왔다. '후-아-설-치-순'이라는 순서에 놓인 오음 각각의 기본자를 제자하기 위해 소리의 세기[厲려]를 기준으로 음성 분석을 행하였다. 이 분석에서 나온 음성 목록 중에서 가장 거세지 아니한 소리[聲最不厲성최불려]를 기본음으로 삼았다.

---

16 "물은 사물을 살리는 근원이요, 불은 사물을 이루는 작용이기 때문에 오행의 가운데 있으니 물과 불이 가장 큰 것이다.[然水乃生物之源, 火乃成物之用, 故五行之中, 水火爲大.]" 〈정음해례3a_2〉라는 해설을 붙여 놓았다.

17 이 문장은 〈정음해례3a_8-3b_1〉에서 〈정음해례4b_3〉까지 서술되어 있다.

아음에서 소리가 가장 부드럽고 순한 'ㆁ'[ŋ]을 아음의 기본자로 삼지 않은 까닭을 음성 분석론, 성운학의 성모론, 오행론 등의 여러 이론으로 해명해 놓았다. 아음 ㆁ이 기본자가 되지 못하는 것은 목구멍[喉][18]과 어금니[牙]가 서로 가까워 아음 'ㆁ'[ŋ]과 후음 'ㅇ'[zero]이 음성적으로 비슷하기 때문이라고 설명했다. 이 설명을 뒷받침하는 근거로 운서에서 의모疑母 ㆁ이 유모喩母 ㅇ과 서로 혼용되는 사실을 들었다. 이런 설명은 훈민정음 창제자와 해례본 편찬자들이 성운학을 충분히 이해하고 성운학 이론을 활용하여 조선어음을 분석했음을 의미한다. 여기서 한 걸음 더 나아가 의모와 유모의 혼용 현상을 설명하는 데 오행론을 끌어와 水와 木의 근접성에 기인한 것이라고 하였다. 오행론은 삼라만상과 일체 현상을 설명하는 이론 틀이었던 것이다.

제자해에서 전탁음을 표기한 각자병서자의 제자에 대해 설명하기를, 전탁음은 전청음이 엉기어서[凝] 이루어지는 것이어서 전청자를 병서하여 전탁자를 만든 것이라고 하였다. 전청음 ㄱ이 엉기어 ㄲ이 된다는 것이다. 여기서 후음은 예외이다. 후음의 전탁음인 ㆆ은 목구멍 깊은 데서 소리가 나서 소리가 엉기지 못하기 때문에 ㆆ이 아닌 차청음 ㅎ을 병서하여 후음 전탁자 ㆅ을 만들었다고 하며, 예외가 된 까닭을 설명하였다.[19] 성운학에 대한 이해와 조선어음에 대한 정밀한 음성학적 관찰이 없었다면 이러한 설명이 나올 수 없다. 다음 〈표 2〉는 초성자 각 부류에 융합된 요소와 그것의 학문적 성격을 요약한 것이다.

---

18 '喉(후)'[목구멍]는 후두 혹은 성문을 의미하는 것이 아니라 목구멍이며, 이때의 목구멍이란 '인강으로 이어지는 구강의 끝부분' 즉 '구강과 인강에 의해 만들어지는 ㄱ자 관의 구강 쪽 끝부분'이다(신지영 2019: 207). 15세기 당시에 '후두' 혹은 '성문'의 개념이 '喉'와 구별되어 별도로 존재한 것이 아니라고 본다.

19 ㆅ을 포함한 전탁자의 음가 문제와 이 표기가 지향한 바에 대한 해석은 김유범·고경재(2019)를 참고하기 바란다.

〈표 2〉 초성자 각 부류의 융합 요소

초성자 부류 \ 융합 요소	독창적 방법	성운학	성리론
기본자	발음기관의 관찰과 상형법	오음 분류법과 청탁법	오음의 음성적 특성과 오행·오시(五時)·오성의 배합
가획자	소리의 세기 분석과 가획법	오음 분류법과 청탁법	(생성론)
전탁자	청음음성학적 관찰	청탁법	(생성론)
연서자	발음기관의 관찰과 음성 분석		(생성론)

〈표 2〉의 '성리론'란에서 '기본자'의 '오음'은 아설순치후 음을 뜻하고, '오성'은 악률의 궁상각치우 조調를 가리킨다. '기본자'에 성리론이 자세히 기술되어 있고, 나머지 '가획자', '전탁자', '연서자'에는 성리론과 관련된 기술이 없다. '연서자'는 두 개 낱자의 결합이어서 오행의 배정이 곤란한 것이다. 오행으로 보면 ㅂ은 土이고, ㅇ은 水이므로 연서자 ㅸ은 土와 水의 결합이 된다. 그러나 오행 체계에서 이러한 ㅸ에 오행의 값을 배정할 수 없다. 그러나 '가획자', '전탁자', '연서자'는 모두 기본자에서 나오는[生] 것이므로 생성론이 적용된 것으로 보았다.[20]

2) 초성자의 융합 요소에 대한 해석

초성자 제자론에 융합된 학문 이론은 크게 세 부류로 나누어진다. 성운학 이론, 성리학 이론, 그리고 세종이 창안한 독창적 제자 방법이 그것이다. 이 셋 중에서 그 중요성이 가장 큰 '독창적 방법'부터 차례대로 융합 요소를 분석하고 그 의미를 해석해 본다.

---

20 '(생성론)'과 같이 괄호 안에 넣어 표기한 것은 해례본 텍스트의 문면(文面)에 나타나 있지 않지만 적용되었다는 뜻이다.

(1) 독창적 방법

초성 제자론에는 성운학 이론과 성리학 이론을 진일보시켜 독창적 방법으로 발전시킨 학문적 요소가 융합되어 있다. 초성 기본자의 발음기관 상형법과 가획법, 〈표 2〉에 제시한 '독창적 방법'이 초성 제자론에 해당한다. 초성 기본자(ㄱㄴㅁㅅㅇ)의 자형을 발음기관의 동작 모습과 그 형상을 본떠 만든 방법은 중국 성운학에 없는 것이다. 가획법은 기본자를 기준으로 한 음성적 차이를 자형에 반영한 제자 방법이다. "ㅋ은 ㄱ에 비해 소리가 조금 세게 나는 까닭으로 획을 더하였다.[ㅋ比ㄱ 聲出稍厲 故加畫]"라는 기술은 초성 음가에 대한 정밀한 분석과 창의적 제자 방법을 보여 준다. 초성 17자의 자형에 융합된 요소는 발음기관 상형과 가획의 원리이다. 초성자에 융합된 상형 원리의 바탕 위에 가획 원리가 2차적으로 겹쳐진 것이다. 이것은 제자 원리에 내재된 중층성의 하나이다. 발음기관 상형법과 가획법은 성운학을 통해 습득한 음성 분석법을 한 단계 더 발전시킨 세종의 창안이다.

그 밖의 초성자를 만든 원리는 합용의 일종인 병서법竝書法과 연서법連書法이다. 연서자의 하나인 반설경음 ㅱ은 매우 특이한 성격을 띤 제자制字이다. 반설음의 경중輕重 구별은 운서 음에 없는 것이고, 또 국어(조선어)에서도 경중을 구분하지 않지만 반설경음과 반설중음은 (국어에서) 음성 단위로 존재한다[皆得成音]고 하였다. 반설경음자는 ㄹ 아래 ㅇ을 연서하면 되고, 그 조음법은 혀가 윗잇몸에 닿을락 말락 하게 발음하는 것이라고 묘사하였다.[21] ㅱ의 제자법과 그 조음방법을 세밀히 기술해 놓은 것이다. ㅱ의 쓰임을 위해 글자를 준비해 두었으나[備用] ㅱ자를 실용하지는 않았다. 운서음에서도 반설음의 경중 구별이 없고, 조선어의 반설음에도 경중을 구별해서 쓰지 않는

21 半舌有輕重二音, 然韻書字母唯一, 且國語雖不分輕重, 皆得成音. 若欲備用, 則依脣輕例, ㅇ連書ㄹ下, 爲半舌輕音, 舌乍附上腭. 〈정음해례22b_7-8〉

다고 하고서는 조선어에 반설경음과 반설중음은 모두 음을 이룬다고 한 점이 특히 주목을 끈다. 음운론적으로 변별되는 음소는 아니지만 15세기 조선어의 C_1VC_2V 음절 구성에서 C_2 자리에 ᄛ이 실현되었음을 알 수 있다. 필자는 이 부분을 보면서 세종이 다양한 조선어음 자료를 정밀하게 관찰하고 분석했음을 재확인하였다. 성운학을 흡수하여 독창적 음성 분석법을 개발하여 이것을 조선어음에 적용하여 얻어낸 세부적 관찰 중의 하나가 반설경음 ᄛ에 관한 설명이다.

(2) 성운학 이론

초성자 제자론에 융합된 학문은 성운학 이론[22]이며 그 내용은 다음 두 가지이다. 첫째, 조음위치를 기준으로 한 아음·설음·순음·치음·후음의 오음 분류법이다. 조선어음의 초성체계를 세우기 위해 성운학의 오음 분류법이 이용되었다. 훈민정음 초성의 분류 명칭으로 쓰인 아음·설음·순음·치음·후음과 반설음半舌音, 반치음半齒音 같은 용어들은 성운학에서 가져온 것이다.[23] 조음위치에 따른 오음법(아설순치후)과 악률에 따른 오성법(궁상각치우)이『훈민정음』에 수용된 것은 중국 성운학과 등운학의 영향이다. 해례에는 아설순치후 오음과 궁상각치우 오성 간의 상관적 배합이 나타나 있다. 이것은 중국의 대표적인 운도韻圖인『사성등자』및『고금운회거요』의 것과 같다.[24] 오음

22 훈민정음 창제 작업에서 성운학의 이론이 큰 영향을 미쳤음은 주지의 사실이다. 성운학과의 연관성에 대한 설명은 이재돈(2016)을 참고하였다.

23 이재돈(2016: 4-5)에 오성, 오음, 칠음의 역사적 유래를 설명한 내용이 있다.

24 『훈민정음』 해례에서는 순음(脣音)을 궁(宮)에, 喉音(후음)을 羽(우)에 배정해 놓았다. 이것은『절운지장도』나『사성등자(四聲等子)』와 같다. 그러나『동국정운』에서는 이와 달리 순음을 羽에, 후음을 宮에 배정했고,『홍무정운역훈』도 이와 같다. 이보다 앞선 정초(鄭樵)의「칠음략(七音略)」에서 脣音을 羽에, 喉音을 宮에 배정한 바 있다. 후대학자 신경준(1712~1781)의『훈민정음운해』도 이와 같다. 여러 운서에 나타난 순음과 후음의 오성(五聲) 배정과 그 차이점은 김만태(2012: 79-88)를 참고하였다. 이재돈(2016: 5)에도 간략한 설명이 있다.

과 청탁에 따라 산출되는 성모의 개수는 성운학에서 36자모로 분류하는 것이 일반적이나 『훈민정음』 및 『동국정운』에서는 23자모로 설정되었다. 이는 조선어음 및 교정 한자음 표기를 위한 초성체계에 부합되도록 변용變容한 것이다.

둘째, 전청·차청·전탁·불청불탁이라는 성운학의 청탁 분류법을 이용하여 조선어 초성체계를 세웠다. 〈표 2〉의 '성운학'란에 조선어 초성의 음류를 분류하는 데 청탁법을 이용한 사실이 표현되어 있다. 청탁 개념은 해례본 정음편의 예의에 나타나 있는 자모 배열 순서, 제자해의 초성 분류체계, 전청자를 병서한 전탁자(ㄲ ㄸ ㅃ 등), 초성해 및 종성해의 여러 곳에 적용되었다. 종성해에는 종성의 청탁을 두 부류로 나누고, 불청불탁자(ㆁ ㄴ ㅁ ㄹ 등)가 종성인 경우와 나머지 전청자·차청자·전탁자가 종성인 경우, 각각 사성의 실현에 차이가 있음을 설명한 내용이 있다. 종성자의 청탁 여부는 사성(특히 입성)의 실현과 연관되어 있다. 여기에는 조선 한자음에서 종성 t가 l로 변하여 입성 t의 실현이 불가능하게 된 사실도 관련되어 있다.

(3) 성리론

초성자의 분류체계를 설명하는 데 융합한 성리론은 오행론이다. 조음위치를 기준으로 한 아설순치후 오음과 오행을 각각 상관적 짝으로 배합하였다. 오음의 음성적 성질과 오행의 물리적 속성을 서로 관련지어(후음: 水, 아음: 木, 설음: 火, 치음: 金, 순음: 土) 설명하였다. 〈표 1〉에서 보듯이 오행론은 오시五時, 오성(궁상각치우)과 결합되어 있다. 오행론을 성류의 오음법, 음률의 오성법, 계절의 오시법五時法, 인체의 오장五臟과 결합한 것은 통합적 세계관의 전형을 보여 준다. 음양오행론은 우주 만물의 생성과 변전을 설명하는 동양의 자연 철학 이론이다. 이 이론에서는 사람의 음성도 자연 현상의 하나이므로 음양오행의 이치가 그 안에 내재되어 있고, 음성 실현에 작용한다고 보았다. 아설순치후라는 각 발음기관에서 생성되는 음성도 우주 만물의 한 부분이므로 음양오행론의 지배를 받는다고 본 것이다. 마찬가지로 이 이치가 음성을 형상화한 훈민정음 문자체계에 작동하는 것은 당연한 일이다.

2.2.2. 중성자의 융합 요소 분석과 그 해석

1) 중성자의 융합 요소 분석

제자해에서 중성 기본자의 제자 원리와 자형 형상화를 설명하면서 각 중성 기본자의 음성 기술, 삼재 분속分屬, 삼재 상형의 뜻을 밝혀 놓았다. 그 내용을 〈표 3〉으로 정리했다.

〈표 3〉 중성 기본자에 융합된 음성 분석과 삼재론

	자형	음성 분석	삼재 분속	삼재 상형
기본자	·	혀가 움츠러들고 소리가 깊다. 舌縮而聲深	하늘[天]은 자시(子時)에 열린다. 天開於子也	자형이 둥글며 하늘을 본뜬 것이다. 形之圓 象乎天也
	ㅡ	혀가 조금 움츠러들고 소리가 깊지도 얕지도 않다. 舌小縮而聲不深不淺	땅[地]은 축시(丑時)에 열린다. 地闢於丑也	자형이 평평하며 땅을 본뜬 것이다. 形之平 象乎地也
	ㅣ	혀가 움츠러들지 않고 소리가 얕다. 舌不縮而聲淺	사람[人]은 인시(寅時)에 난다. 人生於寅也	자형이 서 있으며 사람을 본뜬 것이다. 形之立 象乎人也

'음성 분석'에서 조음음성학 용어인 설축과 청음음성학 용어인 성聲의 심천深淺으로 중성 기본음의 음성적 특성을 기술했다. 기본음 셋에 삼재를 각각 배정하고, 삼재를 상형하여 중성 기본자 ·ㅡㅣ를 제자制字하였다. 음성 분석법과 삼재론, 삼재 상형법이 중성 기본자에 융합되어 있다. 〈표 3〉 '삼재 분속'란의 "天開於子也 地闢於丑也 人生於寅也천개어자야 지벽어축야 인생어인야"는 삼재를 시時에 배정한 것이다. 삼재를 時와 관련지은 방법론은 『황극경세서』의 "天開於子 地闢於丑 人生於寅천개어자 지벽어축 인생어인"에 처음

나온 것이다. 이어서 『주자어류』 45권 28조에 삼재를 時에 배정한 설명이 나오고,[25] 주희의 『논어집주』 「위령공」편의 '行夏之時행하지시'에 대한 주석에 "天開於子 地闢於丑 人生於寅천개어자 지벽어축 인생어인"이란 표현이 나온다(조희영 2018a: 131-132). 세종과 해례편 편찬자들은 이러한 내용을 알고, 중성의 분석과 분류 그리고 자형 만들기의 제자 원리에 이용한 것이다.[26]

이어서 기본자를 합성하여 초출자와 재출자를 만든 원리가 기술되어 있다. 초출자 생성의 원리는 합성(=合而成합이성)과 음양이다. ·를 ㅡ의 상하 및 ㅣ의 좌우에 합성하여 초출자 네 개를 만들었다. 이 합성에 적용된 성리론은 음양론이다. 그리고 재출자는 ·를 두 번 합성(반복 합성)한 것만 초출자와 다를 뿐 나머지는 모두 같다. 초출자 ㅗㅏㅜㅓ는 天과 地에서 비롯된 것이어서 天地천지의 수가 배정되었다. 재출자 ㅛㅑㅠㅕ는 초출자에 ㅣ(人)가 한 번 더 작용하여 나온 것이어서 재출자에도 天地의 수가 배정되었다. ㅣ가 다시 초출자에 결합하는 것은 사람[人]이 천지天地(=자연)의 가운데서 이 둘을 이어 새로운 것을 만들어 낸다는 삼재론에 기초하고 있다. 중성 기본자 ·ㅡㅣ가 중성 11자의 머리가 되고, 이 중에서도 天에 해당하는 ·가 으뜸이라 하여 기본자 간의 위상차를 삼재론으로 설명했다. 삼재론은 중성자의 생성과 자형 만들기, 음절자 만들기 등의 제자론에 두루 융합되어 있다.[27]

---

25 "楊尹叔問: 天開於子 地闢於丑 人生於寅 如何"라는 글이다.

26 세종과 언문팔유는 경연에서 『성리대전』을 강론하였고, 『성리대전』에는 『황극경세서』 등이 포함되어 있다. 이분들이 주희의 『논어집주』 등을 모두 읽었다고 보는 것은 아무런 문제가 없다.

27 선불교서에도 성리학의 삼재론이 영향을 미친 사례가 있다. 원(元)의 고승 몽산화상 덕이(德異, 1231~1308)가 편찬한 『육도보설』을 한글로 번역하여 간행한 것이 『몽산화상육도보설언해(蒙山和尙六道普說諺解)』(1567 취암사판)이다. 이 책에 삼재와 관련된 다음 문장이 있다. "ᄯᅩ 過과去거無무量량劫겁 無무量량劫겁 몯 첫 劫겁 中듕에 ᄒᆞᆫ쁴 **三삼才ᄌᆡ** 버류믈 븓건마ᄂᆞᆫ 諸졔佛불론 뎌 시져릐 곧 ᄌᆞ겨 숣숣ᄒᆞ샤 妙묘道도ᄅᆞᆯ 불기 아ᄅᆞ샤 이 妙묘道도로ᄡᅧ 無무量량劫겁 中듕에 너비 衆즁生ᄉᆡᆼᄋᆞᆯ 濟졔度도ᄒᆞ거시ᄂᆞᆯ **【잉에 三삼才ᄌᆡ라 ᄒᆞ믄 하ᄂᆞᆯ콰 ᄯᅡ콰 사ᄅᆞᆷ과 서히 三삼才ᄌᆡ이라】**"(36b). 삼재 사상

한편, 초성자와 달리 중성자에는 하도河圖의 천수天數와 지수地數를 성음과 결합한 소강절의 상수론이 융합되어 있다. 天천과 地지에 數수를 배정한 天數천수와 地數지수는 주역의 하도河圖에 이미 나온 것이고, 소옹이 『황극경세서』 성음창화도에 이르러 천수와 지수를 성음聲音과 결합하였다. 『훈민정음』 해례에서는 여기에 다시 음양론과 오행생성론을 결합하고, 주역의 합벽론을 결합하였다. 제자해에 기술된 이 내용을 정리하면 〈표 4〉와 같다.

〈표 4〉는 훈민정음 중성자에 융합된 삼재론, 음양론, 오행생성론의 생위生位 및 성수成數, 상수론과 합벽론을 모두 통합하여 체계화한 것이다. 각 중성자마다 天과 地의 數를 배정하고, 이것을 오행과 관련지어 생위生位와 성수成數를 부여했다. 천지의 수와 생성의 위수는 중성자에만 융합된 상수론이다.

〈표 4〉의 '삼재론'은 삼재(天地人천지인)가 생겨나는 자리와 순서를 뜻한다. 음양론은 천지天地와 대응하며, 초출자와 재출자 생성에 작용하였다. 초출자와 재출자에 오행이 나는 자리[生位생위]와 오행이 이루어지는 수[成數성수]가 융합되어 있다. 상수론을 수용하여 각 중성에 天과 地의 數를 배정하였다.

〈표 4〉의 오른쪽 끝에 놓인 '합벽闔闢'은 성리론과 성음론 두 가지 의미를 공유한다. 성리론 측면에서는 우주의 열림과 닫힘을 뜻하고,[28] 성음론 측면에서는 입의 벌림과 닫힘을 뜻한다. 합벽은 또한 오행과 결합되어 있다. 오행 중의 水와 火는 '理이'로 올라가지 못하고 '氣기'를 벗어나지도 못하여 음과 양이 교합하는 시초가 된다. 그래서 水와 火에 해당하는 중성자 ㅗㅜㅛㅠ는 '닫힘[闔합]'의 특성을 갖는다. 이에 비해 오행 중의 木과 金은 음과 양

이 성리학과 불교학을 넘나든 것임을 알 수 있다.

28 제2부 제1장 각주 28(이 책의 274쪽)에서 『주역』 계사에 나오는 "是故闔戶謂之坤, 闢戶謂之乾, 一闔一闢謂之變"을 인용하고 일합일벽으로 만물의 변화함을 말한 이치를 설명한 바 있다.

〈표 4〉 중성 초출자와 재출자에 융합된 성리론

	字	삼재론	음양론	오행생성론(生位)	상수론	합벽론
기본자	·	天	陽	土가 생겨나는 자리 生土之位也	天五	
	ㅡ	地	陰	土가 이루어지는 수 成土之數也	地十	
	ㅣ	人	中	자리와 수가 미정 固未可以定位成數論	無位數	
	字	삼재론	음양론	오행생성론(生位)	상수론	합벽론
초출자	ㅗ	天 ㅗ初生於天	陽	水가 생겨나는 자리 生水之位也	天一	닫힘[闔]
	ㅏ	天 ㅏ次之	陽	木이 생겨나는 자리 生木之位也	天三	열림[闢]
	ㅜ	地 ㅜ初生於地	陰	火가 생겨나는 자리 生火之位也	地二	닫힘[闔]
	ㅓ	地 ㅓ次之	陰	金이 생겨나는 자리 生金之位也	地四	열림[闢]
	字	삼재론	음양론	오행생성론(成數)	상수론	합벽론
재출자	ㅛ	天 ㅛ再生於天	陽	火가 이루어지는 수 成火之數也	天七	닫힘[闔]
	ㅑ	天 ㅑ次之	陽	金이 이루어지는 수 成金之數也	天九	열림[闢]
	ㅠ	地 ㅠ再生於地	陰	水가 이루어지는 수 成水之數也	地六	닫힘[闔]
	ㅕ	地 ㅕ次之	陰	木이 이루어지는 수 成木之數也	地八	열림[闢]

이 실체화[定質化정질화]된 것으로서 '열림[闢벽]'의 특성을 갖는다. 그리하여 木과 金에 해당하는 중성자 ㅏ ㅓ ㅑ ㅕ는 '열림[闢]'의 특성을 갖는다.[29] 중성의 음성적 특성인 합벽의 차이를 음양오행론으로 해석한 것이다. 중성 기본자(·ㅡㅣ)는 초출과 재출에 앞선 '初生초생'으로서 '再生재생'과 무관하고, 입의 닫힘과 열림[闔闢]의 값에서도 중립적이다.

29 水火未離乎氣, 陰陽交合之初, 故闔. 木金陰陽之定質, 故闢.(제자해) 〈정음해례7a_4-5〉

·는 천오天五의 수로 10 중의 가운데 자리에 있고, ㅡ는 지십地十의 수로 10 중의 말단에 놓여 있다. 그러나 ㅣ는 위수位數에 무관하며 자리와 수가 특정되지 않는다. ㅣ는 삼재의 人에 해당하고, 人은 음양과 오행의 정기가 묘합妙合하여 실체화된 것으로서 음과 양의 성질을 겸유한 존재이다. 삼재에서 사람이 차지한 위상과 중성자에서 ㅣ가 가진 위상이 서로 같다.

신숙주가 쓴 『동국정운』 서문에, 심약과 육법언 등 성운의 학설이 일어나기 시작하여 이론이 많고 와오訛誤가 허다하였으나, 사마온공司馬溫公이 그림으로 나타내고 소강절邵康節이 수리數理를 밝혀서 숨은 것을 찾아내고 깊은 것을 긁어내어 여러 학설을 통일하였다[30]는 내용이 있다. 이것은 『동국정운』 편찬자이자 『훈민정음』 편찬자로 참여한 신숙주가 성운학은 물론 소강절의 상수학을 이해하고 있었음을 뜻한다.[31] 세종과 신숙주 등의 학문이 훈민정음 중성자 제자론에 작용한 결과가 〈표 4〉에 요약되어 있다. 중성 11자에는 음성 분석론(설축과 성심)과 성리론(삼재·음양·오행·합벽), 수리론(생위·성수)이 융합되어 있다.[32] 중성에 관한 이상의 표와 이에 대한 논의는 모두 제자해에 기술된 내용에 근거한 것이다.

중성해에는 중성의 위치와 합용에 관한 설명이 나타나 있다.[33] 중성해 첫

---

30 作者相繼, 各出機杼; 論議旣衆, 舛誤亦多. 於是溫公著之於圖, 康節明之於數, 探賾鉤深, 以一諸說. (동국정운 서문)

31 『황극경세서』가 『훈민정음』, 『동국정운』, 『홍무정운역훈』에 수용된 양상은 심소희(2013: 257-297)에서 자세히 기술된 바 있다.

32 이숭녕(1958: 13)은 중국 후한 말기의 학자 정현(鄭玄 127~200)의 역법(易法)에 나온 天과 地의 數를 해례본 제자해 중성자의 數와 대응시켜 표로 정리해 놓았다. 이어서 "극도로 발전된 宋學的(송학적) 이론이 여기까지 적용되었으나 이것은 물론 중국식 이론의 번안 응용에 지나지 않는다. (…중략…) 세종을 비롯한 諸儒(제유)가 이러한 방식으로 언어철학적인 粉飾(분식)을 꾸민 것"이라고 평가했다(이숭녕 1958: 14). 중성자에 天과 地의 數를 배정한 것은 제자 단계에서 이루어진 것이 아니라 해례편을 지으면서 분식했다고 본 것이다.

33 중성해의 분량(283자)은 초성해의 분량(169자)보다 많다.

머리에서, 정음의 중성이 자운字韻의 가운데 있음을 말하고,[34] '呑툰'자의 예로써 중성자 ·가 놓이는 위치를 예시했다. 그리고 중성해에는 ㅣ상합 중성자를 둘로 나누어, 1자 중성자에 ㅣ가 상합된 10개 자(ᆡㅢㅚㅐㅟㅔᆈㅒᆔㅖ)와 2자 중성자에 ㅣ가 상합된 4개 자(ㅙㅞᆅᆒ)를 설명한 내용이 있다. 특히 ㅣ상합이 가능한 근거를 ㅣ의 음성적 특성으로 설명했다. ㅣ는 발음할 때 혀가 쉽게 펴지고[舌展설전] 입을 벌리기[開口개구]가 쉽기 때문에 ㅣ가 심천·합벽의 여러 중성과 두루 결합할 수 있다고 하였다. 삼재론에서 ㅣ가 人[사람]에 해당되고, 사람이 천지만물에 두루 작용하여 무소불통하는 것과 ㅣ상합이 서로 같다고 했다. 다른 중성에 쉽게 작용하는 ㅣ의 음성학적 특성과 삼재론의 人이 갖는 특성을 상호 관련지어 ㅣ상합의 철학적 근거를 명세한 것이다.

2) 중성자의 융합 요소에 대한 해석

중성자 제자론에 융합된 이론적 요소는 크게 세 부류로 나눌 수 있다. 성운학 이론, 성리학 이론, 그리고 세종이 창안한 독창적 제자 방법이 그것이다. 각 부류에 해당하는 융합 요소와 그 의미를 해석한다.

(1) 독창적 방법론

초성자에도 세종이 창안한 독창적 제자 방법이 있지만 중성자 제자 방법은 그 독창성이 더욱 현저하다. 바로 앞에서 언급했듯이 중성 음가의 기술에 나오는 '闔闢합벽'은 성운학의 용어에 없는 것이며, 성운학의 등호와 다른 개념이다. 해례본에서 중성의 대립체계를 설정하는 데 쓴 '舌縮설축', '聲深성심', '口蹙구축', '口張구장' 등은 성운학에서 쓰이지 않는 용어이거나, 쓰였다 하더라도 그 개념이 전혀 다르다. 해례본의 '深淺심천'이란 용어가 『동국정

---

34 中聲字 居字韻之中, 合初終而成音. 〈정음해례15b_3-16a_1〉

운』에 쓰였지만[35] 중국 성운학 용어로는 쓰이지 않았다.[36] '舌縮却설축각'이란 표현[37]이 중국 송대의 『대광익회옥편』(1013)에 보이지만 각음角音에 해당하는 성모의 음가 기술에 쓰인 것이어서 중성 기술에 쓰인 '舌縮설축'과는 거리가 있다.

중성자 제자에 적용된 독창적 방법을 더 자세히 설명하면 다음과 같다. 중성 기본자의 음가 기술과 대립체계를 설정하기 위해 만든 '舌縮설축'과 '聲深성심'의 원리는 성운학에 없는 독창적 방법이다. 기본자의 자형은 천지인 삼재를 '상형'하여 만들었으나 기본자 간의 음성적 대립관계는 설축과 성심으로 파악하였다. 기본자를 '합이성'하여 초출자와 재출자의 자형을 만든 점 역시 현저히 독창적인 제자론이다. 기본자(·ㅡㅣ)를 서로 합이성合而成하여 만들어 놓고, 그 음가를 구축과 구장의 개념으로 기술한 점 역시 독창적 요소이다. 예컨대 ·와 ㅡ를 합성하여 ㅗ를 만들고, "ㅗ는 ·와 같으나 입이 오므라진다.[ㅗ與·同而口蹙]"라고 그 음가를 기술했다. ㅏ는 ·와 설축과 성심의 정도는 같은데 입술을 펴는 점[口張구장]만 다르다고 기술했다. "ㅜ는 ㅡ와 같은데 입술을 오므리고, ㅓ는 ㅡ와 같은데 입술을 편다."[38]라고 구축과 구장의 개념으로 중성 ㅜ와 ㅓ의 음가를 기술했다.

재출자(ㅛㅑㅠㅕ)의 자형 만들기에서는 ·를 한 번 더 합성한 근거를 '起於ㅣ기어ㅣ'[ㅣ에서 일어남]라는 음성적 공통성으로 기술한 점도 독창적 방법의 하나

---

35 『동국정운』 서문의 "칠음과 사성이 경위(經緯)로 서로 교차하고, 소리의 맑음과 흐림, 가벼움과 무거움, 깊음과 얕음, 빠름과 느림이 자연으로 생겨났다.[七音四聲, 經緯相交, 而淸濁輕重深淺疾徐, 生於自然矣.]"라는 문장에 '深淺(심천)'이 보인다.

36 중국 성운학 관련 여러 서적에서 '深淺(심천)'이란 용어를 찾을 수 없었다. 그러나 훈민정음의 11개 중성음과 성운학의 사등(四等)을 관련지은 유창균(1959: 39)은 ·ㅗㅏ가 1, 2등, ㅡㅜㅓ가 3등, ㅣㅛ/ㅠ ㅑ/ㅕ가 4등에 대응함을 밝혔다. 1등과 2등이 하나로 묶인 것은 13세기 말 『고금운회거요』에서 1, 2등이 합류된 것을 반영한다. 유창균(1959)의 연구 내용은 조운성(2020: 37)에서 재인용한 것이다.

37 '舌縮却(설축각)'에 대한 설명은 이 책의 531쪽 각주 112를 보기 바란다.

38 ㅜ與ㅡ同而口蹙, ㅓ與ㅡ同而口張. (제자해) 〈정음해례5a_5〉

이다. 재출자 ㅛ ㅑ ㅠ ㅕ는 초출자 ㅗ ㅏ ㅜ ㅓ에서 각각 대응하는 짝을 기준으로 삼아 ㅣ에서 일어나는 소리라고 하였다.[39] ㅛ는 ㅗ와 설축·성심·구축에서 서로 같고 ㅣ(j)에서 시작하는 소리라는 점만 다르다고 기술했다. 반모음 ㅣ가 결합하여 재출자가 생성되는 음성학적 특징을 포착하고, 이것을 '起於ㅣ'라고 표현한 것이다.

그런데 초출자에 ㅣ(人)가 다시 작용하여 나온 것이 ㅛ ㅑ ㅠ ㅕ라고 설명되어 있으나 자형으로 보면 다시 결합한 요소는 ·(天)이다. ㅣ가 아니라 ·가 다시 작용하여 초출자와 재출자를 생성한 것이다. 이것이 天을 生의 주체로 본 성리론에 근거한 것이기는 하나 자형상으로 보면 괴리가 있다. 이 괴리가 발생한 까닭은 조화롭고 균형 잡힌 자형을 만들어 내기 위함에 있다고 생각한다. 균형 잡힌 자형을 만들려면 기본자 ·ㅡㅣ 중에서 ·를 ㅡ와 ㅣ에 '合而成'하는 것이 최선의 방법이다. 중성 11자의 제자 원리와 자형 형상화에는 성리론과 함께 균형 잡힌 자형을 만들기 위한 디자인 구상이 내장되어 있다.

제자 대상이 된 중성 11자 이외의 다른 중성자 자형을 만든 원리인 '동출'과 '상합' 역시 독창적 제자 방법이다. 예컨대 "ㅗ와 ㅏ는 함께 ·에서 나왔으므로 합하여 ㅘ가 된다.[ㅗ與ㅏ同出於· 故合而爲ㅘ]"라고 했다. ㅘ, ㅝ 등의 중성 합용자를 만든 원리는 '同出동출'이다. '同出동출'은 설축, 성의 심천, 음양의 원리에서 서로 같은 부류에서 나온 것임을 뜻한다. 동출을 근거로 중성 동류자同類字를 세운 것이다.

음절의 중심이 되는 핵모음(=주모음) 뒤에 'ㅣ'를 합성하는 것을 ㅣ상합이라 칭하였다. ㅣ가 심천이나 합벽을 가리지 않고 많은 중성자와 결합할 수 있는

---

39 ㅛ與ㅗ同而起於ㅣ, ㅑ與ㅏ同而起於ㅣ, ㅠ與ㅜ同而起於ㅣ, ㅕ與ㅓ同而起於ㅣ. (제자해) 〈정음해례5b_2-5〉

근거를 다음의 두 가지로 나누어 제시한 점 역시 독창성이 뚜렷한 방법론이다. ①혀를 펴서 발음하는 ㅣ는 그 소리가 얕아서 입을 벌리기 쉽기 때문이라는 음성학적 근거이다. ②사람이 만물의 계발啓發에 두루 참여하듯이, 삼재의 人에 해당하는 ㅣ도 여러 중성자와 두루 결합한다고 설명한 점이다. ㅣ상합에 의한 중성자 형성을 ㅣ의 음성학적 특성으로 설명하고, 이것을 다시 삼재론으로 뒷받침하였다. 훈민정음 제자론에 중층적으로 융합된 학문 요소를 여기서도 관찰할 수 있다.

15세기 중기에 중성의 음가를 이처럼 체계적으로 관찰하고 여기에 근거하여 제자 방법을 창안해 낸 점은 경탄할 만하다. 음성학적 관찰과 체계적 제자 방법의 창안은 한어 성운학을 통해 운모와 운류의 분석 방법을 체득하고, 이를 다시 조선어음의 중성 분석에 창의적으로 변용한 결과이다. 중성 제자론은 초성에 비해 성운학의 영향이 상대적으로 미미하고, 독창적 용어의 창안과 독창적 음석 분석 방법의 비중이 훨씬 크다.

(2) 성운학 이론

중성자 제자론에 융합된 요소로서 성운학 이론은 뚜렷하게 나타나 있지 않다. 중성해 첫머리의 "중성은 자운의 가운데 있으며 초성과 합하여 음을 이룬다."[40]라는 문장 속에 성운학의 운모 개념이 반영되어 있다. 초성에서 한어漢語 성운학의 중요 분류 기준인 오음법과 청탁법이 조선어음 분석에 이용되었으나 중성에서는 성운학의 운모 관련 술어가 이용되지 않았다. 성운학의 운도韻圖에 나오는 운섭韻攝·운목韻目·운류韻類·내전內轉과 외전外轉 등의 술어와 개음介音에 따라 운류를 나눈 사등四等(1-2-3-4등운)과 사호四呼(開口呼개구호-合口呼합구호-齊齒呼제치호-撮口呼촬구호), 홍음洪音(1-2등운)과 세음細音

40 中聲者, 居字韻之中, 合初終而成音. 〈정음해례15b_3-16a_1〉

(3-4등운) 등의 분류법이 조선어음의 중성 분석에 이용되지 않았고, 이와 관련된 용어도 쓰이지 않았다.[41]

다만 천지의 닫힘과 열림을 뜻하는 '합벽闔闢'이 '입의 닫힘과 열림'의 뜻으로 정음의 중성 분류에 이용되었다. 〈표 4〉에서 보듯이 'ㅗㅜㅛㅠ'는 '闔[닫힘]'이고, 'ㅏㅓㅑㅕ'는 '闢[열림]'이다. '합벽'은 주역에서 변화를 설명하는 용어로 쓰인 것이며, 성운학에서는 등호 분류에 쓰인 '개합開合' 혹은 '흡벽翕闢'[42]과 관련된 용어이다.[43] 『동국정운』의 '翕闢흡벽'은 『황극경세서』의 '闢翕벽흡'의 한자 순서를 바꾼 것이고, 『훈민정음』의 '闔闢합벽'은 성운학의 '흡벽'을 변용한 것이라고 하겠다. 〈표 4〉에 쓰인 '闔闢합벽'은 조선어 중성에서 원순모음과 비원순모음의 구별에 쓰여서 성운학의 개합開合[44]의 뜻과 같지 않다. '합벽'은 『훈민정음』에만 쓰인 용어이고, '深淺심천'은 『훈민정음』과 『동국정운』에서 모두 쓰였다. '합벽'은 세종과 세종의 운서 편찬 사업에 참여한 학자들(성삼문, 신숙주 등)이 조선어음 분석을 위해 주역의 '闔闢합벽'을 가져와 음성 분석 용어로 변용한 것으로 볼 수 있다. 소옹의 '흡벽'이란 용어도 이와 관련된 것으로 보인다.

'설축', '구축', '구장', '심천'은 중국 성운학에 쓰이지 않는 용어이다. '설축·

41 이러한 용어와 관련하여 유창균(1979)은 『동국정운』의 한 운목 속에 든 자류(字類)의 분류 순서를 다음과 같이 설정했다(임용기 1991a: 59). 운목(91)→운류(26)→종성(8)→중성(12)→개합(4등호)→초성(23)→사성(4).

42 '翕闢(흡벽)'이란 용어가 『동국정운』 서문의 다음 문장에 쓰여 있다. "호흡이 돌고 구르는 사이에 경중과 흡벽의 틀[機]이 또한 반드시 말의 소리에 저절로 끌림이 있으니, 이것이 바로 자음(字音)이 따라서 변하게 된 까닭이다.[然其呼吸旋轉之間, 輕重翕闢之機 亦必有自牽於語音者, 此其字音之所以亦隨而變也.]" 이 번역문은 강신항(2003a: 215)을 참고하여 조금 다듬은 것이다.

43 조운성(2020: 37)은 '합벽'을 소옹의 '闢翕(벽흡)'에서 온 것으로 보이고, '深淺(심천)'은 『동국정운』과 『훈민정음』에서 모두 쓰이는데, 그 유래를 찾기 어렵다고 하였다.

44 한어 성운학에서 '開合(개합)'은 개음(介音) [w]의 유무에 따른 등호(等呼) 구별이다. 개음 [w]의 유무는 원순성의 유무와 실질적으로 같다.

설소축·설불축'과 '구축·구장' 등의 자질이 중국 성운학의 등等과 개합開合에 바탕을 둔 것이라 할 수 있지만, '설축·설소축·설불축'이 等과 맞지 않은 경우도 있고, '구축·구장'이 開合개합과 맞지 않은 경우도 있다(임용기 2019: 100).[45]

훈민정음의 중성자 제자론은 독창적 성격이 뚜렷하다. 중국 성운학의 운모론을 일부 흡수하여 이를 변용하거나 새로운 개념을 창안하였다. 반절법에서 '운모韻母'는 더 이상 나누지 않으나 등운학에서는 운모를 운두韻頭, 운복韻腹, 운미韻尾로 분석한다. 그런데 훈민정음의 삼분법은 등운도等韻圖의 운모 분석법과 같지 않다. 등운학의 운미는 정음 문자체계에서 종성이라는 이름으로 중성과 분리되어 있다. 그리고 초성자를 가져와 종성자에 쓴다(종성부용초성). 등운학의 운미에는 이런 개념이 없다. 훈민정음의 음절 삼분법은 등운학의 운미 분리법을 참고했을 수 있으나 그 내용이 아주 다르다. 훈민정음 제자론에서 중성 제자는 성운학의 운모론과 대응되는 점을 찾기 어렵다. 훈민정음의 종성법(삼분법과 종성 분리, 종성부용초성, 팔자가족용)은 성운학의 운미와 견주어 말할 수 없는 특성을 지닌다.

(3) 성리학 이론

〈표 4〉에서 보듯이, 중성자 제자론에 융합한 성리론은 삼재론, 음양론, 오행론, 상수론, 생성론이다. 초출자와 재출자의 삼재론, 천과 지의 수數, 오행이 생겨나는 자리[生位생위]와 오행이 이루어지는 수[성수成數]라는 성리론이 중성자 체계에 융합되어 있다. 중성 기본자(·ㅡㅣ)의 자형은 천지인 삼재의 형상을 본떠 만들었다. 기본자를 조합하여 초출자와 재출자를 만드는 데에는

45 임용기(2019: 104)는 설축 ·ㅗㅏ와 설소축 ㅡㅜㅓ가 중고음의 등(等)에 근거한 것이라는 추정을 확인하려면 여러 운서 음과 대조하는 등 매우 번잡한 작업이 필요하고, 복잡한 문제점이 수반된다고 하였다. 이런 작업이 만족할 만한 성과를 얻어내기 어렵다고 본 듯하다.

삼재론이 전제로 깔리면서 그 위에 음양론이 작용하였다. 중성 11자에는 생위와 성수가 배정되어 이것이 오행과 결합하여 오행생성론을 이루었다. 중성자 제자에서 생성론은 중성 11자의 생위生位 및 성수成數 배정의 근본 원리이면서, 동출 합용법과 ㅣ상합법 등 중성 제자에 두루 적용되었다.

오행론의 적용 양상은 초출자와 재출자의 동출음同出音 간에 서로 다른 점이 있다. 초출자에 배합된 오행은 ㅗ:水, ㅏ:木, ㅜ:火, ㅓ:金이고, 재출자에 배합된 오행은 ㅛ:火, ㅑ:金, ㅠ:水, ㅕ:木이다. ㅗ(水)와 ㅏ(木)에서 각각 동출한 ㅛ(火)와 ㅑ(金) 간의 오행 배정이 水木 대 火金으로 서로 다르다. ㅜ(火)와 ㅓ(金)에서 각각 동출한 ㅠ(水)와 ㅕ(木) 간의 오행 배정이 火金 대 水木으로 서로 다르다. 음양과 합벽에서 같은 성질을 가진 ㅗ와 ㅛ, ㅏ와 ㅑ, ㅜ와 ㅠ, ㅓ와 ㅕ 간의 오행 배정이 각각 다르다. 그 뿌리가 같음에도 불구하고 서로 다른 오행이 배정되어 있다. 초출자와 재출자 간 오행의 불일치는 초출자에 ㅣ가 더해지면서 생겨난 오행의 변화를 반영한 것이라고 해석할 수 있다.

2.2.3. 종성자의 융합 요소 분석과 그 해석

1) 종성자의 융합 요소 분석

종성자에 관한 제자해의 기술은 간략하고 짧다. 중성은 심천과 합벽이란 음성적 특성으로 음절 생성의 선도先導가 되어 앞에서 초성을 부르고, 초성은 오음과 청탁이란 음성적 특성으로 중성의 부름에 화답하여 뒤에서 응하는 존재로 보았다.[46] 종성에 이르러서는 "초성은 또한 종성이 된다."라고 하며 초성자는 종성자를 가져와 쓰는 것으로 규정했다. 초성이 종성이 됨은 만물이 땅에서 생겨나 다시 땅으로 돌아가는 자연의 이치와 같다고 하며,[47]

46 中聲以深淺闔闢 唱之於前, 初聲以五音清濁 和之於後. (제자해) 〈정음해례7b_7-8a_1〉

47 而爲初亦爲終, 亦可見萬物初生於地, 復歸於地也. (제자해) 〈정음해례8a_1-2〉

초성과 종성을 순환론적 관계로 보았다. 이는 예의에서 간단히 언급했던 '종성부용초성'을 철학적으로 설명한 것이다.

중성이 초성을 부르면 초성이 응한다는 것은 관계론적 사고이고, 초성이 다시 종성이 됨은 순환론적 사고의 전형이다. 초성·중성·종성을 관계론과 순환론의 관점에서 하나의 음절자에서 통합한 것이다. 제자해 말미 〈정음해례8b_6-9a_1〉에서 '종성부용초성'의 의미를 성리학적 순환론으로 다시 설명하기를, 초성을 종성에 다시 쓰는 것은 하나의 으뜸 기운이 두루 흘러 순환하여 정貞이 다시 원元으로 돌아가고, 겨울이 다시 봄으로 돌아가는 것과 같다고 하였다.[48] 존재를 바라보는 관계론적 사고와 순환론적 사고는 주역 철학의 핵심이다. 주역의 64괘효는 인간을 포함한 천지만물의 변화를 64개 범주로 일반화한 틀이다. 각 괘효 안에서 개별 효와 효의 관계는 변화를 거듭하고 순환하는 것이 역易의 본질이다. 64괘효는 변화의 형식이다. 이 형식에 작용하는 변화의 기제는 관계와 순환이다.

종성에 관한 기술은 제자해보다 종성해에 더 자세하게 나와 있다. 초성해(169자)와 중성해(283자)보다 종성해(487자)의 분량이 더 많다. 종성해의 첫머리에는 "종성은 초성과 중성을 이어받아 자운을 이루는 것"이라고 하여 종성의 직능을 규정하고, '卽즉'자와 '洪ᅘᅩᇰ'자의 예를 들어 음절자에 놓이는 종성 ㄱ과 ㆁ의 위치를 설명했다. "설음, 순음, 치음, 후음 종성은 모두 이와 같다."라고 하고서 나머지에 대한 설명은 모두 생략했다.[49]

종성해에서 종성의 청탁 차이가 평성·상성·거성 및 입성의 구별을 만드는 것이라고 했다. 예컨대, 종성 ㆁㄴㅁㅇㄹㅿ 여섯 소리는 평성·상성·거성 중

48 終聲之復用初聲者 (…중략…) 一元之氣, 周流不窮, 四時之運, 循環無端, 故貞而復元, 冬而復春. 〈정음해례9a_1〉

49 舌脣齒喉皆同. 〈정음해례17b_6〉

의 하나가 되고, 나머지 종성(ㄱㄷㅂㅅ)은 모두 입성이 된다는 것이다.[50] 이 설명은 운서의 사성 분류법을 조선어음의 종성에 변용해서 말한 것이다. 조선어음의 종성이 음절말에서 막히는 소리(ㄱㄷㅂㅅ)를 운서의 입성에 대응시켰다. 운서의 입성에 해당하는 소리가 조선어음에 어떤 양상으로 존재하는지를 찾아내어, 사성의 구별이 조선어음에서 운서의 그것과 다른 방식으로 존재함을 인지하고, 이를 사성법의 틀에 넣어 기술했다. 이 점은 특히 입성의 처리에서 두드러진다. 음절말의 종성이 막히는 소리(ㄱㄷㅂㅅ)에 ㅅ이 포함된 점에 유의할 필요가 있다. 종성 ㅅ이 막혀 입성이 되면 [t]로 발음된다. 이렇게 되면 종성에서 ㅅ과 ㄷ의 구별이 없어져 7종성과 같아진다.[51]

종성의 청탁에 따른 사성 구별을 말하고 나서, 조선어의 종성 표기에 가장 중요한 규정을 간략히 덧붙여 놓았다.[52] 이것이 이른바 '팔자가족용八字可足用' 즉 팔종성법이다. 종성자를 따로 만들지 않고 초성을 다시 쓰는 것(종성부용초성)으로 규정했지만 이 규정에 제한을 두어 'ㄱㆁㄷㄴㅂㅁㅅㄹ' 8자만으로 종성 표기에 충분하다고 했다. 특히 종성 ㅅ, ㅿ, ㅈ, ㅊ은 ㅅ 하나로 쓸 수 있다고 하였다. 그 예시로 '빗곶'과 '엿의갗'을 들고 이 낱말들의 종성을 모두 ㅅ으로 쓴다('빗곳'과 '엿의갓')고 규정했다. 종성에 오는 치음 계열을 모두 ㅅ으로 대표시켜 적도록 한 것이다. 종성에 후음 ㅇ을 쓰지 않는 이유는 이 소리의 음가가 '담백하고 텅 빈 것[淡而虛]'이기 때문이라 하였다. 초성, 중성, 종성이 합쳐져야 소리가 이루어지지만[成音] 후음 ㅇ은 종성에 쓰지 않고 중성만으로 성음을 이룰 수 있다고 하였다. 이 규정은 현대국어에 이르기까지

---

50 所以ㆁㄴㅁㅇㄹㅿ六字爲平上去聲之終, 而餘皆爲入聲之終也. 〈정음해례18a_3〉 'ㄱㄷㅂㅅ'은 '而餘皆(이여개)'라고 표현되어 있다.

51 이 점은 15세기 표기법의 8종성설과 7종성설에 영향을 미칠 수 있다. 이동석(2020)에서 이 부분이 자세히 고찰된 바 있다.

52 然ㄱㆁㄷㄴㅂㅁㅅㄹ八字可足用也 (…중략…) ㄹ如諺語 :실爲絲之類. 〈정음해례18a_4-18b_2〉

우리말 표기법의 가장 중요한 기둥이 되어 있다.

종성 여덟 자[八終聲]를 기술한 문장에는 성운학 혹은 성리학 이론에 관한 것이 없다. 후음 ㅇ의 경우 "소리가 담백하고 비어 허하다.[聲淡而虛]"란 표현이 들어가 있으나 한어 성운학과 관련된 표현은 아니다. 종성 8자에 대한 세 가지 내용은 제자 원리가 아니라 정음자의 운용법에 관한 규정이기 때문에 성리론을 끌어와서 설명할 필요가 없었을 것이다.

이어서 종성해에는 종성의 음가를 완급에 따라 대응짝을 설명해 놓은 내용이 나온다. "오음의 완급은 또한 각자 짝을 이룬다.[五音之緩急, 亦各自爲對.]"라는 총설에 이어 오음의 완급을 기준으로 각각의 대응짝을 설정하고 그 음성 특성을 기술했다. '완급에 따른 오음의 대응짝'은 아음만 구체적 예시를 들고[53] 나머지는 "舌之ㄴㄷ, 脣之ㅁㅂ, 齒之ㅿㅅ, 喉之ㅇㆆ, 其緩急相對, 亦猶是也설지ㄴㄷ, 순지ㅁㅂ, 치지ㅿㅅ, 후지ㅇㆆ, 기완급상대, 역유시야"와 같이 간략히 처리해 놓았다.

2) 종성자의 융합 요소에 대한 해석

종성자에 융합된 학문 요소는 다음 네 가지로 정리할 수 있다.

첫째, 성운학의 '자운字韻'의 개념을 초성·중성·종성의 결합체(CVC)인 음절자에 적용하였다. 종성해 첫머리에서 종성은 초성과 중성을 이어서 '字韻'을 이룬다고 하였다. 여기서 말한 '자운'이란 CV(C)가 결합한 음절자의 음성 실현체를 가리킨다. 성운학의 '자운'은 성모와 운모의 결합체를 뜻하며 종성 개념은 표면에 나타나 있지 않다. 그러나 해례 종성해에서는 종성을 초성 및 중성과 대등한 단위로 설정하였다. 종성해의 이러한 기술은 조선어음

53 如牙之ㆁ與ㄱ爲對, 而ㆁ促呼則變爲ㄱ而急, ㄱ舒出則變爲ㆁ而緩. (종성해) 〈정음해례18b_4〉

에서 종성의 성격과 위상이 중국 한자음과 다른 것임을 인식한 결과이다.

둘째, 성운학의 사성 분류법(평상거입)을 빌려와 이용했으되, 조선어음에 존재하는 운소에 맞도록 변용하였다. 조선어음의 입성을 관찰하여 종성 ㄱㄷㅂㅅ일 때 입성이 됨을 포착했다. 종성해에서 조선 한자음의 종성 ㄹ이 가진 특성을 기술해 놓았다. 한어 운서음의 입성자 운미 t[ㄷ]이 조선 한자음에서 모두 l[ㄹ]로 변했는데, '彆'을 '별'로 적으면 입성이 되지 못하므로 '볋'으로 써야 마땅하다고 했다. 성운학의 지식으로 조선 한자음이 운서음에서 이탈한 음운 변화를 인식하고 이를 바로잡기 위한 방안을 말한 것이다.

셋째, '완급'의 개념을 종성에 적용하여 오음의 각각에 완급의 대응짝을 설정하고 그 차이를 음성적으로 설명하였다. 완급의 개념을 이용하여 ㆁ:ㄱ, ㄴ:ㄷ, ㅁ:ㅂ, ㅿ:ㅅ, ㅇ:ㆆ과 같은 완급 대응짝을 세운 방법론은 중국 성운학 이론에 없는 것이다. 이것은 해례본 편찬자들이 조선어의 종성이 ㄱ, ㄷ, ㅂ, ㅅ일 때 폐음화가 일어나고, ㆁ, ㄴ, ㅁ, ㅿ일 때 폐음화가 일어나지 않는 현상을 완급의 개념으로 설명한 것이다. 음절말 자음이 무성 정지음일 때 폐음화되는 음운 현상이 15세기에 존재했음을 인식한 것이다. 성운학에 없는 음성 분석법을 창안하여 음절말 자음의 폐음화라는 조선어음 특유의 음운 현상을 설명한 것이다.

넷째, 종성자에 융합된 성리학 이론은 삼재론이다. 초성자를 다시 종성자로 쓰는 것은 만물이 땅[地]에서 생겨나 땅[地]으로 돌아가는 이치와 같다고 하였다. 종성자를 별도로 만들지 않고 초성자를 가져다 쓰도록 한 '종성부용초성' 규정을 삼재론으로 설명한 것이다. 삼재의 순환 이치에 따라 종성부용초성 규정을 세웠으나, 조선어음을 표기하는 데는 8개 종성자로 족하다는 단서 조항을 붙였다. 이 단서 조항은 삼재론의 작용 범위를 좁힌 것이라 할 수 있다.

2.2.4. 음절 삼분법과 합자법에 융합한 성리론

1) 음절 삼분법과 합자법의 융합 요소 분석

훈민정음 제자론에서 가장 중요한 의의를 가진 것은 음절 삼분법과 음절 합자법 그리고 이로부터 안출된 종성부용초성 규정이다. 이 셋 중에서 가장 근본이 되는 것은 음절 삼분법이다. 음절 삼분법은 음절 합자법의 전제가 되고 종성이 초성과 같다는 인식을 가능케 한 틀이기 때문이다. 제자해에서는 삼분법과 합자법에 대한 성리론적 해설을 비교적 자세히 베풀어 놓았다. 제자해에서 '中聲凡十一字중성범십일자'에 대한 기술을 마친 후 초성과 중성을 대비시켜 성리론적 특성을 비교한 문장이 있는바,[54] 이 내용은 사실상 음절 삼분법에 대한 기술이다. 이 내용을 표 형식에 담아서 표현하면 〈표 5〉와 같다.

〈표 5〉 초성과 중성에 융합한 성리론의 비교

	음양과 강유	속성	오행의 기(氣)와 질(質)	삼재론	위치와 직능
중성	음양=하늘의 도 陰陽 天道也	하나가 깊으면 하나는 얕음, 하나가 닫히면 하나는 열림 一深一淺, 一闔一闢	음양으로 나뉘어 오행의 기운(氣運)을 갖춤 是則陰陽分而五行之氣具焉	하늘의 작용 天之用	심천과 합벽으로 앞에서 부름 深淺闔闢 唱之於前
초성	강유=땅의 도 剛柔 地道也	허함과 실함, 날림과 막힘, 무거움과 가벼움 或虛或實, 或颺或滯, 或重或輕	강유로 나타나 오행이 물질(物質)을 이룸 是則剛柔著而五行之質成焉	땅의 일함 地之功	오음과 청탁으로 뒤에서 화답하여 종성이 됨 初聲以五音淸濁和之於後, 而爲初亦爲終.

〈표 5〉에서 보듯이 초성과 중성을 대비하여 양자의 성리론적 특성과 차이점을 여러 측면에서 설명하였다. 종성에 대한 설명은 따로 하지 않고, "초

54 이 문장은 "以初聲對中聲而言之~復歸於地也"〈정음해례7b_2-8a_2〉에 걸쳐 서술되어 있다.

성이 또한 종성이 된다."라고 짧게 언급하는 데 그쳤다. 즉 종성의 속성은 초성의 그것과 같다는 뜻이다. 〈표 5〉에 나타난 또 하나의 특이점은 중성에 대한 기술이 앞서고, 초성에 대한 기술이 그 뒤를 따르는 점이다. 한 음절을 발음하는 순서 혹은 쓰는 순서에서 초성이 앞섬에도 불구하고, 중성을 앞에 둔 까닭을 다음과 같이 설명해 놓았다. 중성은 소리의 깊음과 얕음[深淺심천], 열림과 닫힘[闔闢합벽]을 갖추어 '앞에서 부르는 존재[唱之於前]'이다. 이에 비해 초성은 오음과 청탁으로 '뒤에서 화답하는 존재[和之於後]'이다. 중성은 앞에서 부르는 존재라고 한 것은 음절 중심이 중성에 있음을 인식했음을 의미한다. 초성이 중성 앞에 놓여 발성됨에도 불구하고 '뒤에서 화답하는 존재'라고 한 것은 초성 단독으로 발성될 수 없음과 초성이 다시 종성이 되는 특성을 함의한다. 종성에 대한 별도의 언급은 없지만 "초성이 또한 종성이 된다."라고 하였기 때문에 종성은 초성의 성리론적 특성을 공유한다. 이런 점에서 〈표 5〉는 사실상 음절 삼분법의 성리론적 특성을 설명한 것이라 할 수 있다.

초성과 중성을 대비하여 〈표 5〉와 같이 음절 삼분법을 설명한 뒤에 이어서 초성자·중성자·종성자를 서로 합성하여 음절자[55]를 만드는 방법[初中終合成之字] 즉 합자법에 담긴 성리학적 의미를 설명하였다. 제자해의 음절 합자법[56]에 기술된 성리론을 표 형식에 담아서 표현하면 〈표 6〉과 같다.[57]

55 초성자·중성자·종성자를 합하는 방법을 '합자법'이라 부르고, 이렇게 만들어진 음절 단위자를 '음절자(音節字)' 혹은 '음절합자(音節合字)'라 부른다.

56 以初中終合成之字言之~終聲之復爲初 亦此義也. (제자해) 〈정음해례8a_3-9a_2〉

57 〈표 6〉의 종성란에 다 넣지 않았지만 초성을 종성으로 다시 쓰는 것에 대한 성리학적 설명이 특히 자세히 기술되어 있다. 해당 문장은 다음과 같다. 終聲之復用初聲者, 以其動而陽者乾也, 靜而陰者亦乾也, 乾實分陰陽而無不君宰也. 一元之氣, 周流不窮, 四時之運, 循環無端, 故貞而復元, 冬而復春. 初聲之復爲終, 終聲之復爲初, 亦此義也. (제자해) 〈정음해례8b_6-9a_2〉 앞의 종성법을 논하는 자리에서 이 내용을 언급하였다.

〈표 6〉 음절 합자법에 융합한 성리론(제자해)

	직능	삼재	동정	속성
초성	움직임을 발함[發動] 初聲有發動之義	天之事	動[움직임]	정신의 운용 神之運
중성	이어받아 연접함[承接] 中聲承初之生 接終之成 초성·종성과 합하여 음을 이룸[成音] 初終合而成音	人之事	動[움직임]	인예신의지(仁禮信義智)는 정신의 운용 仁禮信義智神之運
			靜[고요함]	간심비폐신(肝心脾肺腎)은 물질의 이루어짐 肝心脾肺腎質之成也
종성	멈추어 그침[止定] 止定終聲有止定之義	地之事	靜[고요함]	종성부용초성 終聲之復用初聲

〈표 6〉은 제자해에서 음절 합자법을 설명한 첫머리 "以初中終合成之字言之이초중종합성지자언지"〈정음해례8a_3〉에서부터 맨끝의 "亦此義也역차의야"〈정음해례9a_2〉에 이르는 내용을 이해하기 쉽도록 표로 구성한 것이다. 〈표 6〉에는 초성·중성·종성이 합쳐져 하나의 자운이 되는 원리를 성리학의 음양론과 삼재론 그리고 천지만물의 순환론에 의거하여 설명한 내용이 요약되어 있다. CV 구조의 초성과 중성을 대비적으로 설명한 〈표 5〉에서는 중성(V)의 삼재론적 성격을 '天之用천지용'이라 하고 초성(C)을 '地之功지지공'이라 했다. 그런데 CVC 음절자 합자법을 설명한 〈표 6〉에서는 중성의 삼재론적 성격을 '人之事인지사'라 하고, 초성은 '天之事천지사', 종성은 '地之事지지사'라고 하였다. 〈표 5〉에서 초성을 '地之功지지공'이라 했는데 〈표 6〉에서는 초성을 '天之事천지사'라 한 것이 서로 모순되는 것처럼 느껴질 수도 있다. 〈표 5〉에서 초성이 지닌 발동의 속성은 건乾과 양陽에 속한 것이고, 乾건과 陽양은 天천의 소관이기 때문에 초성을 '天之事천지사'라고 한 것이다. 〈표 5〉는 초성과 중성의 대비적 관계망에서 갖는 성리론이고, 〈표 6〉은 초성+중성+종성(CVC)이 결합하는 관계망 속에서 갖는 성리론이다. 관계가 달라지니 성리론적 속성이 달라진 것이다. '天之用천지용', '人之事인지사', '地之功지

지공'에 쓰인 '用용'(體체의 실현)[58]·'事사'(일)·'功공'(=공효)은 초성·중성·종성이 관계망에 따라 달라지는 직능을 표현하였다.

〈표 6〉에는 설명 내용이 비교적 긴 종성부용초성의 성리론적 의미[59]를 반영하지 않았다. 일원지기一元之氣가 두루 흘러 막힘이 없어 네 계절의 운행이 순환하여 끝이 없고 원형이정이 차례로 돌아가니 초성이 종성이 되는 것은 이와 같은 순환 이치와 합치한다는 것이 생략한 내용의 요점이다.

한편 새 문자의 제자를 마친 후 그것을 실용하는 방법을 정하는 것 또한 중요한 과업이다. 음절자 합자법 즉 부서법附書法이 여기에 해당한다. 초성+중성+종성(CVC)이라는 음절자의 공간적 구성과 시간적 순서를 정한 것이 부서법附書法이다. 부서법은 음절 합자법의 세부 사항을 규정한 것이다.

'부서附書'는 예의에서 간단히 언급만 되었고, 음절 합자법은 합자해에서 '合而成字합이성자'로 표현되어 있다. 합자해의 첫머리에 "초성, 중성, 종성이 합하여 글자를 이룬다.[初中終三聲 合而成字]"라는 기본 원칙을 말하고 초성자, 중성자, 종성자가 놓이는 위치를 각각 규정했다. 중성자의 모양에 따라 초성자가 놓이는 위치를 달리 규정했다. ㅣ획을 가진 중성자(ㅣㅏㅓㅑㅕ)에서는 초성자가 ㅣ의 왼쪽에 놓이고, 一획을 가진 중성자(ㅡㅗㅜㅛㅠ)에서는 초성자가 一의 위에 놓인다. 중성자의 획 모양에 따라 초성자의 위치를 다르게 한 것은 사각형을 이루는 음절자(CVC)의 구조적 조화를 위한 디자인이다. 부서법의 원리는 한자의 편偏과 방旁이 가로[左右] 또는 세로[上下] 방향으로 결합되는 구성 원리와 같다. 이런 점에서 한자의 구성 원리가 정음자 부서법에 융합된 것이라고 볼 수 있다.

---

58 '用'은 이른바 체용론(體用論)과 관련된 용어로 본질[體]이 겉으로 실현된 것[外顯]을 뜻한다. 이치[體]의 구체적 실현이 '用'이다.

59 해당 원문은 앞의 각주 57에 인용한 것이다. 종성이 다시 초성이 되는 것은 동정(動靜)이 각각 음양으로 나뉨을 건(乾)이 주재하고, 사시가 순환하여 끝이 없는 것은 정(貞)이 원(元)이 되고, 겨울이 다시 봄이 되는 것과 같다고 하였다.

합자해에는 제자 대상이 된 17자 이외의 다른 글자를 생성하는 방법, 즉 초성자 2개 혹은 3개를 합하여 겹초성자를 만드는 병서법(각자병서와 합용병서)을 기술하고, 이어서 중성자의 합용법을 설명한 내용이 나온다. 조선어 말소리를 모두 표기해 내기 위해 제자 대상으로 삼은 초성 17자 이외에도 더 많은 초성자가 필요하였다. 이 필요에 따라 만든 원리가 병서법과 합용법이다. 합자해에서 초성자를 두 개 이상 합쳐서 쓰는 초성 합용 병서법,[60] 중성자를 두 개 이상 합쳐서 쓰는 동출 중성 합용법과 ㅣ상합법, 종성자를 2개 이상 합하는 종성 합용법을 각각 설명하고 그 예시를 들었다.[61] 합용법은 부서법과 마찬가지로 편과 방이 가로 혹은 세로로 결합되는 한자 구성 원리와 통하는 점이 있다. 합용법과 부서법에는 편방이 합하는 한자 구성 원리가 부분적 영향을 미친 것으로 볼 수도 있다.

2) 합자법과 합용법의 융합 요소에 대한 해석

음절자 합자법과 자모자 합용법에 융합된 학문 요소는 성리학, 성운학, 문자학(=한자학)으로 나누어진다.

첫째, 음절자 합자법에 융합된 성리론은 삼재론, 음양론, 순환론이다. 초성자·중성자·종성자를 합쳐 쓰는 것에는 동정이 서로 뿌리가 되고 음양이 교합하여 변화한다는 뜻[動靜互根 陰陽交變]이 담겨 있다. 천지인 삼재의 직능으로 초성자·중성자·종성자의 합자법을 설명했다. 天에 해당하는 초성자는 '神之運신지운'(정신의 운용)이고, 地에 해당하는 종성은 '質之成질지성'(물질의 이

60 제자해에서 연서(連書)라 하여 순경음 ᄫ의 음가를 기술한 것이 있다. ㅇ連書脣音之下, 則爲脣輕音者, 以輕音脣乍合而喉聲多也. 〈정음해례4b_3〉 연서(連書)한 ᄫ은 가로쓰기가 아닌 세로쓰기라는 점에서 병서(並書)와 다르다. 그러나 '合用(합용)'이라는 점에서 양자는 공통적이다.

61 중성 제자 대상 11자에 동출 합용자 4자(ㅘㅝㆇㆊ), ㅣ상합법으로 만들어진 중성 합용자 14자(ㆎ ㅢㅚㅐ ㅟㅔ ㆉㅒ ㆌㅖ ㅙㅞㆈㆋ)를 합하면 해례본의 중성자는 도합 29자가 된다.

룸)이며, 人에 해당하는 중성자는 '神之運'(仁禮信義智인예신의지)과 '質之成'(肝心脾肺腎간심비폐신)을 겸한 것이라 하였다. 초성자·중성자·종성자의 속성을 天地人 삼재의 직능과 융합한 것이다. 자운字韻의 요체가 중성(人)에 있음은, 만물이 천지 사이에서 생겨나 이루어져도[質之成] 그것의 재성財成과 보상輔相[62]은 반드시 사람에게 의지함과 같은 것이라고 했다. 한 음절에서 중성이 갖는 위상을 삼재론에서 갖는 人의 직능과 같다고 본 것이다.

합자법에서 특히 자세히 기술한 것은 초성자를 다시 종성자에 쓰는 성리학적 근거이다. 초성을 종성에 다시 쓰는 까닭은 하늘이 낸 것이 땅으로 되돌아감과 같으며, 이는 원형이정元亨利貞으로 상징되는 순환의 이치와 같다고 했다. 종성자를 따로 만들지 않고 초성자를 가져다 쓰도록 규정한 이유를 성리학적 순환론으로 설명한 것이다.

둘째, 음절자 합자법에는 성운학 이론인 사성법과 성모론이 융합되어 있다. 성운학의 평상거입平上去入이라는 사성법을 조선어음에 적용하여, 음절자 단위에 성조를 표기하는 방점법(=가점법)을 만들었다. 중국 성운학의 사성법 용어(평성, 거성, 상성, 입성)를 가져와 당시 조선어의 운소를 기술하였으되, 조선어에 적용된 각 성조의 음가 표현은 조선어음의 실제에 맞도록 변용했다. 1점(거성), 2점(상성), 0점(평성)처럼 성조 단위를 점의 수효로 구별한 방점법은 성운학에 없는 훈민정음 특유의 것이다.

합자해의 말미에 기술된 반설경음半舌輕音 ᄛ과 반설중음半舌重音 ㄹ에 대

62 '財成輔相(재성보상)'의 뜻풀이는 『주역』 태괘 상전(泰卦 象傳)에 "재성은 천지의 도이고, 보상은 천지의 마땅함이다.[財成天地之道 輔相天地之宜]"라고 나와 있다. 해례본에 "天은 만물을 生하고, 地는 만물을 成하고, 人은 財成輔相한다.[亦猶天地生成萬物 而其財成輔相則必賴乎人也]"〈정음해례8b_5〉라고 했다. 『중용』에 사람이 성실함으로 자신과 타인의 본성을 구현하고, 나아가 천지의 만물화육을 돕는 경지에 이르러야 비로소 천지와 더불어 나란히 셋[三才]을 이룬다고 하였다. '財成輔相'의 뜻풀이는 곽신환(2016: 48-49)을 참고하였다.

한 내용은 성운학의 성모론을 활용한 조선어 음성 분석 성과이다. 성운학에서 얻은 음성 분석 방법을 당시의 조선어음 분석에 적용하여 운서의 성모체계에 없는 반설경음과 반설중음이 조선어에 존재함을 포착했던 것이다.

셋째, 초성자 합용법, 중성자의 합이성合而成과 합용법, 음절자 합자법 등에 융합되어 있는 문자론은 모두 合의 원리로 묶을 수 있다. 초성 합용자와 병서자에 두 글자, 세 글자를 합성하는 원리가 융합되어 있다. 중성자와 종성자를 각각 두세 개씩 합하여 쓰는 것도 합용자이다. CVC 음절자를 만드는 원리 역시 合이다. 이러한 合합의 원리는 한자의 회의자會意字 혹은 형성자形聲字를 만드는 방법과 연관된다. 한자의 회의자나 형성자를 생성하는 '合'의 원리가 훈민정음의 음절자 합자법에 영향을 미쳤을 수 있다. 회의자會意字인 '信'은 '亻'과 '言'을 合한 것이고, 역시 회의자인 '武'는 '戈'와 '止'를 合한 것이다. 한자학에서 회의자 '信'과 '武'는 서로 다른 요소를 합한 이체회의異體會意라 부르고, 회의자 '林'은 서로 같은 요소를 합한 동체회의同體會意라 부른다. 이체회의는 훈민정음의 합용병서자(ㅺ, ㅄ 등)와 비슷하고, 동체회의는 각자병서자(ㄲ, ㅆ, ㅃ 등)와 그 성격이 유사하다. 한자의 형성자形聲字 '江'은 의미부[義符의부] '氵'와 소리부[聲符성부] '工'의 합성자이다. 형성자 역시 합성으로 만들어진 것이다. 한자 회의자와 형성자를 생성한 핵심 원리가 '合'이다. 훈민정음의 합자법은 편방을 합하거나 성부聲符와 의부義符를 합쳐 한 글자를 만드는 한자 구성 원리와 상통한다.

이 밖에도 합자법에 미친 외래문자의 영향으로 파스파문자, 거란문자, 범문자 등이 거론되어 왔다. 합성의 원리는 범문자에도 있고, 한자에도 있고, 파스파문자나 거란문자에도 있다. 훈민정음의 합자법이 이런 문자들의 합성법에 영향을 받았을 수 있으나 어느 하나를 특정할 수 없다. 정음 초성자와 중성자의 자형에서 범자의 영향을 찾기 어렵다. 합자법 역시 범자의 직접적 영향을 받은 것이라고 말하기 어렵다. 간노 히로오미菅野裕臣(1993: 650-652)는 한글이 표음문자이면서 자음자와 모음자를 결합하여 쓰는 음절문자의 성격을 지니고 있음을 말하고, 훈민정음 창제 당시에 알고 있었던 외국 문자들(한자, 범자, 몽골문자, 파스파문자 등)과 달리 자음자와 모음자가 분리되어 제자된 점을 주목하였다. 아시아 제 문자의 영향 문제는 2.3.3절에서 재론한다.

2.3. 융합 요소의 출처별 분류와 그 해석

앞의 2.2절에서 해례본의 5해 텍스트에 기술된 융합 요소를 제자 단위별로 나누어 분석하고 그 내용을 표에 담아 정리하였다. 훈민정음의 제자론에 미친 여러 학문 이론과 외래문자(한자, 파스파문자 등)의 영향에 대해 살펴보았다. 훈민정음 제자에서 성리론은 제자의 여러 국면에서 작용하였고, 성운학 이론은 언어 음성을 분석하고 체계화하는 도구로 이용되었다. 해례본 텍스트에 언급되어 있지 않지만 중국 문자학의 한자 구성 원리, 파스파문자, 전통적 차자표기법 등도 훈민정음 제자론에 일정한 영향을 미쳤을 것이다. 훈민정음의 합용법은 한자의 형성자形聲字의 생성 원리와 통하는 점이 있다. 파스파문자는 훈민정음의 음절 삼분법과 종성부용초성 등에 영향을 미쳤을 가능성이 있다.

이제 『훈민정음』에 기술된 융합 요소를 출처별로 분류하고 그 의미를 해석한다. 성리학 이론은 2.3.1절에서 다루고, 성운학 이론은 2.3.2절에서 논한다. 문자학과 관련된 나머지 융합 요소들은 2.3.3절(아시아 제 문자의 영향 문제와 해석)에서 쟁점 중심으로 나누어 그 의미를 고찰한다. 독창적으로 창안한 제자 방법은 2.3.4절에서 종합한다.

2.3.1. 성리학 이론

앞의 〈표 5〉는 음절 삼분법의 관점에서 각 단위(초성자, 중성자)에 융합된 성리론의 내용이다. 〈표 6〉은 음절 합자법의 관점에서 각 단위에 융합된 성리론을 정리한 것이다. 훈민정음에서 표리 관계를 가진 음절 삼분법과 음절 합자법으로 나누어진 두 표를 통합하여 초성자·중성자·종성자에 성리론이 융합된 양상을 제자 단위별로 정리하면 다음 〈표 7〉과 같다.[63]

〈표 7〉 음절 삼분법과 음절 합자법의 각 단위에 융합된 성리론

성리론 \ 제자 단위		초성자	중성자	종성자
음절 삼분법	삼재	땅의 일함[地之功]	하늘의 작용[天之用]	땅의 일함[地之功]
	음양	강유를 갖추어 땅의 도가 됨[剛柔 地道]	음양을 갖추어 하늘의 도가 됨[陰陽 天道]	강유를 갖추어 땅의 도가 됨[剛柔 地道]
	오행	오행이 물질로 이루어짐[五行之質成]	오행의 기운을 갖춤[五行之氣具]	오행이 물질로 이루어짐[五行之質成]
	속성	허실(虛實), 경중(輕重), 날림과 막힘(양체颺滯), 동(動)	심천(深淺), 합벽(闔闢), 동정(動靜)	허실(虛實), 경중(輕重), 날림과 막힘(양체颺滯), 정(靜)
	직능	오음과 청탁으로 뒤에서 화답하여 종성이 됨[初聲以五音清濁和之於後, 而爲初亦爲終]	심천과 합벽으로 앞에서 부름[深淺闔闢 唱之於前]	뒤에서 화답하여 종성이 됨[終聲復用初聲]
음절 합자법	삼재	하늘의 일[天之事]	사람의 일[人之事]	땅의 일[地之事]
	속성	정신의 운행[神之運]	神之運(仁禮信義智)과 質之成(肝心脾肺腎)을 겸함	물질이 이루어짐[質之成]
	직능	발동(發動)	이어서 연접함[承接]	멈추어 그침[지정(止定)]

분절음 단위(초성자·중성자·종성자)와 음절 단위(합자)에 융합된 성리론은 삼재론, 음양론, 오행론이다. 이 이론들은 말소리와 문자에 대한 근본적 관점이면서, 훈민정음 자모자의 체계적 분류와 자형 형상화 작업의 철학적 바탕이 되었다. 특히 삼재론과 음양론은 제자 방법으로 작용하였다.

주역에 기반한 성리론은 조선시대 지식인의 세계관이자 현실 인식의 기본 틀로서 일상생활은 물론 정치와 학문 연구의 근간이 되었다. 조선의 왕이 즉위하거나 새해 인사, 외국 사신 영접 등 중요 의례와 국정이 이루어지는

63 〈표 7〉을 작성할 때 임용기(1991a: 71-72)에 제시된 두 개 표를 참고하였다.

자리는 경복궁 근정전이다. 국가의 중요 의례가 진행된 정전正殿에 음양·오행·삼재를 시각적 이미지로 구현한 일월오봉도를 배치했다(김수진 2013: 358). 근정전 옥좌玉座 뒤에 일월오봉도日月五峰圖 병풍이 커다랗게 놓여 있었다. 일월오봉도는 天의 음양을 상징하는 해와 달, 地와 오행을 상징하는 오봉(다섯 봉우리)이 그려진 그림이다. 훈민정음 제자론에 융합된 성리론 중 상수론을 제외한 삼재론, 음양론, 오행론이 국가 통치를 상징하는 일월오봉도에 표현되어 있다. 병풍 가운데 위치에 둔 옥좌에 왕(人)이 좌정함으로써 天·地·人 삼재가 조화롭게 완성된다.

한편 1882년에 제작되어 1883년에 정식으로 채택된 조선의 국기國旗(태극기)에는 음양·오행·삼재 사상을 이미지로 표현한 문양이 있다. 훈민정음이란 문자체계에 담긴 역학易學 기반 성리론이 태극기에도 그대로 적용되었다. 훈민정음과 태극기라는 중요 제도를 만들면서 주역의 제기론制器論에 의거하였으니 국가 상징 제작에 주역의 용도를 제대로 구현한 것이다.

2.3.2. 성운학 이론

15세기 당시에 세종대왕과 함께 해례의 편찬에 관여한 집현전 학사들은 운서와 운도韻圖의 성운 분류법을 통해 말소리의 분석과 체계화를 위한 이론과 방법을 익혔다.[64] 『동국정운』 및 『홍무정운역훈』을 편찬하면서 세종과 당시 학자들의 성운학에 대한 이해는 더욱 깊어졌을 것이다. 『절운지장도』의 운학 이론은 『훈민정음』과 『동국정운』 편찬에 상당한 영향을 미쳤다.[65]

---

64 훈민정음 창제 작업에서 성운학의 음성 분석법과 분류법이 조선어음의 분석과 분류에 영향을 미쳤음은 주지의 사실이다. 이에 관한 정리는 이재돈(2016)을 참고하였다. 『동국정운』 및 『홍무정운역훈』의 서문에 당시 학자들의 성운학 이해 수준이 나타나 있다. 이에 관한 논의는 제3부 제1장의 3절 '15세기 중엽의 성운학 연구와 조선어음 분석 수준'(이 책의 407쪽)을 참고하기 바란다.

65 성원경(1970: 131)은 『훈민정음』과 『절운지장도』의 관련된 내용을 서로 비교하여 표

훈민정음 반대 상소를 올린 최만리 등을 불러다 놓고 세종은 "네가 운서를 아느냐? 사성칠음四聲七音에 자모가 몇 개 있는지 아느냐?"라고 꾸짖듯이 물었다. 이것은 세종이 성운학 이론을 잘 알고 있었다는 증거이자 성운학에 대한 세종의 자신감을 보여 준다. 『훈민정음』 해례본에 반영된 성운학 이론의 요점을 정리하면 다음과 같다.[66]

첫째, 조선어의 초성[聲母, 자음]을 분석하기 위해 성운학의 오음五音 분류법을 이용하였다. 훈민정음 초성의 분류법인 아음·설음·순음·치음·후음과 반설음半舌音·반치음半齒音 같은 용어들은 성운학의 오음 분류체계에서 가져온 것이다. 조음위치에 따른 오음법(아설순치후)과 악률의 오성법(궁상각치우)이 훈민정음 문자체계에 수용된 것은 중국 성운학 및 등운학의 영향이다. 『훈민정음』 해례에서 조음위치의 오음과 악률의 오음을 짝지어 배합한 것은 중국의 대표적인 등운도인 『사성등자』 및 『고금운회거요』의 것과 같다.[67] 그러나 성모의 개수는 운서에서 36자모로 분류하는 것이 일반적이나 『훈민정음』 해례에서는 23자모로 줄였다. 이 23자모 체계는 조선어 초성체계에 부합되도록 성운학의 성모체계를 변용變容한 것이다.

둘째, 소리의 청탁에 따른 '전청', '차청', '전탁', '불청불탁'의 개념을 성운학에서 가져와 조선어음을 분석하고 초성체계를 설정하였다. 청탁법이 적용된 사실은 정음편 예의의 자모 배열순서, 제자해의 초성 분류체계, 전청자의 병서로 생겨난 전탁자(ㄱ-ㄲ, ㄷ-ㄸ 등), 초성해 및 종성해의 여러 곳에서 확인

로 제시해 놓았다.

66 아래의 네 가지는 백두현(2012: 124)의 것을 심화 확장하여 새로 쓴 것이다.

67 이재돈(2016: 5)에 설명된 관련 내용을 인용해 둔다.
송대의 대표적 등운도인 「칠음략」과 『사성등자』의 五音과 '宮商角徵羽'의 배합에 약간의 차이가 있다. 『사성등자』의 대응 관계는 『고금운회거요』에서 그대로 사용되었다.
七音略: 脣音-羽, 舌音-徵, 牙音-角, 齒音-商, 喉音-宮, 半舌-半徵, 半齒-半商
四聲等子: 脣音-宮, 舌音-徵, 牙音-角, 齒音-商, 喉音-羽, 半舌-半徵, 半齒-半商

할 수 있다. 특히 종성해에는 종성의 청탁을 두 부류로 나누고, 종성이 불청불탁자인 경우와 전청자·차청자·전탁자인 경우를 구별하여, 사성의 실현에 있어서 서로 차이가 있음을 기술해 놓았다. 조선어음에서 종성이 전청자 ㄱ, ㄷ, ㅂ인 것을 입성이라 하고, 이것을 운서음의 입성과 같은 것으로 보았다.

셋째, 한자음의 음절 구성 단위인 자운字韻과 자모字母 개념을 도입하여 이것을 조선어 음절 분석에 활용하였다. "정음의 초성은 곧 운서의 자모이다.[正音初聲卽韻書之字母也]"에서 '자모'란 용어가 확인된다. '자모'는 다른 용어로 '성모聲母'라 부르기도 하지만 해례본에 '성모'라는 용어는 쓰이지 않았다. 운서음이 훈민정음 제자론에 영향을 미친 모습은 아음 기본자 설정에 관한 기술에 구체적으로 나타나 있다. 제자해에서 ㆁ[ŋ]을 아음 기본자로 삼지 않은 이유를 설명하면서, 중국 운서에 의모疑母(ŋ)와 유모喩母(zero)가 많이 혼용되고 있기 때문이라고 했다.[68] 운서에 나타난 한어음의 음운변화가 훈민정음 초성의 기본자 설정에 영향을 미쳤음을 알 수 있다. 해례본에서 '자운字韻'이란 용어는 음절 단위의 음성 실현체를 가리킨다. "중성은 자운의 가운데 있다.[中聲字居字韻之中]" 혹은 "종성은 초성과 중성을 이어받아 자운을 이루는 것이다.[終聲者承初中而成字韻]"라는 문장에 쓰인 '字韻'이란 용어가 여기에 해당한다. '字韻'의 개념을 조선어음 분석에 활용하여 초성, 중성, 종성 각각을 '字韻'의 구성 요소로 보았다. 해례본에서 '字韻'은 총 4회 나타나는바[69] 4회 중 2회는 중성에 관한 기술에서, 1회는 종성 기술에서, 나머지 1회는 정인지 서문에서 성음의 일반적 기술에 쓰였다.[70]

---

68 唯牙之ㆁ, 雖舌根閉喉聲氣出鼻, 而其聲與ㅇ相似, 故韻書疑與喩多相混用, 今亦取象於喉, 而不爲牙音制字之始. 〈정음해례3b_8-4a_1〉

69 해례에서 '字母(자모)'는 2회, '韻書(운서)'는 3회, '字韻(자운)'은 4회 출현한다. '韻母(운모)'와 '聲母(성모)'는 쓰이지 않았다.

70 蓋字韻之要, 在於中聲, 初終合而成音. 〈정음해례8b_4〉 中聲者, 居字韻之中, 合初終而成音. 〈정음해례15b_3-16a_1〉 終聲者, 承初中而成字韻. 〈정음해례17b_3〉 字韻則

넷째, 해례본에서 방점 표기와 그 음가를 설명할 때 사용된 '평상거입平上去入'은 성운학의 사성법에서 가져온 용어이다. 중국 성운학의 사성법 용어(평성, 거성, 상성, 입성)를 가져와 당시 조선어의 운소를 기술하였으되, 조선어에 적용된 각 성조의 음가는 조선어음의 실제에 맞게 변용하여 기술하였다. 해례에서 '入聲입성'은 음절말이 촉급하게 닫히는 음가를 가리키기 위한 용어이다. 15세기 당시의 중국 현실음에서 입성은 이미 다른 성조로 파입波入되어 없어졌다. 이른바 표준음[正韻(정운)]을 지향한 『홍무정운』에 보수적으로 잔존된 입성을 해례본에서 수용하여 조선어음에서 입성에 대응하는 종성음(ㄱ, ㄷ, ㅂ)을 설정했다. 조선 한자음 종성에서 한어의 운미 t가 l로 변한 점을 포착하기도 했다.

앞에서 논한 내용을 제자 단위별로 나누어 각 단위에 융합된 성운학 요소[71]를 표 형식에 담아 요약 정리하면 〈표 8〉과 같다.

〈표 8〉 각 제자 단위에 융합된 성운학 요소

제자 단위 / 음성 분석법	초성자	중성자	종성자	음절자(합자)
오음법	조음위치(아설순치후)에 따른 초성체계를 설정함			
심천(深淺)		중성 기본자의 음가를 기술함		
완급(緩急)			종성에서 완급에 따른 대응짝을 설정함 입성 t가 l로 변한 조선 한자음을 기술함	
사성법				평상거입 사성 분류법을 적용함
청탁법	청탁(전청·차청·전탁·불청불탁)에 따른 초성체계를 설정함			청탁에 따라 종성의 사성을 구별함
자운(字韻)	자운의 자모에 해당	자운의 운모에 해당	중성에 이어져 자운을 이룸	초성·중성·종성이 합쳐져 하나의 글자를 이룸(成字)

清濁之能辨, 樂歌則律呂之克諧. 〈정음해례28a_6〉

71 〈표 8〉의 '심천(深淺)'과 '완급(緩急)'은 중국 성운학에 없거나 그 뜻이 달리 쓰인 것이다.

2.3.3. 아시아 제 문자의 영향 문제와 그 해석

훈민정음의 기원론과 관련하여 고대 인도의 범문자, 한자의 고전古篆과 기일성문도, 파스파문자 등이 훈민정음 창제에 영향을 미쳤다는 학설이 분분하였다. 이에 관련된 쟁점을 정리하고 문제의 본질을 파악하여 필자의 해석을 가해 본다.

1) 중국 문자학[漢字學]

훈민정음 창제에 영향을 미친 중국 문자학[漢字學] 요소는 한자 서체의 하나인 '고전古篆'과 '기일성문도起一成文圖' 및 '육서법六書法'으로 표상되는 한자 생성의 원리이다. 선행 연구에서 이들은 훈민정음의 제자론 혹은 자모자의 자형 디자인에 영향을 미친 것으로 간주되었다.[72] 훈민정음 자모자의 자형을 한자의 육서법과 관련지어 고찰한 선행 연구를 검토하고, 훈민정음 자모자의 자형에 융합된 요소를 분석하고, 이에 대해 해석해 보기로 한다.

(1) 자방고전字倣古篆과 그 의미[73]

'고전古篆'은 한자의 옛 서체 중의 하나로, 고대 중국의 전서篆書의 고체古體 특히 소전체를 가리킨다. 훈민정음 글자가 고전을 본뜬 것이라는 기술은 훈민정음 창제 기사, 최만리의 반대 상소문, 해례본의 정인지 서문 등 도합 3회에 걸쳐 나타난다.[74] 여기에 등장한 '古篆'의 정체를 여러 학자들이 궁구窮

---

72 안병희(1992a: 221-226)는 세종 당시의 초급 관료들이 중국 사서『한서(漢書)』의「예문지(藝文志)」, 정초의『통지 이십략(通志 二十略)』의「육서략」을 읽은 사실 등을 언급하고 중국 문자학의 영향을 논하였다. 그는 훈민정음 제자에 중국 문자학의 지식이 이용되었지만 "중국 문자학의 이론이나 지식을 단순히 모방하지 않고 창조적으로 활용함으로써 독창적인 표음문자가 창제된 점을 한글의 제자 원리로 확인"한 바 있다.

73 (1)의 내용은 백두현(2012: 136-139)을 일부 수정하여 인용한 것이다.

74 ① 세종실록(세종 25년 12월 30일 기사): 是月 上親制諺文二十八字 其字倣古篆.[이 달에 임금이 언문 28자를 친히 만드셨는데 그 글자는 고전(古篆)을 본떴다.]

究하였다. '자방고전'에 대한 여러 학자들의 주장을 요약하면 다음과 같다.

유창균(1966)은 '象形而字倣古篆상형이자방고전'에서 '象形'은 글자의 구성을 말한 것이고, '古篆'은 글자 형태를 말한 것으로 구별했다. 그리고 '字倣古篆자방고전'의 '고전'을 전자篆字의 서체로 보고, 좌우 획이 균일하고 자형이 방정方正하며 필획이 고른 전자의 특성을 훈민정음이 모방한 것이라고 하였다. 그런데 같은 논문에서 유창균은 원나라 학자 주종문이 지은 『몽고자운』 권두의 자모론에서, 파스파문자를 전자모篆字母라고 칭한 사실을 근거로 '象形而字倣古篆'의 '古篆'을 파스파문자로 간주했다. 유창균은 '자방고전'의 '고전'을 다각도로 검토한 셈이다.

공재석(1967: 54)은 "'자방고전'의 '고전'은 직접 한자를 말한 것이 아니라 제자 원리 면에서 간략한 부호로서 기일성문도起一成文圖와 같은 부호일 것이다."라고 하여, '고전'은 간략한 부호를 변화시켜 만든 원리를 뜻하는 것이라고 보았다.

김완진(1984b: 7-10)은 '자방고전'의 '고전'을 문자 그대로 한자의 전서체로 보고, "아마도 신비하고 고상한 자체라는 통념이 전서체를 선택하게 된 것이 아닐까 여겨진다."라고 짐작하였다. 김완진은 한자의 몇몇 전서체를 예시하고 전서체가 훈민정음 자형에 미친 영향을 구체적으로 논했다. 예컨대, '邑읍'의 머리에 있는 작은 '입 구口'자의 전서체가 훈민정음 초성자 'ㅂ'과 같다고 했다. '衣의'의 전서체는 훈민정음 초성자 'ㅅ' 세 개가 '品'자처럼 모여

---

② 정인지 서문: 象形而字倣古篆, 因聲而音叶七調.[상형을 하였으되 글자는 고전(古篆)을 본뜨고, 소리에 따라 음을 칠조(七調)에 맞추었다.]

③ 최만리 등의 상소문: 儻曰諺文皆本古字, 非新字也, 則字形雖倣古之篆文, 用音合字, 盡反於古, 實無所據.[설혹 말하기를, "언문은 모두 옛 글자에 근본을 둔 것이고 새 글자가 아니다."라고 합니다. 그러나 글자의 형상은 비록 옛날의 전문(篆文)을 모방했을지라도 음을 사용하고 글자를 합하는 것이 모두 옛글에 위반하니 실로 근거한 바가 없사옵니다.]

있는 것을 방불케 하므로 'ㅅ'은 '衣의'의 전서체를 단순화한 것이라고 했다. 그리고 '子ㅈ'의 전서체 머리에 붙은 큰 흑점을 취한 것이 중성자 '·'라고 주장했다. 이런 방식으로 김완진은 개별 한자의 전서체 형태가 훈민정음의 초성자 자형에 직접 영향을 미쳤다고 보았다.

홍윤표(2005, 2017b)는 '자방고전'의 '고전'은 한자의 전서篆書를 말하며, 전서의 여러 가지 구성 원리를 상징한다고 보았다. 전서자를 만드는 방법인 '加가'와 '微加減미가감'이 훈민정음의 초성자를 만드는 데 이용되었고, '到도'와 '反반'의 방법은 주로 중성자를 만드는 데 이용된 것으로 보았다. 홍윤표(2005: 60-63)는 인문성상도因文成象圖에 보이는 '加'를 초성 가획자 및 병서자에 모두 적용하여 '字倣古篆'을 설명하였다. 홍윤표(2005)는 상형으로 기본자를 만들고 '古篆고전'의 방법 즉 '加가'의 원리를 적용한 것이 곧 "象形而字倣古篆상형이자방고전"이라고 해석하고, 기일성문도와 인문성상도因文成象圖에서 기술된 전자의 구성 원리 중 몇 가지가 훈민정음 제자 원리와 연관되어 있음을 논했다. '字倣古篆자방고전'의 '古篆고전'을 전서篆書의 자형이 아니라 그것의 구성 원리라는 관점에서 고찰한 것이다.

김주필(2005: 94-97)은 '字倣古篆자방고전'이 한자 서체의 하나인 전자篆字와 관련된 것이며, 특히 소전小篆의 운용법과 그 형성법을 뜻하는 것이라고 해석했다. 김주필은 전서가 예서에 대해 갖는 장점을 다음 네 가지로 정리했다. ①하나의 문자가 위치에 구애받지 않고 두루 쓰일 수 있는 점, ②글자의 형태가 획이나 점에 의해 분명히 구별되는 점, ③모冒와 획劃의 유무에 따라 교묘하게 글자가 구별되는 점, ④문자의 방향에 따라 운용할 수 있는 점. 전서의 장점 ①은 훈민정음의 초성이 종성에도 통용되는 점과 같고, 장점 ②는 훈민정음 초성의 가획법 혹은 중성의 합성법과 서로 통하는 것이라 했다. 전서의 장점 ③과 ④는 훈민정음 중성의 기본자에 획이나 선을 더하는 방법과 상통하는 것이라고 보았다. 이와 같은 논의를 근거로 김주필은 소전小篆

의 운용법 및 형성법이 훈민정음 제자 원리와 서로 통한다고 보았다. 이 주장은 홍윤표의 주장과 일맥상통하는 점이 있으나 그 내용에 차이가 있다.

박형우(2008)는 '字倣古篆자방고전'의 '고전'이 한자의 소전체를 의미하며, 소전체의 특성은 사각형[方形방형]이나 각진 꼴[角形각형]이 아니라 획의 굵기가 일정하다는 점이고, 훈민정음의 자형은 소전체의 이 점을 취한 것이라고 보았다. 박형우의 이 주장은 앞에서 언급한 유창균의 설과 상통한다. 박형우는 '자방고전'에 대한 홍윤표의 주장을 비판하면서 '字倣古篆자방고전'은 훈민정음의 제자 원리가 아니라 훈민정음 자형의 특성을 소전체와 관련지은 단편적 진술에 불과한 것이라고 그 의미를 축소하였다.

박준호(2016: 193-198)는 한자 서체 관련 자료의 분석을 통해 '자방고전'의 뜻을 종전의 설보다 더 구체적으로 해석했다. 박준호의 주장을 요약하면 다음과 같다.

> 상형이자방고전象形而字倣古篆은 '발성기관의 모양을 본떠서 전서체의 형태로 썼다'는 의미이다. 세종은 전서 학습을 적극 권면했고, 실용성이 떨어지는 고전古篆의 자형을 정음의 기본 필체로 선정했다. 이는 새로 만든 문자에 권위를 부여하기 위해 실용성을 뒤로 미룬 것이다. 훈민정음 창제 20년 후에 쓰인 한글 필사본 「오대산 상원사 중창 권선문」은 해서체와 행서체에 가까운 것이며 훈민정음의 고전체가 실용적이지 않았기 때문에 다르게 쓴 것이다.
>
> 초기 훈민정음의 자체는 어느 한 종류의 전서체에 연원을 둔 것이 아니다. 직선적이며 만곡이 없는 획은 소전小篆의 자형을 취한 것이고, 필획의 방향이 전환되는 전절轉折은 인장의 상방전上方篆과 비슷하며, 굵고 두터운 획은 대전大篆의 웅장함을 취하였다. 초기 훈민정음의 자형은 최소한 대전·소전·상방전의 전서 자형을 근거하여 만들어졌다.

대전·소전·상방전의 자형을 선택한 것은 조선 전기에 유행한 전서풍을 반영한 결과이다.

박준호의 분석에 따르면, '자방고전'에서 '고전'은 세종 대에 유행했던 세 가지 전서체의 서체적 특징을 포괄한다. 세조의 어보御寶 '體天之寶체천지보'의 인문印文 서체는 소전이지만, 어보의 웅장함을 표현하기 위해 필획을 두껍게 처리한 대전의 특징도 일부 차용되어 있다. 훈민정음의 서체도 이와 같은 방식으로 세 가지 고전체古篆體가 융합되어 있다고 보았다. 훈민정음의 서체가 기본적으로 소전의 특징을 갖고 있으나 획의 형태가 두껍고 굵고 일정하게 유지된 정음 자모자의 서체적 특징은 대전大篆체를 본뜬 것이라고 하였다.

이상에서 보았듯이, '자방고전'에 대한 여러 학자들의 해석에는 적지 않은 차이가 있다. 그 차이의 요점은 고전古篆(=소전체)의 자형 구성 원리를 훈민정음에서 이용했다고 보는 견해(공재석, 홍윤표, 김주필), 훈민정음의 글꼴이 소전체의 몇몇 자형을 직접 취한 것이라는 견해(김완진), 소전체의 특성 중에서 획의 굵기가 일정한 점만 취한 것이라는 견해(박형우), 대전·소전·상방전이라는 세 가지 전서체의 특징이 훈민정음 자형에 융합되어 있다는 견해(박준호)로 나누어진다.

훈민정음 자형이 古篆을 모방했다고 내세운 데에는 신제 문자의 권위를 높이려는 의도가 있었을 것이다. 그러나 선행 연구자들이 밝혔듯이, '자방고전'은 수사에만 그친 것이 아니라 훈민정음 28자 및 음절자의 자형에 古篆의 서체적 특징이 반영되어 있다. 유창균, 박형우, 박준호의 주장은 이러한 점에서 공통점을 가진다. 특히 박준호는 고전체 중의 세 가지 서체가 훈민정음 자모자에 융합되어 있음을 밝혀 서체적 관점에서 '자방고전'의 뜻을 더 구체적으로 설명하였다.

『몽고자운』의 권두에 파스파문자를 '전자모篆字母'라 칭하고 98개 문자의 자형을 제시한 것은 파스파문자도 한자의 전자체篆字體를 모방했음을 뜻한다. 훈민정음 역시 한자의 전자체篆字體를 모방했고 이 점을 해례본에서 '자방고전字倣古篆'이라고 표현한 것이다. 세종은 『몽고자운』 권두의 '전자모篆字母'를 참고하여 훈민정음 자모자의 자형을 古篆고전과 관련지은 것으로 보인다. 古篆고전의 서체적 특징을 훈민정음 자형에 녹여 냄으로써 古篆고전이 가진 문화적 권위를 훈민정음에 융합한 것이다.

(2) 기일성문도起一成文圖와 훈민정음 자형의 연관성 문제[75]

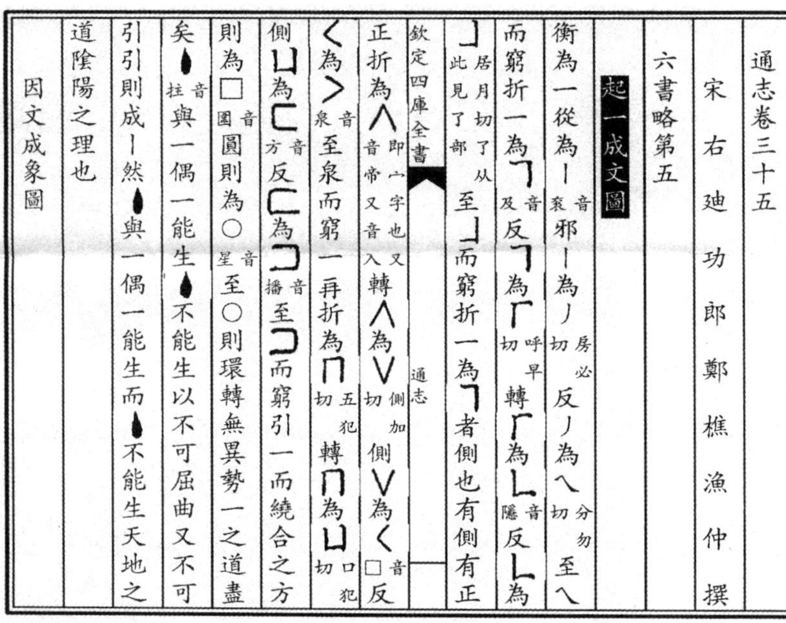
通志卷三十五
宋右迪功郎鄭樵漁仲撰
六書略第五
起一成文圖
衡為一從為丨(音衮)邪丨為丿(房必切)反丿為乀(分勿切)至乀而窮折一為㇕(音及)反㇕為厂(呼旱切)轉厂為乚(音隱)反乚為亅(居月切此見了部了从)至亅而窮折一為㇕者側也有側有正
欽定四庫全書 通志
正折為∧(即亼字也又音帝又音入)轉∧為∨(側加切)側∨為<(音□)反<為>(音泉)至泉而窮一再折為冂(五犯切)轉冂為凵(口犯切)側凵為匚(音方)反匚為コ(音播)至コ而窮引一而繞合之方則為□(音圍)圓則為○(音星)至○則環轉無異勢一之道盡矣●(音主)與一偶一能生●不能生以不可屈曲又不可引引則成丨然●與一偶一能生而●不能生天地之道陰陽之理也
因文成象圖

[그림 1] 기일성문도(起一成文圖)(흠정사고전서欽定四庫全書에서 인용함)

75 (2)의 내용은 백두현(2012: 136-139)을 일부 수정하여 인용한 것이다.

기일성문도起一成文圖와 인문성상도因文成象圖는 송나라 정초鄭樵가 지은 『통지通志』 권35의 「육서략六書略」 제오第五에 실려 있다. 기일성문도의 내용을 검토하여 어떤 점이 훈민정음 창제에 영향을 미친 것인지 고찰해 보자. [그림 1]에 나온 기일성문도의 내용을 풀이해 보이면 다음과 같다.[76]

起一成文圖

衡爲一 *가로로 하면 一가 된다.

從爲丨[音袞][77] *세로로 하면 丨가 된다. 음은 '곤'.

邪丨爲丿[房必切] *丨를 기울이면 丿가 된다. [방필절=비]

反丿爲乀[分勿切] *丿를 뒤집으면 乀가 된다. [분물절=부]

至乀而窮 *乀에 이르면 막힌다(=끝난다).

折一爲㇕[音及] *一를 꺾으면 ㇕이 된다. 음은 '급'.

反㇕爲𠂆[呼旱[78]切] *㇕을 뒤집으면 𠂆이 된다. [호한절=한]

轉𠂆爲𠃊[音隱] *𠂆을 회전하면 𠃊이 된다. 음은 '은'.

反𠃊爲亅[居月切 亅從此見亅部] *𠃊을 뒤집으면 亅이 된다. [거월절=궐] 亅는 이를 따라 亅部를 보라.

至亅而窮 *亅에 이르면 막힌다(=끝난다).

---

76 *표를 한 부분부터 번역문이다. 홍기문(1946下: 35-40), 공재석(1967), 김영만(1987: 64-67), 홍윤표(2005, 2017b)에서 기일성문도를 논했으나 번역문이 없다. 후학들에게 번역문이 필요할 것 같아 여기에 실었다. 원문에 나온 반절 이름은 [방필절=비]과 같이 표기하였다.

77 [ ] 안의 '音袞(음곤)'은 丨의 음이 '곤'이라는 뜻이다. 이하에서 [ ] 안의 내용은 모두 협주 형식에 들어 있는 것으로, 해당 한자의 음이거나 반절 명칭을 가리킨다.

78 [그림 1]에 '旱(한)'이 '早(조)'로 되어 있으나 '早'는 오자(誤字)이다. 한자 '厂(엄)'은 '엄'과 '한' 두 개 음을 가진다. 공재석(1967: 51, 제3행)은 이것을 '呼旱切(호한절)'로 바로잡아 놓았다.

折一爲ㄱ者側也 有側有正 *一를 꺾으면 ㄱ이 되는데 옆으로 꺾은 것이다. 여기에는 옆으로 꺾음과 바르게 꺾음이 있다.

正折爲∧[卽宀字也 又音帝 又音入] *一를 바르게 꺾으면 ∧이 된다. 이는 곧 宀면자이다. 음은 '제'나 '입'.

轉∧爲∨[側加切] *∧를 회전하면 ∨이 된다. [측가절=차]

側∨爲<[音口] *∨를 옆으로 하면 <이 된다. 음은 '국'.

反<爲>[音泉] *<을 뒤집으면 >이 된다. 음은 '천'.

至泉而窮 *泉에 이르면 막힌다(=끝난다).

一再折爲冂[五犯切] *一를 거듭 꺾으면 冂이 된다. [오범절=엄]

轉冂爲凵[口犯切] *冂를 회전하면 凵이 된다. [구범절=검]

側凵爲匚[音方] *凵를 옆으로 하면 匚이 된다. 음은 '방'.

反匚爲コ[音播] *匚을 뒤집으면 コ이 된다. 음은 '파'.

至コ而窮 *コ에 이르면 막힌다(=끝난다).

引一而繞合之 方則爲□[音圍] *一를 끌어서 둘러싸 합하여 모나게 하면 □이 된다. 음은 '위'.

圓則爲○[音星] *一를 둥글게 하면 ○이 된다. 음은 '성'.

至○則環轉無異勢一之道盡矣 *○에 이르면 돌림과 굴림에 다른 방도가 없어져서 一의 길이 다한다.

丶[音拄] 與一偶 一能生 丶不能生, 以不可屈曲, 又不可引, 引則成亅, 然丶與一偶, 一能生而丶不能生, 天地之道陰陽之理也

*丶(음은 '주')는 一와 짝이다. 一는 능히 (다른 것을) 낳지만, 丶는 굴곡이 불가하고 당김도 불가하여 (다른 것을) 낳지 못한다. (丶를)

> 당기면 곧 ㅣ가 된다. 丶는 一와 한 짝이고, 一는 능히 낳을 수 있으나 丶는 낳지 못한다. 이는 천지의 도리요 음양의 이치다.

위의 내용은 한자의 여러 자소字素들이 모두 '一'로부터 생성될 수 있음을 설명한 것이다. '起一成文기일성문'[79]은 말 그대로 "一로부터 文이 이루어진다."라는 뜻이다. 모든 한자의 근본을 '一'에 두고, '一'를 굴리고, 돌리고, 꺾고, 뒤집는 등 여러 가지 방법으로 그 형상을 변형하고 바꿈으로써 온갖 한자 자소를 만들어 낸 것이다. 그 결과로 생성된 한자 자소 중의 몇몇 개 자형은 그 모양이 훈민정음의 자모자와 같은 것이 있기도 하다.

『통지』「육서략」의 기일성문도의 전자篆字와 훈민정음 자모자의 글자꼴[字形]을 가장 먼저 연관 지어 언급한 국어학자는 홍기문(1946下: 35)이다.[80] 홍기문은 「육서략」이 「칠음략」과 함께 『통지』의 20개 略략 중의 하나이고, 「칠음략」의 서문이 신숙주의 「홍무정운역훈 서」에 인용되었음을 지적했다. 홍기문은 기일성문도의 본문을 인용하고, "이 속에는 공교롭게도 초성 내지 중성을 통하여 상형의 기본자가 전부 포함되어 있는 것이다."라고 말했다. 공재석(1967) 역시 기일성문도와 훈민정음의 상관성을 논하였다.

---

79 필자는 '起一成文圖'의 '一'자를 관례대로 '일'로 읽는다. 이 글자를 저울대를 뜻하는 '형'으로 읽은 견해도 있다(홍윤표). 이 견해는 '起一'의 一이 숫자로서의 一을 뜻하는 것이 아니라 하나의 수평선을 뜻한다고 본 독음이다. '형'으로 독음하려면 정초(鄭樵)의 『통지(通志)』「육서략」에서 '起一'의 독음에 대한 정보를 더 찾아야 한다. 기일성문도 내용 첫머리의 "衡爲一　從爲ㅣ"에 '衡(형)'이 쓰였지만 이곳의 '衡'은 '가로로 하면[橫]'이란 뜻이다. "衡爲一"은 뒤에 이어진 "從爲ㅣ"와 對(대)를 이루는 구절이므로 '衡[가로]'은 '從[세로]'의 뜻에 대응된다. '起一成文圖'의 '一'이 '저울대'를 뜻하는 '衡(형)'으로 쓰인 증거를 찾기 어렵다.

80 이어서 "宋代(송대)의 저서요 또 상당히 유명한 책인 通志(통지)가 세종 당시까지 조선에 들어오지 못하였을 리도 없고 好學(호학)하던 세종이나 그 신하들이 그 책을 보지 못하였을 리도 없다."(홍기문 1946下: 35-36)라고 단정했다. (인용문의 철자법은 필자가 고침)

강신항(1977: 58)은 해례본의 정인지 서문과 신숙주의 『동국정운』 서문에는 宋송의 정초가 지은 「육서략六書略」과 「칠음략七音略」의 문장이 인용되어 있음을 구체적으로 적시하였다. 강신항은 「칠음략」의 서문을 읽고 있으면 마치 『동국정운』의 서문을 읽고 있는 것 같은 느낌을 가질 정도로 내용이 대동소이하다고 하였다.[81]

김영만(1987: 65)은 정음 초성 및 중성 기본자 8개와 같은 자형이 기일성문도에는 모두 다 들어 있다고 하고, "훈민정음의 기본자는 기일성문도에서 따 왔을 가능성을 배제하기 어렵다."라고 하였다. 김영만(1987: 66-67)은 기일성문도와 훈민정음의 자형 사이에 밀접한 연관성이 있음을 인정하였으나 훈민정음의 문자 생성 원리와 체계가 기일성문도의 그것과 다른 점을 다음 네 가지로 파악하였다. ①기일성문도는 '一'(線)을 모든 자형의 기본으로 잡고 있으나 훈민정음은 중성자에서 '•'(點)를 첫머리에 두고, 초성자에서는 ㅇ을 제자의 첫머리로 잡았다. ②점을 기본으로 잡은 훈민정음은 선을 기본으로 잡은 기일성문도보다 합리적이다. 점은 모든 도형의 최소 단위이고 선은 점의 연결이기 때문이다. ③훈민정음의 기본자들이 기일성문도에서 취한 것이라 하더라도 독자적 원리에 따라 자형을 변형했고, 기호에 음소를 배당한 것도 독창적 원칙을 따랐다. ④기일성문도는 『설문해자』 등의 문자학서에 의거한 것이나 훈민정음은 성운학과 성리철학 음양오행론에 결부되어 있다.

안병희(2007b: 169-171)는 세종 당시의 초급 관료들이 『한서』 「예문지」를 통해 한자의 육서법을 알고 있었고, 정초의 「육서략」을 읽었음이 분명하며, 「육서략」 첫머리에 있는 기일성문도를 참작하여 한글의 기본자를 창제

81 강신항(1990: 38쪽 및 137쪽의 각주 6)에서도 정인지 서문에 「육서략」에서 그대로 가져온 구절이 있음을 지적하였다.

한 것이라고 하였다. 덧붙여 말하기를, 한글의 제자 원리가 한자와 관련되어 있다고 해서 한글 창제의 독창성이 손상되는 것은 아니라고 하였다(안병희 2007b: 174).[82]

홍윤표(2005: 64)는 기일성문도에 이어지는 인문성상도因文成象圖의 내용을 훈민정음 자형과 관련지어 설명했다. 인문성상도의 到도의 방법이 ㅗ→ㅜ, ㅛ→ㅠ에 적용되었고, 反반의 방법이 ㅏ→ㅓ, ㅑ→ㅕ에 적용된 것으로 보았다.

홍기문이 지적했듯이 '공교롭게도' 기일성문도에는 ㄱㄴㄷㅁㅅ 등의 초성자 및 ·ㅡㅣ 등의 중성자와 자형이 거의 같은 글자가 여러 개 나온다. 전서체로 표기된 한자 구성소와 훈민정음 글자 간의 형태적 유사성은 놀랄 만큼 뚜렷하다. 물론 훈민정음의 자모자들과 기일성문도에 나온 한자 자소의 글자꼴이 서로 비슷한 것이 있지만, 각각의 자형이 생성된 원리가 아주 다르다. 기일성문도에서 ㄱ형은 ㅡ일을 꺾은[折] 것이고, ㄴ형은 ㄱ을 '뒤집어[反]' 다시 '돌린[轉]' 것이다. 그러나 훈민정음의 초성자 ㄱ은 혀뿌리가 목구멍을 막는 모양을 상형한 것[象舌根閉喉之形상설근폐후지형]이고, ㄴ은 혀가 위턱에 붙는 것을 상형한 것[象舌附上腭之形상설부상악지형]이다. 이런 점으로 볼 때, 훈민정음의 자형은 기일성문도의 그것과 모양만 비슷할 뿐 생성된 원리가 전혀 다른 것임을 알 수 있다. 기일성문도의 ㄷ, ㅅ, ㅁ 등의 형태도 모두 그러하다. 기일성문도의 ㅡ은 훈민정음 중성자 ㅡ와 꼴이 같지만 그 성격은 아

82 제자해에서 '상형'만 나타나고 「육서략」의 육서가 분명히 드러나지 않은 이유를 안병희(2007b: 171)는 다음과 같이 설명했다. 육서의 지사·회의·형성이 『한서(漢書)』「예문지」에 각각 상사(象事)·상의(象意)·상성(象聲)으로 되어 있어 상형과 '象'을 공통으로 한 용어로 불렀다. 그리고 「육서략」(제1)의 '象形第一(상형제일)'의 서(序)에 "육서는 모두 상형이 변한 것이다.[六書也者 皆象形之變也]"라고 하여 상형을 육서의 기본으로 보고 나머지는 상형의 변종으로 보았다. 그래서 정음자 제자 원리를 설명하면서 상형(象形)의 '象'만 내세워도 충분하다고 본 것이다.

무 관계가 없다. 기일성문도의 丶(주) 역시 훈민정음 중성자 ·와 형태만 닮았을 뿐이며 서로 아무 연관성이 없다.

그런데 앞의 기일성문도 인용문 끝 단락에 나오듯이, 丶와 一을 각각 天과 地에 대응시켜 한 쌍으로 설명한 점은 특히 주목할 만하다. 훈민정음 중성 기본자 ·는 天을 상형한 것이고, 一는 地를 상형한 것이다. 『훈민정음』 해례에서 중성 기본자 ·와 一를 각각 天과 地에 대응시켜 상형한 것은, 기일성문도에서 丶와 一[83]을 각각 天과 地에 대응시켜 설명한 점과 모종의 연관성을 가진 듯이 보인다. 기일성문도를 인용한 앞의 번역문에서 보듯이 丶는 天에 해당하는 것이어서 다른 자획을 낳지 못하고, 一는 地에 해당하는 것이어서 다른 자획을 낳을 수 있다고 했다. 이런 기술은 地가 만물을 生하는 이치를 비유한 것이다. 세종이 중성 기본자 ·와 一의 자형을 天과 地에서 착안하여 상형한 점은 『통지』 기일성문도의 끝 단락에 나온 위 내용으로부터 영향을 받은 것일 수 있다. 그러나 기일성문도에서 한자 一은 한자의 여러 자소를 생성하는 원천이지만 훈민정음의 중성자 一는 이런 특성을 갖지 않는다. 이 두 자형은 모양만 비슷할 뿐 그 성격이 전혀 다르다.

그리고 기일성문도에는 丨를 삼재의 人에 대응시켜 언급한 내용이 없다. "從爲丨종위丨"에 나타나 있듯이 一를 세로로 하여 丨를 만든다고 했을 뿐, 丨를 人과 관련지은 기술이 없다. 따라서 훈민정음의 삼재론과 기일성문도에서 丶와 一를 각각 天과 地에 대응시켜 설명한 내용은 부분적 근접성만 가진다.

기일성문도의 '衡형, 從종, 邪사, 反반, 折절, 轉전'과 같은 문자 생성 방식은 훈민정음 초성자나 중성자의 제자 방식과 크게 다르다. 중성 기본자에서 초출자와 재출자를 합성해 낸 방식이나, 초성 기본자에서 가획자를 만드는 훈민정음의 방식은 기일성문도에서 찾을 수 없다. 세종이 『통지』의 「육

---

83 기일성문도의 丶와 一는 모두 한자이다. 전자의 음은 '주'이다.

서략」을 이용했다 하더라도 글자꼴의 착안 단계에서 참고한 정도에 그쳤을 것이다.[84] 이런 점에서 기일성문도는 이어서 다룰 상형 등 육서법 원리와 함께 훈민정음 제자 원리 형성에 제한적 영향을 미친 정도로 볼 수 있다. 세종대왕은 기일성문도의 문자 생성 방식을 이해하고, 이것을 새로운 차원에서 변용變容하여 훈민정음이란 새 문자 창안에 참고했던 것으로 보인다.[85] 여기에서 말한 '변용'은 기일성문도에 기술된 글자 구성의 원리를 이해하고 이것을 훈민정음 창제를 위해 새롭게 만들었음을 의미한다. 기일성문도의 특정 원리가 훈민정음의 특정 자모자를 만드는 제자 원리가 되었다고 보는 것은 아니다.

(3) 한자의 육서법과 훈민정음 자형의 연관성 문제[86]

① 훈민정음 초성자와 육서법의 연관성

훈민정음의 자형과 한자 육서법을 관련지은 연구에는 유창균(1966), 강신항(1990), 안병희(1990b, 1992d), 문효근(1993), 안명철(2006), 김상태(2012),[87] 양해승(2012)[88] 등이 있다. 한자 육서법(상형·지사·회의·형성·가차·전주)이 훈민정음

84 필자의 이 생각은 김주필(2005: 88)의 각주 15에 진술된 다음 내용과 같다. "훈민정음 창제의 관점에서 기일성문도나 인문성상도는 문자의 형태를 만드는 데 활용할 수 있던 도형을 만드는 방법을 제공한 참고 자료 정도였다고 할 수 있다."

85 공재석(1967: 54)은 기일성문도를 포함한 한자의 영향을 다음과 같이 결론지었다. "음의 표기에 있어서 가장 쉬운 방법은 기본이 되는 부호(문자)를 만들어 이것을 가지고 반절과 같이 몇 글자 합하여 한 글자의 음성을 표하는 것이다. 이렇게 생각할 때 자방고전이라고 한 고전의 뜻이 기일성문도나 서법 같은 한자 중에서 간단한 부호의 글자라고 할 수 있다."

86 (3)의 내용은 백두현(2012: 139-142)을 일부 수정하여 인용한 것이다.

87 김상태(2012)는 훈민정음 자모자의 자소(字素)에 초점을 둔 논문이어서 정음 자모자를 한자 육서법에 일일이 대응시키지 않았다.

88 양해승(2012: 181-187)에는 유창균(1966)·안병희(1990)·안명철(2006)·김상태(2011)의 주장을 정리한 표를 그려 놓았고, 공재석(1968), 김홍철(1980), 문효근(1993)의 연구도 언급되어 있다.

글자꼴에 미친 구체적 영향이 무엇인지는 학자 간 의견 차이가 크다.[89] 육서법 중 『훈민정음』에 나타난 것은 '상형'뿐이고, 이 '상형'도 육서법의 '상형'처럼 하나의 용어가 아니라 '형상을 본뜸'과 같은 구句처럼 쓰인 곳이 있다.[90]

발음기관을 본뜬 초성 기본자(ㄱㄴㅁㅅㅇ)의 제자 원리가 한자 육서법의 상형에 대응한다는 견해는 학자 간에 대체로 일치한다. 그렇지만 훈민정음의 상형은 발음기관의 움직임이나 그 모양을 본뜬 것임에 비해, 한자의 상형은 사물의 실제 형상을 본뜬 것(山, 川 등)이라는 점에서 차이가 있다. 용어는 같은 '象形상형'이되 훈민정음의 상형은 발음기관의 상형이란 점에서 그 실질이 다른 것이다.

한자의 육서법 중 지사指事를 훈민정음의 자모자와 관련지은 설명은 학자 간에 차이가 있다. 중성의 기본자(·ㅡㅣ)를 육서법의 지사에 대응한다고 본 점은 위 여러 학자들의 공통된 견해이다. 이 중성자들은 각각 天천, 地지, 人인의 개념을 내포하고 있기 때문에 이들을 지사자로 볼 수 있다. 그러나 초성의 가획자(ㅋㄷㅌㅂㅍㅈㅊ)를 육서법과 관련지어 보는 데는 학자 간의 견해 차이가 크다. 유창균(1966: 574)은 ㅋㅌㅍ 등을 지사가 아니라 가획으로 보았고,[91] 안병희(1990b)는 형성形聲으로 보았으며, 안명철(2006)은 지사로 보았다. ㄱ→ㅋ, ㄴ→ㄷ→ㅌ 등과 같은 방식으로 획이 더해지는 자형의 단계적 확장은 육서법에 없는 것이다. 가획에 의해 생성된 훈민정음의 초성자는 소리가 조금 더 세어지는[聲出稍厲성출초려] 음가 차이에 근거하고 있기 때문에 지사가 아니라 안병희의 견해처럼 형성으로 볼 여지도 있다. 하지만 ㄱ→ㅋ 등에 가획된 획이 한자의 형성자에서처럼 특정 음가를 표시하는 성부聲符라

89 이에 대한 정리는 안명철(2006)을 참고하기 바란다.

90 이에 대한 논의는 제2부 제2장 3절 3)항(이 책의 342쪽)을 참고하기 바란다.

91 '가획'은 육서법에 없는 용어이다. 유창균은 중국 양나라 고야왕이 편찬한 『옥편(玉篇)』 권두의 「옥편광운지남(玉篇廣韻指南)」에 나온 용어 '分毫字辨(분호자변)'을 가획(加劃) 및 가점(加點)으로 해석하였다.

고 할 수 없다. 형성자 '江강'의 성부인 '工공'과 ㅋ에 가획된 획(-)을 대응시켜 후자를 성부라고 보는 것은 합당치 않다. 안명철이 가획자 ㅋㅌㅍ 등을 지사로 본 것은 획이 '더해진다'는 개념적 표상을 중시한 것이다. 그러나 이것은 한자의 지사에 해당하는 '上', '下' 등의 구성 방식과 다르다. 훈민정음의 가획자는 육서법의 형성 혹은 지사 어느 것과도 부합하지 않는다. 초성 가획자를 형성 혹은 지사라고 하는 설명은 개념 설정과 그 해석에 우여곡절迂餘曲折이 중첩되어 있어서 납득하기 어렵다.

해례본의 초성자 가획법은 육서법과 직접 관련된 것은 아니나 한자 구성에 실제로 존재하는 방법이다. 예컨대 '刀:刃', '亻:彳', '車:軍' 등에 가획이 작용했음을 들 수 있다. 『훈민정음』 해례본에서 ㅋㅌㅍ 등의 초성자 생성 원리를 '가획'이라 부른 것은 한자 구성 원리의 창의적 변용이다. 훈민정음 창제자가 육서법을 비롯한 한자의 구성 원리를 참고했으되 음소문자에 알맞도록 창조적으로 변용한 것(백두현 2012: 140)이라는 포괄적 해석[92]이 더 적절하다.

② 훈민정음 중성자와 육서법의 연관성[93]

이어서 중성자를 육서법과 관련지은 선행 연구와 그 타당성을 검토한다. 중성 초출자와 재출자에 대해 유창균(1966)은 '가점加點'이라 했고, 안병희(1990b)는 회의會意, 안명철(2006)은 지사指事라고 보았다. 그런데 자형 생성 원리를 기준으로 보면, 중성 초출자(ㅗㅏㅜㅓ)·중성 재출자(ㅛㅑㅠㅕ)·ㅣ상합자(ㅚㅐㅟㅔ)를 모두 가획의 일종으로 볼 수도 있다. 중성 초출자는 ·를 한 번 가

92 필자의 이 해석은 김주필(2005)의 견해와 같다. 훈민정음은 '문자-의미'의 대응 관계에서 벗어나, '문자-소리'의 대응 관계를 맺도록 한 인식의 전환을 기반으로 중국 문자학의 방법론과 다른 독자적 문자이론을 정립했고, 이를 바탕으로 과학적이고 독창적 문자가 창제된 것이다(김주필 2005: 99).

93 이 소절은 필자가 육서법을 훈민정음 제자 원리와 관련지어 논한 몇 가지 내용(백두현 2012: 139-142)을 쓴 것임을 밝혀 둔다.

획한 것이고, 재출자는 ·를 두 번 가획한 것이며, ㅣ상합자는 ㅣ를 가획한 것이라고 보는 생각도 가능한 설명의 하나이다. 그러나 가획은 육서법에 없는 용어여서 이런 설명은 한자 생성법과 무관한 것이 된다.

가획의 결과로 실현된 각 중성자의 음가에는 부류 간 차이가 있다. 중성 재출자 넷은 모두 상향 반모음 j(on-glide j)를 공유하며, ㅣ상합자는 i 혹은 하향 반모음 j(off-glide j)를 가진다는 점에서 각 부류 안에서 음성적 공통성이 뚜렷하다. 이런 음성적 특성을 중시하여 재출자와 ㅣ상합자를 형성자로 볼 여지도 있다. 재출자에 첨가된 ·와, ㅣ상합자에 첨가된 ㅣ가 [j] 혹은 [i]를 표시하는 성부聲符 역할을 하기 때문이다. 그러나 중성 초출자 넷은 이들과 무관하고 네 중성자가 갖는 음성적 공통성도 찾기 어렵다. 따라서 초출자, 재출자, ㅣ상합자를 모두 묶어서 형성자로 보는 것은 불가능하다.

이 세 부류 중성자들을 하나로 묶어서 육서법의 용어에 대응시키기 위해 안병희는 이들을 '회의'로 보았고, 안명철은 '지사'로 보았다. 필자가 보기에 육서법의 회의와 지사라는 개념이 과연 중성 초출자와 재출자, ㅣ상합자의 제자 원리를 적확히 포착한 것인지 의심스럽다. '회의'와 '지사'는 각각 다른 한자 생성 원리를 범주화한 용어이다. 하나의 대상에 서로 다른 육서법 용어를 적용하고 있음에서 보듯이, 훈민정음 중성 초출자와 재출자 생성 원리로 육서법을 끌어들이는 것은 문제가 많음을 알 수 있다.

제자해에서 중성 초출자와 재출자의 생성 원리로 제시한 용어는 '合합'이다. 초출자와 재출자의 생성을 '合而成합이성'으로 설명해 놓았고, ㅣ상합자의 생성 원리를 '相合상합'이란 용어로 기술해 놓았다. 여기에 공통된 원리가 '合'이다. 이 '合'의 원리는 육서법의 어느 것과도 일치하지 않는다. 오히려 한자의 일반적 생성 원리로 수많은 한자의 생성에 작용한 '合'[94]과 공통적 성

94 한자의 형성자(形聲字)는 거의 모두 合의 원리로 조자(造字)되었다.

격을 갖는다.

중성 합용자(ᅪ ᅯ ᆄ ᆑ 등), 초성 합용자(ᄭ ᄯ ᄲ 등), 초성 연서자(ᄫ ᄝ 등)를 육서법에 대응시켜 설명한 견해는 학자 간의 차이가 더욱 분분하다. 유창균(1966)은 초성 합용자와 초성 연서자를 ‘회의’로 보았고, 중성 합용자(연서자)와 합용병서자 일부를 ‘형성’으로 보았다. 안명철(2006)은 초성 합용자, 초성 연서자, 중성 합용자를 모두 ‘회의’로 간주하였다. 안병희(1990b)는 이 글자들에 대해 언급하지 않았는데, 처리가 애매했기 때문에 유보한 것으로 보인다(백두현 2012: 141).

필자가 보기에 중성 합용자(ᅪ ᅯ ᆄ ᆑ 등), 초성 합용자(ᄭ ᄯ ᄲ 등), 초성 연서자(ᄫ ᄝ 등)는 앞에서 언급한 ‘合’의 원리로 모두 설명이 가능하다. 이 세 부류는 육서법의 어느 것에도 들어맞지 않는다. 뜻글자인 한자의 조자造字 원리를 소리글자인 훈민정음의 제자 원리에 적용할 수 없음을 여기서도 확인할 수 있다.

초성 합용자 ᄭ 등과 중성 합용자 ᅪ ᅯ 등을 육서법의 ‘회의’에 대응시키기에는 상호 간의 개념적 이격離隔이 크다. 중성 기본자의 합성으로 생성된 초출자(ㅗ ㅏ ㅜ ㅓ)와 재출자(ㅛ ㅑ ㅠ ㅕ), 그리고 ㅣ상합자(ㅚ ㅐ ㅟ ㅔ)를 육서법의 지사나 회의에 대응시키는 것도 무리가 있다. 이 부류들은 모두 해례본 제자해에 명시된 ‘合’의 원리로 해명할 수 있다. 육서법 용어를 여기에 적용한 학자들의 견해가 서로 엇갈리는 것은 육서법으로 훈민정음 자형 생성을 설명하는 것이 적절치 못함을 의미한다. 표음문자를 표의문자의 원리와 결부시켜 해석해 보려는 시도로 인해 이런 어려움이 초래된 것이다.

양해승(2012)은 육서법과 훈민정음을 관련지은 선행 연구와 육서 각각의 개념과 하위 분류체계를 고찰하고, 전광호(1997)와 김상태(2011)가 분류한 육서 제자 방식(독체獨體, 합체合體, 동체이문同體二文, 이체이문異體二文, 이체삼문異體三文, 일형일성一形一聲, 다형일성多形一聲, 성체형성省體形聲, 역성亦聲)을 활용하여 훈민정음 28자 및 초성 합용자와 중성 합용자 전체를 육서의 틀(상형, 지사, 회의, 형성)에 각각 나누어 분류하였다. 이렇게 논한 결과를 표로 정리하여 결론에 제시하였다(양해승 2012: 207). 이 표에 초성 가획자 ㅋㄷㅌㅂㅍ은 합체 지사合體 指事에, 중성 초출자와 재출자는 이체 회의異體 會意에, 각자병서자 ㄲㄸㅃ 등은 동체 회의同體 會意에 분입되어 있다. 이 논문에는 초성 가획자가 왜 지사인지, 중성 초출자와 재출자가 왜 회의인지, 각자병서자가 왜 회의인지에 대한 명쾌한 설명은 찾을 수 없다. ㅋㄷㅌㅂㅍ 등 "초성 가획자는 기본자에다 가획함으로써 만들어진 것이며, 획은 '聲稍厲'의 뜻인데 (…중략…) 기본자의 음가와 관련성이 있으니 아무래도 구체적인 의미보다 추상적 의미를 가진다고 할 수 있다."(양해승 2012: 200)라고 모호하게 기술해 놓았다. 가획된 획은 '소리가 조금 세어짐'을 뜻하는데 이것이 왜 추상적인 것인지 설명되어야 한다. 양해승의 견해는 가획자와 중성 초출자 및 재출자를 육서법과 하위 분류 틀에 맞추기 위한 주관적 판단이라고 여겨진다.[95]

지금까지 육서법과 정음 자형을 관련지은 선행 연구를 비판적 관점에서 고찰해 보았다. 이러한 고찰에서 드러났듯이, 한자 육서법의 용어를 훈민정음의 자형과 관련지어 어느 정도 설득력 있게 설명할 수 있는 용어는 '상형' 밖에 없다. 육서법의 상형을 훈민정음 초성 기본자(ㄱㄴㅁㅅㅇ) 및 중성 기본자(·ㅡㅣ)의 제자 원리인 '象'에 대응시킬 수 있다. 그러나 '象'의 내용에 차이가 있다. 전자는 발음기관의 상형이고, 후자는 천지인 삼재의 상형이다. 여타의 중성 초출자와 재출자, ㅣ상합자 그리고 초성 가획자와 병서자, 연서자

95 양해승(2012: 207)의 표에서 ㅼ ㅶ ㄺ ㄳ은 '一形一聲 形聲(일형일성 형성)'에 들어가 있고, ㅴ ㄽ ㅵ는 '多形一聲 形聲(다형일성 형성)'에 들어가 있는 점도 문제가 된다. 서로 다른 자형이 이들 합용자에 들어가 있고 그 음가도 '一聲'이 아닌 것이 대부분이기 때문이다. 중성자에서 ㅣ상합자(ㆎ ㅢ ㅚ 등)를 '一形一聲 形聲'에 넣은 것에도 비슷한 문제점이 있다.

등은 육서법의 어느 한 용어에 대응시킬 수 없다. 이들은 '가획' 혹은 '合'의 원리에 따라 제자된 것이다. 초성의 가획법과 중성의 합성법은 육서법과 관련이 없는 독창적 방법이다. 육서법의 형성, 회의, 지사의 개념을 정음 자모자의 생성 원리에 적용하는 것은 여러 가지 난점을 가진다.

세종은 육서법을 포함하여 한자의 일반적 조자造字 방법인 부수部首 합성법을 숙지하고 있었을 것이다. 한자의 부수 합성법은 훈민정음의 초성자 합용법(ㅺ ㅲ 등), 중성자 합용법(ㅐ ㅘ 등), 음절자 합자법(초성자+중성자+종성자)과 상통하는 점이 있다. 한자의 부수 합성법이 훈민정음의 합용법과 합자법에 일정한 영향을 미쳤다고 보는 것이 오히려 설득력이 높다. 안병희(1990b: 145)는 훈민정음 제자 원리에 중국 문자학의 지식이 이용되었지만 단순한 모방이 아니라 창조적으로 활용하여 독창적 표음문자를 창제한 것이라고 했다. 이 점은 특히 상형과 합성(=合而成)의 제자 원리에서 더욱 두드러진다.

육서법을 훈민정음 자형과 연결시켜 본 연구들이 훈민정음 제자 원리에 대한 이해를 더욱 심화시킨 공로는 인정된다. 중성 기본자(·ㅡㅣ)를 육서법의 지사에 대응시키거나, 초성 합용자(ㅺ ㅼ ㅽ ㅆ ㅄ ㅶ ㅴ ㅵ)와 중성 합용자(ㅘ ㅝ ㆇ ㆊ)를 육서법의 회의와 대응시키거나, 초성 가획자를 육서법의 형성과 대응시켜 상호 관련성을 고찰한 것은 훈민정음 제자 원리를 더 깊이 생각해 볼 수 있는 계기를 제공했다. 이런 연구들은 훈민정음 제자 원리의 독창성을 더 명료하게 드러냈다는 점에서 긍정적으로 기여하였다.

2) 파스파문자[96]

파스파문자와 훈민정음의 상관성 혹은 영향에 관한 선행 연구 성과를 종합하고, 융합성의 관점에서 그 의의를 논한다.

---

96 2)항은 백두현(2012: 126-130)의 내용을 대폭 개편하고 심화하여 새로 쓴 것이다.

(1) 선행 연구의 요점

훈민정음의 자형에 관한 연구에서 빠지지 않고 거론되어 온 것이 파스파문자이다.[97] 훈민정음 제정에 파스파문자의 영향이 있었음을 논한 가장 이른 연구는 홍기문(1946下: 24-25)이다. 홍기문(1946下: 25)은 세종 때 진행된 운회韻會의 번역, 『홍무정운역훈』과 『사성통고』의 편찬에 파스파문자로 표기된 '몽고운蒙古韻'이 이용되었을 것으로 보고, "운회를 통하여 몽고자의 간접의 영향을 받은 것은 물론이어니와 그를 인하여서도 다시 몽고자를 직접으로 참고치 안 하였을까고 의심한다."라고 하였다.[98]

파스파문자 자모자의 용법과 훈민정음과의 연관성 문제에 대한 선행 연구로 Ledyard(1966/1998, 1997), 유창균(1966, 1977), 이기문(1974, 2005, 2008), 이근수(1979/1987), 김영만(1987), 최영애(2003), 송기중(2009), 정광(2008, 2009a) 등이 있다. 강창석(1992)과 김유범(2015)은 파스파문자의 영향에 관한 선행 연구를 간략히 언급했고, 정제문(2015)은 그간의 주요 연구 성과를 자세히 정리했다.

파스파문자와 훈민정음의 상관성 연구에 시동을 건 Ledyard(1965)의 주장은 다음과 같이 요약할 수 있다.[99] 한글이 파스파문자로부터 파생된 것은 아니지만 훈민정음의 문자 구도構圖 전반에 파스파문자의 영향력이 미쳤을

---

97 파스파문자는 원나라 세조 쿠빌라이 칸이 몽골어를 적기 위해 승려 파스파에게 명하여 만든 것이다. 1269년에 반포된 파스파문자는 인도의 카로슈티문자에 기원을 둔 티베트문자를 바탕으로 만들었기 때문에 그 자형이 서로 유사하다. 창제 당시의 파스파문자에는 41개의 자음자와 모음자가 있었으나 나중에 다른 언어의 음을 표기하기 위한 문자가 추가되어 자모가 56개에 이르렀다.

98 홍기문(1946下: 28-29)은 훈민정음의 몽고자 기원설을 주장한 이익(성호사설)과 유희(언문지)의 설이 근거 없는 것이라고 신랄히 비판했다. 그러나 元의 유습이 조선에 잔존해 있음을 고려할 때 훈민정음이 몽고자의 영향을 입었을 것으로 추정함은 당연하다는 말도 덧붙여 놓았다. 조선 후기 소론계 학자들의 훈민정음 기원에 대한 연구는 김영주(2004)를 참고하기 바란다.

99 이 단락의 이하 내용은 정제문(2015: 306-307)을 참고하여 요약한 것이다.

것이다. 세종은 파스파문자에 끌렸으며 중국어 성모의 오음을 표시하는 파스파문자 글꼴에 영향을 받아 다섯 개 초성자를 만들었다. 파스파문자를 극도로 단순화하여 얻은 기본 글꼴을 바탕으로 다른 초성자를 만들었다. 훈민정음의 설음 ㄷ은 파스파자의 [d]를 표기한 ᡩ자와 유사한데 ㄷ에서 감획減劃[획 덜기]하여 ㄴ을 만들고, 가획加劃[획 더하기]하여 ㅌ을 만들었다. 순음 ㅂ은 파스파자의 [b]를 표기한 ᡦ자와 유사한데 ㅂ에서 감획하여 ㅁ을 만들고, 가획하여 ㅍ을 만들었다. 아음의 경우 [g]를 표기한 파스파자 ᡬ자를 빌려 ㄱ을 만들고 여기서 감획을 할 수도 있었을 터인데 그렇게 하지는 않았다. 그 이유는 ㄱ에서 감획하면 가로선(ㅡ)이나 세로선(ㅣ)이 남는데 이 자형들은 중성자를 적기 위해 남겨 두었기 때문이다. 훈민정음은 파스파문자로부터 음소문자의 개념을 이어받고, 5-7개의 글꼴과 네모난 모양새, 그리고 한두 가지 정서법 장치를 빌려 왔다. 그러나 이런 점들은 훈민정음을 뛰어난 문자로 만든 근본적 특징(자음자와 모음자의 글꼴 차이, 자음류의 정밀한 표기, 음절별 동일 크기, 단순성과 실용성)을 만드는 데 공헌한 바가 없다(정제문 2015: 306-307).

유창균(1966: 389-390)은 훈민정음의 초성 7자(ㄱㄷㅂㅅㅇㄹㅿ)와 대응되는 파스파문자의 자형 간에 서로 유사점이 있음을 지적하고, 훈민정음의 기본 자양字樣이 파스파문자를 간략화했을 가능성이 짙다고 했다. 중성자의 자형이 파스파문자의 영향을 입은 것이 아니지만, 훈민정음 중성자 체계는 한자음을 파스파문자로 표기한 『몽고운략』의 운모체계를 이식한 것이라고 했다. 유창균은 또한 훈민정음의 초성·중성·종성의 음절 삼분법, 종성부용초성의 원리, 한 자음字音을 초성·중성·종성을 결합해서 표기하는 방법 등이 모두 파스파문자와 같음을 지적하고, "成字성자의 원리는 八思巴字파스파자의 借用차용이라고 보아야 할 것 같다."라고 결론지었다.

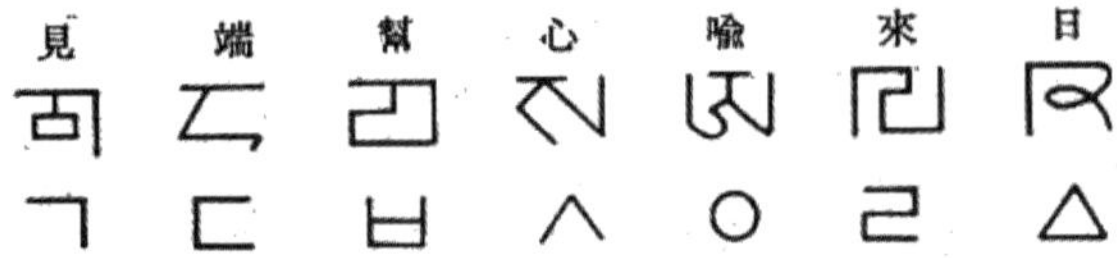

[그림 2] 훈민정음 초성자와 파스파문자의 유사성
(유창균 1966: 389 및 1977: 178에서 인용함)

이기문(1974: 8)은 "훈민정음 창제자는 당시 우리나라에 알려져 있었던 한자, 파스파 자모 등 여러 문자를 참고하였으나 이 영향은 결코 본질적인 것은 아니었다."라고 평가하고, 파스파문자와 정음자의 자형이 정방형正方形이라는 점에 주목했다. 이기문(2005: 243-244)은 파스파문자가 세로로 쓰면서[縱書종서] '음절을 덩어리로 썼고', '음절과 음절의 경계를 조금 띄어 쓴' 점을 지적하고 그 예를 사진으로 보인 바 있다. 김완진(1984b: 14)은 훈민정음 자형의 파스파문자 기원설을 강하게 부정했으나 음소문자로서 훈민정음을 창제함에 있어서 파스파문자의 주음注音 원리의 영향은 인정하였다. 김방한(1992)은 ㄱㄷㄹㅁㅂㅅ이 파스파문자의 g d l m b s를 표상하는 글자와 형태가 유사한 점이 있지만 가획, 병서 등의 구성 원리는 어느 문자에도 없는 것이라 하고, 훈민정음이 파스파문자에서 어떤 힌트를 얻었을 가능성은 없지 않으나 자형은 파스파문자의 모방이 아니라고 했다.

유창균(1977: 98)은 앞선 논문의 주장을 약간 수정하여 훈민정음 자형의 기원이 전적으로 파스파문자에 있는 것은 아니지만 그 영향은 받은 것으로 보았다. 유창균은 이 논문의 결론에서 송대의 성리학과 등운학, 원나라의 문자 창제, 한자의 구성법, 명나라의 언어 정책 등 여러 요소가 훈민정음의 형성에 기여한 것으로 보았다. 훈민정음의 형성에 여러 가지 학문과 언어 정책적 요소가 작용했다고 본 유창균의 견해는 훈민정음 제자 원리를 융합성의 관점에서 바라보는 필자의 관점과 부합한다. 이근수(1979/1987: 52-66)는 국내외의 사료를 이용하여 파스파문자의 창제, 완성과 운용, 반포 후의 어문 정책 등을 폭넓게 설명하면서 훈민정음과의 차이점을 논하였다. 그는 'ㄱㄷㅂㅈ' 넉 자가 파스파문자의 변형이라는 유창균의 연구를 인용하고 각주에 그 예시를 들어 놓았다(이근수 1979/1987: 59).

김영만(1987: 63-64)은 정음자 제정에서 여러 외국 문자를 참고하였을 것이고 이 중에 파스파문자도 들어 있었다고 하고, 파스파문자의 영향은 "자형의 모방보다 자모들 상호 간의 체계적 연관 관계의 일부가 아닌가 생각한다."라고 말하였다. 그리고 파스파문자의 아음의 견모見母(전청ㄱ)와 계모溪母(차청ㅋ)에 대응하는 자형의 체계적 차이와 파스파문자의 순중음 전청자-차청자-전탁자 자형 간의 체계적 차이를 설명하였다. 파스파문자가 공통적 형태를 가지면서 약간의 변형이 가해져 자형이 달라지는 특성을 지니고 있는바, 이 점은 훈민정음의 초성 자모자들이 기본자를 공유하면서 가획을 통해 자형이 달라지는 원리와 유사한 것임을 지적했다.

최영애(2003)는 한어 음운사에서 최초로 외국의 음소문자(파스파문자)로 표음된 『몽고자운』의 가치에 주목하고, 『몽고자운』과 유관한 15~16세기의 한국 자료(사성통고, 사성통해, 번역노걸대박통사)의 범례에 나타난 기술을 비교하였다. 이 작업을 통해 『몽고자운』의 성모, 운모, 성조의 특징을 밝히고, 훈민정음과의 관련성을 언급하였다. 『몽고자운』에는 설상음과 정치음이 합병되어 있고, 일부 의모疑母가 유모喩母로 변화했으며, 입성자의 소실 등이 반영되어 있음을 밝혔다. 이 점들은 훈민정음에서 치두음과 정치음의 구별, 유모와 의모의 서로 섞임[相混], 입성 t>l의 변화 등으로 반영되어 있다. 최영애(2003: 113)는 "깊은 중국 음운학 지식을 바탕으로 하여 훈민정음을 창제하였으며, 창제 과정에서 『몽고자운』의 파스파자 영향을 크게 받았으리라."라고 추정하고, "훈민정음의 삼분법의 음절 구조 인식은 『몽고자운』에 표기된 파스파자의 전례가 큰 영향을 끼쳤을 것이라는 점은 부인하기 어렵다."라고 판단하였다.

정광(2009a)은 파스파문자의 영향을 인정하지만 문자의 자형은 파스파문자의 모방이 아니라고 하고, 파스파문자에서 유모喩母를 독립시켜 별도 문자로 만든 점에 주목했다. 정광(2015a: 239)에서는 파스파문자의 '유모'(=모음자) 7자에 주목하여 이 중에는 두세 개 모음자가 서로 결합된 것이 있음을 지적하고, 이는 훈민정음의 'ㅚ', 'ㅟ' 등과 같이 중성자를 합성하는 방식과 같다고 보았다. 송기중(2009)은 중국의 성모체계를 모형으로 하여 훈민정음이 창제된 점과 모음을 독립 자모로 만든 점을 주목하여 파스파문자와의 연관성을 논하였다.

연규동(2019: 24-25)은 파스파문자의 예시를 여러 개 보이면서, 파스파문자는 한 음절 내의 낱 자소들을 음절 단위로 모아쓰며, 한 음절을 이루는 자소들이 선으로 연결되어 있는 등의 차이점을 지적했다. 음절 단위로 쓰는 점은 파스파문자와 훈민정음이 공통적이나 훈민정음은 한 음절을 가로+세로, 세로 등 종횡의 여러 방향으로 합성하지만 파스파문자는 세로로만 쓰는 것도 차이점의 하나라고 하였다.

(2) 훈민정음과 파스파문자의 연관성에 대한 해석

① 초성자 자형의 유사성에 대한 해석

파스파 자모의 몇몇 글자꼴과 훈민정음 초성자의 형태적 유사성에 처음 주목한 이는 Ledyard(1965/1998)이다. 그는 훈민정음의 'ㄱ ㄷ ㄹ ㅅ ㅂ'과 파스파문자의 'g d l s b'를 표상하는 다섯 개 글자의 자형이 서로 유사함을 지적하고, 가획과 감획의 방법으로 다른 초성자의 생성을 설명했다. 그는 특히 훈민정음의 'ㄷ', 'ㄹ'과 파스파문자의 'd', 'l'에 해당하는 자형의 유사성에 주목하였다. Ledyard는 훈민정음과 파스파문자 간의 유사성을 지적했지만 파스파문자로부터 훈민정음이 파생된 것은 아니라고 했다.[100] 앞에서 언급한 다섯

100 송기중(1996: 171-173)은 Ledyard가 말한 파스파문자와 한글의 자형에 나타난 특징

개 자형의 유사성은 인정되지만 이것이 훈민정음의 제자 원리가 가진 독창성을 훼손하는 것은 아니라고 하였다. 유창균(1966)도 훈민정음과 파스파문자의 자형에 나타난 유사성을 거론하며 파스파문자의 영향을 인정하였다.

Ledyard와 유창균의 연구는 훈민정음과 파스파문자에 음가와 글자꼴이 서로 유사한 소수의 예가 있음에 주목한 것이다. 그러나 이기문(1974: 7-8)이 지적했듯이 훈민정음의 가획자 중 몇 개가 파스파자와 비슷한 점이 있으나, 이런 유사성은 결코 본질적인 것이 아니며 제한적 의의를 가질 뿐이다. 이기문(1974, 2008)은 Ledyard 및 유창균의 주장을 검토한 소감을 밝히면서, 가획과 감획으로 설명한 Ledyard의 방식은 무리한 것이라고 비판하였다. 필자는 이 비판에 공감한다. Ledyard의 감획과 가획이란 설명은 제자해에서 '최불려最不厲'한 소리를 기본자로 설정하고, 이 기본자에 단계적 가획을 한 것이라고 명기明記한 사실과 전혀 부합하지 않는다.

앞에서 인용한 여러 학설을 필자의 관점에서 정리해 보면 다음과 같다. 파스파문자의 자음자와 훈민정음 자음자(=초성자) 간의 유사성은 전혀 체계적이지 않다. 음가가 유사한 몇몇 글자 간에 약간의 형태적 유사성이 있으나 이것이 중요한 의미를 갖지 못한다.[101] 자형의 유사성만으로 보자면, 파스파

을 자세히 분석하고, Ledyard가 한글과 파스파문자 간의 유사성을 부정했음을 강조했다. 송기중(1996: 172)은 "레자드 교수의 학위 논문을 정독해 보면, '한글의 팍바 문자 기원'을 증명하려고 상당히 노력을 경주한 흔적을 역력히 엿볼 수 있고, 그 결과가 부정적이었지만, 장기간 노력한 내용을 전부 버리기가 아까워서, 구구한 논리를 붙여 학위 논문의 1개 장(章)으로 삽입한 느낌을 강하게 받을 수 있다."라고 했다. 글의 이면(裏面)을 읽어 내는 송기중 교수의 독해력이 흥미를 끈다.

101 로마자 알파벳과 한글 자모를 대조해 보면, 로마자의 T는 한글의 모음자 ㅜ와, 로마자 I는 한글의 모음자 ㅣ와, 로마자 o는 한글의 ㅇ과, 로마자 L은 한글의 ㄴ과, 로마자 E는 한글의 ㅌ과 각각 자형이 비슷하다. 이와 같은 자형의 유사함을 근거로 한글이 로마자에서 기원한 것이라고 말할 수 없다. 글자꼴의 유사함은 한글과 파스파문자뿐만 아니라 한글과 기일성문도의 부호들, 한글과 로마자, 한글과 각필 구결자 사이에서도 나타나지만 이런 유사함이 음가와 무관할 뿐 아니라 전혀 체계적이지 않다는 점을 중시해야 한다. 이것들은 우발적 유사성일 뿐이다.

문자에서 [ŋ]을 나타내는 글자가 훈민정음의 'ㄹ'과 더 비슷하고,[102] 파스파문자의 [ʤ]를 나타내는 글자는 훈민정음의 'ㅌ'자와 아주 비슷하다.[103] 그리고 파스파문자에서 모음 [e]를 나타내는 글자는 훈민정음의 초성자 'ㄷ'과 거의 같다.[104] 파스파문자와 훈민정음 자모자 간 자형의 유사성에 주목하려면 음가가 전혀 다른 글자 간의 유사성까지 언급했어야 한다. 이기문(1974)에서 말했듯이 파스파문자와 훈민정음 간에 관찰되는 몇몇 글자의 자형에 나타난 유사성은 그리 중요한 것이 아니라고 봄이 옳다. 김영만(1987: 60-64)은 자형의 제자 원리에 나타난 체계적 대응 관계에 주목하는 것이 훈민정음과 파스파문자 간의 연관성을 밝히는 데 더 의미 있는 작업이라고 하였다. 김영만의 이러한 지적은 최영애(2003), 송기중(2009), 정광(2008, 2009a)의 연구에서 구체화되었다.

파스파문자와 훈민정음 자형의 유사성에 처음 착목着目한 Ledyard와 유창균의 초기 학설은 새로운 관점을 제공하면서 훈민정음 자형에 대한 시각을 넓히는 데 기여한 점은 있으나 그 부작용이 없었다고 하기 어렵다. 오히려 두 문자 간의 연관성 문제는 글자꼴의 유사성이 아니라, 음절 삼분법과 음절 합자법, 종성부용초성 등의 제자 방법론에 초점을 두고 고찰할 필요가 있다. 이하에서 이 점을 논한 학자들의 견해를 검토하여 필자의 관점에서 그 의미를 찾아보기로 한다.

② 중성자의 연관성에 대한 해석

선행 연구들은 대부분 파스파문자와 훈민정음 초성자 간의 자형 유사성을 논한 것이었다. 송기중(2009: 59-60)은 발성 부위의 순서에 따른 기본 모음

---

102 파스파문자에서 [ŋ]을 나타내는 글자: ㄹ
103 파스파문자에서 [ʤ]를 나타내는 글자: ㅌ
104 파스파문자에서 모음 [e]를 나타내는 글자: ㄷ

의 책정이 파스파문자와 훈민정음의 공통점이라고 하였다. 파스파문자의 자음자는 모음 'a'가 결합한 음운 단위(ka, ta 등)를 기본으로 제자되었다.[105] 그러나 훈민정음은 모음이 결합하지 않은 자음만으로 된 글자를 만들었으며 이는 동북아시아의 문자사에서 처음이라 하였다(송기중 2009: 54). 그리고 파스파문자는 반모음자(j, w)에 해당하는 글자를 별도로 만들었지만 훈민정음은 반모음 글자를 별도로 만들지 않았다(송기중 2009: 60-61).[106]

정광(2009a)은 훈민정음 중성자와 파스파 모음자 간의 체계적인 유사성에 주목하였다. 그는 『몽고자운』 말미에 첨가된 일곱 개의 유모자喩母字와 훈민정음의 중성 일곱 자(·ㅡㅣㅗㅏㅜㅓ)가 그 개수와 모음조화의 대립관계에서 서로 일치한다고 보았다. 즉, 훈민정음 중성자 일곱 개는 파스파문자의 유모자 일곱 개와 체계적 연관성을 갖고 있다는 것이다. 또한 정광(2009a: 233)은 티베트문자 등 한자를 변형하여 만든 표음자들이 성聲과 운韻을 나눈 이분법임에 비해 파스파문자가 유모를 독립시켜 따로 만든 점은 진일보한 것이라고 했으며, 훈민정음이 중성을 독자적인 단위로 인정하여 초성과 종성에 대비시킨 것은 대단한 음운론적 성취라고 평가했다.

그런데 중성자에 존재하는 두 문자 간의 차이점도 강조해 둘 필요가 있다. 첫째, 파스파문자의 중성자는 티베트문자의 중성자를 거의 그대로 가져온 것에 가깝지만(김주원 2013a: 248, 정제문 2015: 16-17), 훈민정음의 중성자는 독창성이 뚜렷하다. 둘째, 파스파문자의 중성자는 놓이는 위치에 따라 글자

105 파스파문자의 자음자는 항상 모음 a와 결합된 형태로 제자되었다. 모음 a의 자형이 파스파 자음자의 기정치(default value)로 들어가 있다. 그리고 파스파문자에서 유모자(=모음자) a에 해당되는 글자를 별도로 만들지 않았다. 이 점에서 파스파문자는 훈민정음처럼 완전한 음소문자가 아니라 부분적으로 음절문자적 속성이 남아 있다. 파스파문자에 대한 이러한 설명은 정제문(2015)을 참고하였다.

106 국어학자들의 논문에 인용되지 않았던 최영애(2003: 105)에서 이 사실이 먼저 지적된 바 있다.

꼴이 달라진다. 파스파문자의 자음자는 1자 1음으로 낱말 속에서 위치에 따라 달라지지 않지만 모음자는 낱말 속 위치(어두·어중·어말)에 따라 글자 모양이 바뀌기도 한다(정제문 2015: 16). 그러나 훈민정음의 중성자는 위치에 따라 자형이 달라지지 않는다. 셋째, 파스파문자의 일부 자음자가 훈민정음 초성자와 자형상 비슷한 것이 있지만, 파스파문자의 유모자와 훈민정음 중성자는 자형의 유사성이 전혀 없다. 그러나 파스파문자의 유모자와 훈민정음의 중성자는 글자 개수가 비슷하고, 모음조화에서 부분적 유사성을 가진 점은 주목할 만하다.

③ 음절 삼분법과 종성부용초성의 연관성

일찍이 유창균(1966: 390)은 『몽고자운』, 『고금운회거요』, 『동국정운』으로 이어지는 세종 대의 운서 연구에 주목하고, 한자음 표기에 적합한 파스파문자의 삼분법을 『동국정운』에서 수용한 것으로 보았다. 한 음절을 성모와 운모의 이분법으로 나누는 중국의 기존 운서와 달리 파스파문자로 표음한 『몽고자운蒙古字韻』[107]은 음절 삼분법이 적용되었다(유창균 1966: 390, 최영애 2003: 104-105). 음절 삼분법을 가진 파스파문자로 표기한 『몽고자운』의 한자음 표기에 음절 삼분법이 적용된 것은 당연하다. 유창균(1966: 39)은 훈민정음의 종성부용초성 규정도 파스파문자의 영향을 받은 것으로 보았다. 그러나 이에 대한 자세한 논증은 하지 않았다.

최영애(2003: 105)는 『몽고자운』에서 'm, n, ng, w, j'로 전사되는 다섯 개의 파스파 자모는 성모자로도 쓰이고 동시에 운미자로도 쓰임을 지적하고,

107 유창균(1966)은 『사성통해』에 표기된 대로 이 책을 『몽고운략(蒙古韻略)』이라 칭했다. 『몽고운략』은 필사본으로 현전하는 『몽고자운(蒙古字韻)』과 같은 책으로 보는 것이 통설이나(최영애 2003: 104), 『사성통해』와 『몽고자운』의 동일 운류를 비교한 曲曉雲(2020, 2021)은 『몽고자운』과 『몽고운략』의 내용이 상당히 다르다고 주장하였다.

이것은 "훈민정음의 '종성부용초성終聲復用初聲'과 완전히 일치한다."라고 하면서, 훈민정음 창제의 근간이 되는 삼분법이 파스파문자의 영향을 받았음을 부인하기 어렵다고 보았다. 그런데 파스파문자의 이 다섯 글자는 훈민정음 종성부용초성 여덟 개 글자 'ㄱㄴㄷㄹㅁㅂㅅㆁ'과 아주 다르다. 두 문자에서 공통적인 것은 'm, n, ng'에 해당하는 세 개 글자뿐이다. 종성부용초성의 내용에 있어서 파스파문자와 훈민정음 간의 차이가 크다. 파스파문자에서 성모자와 운미자에 모두 쓰인 다섯 글자 중에서 'w'와 'j'에 해당하는 글자는 훈민정음에 없으며, 이 음과 가까운 'ㅗ'와 'ㅣ'는 훈민정음에서 종성으로 전혀 쓰이지 않았다(유창균 1979).

송기중(2009: 62-63)은 파스파문자가 초성 글자를 종성 표기에도 쓴 점, 모음 글자를 별도로 만든 점이 훈민정음과 공통적이라 하였다. 최영애(2003)에서 지적한 바처럼 음절 삼분법과 종성부용초성 원리가 구체적 내용에 있어서 파스파문자와 훈민정음 간에 차이가 크지만 이 원리가 두 문자에 공유되어 있다는 점은 주목할 만하다. 파스파문자에 존재했던 이 원리를 훈민정음의 창제자가 참고했을 가능성이 있다. 초성자 중에서 'm, n, ng'에 해당하는 세 개 글자를 종성에 가져다 쓴 파스파문자의 원리를 훈민정음에서는 여덟 개 글자로 확대하여 조선어음의 현실에 알맞도록 변용했을 가능성이 없는 것은 아니다.

훈민정음의 음절 삼분법의 기원이 파스파문자에서 비롯된 것이라는 주장은 당시의 상황으로 보아 그럴듯한 점이 있다. 원나라의 강력한 영향 아래 있었던 고려시대에 원나라 황제 쿠빌라이 칸의 명령으로 파스파문자가 만들어졌다. 원나라는 이 새로운 문자를 이용하여 『몽고자운』(혹은 몽고운략)이란 운서를 편찬하였고 그것이 고려에도 전해졌을 것이다. 원나라의 운서 『몽고자운』은 세종의 훈민정음 창제와 『동국정운』 편찬에 영향을 미쳤다. 한자음 번역 사업을 진행하면서 『몽고자운』을 참고했을 것이다. 『몽고자운』을 통해 파스파문자로 표기한 한자음을 접하면서 파스파문자가 가진 표음문자의 특성과 효용성을 파악했을 것이다. 이러한 과정에서 얻어진 파스파문자에 대한 지식은 음소문자로서의 훈민정음을 구상하는 데 이용되었을 것이다. 파스파문자로 한자음을 표기한 『몽고자운』과 元代원대의 현실음을 충실히 반영한 『고금운회』(1292년 이전)와 이를 요약한 『고금운회거요』(1297)[108]는 훈민정음 창제 전후의 세종과 조선 한자음 교정 및 중국 한자음 번역 사업에 참여한 학자들에게 중요한 참고 도서였다.[109] 『몽고자운』은 한자음을 반절법으로 표음하던 기존 운서의 방식과 달리 음소문자인 파스파문자로 한자음을 표기한 최초의 운서이고, 이를 전례로 삼아 음소문자인 훈민정음으로 중국 한자음을 표기한 것이 『홍무정운역훈』이다(최영애 2003: 90-91).

최만리가 1444년 2월 20일에 올린 상소문에 언문으로 '운서韻書'를 번역하고 있음을 비판한 내용이 있다. 이 번역 사업의 결과가 『사성통고』와 『홍무정운역훈』이다. 이러한 한자음 번역 사업을 진행하면서 『몽고자운』의 파스파문자를 깊이 연구했을 것이다.[110] 이런 정황으로 보아, 세종과 집현전 학사들이 함께 수행했던 중국 한자음 번역 및 조선 한자음 교정 사업에서 『몽고자운』을 참고하였음은 확실하다. 파스파문자의 원리를 익히면 『몽고자운』을 통해 정확한 한자음을 알아낼 수 있다. 파스파문자의 원리를 익히

108 『고금운회(古今韻會)』는 황공소(黃公紹)가 1292~1297년 사이에 편찬한 운서이다. 이 운서는 훈고를 중시하여 많은 고전 문헌을 인용하여 주석이 복잡하고 이용에 불편함이 있었다. 황공소와 고향이 같은 웅충(熊忠)이 일종의 요약본을 만든 것이 『고금운회거요(古今韻會擧要)』이다. 이 운서는 자모운 방식으로 당시의 실제 음계를 보여 주고 있어서 중고음에서 근고음으로 넘어오는 시기의 한어음 연구에 귀중한 자료이다(신용권 2003: 186).

109 신용권(2003: 203)은 『고금운회거요』가 심음(審音) 위주 운서이고, 이 운서의 반절이 당시 조선 한자음을 정리하는 데 유용하다고 여겨 『동국정운』 편찬자들의 주요 참고서가 되었다고 하였다.

110 『몽고자운』에 대한 더 상세한 정보는 정광의 『몽고자운 연구』(박문사, 2009)를 참고하기 바란다.

면서 음절 삼분법과 종성부용초성의 원리가 이 문자에 있음을 알게 되었을 것이다. 훈민정음 창제자는 파스파문자의 구조적 원리 중 삼분법,[111] 음절자 단위로 쓰기, 종성부용초성의 원리 등을 참고하여 이를 변용했을 가능성이 있다. 훈민정음이 파스파문자체계의 중요 원리(삼분법과 종성부용초성)를 받아들였다고 본다면, 파스파문자는 훈민정음에 상당히 중요한 영향을 미친 것이 된다.

훈민정음과 파스파문자를 관련지어 연구한 외국인 학자들의 주장과 그 근거에 대한 종합 정리는 연규동(2017: 238-240)에서 이루어졌다. 연규동은 훈민정음의 분절음 개념이 파스파문자의 영향을 받은 점, 훈민정음에서 음절의 첫소리(초성)와 끝소리(종성)가 같은 소리라고 인식한 것이 파스파문자의 자음 운용 방식과 유사한 점, 두 문자가 모두 음절 단위로 모아써서 정사각형이 된 점 등을 들고, 서양학자들이 이 문제를 어떻게 연구했는지 검토하였다. 연규동(2017: 225-231)은 서양의 문자학자들이 훈민정음의 문자학적 특징을 도상성, 자질성, 비선형성이란 세 가지로 정리한 내용을 자세히 설명하고, 국내 학자들은 '발음기관 상형', '가획', '병서', '합용', '합성' 등 이미 사용해 온 용어와 함께 서양 문자학자들에게 익숙한 용어를 사용할 필요가 있다고 하였다. 상형의 원리가 도상성을 만들어 내고, 가획과 합성의 원리는 자질성을 산출하며, 음절 합자법은 비선형성을 결과시키는 것이니, 국내 학자들이 사용해 온 용어와 외국 문자학자들이 쓰는 용어를 적절히 통용하는 것이 어려운 일은 아니다.

연규동(2019)은 훈민정음의 음절론과 파스파문자의 음절론 간의 연관성을 분석했다. 자형의 측면에서 훈민정음과 파스파문자는 아무런 관련이 없

---

111 최영애(2003: 113-114)는 훈민정음 창제는 중국 음운학 지식을 바탕으로 한 것이며, 파스파문자로 표기된 『몽고자운』의 음절 삼분법에 대한 지식이 훈민정음의 음절 삼분법 형성에 영향을 미친 것으로 보았다.

으나 문자 운용 원리 특히 음절론에서는 두 문자의 관련성이 명백하다. 즉 음절 삼분법, 종성부용초성, 초성 독용자, 음절 합자법(=모아쓰기)에서 두 문자는 세부적인 내용까지 일치한다는 것이다.

연규동·최계영(2019)은 훈민정음의 후음자 'ㅇ'과 유사한 기능을 가진 파스파문자의 ꡖ[112]을 서로 비교하였다. 파스파문자의 ꡖ, ¯, ꡝ가 담당한 알레프 기능을 훈민정음에서 'ㅇ' 하나만으로 수행하게 한 점을 지적하고, 이것은 훈민정음이 이룬 획기적 도약 중의 하나라고 하였다(연규동·최계영 2019: 106). 연규동·최계영(2019)은 셈계 문자에서 모음으로 시작하는 단어 첫머리에 붙이는 알레프(aleph, alif)의 용법을 훈민정음의 후음자 'ㅇ'과 비교하여 'ㅇ'의 기능에 대한 연구를 문자 유형론 차원으로 끌어올렸다. 훈민정음을 문자학 일반 이론과 관련지은 연규동의 연구는 훈민정음에 대한 인식을 심화시켰다.

훈민정음의 후음자 'ㅇ'의 쓰임, 음절 삼분법, 종성부용초성의 원리가 파스파문자의 영향을 받은 것이라고 해도 이 사실 때문에 훈민정음 제자 원리의 독창성이 훼손되는 것은 아니다. 훈민정음이 파스파문자의 음절론 등에 영향을 받았으나, 훈민정음은 발음기관 상형(도상성), 기호 구성의 체계적 확장성(자질성), 음절 단위로 모아쓰는 비선형성(실용성)이라는 독창적 제자 원리를 가지고 있으며 이런 점들은 파스파문자와 아무 관계가 없다(연규동 2019: 26-27).

3) 범문자

성현成俔(1439~1504)이 『용재총화』(권7)에서 훈민정음의 자체字體가 범자에 의거하여 만들어진 것[其字體依梵字爲之]이라고 한 이후부터 이수광(1563~1628)

---

112 파스파문자 ꡖ은 티베트문자 འ에서 기원한 것이나 몽골어에서 해당 음소가 존재하지 않아서 음성적 실체가 없이 표기 기능만 수행하게 되었다(연규동·최계영 2019: 106).

의 『지봉유설』(권18), 이익(1681~1763)의 『성호사설』(권16) 등에서 훈민정음의 범자 기원설을 말하였으나 실증적 고증은 없었다(김민수 1980: 162). 황윤석(1729~1791)이 『이수신편理藪新編』 권20 「운학본원韻學本源」에서 이르기를, "범자梵字를 여래께서 지은 바라 하나 이는 알 수 없는 것이다. 우리나라 정음의 연원도 대체로 보아 여기에 있으니 마침내 범자의 범위를 벗어나지 아니한다."[113]라고 했다. 황윤석의 이 말은 성운학의 음성 분석법이 범자학에서 나왔고, 훈민정음은 성운학에 바탕을 둔 것이라는 뜻으로 이해된다.

최근에 훈민정음을 고대 인도의 음성학과 관련지은 주장이 섭보매(2016)와 정광(2016/2018)에서 제기되었다. 섭보매(2016)는 황윤석의 생각을 구체화시켜 음절 합자법은 중국 宋代송대 정초의 「육서략六書略」에 인용된 범어梵語의 합자 원리에서 나온 것이라고 보았다. 섭보매(2016: 183)는 "세종실록에 의하면 세종 6년(1424)에 『진언대장경』과 밀교대장경판이 이미 존재하였고, 세종이 범어로 된 밀교 경판 등을 '천하에 둘도 없는 법보法寶'라고 칭송하기도 하였다."라고 하면서 훈민정음 창제에 실담자悉曇字의 영향이 컸다고 보았다. 세종실록의 이 기사들은 왜倭의 사신이 대장경을 요구한 것과 관련되어 있다. 그러나 대장경판에 범문자 진언이 들어가 있음은 당연한 것이나 세종이 이것을 연구했다는 증거는 없다. 세종이 범문자에 대해서 알고 있었을 가능성은 있지만 대장경에 포함된 「성명기론」을 읽었다고 볼 근거는 없다.[114] 일본 승려 종예宗叡(809~884)가 지은 『실담사기悉曇私記』의 '初發聲초발성'이 『훈민정음』 예의에 나오는 사실(섭보매 2016: 181)도 관심을 끈다. 그러나 『실담사기』에 '初發聲'이 나온다고 해서 『훈민정음』의 '初發聲'이 이로부터 유

113 至於梵字 或云如來所製, 此未可知. 然我國正音淵源, 大抵本此, 而終不出於梵字範圍矣. (이수신편 권20 韻學本原)

114 대장경을 비롯한 불교 경전이 왕자나 왕의 독서 대상에 포함되었을 가능성은 거의 없다. 서연 혹은 경연에서 이런 책이 취급되었을 리가 없고, 세종이 대장경 등 불교 경전을 읽었다는 어떤 기록도 찾을 수 없다.

입되었다고 판단하는 것은 성급한 처사이다.[115]

고대 인도 파니니의 음성 연구를 반영한 「성명기론聲明記論」을 바탕으로 불경의 고유명사들이 번역되었고, 이로부터 얻은 음성학과 문자론 지식이 「육서략」 등의 중국 한자학에 영향을 미쳤다(심소희 2013: 69-70). 인도의 불교 경전이 중국으로 전파되어 한역漢譯되었다. 불경의 한역 과정에서 파니니의 음성학 즉 고대 인도의 음성학이 중국에 유입되어 등운학과 반절법이 발달하였다.[116] 이것이 훈민정음 창제에 영향을 미쳤으니 『훈민정음』에 기술된 음성 분석 방법의 뿌리는 고대 인도의 음성학에 있다고 말할 수 있다. 흔히 '범어학'이라 부르는 고대 인도의 음성학이 훈민정음에 미친 영향은 이와 같은 포괄적 관점으로 이해하는 것이 적절하다. 훈민정음 창제를 위한 조선어음 분석이 중국 성운학 이론에 바탕을 둔 점이 있고, 중국 성운학이 고대 인도 파니니의 음성학 즉 범어학의 영향을 받아 성립된 것[117]임을 성현, 이수광, 이형상, 이익, 황윤석, 이긍익 등은 알고 있었을 것이다. 이들이 훈민정음의 범자 기원설을 말한 것은 이러한 인식에서 나온 것이고, 지금까지 나온 훈민정음의 범자 기원설은 이 정도 수준에서 수용함이 온당하다. 범자梵字

115 세종이 일본 승려 종예(宗叡)가 지은 『실담사기(悉曇私記)』를 입수해서 읽었을까? 한문과 성운학에 밝은 세종은 '初發聲' 정도의 한문구를 어렵지 않게 만들어 낼 수 있었을 것이다.

116 『홍무정운역훈』의 서문에 "운모와 사성에 대한 고찰은 남조(南朝)에서 시작되었고, 성모에 관한 고찰은 인도에서 불교가 전래된 후 시작되었다."라고 한 것은 이 점을 말한 것이다. 성모와 운모에 대한 구별은 고대 중국에서 반절법을 발전시켰다. 성원경(1972: 314-315)은 "반절·사성 그리고 자모 등 운(韻)의 방법은 직접 또는 간접으로 범문의 병음학리(拼音學理)의 수입에 영향이 있었으며 더욱이 불경의 번역과 전독(轉讀)에서 자연스럽게 생긴 것"이라고 하였다. 또한 성원경은 『경전석문서록』 등을 인용하여 반절법을 창안한 사람은 위(魏)나라 손염(孫炎)임을 언급하고, '反切(반절)'의 자의(字義)를 설명해 놓았다.

117 운도(韻圖)의 어음 표시법이 범어학을 통해 이루어졌음은 잘 알려진 사실이다. 운도의 사등(四等)과 사호(四呼), 전(轉)과 섭(攝)이 범어학과 관련되어 있다. 정초는 『통지』의 「육서략」에서 운도로 표현된 인도의 범문(梵文) 표기의 정밀함을 중국 운서의 반절법과 비교한 바 있다. 이에 대한 설명은 심소희(2013: 62-71)를 참고하기 바란다.

와 정음자正音字 간 자형의 유사성 문제는 거론할 것이 못 된다.

4) 티베트문자와 거란문자

파스파문자는 티베트문자에서 대부분의 자형을 빌리고, 위구르문자의 표기법을 참고하여 만들어진 문자체계이다(연규동·최계영 2019: 85). 훈민정음을 파스파문자의 기원 문자인 티베트문자와 관련지어 연구한 최초의 사례가 있어서 여기서 소개해 둔다.

19세기 초기에 프랑스의 동양학자 아벨 레뮈자Jean-Pierre Abel-Rémusat (1788~1832)가 한글 자형을 티베트문자와 비교하여 논한 연구가 있다. 19세기 프랑스 학자의 한국어 연구를 소개한 이은령(2017)은 아벨 레뮈자가 한글 자형 ㅁㅂㄹ을 티베트문자와 비교한 내용을 인용하면서 그의 견해를 소개하였다. 아벨 레뮈자는 한글의 ㅁㅂㄹ의 각 자형이 해당 음가를 표시한 티베트문자와 유사성이 있다고 했으나 한글이 티베트문자를 모방한 것은 아니라고 하였다. 한글은 "중국어처럼 상형문자도 아니고 일본어처럼 음절문자도 아니며 진정한 알파벳"(Abel-Rémusat 1820: 81)[118]이라고 하며, 표음문자 즉 알파벳으로서의 한글의 가치를 인식했다. 1820년에 연구 논문을 발표한 프랑스의 동양학자가 한글의 실체를 정확히 파악했던 것이다. 아벨 레뮈자는 한글의 음절자 구성 원리도 파악하고 있었다. "한글은 수평으로 쓰는 것이 아니라 사각형의 형태 내에서 자음과 모음을 조합하여 하나의 음절을 이룬다. 일반적으로 모음은 자음 다음, 왼쪽, 오른쪽, 아래, 위로 놓아 결합한다."(Abel-Rémusat 1820: 86, 이은령 2017: 392)

---

118 이 내용은 이은령(2017: 392)에서 재인용한 것이다. 이은령(2017: 390-392)은 프랑스인 중국학자 아벨 레뮈자가 저술한 「타타르 제어 연구(Recherches sur les langues tartares)」(1820)와 한글 관련 연구를 소개했다. 필자에게 관련 자료를 제공해 주신 이은령 교수님(부산대학교 인문대학 불어불문학과)께 감사드린다.

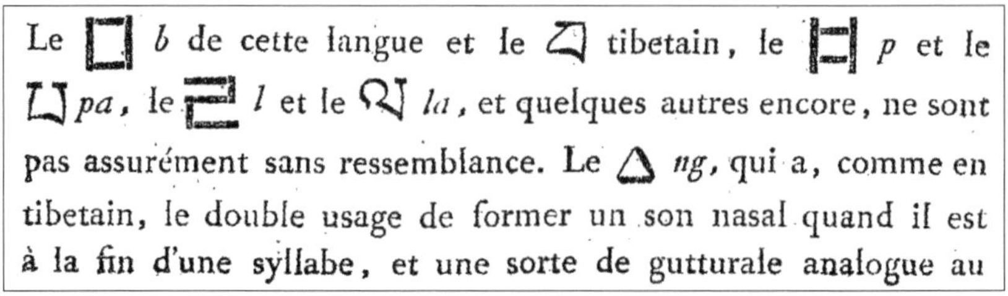

Le ㅁ *b* de cette langue et le བ tibetain, le ㅂ *p* et le པ *pa*, le ㄹ *l* et le ལ *la*, et quelques autres encore, ne sont pas assurément sans ressemblance. Le △ *ng*, qui a, comme en tibetain, le double usage de former un son nasal quand il est à la fin d'une syllabe, et une sorte de gutturale analogue au

[그림 3] 아벨 레뮈자(1820: 83)가 한글 ㅁ, ㅂ, ㄹ을 티베트문자의 해당 음가와 비교한 내용(이은령 교수 제공)

아벨 레뮈자의 이 언급은 외국인 학자[119]가 한글 자모를 다른 문자와 비교하여 그 유사성을 포착한 최초의 연구이다. 레뮈자는 한글이 티베트문자로부터 직접적인 영향을 받은 것은 아니라고 했으며, 당시 퉁구스 지역에서 사용된 만주어나 몽골어의 문자와 유사성이 없다고 하였다. 레뮈자는 한글이 한자와 전혀 다른 것이며, 일본 가나문자의 변형이라는 설도 비판하였다. 그는 음절문자인 일본의 가나문자와 달리 한글이 음소문자임을 간파한 것이다(이은령 2017: 390-392).

한편 훈민정음의 음절 합자법은 거란문자의 합성법과 관련된 것이라는 견해(김완진 1984b)도 있다. 김완진(1984b: 16)은 거란문자의 성자법成字法을 예시하고 훈민정음의 음절 합자법(모아쓰기 방식)이 거란문자의 영향일 가능성을 논하였다. 김완진이 언급했듯이 고려시대에 이미 거란문자의 해독이 어려웠음을 고려한다면 조선 세종 대에는 거란문자를 몰랐을 가능성이 높다. 거란문자의 합자법은 2~7개 구성 요소가 합쳐진 것이어서 훈민정음의 삼분법과 차이가 있다.

119 20세기에 전개된 외국인 학자들의 훈민정음 연구 성과는 연규동(2019)에서 종합 정리되었다.

5) 차자표기법

『훈민정음』 해례편 텍스트에 차자표기법과 관련된 내용이 제자 방법의 하나로 등장하지 않는다. 그러나 이두를 비롯한 차자표기로부터 얻은 우리말 표기의 경험이 훈민정음 제자론을 세우는 데 작용했다고 보는 것이 학계의 통설이다. 이 점을 고려하여 차자표기법을 훈민정음에 융합된 요소의 하나로 간주하고 이에 대해 논한다.

(1) 이두를 정음으로 대체하려는 의도

일찍이 홍기문(1957: 48-52)은 정인지와 최만리가 이두를 두고 서로 상반된 주장을 펼쳐, 정인지는 해례본 서문에서 이두가 우리말을 표기함에 껙껙하고 막혀 매우 불편하다고 하였고, 최만리 등은 언문 반대 상소문에서 이두가 비록 비루하나 한자와 떨어진 것이 아니어서 이두를 배우면 학문에 유익함이 있다고 말한 점을 언급하였다. 이어서 홍기문은 이두와 정음의 연관성을 설명하였는데, 그 요점은 다음 네 가지로 정리된다. ①주격을 표기한 이두토 '亦'이 폐음절 뒤와 개음절 뒤에 모두 결합한 점[120]은 해례 합자해의 '孔子ㅣ'와 같은 표기 규정을 정하는 데 영향을 미쳤다. ②「숙신옹주 가옥문서」에 쓰인 이두 '事叱段'의 叱은 해례 합자해의 '魯ㅅ사룸'의 ㅅ에 반영되었고, '奴子乙 用良'의 乙은 『용비어천가』의 '獨夫 受ㄹ 셤기시니'의 ㄹ 표기에 반영되었다. 이런 방식의 이두 표기가 훈민정음의 음절 삼분법으로 발전하였다. ③「정도사 조탑형지기」의 '令是(시기-)', '追于(조초)', '加于(더욱)'은 종성이 초성으로 전환됨을 보여 주며, 이것은 정음자의 종성부용초성과 관련된다.[121] ④이두에서 물려받은 가장 큰 유산은 우리말에서 토를 분리하여 표

---

120 홍기문(1957: 50-51)은 「정도사 조탑형지기」의 '郡百姓 光賢亦(군백성 광현이)'와 '副戶長 稟柔亦(부호장 품유이)'의 예를 들었다.

121 ( ) 안의 한글 어형은 필자가 넣은 것이다. 홍기문이 "종성의 초성으로의 전환을 의미

기하는 방식이다. 조사 등의 토씨를 체언 어간과 구별해서 적는 방식이 이두의 영향을 크게 받은 것이라고 본 것이다. 홍기문(1957: 50)은 이두를 통해 축적된 조선어의 음운과 문법에 대한 지식이 정음자에 의한 조선어 표기에 많은 영향을 미친 것이라고 하였다.

이두가 우리말을 표기하는 데 일정하게 기여했으나 이두의 가장 큰 한계는 우리말을 온전히 표기해 낼 수 없다는 점이다. 한자를 빌려 쓰는 이두는 둥근 자루를 네모난 구멍에 끼우는 것처럼 서로 어긋난다고 한 정인지 서문의 말 그대로이다.[122] 훈민정음 창제가 이두를 대체하기 위한 것임은 여러 가지 논거가 뒷받침한다. 대표적인 논거는 최만리의 언문 반대 상소문에 나온 이두 관련 언급과 세종이 이서들에게 언문을 가르쳐 이두문서를 정음문서로 대체하려고 시도한 사실이다. 최만리는 설총이 만든 이두가 비루하고 속되지만 한자와 분리된 것이 아니어서 이두를 배우면 학문 흥기興起에 도움이 된다고 긍정적으로 평했다. 이와 달리 언문이 고전古篆을 본뜬 것이라고 하나 음을 부려쓰고 글자를 합치는 것[用音合字용음합자]이 모두 옛것에 어긋난다고 비판하였다. 최만리의 이런 비판에 대해 세종은 이두를 제작한 본뜻이 백성을 편하게 하려는 데 있고, 언문 또한 백성을 편하게 하려는 것이라는 논리를 내세웠다. 세종실록의 이 기사를 통해 훈민정음 창제의 배경에는 이두의 전통과 그것을 사용해 온 경험이 깔려 있음을 알 수 있다. 새 문자를 통해 이두의 불편함을 해소하려는 세종의 뜻은 훈민정음 창제 후 서리胥吏들에게 이 문자를 가르치고, 서리 선발 시험에 훈민정음을 부과했던 사실에서 확인된다.

하는 동시에 그것을 가능케 하는 정음자의 조직과 부합된다."라고 한 말은 종성부용초성의 원리를 말한 것이다.

122 假中國之字以通其用, 是猶枘鑿之鉏鋙也 〈정음해례27a_2〉. 昔新羅薛聰, 始作吏讀, 官府民間至今行之. 然假字而用, 或澁或窒, 非但鄙陋, 無稽而已. 至於言語之間. 則不能達其萬一焉. (훈민정음 정인지 서문) 〈정음해례27b_1-3〉

(2) 차자표기법의 종성 분리 표기와 음절 삼분법의 관련성

훈민정음 창제가 이두를 대체하기 위한 것이라는 주장과 함께 차자표기법의 종성 분리 표기가 훈민정음의 음절 삼분법과 관련된 것임은 여러 학자들이 언급해 왔다.

안병희(1977: 128-129)는 차자 체계와 한글 체계가 연속성을 가진다고 보았다. 안병희는 훈민정음에서 ㅑ ㅕ ㅛㅠ 등의 모음자를 단자單字로 만들었는데, 차자법에서도 이 모음들은 단일 한자로 표기된 사실을 지적했다. 또한 그는 훈민정음의 ㅐ ㅔ ㅚㅟ 등에서 ㅣ상합 요소가 분석되었듯이 차자법에서 상합한 ㅣ를 是시 또는 伊이로 분석 표기한 사실을 중시했다. 단일자 표기와 2개자 분석 표기 방식을 차자법과 훈민정음 중성자에 공유하고 있다는 점에서 차자 체계와 한글 체계는 단절된 것이 아니라 연속성을 가진다고 보았다. 차자법의 종성 분리 표기에 대한 것은 아니지만 차자법과 훈민정음의 연관성을 우리말 중성 단위를 표기한 방식의 공통성에서 찾은 안병희의 연구는 흥미를 끈다. 안병희는 한글 자형까지 차자에서 기원을 찾으려는 김선기[123]의 시도는 음소문자인 한글과 음절 단위의 표기 체계인 구결을 관계짓는 것이어서 지나친 천착이라고 비판하였다(안병희 1977: 129).

권재선(1988: 106-107)은 향찰과 이두의 음절 분석 인식과 종성 분리 표기법이 훈민정음의 음절 삼분법에 직접적 영향을 미친 것으로 보았다.[124] 이것은 차자법의 종성 분리 표기의 경험을 훈민정음의 음절 삼분법의 배경으로 본 탁견이다. 훈민정음 창제와 차자표기법의 관련성 문제는 남풍현(1978/1997/2014)[125]에서 깊이 다루어졌고, 강창석(1992)에서 예시를 통해 양자

123 안병희(1977)에 인용된 이 논문의 서지 정보는 다음과 같다. 김선기(1970), 한글의 새로운 기원설, 『明大論文集』 3, 明知大學.

124 권재선은 파스파문자와 범문자가 훈민정음의 삼분법에 간접적 영향을 미쳤을 가능성도 언급했다.

125 이 논문은 1978년에 "훈민정음과 차자표기법과의 관계"라는 제목으로 처음 발표되었

의 연관성이 논증되었다.[126] 김주필(1991)은 차자표기의 음절 분석법, 말음첨기법 등의 전통이 음소문자가 창제될 수 있는 여건을 마련한 것으로 보았다.

차자표기법의 종성 분리 표기의 몇몇 사례를 검토하여 정음 표기와 어떤 상관성을 갖는지 그 요점을 파악해 보자. 향가의 향찰 표기 및 향약명 고유어 표기에 어말 자음을 분리 표기한 것이 있다. 이른바 말음첨기라 부르는 다음 〈표 9〉의 예들이 여기에 해당한다.

〈표 9〉 차자 자료의 종성 분리 표기 사례

차자	종성자	예시	정음 표기	출전
音	-ㅁ	白雲音	흰 구룸	찬기파랑가
隱	-ㄴ	去隱春	간 봄	모죽지랑가
叱	-ㅅ	道乙羅叱	도랒	향약집성방
		奪叱良乙	앗아늘	처용가
乙	-ㄹ	冬乙沙里	겨슬사리	향약집성방
邑	-ㅂ	所邑朽斤草	솝서근플	향약구급방

〈표 9〉의 예에서 알 수 있듯이, 고대 국어 이래 차자표기법에서 종성을 분리하여 음가자音假字로 표기하는 방식이 일찍부터 존재하였다. 이러한 표기법의 전통은 우리말의 종성이 중성과 구별되는 독립적 단위라는 (음운론적) 인식을 형성했을 것이다. 그리하여 종성을 독립시킨 삼분법의 채택이 자연스럽게 이루어졌을 것이다. 이러한 과정을 권재선(1987/1988: 107)[127]은 다음과 같은 형식의 표로 제시하고, "향찰, 이두의 종성 분석 의식과 성운학의

고, 1997년 및 2014년(국어사연구)에 약간 수정되어 실렸다.

126 훈민정음의 종성 분리 표기와 차자표기의 상관성에 대한 자세한 논의는 강창석(1992)의 제3장을 참고하기 바란다.

127 권재선(1988)은 권재선(1987)의 고전국어학편과 권재선(1987)의 현대국어학편을 합본하고 수정 간행한 것이다. 여기서는 합본인 권재선(1988)을 인용하였다. 권재선(1988), 『국어학 발전사(합본)』, 우골탑.

초성 분석 의식을 합치면 절로 삼분 의식이 이루어진다."라고 하였다. 권재선의 견해는 훈민정음의 삼분법이 성운학의 이분법과 향찰의 종성 분리 표기 의식이 결합하여 생성된 것임을 가장 분명하게 주장한 것이다.

〈표 10〉 성운학의 이분법, 향찰의 종성 분리 표기, 훈민정음의 삼분법 간의 상관성

	음절		
성운학	聲(성)	韻(운)	
향찰	初中聲(초중성)		終聲(종성)
한글	初聲(초성)	中聲(중성)	終聲(종성)

중국 성운학에서는 반절법으로 한자음을 성모와 운모로 이분하여 표기하였지만, 훈민정음은 초성·중성·종성을 구별하는 음절 삼분법을 채택하였다. 훈민정음에서 채용된 음절 삼분법은 파스파문자의 영향만으로 설명할 수 없다. 이현희(1990: 623), 강창석(1992: 33), 임용기(1992, 2002) 등에서 음절 삼분법의 형성에 관한 제 견해들이 정리된 바와 같이, 음절 삼분법의 형성 배경에는 여러 가지 학문적 전통과 방법론이 융합되어 있다. 성운학의 음절 이분법(반절법, 성모+운모), 차자표기법에서 이루어진 종성 분리 표기법, 파스파문자의 삼분법, 조선어음의 분석을 통해서 얻은 경험적 방법 등이 훈민정음의 음절 삼분법에 복합적으로 작용하였을 것이다. 여기에 다시 삼재론이라는 성리학적 세계관이 융합하여 생성된 것이 훈민정음의 음절 삼분법이다.

(3) 각필 구결자와의 관련성 문제

석독 구결과의 연관성이 깊은 각필 구결(혹은 부호 구결)의 자형이 훈민정음의 글자꼴과 밀접한 관련성이 있다는 주장이 있었다(이승재 2001).[128] 정음 초

128 이 설은 안명철(2005)에서도 검토된 바 있다.

성자 'ㄱ'은 부호 구결의 경계선 ᄀ 또는 구두선 ᄀ과 일치하고, 'ㄴ'은 부호 구결의 경계선 ㄴ과 일치하고, 'ㄷ'은 부호 구결의 경계선 ㄷ과 일치하며, 'ㅁ'은 부호 구결의 테두리선 ㅁ과 일치한다. 정음 중성자 '·'는 부호 구결의 단점 ·와 일치하고, 'ㅡ'는 부호 구결의 단선 ㅡ와 일치하며, 'ㅣ'는 부호 구결의 단선 ㅣ와 일치한다(이승재 2001: 102-104).

부호 구결의 이러한 형태가 훈민정음의 자형과 놀랍도록 비슷한 것은 사실이다. 그런데 이런 형태의 유사성은 앞에서 본 기일성문도에 더 분명하게 나타나 있다. 여기서 '분명하게'라는 단어를 쓴 것은 정초의 『통지』에 있는 「칠음략七音略」이 15세기의 한자음 번역 사업에 상당히 큰 영향을 미쳤고, 이 『통지』 속에 기일성문도가 들어 있기 때문이다. 『통지』의 「칠음략」의 주요 내용은 『훈민정음』 해례 제자해, 『동국정운』 서문, 『홍무정운역훈』 서문 등에 흡수되어 있다(홍기문 1946上: 204, 208, 212, 228). 이에 비해 각필 구결이 훈민정음 창제자에게 영향을 미쳤다는 문헌상 증거는 찾을 수 없다.

사찰 승려들이 표기한 각필 구결자와 훈민정음 자모자 간의 형태적 유사성이 해례본에 명시된 초성의 발음기관 상형 및 중성의 삼재 상형론을 무너뜨릴 수는 없다. 이승재 교수의 주장에서 무엇보다도 문제가 되는 점은 훈민정음 문자와 부호 구결자에서 형태적 유사성이 있는 것들이 음성적 혹은 기능적 측면에서 상호 유연성類緣性이 전혀 없다는 사실이다. 예컨대 초성자 ㄱ과 부호 구결자 ᄀ은 그 기능과 음가에서 서로 아무 관계가 없다. 이 점은 다른 모든 부호 구결자에도 동일하다. 어떤 형태의 부호든 간에 그 부호에서 쓰이는 형태는 점과 선(사선, 수직선, 수평선 등)이 기본이 될 수밖에 없다. 부호 구결자 역시 그러하다. 일반적으로 존재하는 형태적 유사성을 근거로 부호 구결이 훈민정음의 기원이 되었을 것이라는 설은 수용하기 어렵다(백두현 2012: 132).

파스파문자가 훈민정음에 영향을 미쳤다고 보는 데는 몇 개 자형의 유사성뿐 아니라 음절 삼분법과 종성부용초성의 원리 등 여타 증거가 있었다. 그리고 조선 한자음 교정 사업(동국정운 편찬)과 중국 표준 한자음 번역 사업(홍무정운역훈 편찬)에 파스파문자로 한자음을 표기한 『몽고자운』이 중요 참고서로 영향을 미쳤다는 증거가 있다. 그러나 각필 구결의 자형이 훈민정음에 영향을 미쳤다는 논의는 추론 수준을 넘어서는 어떤 증거도 찾을 수 없다.

2.3.4. 독창적 제자 방법

지금까지 훈민정음에 융합된 성리학 이론, 성운학 이론, 아시아 제 문자의 영향 문제를 차례대로 논해 왔다. 이제 훈민정음에 융합된 요소 중 세종이 창안한 독창적 방법[129]을 종합적으로 정리할 차례가 되었다. 앞의 2.2절에서 융합 요소를 제자 단위별로 분석하고 그 결과를 해석한 바 있다. 2.2절에서 고찰한 독창적 제자론을 제자 단위별로 나누어 정리하면 다음 〈표 11〉과 같다.

훈민정음 제자론에 융합된 독창적 요소는 그 성격에 따라 크게 두 부류로 나눌 수 있다. 하나는 외래의 이론 혹은 방법론을 인용하여 그것을 변용한 부류이고, 다른 하나는 외래 이론에 없던 것을 세종이 창안한 부류이다. 앞서 언급한 성리학과 성운학 이론은 외래적 요소이며, 중국 학문에서 끌어온 것이다. 세종은 중국 성운학에서 한 걸음 더 나아가 새로운 음성 분석의 방법론을 창안하여 훈민정음 창제에 적용하였다.

〈표 11〉에서 삼분법, 합자법, 종성법은 음절 구성 단위와 관련된 방법론이다. 삼분법과 종성법은 파스파문자에 비슷한 것이 있었고, 합자법은 한자, 범문자, 거란문자 등 인접 여러 문자에 있는 원리이다. 이런 점에서 삼분법과 합

129 독창적이란 아무것도 없는 데서 새로운 것을 만든 것이 아니라 기존 학문의 이론과 방법을 변용하여 새롭게 만든 것이 대부분이다. "하늘 아래 새로운 것은 없다."라는 말이 있듯이 완전히 새로운 창안은 없다. 이하에서 말하는 독창적 방법도 이러한 뜻을 가진다.

〈표 11〉 제자 단위별로 나누어 본 독창적 제자 방법

방법 \ 제자 단위	초성자	중성자	종성자	음절자
삼분법	초성자 설정	중성자 설정	종성자 설정	초성·중성·종성으로 나눔
합자법				초성자+중성자+종성자를 합성하여 음절자 단위로 쓰도록 함
종성법			종성부용초성법 팔자가족용법	
기본자 설정법	아설순치후에서 각각 기본자를 설정함	삼재를 상형한 중성 기본자 3개를 설정함		
상형법	발음기관 상형법: 초성 기본자의 자형 만들기에 적용함	삼재 상형법: 중성 기본자의 자형 만들기에 적용함		
가획법	소리의 세기에 따라 초성 기본자에 획을 더함			
합성법		기본자를 합성하여 초출자와 재출자를 만듦		
합용법	초성 합용법과 병서법(합용병서 및 각자병서 만들기)	중성 합용법: 동출 합용자(ᅪ, ᅯ)와 ㅣ상합자(ㅔ, ㅢ) 만들기	종성자의 합용	
음성 분석 방법	발음기관의 움직임을 관찰함	설축, 구축, 구장, 합벽(闔闢)		
방점법				점의 수효로 사성을 구별 표기함

자법은 전적으로 독창적인 것은 아니다. 그러나 삼분법과 합자법의 실질 내용에 있어서 훈민정음은 독창적 요소를 갖고 있다. 이 점을 중시하여 〈표 11〉에 같이 넣었다. 삼분법과 합자법은 창안이 아니라 창의적 변용에 해당한다.

〈표 11〉에서 상형법, 기본자 설정법, 가획법, 합성법, 합용법은 모두 초성자와 중성자의 자형을 만든 방법이다. 초성 기본자에서 발음기관을 상형하고, 중성 기본자에서 삼재를 상형한 것은 훈민정음이 지닌 뚜렷한 독창성이다. 초성 기본자에 가획을 하여 나머지 12개 자모자를 만든 가획법과, 중성 기본자를 합성하여 초출자와 재출자를 만든 합성법은 훈민정음의 독창

적 제자 방법이자 과학적 특성을 이루는 핵심 요소이다. 방점법은 권성점을 이용했으나 그 내용과 방법을 바꾼 변용의 전형적 사례이다. 사성법의 용어는 성운학에서 빌려 왔으나 성조를 점의 수효로 표기하는 방법은 중국 성운학에 없는 것이다.

〈표 11〉 하단의 '음성 분석 방법'으로서 독창적 성격이 뚜렷한 것을 자세히 설명하면 다음과 같다. 첫째, 초성의 발음기관 상형법이다. 아음의 기본자 ㄱ은 '혀뿌리가 목구멍을 막는 모양'을 본뜬 것이고, 설음의 기본자 ㄴ은 '혀가 윗잇몸에 닿는 모양'을 본뜬 것이다. 이와 같은 조음방법 및 발음기관 상형법은 훈민정음 창제자가 행한 독창적 관찰의 결과이다.

둘째, 초성 기본자에서 1, 2단계 가획을 할 때 적용된 기준 '려厲'의 개념은 성운학에 없는 것이다. ㅋ은 ㄱ보다 소리가 약간 더 세게 나오므로 가획을 하였다. ㄴ-ㄷ-ㅌ은 '厲'(세기)의 정도가 단계적으로 달라지므로 획을 하나씩 더한 것이다.[130] ㅁ과 ㅂ, ㅂ과 ㅍ 등도 모두 그 세기에 따라 가획한 것이다. 이런 방법은 외래 문자학과 음성학에 없는 것이다.

셋째, 중성의 음가 기술과 대립관계 파악에 사용된 설축舌縮, 소리의 깊고 얕음을 표시한 성심聲深과 성천聲淺, 입술의 오므림과 펼침을 표시한 구축口蹙과 구장口張 등은 성운학에 없는 음성 분석법이다. 그런데 '설축각舌縮却'이란 용어는 1013년에 중국의 진팽년 등이 편찬한 『대광익회옥편大廣益會玉篇』(1013)에 실린 사성오음구롱반뉴도四聲五音九弄反紐圖에 처음 등장한다.[131] 또한 명나라 때의 중국학자 주지번朱之蕃이 지은 「해편심경海篇心鏡」에도 이 용어가 나온다(백두현 2012: 147).[132] 그러나 옥편에 나온 '舌縮却설축각'은 궁상각

---

130 '厲'의 정도를 수치값으로 매긴다면 ㄴ(0)-ㄷ(1)-ㅌ(2)가 될 것이다.

131 송나라 진팽년 등이 낸 『대광익회옥편(大廣益會玉篇)』(1013)이 고려시대에 들어왔고, 조선판은 1414년에 광근서당 신간으로 복간되었다(김민수 1980: 94). 이 책의 권두에 '四聲五音九弄反紐圖'가 있다.

132 주지번(朱之蕃)이 지은 「해편심경」의 원명은 '玉堂釐正字義韻律海篇心鏡(옥당리정

치우라는 오성五聲 중 각음角音의 성질을 설명한 구절이다. '설축각'의 '설축'은 중성이 아닌 초성의 조음을 기술한 것이고, 하나의 용어로 보기도 어렵다. 『훈민정음』의 '설축舌縮'은 중성의 조음을 기술한 것이라는 점에서 '설축각'과 전혀 다르다. '설축'이라는 용어를 전혀 다른 뜻으로 사용했다는 점에서 해례본의 '설축'은 독창적 성격을 가진다.

3. 마무리: 융합 요소가 갖는 의의

지금까지 융합 요소들의 작용 차원과 그 출처에 따라 그것이 가진 의미를 다면적으로 분석하고 그 결과를 표로 정리하여 체계화하였다. 이러한 논구를 통해 훈민정음 제자론을 구성하고 있는 융합 요소들이 정음자 제자에 어떻게 작용했는지 이해할 수 있었다. 앞에서 논한 여러 가지 융합 요소들은 각각 분리되어 독립적으로 작용한 것이 아니라 상호 교차하면서(cross over) 제자 작업에 관련되어 있다. 예컨대 삼재론은 음절 삼분법과 중성 기본자의 글자꼴 책정, 종성부용초성 등에 교차 적용되었다. 종성부용초성의 원리에는 삼재론뿐 아니라 파스파문자의 삼분법과 차자법의 종성 분리 표기의 전

자의운률해편심경)'이다. 이 책에 '설축'이란 용어가 나온다. 「해편심경」의 권말에 실린 내용이 『지봉유설』 권7의 말미에 다음과 같이 인용되어 있다.
朱之蕃海篇心鏡. 論字義音律曰. 五音一宮土音. 舌居中. 二商金音. 口開張. 三角木音. 舌縮却. 四徵火音. 舌柱齒. 五羽水音. 撮口聚. 又曰東方喉聲. 何我剛諤謌可康各之類. 西方舌聲. 丁的定泥寧亭聽曆亭之類. 中央牙聲. 更梗牙格行幸亨客之類. 南方齒聲. 詩夭之食止示勝識之類. 北方脣聲. 邦龐賓壁白墨朋密之類. 卽此而究之. 則聲律之清濁. 可易分矣. (芝峯類說 卷七)
그런데 주지번의 「해편심경」은 1603년에 지은 책으로 알려져 있다. 이 책의 내용은 11세기 중국에서 간행된 「옥편」에 나오는 내용을 참고한 것으로 보인다. 『대광익회옥편(大廣益會玉篇)』과 이 책이 조선시대에 활용된 기록은 김주원·남권희(2017: 61-63)를 참고할 수 있다.

통이 함께 영향을 미친 것으로 보인다. 훈민정음 초성의 분류 작업에는 성운학의 오음 분류법이 이용되었다. 초성의 발음기관 상형법은 육서법의 '상형'과 그 내용과 방법이 다르다. 중성 초출자와 재출자의 제자에는 음양론, 오행론, 상수론이 녹아 있다(백두현 2012: 148).

앞에서 분석한 훈민정음 융합 요소들의 출처를 '외래', '전통', '창조'라는 관점에서 분류하고 그 의의를 평가하는 것으로서 본 장을 마무리한다.

훈민정음에 융합된 외래 요소는 대부분 중국 학문에서 흡수하여 제자론의 틀에 녹여 낸 것이다. 성리학에서 가져온 음양론, 오행론, 삼재론, 상수론 등은 훈민정음 창제의 철학적 배경이면서 조선어음의 체계화를 위한 바탕 이론으로 작용하였다. 성운학 이론 중 초성과 관련된 성모 분류법, 청탁 분류법 등은 조선어음 분석의 중요 도구로 이용되었다. 정초의 『통지』와 기일성문도, 한자 육서법의 상형 등이 창의적 변용을 거쳐 훈민정음 창제에 이용되었다. 파스파문자의 음절 삼분법과 종성부용초성의 원리 역시 외래적 요소로서 훈민정음 문자체계에 융합되었을 것이다.

훈민정음에 융합된 전통적 요소는 차자표기와 관련된 것이다. 이두, 구결, 향찰 등에서 우리말의 음절 구조(CV, CVC, V, VC)를 음가자音假字로 표기하거나 훈독자+음가자 구조로 표기해 낸 전통은 훈민정음의 초성, 중성, 종성 표기 및 음절자 구성 원리를 창안해 낸 경험적 토대가 되었을 것이다. 특히 종성을 분리하여 표기한 말음첨기법의 전통은 파스파문자의 음절 삼분법과 함께 훈민정음이 삼분법을 채택하는 데 작용한 요소로 간주되어 왔다. 음절 말음을 분리한 말음첨기의 경험은 종성을 운모에서 분리하여 음절 삼분법을 세운 바탕 역량으로 작용했을 것이다. 차자표기법은 중국 한자를 우리의 필요에 맞게 '떡 주무르듯이 빚어낸 솜씨'이며, 문자를 다루는 한민족의 천재적 창의성이 세종의 한글 창제에서 절정을 이루었다는 평가(이기문 2001: 48)는 한반도에서 전개된 문자 역사의 정곡을 짚은 것이다.

훈민정음에 융합된 독창적 요소는 여러 가지가 있다. 훈민정음 초성자의 자형 디자인 원리로 개발된 방법 중에서 특히 주목되는 것은 기본자의 설정과 소리의 세어짐[厲]에 따라 획을 더한 가획법이다. 초성자는 먼저 5개의 기본자를 발음기관 상형 원리로 만들고, 각 기본자에 가획하여 나머지 글자를 제자해 냈다. 중성자 분석에서는 설축과 성심의 정도를 기준으로 세 부류로 나눈 후 여기에 각각 천지인 삼재의 형상을 부여하여 기본자 글자꼴을 정했다. 중성 기본자 ·와 ㅡ의 글자꼴을 天과 地를 각각 결합시켜 형상화한 발상법은 기일성문도의 영향을 받았을 가능성이 있다. 그러나 기일성문도에는 人에 대한 언급이 없어서 그 영향은 부분적인 것이었다.

기본자를 먼저 정하고, 이로부터 나머지 낱자를 만들어 낸 원리는 초성자와 중성자에 공통적이다. 초성자 제자를 위해 창안한 기본자 제자 방법(발음기관 상형법)과 가획법, 중성자 제자를 위해 창안한 기본자 제자 방법(삼재 상형법)과 기본자 간의 합성법은 훈민정음 제자론에서 가장 독창적이면서 과학성을 갖춘 제자 원리이다. 중성 기본자를 합성하여 초출자와 재출자를 만들어 낸 방법이나, 초성 기본자로부터 가획자를 만들어 가는 방법은 기일성문도나 중국 문자학에서 찾아볼 수 없는 것이다. 초성과 중성 제자에 쓰인 상형의 개념은 한자 육서법의 상형과 다른 독창적 변용이며, 초성의 병서법, 연서법, 합용법은 음소 단위 간의 합성이라는 점에서 한자의 부수 합성법과 그 본질이 다르다.

훈민정음 제자론이 가진 독창성은 다음 네 가지로 요약된다. 첫째, 훈민정음은 초성과 중성의 기본자를 먼저 만들고 이를 가획과 합성에 의해 확장해 간 독창적 제자 원리로 만들어졌다. 둘째, 초성의 음가를 음성학적으로 분석하고 다섯 개 발음기관의 움직임과 그 형상을 상형하여 초성자 자형을 만들었다. 셋째, 중성의 음가를 분석하면서 설축, 성심, 구축, 구장이라는 용어를 만들어 그 음가를 음성과학적으로 정확히 기술하였다. 이러한 분석을 통해 중성 기본음 세 개를 선정하였다. 넷째, 선정된 기본음을 문자로 형상화하면서 天地人천지인 삼재의 형상으로 중성자 자형을 만들었으며, 이 기본자를 합성하거나 합용하여 다른 중성자를 만들어 냈다.

훈민정음은 한자나 로마자에 비해 2천 년 이상 늦게 만들어진 문자이다. 뒤늦게 만들어진 문자인 만큼 훈민정음 창제자는 중국 성운학의 방법론을 음성 분석 도구로 활용할 수 있었고, 한자의 구성 원리를 비롯하여 범문자와 파스파문자 등 아시아의 제 문자에 대한 지식도 이용할 수 있었다(백두현 2016a: 12). 훈민정음의 과학성과 문자학적 수월성은 이러한 여건 속에서 이루어 낸 성취라고 할 수 있다.[133] 훈민정음 창제는 돌발적으로 이루어진 것이 아니라 우리 민족이 우리말을 표기해 내려고 노력한 오랜 집념이 맺은 열매이며, 이런 역사적 맥락에서 훈민정음을 바라볼 때 우리는 훈민정음 창제에 대한 올바른 인식에 도달할 수 있다(이기문 1980).[134]

훈민정음의 융합성은 한국의 과학과 문화, 한국의 사상과 종교에도 공유되어 있다. 1669년에 송이영宋以穎이 제작한 혼천시계渾天時計는 서양 기술인 톱니바퀴 운동 원리와 동양의 전통 방식인 혼천의가 융합된 것이다. 훈민정음 문자체계에는 서양 음소문자(알파벳)의 원리와 동양의 상형법이 융합되어 있다. 한국인이 가진 융합적 능력이 세계적으로 위대한 작품들을 만들어 낸 것이다. 훈민정음은 한국인이 갖춘 융합의 능력이 성공적으로 발휘된 창의적 산물임을 본 장에서 확인하였다.

---

133 19세기 말기의 일본인 학자 오카쿠라 요시사부로(岡倉由三郎 1893)는 "기성 글자의 구성을 충분히 음미하고 나서 안출한 것"이 한글이라 하고, 이미 만들어진 다른 문자를 본뜨지 않고서는 결코 만들 수 없는 것이라 하면서 한글의 기원을 '모작(模作)'이란 말로 표현했다(와타나베 다카코 2016: 158-159). 한글을 '모작'이라고 한 점은 받아들일 수 없다. 외래적 요소의 창의적 변용과 융합으로 만든 문자가 한글이다.

134 이기문(1980)은 훈민정음을 15세기에 아시아의 문화와 학문이 우리나라에서 結晶(결정)된 精華(정화)라고 말한 바 있다. 필자의 이 글은 융합의 관점에서 '結晶된 精華'의 구성 성분을 분석하고 체계화해 본 셈이다.

제4장

보편적 가치의 관점에서 본 훈민정음의 창제 목적과 제자론

1. 왜 보편적 가치의 관점에서 보려 하는가

학술적 차원에서 한글의 우수성을 이야기하는 것은 이제 식상한 느낌마저 든다. 한글의 우수성은 이미 세계의 저명 언어학자들이 인정하였다(김정대 2004). 이제 우리는 한글의 우수성에 대한 이야기는 접어 두고, 여기서 한 걸음 나아갈 필요가 있다. 한글에 담겨 있는 본질과 그 특성을 새로운 관점에서 해석해 낸다면, 우리는 한글에 대한 인식의 지평을 확장할 수 있다. 이런 취지에서 필자는 한글에 보편적 가치가 내재되어 있음에 주목하고, 이것이 가진 본질적 의미가 무엇이며, 이것이 21세기 오늘날의 현실 속에서 어떤 의미를 가지는지 고찰해 본 바 있다(백두현 2016a: 11-12). 이 고찰을 더 심화시키기 위해 본 장을 새로 썼다.[1]

보편적 가치란 시대와 공간을 뛰어넘고, 특정 종족이나 한정된 사회집단

1 백두현(2016a)에서 가져온 문장은 인용처를 표기했다. 1절과 2.1절에 이런 인용문이 여러 개 있다.

을 초월하여 인류 모두에게 수용될 수 있는 가치를 뜻한다(백두현 2016a: 10). 개인의 자유와 평등, 민주주의, 지구환경 보전 등이 바로 누구나 동의하는 보편적 가치들이다. 보편적 가치는 이른바 인간의 기본 가치라고 말하는 천부적 인권과 구별된다. 보편적 가치는 절대적 존재에 의해 인간에게 주어진 것이 아니라 인류 문명의 진보와 근대 민주주의 발전을 거치면서 역사적으로 형성되어 온 것이다. 철학적 주제의 하나이면서 관점에 따라 다를 수 있는 '보편적 가치'의 뜻을 여기서 자세히 논할 여유는 없다.[2] 보편적 가치란 현대 인류사회에서 누구나 인정하고 수긍할 수 있는 가치라고 간주한다.

한글에 내재된 보편적 가치는 무엇이며, 이것이 함축한 의미는 무엇인가? 한글은 태생적胎生的으로 다음 세 가지의 보편적 가치를 내재하고 있다. 첫째는 민주성, 둘째는 과학성, 셋째는 철학성이다(백두현 2016a: 11). 한글은 태생적으로 민주성·과학성·철학성이라는 세 가지 보편적 가치를 내재하고 있다.[3] 이 세 가지 보편적 가치의 본질은 『훈민정음』 해례본 텍스트에 나타나 있다. 백성을 위해 한글을 만들었다는 창제 목적이 세종이 지은 어제 서문에 천명闡明되어 있다. 한글은 또한 창제 원리와 관련하여 철학성을 내재한 문자이다. 이 점은 한글이 가진 매우 특별한 성격이다. 세계의 어떤 문자

---

2 시공을 초월한 '인류 보편적 가치'라는 것이 과연 존재한 적 있는가? '절대적으로' 보편적인 가치를 상정할 수 있는가? 이런 의심은 보편적 가치에 대한 근원적 질문이기도 하다.

3 이 글에서 필자가 말하는 '보편적 가치'는 세계 언어에 공통적으로 나타나는 특성으로서의 '언어 보편성'과 전혀 다른 용어이다. 제 언어에 존재하는 보편성과 특수성의 문제가 아니라 훈민정음 창제 목적과 제자론에 나타난 보편적 가치를 뜻한다. 해례본 정인지 서문의 "자연의 소리가 있으면 자연의 문자가 있다.[有天地自然之聲 必有天地之文]"라는 문장은 말소리와 문자의 보편성을 말한 것이고, "사방 풍토가 다르면 소리도 그에 따라 달라지기 때문에 억지로 같게 할 수 없다.[四方風土區別 聲氣亦隨而異 不可强之使同也]"라고 한 것은 언어의 특수성을 말한 것이다. 훈민정음 창제자는 언어의 보편성과 개별적 특수성들 간의 조화를 꾀하려는 인식 위에서(박창원 2005: 234), 말소리를 분석하고 자형을 만들었다고 본다.

도 한글처럼 창제 원리와 관련하여 철학적 의미를 내재한 것은 없다.

한글에 내재한 '민주성'은 인류 역사에서 끊임없이 지향해 온 민주주의의 본질적 가치와 상통한다. 세계 대부분의 나라가 민주주의 정치를 지향하고 있다. 심지어 일당독재 국가까지 그들의 공식적 나라 이름[국호國號]에 '민주'를 넣어 민주주의 국가임을 표방하고 있다. 이와 같은 사실은 민주주의가 인류 보편가치임을 말해 준다.

한글은 태생적으로 과학적 제자 원리로 만들어졌다. 음성과학적 관찰과 분석을 기반으로 체계적 제자 원리로 만든 문자가 한글이다. 이것을 한글에 내재된 과학성이라 부른다. 인류사에서 과학은 인간의 삶을 바꾸는 근본적 힘으로 작용해 왔고, 현대사회는 과학기술을 기반으로 작동하고 있다. 이런 점에서 '과학성'을 인류의 보편적 가치 중 하나로 간주한다(백두현 2016a: 11).

한글의 제자론에 내재된 '철학성'은 천지인天地人 삼재三才의 원리와 음양의 원리로 대표되고, 삼재론과 음양론은 인간과 자연의 조화를 추구하는 지구적 과제와 관련된다. 이런 점에서 한글에 내재된 철학성을 보편적 가치로 간주한다. 한글에 내재된 민주성·과학성·철학성이라는 보편적 가치는 이 문자를 쓰고 있는 현대 한국인의 삶 속에 살아 있는 힘으로 작용하고 있으며, 세계인에게로 확장될 수도 있다.

한글은 세 가지 보편적 가치를 가지고 태어났으나 이 가치들이 현실의 삶에서 실현되기까지 긴 시간이 필요했다. 민주성은 양반층이 지배한 조선에서 실현되기 어려웠고, 훈민정음 반포 후 오백 년 뒤에 이루어진 대한민국의 정치적 민주화를 기다려야 했다. 이런 점에서 태생적 민주성과 역사적 실현 과정으로서의 실현적 민주성을 구별할 필요가 있다. 긴 시간을 필요로 한 역사적 실현이라는 과정적 특성은 한글의 과학성과 철학성에도 적용된다. 본 장에서는 '태생적' 및 '실현적'이라는 두 가지 관점을 염두에 두고, 한글의 민주성·과학성·철학성이라는 보편적 가치를 논한다. 이 글의 연구 대상은 『훈민정음』 해례본 텍스트이다. 『훈민정음』 텍스트를 분석하여 민주성·과학성·철학성의 실체를 드러내어 이를 체계화하고, 이것이 갖는 의미를 논한다.

조동일(2008: 42)은 "한국의 민족문화가 그 자체로 소중하다고 여기는 데 머무르지 말고, 동아시아 또는 세계 전체의 보편적 가치를 추구하는 데 기여하는 바를 소중하게 여기자."라고 설파한 바 있다. 조동일 선생의 이 말은 한글이 지닌 보편적 가치를 밝히고, 이것이 갖는 현대적 의미를 정립하려는 필자의 취지와 그 지향점이 같다. 보편적 가치의 관점에서 한글의 특성을 해석하려는 필자의 작업은 선행 연구에서 언급해 왔던 사실들을 새로운 바늘과 실로 꿰어 내는 작업이라 할 수 있다.

2. 창제 목적에 내재된 보편적 가치: 민주성

2.1. 훈민정음이 지닌 민주성의 본질

훈민정음이란 문자체계가 지닌 민주성의 의미에 대해 두 개의 논점을 세우고 논구論究를 진행한다. 하나는 『훈민정음』 해례본에 기술된 민주성의 의미이고, 다른 하나는 훈민정음의 민주성이 실현되어 가는 역사적 과정과 현대적 의미이다. 훈민정음의 민주성이란 이 문자가 창제될 때부터 백성을 위해 만든 것이라는 특성을 가리킨다. 훈민정음은 한문자 생활에 익숙했던 양반 지배층을 위한 것이 아니라, 한문자로 의사 표현을 할 수 없는 백성들의 불편함을 덜어 주기 위해 만든 문자이다. 필자가 쓰는 '민주성'이란 훈민정음이 지닌 이 특성을 가리키기 위한 용어이다. '민주성'이란 용어 대신에 '평등성平等性'을 고려해 보았으나 적절치 못한 점이 있다. 어제 서문에서 '愚民우민'이라고 특정하였고, 우민을 위해 만든 것이 훈민정음이라고 명시해 놓았다. '民主性민주성'이란 용어에는 '愚民우민'의 '民민'이 포함되어 있다. 그러나 '平等性평등성'이란 용어는 '民민'이 부각되지 않는다. 그리고 세종의 훈민정음 창제가 평민층 이하 계층과 양반 지식인 계층의 '평등한' 문자생활을 도모한 것은 아니었다. 이러한 점을 고려하여 '민주성'이란 용어를 선택하였다.

훈민정음이 민주성을 가졌다고 보는 근거는 무엇인가? 이 질문에 대한 답은 세 가지로 말할 수 있다. 훈민정음이 민주성을 지녔다고 보는 첫 번째 근거는 해례본 권두에 실린 세종의 서문에서 찾을 수 있다.

> 國之語音 異乎中國 與文字不相流通. 故愚民 有所欲言而終不得伸其情者多矣. 予爲此憫然 新制二十八字 欲使人人易習 便於日用耳.
> 우리나라 말소리가 중국과 달라서 한문자로 서로 통하지 않는다. 이런 까닭에 한문자를 모르는 백성[愚民우민]들은 말하고자 하는 바가 있어도 끝내 제 뜻을 펴내지 못하는 것[4]이 많다. 내가 이를 딱하게 여겨 새로 스물여덟 글자를 만들었으니, 사람들로 하여금 쉽게 익혀 나날의 쓰임에 편안케 하고자 할 따름이다. (훈민정음 해례본의 어제 서문)

어제 서문에서 세종이 밝힌 그대로, 훈민정음의 창제 목적은 일반 백성

4 '愚民(우민)'은 백성을 가리키는 보통명사로 널리 쓰이는 것이나 이 문맥에서 '한문자를 모르는 백성'으로 풀이해도 무방하다. '不得伸其情者多矣(부득신기정자다의)'의 '者(자)'를 사물대명사 '것'으로 풀이했다. 이 풀이는 정요일(2008)을 수용한 것이다. 이 구절의 '者(자)'를 훈민정음 언해본에서 '놈'이라 번역해 놓았고, 현대의 많은 훈민정음 연구자들이 현대국어의 '놈'(사람)과 관련지어 이 구절의 '者(자)'(놈)를 '사람'으로 풀이해 왔다. 중세국어의 '놈'이 사물대명사 '것'이라는 논증은 정요일(2008)을 참고하기 바란다.

들의 문자생활을 편안하게 하기 위함이다. 훈민정음의 이러한 특성을 필자는 '태생적胎生的 민주성'이라 부른다. '民主민주'라는 말은 민民(=백성)이 주인됨을 뜻한다. 훈민정음의 민주성은 '민주民主'의 뜻 그대로 백성이 주인 되는 문자의 속성을 가리킨다.[5] 세종이 의사 표현에 불편함을 겪는 백성을 위해 훈민정음을 만든 것은 민주성의 뜻을 가지면서 동시에 박애博愛 정신의 실천이다.[6] 박애 정신 또한 인류 보편적 가치로 볼 수 있다.

훈민정음이 비록 태생적으로 민주성을 내재하고 있지만, 이 속성이 창제 이후의 조선 왕조에서 제대로 실현된 것은 아니다. 조선 왕조가 끝날 때까지 하층민 대부분이 훈민정음 사용 능력을 갖지 못하였다. 민民의 다수가 훈민정음을 배워서 의사표현 수단으로 활용하기까지는 긴 세월이 걸렸다(백두현 2016a: 13-14). 훈민정음이 지닌 태생적 민주성이 실현되기 위해서는 정치 제도의 민주화가 필요했다. 정치적 민주화와 함께 민주성이 실현되어 가는 역사적 과정을 '실현적 민주성'이라 부른다.[7]

훈민정음 창제 이전에, 양반 지식인층과 중인층은 한문자와 이것을 변용한 이두문을 이용해 문자생활을 영위했다. 그러나 여성·양인良人·천민 등에게는 한문자 학습의 기회가 부여되지 않았기 때문에 대다수 백성들은 문자[漢字한자] 사용에서 배제되었다. 한문자 사용 능력은 지배 특권층의 상징이자 사회적 권위의 표지였으며, 양반 계급의 이익을 지켜 가는 핵심 수단이었다. 이러한 상황에서 세종은 한문자 사용에서 배제된 양인良人 이하의 하층민[8]도

---

5 여기서 말하는 '훈민정음의 민주성'이란 오늘날 현대 정치의 '민주주의'와 질적인 차이가 있다. 세종 당시의 군주 정치에서 '민주'의 뜻은 군주가 백성을 위해 베푸는 '편민(便民)'과 연결된다. 백성 즉 민(民)을 위해 만든 문자가 바로 훈민정음이었기 때문에 이 문자가 '민주성'을 가졌다고 본 것이다.

6 훈민정음 창제가 박애 정신의 실천이라는 점은 홍윤표 선생의 조언이다.

7 이 점은 훈민정음의 과학성과 철학성에도 적용된다.

8 양인(良人) 이하 하층민이란 평민층과 천민층(노비 등)을 아우르는 표현이다. 조선시대의 사회적 신분은 크게 보아 양반층, 중인서리층, 평민층, 천민층으로 구분할 수 있다.

사용할 수 있는 새로운 문자 훈민정음을 만들었던 것이다(백두현 2016a: 14).

세종이 시행한 여러 정책은 모두 당시 백성들의 삶[민생民生]을 향상시키는 데 초점을 두고 있다. 대마도 정벌, 사군·육진 개척 등은 국방을 튼튼히 하여 백성의 안정적 삶을 지키려 한 정책이다. 농업 서적과 의학 서적 간행, 앙부일구·측우기 등 천문 기기 제작, 금속활자 주조, 세제 개편 등 세종이 시행한 정책들은 민생의 안정과 백성들의 생활 환경을 개선하는 데 목적이 있었다. 세종의 훈민정음 창제 역시 이런 민생 정책과 정치적 동기를 같이한다(백두현 2016a: 14).

세종이 이와 같은 민생 정책을 취한 정치적 배경에 대해 한우근·이태진(1984: 99-100)의 역사학적 해석은 경청할 만하다. 아래에 두 분의 주장을 요약하여 인용한다(백두현 2016a: 14).

> 훈민정음 창제는 이 시기에 있어서의 정치 사상의 발전의 한 산물이기도 하였다. 창제의 동기로서 강조되는 '便民편민' 의식은 14~15세기의 역사 발전의 한 표현이었다. 이 시기의 지배 관계의 개선은 흔히 신유학의 민본 사상으로 윤색되지만, 그것은 기본적으로 피지배층의 부단한 지위 향상을 위한 노력과, 지배 신분층의 정치 의식의 발전적 변모를 내용으로 하는 것이다. 훈민정음은 그러한 달라진 정치적 관계의 구현을 위한 구체적 수단의 마련이라는 의미를 지니는 것이다. 요컨대 훈민정음은 15세기의 한국의 역사가 지니는 발전적 조건 아래 아시아의 문화와 학문을 수렴한 역량으로 이루어진 한 결정結晶이었다.
>
> 편민과 교화, 그것은 훈민정음 창제의 가장 일차적인 목적이었다. 이런 목적들은 실상 훈민정음이 만들어진 뒤에도 상당한 시간이 지나 점진적으로 달성되지만, 창제 당시에 거론된 목적이 이러한 데

있었다는 것은 당시의 정치의식의 중요한 면모로 주목되어야 할 것이다. 앞에서 여러 차례 언급했듯이, 고려 말기 이래 지방 중소 지주층이 새로운 지배층으로 부상하면서 정치의식은 크게 달라지고 있었다. 중소 지주층은 생활의 기반을 지방 사회에 가짐으로써 이전의 귀족과 대지주 지배층에 비해 피지배층에 대한 이해가 훨씬 높았다. 그리고 일반 피지배층도 12세기 말엽에 이미 구 지배체제의 가혹성에 대한 저항의 경험을 가졌을뿐더러, 그 이후로도 거듭되는 외침 속에서 전선에 나아가 싸운 공적이 컸다. 따라서 새 왕조의 새로운 지배체제의 확립에서 그들의 입장은 결코 일방적으로 무시될 수 없었다. 지배층 대 피지배층 간의 새로운 관계는 대체로 신유학의 '민본' 사상으로 수렴되었지만, 훈민정음 창제의 동기로서의 편민과 교화는 그것이 보다 구체화된 것이었다. 세종 스스로 훈민정음의 창제에 앞장선 것은 그러한 정치의식이 누구보다도 투철했기 때문이었다.(백두현 2016a: 15)

고려 말부터 조선 초기에 걸친 정치 발전의 역사적 맥락에서 훈민정음 창제가 이루어졌다는 해석이 위 인용문의 요지다. 고려 말과 조선 초기를 거치면서 민民(=피지배층)의 정치의식이 성장했으며, 이것이 지배층의 민본 사상으로 수렴되었고, 민본 사상의 정책적 실천의 하나로 훈민정음이 창제되었다는 것이다. 이러한 역사적 해석에 공감이 가는 바가 적지 않으나, 신문자를 창제하려는 세종의 정치적 의지 그리고 언어와 문자에 대한 세종의 학문적 역량이 훈민정음 창제에 작용한 핵심 인자因子였음을 경시해서는 안 된다고 본다. 훈민정음 창제의 정치적 배경과 역사적 맥락을 지나치게 강조하면 민생을 위한 세종의 정치적 의지와 문자 창제를 가능케 한 세종의 학문적 역량을 소홀하게 볼 여지가 있다(백두현 2016a: 15). 영웅주의적 역사관을 경계할 필요는 있다. 그러나 소수의 천재적 능력자가 새로운 혁신을 성취해 온 역사적 사실도 우리는 잘 알고 있다.

훈민정음의 태생적 민주성을 뒷받침하는 두 번째 근거는 해례본 권말에 실린 정인지의 서문에 나오는 다음 구절에서 찾을 수 있다.

> 以是解書 可以知其義, 以是聽訟 可以得其情
> 이 글자로 한문 글을 풀이하면 그 뜻을 알 수 있고, 이 글자로 송사訟事를 듣고 적으면, 그 정상情狀을 알 수 있다. (훈민정음 해례본의 정인지 서문)

훈민정음으로 한문 서적을 번역하면[9] 가히 그 뜻을 이해하기 쉽고, 송사 문서를 적으면 사건과 연관된 정황을 잘 알 수 있다는 말이다. 이 문장에서 '知其義지기의'[그 뜻을 안다]와 '得其情득기정'[그 정상을 이해한다]의 행위 주체는 양반 지배층이지만 위 인용문의 초점은 정음자로 옥송獄訟 문서를 쓰면 재판을 받는 평민 이하 백성들도 송사의 정상을 알 수 있다는 데 있다. 정음자로 기록한 옥송 문서라면 재판 당사자인 평민 이하의 백성들도 읽어 낼 수 있기 때문이다.

세종은 어제 서문에서, 말하고자 하는 바가 있어도 능히 펼쳐 내지 못하는 백성들의 어려움을 덜어 주기 위해 훈민정음을 만들었다고 밝혔다. 이 목적이 실천될 수 있는 마당이 바로 백성들이 처하게 되는 송사訟事의 상황이다. 이두문으로 작성하던 옥송獄訟 문서를 훈민정음으로 쓰면 백성들이 문서 기록 내용을 읽어 낼 수 있기 때문에 억울한 일을 없앨 수 있다는 것이 정인지 서문에서 말한 "以是聽訟 可以得其情이시청송 가이득기정"의 요지다. 훈

9 훈민정음 창제 직후 세종이 상주 목사 김구를 불러들여 사서(四書) 번역을 시작한 일은 '以是解書(이시해서)'를 실천한 것이라 할 수 있다.

민정음의 민주성이 다스림[統治통치]의 현장에서 어떤 효과를 발휘할 수 있는지를 설파한 것이다.

훈민정음의 민주성을 보여 주는 세 번째 근거는 최만리 등의 언문 반대 상소문에 나오는 다음 내용에서 찾을 수 있다.

> 만일 "형살刑殺에 대한 옥사獄辭(조서나 판결문)를 이두문자로 쓴다면 문리를 모르는 어리석은 백성들이 한 글자의 착오로 간혹 원통한 일을 당할 수 있다. 그런데 이제 언문으로 그 말을 직접 써서 읽고, 그들로 하여금 듣게 한다면 비록 지극히 어리석은 사람이라도 모두 다 쉽게 이해해서 억울함을 당할 자가 없을 것이다."라고 한다면 이는 옳은 말인 것 같습니다. 그러나 중국은 옛날부터 말과 글이 같았는데도 송사하는 사이에 억울한 자가 매우 많았습니다. 가령 우리나라로 말하면 옥에 갇혀 있는 죄수로서 이두를 해득하는 자가 직접 초사招辭를 읽고, 그것이 허위인 줄 알면서도 매를 견디지 못하여 원통함을 당하는 것이 아님이 분명합니다. 만일 그렇다면 비록 언문을 사용한다 하더라도 어찌 이와 다를 것이 있겠습니까. 이는 형옥刑獄의 공평하고 공평하지 못한 것이 옥리獄吏가 어떠냐에 달려 있지 말과 글이 같고 같지 않음에 달려 있지 않다는 것을 알 수 있습니다. 그런데 언문으로써 옥사獄辭를 공평하게 하려 한다면 신 등은 이것이 옳은지 모르겠습니다.[10] (최만리 등의 상소문)

이 인용문에 나타나 있듯이 최만리 등의 생각은 정인지와 달랐다. 이두문

10 한우근·이태진(1984: 104-105)에서 인용하였다. 원문의 한자 표기는 한글로 바꾸었으나 필요한 경우에는 괄호 안에 한자를 넣었다. 위 인용문과 이하의 논의는 백두현(2016a: 16-17)에서 가져온 것이다.

대신에 언문으로 옥송 문서를 적으면 어리석은 백성들도 다 쉽게 이해하여 억울함을 당하는 백성이 없을 것이라는 주장을 최만리는 '잠시' 인정했다. 그러나 최만리 등은 중국의 예를 들면서, 중국은 말과 글이 같음에도 옥송의 억울함이 여전히 많다고 하며, 언문을 사용하더라도 억울한 일이 없어지지 않을 것이라고 했다. 최만리 등의 이 주장은 백성들의 억울함을 없애 민생의 편의를 도모하기 위함이라 밝힌 훈민정음 창제 목적을 정면으로 부정한 것이다. 최만리 등이 중국의 경우를 끌어와서 주장한 바는 형옥의 공정한 처리는 재판관의 자질에 달린 것이지, 옥송에 휘말린 백성이 글을 읽고 못 읽고는 상관이 없다는 것이다. 이러한 주장은 일견하여 그럴듯한 논리를 갖춘 듯이 보인다. 최만리 등을 꾸짖은 세종의 답변에도 이 비판에 대한 논박이나 해명은 보이지 않는다. 언변이 좋다는 세종도 응수할 말이 잠시 궁했던 모양이다(백두현 2016a: 16).

그러나 조금만 더 깊이 생각해 보면, 최만리 등의 주장은 심각한 결함이 있음을 간파할 수 있다. 최만리 등은 한자가 중국의 인민들에게도 매우 어려운 문자이고, 중국 인민 대부분이 한문을 쓰지 못했음을 간과하였다. 이에 비해 훈민정음은 백성들이 배우기 쉬운 문자여서 중국 한자의 경우와 동등하게 비교할 수 없는 것이다. 최만리 등의 주장에 내포된 더 심각한 문제는 백성에 대한 재판을 판관 개인의 자질 여부로 돌린 것이다. 공정한 재판을 위한 사회적 제도 마련을 가벼이 여기고, 판관의 개인적 자질이 더 중요하다는 최만리의 주장은 경세가經世家의 생각이라 하기 어렵다. 판결의 공정성을 확보하기 위해서 제도적 장치를 만드는 것이 훨씬 중요하다는 사실을 최만리 등은 간과한 것이다(백두현 2016a: 17). 옥송을 당한 백성이 본인의 죄상을 적은 문서를 읽을 수 없다면 불이익을 당하기 쉽다. 요즘의 일로 빗대어 말한다면, 피고가 경찰관의 수사 조서, 검사의 기소장, 판사의 판결문 등의 내용을 읽을 수 없는 상황인 셈이다. 이런 상황에서 글을 모르는 사람은 불리한 처지에 놓일 수밖에 없다. 백성에 대한 재판을 판관判官[11]의 개인적 자질에 맡겨 두어서 권력 집행자(양반층)의 힘만 키워 주었고, 이것이 관리들의 농간과 부정부패로 이어졌음은 조선 후기의 역사가 이미 증명해 주었다 (백두현 2016a: 16-17).

그런데 최만리는 이두문서를 언문서로 대체한다면 관리의 문서 사무를 다 해낼 수도 있음을 알고 있었던 것 같다. 그는 상소문에서 다음과 같이 말했다.

> 이렇게 되면 수십 년 뒤에는 문자(한문)를 아는 자가 반드시 적어져서, **비록 능히 언문으로써 관리의 사무를 다루어 낸다 하더라도**, 성현의 문자를 알지 못하면 학문이 없고 담에 맞대고 선 것처럼 사리의 옳고 그름에 어두울 것이오니, 한갓 언문에 능숙한들 장차 무엇에 쓸 것이옵니까?[12]

이 말에는 언문으로써 관리官吏의 행정 사무를 처리할 수 있는 상황이 가정되어 있다. 최만리 등 양반 지배층은 이러한 상황을 원치 않았을 것이다. 조선의 양반 지배층은 사회문화적 권위와 학술적 권위를 동시에 가진 한문자와 여기서 파생된 이두문을 끝까지 버리지 않았다. 이두문을 계속 쓰는 것

---

11 조선시대의 판관은 행정 책임자인 군수나 현감 등이 겸했다. 군수나 현감 등은 행정권, 사법권, 부세권(賦稅權)을 모두 장악하였다. 일부 향반(鄕班)의 견제가 작용하기도 했으나 지방 수령은 향반의 권익을 보호해 주면서 지역민을 착취하는 경우가 많았다. 모든 권한을 수령에게 집중시켜 수령의 자질에 기댄 지방 통치제도의 부정적 결과는 19세기 조선을 휩쓴 농민봉기(민란)가 잘 보여 준다. 세종이 지향한 민본 정치는 조선 후기에 허울로만 남았다. '農者天下之大本(농자천하지대본)'[농민은 천하의 근본]이라는 문구가 이러한 허울로 이용되기도 했다.

12 如此則數十年之後, 知文字者必少. 雖能以諺文而施於吏事, 不知聖賢之文字, 則不學墻面, 昧於事理之是非, 徒工於諺文, 將何用哉. (최만리 등의 상소문)

이 그들의 계급적 이익을 대대로 지켜 가는 데 훨씬 유리하다고 생각했을 것이다. 그리하여 관아의 쟁송 문서 작성에서 언문은 배제되었고, 심지어 금전 채무의 사채 문서에 언문을 쓰면 무효라는 법률을 정하기도 했다(숙종 1년). 한문 문서는 물론 이두문서 역시 한자를 모르는 백성들에게는 접근 불가능한 영역이었다. 이두문은 조선 왕조가 끝날 무렵(갑오개혁)까지 관문서 작성에 계속 사용되었다. 조선의 지배층은 갑오개혁에 이르기까지 관문서에 한글 사용을 금지하였고 이두문과 한문자를 줄기차게 사용하였다. 그 결과 양반 지배층과 이서층들의 계급적 특권이 유지되었으나, 백성들의 삶은 피폐해졌다(백두현 2016a: 17).

조선의 양반 지배층은 백성들을 글 모르는 사람으로 만들어 백성들이 지식에 접근하는 것을 차단하였다. 조선의 양반 지배층은 '知지'를 갖춘 백성을 두려워했던 것이다.[13] 백성들이 지식을 획득하면 현실을 보는 안목과 비판적 역량이 높아진다. 현실을 비판하는 하층민의 성장을 막기 위해, 지배층은 백성을 위해 만든 훈민정음을 백성들에게 가르쳐 주지 않았던 것이다. 그러나 백성이 현실을 보는 안목과 비판적 역량을 갖추면 비록 그들이 지배층에게 두려운 존재가 되지만 국가의 역량은 더 커진다. 이 길을 외면한 결과, 19세기에 이르러 전국적 민란이 발생하여 조선 인민의 삶은 말 그대로 도탄塗炭에 빠졌고, 20세기 초기(1910)에는 결국 국가 주권을 빼앗기는 국망國亡의 치욕을 겪었던 것이다. 역사에서 가정이라는 것이 허망한 것이지만, 세종의 뜻대로 이서들이 작성하는 문서의 이두문을 언문으로 바꾸었더라면 조선 후기의 역사는 다른 방향으로 전개되었을 가능성이 높다(백두현 2016: 17). 평민층 이하 인민들이 문자를 알고 지식에 접근할 수 있었다면 비판적 안목

13 언문을 깨친 하층민은 언문 벽서와 격문을 붙여 지배층을 비판하기도 하였다. 언문 벽서 사건 주모자를 검속하려는 사건 기록이 조선왕조실록에 나타나 있다. 이에 대한 내용은 백두현(2021a: 212-216)을 참고하기 바란다.

을 가진 사회 집단이 형성되어 정치 권력의 변화가 이루어졌을 것이다. 이렇게 되었다면 양반 중심의 지배체제가 존속될 수 없었을 것이다.

훈민정음은 태생적으로 민주성을 내재하고 있음에도 불구하고 이 민주성이 조선 왕조 내내 사회 현실에서 구현되지 못했다. 이렇게 된 원인은 왕조 체제라는 것이 본질적으로 민주성을 실현할 수 있는 제도가 아니었기 때문이다. '民主민주'란 말 그대로 백성이 주인 되는 것을 의미하는데 이 이념은 왕조 체제 혹은 양반 지배 체제와는 거리가 먼 것이다. 훈민정음의 민주성은 국가 체제의 변화가 따르지 않고는 그 실현에 근본적 한계를 가질 수밖에 없는 것이었다.

2.2. 민주성의 실현 계기와 그 의미

세종이 지은 어제 서문에 밝혀져 있듯이 훈민정음은 백성을 위해 만들어졌고, 이것이 바로 훈민정음에 내재된 민주성의 핵심이다. 그러나 조선 왕조 내내 백성들의 일상생활에서 훈민정음은 제한적으로 사용되었을 뿐이다. '언문'이란 이름으로 언문 편지, 언문 소설, 언문 가사, 여성과 관련된 생활 문기文記 등에 사용되었다. 훈민정음의 태생적 민주성이 제대로 실현될 수 없는 상황이 계속되었다. 그러다가 19세기 말기의 갑오개혁으로 훈민정음이 '국문'으로 승격되면서 민주성이 성장할 수 있는 계기가 마련되었다. 양반층의 사회적 지위를 지키기 위한 과거 시험 제도가 폐지되고, 신분에 제약받지 않는 관리 선발 제도가 제정되었다. 교육 제도의 개혁과 함께 근대적 학교 제도가 도입되었다. 언문 소설과 언문 편지 등 어문생활의 변두리에 처해 있던 국문이 사적 차원에 제한된 울타리를 넘어 공론장과 언론 매체의 문자가 되었다. 사사롭게 행해지던 언문 교육이 '국문'이란 이름으로 국가 교육 제도에 진입하였다.

한문으로는 국민교육이 불가능함을 알고, 새로운 교육에 필요한 교과서와 계몽 도서가 국문으로 간행되었다. 비록 한자어가 많이 혼용되기는 했으나 국문을 기본으로 한 교과서와 계몽 도서들은 한국인이 근대 지식(세계지리, 세계사, 서양문명과 과학 등)을 섭취할 수 있는 매체가 되었다. 특히 국문체로 발간된 독립신문(1896.4.7 창간)과 제국신문(1898.8.10 창간) 등은 지식에 목마른 인민들의 갈증을 채워 주었다.[14] 이로부터 조선의 인민들에게 근대적 지식을 교육하는 데 국문이 본격적 역할을 시작하였다.[15] 국문이 인민을 위한 지식의 문을 활짝 열었다. 유길준, 주시경, 지석영 등은 이러한 역사적 과업을 파악하고 시대적 책무를 실천했던 선각자들이었다. 갑오개혁부터 오늘날에 이르기까지 국가의 모든 교육은 국문 즉 한글을 중심으로 이루어져 왔다.

이 변화를 가능하게 했던 근저根底에 한글의 민주성과 과학성이 자리 잡고 있다. 일제로부터의 해방과 대한민국 정부 수립 등 20세기 후반기에 한국이 민주정치 제도로 전환하면서 한글의 태생적 민주성이 구현될 수 있는 정치적 환경이 마련되었다. 태생적으로 민주성을 내재한 문자로 훈민정음이 창제되었으나 왕조 국가에서는 민주성이 피어날 수 없었다. 국가의 정치 제도가 민주화되고, 인민을 위한 교육 제도의 혁신이 이루어진 후에야 한글의 민주성이 제대로 구현될 수 있었다.

한글의 민주성 구현에는 한글이 배우기 쉽다는 점 즉 한글 학습의 용이함이 자리 잡고 있다. 발음과 글자가 일대일로 대응하는 점 역시 한글 학습의 용이함에 기여하였다. 읽으면 바로 소리가 되는 한글은 한자와 전혀 다른

---

14 대한제국기에 길거리에서 신문을 읽어 주는 사람이 있었고, 사람들이 여기에 몰려들었다는 기록은 지식에 목말라 했던 인민의 모습을 보여 준다. 길거리에서 소설을 들려준 전기수(傳奇叟)는 오락의 즐거움과 세상사에 대한 지식을 갈구한 인민들의 욕구를 일부 충족시켰던 존재이다.

15 송호근(2011: 40)은 이 점을 들어 언문이 가진 체제 변동적 의미를 주목한 바 있다.

문자이다. 한글 학습의 용이함은 한글 제자의 과학성에서 비롯된 것이다. 체계적 제자론은 비슷한 음가를 가진 글자의 자형을 서로 비슷하게 만들었다. 한글의 일자일음一字一音의 원칙은 문자 학습을 용이하게 하여 민주성의 실현에 도움이 되었다.[16]

어제 예의에서 종성부용초성終聲復用初聲의 원칙을 정했지만 종성해에서 여덟 자(ㄱㆁㄷㄴㅂㅁㅅㄹ)로 제한함으로써 신제 문자를 배우기 쉽도록 만들었다. 그러나 「한글맞춤법통일안」(1933)에서 종성부용초성으로 돌아가서 어간과 어미를 구별해서 적도록 한 형태론적 표기를 채택하였다. 이 규정은 한글 쓰기의 어려움을 초래하여, 한글이 지닌 민주성의 장애물로 기능한 점이 있다. 그러나 전 국민 의무교육 제도에 따라 장기간의 국어 교육이 시행됨으로써 이 어려움을 상당 부분 해소할 수 있었다.

20세기는 한반도에서 1500년 이상 장기 지속되었던 구어와 문어의 불일치(언문 불일치)가 점차 물러가고, 언문일치가 실현되어 간 시대였다. 이러한 변화를 가능케 한 매체가 한글이었고, 이것을 뒷받침한 것이 바로 한글의 민주성과 과학성이다. 한글은 한국 사회의 민주화를 뒷받침하는 매체로 기능한 것이다.

3. 제자론에 내재된 보편적 가치: 과학성

훈민정음이 태생적으로 내재한 두 번째 보편적 가치는 과학성이다. 과학

16 김영희(2017: 131)는 알파벳이 그 습득의 용이성에서 어느 표기 체계보다 '민주적'이라고 주장하며 한자를 이와 대조적인 문자로 거론한 옹(Ong, 1986: 35)의 견해를 인용하고, 소리와 표기의 일치를 극대화한 한글은 '영어'보다 민주적인 표기 체계라고 하였다.

성은 훈민정음 제자론의 태생적 산물이다. 훈민정음이 지닌 과학성의 의미는 무엇이며, 태생적으로 과학성을 내재하고 있다고 보는 근거는 무엇인가? 훈민정음이 지닌 과학성의 실체를 정음해례편 제자해에서 찾을 수 있다. 제자해에 기술된 훈민정음 문자체계의 과학성을 초성자와 중성자로 나누어 각각 정리하면 다음과 같다. 간명한 설명과 체계적 이해를 위해 '과학성 제1 원리'와 같은 형식으로 번호를 부여하여 논의를 진행한다.

3.1. 초성자의 과학성

1) 초성자의 과학성 제1 원리: 발음기관의 상형 및 기본자 설정

초성자의 과학성 제1 원리는 초성이 발음되는 아설순치후 다섯 개 발음기관의 움직임과 그 형상을 관찰하여 기본음 다섯 개를 선정하고, 다섯 개의 조음위치에서 각각 하나의 초성 기본자를 정하여 글자꼴을 만든 것이다. 음성학적 관찰에 따른 글자꼴 형상화의 내용은 [그림 1]에 나타나 있다.[17] 그 내용을 표에 담아 정리하면 〈표 1〉과 같다.

초성자를 제자制字한 과학성 제1 원리는 발음기관의 움직임과 형상을 관찰해서 기본자 자형을 부여한 것이다. 아음과 설음의 기본자는 발음기관이 움직이는 조음동작을 글자꼴로 형상화했고, 순음, 치음, 후음은 발음기관의 형상을 글자꼴에 반영하였다.

---

17 [그림 1]의 출전 표기 '『훈민정음』 5b'는 통문관 영인본을 재영인한 『알기 쉽게 풀어쓴 훈민정음』(국립국어원, 2008)에 실린 쪽 번호이다.

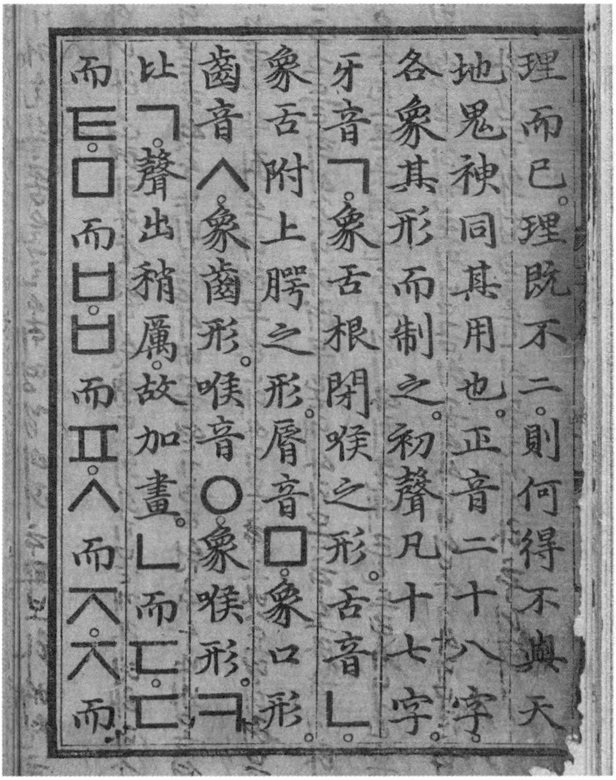
理而已。理旣不二。則何得不與天
地鬼神同其用也。正音二十八字。
各象其形而制之。初聲凡十七字。
牙音ㄱ。象舌根閉喉之形。舌音ㄴ。
象舌附上腭之形。脣音ㅁ。象口形。
齒音ㅅ。象齒形。喉音ㅇ。象喉形。ㅋ
比ㄱ。聲出稍厲。故加畫。ㄴ而ㄷ。ㄷ
而ㅌ。ㅁ而ㅂ。ㅂ而ㅍ。ㅅ而ㅈ。ㅈ而。

[그림 1] 제자해에 기술된 발음기관 관찰과 오음의 상형 〈『훈민정음』 5b〉

〈표 1〉 초성자의 과학성 제1 원리: 발음기관 상형 및 기본자 설정

오음	상형(본뜸)	기본자 자형
아음(牙音)	아음 ㄱ은 혀가 목구멍을 막는 모양을 본떴다. 象舌根閉喉之形	ㄱ
설음(舌音)	설음 ㄴ은 혀가 윗잇몸에 붙는 모양을 본떴다. 象舌附上腭之形	ㄴ
순음(脣音)	순음 ㅁ은 입 모양을 본떴다. 象口形	ㅁ
치음(齒音)	치음 ㅅ은 이 모양을 본떴다. 象齒形	ㅅ
후음(喉音)	후음 ㅇ은 목구멍 모양을 본떴다. 象喉形	ㅇ

2) 초성자의 과학성 제2 원리: 가획법

초성자 과학성의 제2 원리는 가획법加劃法이다. 세종은 다섯 개 기본자의 글자꼴을 만들어 낸 후, 나머지 글자를 만듦에 있어서 가획법을 적용하였다. 이미 만든 각각의 기본자에 두 단계에 걸쳐 획을 더하였다.[18] 가획의 근거는 "소리가 약간 더 세다.[聲出稍厲 故加畫성출초려 고가획]"라는 것이다. 소리의 청각적 크기가 조금씩 커짐에 따라 획을 하나씩 더한 것[因聲加畫인성가획]이 가획의 이론적 근거이다. 이렇게 적용된 가획법은 같은 음류의 자형들이 서로 비슷하게 되는 결과를 만들었고, 이것은 정음 자모 학습의 용이함으로 이어졌다. 학습의 용이함은 곧 훈민정음의 민주성으로 이어져 과학성이 민주성을 뒷받침(support)하는 효과를 내게 했다. 이 점은 초성자와 중성자의 합성 원리에도 동일하게 적용된다.

3) 초성자의 과학성 제3 원리: 합용법

초성자 과학성의 제3 원리는 합용법이다. 정음해례에서 초성자 두 개 혹은 세 개를 합쳐 쓰는 것을 '合用합용'이라 칭하였다.[19] 초성자 합용의 결과로 만들어진 것이 병서자와 연서자이다. 초성자의 합용은 초성 17자 중에서 두세 자를 서로 합하는 것이다.[20] 초성자 간의 합용은 합하는 글자를 기준으로 두 가지로 구별된다. 같은 글자를 나란히 합용하는 것과 서로 다른 글자를 나란히 합용하는 것이 그것이다. 전자에 의해 나온 합용자를 각자병서(ㄲ ㄸ ㅃ ㅆ ㅉ)라 부르고, 후자에 의해 나온 글자를 합용병서(ㅺ ㅼ ㅄ ㅳ ㅌ 등)라 부른다. 합용병서에는 합성하는 글자의 개수에 따라 2자 합용병서와 3자 합용병서(ㅴ ㅵ)가 있다. 초성자에 적용된 합용법을 모두 묶어서 정리하면 〈표 2〉와 같다.

---

18 제3부 제2장의 〈표 5〉(이 책의 516쪽)를 참고하기 바란다.

19 初聲二字三字合用並書, 如諺語·싸爲地, 짝爲隻, ·끔爲隙之類. 〈정음해례21a_4〉

20 두세 자 '合用(합용)'은 중성자와 종성자에도 적용되었다.

〈표 2〉 초성자의 과학성 제3 원리: 합용법

분류	낱자	같은 두 글자 가로 합용	다른 두 글자 가로 합용	다른 세 글자 가로 합용	다른 두 글자 세로 합용
아음(牙音)	ㄱ	ㄲ	ㅺ, ㅲ	ㅴ	
설음(舌音)	ㄷ	ㄸ	ㅼ, ㅳ, ㅌ	ㅵ	
순음(脣音)	ㅂ	ㅃ	ㅽ		ㅸ ㅱ ㅹ
치음(齒音)	ㅅ	ㅆ	ㅄ		
	ㅈ	ㅉ	(ㅾ),[21] ㅶ		
후음(喉音)	ㆆ	ㆅ	ㅭ		
	ㅇ	ㆀ			

초성 17자에 들지 않는 나머지 글자들은 모두 17자 중의 일부 글자를 서로 합용하여 만들었다. 가로(수평)로 나란히 합성하는 것을 '병서竝書'라 부르고, 세로(수직)로 이어 쓰는 것을 '연서連書'라 불렀다. 초성자 제자制字에 적용된 세 가지 원리 즉 음성학적 관찰에 근거한 상형법, 기본자 설정, 가획법, 합용법은 훈민정음을 과학적 문자로 만든 핵심이다.

3.2. 중성자의 과학성

1) 중성자의 과학성 제1 원리: 음성 분석과 기본자 설정

중성자의 과학성 제1 원리는 음성 분석에 근거하여 중성들의 대립체계를 세우고 기본음 세 개를 설정한 것이다. 중성음 분석은 두 가지 방법으로 이루어졌다. 하나는 조음음성학적 관찰에 근거하여 발음기관(혀와 입술)의 움

21 (ㅾ)과 같이 괄호 안에 ㅾ을 넣은 것은 이 합성자가 15세기에 나타나지 않은 점을 염두에 둔 것이다.

직임을 기준으로 중성음을 분석하고 분류한 것(설축 등)이다. 다른 하나는 청음음성학적 관찰에 근거하여 귀에 들리는 소리의 느낌(청각 인상)을 기준으로 중성음을 분석하고 분류한 것(성심 등)이다. 이 두 가지 방법을 적용하여 중성 기본음 세 개를 설정하였다. 혀의 움츠림과 소리의 청각 인상을 기준으로 기본음 세 개의 음가를 다음과 같이 기술하였다.

· 舌縮而聲深· 설축이성심: ·는 혀가 움츠러들고 소리가 깊다.

ㅡ 舌小縮而聲不深不淺ㅡ 설소축이성불심불천: ㅡ는 혀가 조금 움츠러들고 소리가 깊지도 얕지도 않다.

ㅣ 舌不縮而聲淺ㅣ 설불축이성천: ㅣ는 혀가 움츠러들지 않고 소리가 얕다.

훈민정음 창제자와 해례 편찬자는 중성 기본자 각각의 음가를 관찰하여 위와 같이 기술하였다. 설축(혀의 움츠림)과 성심(소리의 깊음) 두 가지를 기준으로 각 중성의 음가를 기술하고 세 중성의 대립관계를 파악하였다. '舌縮설축'은 혀의 움직임을 나타낸 조음음성학(articulatory phonetics) 술어이다(백두현 2016a: 25). '설축'은 혀의 움츠림으로 혀뿌리[舌根설근]가 입 안쪽으로 당겨져 후퇴하는 움직임(Retracted Tongue Root)을 말하는바, 음성학 용어로 설근후축舌根後縮이라 표현한다. 설축의 정도를 세 단계로 나누었는데 이러한 분류는 현대 음성학에서 전설-중설-후설의 분류체계에 상응한다.

'聲深성심'과 '聲淺성천'은 소리의 느낌을 표현한 청음음성학(auditory phonetics) 술어이다. ㅏ는 귀에 들리는 소리의 느낌이 크고, ㅣ는 상대적으로 작은 느낌을 준다. 이것이 울림도이고 이 느낌을 해례본에서 '성심'과 '성천'이라 표현했다. 이것은 현대 음성학의 울림도(sonority)에 상응한다.

서구의 음운론에서 Jepersen(1940)은 자음과 모음 모두를 통합하여 울림도를 8등급으로 나누었다. Jepersen의 울림도 분류체계에서 모음은 3등급으로 나누어져 있다. 폐모음(i, y, u)이 울림도 6, 반폐모음(혹은 반개모음 e, o, ɛ, ø, ɔ)이 울림도 7, 개모음(a)이 울림도 8로 설정되어 있다. 숫자가 클수록 울림도가 크다. 울림도에 따라 모음을 세 개 부류로 나눈 Jepersen의 울림도 분류는, 제자해에서 세 개 기본음의 음가를 3단계 성심聲深-성불심불천聲不深不淺-성천聲淺으로 나눈 분류와 평행적이다. 15세기에 기술된 중성의 음가 기술과 분류체계가 20세기 현대 언어학자들이 세운 분류체계와 대응하고 있다.

제자해에서 중성의 조음음성학적 음가 기술을 위해 설축뿐 아니라 구축口蹙과 구장口張이란 용어도 창안하였다. 이에 관련된 부분만 가져와서 보이면 다음과 같다.

ㅗ與·同而口蹙ㅗ여·동이구축: ㅗ는 ·와 같으나 입이 오므라진다.
ㅏ與·同而口張ㅏ여·동이구장: ㅏ는 ·와 같으나 입이 펴진다.
ㅜ與ㅡ同而口蹙ㅜ여ㅡ동이구축: ㅜ는 ㅡ와 같으나 입이 오므라진다.
ㅓ與ㅡ同而口張ㅓ여ㅡ동이구장: ㅓ는 ㅡ와 같으나 입이 펴진다.

'口蹙구축'은 입술이 오므라져 둥글게 되는 것이고, '口張구장'은 입술이 옆으로 펼쳐지는 것이다. 현대 음성학 용어로 말하면 구축은 원순모음이고, 구장은 평순모음이다. 원순과 평순의 대립을 '구축'과 '구장'으로 표현한 것이다. 이 용어들은 중국 성운학에서 사용되지 않았던 것으로 세종이 창안한 것이다. 설축과 마찬가지로 구축과 구장은 조음음성학 용어(articulatory phonetic terms)이다.

여기서 'ㅗ與·同ㅗ여·동'이라 한 것은 ㅗ가 바로 위에서 "舌縮而聲深설축이성심"이라 한 ·(아래아)의 값과 동일하다는 뜻이다. 즉 ㅗ는 ·와 마찬가지로 설축이고 성심이다. 이어서 'ㅏ與·同ㅏ여·동'이라 했으니 ·, ㅗ, ㅏ 셋은 설축과 성심에서 모두 동일한 부류다. 이 세 중성은 혀가 움츠러들고 소리가 깊다는 점에서 같지만 ㅗ는 구축에서 다르고, ㅏ는 구장에서 다르다. 세종은 설축, 성심, 구축, 구장이라는 음성 자질에서 이 세 중성이 서로 대립된 것임을 파악하고, 그들의 상관성을 포착한 것이다. 세종은 중성 기본자 각각의 음가를 정확히 관찰하여 각각의 음성적 특징을 조음음성학의 측면에서 설축, 구축, 구장이라는 음성 자질을 세웠고, 청음음성학의 측면에서 성심 자질을 세워 세 부류로 나누었다.

제자해에 기술된 중성의 음가 대립체계는 [설축-설소축-설불축/구축-구장/성심-성불심불천-성천]으로 요약된다. 이 대립체계는 혀의 움츠림, 소리의 깊이, 입술 모양이라는 삼차원 구분을 바탕으로 하되, 각 차원 내에서 다시 세분된다. 이와 같은 내용을 삼중적 구성의 표로 체계화하면 〈표 3〉과 같다.[22]

〈표 3〉 중성자의 과학성 제1 원리: 기본자 설정과 중성 대립체계 설정

		혀의 움츠림 정도		
		불축(不縮)	소축(小縮)	축(縮)
입의 오므림과 펼침		ㅣ	ㅡ	·
	축(蹙)		ㅜ	ㅗ
	장(張)		ㅓ	ㅏ
		천(淺)	불심불천(不深不淺)	심(深)
		소리의 깊음과 얕음(울림도)		

2) 중성자의 과학성 제2 원리: 삼재 상형법

중성자의 과학성 제2 원리는 음성학적 분석에 따라 도출된 기본음 세

22 이 표는 허웅(1965/1982: 374)의 표와 국립국어연구원(1996: 29)(국어의 시대별 변천·실태 연구-중세국어 편)을 참고하여 필자가 내용과 형식을 고쳐 표현한 것이다.

개에 천지인天地人 삼재 상형법을 적용하여 세 개 기본자의 자형을 만든 것이다.

〈표 4〉 중성자의 과학성 제2 원리: 삼재 상형법

삼재	해례본의 설명	자형
하늘 天	모양이 둥근 것이니 하늘을 본떴다. 形之圓 象乎天也	·
땅 地	모양이 평평한 것이니 땅을 본떴다. 形之平 象乎地也	ㅡ
사람 人	모양이 서 있는 것이니 사람을 본떴다. 形之立 象乎人也	ㅣ

이 제2 원리는 바로 위에서 설명한 중성자의 과학성 제1 원리와 표리表裏 관계를 가진다. 설축, 성심, 구축, 구장의 음성 자질을 기준으로 분석해 낸 중성 기본음 세 개를 형상화(=圖像化도상화)[23]한 원리가 제2 원리이다. 여기서 말하는 '형상화' 혹은 '도상화'란 청각적 파동인 소리를 시각적 이미지인 글자(자형)로 바꾸는 작업이다. 청각적 존재인 음성을 시각적 문자로 전환하는 것을 물리학 용어로 말한다면 '상전이相轉移'(phase transition)에 해당한다.[24] 음성은 공기를 진동하여 파동으로 존재하고, 문자는 빛으로 존재한다. 음성을 문자로 전환하는 것은 소리를 빛으로 바꾸는 것과 같다. 존재 양식을 바꾸는 상전이에는 그만한 계기와 힘(momentum and impetus)이 필요하다. 청각 매개체인 음성을 시각 매개체인 문자로 전환하는 작업이 자형의 형상화 즉 도상화圖像化이다.

23 음성을 문자로 형상화하는 것을 뜻한다. 이 형상화를 '도상화(圖像化)'로 표현하면 그 의미가 더 구체적으로 다가온다.

24 물이 영하에서 얼음이 되고, 섭씨 100도 이상에서 기체로 전환되는 것이 상전이의 전형적 예이다. 상전이에는 이것을 가능케 하는 결정적 계기와 힘이 필요하다.

세종은 중성 기본음을 기본자로 상전이(=도상화)하는 데 천지인 삼재의 형상에 착안하였다. 천지인 삼재는 소리와 빛을 결합시킨 매개체이다. 중성 기본자의 형상화에 삼재를 상형한 것은 초성 기본자의 형상화에 발음기관을 상형한 것과 다른 방법이다. 그러나 '상형'이라는 점에서는 서로 같다. 상형의 대상과 방법이 다를 뿐이다. 삼재에 착상하여 중성의 음가를 형상화한 것은 대단히 창의적인 발상이다.[25] 중성 기본자가 천지인天地人의 형상을 상형한 것은 주역의 삼재론과 관련되어 있다. 삼재론은 음절 삼분법 등 제자해의 여러 곳에 적용되어 있다.

3) 중성자의 과학성 제3 원리: 합성법과 합용법

중성자의 과학성 제3의 원리는 중성 기본자 세 개를 서로 합성하여 나머지 중성자 8개를 생성해 낸 합이성合而成[26](=合成합성)의 원리이다. 삼재 상형의 원리를 적용하여 중성 기본자를 형상화하고, 기본자를 서로 합성하여 중성의 나머지 글자(초출자 및 재출자)를 생성해 낸 것이 중성자 제자 원리가 가진 과학성의 핵심이다. 중성 기본자의 합성은 2단계에 걸쳐 이루어졌다. 중성자의 합성은 중성 11자에 국한된 제자 원리이다. 나머지 중성자를 만드는 제자 방법은 합용법合用法이다. 11자 중성 중의 두세 자를 합하는 것이 중성 합용법이다.[27] 중성의 합용은 동출同出끼리 합하거나 ㅣ상합으로 이루어진다.[28] 중성자 합성의 원리를 하나의 표로 묶어서 정리하면 〈표 5〉와 같다.

---

25 이 착상이 어디에서 온 것일까? 제3부 제3장 2.3.3절 1)항 (2) '기일성문도(起一成文圖)와 훈민정음 자형의 연관성 문제'를 논하는 곳(이 책의 622쪽)에서 이 질문에 대한 견해를 밝힌 바 있다.

26 기본자를 합하여 초출자와 재출자를 만드는 방법을 제자해에서 '합이성(合而成)'이라 했다. '합이성'을 하나의 용어로 줄여 '합성'이라 칭한다.

27 中聲二字三字合用, 如諺語·과爲琴柱, ·홰爲炬之類. 〈정음해례21a_6-21b_1〉

28 二字合用者, ㅗ與ㅏ同出於·, 故合而爲ㅘ. 〈정음해례16a_6〉

〈표 5〉 중성자의 과학성 제3 원리: 합성법과 합용법

제자 대상 11자			그 밖의 합용 중성자			
기본자 설정	1차 합성	2차 합성	1차 합용	2차 합용	합의 속성	
삼재	초출자	재출자	동출 합용자	ㅣ상합자	음양	위치
ㆍ 天	ㆍ+ㅡ=ㅗ 天+地=陽	ㅗ+ㆍ=ㅛ	ㅗ+ㅏ=ㅘ ㅛ+ㅑ=ㆇ	ㅗ+ㅣ=ㅚ ㅛ+ㅣ=ㆉ ㅘ+ㅣ=ㅙ ㆇ+ㅣ=ㆈ	陽	上
ㅡ 地	ㅡ+ㆍ=ㅜ 地+天=陰	ㅜ+ㆍ=ㅠ	ㅜ+ㅓ=ㅝ ㅠ+ㅕ=ㆊ	ㅜ+ㅣ=ㅟ ㅠ+ㅣ=ㆌ ㅝ+ㅣ=ㅞ ㆊ+ㅣ=ㆋ	陰	下
ㅣ 人	ㅣ+ㆍ=ㅏ 人+天=陽	ㅏ+ㆍ=ㅑ		ㅏ+ㅣ=ㅐ ㅑ+ㅣ=ㅒ	陽	右
	ㆍ+ㅣ=ㅓ 天+人=陰	ㅓ+ㆍ=ㅕ		ㅓ+ㅣ=ㅔ ㅕ+ㅣ=ㅖ	陰	左

기본자 간의 1차 합성은 천天(ㆍ)과 지地(ㅡ)의 결합 및 천天(ㆍ)과 인人(ㅣ)의 결합으로 이루어졌다. 이 결합은 음양 원리와 위치 자질에 의해 지배된다. 기본자 간의 1차 합성으로부터 초출자 4개가 생성되고, 2차 합성으로부터 재출자 4개가 생성되었다. 이 과정에는 성리학의 주요 이론인 음양론이 작용하였다. ㅡ의 위와 아래에 ㆍ를 각각 결합하면서 위는 양, 아래는 음이라 했고, ㅣ의 오른쪽과 왼쪽에 ㆍ를 각각 결합하면서 오른쪽은 양, 왼쪽은 음이라고 하였다. 공간적 관점에서 음양 원리를 보면 이는 곧 위치 자질이 된다. ㅡ의 상하上下와 ㅣ의 좌우左右는 위치 자질이 실현되는 자리이다.

〈표 5〉에서 1차 합용과 2차 합용[29]은 1차와 2차 합성 후에 만들어진 11자

29 두 차례의 합용을 '3차 합성', '4차 합성'으로 부를 수도 있으나 해례본 텍스트의 용어

이외의 글자를 만드는 방법이며, 11자를 운용한 결과에 해당한다. 1차 합용은 초출자 중에서 동출자끼리 합한 동출同出 합용법을 가리킨다. 이 합용에도 음양 원리가 작용하여 음모음은 음모음끼리, 양모음은 양모음끼리 합한다. 2차 합용(=ㅣ상합)은 1차 합성자와 2차 합성자 그리고 1차 합용자에다가 다시 각각 ㅣ를 합한 것이다. 합자해에서 이것을 'ㅣ相合ㅣ상합'이라 불렀다.

중성자의 합성 원리는 초성자에서 본 가획 원리와 공통점이 있다. 기본음에 대응하는 기본자를 먼저 만들고, 이 기본자를 바탕으로 다른 글자를 만들어 낸 원리가 초성자와 중성자의 제자에서 동일하다. 초성에서는 기본자에 가획하는 방법을 적용하고, 중성에서는 기본자를 서로 합성하는 방법을 적용했다. 제자 작업의 전개가 질서정연하고 체계적이다. 이런 제자 원리가 훈민정음에 과학성을 부여한 요체要諦이다. 특히 중성자에 적용된 합성과 합용의 원리는 질서정연한 논리체계를 가진 것이어서 오늘날 휴대폰의 문자 생성 기술에 활용되고 있다. 합성이라는 체계적인 원리가 현대의 첨단 기술에서 다양하게 변용되어 쓰이고 있다.

3.3. 종성자의 과학적 원리: 초성과 종성의 동일성 인식

세종은 초성·중성·종성을 합쳐서 한 음절자를 이루도록 한 합자법을 정했다. 이때 종성자를 별도로 만들지 않고 초성자를 가져와서 다시 쓰도록 했다(終聲復用初聲종성부용초성). 종성자를 따로 만들지 않고 초성자를 그대로 쓰게 한 것은 초성에 쓰이는 자모의 음가와 종성에 쓰이는 자모의 음가가 동일함을 인식한 결과이다. 예컨대 '밥'의 초성 ㅂ과 종성 ㅂ의 음가가 동일한 [p]라고 인식했기 때문에 초성자 ㅂ을 종성자에 그대로 쓰도록 한 것이

에 따라 '合用(합용)'으로 다루었다.

다. '각', '닫' 등의 ㄱ과 ㄷ에도 같은 설명이 적용된다. 세종은 음절 내의 위치에 따라 달리 실현되는 음성적 변이음을 위해 별도의 문자를 만들지 않고 이들을 음소적 관점에서 하나로 묶은 것이다. 이는 현대 음운론의 음소(phoneme)와 변이음(allophone)의 관계를 인식하고, 이것을 문자 창제에 이용한 것이다. 초성과 종성의 동일성을 인식함으로써 종성자를 따로 만들지 않고 초성자를 그대로 쓰도록 한 것이 종성자의 과학성이다.

'종성부용초성'의 규정에 의해 훈민정음의 글자 수가 크게 줄어들었다. 글자 수가 적어짐으로써 훈민정음은 배우기 쉬운 문자가 된 것이다. '종성부용초성'이란 규정은 훈민정음을 만든 취지, 즉 백성들이 쉽게 배워 편하게 쓰도록 한다는 세종의 뜻을 실현하기 위한 것이다. '종성부용초성'에 다시 여덟 개 종성자만으로 충분하다는 단서 조항(八字可足用팔자가족용)을 추가함으로써 더 쉽게 쓸 수 있도록 만들었다. 쓰기 쉽도록 했다는 점에서 팔자가족용 규정은 민주성과 연결된다. 종성을 별도로 만들지 않고 초성을 다시 쓰도록 한 종성부용초성과 종성을 다시 여덟 자로 제한한 팔자가족용 규정에는 과학성과 민주성이 함의되어 있다.

3.4. 요약 및 현대적 의미

말소리에 대한 음성학적 관찰과 체계적 제자 원리, 이 두 가지가 바로 한글이 지닌 과학성의 핵심이다. 한글은 발음기관의 작용을 본뜨고, 소리의 세기에 따라 가획을 하고, 기본자를 합성하여 만든 문자이다. 이 점은 한글에 내재한 태생적 과학성이다. 초성자, 중성자, 종성자 제자를 음성 분석과 자형 만들기로 나누어 각각에 적용된 과학적 작업 내용을 종합 정리하면 〈표 6〉과 같다.

〈표 6〉 훈민정음 제자론의 과학적 작업 내용

작업 내용 / 단위	과학적 음성 분석	과학적 자형 만들기	
초성자	발음기관이 움직이는 모습과 그것의 형상을 관찰하여 기본음 5개를 설정함	기본자 제자	발음기관의 움직임과 모양을 상형함
		가획하기	소리의 세기에 따라 1단계 가획과 2단계 가획을 적용함
		합용하기	초성 17자를 서로 합함 합용병서, 각자병서, 연서
중성자	혀와 입술의 움직임과 귀에 들리는 소리의 느낌을 관찰하여 기본음 3개를 설정함	기본자 제자	천지인(天地人) 삼재를 상형함
		합성하기	기본자를 서로 합성함. 1단계 합성(초출자)과 2단계 합성(재출자)
			음양 원리 및 위치 자질에 의거한 합성
		합용하기	동출 중성 합용 및 ㅣ상합법
종성자	초성과 종성이 동일함을 인식함	종성부용초성을 정함 팔자가족용으로 제한함	
공통점	음성학적 분석에 의한 기본음 설정	기본자 제자	상형법
		합성과 합용	합(合)의 원리

초성 기본자와 중성 기본자의 공통된 제자 원리는 음성과학적 관찰에 입각하여 기본음을 설정하고, 이 기본음을 상형법으로 제자했다는 점이다. 초성자는 발음기관의 상형이고, 중성자는 삼재 상형이라는 점이 서로 다르다. 기본음을 설정하여 상형법으로 기본자를 만들고 이 기본자에 가획법과 합성법을 적용하여 나머지 글자를 만든 것이 과학성의 요체이다. 이와 같은 과학적 방법은 성운학 및 문자학의 지식을 기반으로 하여 과학적 제자 원리를 창안해 낸 것이다.

〈표 6〉에 나타난 훈민정음 제자론의 음성학적 과학성과 질서정연한 체계성은 15세기 당시까지 이루어진 주변 문자 혹은 중국의 성운학과 문자학에서 찾아볼 수 없는 것이다. 중국의 성운학과 문자학, 거란문자와 몽골문자 그리고 당시에 가장 발전된 모습을 보인 파스파문자도 이런 과학성과 체계성을 갖추지 못하였다. 훈민정음의 상형법과 합성법은 한자의 생성 원리

와 연관성이 있는 것이나 그 내용에서 차이가 크다.

과학성이 빚어낸 결과와 역사적 의미는 다음과 같이 요약한다. 과학적이면서 질서정연한 체계적 방법을 제자 작업에 적용한 결과, 훈민정음의 자모자에서 같은 음성 계열에 속하는 글자는 서로 형태적으로 유사하게 되었다. 혓소리에 속하는 ㄴ, ㄷ, ㅌ은 ㄴ을 공통요소로 하여 그 모양이 비슷하고, 잇소리에 속하는 ㅅ, ㅈ, ㅊ은 ㅅ을 공통요소로 하여 그 자형이 비슷하다. 이런 점으로 인해 글자를 배워 익히기도 쉬울 뿐 아니라 초보 학습자가 글자를 보고 그 발음을 서로 관련지을 수 있다. 배워서 쓰기 쉽고 글자를 보고 바로 그 음가를 알 수 있다는 이 특성은 앞에서 본 민주성과 서로 연계됨으로써 상승相乘 효과를 낼 수 있다. 초성의 가획법, 중성의 합성법, 종성부용초성의 원리 등의 과학성이 모두 훈민정음의 학습을 용이하게 함으로써 훈민정음의 민주성을 실현시키는 데 기여하였다. 과학성이 민주성의 실현을 뒷받침한 것이다. 조선 후기의 긴 세월 동안 이 문자가 민간에서 꾸준히 쓰이면서 살아남을 수 있었던 까닭은 한글이 지닌 과학적 특성에 힘입은 바 있다.

4. 제자론에 내재된 보편적 가치: 철학성

4.1. 철학성의 실체

훈민정음에 내재된 세 번째 보편적 가치는 철학성이다. 훈민정음의 제자 원리에 작용한 삼재론, 음양론, 오행론이 철학성의 실체이다. 세종은 명나라로부터 『성리대전』을 도입하여 연구하였고, 이를 조선에서 다시 간행했다. 흔히 신유학新儒學(Neo-Confucianism)이라 부르기도 하는 성리학은 주자가 불교 교학教學의 사변적 방법론을 전통 유학에 접합하여, 실천 윤리 중심이던 유학을 이론과 논리체계를 갖춘 사상으로 승화시킨 학문이다. 인간과 세계에 대한 관점을 이론적으로 혁신하고 체계화한 성리학은 새로운 시대를 연 조선 왕조의 학문과 통치 이념으로 채택되었다. 고려 왕조의 폐습을 개혁하기 위해 척불숭유의 기치를 내건 조선 왕조 개창의 설계자들에게 성리학은 구체제를 극복하기 위한 시의적절한 학문이었다. 훈민정음에 융합된 성리론은 이 책 제3부 제2장과 제3장에서 부분적으로 언급하였다. 여기서는 앞에서 논한 성리론을 철학성이라는 보편 가치의 관점에서 종합한다.

1) 삼재론

훈민정음 제자론으로 이용된 성리학 이론 중 가장 중요한 위상을 가진 것은 삼재론이다. 삼재론은 음절 삼분법의 철학적 배경으로서 초성자, 중성자, 종성자, 음절자를 모두 꿰뚫고 있다. 삼재론에서는 세계를 구성하는 기본적인 구성 요소 혹은 우주 변화의 동인으로 작용하는 세 가지 요소를 천天·지地·인人으로 본다. 우주 만물의 생성과 작용의 이치를 천지인의 도道로 설명하는 것이 삼재론이다.

『주역』「설괘전說卦傳」 제2장에 "옛 성인이 역易을 지을 때 성명性命의 이치에 따르기 위해 천도天道를 세워 이를 음양陰陽이라 부르고, 지도地道를 세워 이를 강유剛柔라 부르고, 인도人道를 세워 이를 인의仁義라 부른다."[30]라고 했다. 해례본 제자해에서 "음양은 천도이고 강유는 지도이다."[31]라고 한 것은 『황극경세서』의 "천天에 음양이 있고, 지地에 강유가 있다."라고 한 것을 달리 표현한 것이다(유창균 1989: 80). 해례본에서 "동動은 천天이고, 정靜은 지

---

30 昔者聖人之作易也, 將以順性命之理. 是以立天之道曰陰與陽, 立地之道曰柔與剛, 立人之道曰仁與義. 〈說卦傳 2〉

31 陰陽 天道也, 剛柔 地道也. 〈정음해례7b_3-4〉

地이며, 동과 정을 겸한 것이 인人이다."[32]라고 한 것은 모두 삼재론의 이론적 근거로 『주역』을 인용한 것이다.

삼재론은 인간의 위상을 하늘과 땅[33] 사이에 두고, 인간은 '易역'(=변화)의 주체로서 하늘의 뜻을 땅으로 이어 주는 존재로 본다. 인간의 이런 역할을 주역에서 '財成輔相재성보상'으로 표현하였고, 이것이 『훈민정음』 제자해에 인용되어 있다.[34] 『주역』 「태괘泰卦」 제11장에서 '財成輔相재성보상'의 뜻을 다음과 같이 풀이하였다. "하늘과 땅이 교합함이 '泰태'이니, 임금[后후]이 천지의 도를 재단하여 이루고, 천지의 마땅함[宜의]을 도와 드러냄으로써 백성을 다스리는[左右좌우] 것이다."[35] 훈민정음에 천지의 마땅한 이치를 담아 이로써 백성을 다스리려 한 세종의 실천은 곧 임금이 행한 재성보상인 셈이다.

동양의 삼재론은 인간을 하늘과 땅과 대등한 존재로 본다는 점에서 인본주의 사상이다. 이는 서양의 기독교 교리와 크게 다르다. 기독교에 '삼위일체'(성부·성자·성신이 하나의 실체인 하나님 안에 존재한다는 교의)라는 교리가 있다. 이는 철저히 신 중심의 논리 구조를 가지고 있으며, 이 틀에서 인간은 배제되어 있다. 이에 비해 삼재론에서 인人은 천天과 지地의 중간에서 하늘과 땅을 서로 연결하는 주체적 존재이다. 이 점에서 삼재론은 인본주의 사상인 것이다.

2) 음양론

제자해에 적용된 음양론은 다음 세 가지로 요약된다. ①음양론은 기본자 '·ㅡㅣ'를 조합하여 초출자와 재출자를 만들 때 적용되었다. ·를 ㅡ와 ㅣ에 각각 조합할 때 ㅡ의 위는 양이고 아래는 음이며, ㅣ의 밖은 양이고 안은 음이

32 動者天也, 靜者地也, 兼互動靜者人也. 〈정음해례8a_4-6〉

33 현대적 관점에서 보면 하늘과 땅은 자연의 섭리(종교적으로는 신)를 뜻한다.

34 亦猶天地生成萬物而其財成輔相則必賴乎人也. 〈정음해례8b_5〉

35 象曰, 天地交, 泰, 后以財成天地之道, 輔相天地之宜, 以左右民. 〈주역 계사전 태괘〉 경복궁 내의 '交泰殿(교태전)'이란 이름은 여기에서 비롯된 것이다.

라는 해석에 따라 양모음과 음모음이 분류되었다. 이는 훈민정음 제자에서 음양론이 가장 전형적으로 적용된 경우이다. ②제자해 중성 풀이에서 "음양은 하늘의 도이고, 강함과 부드러움은 땅의 도이다.[陰陽 天道也, 剛柔 地道也음양 천도야, 강유 지도야]"라고 한 것은 만물을 관통하고 있는 음양론의 보편성을 말한 것이다. ③중성의 기본자 세 개를 각각 하늘(·), 땅(ㅡ), 사람(ㅣ)에 대응시킨 것에도 음양론이 내재되어 있다. 하늘은 양, 땅은 음, 사람은 음양을 겸한 것으로 보았다. 음양론은 중성자에만 적용되었고, 초성자의 제자에 음양론을 적용한 것은 없다.

해례본에서 음양론은 오행론과 하나의 성구成句로 결합하여 '陰陽五行음양오행'으로 자주 쓰였다. 해례본에서 결시訣詩를 포함하여 '陰陽五行음양오행'은 4회 출현하고, '陰陽음양'은 15회 쓰였다. '陰음'과 '陽양'이 각각 단독으로 쓰인 빈도는 '陰음'이 22회, '陽양'이 23회이다.[36] 이러한 빈도는 훈민정음 제자론에서 음양론이 가진 높은 위상을 보여 준다.

3) 오행론

말소리와 오행의 관련성은 "무릇 사람의 말은 오행에 근본을 둔 것[夫人之有聲本於五行부인지유성본어오행]"으로 시작하는 제자해 첫머리 문장에 포괄적으로 표현되어 있다. 오행론은 제자해에서 초성의 오음체계를 오행과 상관 지으면서 적용되었다. 성운학의 자모 분류 기준 즉 아·설·순·치·후음이라는 오음법五音法과 오행론이 결합하였다. 아·설·순·치·후음의 음성학적 요소를 오행 '목·화·토·금·수'의 성질과 각각 결합하여 오음과 오행을 상관적으로 기술해 놓았다. 성운학과 성리학 서적에서 오행五行을 오음(아·설·순·치·후음)과 상관 지어 설명한 예는 『훈민정음』 이외에 달리 찾기 어렵다(곽신환 2016: 39-44).

---

36 해례본에 쓰인 성리론 관련 한자 및 한자어의 빈도는 제2부 제2장을 참고하기 바란다.

오행을 오성(궁·상·각·치·우)과 결합한 것은 여러 운서에 있고, 『훈민정음』 제자해에도 나타나 있다.[37] "무릇 사람의 소리는 오행에 근본을 두고 있기에, 사시四時와 합하여 어그러짐이 없고 오성(궁·상·각·치·우)과 화합하여 어긋남이 없다."라고 하였다. 이어진 문장에 후음은 오행의 수水인데 오성으로는 우羽음이라 하고, 아음은 오행의 목木인데 오성으로는 각角음이라 한다는 등의 내용이 있다.

중성 초출자 및 재출자의 여덟 글자에도 생성生成의 위수位數와 함께 오행이 각각 배정되어 있다. 생성의 위수 배정은 초성 오음자를 오행과 결합한 설명에 비해 추상적 성격을 띠고 있는 관념적 수리철학이다. 초성과 중성에 오행론이 모두 적용된 셈이지만 초성에 적용된 오행론은 각 소리의 음성적 성질과 오행의 특성을 교합하여 훨씬 사실감 있게 진술되어 있다. 예컨대 초성의 하나인 후음에 오행 이론을 적용한 양상을 살펴보자. 목구멍소리인 후음의 설명에서 "목구멍은 깊고 축축하여 오행의 수水에 해당하며, 후음은 소리가 허통虛通한 것이 마치 물이 허명虛明하여 흘러 통함과 같다."라고 했다. 목구멍과 거기서 나는 후음의 음가와 성질을 오행 중의 하나인 수水의 성질과 결합시켜 그 유사성을 설명한 것이다. 이에 비해 중성 초출자 및 재출자의 여덟 글자에 적용된 오행론은 각 중성자에 '水木火金수목화금'의 생위 성수生位 成數를 수리적 세계관에 입각하여 배정한 것이어서 관념적 이론이라는 느낌을 준다.

4) 상수론

상수론[38]은 수數로써 만물의 이치를 표상하는 수리철학의 이론이다. 주역

37 이와 관련된 내용은 제3부 제3장 2.2.1절의 2)항 '초성자의 융합 요소에 대한 해석'(이 책의 584쪽)에서 김만태(2012) 및 이재돈(2016)을 인용하여 자세히 설명한 바 있다.

38 상수론은 소옹(邵雍)의 성음 이론이다. 소옹이 지은 『황극경세서(皇極經世書)』의 성음 이론은 세종조의 훈민정음 창제 및 운서 번역 사업과 관련성이 있다(유창균 1989, 제2장 참고).

64괘가 모두 상象이고, 괘효를 통해 음양오행의 이치를 수와 결합하여 표현하는 이론이 상수론이다. 역리에서 '천지天地'를 '양의兩儀'라 부른다. 양의(=陰陽음양)와 사람[人인]이 합성되어 초출자 넷과 재출자 넷이 만들어진다. 초출자 넷은 역학의 사상四象과 대응되고, 초출자와 재출자를 합한 여덟 자는 역학의 팔괘八卦에 대응된다(이정호 1975: 81). 이 설명에 담긴 수數도 상수론의 일부이다. 하도河圖와 낙서洛書에서 유래된 상象과 수數는 『주역』의 핵심 이론 중의 하나로 『주역』「계사전」 제9장에 나온다.[39]

초성에 관해 서술한 제자해의 문장 중에 아설순치후의 초성 오음류는 각각 '木火土金水목화토금수'라는 오행의 차례와 '東西南北中동서남북중'이라는 방위의 수數를 가진다[40]는 설명이 있다. 초성의 오음 각각에 음양 오행 방위의 수數[陰陽五行方位之數음양오행방위지수]가 있다고 했으나 여기에 쓰인 '數수'의 뜻은 '次例차례' 혹은 '순서'에 가깝고, 상수론의 '數수'와는 거리가 있다.

『주역』「계사전」 제9장에서는 천수天數 25개와 지수地數 30개를 설정하고 천지天地의 수數가 변화를 생성하고, 귀신을 움직이는 소이所以라고 하였다. 제자해의 중성 제자론에는 오행이 나는 자리[生位생위]와 천天과 지地가 이루어지는 수[成數성수]의 개념을 중성자에 적용하였다. 제자해에서 중성 11자에 각각 천天과 지地의 수數를 부여하였고, 이것을 음양오행과 상관 지어 놓았다. 이것이 중성 제자론에 적용된 상수론象數論이다. 상수론에서 일이삼사오一二三四五는 오행의 생위生位이고, 육칠팔구십六七八九十은 오행의 성수成數이다. 홀수 일삼오칠구一三五七九는 오행의 수목토화금水木土火金에 각각 대응하고, 짝수 이사육팔십二四六八十은 오행의 화금수목토火金水木土에 각각

---

39 天一 地二 天三 地四 天五 地六 天七 地八 天九 地十. 天數五, 地數五, 五位相得, 而各有合, 天數二十有五, 地數三十, 凡天地之數, 五十有五. 此所以成變化, 而行鬼神也. 〈주역 계사전 제9장〉

40 喉居後而牙次之, 北東之位也. 舌齒又次之, 南西之位也. 脣居末, 土無定位而寄旺四季之義也. 是則初聲之中, 自有陰陽五行方位之數也. 〈정음해례3a_4-7〉

대응한다. 각 중성자에 배정된 삼재와 수數, 오행을 생生하는 위位[生位생위], 오행을 성成하는 수數[成數성수]는 〈표 7〉과 같이 정리된다.[41]

〈표 7〉 중성자에 적용된 상수론: 각 중성자별로 배정된 수(數), 생위(生位), 성수(成數)

기본자	초출자	재출자
· 天五 生土之位	ㅗ 天一 生水之位	ㅛ 天七 成火之數
ㅡ 地十 成土之數	ㅏ 天三 生木之位	ㅑ 天九 成金之數
ㅣ 無位數者[42]	ㅜ 地二 生火之位	ㅠ 地六 成水之數
	ㅓ 地四 生金之位	ㅕ 地八 成木之數

〈표 7〉은 삼재 '天천·地지·人인', 오행 '水수·木목·土토·火화·金금', 그리고 생위生位와 성수成數가 상관을 이루어 중성체계를 형성한 것이라는 인식을 담고 있다. 역학의 주요 이론을 통합하여 중성의 성리론적 질서를 세운 것이다. 중성체계에 역학의 핵심 원리를 이처럼 정교한 논리 구조로 통합한 것은 훈민정음 문자체계에 사상적 깊이를 부여하려는 노력의 결과이다. 초성자를 오행과 결합하여 설명한 초성자 오행론의 내용은 사실감 있는 설명을 어느 정도 갖추고 있다. 이에 비해 중성자 생성의 위수에 결합된 상수론[43]은 관념적 수리철학을 적용한 것이라는 느낌을 준다. 이런 점이 있음에도 불구하

41 홍기문과 유창균은 『황극경세서』가 훈민정음 창제에 영향을 미쳤다고 보았으나 심소희는 세종 대는 신유학 수용 초기여서 상수론을 숙지하지 못하여 훈민정음 창제의 기본 철학이 되지 못했을 것이라고 하였다(임다영 2021: 11). 〈표 7〉과 같이 적용된 상수론은 훈민정음 제자론에 『황극경세서』의 영향이 적지 않았음을 말해 준다.

42 해례 제자해에서는 ㅣ가 '位數(위수)'를 갖지 않는 까닭을 다음과 같이 설명해 놓았다. "대개 사람으로 말하면 무극(無極)의 참됨[眞진]과 이오(二五)의 정화(精華)가 오묘하게 교합하여 엉긴 것이어서, 위(位)를 정할 수 없고 수(數)를 이룰 수 없다.[ㅣ獨無位數者, 盖以人則無極之眞, 二五之精 妙合而凝固, 未可以定位成數論也]" 〈정음해례7a_8〉

43 이것을 생성위수론(生成位數論)이라 표현할 수 있다.

고 초성자의 오행론, 중성자의 삼재론과 음양론, 음절자에 결합한 삼재론 등의 성리철학은 천지 만물의 생성과 변화의 원리를 훈민정음 중성체계에 녹여 낸 것이며, 훈민정음에 사상적 깊이를 부여한 성취라고 평가할 수 있다.[44]

4.2. 철학성의 미래 가능성

훈민정음에 내재된 철학성은 삼재론과 음양오행론이라는 사상에 기반하고 있다. 삼재론은 천지인天地人 세 가지 요소가 상호작용하여 자연과 인간사회가 작동된다고 설명한다. 훈민정음에서 삼재론은 초성(하늘), 중성(사람), 종성(땅) 단위로 변용되고, 이 세 가지가 서로 결합하여 하나의 음절자를 만들어 내는 원리로 작용하였다.

삼재론은 천지(=자연)와 사람의 조화로운 관계를 지향하는 사상이다. 삼재론은 인간이 천지(=자연)에 작용하면서 동시에 인간과 자연의 공존과 조화를 기본 관념으로 삼고 있다. 하늘과 땅 사이에서 이들을 잇고 연결하여 만물을 만들어 내는 존재는 인간이다. 천지 사이에 놓인 인간은 재성보상財成輔相의 주체이다. 삼재론은 인본주의이면서 동시에 인간과 자연의 공존과 조화를 전제로 한다. 삼재론이 현대의 지구사회에서 갖는 의미는 적지 않다. 삼재론은 오늘날 환경 문제로 위기에 처한 지구에서 자연과 인간의 관계를 설정하는 데 중요한 이론적 틀로 활용될 수 있다.[45] 이런 점에서 훈민정음의

---

44 훈민정음에 주역 기반 성리론을 결합한 것에 대해 부정적으로 보는 관점도 있다. 이에 대한 긍정적 평가와 부정적 평가는 제3부 제2장의 3.4.2절(이 책의 568쪽) 말미에서 논하였다.

45 학생들에게 삼재론을 가르치는 좋은 방편은 한자 '工(공)'자를 이용하는 것이다. '工(공)'자의 구성을 예시로 삼아 삼재의 이상적 조화를 적실하게 설명할 수 있다. '工(공)'에는 사람(丨)이 하늘(一)과 땅(_)사이에 서서 하늘과 땅을 이어 주면서 새로운 변화를 만들어 낸다는 '工(공)'의 본뜻이 표현되어 있다. '工(공)'자는 재성보상(財成輔相)의 뜻이 무엇인지, 삼재론에서 말하는 천지인의 관계가 무엇인지를 잘 드러낸 글자

철학성은 지구인을 위한 미래 가치로 작용할 잠재력을 내포하고 있다.[46]

오행론은 우주 만물을 이루는 다섯 가지 근본 범주(=五行오행)의 상호 결합과 조화가 만물 운행의 이치라고 보는 사상이다. 오행론은 우주 만물의 구성 원리를 다섯 가지 요소로 환원하여 이들의 상호작용으로 천지 간의 모든 현상을 설명한다. 이런 설명 방법은 물질의 최소 구성 원소를 분석하고, 이것으로써 모든 물질 현상을 해명하려는 현대 과학의 방법론과 상통한다(백두현 2016a: 32). 음양론은 디지털 코드의 원리인 이진법과 그 본질이 같다. 알브레이트 후베(2019)는 초출자와 재출자 등 중성자에 적용된 음양 원리를 수학의 이진법과 관련지어 이진법을 제안한 라이프니츠와 세종을 비교한 바 있다. 음양론과 오행론은 훈민정음에 내재한 과학성이라는 보편적 가치와 무관하지 않다. 음양론과 오행론은 삼라만상의 변전變轉과 변화를 설명하는 역易의 철학이다. 역철학이 뒷받침하는 훈민정음의 과학성은 앞으로 우리가 생각지 못한 잠재력을 발휘할 수도 있다.

5. 마무리

본 장에서 필자는 훈민정음에는 태생적으로 민주성, 과학성, 철학성이라는 세 가지 보편적 가치가 내재되어 있음과 그것의 실질적 내용이 무엇인지를 체계적으로 기술하고, 그러한 보편적 가치의 현대적 의미가 무엇인지에 대해 논하였다. 논구한 내용은 다음과 같이 정리할 수 있다.

이다(백두현 2016a: 32).

46 필자와 다른 관점에 서서 훈민정음의 역리(易理)를 논한 이남덕(1973: 238-239)은 "역학이 이제 시대의 요청에 의해서 새로 미래학으로서 등장하는 데는 몇 가지 이유가 있다."라고 하고, 객관주의에서의 탈피, 인간성의 회복, 사고의 성숙을 불가피하게 하는 현실적 여건이라는 세 가지를 들었다.

5.1. 민주성의 뜻과 역사적 실현

훈민정음은 백성을 위해 만든 문자이니 민주성을 띤다. 민주주의는 인류가 지향해 온 정치 체제이자 보편적 이념이다. '민주성'은 민주주의 체제가 지향하는 본질적 가치이다. 훈민정음에 내재한 민주성의 본뜻은 세종이 지은 어제 서문에 밝혀져 있다. 백성들이 쉽게 배울 수 있는 새 문자를 만들어 일상의 의사표현에 불편함이 없도록 하겠다는 것이 민주성의 핵심이다.

세종의 뜻과 달리, 조선 왕조에서 훈민정음의 태생적 민주성은 제대로 실현되지 못하였다. 조선의 정치 체제가 왕조 국가이기 때문에 민주성이 피어날 사회 정치적 환경이 되지 못했다. 양반층 중심의 조선 왕조 체제는 본질적으로 민주성과 거리가 먼 것이어서 훈민정음에 내재한 민주성이 자라날 수 없는 환경이었다. 훈민정음 반포(1446) 이후 448년이 지난 19세기 말기의 갑오개혁(1894)에 이르러 훈민정음이 '국문'으로 승격되면서 민주성이 성장할 수 있는 제도적 틀을 갖게 되었다. 그러나 일본에게 국권을 빼앗긴 일제강점기에 문자 주권도 강탈당하여 국문은 국가문자로서의 지위를 상실했다. 광복(1945) 이후 대한민국이 수립되고 민주주의 정치 제도가 처음으로 실시되었다. 1945년 이후에 수립된 대한민국 민주공화국 체제는 한글에 내재된 민주성을 꽃피우는 제도적 틀이 되었다. 이로부터 근대적 교육 제도가 도입되어 의무 교육이 시행되었고, 한글과 한국어를 통한 학교 교육이 광범위하게 실시되었다. 한글은 한문으로 불가능했던 국민교육을 가능케 했다. 한글로 편찬된 교과서는 한국인에게 새로운 학습 기회를 제공하였고, 이를 통해 국가와 국민의 지식 수준을 높일 수 있었다. 한국인이 근대적 시민으로 탈바꿈하는 역사의 길목에서 한글의 민주성이 중요한 역할을 했다.

한글을 매체로 한 교육과 학술 연구는 인민들에게 '지식의 길'을 열어 주었다. 한글이 공론장에서 의사표현의 매체가 됨으로써 이른바 체제 변동 기능을 수행한 것이다(송호근 2011: 40). 조선시대 양반 지배층이 공문서나 사채 문서에서 언문 사용을 금지한 까닭은 언문의 체제 변동 기능을 두려워했기 때문이다. 1945년 이후부터 지금까지 70~80년 사이에 전개된 현대 한국 사회의 변화는 한글이 지닌 민주성에 힘입은 바가 크다. 한글의 태생적 민주성이 20세기 후기에 이르러 비로소 그 기능을 발휘하였다. 국가와 개인의 모든 기록물과 한국인의 일상생활에서 한글이 '通통'과 '知지' 즉 소통과 지식 획득을 위한 매체가 되었다. 한반도의 문자생활사에서 한글이 실질적 주인 자리를 차지한 것은 20세기 초의 일이다.

훈민정음 창제와 그것의 활용으로부터 획득된 민주성이란 문화유전자는 한국인의 몸에 내재되어 오늘날의 한국 사회에 작동하고 있다. 한국인이 정치적 민주화에 성공할 수 있었던 배경에는 민주성이라는 문화유전자의 힘도 있을 것이다. 민주주의는 현대사회의 핵심 가치가 되어 있으며 전 지구적 차원에서 작동하고 있다. 오늘날 세계의 많은 나라가 민주화를 지향하고 있다. 훈민정음에 내포된 민주성은 민주주의의 실현이라는 지구적 과업과 맥락을 같이한다는 점(백두현 2016a: 33)에서 그 의의가 새롭게 인식되어야 한다.

5.2. 과학성의 뜻과 현대적 의미

훈민정음 제자론에 내재된 과학성은 발음기관의 움직임을 관찰하여 초성과 중성의 음가를 기술하고, 이를 음성과학적으로 분석한 사실에서 출발한다. 초성자 제자에서 기본자 다섯 개를 만들고, 가획과 합성의 방법을 적용하여 나머지 글자를 만들었다. 중성의 음가를 설축舌縮·성심聲深·구축口蹙의 음성 자질로 체계화했다. 중성자 제자에서도 기본자 세 개를 만들고 이들을 1차, 2차로 합성하여 나머지 글자를 만들었다. 음성학적 분석과 기본자 설정 그리고 기본자에 가획하거나 합성하여 28자를 만들어 낸 것이 바로 훈민정음이 지닌 과학성의 요체이다. 훈민정음의 과학성은 '제자 원리의 음성학적 과학성과 정연한 체계성'이라는 한마디로 압축할 수 있다. 이러한 특성을 가진 문자는 15세기 당시까지 만들어진 세계의 어떤 문자에도 없었고, 오늘날 사용되고 있는 어떤 문자에서도 찾을 수 없다.

훈민정음의 과학성은 이 문자를 배우기 쉽고, 쓰기 쉽고, 읽기 쉬운 문자로 만들었다. 조선의 양반 지배층은 훈민정음을 그들의 아이들과 양반가 부녀자들에게만 가르치고, 하층민들에게는 가르치지 않았다. 향교나 서당, 서원 등에서 훈민정음을 공식적으로 가르치지 않았음은 물론이다. 그럼에도 불구하고 훈민정음이 소수의 하층민들에게 습득될 수 있었던 것은 훈민정음이 배우기 쉬운 문자였기 때문이다. 학습의 용이함을 가능케 한 것이 훈민정음의 과학성이다. 국가가 한 번도 돌보지 않은 상태로 근 오백 년이란 장기간 동안 훈민정음이 생존할 수 있었던 배경은 훈민정음의 과학성에 있다.

현대 지구인의 삶은 과학적 탐구와 그 성과에 크게 의존하고 있다. 한글은 인류의 보편적 가치인 과학성을 내포하고 있다. 이것은 현대 사회의 주류인 과학적 세계관과도 잘 부합한다. 훈민정음에 담긴 과학성은 컴퓨터와 디지털 시대가 본격화된 20세기 말기(한국의 경우 1980년대 이후)부터 그 가치를 제대로 실현될 수 있게 되었다. 21세기의 디지털 정보 혁신 시대에 훈민정음의 과학성은 진가를 발휘하고 있다.

5.3. 철학성의 뜻과 미래 가능성

훈민정음에 내재된 철학성은 제자 원리가 삼재론·음양오행론·생성론이라는 역리易理에 기반해 있음을 뜻한다. 삼재론은 천지天地(자연)와 사람의 조화로운 관계를 지향하는 사상이다. 삼재론은 천지인天地人(하늘 땅 사람)의 세 가지 요소가 상호작용하여 조화를 이루는 이치다. 세종은 중성 기본자 세 개를 만들 때 하늘, 땅, 사람의 형상을 본떴다. 또 삼재론은 초성(하늘), 중성(사람), 종성(땅)이 합하여 음절자를 생성하는 원리로 작동하였다. 삼재론이 현대사회에서 갖는 의미 또한 적지 않다. 삼재론은 인본주의이면서 동시에 인간과 자연의 공존과 조화를 전제로 한다. 환경 문제로 위기에 처한 지구에서 이 삼재론은 자연과 인간의 관계를 설정하는 데 중요한 가치관으로 활용될 수 있다.

음양오행론은 우주가 운행하는 두 가지 서로 다른 힘[陰陽음양]의 대립과 극복, 그리고 다섯 가지 근본 범주[五行오행]의 상호 작용과 조화가 만물 운행의 이치라고 보는 사상이다. 삼재론과 음양론은 우주만물의 근본 원리이자 인간의 삶과 세계의 조화를 지향하는 가치관이다. 삼재론과 음양오행론은 오늘날 전 지구적 과제로 떠오르는 환경 문제를 극복하기 위한 이론 틀로 활용될 수 있다. 훈민정음의 제자론에 내재된 철학성은 천지인 삼재의 원리와 음양의 원리로 대표되는바 이 원리들은 인간과 자연의 조화를 지향하는 21세기의 지구적 과제와 관련되며, 지구인을 위한 미래 가치로 작동할 수 있는 잠재력을 지니고 있다.

세종이 백성을 위해 훈민정음을 만든 것은 세계 정치사 혹은 민주주의 역사의 흐름에서 시대를 너무 앞서간 일이라 할 수 있다. 훈민정음의 태생적 민주성이 제대로 꽃핀 것은 한반도에 민주주의 정치 제도가 도입된 이후이다. 훈민정음의 과학성은 20세기 말기 컴퓨터 시대가 도래함으로써 비로소 그 가치를 발휘하기 시작했고, 21세기의 디지털 스마트 시대의 상징인 휴대전화의 문자 입력기에서 과학적 원리가 제대로 활용되고 있다.

이제 남은 것은 한글의 제자론에 작용한 철학성이란 보편적 가치이다. 천지만물의 무한 변전變轉·변화를 설명하려는 이론 틀이 삼재론·음양론·오행론이고, 이들은 훈민정음 제자론의 철학적 기초가 되었다. 자연철학의 원리이기도 한 삼재론·음양론·오행론이라는 훈민정음의 철학성은 민주성 혹은 과학성에 비해 그 가치가 아직 현재화顯在化되지 않았다. 지구적 환경 위기에 부딪힌 세계인을 위해, 훈민정음에 내재된 철학성의 보편적 가치, 즉 삼재론·음양론·오행론의 가치를 창조적으로 변용變容할 때가 되었다. 21세기에 인류가 당면한 위기 극복을 위해 인간과 자연, 인류 문명과 지구 환경에 대한 근본적 관점의 변화를 요구받고 있다. 자연과 인간의 조화와 공존을 지향하는 패러다임으로의 전환이 필요하다. 삼재론과 음양오행론으로 대표되는 훈민정음의 철학성이 이러한 일에 일조할 수 있다면 이것은 곧 훈민정음의 미래 가치를 실현하는 길이 될 것이다.

제5장
『훈민정음』 해례의 제자론制字論에 대한 비판과 해명

세종은 조선어음을 체계적으로 분석하고, 상형과 가획 그리고 합성의 제자 원리를 창안하여 훈민정음 초성자와 중성자의 글꼴을 만들고, 성리철학으로 이를 뒷받침하였다. 과학적으로 음성을 분석하고 체계적으로 제자 원리를 적용하여 28자 문자체계를 만들었다. 여기에 성리철학을 결합하여 사상적 깊이를 부여하였다. 음성과학적 방법론과 성리철학이 결합하여 빚어낸 문자체계의 이론적 정합성整合性은 경탄할 만한 수준이다.

그러나 해례에 기술된 제자론을 자세히 들여다보면 몇 가지 문제점을 발견할 수 있다. 본 장[1]에서는 『훈민정음』 해례에 기술된 제자론[2]에서 문제가 있다고 생각되는 몇 가지 사항을 비판적 관점에서 논한다. 본 장에서 논하는 제자론의 문제점들은 선행 연구자가 이미 언급한 것도 있고, 필자가 처음 제기하는 것도 있다. 김유범(2009)에서 『훈민정음』 해례에 나타난 문제점을 고찰한 바 있으나, 『훈민정음』 해례의 제자론에 대한 비판적 검토는 그

1 본 장은 백두현(2014)을 심화 확장하여 새로 쓴 것이다.
2 여기서 말하는 '제자론(制字論)'은 해례(5해1례)에 기술된 제자 관련 설명을 가리키며, 제자 원리와 제자 방법, 운용법을 포괄한다.

간의 훈민정음 연구에서 드문 것이었다. 문자체계로서 훈민정음이 지닌 과학적 특성과 창의적 제자 원리 등 이 문자의 우수성을 강조하는 분위기 속에서 해례에 포함된 문제점은 상대적으로 가벼이 다루어졌고, 이에 따라 비판적 관점에서 제자론을 연구한 시도가 드물었다. 해례의 제자론에 대한 '비판적 고찰'은 필자가 내세운 '관점의 전환' 중의 하나이며, 이 작업은 훈민정음 제자론의 심층적 이해에 기여할 것이다.

1. 초성자 제자론에 대한 비판적 검토와 해명

1.1. 아음의 기본자를 ㆁ[ŋ]이 아닌 ㄱ[k]으로 설정한 점

1) 관련 내용 분석

『훈민정음』 해례 제자해에는 초성의 다섯 가지 조음위치에서 제자의 시초가 되는 글자[制字之始字제자지시자]를 정할 때의 기준이 〈표 1〉과 같이 제시되어 있다. '제자의 시초가 되는 글자'를 훈민정음 연구자들은 '기본자'라 부른다. 정음해례에서 다섯 가지 조음위치 중 설음, 순음, 치음, 후음의 기본자 설정 근거는 함께 묶어서 간명하게 기술하는 데 그쳤으나, 아음牙音의 기본자 설정 근거는 훨씬 자세히 설명해 놓았다. 여기에 해당하는 원문과 번역문을 제자해에 서술된 순서대로 표에 넣어 정리하면 다음과 같다.[3]

3 〈표 1〉에 인용한 원문은 〈정음해례3b_6-4a_2〉에 걸쳐 있고, 번역문은 강신항(1987/2003), 유창균(1998), 조규태(2010)를 참고하여 필자가 윤문한 것이다.

〈표 1〉 초성 기본자[制字之始字제자지시자]의 설정 기준과 그 근거

설음 순음 후음	ㄴㅁㅇ은 그 소리가 가장 세지 아니하므로 차례는 비록 뒤에 있으나 상형 제자의 시초가 된다. ㄴㅁㅇ其聲最不厲, 故次序雖在於後, 而象形制字則爲之始.
치음	ㅅ과 ㅈ은 모두 전청이지만 ㅅ은 ㅈ에 비해 그 소리가 세지 아니하므로 제자의 시초가 된다. ㅅㅈ雖皆爲全淸, 而ㅅ比ㅈ聲不厲, 故亦爲制字之始.
아음	①오직 아음 ㆁ은 비록 혀뿌리가 목구멍을 막고 기운이 코로 나오지만 그 소리는 ㅇ과 비슷하다. 唯牙之ㆁ, 雖舌根閉喉聲氣出鼻, 而其聲與ㅇ相似.
	②그러므로 운서에서 의모와 유모가 서로 많이 섞여서 사용된다. 故韻書疑與喩多相混用.
	③ㆁ도 목구멍의 모양을 취한 것이나 아음자 제자의 시초로 삼지 않는다. 今亦取象於喉, 而不爲牙音制字之始.
	④대개 후음은 물[水]에 속하고 아음은 나무[木]에 속한다. ㆁ은 비록 아음에 있으나 후음 ㅇ과 서로 비슷하다. 이는 나무의 새싹이 물에서 생겨나 부드럽고 연하여 물기가 많음과 같다. 盖喉屬水而牙屬木, ㆁ雖在牙而與ㅇ相似, 猶木之萌芽生於水而柔軟, 尙多水氣也.

설음, 순음, 후음에서 ㄴ ㅁ ㅇ을 각각 제자를 시작하는[制字之始제자지시] 글자로 삼았는데, 이들은 각 조음위치에서 소리가 가장 세지 아니한 것[其聲最不厲기성최불려]이다. 치음에서 ㅅ과 ㅈ은 둘 다 전청자이나 ㅅ이 ㅈ에 비해 소리가 세지 않기[不厲불려] 때문에 ㅅ을 기본자로 삼았다고 하였다. 설음, 순음, 후음, 치음 각각에서의 기본자 설정 기준도 '그 소리가 가장 세지 아니함'이다.

그런데 〈표 1〉의 '아음'란에 나타나 있듯이 아음 기본자를 정할 때는 이 기준을 적용하지 않았다. 아음에서 '소리가 가장 세지 아니한' 음성은 [ŋ]음이다. 따라서 [ŋ]음을 표기한 ㆁ(옛이응)자를 기본자로 삼아야 한다. 그러나 이것을 기본자로 삼지 않았다. '아음'란의 ①, ②, ④는 모두 그렇게 한 까닭을 해명한 문장이다. ①은 아음 ㆁ[ŋ]과 후음 ㅇ이 목구멍에서 나오는 것이어서 소리가 서로 가깝고, 이런 까닭으로 중국 운서에서 ㆁ에 해당하는 의모疑母와 ㅇ에 해당하는 유모喩母가 많이 섞여 쓰인다고 하였다(②). 이는 음성학적 해명이다. 이에 비해 ④는 그 까닭을 오행론으로 해명한 것이다. 후음

은 오행의 水수이고 아음은 木목이다. 水수가 木목을 낳으므로 후음과 아음은 서로 가깝고, 이로 인해 후음과 아음이 서로 섞이게 된 것[相混상혼]이라고 하였다.

이 두 가지는 ㆁ과 ㅇ이 지닌 음성적 유사성과 오행의 근접성을 끌어와 ㆁ과 ㅇ의 섞임을 설명하고, 이 점에 근거하여 ㆁ을 아음의 기본자로 삼지 않은 까닭을 해명한 것이다. 이 해명은 아음자 ㆁ과 후음자 ㅇ의 자형이 둘 다 목구멍을 형상화한 까닭에 'ㅇ'을 공유하여 자형이 서로 닮게 된 까닭을 설명한 것이다. 아음자 ㆁ과 후음자 ㅇ의 자형이 비슷해진 것은 오행의 목木에 해당하는 아음과 수水에 해당하는 후음의 근접성 때문이며, 이는 인위적인 것이 아니라 자연의 이치에 따라 저절로 그리된 것이라고 하였다.

최세진의 『사성통해四聲通解』(1517)에는 『홍무정운역훈』과 『사성통고』에서 아음과 후음의 구별에 ㆁ과 ㅇ을 사용한 사실을 언급한 내용이 있다. 『사성통고』는 비록 전해지지 않지만 그 범례凡例[4]가 『사성통해』에 인용되어 있어서 아음과 후음의 섞임에 관한 내용을 볼 수 있다. 이 범례에서 말하기를, "한어漢語 중고음에서 구별되던 의모疑母와 유모喩母가 『홍무정운』에서 많이 뒤섞여 버렸는데, 『홍무정운역훈』과 『사성통고』에서는 중고음을 따라 유모자에 오직 ㅇ자를 쓰고, 의모자에 ㆁ자를 써서 이들을 구별하였다."라고 하였다.[5] 강신항(1987: 195)은 한어 중고음에 어두음 [ŋ]이 존재했었는데 12세기경부터 어두 [ŋ]이 소실되어 실질적으로 유모喩母 음과 비슷하게 되었다고 했다. 이돈주(2003: 51)는 한어漢語의 의모疑母는 14세기 이전에 소실되어 유모喩母와 서로 혼동되었으며, 『중원음운』(1324)에 이러한 변화가 반영되어

---

4 '범례'란 요즘 말로 쉽게 하면 사전 따위의 앞머리에 나오는 '일러두기'에 해당한다. 사전의 체제와 형식, 풀이 방법과 발음 표기 방식 등을 설명한 것이 범례이다.

5 이 내용은 강신항(1987: 195-196)에서 가져온 것인데, 요즈음 독자의 이해를 돕기 위해 필자가 몇 군데 문장 표현을 보완하였다. 번역문의 원문은 "本韻 疑喩母諸字 多相雜 今於逐字下 從古韻 喩則只書ㅇ母 疑則只書 ㆁ母 以別之"이다.

있음을 지적했다. 최영애(2003: 108)는 『몽고자운』에서 대부분의 의모자疑母字가 유모喩母로 변하였는데, 이등운二等韻과 사등운四等韻에서는 모두 변하였고, 일등운과 삼등운에서는 부분적으로 의모疑母를 보존하고 있음을 말하였다. 『훈민정음』 제자해에서 아음 ㆁ과 후음 ㅇ의 상호 혼용을 언급하고 이 혼용 때문에 자형을 비슷하게 만들었다고 한 설명은 중국 운서와 운도 등 성운학서를 통해 이해한 운학 지식에서 나온 것이다.

2) 비판적 검토와 해명

〈표 1〉의 아음란에서 비교적 길게 서술된 내용은 모두 운서음과 조선 한자음에서 아음 [ŋ]이 어두에서 후음 ㅇ과 구별되지 않은 점에 영향을 받아 [ŋ]을 아음 기본자에 상당相當하는 기본음[6]으로 삼지 않은 까닭을 해명한 것이다. 아설순치후 다섯 가지 조음위치의 각 초성에서 기본자에 상당相當하는 기본음을 설정한 원칙은 '그 소리가 가장 세지 아니함[其聲最不厲기성최불려]'(=가장 부드러움)이다. 가장 부드러운 소리는 각 조음위치에서 나는 불청불탁음이다. 그래서 설음에서는 ㄴ, 순음에서는 ㅁ에 상당하는 음이 기본음이 되어 각각 기본자로 형상화된 것이다. 이 원칙대로 했다면 아음의 기본음은 불청불탁음에 해당하는 [ŋ](ㆁ)이다. 이 원칙을 일관되게 적용했다면 유성음이자 비음(nasal)인 ㄴ, ㅁ, ㆁ이 각 조음위치의 기본자가 되었을 것이다. 그러나 아음에서 이 원칙을 지키지 않고, 그 소리가 약간 센 전청음 [k]을 기본음으로 삼았다.[7]

---

6 제자 단계에서 자형이 부여되지 않은 상태의 음성이 기본음이다. 기본자에 상당(相當)하는 음을 '기본음'이라 칭한다. 기본자로 형상화되기 이전의 음을 뜻한다. '기본자'라는 용어에 대응시켜 '기본음(基本音)'이란 용어를 만들었다. 용어에 대한 설명은 서장 제5절의 82-83쪽을 보기 바란다.

7 이 점은 김완진(1975/1984b)에서 지적된 바 있다. 특히 김완진(1984b: 5)은 "'ㄱ'을 가지고 아음의 기본자로 삼은 것은 자체의 논리에 대한 가장 극단적인 배반이다. 자음의

아음 중에서 소리가 가장 세지 아니한 [ŋ](ㆁ)을 기본음으로 삼지 않은 까닭은 운서음에서 아음인 의모疑母와 후음인 유모兪母가 서로 혼용된 사실에 이끌렸기 때문이다. '最不厲최불려'의 조건에 맞는 [ŋ]음을 아음의 기본음으로 잡지 않은 결과, 훈민정음 초성자의 중요 제자 원리인 가획加劃이 체계적으로 적용되지 못하게 되었다. 초성자 제자에서 가획의 적용 양상은 제3부 제2장(3.2.1절 3)항 (2))에서 제시한 〈표 5〉(이 책의 516쪽)와 같다. 이 표를 아래에 다시 제시하고 후속 논의를 진행한다.

〈표 2〉 초성자 가획의 두 단계

오음	기본자	1단계 가획	2단계 가획
아음	ㄱ	ㅋ	
설음	ㄴ	ㄷ	ㅌ
순음	ㅁ	ㅂ	ㅍ
치음	ㅅ	ㅈ	ㅊ
후음	ㅇ	ㆆ	ㅎ

기본자에 가획하는 음성학적 근거는 '소리가 약간 더 세게 나온다.[聲出稍厲성출초려]'는 것이다.[8] 예컨대 "ㅋ은 ㄱ보다 소리가 약간 더 세게 나오므로 가획을 한다.[ㅋ比ㄱ 聲出稍厲 故加劃ㅋ비ㄱ 성출초려 고가획]"라고 했다. 〈표 2〉에서 보듯이 다른 기본자는 1단계 가획과 2단계 가획이 성립되지만, 아음의 경우만 1단계에서 그쳤다. 그리고 다른 기본자는 2단계 가획에 의해 유기음 글자 ㅌ 등이 만들어짐에 비해, 아음은 1단계 가획에 의해 바로 유기음 글자

기본자는 폐쇄음이 아닌 소리를 바탕으로 하는 것이 공통된 원칙이다. 따라서 설음의 'ㄴ', 순음의 'ㅁ', 치음의 'ㅅ', 후음의 'ㅇ' 등이 모두 그에 맞게 책정되어 있는데, 유독 첫머리의 아음에 대해서는 폐쇄음 'ㄱ'을 기본으로 함으로써 전체적인 균형을 깨뜨렸다는 것은 무슨 변명으로도 합리화할 수 없는 일이다."라고 비판하였다(백두현 2014: 43).

8 이하의 3개 단락은 백두현(2014: 44-45)을 이용하여 표현을 약간 다듬은 것이다.

ㅋ이 나왔다. 이는 아음의 기본음을 [ŋ](ㆁ)이 아닌 [k](ㄱ)으로 잡았기 때문이다. 그리하여 아음의 2단계 가획에 공백이 발생하여 제자 체계의 일관성이 훼손되는 결과를 초래했다.[9]

훈민정음 창제자가 아음의 기본자 ㄱ에 아음 [ŋ]을 배정했다고 가정해 보면, 1단계 가획을 통해 ㅋ[k]자, 2단계 가획을 통해 ㅋ[k^h]자를 만들었을 듯하다. 즉 훈민정음 창제자가 중국 운서에서 의모와 유모가 혼용되었던 점을 고려하지 않았다면, ㄱ[ŋ]→ㅋ[k]→ㅋ[k^h]와 같은 아음 계열자를 만들었을 가능성이 있다. 이런 방식으로 아음 계열자를 제자했더라면 〈표 2〉에 보이는 제자 체계의 공백이 없었을 것이고, 가획의 일관성이 깨어지는 일도 없었을 것이다. 그리고 아음 ㆁ자와 후음 ㅇ자가 자형이 비슷하여 후대에 자형이 합류되어 버린 일도 없었을 것이며, 합류된 ㅇ이 두 개 음가 [ŋ]과 [ɸ](零영, 無音무음)를 가짐으로써 일자일음一字一音의 원칙이 깨어지는 일도 없었을 것이다. 훈민정음 창제자가 중국 한자음에서 의모와 유모가 혼용된 사실에 이끌려 아음의 기본음을 잘못 설정하여 기본자를 만듦으로써 가획 체계의 불균형을 빚어냈음은 물론, 17세기 이후의 문헌에서 ㆁ자와 ㅇ자의 자형이 동일하게 되어 버려 문자체계와 그것이 표시하는 음가 간의 정합성에 결함이 발생한 것이다.

여기서 [ŋ]음 상당자相當字를 기본자로 삼지 않은 훈민정음 창제자를 변호辯護하는 설명을 다음과 같이 시도해 본다. [ŋ]음을 기본음으로 삼지 않은 까닭은 [ŋ]음이 지닌 음성 실현의 제약을 고려한 것일 수 있다. [ŋ]은 어두 음절은 물론 비어두 음절초에서도 실현되기 어려운 분포 제약을 가진 음이다. 김영만(1987: 51)은 [ŋ]음을 기본자로 삼지 않은 것은 이 음이 "초성으로

---

9 그러나 문자의 자형 체계가 반드시 일관성을 지켜야 할 필요가 없다는 점에서 이 비판의 정당성을 의심할 수도 있다. 문자체계와 자형의 일관성 문제를 따지는 것은 사실상 훈민정음과 같이 정연한 체계의 제자 원리를 가진 문자에서나 가능한 일이다.

서의 확고한 위치를 차지하지 못하는 데 주된 원인의 하나가 있다."라고 말한 바 있다. [ŋ]음의 분포 제약은 많은 언어에서 널리 관찰되는 현상으로 언어 보편적 제약 중의 하나이다. 중국 한자음에서 음절초의 [ŋ]음은 [φ](zero)로 변화하는 것이 일반적 현상이었다. 현대 한국어와 마찬가지로 15세기 조선어에서도 [ŋ]음은 어두語頭 즉 낱말의 첫소리로 거의 쓰이지 않는 분포 제약을 갖고 있었다. 중세국어 문헌에 [ŋ]음을 표기한 ㆁ이 비어두 음절의 초성에 쓰인 예(바올, -니이다 등)는 있지만 어두語頭 음절의 초성으로 쓰인 예는 찾을 수 없다. 이 점은 ㄴ, ㅁ, ㅇ, ㅅ 등 분포가 자유로운 다른 기본음에 비해, [ŋ]이 지닌 커다란 제약이다. 이처럼 분포의 제약이 극심한 [ŋ]음을 아음의 기본음으로 삼는 것은 적절치 않다고 생각했을 수 있다.

앞에서 보았듯이 중국 운서음에서 의모와 유모가 혼용된 사실이 아음의 기본음 설정에 결정적 영향을 미쳤다. 한어漢語 기반 성운학이 훈민정음 창제의 도구 이론이 된 당시의 정황을 고려하면, 운서 음에 반영된 아음 변화를 고려하여 정음의 아음 기본음을 선정한 창제자의 판단은 당대의 학문적 배경으로 볼 때, 불가피했던 것이라고 이해할 수 있다.

1.2. 치음의 기본자 설정과 치음 계열의 상관성

1) 관련 내용 분석

〈표 3〉 치음 기본자의 설정과 가획의 음성학적 근거

ㅅ을 치음 기본자로 삼은 근거	ㅅ과 ㅈ은 둘 다 전청이지만 ㅈ에 비해 ㅅ은 그 소리가 세지 아니하므로 제자의 시초가 된다. ㅅㅈ雖皆爲全淸 而ㅅ比ㅈ聲不厲 故亦爲制字之始. 〈정음해례3b_6-7〉
가획의 음성적 근거	ㅋ은 ㄱ에 비해 소리가 약간 세게 나므로 획을 더하였다. ㄴ과 ㄷ, ㄷ과 ㅌ, ㅁ과 ㅂ, ㅂ과 ㅍ, ㅅ과 ㅈ, ㅈ과 ㅊ, ㅇ과 ㆆ, ㆆ과 ㅎ 등도 그 소리로 인하여 획을 더한 뜻은 다 같으나 오직 ㆁ만 다르다. ㅋ比ㄱ 聲出稍厲 故加畫, ㄴ而ㄷ ㄷ而ㅌ ㅁ而ㅂ ㅂ而ㅍ ㅅ而ㅈ ㅈ而ㅊ ㅇ而ㆆ ㆆ而ㅎ, 其因聲加畫之義皆同, 而唯ㆁ爲異. 〈정음해례1b_6-2a_2〉

ㅅ을 치음 기본자로 삼은 까닭은 ㅈ에 비해 세지 않기[不厲불려] 때문이다. 그런데 치음 계열에서 그 소리가 가장 세지 아니한 것[最不厲최불려]은 ㅿ[z]이다. 아음에서 '최불려最不厲'한 [ŋ]음 글자(ㆁ)를 기본자로 삼지 않았듯이 치음에서도 '최불려最不厲'한 [z]음 글자(ㅿ)를 기본자로 삼지 않았다. 설음 기본자 ㄴ[n]과 순음 기본자 ㅁ[m]에 견주어 본다면, 아음에서는 불청불탁(=최불려)에 해당하는 [ŋ]음을, 치음에서도 불청불탁에 해당하는 [z]를 기본음으로 삼았어야 했다. 그러나 〈표 3〉의 'ㅅ을 치음 기본자로 삼은 근거'란에 나타나 있듯이 치음에서는 전청음 [s]를 기본음으로 삼았다. 그 결과 최불려의 조건을 충족시키지 못했다.

〈표 3〉의 '가획의 음성적 근거'란은 아설순치후 각 음류의 기본자에 가획하는 음성적 근거를 각각 밝혀 놓은 내용이다. 각 음류 내에서 '厲려'를 기준으로 한 가획 단계를 압축된 문장으로 간결하게 서술해 놓았다. 가획하는 음성적 근거는 두 가지 표현으로 나타나 있는바, '聲出稍厲성출초려'와 '因聲加畫인성가획'이 그것이다. '聲出稍厲성출초려'의 '소리가 약간 세다.[稍厲초려]'는 가획의 음성적 조건이고, '因聲加畫인성가획'은 가획의 음성적 근거가 '聲성'에 있음을 명시한 것이다. 이와 같은 표현들을 모두 묶어서 가획 작업의 순서를 정리하면 다음과 같다.

①아음, 설음, 순음, 치음, 후음의 각 음류에서 소리가 가장 세지 않은[最不厲최불려] 음을 기본음으로 정한다.
②아음에서 최불려한 ㆁ음은 후음 ㅇ과 혼용이 심하여 기본음으로 삼지 않는다.
③치음에서는 전청음 [s]를 기본음으로 삼는다.

이러한 순차적 작업에 내적 원리로 작용한 것이 '最不厲최불려'와 '聲出稍

厲성출초려'이고 이것을 포괄적으로 표현한 것이 '因聲加畫인성가획'이다.

2) 비판적 검토와 해명

다음 표는 오음법과 청탁법, 그리고 가획 순서를 고려하여 초성 17자를 재배열한 것이다.

〈표 4〉 가획 순서를 고려한 초성 17자의 청탁 분류

아음			설음			순음			치음			후음			반설	반치
ㆁ	ㄱ	ㅋ	ㄴ	ㄷ	ㅌ	ㅁ	ㅂ	ㅍ	ㅅ	ㅈ	ㅊ	ㅇ	ㆆ	ㅎ	ㄹ	ㅿ
불청불탁	전청	차청	불청불탁	전청	차청	불청불탁	전청	차청	전청	전청	차청	불청불탁	전청	차청	불청불탁	불청불탁

아설순치후 음의 각 음류에서 기본음 설정의 기준은 '最不厲최불려'이다. 청탁을 기준으로 '最不厲최불려'에 해당하는 음은 각 음류의 불청불탁음이다. '最不厲최불려'의 기준을 잘 지킨다면 각 음류에서 '기본자로 형상화할 기본음'은 아음에서는 [ŋ], 설음에서는 [n], 순음에서는 [m], 치음에서는 [z], 후음에서는 [ɦ]음이다.[10] 그러나 이 기준은 아음과 치음에서 지켜지지 않았다. 아음의 경우 최불려한 불청불탁음 [ŋ]을 기본음으로 삼지 않고 전청음 [k]를 기본음으로 삼아 ㄱ으로 형상화했다. 치음에서는 최불려한 불청불탁음 [z]를 기본음으로 삼지 않고, 전청음 [s]를 기본음으로 삼아 ㅅ자로 형상화했다.

그런데 치음 계열에서는 가획의 두 단계를 채울 수 있는 여러 개의 음이 존재했기 때문에, 이 음들을 적절히 배정하여 가획 단계의 균형을 맞출 수 있었다. 훈민정음 문자체계에서 치음 계열은 다른 계열 음에 비해 개수個數

10 15세기에 ㅇ의 음가가 두 가지였다는 이기문(1972a: 128)(1998: 142)의 관점에서 보면 [ɦ]는 불청불탁음에 해당하는 음성 기호이다.

가 많았다. 치음에는 ㅅ:ㅆ 계열과 ㅈ:ㅊ:ㅉ 계열이 존재한다. 여기서 각자 병서자(ㅆ, ㅉ)를 각각 제외하면 ㅅ, ㅈ, ㅊ이 남는다. 이 세 글자를 기본자, 가획 1단계 글자, 가획 2단계 글자에 각각 배정하면 딱 맞아떨어진다. 훈민정음 창제자는 ㅅ:ㅆ 계열과 ㅈ:ㅊ:ㅉ 계열을 각각 독립 계열로 인식한 것이 아니라 둘을 묶어서 하나의 치음 계열로 보았다. 그리하여 ㅅ을 치음의 기본자에, ㅈ을 가획자에 배정하여[11] 가획 단계의 균형을 맞출 수 있었다(백두현 2014: 46).

치음 계열에서는 최불려한 음가 즉 기본음을 불청불탁음 [z]로 잡지 않고 전청음 [s]로 잡아 이것을 형상화한 기본자 ㅅ을 만들었다. ㅅ에서 1단계 가획으로 ㅈ을 만들고, 2단계 가획으로 ㅊ을 만들어 가획 단계의 정합성을 지킬 수 있었다. 그리하여 [z]에 대응되는 불청불탁음자 ㅿ을 이체자로 돌려놓아도 가획의 흐름에 불균형이 발생하지 않은 것이다.

그런데 ㅿ은 그 글자꼴에 나타나 있듯이 치음 기본자 ㅅ을 공유하고 있다. ㅈ과 ㅿ을 비교해 보면 ㅈ은 ㅅ의 상부에 가로획을 가획한 모양이고, ㅿ은 ㅅ의 하부에 가로획을 가획한 모양이다. 자형으로 보면 ㅿ은 치음 ㅅ의 이체자가 아니라 가획자이다. [z]음을 기본음으로 잡아서 치음 기본자를 만들지 않았기 때문에 ㅿ을 이체자로 돌려놓은 것이다. 이러한 처리는 가획 체계의 일관성을 맞추기 위해 불가피했던 것이다.

음성적으로 볼 때 [s](ㅅ)의 유성음(불청불탁음)은 [z](ㅿ)이다. 고유어 '어버ᅀᅵ:어버시'의 대응 관계[12]에서 ㅅ:ㅿ은 무성:유성의 대립관계를 맺고 있음이

---

11 이 조치는 한어(漢語) 성운학에 존재한 치두음과 정치음의 구별이 조선 한자음에 없다는 사실과 직접 관련되어 있다.

12 중세국어 문헌에 '어버ᅀᅵ'와 '어버시'가 공존한 예가 확인된다.
어버ᅀᅵ 子息 ᄉᆞ랑호ᄆᆞᆫ 〈1447석보상절6:3b〉. 어버ᅀᅵ 셤교미 〈1474내훈언해1:39a〉.
어버시 머기ᄆᆞᆯ 븟그레 너기니 〈1563은중경16a〉. 어버시ᄂᆞᆫ 애ᄃᆞ라 ᄒᆞ며 〈1563은중경17a〉.

확인된다. 성운학에서 [s]는 치두음 심모心母이고, [z]는 치두음 사모邪母에 대응한다. 15세기의 ㅈ은 치두음의 정모精母 [ts]에 해당한다. 이런 관계로 보면 ㅈ의 불청불탁음은 사모邪母 [z]가 아니라 종모從母 [dz]가 되어야 한다. 그러나 15세기 당시의 조선 한자음에 치두음 정모 [ts]의 짝이 되는 불청불탁음 종모 [dz]가 존재하지 않았기 때문에, 여기에 대응하는 글자를 별도로 만들 필요가 없었다. 이에 비해 치두음 심모 [s]에 대응하는 불청불탁음 [z]가 존재했고, 이 음가에 대응하는 ㅿ를 만들었던 것이다. 훈민정음 치음 계열에 속하는 초성자와 그 음가, 그리고 이것이 성운학의 자모와 대응하는 관계는 다음 〈표 5〉와 같이 나타낼 수 있다(백두현 2014: 47).

〈표 5〉 치음 계열의 음가와 자모체계

불청불탁음			전청음			차청음		
정음자	음가	성모자	정음자	음가	성모자	정음자	음가	성모자
ㅿ	[z]	邪母	ㅅ	[s]	心母			
	[dz]	從母	ㅈ	[ts]	精母	ㅊ	[ts^h]	淸母

15세기 조선 한자음의 치음에는 [z], [s], [ts], [ts^h]라는 4개 음가와 이에 대응하는 자모자(ㅿㅅㅈㅊ)가 존재했다. 그리고 치음 계열의 각자병서자로 ㅆ과 ㅉ이 있었다. 치음의 불청불탁음 [z]에 대응하는 글자를 기본자로 삼지 않은 까닭은 ㅿ이 ㅅ의 불청불탁음이긴 하지만 ㅈ의 불청불탁음은 아니라고 보았기 때문일 것이다. ㅿ을 이체자로 돌린 까닭은 ㅅ에 1차 가획한 ㅈ이 이미 존재하기 때문이다. 또한 ㅿ이 ㅅ의 가획자가 될 수 없는 것은 ㅿ이 ㅅ보다 세지 않은[不厲불려] 음성이기 때문이다.

아음과 치음에서 최불려한 불청불탁음 [ŋ]과 [z]를 기본자로 취하지 않은 까닭을 또 다른 관점에서 설명해 볼 수 있다. 아음의 경우 운서에서 의모와 유모가 많이 혼용된 점을 고려하여 불청불탁음 [ŋ]을 기본음으로 잡지 않았다고 해명해 놓았다. 그러나 치음에서는 이런 해명이 없다. 여기서 우리는 아음의 최불려 음(즉 기본자에 대응하는 기본음) [ŋ]과 치음의 최불려 음 [z]가 가진 공통점에 주목할 필요가 있다. 15세기 당시의 조선 한자음에서 [ŋ]음과 [z]음은 모두 어두 음절초에 쓰이지 않았다. 조선 고유어 음에서도 [ŋ]에 대응하는 ㆁ은 비어두 음절초의 소수 예(바올, -니이다 등)에서만 쓰였다. [z]에 대응하는 ㅿ은 '설설', '슷'[13]과 같은 극소수 어휘를 제외하고는 어두 음절초에 쓰이지 않았다. 다만 비어두 음절초에는 더러 쓰였다(니서, 브서 등). 어두 음절초에 쓰일 수 없는 음은 출현 분포상 큰 제약을 가진 것이다. 분포상의 제약, 그것도 어두 초성에 쓰일 수 없다는 것은 독립 음소로서의 기능에 심각한 결함을 가진 것이라 할 수 있다. 이런 음에 해당하는 글자를 오음의 기본자로 삼는 것은 적절치 못하다고 판단했을 수 있다. 필자의 이런 해석은 기본자 설정에 관한 창제자의 결정을 긍정적 관점에서 변호해 보려는 뜻을 담고 있다(백두현 2014: 48).

각자병서라는 점에서 치음의 전탁음에 상당相當하는 ㅆ과 ㅉ은 위 표에 넣지 않았다. ㅆ과 ㅉ은 제자 대상이 된 초성 17자에 포함되지 않는 병서자이다. 치음 계열자는 아음자 등 다른 부류와 달리 전탁음자에 해당하는 ㅆ과 ㅉ의 음가를 음성 부호로 표기하는 데 문제점이 있다. 치음의 불청불탁음에 해당하는 ㅿ[z]가 있어서 ㅆ과 겹치는 점이 있기 때문이다. ㅆ의 음가는 차청음 [sʰ]와 성문긴장음 [sˀ]에 중첩적으로 관련된 점도 있다.[14] 이런 문

---

13 '설설'은 상징어 '설설'의 고어형이고, '슷'은 '윷'의 고어형이다.

14 김유범·고경재(2019: 39)는 ㅆ의 실현 음가를 경음 [s*](= [sˀ])로 표기했고, 한자음에서의 지향 음가를 [z]로 표기했다. ㅉ의 실현 음가는 경음 [ts*], 한자음에서의 지향 음가는 [dz]로 표기했다. 김유범·고경재(2019)는 전탁음의 음가를 고찰하면서 각자병서자의 음가를 '지향 음가'와 '실현 음가'로 구별하고 '지향 음가'를 다시 '한자음 표기'와 '고유어 표기'로 나누어 음성 부호로 표기했다.

제점을 고려하여 〈표 5〉에서 ㅆ과 ㅉ을 제외했고, 차청음 자리도 비워 두었다. 훈민정음 초성 자모자 중 치음 계열의 음가는 한어漢語의 치음 계열 성모자의 음가와 차이가 큰 것이었다.

1.3. 후음의 기본자 설정과 후음 계열의 상관성

이어서 후음 기본자 설정과 후음 계열의 상관성에 내포된 문제점을 논한다. 후음 기본자와 그 음가에 대한 기술은 〈표 1〉의 인용문에 포함되어 있으므로 되풀이하지 않는다. 〈표 1〉의 '설음 순음 후음'란의 인용문에는 ㄴ, ㅁ과 ㅇ을 함께 묶어서 "그 소리가 가장 세지 아니하므로[聲最不厲성최불려]" 제자의 시초 즉 기본자로 삼았다는 해명이 나타나 있다. 〈표 3〉의 '가획의 음성적 근거'란의 인용문 중에 "ㅇ과 ㆆ, ㆆ과 ㅎ 등도 그 소리로 인하여 획을 더한 뜻은 다 같다.[ㅇ而ㆆ ㆆ而ㅎ 其因聲加畫之義皆同]"라고 한 문장은 후음 기본자 ㅇ에 1단계 가획과 2단계 가획을 행하여 ㆆ과 ㅎ이 각각 생성됨을 기술한 것이다(백두현 2014: 48).

그런데 후음 계열 'ㅇ:ㆆ:ㅎ'에서 문제가 되는 것은 이 세 문자가 표상하는 음가의 상호 관계가 아설순치음 계열과 다르다는 점이다. 즉, 설음 계열인 'ㄴ:ㄷ:ㅌ' 내의 음성적 관계와 순음 계열인 'ㅁ:ㅂ:ㅍ' 내의 음성적 관계는 후음 계열 'ㅇ:ㆆ:ㅎ' 내의 음성적 관계와 이질적異質的인 점이 있다. 'ㄴ:ㄷ:ㅌ'은 '**유성비음:무성파열음:유기파열음**'의 상호 관계를 맺고 있고, 이 관계는 'ㅁ:ㅂ:ㅍ'에도 동일하게 적용된다. 그러나 'ㅇ:ㆆ:ㅎ'에서는 이 관계가 성립되지 않는다. 15세기의 ㅇ에 적극적 기능을 가진 [ɦ]를 인정하더라도(이기문 1998: 142), 이러한 기능은 '나랏말썀이 中國중국에 달아'의 '달아'와 같은 특수한 환경, 그것도 ㄹ, ㅿ 등에 후행한 비어두 위치에서만 상정想定될 수 있을 뿐이다. 어두의 ㅇ은 [ɦ]이 아니라 무음가無音價 즉 zero임이 확실하기 때문이다. 종성이 빈 자리일 때 동국정운식 한자음 표기와 달리 고유어에서는 ㅇ자를 종성에 쓰지 않고 중성만으로 성음을 이루도록 규정한 것[15]은 ㅇ이 무음가이기 때문이다. 초성 자리가 음가 없는 빈 자리일 때 ㅇ을 쓰도록 한 것은 음절문자의 모양을 갖추기 위해 alif 속성의 'ㅇ'을 만들 수밖에 없었기 때문일 것이다(이승재 1991: 188).[16]

한편 ㆆ은 성문긴장음 [ʔ]을 표기한 문자로 판단되므로 'ㅇ:ㆆ'의 관계는 'ㄴ:ㄷ' 혹은 'ㅁ:ㅂ'의 관계(유성비음:무성파열음)와 같지 않다. 또한 'ㄷ:ㅌ' 혹은 'ㅂ:ㅍ'은 '평음:유기음'의 대립관계를 맺고 있지만 'ㆆ:ㅎ'의 관계는 '평음:유기음'의 대립관계로 보기 어렵다(백두현 2014: 49).

이런 점에서 'ㅇ:ㆆ:ㅎ'은 글자꼴로 보아서는 가획의 원리가 적용되었지만, 이들의 음가가 가진 상호 관계는 'ㄴ:ㄷ:ㅌ' 혹은 'ㅁ:ㅂ:ㅍ'의 상호 관계와 이질적이다. 제자해에서 'ㅇ:ㆆ:ㅎ'의 가획 원리를 다른 초성 계열과 동일한 가획 패러다임으로 기술했지만, 'ㅇ:ㆆ:ㅎ'의 내적 관계는 다른 초성 계열 내의 내적 관계와 성격이 다른 것이다. 'ㅇ:ㆆ:ㅎ'에 가획의 원리를 일관되게 적용한 제자해의 기술은 후음 계열자 'ㅇ:ㆆ:ㅎ'을 가획 패러다임에 포함시키기 위한 것이다. 'ㄴ:ㄷ:ㅌ' 혹은 'ㅁ:ㅂ:ㅍ'의 내적 관계와 'ㅇ:ㆆ:ㅎ'의 내적 관계가 같지 않음은 설음 혹은 순음 계열의 기본자 ㄴ, ㅁ과 달리 후음 계열

15 종성해의 다음 문장은 ㅇ이 무음가이므로 종성에 쓰지 않아도 됨을 말한 것이다. "ㅇ은 소리가 맑고 텅 비어 종성에 쓰지 아니하고 중성만으로 가히 성음을 이룰 수 있다.[且ㅇ聲淡而虛 不必用於終 而中聲可得成音也]" 『월인천강지곡』의 동국정운식 한자음 표기에 종성 ㅇ을 쓰지 않은 사실도 이와 관련된 것이다.

16 이승재(1991)는 초성에 음가 없는 ㅇ을 쓰도록 한 『훈민정음』의 규정이 음절 경계 표시와 연관성을 가진다는 이병근(1988)의 견해를 인용하였다. 이런 관점에서 보면 음가 없는 ㅇ을 초성 자리에 쓰도록 한 규정은 한글 쓰기 혹은 한글 치기에서 대단히 중요한 의미를 가진다. 한편 음가 없는 종성 자리에 ㅇ을 쓰지 않도록 한 것은 종성 자리에 쓰이는 아음 ㆁ과의 시각적 변별성을 확보하기 어려웠기 때문일 수 있다. 후음 ㅇ과 아음 ㆁ의 자형이 17세기 이후 합류해 버림으로써 종성 자리에 ㅇ을 쓰지 않도록 한 『훈민정음』의 표기 규정은 앞을 내다본 선견지명처럼 되었다.

의 기본자 ㅇ은 무음가無音價인 점만 보아도 알 수 있다.

초성 다섯 가지 음류에 적용된 제자 방법이 모두 동일하게 적용된 것은 아니었다. 예컨대 〈표 6〉에 나타나 있듯이 아음, 설음, 순음, 치음에서는 전청자 ㄱ, ㄷ, ㅂ, ㅈ-ㅅ을 병서하여 각자병서자 ㄲ, ㄸ, ㅃ, ㅉ-ㅆ을 만들었으나, 후음에서는 전청자 ㆆ을 병서하여 각자병서자(ㆆㆆ)를 만들지 않고 차청자 ㅎ을 병서하여 ㆅ을 만들었다. 전청자 ㆆ을 병서하지 않고 차청자 ㅎ을 병서한 까닭으로는 ㆆ이 소리가 깊어 엉기지 않으나 ㅎ은 소리가 얕고 엉겨서 전탁이 되므로 차청음 ㅎ을 병서했다고 해명해 놓았다.[17] 현대 음성학적으로 설명한다면 성문긴장음에 해당하는 ㆆ이 어두에서 단독으로 발음되지 못하는 제약을 갖기 때문이라고 설명할 수 있다. ㆆ이 어두 초성에 단독으로 발음되지 못하는 제약을 갖기 때문에 ㆆ을 병서한 ㆆㆆ을 제자하지 않은 것이다. 후음 계열에서 ㆆ이 갖는 이러한 특징을 드러냄으로써 훈민정음 초성체계에 내포된 제자론과 여기에 함축된 음성·음운론적 의미를 더 깊이 이해할 수 있다.

〈표 6〉 오음류와 청탁을 기준으로 본 제자해의 23개 초성자 체계

	아음	설음	순음	치음		후음	반설음	반치음
전청	ㄱ	ㄷ	ㅂ	ㅈ	ㅅ	ㆆ		
차청	ㅋ	ㅌ	ㅍ	ㅊ		ㅎ		
전탁	ㄲ	ㄸ	ㅃ	ㅉ	ㅆ	ㆅ		
불청불탁	ㆁ	ㄴ	ㅁ			ㅇ	ㄹ	ㅿ

17 唯喉音次淸爲全濁者, 盖以ㆆ聲深不爲之凝, ㅎ比ㆆ聲淺, 故凝而爲全濁也. 〈정음해례 4b_2〉

초성 기본자의 설정과 가획의 원리에 관한 제자해의 기술은 초성자 자형 간의 체계적 대응과 초성 음성 간의 상호 관계를 정연하게 드러냈다. 초성 제자에서 이용된 오음 분류법은 성운학에서 가져온 음성 분석 틀이다. 그러나 '최불려'라는 음성적 기준을 세우고 오음의 각각에서 기본음을 설정하여, 이 기본음을 기본자로 형상화한 후에 소리가 약간 세어짐[聲出稍厲성출초려]을 기준으로 삼고, 이에 따라 가획하여 다른 초성자를 만들어 낸 방법은 훈민정음 창제자가 이룬 독창적 성취이다. 제자해에서 아음, 설음, 순음, 치음, 후음이라는 오음 계열에 일관된 기준, 즉 '聲最不厲성최불려'와 '聲出稍厲성출초려'에 따라 가획을 단계적으로 적용하여 글자꼴을 형상화한 것은 제자 체계의 균형적 패러다임을 구현했다는 점에서 세계 문자사의 탁월한 성취라고 평가할 수 있다.

1.4. '완급緩急' 개념의 과잉 적용에 따른 음성학적 타당성 문제

해례 종성해에 종성과 관련지어 소리의 완급緩急을 기술한 내용이 있다. 여기서 설명된 완급의 개념을 두 가지로 나누어 고찰할 수 있다. 하나는 종성의 음가에 따라 네 가지 성조[四聲]를 평성·상성·거성과 입성이라는 두 부류로 나눈 것이다. 다른 하나는 아음·설음·순음·치음·후음이라는 오음의 각 음류에서 완급의 대응짝을 세우고, 완과 급의 음성적 특성을 기술한 내용이다.[18] 완급에 관해 기술한 종성해의 두 가지 내용을 다음 표로 정리하였다.

18 『훈민정음』 해례의 완급에 대한 고찰은 김유범(2009)의 제4장을 참고하였다.

1) 관련 내용 분석

〈표 7〉 소리의 완급을 사성과 오음류에 적용하여 설명한 내용

(1) 종성에 따른 완급의 구별과 사성 분류[19]	①말소리에 완급의 다름이 있는 까닭에 평성·상성·거성의 종성은 입성의 촉급함과 같은 부류가 아니다. 聲有緩急之殊, 故平上去其終聲不類入聲之促急.
	②불청불탁의 글자는 그 소리가 세지 않으므로 종성에 쓰면 평성·상성·거성이 됨이 마땅하다. 不淸不濁之字 其聲不厲, 故用於終則宜於平上去.
	③전청·차청·전탁의 글자는 그 소리가 세므로 종성에 쓰면 입성이 됨이 마땅하다. 全淸次淸全濁之字, 其聲爲厲, 故用於終則宜於入.
	④그러므로 ㆁㄴㅁㅇㄹㅿ 여섯 자는 평성·상성·거성의 종성이 되고, 나머지는 모두 입성의 종성이 된다. 所以ㆁㄴㅁㅇㄹㅿ六字爲平上去聲之終, 而餘皆爲入聲之終也.
(2) 오음 각 음류의 완급 대응짝과 음성적 특징[20]	①오음의 완급은 또한 각자 짝을 이룬다. 五音之緩急, 亦各自爲對.
	②아음은 ㆁ과 ㄱ이 짝이 되는바, ㆁ을 촉급하게 내면 곧 ㄱ으로 변하여 급하게 되고, ㄱ을 천천히 내면 ㆁ으로 변하여 느리게 된다. 如牙之ㆁ與ㄱ爲對, 而ㆁ促呼則變爲ㄱ而急, ㄱ舒出則變爲ㆁ而緩.
	③설음의 ㄴ과 ㄷ, 순음의 ㅁ과 ㅂ, 치음의 ㅿ과 ㅅ, 후음의 ㅇ과 ㆆ도 그 완급에서 서로 상대가 됨이 또한 이와 같다. 舌之ㄴㄷ, 脣之ㅁㅂ, 齒之ㅿㅅ, 喉之ㅇㆆ, 其緩急相對, 亦猶是也.

(1)은 종성의 종류에 따른 완급의 차이가 사성을 두 부류로 나누어서 입성과 나머지 평성·상성·거성으로 구별됨을 말한 것이다. 종성이 불청불탁음 ㆁㄴㅁㅇㄹㅿ 중의 하나일 때는 평성·상성·거성 중 하나가 되고, 나머지는 모두 입성의 종성이 된다고 했다. (1)④의 "나머지는 모두 입성의 종성이 된다.[而餘皆爲入聲之終也]"에서 '餘皆여개'[나머지는 모두]는 불청불탁음 ㆁㄴㅁㅇㄹㅿ을 제외한 나머지 음을 가리킨다. 초성 성모자를 나타낸 23개 자모자字母字 중 전탁자(ㄲㄸㅃㅆㅉ)와 차청자(ㅋㅌㅍㅊ)는 종성 자리에 쓸 수 없다. 따라서 종성에 올 수 있는 전청자 ㄱㄷㅂㅅ이 '나머지 모두[餘皆여개]'에 해당하고, 이 네 자모가 종성에 오면 입성이 된다는 것이다.[21] 한문 그대로 보면 전탁음과

19 이 난에 인용한 원문은 〈정음해례17b_6-18a_5〉에 걸쳐 있다.

20 이 난에 인용한 원문은 〈정음해례18b_4-19a_1〉에 걸쳐 있다.

21 한문의 문맥상 '나머지 모두[餘皆]'에 ㅅ이 포함될 수밖에 없다. 이 한문을 쓴 언문팔유는 종성 자리에 놓인 ㅅ을 입성으로 간주했음을 알 수 있다. 종성 ㅅ이 입성이 되면 [t]로 실현되므로 '나머지 모두[餘皆]'에 ㅅ이 포함된다는 해석은 음절말 ㅅ과 ㄷ의 변별 여

차청음이 종성 자리에 오는 경우도 입성이 되는 것처럼 표현되어 있다. 그러나 8종성법에 의해 전탁음과 차청음은 모두 종성 자리에 올 수 없으므로 '나머지 모두[餘皆여개]'에는 전청자 ㄱㄷㅂㅅ만 들어갈 수 있다.

(2)는 오음의 각 음류에서 완급의 대응짝을 나란히 설정하고 그것의 음성적 특성을 기술한 것이다. 그리하여 ㆁ:ㄱ, ㄴ:ㄷ, ㅁ:ㅂ, ㅿ:ㅅ, ㅇ:ㆆ을 각각 완:급의 대응짝으로 설정하고, 각 대응짝에서 전자를 빠르게[急급] 발음하면 후자가 되고, 후자를 느리게[緩완] 발음하면 전자가 된다고 했다.

2) 비판적 검토와 해명

(1)의 ①과 (2)의 ①은 각 항의 총론 격이고, 나머지 소단락은 예시를 들어 설명한 내용이다. 〈표 7〉에 기술된 내용은 모두 종성해에 있는 것이므로 (1)에 언급된 전청·차청·전탁·불청불탁음이 모두 종성자의 음가를 가리키고, (2)에 언급된 오음(아음·설음·순음·치음·후음의 각 음) 역시 종성에 놓이는 자음子音(consonants)을 뜻한다. 초성 위치에서 자음의 완급 대립은 불가능하다. 그런데 (2)의 내용이 종성해에 들어가 있지 않았다면, 음절 위치에 무관하게 모든 자음자子音字에 관한 일반적 기술로 오해할 소지도 있다.

(1)과 같이 조선어음에서 입성을 설정한 목적은 중고기 한어음中古期 漢語音의 입성운이 한반도에 들어와 한국 한자음에서 한어 입성의 운미가 [p], [k]로 굳어진 현상(예: 答답, 國국)을 한자음 표기에 반영하기 위함이다. 그리고 15세기 당시의 중국 한어음에서 입성 운미가 소멸했지만 전통 규범을 중시한 『홍무정운』 등의 운서에서 입성이 여전히 유지되어 있었다. 규범적 운서 한자음의 사성 체계를 중시한 훈민정음 창제자는 전통적 한자음을 유지

부와 관련된다. 이동석(2020: 65-68)은 〈표 7〉에 보인 종성해의 내용을 중시하여 종성 ㅅ은 입성 [t]로 실현되었고, 이를 근거로 종성의 ㅅ은 ㄷ과 변별되지 않는다고 보았다.

한 입성을 '正音정음'이라 생각했고, 이 '正音정음'을 표기하기 위해 훈민정음으로 입성자를 적는 방안을 마련하였다. 입성을 훈민정음으로 적기 위한 이론적 근거를 종성해에서 밝혀 놓은 것이다. 이러한 측면에서 볼 때 〈표 7〉의 (1)에는 특별히 문제될 만한 내용이 없다.

그러나 〈표 7〉의 (2)에는 논란의 소지가 있는 내용이 있다. (2)의 ①에서 오음의 각각에는 완급을 기준으로 서로 대對가 되는 짝이 있다고 하고, ②에서 ㆁ과 ㄱ이 완급의 짝이 됨을 말했다. ③에서 설음의 ㄴ:ㄷ, 순음의 ㅁ:ㅂ, 치음의 ㅿ:ㅅ, 후음의 ㅇ:ㆆ이 각각 완급의 짝이라고 규정해 놓았다. 이 내용을 표로 정리하면 〈표 8〉과 같다.

〈표 8〉 오음의 완급 대응짝

오음 \ 완급	완	급
아음	ㆁ	ㄱ
설음	ㄴ	ㄷ
순음	ㅁ	ㅂ
치음	ㅿ	ㅅ
후음	ㅇ	ㆆ

〈표 8〉에 나타나 있듯이, 각 조음위치에서 완급의 대응짝이 정연하게 맞추어져 있다. 그런데 문제는 이 대응짝의 관계에서 완緩에 해당하는 ㆁ을 촉급히 소리 내면[促呼촉호] ㄱ이 되고, 급急에 해당하는 ㄱ을 천천히 소리 내면[舒出서출] ㆁ이 된다는 설명에 있다. (2)의 ③에서 ㄴ과 ㄷ, ㅁ과 ㅂ, ㅿ과 ㅅ, ㅇ과 ㆆ의 관계에도 모두 이런 설명이 적용된다고 했다. 종성해의 이 설명이 과연 타당한 것인가?

종성에 놓인 ㆁ, ㄴ, ㅁ을 발음해 보면 그 소리가 지속성을 가진다. '강', '논', '곰'의 종성은 날숨[呼氣호기]이 계속될 수 있는 한 발음을 지속해 낼 수 있다. 이에 비해 '각', '놑', '곱'의 종성은 순간적으로 닫혀서 소리를 지속해서 낼 수 없다. 종성 ㆁ, ㄴ, ㅁ의 발음에 나타나는 지속성을 '緩완'이라 하고,[22] 종성 ㄱ, ㄷ, ㅂ의 발음에 나타나는 폐쇄성을 '急급'이라 표현한 것이다. 종성 위치에서 발음되는 ㆁ, ㄴ, ㅁ과 ㄱ, ㄷ, ㅂ을 각각 완과 급의 대응 관계로 파악함은 온당하다. 종성에 오는 ㄱ과 ㆁ의 발음이 완급에 따라 서로 대응한다는 설명까지는 타당하다. '강'은 종성이 느리게 이어지고, '각'은 종성이 급히 막히기 때문이다.

그러나 아음 ㄱ:ㆁ, 설음 ㄷ:ㄴ, 순음 ㅂ:ㅁ을 각각 서로 대응짝으로 설정하여, 전자(ㄱ, ㄷ, ㅂ)를 느리게 발음하면 후자(ㆁ, ㄴ, ㅁ)가 되고, 후자를 촉급히 발음하면 전자가 된다는 기술은 타당하지 않다. 종성 자리에 오는 ㆁ과 ㄱ을 각각 '완'과 '급'으로 설정함은 음성학적으로는 타당하지만, 이들을 서로 관련지어 ㄱ을 느리게 발음하면 ㆁ이 된다는 식의 관계 설명은 음성학적 타당성이 결여되어 있다. 종성의 ㄱ[k]을 아무리 느리게 발음하여도 ㆁ[ŋ]이 되지 않으며, 종성의 ㆁ을 아무리 촉급하게 발음해도 ㄱ으로 변하지 않는다.[23] 종성의 ㄴ을 아무리 촉급하게 발음해도 ㄷ이 되지 않으며, 종성의 ㄷ을 아무리 천천히 발음해도 ㄴ음이 나오지 않는다. 나머지도 마찬가지다. 촉호促呼(=빨리 나옴)와 서출舒出(=느리게 나옴)의 관계로 설명한 (2)의 내용은 음성학적 타당성이 결여되어 있다.

완급에 따른 이런 대응짝을 세우고 기술한 배경이 어디에 있을까? 여기서 우리는 성운학에서 완급의 개념을 어떻게 쓰는지 알아볼 필요가 있다. 몇 가지 성운학 연구서에서 '緩急완급'이란 용어를 직접 쓴 것은 없고, '서舒'

22 종성 ㆁ, ㄴ, ㅁ이 가진 이런 지속성을 변별자질에서 마찰음에 부여된 [+continuent] 자질과 관련지어 볼 수 있다. 그러나 ㆁ, ㄴ, ㅁ이 종성에서만 그 발음이 지속 가능하기 때문에 이 음들에 분절 고유 자질 [+continuent]를 부여할 수는 없다.

23 예컨대 '속'의 종성 ㄱ을 아무리 느릿하게 발음해도 '송'이 되지 않으며, '솜'의 종성 ㅁ을 아무리 빠르게 발음해도 '솝'이 되지 않는다.

와 '촉促'으로 표현한 용어를 찾을 수 있다. 한 음절이 모음이나 비자음(nasal consonant)으로 끝나는 소리를 서성舒聲이라 하고, -b, -d, -g 등과 같은 받침으로 끝나는 소리를 촉성促聲이라 한다(李新魁 著 朴萬圭 譯 1990: 64-65, 75-78). 여기에 쓰인 서성舒聲과 촉성促聲은 (2)의 ②에서 쓰인 '促呼촉호', '舒出서출'과 그 뜻이 비슷한 용어이다.

종성해에 쓰인 '완급' 개념은 종성의 음가 기술에 유용한 술어이다. 아음, 설음, 순음에서 ㆁ:ㄱ 등을 서로 관련지어 기술한 것은 오음의 각 계열에 속하는 음가를 보다 체계적으로 관계지어 보려는 시도에서 나온 것이다. 그러나 체계적인 관계를 설정한 시도가 종성의 ㆁ:ㄱ 등에 과잉 적용되어 ㆁ을 촉급하게 발음하면 ㄱ이 된다는 식의 기술이 나온 것이라고 본다.

2. 중성자 제자론에 대한 비판적 검토와 해명

2.1. 중성 11자에 적용된 상수론의 타당성

제3부 제3장과 제4장에서 각각 상수론이 중성자 제자의 철학적 바탕임을 논한 바 있다. 제자해에는 중성 기본자 ·ㅡㅣ를 만든 원리를 설명하고 이어서 중성 11자에 삼재론, 오행론, 생성生成의 수數를 적용하여 각 중성의 역리적易理的 속성을 기술해 놓았다.[24] 제3부 제3장 2.2.2절의 〈표 3〉(이 책의 588쪽)에서 중성 기본자에 적용된 삼재론, 〈표 4〉(이 책의 591쪽)에서 초출자 및 재출자에 적용된 성리론(삼재론, 오행생성론, 합벽론)을 분석하여 요약 제시하였다. 중성 초출자와 재출자에 적용된 천天·지地의 수, 오행의 생위와 성수 등을

24 이 이론은 소옹(邵雍)의 성음창화도의 이론을 수용한 것이다.

표에 담아 정리한 것이다. 본 절에서는 중성 11자에 적용된 상수론의 문제점을 비판적 관점에서 논한다.

1) 관련 내용 분석

중성 11자에 적용된 생성生成의 수數와 성리론에 관한 요점 정리는 제3부 제3장의 〈표 3〉과 〈표 4〉를 참고하기 바란다. 관련 내용 분석은 이 두 개의 표로 대신한다. 〈표 4〉에 나타나 있듯이, 초출자 ㅗㅏㅜㅓ는 생위生位의 차례, 재출자 ㅛㅑㅠㅕ는 성수成數의 차례가 배정되어 있다. 기본자 ·는 생위로서 천오天五이고, ㅡ는 성수로서 지십地十이며, ㅣ는 무위수無位數이다. 양모음 ㅗㅏㅛㅑ는 천天에 속하며 각 낱자에 홀수 일삼칠구一三七九가 차례대로 하나씩 부여되어 있다. 음모음 ㅜㅓㅠㅕ는 지地에 속하며 각 낱자에 짝수 이사육팔二四六八이 차례대로 하나씩 부여되어 있다. 천天·지地와 생위生位·성수成數를 가진 것이 도합 10개 자인데, ·는 중간 자리인 천오天五에 놓여 있고, ㅡ는 맨 끝자리인 지십地十에 놓여 있다. 삼재의 인人에 해당하는 중성 ㅣ는 천天·지地의 중간에 있어서 위수位數를 갖지 못한다. 무위수無位數인 ㅣ를 제외하고 나머지 중성 10개 자에 생위生位와 성수成數, 천지[陰陽음양]와 오행이 정연하게 결합되어 있다. 중성체계 전체를 역리 사상의 핵심인 음양, 오행, 생성의 위수位數와 결합해 놓은 것이다. 소옹의 상수역象數易과 음양론, 오행론을 모두 통합하여 중성체계에 온전히 담아 놓은 모습을 이 두 개의 표가 보여 준다.

2) 비판적 검토와 해명

중성자에 결합된 성리론은 '天地人천지인'이라는 삼재, '水木土火金수목토화금'이라는 오행, 생성生成의 위수位數가 상호 작용하여 중성체계의 내적 원리를 형성했다고 본 당대인의 인식을 반영한다. 이것을 긍정적으로 보면, 성리철학의 핵심 이론을 중성체계에 통합하여, 성음聲音체계와 성리론을 정교하게 결합시킨 것이라 평가할 수 있다. 성리철학을 훈민정음 제자론에 적용하여 이처럼 정연하게 체계화한 것은 당시의 최고 지식인이 행한 학문적 사유의 산물이다. 천지 만물의 생성과 변화의 원리를 훈민정음 중성체계에 고스란히 담아낸 제자해의 기술은 훈민정음에 사상적 깊이를 부여한 성취라고 평가할 수 있다(백두현 2014: 54).[25]

그러나 중성자와 성리학의 이론을 결합해 놓은 이것을 비판적 관점에서 볼 여지도 있다. 제자해의 초성에 대한 설명과 중성에 대한 설명은 수긍의 정도에 일정한 차이가 있다. 제자해에서 초성의 제자론을 서술하면서 발음기관 다섯 개의 속성과 오행의 속성을 서로 연관지어 놓았다. 그 주요 내용을 보이면 〈표 9〉와 같다.[26]

아음·설음·순음·치음·후음의 특성을 '발음기관의 속성', '음성적 특성', '오행적 속성'으로 나누어 설명한 내용을 자세히 음미해 보면 그 나름대로 합리적 사실성(reality)을 띤 점이 있다. 초성의 속성을 설명하는 데 활용된 오행과 오음의 관련성은 각 초성이 지닌 음성적 특성과의 연결이 그런대로 납득할 만한 설득력을 지니고 있다. 예컨대 후음이 산출되는 목구멍은 깊고 젖어 있어서 오행의 수水에 해당하고, 그 소리는 비어서 통하는 것이니, 이는 물이 두루 흘러 통함과 같다고 했다. 목구멍과 수水의 성질을 관련지어 후음의 속성을 자연스럽게 기술했다. 아음이 나는 어금니는 서로 어긋나고

---

25 김만태(2012: 89)는 "한글은 문자이면서도 그 배경에는 우주 본체론의 동양적 이치인 역학 사상을 함축하고 있다. (…중략…) 만물 속에는 각각 하나의 태극이 있으며 각각 일정한 상수(象數)가 있지 않음이 없다."라고 하고, 우주의 존재 원리인 태극·음양·오행·삼재라는 성리철학의 관점에서 인간의 성음을 이해했던 선인들의 사유(思惟) 결정체가 '한글'이라고 하였다.

26 〈표 9〉는 제3부 제3장의 〈표 1〉에서 필요한 부분만 잘라 여기에 가져온 것이다. 〈표 9〉에 인용한 원문은 〈정음해례2a_5-3a_1〉에 걸쳐 있다.

〈표 9〉 다섯 개 발음기관의 음성적 특성과 오행, 오시·오음의 상관성

분류 / 오음	발음기관의 속성	음성적 특성	오행적 속성	五時(오시)와 五聲(오성)
후음	목구멍은 깊고 젖어 수(水)이다. 喉邃而潤, 水也	소리가 허(虛)하여 통한다. 聲虛而通	물이 허명하고 두루 흐름과 같다. 如水之虛明而流通也	시절로는 겨울이요, 음(音)으로는 우(羽)이다. 於時爲冬, 於音爲羽
아음	어금니는 서로 어긋나고 길어서 목(木)이다. 牙錯而長, 木也	소리가 목구멍소리와 비슷하나 실(實)하다. 聲似喉而實	나무가 물에서 나되 그 꼴이 있음과 같다. 如木之生於水而有形也	시절로는 봄이요, 음(音)으로는 각(角)이다. 於時爲春, 於音爲角
설음	혀는 예민하고 잘 움직여 화(火)이다. 舌銳而動, 火也	소리가 구르고 날린다. 聲轉而颺	불이 구르고 펼쳐져 날림과 같다. 如火之轉展而揚揚也	시절로는 여름이요, 음으로는 치(徵)이다. 於時爲夏, 於音爲徵
치음	이는 단단하고 끊는 것이어서 금(金)이다. 齒剛而斷, 金也	소리가 부스러지고 걸린다. 聲屑而滯	쇠가 부수어지고 단련되어 이루어짐과 같다. 如金之 屑瑣而鍛成也	시절로는 가을이요, 음으로는 상(商)이다. 於時爲秋, 於音爲商
순음	입술은 모나고 합해지는 것이어서 토(土)이다. 脣方而合, 土也	소리가 함축하고 넓다. 聲含而廣	땅이 만물을 함축하면서 넓고 큰 것과 같다. 如土之含蓄萬物而廣大也	시절로는 계하(季夏)요, 음으로는 궁(宮)이다. 於時爲季夏, 於音爲宮

길어서 오행의 목木에 해당하고, 그 소리는 후음과 비슷하지만 실질이 있어서 나무가 그 형상을 가짐과 같다고 했다. 설음이 나는 혀는 민첩히 움직여 오행의 화火에 해당하고, 그 소리는 불꽃이 굴러서 펴져 나감과 같다고 했다. 치음과 후음도 이런 방식으로 설명해 놓았다. 이와 같은 설명은 현대 언어학자와 일반인들이 수긍할 만한 '그럴듯함'을 갖추고 있다. 아음, 설음, 순음, 치음, 후음은 신체의 각 부위가 갖고 있는 생리적 속성 및 그것의 음성적 특성을 오행五行과 관련지어 '그럴듯하게' 설명해 놓은 것이다. 또한 오음 각각의 음성적 속성과 오행 각각의 본질이 지닌 연관성을 제시함으로써 납득할 만한 것이라는 느낌을 준다. 현대인의 생각으로 보아도 '이렇게 설명할 수도 있겠구나.'라고 수긍할 만하다.

그러나 초성의 이런 설명과 달리 중성에서는 발음기관의 생리적 속성과 그 작용을 중성의 음성적 특성과 관련지어 설명한 내용이 없다. 중성에서는 추상적이고 관념적 성격을 띤 천天의 생위生位와 지地의 성수成數를 중성 낱

자와 결합하여 그 속성을 상수역象數易이라는 수리철학과 결합하여 기술해 놓았다. 이것은 초성에 비해 현실성이 결여되어 있다. 그리하여 현대인의 관점에서 보면 합리적 사실감(reality)을 가진 초성의 설명과 그렇지 못한 중성의 설명 간에 격차가 느껴진다. 물론 15세기의 성리학적 세계관을 가진 지식인에게는 이런 격차가 느껴지지 않았을 수 있다. 천天에 생위生位를 부여하고, 지地에 성수成數를 부여하여 각각을 중성 낱자와 결합한 것에 대해 조선의 성리학자들은 합리적이라고 생각했을 것이다. 천天은 생生하고(=낳고), 지地는 성成한다(=길러 이룬다). 즉 '하늘이 낳으면 땅은 기른다'는 관념으로 보면 천天은 생生의 주체이고, 지地는 성成의 주체임은 그 나름대로의 리얼리티를 가진다.

생위生位와 성수成數는 소옹의 상수역象數易에서 나온 것으로 음양오행과는 철학적 배경이 다르다. 제자해에서 초성의 설명에는 상수론을 취하지 않았으나 중성에서는 상수론을 취해 각각의 중성에 생성의 위수位數를 배정하였다. 이 차이가 초성 제자론과 중성 제자론의 추상성 정도를 다르게 느끼게 한 것이다.

필자는 11자 중성에 '天一천일', '地二지이' 등 생성의 위수를 배정하여 설명한 것을 역리적 세계관의 과잉 적용이라 생각한다(백두현 2014: 56). 중성 11자를 수와 결합한 상수론은 각각의 중성이 지닌 음성적 속성을 반영하지 못하는 추상적 이론이다. 이런 점에서 중성에 상수론을 결합시킨 것은 음성체계의 기술記述에 역리적 세계관을 과잉 적용한 것이라고 본다. 15세기의 성리학자에게 모든 존재는 생성의 위수를 가져야 하며, 이는 음성[聲성]과 문자에도 동일하게 적용되는 것이므로 훈민정음 문자체계에 상수론을 적용함은 지극히 당연한 것이라 여겼을 듯하다. 이를 두고 '과잉 적용'이라고 보는 필자의 생각이 오히려 현대적 편견일 수도 있다.

2.2. 중성자 합성에서 나온 자형의 유사성

끝으로 중성자 간의 합성에서 초래된 중성자 자형의 유사성 문제에 대해 논한다. 앞서 논한 다섯 가지는 음성에 대한 것임에 비해 이것은 문자에 관한 것이다. 문제가 되는 자형은 ㅓ(어)와 ·ㅣ(익)이다. ㅓ는 중성 기본자 간의 합성으로 만든 초출자이고, ·ㅣ(익)는 ·뒤에 ㅣ를 합친 ㅣ상합법으로 만든 것이다. ·(아래아) 뒤에 ㅣ를 합친 ·ㅣ는 초출자 ㅓ와 음가 및 자형에서 전혀 다르다. 이 두 중성자에 대해 기술한 내용은 다음과 같다.

1) 관련 내용 분석

〈표 10〉 초출자 ㅓ와 ㅣ상합자 ·ㅣ에 관한 기술

초출자 ㅓ	ㅓ는 ㅡ와 같되 입이 펴지는바 그 모양은 곧 ·와 ㅣ가 합하여 이루어진 것이다. 하늘과 땅의 용(用)이 사물에 발현하되 사람을 기다려서 이루어짐에서 취한 것이다. ㅓ與一同而口張, 其形則·與ㅣ合而成, 亦取天地之用發於事物待人而成也 〈정음해례5a_8-5b_3〉
ㅣ상합자 ·ㅣ	한 글자 중성이 ㅣ와 서로 합한 것은 열 개이니, ·ㅣㅢㅚㅐㅟㅔㆉㅒㆌㅖ이다. 一字中聲之與ㅣ相合者十, ·ㅣㅢㅚㅐㅟㅔㆉㅒㆌㅖ是也 〈정음해례16b_2-4〉

초출자 ㅓ에 대한 기술은 제자해에 있고, ㅣ상합자인 ·ㅣ에 관한 기술은 중성해에 각각 기술되어 있다. 전자는 초출자 자형을 만드는 방법을 설명하는 자리에 있고, 후자는 ㅣ상합자를 만드는 방법을 설명한 문맥에 나와 있다.

2) 비판적 검토와 해명

여기에서 논의의 초점이 되는 것은 ㅣ상합자인 ·ㅣ의 자형 문제이다. ·ㅣ는 중성자 ·에 ㅣ가 합쳐진 것으로 '一字中聲之與ㅣ相合者일자중성지여ㅣ상합자' 중의 하나이다. 해례에 나타난 중성자 전체의 자형을 제시하고 논의를 진행하는 것이 편리하다. 기본자의 합성법 및 ㅣ상합법으로 만들어진 중성자의 부류와 자형을 모두 보이면 다음과 같다.

〈표 11〉 중성자의 부류와 자형

부류	자형
기본자 3개	ㆍ ㅡ ㅣ
초출자 4개	ㅗ ㅏ ㅜ ㅓ
재출자 4개	ㅛ ㅑ ㅠ ㅕ
1자 중성자 10개	ㅣ상합자: ㆎ ㅢ ㅚ ㅐ ㅟ ㅔ ㆉ ㅒ ㆌ ㅖ
2자 중성자 4개	ㅣ상합자: ㅙ ㅞ ㆈ ㆋ

〈표 11〉의 중성자 중 기본자+초출자+재출자를 합하면 모두 11개가 되며, 이들이 제자 대상이 된 중성자 11개이다. 제자해에서 설명한 중성 11자는 이른바 훈민정음 '스물여덟 자'에 포함되고, ㅣ상합자 14개는 여기에 포함되지 않았다. ㅓ와 ㆎ의 자형은 동일한 자소字素 ㆍ와 ㅣ로 구성되어 있다. ㅓ는 '合而成합이성'으로 만든 것이고, ㆎ[ʌi]는 두 개 중성자의 '相合상합'[27]으로 만든 것이다. 만든 방법은 서로 다르지만 동일한 자소로 구성된 두 중성자의 자형이 서로 비슷해졌다. 중성 기본자 ㆍ와 ㅣ를 서로 조합하여 초출자 및 상합자를 만드는 과정에서 자형의 유사성이 발생한 것이다.[28] 두 글자의 자형이 서로 비슷해졌지만 ㅓ[ə]는 ㅣ의 왼쪽에 ㆍ를 결합한 초출자이고, ㆎ[ʌi]는 ㆍ와 ㅣ를 나란히 결합한 ㅣ상합자이다. 전자의 음가는 단모음이고, 후자는 이중모음이다. 두 개 중성자를 만든 원리와 각각의 음가가 서로 다르다.

ㅣ상합자인 ㆎ의 글꼴이 초출자 ㅓ와 비슷한 모습은 해례에서 따온 다음 그림에서 확인할 수 있다.

27 이 '상합'은 초성자 기술에 쓰인 '합용'과 그 뜻이 비슷한 점이 있다.
28 『훈민정음』을 찬술한 집현전 학사들도 이 점을 인지하고 있었던 것으로 보인다. 중성해에서 ㅓ의 ㆍ획은 ㅣ와 거리가 가깝게 찍혀 있고, ㆎ의 ㆍ획은 ㅣ와 거리가 떨어져 있다. 의도적으로 이런 차이를 만든 것으로 보인다.

[그림 1] 초출자 ᆟ(ㅓ)의 글자꼴(제자해)

[그림 2] ㅣ상합자 ᆡ(ㅐ)의 글자꼴(중성해)

두 글자 모두 ·의 위치가 ㅣ의 왼편에 자리 잡고 있기 때문에 글자꼴이 비슷하게 되었다. 그러나 ㅣ상합자 ᆡ의 ·는 ㅣ와 거리가 조금 멀고, 초출자 ᆟ의 ·는 ㅣ에 좀 더 가깝다는 점에서 일정한 시각적 시차성을 보여 준다. 그러나 이 시차성이 미미한 편이어서 두 글자의 꼴이 쉽게 식별된다고 말하기 어렵다.

그러나 두 중성자의 자형이 서로 비슷함에도 불구하고 문장 속에서 실제로 사용될 때는 상호 혼동이 발생하지 않았다. 그 이유는 중성자 앞에 항상 초성자를 결합하여 쓰기 때문이다. 초성이 없는 경우에는 음가 없는 ㅇ자를 ᆡ 앞에 쓰기 때문에 ᆡ 앞에 초성자가 결합하지 않는 경우는 없다. 이때의 초성자는 '이'나 '기'자에서 보듯이 ᆡ의 · 위쪽에 적는다. ᆟ의 경우는 '거'자에서 보듯이 초성자는 ·의 왼쪽에 놓인다.[29] 그리하여 '기'와 '거'에서 보이는 두 글자의 시각적 시차성이 확보된다. ᆟ에서 초성자는 ·의 왼쪽에 결합하고 ᆡ에서 초성자는 ·의 위쪽에 결합하기 때문에 이러한 시차성을 갖게 되는 것이다. 초성이 없는 단독형으로서의 ᆟ와 ᆡ는 글자꼴의 유사성이 현저하지만 실제 사용에서는 글자꼴이 달라져서 자형 구별에 어려움을 초래하지 않았다. 이런 점으로 보면 '비판적' 고찰에서 두 글자의 자형 문제를 제외할 수도 있지만 중성자의 제자론 및 중성자의 자형을 보다 깊이 이해하기 위해 여기에 넣어 함께 논하였다.

29 예의편 말미에서 "·ㅡㅗㅜㅛㅠ附書初聲之下(부서초성지하), ㅏㅓㅣㅑㅕ附書於右(부서어우)"라고 한 것이 여기에 해당한다.

3. 마무리

지금까지 『훈민정음』 해례에 기술되어 있는 제자론 중에서, 문제가 있다고 생각하는 여섯 가지 사항에 대해 해당하는 관련 내용을 분석하고, 그것을 비판적 관점에서 논하였다. 필자가 논한 주요 내용을 요약하면 다음과 같다.[30]

초성 기본음 설정에서 아음과 치음의 기본음은 '최불려'의 원칙에서 벗어났다. 초성 오음에서 아음은 [ŋ], 설음은 [n], 순음은 [m], 치음은 [z], 후음은 [ɦ]음이 불청불탁음으로서 '최불려'한 음성에 해당한다. 설음 ㄴ, 순음 ㅁ, 후음 ㅇ은 '최불려'한 각각의 음성 [n], [m], [ɦ]에 해당하는 것이어서 '최불려'의 원칙이 지켜졌다. 그러나 아음과 치음에서는 '최불려'한 음 [ŋ]과 [z]를 기본자로 삼지 않고 전청음 [k]와 [s]에 대응하는 글자를 기본자로 삼았다. '최불려'한 불청불탁음([ŋ], [z])이 있음에도 불구하고 이 음들에 대응하는 글자를 기본자로 삼지 않았다. 그런데 이렇게 된 원인은 두 계열에서 서로 다르다. 아음의 경우는 한자음에서 의모(ㆁ)와 유모(ㅇ)가 혼용된 사실에 이끌렸다. 또 아음 중에서 최불려한 [ŋ]음이 고유어 어두에 거의 쓰이지 않는 분포 제약도 작용했을 수 있다. 두 가지 점을 고려하더라도 [ŋ]을 기본음으로 삼아 기본자를 만들지 않음으로써 가획의 단계적 적용에서 아음자 계열의 균형이 깨어진 것은 문제 삼을 만하다.

치음에서 불청불탁음 [z]에 대응하는 자모자(ㅿ)를 기본자로 삼지 않은 것에는 ㅿ이 ㅅ의 불청불탁음이지만 ㅈ의 불청불탁음이 아닌 점이 고려되었을 듯하다. 이 점을 감안하여 ㅿ[z]를 가획의 패러다임에서 제외하여 이체자로 돌려놓은 것으로 보인다. ㅿ을 기본자로 삼지 않은 것에는 ㅿ이 고유어의 어두음 표기에 출현하지 않는 분포 제약도 작용했을 것이다.

---

30 이하의 마무리 단락들은 백두현(2014: 59-61)의 문장을 약간 고쳐 다듬은 것이다.

설음 ㄴ:ㄷ:ㅌ과 순음 ㅁ:ㅂ:ㅍ은 공히 '유성비음:무성파열음:유기파열음'이라는 평행적 관계를 맺고 있다. 그러나 후음의 경우 ㅇ이 유성의 [ɦ]임을 인정하더라도, ㅇ:ㆆ:ㅎ의 관계는 '유성후두음:성문긴장음:유기후두마찰음'이란 내적 관계가 성립한다. 이 관계는 ㅁ:ㅂ:ㅍ과 ㄴ:ㄷ:ㅌ이 가진 '유성비음:무성파열음:유기파열음'의 관계와 평행적이지 않다. 설음 및 순음 초성자와 동일한 패러다임으로 후음을 제자했지만 후음자 내부의 상호 관계가 설음 및 순음 계열과 다르다. 후음 계열 ㅇ:ㆆ:ㅎ의 상호 관계가 설음 계열 ㄴ:ㄷ:ㅌ 및 순음 계열 ㅁ:ㅂ:ㅍ의 상호 관계와 서로 이질적인 것임에도 불구하고, 세 계열 모두에 가획의 원리가 일관되게 적용되어 있다. 이질적 대립관계에 일관된 제자 원리를 적용해서 자형의 체계성을 구현해 낸 점은 긍정적 평가를 받을 만하다.

종성해에서 완급의 개념이 종성 자리에 오는 불청불탁음(비음 ㄴㅁㆁ)과 이에 대응하는 전청음(ㄷㅂㄱ)의 대응짝에 적용되었다. 종성 ㆁ을 빠르게[促촉] 소리 내면 ㄱ으로 변하여 급한 소리가 되고, 종성 ㄱ을 천천히 내면[舒出서출] ㆁ으로 변하여 그 소리가 느리게 된다고 종성해에 기술해 놓았다. 종성에 오는 무성폐쇄음과, 같은 조음위치에서 나는 비음(nasal)을 상관 지어 완급의 짝으로 본 해례의 기술은 종성음의 완급을 이용하여 일련의 상관을 체계적으로 드러냈다는 점에서 의미 있는 성과이다. 그러나 종성 ㄱ을 아무리 촉급하게 발음해도 ㆁ이 되지 않으며, 종성 ㄱ을 아무리 천천히 발음해도 ㆁ이 되지 않는다. 종성의 무성폐쇄음을 천천히 발음하면 비음鼻音이 되고, 비음을 빠르게 발음하면 무성폐쇄음이 된다는 기술은 음성학적 사실에 부합하지 않는다. 이는 완급의 개념을 지나치게 확대 적용하여 음성학적 타당성을 잃은 것이라 할 수 있다.

중성 제자론에 적용된 상수론은 생성生成의 위수位數를 중성과 연관시킨 것이다. 이것은 긍정적 측면과 부정적 측면의 두 관점에서 평가할 수 있다.

긍정적으로 보면, 중성체계에 상수론의 원리를 정교하게 결합시켜 음운학과 수리數理철학을 융합시킨 성취라 평가할 수 있다. 천지 만물의 생성과 변화에 관한 수학적 원리를 훈민정음 중성체계에 담아내어 훈민정음에 사상적 깊이와 수리적 체계성을 부여했다고 보는 것이다. 그러나 초성의 아음, 설음, 순음, 치음, 후음에 오행을 각각 대응시켜 설명한 것과 중성에 상수론을 적용한 것을 비교해 보면, 현실적 수긍 가능성의 측면에서 서로 격차가 있다. 현대적 관점에서 보면, 중성 각각에 천지의 생성과 위수를 적용한 것은 초성에 오행을 적용하여 설명한 것과 달리 설명적 '그럴듯함'이 약하다. 중성 11자에 결합된 생성의 위수들은 중성이 지닌 음성적 속성이나 자형의 특성과 연결되지 않기 때문이다. 이런 점에서 11자 중성에 '天一천일', '地二지이' 등 생성의 위수를 배정하여 설명한 것은 역리철학의 과잉 적용이라 할 수 있다.

끝으로 중성 기본자를 합성한 초출자 ㅓ와 ㅣ상합자 ㆍㅣ의 자형이 서로 비슷해진 점을 지적하였다. ㆍ와 ㅣ를 합한 초출자 ㅓ와 ㆍ와 ㅣ를 합한 상합자 ㆍㅣ는 그 구성 요소가 같아서 글자꼴이 유사해졌다. 그러나 두 중성자가 실제로 사용될 때는 ㅓ와 ㆍㅣ 앞에 항상 초성자가 결합하며 그 위치도 다르다. 그래서 ㅓ와 ㆍㅣ가 자형상 비슷하지만 실제 사용에서 서로 혼동되는 일이 거의 발생하지 않았다.

필자가 비판적으로 다룬 여섯 가지 사항이 서로 대등한 비중을 가진 것은 아니다. 아음 기본자 설정에서 가획의 일관성을 잃은 점, 완급 개념의 지나친 적용으로 음성적 타당성을 결여한 점은 상대적 비중이 더 무겁다. 그리고 중성에 생성의 위수를 부여한 상수론은 긍정과 부정 두 측면에서 평가할 수 있다. 치음 기본자 및 후음 기본자 설정과 각 계열 내부의 상관성에 나타난 문제는 상대적으로 덜 중요하다. 중성자 합용에서 비롯된 자형상의 유사성은 실제 사용에서 문제가 되지 않았기 때문에 비판 대상에서 제외할 수도 있다.

제4부
훈민정음 창제의 사회문화적 접근

제4부의 설정 취지와 논의의 구성

훈민정음 창제의 사회적 배경을 파악하기 위해서는 세종시대의 정책에 대한 이해가 필요하다. 제4부 제1장에서 세종실록의 기록을 이용하여 세종 대에 시행된 주요 정책을 검토하고, 이러한 정책 맥락 속에서 훈민정음 창제가 갖는 시대 배경을 파악한다. 훈민정음 창제 주체에 대한 주장은 친제설, 협찬설, 명제설로 갈리어 있다. 훈민정음 창제 목적에 대한 학설도 한자음 표기를 둘러싸고 논란이 되어 왔다. 제2장과 제3장에서 이러한 쟁점을 고찰하여 그 실체를 밝힌다. 제4장에서는 최만리 등의 언문 반대 상소문에 함축된 다양한 정보를 분석하고 그 의미를 해석한다. 제5장에서는 훈민정음 창제 직후에 훈민정음의 교육과 학습이 이루어진 양상을 기술하고, 조선 후기 운학자들의 저술에 『훈민정음』 해례본이 어떻게 이용되었는지 그 실상을 밝힌다.

제1장
세종시대의 정책과 훈민정음 창제의 배경

훈민정음의 사회문화적 특성에 대한 고찰은 다각도의 접근이 가능하다. '사회문화'라는 용어는 다양한 주제를 포괄할 수 있다. 본 장에서는 세종 대에 행해진 주요 정책의 흐름을 짚어 보고, 이 정책들이 훈민정음 창제와 어떤 연관성을 가진 것인지 고찰한다. 이 작업은 훈민정음 창제를 둘러싼 당시의 정치적 배경을 이해하기 위한 것이다.

1. 조선 초기 민생 정책의 배경과 세종의 정책 구상

세종은 백성을 위한 정치를 베풀기 위해 여러 가지 정책을 시행했다. 백성을 위한 세종의 정치를 편민便民 정치, 민생 정치, 민본 정치 등으로 불러왔다. 애민愛民·위민爲民을 '정치' 앞에 붙여 부르기도 한다. 조선왕조실록 원문[漢文한문]과 국역문 기사에서 이 용어들의 출현 빈도를 검색해 보니 다음과 같았다.[1]

1 〈표 1〉의 검색 어휘 중 '愛民(애민)'의 경우 '愛民(애민)'이 인명의 일부로 들어간 것도

〈표 1〉 조선왕조실록의 한문 및 국역문에 나타난 '민(民)' 관련 어휘의 출현 빈도(단위: 회)

구분 어휘	한문 원문의 빈도	국역문의 빈도
民生(민생)	2,711	461
愛民(애민)	806	81
便民(편민)	333	12
民本(민본)	36	0

한문 원문과 국역문에서 '民민' 관련 어휘의 출현 빈도가 현저한 격차를 보인다. 그 까닭은 한문 원문의 '民生'을 국역문에서 뜻을 풀어서 의역한 것이 많기 때문이다.[2]

〈표 1〉의 어휘 출현 빈도로 볼 때 조선시대에 작성된 한문 원문과 현대의 번역문에서 압도적으로 쓰인 것은 '民生민생'이고 '愛民애민'이 두 번째로 많이 쓰였다.[3] '便民편민'은 빈도수로는 세 번째지만, '백성의 편리(편안)함'이라는 이 한자어의 뜻이 훈민정음과 같은 문자 창제의 목적을 잘 표현해 주는 장점을 가진다. 이에 비해 '民生민생'이라는 낱말은 백성들의 생계와 질병 등 '먹고사는 생활 문제'에 초점을 둔 것이어서 문자 창제라는 정책과 어울리지 않는다.

세종이 언문 반대 상소문을 낸 최만리 등을 불러 꾸짖는 기사(세종 26년 2

빈도수에 포함되어 있다. 따라서 이 수치가 정확한 것은 아니다. '爲民(위민)'은 인명의 일부로 쓰인 것이 많아서 표에 넣지 않았다.

2 예컨대 "國之有君, 上以奉社稷, 下以安民生而已"(태조 1년 7월 17일 기사)을 "나라에 임금이 있는 것은 위로는 사직을 받들고 아래로는 백성을 편안하게 할 뿐입니다."라고 의역한 방식이다. "課農桑以厚民生"(태조 1년 9월 24일 기사)을 "농상을 권장하여 백성을 잘살게 할 것이며"라고 의역한 것도 이와 같은 예이다.

3 국역문에서 '民生(민생)'과 '愛民(애민)'의 빈도가 높은 것에는 이 한자어가 현대 한국어에서 많이 쓰이는 한자어라는 점이 작용했을 것이다. 이에 비해 현대 한국어에서 '便民(편민)'은 널리 쓰이지 않는다.

월 20일)에 '便民편민'이란 용어가 세 번이나 쓰여 있다. 필자는 세종이 최만리 등을 불러 질책한 말 속의 '便民편민'이란 한자어를 중시하고, 이 낱말이 문자 창제의 목적을 잘 표현하는 점에 착목하여 '편민'을 선택한다. '民本민본'은 그 개념이 일반성을 띤 것이기는 하지만 원문에서의 출현 빈도가 낮고, 국역문에도 전혀 쓰이지 않았다. 민생民生 정책은 '백성들의 생계를 위한 정책'을 뜻하고, 편민便民 정책은 '백성들의 편리함을 위한 정책'을 뜻한다. 필자는 훈민정음 창제에는 '편민'이 적절하고, 세제 개혁이나 의서와 농서 편찬 등에는 '민생'이 적절한 것으로 보고, 이 두 용어를 문맥에 따라 가려 쓸 것이다.

세종 대에 이르러 민생 정책이 나오게 된 역사적 배경은 이우성(1976), 강만길(1977), 한우근·이태진(1984)[4] 등에서 논의된 바 있다. 고려시대의 농민들은 과전법科田法을 통해 일정한 생활 근거를 보장받았으나 고려 말기에 이르러 권문세족의 농지 점유가 크게 늘어나 농민의 생계를 위협했다. 조선 왕조는 농민을 통치하는 새로운 방식이 필요하게 되었으며, 이에 따라 지배 권력층의 대규모 토지 점유와 일방적 탄압을 지양하고, 농민들에게 최저생활의 영위 및 약간의 의사소통을 가능케 함으로써 이들을 봉건적 사회 편제에 순응시키기 위해 민생 정책을 펼치게 되었다(이우성 1976: 184). 강만길(1977)은 고려 말의 몽골 침입과 무신정권의 무단정치가 빚어낸 민생 파탄을 경험하면서 백성들의 정치적 자의식이 높아졌고, 이것이 조선 초기의 민생 정책이 나오게 된 배경이라고 하였다. 강만길(1977: 721)은 『용비어천가』 편찬, 유교 윤리서 『삼강행실도』 편찬 등의 사례를 들면서, 훈민정음이 조선의 역성易姓 혁명을 합리화하고 유교적 통치 질서의 구축을 위한 통치 수단의 하나로 창

4 훈민정음 창제 배경과 관련하여 한우근, 이태진 등 역사학자의 견해를 제3부 제4장 2.1절(이 책의 669쪽)에서 인용한 바 있다. 창제 목적과 관련한 역사학자의 견해는 제4부 제3장 1절(이 책의 844쪽)에서 언급할 것이다.

제된 것이지만 백성들의 처지에서 보면 "값 높은 전리품"이라고 하였다. 한우근·이태진(1984: 99-100)은 고려 말기 이래 지방 중소 지주층이 새로운 지배층으로 부상하면서 정치의식이 크게 높아졌고, 이러한 정치의식이 민본 사상으로 수렴되었으며, 세종이 스스로 훈민정음의 창제에 앞장선 것은 이러한 정치의식이 누구보다도 투철했기 때문이라고 해석했다.

세종은 22세의 나이로 태종의 선위禪位를 받아 왕위에 올랐다(1418.8.11). 세종 2년(1420) 윤1월 29일에 임금이 조정의 신하들에게 교서를 내려 민생 정책 개발을 위한 제안서[求言구언]를 내도록 했다.[5] 의정부와 육조의 신하들이 낸 제안서 중에서 실행할 만한 것을 뽑아 왕에게 보고했다. 왕에게 보고된 주요 정책의 핵심 내용과 제안자, 그리고 이 제안을 처결한 조처 등이 세종실록에 실려 있다. 그 내용을 요약해서 표로 정리하면 다음과 같다.

〈표 2〉 세종 2년(1420)에 신하들이 제출한 민생 정책 제안서의 주요 내용

	제안자 성명 / 직위	제안 내용	정책 목적
1	유관(柳觀) / 예문관 대제학	지방 수령들이 형벌로 백성들을 압박하고 각박한 짓을 하지 못하도록 하자.	백성의 억울함을 줄이기 위함.
2	권진(權軫) / 호조판서	충청도 관청의 뽕밭 수확이 빈약하여 백성들에게 뽕잎을 징수하는 폐해를 개선하자.	백성들이 겪는 곤경을 해소하기 위함.
3	허주(許周) / 전유후(前留後)	대명률(大明律) 규정에 어긋나게 죄수들에게 함부로 칼[枷]을 씌우는 일을 못하도록 하자.	불법적으로 백성에게 형벌을 가하지 못하게 함.
4	김소(金素) / 예빈판사(禮賓判事)	궁중에서 연회 후 없어지는 칠기와 유기를 간수하는 노비에게 변상토록 한 폐단을 없애기 위해, 그릇 수를 정확히 세어 두고 출입하는 사람들의 소지품을 검색하자.	궁중 연회용 그릇을 간수하는 노비들의 어려움을 해소하기 위함.

5 임금이 교서를 내려 신하들의 진언(進言)을 구하고, 의정부·육조에서 의논하여 시행할 만한 조목을 취하게 하다.[上下教求言, 命政府·六曹議之, 至是採其可行條件以啓.] (세종 2년 윤1월 29일 기사)

	제안자 성명 / 직위	제안 내용	정책 목적
5	손용중(孫用中) 부사정(副司正)	금령 방문을 붙인 후 백성들이 곧바로 볼 수는 없으니 일정한 기간을 둔 후에 범법자를 잡아들이도록 하자.	방문을 읽지 못해 법령을 위배한 자를 즉각 체포하는 폐단을 없애기 위함. 관리들의 직무 평가를 시행하여 인사 고과에 반영하기 위함.
6	정역(鄭易) 의정부 찬성사	각 관청에서 오래 근무한 전임관은 직무 평가를 하지 않았으니 이들의 근무를 평가해서 인사에 반영하자.	관리들의 직무 평가를 시행하여 인사고과에 반영하기 위함.
7	유창(劉敞) 옥천부원군	군현의 수령이 속현의 백성을 침탈하는 일이 잦으니 토지와 백성의 수를 헤아려 지방관을 균등하게 파견하자.	수령 자리가 배정되지 않은 지역민의 고충을 해소하기 위함.
8	최맹량(崔孟良) 군자부정(軍資副正)	노인 공경을 위해 90세 이상의 노인이 있는 집에 과세와 부역을 면제해 주고, 아들이 하나밖에 없는 70세 노인에게는 종으로 하여금 대신 부역하게 하자.	나이 90인 노인과 외아들만 있는 노인의 생계 보장을 위한 방안.
9	맹사성(孟思誠) 이조판서	관가 양곡을 빌려 쓰고 도망하거나 죽은 자의 죄를 그 일가에게 전가하지 말자.	채무 전가를 제한하기 위함.
10	최만리(崔萬里) 종부시 직장(直長)	같은 물품을 취급하는 공인(工人)과 상인(商人)의 점방을 한곳에 모아서 물가를 관리하자.	공방(工房)과 상가를 한곳에 집중 설치하기 위함.
11	강회중(姜淮仲) 공조참판	각 군현의 백성이 상납하는 특정 공물(貢物)을 구하기 어려우니 쌀과 콩, 저화나 베로 내게 하자.	백성이 공물 상납으로 겪는 고통을 덜기 위함.
12	권진(權軫) 호조판서	서울에서 거리가 먼 평안도 의주 등의 공납은 운반에 고통이 심하니, 각 도 관아의 창고에 보관했다가 필요할 때 바치게 하자.	백성이 공물 운송으로 겪는 고통을 덜기 위함.
13	권진(權軫) 호조판서	관가에 두어야 할 벌통을 민가에 갖다 두고 해마다 꿀을 거두는 폐해를 없애자.	백성이 관가의 양봉을 대신하는 고통을 덜기 위함.
14	김점(金漸) 형조판서	개국 이후 임금이 내린 하교가 누적되어 교령이 많아져 헷갈리게 되었으니, 원 법전의 교령 혹은 후세에도 전해야 할 교령만 가려내고 나머지는 없애자.	누적된 교령을 정비하여 법 적용의 효율을 기하기 위함.
15	오청(吳靖) 경창부승(慶昌府丞)	각 고을 수령이 법률 조문을 백성들에게 가르치면서 문자를 몰라 배우지 못하는 자에게 속전(贖錢=벌금)을 징수해 원망이 심하니, 문자 아는 사람에게 법을 가르치자.	문자를 몰라서 어려움을 겪는 백성들의 원망을 해소하기 위함.
16	김근몽(金謹蒙) 사옹원(司饔院) 전급사(前給事)	임금이 외방에 거둥할 때 솥과 가마를 민가에서 차출하여 쓰니 백성들 원망이 심하다. 거둥 행차지의 관청에 솥과 가마를 마련해 두고 쓰자.	왕의 거둥으로 백성들이 겪는 고충을 해소하기 위함.

당시 위정자들이 민생과 관련하여 생각했던 관심사를 파악하기 위해, 제안된 정책 내용을 모두 표에 담아 요약 정리했다. 이 정책 제안들은 이제 막 왕위에 오른 세종이 민생 정책의 방향을 잡기 위한 것이라는 역사적 의의를 가진다. 16개 항의 정책들이 모두 백성들을 위한 민생 정책으로 귀결되어 있다. 이 기사의 말미에는 "이상 16개 사항을 모두 그대로 좇기로 하였다." 라고 하여 실천한 정책임을 명기해 놓았다.

세종이 신하들에게 민생 정책 제안서를 내도록 한 정치적 배경은 다음과 같다. 태조 이성계는 고려 왕조를 멸하고 조선을 건국하여, 왕가의 성씨를 왕王씨에서 이李씨로 바꾼 역성易姓 혁명에 성공했다. 왕자들 간의 권력 투쟁을 거치면서 왕위에 오른 태종 이방원은 군권을 집중시키고 이를 장악함으로써 안정적 통치 구조를 구축했다. 태종을 이어받은 세종의 정치적 과업은 인민들의 충심衷心을 얻어 새 왕조의 기틀을 굳건하게 다지는 일이었다. 이러한 시대적 과업을 파악한 세종에게는 백성들의 민심을 얻어 낼 정책이 필요하였고, 이 정책을 만들기 위해 신하들에게 정책 제안서를 내도록 한 것이다.[6]

〈표 2〉의 정책 제안 중에서 문자생활과 교육에 관련된 사항이 특히 관심을 끈다. 손용중이 낸 5번 제안은 백성들에게 어떤 금령禁令을 공포할 때 금령 방문을 붙인 후 며칠간의 여유를 주고, 그 내용이 널리 알려진 이후에 위반자를 체포하자는 내용이다. 문자를 모르는 백성들이 금령 방문을 읽을 수 없으니 문자 아는 사람으로부터 그 내용을 들어야 하고, 이런 일이 진행되려면 시일이 필요하기 때문에 유예 기간을 두자는 제안이다. 한문자를 모르는

6 〈표 2〉를 시행하고, 그로부터 3년 뒤에 정책 제안서를 다시 내게 했다. 세종 5년(1423) 4월 27일에 육조의 각사(各司)에서 진언한 제안서 중 23개를 가려서 아뢰니 임금이 친히 재단하였다는 내용의 기사가 있다. 이튿날인 4월 28일 의정부와 육조가 다시 회의하여 37개 조목을 아뢰자 가히 행할 만한 것을 가려 뽑게 했다. 그런데 이 기사에는 세종 2년의 진언 기록과 달리 제안된 정책의 내용이 실려 있지 않다.

백성들에게 법령을 가르치기 어려운 현실을 보여 준 제안이다. 오청吳靖이 낸 15번 제안은 법령을 읽을 수 없는 백성들에게 법령 위반 벌금을 징수해 원망이 많으니 문자를 아는 사람에게 법령을 가르치자는 내용이다. 백성들이 문자를 몰라서 겪는 고통을 어떻게든 해소해 보려는 방안이다. 5번과 15번은 공통점을 가진 제안이다.

사옹원 급사 김근몽이 낸 16번 정책은 그 후에 처결한 내용까지 실록에 기록되어 있다. 이 제안을 의정부와 육조에서 의논한 결과, 구리[銅동]와 쇠[鐵철]로 솥과 가마[7]를 만들어서 임금이 거둥할 적마다 수레에 싣고 따라다니면서 음식을 만들어 바치게[支供지공] 하는 것으로 결정되었다. 처음 제안은 거둥하는 곳의 관아마다 솥과 가마를 만들어 비치해 두었다가 쓰자는 것이었는데[8] 이 또한 각 관아의 부담을 키우는 것이니 가장 적은 비용이 드는 간편한 방안이 채택된 것이다.

세종은 백성들을 다스리는 지방 수령들에게 특별 교서를 내려 선정을 당부하였다. 이 교서에는 백성에 대한 왕의 간절한 마음이 나타나 있다.[9] 백성에게 부과하는 공물과 조세의 공정한 시행을 위해 장기간에 걸쳐 공법貢法 개혁을 연구하게 한 세종의 정책은 민생 정치의 실천이었다.

---

7 조선왕조실록의 해당 한문에는 '鼎釜(정부)'로 되어 있다. '鼎(정)'은 세 발이 달린 비교적 작은 솥이고, '釜(부)'는 발이 없는 큰 솥을 가리킨다. 우리말 '가마'는 '釜(부)'에 해당한다. 현대국어에서 '솥'과 '가마'를 구별하지 않고 쓰는 경향이 있고, 두 낱말을 합쳐 만든 '가마솥'이란 합성어도 쓰이고 있다. 『조선향토대백과』에 '가마와 솥'을 묶어서 그 사용의 역사를 설명해 놓았다.

8 왕의 행차 때 한 번 쓴 솥은 다른 관리들이 사용할 수 없었다. 이로 인해 왕의 행차를 위해 각 관아마다 솥을 제작하고 보관하는 부담을 줄이기 위해 이 안이 마련된 것이다.

9 세종 26년(1444) 윤7월 25일 기사

2. 국가 제도의 정비와 학문 정책의 강화

2.1. 국경 확장과 국방 강화를 통한 인민 생활의 안정화

세종시대에 이루어진 큰 업적 중의 하나는 여진족과 왜구 정벌을 통해 국경을 안정시키고, 전국 여러 곳에 읍성邑城과 산성山城을 축성하여 전란을 대비한 일이다. 흔히 '대마도 정벌'로 불리는 왜구 소탕은 세종 1년(1419)에 군권을 쥐고 있던 상왕 태종이 직접 결정하고 지휘한 것이었다. 세종의 의지로 시행된 정책은 아니었지만, 대마도 정벌은 한반도 해안 지역에 출몰하며 약탈과 살육을 일삼던 왜구를 소탕함으로써 그 후 장기간 왜구 출몰을 막는 성과를 거두었다. 대마도주가 항복한 후 조선 정벌군을 철수시키고, 행정적으로는 대마도를 경상도에 편입시킨다고 통보했다(1420). 그러나 대마도 통치를 위한 조선의 관리를 임명하거나 조선 백성을 이주시키는 사민徙民 정책을 펼치지는 않았다.[10]

세종실록에는 서북 변경의 사군四郡과 동북 변경의 육진六鎭 지역에서 전개된 군사 활동 기사가 빈번히 실려 있다. 사군은 여연閭延·자성慈城·무창茂昌·우예虞芮 4개 군인데 태종 때(1401, 1416 등) 이 지역에 강계부와 갑산군을 설치해서 다스렸다. 그 후 여진족의 침략이 빈번해지자 세종이 최윤덕을 평안도 도절제사로 삼아 대규모 정벌전을 감행하여(1433) 이 지역의 안정을 이루어 냈다.[11] 세종 대에 사군四郡과 육진六鎭 지역에 성을 수축하거나 여진족 정벌에서 중심 역할을 한 사람은 최윤덕과 김종서이다. 최윤덕崔潤德

---

10 대마도주에게 대마도 통치를 계속하도록 허용한 이 조치가 훗날 임진왜란 때 대마도가 조선 침략의 거점이 되는 결과를 초래했다.

11 그러나 단종 3년(1455)에 여연·무창·우예 3군을 폐하고, 세조 5년(1459)에 자성군마저 폐하여 '폐사군'이라 불리기도 했다. 19세기 후반에 다시 이 지역에 군사 활동을 위한 진보(鎭堡)가 설치되었다.

(1376~1445)[12]은 평안도 도절제사가 되어 사군 설치의 중심 역할을 했고, 삼군 도통사가 되어 체찰사 이종무와 함께 대마도 정벌에도 참전하였다. 최윤덕은 세종 11년(1429)에 충청·전라·경상도의 도순문사都巡問使가 되어 하삼도下三道 각 고을의 지리 형세를 살펴 읍성과 산성 축조 방안을 건의했고, 그 후 여러 해 동안 여러 고을의 축성 작업을 지휘했다.[13] 세종 11년 이후에는 병조판서로 승진하여 국정에 참여했으니, 최윤덕은 세종 대의 명장名將으로 국방 안정에 크게 기여한 인물이다.

동북 육진은 종성·온성·회령·경원·경흥·부령을 가리킨다. 『세종실록지리지』(권155)의 함길도 경원도호부 항에 다음과 같은 내용이 기록되어 있어서 세종이 육진의 개척과 안정적 유지에 쏟은 노력과 의지를 읽을 수 있다. 이곳은 본래 고려의 땅이었는데 호인胡人들이 점거했던 것을 태조 7년에 처음으로 부府를 공주孔州에 설치하고, 비로소 경원慶源이라 일컬었으나, 여전히 여진족이 발호하여 태종 17년에 다시 도호부를 부가참富家站에 설치했다. 세종 16년에 옛 경계를 회복하기로 결정하여 횟가[會叱家]의 땅에 벽성壁城을 설치하고, 남도南道의 민호를 이주시켜 부府를 이곳으로 옮기고 판관과 토관土官을 두었다. 그 뒤에 석성石城을 고쳐 쌓았으며, 세종 24년에 진절제사鎭節制使를 두고, 31년에 온성穩城의 덕천보德川堡 북편 땅을 갈라서 산막동山幕洞에서 중대령中大嶺에 이르는 지역을 복속시켰다. 태조와 태종 대를 거치면서 여진족 중의 강성한 족속인 우디거족과 오도리족의 침략이 이어졌고, 조정에서 회유 정책을 폈으나 성공하지 못했다. 세종은 이 지역에서 철수하자는 신하들

---

12 최윤덕은 본관이 통천(通川)이고, 경상도 창원에서 태어나 자랐다. 그의 아버지 최운해는 명장으로 이름을 떨쳤으며 태종실록에 그의 공적과 인품을 높이 평가한 졸기(卒記)가 실려 있다.

13 최윤덕은 국내의 읍성과 산성 축성에도 큰 공을 세웠다. 실록에 기록된 한 예를 들어 둔다. “도순문사(都巡問使) 최윤덕이 경상도의 연일·곤남·합포와 전라도의 임피·무안·순천과 충청도의 비인·보령 등에 성을 쌓았다.” (세종 12년 12월 29일 기사)

의 주장을 물리치고, 1432년에 영북진을 설치하여 본격적으로 동북 경영 정책을 펼쳤다. 1434년(세종 16)부터 육진 설치가 시작되어 1449년(세종 31)에 부령부 설치를 끝으로 육진이 완성되었다.[14] 육진 설치에 공을 세운 인물은 김종서와 그를 도운 이징옥 장군이다. 김종서(1383~1453)는 1433년부터 함길도 도관찰사로 부임하여 7~8년 동안 육진 개척에 전념하여 큰 공을 세웠다. 이징옥李澄玉(?~1453)은 영북진절제사寧北鎭節制使, 회령절제사, 함길도 도절제사 등의 관직을 지내면서 육진 개척을 실행에 옮긴 장군이었다.

국방력 강화를 위해 세종은 병선兵船을 건조하고 화포 등 병기를 개발하는 데 심혈을 기울였다. 해안을 침범하는 왜선을 물리치기 위해 왜선倭船, 당선唐船, 유구선流球船 등을 모두 참작하여 그 장점을 본떠 여러 종류의 병선을 만들었다.[15] 세종은 병기 개발을 위한 군기감軍器監을 대폭 확충하고, 화약과 화기의 전면적 개량을 시도하였으며, 화포군火砲軍 설치를 주도하였다. 그리하여 화포 제작 기술을 완성하고 그 내용을 담은 『총통등록銃筒謄錄』을 편찬하였다. 이때 각 도의 절제사節制使와 처치사處置使에게 내린 유시문諭示文[16]에서 세종은 "참으로 군국의 중한 보화이고 제작의 정식程式이 될 만하다."라고 『총통등록』의 가치를 높이 평가했다. 세종이 이룩한 전함戰艦 건조, 신병기 개발, 화포군 설치는 조선의 국방력을 강화시켰다. 남방 해안의 왜구 정벌은 경상도와 전라도 해안의 인민 생활을 안정시켰고, 사군과 육진을 설치하여 압록강과 두만강 밖의 외침을 막는 기지基地를 구축했다. 최윤

---

14 세종 30년(1448) 7월 12일 기사에 "회령·갑산·지항포·경원·경흥 등처에 백성을 역사(役使)시켜 행성을 쌓다."라는 기록이 있다. 이는 육진 축성 과정을 보여 주는 중요 기록이다.

15 박흥수(1982)의 글 제4절에 천문과 역서(363-378), 제5절에 영농법의 개혁(379-382), 제6절에 신병기의 개발(383-390), 제7절에 향약 정책(391-395)이 기술되어 있다. 허선도(1982)에는 화포류 무기의 발달 과정이 정리되어 있다.

16 세종 30년(1448) 9월 13일 기사

덕 등으로 하여금 여러 고을의 산성과 읍성을 고치고 새로 쌓도록 한 축성 사업은 훗날의 왜란과 호란에서 요긴하게 활용할 요새를 만드는 성과로 이어졌다. 세종의 국방 정책은 백성의 생명과 재산 그리고 안전을 지키기 위한 방벽을 세운 것이라 하겠다. 국방의 튼튼한 방벽 안에서 세종시대의 학문과 문화가 꽃필 수 있었고, 훈민정음 창제 역시 이 울타리 안에서 이루어진 위업偉業이었다.

2.2. 국가 제도 연구를 위한 집현전의 활성화

고려 인종 때인 1136년에 연영전延英展의 이름을 집현전으로 개칭하고, 학사學士를 두어 시강기관侍講機關으로 삼았으나 원 간섭기 이후에는 제구실을 하지 못했다. 조선의 정종 1년(1399) 때도 조박의 상언에 따라[17] 집현전 활성화 방안이 마련되었으나 제대로 실천되지 못했다. 세종 즉위(1418.8)로부터 6개월 후(1419.2)에 좌의정 박은이 "문신을 선발하여 집현전에 모아 문풍을 진작시키소서."라고 상언하였고, 드디어 세종 2년(1420.3)에 집현전을 다시 설치하였다.[18]

집현전은 세종의 치세에 전개된 학술 연구와 정책 개발의 산실이 되었다. 각종 고제도, 성리학, 천문학 등을 연구한 인재들이 집현전에서 배출되었다. 학문적 능력과 도덕적 행실을 갖춘 젊은 문관들이 집현전 학사로 선발되었

17 정종실록 1년 3월 13일(乙亥) 기사에 실린 조박의 상언은 다음과 같다. "집현전은 한갓 그 이름만 있고 실상은 없으니, 청컨대 옛 제도를 회복하여 서적을 많이 비치하고 예문 교서(藝文 校書)로 하여금 주장(主掌)케 하되, 문신 4품 이상으로서 관각(館閣)의 직책을 띤 자들은 날을 번갈아 경적(經籍)을 강론하게 하여 고문(顧問)에 대비케 하소서."

18 아래에 기술된 집현전에 대한 개요는 『민족문화대백과사전』(한국학중앙연구원)을 참고한 것이다. 집현전에 관한 연구 정두희(1980), 최승희(1966, 1967), 김남이(2004) 등을 참고할 수 있다.

고, 이들이 학업에 전념할 수 있도록 사가독서賜暇讀書와 같은 특전이 주어지기도 했다. 세종은 집현전을 궁궐 내에 두고 운영을 친히 관장하며 학사들의 근면한 연구를 독려하였다. 노성老成한 고위직 관리로 하여금 집현전 관리직을 겸임케 하고, 촉망되는 젊은 문관을 집현전 전임관으로 임명하여 상하 인재의 힘과 능력이 조화를 이루도록 하였다.[19] 이 전임학사들은 세종을 보좌하며 왕이 요구하는 국가 과제를 연구하고 각종 제도 개혁안을 이루어 낸 인재 집단(think tank)이었다. 이들의 학문적 연구 성과가 세종 대에 이루어진 각종 학술서와 실용 서적 편찬으로 나타났다.

2.3. 천문학 연구와 실용 기술의 개발

세종 대의 과학과 기술 발전은 여러 방면에서 이루어졌는데, 그중에서도 천문학과 천문 기기의 제작에 큰 발전을 이루어 냈다. 세종 대의 천문과 역법 연구는 흠경각欽敬閣과 간의대簡儀臺 설치, 각종 시계[20]와 천문 관측 기기

---

19 세종실록 2년 3월 16일 기록에 집현전의 직제와 최초로 임명된 집현전 관원의 명단이 나타나 있다. 집현전이 존속한 36년 동안 집현전을 거쳐 간 관원과 학사들의 총수는 연구자에 따라 약간의 차이가 있다. 김남이(2004: 24)는 집현전 전임관과 겸임관을 포함하여 총수 114명으로 산정하고, 전임학사가 겸임보다 압도적으로 많은 점을 강조하였다.

20 세종 대에 제작한 시계로 가장 유명한 것은 자격루(自擊漏)와 일성정시의(日星定時儀)이다. 2021년에 서울 인사동에서 발굴된 금속 유물 중에 일성정시의의 핵심부인 3개의 고리가 있었다. 일성정시의는 원(元)나라의 거대 천문 관측기인 간의(簡儀)를 혁신하여 독창적으로 만든 주야 겸용 천문 시계이다. 낮에는 해시계가 되고, 밤에는 북극성을 중심으로 1시간에 15도씩 일주 운동을 하는 작은곰자리 베타성의 위치를 백각(百刻)으로 나눈 눈금으로 시간을 표시하였다. 『중국의 과학과 문명』으로 유명한 조셉 니담(Joseph Needham)이 1986년에 출간한 *The Hall of Heavenly Records*의 표지가 일성정시의 그림이었다. 니담은 일성정시의를 연구하고 그 형상과 원리를 그린 그림을 이 책에 넣어 세계 학계에 일성정시의의 존재를 알렸다. (이 내용은 이용삼 교수가 기자 간담회에서 발표한 글을 참고한 것이다.) 서울 공평동 유적 출토 금속유물 기자간담회(2021.6.29 문화재청 (재)수도문물연구원 주관)

제작, 『칠정산』 내외편과 같은 천문학서 편찬 등으로 그 결실을 거두었다.

박성래(1982)는 세종 대에 이루어진 천문학서의 출판, 천문 관측기구와 시설 등을 연구하여 정리해 놓았다. 조선의 건국과 함께 확립되고 있었던 유교적 자연관[재이災異의 예측과 수용], 유교 국가의 이념을 확고히 하여 새 왕조 지배권의 정통성을 확립하려는 정치적 목적, 고려 때 원나라로부터 들여온 회회력回回曆과 천문학의 영향, 천문학에 대한 세종의 관심과 노력 등이 세종 대에 천문학이 발달한 배경이다(박성래 1982: 150-153).[21] 이태진(1982: 86)은 천문학에 관한 세종의 사업은 농사를 위한 '時候시후' 관찰에 그 목적이 있다고 보았다. 박흥수(1982: 329-412)는 세종이 시행한 과학 정책과 그 성과를 도량형 제도 정립, 천문학서 편찬, 영농법 개혁, 신병기 제작, 향약서 편찬과 의료 정책, 인쇄술과 공업 기술 발전 등의 측면에서 설명하였다.

박성래의 해석에 이태진의 관점(농사를 위한 시후 관찰)을 관련지어 보면, 세종의 천문 연구와 관측 기기 제작은 민생 정책인 동시에 신왕조의 지배 체제 구축을 위한 것이라 할 수 있다. 장영실이 자동 물시계 '옥루'를 제작하여 흠경각에 설치하고, 그 경위를 기록한 「흠경각기」는 이태진의 해석을 뒷받침한다. 장영실은 「흠경각기」의 말미에 "하늘을 본받고 때를 순히 하며 공경하는 뜻이 극진함과 동시에 백성을 사랑하고 농사를 중히 여기는 인후한 덕은 마땅히 주나라와 더불어 아름다움을 짝하여 무궁토록 전할 것이다."라며 천문과 시후를 관찰하여 이를 널리 알리려는 세종의 치적을 칭송했다. 이를 통해 하늘을 공경하고 시후를 고르게 하여 농사일을 잘 관리함으로써 민생 향상과 안민安民 정치를 펼치려는 세종의 정치적 지향이 천문학 사업의 요체임을 알 수 있다.

---

21 세종 대에 제작되거나 구축된 천문 관측 기기와 건축물에 대한 설명은 박성래(1982: 111-147)를 참고하였다.

2.4. 음악 제도 정비와 정간보井間譜 창안

중국 고대로부터 악률樂律과 성음聲音(=말소리)에 관한 제도는 가장 중요한 정치적 수단이었다. 우주 자연의 모든 소리를 조화롭게 구현한 음악으로 천하의 인민을 교화한다는 것이 이른바 악교樂敎 정치의 이념이다. 김월회는 악교樂敎의 정치 이념을 "소리로 천하를 다스리다."라는 한 문장으로 요약했다.[22] 조정의 관리를 지방에 파견하여 각 지역의 민요를 채집한 후 민심을 살펴 정사에 참고하는 전통이 중국과 조선에 꾸준히 시행된 것은 소리를 통치 방편으로 삼은 악교樂敎의 하나였다. 세종이 행한 음악 제도 정비와 신악新樂 창작은 음악으로 인민을 교화한다는 공자의 악교樂敎 사상을 바탕으로 한다.

훈민정음 창제의 목적은 편리한 문자 표기 수단을 제공하여 백성들이 겪는 어문생활의 불편함을 해소하기 위함이다. 음악과 문자는 '소리[聲音]의 제도화'이자 '소리를 통한 가르침'이라는 점에서 공통적이다. 이 둘을 묶어서 악교樂敎 혹은 악치樂治[23]라 부른다.

1) 조선 음악 제도의 정비와 신악 창제

조선은 왕조 개국과 함께 음악 제도 정비에 착수했다. 태종 9년(1409)에 법령과 제도를 개혁할 때 의정부가 올린 글[上奏文상주문]에서 제안하기를, 종묘 제향에는 아악을 쓰고 어전 조회에는 전악典樂을 쓰고 연향을 베풀 때는 향악鄕樂과 당악唐樂을 번갈아 연주하여 어지러우니, 아악으로 통일하여 쓰

22 김월회, 쿠오바디스와 행로난(39), 소리로 빚어낸 중화, 경향신문 칼럼, 2017.4.28

23 '법치(法治)', '식치(食治)' 등의 관련 용어에 맞추어 '악교'를 '악치(樂治)'라 부르기도 한다.

자고 하였다.[24] 이에 대해 황희가 반대하며, 향악은 연주해 온 지 오래된 것이라 폐할 수 없다고 주장했다. 그리하여 조선의 속악인 향악을 다시 고치고 다듬어 각종 의례와 연향宴享의 음악에 사용하였다. 세종 2년(1420)[25]에 임금이 말하기를, “연향을 베풀 때에 항상 향악을 쓰는데 그 가사에 다랍고 속된 점이 있으니”[26]라고 하면서, 변계량卞季良, 조용趙庸, 정이오鄭以吾 등에게 헌수獻壽와 경계의 말로 각각 세 편의 가사를 새로 지으라고 명하였다. 세종의 이 말에서 향악이 여전히 연주되고 있었으며, 태종 때 나타났던 향악 폐지 논의는 실천되지 않았음을 확인할 수 있다.

세종 7년(1425)에 임금이 이조판서 허조에게 이르기를, “우리나라는 본디 향악에 익숙한데, 종묘 제사에 당악을 먼저 연주하고 삼헌三獻할 때에 이르러서야 겨우 향악을 연주하니, 조상 어른들이 평시에 들으시던 음악을 쓰는 것이 어떨지, 그것을 맹사성과 더불어 상의하라.”[27]라고 하였다. 돌아가신 조상님들이 평시에 듣던 음악 즉 향악을 종묘 제향에 씀이 옳다고 말한 것이다. 그런데 세종 9년 12월 21일 기사에는 종묘 제향에 옛 제도를 따라 당악과 향악을 섞어 쓰고 있던 것을 당악만 쓰도록 고치고, 문소전文昭殿과 광효전廣孝殿의 제향에 당악만 쓰던 것을 종헌에서는 향악을 쓰도록 고쳤다는 내용이 있다. 세종의 뜻과 약간 다르게 시행된 모습을 보여 준다.

세종 12년(1430) 9월 11일에 임금이 정사에 나아가 좌우 신하들에게 이르기를, “아악은 본시 우리나라의 성음이 아니고 실은 중국의 성음인데, 중국 사람들은 평소에 익숙하게 들었을 것이므로 제사에 연주함이 마땅할 것이다. 우리나라 사람들은 살아서는 향악을 듣고, 죽은 뒤에는 아악을 연주

---

24 태종 9년 4월 7일 기사. 이는 조선 음악을 버리고 당악으로 통일하자는 제안이다.

25 세종 2년 윤1월 19일 기사

26 한문 원문은 “宴享時, 常用鄉樂, 甚爲鄙俚.”이다.

27 세종 7년 10월 15일 기사. 한문 원문은 다음과 같다. “且我國本習鄉樂, 宗廟之祭, 先奏唐樂, 至於三獻之時, 乃奏鄉樂. 以祖考平日之所聞者用之何如? 其與孟思誠議焉.”

한다는 것이 과연 어떠한가?"라고 말하여 아악 대신 향악을 씀이 옳다는 생각을 말했다. 왕명에 따라 박연이 아악보를 바로잡는 일을 수행하는 과정에서, 세종이 말한 다음 내용은 특히 주목할 만하다. "(중국의) 『율려신서律呂新書』[28]도 형식만 갖추어 놓은 것일 뿐이다. 우리나라의 음악이 비록 다 잘되었다고 할 수는 없으나, 반드시 중국에 부끄러워할 것도 없다. 중국의 음악인들 어찌 바르게 되었다 할 수 있겠는가?"라고 하였다. 세종의 이 말에는 봉래의鳳來儀와 같이 큰 규모의 조선 음악을 창작하여 그 수준을 높인 것에 대한 자신감과 자부심이 강하게 표출되어 있다.

세종은 편경과 황종 등의 악기 제작뿐 아니라, 악서 편찬에 필요한 악보법樂譜法을 만들도록 하였다. 악보법 제정은 세종이 시행한 음악 정책을 뒷받침한 토대이다. 악보법 제정에 관한 정황은 박연이 세종께 아뢴 기록에서 찾아볼 수 있다. 세종 7년(1425) 2월에 악학별좌樂學別坐 박연朴堧이 아뢰기를, 악률의 격조格調가 경전經傳, 사기史記, 악서 등 여러 책에 흩어져 있어 상고하기 어렵고 여기에 뜻을 둔 선비도 얻어 보기 어려우니 문신 1인으로 하여금 악서를 찬집게 하자고 건의했다.[29] 박연은 또 향악·당악·아악의 율조를 상고하여 소용되는 악기를 제작하고, 악보법[30]으로 그 곡조를 써서 두 질의 책을 만들어 그중 한 질을 악학관습도감樂學慣習都監과 아악서雅樂署에 비치하여 열람할 수 있도록 하자고 청하였다. 악기, 악서, 악곡을 깊이 연구한 박

---

28 『율려신서(律呂新書)』는 중국 송(宋)의 채원정(蔡元定 1135~1198)이 1187년에 지은 악서(樂書)이다. 세종 대에 『성리대전(性理大典)』과 함께 수입하여 경연(經筵)의 강독 문헌으로 사용되었다.

29 세종 7년 2월 24일 기사. 이 기사의 한문 원문은 다음과 같다. "禮曹據樂學別坐朴堧手本啓: '音樂格調, 散見經史, 考閱爲難. 且《文獻通考》《陳氏樂書》《杜氏通典》《周禮樂書》, 私藏者亦無, 故雖有志之士, 難得見之, 誠恐樂律從以廢絶. 請文臣一員加定本學令, 撰集樂書. 且考鄕唐雅樂律調, 其樂器譜法, 竝令圖書成冊, 一秩入內. 又於曹及奉常寺 樂學慣習都監 雅樂署 各藏一秩 從之.'"

30 한문의 '其樂器譜法(기악기보법)'은 '그 악기법과 악보법'으로 번역된다. 악기 연주법과 악보 쓰는 법을 뜻한다.

연의 이 제안은 조선 음악을 정비하고 발전시키는 데 중요한 토대가 되었다.

2) 정간보의 창제와 훈민정음과의 연관성

세종 대에 창안된 악보법은 악률의 고저와 길이 그리고 연주법까지 아울러 넣은 방식이다. 이 악보법을 오늘날에는 '정간보井間譜'라 칭한다.[31] 세종 말기에 봉래의鳳來儀, 정대업定大業, 보태평保太平, 발상發祥 등의 신악新樂을 창작하면서 정간보가 창안된 것으로 추정한다. 봉래의가 세종 27년 9월 23일에 창작되었고, 정대업 등이 같은 해 창작되어 정간보로 기보記譜되었다. 세종 대의 신악 창제가 세종 25년에 이루어졌으므로 세종 28년에 완성된 훈민정음과 정간보 창제는 시기적으로 맞물린다(정화순 1995: 223).

정화순(1995: 251, 257)은 정간보의 제1군群인 〈3·2·3〉 정간을 훈민정음 제자 원리인 천天·지地·인人 삼재와 관련지어 3(天)·2(人)·3(地)의 대응 구조로 해석하고, 천天과 지地의 수가 3으로 서로 같은 것은 훈민정음에서 종성부용초성의 원리에 부합한다고 해석했다.[32] 인人이 2인 것은 사람이 천지(陰陽음양)의 도를 모두 갖춘 뜻을 취한 것이라 했으며(정화순 1995: 258), 정간보에 나타난 일련의 수數에서 8정간은 〈3·2·3〉 정간의 합으로 주역의 팔괘에 대응하고, 64정간은 주역의 64괘에 대응한다고 보았다(정화순 1995: 252-253). 정간보의 구조원리는 자연의 원리에 상응하는 것으로 훈민정음 제자 원리가 음양,

---

31 세종 때는 '井間譜(정간보)'라는 명칭은 없었고, '樂腔(악강)'이란 용어가 쓰였다. '정간보'라는 명칭은 1948년에 이혜구가 발표한 「한국의 舊記譜法(구기보법)」에서 처음 쓰였다고 한다. 이것은 홍정수(1993)의 연구 내용을 정화순(1995: 244)에서 재인용한 것이다.

32 이러한 관점을 더 적용해 본다면, 〈3·2·3〉 정간보의 3을 초성·중성·종성이란 삼분법과 연결지어 볼 수도 있고, 〈3·2·3〉의 합인 8을 훈민정음의 8종성 규정(然ㄱㆁㄷㄴㅂㅁㅅㄹ八字可足用也) 혹은 중성 초출자(ㅗㅏㅜㅓ)와 재출자(ㅛㅑㅠㅕ)의 합인 8중성과 관련지어 해석해 볼 수도 있다. 정화순(1995)에서 이런 식으로 더 나아가 설명한 것은 아니다.

오행, 삼재의 뜻을 두루 갖추고 인위가 아닌 자연에서 이루어진 점과 맥락을 같이한다고 해석했다(정화순 1995: 259).

정화순의 이 해석은 정간보 음률체계를 구성하는 일련의 음률과 그 수數를 주역의 삼재, 음양, 팔괘, 64괘의 이치로 설명한 것이다. 자연의 원리를 괘와 효의 관계로 해석한 것이 주역이고, 주역의 이치가 세종 대에 창안된 정간보와 훈민정음의 제자 원리로 공유되어 있음을 밝힌 것이다. 필자는 정화순의 해석에 기본적으로 동의한다. 그러나 정간보에 나타난 수數를 훈민정음 문자체계와 관련지어 해석하는 것은 신중할 필요가 있다고 본다. 정간보의 제1군 〈3·2·3〉 정간을 각각 천天·인人·지地에 대응시켜 중간의 2가 인人이고 이것이 천天과 지地를 겸하여 1이 된다면, 천天과 지地가 왜 3인지도 설명해야 한다. 주역을 끌어와 천天3·인人2·지地3의 의미를 해석해 내는 방법도 불가능한 것은 아니겠으나 이러한 설명의 타당성 여부는 문제가 될 수 있다. 주역의 원리와 여기에 담긴 수가 세종 대의 천문 연구, 악률의 정비와 악보 창안, 훈민정음 창제에 작용하였음은 분명한 사실이지만 이에 대한 해석은 간단치 않은 문제이다.[33]

송성섭(2016)은 정간보의 원리를 중국 악서와 관련지어 연구했으며, 정화순의 해석을 재음미하고, 정간보가 갖는 의미를 문화사적 관점에서 다음과 같이 해석하였다. 정간보는 "자子를 기준으로 28수宿와 사유四維를 간격화하면 3-2-3 / 3-2-3 / 3-2-3 / 3-2-3이란 간격을 얻게 되고, 이를 악보의 간격

33 김광해(1989)는 훈민정음에 나타난 몇 가지 '數(수)'의 의미를 불교와 관련지어 해석한 바 있다. 그는 어제 서문이 54자이고 이것의 언해문이 108자로 구성된 점, 『훈민정음』 해례본이 33장으로 되어 있는 점, 『훈몽자회』의 반절 27자는 54의 절반인 점, 훈민정음 언해본이 실린 『월인석보』 권1이 108장인 사실, 세조가 승도 108인을 모아 흥천사에서 기우제 불사를 행한 사실(세조실록 세조 3년 5월 27일) 등을 예로 들면서 108, 33, 27 등 불교의 성수(聖數)를 훈민정음과 관련지어 해석하였다(김광해 1989, 1991, 1992). 이 밖에 세종이 창제한 훈민정음 문자의 수가 28자인 점과 천문학의 별자리 28성수(星宿)를 서로 관련지어 해석한 연구자도 있다.

으로 삼은 것이다. 이러한 간격은 2-3-3 / 2-3-3 / 2-3-3 / 2-3-3의 간격이 되기도 하고, 또한 3-3-2 / 3-3-2 / 3-3-2 / 3-3-2의 간격으로 변전할 수도 있고, 쪼개지고 합하기도 하여, 무한한 음의 장단長短을 기록할 수 있는 악보를 창제하게 된 것이다."(송성섭 2016: 148-149). 정간의 형식은 이미 주자朱子의 『의례경전통해』에서 발견되는 것이며, 원元대에 사용된 방격악보方格樂譜도 이와 관련되어 있다. 세종의 32정간보는 음의 길이와 음의 높이 등 음의 값을 두루 표현할 수 있는 것으로 그 당시에 통용되고 있었던 악보 형식을 창조적으로 결합한 산물이었다(송성섭 2016: 152-153).

송성섭은 세종의 신악新樂 창작과 정간보의 창제는 훈민정음 창제와 밀접한 연관을 맺고 있다고 보았다. 송성섭은 정간보의 필요성을 다음과 같이 말했다. "4박이나 8박 등 규칙적인 박자와 장구章句로 이루어진 아악을 표기하기 위해서는 '정간보'와 같은 복잡한 형식의 악보를 필요로 하지 않는다. 세종 때 비록 한자로 가사를 적었으나 매우 복잡한 박자로 진행되는 정대업定大業과 보태평保太平 같은 신악뿐만 아니라, 훈민정음과 한자를 섞어 새롭게 가사를 지은 치화평致和平, 취풍형醉豐亨 같은 신악을 표기하기 위해서는 32정간의 '정간보'가 필요"했다는 것이다. 이어서 송성섭은 중국과 다른 조선의 어음語音을 표기하기 위해 훈민정음을 창제했고, 중국과 다른 조선 악률의 정립을 위해 신악과 균화鈞和를 창작했는데 이런 악률을 표기하기 위한 장치로 32정간보를 창제한 것이라고 해석했다(송성섭 2016: 156).

정화순과 송성섭은 훈민정음 창제와 세종 대의 음악 사업의 공통점에 주목하여 양자의 상관성에 대한 해석을 시도했다. 필자는 두 분의 해석에 공감하면서 정간보와 훈민정음 창제가 공유하는 특성을 '창제 목적'의 측면에서[34] 다음과 같이 이해하고자 한다. 정간보가 창제된 시기는 기록에 분명히

34 "'창제 목적'의 측면에서"라는 단서를 붙인 것은 정간보의 창제 원리와 훈민정음 창제

나타나 있지 않지만, 세종 말기에 창작된 신악新樂인 봉래의, 정대업, 보태평, 발상發祥 등의 표기에 정간보가 사용되었다. 신악 중 봉래의가 세종 27년 9월 23일 직후에 창작되었고, 이후 세종 29년 6월 4일 사이에 정대업, 보태평, 발상 등이 창작되었다. 따라서 정간보의 창제 시기는 세종 27년 9월부터 29년 6월 사이로 보아야 하며, 이 시기는 세종 25년 12월에 창제되어 28년 9월에 완성된 훈민정음과 거의 맞물린다. 세종이 새로 지은 신악인 봉래의鳳來儀에는 여민락與民樂, 치화평致和平, 취풍형醉豐亨 등의 곡이 포함되어 있다.[35] 이 중에서 치화평과 취풍형은 훈민정음으로 지은 『용비어천가』를 노래한 악곡이다(정화순 1995: 223-224). 취풍형 등의 기보에 실린 『용비어천가』는 신악의 가사를 훈민정음으로 표기한 사례이다. 세종실록 악지에 실린 [그림 1]은 이 사실을 보여 준다. 필자는 이 사실을 특히 주목한다. 세종이 고려 이래로 유전되어 온 향악을 정비하고, 새로 창작한 신악의 기보에 조선어로 발화되는 가사를 정음자로 표기한 것이다. 우리말 가사를 포함한 악곡을 채록하려면 우리말을 적어 낼 수 있는 문자가 필수적이다. 이두식 음차 표기로 조선어 가사歌詞를 표기하는 것은 극히 어려운 일이다.

세종이 지은 『월인천강지곡』의 언문 가사를 세조가 기녀들로 하여금 노래하게 했다는 실록의 기사도 주목을 끈다(백두현 2003: 164).[36] 『월인천강지곡』은 부처의 공덕을 찬미한 가사여서 신악이나 향악의 반열에 들지 못하였을 것이고, 국가의 의례 음악으로 실록 기사에 언급되지 않았으나 그 가사

원리가 직접 관련되어 있다고 주장하려면 더 많은 논증이 필요하기 때문이다.

35 세종이 창제한 『용비어천가』를 세종 29년(1447) 5월 5일에 강녕전에서 연주하게 한 기록이 있다 (세종 29년 5월 5일 기사). 세종실록 악보(樂譜)의 봉래의(권145)에는 치화평, 취풍형, 봉황음, 만전춘 등의 악보가 실려 있고 여기에는 [그림 1]과 같이 훈민정음으로 표기된 가사도 나타나 있다.

36 세조 14년(1468) 5월 12일 기사에 임금이 사정전(思政殿)에 나아가 8명의 기녀에게 『월인천강지곡』의 언문 가사를 부르게 하였다는 내용이 있다.

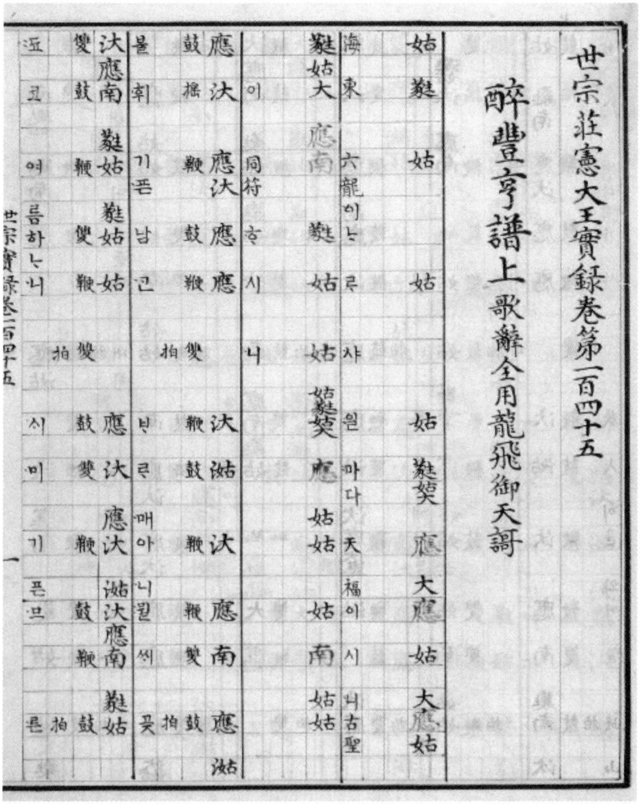

[그림 1] 세종실록 악보, 봉래의 취풍형 악보(권145, 1면). 『용비어천가』 가사가 정음으로 표기되어 있다. http://sillok.history.go.kr/에서 인용함.

는 훈민정음으로 표기되었을 것이다. 향악을 정비하고, 신악과 『월인천강지곡』을 창작하고 음률을 표기하는 데 정간보가 요긴하게 사용되었을 것이며, 여기에 수반된 가사에는 훈민정음이 이용되었을 것이다.

정간보와 훈민정음은 '소리[音]'를 표기하기 위한 제도라는 점에서 공통점을 가진다. 이 두 제도는 음률과 소리로 세상을 다스리는 '樂治악치'의 필수적 수단이다. 훈민정음 28자로 언어 음성의 표기와 음악 가사의 표기가 가능하게 되었음은 해례본의 정인지 서문에 언급해 놓았다. 훈민정음으로 "자운字韻은 청탁을 능히 분별할 수 있고, 악가의 율려律呂를 능히 고르게 할 수 있다."라고 했다.[37] '자운'은 말소리를 가리키고, '율려'는 악곡의 가락과 노랫말을 뜻한다. 훈민정음 28자로 언어 음성에 쓰이는 자모와 운모를 구별 표기할 수 있고, 노랫말의 가락과 가사를 고르게 조화시킬 수 있음을 말한 것이다. 비록 후대 문헌이기는 하지만 훈민정음으로 악기 소리를 표기하여 그 음의 높이와 장단을 표기한 악보가 있다. 홍윤표(2016b: 211-219)는 『금합자보琴合字譜』(1572년 안상安瑺 편찬)와 『양금신보梁琴新譜』(1610년 양덕수梁德壽 편찬)에 거문고 소리를 표현한 '스랭, ᄉᆞᄅᆞ랭, ᄃᆞᄅᆞ랭, 덩, 딩, 둥'이 있음을 지적한 바 있다.

신숙주가 쓴 『동국정운』 서문에도 훈민정음이 언어 음성은 물론 음률 표기에 유용함을 말한 내용이 있다. 신숙주가 이르기를, "훈민정음이 제작됨으로부터 만고의 한 소리도 털끝만큼도 틀리지 아니하니, 실로 음을 전하는 중심줄[樞紐]인지라. (…중략…) 청탁이 돌고 구르며 자모가 서로 밀어 칠음七音과 12운율韻律과 84성조聲調가 가히 음성과 음악의 정도正道로 더불어 한 가지로 크게 화합하게 되었도다. 아아, **소리를 살펴서 음을 알고, 음을 살펴서 악을 알며, 악을 살펴서 정치를 알게 되나니**, 뒤에 보는 이들이 반드시 얻는 바가 있으리로다."[38]라고 하였다. 훈민정음으로 말소리의 모든 자모와 음악의 12개 운율은 물론 84개 가락을 밝혀 적으니, 이로써 언어 음성의 모든 소리와 가락이 드러나 소리의 음과 악을 살펴 치도의 근본을 얻게 되었다고 한 것이다. 밑줄 친 부분은 말소리와 음률을 제대로 앎으로써 정치를 알 수 있다는 악교樂敎의 통치관을 보여 준다. 훈민정음의 이름을 '正音'이라 부른

---

37 字韻則淸濁之能卞, 樂歌則律呂之克諧, 無所用而不備無所往而不達, 雖風聲鶴唳雞鳴狗吠, 皆可得而書矣. (정인지 서문)

38 自正音作而萬古一聲, 毫釐不差, 實傳音之樞紐也. (…중략…) 淸濁旋轉, 字母相推, 七均而十二律而八十四調, 可與聲樂之正同其大和矣. 吁! 審聲以知音, 審音以知樂, 審樂以知政, 後之觀者, 其必有所得矣. (신숙주의 동국정운 서문)

것은 말소리와 음률을 바르게 다스려 적어 낼 수 있다는 뜻을 함의하고 있다. 훈민정음은 조선어음을 바로 적어 내기 위한 것이면서, 정간보와 함께 조선의 악률을 바르게 표기하는 용도로 사용되었다. 세종은 훈민정음으로 말소리의 자운과 악률의 율조와 가사를 바르게 표기해 냄으로써 통치 제도의 근본을 세운 것이다.

그런데 새롭게 정비하고 창작한 악곡을 집대성하여 악보집으로 간행하는 일은 세종 말년까지도 이루어지지 못하였다. 세종 승하 후, 문종 즉위년(1450) 11월 22일에 중추원 부사中樞院副使 박연朴堧이 상언하였다. 박연의 이 상언에는 세종이 옛사람이 이룩한 보법譜法에 친히 새로운 것을 보태고 자세히 함으로써 보법을 완비하였고,[39] 성음이 아름다운 것을 골라서 회례연·양로연의 음악으로 쓰도록 했으며, 이 보법 전부를 주자소에 명하여 인출케 했으나 지금까지 찍어 내지 못한 정황을 말한 내용이 있다. 박연은 또한 악보가 출판되지 못하여 보법을 잃게 되면 금석金石의 음도 그 소종래所從來를 알지 못하게 될 것이니 악보의 출판을 미루지 말기를 청하였다. 박연의 손으로 악보집 원고를 완성했으나 책으로 출판하지 못하고 있었음을 알 수 있다. 음악 제도를 정비하고 신악을 창제했으나 이들을 표기한 악보의 출판은 쉽지 않았던 것이다.

2.5. 단군의 위상을 높임

세종은 기자 사당의 한쪽에 배향되어 있던 단군의 신위를 높이기 위해 단군 사당을 따로 짓고, 제향祭享의 격도 기자와 동등하게 바꾸었다. 단군 제

39 박연의 이 말은 세종이 정간보에 해당하는 보법을 개정하여 온전히 갖추어 냈음을 의미한다.

향을 높이는 문제는 조선 개국 직후인 태조 1년(1392) 8월 11일에 예조전서禮曹典書 조박趙璞의 상서[40]에 처음 언급되었다. 조박이 아뢰기를 "조선의 단군檀君은 동방에서 처음으로 천명을 받은 임금이고, 기자箕子는 처음으로 교화를 일으킨 임금이오니, 평양부로 하여금 때에 따라 제사를 드리게 할 것입니다."라고 하였다. 국조國祖에 대한 제향은 왕권의 상징이자 권위였기에 왕위에 오른 태조가 조선 개국과 함께 단군과 기자에 대한 제향을 바친 것이다. 태종 13년(1413)에 예조가 상서하기를, 교서관의 축문에서 단군과 기자는 '國王국왕'이라 칭하고, 태조는 '朝鮮國王조선국왕'이라 칭한 것은 옳지 않으니 단군과 기자를 모두 '조선국왕'이라 칭하자고 청했다.[41]

단군에 대한 제향은 세종 7년(1425)에 정척鄭陟이 올린 상서로 인해 그 위상이 크게 높아졌다.[42] 정척은 평양부의 기자 사당 안에 기자의 신위를 북쪽에 모시고, 동쪽에 단군 신위를 배향한 것은 단군이 먼저 나라를 세운 역사적 순서에 어긋난다고 지적했다. 그는 또한 기자 사당에는 제전祭田이 주어졌으나 단군 사당에는 제전이 주어지지 않아서 단군 신위에 올리는 제물이 기자 신위에 미치지 못함을 말하고, 단군 사당을 별도로 세워 신위도 남향으로 앉혀 제사를 받드는 것이 합당하다고 건의했다. 세종이 그 상서대로 시행함으로써 단군 사당이 새로 지어졌고 제향의 위상도 높아졌다.

세종 9년(1427)에 단군과 기자에 대한 제사 절차를 다시 의논케 하면서, 신라·고구려·백제 시조始祖의 묘당廟堂을 세워 제사 지내는 절차를 마련하라고 명했다.[43] 단군에 대한 제향의 위상을 높인 후, 신라·고구려·백제의 시조

---

40 태조 1년 8월 11일 기사. 예조전서(禮曹典書) 조박(趙璞) 등이 상서(上書)하였다.

41 태종 13년 11월 4일 기사. 예조에서 사전(祀典)에 대해 건의한 내용을 승인하다.

42 세종 7년(1425) 9월 25일. 단군 사당을 별도로 세우고 신위를 남향하여 제사하게 하다. (이 기사는 사온서 주부司醞署 注簿 정척鄭陟의 상서를 옮겨 놓은 것이다.)

43 세종 9년 8월 21일 기사. 단군과 기자의 묘제와 삼국 시조에 대한 치제 절차를 정하여 아뢰게 하다.

에 대한 제향 절차를 마련함으로써 조선의 뿌리가 어디에 있으며, 어떤 나라를 거쳐 이루어진 국가인지 그 연원을 정립한 것이다. 단군과 삼국시대 시조에 대한 세종의 제향 정책은 의례를 통해 조선의 역사적 연원을 제도화함으로써 국가의 정체성을 확립한 것이라 하겠다. 이 정책은 역사적으로 중국과 명확히 구별되며, 정치적으로 독립적인 조선의 주체적 정체성을 대내외에 천명한 것이기도 하다. 조선이 비록 명나라의 책봉을 받는 번국蕃國이지만 조선 강역의 독자적 통치를 상징하는 정치적 의례가 필요했고, 이것이 단군과 삼국의 시조에 대한 제향으로 실천된 것이다. 훈민정음 창제 역시 조선어를 표기하는 독자적 문자를 만듦으로써 한문자漢文字와 구별되는 조선의 정치적 주체성과 문화적 정체성을 세운 것이다.

3. 민생과 훈민을 위한 문헌 편찬

앞의 〈표 2〉에서 오청吳靖이 제안한 15번 정책은 한문자를 모르는 백성에게 법령을 가르치고 이를 제대로 알아듣지 못하면 벌금을 징수하던 당시의 행정을 고치기 위해, 한문자를 아는 이에게만 법령을 가르치자는 제안이었다. 오청이 제안한 15번 정책에 대해 육조에서 심의하여 처결한 내용까지 실록에 기록되어 있는바, "문자를 모르는 자에게는 우리말로 법률 조문의 대강 중요한 뜻만을 가르치고, 속전贖錢은 징수하지 않는다."라고 결정하였다. 한자와 한문을 모르는 자에게 법률을 가르침에 있어서 글(한문 혹은 이두문)이 아니라 '우리말'(=조선어)로 가르치도록 바꾼 것이다. 오청의 원래 제안은 한문을 모르는 백성들을 법령을 가르치는 대상에서 아예 제외해 버리는 문제점을 안고 있었는데, 이를 보완하기 위해 문자를 모르는 백성들에게는 조선어에 의한 구두 교수법을 쓰도록 수정한 것이다. 이두문으로 번역한 『대명

률직해』의 법률 조문은 한자와 한문으로 쓴 것이어서 문자를 모르는 백성들에게 글로 가르치는 것이 불가능했다. 이런 백성들에게 구두로 가르치도록 한 것이다. 백성들이 법률을 몰라 겪게 되는 어려움을 덜기 위해서는 백성을 가르칠[訓民훈민] 필요가 있었고, 가르침을 위한 훈민의 도구로서 백성들이 익히기 쉬운 문자가 필요하여 이런 제안이 나왔고 실천을 위한 방안을 마련했던 것이다. 그러나 이 방안의 시행은 현실적으로 매우 어려웠을 것이다.[44]

백성을 가르칠 수 있는 문자가 없었지만 그럼에도 불구하고 세종은 한문자를 이용하여 민생과 훈민 서적들을 편찬했다. 세종이 시행한 문헌 편찬 사업은 그 내용에 따라 다음 네 가지[45]로 나누어 볼 수 있다. 백성들의 억울함을 덜어 줄 수 있는 『신주무원록』의 편찬, 농업 기술 서적의 편찬, 의약서 편찬, 유교 윤리 교육을 위한 풍속 교화서 편찬이 그것이다. 앞의 셋은 민생과 직접 관련된 훈민이고, 넷째는 통치 이념을 가르쳐 사회윤리적 기강을 세우기 위한 훈민에 해당한다. 이 네 가지 편찬 사업을 시행한 과정과 그 결과를 고찰해 보자.

3.1. 『신주무원록新註無冤錄』의 편찬과 간행

세종은 즉위년부터 백성들이 법률로 인해 억울함을 당하지 않도록 하는 정책을 추진하였다. 세종 1년(1419)에 형조에서 올린 계문에 『무원록無冤錄』이란 책 이름이 처음 나온다. 이 계문은 『무원록』을 인용하면서 인명을 적는 공사 문안公私 文案에 연월일年月日을 기록하는 것을 항례恒例로 하자고 청하

44 '愚民(우민)'을 모아서 이들에게 법률을 말로 가르칠 사람이 있어야 한다. 지방의 군현 단위는 이 일을 할 수 있는 조직과 인력을 갖추지 못했을 것이다.

45 이우성(1976: 184-185)은 조선 왕조의 훈민 정책을 두 가지 부류로 정리하였다. 첫째는 농업생산의 기술 향상을 위한 농서의 편찬과 구황·벽온 등 농민을 위한 후생 정책이고, 둘째는 충효 사상을 중심으로 삼강오륜 등 윤리 도덕을 장려한 정책이다.

였다.[46] 그 후 세종 12년, 17년 등의 몇몇 기사에 『무원록』이란 책 이름과 책 내용이 여러 차례 인용되어 있다.[47] 『무원록』은 원나라 왕여王與(1261~1346)가 1308년에 편찬한 검시檢屍 관련 법의학서이다. 『무원록無冤錄』은 민생과 직접 관련된 법령 및 검시의 시행에 긴요한 책이었다. 이 책을 쉽게 이해할 수 있도록 세종 20년(1438)에 최치운 등이 주석을 붙이고 증보하여 『신주무원록新註無冤錄』을 편찬했다.[48] 세종이 1439년 봄에 강원도 관찰사 유효통에게 이 책의 간행을 명했으나 완성을 보지 못하였고, 후임자로 부임한 최만리가 1440년 봄에 『신주무원록』 초간본을 간행했다. 훈민정음 창제 3년 전의 일이었다.

유의손柳義孫(1398~1450)이 1438년(세종 20)에 쓴 『신주무원록新註無冤錄』 서문에는 우리 주상 전하께서 백성이 억울함에 빠질까 근심하시어 이조판서 최치운과 이세형·변효문·김황 등에게 음주音註와 주석을 가하고 아울러 음훈音訓을 붙이도록 했다는 내용이 있다.[49] 강원도 관찰사로 부임한 최만리가 1440년에 이 책을 간행하면서 발문을 썼다. 이 발문에는 주상 전하께서 형옥의 어그러짐을 막기 위해 문신들에게 명하여 『고주무원록古註無冤錄』에 훈석을 가하여 이 책을 새로 편찬하여 인쇄케 했다고 편찬 경위를 밝혀 놓았다(심재우 2016: 3-4). 그런데 『무원록』의 언해본 출판은 세종 당대에 이루어지지 못하고 정조 16년(1792)에 가서야 『증수무원록언해』를 통해 실현되었다.[50]

---

46 형조에서 공사 문안에 반드시 연월을 기록할 것을 건의하다. 형조에서 계하기를, "『무원록(無冤錄)』에 이르기를, '무릇 사유를 고함에 있어서는 반드시 연월을 기록해야 하며, (…중략…) 금후로는 인명(人命)에 관계되는 중대사나 뒤에 참고가 될 만한 공사 문안에 아무 해 아무 달 아무 날을 쓰는 것을 항례(恒例)로 정하게 하여 주시옵소서." (세종 1년(1419) 2월 23일 기사)

47 세종 12년 3월 18일, 17년 6월 8일, 21년 11월 29일, 24년 2월 27일 등의 실록 기사

48 이하 『신주무원록』에 대한 설명은 심재우(2016)를 참고하여 요약한 것이다.

49 세종의 명을 받은 최치운 등이 다른 책들을 널리 상고하여 주석을 달고 음훈을 붙였다(신주무원록 서문, 심재우 2016: 3).

50 정조 역시 세종처럼 백성과 소통하고 그 억울함을 없애는 정책에 관심이 많았다. 두

3.2. 『농사직설農事直設』의 간행과 훈민

농업 생산성을 높여 인민의 식량 문제를 해결하는 방편으로 세종은 농업 기술서를 편찬하였고, 보洑를 막고 수차를 개발하는 등의 수리 사업을 펼쳤다. 이 중에서 '훈민'과 직접 관련된 사업은 농서 편찬 사업이다. 세종 11년(1429)에 간행한 『농사직설農事直說』은 우리나라 농서의 시초로서 세종의 민생 정책을 상징하는 책이다.

『농사직설』은 세종이 정초鄭招(?~1434) 등에게 명하여 편찬케 한 문헌이다. 『농사직설』에 실린 정초의 서문에 "삼가 생각하건대 태종 공정대왕太宗恭定大王께서 일찍이 유신들에게 명하시어, 옛날 농서 중에서 절실히 쓰이는 말들을 뽑아서 향언鄉言으로 주註를 붙여 판각 반포하게 하여, 백성을 가르쳐서 농사에 힘쓰게 하셨다. 우리 주상 전하께서는 명군을 계승하여 정사에 힘을 써 더욱 민사民事에 마음을 두셨다."[51]라고 하였다. 정초의 이 글은 태종 때 '鄕言향언'으로 '註주'를 붙인 농서 편찬 사실이 있었음을 알려 준다.[52] 이때의 '鄕言향언'은 조선어를 가리키며, 향언으로 '註주'했다는 것은 곡물 등의 농사 어휘를 이두로 표기했음을 의미한다. 정초의 서문에 임금이 "여러 도의 감사에게 명하여 주현의 노농老農을 방문케 하여, 농토에서 이미 시험한 증험에 따라 갖추어 아뢰게 하시고 신에게 명하여 그 까닭을 더하게 하셨다."라고 하여 책의 편찬 과정을 알려 준다. 이 책에 수록된 농사 기술이

왕이 가진 공통의 정치적 지향성이 이 책의 출판에서 확인된다.

51 한문 원문은 다음과 같다. 恭惟太宗恭定大王, 嘗命儒臣, 掇取古農書切用之語, 附註鄕言, 刊板頒行, 教民力本. 及我主上殿下, 繼明圖治, 尤留意於民事. (정초의 농사직설 서문)

52 태종 대의 전 예문관 대제학 이행(李行)이 『농상집요(農桑輯要)』에서 양잠 방문을 가려 뽑고 자신의 경험을 보태어 판간하였다. 의정부 사인(議政府 舍人) 곽존중(郭存中)이 이 책에 우리말 주석을 붙여 다시 판간(板刊) 광포하였는데 이것이 현전하는 『양잠경험촬요』이다(이태진 1982: 82). 태종 17년(1417) 5월 24일 기사에 이 내용이 나와 있다.

농사를 오래 지어 경험이 풍부한 노농의 경험을 물어서 나온 것임을 밝혀 놓은 것이다.

『농사직설』을 간행하여 의정부와 육조의 당상들에게 나누어 준 기록이 세종 11년 2월 6일 기사에 처음 나타나고,[53] 이듬해인 세종 12년 2월 14일 기사에 여러 도의 감사와 서울의 2품 이상 관원에게 이 책을 나누어 준 기록이 있다.[54] 세종 14년(1432)에 평안도 감사에게 내린 다음 전지傳旨는 『농사직설』을 이용하여 새로운 농법을 백성들에게 가르치고 있었음을 말해 준다.

> 지금 계본啓本을 보니, 각 고을의 수령들이 농서를 타일러 깨우쳐 주어서 백성들에게 갈고 심는 법을 가르치고 있음을 알겠다. 내가 매우 좋게 여기며 기뻐한다. 궁벽窮僻한 곳에 사는 백성들에게도 골고루 깨우쳐 주며 부드럽고 차근차근한 말로 가르쳐서 성과成果를 거두게 하고, 비록 농서農書대로 준수遵守하지 않는 자가 있더라도 또한 처벌하는 일이 없게 하라.(세종 14년 3월 15일 기사. 평안 감사에게 고을 수령으로 하여금 농사 기술을 잘 보급케 하라 전지하다.)

필자가 밑줄 친 부분에 고을 수령들이 『농사직설』의 농법을 백성들에게 가르칠 때 "타일러 깨우쳐", "골고루 깨우쳐 주며 부드럽고 차근차근한 말로 가르쳐"야 한다는 세종의 말이 특히 주목된다. 5년 뒤인 세종 19년(1437)

---

53 세종 11년(1429) 2월 6일 기사에, 의정부와 육조의 당상(堂上)에게 농서(農書)를 각 1질씩 내려 주었다는 기록이 있다. 같은 해 5월 16일 실록 기사에는 『농사직설』의 서문이 실려 있다. 간행 후 두 달 이상이나 지난 날짜의 실록 기사에 서문이 실린 점이 특이하다.

54 세종 12년(1430) 2월 14일 기사. 『농사직설』을 여러 도의 감사와 서울의 시직(時職)·산직(散職) 2품 이상의 관원에게 반포하다. 이 기사 내용에 "농사에 힘쓰고 곡식을 소중히 여기는 것은 왕정(王政)의 근본이므로, 내가 매양 농사에 정성을 쏟는 것이다.[務農重穀, 王政之本, 故予每惓惓於農事也]"라는 세종의 말이 실려 있다.

에 함길도·평안도 감사에게 동시에 내린 전지에도 비슷한 내용이 나온다.

> 지난번에 『농사직설』을 찬집하여 각 도에 반포하였으니, 성의껏 친절하게 가르치고 일러서 농민으로 하여금 고루 알지 못하는 사람이 없게 하고, 관가에서도 역시 농서에 따라 갈고 심어서 백성으로 하여금 법을 받게 하라.(세종 19년 2월 15일 기사. 양계兩界의 감사에게 농서에 따라 경작할 것을 권유하게 하다.)

이 기사 말미에는 함길도와 평안도 농민도 다른 도에서 행하는 농법을 따라서 행하되, "억지로 시키지 말고 마땅히 점차로 잘 달래어" 행하라는 말도 덧붙어 있다. 『농사직설』이 하삼도(충청·경상·전라) 노농老農의 선진 농법을 수집하여 편찬한 책이고, 이를 평안도와 함길도에 보급하도록 지시하면서[55] 위와 같이 교시한 것이다. 인용문의 밑줄 친 부분에 나타나 있듯이 관리가 백성들에게 구두 교수口頭 敎授로 책의 농법을 직접 가르쳤다. 농사 기술을 말로 가르치는 데 한계가 있음을 안 세종은 "관가에서도 역시 농서에 따라 갈고 심어서 백성으로 하여금 법을 받게 하라."라며 지방관이 몸으로 실천하면서 농법을 가르치라고 지시했다. 이렇게 가르쳐서 과연 성과를 얼마나 내었는지 알아보기 위해, "가을에 수확한 수량을 자세히 아뢰도록 하라."라는 지시가 위 기사의 말미에 붙어 있다. 관리들이 지시한 대로 실행했는지, 새로운 농법의 효과가 어느 정도인지 그 결과를 보고토록 한 것이다. 세종의 주도면밀한 정책 실행과 민생을 위한 확고한 의지를 읽을 수 있다.

세종은 농법에 관한 지식을 갖추고 있었다. 세종 19년 6월 13일에 각도

55 『농사직설』은 하삼도의 선진 농업 기술을 평안도와 함길도에 보급하는 것이 주목적이었다. 이는 같은 시기에 행해진 북방 개척과 남도민의 사민(徙民), 그리고 새로운 공법(貢法)의 시행과 밀접한 연관이 있다고 본다(이태진 1982: 83, 94-95).

감사들에게 전지傳旨를 내려 농민들이 가을갈이[秋耕]를 하도록 권유케 했다. 세종은 우리나라 농사꾼 중에 가을갈이 방법을 알지 못하는 이가 많음을 안타까이 여긴다고 하며, 가을갈이가 토질을 높이는데 분뇨를 뿌린 것과 같은 효과를 낸다고 말했다.[56] 세종은 『농상집요』·『사시찬요』·『비전법肥田法』 등의 농서를 인용하면서 녹두와 호마胡麻(깨)의 파종 시기와 면적당 수확량을 적어 놓기도 했다. 세종 26년 윤7월 25일에 농사에 관한 장문長文의 하교下教를 내리면서 이르기를, 예로부터 파종 시기를 '망종芒種'[57]이라 한 것은 이 날이 파종의 절대적 기준이 아니라 지방에 따라 다름도 있으니 이때를 놓치지 말고 파종하라는 뜻이라고 하였다. 『무원록』의 법률을 백성들에게 가르치게 한 것처럼 『농사직설』의 농법을 백성들에게 가르치도록 한 '訓民훈민'의 방법이 세종의 하교 안에 나와 있다.

『농사직설』은 한문으로 쓰여 있기에 한문을 모르는 백성들은 접근 불가능한 책이었다. 그래서 한문에 능숙한 관리들이 이 책을 읽고 구두로 가르치거나 몸소 실천하면서 백성들에게 가르치도록 하교한 것이다. 세종의 하교에는 새로운 농법을 백성들에게 가르치려는 훈민의 뜻이 강하게 드러나 있다. 세종이 말한 농법 교육은 "문자(=한문)를 아는 관리가 농서를 읽고 그 내용을 구두口頭로 농민들에게 가르치는 것"이었다. 구두 교육도 "골고루 깨우쳐 주며 부드럽고 차근차근한 말로 가르쳐" 주라며 관리의 교육 태도까

---

56 "논과 밭을 막론하고 모두 가을갈이를 귀히 여겨서 많이 할수록 더욱 좋다고 한 것은 그 봄에 심은 곡식이 심히 아름답게 되고, 분전(糞田)한 것과 다름이 없기 때문이었다. 우리나라의 농민들은 예로부터 가을갈이 방법을 알지 못하고 간혹 아는 자라도 힘쓸 여가가 없어서 미치지 못하며, 비록 여가가 있을지라도 다만 시속에서 행하지 아니하기 때문에 항상 마음을 써서 하지 아니하였다. 이런 까닭으로 농사가 잘되지 못하여 수확이 적으니 진실로 한탄할 만하다." (세종 19년(1437) 6월 13일 기사)

57 망종은 곡식의 씨앗을 뿌리기에 좋은 때라는 뜻이며 24절기 중의 하나로 양력 6월 6일 경이다. 현충일을 6월 6일로 정한 것은 조상신에게 풍년을 기원하는 제사 의례에 뿌리를 둔 것이라는 해석도 있다.

지 지시했다. 새로운 농사 기술을 담은 농서를 편찬하여 간행해도 백성들은 문자를 모르기 때문에 문자를 아는 관리의 구두 교수에 의존할 수밖에 없었다. 이처럼 세종의 자세한 지침이 있었지만 지방 군현의 현장에서 세종의 지시를 시행하는 데는 많은 어려움이 있었을 것이다. 소수의 관원이 많은 백성들에게 구두로 가르치는 것은 실행하기가 쉽지 않은 일이다. 이러한 상황에서 세종은 민생 정책의 실행에 커다란 한계를 느꼈을 터이고, 백성들을 가르치기 위한 문자의 필요성을 절감하였을 것이다.

3.3. 의약서의 간행과 편찬

질병 치료를 위한 의약서 편찬은 지배층뿐 아니라 인민의 보건을 위한 민생 정책의 하나였다. 세종 9년(1427)의 『향약구급방』 간행, 세종 13년(1431)의 『향약채취월령』 편찬과 간행, 세종 15년(1433)의 『향약집성방』 편찬이 세종이 시행한 대표적 성과이다.

① 『향약구급방』 간행

의약서와 약재는 고려 때부터 중국에서 들여와 이용되었지만 중국 의약서와 약재가 워낙 귀하고, 우리나라 현실에 맞지 않은 것이 있었다. 이에 우리나라에서 독자적 의서를 편찬하였으니, 1236년(고려 고종 23)경 대장도감大藏都監에서 판각한 것으로 추정되는 『향약구급방鄕藥救急方』이 그 예이다. 이 책의 조선조 중간본(1417, 태종 17, 경상도 의흥현 간행)이 일본 궁내청 서릉부宮內廳 書陵部에 전해지고 있다(남풍현 1981: 21).[58] 세종 9년(1427)에는 『향약구급방』

58 차자표기로 된 중간본의 향명 표기는 13세기 고려시대의 것으로 간주되었다(남풍현 1981: 22).

을 충청도에서 간행하였다.[59]

② 『향약채취월령』 간행

『향약집성방』을 편찬하는 과정에서 향약 채취의 기준을 정하기 위해 『향약채취월령』을 별도로 먼저 편찬했다. 세종 10년에 편찬을 시작하여 13년(1431)에 간행한 『향약채취월령』은 토산 약초 155종(중복된 5종 제외)의 향명을 이두로 표기하고, 각 약초의 약성藥性과 채취 시기를 월령에 따라 배치하여 향약 채취와 가공의 기준을 정한 책이다(신용욱 2016: 2). 향약의 국가적 관리를 위해 표준화 방안을 세운 것이다.

③ 『향약집성방』 간행

세종 15년(1433)에 85권 30책의 『향약집성방鄕藥集成方』을 간행했다.[60] 이 책은 1399년(정종 1)에 편찬된 『향약제생집성방鄕藥濟生集成方』 30권을 기본으로 하고 중국과 우리나라 의약서의 각종 방문 및 약재의 산출 실태를 종합한 것이다. 『향약집성방』은 중국의 의약서와 조선 고유의 의약서 및 약재를 널리 연구하여 체계적으로 정리한 당대 의약서의 집대성이었다.[61]

---

59 전 판나주목사(前 判羅州牧事) 황자후(黃子厚)가 계(啓)하기를, "『향약구급방(鄕藥救急方)』을 인쇄하여 외방(外方)에 나누어서 생명을 구제하는 길을 넓히게 하소서." 하니, 드디어 충청도로 보내어 간행하도록 명하였다. (세종 9년 9월 11일 기사)

60 『향약집성방(鄕藥集成方)』이 완성되었다. (세종 15년 6월 11일 기사)

61 『향약집성방』에 인용된 중국 의약서의 서목은 160여 종이다. 이 중에는 우리나라 의약서인 『삼화자향약방(三和子鄕藥方)』, 『본조경험방(本朝經驗方)』, 『향약구급방(鄕藥救急方)』, 『향약혜민방(鄕藥惠民方)』, 『향약간이방(鄕藥簡易方)』, 『어의촬요방(御醫撮要方)』, 『동인경험방(東人經驗方)』, 『향약고방(鄕藥古方)』, 『제중입효방(濟衆立效方)』 등도 인용되어 있다. 『한국민족문화대백과사전』(한국학중앙연구원) '향약집성방' 항목을 참고함.

향약재에 대한 세종의 정책은 민생정치의 실천이면서 조선 고유의 의약醫藥체계를 세우고자 한 사업이었다. 세종 대에 이루어진 『향약채취월령』과 『향약집성방』 편찬은 조선에서 산출되는 약재의 종류, 채취, 가공법, 약성과 효용처 등을 집대성한 것으로, 세종이 펼친 민생 정책의 하나이다. 두 책을 반포한 이후 향약과 관련된 세종의 하교가 세종실록에 여러 차례 나타나 있다. 세종 15년(1433) 10월 12일에 평안도·함길도 감사에게 전지를 내려, 국경선 변방의 백성들과 국경선 수비 병사들이 병에 걸리기 쉬우니 의학교유醫學敎諭를 보내어 향약으로 치료할 방도를 찾으라고 명했다. 세종 17년(1435) 9월 25일에도 함길도 도절제사의 요청에 따라 의학교유를 추가 파견하여 군민軍民을 치료케 하였다. 세종 24년(1442) 2월 25일에는 함길도에 『향약집성방』 등 여러 의약서를 보내어 그곳의 의생醫生을 가르치도록 하였다. 세종 21년 4월과 세종 30년 1월의 실록 기사에 향약의 관리 감독을 위한 세종의 하교가 있었다(신용욱 2016: 11).

세종 25년 6월 15일 기사에는 내약방內藥房을 내의원內醫院이라 이름을 바꾸고 관인 16인을 두도록 하였다. 서울과 지방의 의약 관련 제도를 정비한 것이다. 그런데 앞에서 다룬 농서와 달리, 의약서의 내용을 백성들에게 가르치라는 세종의 교시는 세종실록에 나타나 있지 않다. 향약의 채취와 병증에 대응한 약재 처방은 의생醫生이라는 전문가가 관리하고 시행하는 것이어서 향약서의 내용을 백성들에게 가르칠 필요는 없었을 것이다. 의약서의 언해가 세종 대에 이루어진 적은 없었다. 세조 12년(1466) 6월 13일에 8도에 『구급방』을 하사한[62] 즈음에 의약서의 한글 번역이 처음 이루어진 것으로 보인다.[63]

---

62 세조 12년(1466) 6월 13일 기사. 8도(道)에 『구급방(救急方)』을 각 2건(件)씩 하사하다.
63 세조 대의 초간본 『구급방』(을해자본)은 전해지지 않는다. 현전 『구급방』에는 을해자(乙亥字) 활자가 섞여 있고, 언해문의 한글 표기도 15세기의 특징을 지니고 있어서 16

3.4. 『효행록』과 『삼강행실도』의 편찬

세종은 유교의 근본 윤리를 백성들에게 가르치기 위해 『효행록』[64]과 『삼강행실도』를 편찬했다. 앞에서 설명한 『신주무원록』, 『농사직설』, 『향약구급방』 등의 편찬은 법률, 농사, 질병 치료를 목적으로 한 민생 정책이다. 이에 비해 『삼강행실도』 편찬은 인민들에게 유교적 가치관과 윤리의식을 심으려는 훈민 정책의 전형이다.

세종은 삼강(忠孝烈충효열) 중에서 효를 가장 중시하여 『효행록』을 먼저 편찬했다. 세종과 『효행록』의 인연은 충녕대군 시절이던 태종 대의 실록 기사에 나타나 있다. 당시 세자(양녕대군)에게 효를 가르치기 위해 서연관에게 명해 『효행록』에서 글을 뽑고, 그 내용에 알맞은 그림을 그리도록 했다. 이 그림에 이제현의 찬贊과 권근의 주註를 붙여서 병풍을 만들어 세자의 거처居處에 두도록 했다. 세자 양녕이 아우 충녕을 불러 병풍의 글을 읽게 하니 충녕이 즉시 풀이했는데 그 뜻이 곡진曲盡하였다.[65] 이때 충녕의 나이가 16세였으니 세종은 일찍부터 『효행록』을 접하였고 그 내용에 밝았음을 알 수 있다.

세종 7년(1425)에 경상도 감사 하연河演이 『효행록』 등 11종의 책을 찍어 바치니, 이 책들을 성균관·교서관·사부 학당에 나누어 주었다.[66] 세종 10년

세기 중반에 번각된 판본으로 간주한다. 가람문고 등에 소장된 이 책을 한글학회에서 영인하여 1975년에 영인본을 냈다.

64 『효행록』은 원래 중국 남송시대 조자고(趙子固)가 지은 『이십사효도(二十四孝圖)』(24개의 효행 사례를 글과 그림으로 지은 책)에 기원을 둔다. 고려 말기인 1346년에 권부(權溥)의 아들 권준(權準)이 『이십사효도』를 만들어 아버지 권부에게 올렸고, 권부가 여기에 38명을 더하여 총 62명의 사적을 모아 『효행록』을 편찬했다. 태종 5년에 권근(權近)이 이 책에 주(註)를 붙이고 태종 13년에 그림을 그려 넣어 『효행록』을 다시 간행했다. 세종 대에 간행한 『효행록』은 여기에 근거한 것이다. 이 내용은 김항수(1998: 233)를 참고하여 요약한 것이다.

65 태종 13년(1413) 12월 30일 기사

66 세종 7년 11월 2일 기사. 경상도 감사 하연이 올린 『입학도설』 등을 성균관·교서관·사

(1428)에 진주 사람 김화가 아비를 살해했다는 장계를 접하고 세종이 놀라 자책하면서, 신하들을 소집하여 백성들에게 효제孝悌를 가르칠 방도를 의논케 하였다. 이 자리에서 변계량이 『효행록』을 간행하여 널리 반포하기를 청하였다. 세종이 집현전 직제학 설순에게 명하여 전에 편찬한 24인의 『효행록』에 고려와 삼국시대 사람들도 찾아서 넣으라고 하였다.[67] 드디어 세종 14년(1432) 6월에 집현전에서 삼강행실을 편찬하여 서문과 전문箋文을 지어 임금께 올렸다. 이 서문에 "널리 민간에 펴서 어진이거나 어리석은 자이거나 귀한 사람·천한 사람·어린이·부녀자의 구별 없이 다 즐겨 보고 익히 들으며, 그 그림을 구경하여 그 형용을 상상하고, 그 시를 읊어서 인정과 성품을 본받게 한다면, (…중략…) 본연의 선심善心이 감발되어 자기들의 직분의 마땅히 해야 할 것을 다하지 않는 자가 없을 것입니다."라고 하여, 이 책의 편찬 목적이 훈민에 있음을 밝혀 놓았다. 이때 올린 전문箋文에 "화공畫工으로 하여금 도상圖像을 그리게 하니 정말 그 형용이 방불하옵니다."라고 했다. 백성들을 위한 문자가 없으니 글을 읽지 못하는 백성들을 위해 훈민의 방편으로 그림을 그려 넣은 것이다. 삼강행실을 편찬하면서 세종은 백성들을 가르치기 위한 문자의 필요성을 절감했을 것이다.

같은 해(1432) 10월에 직제학 권채를 불러 이 서문에 들어간 '遠邁원매'란 용어가 과분한 것이라 하여 고치게 하니 권채가 '舞讓무양'으로 수정하여 바쳤다.[68] 세종 15년에 정초鄭招가 왕명을 받들어 『삼강행실도』의 발문을 지어 올렸다.[69] 세종 16년 4월 27일에 『삼강행실도』를 인쇄하여 반포하고 가르치

부 학당에 나누어 주다.

67 중국 문헌을 받아들여 조선의 인문을 더하여 그것을 변용한 세종의 정치적 주체성이 여기에도 작동한 것이다.

68 세종 14년 10월 20일 기사

69 세종 15년 2월 24일 기사

도록 명하는 교서를 짓게 했다.[70] 세종 16년(1434) 11월 24일에 드디어 『삼강행실도』(한문본)를 인쇄하여 신하들에게 나누어 주고 여러 도에 반포하였다. 편찬 작업 과정을 〈표 3〉처럼 정리해 보이면 그 흐름을 이해하기 쉽다.[71]

〈표 3〉 한문본 『삼강행실도』의 완성 과정과 언해 계획

실록 기사의 연월일	삼강행실도 관련 내용	요지
태종 13년(1413) 12월 30일	세자 양녕이 충녕대군을 불러 효행록의 뜻을 풀이하게 하다.	효행록에 대한 세종의 이해 수준이 높았음을 보여 줌
세종 10년(1428) 10월 3일	김화의 살부 사건을 계기로 설순에게 명하여 효행록을 편찬토록 하다.	삼강행실도 편찬을 시작함
세종 14년(1432) 6월 9일	집현전에서 삼강행실을 편찬하여 서문과 전문을 임금께 바치다.	삼강행실도 편찬을 완성함
세종 14년(1432) 10월 20일	서문의 '원매(遠邁)'란 용어가 과분하니 권채에게 명해 고치게 하다.	서문을 수정함
세종 15년(1433) 2월 24일	정초에게 명하여 발문을 짓게 하다.	삼강행실도 발문을 완성함
세종 16년(1434) 4월 27일	반포를 위한 교서를 짓도록 명하니 윤회가 글을 지어 올리다.	삼강행실도의 반포 교서를 완성함
세종 16년(1434) 11월 24일	삼강행실도를 인쇄하여 신하와 지방의 여러 도에 나누어 주다.	삼강행실도의 인쇄와 반포를 완료함
세종 26년(1444) 2월 20일 이전	세종이 언문으로 삼강행실을 번역할 뜻이 있음을 정창손에게 말하다.[72]	삼강행실도의 훈민정음 번역을 계획함

『삼강행실도』 편찬 과정에서 백성들에게 이를 가르치는 목적과 방법을 가

70 이 교서를 지은 자는 중추원사(中樞院使) 윤회(尹淮)이다.

71 세종 대에 진행된 『삼강행실도』 한문본의 편찬 과정은 김유범(2006: 190-195)에 정리된 것을 참고하였다.

72 이 기록은 최만리가 언문 반대 상소를 올린 후 세종이 상소문에 연명한 사람들을 불러 꾸짖는 기사에 있다. 세종이 이미 그 이전에 정창손에게 하교하기를, "내가 만일 언문으로 삼강행실(三綱行實)을 번역하여 민간에 반포하면 어리석은 남녀가 모두 쉽게 깨달아서 충신·효자·열녀가 반드시 무리로 나올 것이다."라고 했다. 1444년 2월 20일에 정창손이 세종의 말을 반박하기를, "삼강행실을 반포한 후에 충신·효자·열녀의 무리

장 잘 드러낸 글은 세종 16년(1434) 4월 27일에 내린 교서이다. 세종은 이 교서에서 『삼강행실도』를 서울과 외방에 널리 펴내고 학식 있는 자를 선발하여 백성들에게 가르쳐 주라고 하였다.[73] 이 교서에서 세종은 백성들에게 가르치는 방법을 다음과 같이 말하였다.

> "어리석은 백성들이 쉽게 깨달아 알지 못할까 염려하여 그림을 붙여서 삼강행실이라 이름하고, 인쇄하여 널리 펴서 거리에서 노는 아이들과 골목 안 여염집 부녀들까지도 모두 쉽게 알기를 바라노니, 펴 보고 읽는 가운데에 느껴 깨달음이 있게 되면, 인도하여 도와주고 깨우쳐 지도하는 방법에 있어서 도움됨이 없지 않을 것이다.
> 다만 백성들이 문자를 알지 못하여 책을 비록 나누어 주었을지라도, 남이 가르쳐 주지 아니하면 역시 어찌 그 뜻을 알아서 감동하고 착한 마음을 일으킬 수 있으리오. 내가 『주례周禮』를 보니, '외사外史는 책 이름을 사방에 펴 알리는 일을 주관하여 사방의 사람들로 하여금 책의 글자를 알게 하고 책을 능히 읽을 수 있게 한다.'라고 하였으므로, 이제 이것을 만들어 서울과 외방에 힘써 가르치고 깨우치는[誨諭] 방편으로 삼아라. 서울의 한성부 오부漢城府 五部와 외방의 감사와 수령은 널리 학식이 있는 자를 구하여 두터이 장려를 더하도록 하되, 귀천을 말할 것 없이 항상 가르치고 익히게 하여, 부녀까지도 친속親屬

가 나옴을 볼 수 없는 것은, 사람이 행하고 행하지 않는 것이 사람의 자질 여하(如何)에 있기 때문입니다. 어찌 꼭 언문으로 번역한 후에야 사람이 모두 본받을 것입니까." 라고 말했다. 훈민 정책을 부정한 정창손의 말에 세종은 크게 노하였다. 세종은 "이따위 말이 어찌 선비의 이치를 아는 말이겠느냐. 아무짝에도 쓸데없는 용속(庸俗)한 선비이다."라고 정창손을 꾸짖고 그를 파직했다. 1444년 2월 20일 이전에 세종은 삼강행실을 번역하려는 뜻을 갖고 있었음을 알려 주는 기사이다.

73 세종 16년 4월 27일 기사

으로 하여금 정성껏 가르쳐 분명히 깨달아 모두 다 알도록 하라."라고 하였다.[74]

교서에서 『삼강행실도』를 이용한 교육 대상은 '愚夫愚婦우부우부'[글 모르는 지아비와 지어미] 및 '街童巷婦가동항부'[거리의 아이와 항간의 부녀]로 표현되어 있다. 가르치는 방법은 이들이 스스로 이 책을 "펴 보고 읽는 가운데"에 깨닫게 하는 방법과 인도하고 도와 깨우쳐 지도하는 방법 두 가지를 제시했다. 그러나 책을 주더라도 백성들이 문자(한문)를 알지 못하니[民庶不識文字민서부지문자], 남이 가르쳐 주지 않으면 감동하는 마음을 일으킬 수 없다고 하였다. 이 점을 염려한 세종은 『주례』에 있는 외사外史(=지방 수령)의 직임을 인용하며 다음과 같이 말했다. 『주례』에서 외사의 직임이 "사방의 사람들로 하여금 책의 글자를 알게 하고 책을 능히 읽을 수 있게 한다."라고 하였으니, 지방의 수령들은 백성들이 책을 읽을 수 있도록 글을 가르쳐 깨우치게 하라고 명한 것이다. 외사의 직임 중에는 고을 사람들로 하여금 책의 글자를 알게 하고 책을 능히 읽을 수 있도록 하는 것도 있으니, 지방에 보낸 감사와 수령은 이를 따르라고 교시한 것이다. 훈민정음 창제 이전에 이미 세종은 백성들에게 '문자'를 가르칠 필요가 있음을 느끼고 있었음을 이 교서(1434)가 말해 준다. 이 교서에 쓰인 '문자'란 한문자를 가리킨다. 위 인용문의 끝에 나와 있듯이, 감사와 수령은 학식 있는 자를 구하여 귀천을 구별하지 말고 가르칠 것이며, 부녀자들은 집안에서 가르쳐 깨닫게 하라고 실천 방법까지 말

74 尙慮愚夫愚婦未易通曉, 付以圖形, 名曰《三綱行實》, 鋟梓廣布. 庶幾街童巷婦, 皆得易知, 披閱諷誦之間, 有所感發, 則其於誘掖開導之方, 不無小補. 第以民庶不識文字, 書雖頒降, 人不訓示, 則又安能知其義而興起乎? 予觀《周禮》, 外史掌達書名于四方, 使四方知書之文字, 得能讀之. 今可(做)〔倣〕此, 令中外務盡誨諭之術, 京中漢城府五部·外方監司守令, 旁求有學識者, 敦加奬勸, 無貴無賤, 常令訓習, 至於婦女, 亦令親屬諄諄敎之, 使曉然共知. (세종 16년 4월 27일 기사)

해 놓았다. 이 교서에 담긴 세종의 간곡한 뜻으로 보건대, 세종은 '문자'(한문)를 모르는 우부우부愚夫愚婦에게 가르칠 새로운 문자가 필요함을 절감하였을 것이다.[75] 이 교서에서 말한 '우부우부'는 『훈민정음』 어제 서문에서 말한 '우민愚民'과 다르지 않다.

4. 마무리

본 장에서 민생의 안정과 조선 국가의 정체성 강화를 위해 세종이 베푼 여러 정책과 이것이 가진 정치·문화사적 의미를 고찰해 보았다. 세종은 조선의 제4대 국왕으로서 새 왕조의 기틀을 놓기 위해 국가 제도를 정비하고 학술 연구를 크게 진작시켰으며, 민생을 위한 편찬 사업을 펼쳤다. 세종은 북방으로 압록강과 두만강 국경에 사군과 육진을 설치하여 국경을 확장하였고, 남방으로 대마도 왜구를 정벌하여 안정적 인민 통치를 위한 울타리를 만들었다. 세종의 국방 정책은 백성의 생명과 생활 터전을 보호하기 위한 민생 정책이자 안민安民 정책이었다. 안으로는 집현전을 세워 인재를 양성하였고, 집현전 학사들을 부려 통치에 필요한 각종 제도를 연구하고 도서를 편찬했다. 세종은 재위 32년 동안 국가를 경영하면서 훈민정음 창제를 비롯하여 많은 치적을 이루어 냈다. 민생을 위한 농서와 의약서를 편찬했고, 훈민을 위한 교화서를 편찬했다. 훈민정음 창제는 세종이 국가 경영을 위해 펼친 여러 정책 중의 하나이다. 세종 대에 베풀어진 여러 정책의 맥락 속에서 훈민정음 창제의 정치·문화사적 의미를 온전히 이해할 수 있다.

---

75 김주원(2013a: 53-58)은 『삼강행실도』 편찬 관련 기사를 인용하고, 이를 계기로 세종이 백성을 위한 문자를 만들어야 한다는 생각을 가지게 된 것으로 보았다.

세종이 펼친 정책들은 민생·편민·훈민이란 세 낱말로 요약할 수 있다. 노농老農의 숙련된 농사 기술을 전국에 골고루 확산시키기 위해 『농사직설』을 편찬하였다. 중국에서 가져온 의약서와 약재를 대신하기 위해 조선의 향약서를 편찬하였다. 농서와 의약서 편찬은 전형적인 민생 정책이다. 훈민정음 창제는 백성들의 의사소통의 편리함을 제공하기 위한 편민 정책이다. 훈민 정책은 백성들에게 법률과 유교 윤리를 가르쳐 통치의 근본을 튼튼히 하기 위한 것이다. 『신주무원록』 편찬 목적은 법망에 얽히거나 범죄에 희생된 백성들의 억울함을 줄이기 위함이고, 『삼강행실도』의 편찬 목적은 유교 국가 조선이 추구한 핵심 가치(충효열=삼강三綱)를 백성들에게 가르치기 위한 것이다. 세종은 민생을 위한 농서와 향약서, 법률서를 편찬하고 유교적 가르침을 베풀기 위해 윤리 교화서를 편찬했다. 민생과 훈민 정책을 함께 추구한 것이다. 세종의 훈민 정책은 훈민정음 창제의 중요한 배경이었다.

세종 대에 이르러 민생과 편민에 초점을 둔 정책이 시행된 데에는 이런 정책의 시행이 가능하게 된 역사적 배경이 있다. 고려 말과 조선 초에 걸쳐 원나라와 명나라로부터 한반도에 유입된 천문학 지식, 성리학 사상 등 외래의 과학 기술과 성리학의 수용으로 새로운 학술·문화 환경이 조성되었다. 조선은 성리학을 사상적 바탕으로 삼아 고려 말기의 권신 귀족과 불교가 빚은 폐단을 개혁하였다. 고려 말부터 이루어진 토지 개혁과 세종 대의 조세제도 개혁을 통해 국가 재정을 튼튼히 한 것은 국방 정책과 집현전 활성화 등 개혁 정책 시행을 위한 동력이 되었다. 조선 개국 초기에 일어난 왕자의 난을 거치면서 태종(이방원)이 왕위에 오른 후 태종은 조선의 정치적 안정을 이루어 냈다. 이를 이어받은 세종은 안으로는 조세법[貢法공법] 개혁, 농업 기술 개발, 천문학서 편찬과 천문 관측 기구 제작, 법률서 편찬 등 각종 통치제도를 확립했다. 세종 대에 편찬한 농서와 의약서의 보급은 민생을 향상시킨 정치적 의미가 크다. 농서 보급은 농사 기술을 향상하여 곡물 생산력을 높였고, 의약서 보급은 질병에 시달리는 백성의 고통을 덜어 주었을 것이다.

세종은 외래 학문의 수용을 통해 조선의 독자적 발전을 성취해 냄으로써 민생을 위한 여러 정책을 펼칠 수 있었다. 훈민정음 창제는 백성의 민생을 가장 중시한 세종의 여러 정책과 맥락을 같이한다. 세종은 『성리대전』과 『오경대전』 등의 성리학서를 중국에서 도입하여 연구했고, 성리학을 바탕으로 삼되 성운학, 천문학, 농업 기술, 의학 등 실용학문과 기술을 발전시켰다. 원元과 명明을 통해 보편 문명과 지식을 받아들여 이를 조선이란 국가 운영에 이용했으며, 여기서 더 나아간 창의적 성취(천문 기기 제작과 훈민정음 창제)를 이루어 냈다. 세종은 조세법 개혁, 농업 기술 개발, 천문학을 비롯한 과학 연구, 음악 제도의 정비, 새로운 문자 창제와 이를 통한 한자음 표기 등의 정책을 시행하여 큰 성과를 이루어 냈다. 이러한 정치적 배경과 시대적 환경, 성운학 연구, 이두를 대체할 고유문자의 필요성 등이 새로운 문자 창제의 토대가 되었고, 여기에 세종의 편민 정책, 세종의 학문적 능력, 정음 창제에 바쳐진 의지와 집중력 등이 한 덩어리가 되어 훈민정음 창제라는 과업을 달성해 낸 것이다. 세종은 기존의 한문을 국가 통치의 문자로 사용하면서 백성을 위해 새 문자를 창제하였다. 세종의 훈민정음 창제는 소리로 나라를 다스리는 정치(악치樂治 혹은 성교聲敎)에 이념적 기반을 둔 음악 제도의 정비 및 정간보의 창제와 공통성을 가진다.

세종은 천문 과학을 연구하고 천문 기구를 제작하여 중국 역법의 체계 아래 조선의 '時시'를 관리하는 제도를 만들었다. 조선의 時시를 관리한다는 것은 황제 국가 명나라의 국제적 위상을 사대 정책을 통해 수용하면서 조선의 문명 주체성을 지켜 가려는 정책 중의 하나이다.

세종은 유교적 왕도정치를 근간으로 삼아 농업, 과학, 조세법, 천문, 음률과 문자 등 여러 분야에서 백성을 위한 편민 정책과 조선 문명의 정체성을 강화하는 정책을 펼쳤다. 중국과의 차별화라는 측면에서 세종이 조선의 문명적 정체성과 정치적 주체성을 강화하기 위해 펼친 정책은 다음 세 가지로 요약된다. 조선국의 시조始祖 단군에 대한 제향을 독립시켜 그 위상을 높인 것, 정간보를 창안하여 조선 음악[鄕樂향악]과 아악을 정비한 것, 조선어를 적어 내기 위해 독자적인 문자 훈민정음을 창제한 것. 훈민정음 창제는 세종이 꾸준히 지향해 온 민생 정책 혹은 편민 정책이 세종 말년에 이르러 마지막으로 결실을 맺은 최고의 작품이라 할 수 있다.

제2장

훈민정음 창제 주체에 대한 새로운 접근

훈민정음의 창제 주체에 관한 연구는 이 주제로 연구사를 엮을 수 있을 만큼 논란이 분분하였다. 훈민정음의 창제 주체에 대한 학설의 정리도 이루어졌다.[1] 근간에 친제설이 점차 우세해지는 듯하나 친제설과 협찬설의 간극은 여전히 존재한다. 필자는 이 문제에 대한 새로운 접근 방법을 도입하여 두 주장의 타당성을 검증해 보고자 한다. 이 문제를 연구하기 위한 필자의 접근 경로(=연구 방법)는 다음 세 가지이다.

첫 번째 접근 경로는 세종이 훈민정음 창제 작업에서 직접 행한 내용이 무엇인지를 파악하여 '친제'의 내용 범위를 정하는 것이다. 이 작업을 먼저 하는 이유는 문자로서의 훈민정음 창제는 1443년이고, 『훈민정음』 해례본

1 이근수(1979/1987: 74-75)는 훈민정음 제정에 대한 기존의 학설을 다음 세 가지로 요약했다. 첫째, 세종의 밝은 지혜와 통찰력에 의하여 창제되었다는 설(김윤경, 최현배, 홍기문, 홍이섭, 小倉進平오구라 신페이). 둘째, 세종과 여러 학자들의 협찬으로 이루어졌다는 설(강신항, 김민수, 김완진, 박병채, 유창균, 이희승). 셋째, 여러 신하들과 상의하여 추진하였다는 설(이숭녕). 이상규(2013: 24-27)는 기존의 여러 학설을 친제설, 왕실 협력설, 집현전 학사 협찬설, 세종 친제 협찬설, 세종 창제 명령설 등 다섯 가지로 정리했다. 한재영(2017: 106-114)은 친제설과 친제협찬설을 중심으로 주요 학자들의 주장을 요약했다.

완성은 1446년임에도 불구하고, 후자 즉 해례본에 기술된 세밀한 부분까지 친제의 내용 범위로 본 선행 연구가 있기 때문이다. 친제의 내용 범위를 설정하기 위해 분석 대상으로 삼은 자료는 1443년 12월의 일을 기록한 세종실록의 정음 창제 기사와 『훈민정음』 해례본의 정인지 서문이다.

두 번째 접근 경로는 친제설과 협찬설(=비친제설)을 뒷받침하는 사료史料 및 문헌 기록의 신뢰도를 평가하는 것이다. 어떤 쟁점에 관련된 논란이 분분할 때에는 여러 학설 가운데 객관적 증거가 풍부하고 제시한 증거들의 신뢰도가 높은 주장을 택하는 것이 당연하다. '객관적 증거'란 사실(fact)을 기록한 문헌을 뜻한다. 그러나 문헌에 나온다는 기록만으로 객관적 증거가 되는 것은 아니다. 그 증거가 실린 문헌의 신뢰도를 고려해야 한다. 이 점을 감안하여 필자는 창제 주체에 관련된 문헌 기록을 모두 모아서 체계적으로 정리하고, 이들의 신뢰도를 평가하여 수치화하는 방법을 도입한다. 문헌 기록의 신뢰도를 평가하기 위해 문헌에 기록된 창제 관련 자료를 일일이 확인하고 해당 본문을 검토하였다. 아울러 해당 기록이 실린 문헌 자료의 기본 정보를 파악하고, 문헌 간의 영향 관계와 상관성을 점검하였다. 이러한 검토를 바탕으로 각각의 문헌 기록이 가진 신뢰도를 평가하여 점수를 부여하고, 그 점수를 합산하여 각 학설의 타당성을 수치로 표현하였다.

세 번째 접근 경로는 협찬설을 주장하는 분들이 내세운 '추론적 논거'를 분석하여 이를 정리하고, 추론적 논거의 타당성을 평가하는 것이다. 여기서 말하는 '추론적 논거'란 문헌상의 기록은 없지만 '개연성'이라는 측면에서 여러 학자들이 내세웠던 것이다. 이에 대한 점검과 타당성 검토가 필요하다.

본 장의 내용 구성과 논지의 전개 과정은 다음과 같다. 1절에서는 친제설, 협찬설, 친제협찬설의 대립과 그 쟁점을 정리한다. 2절에서는 앞에서 말한 세 가지 접근 경로를 각각의 소절로 나누어 자세히 논한다. 2.1절에서는 '친제'의 내용 범위 설정을 위해 정음 창제 기사와 예의例義의 내용을 분석한다. '친제'의 내용 범위를 설정해야 친제와 협찬의 뜻넓이를 분명히 할 수 있다. 2.2절에서는 창제 관련 문헌 기록을 종합 정리하여 각 문헌의 기초 정보 및 그 가치를 파악하고, 이를 근거로 각 문헌 기록의 신뢰도를 평가한다. 2.3절에서는 협찬설에서 내세우는 '추론적 논거'를 분석하여 이 논거의 타당성을 고찰한다. 객관적 증거와 추론적 논거를 종합적으로 검토한 후에 3절에서 필자의 결론을 제시한다.

필자의 이러한 시도는 훈민정음 창제 주체에 관한 새로운 학설을 내세우려는 것이 아니다. 친제설 혹은 협찬설과 관련된 객관적 증거와 추론적 논거의 타당성을 평가하여, 기존 학설을 음미함으로써 논란이 분분한 학설 중에서 어느 것이 설득력이 높은지에 대해 필자의 판단을 제시하는 것이 본 장의 목표이다. 선행 연구와 다른 연구 방법을 사용함으로써 이 쟁점이 해결 가능한 것임을 보여 줄 것이다.

1. 친제설, 협찬설, 친제협찬설의 대립

창제 주체와 관련한 여러 학설들을 크게 나누어 보면, 세종이 친히 만들었다는 친제설과 이것을 부정하는 비친제설로 나누어진다. 비친제설은 다시 둘로 구분되는바, 세종이 집현전 학사들[諺文八儒언문팔유]의 도움을 받아 만들었다는 협찬설[2]과 세종이 학사들에게 명하여 만들게 했다는 명제설命制說이 그것이다(이기문 1992: 3). 명제설은 최근(2020년대 기준)에 더 이상 거론되지 않는 것처럼 보이지만 1980~1990년 전후에도 나타난 주장이었다. 예컨대 이근수(1979 초판/1987 개정판: 73-98)는 훈민정음 제작에 대한 제설과 세

2 협찬의 주체를 세자(문종)로 보는 견해도 있다. 이 점은 뒤에서 언급할 것이다.

종 개인의 여러 문제를 자세히 검토한 후 "세종대왕이 훈민정음을 직접 창제했다는 기존의 설들은 세종의 주도하에 집현전 학사들에 의해서 창제되었다고 바로잡아야 할 것이다."(98쪽)라고 결론지었다. 이근수(1995: 181-182)에서도 창제 주체 문제를 거론하고 "세종에게는 훈민정음 창제의 정책적인 공이 있고, 실질적인 창제자는 정인지·신숙주 등 집현전 학사에게 있음"이라고 결론지었다. 이근수의 이런 결론은 명제설에 해당한다. 이근수의 연구에서 이용한 논거는 기존 연구에서 거론된 것과 다르지 않으며, 창제 직전에 세종이 앓았던 병증과 치료를 위한 온천 요양 등을 특히 강조하였다. 이기문(1992: 3)은 "역사적으로 보면, 명제설에서 협찬설로 흘러온 자취가 보인다."라고 지적한 바 있다. 이근수의 명제설은 '명제설에서 협찬설로 흘러온 자취'에서 벗어나 있다. 이성연(1994)의 주장 역시 비슷한 맥락에 놓여 있다.[3]

오늘날 한국의 보통 교양인에게 상식처럼 널리 퍼져 있는 설은 협찬설이다.[4] 이렇게 된 데에는 이기문(1992)이 지적하였듯이 주시경의 글이 큰 영향을 미쳤다. 주시경은 『대한국어문법』(1906)의 문답 형식의 글에서 "신숙주와 성삼문 등을 명하사 고전古篆과 범자梵字를 의방依倣하여 국문을 친히 만드사 이름을 훈민정음이라 하시고…."라고 하고, 이어서 "그때 국문 만드시는 일을 도운 이들이 누구뇨?"라는 물음을 던지고 그 답으로 신숙주·성삼문·정인지

3 이성연(1994)은 훈민정음 창제 과정을 초기 단계(창제의 착상, 협찬자 등용), 중간 단계(창제 착수, 용비어천가 편찬), 완성 단계(창제의 마무리, 사가독서, 창제 완료, 예의 완성), 이론 확립 단계(반대 상소문, 이론 확정, 요동 방문)로 세웠다. 이러한 단계와 그 내용은 협찬설과 명제설의 성격이 겹쳐 있다. 이론 확립 단계를 맨 뒤에 둔 것은 정음 28자를 모두 만들고 나서 제자 이론을 세웠다는 뜻이 되는데, 이성연의 이런 설명은 납득하기 어렵다.

4 이 점은 대중매체에서도 확인된다. 2011년 10월 9일 아침 6시 30분경에 방영된 '학자의 고향' 정인지 편(KBS1 TV)의 해설자는 처음에는 훈민정음을 세종이 만들었다고 했다가 이후 집현전 학사들을 시켜서 만들었다고 하는 등 두 가지 설을 뒤섞어 말했다. 심지어 성삼문과 신숙주가 요동에 왕래한 것이 훈민정음 창제를 위해서였다고 알고 있는 일반 학자들도 적지 않다.

세 사람 이름을 들었다. 주시경은 세종이 중심이 되고, 이 세 학자가 협찬하여 훈민정음을 창제했다고 본 것이다(이기문 1992: 2). 교육과 연구를 통해 영향력이 큰 주시경의 협찬설은 널리 확산되었다.

현대적 의미의 국어학 연구가 태동한 20세기 초기 이후의 국어학 학술 논저에서 친제설을 가장 먼저 내세운 학자는 홍기문(1946)이다. 그는 "훈민정음은 세종의 친제요 소위 諺文諸儒언문제유들은 그 실용을 준비키 위하야 활동한 데 지나지 않는다."[5]라고 단언하였다(홍기문 1946下: 5). 홍기문(1946下: 166)은 '협찬의 주요 인물'을 논하면서 "諺文八儒언문팔유로서 직접 훈민정음의 제작에 있어서는 누가 그 얼마만 한 협찬을 하였는지 모르거니와 문적에 나타난 바는 오직 해례와 동국정운의 편찬에 그칠 뿐이다."라고 하여 집현전 학사들의 역할을 해례본과『동국정운』편찬에 한정하였다.

주시경의 설이 남한의 일반인과 국어학자들에게 널리 퍼져 계승되어 온 것과 달리, 홍기문은 월북하였기 때문에 육이오 전쟁 이후 그의 논저들은 금서禁書가 되었고, 남한 학자들이 이용할 수 없었다. 이에 비해 주시경의 협찬설은 김민수(1964: 36), 허웅(1974: 57), 심재기(1985: 97), 일본의 고노 로쿠로 河野六郎(1989),[6] 서양 언어학자 등에게 받아들여져 광범위하게 퍼졌다(이기문 1992: 3). 이처럼 협찬설이 지배적이었던 흐름 속에서 친제설을 본격적으로 제기하고, 창제 주체에 관련된 여러 논거들의 타당성을 검증한 논문이 이기문(1992)이다.

협찬설의 주류主流에 친제설이 교차한 가운데, 안병희(2004)는 '친제협찬설'을 내세우며 돌파구를 찾으려 했다. 안병희(2004: 6)는 "창제 당시와 직후의 史料사료로 본다면 한글이 세종 혼자의 힘으로 창제된 사실은 의심할 여

5 홍기문에서 인용한 문장은 맞춤법과 띄어쓰기를 요즘에 맞게 고쳤다.
6 김민수(신국어학사), 허웅(한글과 민족문화), 심재기(한국 사람의 말과 글), 河野六郎(한글과 그 기원)의 논저는 이기문(1992)에서 재인용한 것이다.

지가 없어 보인다."라고 하였으나 세종이 창제했다고 하는 한글의 실체를 자세히 들여다보면 친제설만으로 설명하기 어려운 점이 있다고 하며, 해례본의 예의에 나타난 다음의 여러 가지 사항을 제시하였다.

* 조선어 음성들이 체계적으로 분류되어 있고, 초성자와 중성자의 자형이 단계적으로 만들어진 점.
* 예의에 종성 규정·순경음 서법·병서법·합자법·방점법 등에 대한 설명이 존재하는 점.[7]
* 예의에서 한글 28자를 예시하기 위한 한자 자모字母가 용의주도하게 선정된 점.
* 초성 23자모가 중성과 종성까지 설명하도록 절묘하게 고안된 점.
* 자모문자인 한글을 음절문자가 되도록 만든 부서법附書法.
* 부서법과 합자법에서 모아쓰는 필획의 순서(필순筆順)가 음성 연속을 이루는 자모 순서에 따르는 점.

안병희는 예의에 나타난 이처럼 정교한 규정을 지적하면서 세종 혼자서 이것을 만들기란 어렵다고 하고, 친제설보다 친제협찬설에 더 무게를 둔다고 하였다(안병희 2004: 5-12). 또한 그는 "이숭녕(1958), 고노 로쿠로河野六郎(1989), 강신항(2003)은 세종의 친제설을 부인하지는 않지만 집현전 학사들의 보필이나 협찬이 있었다고 주장한다."라고 하고, 이것을 '친제협찬설'로 이름 붙였다(안병희 2004: 6). 안병희(2004: 36)는 "세종이 중심에 서서 諺文八儒언문팔유의

7 이것은 예의에 기술된 "ㅇ連書脣音之下, 則爲脣輕音. 初聲合用則並書, 終聲同. 凡字必合而成音. 左加一點則去聲, 二則上聲, 無則平聲. 入聲加點同而促急."을 가리킨 것이다.

협찬으로 창제하였다는 것"이 '친제협찬설'의 의미라고 규정하였다.[8]

안병희의 이러한 설명에서 '친제'라는 말을 '협찬설' 앞에 관冠하여 '친제협찬설'이란 용어를 만든 까닭을 알 수 있다. 세종이 친제했다는 여러 사료의 기록으로 보아 '친제'는 분명한 사실이지만, 훈민정음 문자체계의 정교함과 심오함, 문자 운용법의 세밀한 규정들은 만기萬機를 총재하는 임금이 했다고 보기에 너무나 벅찬 일로 생각되기 때문에 '협찬'을 덧붙여 '친제협찬설'을 제안한 것이다. 국어학계에서 친제설과 협찬설이 서로 팽팽한 가운데 두 설을 절충해서 나온 친제협찬설은 상당한 설득력을 가진 것처럼 보인다.

훈민정음 문자체계를 세종이 친제했는가? 아니면 세종이 집현전 학사들 혹은 세자의 도움을 받아 창제했는가? 두 질문을 받고 전자를 긍정하면 '친제설'이고, 후자를 긍정하면 '협찬설'이다. '친제협찬설'은 두 질문에 대해 모두 긍정한 것이 된다. '협찬친제설'이든 '친제협찬설'이든, 이 둘은 '친제'이면서 동시에 '협찬'으로 훈민정음이 창제되었음을 의미한다. '친제'의 '親친'은 '몸소', '스스로'의 뜻을 지닌다. 세종이 '몸소' 만든 것이면서 동시에 '협찬'을 받았다는 뜻이 '친제협찬설'에 담겨 있다. '친제협찬설'이란 용어에 '친제'를 앞세운 것은 세종이 중심적 역할을 했음을 강조하기 위한 방편일 것이다. '친제협찬설'은 훈민정음 창제를 둘러싼 가장 현실적인 해법을 찾아보려는 노력의 산물이라고 평가받을 수도 있으나 '친제'와 '협찬'을 동시에 인정한 '친제협찬설'이란 용어에는 개념의 모호함 혹은 서로 충돌되는 개념의 모순성이 내재되어 있다.

---

8 안병희(2004: 6)는 "乙夜之覽(을야지람)이란 말과 같이 萬機之暇(만기지가)에 제왕이 스스로 연구하여 새로운 업적이나 제도를 이루어 내는 일은 한밤중에나 가능하였다. 한글 창제가 바로 그러한 乙夜之覽(을야지람)으로 되었다고는 믿어지지 않는다. 그리하여 세종이 창제의 중심에 있었으나 스스로 창립하여 길러낸 집현전 학사들을 동원하여 그 도움을 받았다는 것이다. 여기서는 親制協贊說(친제협찬설)이라 부르기로 한다."라고 친제협찬설의 뜻을 설명했다.

‘친제협찬설’이란 용어가 갖는 개념적 문제점을 피하려면 이 용어 대신에 ‘공동창제설’로 표현하는 방법이 있다. 선행 연구 중에 공동창제설이라 부를 만한 주장이 이미 나와 있다. 서병국(1973a/1978: 90)은 “정음은 세종과 동궁이 중심이 되어 창제하였는 듯하며, 해례를 지은 정인지·신숙주·성삼문·박팽년·최항·강희안·이개·이선로 등이 창제에 참가했다는 기록은 전연 없다.”라고 하였다. 정음은 ‘세종과 동궁이 중심이 되어 창제한 것’이라는 말은 세종·동궁 공동창제설에 가까운 표현이다. 김풍기(2012: 167)는 “훈민정음 창제는 세종 친제설과 집현전 학사들의 공동작이라는 설로 크게 구분되기는 한다. 양자 간의 참여 비율이 어느 정도일지 알 수는 없지만, 그들이 공조하여 창제하였다는 사실은 부인하기 어려울 듯하다.”라고 하여 세종과 집현전 학사들이 ‘공조하여 창제’했다고 표현했다. 이것은 가장 전형적인 공동창제설이라 할 수 있다. 후술할 〈표 3〉의 7번 항(성삼문의 동자습 서문)에는 세종과 문종이 훈민정음을 지었다고 말한 내용이 있다. 성삼문의 글을 공동창제설의 유력한 증거로 간주할 수도 있다. 그러나 8번 항(신숙주의 홍무정운역훈 서문)과 9번 항(강희맹의 최항 묘지명) 등에는 모두 세종 창제라고 하였다. 성삼문의 글 하나만으로 공동창제설을 내세우기에는 논거가 미약하다.

그런데 세종과 집현전 학사들이 공조共助한 것은 『훈민정음』 해례본의 편찬이다. 세종과 동궁 혹은 세종과 언문팔유의 공동창제설을 지지해 주는 증거는 단발적인 것에 그쳤다. 안병희 선생이 ‘공동창제설’이라 하지 않고 ‘친제협찬설’이란 용어를 만든 까닭은 이 점을 인지하고 세종의 중심적 역할을 드러내기 위함일 것이다.

필자는 훈민정음 창제 주체에 관한 여러 학설을 검토하여 그 문제점을 파악하였다. 이 문제점을 해결하기 위한 방안은 ‘친제의 내용 범위’를 설정하여 ‘친제’의 속뜻을 규정한 후에, 친제 여부를 판단하는 것이다. 다음 2절에서 이에 대해 논한다.

2. 새로운 접근을 통한 문제 해결 방안

2.1. 친제의 내용 범위 설정

"세종이 훈민정음을 친제했다."라고 말할 때 친제의 내용 범위를 어떻게 설정하느냐에 따라 친제설, 친제협찬설, 협찬설 등을 새롭게 볼 수 있다. 친제의 내용 범위 문제는 여러 주장이 갈라지는 교차점임에도 불구하고 이에 대한 자세한 고찰이 없었다. 필자는 친제의 내용 범위를 정함으로써 훈민정음 창제 주체에 대한 논란을 해소할 수 있다고 본다. 훈민정음 창제 당시(1443.12)에 이루어진 '친제의 내용 범위'를 파악하기 위해서 창제 직후 훈민정음에 대해 기록한 다음 두 자료를 분석해 보자.

㉮ 훈민정음 창제 기사

是月 上親制㉠諺文二十八字, 其字倣古篆, 分爲初中終聲, 合之然後乃成字, ㉡凡于文字及本國俚語 皆可得而書, 字雖簡要 轉換無窮, ㉠是謂訓民正音.(세종 25년 12월 30일 기사)

㉯ 해례본 정인지 서문

癸亥冬 我殿下 創制正音二十八字, 略揭例義以示之, 名曰訓民正音.

㉮는 이달(1443.12)에 임금이 언문 28자를 친제[9]했는데 그 자형은 고전을 모방했으며, 초성·중성·종성으로 나누어지고, 이를 서로 합한 후에 '字자'(음절자)가 이루어짐을 밝혀 놓은 기사이다. 창제 직후의 훈민정음이 갖춘 내용

9 ㉮의 '上親制(상친제)'가 ㉯에서 '我殿下 創制(아전하 창제)'로 바뀌어 있으나 친제라고 한 뜻은 양자가 같다.

요소(㉠)와 특성(㉡)을 기록한 것이다. [나]는 정인지가 『훈민정음』(1446)의 서문을 쓰면서, 계해년 겨울(1443.12)의 정음 창제 당시에 훈민정음이 갖춘 28자 문자체계와 임금이 28자의 예例와 의義를 간략히 써서 사람들에게 보여 준 사실을 기록한 문장이다. 두 기록은 창제 당시 훈민정음 문자체계가 가진 내용 요소를 보여 준다.

앞의 두 기사 [가][나]의 내용을 대비하기 위해 '略揭例義약게예의'의 '略例義약예의'를 재구성하면서 작성한 〈표 11〉[10]의 일부를 가져와 두 기록의 내용을 비교해 보이면 〈표 1〉과 같다.

〈표 1〉 훈민정음 창제 기사와 정인지 서문의 내용 비교

<table>
<tr><th>자료 / 항목</th><th>[가] 창제 기사의 내용
(1443)</th><th colspan="2">[나] 정인지 서문의 내용
(1443)</th></tr>
<tr><td>①문자 명칭</td><td>諺文(언문), 訓民正音(훈민정음)</td><td colspan="2">正音(정음),[11] 訓民正音(훈민정음)</td></tr>
<tr><td>②자모자 개수</td><td>二十八字(이십팔자)</td><td>二十八字
(이십팔자)</td><td rowspan="3">간략히 예의를 지어 보이심
[略揭例義以示之
약게예의이시지]</td></tr>
<tr><td>③음절 삼분법</td><td>음절은 초성·중성·종성으로 나누어짐
[分爲初中終聲분위초중종성]</td><td rowspan="2"></td></tr>
<tr><td>④음절 합자법
[성자법成字法]</td><td>음절자는 초성자·중성자·종성자가 합하여 이루어짐[合之然後乃成字합지연후내성자]</td></tr>
<tr><td>⑤자형의 특성</td><td>古篆(고전)을 모방함
[其字倣古篆기자방고전]</td><td colspan="2">상형하고 古篆(고전)을 모방함
[象形而字倣古篆상형이자방고전]</td></tr>
<tr><td>⑥문자의 특성</td><td>字雖簡要 轉換無窮
(자수간요 전환무궁)</td><td colspan="2">轉換無窮 簡而要 精而通
(전환무궁 간이요 정이통)</td></tr>
</table>

이 표에서 정인지 서문의 연도를 1443년이라 표기한 것은 이 서문의 내용(正音二十八字정음이십팔자, 略揭例義以示之약게예의이시지)이 '癸亥冬계해동'(1443년 겨울)에 이루어진 훈민정음의 글자 수와 세종의 행위를 기록한 것이기 때문

10 제1부 제1장 5.2절에서 보인 〈표 11〉(이 책의 192쪽)이다.

11 정인지 서문의 '正音(정음)'은 '訓民正音(훈민정음)'의 약칭으로 '正音(정음)'이 쓰였음을 보여 준다.

이다. ㉮창제 기사에 나타난 1443년 12월의 '훈민정음'이 갖춘 핵심 내용 요소는 다음과 같다.

* 새 문자체계의 이름은 훈민정음이다.
* 훈민정음은 28자이다.
* 음절자는 초성, 중성, 종성으로 나누어진다. (음절 삼분법)
* 초성자, 중성자, 종성자를 합쳐서 음절자가 이루어진다. (음절 합자법)

㉮창제 기사는 1443년 12월 창제된 훈민정음이 28자로 구성된 문자체계이고, 음절 삼분법과 음절 합자법이라는 핵심 요소를 갖추고 있음을 알려준다. 훈민정음의 28자는 물론 28자 중의 초성자, 중성자, 종성자를 서로 합쳐서 음절자를 구성하는 서법書法까지 갖추고 있었던 것이다.[12]

㉯정인지 서문에는 정음이 28자로 되어 있고, ③과 ④의 내용이 없는 대신에 세종이 간략히 예의를 지어[略揭例義약게예의] 다른 사람에게 보이셨다고 기록하였다. '略揭例義以示之약게예의이시지'라는 구절은 대단히 중요한 의미를 갖는다. 이 구절은 1443년에 세종이 직접 쓴 훈민정음 28자의 예의例義[13]가 존재했음을 기록한 것이다. 창제 당시(1443.12)에 세종이 써서 사람들에게 보인 예의는 전하지 않는다. 그러나 『훈민정음』 해례본(1446.9)에 들어간 예의가 남아 있다. ㉮창제 기사의 내용과 현전 해례본의 예의를 비교해 보면 1443년 12월경에 세종이 '약게예의'한 약예의略例義의 내용을 미루어 짐작할 수 있다. 〈표 2〉 ㉰해례본의 예의는 1446년 9월에 완성된 『훈민정음』에 실린 것이다. 우리는 ㉰의 내용을 ㉮㉯와 비교함으로써 1443년에 세종이 지어

12 이 시기의 훈민정음을 집짓기에 비유한다면, 지붕과 대들보 그리고 이들을 받치는 기둥이 완성되는 등 기본 구조가 갖추어진 모습이라 하겠다.

13 이것을 제1부 제1장 5.2절에서 '약예의'라 칭했다.

보이신 ㉣약예의에 포함되어 있었던 내용을 추론하여 재구성할 수 있다. 추론한 결과가 〈표 2〉의 ㉣재구성한 약예의의 내용이다.

〈표 2〉 창제 기사(1443.12)와 『훈민정음』 예의(1446.9)를 대조하여 재구성한 약예의의 내용

자료 / 항목	㉢ 해례본 예의의 내용 (1446)	㉣ 재구성한 약예의의 내용 (1443)
①자형과 음가 예시	28자의 자형 및 음가 예시 (ㄱ牙音如君字初發聲 등)	28자의 자형 및 음가 예시[14]
②종성법	종성부용초성 팔자가족용	종성부용초성
③성음법 (음절 합자법)	음절 합자법 (凡字必合而成音)	음절합자법
④부서법 (음절자 서법書法)	음절자 쓰는 법(부서법) (ㆍㅡㅗㅜㅛㅠ附書初聲之下 ㅣㅏㅓㅑㅕ附書於右)	음절자 쓰는 법(부서법)
⑤연서법	서로 다른 초성자를 세로로 쓰기(합용병서 ㅸ, ㅱ)	?
⑥합용법	서로 다른 초성자를 가로로 쓰기(합용병서) (초성 및 종성에 적용[初聲合用則並書終聲同])	?
⑦각자병서법	같은 초성자를 가로로 쓰기(각자병서)(한자음의 전탁음을 표기함. ㄲ, ㄸ 등)	?
⑧방점법	점의 수로 성조를 표시함 加點法(가점법)	?

〈표 2〉㉣의 세부 사항에 대해 좀 더 자세히 설명한다. 28자의 자형과 각 자모자의 음가를 예시하여 설명한 내용이 〈표 2〉의 ①자형과 음가 예시이다. 정인지가 계해년 겨울(1443.12)에 임금이 예의를 지어 보이셨다고 증언했으므로 28개 자를 하나하나 차례로 배열하여 각각의 자형과 그 음가를 기술한 내용이 약예의에 있었을 것이다. 이 내용이 약예의의 핵심이다.

14 재구성한 두 개의 약예의 안 중에서 28자 안을 중심으로 논한다. 음가 예시용 한자(君 군 등)가 해례본의 예의와 같다고 보기는 어렵다.

②종성법의 종성부용초성, ③성음법(음절 합자법), ④부서법(음절자 서법書法)은 약예의에 있었음이 확실하다. ㉮창제 기사에 음절 합자법과 음절 삼분법이 명시되어 있기 때문이다. ②종성법의 '종성부용초성'은 종성을 따로 만들지 않고 초성자를 가져다 종성자로 쓴다는 종성 제자 규정이다. '종성부용초성'이라는 제자 규정을 결정하지 않고서는 정음자 개수를 28자로 확정할 수 없다. 따라서 '종성부용초성' 규정은 1443년 12월의 약예의에 존재했음이 확실하다. 〈표 2〉㉱의 약예의 내용 ②종성법에서 '종성부용초성'만 표시하고 '팔자가족용'을 뺀 것은 해례본 어제 예의에 '종성부용초성'이 명시되어 있고, 『용비어천가』의 가사 표기와 『석보상절』, 『월인천강지곡』의 종성자에 ㅍ, ㅊ 등을 표기한 예가 있음을 고려한 것이다. ④부서법은 삼분법과 합자법을 전제로 한 서법이다. 부서법은 초성과 중성을 결합할 때 초성이 놓이는 위치를 결정한 원리이므로 이것은 ③성음법(초성+중성+종성)의 세부 사항에 해당한다. 따라서 부서법도 1443년 12월의 약예의에 존재했다고 본다.

그런데 ⑤연서법, ⑥합용법, ⑦각자병서법, ⑧방점법은 약예의에 있었는지 판단하기 어렵다. ㉮창제 기사에 이들에 대한 언급이 없기 때문이다. 그래서 〈표 2〉에 '?'를 붙인 것이다. 1444년 2월 16일 세종실록 기사에 운회 번역 사업팀이 꾸려져 한자음 번역 사업을 시작한 것으로 보아, 한자음 전탁음 표기에 이용된 ⑦각자병서법은 약예의 작성 단계에서 정해져 있었을 듯하다. ㉮창제 기사의 "文字及本國俚語, 皆可得而書문자급본국이어, 개가득이서"는 훈민정음으로 한자음[文字]과 고유어[本國俚語본국이어]를 모두 표기해 낼 수 있음을 말한 것이다.[15] 한자음 표기 방안을 마련한 것처럼 말하고 있다.

---

15 강길운(1972: 6-7)은 '文字(문자)'가 쓰인 몇몇 예문을 분석한 맥락에서 "文字及本國俚語(문자급본국이어)"에서 '文字(문자)'는 한자(漢字)와 한어(漢語)를 가리키며, "고유어를 뜻하는 '本國俚語(본국이어)'보다 한자어음을 뜻하는 '文字(문자)'가 앞세워 기록되었다는 사실은 훈민정음 창제의 주목적이 한자음의 표기에 있었다는 심리적 반영"이라고 주장했다.

①자형과 음가 예시에서 논란이 될 수 있는 부분은 각 자모자의 음가 예시용 한자가 해례본(1446.9)의 예의와 약예의(1443.9)에서 동일하게 쓰였는가라는 문제이다. 이 문제는 동국정운식 한자음 표기법이 정해진 시기와 맞물린 것이어서 신중한 접근이 필요하다. 필자의 잠정적 소견은 『훈민정음』 예의의 음가 예시용 한자(君快業군쾌업/斗呑那두탄나 등)와 동일한 한자가 약예의에도 쓰였는지 판단하기 어렵다는 것이다. 이 문제를 고찰함에 있어서 창제 기사가 실린 1443년 12월 30일로부터 한 달 반이 지난 1444년 2월 16일 세종실록 기사[16]에 최항 등에게 운회 번역을 명한 사실을 예의 주시할 필요가 있다. 번역 사업에 참여한 최항, 박팽년, 신숙주, 이선로, 이개, 강희안의 이름과 이 일을 감장監掌토록 한 동궁, 진양대군, 안평대군의 이름까지 이 기사에 나와 있다. 운회 번역을 위한 팀이 짜여진 점으로 보아 이 사업이 1444년 2월 16일 이전에 계획되었음을 알 수 있다. 훈민정음 창제 기사가 실린 지 한 달 반도 안 되는 시기에 운회 번역 사업을 시작한 것은 두 가지 사실을 암시한다. 하나는 훈민정음을 이용한 한자음 표기 방안이 '일정한 수준'에서 구상되어 있었기에 운회 번역 사업에 착수하였을 것이라는 점이다. 다른 하나는 『동국정운』 편찬도 이때 계획되어 있었다는 점이다. 운회 번역팀이 꾸려진 날(1444.2.16)로부터 4일 뒤에 최만리 등이 언문 반대 상소를 올렸다(1444.2.20). 이 상소문을 접한 세종이 최만리 등을 불러 말한 내용 중에 "내가 운서를 바로잡는다.[予正其韻書]"라는 말이 있다.[17] 이 말은 『동국정운』 편찬도 이때 이미 구상하고 있었음을 보여 준다.

---

16 命集賢殿校理崔恒, 副校理朴彭年, 副修撰申叔舟·李善老·李塏, 敦寧府注簿姜希顔等, 詣議事廳, 以諺文譯《韻會》, 東宮與晉陽大君 瑈, 安平大君 瑢監掌其事. 皆稟睿斷, 賞賜稠重, 供億優厚矣. (세종 26년 2월 16일 기사)

17 이 표현이 나오는 문장은 "만일 내가 그 운서를 바로잡지 아니하면 누가 이를 바로잡을 것이냐.[若非予正其韻書, 則伊誰正之乎.]"이다.

가나다의 내용 비교를 통해 〈표 2〉의 8개 항 중 4개 항(①~④)이 1443년 12월 창제 당시에 세종이 작성한 약예의에 갖추어져 있음이 밝혀졌다. 1443년 12월에 창제한 내용 범위에 이 4개 항이 포함되어 있음을 검증한 셈이다. 이 4개 항은 신제新制 문자가 갖춘 핵심 요소이다. ⑤연서법, ⑥합용법, ⑦각자병서법은 이미 만든 자모자를 합성하는 서법이어서 제자制字 원리가 아니라 운용법에 해당한다. ⑧방점법은 소리의 높낮이를 표기한 것이라 정음 28자 체계에 들어가지 못한다. 따라서 ⑤~⑧의 규정이 약예의에 포함되지 않았다 하더라도 1443년 창제 당시의 훈민정음 문자체계는 기본 틀이 모두 갖추어진 것이라 할 수 있다. 1443년 12월 창제 당시의 훈민정음 문자체계가 이 정도의 내용을 갖춘 것이라면 훈민정음을 세종의 '친제'로 간주할 수 있다.

'친제'의 내용 범위에 대한 이러한 고찰을 바탕으로 안병희(2004)의 설을 더 검토해 보자. 친제협찬설을 주장한 안병희(2004: 5-12)는 '창제 한글의 실체'라는 소절에서 현전 해례본의 예의 내용을 자세히 고찰하면서 창제의 내용을 논했다. 초성 23자모가 중성과 종성을 설명하도록 절묘하게 고안된 점,[18] 종성법·병서법·순경음·방점법 규정이 치밀하게 예의에 제시된 점, 부서법과 합자법 규정으로 자모문자를 음절문자처럼 쓰도록 한 사실[19] 등을 창제 내용 범위에 포함시키고, 이런 수준의 작업은 세종 혼자서 이루어 낼 수

18 안병희(2004: 9-11)는 종성자가 없는 '快(쾌)'와 '虯(뀨)'의 예외적 선정, 종성자 ㅂ의 예시 한자로 '挹(읍)'과 '業(업)'이 선정된 점을 특히 강조하고, 해례본 예의의 치밀함을 자세히 논하였으며, 이런 치밀한 고려는 세종 혼자 감당할 수 없다는 결론을 내렸다. 해례편에 나타나 있는 자모자 음가 예시용 한자 선정을 협찬설의 논거로 삼은 것이다. 자모자 음가 예시용 한자는 어제 예의에 들어가 있기 때문에 세종이 작성한 것이라고 볼 수밖에 없다. 그러나 해례편 작성 과정에 언문팔유의 숙고가 여기에 더해지면서 더욱 짜임새 있는 구성으로 다듬어졌을 듯하다.

19 안병희(2004: 11-12)는 합자법 규정에 의해 자모자의 배열이 좌→우, 상→하 등으로 일정치 않지만, 자모자를 쓰는 필순이 음성 연속의 순서가 그대로 반영된 점을 높이 평가하고, 이런 교묘한 방법은 세종 혼자서 창안하기 어려운 것이라고 보기도 했다.

없다고 하였다. 특히 안병희(2004: 8)는 예의에서 초성 17자와 각자병서 6자를 나타낸 23개 자모자가 『동국정운』 초성 자모자와 동일한 점을 지적하고, 세종이 예의를 혼자 만들었다면 세종은 1443년 이전에 우리나라 한자음을 정리하고 교정하여 『동국정운』 초성체계를 '혼자서' 결정했다고 해야 하는데, 세종이 아무리 탁월한 운학韻學의 학식을 가지고 있었더라도 바쁜 정사政事의 틈틈이 그것을 이루어 내기 어려웠을 것이라고 주장했다.[20]

안병희의 친제협찬설은 정음자의 운용 규정(종성법·병서법·순경음 표기)과 초성자의 음가 예시를 위해 선정한 한자, 동국정운식 한자음 표기 규정 등 세밀한 부분까지 창제의 내용 범위에 넣어서 나온 주장임을 알 수 있다. 말하자면 친제협찬설은 신제 문자의 표기법과 운용법까지 '창제'의 내용에 넣어 그 범위를 넓고 세밀하게 잡은 것이다. 여기에 더하여 세종이 국왕 직무를 수행해야 하는 처지를 고려하여, 이처럼 복잡하고 어려운 문자 창제 일을 혼자서 해냈다고 보기 어렵다고 하였다. 최만리의 언문 반대 상소문 내용과 세종이 상소자들을 불러 꾸짖는 대화문에 김문과 정창손이 정음 창제를 일찍부터 알고 있었다고 추정하면서, 세종은 경연 자리를 통해 집현전 학사들의 협찬을 받았다고 보았다(안병희 2004: 12-23). 안병희(2004: 15)는 경연과 한글 창제를 관련시켜 "따라서 10명의 학사와 거의 매일 행하는 경연의 자리에서 한글 창제가 논의되었을 것이고", "세종은 학문을 좋아하여 적어도 한글 창제 전후까지 집현전 학사와 한밤에 이르도록 학문을 논하였다는 기사가 있다."라고 그 증거를 들었다. 그러나 이러한 기술은 문제가 있다. 경연을 종합적으로 연구한 권연웅(1982: 80)에 의하면 세종 21년 3월경 왕의 건강이 나빠져 경연을 폐하였고, 세종 32년에 서거할 때까지 열지 못했다. 세종 25년

20 그러나 세종은 1442년(세종 24) 7월에 첨사원(詹事院)을 설치하였고 첨사원 조직이 안정된 9월 3일 이후 정무의 상당 부분을 세자에게 넘겼다. 이때부터 세종은 시간적 여유를 얻은 것이다. 이 문제는 제4부 제4장 2.3절(이 책의 889쪽)에서 자세히 다룬다.

에 창제된 훈민정음은 경연과 무관한 것이다. 그러나 집현전 학사 김문과 정창손에게 훈민정음 창제와 『삼강행실도』 번역에 대한 의견을 물어본 사실이 있었다. 이 자리의 실체가 무엇인지 세종실록에 나타나 있지 않으나[21] 경연은 아니었을 것이다.

제1부 제1장 5.2절('약예의'의 내용 재구성) 및 제2부 제1장 2.1절(우리말 음절의 표현 양상)에서 『훈민정음』 해례본의 완성 시점(1446.9)에 동국정운식 한자음 표기법의 하나인 이영보래법以影補來法은 정해지지 않았음을 언급한 바 있다. 세종이 '약예의'를 지어 보인 1443년 12월의 훈민정음 문자체계가 동국정운식 한자음 표기의 세부 규정(특히 이영보래법)까지 갖추지 못했음은 확실하다. 1446년 9월에 『훈민정음』 해례본이 완성된 직후 『동국정운』의 간행을 명한 즈음(1447.9.29)에 동국정운식 한자음 표기가 확정되었다. 1443년 12월경의 훈민정음 문자체계가 동국정운식 한자음 표기를 위한 세부 규정을 갖추지 못했다고 하여 훈민정음을 세종이 친제한 것이 아니라고 말한다면 이는 지나친 비약이라 아니할 수 없다.

병서법·순경음 등 해례본의 예의에 나타나 있는 세부 규정까지 1443년 세종이 작성한 약예의에 갖추어져 있었을 가능성은 낮다. 1443년 12월과 1446년 9월 사이에 약예의의 음가 예시용 한자가 재검토되고 여러 가지 세부 규정이 첨가되었을 것이다. 정음해례편의 종성해에서 '팔자가족용'(然ㄱㆁㄷㄴㅂㅁㅅㄹ八字可足用也연ㄱㆁㄷㄴㅂㅁㅅㄹ팔자가족용야)이란 단서 조항이 추가됨으로써 예의에 제시된 '종성부용초성' 원칙이 수정되었다. 팔종성법은 창제(1443.12) 후 이 문자를 실용해 보는 과정에서 발생한 문제점(표기상의 어려움)을 해소하기 위해 1443년 12월에 정한 원칙(종성부용초성)을 1446년 9월의 『훈민정음』

21 안병희(2004: 12-23)는 '창제기록의 불투명성과 투명성'이란 소절을 별도로 두고, 실록에 나타난 불투명한 기사의 사례를 들고 훈민정음 창제 관련 기사는 상대적으로 투명한 편이라고 하였다.

해례본에서 수정한 것이다. '종성부용초성' 원칙은 기본적으로 '문자 창제'(제자법)에 관한 것이지만 '팔자가족용' 규정은 '문자 운용'(운용법)에 관한 조항이다. 〈표 2〉의 ⑤연서법, ⑥합용법, ⑦각자병서법도 문자 창제가 아니라 문자 운용법에 관한 것이다. ⑤⑥⑦과 같은 문자 운용법 규정이 약예의에 들어가 있지 않았다고 해도 이것이 세종의 친제를 부정할 만한 논거는 되지 못한다.

강창석(2012a: 20)은 "세종 25년 12월에 공개된 '예의'의 내용은 『훈민정음』 본문과 상당히 달랐을 가능성이 높다고 판단하였다. 예의 공개 이후, 한자음 교정 등의 정책 변화로 말미암아 문자의 명칭과 체계 등에 상당한 변화가 있었던 것으로 보기 때문이다."라고 하였다. 1443년에 세종이 작성한 약예의가 1446년에 완성된 『훈민정음』 해례본의 예의와 어떤 차이가 있는지 상세히 말하기는 어렵다. 그러나 〈표 1〉과 〈표 2〉에서 본 바처럼 기록된 사료를 분석하고, 이를 해례본의 예의와 비교함으로써 창제 당시에 훈민정음이 갖춘 내용 범위를 정할 수 있었다. 필자의 소견으로 1446년 해례본의 예의는 세종이 1443년에 작성한 약예의를 바탕으로 삼고, 언문팔유의 손을 거쳐 '약간' 다듬어진 결과물인 듯하다. 세종이 작성한 약예의가 현전 해례본의 그것과 동일한 것이 아닐지라도 여기에는 훈민정음 28자가 담겨 있음이 명백하고, 음절 삼분법과 합자법 규정도 갖추어져 있다고 판단한다. 1443년 12월의 약예의가 갖춘 내용으로 보아 훈민정음을 세종 친제라고 간주하는 데 모자람이 없다고 생각한다.

훈민정음 창제(1443.12) 즈음에 일어난 사건들(운회 번역과 이서에게 언문 가르치기 등)이 최만리 등의 언문 반대 상소문에 기록되어 있다. 그러나 이 상소문에는 창제 과정에서 일어난 일이나 집현전 학사들이 세종을 도왔다는 언급은 전혀 없다. 그런데 최만리 등의 상소문 내용 중에는 나름대로 중요한 정보가 있다. 초수리에 거둥하실 때 모든 일을 간략하게 하시고, 공무도 모두 의정부에 맡겨 두고서 오직 언문 일만 행재소에서 급급汲汲하게 하시어 성궁聖躬의 조섭調攝에 지장이 되고 있음을 지적한 내용이 관심을 끈다. 최만리 등이 지적한 일들은 상소문을 올린 1444년 2월 20일 이전에 일어났던 것이다. 이는 1443년 즈음에 세종이 모든 공무를 멀리하고 오로지 정음 일에 잠심했음을 증언한 것이다. 그리고 동궁이 성학을 궁구해야 하는데 언문에 연루된 일로 인해 학업에 손실이 됨을 염려하는 내용이 상소문 끝항에 나와 있다. 이 내용은 1444년 2월 즈음에 세자가 세종을 도와 언문 관련 사업에 참여했음을 알려 준다. 그러나 이때는 정음 창제가 끝난 뒤이니 세자가 한 일은 정음 창제와 관련된 것이 아니라[22] 운회 번역 사업과 관련된 것으로 봄이 적절하다.[23]

집현전의 언문팔유는 정음해례편 편찬을 통해 훈민정음 문자체계의 제자 원리와 성리학적 배경을 해설하고, 문자 운용법을 검토하여 세밀한 규정을 마련하였으며, 이것을 문장화함으로써 『훈민정음』 해례본 편찬을 '협찬'하였다. 비유하자면, 훈민정음이란 제품은 세종이 만들었고(=창제했고), 언문팔유는 이 제품에 대한 해설서를 짓는 작업 단계에서 세종을 도운 것이다. 『훈민정음』 해례본 편찬을 기준으로 세종의 역할과 언문팔유의 역할을 구별하여 친제설과 협찬설의 쟁점을 정리하면 문제가 단순해진다. 해례본의 정음편(어제 서문+예의)은 세종 친제이다. 정음해례편(5해1례+정인지 서문)은 세종의 지도를 받아 언문팔유가 찬술한 것이다. 언문팔유는 정음해례편의 지음을 협찬한 것이다.

『동국정운』 서문을 지은 신숙주는 "옛사람이 편성한 음운과 제정한 자모를 가지고 합쳐야 할 것은 합치고 나눠야 할 것은 나누되, 하나의 합침과 하

22 이렇게 말하는 까닭은 훈민정음 창제가 1443년 12월 혹은 그 직전에 이미 완료되었기 때문이다. 이에 대한 자세한 고찰은 제1부 제1장의 1절 '훈민정음의 완성과 반포'(이 책의 90쪽)를 참고하기 바란다.

23 이에 대한 자세한 설명은 제4부 제4장의 2.3절(이 책의 889쪽)을 참고하기 바란다.

나의 나눔, 한 성음과 한 자운마다 모두 임금님의 결재를 받았다."[24]라고 하여, 성운의 분류에 세종이 지침을 내렸음을 증언해 놓았다. 또 이 서문에는 "성상께서 성운에 마음을 두시고 예와 지금의 음을 참작하시어 지남指南을 만드셨다."[25]라는 내용도 있다. '지남指南'이란 '지침指針'과 같은 말이니, 세종이 기본적 방향과 지침을 결정했음을 뜻한다. 정음해례편의 찬술 작업도 이러한 방식으로 진행되었을 것이다. 예컨대 어제 예의에 없는 '팔자가족용' 규정이 정음해례편에 추가되어 있는데, 이러한 일은 반드시 세종의 재가를 받아 이루어졌을 것이다. 이 규정뿐 아니라 세종은 언문팔유가 지은 정음해례편의 초고草稿를 자세히 검토하고 용어와 문장 표현을 직접 고치거나 수정을 위한 지침을 내렸을 것이다. 세종은 해례본 편찬 과정에서 언문팔유와 대화하며 제자 원리와 방법에 대해 자세히 설명해 주었을 것이다. 주요 사항에 대한 지침을 제시했을 것이고, 문제가 되는 부분은 편찬 참여자의 의견을 들어서 수정했을 것이다. 이 점을 보여 준 예가 '팔자가족용' 추가이다. 언문팔유의 '협찬'을 받아 세종이 최종 재가한 것이 정음해례편(특히 5해1례)인 것이다. 이러한 작업 과정을 표현하는 데는 '御定어정'이란 용어가 적합하다. 정음해례편은 '御定어정'이라고 함이 정확한 표현이다.

언문팔유가 협찬한 것은 정음해례편의 찬술이다. 특히 자모자의 음가를 예시한 한자가 『동국정운』의 것과 일치하도록 만드는 작업과, 성리학 및 성운학의 이치로 제자론을 문장화하는 작업에서 언문팔유의 도움이 많았을 것이다. 이런 정도의 협찬 혹은 도움을 두고 훈민정음 '창제'를 언문팔유가 '협찬'했다고 볼 수 없다는 것이 필자의 생각이다. 안병희(2004)에서 추정했듯이 창제 과정에서 집현전 학사들이 훈민정음의 원리에 대해서 알고 있었

24 乃因古人編韻定母, 可併者併之, 可分者分之, 一併一分, 一聲一韻, 皆禀宸斷. (동국정운 서문)

25 聖上 所以留心聲韻, 斟酌古今, 作爲指南. (동국정운 서문)

고, 군신 간의 대화를 통해 이들의 의견이 세종에게 수용된 점이 있다고 가정하더라도 이런 사실 때문에 세종 '친제'가 부정될 수 없다고 생각한다.

2.2. 창제 관련 문헌 기록의 분석 및 신뢰도 평가

친제설과 협찬설에 관한 쟁점을 해결하기 위한 두 번째 접근 경로는 훈민정음 창제 주체와 관련된 문헌의 기록을 분석하고, 그것의 신뢰도를 평가하는 것이다. 이를 위해 필자는 선행 연구 논저에서 언급된 여러 문헌 기록을 조사하여 다시 확인하고, 해당 문장을 분석하였다. 분석한 문헌 자료와 기록의 내용을 〈표 3〉으로 요약하여 제시하고, 각 문헌의 신뢰도를 차례대로 논한다. 〈표 3〉의 문헌명과 해당 내용은 안병희(2004), 이기문(1992), 이상규(2013, 2016) 등의 선행 연구를 참고하여, 필자가 '한국고전종합DB'를 검색하고 영인본과 관련 논저를 찾아 원문과 번역문을 확인한 것이다. 창제 주체와 직접 관련된 내용에는 밑줄을 그어 표시했다.

1) 창제 관련 문헌 기록(=객관적 증거)의 종합 정리

〈표 3〉 창제 관련 문헌 기록의 종합 및 내용 요약

번호	출전 문헌	내용	연대
1	훈민정음 창제 기사 (세종실록 25.12.30)	이달에 임금이 친히 언문 28자를 지었다. 是月 上親制諺文二十八字, 其字倣古篆, 分爲初中終聲, 合之然後乃成字, 凡于文字及本國俚語 皆可得而書, 字雖簡要 轉換無窮, 是謂 訓民正音	1443
2	2-1. 최만리 등의 상소문(세종실록 26.2.20)	"계달하는 공무(公務)를 의정부(議政府)에 맡기시면서 언문 같은 것은 국가의 급하고 부득이하게 기한에 미쳐야 할 일도 아니온데, 어찌 이것만은 행재(行在)에서 급급하게 하시어 성궁(聖躬)을 조섭하시는 때에 번거롭게 하시나이까?" 至於啓達公務, 亦委政府. 若夫諺文, 非國家緩急不得已及期之事, 何獨於行在而汲汲爲之, 以煩聖躬調燮之時乎? 臣等尤未見其可也	1444
	2-2. 최만리 등에 대한 세종의 질타 (세종실록 26.2.20)	"너희들이 설총은 옳다 하면서 군상(君上)이 하는 일은 그르다고 하는 까닭은 무엇이냐?" 汝等 以薛聰爲是 而非其君上之事 何哉	1444

번호	출전 문헌	내용	연대
2	2-3. 최만리 등에 대한 세종의 질타 (세종실록 26.2.20)	"(정음 창제는) 내가 늙그막에 날을 보내기 어려워 서적을 벗 삼아 한 일인데, 어찌 옛것을 싫어하고 새것을 좋아해서 한 일이겠느냐." 予老來難以消日, 以書籍爲友耳, 豈厭舊好新而爲之	1444
3	훈민정음 완성 기사 (세종실록 28.9.29)	이달에 훈민정음이 완성되었다. 是月 訓民正音成	1446
4	해례본, 어제 서문(세종실록 28.9.29)	"내가 이를 딱하게 여겨 새로 스물여덟 자를 만들었으니" 予爲此憫然 新制二十八字	1446
5	해례본, 정인지 서문	계해년 겨울에 우리 전하께서 정음(正音) 28자를 창제하여 예의(例義)를 간략히 들어 보이시고 이름을 훈민정음이라 하였다. 癸亥冬 我殿下創制正音二十八字, 略揭例義以示之, 名曰訓民正音.	1446
6	해례본 제자해	아! 정음(正音)을 만듦에 천지만물의 이치가 모두 갖추어져 있으니, 그 신령함이여. 이는 하늘이 성상(聖上)의 마음을 열어 손을 빌린 것이로다! 吁, 正音作而天地萬物之理咸備, 其神矣哉是殆天啓聖心而假手焉者乎.	1446
7	성삼문『동자습』서문	우리 세종과 문종께서 이 점을 개탄하시어 훈민정음을 지으시니, 천하의 모든 소리를 비로소 다 표기하지 못할 것이 없게 되었다. (…중략…) 두 임금님의 제작이 신묘하여 백대에서 높고 빼어남을 볼 수 있다. 我世宗文宗 慨然念於此, 旣作訓民正音, 天下之聲, 始無不可盡矣. (…중략…) 有以見二聖制作之妙, 高出百代.	1453
8	신숙주『홍무정운역훈』서문	우리 세종 장헌대왕께서 운학에 뜻을 두시어 깊이 연구하시고 훈민정음 약간 자를 창제하시니 사방 만물의 소리가 전할 수 없는 것이 없게 되었다. 我世宗莊憲大王 留意韻學 窮硏底蘊 創制訓民正音若干字 四方萬物之聲 無不可傳	1455
9	강희맹 최항 묘지문	세종께서 언문을 창제하시고, 대궐 안에 관청을 열어 친히 이름 있는 유학자 8인을 가려 뽑아『훈민정음』과『동국정운』등의 책을 만드는 일을 관장케 하셨다. 世宗創制諺文, 開局禁中, 親揀名儒八員, 掌制訓民正音, 東國正韻等書.	1486
10	서거정 최항 묘비명 (『태허정집』수록)	세종께서 처음 언문을 지으셨다. (…중략…) 이에 항의하여 상소를 올린 극론자가 있음에 이르러, 세종께서 공(최항)과 신숙주 등에게『훈민정음』과『동국정운』등의 책을 짓도록 명하고 그 일을 맡게 하셨다. 英陵初制諺文 (…중략…) 至有抗疏極論者 英陵命公及申文忠公叔舟等 掌其事 作訓民正音東國正韻 等書	1486
11	임원준『보한재집』서문	세종께서 언문을 창제하시고 궐내에 부서를 두고 친히 이름 있는 유학자를 가려 뽑아 해례를 짓게 하시어 사람들이 쉽게 깨치게 하셨다. 世宗創制諺文, 開局禁中, 親揀名儒, 著爲解例, 便人易曉.	1487
12	강희맹「문충공행장」(『보한재집』부록)	상(上)께서 본국의 음운이 중국어와 비록 다르나 그 아설순치후와 청탁, 고하는 중국과 같지 않음이 없고 열국(列國)이 다 국음(國音)의 글을 가져 국어를 기록하고 있는데 우리나라만 홀로 없다고 하여 언문자모 28자를 어제하시고, 금중(禁中)에 국을 설치하여 문신을 가려 뽑아 (『훈민정음』해례본,『동국정운』,『홍무정운역훈』등을) 찬정케 하셨는데, 공(신숙주)이 직접 임금의 재가를 받았다. 上以本國音韻與華語雖殊, 其牙舌唇齒喉清濁高下. 未嘗不與中國同. 列國皆有國音之文, 以記國語, 獨我國無之. 御製諺文字母二十八字, 設局於禁中, 擇文臣撰定, 公實承睿裁.[26] (本國語音註僞, 正韻失傳. 時適翰林學士黃瓚以罪配遼東. 乙丑春, 命公隨入朝使臣到遼東, 見瓚質問音韻. 公以諺字翻華音, 隨問輒解, 不差毫釐, 瓚大奇之, 自是往還遼東凡十三度.)	1487

번호	출전 문헌	내용	연대
13	성현 『용재총화』 권7	세종께서 언문청을 설치하시어 신숙주, 성삼문 등에게 명하여 언문을 만드셨다. 초종성 8자, 초성 8자, 중성 12자의 자체(字體)는 범자(梵字)를 따라 만든 것이다. (…중략…) 성인의 물건을 창조하는 지혜는 보통 사람의 힘으로 미칠 수 없는 것이다. 世宗設諺文廳, 命申高震成三問等製諺文. 初終聲八字, 初聲八字, 中聲十二字, 其字體 依梵字爲之. (…중략…) 聖人創物之智, 有非凡力之所及也.	1499 ~1504[27]
14	이수광 『지봉유설』 권18 기예부	우리나라의 언서(諺書)는 전적으로 범자(梵字)를 모방한 것이다. 세종조에 局(국)을 설치하여 찬출한 데서 시작되었는데, 제자(制字) 원리의 정교함은 실로 성상의 생각에서 나온 것이라 한다. 언서가 나와서 만방의 말소리가 통하지 않음이 없게 되었으니 이른바 성인이 아니면 할 수 없는 일이다. 我國諺書字樣全倣梵字, 始於世宗朝設局撰出, 而制字之巧 實自睿算云. 夫諺書出, 而萬方語音無不可通者, 所謂非聖人不能也.	1614
15	최석정 『경세훈민정음』	신이 삼가 생각해 보니 임금께서 지으신 언문 28자는 열수(列宿, 별자리)를 본뜬 것이다. 臣錫鼎 謹按御製諺文二十八字, 卽列宿之象也.	1678
16	숙종 『열성어제』 「훈민정음 후서」	우리 세종대왕께서 (…중략…) 정사를 돌보시는 여가에 새로 28자를 만들어 밝게 후세 사람들에게 보여 주셨으니, 대개 쉽게 배워 날로 씀에 편안케 하려는 것이었다. 恭惟我世宗大王, (…중략…) 乃於聽政之暇, 新制二十八字, 昭示後人, 盖欲其易學習而便日用也.	1691
17	17-1. 이형상 『자학제강』 「추록언문 반절설」	전에 세종대왕께서 언문청을 설치하시고 정인지, 신숙주, 성삼문 등에게 명하시어 전서와 주문을 모방해 28자모를 만들어 여러 글자를 만들 수 있게 하셨다. 昔我世宗大王設諺文廳, 命鄭麟趾成三問申叔舟等, 倣篆籒二十八字母, 演爲諸字. (或諧聲或會意而爲之. 其字依梵字造作. 本國及諸國語音中, 文字所不記者, 悉通無訛. 『洪武正韻』亦以此書之. 故樂府歌詞之連音累字, 皆賴而成調, 遂分五音而別之曰, 牙舌唇齒喉而牙音有輕重之殊, 舌音有正反之別, 亦有全淸次淸全濁不淸不濁之差. 時大明學士黃瓚謫遼東, 命三問等 連續質問, 往返凡十三度, 本自反切而創, 故名曰反切.)	1712
	17-2. 이형상 『자학제강』 「운학시종」	우리나라 세종대왕께서 지으신 훈민정음은 바로 언문을 말한다. 我世宗大王御製 訓民正音, 卽所謂諺文也.	1716
18	박성원 『화동정음통석운고』 서문	우리 세종대왕께서 언서를 지으셔서 음률을 고르게 하고 중국 반절의 뜻을 풀이하셨다. 世宗大王作爲諺書, 以叶音律, 解中華反切之義.	1747
19	신경준 『훈민정음운해』	정통 병인년에 우리 세종대왕께서 훈민정음을 지으셨다. 正統 丙寅 我世宗大王製訓民正音	1750
20	이익 『성호사설』 권16 인사문 언문	우리나라에서 언문을 처음 지을 때에 궁중에 국(局)을 설치하고 정인지, 성삼문, 신숙주 등에게 명하여 찬정(撰定)케 했다. 我國之始制也, 設局禁中, 命鄭麟趾成三問申叔舟等撰定. (時皇朝學士黃鑚罪謫遼東, 使三問等往質, 凡往返十三度云.)	1760년경 필사 정리
21	『증보문헌비고』 권246	훈민정음 1편. 임금께서 모든 나라는 각각 문자를 지어 그 나라의 방언을 기록하는데, 유독 우리나라만 문자가 없다 하여, 마침내 자모(子母) 28자를 지어 언문이라 하시고, 궁중에 국(局)을 설치하여 정인지, 신숙주, 성삼문, 최항 등에게 명하여 찬정(撰定)케 하셨다.	1770

번호	출전 문헌	내용	연대
21	『증보문헌비고』 권246	訓民正音 一篇. 上以爲諸國各製文字, 以記其國之方言, 獨我國無之. 遂製子母[28]二十八字, 名曰諺文. 開局禁中, 命鄭麟趾申叔舟成三問崔恒等撰定. (蓋像古篆, 分爲初中終聲, 凡文字所不能記者, 悉通無礙. 中朝林學士黃瓚, 時適遼東, 命成三問等見瓚質問音韻, 凡往來遼東十二度乃成.)	1770
22	이덕무 『청장관전서』 권54 「앙엽기 1」	세상에서 전하기를, 장헌대왕께서 일찍이 변소에서 산가지를 배열해 보시다가 문득 깨닫고 성삼문 등에게 명하여 창제하셨다. 世傳 莊憲大王, 嘗御圊, 以廁籌排列, 忽悟解, 命成三問等, 創製云.	18세기 말
23	홍양호 상소문 (정조실록 7.7.18)	오직 우리 세종대왕께서 하늘이 낸 예지(睿智)로 혼자서 신기(神機)를 운용(運用)하여 창조(創造)하신 훈민정음(訓民正音)은 화인(華人)들에게 물어보더라도 곡진하고 미묘하게 된 것이다. 惟我世宗大王, 睿智出天, 獨運神機, 創造訓民正音, 質諸華人, 曲盡微妙.	1783
24	정조 『홍재전서』 권9 서인(序引) 「정음통석서(正音通釋序)」	우리 세종대왕께서 창제하신 언서(諺書)로 중국의 반절음을 풀이하면 맞지 않는 것이 없으니 故我世宗大王刱諺書 以解中華之反切 無不合者	1799년 편찬 (1814년 간행)
25	한치윤·한진서 『해동역사』 권42 「예문지」	살펴보건대, 본조의 훈민정음은 세종께서 병인년에 (…중략…) 28자를 만드셨다. (…중략…) 제자의 묘한 이치는 실로 성상의 생각에서 나온 것이다. (…중략…) 성인께서 처음으로 글자를 창제하신 공이 참으로 크도다. 按諺文, 卽本朝訓民正音也. 世宗 丙寅, 上以外國皆有國音之文, 以記其國之語, 而獨本國無之. 遂倣篆籒, 製二十八字母, 演作諸字. 設局禁中, 命鄭麟趾成三問申叔舟等撰定. 時皇明學士金纘,[29] 以罪謫遼東, 命三問等往見質問. 制字之妙, 實自睿籌. 夫諺書出, 而萬方語音無不可通者. 且三經四書, 皆以諺釋, 守如金石, 則聖人始制之功, 大哉. (並錄二十八字訓音於左, 以備參考. [二十八字訓音][30] ㄱ牙音如君字初發聲.)[31]	1823
26	유희 『언문지』	우리 세종대왕께서 사신(詞臣)에게 명하시어 몽고자의 모양을 본뜨고 황찬에게 질문케 하여 (언문을) 만드셨다. 我 世宗大王, 命詞臣, 依蒙古字樣, 質問黃瓚以製.	1824
27	27-1. 이규경 『오주연문장전산고』 「경사편-경전류-훈고」	장헌대왕께서 일찍이 어청(御圊)에서 측주(廁籌)를 배열하시다가 홀연히 깨닫고 성삼문 등에게 명하여 창제하셨다고 한다.(…중략…)우리나라만 홀로 글자가 없다고 여기시고 마침내 자모(子母) 28자를 만들어 언문이라 명명하셨으며, 금중에 언문국을 설치하고 정인지, 신숙주, 성삼문, 최항 등에게 명하여 찬정케 하셨다.(하략…) 莊憲大王【世宗諡號】 嘗御圊, 以廁籌排列, 忽悟解, 命成三問等創製云. 【世宗二十八年丙寅, 皇明英宗正純十一年也, 御製訓民正音, 上以爲諸國各製文字, 以記其國之方言, 獨我國無之, 遂製子母二十八字, 名曰諺文. 開局禁中命鄭麟趾, 申叔舟成三問崔恒等撰定之. 蓋倣古篆, 分爲初中終聲字, 雖簡易轉換無窮, 諸言語文字所不能記者, 悉通無礙. 中朝翰林黃瓚, 時謫遼東, 命三門等見瓚質問音韻, 凡往來遼東十三度. 徐居正亦詳記之】 (五洲衍文長箋散稿 經史篇 經傳類 訓詁)[32]	19세기 중엽
	27-2. 이규경 『오주연문장전산고』 「시문편-논문류-문자 언문 변증설」	언문은 우리 세종조에 임금의 뜻에서 나온 것이다. 측간의 막대기를 가로 세로로 놓아 글자를 지었다. 諺文, 卽我世宗朝, 出自聖意, 以廁籌縱橫作字. (乃命申叔舟入遼東, 【按皇明翰林黃瓚適遼東, 申相叔舟十三度往來質問】 定其字母及初中終與四聲. 以翻萬物難狀之音, 蓋以反切合而成字, 凡六千三百四十文, 寔天地之奇文也.)	19세기 중엽

번호	출전 문헌	내용	연대
27	27-3. 이규경『오주연문장전산고』「경사편-경전류-경서구결 본국정운변증설」	서사가(徐四佳) 거정(居正)의 말에 "세종[英廟영묘]께서 언문(諺文)을 처음 만드실 적에 신통한 생각과 밝은 지혜가 백왕(百王)에 뛰어났으니, 그때 집현전의 모든 선비들은 함께 불가함을 진술하였고 항의 상소까지 올려 극심히 논란한 이도 있었다. 그러나 세종께서는 신숙주 등에게 그 일을 맡기시어『훈민정음(訓民正音)』과『동국정운(東國正韻)』 등의 책을 만들게 하심으로써 우리나라의 어음이 비로소 바르게 되었다."라고 하였다. 而徐四佳【居正】曰, 英廟初製諺文, 神思睿知, 高出百王, 集賢諸儒, 合辭陳其不可, 至有抗疏極論者. 英廟命申叔舟等, 掌其事, 作訓民正音 東國正韻等書, 吾東方語音始正云.	19세기 중엽
28	이유원 『임하필기』「문헌지장편」권18	세종께서는 각 나라가 각기 문자를 만들어 그 나라의 방언을 기록하는데 우리나라에만 없다고 여기시고, 마침내 자음과 모음 28자를 만드시어 '諺文(언문)'이라 이름하고 궁중에 담당 국(局)을 열어 정인지, 신숙주, 성삼문, 최항 등에게 명하셔서 撰定(찬정)하도록 하셨다. 世宗以爲, 諸國各製文字, 以記其國之方, 獨我國無之, 遂製子母二十八字, 名曰諺文, 開局禁中, 命鄭獜(麟)[33]趾申叔舟成三問崔恒等撰定.	1871
계	29종 문헌 33건 기사		

26 이하에 한문 문장을 참고 삼아 더 붙여 둔다. 이러한 예문이 17, 20, 21, 25, 27-1, 27-2번 등 아래에 몇 개 더 있다.

27 용재총화는 15세기 말과 16세기 초에 걸쳐 저술된 것으로 추정되나 저자가 15세기에 활동한 인물임을 고려하여 15세기 자료로 간주한다.

28 원문에 '字母(자모)'가 아니라 '子母(자모)'로 되어 있다.

29 '金纘(김찬)'은 '黃纘(황찬)'의 오기이다.

30 여기에 쓰인 '訓音(훈음)'은 '訓民正音(훈민정음)'을 줄인 명칭으로 보인다.

31 이하에 해례본의 예의와 같은 내용이 수록되어 있다.

32 번역문: 장헌대왕(세종의 시호)께서 일찍이 어청(御圊)에서 측주(廁籌)를 배열하시다가 홀연히 깨닫고 성삼문 등에게 명하여 창제하셨다고 한다. 세종 28년 병인(1446)은 명나라 영종(英宗) 정통(正統) 11년이었다. "훈민정음을 지은 것은 上(상)께서, 모든 나라들이 각각 글자를 만들어 그 나라의 언어를 기록하고 있는데, 우리나라만 홀로 글자가 없다고 여기시고 마침내 자모(子母) 28자를 만들어 언문이라 명명하셨으며, 금중에 언문국을 설치하고 정인지, 신숙주, 성삼문, 최항 등에게 명하여 찬정케 하셨다. 대개 고전을 모방하여 초성·중성·종성으로 나누었는데, 글자는 비록 간역(簡易)하나 끝없이 전환하여 기록할 수 없던 모든 언어·문자를 막힘없이 기록할 수 있게 되었다. 중국 조정의 한림 황찬이 당시에 요동에서 귀양살이를 하고 있었으므로 성삼문 등에게 황찬을 찾아가 음운을 물어보고 오라고 명하시어, 성삼문이 요동을 갔다 온 것이 무릇 13번이나 되었다."라고 하였다. 서거정 역시 자세히 기록하였다.

33 '獜(麟)'에서 괄호 안의 한자 '麟(인)'은 원문에서 오기한 '獜(인)'을 바로잡은 것이다.

〈표 3〉에서 보듯이 전체 29종 문헌에 33건의 기록[34]이 나타나 있다. 33건 기록을 기준으로 보면 15세기 문헌이 15건, 16세기 문헌이 0건, 17세기 문헌이 3건, 18세기 문헌이 9건, 19세기 문헌은 6건이다. 15세기 기록이 압도적으로 많다. 기록 출현의 시대별 추이를 그래프로 보이면 [그림 1]과 같다.

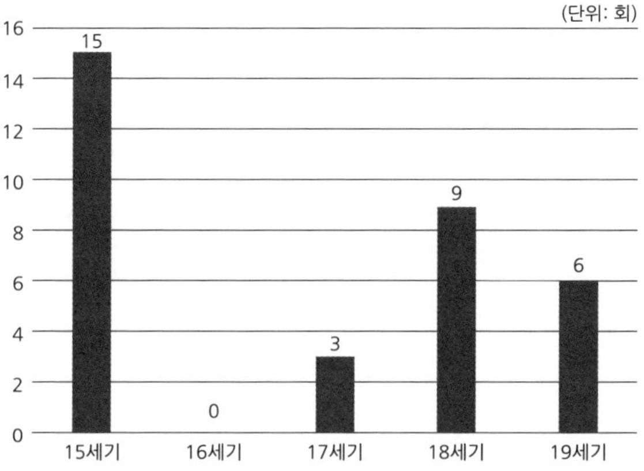

[그림 1] 훈민정음 창제 관련 기록 출현의 시대별 추이

15세기 문헌 자료의 출현 빈도가 압도적으로 높은 것은 훈민정음 창제와 반포가 이루어진 때가 15세기이기 때문이다. 18세기 문헌 자료가 상대적으로 많은 까닭은 숙종 대에 『열성어제』를 편찬하면서 학자들이 세종실록을 열람하고 정음편 내용을 알게 되었기 때문이다. 이때 본 정음편의 내용이 운학을 연구한 학자들의 저술에 반영된 것이다.

---

34 〈표 3〉에서 한 번호에 2건 이상의 기록이 나타난 것은 2번, 17번, 27번이다. 2번은 최만리 등의 언문 반대 상소문(1건) 및 이에 대한 처결 기사(2건)로서, 문헌 종수는 2건이고 기록 건수는 3건이다. 17번과 27번은 문헌 이름은 하나이나 관련 내용이 나온 글의 편명이 달라서 기록 건수를 각각 2건과 3건으로 간주했다. 즉 17번은 문헌 1건에 기록 2건이고, 27번은 문헌 1건에 기록 3건이다.

2) 개별 문헌의 기초 정보 및 신뢰도

앞에서 인용한 각 문헌의 가치와 신뢰도를 평가하기 위해 개별 문헌의 편찬 관련 정보를 파악해야 한다. 각 문헌에 관한 기초 정보를 기술하고, 각 문헌에 기록된 내용의 신뢰도와 후대에 미친 영향에 대해 논한다.

1~6번 문헌

〈표 3〉의 문헌 기록 중에서 가장 중요한 것은 세종실록의 훈민정음 창제 및 반포 관련 기사와 『훈민정음』 해례본에 실린 내용이다.[35] 이 중에서 세종 스스로 친제임을 밝힌 기록은 2-2, 2-3, 4(어제 서문)이다. 홍기문(1946下: 131)은 2-2번에서 세종이 최만리 등에게 물은 말(汝等 以薛聰爲是 而非其君上之事 何哉)과 4번의 『훈민정음』 어제 서문에서 세종이 한 말(予爲此憫然 新制二十八字)을 인용하고서, "스스로 自己자기의 親製친제임을 聲言성언하였다. 群臣군신이 그에게 功(공)을 돌린다는 것은 모르되 그가 신하의 공을 橫領횡령하였을 수는 없는 것이다."라며 세종 친제임을 강하게 주장했다.

2-3번에서 "(정음 창제는) 내가 늘그막에 날을 보내기 어려워 서적을 벗 삼아 한 일"이라고 한 세종의 말은 친제설을 입증하는 구체적 증거이다. 세자에게 국정을 맡긴 후 시간적 여유를 가지게 된 세종이 여러 책들을 뒤적이며 정음 창제를 위해 애쓴 모습이 이 말에 반영되어 있다.

조선왕조실록은 열람이 불가능했기 때문에 세종실록의 훈민정음 기사, 즉 〈표 3〉의 1, 2, 3, 4, 5번은 조선시대의 후대 학자들에게 영향을 미치기 어려웠다. 그러다가 『배자예부운략』(1678)과 『열성어제』(1682)에 세종실록의 어제 서문과 예의가 전재轉載되면서 비로소 조선 후기의 성운학자들이 그 내용을 알고 이용할 수 있게 되었다. 1446년의 훈민정음 완성 기사에 실려

35 1~6번 문헌의 내용은 본 장의 2.1절에서 자세히 설명한 것이다.

있던 예의가 17세기의 두 문헌을 매개로 18세기 운학자들에게 영향을 미친 것이다.

『훈민정음』 해례본과 세종실록에 실린 4번과 5번은 숙종 이후에 일부 학자들이 이용하였다. 그러나 해례본 정음해례편 제자해에 실린 6번 자료는 17세기 이후부터 19세기 말기까지 어떤 학자들의 저술에도 인용되거나 언급된 적이 없다.[36] 『훈민정음』 해례본은 반포 당시(1446)에 배포된 후 두 번 다시 간행되지 않았다. 『훈민정음』 해례본은 16세기부터 19세기 말기에 이르는 긴 기간 동안 운학 연구서는 물론 개인 저술에서도 언급된 예가 극히 드물다. '잊혀진 책'처럼 되어 버린 것이다. 이렇게 된 이유가 무엇인지 심층적 연구가 필요하다.

7번 성삼문의 『동자습』 서문

『동자습童子習』[37]은 단종 원년(1453)에 간행된 듯하다. 원간본은 전해지지 않고, 성삼문이 지은 「동자습 서」가 『동문선東文選』 권94에 수록되어 있다. 이 글을 통해 훈민정음 창제 주체에 대한 성삼문의 생각을 알 수 있다. 〈표 3〉에서 관련 내용을 인용했듯이 성삼문은 "我世宗文宗, 慨然念於此, 旣作訓民正音아세종문종, 개연념어차, 기작훈민정음"이라고 썼다. 세종과 문종이 훈민정음을 지었다고 한 것이다. 이 서문의 끝에 "有以見二聖制作之妙, 高出百代유이견이성제작지묘, 고출백대"라고 하여 '두 성인이 제작한 바의 묘함'이란 표현도 썼다. 성삼문이 쓴 문장 표현을 그대로 받아들인다면 훈민정음은

---

36 최석정의 『경세훈민정음』과 신경준의 『훈민정음운해』는 운학 관련 연구서이나 『훈민정음』 해례본을 참고하거나 인용한 내용을 찾아내기 어렵다. 이 책의 제4부 제5장에서 이 문제를 자세히 논할 것이다.

37 성삼문이 서문을 쓴 이 책의 이름은 『동자습(童子習)』이 되어야 정확하다. 흔히 『직해동자습』이라 부르나 '직해'는 동사적 용법으로 쓰인 것이지 책 이름이 아니다. 이 책의 서명이 '동자습'임은 제3부 제1장 중 3.1절 4)항(이 책의 420쪽)에서 논증하였다.

세종과 문종의 공동 창제가 된다.

최만리 등의 언문 반대 상소문 끝 조항에 "성리학에 잠심해야 할 동궁이 치도治道에 도움은커녕 만에 하나 이로움이 없는 언문 일로 인해 정기를 갈아 붓고 사려를 소모하여 날밤을 보내니 시급히 해야 할 학문에 손실이 많습니다."[38]라고 한 내용이 있다. 동궁이 언문 관련 일에 잠심하고 있었다는 증언이다. 이 내용은 성삼문이 쓴 문장(세종과 문종이 함께 정음을 지음)과 상통하는 점이 있다. 이 내용으로 보면 성삼문의 서문은 세종과 문종의 공동창제설을 말한 것이 되고, 최만리 등의 상소문은 세자가 협찬했음을 말한 셈이다. 그러나 성삼문이 「동자습 서」에서 쓴 표현은 아래 8번의 신숙주가 한 수사적 표현과 유사하다.

8번 신숙주의 『홍무정운역훈』 서문

『홍무정운역훈』은 세종 27년(1445)경부터 편찬 사업이 시작되어 단종 3년(1455)에 완성되었다. 그 사이의 편찬 경위가 신숙주가 쓴 서문에 밝혀져 있다. 이 글 속에 "우리 세종 장헌대왕께서 운학에 뜻을 두시어 깊이 연구하시고 훈민정음 약간 자를 창제하시니"라고 하여 세종 친제임을 밝혀 놓았다. 그런데 이 서문의 말미 문장에 "우리 열성(세종·문종)의 제작의 묘함이 지극한 아름다움과 선함을 다하여 고금에 뛰어나시고, 전하(단종)께서 이어 가시는 훌륭하심이 또한 전대의 위엄을 빛나게 하시도다."라는 수사적 표현[39]이 있다. 그런데 '列聖製作열성제작'이란 표현은 서문 앞머리에서 말한 "我世宗莊憲大王아세종장헌대왕…創制訓民正音若干字창제훈민정음약간자"와 부합하지

38 " " 안에 넣은 번역문은 다음 원문을 간추려 푼 것이다. "今東宮雖德性成就, 猶當潛心聖學, 益求其未至也. 諺文縱曰有益, 特文士六藝之一耳, 況萬萬無一利於治道, 而乃研精費思, 竟日移時, 實有損於時敏之學也." (최만리 등의 상소문)

39 한문 원문은 다음과 같다. "我列聖製作之妙, 盡美盡善, 超出古今, 而殿下繼述之懿, 又有光於前烈矣." (홍무정운역훈 서문)

않는다. 서문의 앞에서 세종이 훈민정음을 창제한 것이라 해 놓고 뒤에서는 세종과 문종이 함께 제작한 것처럼 표현해 놓았기 때문이다. '列聖製作열성제작'이 들어간 문장은 당대 왕 단종과 선대 왕 두 분(세종과 문종)의 공적을 칭송하고 기리는 수사적 문맥에 놓여 있다. 이런 점에서 앞서 말한 세종 창제 문장과 그 성격이 다르다. 그런데 단종 재위 시에 쓴 성삼문의 『동자습』 서문(1453)에도 문종이 공동으로 정음을 창제한 것(二聖制作之妙 高出百代이성제작지묘 고출백대)처럼 표현해 놓았다. 이 표현은 신숙주가 "我列聖製作之妙, 盡美盡善, 超出古今아열성제작지묘, 진미진선, 초출고금"이라고 말한 것과 비슷하다. 두 분의 표현을 문면 그대로 받아들이면 공동창제설이 된다. 그러나 두 분의 표현은 선왕의 공적을 기리는 의례적 수사문 성격이 뚜렷한 맥락에 쓰인 것이어서 문면 그대로 수용하기 어렵다.

신숙주와 성삼문은 세종의 측근에서 『훈민정음』 해례본을 편찬하고, 『동국정운』과 『홍무정운역훈』 편찬을 도왔던 학자이자 관리였다. 세종이 정음을 창제하실 때 문종이 부왕 세종을 도운 점이 있었음을 신숙주와 성삼문이 내비친 것이라고 해석할 수도 있다. 세자 시절의 문종은 부왕을 도와 정음 관련 사업에 관여했다. 1444년 2월 16일에 세종이 운회 번역을 명하였고 세자가 이 일의 감장監掌을 맡았다. 최만리 등의 상소문 끝 조항에서 세자가 언문 일에 잠심하고 있음을 비판한 내용도 세자가 부왕을 도와 정음 관련 사업에 관여했음을 말한 것이다. 세자가 훈민정음 사업과 관련하여 세종을 도운 것은 분명해 보이지만 이것이 훈민정음 창제 작업과 관련된 것이라고 판단할 만한 근거는 없다. 운회 번역에서 세자가 진양대군 및 안평대군과 함께 맡은 감장監掌은 일하는 사람들을 뒷바라지하는 역할이다. 세 왕자에게 감장 일을 맡긴 것은 이들이 가진 재정적 여력으로 번역팀을 도우라는 뜻이다. 감장 역은 최만리 등이 언문 반대 상소문에서 말한 "정기를 갈아 붓고 사려를 소모하며 날밤을 보내는[而乃研精費思 竟日移時]" 일이라 할 수 없다. 최만리가 표현한 이 내용이 사실이라면 세자는 정음 창제에서 일정한 역할을 한 것이라 할 수 있다. 이 점에서 세자 도움의 여지가 있다.

9번 강희맹의 최항 묘지문

최항 묘지문崔恒 墓誌文은 강희맹(1424~1483)이 지은 것인데, 최항의 문집 『태허정집太虛亭集』[40]에 수록되어 있다. 강희맹은 서거정과 함께 세종시대의 인물이고, 세종은 그의 이모부이다. 최항崔恒(1409~1474)은 『훈민정음』 해례본 편찬에 참여한 언문팔유 중의 한 분이고 세자(문종)의 스승이기도 하다. 〈표 3〉에 인용한 문장에서 보듯이 강희맹은 세종이 언문을 창제하였고[世宗創制諺文], 친히 명유名儒 8인을 가려 뽑아 『훈민정음』(해례본)과 『동국정운』을 짓게 했다고 밝혀 놓았다. 강희맹의 이 문장은 당대 사실을 가장 적확하게 기록한 것이다. 훈민정음이란 문자체계는 세종 친제이고, 이것을 해설한 책 『훈민정음』 해례본은 세종이 뽑은 언문팔유의 도움으로 지은 것임을 강희맹이 기록해 놓은 것이다.

10번 서거정의 최항 묘비명

최항 묘비명崔恒 墓碑銘은 서거정(1420~1488)이 지은 것인데, 역시 『태허정집太虛亭集』에 수록되어 있다. 서거정은 1444년에 문과에 급제하여 벼슬길에 나아가 집현전 박사를 지냈고, 1447년에 홍문관 부수찬, 1451년(문종 1)에 부교리에 올랐다. 훈민정음 창제와 반포 연간에 나이 24세로 관직에 있었으니 훈민정음 창제와 관련된 사실을 알았을 것이고, 이것이 최항의 묘비명에 반영되었을 것이다. 서거정이 쓴 최항 묘비명의 훈민정음 창제 관련 내용은

40 『태허정집』은 1486년(성종 17)에 서거정(徐居正)이 초간본을 간행하였고, 1569년, 1625년, 1707년에 중간본이 간행되었다. 1707년 중간본은 목판본 3권 2책으로 『한국문집총간』 9에 수록되어 널리 이용되고 있다.

앞에서 본 강희맹의 글과 거의 같다. 다만 강희맹이 '創制창제'라고 표현한 것을 서거정은 '初制초제'라고 바꾸었다. 그 뒤에 이어진 『훈민정음』 및 『동국정운』에 관한 기술도 강희맹이 쓴 글과 동일하고 표현도 거의 같다. 세종 당대의 일을 지켜보았던 강희맹과 서거정 두 분의 증언이 일치한다. 서거정의 글은 19세기 중엽의 이규경에게 인용되어 있는바, 이규경은 언문은 세종이 처음 지은 것[初製]이고 『훈민정음』과 『동국정운』이란 책의 편찬은 신숙주 등에게 맡긴 것이라고 밝혀 놓았다.

11번 임원준의 『보한재집』 서문

『보한재집保閑齋集』은 신숙주의 문집이며, 1487년에 초간되었고 1645년에 중간되었다. 제1권 권두에 서거정, 홍응, 김뉴, 김종직, 임원준이 각각 쓴 서문이 실려 있는데, 〈표 3〉의 인용문은 성화 23년(1487) 임원준(1423~1500)[41] 이 쓴 서문에서 가져온 것이다. 표에 인용한 임원준의 문장은 강희맹의 최항 묘지문(9번)과 앞부분이 일치한다(世宗創制諺文, 開局禁中, 親揀名儒세종창제언문, 개국금중, 친간명유).

12번 강희맹의 「문충공행장」

강희맹이 쓴 「문충공행장文忠公行狀」은 신숙주의 행장으로, 『보한재집保閑齋集』 부록附錄에 실려 있다. 신숙주(1417~1475)는 강희맹(1424~1483)보다 일곱 살 많은 동시대 인물이다. 강희맹은 신숙주가 세종을 도운 일을 잘 알고 이 행장을 지었음이 분명하다. 이런 점에서 강희맹의 「문충공행장」은 신뢰도가 높은 자료이다.

---

41 임원준은 1445년에 세종을 처음 만났고, 1456년에 문과에 급제하여 집현전 부교리가 되었다. 임사홍의 아버지이다.

〈표 3〉에 인용한 문장에 "御製諺文字母二十八字어제언문자모이십팔자"라 하여 정음이 '어제'임을 분명히 밝혔다. 바로 뒤에 이어지는 "設局於禁中 擇文臣撰定설국어금중 택문신찬정"은 궁중에 국(정음청)을 설치하고 문신을 가려 뽑아서 '撰定찬정'케 했음을 말한다. 이 '찬정'의 대상은 『훈민정음』(해례본), 『동국정운』, 『홍무정운역훈』 등이다. 신숙주가 이 일들에 모두 참여하였고, 편찬 작업 도중에 의문점이 생기면 세종에게 아뢰어 그 결정을 받은 사실(公實承睿裁공실승예재)을 밝혀 놓았다. 강희맹이 지은 9번과 12번 글은 일관되게 훈민정음이 세종 '어제' 혹은 '친제'임을 말하고 있다.

강희맹의 「문충공행장」에는 중요 정보가 몇 개 더 있다. "조선의 어음이 오음, 청탁, 고저에서 중국어음과 다르고, 주변의 여러 나라가 모두 나랏말에 맞는 문자를 갖고[列國皆有國音之文열국개유국음지문] 그 나라의 국어를 적고 있는데 우리나라만 홀로 문자가 없었다."라고 하고, 그래서 세종이 우리나라 문자를 만들었다는 내용이다. 이 문장은 정음을 창제한 목적이 조선어음의 표기에 있음을 분명하게 밝히고 있다. 「문충공행장」의 말미에는 신숙주가 요동의 황찬에게 열세 번이나 가서 음운에 대해 질문하고, 중국어음[華音화음]을 언자諺字로 번역했다는 내용이 있다. 강희맹은 신숙주 등이 『홍무정운역훈』의 편찬을 위해 황찬을 방문하여 한어음에 대해 질문했던 사실을 알고 있었던 것이다.

강희맹이 지은 이 행장은 훗날의 훈민정음 관련 기록에 상당한 영향을 미쳤다. 예컨대 이 행장의 "上以本國音韻與華語雖殊상이본국음운여화어수수 (…중략…) 列國皆有國音之文열국개유국음지문, 以記國語이기국어, 獨我國無之독아국무지. 御製諺文字母二十八字어제언문자모이십팔자,[42] 設局於禁中설국어금중,

42 여기에 나오는 '諺文字母二十八字(언문자모이십팔자)'라는 표현이 필자의 관심을 끈다. 이는 『훈몽자회』에 앞서서 15세기에 이미 '諺文字母(언문자모)'라는 말이 있었음을 알려 준다.

擇文臣撰定택문신찬정"이라는 문장은 『임하필기』와 『증보문헌비고』 등에 표현만 약간 바뀌어 그대로 인용되었다. 한치윤의 『해동역사』(25번 참고)에 채록된 "上以外國皆有國音之文상이외국개유국음지문, 以記其國之語이기기국지어, 而獨本國無之이독본국무지. 遂倣篆籀수방전주, 製二十八字母제이십팔자모, (…중략…) 設局禁中설국금중"도 강희맹의 글을 참고한 것으로 보인다.

13번 성현의 『용재총화』

성현成俔(1439~1504)의 『용재총화慵齋叢話』[43]는 저술 연도가 분명치 않다. 이 책에는 1499년(연산군 5)까지의 사건이 기록되어 있다. 성현이 1504년에 별세했으므로 1499~1504년 사이에 이 책이 저술된 것으로 본다. 〈표 3〉에 인용한 성현의 문장은 세종이 언문청을 설치한 후에 성삼문 등에게 명하여 언문을 만들었다고 하였다. 성현이 표현한 그대로 보면 이 문장은 이른바 명제설命制說에 해당한다. 성현의 이 문장은 후대의 협찬설에 상당한 영향을 미쳤다.

표의 인용문에 나타나 있듯이, 성현의 글에는 훈민정음에 대해 정확하지 않은 내용이 포함되어 있다. "初終聲八字초종성팔자, 初聲八字초성팔자, 中聲十二字중성십이자"에서 초종성 통용자가 8자, 초성자가 8자, 중성자가 12자라 하였다. 성현은 훈민정음 초성자는 16자이고, 중성자는 12자라고 했다. 그가 훈민정음 문자체계를 정확히 몰랐음을 보여 준다. 그리고 그 자체字體가 범자梵字를 따른 것이라고 한 점도 고전古篆을 본떴다는 정인지의 말과 다르다. 정음의 자형이 범자와 유사한 점은 뚜렷하지 않다. 이와 같은 부정확한 내용으로 보아 성현의 글은 신뢰도가 낮다.

---

43 『용재총화』는 1525년(중종 20) 경주에서 초간되었다. 국립중앙도서관에 권2~4(목판본, 청구기호 B13648-36-70)가, 고려대 도서관에 권6~10(1책, 목판본, 청구기호 복사본貴-60-2)이 소장되어 있다. 1909년에 간행된 『대동야승』에 『용재총화』가 포함되면서 널리 이용되어 왔다(한국민족문화대백과 사전 참고).

14번 이수광의 『지봉유설』

『지봉유설』의 정음 창제 관련 문장에는 앞에 인용한 성현의 글과 비슷한 내용이 포함되어 있다. 언서가 범자를 모방했다고 한 것, 세종이 국局을 설치하여 '찬출撰出'했다고 한 표현이 비슷하다. 그러나 이수광이 "제자 원리의 정교함은 실로 성상의 생각에서 나온 것이라 한다."라고 하거나, "언서를 만들어 낸 것은 성인聖人이 아니고서 불가능한 일이다."라고 한 것은 세종 친제설에 가깝다.

15번 최석정의 『경세훈민정음』

이 책은 최석정崔錫鼎(1646~1715)이 지은 운학서이다.[44] 이 책의 편찬 연대는 유창균(1984: 478)에 의해 1678년임이 밝혀졌다. 최석정은 불과 32세의 젊은 나이에 운학서를 저술한 것이다.[45] 최석정의 『경세훈민정음』은 훈민정음 창제 이후 최초로 저술된 정음 관련 학술 연구서이며, 신경준의 『훈민정음운해』 등에 영향을 미쳐 훈민정음을 이용한 운학 연구의 문을 연 업적으로 간주되어 왔다(김석득 1972: 165). 최석정의 글에 '御製諺文어제언문'을 명기해 놓아서 친제설에 해당한다.

16번 숙종의 『열성어제』 권14, 「훈민정음 후서訓民正音後序」

숙종의 「훈민정음 후서」는 세종실록의 정음편을 보고 지은 것이다(안병희

---

44 이 책의 서명으로 『경세정운(經世正韻)』, 『경세훈민정음도설』, 『경세훈민정음』 등이 쓰이고 있다. 표지서명으로 보면 『경세훈민정음』이 적합하다. 김지용 교수가 교토대학 부속도서관의 가와이문고(河合文庫)에서 이 책의 필사본 2책(건곤)을 발견하여 연세대학교 인문과학연구소에서 인문학 자료총서3(1968)으로 영인하고 명문당에서 다시 간행했다(2011).

45 최석정은 훈민정음 28자를 별자리 28열수(列宿)에 대응시켰으며, 중성을 ·(태극), ㅡㅣ(음양=兩儀양의), ㅏㅓㅗㅜ(초출자=사상四象), 초출자+재출자(8괘)로 해석했다(김석득 1972).

1976: 194). 이 후서에서 세종이 정사를 돌보는 사이에 정음 28자를 신제하여 사람들에게 보여 주신 바라고 하였으니,[46] 이는 친제설에 해당한다.

17번 이형상의 『자학제강』

이형상(1653~1733)은 성운학, 문자학, 음악 등 다방면에 뛰어난 학자였으며 142종 326책에 달하는 방대한 저술을 남겼다. 『자학제강』은 그의 저술 중의 하나인 『갱영록』 권2에 수록되어 있다.[47] 〈표 3〉에 인용한 이형상의 두 글은 창제 주체에 관해 서로 다른 내용을 담고 있다. 『자학제강』에 실린 「추록언문반절설追錄諺文反切說」(17-1번)에는 세종이 언문청을 설치하고, 정인지 성삼문·신숙주 등에게 명하여 28자모를 만들게 했다는 내용이 있다. 이것은 명제설 혹은 협찬설에 해당한다.[48] 그러나 「운학시종韻學始終」(17-2번)에서는 '我世宗大王御製訓民正音아세종대왕어제훈민정음'이라 하여 세종 어제라고 했

46 『임하필기』에 수록된 숙종 후서의 번역문을 여기에 소개해 둔다. "삼가 우리 세종 대왕께서는 타고난 성스러운 자질이 요순보다도 높아 예악과 문물이 찬란히 구비되었음에도 우리나라의 말과 소리가 중국과 달라 어리석은 백성이 뜻을 펴지 못함을 우려하셨다. 그리하여 정사를 돌보시는 여가에 새로 28자를 만들어 밝게 후세 사람들에게 보여 주셨으니, 대개 쉽게 배워 날로 씀에 편안케 하려는 것이었다. 형상을 본떠 만들어 고저가 음(音)에 맞으며, 글자가 간략하여 이리저리 쓸 수 있는 범위가 광대하다. 그리하여 어리석은 사람이나 지혜로운 사람 할 것 없이 큰일이나 작은일 할 것 없이 문자로 형용할 수 없었던 것이 모두 이를 통하여 바른 소리로 풀리게 되었다. 조화의 묘리를 극진히 하고 만물의 정을 통할 수 있게 되었으니, 대성인(大聖人)이 하시는 바는 그렇게 만들려고 기필하지 않아도 지극한 도리에 진실로 합치되는 것이다. 아, 아름답도다. 아, 훌륭하시도다." (이유원 편찬, 임하필기 문헌지장편 권18, 한국고전번역원, 김경희 역, 1999에서 인용함)

47 이상규(2016)에 이 책이 자세히 소개되어 있다.

48 〈표 3〉의 인용문에는 자형에 있어서는 전주(篆籀=古篆)를 모방한 점과 범자를 조작한 점[梵字造作] 두 가지를 모두 언급해 놓았다. 28자 이외의 글자를 펼쳐 내어 만듦에 있어서는 해성(諧聲) 혹은 회의(會意)로 했다는 점도 주목된다. 중성 초출자를 만든 것은 한자의 회의에 가깝고, 소리의 세어짐에 따라 획을 더한 가획법(ㄱ-ㅋ 등)은 한자 구성원리 형성(形聲)과 통하는 점을 지적한 것으로 보인다. 이형상이 문자학에 조예가 깊었음을 보여 준다.

다. 전자와 같이 정인지 등을 시켜서 한 일을 '御製어제'라고 표현한 것처럼 보인다. 이런 점으로 보아 이형상의 생각은 친제설이 아니라 명제설 혹은 협찬설로 간주된다.

18번 박성원의 『화동정음통석운고』 서문

『화동정음통석운고華東正音通釋韻考』는 박성원朴性源(1697~1767)이 1747년(영조 23)에 편찬한 운서이다. 1787년(정조 11)에는 정조의 「어제 서御製序」를 덧붙여 '정음통석正音通釋'이라는 이름으로 중간된 만큼 그 당시를 대표하는 운서이다. 정음 창제자에 관한 짧은 문장에 세종이 이 언서를 지은 것이라고 표현되어 있다. 친제설 자료에 해당한다.

19번 신경준의 『훈민정음운해』

『훈민정음운해』는 영조 26년(1750)에 신경준申景濬(1712~1781)이 저술한 것으로, 그의 문집 『여암유고』에 실려 있다. 이 책의 필사본 두 책이 새로 발견되어 이상규(2014)에 의해 소개되었는데, 표지서명 '邸井書저정서'에 근거하여 책 이름을 『저정서』라 불렀다. 〈표 3〉에 인용한 신경준의 문장은 친제설로 볼 수 있다. 신경준은 '정통 병인년'(1446)에 훈민정음을 만든[製] 것으로 기술했는데 이는 『훈민정음』 해례본이 완성된 때를 말한 것이다.

20번 이익의 『성호사설』

『성호사설』은 이익李瀷(1681~1763)이 저술한 것을 그의 나이 80세경(1760년경)에 조카들이 정리하여 만든 책[49]이다. 〈표 3〉의 인용문에는 정인지, 성삼

---

49 이익의 제자 안정복이 방대한 내용을 간추려 『성호사설유선』(2책)을 간행하였고, 1915년과 1929년에 다시 활자판으로 간행되었다. 1967년에 경희출판사에서 『성호사설』 30책 완본을 상하 2책으로 영인 출판하였다.

문, 신숙주 등에게 명하여 정음을 '찬정'한 것이라고 하였다. 이익의 이 문장은 앞에서 본 13번, 17-1번의 글과 비슷하며 명제설과 협찬설 양쪽에 걸쳐 있다.

21번 『증보문헌비고』 권246 예문고

『증보문헌비고』는 1769년에 왕명으로 편찬이 시작되어 서명응徐命膺·채제공蔡濟恭·서호수徐浩修·신경준申景濬 등이 편찬에 참여했다.[50] 훈민정음에 대한 『증보문헌비고』의 설명은 강희맹의 「문충공행장」, 『지봉유설』, 『해동역사』 등과 비슷한 문장 표현이 있다. 『증보문헌비고』의 기술은 이러한 문헌을 참고한 것이어서 친제설과 협찬설에 걸쳐 있다. 앞부분 내용은 친제설을 말했고, 뒷부분은 집현전 학사들로 하여금 '찬정'케 했다고 하였다. 앞뒤 내용을 모두 고려하여 이 문헌을 친제설과 협찬설에 모두 걸리는 자료로 간주한다.

22번 이덕무의 『청장관전서』 권54 「앙엽기」

훈민정음에 대한 『청장관전서』[51]의 글은 세상에서 전하는 이야기를 인용하는 형식으로 서술되어 있다. 훈민정음에 대해서는 세종이 성삼문 등에게 명하여 정음을 창제한 것이라고 채록해 놓았다. 이 내용은 명제설에 해당한

---

50 상위(象緯)·여지(輿地)·예·악·병(兵)·형(刑)·전부(田賦)·시적(市糴)·선거(選擧)·재용(財用)·호구·학교·직관 등 총 13고(考) 100권(卷)으로 완성되어 1770년 8월에 처음으로 『동국문헌비고(東國文獻備考)』라는 서명으로 간행되었다. 그 후 1782년(정조 6)에 증보 편찬 작업을 시작하여 정조 말년까지 계속 수정·보완하였다. 1903년부터 1908년 사이에 칙명(勅命)에 의해 총 16고(考) 250권의 방대한 분량이 신활자로 간행되었다.

51 『청장관전서』는 청장관(靑莊館) 이덕무(李德懋 1741~1793)의 문집이다. 1796년 정조의 명으로 이덕무의 문집 『아정유고(雅亭遺稿)』가 활자로 간행된 이후에 이덕무의 아들 광규(光葵)가 다시 전체 원고를 재편성하고 이원수(李畹秀)가 교정하였다. 1809년경에 정리한 원고를 조본(祖本)으로 삼아 20세기 전기에 다시 정서(淨書)한 사본이 정본(定本)인 셈이다.

다. 오늘날 명제설은 폐기되다시피 했으니 이덕무의 채록은 학술적 가치가 미미한 것이 되어 버렸다.

그런데 이덕무의 『청장관전서』와 27번 이규경의 『오주연문장전산고』에 담긴 훈민정음 관련 기록을 깊이 음미해 볼 필요가 있다. 『청장관전서』의 기술은 세종이 측간에서 막대기[厠籌측주]를 배열하다가 이치를 깨달아 언문을 창제했다는 세간의 이야기를 채록한 형식으로 되어 있다. 이덕무가 채록한 이 내용은 그의 손자 이규경의 『오주연문장전산고』에 그대로 인용되었다. 세종 '측주설厠籌說'로 불리기도 한 이 설은 한글을 낮잡아 본 세태를 반영한다.[52] 조선 후기에 언문 경시 의식이 널리 퍼지면서 언문 창제를 낮잡아 보거나 부정확한 이야기들이 세간에 유포되어 있었고 이 이야기가 이덕무의 『청장관전서』에 채록된 것이다. 이덕무는 성삼문 등에게 명하여 훈민정음을 창제했다는 명제설도 채록해 놓았다.

한편 측주설과 비슷한 맥락을 가진 한글 기원설로 이른바 '창호설窓戶說'이 있다. 독일 선교사 안드레아스 에카르트Andreas Eckardt(1928)는 언문의 기원을 검토하면서 범자梵字, 고전자古篆字, 만자卍字, 팔괘, 음악부호, 오음, 원방圓方, 문살[窓戶] 등 9종을 열거하고, 우리 생활에서 가장 비근한 문살과 문고리를 보고 한글 자형을 생각해 냈다는 전래의 이야기가 가장 적합하다고 결론지었다(김민수 1980: 267). 그러나 훈민정음 해례본이 발견된 이후 훈민정음의 창제 원리가 명백해지면서 측주설과 창호설 등은 모두 사라졌다. 측주설에는 언문을 천시賤視한 한문 숭배자들의 비하 의식이 담겨 있고, 장난삼아 우연히 만든 것이 언문이라는 창호설에는 언문을 경시輕視한 생각이 깔

52 정윤용(鄭允容)은 『자류주석(字類註釋)』(1856) 「정음문견기략(正音聞見記略)」 편에서, "훈민정음은 속칭으로 언문이라 한다. 부인에서 하천배에 이르기까지 많이 쓰이니 전전(輾轉)함으로 인한 와오(訛誤)가 많다.[訓民正音俗稱諺文 多爲婦人及下賤所用 以致輾轉訛誤]"(23b)라고 하였다. 훈민정음이 여인과 하천배들이 쓰는 글이어서 와전과 오류가 많다는 그의 말에는 한문을 쓰는 양반 남성의 '언문' 천시 의식이 노출되어 있다.

려 있다. 조선 후기에 언문을 경시하는 풍조가 양반층 중심으로 널리 퍼지면서 언문 창제까지 낮잡아 본 이야기들이 세간에 유포되어 있었고, 이런 이야기가 이덕무와 외국인 선교사 에카르트에 의해 채록된 것이다.

측주설과 창호설이 비록 훈민정음 기원에 대한 비하적 인식을 내포하고 있지만 함의된 의미를 다른 관점에서 해석해 볼 수 있다. 측주설은 세종이 훈민정음 창제를 위해 깊이 고심하여 측간에 가서도 궁리를 거듭하고, 창호설은 방에 앉거나 누워서 보이는 창호를 보면서도 글자꼴을 고심하는 세종의 모습을 함의하고 있다. 민간에 떠돌았다는 이야기 속에 세간의 헛된 풍문이 아닌 또 다른 면의 진실이 함축되어 있다.

23번 홍양호 상소문

홍양호洪良浩(1724~1802)가 대사헌직에 있을 때(1783), 국가 경영에 요긴한 각종 제도 개혁을 청하는 상소를 올렸다. 이 상소문의 여섯 번째 조항에 국가의 외교를 위해 중국어·몽골어 등을 학습해야 함을 강조하는 대목에서, 세종대왕이 '혼자' 신기神機[53]를 운용하여 훈민정음을 창조했다[獨運神機 創造訓民正音독운신기 창조훈민정음]고 말하였다. 이 문장의 '獨運神機독운신기'와 '創造창조'는 세종 친제설을 강하게 표현한 것이라 할 수 있다.

24번 정조의 『홍재전서』 권9 서인序引

『홍재전서』는 정조正祖의 문집으로, 1799년에 편찬되어 1814년에 간행되었다. 박성원朴性源이 저술한 『정음통석』(온이름은 화동정음통석운고華東正音通釋韻考)의 초간본이 1747년(영조 23)에 간행되었고, 중간본이 1787년(정조 11)에 다시 간행되었는데, 이 중간본에 정조가 써 준 서문 「어제정음통석 서御

53 '神機(신기)'는 훈민정음 제자 원리를 초월적으로 표현한 것이다.

製正音通釋序」가 실려 있다. 이 서문을 정조의 문집에 다시 수록하였다. 이 서문에서 정조는 "我世宗大王刱諺書아세종대왕창언서"라고 하여 친제임을 밝혀 놓았다. '刱諺書창언서'의 '刱창'은 '創창'과 상통한다.

25번 한치윤·한진서의 『해동역사』 권42 「예문지」

『해동역사』는 한치윤韓致奫(1765~1814)과 그의 조카 한진서韓鎭書(1777~?)가 20년간 합작하여 1823년에 편찬한 역사서이다. 한치윤의 글 중에 '訓民正音훈민정음'이란 제목 아래, 일본인이 지은 『효경범례孝經凡例』, 『객관필담客館筆談』 내의 언문자모를 제시하고, 그 뒤에 '按諺文안언문'[54]으로 시작한 논설문이 있다. 이 문장에 서술된 내용은 『지봉유설』에 기술된 것과 비슷한 점이 있으나 더 자세하다. 선배 학자의 설을 참고하였으되 한치윤 나름대로의 생각이 나타나 있다. 훈민정음 창제는 세종이 한 일임을 분명히 적시해 놓았다. "세종께서 (…중략…) 28자를 만드셨다.[世宗 (…중략…) 製二十八字母]", "제자의 묘한 이치는 실로 성상의 헤아림에서 나온 것이다.[制字之妙 實自睿籌]", "성인께서 처음으로 글자를 창제하신 공이 참으로 크도다.[則聖人始制之功 大哉]"라는 구절들은 세종 친제임을 말한 것이다.

〈표 3〉에 인용한 한문 원문에서 궁중에 국을 설치하여 정인지, 성삼문, 신숙주 등에게 명하여 '撰定찬정'케 한 것은 『홍무정운역훈』을 가리킨다. 요동에 귀양살이하던 황찬을 찾아간 것은 『홍무정운』의 한어음을 질문하기 위함이었다. 이런 내용은 앞서 본 학자들의 글에 이미 언급된 것이다.

26번 유희의 『언문지』

유희柳僖(1773~1837)의 『언문지諺文志』는 그의 방대한 필사본 저서 『문통文

---

54 '按(안)'은 남의 글에서 따온 것이 아니라 저자의 생각을 펼칠 때 쓰는 한자어이다.

通』에 포함되어 있었다. 『언문지』의 전래 및 간행 경위는 김민수 선생이 간략히 정리한 것이 있다.[55] 『언문지』를 널리 알려 학계의 연구 자료가 된 것은 정인보, 이희승, 김구경의 노력 덕분이다. 유창돈의 『언문지 주해』(신구문화사, 1958)는 이 책 내용[56]을 학계에 자세히 알린 초기 연구서이다. 〈표 3〉에 인용한 유희의 글은 명제설에 해당하며, 정음자가 몽골문자의 자형을 모방해서 만든 것처럼 말해 놓았다. 유희가 정음 창제의 주체와 정음 자모의 제자 원리를 정확히 알지 못했음을 보여 준다.

27번 이규경의 『오주연문장전산고』

이 책은 오주五洲 이규경李圭景(1788~1863)이 백과사전식으로 찬술한 60권 60책의 필사본이다. 조선과 중국 및 여러 외방 나라의 고금 사물을 망라하여 이규경 나름대로의 논변을 베풀었다. 훈고訓詁와 고증을 가한 논설문 형식의 '변증설'도 있다. 27-1번의 「경사편-경전류-훈고」 항에 포함된 「번절번뉴변증설反切翻紐辨證說」[57]에서 '언문반절諺文反切'을 설명했다. 세종이 "어청御圊에서 측주廁籌를 배열하시다가 홀연히 깨닫고 성삼문 등에게 명하여 창

55 유희의 친필 고본은 정인보가 소장하고 있었다. 정인보가 『담원 국학 산고』(문교사, 1955)에서 이 필사본을 소개하였고, 이희승의 해제를 붙여 조선어학회에서 『언문지』를 간행하였다. 이희승의 해제에는, 당신이 8-9년 전에 금서룡(今西龍)의 사진본을 빌려 사본을 만들었고, 이 사본을 중동학교 학생의 손을 빌려 등사판을 찍었으며 이것이 만주 봉천에 살던 김구경(金九經)의 손에 전해져 중국에서 활판으로 간행된 일을 소개해 놓았다. 또한 이희승이 만든 사본을 오구라 신페이(小倉進平)와 최남선이 빌려가 다시 베낀 일도 소개해 놓았다. 이상의 내용은 김민수(1980: 174)를 참고한 것이다.

56 『언문지』의 내용 구성은 초성례, 중성례, 종성례, 전자례로 되어 있다. 초성례에서 「柳氏校正初聲二十五母(유씨교정 초성례 이십오모)」, 중성례에서 「柳氏校定中聲例二十五形(유씨교정 중성례 이십오형)」, 종성례에서 「柳氏校定終聲正例六韻(유씨교정 종성 정례 육운)」을 각각 제시해 놓았다. 본인이 세운 이른바 '유씨교정'으로 한자음 표기법을 세워 보려고 시도한 것이다.

57 이규경은 '反切'을 '번절'로 읽어야 한다고 주장했다. 그는 언문이 반절로 기능한 점을 중시하여 반절로서의 언문에 대해 논했다. 고전간행회본 권33 소재.

제하셨다고 한다."[58]라는 『청장관전서』의 내용을 옮겨 놓았다. 이는 명제설에 해당한다. 이 글 속에 "서거정徐居正 역시 자세히 기록하고 있다."라고 한 문장이 있는바 그가 서거정의 문집을 참고한 것처럼 보인다.[59] 이규경의 이 기록(27-1번)은 한치윤이 지은 『해동역사』와 기술된 내용이 거의 같다. 그가 기술한 이 내용은 명제설에 가깝다. 27-2번의 「시문편-논문류-문자 언문 변증설」에서는 언문이 세종의 뜻에서 나온 것이라고 막연히 기술해 놓았다. 친제설을 함의한 문장이지만 모호한 표현이다. 그러나 27-3번에서는 서거정의 말을 인용하여 친제설을 말해 놓았다. 27-3번의 내용은 10번에서 인용한 서거정의 최항 묘비명(태허정집 수록)과 거의 같은바, 세종이 언문을 처음 만들었고, 『훈민정음』과 『동국정운』의 편찬을 신숙주 등에게 맡겼다는 것이다. 이런 이유로 〈표 4〉의 문헌 건수 및 평점 계산에서 27-3번을 제외했다. 그래서 〈표 3〉의 33건이 〈표 4〉에서 32건이 된 것이다.

28번 이유원의 『임하필기』 「문헌지장편」

이유원李裕元(1814~1888)의 『임하필기』[60] 「문헌지장편」에 실린 창제 관련 내용은 강희맹이 쓴 「문충공행장」, 『증보문헌비고』 등의 내용과 아주 비슷

58 이것은 언문을 낮잡아 본 양반 지식인들이 만들어 낸 이야기라고 앞에서 지적하였다.

59 이 글에는 이규경이 언문을 칭송한 내용도 있다. 이 글에 조부 이덕무의 『앙엽기』를 인용하여, 언문의 자획은 중국의 전주(篆籒)보다 낫고, 언문의 성운은 서역의 패주(唄呪=범자梵字)보다 나으니, "이 두 가지의 묘를 겸하고 있는 것이 훈민정음이니, 성인이 아니고서야 어찌 이와 같이 할 수가 있었겠는가!"라고 하고, 이어서 이규경 본인의 생각을 다음과 같이 덧붙였다. "번절의 법칙이 우리의 훈민정음보다 나은 것이 없으니, 만국의 언어뿐 아니라 바람 소리·비소리·새소리·짐승소리·벌레소리 등 표현하기 어려운 소리까지도 다 기록할 수 있으며, 뒤집으면 중원의 무궁한 글자와 서역의 무궁한 소리까지도 다 그 가운데 포함되어 있다."라고 했다.

60 규장각 소장 『임하필기』는 이유원이 1871년에 탈고한 39권 33책의 필사본으로 모두 16편으로 구성되어 있다. 성균관대학교 대동문화연구원에서 영인본(1961, 1991을 냈고, 민족문화추진회에서 국역본(1999)을 간행했다.

하다. 이유원이 선배 학자들의 글을 인용한 것이 분명하다. 이유원이 기술한 내용은 명제설에 해당한다.

3) 문헌 기록의 분류와 신뢰도 평가

지금까지 훈민정음 창제 주체를 언급한 여러 문헌의 내용을 분석하고 친제와 협찬에 대한 필자의 생각을 고찰해 보았다. 이러한 분석과 고찰을 바탕으로 개별 문헌의 기록을 친제설 지지 자료와 협찬설 지지 자료로 나누어 〈표 4〉의 '분류'란에 표시하였다.

각 문헌 기록의 신뢰도를 평가하고 이것을 수치화하여 〈표 4〉의 '평점'란에 표시하였다. 평가 기준은 다음과 같다. 국가의 공공적 편찬물에 나타난 기록의 신뢰도는 개인 문집이나 묘지명 등의 기록보다 높다. 세종 대의 사실史實을 기록한 조선왕조실록,[61] 해례본의 어제 서문, 세종을 보필했던 집현전 학사(신숙주, 성삼문 등)의 기록은 신뢰도가 높은 것으로 간주하였다. 1~8번 기록은 모두 국가의 공공적 차원에서 편찬한 문헌에 수록되어 있어서 평점 3점을 부여했다. 평점 2점을 부여한 9~12번 기록은 세종과 동시대에 살았던 인물이 15세기 후기에 작성한 것이다. 1점을 부여한 13~28번은 13번을 제외하고는 모두 16세기 이후 개인이 작성한 문헌 자료에 나온 것이다. 23번은 개인이 작성한 상소문이지만 국가 기록물에 수록되어 있다는 점에서 성격이 약간 다르다. 24번은 국가적 편찬 사업으로 나온 것이지만 이미 나온 글을 편입한 것이어서 1점을 부여했다.[62] 평가 결과는 〈표 4〉와 같다.

---

61 조선왕조실록의 편찬 과정은 이성무(1999), 김현영(2008)의 연구를 참고하였다. 매일 보고하는 전임사관의 기록, 매월과 매년에 작성하는 시정기(時政記)에 의거하여 왕의 사후에 실록청(實錄廳)을 구성하여 편집 정리하였다. 이 작업 내용을 보면 조선왕조실록의 편찬은 왕의 사후에 자료를 모아서 하는 것이 아니라, 전임사관을 중심으로 생전에 기록한 자료를 정리하고 축적한 결과물을 근거로 한 것임을 알 수 있다.

62 이러한 점수 부여 방식에는 다음과 같은 문제점이 내포되어 있다. 조선왕조실록, 최만

〈표 4〉 문헌 기록의 분류와 신뢰도 평가

번호	출전 문헌	평점	분류	
			친제설	협찬설
1	훈민정음 창제 기사(세종실록 25.12.30)	3	✓	
2	2-1. 최만리 등 상소문(세종실록 26.2.20)	3	✓	
	2-2. 최만리 등에 대한 세종의 질타(세종실록 26.2.20)	3	✓	
	2-3. 최만리 등에 대한 세종의 질타(세종실록 26.2.20)	3	✓	
3	훈민정음 완성 기사(세종실록 28.9.29)	3	✓	
4	해례본 어제 서문(세종실록 28.9.29)	3	✓	
5	해례본 정인지 서문	3	✓	
6	해례본「제자해」	3	✓	
7	성삼문,『동자습』 서문	3		✓
8	신숙주,『홍무정운역훈』 서문	3	✓	
9	강희맹, 최항 묘지문	2	✓	
10	서거정, 최항 묘비명(태허정집 수록)	2	✓	
11	임원준,『보한재집』 서문	2	✓	
12	강희맹,「문충공행장」(보한재집 부록)	2	✓	
13	성현,『용재총화』 권7	1		✓
14	이수광,『지봉유설』 권18 기예부	1	✓	✓
15	최석정,『경세훈민정음』	1	✓	
16	숙종,『열성어제』「훈민정음 후서」	1	✓	
17	17-1. 이형상,『자학제강』「추록언문반절설」	1		✓
	17-2. 이형상, 『자학제강』「운학시종」	1	✓	
18	박성원,『화동정음통석운고』 서문	1	✓	
19	신경준,『훈민정음운해』	1	✓	
20	이익,『성호사설』 권16 인사문 언문	1		✓
21	『증보문헌비고』 권246	1	✓	✓
22	이덕무,『청장관전서』 권54「앙엽기 1」	1		✓
23	홍양호, 상소문(정조실록 7.7.18)	1	✓	
24	정조,『홍재전서』 권9 서인(序引)「정음통석 서」	1	✓	
25	한치윤·한진서,『해동역사』 권42「예문지」	1	✓	
26	유희,『언문지』	1		✓
27	27-1. 이규경,『오주연문장전산고』「경사편-경전류-훈고」	1		✓
	27-2. 이규경,『오주연문장전산고』「시문편-논문류-문자 언문 변증설」	1	✓	
28	이유원,『임하필기』「문헌지장편」, 권18	1		✓
계	29종 문헌(32건 기사)	총점 56점	46점	12점
			총점 합계 58점	

모든 문헌 자료에 부여된 평점의 '총점'은 56점이다. 친제설을 지지하는 기록의 평점 합계는 46점이고, 협찬설을 지지하는 기록의 평점 합계는 12점이다. '총점 합계'가 58점이 되는 까닭은 14번 『지봉유설』과 21번 『증보문헌비고』의 내용이 친제설과 협찬설 양쪽에 걸쳐 있기 때문에 '총점'보다 '총점 합계'가 2점이 더 높다. 우리에게 익숙한 100점을 기준으로 삼기 위해 평점의 총점을 100으로 환산하여 친제설과 협찬설의 상대 점수를 비교해 보면 친제설은 82.14점, 협찬설은 21.43점이 된다.[63] 문헌 기록의 신뢰도를 수치화한 점수로 보면 친제설 지지가 압도적임을 확인할 수 있다.

문헌 기록의 질적 평가로 본다면, 친제설 지지 기록과 협찬설 지지 기록의 신뢰도는 사실상 한 자리에 놓고 비교할 수도 없는 정도이다. 〈표 4〉의 자료들에 정성적 질적 평가 방식을 적용해 보면 친제설 자료와 협찬설 자료 간의 격차는 더 커질 것이다.

끝으로 협찬설과 관련하여 이가원(1994)에서 제시된 「창조문자剙造文字」와 「공주유사公主遺事」의 허구성을 언급해 둔다.[64]

이가원(1994)은 『몽유야담夢遊野談』과 『죽산안씨대동보』의 기록을 논하면서, 안맹담에게 출가한 세종의 딸 정의공주가 훈민정음 창제를 도왔다고 주장했다. 이에 대해 안병희 교수는 『몽유야담』은 1930년에 이루어진 사본寫本이며, 「공주유사」는 1976년에 간행된 『죽산안씨대동보』에 첨입된 위작僞

리 상소문, 『훈민정음』 해례본의 어제 서문 등의 기록에 3점을 주고, 16세기 이후의 개인 기록에 1점을 부여하는 것은 점수 배점이 불균형하다고 비판받을 수 있다. 전자의 기록적 가치는 후자에 비해 압도적이기 때문에 2점 차이가 너무 적다고 볼 수 있다. 이러한 문제점이 있지만 문헌 자료의 신뢰도를 수치로 평가하는 방식을 도입하여 친제설과 협찬설의 타당성을 검증해 보고자 한다.

63 $\frac{\text{친제설 합계 46점}}{\text{평점 총점 56점}} \times \text{기준점 100점}, \ \frac{\text{협찬설 합계 12점}}{\text{평점 총점 56점}} \times \text{기준점 100점}$
이 수식은 82.14점과 21.43점이 도출된 근거이다.

64 〈표 5〉의 내용은 이가원(1994), 안병희(2004: 25)에서 인용한 것이다.

〈표 5〉 위작(僞作)으로 판명된 정의공주 협찬설 관련 자료의 평점

번호	출전 문헌	내용	평점	연대
ⓐ	「몽유야담(夢遊野談)」 창조문자(刱造文字)	우리나라 언서(諺書=한글)는 세종 조에 연창공주(延昌公主)가 지은 것이다 (…중략…) 이 언문(諺文)에 이르러서는 반절(反切)로 풀면 음이나 해석(解釋)이 주도하지 않음이 없으므로 부인이나 어린애가 모두 익혀서 쉽게 알 수 있어서 뜻과 말이 소통되어 그 쓰임새가 매우 넓었다. 我國諺書卽世宗朝延昌公主所製也. (…중략…) 而至於諺文, 以反切解之, 於音釋无所不周, 故婦人小子, 皆習而易知以通情辭, 其用甚博.	0	1930
ⓑ	『죽산안씨대동보』 「공주유사(公主遺事)」	세종이 방언(국어)이 한자와 서로 통달하지 않음을 안타깝게 생각하여 비로소 훈민정음을 지었는데 변음(變音)과 토착(吐着)은 오히려 다 연구하지 못하여 여러 대군으로 하여금 풀게 하였으나 모두 하지 못하였다. 드디어 공주에게 내려보냈더니 공주가 곧 풀어 바쳤다. 世宗憫方言不能以文字相通, 始製訓民正音. 而變音吐着, 猶未必究, 使大君解之, 皆未能, 遂下手公主, 公主卽解究以進, 世宗大加稱賞特賜奴婢數百口.	0	1976

作임을 논증하였다.[65] 정의공주 협찬설은 더 언급할 가치가 없다. 근거 없이 지은 위작僞作 문헌을 여기에 넣어 평점을 부여해 둔 까닭은 가짜뉴스와 다름없는 정의공주 언문협찬설이 여기저기서 되풀이되고 있기 때문이다.

2.3. 추론적 논거의 종합 정리와 타당성 평가

문헌 기록(표 3)과 이에 대한 신뢰도 평가로 산출된 점수(표 4)를 보면 친제설이 압도적이다. 협찬설이 비록 21.43점을 얻었으나 정성 평가를 한다면

65 안병희(2004: 28)의 각주 17에 서술한 다음 내용이 결정적이다. "이가원(1994)은 그 대동보의 연대를 밝히지 않았다. 필자의 조사로는 『죽산안씨대동보』는 1976년판(활판본)이 처음인가 한다. 실지로 그 책의 부록에 「공주유사」가 있다. 제목에 '貞懿(정의)'가 없으나 내용은 완전히 일치한다. 한글판 『죽산안씨대동보』(권5)에도 「공주유사」로 수록되었으므로 「정의공주유사(貞懿公主遺事)」는 교수가 제목에 '貞懿(정의)'를 추가한 것이 분명하다." 사실이 이러함에도 불구하고 한영우(2021: 8-9)는 세종 23년에 임금이 정의공주와 광평대군의 집에 수차례 거둥한 사실과 『죽산안씨대동보』의 기록을 근거로 "정의공주가 적극적으로 도와주었을 가능성이 매우 크다."라고 말했다.

점수는 훨씬 낮아질 것이다. 사실이 이러함에도 불구하고 몇몇 학자들은 사료와 문헌 기록에 드러나 있지 않은 "이면의 진실이 있을 것으로 짐작하고", 여전히 협찬설 혹은 친제협찬설을 주장하고 있다. 필자는 "이면의 진실이 있을 것으로 짐작하고" 협찬설을 주장하는 사람들이 내세우는 논거를 '추론적 논거'라고 부르고, 그 타당성을 검증해 보고자 한다. '추론적 논거'란 사료 등의 문헌 기록에는 없지만, 창제 당시의 정치적 상황이나 창제 관련 인물이 처했던 상황, 개인적 특성 등을 바탕으로 추론하여 만든 논거를 뜻한다. 사료의 기록과 이에 대한 평점 부여의 결과로 보면 친제설이 확실한데도 (친제)협찬설이 여전히 영향력을 갖고 있는 까닭은 추론적 논거의 '그럴듯함'에 있다고 해도 과언이 아니다.

(친제)협찬설을 내세우는 추론적 논거는 다음 네 가지로 정리할 수 있다. 첫째, 왕조 사회에서 왕이 신하의 도움을 받아서 한 일이라 하더라도 그 공을 왕에게 돌리는 정치적 고려가 작용했을 것이라는 추론이다. 이런 생각은 (친제)협찬설을 주장한 여러 논저에서 발견된다. 안병희(2004: 36)는 "그런데 제왕이 스스로 무슨 일을 하였다고 하더라도 반드시 자력自力으로 이루었다는 뜻이 아닌 사실에 주목하여야 한다."라고 하여 집현전 학사의 협찬이 있었다고 보았다.[66] 둘째, 만기친람萬機親覽의 국정을 책임진 왕이 문자 창제의 겨를을 얻기 어렵다는 현실론이다(안병희 2004: 6). 게다가 세종은 말년에 안질과 당뇨병이 심하여 국정은 물론 문자 창제 작업을 수행하기가 어려웠기 때문에, 훈민정음 창제도 세종 혼자서 할 수 없는 일이라고 덧붙여 추론하기도 했다. 셋째, 훈민정음이 가진 정교하고 복잡한 문자체계와 운용법 규정의 치밀함 등은 아무리 뛰어난 학자라도 혼자서 할 수 있는 일이 아니라는

66 안병희는 '御製(어제)'와 '御定(어정)'의 차이를 말하면서, 예의와 어제 서문(정음편)은 '어제'(안병희 2004: 37)로, 『동국정운』은 '어정'으로 보았다.

추론이다. 앞의 두 가지보다 셋째의 주장이 더 그럴듯하게 들리고 이를 비판하기도 어렵다. 넷째, 훈민정음의 해설서인 해례편을 집현전 학사들이 지었다는 사실을 고려할 때, 세종의 훈민정음 창제 작업도 집현전 학사(혹은 다른 사람)들의 도움이 있었을 것이라는 추론이다. 이러한 추론적 논거를 표로 요약하면 다음과 같다.

〈표 6〉 추론적 논거의 내용과 관련 학설

번호	추론적 논거와 추론 내용	관련 학설
①	왕조 사회에서 왕이 신하들의 도움을 받아서 한 일도 그 공을 왕에게 돌리는 것이 관례이다.	(친제)협찬설
②	만기친람의 국정을 책임진 왕이 문자 창제의 겨를을 얻기 어렵다. 게다가 세종은 말년에 여러 가지 병에 시달렸다.	(친제)협찬설
③	복잡 정교한 체계를 가진 훈민정음을 왕이 혼자서 만든다는 것은 불가능한 일이다.	(친제)협찬설
④	훈민정음의 해설서인 해례편을 집현전 학사들이 지은 사실로 보아 훈민정음 창제 작업 시에 누군가 세종을 도왔을 것이다.	(친제)협찬설

추론적 논거는 문헌에 기록된 것이 아니어서 문헌에 근거한 객관적 논거처럼, 기록된 문헌의 신뢰도에 따라 일정한 점수를 부여할 수 없다. 추론적 논거는 나름대로 논리성을 갖추고 있거나 현실적 개연성蓋然性을 지니고 있다. 추론적 논거가 가진 논리성과 현실적 개연성의 정도를 평가하여 각 논거에 점수를 부여하는 것도 불가능하지는 않다.[67] 그러나 추론적 논거에 점수를 부여하여 평가하는 계량적 방법은 그 의미를 찾기 어렵다. 위에 제시한 추론적 논거의 타당성을 정성적定性的으로 평가하는 방법을 택하여 각 논거의 타당성을 검토해 보자.

추론적 논거 ①은 왕조 사회에서 신하들이 한 일을 왕의 공으로 돌리는

67 예컨대 논리성과 개연성을 평가하여 높은 설득력을 갖춘 추론적 논거에는 2점, 보통 수준의 논거에는 1점, 추론적 논거로 간주하기 어려운 것에는 0점을 부여하는 방법이 있다.

관례를 근거로 하였다. 이성무(2001: 67)는 이숭녕(1981)과 강신항(1984)의 연구를 인용하면서 협찬설의 입장에서 다음과 같이 썼다.

> 세종은 측근의 집현전 학사들을 용의주도하게 훈련시켰고, 이들을 훈민정음 창제 사업에 투입하여 이 일을 돕게 했다. 이들 학자들의 수준도 대단히 높았다. 정인지·신숙주·성삼문 등 많은 학자들이 직접적으로 이 일에 간여했으며, 세종의 명을 받아 중국에도 여러 번 갔다 왔다. 그리고 모든 공로는 세종에게 돌렸다. 왕조시대에는 그럴 수밖에 없다. (밑줄은 필자가 표시한 것임)

이 인용문에 세종이 집현전 학사들을 "훈민정음 창제 사업에 투입하여 이 일을 돕게 했다."라고 했으나 이를 뒷받침하는 객관적 증거 없이 미루어 짐작한 것일 뿐이다. 정인지 등이 훈민정음과 관련하여 참여한 일은 창제가 아니라 정음해례편을 지은 것이다. 훈민정음에 관한 모든 공로를 세종에게 돌렸고 왕조시대에는 그럴 수밖에 없었다고 말해 놓았으나 세종에 관한 이 추론은 객관적 증거가 없는 막연한 일반화이다.

오히려 우리가 주목해야 할 사실은, 세종시대에 여러 가지 천문 관측 기구와 시설을 만들었지만 그 어느 것도 세종이 친제했다고 밝혀 적은 사례가 없다는 점이다.[68] 세종실록을 검색해 보면 훈민정음 창제 기사(세종 25.12.30) "上親制諺文二十八字상친제언문이십팔자"에만 '親制친제'라는 표현을 붙여 놓았다.[69] '부정할 수 없는 사실'이기 때문에 세종실록 편찬에 참여한 사관史官들이 여기에 '친제'란 말을 쓴 것이다. 이는 훈민정음의 세종 친제설을 지지

---

68 이 점은 책도 마찬가지다. 세종이 신하들에게 명하여 편찬한 책이 여럿이지만 그 어느 것에도 '친제'라는 표현을 쓴 것이 없다.

69 필자가 '親制(친제)'를 검색어로 하여 세종실록 전체를 찾아본 결과이다.

하는 강력한 증거이다.[70] 따라서 추론적 논거 ①은 타당성을 얻을 수 없다.

추론적 논거 ②의 타당성을 검토해 보자. 세종 21년(1439) 7월 4일에 세종은 태자에게 섭정케 하고 정무에서 물러나겠다는 뜻을 황희 등의 신하들에게 강하게 말한 적이 있으나 그 뜻을 이루지 못하였다. 1442년 7월 28일에 비로소 첨사원을 설치하였다. 그러나 많은 신하들이 격렬하게 반대하고 나섰다. 심한 갈등을 거쳐 1442년 9월 3일에 첨사원 설치 문제가 모두 일단락되었다.[71] 이때부터 정무의 상당 부분을 세자에게 넘겼다. 1443년 4월 17일부터 세종의 건강이 더 악화되자 세자가 모든 국정 서무를 도맡아 하였다(이성무 2001: 25). 세종은 1442년 9월부터 국가 정무에서 벗어나 자신이 세운 목표에 전념할 수 있었던 것이다. 임금이 훈민정음을 창제했다는 실록의 기사는 이로부터 1년 4개월 뒤인 1443년 12월에 나타났다. 이 기간 동안 세종은 훈민정음 창제 작업에 집중할 수 있었다. 1442년 7월 이후에 세종이 행한 전지요양轉地療養 등의 자유로운 정황으로 볼 때, 만기萬機를 총재하는 왕으로서 문자 창제의 겨를을 얻기 어려웠을 것이라고 한 추론(안병희 2004: 6) 역시 설득력이 없다.

추론 ③은 가장 그럴듯한 논리를 갖추고 있으면서 동시에 막연한 주장이어서 비판하기가 쉽지 않다. 훈민정음 창제 기사[72]에 담긴 핵심 정보는 세종이 1443년에 언문을 친제하였고, 창제한 문자의 자모 수는 28자이며, 그 자형은 고전古篆을 본뜬 사각형 모양이고, 초성·중성·종성으로 나누어지는데

---

70 사료의 기록이 이러함에도 불구하고, 정달영(2007: 11-12)은 “전제 군주 체제하에서는 군주와 신하라는 특별한 관계 때문에 군주의 업적을 미화하여 기록하는 사관들의 태도가 있었”다고 하며 이런 사료들을 모두 불신하는 태도를 보였다.

71 첨사원 설치 문제로 인한 신하들의 반대와, 세종과 신하들의 갈등은 제4부 제4장 2.3절에서 자세히 다룬다. 세종의 첨사원 설치와 세자 섭정의 추진 경과는 일찍이 이숭녕(1966/1972: 110)에서 다루어진 바 있다.

72 是月 上親制諺文二十八字, 其字倣古篆, 分爲初中終聲, 合之然後乃成字, 凡于文字及本國俚語 皆可得而書, 字雖簡要 轉換無窮, 是謂 訓民正音. (세종 25년 12월 30일 기사)

이 셋을 합쳐서 한 글자를 이룬다는 것이다. 창제 기사의 분석을 통해 알 수 있는 창제 당시의 훈민정음이 갖춘 내용은 다음과 같다.

〈표 7〉 창제 기사(1443.12)의 훈민정음이 갖춘 내용

창제 주체	임금[上]이 친제함
***창제한 자모 수**	**28자**
자형	고전을 본뜸[其字倣古篆]
***음절 삼분법**	**초성자·중성자·종성자(分爲初中終聲)=음절자 구성 요소**
***음절 합자법 [成字法성자법]**	**초성자·중성자·종성자를 합쳐 한 자를 이룸 [合之然後乃成字]**
공식적 명칭	훈민정음
훈민정음의 기능	한자(文字)와 조선어를 모두 써 낼 수 있음
훈민정음의 특성	자모가 비록 간단하나 종요(宗要)로와 굴려 씀에 막힘이 없음(字雖簡要, 轉換無窮)[73]

〈표 7〉은 1443년 12월의 훈민정음이 갖춘 내용 요소를 명세明細한 것이며, 2.1절에서 제시한 〈표 1〉을 다른 형식으로 표현한 것이다. 창제 기사에 나타난 훈민정음의 내용 요소를 〈표 7〉과 같이 다시 명세한 목적은 지나치게 자세한 부분까지 훈민정음 창제의 내용 범위로 간주하는 추론적 논거 ③을 비판하기 위함이다. 위 표에서 *표를 붙여 글자를 진하게 한 3개 항이 1443년 12월의 훈민정음 문자체계가 갖춘 핵심 요소이다. 창제한 자모의 수가 28자이고, 하나의 음절자는 초성자·중성자·종성자로 나누어지며, 이 셋을 합쳐서 하나의 음절자가 이루어지도록 한 것이 여기에 해당한다. 간단하게 표현하여 1443년 12월의 훈민정음이 갖춘 내용 요소는 28개 자모자·음절 삼분법·음절 합자법이다. 〈표 7〉에 표시된 나머지 4개 항도 1443년 12월

73 이 부분은 정인지 서문에서 약간 달라져 "二十八字而轉換無窮 簡而要 精而通(이십팔자이전환무궁 간이요 정이통)"이라고 표현되어 있다.

의 훈민정음이 갖춘 내용에 포함된다. *표의 핵심 내용을 갖춘 상태의 훈민정음이라면 이는 '창제'된 것으로 간주할 수 있다. 따라서 세종 친제를 인정할 수 있다.

좀 더 세부적 논의를 더해 보자. 제자制字 방법론 중에서 가장 핵심적인 음절 삼분법은 위의 창제 기사에 이미 나타나 있다. 또한 이 기사는 1443년 12월에 28개 자가 만들어져 있음을 말했다. 따라서 초성자 제자 원리로 작용한 기본자 설정법·조음기관 상형법·가획법, 그리고 중성자 제자 원리로 작용한 기본자 설정법·음성 분석법(설축과 성심 등)·삼재 상형법·중성 초출자와 재출자 제자에 필요한 합성법[合而成합이성] 등의 제자론은 28자 창제 작업에 이미 적용되었다. 이러한 제자 방법은 1443년 12월 이전에 창안되어 적용되었다. 이 방법들이 마련되지 않은 상태에서는 조선어 말소리의 분석을 행할 수 없고, 음성 분석 결과를 28개 자모자로 형상화하는 작업도 할 수 없기 때문이다. 따라서 28개 자모자를 만드는 데 이용된 제자 방법 및 음성 분석법은 1443년 12월 이전에 세종에 의해 창안되어 창제 작업에 적용되었다고 보아야 한다. 세종이 행한 여기까지의 창제 작업에 언문팔유가 도움을 주었다는 어떤 기록도 없다. 최만리 등의 상소문과 성삼문의 『동자습』 서문에 나타나 있듯이 세자가 부왕 세종을 도왔을 가능성은 있다. 그러나 도운 일이 훈민정음 창제에 관한 것이라는 증거는 없다. 세자의 도움이 없었더라도 세종은 훈민정음 28자를 창제하는 데 필요한 성운학, 문자학, 성리학의 지식을 갖추고 있었다(이기문 1992: 8-9). 설령 세자의 도움이 있었다고 하더라도 그것은 세종이 지시한 범위에서 수행되었을 것이다. 부왕의 지시를 따른 세자의 도움은 '친제'를 부정할 만한 근거가 될 수 없다.[74] 세종실록 편찬에 참여한 사관史官이 훈민정음 창제 기사를 작성하면

74 세종의 초수리 전지요양에 세자가 동행한 것은 1444년 2월 행차였다(이왕무 2006:

서 '親制친제'라고 명기해 놓았다. 세종 대에 이루어진 어떤 성취에도 '親制친제'라고 표현한 것은 없다. 사관이 기록한 창제 기사의 진실성을 의심할 이유가 없다.

해례본 편찬(1446)에 참여한 집현전 학사 중 운서 편찬 등에서 중요 역할을 한 신숙주(1417~1475)와 성삼문(1418~1456)은 1443년 창제 당시 각각 26세, 27세에 불과한 청년 학자들이었다. 이때 세종(1397~1450)은 46세였고, 수많은 독서와 경연을 통한 학문 연구 등을 거치면서 세종의 학문은 원숙한 경지에 이르렀을 것이다. 학문적 수준에서 세종과 신숙주 등의 차이는 상당히 컸을 것이다. 『동국정운』 한자음을 책정하면서 신숙주 등이 세종에게 일일이 물어 재가를 받았다고 말한 『동국정운』 서문은 세종과 이들 간의 학문적 수준이 달랐음을 의미한다.

국정 서무를 세자에게 이관하고 자유로운 시간을 확보한 세종은 온축된 지식과 학문 능력을 스스로 세운 목표(훈민정음 창제)에 쏟아부을 수 있었을 것이다. 목표 달성에 대한 세종의 확고한 의지, 음률에 밝았고 성운학과 성리학 지식을 갖춘 세종의 학문적 능력, 국정 서무에서 벗어나 창제 작업에 집중할 수 있는 여건 확보 등이 복합적으로 작용하여 정치精緻한 제자론과 체계를 갖춘 훈민정음이 1443년에 세종에 의해 친제된 것이다.

『훈민정음』의 정음해례편은 집현전 학사들 중 8명이 세종의 교시를 받아 편찬한 것이다. 정인지 서문에서 "상세한 해석을 더하여 사람들에게 깨우쳐 주라고 명하셨다.[遂命詳加解釋 以喩諸人]"라고 한 것은 해례본 편찬의 취지를 밝힌 글이다. 세종이 지은 예의에 상세한 풀이와 해석을 더하는 일이 언문팔유들의 몫이었던 것이다.[75] 언문팔유는 왕이 지은 예의에 자세한 해석을 더

12). 이때는 훈민정음 창제가 완료(1443.12)된 이후이다. 인용한 '이왕무 2006: 12'의 쪽 번호 '12'는 〈한국사데이터베이스〉에서 내려받은 파일에서의 쪽 번호이다.

75 최만리 상소문(1444.2.20)에 나타난 운회(韻會) 번역 사업도 집현전 학사들이 세종의

한[詳加解釋상가해석] 해설문을 지었던 것이며 이것이 곧 정음해례편이다. 언문팔유의 '詳加解釋상가해석' 작업은 『훈민정음』 편찬을 '협찬'한 것이다. 따라서 '협찬설'은 정음해례편 편찬 작업에 해당하는 것이다.

추론적 논거 ④는 해례편을 언문팔유가 지은 사실을 확대하여 훈민정음 창제 작업도 이들 혹은 다른 이가 도왔을 것으로 보는 생각이다. 그러나 1443년 12월 이전에 집현전 학사들이 세종의 창제 작업에 관여한 어떤 증거도 없다. 정의공주 협찬설(이가원 1994)은 관련 문헌이 위작임이 입증되었다(안병희 2004: 24-33). 세종의 훈민정음 관련 일을 도왔을 가능성이 있는 사람은 세자이다. 최만리의 상소문에는, 성학에 잠심해야 할 동궁(세자)이 언문 일에 "정기를 갈아 붓고 사려를 소모하여 날밤을 보내니[而乃研精費思 竟日移時]" 학업에 손실이 크다는 말이 나온다. 상소문을 올린 때(1444.2.20)는 훈민정음을 창제한 이후이니 이때 세자가 언문과 관련하여 한 일은 창제 작업이 아니라 창제 이후에 해야 하는 모종의 일이었을 것이다.

이기문(1992: 7)은 신숙주가 쓴 『홍무정운역훈』의 서문에서 "문종 공순대왕께서는 동궁에 계실 때부터 성인으로서 성인을 보필하여 성운에 참정參定하셨다."라고 한 기록과 성삼문이 쓴 『동자습』 서문에서 "우리 세종과 문종께서 이 점을 개탄하시어 이미 훈민정음을 지으시니"라고 한 기록을 제시하며 "문종이 정음 창제와 무관하지 않았"음을 언급했다. 성삼문의 글에는 세종과 문종이 함께 훈민정음을 만든 것처럼 표현해 놓았다. 성삼문의 이 말은 훈민정음의 세자 협찬설을 지지해 주는 가장 뚜렷한 문헌 기록이다. 그러나 문종 재위 시에 쓴 성삼문의 이 서문을 근거로 실록과 어제 서문에서 세종 '親制친제'라고 한 기록을 뒤집기는 어렵다.

최만리 상소문을 접한 8일 뒤(1444.2.28)에 세종은 왕후와 더불어 출궁하

명을 받아 행한 일이다.

여 청주 초수리에 갔다가 5월 7일에 환궁하였고,[76] 같은 해(1444) 윤7월 15일에 출궁하여 초수리로 갔다가 9월 26일에 환궁하였다(이숭녕 1975b: 30-32, 김민수 1987: 122, 이성무 2001: 34).[77] 훈민정음 창제 직후에 이루어진 두 차례의 요양 기간에 세종은 훈민정음 해설서를 구상했을 듯하다. 이 구상의 실현을 언문 팔유에게 맡겼고, 1446년 9월에 이르러 이 해설서가 완성된 것이다. 성삼문, 박팽년, 신숙주, 최항, 이개 등의 집현전 학사들은 『훈민정음』 해례편, 『동국정운』, 『사성통고』 등의 편찬 사업을 협찬한 것이지 훈민정음 창제를 재검토한 것은 아니다(김민수 1987: 120-121).[78] 1444년 3월 이후는 훈민정음 창제가 이루어진 뒤이므로 김민수 선생의 판단은 합당한 것이다.

3. 결론은 친제설

지금까지 친제설과 협찬설에 관련된 객관적 증거의 가치를 평가한 다음 점수를 부여하여 각 문헌 기록이 가진 신뢰도와 타당성을 평가해 보았다. 문헌 기록을 근거로 할 때 친제설을 지지하는 신뢰도 점수가 압도적으로 높

---

76 이숭녕(1975b: 30-31)에 그 경위가 자세히 기술되어 있다.

77 세종의 온정(溫井)과 초수리 행차는 제4부 제4장 2.3절 2)항(이 책의 890쪽)에서 자세히 설명할 것이다.

78 김민수(1987: 120-121)는 『연려실기술』의 성삼문 항과 『장릉지』에 나오는 내용을 근거로 1444년 2월부터 전후 5개월 동안의 초수리 행차에 성삼문, 박팽년, 신숙주, 최항, 이개 등이 세종의 수레를 수행[隨駕]했다고 하였다. 그러나 해당 연월일 세종실록 기사에 이런 내용이 없다. 신하들의 '隨駕(수가)'는 왕이 출발할 때 전송 의례로 이루어지는 것이 보통이다. 세종실록의 초수리 행차 기사에 이분들의 성명이 전혀 언급되지 않은 사실로 보아 초수리까지 동반 수행한 것은 아니라고 본다. 관리로서 맡은 직무가 있는 성삼문 등이 장기간 초수리에 머물렀다고 보기 어렵다. 참고로 김민수(1987: 121)의 각주에 인용된 원문을 여기에 옮겨 둔다. 『燃藜室記述』 成三問項: 世宗末年有疾, 屢幸溫泉, 常令三問及李塏等, 便服在駕前, 備顧問, 一時榮之. 『莊陵志』: 上幸溫泉, 與朴彭年·申叔舟·崔恒·李塏便服在駕前, 備顧問, 一時榮之.

았다. 이어서 (친제)협찬설이 내세우는 '추론적 논거' 네 가지의 타당성을 논했다. 각 논거가 가진 문제점을 분석하고 이를 비판하는 필자의 논거를 제시하여 '추론적 논거'가 타당하지 않음을 논증하였다.

친제의 내용 요소를 파악하기 위해 창제 기사에 담긴 정보를 세밀하게 분석하고 이를 근거로 창제의 내용 범위를 규정하였다. 1443년 12월에 창제된 훈민정음은 28자 문자체계이며, 한 음절은 초성자·중성자·종성자로 나누어지고, 이 셋을 합자하여 한 음절자를 만드는 것이 친제의 내용 요소이자 범위이다. 세종이 1443년 12월에 '약게예의'하여 보여 준 약예의의 문자체계는 세종이 친제한 것이다. 훈민정음 창제 기사 및 정인지 서문에는 1443년 12월경의 훈민정음 문자체계가 갖춘 내용 요소가 기술되어 있다. 이것을 정리한 〈표 7〉에서 *표를 붙인 3개 항(창제한 자모 28자, 음절 삼분법, 음절 합자법)을 1443년 12월의 훈민정음 문자체계가 갖추고 있었으며 이러한 내용 요소만으로도 세종 친제를 인정할 수 있다.

집현전의 언문팔유는 세종이 지은 예의를 받아 정음해례편을 편찬함으로써 세종을 협찬하였다. 문헌 기록(최만리 등의 상소문과 성삼문의 『동자습』 서문)을 근거로 협찬설을 주장한다면 훈민정음 창제 작업의 협찬에 가장 근접한 사람은 세자(문종)이다(이기문 1992: 7). 세자가 운회 번역 사업을 감장監掌했다는 실록의 기록은 세자가 한자음 번역 사업을 도왔음을 말해 준다. 설령 세자의 도움이 훈민정음 창제 작업을 위한 것이었다 하더라도 이는 세종의 지시를 보조한 정도였을 것이고, 이를 근거로 친제설을 뒤집을 수 없다.

역사상의 큰 혁신은 그것의 배경이 된 사회 구조에 큰 영향을 받기도 하지만 변혁을 이루어 내고자 하는 개인 혹은 집단의 의지와 실천적 행동의 산물이기도 하다. 새로운 문자를 창제하려면 말소리를 분석할 수 있는 학술 이론과 방법은 물론 분석한 결과를 문자로 전환하는 방법을 갖추어야 한다. 아울러 새 문자 창제로 인해 발생하는 정치적 갈등까지 극복할 수 있어야 한다. 무엇보다 중요한 것은 창제 주체자의 학문적 능력과 정치적 역량이다. 세종은 국가 경영자로서 새로운 문자체계를 만들고자 하는 목표가 확고하였고, 이 목표를 달성하기 위한 학문적 능력과 정책 추진을 위한 권위와 권력을 갖추고 있었다. 영웅주의 사관을 경계할 필요는 있지만 국가 경영의 주재자主宰者가 갖춘 능력과 정치적 역량을 결코 가벼이 볼 수 없다. 15세기 세종 재위 시기에 조선의 선장은 세종이었다. 선장 세종은 탁월한 학문적 능력과 정치적 의지로 훈민정음 창제와 그 시행에 성공하였다. 집현전 학사를 양성하여 자신이 구상한 각종 정책을 실행할 협찬자로 삼았다. 『훈민정음』 해례본 역시 이들의 협찬을 받아 완성한 것이다. 새로운 문자의 창제는 혼자서 해낼 수 있지만 이 문자를 널리 알려 사회 구성원이 쓰도록 실천하는 일은 임금이라도 할 수 없는 것이다.

제3장

훈민정음 창제 목적의 정립定立

1. 훈민정음 창제 목적에 대한 선행 연구 검토

1.1. 연구사 간략 검토

본 장에서는 훈민정음 창제 목적에 대한 학설을 간략히 검토하고, 창제 관련 문헌 자료를 분석·해석하여 훈민정음 창제 목적을 정립한다. 훈민정음 창제 목적에 대한 선행 연구는 연구자의 전공 분야에 따라 크게 국어학자의 연구와 비국어학자의 연구로 나눌 수 있다. 후자에는 역사학자(강만길, 이우성, 정다함), 정치학자(김영명), 한국학자(유미림) 등이 있다. 창제 목적에 대한 연구사적 검토는 김남돈(1999)에서 시기별로 나누어 여러 학자들의 주장을 비교 정리한 것이 있다. 김슬옹(2007c), 조재형(2015), 한재영(2017)은 창제 목적과 동기 문제를 논하였다. 김슬옹(2007c)은 훈민정음 창제의 배경과 동기, 목표와 목적을 각각 구별하고, 이들을 언어문화와 정치사회 두 갈래로 나누어 논하였다. 조재형(2015)은 국어학자 및 국어학 범위 밖의 연구자들이 주장한 창제 목적과 동기에 대한 학설을 체계적으로 정리하면서 역사학자의 연구도 언급하였다. 한재영(2017)은 훈민정음 창제의 배경, 동기와 목적, 창제자(친제설과 친제협찬설) 등에 관한 선행 연구 성과를 폭넓게 종합하였다. 이상규(2013: 39-40)는 조선과 중국의 규범 한자음 표기를 위해 훈민정음을 만들었다는 정광(2006b: 34) 등의 주장을 비판하였다. 훈민정음 창제 목적에 대한 일본 학자들의 주장도 서로 다른 차이를 보이는바, 와타나베 다카코渡辺高子(2002, 2016)가 일본 학자들의 여러 학설[1]을 정리하였다.

1.2. 국내외 정치 상황과 훈민정음 창제 목적을 관련지은 연구

훈민정음 창제를 둘러싼 정치 상황과 창제 목적을 관련지은 역사학자들의 연구가 있다. 강만길(1977: 714-715)은 이병도, 한우근, 이기백 등이 주장한 훈민정음 창제 목적(백성의 편리한 문자생활과 민족 언어에 알맞은 문자 창제)의 한계점을 지적하고, 세종 개인의 위대함을 강조하는 영웅주의적 사관을 비판하였다. 강만길은 훈민정음이 훈민 정책의 일환으로 창제되었다는 이우성의 주장을 수용하고, 훈민정음 창제는 통치 권력의 정치적 목적을 위한 것이라고 보았다. 강만길은 훈민정음 창제가 민본 정책 혹은 백성을 어여삐 여김의 소산이 아니라 하고, 12세기 후반 무신정권의 무단정치와 이로 인한 민중 반란을 거치면서 백성들의 정치적 의식이 점차 각성된 결과, 조선의 지배층

1 와타나베 다카코(2016: 181)가 소개한 일본인 학자의 설 중에서 관점의 차이를 보여주는 두 주장을 여기에 인용해 둔다. 아유가이 후사노신(鮎貝房之進, 1933)은 한글 제작의 목적을 조선어를 적기 위함과 한자음을 적기 위함이라는 두 가지로 보았다. 그는 조선어음에 없는 전탁음 표기를 위해 각자병서를 만든 사실과 성조 표기의 단순함을 들어 한자음 적기에 더 무거운 비중을 두었다. 고노 로쿠로(河野六郎, 1951)는 훈민정음 언해본에 보이는 한음(漢音)의 치두(齒頭)·정치(正齒)에 대한 기사에 주목하여, 이 표기법이 『훈민정음』 해례본에는 없고 『홍무정운역훈』에서 비로소 채용되었음을 근거로 훈민정음의 목적은 오로지 조선어음을 나타내려는 것이고, 중국 한어음의 전사와는 아무 관계가 없다고 보았다.

이 백성들에게 일정한 이익을 나누어 주어야 했던 역사적 조건의 결과라고 보았다.

조선의 대명對明 외교를 연구한 정다함(2009)은 명 제국을 중심으로 한 동아시아의 질서 속에서 명의 번국藩國이던 조선이 중화의 보편 한자음을 수용하기 위해, 한어음 표기에 적합한 표음문자 훈민정음을 고안해 냈다고 주장했다. 세종은 한어漢語와 한이문漢吏文(명이 사용한 외교 문서의 한문체)에 능숙하지 못함으로 인해 발생하는 외교 문제를 심각히 우려했고, 이를 해결하기 위해 동아시아 문명권의 표준어인 한어漢語와 공식 외교문자인 한이문漢吏文 학습을 장려했다. 명나라 중심의 국제 질서 속에서 조선 왕실의 지위를 보장받기 위해서는 한어의 소리를 그려 낼 수 있는 표음문자 체계가 반드시 필요했으며, 국내적으로 조선의 영역 안에서 조선 왕실 스스로 '聲教성교'를 실천한 도구로 훈민정음을 창제한 것이라고 하였다(정다함 2009: 292-293). 정다함은 『홍무정운역훈』의 편찬 목적을 한어 표준음을 익혀 명과의 외교에 사용하기 위한 것이라 하고, 『동국정운』 편찬 목적은 조선이란 통치 영역 안에서 표준 한자음을 확립하여 '聲教성교'를 실천하기 위함이라고 보았다.

강만길과 정다함의 주장은 훈민정음 창제를 역사 흐름의 맥락과 국제 외교 관계라는 시각에서 더 넓게 이해할 수 있는 관점을 제시하였다. 그러나 민중의 각성과 의식 변화에 따른 지배층의 정책 변화를 인정하더라도, 훈민정음 창제를 이루어 낸 세종의 학문적 능력과 민생 정책에 주력한 정치적 지향성을 가벼이 볼 수는 없다. 세종이 가진 성운학 지식, 문자학 관련 지식, 백성을 위해 의사 표현 도구를 만들어 주려 한 그의 정치적 의지가 상호 결합함으로써 민民을 위한 새 문자 창제가 가능하게 된 사실을 부정할 수 없다. 훈민정음 창제를 둘러싼 정치·사회적 상황을 고려하는 관점은 훈민정음에 대한 거시적 이해를 위해 필요하다. 그러나 새로운 이념을 표방하며 건국한 조선국의 국왕으로서 국가 운영의 새로운 기틀을 세우고자 한 세종의 정치적 의지와 이를 뒷받침한 세종의 역량도 충분히 고려되어야 한다.

국내적으로 양반 귀족층의 강한 반대를 극복해야 했고, 나라 밖으로는 조선왕 책봉 문제를 둘러싸고 명과 갈등하던 시기의 조선이 독자적 문자를 만드는 것은 자칫 명과의 외교 문제로 비화될 수도 있었다. 이러한 국내외적 상황에서 세종은 훈민정음 창제에 성공했다. 세종이라는 걸출한 인물이 이룬 성취를 여말선초의 역사 흐름(민권 신장)과 정치적 상황에 따른 역사적 필연으로만 해석해서는 아니될 것이다. 세종의 정치적 의지와 학문적 능력을 중시하는 태도를 '영웅주의 사관'이라고 재단하면 훈민정음 창제라는 역사적 사실(fact)을 온전히 이해하지 못하는 과오를 범할 수 있다. 필자의 이런 생각을 영웅주의적 사고방식이라고 비난한다면 역사에서 개인이라는 행동주체가 설 자리가 없어진다.

정다함(2009)은 조선 초기에 책봉을 위한 표전表箋의 미숙한 한이문漢吏文 때문에 조선 왕의 책봉을 받지 못했던 당시의 대명 국제 관계를 중시하고, 훈민정음 창제는 명과의 외교 문제 해결과 표준 한어음 습득이라는 과업을 해결하기 위해 이루어진 것이라고 주장했다. 그리하여 명의 표준 한어음을 철저하게 구현하는 데 신경을 쓸 수밖에 없었기 때문에 중국 음운학의 원리를 터득하고 이를 응용하고 보완하여, 한자의 표준음을 그려 낼 수 있는 표음문자체계를 고안하였으니 이것이 곧 훈민정음 창제라고 하였다(정다함 2009: 21). 정다함의 주장은 한자음 표기를 위해 훈민정음을 창제했다는 이숭녕, 강길운, 정광 등 국어학자의 설을 국제정치적 관점에서 수용하고, 조선 강역 내의 '聲教성교'라는 독자적 통치 방식을 접목시킨 것이라 할 수 있다. 그러나 조선이 명이라는 "보편 제국으로부터 분명히 '聲教自由성교자유'를 인정받았기 때문에, 동시에 조선 왕실과 세종 자신의 '聲教성교'를 조선의 판도 안에서 조선의 말소리로 스스로 구현해 낼 수 있도록 해 주는 독자적 문자체계로서의 기능도 함께 가지는 것이었다."라고 훈민정음의 성격을 규정한 정다함(2009: 29)의 주장에는 문제가 있다. 한어漢語 습득을 통한 명과의 외교 문제 해결이 훈민정음 창제의 목적이고, 조선 말소리를 구현하는 문자 체계를 만든 목적은 부수적인 것처럼 말한 정다함의 표현은 훈민정음 창제 목적을 전도轉倒시킨 것이라 아니할 수 없다. "변화하는 동아시아 질서와 그 보편어를 수용하는 이러한 문제를 근본적으로 해결하기 위해서는, 결국 漢語한어의 소리를 효과적으로 그려 낼 수 있는 표음문자체계가 반드시 필요했다."(정다함 2009: 19)라는 견해에는 동의하지만 이것이 훈민정음 창제의 주목적이라고 하는 주장은 합당치 않다. 동아시아 국제 질서 속에 제국의 문자로서 한문이 차지하는 자장磁場 안에서 훈민정음을 바라보아야 할 필요성, 국가의 자립을 기도한 시기에 음성중심주의(phonocentricism) 언어 인식과 함께 새로운 문자를 가지게 되었다는 관점, 민족주의적 사관을 벗어나 훈민정음을 포함한 한국사의 주요 주제를 새롭게 해석해 보려는 학문적 접근 등 정다함(2009)에서 언급한 기본 방향에 필자 역시 공감하고 동의한다. "훈민정음은 명이라는 '中華중화'의 '聲教성교'를 실현하기 위한 도구로서의 기능을 가지고 있고, 동시에 조선왕실과 세종 자신의 '聲教성교'를 조선의 판도 안에서 조선의 말소리로 스스로 구현해 낼 수 있도록 해 주는 독자적 문자체계로서의 기능도 함께 가지는 것"(정다함 2009: 29)이라는 정치적 해석은 역사학자의 통찰력을 보여 준다. 그러나 조선과 명의 외교 문제 해결에 초점을 두고 한어 학습과 표준 한어음 표기를 위해 훈민정음을 창제했다는 주장[2]에는 동의할 수 없다. 이 점은 훈민정음 창제 목적의 한 부분일 뿐이다.

정다함의 주장은 훈민정음 창제의 목적 가운데 표준 한어음 습득을 통한 외교 문제 해결이라는 측면을 과도하게 강조한 것이다. 세종이 훈민정음을

---

2 한자음 표기를 위해 훈민정음을 창제했다는 주장은 정다함(2009)으로부터 나온 것이 아니라 그 이전의 몇몇 국어학자들이 이미 주장한 것이다. 정다함(2009)은 대명(對明) 외교의 관점에서 한자음 표기설을 재해석한 것이라 할 수 있다.

이용해 한자음을 표기하고 한어 학습의 도구로 삼은 것은 분명한 사실이다. 세종은 신숙주와 성삼문 등을 요동으로 보내어 한음漢音을 묻게 하여 『홍무정운역훈』의 정음 번역 사업에 착수하였고, 『동국정운』을 편찬하여 조선 표준 한자음을 정했다. 훈민정음으로 『동자습』을 직해하여 한어 학습의 입문서로 삼으려 했다. 생생한 입말 한어[口語 漢語구어 한어]를 반영한 『평화評話』를 번역하게 한 것은 훈민정음을 한어 습득의 도구로 이용하기 위한 정책이었다. 그러나 이 점을 강조하여 한자음 표기와 漢語한어 습득의 효과적 수단 확보가 훈민정음 창제의 주 목적이라고 한 정다함의 주장은 훈민정음 창제의 한 측면을 지나치게 확대 해석한 것이다.[3] 한어 학습을 효율적으로 하여 이를 대명 외교에 활용하고자 훈민정음을 창제한 것이 아니라, 외국어음의 표기에 뛰어난 장점을 가진 훈민정음으로 한자음을 정확히 표기하여 漢語한어 학습에 '이용'한 것으로 봄이 합리적이다. 훈민정음은 한어 학습뿐 아니라 몽골어, 만주어, 일본어 등의 외국어 학습에 두루 이용되었다. 한어 학습과 표준 한자음 표기를 지나치게 강조한 정다함의 주장은 조선과 명의 외교 관계를 집중적으로 연구한 학자의 관점에서 나온 것이다.

연구자의 관심 영역에 따라 훈민정음 창제 당시의 세종이 펼친 정책과 조선이 처한 정치적 상황을 보는 관점이 다르다. 이 관점의 차이로 인해 훈민정음 창제 목적에 관한 여러 학설이 나오게 된 것이다. 예컨대 강길운(1972: 2-5)은 훈민정음 창제 목적을 논하기에 앞서서 '시대 배경'이란 표현 아래 평민의 자아 발견, 평민의 교육열 고조, 숭유사대의 국가 정책,[4] 민심 수습책의 시급함, 조선의 문화 정책, 외국의 표음문자(몽골문자, 일본문자)와의 접촉, 여러 계통의 한자음 병존에 따른 정리의 필요성 등 일곱 가지를 들었다. 이러

3 정다함(2009)의 글에는 조선과 명의 외교에서 빚어진 갈등 문제와 이것이 조선의 정치에 미친 영향이 두드러지게 강조되어 있다.

4 '숭유사대는 李朝(이조)의 民是(민시)'라고 되어 있는 것을 필자가 표현을 바꾸었다.

한 시대 배경의 여러 요소 중 어느 것을 중요시하느냐에 따라 창제 목적을 달리 설정할 수 있다. 15세기 중엽의 조선을 둘러싼 국제적 역학力學 관계, 동아시아 제국諸國의 자국 문자 창제, 조선의 개국에 따른 국가 제도 개혁과 새로운 제도 마련 등의 정치적 상황에서 어느 측면에 초점을 두느냐에 따라 훈민정음 창제 목적을 달리 볼 수 있다.

국내 정치의 전개와 국제적 외교 관계를 중시하는 관점도 당연히 필요하다. 김영명(2013)에서 지적되었듯이, 15세기 당시의 정치적 상황을 훈민정음 창제의 배경으로 봄은 타당하지만 이것을 창제 목적과 직접 관련지으려면 충분한 증거가 필요하다. 연구자 개인은 본인 전공 분야의 지식에서 나오는 관점을 벗어나기가 쉽지 않다. 여러 분야 연구자들의 관점에서 나온 다양한 해석은 연구 주제의 심층적 이해에 도움이 된다. 이런 점에서 훈민정음 창제 목적에 대한 여러 주장은 각각 그 나름대로 학문적 의의를 갖는다. 개별 학설(필자 포함)의 타당성 혹은 학문적 정합성은 시간의 흐름 속에서 평가받을 수밖에 없다.

관점의 차이에 따라 훈민정음 창제 목적을 달리 설정하는 문제점의 해소 방안은 단순하다. 그것은 창제자 세종이 스스로 밝힌 창제 목적으로 돌아가 이것을 기준점으로 삼는 것이다. 어제 서문에는 세종이 말한 훈민정음 창제 목적이 천명되어 있다. 어떤 관점을 가지고 있든 여기에서 출발함이 마땅하다.

1.3. 창제 목적과 동기의 구별 문제

훈민정음 창제의 목적과 동기를 구별하는 문제는 김완진(1984b), 이현희(1990), 김남돈(1999), 김슬옹(2007c), 김영명(2013), 한재영(2017) 등에서 검토된 바 있다. 김완진(1972)은 고유어 표기 수단의 필요성, 한자음 표기 수단의 필요성, 자주 의식의 대두 등을 훈민정음 창제의 내적 동기로 보고 파스파문자 제정을 외적 동기로 보면서, 이 동기들은 훈민정음 창제의 목적과 직결된 것이라고 하였다. 김완진이 지적한 내적 동기 중에서 앞의 두 가지는 사실상 창제 목적과 구별되지 않는다. 강신항(1977: 57)은 성인의 도를 따라 이상 정치를 구현하기 위해 문자와 성음 문제에 관심을 갖게 된 세종의 뜻이 훈민정음 창제의 근본적 동기라고 보았다. 조재형(2015: 100-106)은 훈민정음 창제의 '동기'와 '목적'에 관련된 학자 간의 관점 차이를 논하고, 동기와 목적은 불가분의 관계로서 창제 동기들이 축적되어 창제 목적으로 귀결된 것이라고 하였다. 한재영(2017: 9)은 어떤 일의 동기와 목적은 동전의 양면 같아서 선명히 나누기 어렵다고 하면서, 동기와 목적을 구분하지 않고 기존의 여러 학설을 검토한 바 있다. 한재영(2017, 제2장)은 창제 목적과 창제 동기를 구별하지 않은 대신에 '훈민정음 창제의 배경'을 별도로 논하면서, 훈민정음 창제에 영향을 미친 '배경'을 거시적 관점에서 정리하였다. 그는 동아시아 문자사적 배경, 언어학(음운학)적 배경, 정치·사회·문화적 배경, 성리학·역학적 배경, 종교적 배경, 국내에서 전개되어 온 문자사적 배경 등 여섯 가지 항목에 걸쳐 훈민정음 창제의 배경을 논했다. 이러한 배경론은 훈민정음 창제에 영향을 미친 요소들을 포괄한 것이어서 필자가 생각하는 문화중층론적 관점과 상통하는 점이 있다.

훈민정음 연구에서 창제 목적과 창제 동기를 엄격하게 구분하기 어렵다는 한재영의 견해에 동의하면서 이 문제에 대한 필자의 생각을 보태면 다음과 같다. 국어사전 〈우리말샘〉에서 '목적'은 "실현하려고 하는 일이나 나아가는 방향", '동기'는 "어떤 일이나 행동을 일으키게 하는 계기"라고 풀이되어 있다. 김영명(2013: 65)은 '동기'란 어떤 행위자가 특정 행동을 하게 된 심리적 요인을 말하며, 외부 상황이 행위자의 심리와 상호 작용하여 동기를 형성한다고 보았다. 이런 관점에서 보는 훈민정음 창제 동기는 세종 어제 서문에서 찾아낼 수 있다. "나랏말이 중국과 달라 한자와 서로 통하지 않아서 문자를 모르는 보통 백성들[愚民우민]은 말하려는 바가 있어도 그 뜻을 펴지 못하는 것이 많다. 내(세종)가 이를 불쌍히 여겨 새로 28자를 만들었다."라고 한 말에 창제 동기가 나타나 있다. 백성들이 우리말과 소통되지 못하는 한문으로 자신의 뜻을 펼쳐 내지 못하니, "내가 이들을 불쌍히 여겼다."라고 한 세종의 심리적 요인이 창제 동기에 해당한다.

'목적'은 실현하려고 하는 일을 이루기 위한 행동 요인으로 작용한다.[5] 나랏말이 중국과 달라 한자로 표기해 낼 수 없어서 백성들이 뜻을 펴 내지 못하는 것이 많으니, 백성들의 불편함을 덜어 주기 위해 조선어음[國之語音국지어음]을 적어 낼 수 있는 문자를 창제했다는 것, 이것이 훈민정음의 창제 목적이다.[6]

2. 훈민정음 창제 목적 정립

2.1. 관련 문헌 분석에 의한 창제 목적 설정

훈민정음 창제 목적을 설정하기 위해서는 관련 자료를 정밀하게 분석하고 창제 당시의 시대 배경과 국내외 정치적 상황을 고려할 필요가 있다. 가장 중요한 것은 훈민정음의 창제 주체와 관계자들이 작성한 문헌 자료를 엄밀히 분석하고 해석하는 일이다.[7] 그리고 창제한 훈민정음을 어떤 용도로

---

5 동기가 직접적이고 단기적인 데 비해, 목적은 직접적일 수도 있고 간접적일 수도 있으며, 단기적일 수도 있고 장기적일 수도 있다(김영명 2013: 65).

6 창제의 동기와 목적을 구별하는 문제는 더 이상 논할 필요가 없다고 본다. 이에 관련된 논의와 문제점은 선행 연구를 참고하기 바란다.

7 김완진(1972: 187)은 "훈민정음 창작 목적을 알아보기에 이보다 더 직접적 자료는 없

사용했는지를 살펴 이 용도가 창제 목적과 어떤 연관성을 맺고 있는지 파악해야 한다.[8] 본 절에서는 훈민정음 창제와 관련된 문헌 자료를 분석하고, 정음을 이용하여 세종이 펼친 사업을 창제 목적과 관련지어 검토한다. 이 방법은 선행 연구에서 이미 적용된 바 있다.[9] 선행 연구의 성과를 수용하면서 필자 나름대로의 방법을 더하여 문헌 자료를 분석하고, 분석 결과에 근거한 해석을 시도한다.

훈민정음 창제 목적을 직접 표현했거나 이와 관련된 문헌 자료의 내용을 분석하여[10] 그 요점을 정리하면 〈표 1〉과 같다.

〈표 1〉의 '목적'란은 각 자료에 나타난 창제 목적을 요약한 것이다. '조선어 표기'를 '한자음[11] 표기'와 구별하여 각각을 창제 목적의 하나로 설정했다. '한자음 표기'는 다시 '교정 한자음 표기'와 '한어음 표기'로 세분하였다. 이렇게 세분한 근거는 세종이 펼친 한자음 사업 두 가지에 있다. 하나는 "내

다."라고 하고, 어제 서문을 선입견 없이 문면에 있는 대로 읽은 다음에 그 해석이나 평가에 들어가야 함을 강조하였다. 창제 목적에 접근하는 필자의 기본 태도도 이와 같다.

8 필자가 이런 당위적 표현을 쓴 까닭은 훈민정음 창제 목적을 설정하면서 창제 후 세종이 편찬한 문헌과 성운학서의 한자음 표기 논설을 근거로 삼는 사례가 적지 않기 때문이다. 예컨대 강길운(1972)은 『동국정운』, 『홍무정운역훈』, 『직해동자습』 등의 서문과 후대의 성운학서에 실린 한자음 표기 관련 논설을 근거로 삼아 훈민정음의 '당초 목적'은 크게 보아 한자·한문과 중국어까지 쉽게 배울 수 있도록 운서에 한글로 주음(注音)하는 데 있고, 작게는 『동국정운』의 주음을 하는 데 있다고 주장하면서, 그 후 "『훈민정음』 해례가 나올 무렵에는 이미 고유어도 기록할 수 있게끔 그 용도가 확대되었다고 보아야 할 것이다."라고 결론지었다(강길운 1972: 21). 강길운이 내세운 논거와 결론은 공감하기 어려운 점이 있다.

9 김슬옹(2010: 48)에는 훈민정음의 창제 배경, 동기, 목표, 목적을 정치문화 및 언어문화로 나누고 이를 다시 주요와 부차로 구분한 다중적 표를 그려 놓았다.

10 남풍현(1978/1997/2014)은 해례본에 실린 정인지 서문을 분석하여 훈민정음의 창제 목적이 흥학(興學)과 실용에 있다고 결론지었다. '실용'은 포괄성을 띤 용어이니 더 구체적으로 표현할 필요가 있다. 필자는 창제 목적과 관련된 자료를 모두 분석 대상으로 삼았고, 창제 목적의 지향점을 분명히 드러내기 위해 '편민', '한자음 표기', '학문 진작'과 같은 표현을 쓴다.

11 이때의 '한자음'은 조선 한자음과 중국 한자음을 포괄한다.

〈표 1〉 훈민정음 창제 목적과 관련된 문헌 자료의 분석

번호	문헌 출처	언술자	관련 내용	목적	시행 정책과 문헌 편찬
①	세종실록 (창제 기사)	사관	28자 훈민정음으로 한자음과 조선어를 다 적어 낼 수 있음[12]	한자음 표기 조선어 표기	
②	『훈민정음』 어제 서문 (완성 기사 및 해례본)	세종	조선어음[國之語音국지어음]이 중국과 달라 백성들이 말하고자 하는 뜻을 펼 수 없음을 불쌍히 여겨, 백성이 쉽게 배워 쓰기에 편리한 문자를 만듦	조선어 표기 편민(便民)	용비어천가 등의 한글 문헌을 편찬함 이서배에게 언문을 가르침 이서 선발 시험에 언문을 부과함
③	세종실록 (상소문 처결 기사)	세종	세종이 삼강행실도를 언문으로 번역하여 민간에 반포할 계획을 정창손에게 말한 바 있음[13]	훈민(訓民)	이에 앞서 한문본 효자도를 편찬하였음
④	세종실록 (상소문 처결 기사)	세종	만일 내가 그 운서를 바로잡지 아니하면 누가 이를 바로잡을 것이냐?	조선 한자음 교정	동국정운 편찬
⑤	『훈민정음』 정인지 서문	정인지	송사를 다루는[聽訟청송] 문서를 정음으로 쓰면 정황을 쉽게 알 수 있음[14]	편민(便民)	
⑤*	최만리 등의 상소문	최만리	옥송(獄訟) 문서를 언문으로 써도 백성들의 억울함을 없애지는 못함		편민을 부정함
⑥	『훈민정음』 정인지 서문	정인지	이두가 관부와 민간에서 사용되어 왔지만 조선어를 만에 하나도 표현하지 못함[15]	조선어 표기	
⑦	『훈민정음』 정인지 서문	정인지	한자 자운(字韻)의 청탁을 능히 구별할 수 있음[16]	한자음 표기	운회 번역 동국정운 편찬 동자습·홍무정운 번역
⑧	『훈민정음』 정인지 서문	정인지	정음으로 한문 서적을 풀이하면 그 뜻을 알 수 있음[17]	학문 진작	김문과 김구를 시켜 사서 언해에 착수함
⑧*	최만리 등의 상소문	최만리	언문만 익히고 성리학을 애써 공부하는 사람이 없어질 것임		학문 진작을 부정함
⑨	『훈민정음』 정인지 서문	정인지	악가와 율려를 조화롭게 할 수 있음[18]	악률의 조화	정간보를 창안함 신악을 창제함 향악을 정비함
⑩	『훈민정음』 수록 조선어 어휘	언문 팔유	해례본에 실린 123개 조선어 어휘	조선어 표기	신제 문자로 표기한 예시를 보임
⑪	『동국정운』 서문	신숙주	어제 훈민정음으로 그 음을 정하되 속음을 따르면서 바른 음에 맞게 하니 한자음 표기를 위한 지남(指南)을 만듦[19]	조선 한자음 교정	동국정운 편찬
⑫	『홍무정운역훈』 서문	신숙주	조선어음과 중국어음이 통하지 않아 통역에 의지하는 불편함을 덜기 위함[20]	표준 한어음의 정음 번역	홍무정운역훈 편찬
⑬	『동자습』 서문	성삼문	조선의 언어가 중국과 달라서 역관이 있어야 의사소통할 수 있는 불편함을 덜기 위함[21]	한어 학습을 위한 한어음 표기	신제 문자로 표기한 예시를 보임

가 아니면 누가 이것을 바로잡겠느냐?"라고 한 세종의 조선 한자음 교정 의지와 이것이 『동국정운』 편찬으로 실현된 사실이다. 다른 하나는 중국 표준 한자음 사전인 『홍무정운역훈』과 한어 학습서 『동자습』을 편찬한 사실이다. 이 두 가지는 훈민정음 창제의 주요 명분일 뿐 아니라 학문과 실용의 면에서 훈민정음의 효용성을 입증해 주는 것이어서 세종이 심혈을 기울인 사업이었다. 그러나 조선 한자음 교정 사업과 표준 중국 한자음 번역 사업은 한자음 표기라는 점에서 공통적이지만 그 내용이 매우 다른 것이어서 창제 목적을 도식화할 때[22]는 이 둘을 구분할 것이다.

〈표 1〉의 ①에서 '한자음 표기'와 '조선어 표기'를 각각 '목적'란에 설정한 까닭은 훈민정음 창제 기사(1443.12.30)에서 "한자음과 조선어를 다 적어 낼 수 있다."라고 하였기 때문이다. 이 문장은 사관史官의 관점에서 훈민정음의 효용성 혹은 용도를 표현한 것이지만 여기에는 훈민정음의 창제 목적이 함의되어 있다. '文字及本國俚語문자급본국이어'에서 '文字문자'는 한자음을 뜻하며, 중국 한어음漢語音에 초점을 둔 표현이다. '本國俚語본국이어'는 '우리나

---

12 是月 上親制諺文二十八字, 其字倣古篆, 分爲初中終聲, 合之然後乃成字. <u>凡于文字及本國俚語 皆可得而書</u>, 字雖簡要 轉換無窮, 是謂訓民正音. (세종 25년 12월 30일 기사) 밑줄 친 부분은 사관(史官)의 관점에서 이 문자의 용도(用途) 혹은 성능에 초점을 두고 말한 것이다.

13 前此 上教昌孫曰, 予若以諺文, 譯三綱行實, 頒諸民間, 則愚夫愚婦, 皆得易曉, 忠臣孝子烈女, 必輩出矣. (세종 26년 2월 20일 기사)

14 以是聽訟, 可以得其情. (정인지 서문)

15 昔新羅薛聰 始作吏讀 官府民間 至今行之. 然皆假字而用 或澁或窒. 非但鄙陋無稽而已, 至於言語之間, 則不能達其萬一焉. (정인지 서문)

16 字韻則淸濁之能辨. (정인지 서문)

17 以是解書可以知其義. (정인지 서문)

18 樂歌則律呂之克諧. (정인지 서문)

19 以御製訓民正音定其音 此我聖上所以留心聲韻, 斟酌古今, 作爲指南, 以開億載之群蒙者也. (동국정운 서문)

20 於是 以吾東國世事中華 而語音不通 必賴傳譯 首命譯洪武正韻. (홍무정운역훈 서문)

21 我東邦在海外 言語與中國異 因譯乃通. (동자습 서문)

22 이어서 뒤에 제시할 〈표 2〉와 [그림 1]을 가리킨다.

라 말'이란 뜻이며 조선의 현실 한자음과 조선 고유어를 망라한 것으로 본다. '文字문자'와 '本國俚語본국이어'의 표기가 가능하게 되었다는 효용성 표현을 통해 훈민정음의 창제 목적을 간접적으로 말한 것이다. 훈민정음 창제 기사에 이 문장이 들어가 있는 것은 훈민정음 창제 목적에 조선의 고유어와 한자음 표기가 포괄되어 있음을 뜻한다.

〈표 1〉의 ②는 창제 주체인 세종이 어제 서문에서 밝힌 창제 목적(백성의 편안함=편민)이다. 세종이 말한 "나랏말이 중국과 달라서 한자로 서로 통하지 아니하여[國之語音 異乎中國 與文字 不相流通]"라는 문장에는 조선어를 적음에 있어서 한자가 주는 불편함이 함의되어 있다. 이 점을 중시하여 ②에는 '조선어 표기' 및 '편민'의 두 가지 목적이 다 표현되어 있다고 본다. 이 '편민'에는 훈민정음으로 이두문의 불편함을 해소하여 백성들을 편안케 한다는 뜻도 포함되어 있다. 강신항(2010: 14)은 강희맹이 쓴 신숙주 행장의 "여러 나라들이 모두 제 나라 언어음을 나타내는 글자를 가지고 있어서 제 언어를 기록하고 있으나 홀로 우리나라만이 글자가 없다고 하셔서 언문자모 28자를 만드시고"라는 문장을 인용했다. 이 인용문의 요지는 제 문자를 갖지 못한 조선의 국가적 위신을 생각하여 다른 나라들처럼 제 나랏말을 적을 수 있는 조선의 문자를 만들었다는 것이다. 강희맹의 이 말은 세종이 『훈민정음』 어제 서문에서 말한 바를 다른 관점에서 표현한 것이다.

훈민정음의 창제 목적이 편민便民을 위해 조선어음을 표기하는 문자를 마련하는 데 있음은 해례본 권두의 세종 어제 서문에 가장 분명하게 표현되어 있다.[23] '나랏말씀'[國之語音]이 중국어와 달라서 백성들이 한자로 소통할

23 이기문(1992: 15)은 경학과 사학[經史]에 기반한 세종의 진정한 통치 이념을 구현한 것이 훈민정음 창제라 했다. 어제 서문에는 조선어에 대한 독자적 인식과 백성들에게 문자를 만들어 주어야 한다는 세종의 강한 신념이 나타나 있다고 보았다(이기문 1992: 16).

수 없음을 불쌍히 여겨, 훈민정음 28자를 만들었다고 창제자 본인이 밝혀 놓았다. 한자를 모르는 일반 백성[愚民우민][24]이 쉽게 배워서 일상생활의 의사표현에 사용할 수 있는 서사書寫 수단을 만들어 주는 것이 훈민정음 창제의 근본 목적이다. 김완진(1972: 188)은 '不得伸其情부득신기정'이란 난처한 처지에 놓인 일반 민중을 문자생활에 참여시키는 것이 "훈민정음 창제의 기본 의도"라고 하였다. 필자는 이 견해에 동의하면서 이것이 곧 훈민정음 창제의 목적이라 보고, 이 목적을 '便民편민'이란 한 단어로 표현하였다.

③은 세종이 최만리 등을 불러 상소문 내용을 따지는 대화 기록에 나온 말이다. 최만리 등의 상소문 사건이 일어나기 전 '어느 날'엔가 세종이 정창손에게 『삼강행실도』를 정음으로 번역하여 민간에 반포하면 효자, 충신, 열녀가 속출할 것이라고 말한 적이 있었다.[25] 이 말을 들은 정창손이 반대 발언을 한 기록은 없다. 그러나 최만리 등과 연명 상소문을 낸 뒤에 정창손이 말하기를, "효자, 충신이 되는 것은 사람의 자질 여하에 달린 것이지, 삼강행실을 정음으로 번역한 후에야 사람들이 본받아 따르겠습니까?"라고 하며 반대의 뜻을 밝혔다. 이 말을 들은 세종이 크게 노하여 정창손을 "아무짝에도 쓸데없는 용속庸俗한 선비"라고 꾸짖고 파직 처분을 내렸다. '훈민'을 부정한 정창손에 대한 세종의 노여움이 이 기록에 나타나 있다. ③은 세종이 직접 '훈민訓民'을 표명한 내용이다. 따라서 '훈민'은 정음 창제 목적의 하나

---

24 이상혁(2008: 68)은 이두의 불편함을 해소하기 위한 훈민정음을 말하면서 이 맥락에서 '백성'은 문자를 모르는 평민만이 아니라 귀족, 중인, 평민을 포괄하는 성격을 띤다고 했다. 이두문 사용을 고려하여 '백성'의 외연을 더 넓게 본 것이다. 이 견해는 훈민정음이 '전 계층적' 성격을 띤 문자임을 강조하는 맥락에서 나온 해석이다. 그런데 어제 서문의 문맥 그대로 보면, '우민'은 당시의 평민 이하 하층민을 가리킨 것이 분명하다. 당시의 하층민 대부분이 한문자를 몰랐으니 '우민'의 속뜻은 '한자를 모르는 백성'이 된다.

25 『삼강행실도』 번역과 정창손 관련 내용은 제4부 제4장 2.3절 9)항(이 책의 904쪽)을 참고하기 바란다.

로 인정할 수 있다. 세종이 붙인 문자 명칭 '훈민정음'은 창제 목적이 '훈민'에 있음을 겉으로 드러낸 것이다.

④는 최만리 등을 불러 상소문 내용을 따져 물을 때 세종이 한 말이다. 한자음을 바로잡는 것이 세종 당신의 사명임을 강하게 말했다. 세종의 이 말은 『동국정운』 편찬으로 실현되었다. 이 점을 중시하여 '조선 한자음 교정'을 '목적'란에 넣었고, 뒤의 〈표 2〉에 '교정 한자음 표기'를 창제 목적에 넣었다.

⑤는 청송聽訟[26]에서 훈민정음이 발휘할 수 있는 효용성을 들어 '편민'을 뒷받침한 정인지의 말이다. 옥송 문서의 이두를 정음으로 바꾸어 씀으로써 백성들이 억울한 일을 당하지 않도록 할 수 있다고 보았다. 그러나 ⑤*는 세종과 대립한 최만리 등이 정음으로 옥송獄訟 문서를 작성한들 옥사의 공평함을 이루어 낼 수 없음을 주장한 것이다. 따라서 ⑤와 ⑤*는 '편민'에 대한 정인지와 최만리 간의 대립된 주장이다.

⑥은 설총 이래 이두문으로 우리말을 적어 왔으나, 이두는 네모난 것을 둥근 것에 끼우는 것처럼 조선어 표기에 충분하지 못하므로 조선어를 제대로 적기 위해 새로운 문자가 필요함을 역설한 것이다. 훈민정음이 이두의 불편함을 해소할 수 있다는 ⑥의 내용은 훈민정음 창제 동기의 하나로 거론되기도 하였다. 이두문을 대체하기 위해 훈민정음을 창제한 것이 아니라 이두문을 훈민정음으로 대체함으로써 백성을 편안하게 하려는 것[便民편민]이 훈민정음 창제 목적이다.

⑦은 정인지가 한자 자운字韻의 청탁을 능히 구별할 수 있는 훈민정음의 효용성과 기능을 강조한 말이다. 훈민정음의 이 효용성은 조선 한자음 교정 및 중국 한어음 표기라는 훈민정음 창제 목적에서 구현되었다.

---

26 '聽訟(청송)'은 쟁송(爭訟)을 들음이라는 뜻이다. 문맥상 소송 관련 문서를 정음으로 작성하는 것을 뜻한다.

⑧은 정인지가 정음으로 유학 경서 등을 번역하면 성리학 진작에 도움이 될 것이라고 말한 내용이다. ⑧*는 언문만으로 관리의 일을 감당할 수 있게 되면 성리의 학문을 궁구하는 사람이 없어질 것이라는 최만리의 주장이다. 최만리의 주장은 정음으로 경서를 풀이하면 성리학에 도움이 될 것이라는 정인지의 말과 상반된다. 정인지가 말한 '학문 진작'은 세종이 직접 말한 것이 아니다. 이것은 훈민정음의 용도가 확장됨으로써 발생하는 효용성의 하나이다.

⑨는 정인지가 악가樂歌와 율려律呂를 조화롭게 할 수 있는 훈민정음의 용도를 말한 것이다. 세종이 신악新樂으로 창작한 봉래의 취풍형 악보의 용비어천가 가사가 훈민정음으로 표기된 것은 악가와 율려의 조화가 실현된 사례이다(제4부 제1장 2.4절 참고). ⑨악가와 율려의 조화는 ⑧의 '학문 진작'과 함께 훈민정음의 창제 목적이 아니라 용도가 확장되어 발생한 효용성의 하나로 봄이 적절하다.

⑩의 조선어 어휘들은 조선어 표기라는 훈민정음 창제 목적을 구현한 예시로서의 의미를 가진다. 한자음 표기가 훈민정음 창제의 주목적이었다면 해례편에 실린 정음 표기례에 한자음이 다수 나타나야 한다. 그러나 해례편에 수록된 123개 어휘는 대부분 조선 고유어들이고, 한자음을 정음자로 표기한 예는 "ㄷ如볃爲彆ㄷ여볃위별, ㄴ如군爲君ㄴ여군위군, ㅂ如업爲業ㅂ여업위업, ㅁ如땀爲覃ㅁ여땀위담"〈정음해례18b_2〉에 지나지 않는다. 한자음 표기례가 소수에 지나지 않은 것은 한자음 표기가 창제 목적의 일부분에 불과하다는 것을 말해 준다. 한자음 표기가 훈민정음 창제의 주목적이라고 내세우려면 『훈민정음』 용자례에 실린 우리말 표기례들이 한자음이 아니라 조선 고유어만 예시되어 있는 이유를 설명해야 한다.

⑪, ⑫, ⑬은 한자음 표기라는 훈민정음의 목적을 실현한 문헌들의 서문에서 창제 목적과 관련된 내용을 간추린 것이다. ⑪은 교정 조선 한자음의

규범을 세운 것이고, ⑫는 명나라의 표준 한자음을 번역한 것이며, ⑬은 대명對明 외교를 위한 한어 학습서의 한어음을 정음자로 표기한 것이다.

정인지 서문에서 말한 두 가지 사항(⑤와 ⑧)[27]이 조선 후기에 실천된 결과를 보자. 청송聽訟 문서의 이두는 훈민정음으로 교체되지 않았고, 사서 등 한문 서적의 언문 번역(정인지가 말한 '解書해서')에는 정음자가 줄곧 사용되었다. 청송 문서에 훈민정음이 정착되지 못한 까닭으로는 새 문자 반포 후 세종의 재위 기간이 너무 짧았고, 새로 창제된 정음이 아직 전국적으로 보급되지 못했기 때문이라는 해석(남풍현 1978/1997/2014)[28]이 있다. 그런데 17세기경 훈민정음이 전국적으로 보급된 뒤에도 이두문서를 정음문서로 대체하려는 시도는 없었다. 조선 후기의 양반 지배층은 이두문서를 정음문서로 대체하려는 세종의 뜻을 계승하지 않았다. 여기에는 양반층 중심의 계급적 이익을 지키려는 욕망이 잠복해 있다.[29]

④, ⑦, ⑪은 모두 정음으로 한자음을 정확하게 표기하여 바로잡을 수 있음을 말한 것이다. 최만리 등이 상소문에서 운서韻書의 정음 번역을 비판하자 세종이 "내가 아니면 누가 이를 바로잡겠느냐?"라고 반박한 것이 ④이다. 이 말에 조선 한자음의 교정이 정음 창제 목적임이 표명되어 있다. ⑦은 정인지가 한자음 표기에 있어서 정음의 뛰어남을 말한 것이고, ⑪은 신숙

27 以是解書可以知其義, 以是聽訟可以得其情. 〈정음해례 28a_4-5〉

28 이 논문은 1978년에 "훈민정음과 차자표기법과의 관계"라는 제목으로 처음 발표되었고, 1997년 및 2014년에 수정을 거친 것이다.

29 훈민정음으로 이두문을 대체할 수 있음에도 불구하고, 세종 사후의 조선 정부는 형옥 문서 등 관부 문서에 이두문을 계속 썼다. '훈민정음'을 '언문'이라 부르며, 훈민을 위한 교화서·경서 언해·특정 집단(역관, 의원 등)을 위한 실용기술서의 편찬과 여성이 관련된 글에 언문을 썼다. 공적 문서에 언문을 쓰지 않고 이두문을 계속 쓴 것은 양반 지배 계층의 이익을 지키려는 정치적 목적과 관련되어 있다. 이에 대한 역사적 해석은 백두현(2021a: 225-228)을 참고하기 바란다.

주가 조선 한자음 교정 표기에 정음자가 지남指南이 됨을 말한 것이다. 세종은 어지러워진 조선 한자음을 바로잡는 일, 즉 교정 조선 한자음 표기를 훈민정음 창제 목적의 하나로 생각했다. 훈민정음이 조선 한자음을 표기해 낼 수 있음은 『동국정운』 편찬을 통해 입증되었다. 『홍무정운역훈』의 중국 표준 한자음 표기는 훈민정음의 한자음 표기 기능이 외국어음 표기에 적용된 것[30]이다.

세종 대에 이루어진 여러 문헌 기록(표 1)의 요지를 훈민정음의 창제 목적과 사용처[用途용도] 확장에 따른 효용성으로 구별하여 〈표 2〉와 같이 요약할 수 있다.

〈표 2〉 훈민정음의 창제 목적과 용도 확장에 따른 효용성의 구별

<table>
<tr><th>구분</th><th colspan="2">요지</th><th>내용</th><th>시행 정책과 문헌 편찬</th></tr>
<tr><td rowspan="5">창제 목적</td><td colspan="2">조선어 표기</td><td>조선어음을 표기하는 문자 창제</td><td>훈민정음 창제</td></tr>
<tr><td colspan="2">편민(便民)</td><td>백성에게 배우기 쉬운 의사표현 수단을 제공함. 이두문서를 정음문서로 대체함</td><td>훈민정음 창제, 이서 시험에 언문을 부과함</td></tr>
<tr><td colspan="2">훈민(訓民)</td><td>유교적 윤리 교화를 위한 훈민의 수단 마련</td><td>삼강행실도 편찬</td></tr>
<tr><td rowspan="2">한자음 표기</td><td>교정 한자음 표기</td><td>조선 한자음 교정을 위한 표기 수단 마련</td><td>동국정운 편찬</td></tr>
<tr><td>한어음(漢語音) 표기</td><td>사대교린을 위한 표준 한어음 표기 수단 마련</td><td>홍무정운역훈, 동자습, 평화(評話) 편찬</td></tr>
<tr><td rowspan="2">용도 확장에 따른 효용성</td><td colspan="2">학문 진작</td><td>유학 경서를 번역하여 성학을 진작할 수 있음</td><td>사서의 언해를 명함</td></tr>
<tr><td colspan="2">악보의 가사 표기</td><td>국가의 악률 제도를 정비하여 악치(樂治)의 수단 마련</td><td>신악과 가사 창작, 정간보 제정</td></tr>
</table>

〈표 2〉는 세종 대의 기록과 편찬 문헌의 내용을 창제 목적과 용도 확장에 따른 효용성으로 나누어 정리한 것이다. 필자는 훈민정음 창제에 관해

30 강신항(2010: 118-129)은 "외국어 어음 표기에 활용된 한글"이라는 제하에 한글로 표기한 한어, 만주어, 일본어 문헌 등 여덟 개 사진을 제시하였다. 외국어음 표기를 한글의 활용, 즉 용도의 확장으로 본 것이다.

세종이 말한 바와 시행 정책 및 문헌 편찬을 고려하여 '창제 목적'을 설정하고, 이 문자의 용도가 확장되면서 발생한 효용성을 창제 목적과 구별한다.[31] 〈표 2〉에서 문제가 될 수 있는 부분은 '한자음 표기'에 넣은 '한어음漢語音 표기'이다. 조재형(2015: 119)은 훈민정음을 이용하여 외국어 발음을 표기한 것은 창제한 뒤에 훈민정음을 활용한 예이며, 창제 목적이 될 수 없다고 하였다. 이 견해는 원칙적으로 타당하다. 그러나 한어음 표기를 위해 세종과 측근 학자들이 쏟은 노력(신숙주와 성삼문 등의 요동 방문)과 그 결실로 얻은 『홍무정운역훈』과 『동자습』 편찬을 고려하면 '한어음 표기'를 여타의 훈민정음 용도 확장과 구별하는 것이 세종 당대의 현실에 부합한다. 필자가 '한어음 표기'를 〈표 2〉의 '창제 목적'에 넣은 뜻이 여기에 있다.

〈표 1〉과 〈표 2〉에서 설명한 '조선어 표기', '편민', '훈민', '한자음 표기'라는 창제 목적 각각의 위상을 고려하여 훈민정음 창제 목적을 도상화하면 [그림 1][32]과 같다.

[그림 1]에 '조선어 표기'를 가장 비중 있게 배치한 것은 세종이 어제 서문 첫머리에서 "나랏말씀이 중국과 달라 한자로 통하지 않음[國之語音 異乎中國與文字 不相流通]"을 들어 조선어를 적을 문자의 필요성을 세종 스스로 말했기 때문이다. '조선어 표기'라는 창제 목적은 나머지 편민·훈민·교정 한자음 표기의 전제가 된다. 필자가 '조선어 표기'를 창제 목적 중 제1순위로 내세운 것은 김영명(2013: 68)에서 "백성들이 널리 사용할 수 있는 우수한 표기 수단의 제공은 훈민정음 창제의 으뜸가는 목적이었다."라고 한 것과 같다.

---

31 '용도 확장에 따른 효용성'은 조선 후기로 갈수록 다양한 모습으로 전개된다.

32 이 그림은 세 단계의 자료 분석과 요약 과정을 거쳐서 만든 훈민정음 창제 목적 개념도이다. 자료 분석을 통해 창제 목적과 효용성을 추출하고, 이것을 압축한 표를 두 차례에 걸쳐 작성한 후 표에 담긴 의미를 [그림 1]로 표현한 것이다.

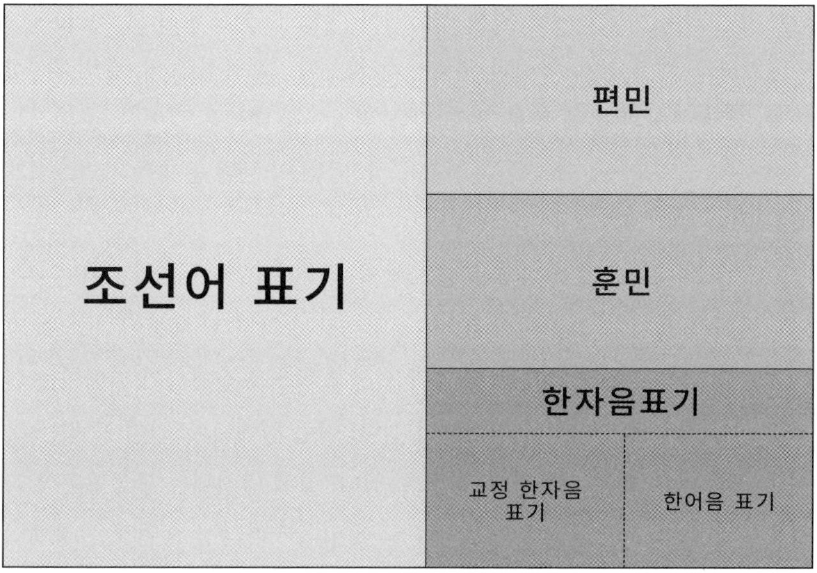

[그림 1] 훈민정음 창제 목적 개념도

이근우(2018: 219)는 '언문'은 조선어 표기를 위한 명칭, '훈민정음'은 한자음 표기를 위한 명칭으로 둘을 구별하고, 훈민정음 창제 기사의 "是謂訓民正音시위훈민정음"은 세종실록을 편찬하는 단계에서 추기追記한 것이라고 주장했다. '훈민정음'이란 명칭어가 1443년 12월의 창제 당시에는 없었다가 세종실록을 편찬할 때 '추기'한 것이라는 이근우의 가정은 '언문'과 '훈민정음'은 다른 것이며, '언문청'과 '정음청'도 서로 다른 기관이었다고 보는 본인의 주장을 합리화하기 위한 것이다. '추기'했다는 가정에 의지하여 주장을 편 셈이다. 그러나 실록의 기록을 사실대로 받아들이고, '훈민정음'과 '언문'을 공식적 명칭어와 평범하게 일컫는 일상적 명칭어로 구별하면 추기했다는 가정이 필요 없다. 조정의 신하들은 특히 '언문'이란 이름을 선호하였다. 이 점은 최만리 등의 언문 반대 상소문, 『국조보감』의 세종 관련 기사, 조선왕조실록 기사 등에 잘 나타나 있다. '훈민정음'을 한자음 표기를 위한 명칭어로 국한한다면 어제 서문에서 세종이 '우민'을 위해 이 문자를 만들었다고 밝힌 창제 목적과 부합하지 않는다. '훈민정음'의 '훈민'과 '정음'은 신제 문자의 창제 명분 두 가지를 명칭어에 내세운 것이다. 훈민정음 창제 목적 개념도(그림 1)에서 '훈민정음'과 '언문'의 구별 문제는 자연스럽게 해소된다.

〈표 1〉과 〈표 2〉를 통해 훈민정음 창제 목적은 '조선어 표기', '편민', '훈민', '한자음 표기'(교정 한자음 표기+한어음 표기)로 요약된다. 세종이 스스로 말한 '편민', '훈민', '교정 한자음 표기'라는 창제 목적을 실천하기 위해서는 먼저 조선어음의 표기 장치를 마련해야 한다. 이런 점에서 '조선어 표기'는 창제 목적의 바탕 혹은 전제라고 부를 수 있다. 창제 당시에는 동국정운식 교정음도 조선어음의 일부로 간주되었을 것이다.[33] 따라서 훈민정음 창제의 근본 목적은 '조선어 표기'에 있다. '조선어 표기'라는 목적은 '한어음 표기'를 제외한 나머지 모두(훈민과 편민)의 바탕에 깔린 전제이다. 그래서 [그림 1]에서 '조선어 표기'의 비중을 가장 크게 한 것이다.

'편민'을 창제 목적으로 설정한 까닭은 세종이 어제 서문에서 나랏말이 중국과 달라서 한자와 서로 통하지 않고, 문자를 모르는 백성들이 그 뜻을 펴 내지 못하는 것을 딱하게 여겨 새로 28자를 만들었다고 천명했기 때문이다. 이두문서를 정음문서로 대체하려고 한 것은 편민을 실천하기 위한 세종의 정책이었다.

'훈민'을 창제 목적에 넣은 것은 세종이 훈민을 중시하여 『삼강행실도』의 번역을 계획한 사실과 신제 문자의 명칭에 '훈민'을 관冠한 점을 중시한 것이다. 훈민정음 창제 이전에 세종은 한문본 『삼강행실도』를 간행하여 백성들

33 이기문(1972a/1998: 137)은 "훈민정음 체계는 동국정운의 한자음 표기도 아울러 고려하여 만들어진 것"이라고 말한 바 있다.

에게 가르쳤고, 한문본 농서를 편찬하여 지방관으로 하여금 백성들에게 가르치도록 하였다. 이 일을 시행하면서 백성들에게 무언가 가르치는 데 어려움을 겪었고, 이런 경험을 통해 백성들이 읽을 수 있는 문자의 필요성을 느꼈을 터이다. 이것이 '훈민'이란 창제 목적으로 표현된 것이다. 새로 만든 문자의 명칭에 '훈민'을 관칭冠稱한 것도 이러한 뜻을 반영한 것이다. '訓民正音훈민정음'이라는 명칭은 새로운 조선문자를 만든 두 가지 명분 즉 '백성을 가르침[訓民훈민]'과 '말소리를 바로잡음[正音정음]'을 전면에 내세운 것이다.

'교정 한자음 표기' 즉 동국정운식 교정 한자음 표기를 창제 목적에 별도로 넣은 것은 조선 한자음을 바로잡으려는 세종의 강한 의지를 중시하고, 해례본의 23개 초성자 중 전탁음 표기를 위한 각자병서자가 포함되어 있는 점을 중시한 것이다. 세종은 훈민정음 창제의 명분을 세우기 위해 한자음 교정 사업을 특별히 강조하고 이를 실천하였다. 교정 조선 한자음 표기를 실천하기 위한 정책이 『동국정운』 편찬이다. 그런데 교정 조선 한자음 표기라는 창제 목적은 세종의 어제 서문에 표현되어 있지 않다. 이것은 세종이 최만리 등을 불러서 한 말 중에 나타나 있다. "내가 아니면 누가 운서를 바로잡겠느냐?"라고 한 세종의 말이 교정 한자음 표기와 관련된다. 한자음을 바로잡겠다는 세종의 의지와 '내가 그 적임자'라는 자신감 혹은 사명감이 한자음 교정 사업을 펼친 동기로 작용했을 것이다.

'한어음 표기' 즉 중국 한자음 표기를 교정 한자음 표기와 함께 한자음 표기에 넣은 것은 훈민정음 창제 직후에 『운회』 번역 사업을 시작하여 정음자에 의한 중국 한자음 표기를 실천했고, 이 사업이 『홍무정운역훈』이라는 한어음 번역 사업으로 결실된 점을 중시했기 때문이다. 성삼문 등에게 명하여 『동자습』을 직해하고, 『평화評話』를 역훈케 한 사업도 한어음 표기를 실천한 사례이다. 한어음 표기를 창제 목적에 넣은 또 하나의 이유는 치두음과 정치음의 구별을 위해 정음자를 만들어 둔 사실에 있다. 이 구별 표기법은

『홍무정운역훈』과 범어 다라니 음의 표기에 쓰였다.[34] '한어음 표기'는 사실상 외국어음 표기를 대표한다.

정인지 서문에 훈민정음으로 책을 번역하면 그 뜻을 알 수 있다는 표현이 있고, 세종이 김문과 김구에게 사서의 언해를 명한 사실을 중시하여 '학문 진작'을 효용성란에 넣었다.

'훈민정음'이란 문자 명칭어의 '정음正音'은 말소리와 악률의 성음을 바로잡아 나라를 다스린다는 '음성 치국音聲治國'의 正音정음 사상을 반영한다. 세종이 실천한 음성 치국의 정음 정책이 훈민정음 창제이고, 이 정책을 현실화한 것이 정간보 창안, 신악 창제와 악보 편찬 등을 통한 음률 제도의 정비였다. '악보의 가사 표기'를 효용성으로 돌린 것은 악률 제도의 정비에서 중심적 역할을 한 것은 훈민정음이 아니라 정간보라는 사실을 중시했기 때문이다. 훈민정음은 가사의 표기에 이용되었다.

2.2. '訓民正音훈민정음' 명칭어에 나타난 창제 목적

세종 25년(1443) 12월 30일의 창제 기사에는 '訓民正音'이라는 공식적 문자 명칭이 명시되어 있다. '훈민정음'이란 문자 명칭의 '훈민'은 새 문자를 만든 목적이 '訓民훈민'에 있음을 천명한 것이다. '正音정음' 앞에 '訓民훈민'을 붙인 것은 신제 문자가 당시에 공용문자로 쓰던 한자漢字와 대립하지 않는 것임을 명칭에 드러낸 것이라고 해석할 수 있다. 이로써 조선의 새 문자 창제가 명明과의 외교적 마찰로 비화되는 것을 미연에 방지하려는 의도가 '훈민'이란 이름말에 숨어 있다는 해석도 가능하다. 유교 윤리와 가치관을 백성들에게 심기 위한 '훈민'을 특히 강조하여 훈민정음 창제의 목적이 훈민에

34 이 점을 고려하면 '한어음 표기'는 '외국어음 표기'라고 고치는 것이 나을 수도 있겠다.

있음을 겉으로 드러낸 명칭이 '훈민정음'이다.

'訓民正音훈민정음'에서 '訓民훈민' 뒤에 놓인 '正音정음'은 새 문자 명칭어의 핵심 요소이자 이 문자의 기능과 창제 목적을 동시에 함의한다. '바른 소리'라는 뜻의 '正音정음'을 문자 명칭어에 넣은 것은 새로 만든 문자가 '바른 소리'를 적기 위한 것임을 나타내기 위함이다. '훈민'을 위한 '정음' 즉 백성을 가르치기 위한 바른 소리가 '훈민정음'의 뜻이다. 훈민이란 정치적 목적과 조선어(한자음 포함)의 바른 표기라는 언어 정책적 목적이 '訓民正音훈민정음'이란 문자 명칭어에 함께 표현되어 있다. 또한 '正音정음'에는 성음과 악률을 바르게 함으로써 세상을 통치한다는 음성 치국音聲治國의 정치 사상이 함의되어 있다.[35] 또한 문자를 발성하면 바로 소리가 되는 음소문자의 특성이 '정음'의 '音음'으로 표현되어 있다고 본다. '正音정음'에 함의된 뜻은 다중적이어서 여러모로 해석될 수 있다.[36]

2.3. 훈민정음 창제의 주목적이 한자음 표기라는 설을 비판함

앞에서 언급했듯이 한자음 표기와 관련된 세종의 사업을 특별히 중시하여 훈민정음 창제의 '주목적'이 한자음 표기라고 보는 견해가 있다.[37] 한자음 표기가 주목적이라고 주장하는 학자는 해례본 예의의 23자모 음가 예시용 한자가 『동국정운』의 그것과 같은 점을 중시하고, 훈민정음 창제 직후에 세종이 운서의 정음 번역 사업을 추진한 사실을 강조한다. 곧이어 진행된 『동

35 중국에서의 정음관의 발전과 조선에서의 창조적 변용에 대한 설명은 심소희(2013)의 제3장과 제4장을 참고하기 바란다.

36 후쿠이 레이(福井玲 2013)는 새 문자 창제를 반대하는 이들을 의식하여 '문자'가 아닌 '音(음)'을 붙였을 가능성도 있다고 보았다(와타나베 다카코渡辺孝子 2016: 181).

37 훈민정음 창제 목적에 한자음 표기를 앞세운 연구로 이숭녕(1958), 강길운(1972), 정광(2015b) 등이 있다.

국정운』과 『홍무정운역훈』 편찬 사업도 이와 같은 관점에서 해석하였다.

앞에서 보인 [그림 1]의 '교정 한자음 표기'를 창제 목적에 넣은 것은 훈민정음 창제 목적이 한자음 표기에 있다는 주장을 부분적으로 받아들인 것이다. 동국정운식 교정 한자음을 포함한 조선 한자음은 세종이 어제 서문에서 말한 '나랏말쌈[國之語音]'의 일부이다. 그런데 한자음 표기가 주목적이라고 주장하는 학자들은 『홍무정운역훈』과 같은 한어음 표기를 훈민정음 창제 목적으로 더 중시한다. 세종 사후에 훈민정음이 유구어琉球語를 포함한 여러 외국어(만주어, 몽골어, 일본어) 표기에 쓰인 사실과 중국 한어음 표기에 쓰인 것은 그 성격이 같고 정치·외교적 중요성이 다를 뿐이다. [그림 1]의 '한어음 표기'는 대명 외교에 한어가 가장 중요하였고, 세종 당대에 시행된 한어음 번역 사업을 중시한 표현이다.

조선 한자음 교정에 대한 세종의 의지는 최만리 등을 불러서 대화한 실록 기사에 나타나 있다. 세종은 "만일 내가 그 운서를 바로잡지 아니하면 누가 이를 바로잡을 것이냐?"라고 말했다. 세종의 이 말은 중국 한漢문명의 상징인 한자음을 정음으로 바로잡을 수 있음[38]을 강조한 것이다. 한자음 교정은 사대를 중시하는 최만리 등에게 훈민정음 창제의 명분으로 내세우기에 적절한 것이었다. 그러나 세종이 최만리를 꾸짖으면서 한 이 말이 세종이 어제 서문에서 천명한 창제 목적과 대등한 위상을 가질 수는 없다. 세종은 어제 서문에서 '愚民우민'(일반 백성)이 쉽게 배워 일상의 의사표현에 편안하게 쓸

38 세종의 이 말은 한자 표음법인 반절법(反切法)이 한자음을 제대로 표기하지 못하는 문제점과 관련되어 있을 것이다. 운서의 반절법은 매우 혼란스러워 운서 간 차이가 적지 않고 심지어 한 운서 안에서도 하나의 한자에 여러 개 반절이 표시되어 있었다. 예컨대 『집운(集韻)』에 '敦(돈)'자의 음이 일곱 개의 서로 다른 반절로 표시되어 있다. 『광운(廣韻)』에서 반절 상자(上字)가 470여 자이고, 반절 하자(下字)가 무려 1,189자여서 복잡하기 이를 데 없다(성원경 1972: 318-320). 훈민정음은 반절법을 대체함으로써 반절법의 폐단을 없앨 수 있는 문자였다.

수 있도록 하기 위함이라고 훈민정음 창제 목적을 밝혀 놓았다. 세종의 이러한 뜻이 곧 편민便民이다. 따라서 훈민정음의 창제 목적은 조선어음을 표기할 수 있는 문자를 만들어 한문자를 모르는 일반 백성들의 의사소통을 편안케 하는 것 즉 '편민'에 있다. 따라서 훈민정음 창제의 주목적이 한자음 표기(교정 한자음+한어음 표기)에 있다는 주장은 창제자 세종이 어제 서문에서 천명한 창제 목적을 후순위로 돌리는 것이 된다. 한자음 표기 특히 한어음漢語音 표기는 훈민정음 창제 목적의 한 부분일 뿐이다.

조선의 대명對明 외교를 연구한 역사학자 정다함은 명나라에서 정한 표준 한자음을 훈민정음으로 표기함으로써 한어漢語를 올바르게 익혀 명明과의 외교를 원만하게 하기 위해 훈민정음을 만들었다고 하면서 한자음 표기설을 지지했다(정다함 2009). 그러나 한어 학습에 이용하기 위해 훈민정음을 창제한 것이 아니라, 음소문자로서 외국어음 표기에 뛰어난 장점을 지닌 훈민정음을 한어 학습에 이용했다고 봄이 적절하다. 훈민정음은 한어 학습뿐 아니라 몽골어, 만주어, 일본어 등의 외국어 학습에 두루 이용되었다. 한어 학습만 지나치게 강조한 정다함의 주장은 조선과 명의 외교 관계에 경도傾倒되어 한어음 표기의 비중을 지나치게 중시하는 관점에서 훈민정음 창제를 바라본 것이다.

2.4. 용도의 확장과 효용성의 확대

훈민정음을 실용함으로써 나타난 용도와 이에 따른 효용성은 창제 목적과 연관된 것이기는 하나 구별해서 볼 필요가 있다. 창제 목적과 효용성을 쉽게 이해할 수 있도록 하나의 비유를 들어 보자. 훈민정음은 말소리를 담아내는 그릇이다. 그릇을 만드는 목적은 무엇인가를 '담기' 위해서다. 그릇에는 밥을 담을 수도 있고 물을 담을 수도 있고 술을 담을 수도 있다. 이것은 그릇의 효용성이 용도에 따라 확장된 것이다. 훈민정음은 조선어를 담기 위해 만든 그릇이다. 그런데 훈민정음은 말소리 일반을 적어 내는 그릇으로 쓸 수도 있다. 조선어뿐 아니라 여러 언어의 말소리를 담는 데 쓸 수 있다는 말이다. 용도가 확장됨에 따라 훈민정음의 효용성은 점점 커질 수 있다. 훈민정음을 제작한 근본 목적은 조선어음을 적어 내어 백성들의 의사소통에 편리한 문자를 제공하기 위함이다. 이 문자를 여러 용도로 실용하면서 여러 가지 효용성이 실현될 수 있다.

정인지는 정음해례편의 서문에 해당하는 글에서 훈민정음 문자체계에 내재된 보편 철학과 문자론적 특성 그리고 다양한 용도로의 효용과 확장 가능성 등을 모두 묶어서 정연하게 말한 바 있다. 훈민정음은 삼극三極의 뜻과 이기理氣의 오묘함을 두루 담고 있어서 "간결하고 요점을 갖추어 정밀하고 두루 통하여 돌려씀에 막힘이 없다."라고 하였다. 이것은 훈민정음에 내재된 보편적 속성과 이에 따라 발생하는 용도의 확장 가능성을 말한 것이다. 그리하여 "훈민정음으로 책을 풀이하고[解書해서], 송사를 다스리고[聽訟청송], 자운字韻을 능히 구별하며, 악가·율려를 조화롭게 할 수 있으며 그 쓰임이 갖추지 않음이 없고, 가는 바 이르지 못하는 곳이 없다."[39]라고 하였다. 정인지의 이 문장은 훈민정음 문자체계의 보편적 속성과 확장 가능성을 명쾌하게 표현하였다. 특히 "轉換無窮 簡而要 精而通전환무궁 간이요 정이통"이라는 표현에 주목할 필요가 있다. '簡而要 精而通간이요 정이통'은 훈민정음 문자체계가 간단하고 요점을 갖춘[簡要간요] 28자로서 말소리를 정밀히 표기하여 여러 용도에 두루 통용할 수 있음을 압축한 표현이다. 정음자로 책을 풀이하

---

39 훈민정음의 확장 가능성과 효용성을 말한 한문 원문은 다음과 같다. "三極之義, 二氣之妙, 莫不該括. 以二十八字而轉換無窮, 簡而要,精而通. 故智者不終朝而會, 愚者可浹旬而學. 以是解書, 可以知其義. 以是聽訟, 可以得其情. 字韻則淸濁之能辨, 樂歌則律呂之克諧. 無所用而不備, 無所往而不達. 雖風聲鶴唳, 鷄鳴狗吠, 皆可得而書矣." (훈민정음 정인지 서문)

고, 송사를 듣고[聽訟청송], 한자음의 청탁을 구별하고, 악가·율려를 맞출 수 있다고 한 것은 확장 가능한 훈민정음의 효용성을 세분하여 예시한 것이다. 세종은 훈민정음을 이용하여 조선 왕조 개창의 정통성을 세우려 했고(용비어천가), 유교의 기본 경서인 사서 번역을 추진했으며,[40] 용비어천가를 지어 악장 표기에 정음을 사용한 것[41]도 훈민정음의 확장된 용도와 효용성을 보여준 사례이다. 악가 가사나 악기 소리를 정음으로 표기한 서적(취풍형 등, 금합자보, 양금신보)은 율려律呂의 조화를 맞추어 내는 데 정음을 이용한 사례이다.

새로 만든 훈민정음이 실제로 활용되면서 발생한 다양한 용도에 따라 여러 가지 효용성이 발생하였다. 김주원(2013a)은 훈민정음 창제 목적으로 한자를 모르는 백성의 편리한 언어생활, 한자음 정리, 백성의 계몽이라는 주요 목적과 함께 기밀문서에서의 한글 사용에 대해 언급했다. 기밀문서의 한글 사용은 국가의 중요 정보가 국외로 유출되는 것을 막기 위해 화포서와 같은 병서를 언서로 간행하자는 양성지의 주장, 임진왜란 중 전장에서 언문서를 작성하여 정황을 보고한 일, 중국에 간 사신의 언문 장계와 언문 편지 등의 사례가 있다. 이런 사례들은 언문이 실제 사용되면서 번져 나간 다양한 효용성의 하나이다.

---

40 사서의 훈민정음 번역을 직제학 김문(金汶)에게 시켰는데, 그가 갑자기 죽었다. 이에 상주목사로 가 있던 김구(金鉤)를 불러들여 판종부시사(判宗簿寺事)로 임명하여 번역 일을 잇게 하였다(세종 30년, 1448.3.28). 김구도 일을 마치지 못하고 죽으니, 사서 번역 사업은 세종 대에 완성되지 못하였다. 그 후에도 오랫동안 지연되다가 1576년에 율곡 이이가 선조의 명을 받아 번역했으나 간행되지 못하였다. 선조가 교정청에 그 일을 이어받게 하여 1590년에 이르러 비로소 사서의 언해본이 처음 간행되었다. 세종이 기획한 사서의 번역 사업이 140여 년이 지나서 비로소 완성된 것이다.

41 세종실록 권136 악보편에는 아악십이궁칠성용이십팔성도(雅樂十二宮七聲用二十八聲圖), 십이궁칠성용십육성도(十二宮七聲用十六聲圖), 아악보(雅樂譜), 정대업지무악보(定大業之舞樂譜), 보태평지무악보(保太平之舞樂譜), 발상지무악보(發祥之舞樂譜), 봉래의(鳳來儀), 봉황음(鳳凰吟), 만전춘(滿殿春) 등의 악보와, 악장(樂章) 용비어천가(龍飛御天歌)가 수록되어 있다.

세종은 종교적 용도에 훈민정음을 이용하기도 했다. 병인년(1446.4.19)에 소헌왕후가 돌아가시자 수양대군과 김수온에게 『석가보』를 증수하고 이를 정음으로 번역하라고 시켰으니 그 결과로 나온 책이 『석보상절』이다. 이 책을 본 세종이 석가의 가르침에 감동하여 노래를 지으니 이것이 『월인천강지곡』이다. 소헌왕후의 추천追薦을 위해 부처님의 일생담을 훈민정음으로 번역한 것은 훈민정음의 종교적 효용성을 보여 준 사례이다. 훈민정음의 종교적 효용성은 세조 대에 극대화되었고, 그 후에도 언해본 불교서 간행을 통해 지속되었으며 19세기 후기에 이르러 도교, 기독교 등으로 확대되었다.

2.5. 창제 목적의 실현 여부에 대한 고찰

〈표 1〉 상단의 '목적'란에 표시된 훈민정음 창제 목적이 어느 정도 실현되었는지 고찰해 보자. 세종 생전과 사후에 '조선어 표기', '편민', '훈민', '한자음 표기'라는 창제 목적이 어느 정도 실현되었는지를 고찰하는 것은 새 문자의 성공 여부를 따져 보는 것과 같다. 훈민정음 창제의 가장 중요한 목적은 '조선어 표기'와 '편민'이다. 이 두 가지 창제 목적이 과연 세종의 뜻대로 실현되었는가?

'조선어 표기'는 『용비어천가』 가사와 『석보상절』 등의 우리말 문장 표기를 통해 성공적으로 입증되었다. 세조 대의 간경도감판 불교서 언해본들과 그 이후 여러 한글 문헌의 지속적 간행은 훈민정음의 조선어 표기 목적을 충실히 실현한 것이다. 특히 궁녀들의 언간, 나신걸언간 등은 "사람들이 쉽게 배워 나날의 씀에 편안케 하려는[欲使人人易習 便於日用耳]" 세종의 창제 목적을 현실 생활에서 구현한 사례이다. 일상생활에서의 씀[日用일용]이 가능했던 것은 훈민정음이 조선어 표기를 충실히 해냈기 때문이다.

그러나 여기서의 문제는 조선 후기에 훈민정음을 일용日用한 사람들 대부분이 '愚民우민' 즉 한자를 모르는 일반 백성이 아니었다는 점이다. 훈민정음의 주된 사용자는 양반가의 남녀와 어린이들이었고, 평민 이하 하층민 가운데 훈민정음 사용자는 극히 적었다. 이런 점에서 '편민'이란 창제 목적은 제대로 구현되었다고 말할 수 없다.

'편민'이란 목적은 조선 후기 인민의 삶에서 미미한 수준으로 실현되는 데 그쳤다. 1446년부터 1894년까지 오랜 기간 동안 한글을 쓰고 읽을 수 있는 사람은 주로 양반 계층(남성+여성)이었고, 하층민은 극소수에 지나지 않았던 것으로 보인다.[42] 훈민정음 창제의 핵심 목적은 한자를 모르는 일반 백성[愚民우민]이 일상에서 쓰도록 하는 것이었지만 이 목적은 근 450년 동안이나 실현되지 못하였고, 이미 한자를 아는 양반가의 어린이 교육과 여성들의 문자로 사용되는 데 그쳤다.

조선시대 '우민愚民'의 대부분이 훈민정음을 배우지 못하였으니 세종이 말한 '편민'이란 창제 목적이 제대로 실현된 것이라고 말할 수 없다. 이렇게 된 책임은 조선을 실질 지배한 양반층에 있다. 양반층은 훈민정음을 백성들에게 가르치지 않았다. 훈민정음을 가르칠 수 있는 교재도 전혀 만들지 않았다. 양반가 아동은 집안에서 할머니 혹은 어머니로부터 언문을 이미 배웠기 때문에 양반층 사람들은 훈민정음 학습자료를 공간公刊하여 교육자료로 널리 제공할 필요를 느끼지 못했을 것이다. 서당이 민촌으로 확대된 시기에 평민층 자제를 위해 서당에서 언문 교육을 시행했을 법하나 훈민정음을 공식

42 조선총독부가 1930년에 조사한 조선인의 조선문 문해율은 15.5%에 불과하다. 미쓰이 다카시(2013: 228, 임경화·고영진 옮김)는 조선총독부의 『昭和五年朝鮮國勢調査報告』(全鮮編 第1卷, 結果表)(1935: 72-75)에 나온 수치를 근거로 조선의 총인구 20,438,108명 중 '언문만 읽고 쓸 수 있는 자'는 3,156,408명(약 15.44%)이고, 언문과 일본문자 가나를 읽고 쓸 수 있는 자는 1,387,276명(약 6.79%)임을 언급했다. 일제강점기 때의 한글 문해율로 미루어 볼 때 조선시대 사람의 한글 문해율은 더 낮았을 것이다. 조선시대 사람들의 한글 문해율 문제는 별도의 연구가 필요하다.

적 혹은 공개적으로 가르쳤음을 보여 주는 자료는 찾기 어렵다.

'편민'이란 목적이 하층민에게로 확대되지 못한 원인은 훈민정음으로 이두를 대체하려고 했던 세종의 정책을 양반층이 계승하지 않았던 데 있다. 이서 선발 시험에 언문 과목을 부과한 세종의 정책이 후대에 편찬된 『경국대전』의 「吏典 取才 錄事이전 취재 녹사」 항에 법률 규정[43]으로 들어가 있다.[44] 언문 과목이 이서 선발 시험에 부과되기는 했으나, 이것이 실제로 시행되었음을 보여 주는 문서나 기록 자료가 없다. 세종이 이서 선발 시험 규정에 언문을 넣었고, 이것이 『경국대전』과 같은 국가 법전에 법률 규정으로 들어갔음에도 불구하고 세종이 시도한 이두의 정음 대체는 성공하지 못했다. 이두 문서를 정음문서로 대체하려던 세종의 정책이 계승되었더라면 '편민'의 실현 속도는 훨씬 더 빨랐을 것이다.

그러나 '훈민'이라는 훈민정음 창제 목표는 조선 왕조 기간 동안 가장 성공적으로 실현되었다고 할 수 있다. 『삼강행실도』 간행과 보급이 『경국대전』에 명시되었고, 실제로 이 책이 꾸준히 간행되었다. 여기에 더하여 『속삼강행실도』, 『동국신속삼강행실도』, 『오륜행실도』, 『이륜행실도』 등으로 훈민서의 범위가 확장되었다. 풍속 교화서인 『여씨향약언해』, 『경민편』, 『정속언해』도 훈민정음을 훈민 목적으로 활용한 전형적 사례이다. 유교적 이념을 하층민에게 가르쳐 통치의 이념적 기반을 구축하기 위해 조선의 지배층은 『삼강행실도』와 같은 훈민 교육서 간행을 『경국대전』의 법률 조항에 넣

---

43 錄事: 每年正月七月, 講五經中一, 四書中一. 五經中一, 四書中一, 大明律·經國大典. 製述啓本·牒呈·關中一, 書算楷書·諺文·行算. 〈경국대전 吏典 取才 錄事〉

44 안병희(1985b: 809-810)는 『경국대전』에 녹사(錄事) 선발 시험의 한 과목으로 '언문' 쓰기가 있음을 지적하였다. 錄事(녹사)란 京衛前(경아전)의 일종으로 서리(書吏)보다 상급자이지만 중인 신분이 응시하였다. 양반이 응시하는 문과 시험과 구별된다. 『경국대전』의 이 조항은 세종 때 시행한 서리 선발 시험에 언문 과목을 부과한 것과 맥락을 같이하지만 실제로 시행되었는지는 분명치 않다. 언문 자모 쓰기 능력의 검증은 아주 단순한 것이어서 과거 시험과 같은 절차가 필요 없었을 것이다.

고 지속적으로 간행했다.

백성들을 양반 지배 체제에 길들이기 위한 윤리교화서를 다수 간행하였으나 백성들에게 언문을 가르치지는 않았다. 『삼강행실도』를 여러 차례 중간했지만 이 책의 권두나 권말에 언문 학습자료를 붙인 판본은 전혀 없다. 세종 대에 간행한 『석보상절』과 세조 대에 간행한 『월인석보』 권두에 훈민정음 언해본을 붙인 이후, 한글 학습자료를 붙인 언해서는 수백 년 동안 단 한 건도 없었다. 한자가 아닌 언문이라 하더라도 백성들이 문자를 알게 되는 것을 양반층은 원하지 않았던 것이다. 이와 같은 정책으로 인해 백성들이 편안하게 쓸 수 있는 서사 수단의 제공이라는 훈민정음 창제 목적은 제대로 실현되지 못하였다.

훈민정음 창제 목적 중의 하나인 '한자음 표기'는 부분적 성공에 그쳤다. 『동국정운』 편찬까지는 성공했으나 교정 한자음 표기를 정착시키는 일은 실패했다. 그러나 조선의 현실 한자음 표기에 성공했고, 중국 한자음 즉 한어음 표기에서 훈민정음은 중요한 성과를 거두었다. 한자음 표기에서 성과를 거둔 분야는 『동자습』과 『홍무정운역훈』의 간행과 같은 한어음漢語音 표기이다. 이어서 간행된 『사성통고』와 16세기 초에 최세진이 편찬한 『사성통해』와 노걸대 박통사류 언해서는 정음자가 한어 학습서의 도구로 사용된 훌륭한 사례이다. 한어뿐 아니라 청어(만주어), 몽골어, 일본어 등의 외국어음 표기에도 정음자가 이용되어 조선의 외교 활동에 기여하였다. 외국어음 표기에서 훈민정음은 성공적인 표기 수단으로 그 효용성이 발휘되었다고 말할 수 있다.

3. 마무리

훈민정음 창제 목적을 설정함에 있어서 가장 중요한 근거 자료는 창제자 세종이 지은 어제 서문이다. 창제자 세종이 천명한 목적을 존중해야 마땅하다. 훈민정음의 창제 목적은 해례본의 어제 서문에서 세종이 밝힌 그대로, 한자를 모르는 보통 백성들이 쉽게 배워 쓸 수 있도록 조선어음을 표기하는 서사書寫 수단을 만들어 주기 위함이다. 조선어 표기라는 훈민정음의 목적은 곧 백성들의 편안한 문자 사용 즉 편민便民과 직결된다. 중국 한자와 서로 통하지 않는 불편함을 해소하기 위해서 조선어음은 물론 외국어음을 적어 낼 수 있는 문자체계를 만든 것이 훈민정음이다. 한자음도 조선어의 일부이므로 표기 대상 언어인 '조선어'에는 고유어와 현실 한자음이 모두 포함된다. 다만 조선 한자음은 표준 운서음에서 벗어난 것이 많다고 여겨 이것을 바로잡는 교정 한자음 표기 체계를 따로 세웠다(동국정운).

훈민정음 창제의 또 다른 목적은 이 문자의 이름에 들어간 '訓民훈민'이다. '훈민'은 이 문자로 '백성들을 가르쳐' 조선 지배층이 지향한 가치관을 백성들의 정신에 심기 위함이다. '훈민'의 일차적 목적은 유교적 윤리관을 가르치기 위한 교화(삼강행실도)였고, 유교 경서 해석의 표준화를 도모한 사서의 언해 사업과 이를 통한 유교적 가르침을 널리 펴려는 뜻도 담고 있었다. '훈민정음'이라는 명칭어에는 유교 정치의 이데올로기가 강하게 투영되어 있다.

'훈민정음'에 들어간 '정음'은 이 문자를 창제한 또 하나의 정치적 배경이자 명분이다. '正音정음'은 '소리'를 바로잡아 세상을 다스린다는 정음 사상을 함의한다. '正音정음'은 또한 악가와 율려를 조화시켜 세상을 다스린다는 음성 치국의 뜻을 함의한다. '훈민정음'이라는 문자 명칭어에는 두 가지 정치적 명분이 표현되어 있다.

한문자를 국가 공용문자로 계속 사용하면서 '訓民훈민'과 '正音정음'을 명분으로 새 문자를 창제한 세종의 개혁 정치는 정치 권력과 학술문화를 독점한 기득권층을 인정하면서, 문자 사용에서 소외된 하층민의 편리를 향상시키려는 것이었다. "孔子ㅣ 魯ㅅ:사름공자ㅣ 노ㅅ:사름"이란 국한 혼용 문체를 마련한 것에서 보듯이 세종은 훈민정음과 한문자의 공존을 꾀하였다. 세종은 기득권을 쥔 상층의 권익을 혁파革罷하는 개혁이 아니라, 그것을 포용하면서 하층민을 문자 향유의 세계로 끌어들이려 했다.[45] 세종의 문자 개혁이 성공할 수 있었던 배경에는 당시의 지배 계층이 향유하고 있던 한문자와 훈민정음의 공존을 꾀한 정책이 자리 잡고 있다. '正音정음' 앞에 붙인 '訓民훈민'은 새 문자 창제가 한문을 모르는 민民을 가르치기 위한 것이지, 기존의 한문 중심 문자 질서를 붕괴시키려는 것이 아님을 함의한다. 훈민정음은 민民이 쓰는 문자이고, 지배 계층은 한문자를 쓰는 것이라고 생각한 것이다.[46]

세종의 훈민정음 창제 목적은 세종이 펼친 다른 여러 정책들과 관련지어 파악해야 한다. 이 책의 제4부 제1장에서 훈민정음 창제의 사회적 배경이 된 세종시대의 정책을 고찰하였다. 세종은 육진과 사군의 개척, 대마도 왜구 정벌을 통해 국방을 안정시켜 민생의 기초를 튼튼하게 하였다. 국가 운영의 제도를 만들기 위해 학문 연구 기관인 집현전을 활성화시키고 인재를 육성했다. 천문학서 『칠정산』 내·외편을 편찬하고, 각종 천문 관측기와 시계를 제작하여 조선의 시간을 관리하는 제도를 만들었다. 정간보를 창안하여 국

45 그렇다고 하여 훈민정음이 하층민만을 위한 문자라는 뜻은 아니다. 기존 연구에서 밝혀졌듯이 훈민정음은 최상위 계층인 임금을 비롯한 왕실 사람부터 양반, 이서, 양인, 노비 등에 이르기까지 문자 사용의 계층적 범위가 넓었다. 이에 비해 한문자 사용은 계층적 범위가 좁았다.

46 최만리 등의 상소문에는 '諺文(언문)'이라는 명칭어만 쓰였다. '訓民正音(훈민정음)' 혹은 '正音(정음)'이란 용어를 쓰지 않은 것이다. '훈민정음'와 '언문'의 거리는 신문자 창제의 정치적 명분의 인정 여부와 관련되어 있다.

가 의례를 위한 음악 제도를 정비하였다. 단군 사당의 위상과 여기에 바치는 향사를 기자 사당과 동등하게 하여 조선의 주체성을 세우고 정체성을 강화하였다. 법률서·농서·의약서를 간행하여 민생을 도모하고, 『삼강행실도』를 편찬하여 훈민을 꾀하였다. 공법貢法을 개혁하여 세금을 공평히 하려는 정책 수립에 장기간 골몰하였다. 백성을 위한 왕도정치를 구현하려는 세종의 정책 맥락 속에 훈민정음 창제가 놓여 있다. 민생 안정을 위한 세제 개혁, 과학기술과 농업기술 개발 등의 여러 정책과 훈민정음 창제는 맥락을 같이한다. 세종의 정책은 편민과 민생에 초점이 맞춰져 있었고, 조선을 문명 주체[47] 국가로 만들려는 원대한 목표를 지향한 것이었다.

---

47 박훈은 세종의 정책을 '문명적 주체 만들기'의 관점에서 해석하였다. "세종의 '문명적 주체' 만들기"(박훈, 경향신문 2021년 2월 18일, 24면)

제4장

언문 반대 상소문의 정보 분석과 그 해석

1. 최만리가 올린 각종 상소문의 개요

훈민정음의 탄생에 대한 첫 기록은 "이달에 임금께서 언문 28자를 친제하셨다."라고 시작하는 창제 기사(1443.12.30)이다.[1] 이 기록보다 앞서서 훈민정음 창제 관련 정보를 알려 주는 자료는 없다. 세종실록의 창제 기사와 일부 비슷한 내용이 『훈민정음』의 정음해례편 말미에 실린 정인지 서문에 나타나 있다. "계해년 겨울에 우리 전하께서 정음 28자를 창제하시고, 간략히 예의를 보이시니 이름하여 '훈민정음'이라고 하셨다."라는 문장[2]이 이것이다. '계해년 겨울'은 1443년 12월에 해당하니, 그 시기가 세종실록의 창제 기사와 같다. 이로부터 삼 년 가까이 지나서 『훈민정음』의 완성[訓民正音成훈민정음성]을 알리는 기사(1446.9.29)가 세종실록에 실려 있다. 문자 훈민정음의

1 是月 上親制諺文二十八字, 其字倣古篆, 分爲初中終聲, 合之然後乃成字, 凡于文字及本國俚語 皆可得而書, 字雖簡要 轉換無窮, 是謂 訓民正音. (세종 25년 12월 30일 기사)

2 癸亥冬 我殿下創制正音二十八字, 略揭例義以示之, 名曰訓民正音. (정인지 서문)

창제는 1443년 12월이고, 문헌 『훈민정음』의 완성은 1446년 9월이다.[3] 그 사이인 1444년 2월 20일에 최만리 등[4]의 언문 반대 상소문(이하 '상소문')이 제출되었다. 훈민정음 창제 작업의 과정을 알려 주는 자료가 거의 없는 상황에서 창제 직후인 1444년 2월 20일의 상소문이 존재하는 것이다.[5] 훈민정음 창제 기사, 훈민정음 완성 기사, 그리고 훈민정음 반대 상소 기사는 훈민정음의 창제와 반포에 관한 모든 정보를 담고 있다. 본 장에서는 이 세 기사 중 세 번째 기사에 대해 논한다.

이 상소문은 훈민정음이 창제되고 두 달이 채 안 되는 시기에 나온 것으로서 창제와 관련된 몇 가지 정보를 알려 준다. 당시의 양반 지식인이 생각했던 훈민정음 창제의 의미, 이두와 훈민정음의 차이점, 고유문자 창제가 대명對明 사대 정책에 미칠 수 있는 영향, 정음과 관련한 동궁(세자)의 역할 등에 관한 정보가 상소문에 나타나 있다. 본 장의 목적은 최만리 등이 제출한 상소문을 정밀히 분석하여, 상소문에 함의된 여러 정보들을 찾아내고, 이것이 갖는 사회문화적 의미를 해석하는 것이다.

본격적인 논의에 앞서서 최만리의 생애와 활동을 간략히 정리하여 그의 사회적 위상과 사상적 토대를 파악할 필요가 있다. 최만리는 해동공자로 불

---

3 전자를 훈민정음 창제, 후자를 훈민정음 완성이라 부른다. 각각을 말한 기사(記事)를 가리켜 훈민정음 창제 기사, 훈민정음 완성 기사, 그리고 훈민정음 반대 상소 기사로 구분하여 칭한다.

4 '최만리 등'이라고 표현한 것은 최만리를 포함한 집현전의 7명 학자가 상소문에 연명했기 때문이다. 이하 기술에서 이 표현을 주로 썼지만 '등'을 빼고 '최만리'로만 언급한 경우도 있다.

5 최만리 등의 언문 반대 상소문은 세종실록 권103, 세종 26년(1444) 2월 20일 기사에 수록되어 있다. 이 상소문의 한문 원문과 한글 번역문은 일찍이 단행본으로 간행된 한우근·이태진 편저 『사료로 본 한국문화사-조선전기편』(일지사, 1984)의 102-107쪽에 소개된 바 있다. 국사편찬위원회 누리집 조선왕조실록에서 본문 및 번역문을 내려받아 볼 수 있다.

린 최충崔沖의 12대손이며, 소윤 최하崔荷의 아들로 정통 유학자 가문 출신이다. 그의 6대조 최자崔滋는 고려 충숙왕 때 정승을 지낸 인물이다. 최만리는 1419년(세종 1) 증광시 문과에 응시하여 을과로 급제했고, 그 이듬해(1420)에 집현전 박사로 임명되었다. 그 뒤 1427년 3월에 문과 중시(重試)에서 다시 급제했고, 그해 7월에 응교應教에 올랐으며, 1437년에 직제학, 1438년에 부제학, 1439년에 강원도 관찰사(1439.6~1440.7)로 나갔다가 1440년 8월에 집현전 부제학으로 복귀했다.[6] 누대에 걸친 명문가 출신의 최만리는 철저한 유학 신봉자였으며, 불교 배척의 선봉에 서서 척불 상소를 여러 차례 올렸다. 1444년 2월에는 언문 반대 상소를 올렸다가 왕의 친국親鞫을 받았다. 그다음 날 석방되었으나 관직을 사직하고 고향으로 돌아가 여생을 마쳤다.[7]

조선왕조실록에서 '최만리'를 검색하면 세종 대에 29건이 나오는데, 세종 2년(1420) 1월 29일 기사에 처음 등장한다. 이때 임금이 교서를 내려 신하들에게 정책 제안서를 내게 했다. 그중에서 시행할 만한 16건을 채택하여 그 내용을 실록에 기록해 놓았다. 이때 종부시宗簿寺 직장直長이었던 최만리의 제안도 채택된 목록에 들어가 있다. 그가 제안한 정책은 공인工人과 상인商人의 점방을 같은 종류들끼리 한곳에 모아서 공산품 물가를 조절하자는 내용이었다.[8]

세종 2년(1420) 3월 16일 기사에 집현전을 설치하여 인원수를 정하고 관원을 임명한 기사가 나온다.[9] 임명된 관원의 명단에는 박은·이원·유관·변계

---

6 최만리의 관직 변동과 이력은 이숭녕(1963/1972: 152-161)을 참고하였다.

7 최만리의 묘는 현재의 경기도 안성시 원곡면 지곡리에 위치하고 있다. 최만리의 현손자 최황(崔滉)은 선조 때의 공신이었다. (해주최씨 사이버 족보 www.haejuchoi.net 참고)

8 이 책의 제4부 제1장 1절 〈표 2〉(이 책의 746쪽) 10번 항목에서 그 내용을 소개했다.

9 집현전은 관사(官司)를 궁중에 두고, 문관 가운데서 재주와 행실이 뛰어나고 나이 젊은 사람을 택하여 오로지 경전과 역사의 강론을 일삼고 임금의 자문에 대비하였다. (세종 2년 3월 16일 기사)

량 등 집현전 고위직 이름이 앞에 나오고, 최만리는 맨 끝 말석인 박사博士로 나와 있다. 최만리의 관직은 세종 9년 7월 23일 기사에 집현전 응교, 같은 해 8월 7일 기사에 시강관侍講官 우문학右文學, 세종 14~16년 기사에 동궁東宮의 좌보덕左輔德, 세종 18~20년 기사에 집현전 직제학이었다가 세종 20년 7월 30일에 집현전 부제학에 임명되었다. 세종 22년 7월 2일 기사에도 최만리를 집현전 부제학에 임명한 내용이 있다. 이때부터 세종 26년 2월 20일에 언문 반대 상소문을 낼 때까지 그의 관직은 집현전 부제학이었다. 최만리는 집현전을 설치한 1420년부터 언문 반대 상소로 세종의 문책을 받고 관직에서 물러난 1444년까지, 24년 기간의 대부분을 집현전에 몸담은 분이었다(박홍갑 2011). 조선왕조실록에 최만리의 졸기卒記가 없어서 그에 대한 당대의 평가를 알 수 없는 점이 아쉽다.

최만리는 자신의 사상이나 학문적 성취를 보여 주는 저술을 남기지 않았기에 학문적 저술을 통하여 후대에 영향을 끼치지는 못하였다. 그러나 전형적 유학자의 기개로 입바른 직언을 잘하여 그 이름을 후세에 남겼으며, 특히 훈민정음 창제를 비판하는 상소를 올려 창제와 관련된 몇 가지 정보를 오늘날의 우리들이 알 수 있게 하였다. 그는 관직 재임 동안 도합 14건의 상소문을 올렸다. 이숭녕(1963/1972), 황선엽(2004), 박홍갑(2011)[10]을 참고하여 14건 상소문을 제출 목적별로 분류하고, 그 요점을 연도순으로 제시하면 다음과 같다.

행정의 과오 시정을 위한 상소

① 세종 19년(1437) 7월 19일, 왜국 사신이 석류황을 진상하고 그 대

10 이숭녕(1963/1972: 162-164)은 최만리가 올린 상소문 전반을 깊이 연구하였고, 황선엽(2004)은 일반인을 위해 쉽게 해설한 글이다. 박홍갑(2011)은 최만리의 가계, 관직 생활, 정치 활동을 종합하였다.

가로 호조에서 왜사에게 준 포布의 문제점을 비판한 상소

② 세종 20년(1438) 6월 11일, 진사 시취進士 試取 시험에 부과한 시론詩論의 문제점에 관한 상소

③ 세종 20년(1438) 11월 2일, 이적 처형李迹 處刑 사건에 대한 상소

불교 배척을 주장한 상소

④ 세종 21년(1439) 4월 19일, 세종의 호불처사好佛處事에 대한 비판 상소: 이것이 불교를 비판한 첫 상소이다.

⑤ 세종 23년(1441) 윤11월 10일, 불교 배척에 대한 제2차 상소: 세종의 흥천사 사리각 개수와 이 사찰에서 행한 경찬회를 지원한 것에 대해, 왕의 호불 태도와 국비 낭비를 비판한 상소이다.

⑥ 세종 23년(1441) 윤11월 11일, 제3차 불교 배척 상소

⑦ 세종 23년(1441) 윤11월 14일, 제4차 불교 배척 상소

⑧ 세종 23년(1441) 윤11월 17일, 제5차 불교 배척 상소

⑨ 세종 23년(1441) 윤11월 19일, 사직 상소: 거듭된 불교 배척 상소를 세종이 받아들이지 않자 낸 사직 상소이다.

⑩ 세종 23년(1441) 윤11월 22일, 제6차 불교 배척 상소

불교 배척 상소는 제출 연대가 집중되어 있다. 세종이 적극적 호불好佛로 변한 세종 21년(1439)에 1건이 있고, 나머지 6건[11]은 모두 세종 23년(1441)에 올린 것이다. 여섯 차례에 걸친 불교 배척 상소는 유학자로서 최만리의 신념과 끈질긴 성품을 보여 준다. 11월 10일, 11일, 14일, 17일에 연이어 상소하

---

11 엄밀히 따지면 ⑨는 불교 배척 상소는 아니지만 그것과 관련한 사직 상소이므로 별개로 보지 않았다.

고, 19일에 사직 상소를 올려 불윤不允되자 22일에 다시 상소를 계속한 것으로 볼 때 그가 강직한 성품의 소유자임을 알 수 있다.

세자의 섭정을 반대한 상소

⑪ 세종 24년(1442) 8월 26일, 세자 섭정을 위해 첨사원詹事院을 설치한 것을 반대한 상소

⑫ 세종 25년(1443) 4월 19일, 세자 섭정에 대한 반대 상소

⑬ 세종 25년(1443) 4월 20일, 세자 섭정에 대한 반대 상소: 세종의 반응이 없자, 세자 섭정에 대해서 반대한다는 상소를 다시 올렸다.

언문과 운서 번역을 반대한 상소

⑭ 세종 26년(1444) 2월 20일, 언문을 비판하고 이두의 언문 대체와 운서韻書 번역 등을 반대한 상소: 세종이 훈민정음을 완성한 후 관문서 작성에 써 온 이두를 언문으로 대체하고, 운서를 정음으로 번역하는 사업 등을 반대한 상소이다.

최만리의 상소문은 관부의 행정 과오를 비판한 상소 3건, 세종의 호불好佛을 비판한 불교 배척 상소 7건, 첨사원 설치와 세자 섭정을 반대한 상소 3건, 언문 반대 상소 1건 등 국정 전반에 걸쳐 있다. 불교 배척 상소가 가장 많으나 이 중에서 그의 이름을 역사에 뚜렷이 각인시킨 것은 마지막에 낸 언문 반대 상소이다.

2. 상소문의 정보 분석과 그 해석

2.1. 상소문 텍스트의 분석

최만리 등이 낸 언문 반대 상소문 텍스트의 구성 단위를 분석하고, 각 단위의 분량을 글자 수로 정리하여 보이면 다음 〈표 1〉과 같다.

〈표 1〉 상소문 기사의 구성 단위와 글자 수

상소문 기사의 구성 단위		글자 수	시작~끝
기사 제목		15자	庚子集賢殿副提學崔萬理等上疏曰
상소문 본문	도입부	45자	臣等伏覩~伏惟聖裁
	본문 1항	84자	一 我朝~事大慕華
	본문 2항	120자	一 自古~大累哉
	본문 3항	**449자**	**一 新羅~未見其可也**
	본문 4항	173자	一 若曰~未見其可也
	본문 5항	230자	一 凡立~未見其可也
	본문 6항	120자	一 先儒~仰瀆聖聽
	본문 전체 글자 수	1,221자	臣等伏覩~仰瀆聖聽
세종의 심문 및 처결 기사		552자	上覽疏~其鞫以聞

상소문 본문은 6개 항으로 구성되어 있다. 3항의 글자 수가 449자로 다른 항보다 압도적으로 많다. 3, 4, 5항은 모두 관문서에 이두문을 언문으로 대체하여 쓰는 것을 반대한 내용이 중심을 이룬다. 글자 분량으로 보면 최만리 등의 반대 상소는 본문 3항에 초점이 실려 있다. 본문 3, 4, 5항의 문장 말미가 모두 "未見其可也미견기가야"[그 옳음을 찾아볼 수 없다.]로 끝맺고 있음도 주목된다. 각 항에 이 표현을 썼으니 언문의 '不可불가'함을 세 번이나 반복한 셈이다.

2.2. 최만리가 주장한 요지와 그 근거

최만리의 상소문에 제시된 6개 항의 주장 요지와 그 근거를 간추려 보면 다음 〈표 2〉와 같다.[12]

〈표 2〉 최만리 등의 상소문에 나타난 6개 항의 요지와 그 근거

본문	주장의 요지	근거1	근거2
1항	중국의 제도를 따르고 글과 법을 같이해 온 조선이 언문을 제작함은 놀라운 일이다.	언문 제작 사실이 중국에 알려져 비난하는 말이 나오면 사대모화에 부끄러운 일이다.	언문은 그 음을 쓰고 글자를 합함[用音合字]이 고전(古篆)에 반하여 근거가 없다.
2항	언문을 따로 만듦은 스스로 중국(소합향)을 버리고 오랑캐(당랑환)가 되는 일이다.	중국의 지방들은 풍토와 말이 서로 다르나 문자를 따로 만든 일이 없었다.	몽골·서하·여진·일본 등은 각기 문자가 있으나 이는 오랑캐들의 일이고, 언문을 만들어 쓰면 조선도 오랑캐가 된다.
3항	이두는 시행한 지 천 년이 되어 행정 문서[吏事] 처리에 막힘이 없는데 왜 비루하고 무익한 언문을 만들어 바꾸려고 하는가?	이두가 비록 비루하긴 하나 이를 익혀 한문을 알게 되는 이가 많으니 학문 흥기에 도움이 된다.	언문을 시행하면 27자[13]로 입신할 수 있어서 학문을 궁구하는 자가 없어질 것이다.
	언문은 새롭고 기이함을 좇아 만든 한 가지 기예에 지나지 않는 것이다.	언문을 시행하여 수십 년이 지나면 성현의 글을 알지 못하여 사리의 옳고 그름을 모르게 된다.	언문은 마을 거리의 상말[委巷俚語]을 적는 것이어서 학문에 방해되고, 정치에 유익함이 없으니 그 옳음을 찾을 수 없다.
4항	옥사(獄辭) 문서에 이두 대신 언문을 쓴다 해서 형옥(刑獄)을 공정히 처리할 수는 없다.	말과 글이 같은 중국에서도 옥송에서 억울한 일이 많이 생긴다.	옥사의 억울함과 공정함은 관리의 자질에 달린 것이지, 말과 문자의 같고 다름 때문이 아니다.
5항	언문은 풍속을 크게 바꾸는 일이니 재상과 신하와 의논하되 세 번을 더 생각해야 하고, 중국에 상고하여 부끄러움이 없고, 백세 후라도 의혹됨이 없어야 시행할 수 있다.	이배(吏輩) 10여 인에게 언문을 익히게 하고, 옛사람이 이룬 운서에 언문을 붙여 이를 인쇄하여 반포하려는 것은 공의(公議)에 어긋난 일이다.	금번 청주 초수리 거둥의 호종을 줄이고, 공무도 의정부에 맡기면서 국가의 시급한 일이 아닌 언문일만 행재소에서 분주히 함은 성궁의 조섭에 옳지 못한 일이다.
6항	치도에 하나도 유익함이 없는 언문 일에 동궁이 정기를 갈고 생각을 소모하여[研精費思] 날밤을 보내고 있으니 학문에 손실이 크다.	동궁이 비록 덕성을 이루었다 하나, 성학에 잠심해야 함에도 무익한 언문 일에 매달려 있다.	특별히 한 가지 일을 지나치게 좋아함은 사람의 지기(志氣)를 빼앗는 일이고 동궁이 언문 일에 날밤을 보냄도 이와 같다.

---

12 김주필(2014: 163-164)은 최만리 상소문의 핵심 내용을 '쟁점' 중심으로 표로 정리하고, 이에 대한 세종의 발언을 또 다른 표로 제시한 바 있다. 김주필의 표는 필자와 다른 관점에서 작성한 것이어서 〈표 2〉와 차이가 있다. 이전경(2015: 234-235)은 도입, 중요 논지 6개 항, 결어 순서로 상소문의 구성과 내용을 분석하였다.

13 최만리는 언문을 27자라고 했다(二十七字諺文). 국어학계의 통설은 한자음 표기에 쓰인 ㆆ을 제외한 27자일 것으로 본다. 조선의 일상어를 적어 내는 데는 ㆆ이 없는 27자만으로 충분하다. 최만리는 ㆆ이 제외된 문자체계를 알고 있었던 듯하다.

〈표 2〉의 '주장의 요지'란에 일관되게 나타나 있듯이, 최만리의 이 상소문에는 언문 제작을 비판하고, 그 시행을 반대하는 주장이 뚜렷하고 그 나름대로의 논리가 정연하다. 본문 1항은 언문 창제가 조선 외교 정책의 근간인 사대모화에 반하는 일이라 했고, 2항은 조선이 언문을 갖게 되면 스스로 문명(소합향)을 버리고 오랑캐(당랑환)가 되는 일이라 했다. 1항과 2항은 언문 제정이 대명(對明) 관계에 미칠 영향에 대한 내용이다.

3항은 언문을 배워 입신하는 사람이 많아지면 성리의 학문을 궁구하는 사람이 사라질 것이라 했다. 이두가 비록 비루하긴 하나 학문에 도움이 되는 반면, 언문은 비루하고 상스러워 이익됨이 없는 글자[鄙諺無益之字누언무익지자]라는 비교 평가도 했다. 3번 항목은 최만리 등이 가장 중점을 둔 것으로 글자 수도 가장 많고 논의 내용도 다양하다. 이 점을 고려하여 〈표 2〉에서는 3번 난을 두 줄로 나누어 그 요지를 제시했다. 4항은 옥사의 억울함과 공평함은 글과 말의 다름에 있는 것이 아니라 옥리의 자질에 달린 것이라 하며, 그 논거로 말과 글이 같은 중국에서도 옥사의 억울함이 사라지지 않은 사실을 들었다. 3항과 4항은 이두문의 언문 대체를 반대하는 데 초점을 둔 내용이다.

5항은 언문 창제가 풍속을 바꾸는 큰일이니 신하들과 의논하고, 중국에 부끄러운 일이 아닌지 숙고해야 하며, 백세 뒤에도 의혹됨이 없다고 판단될 때 행할 수 있다고 주장했다. 5항의 근거1에 제시된 두 가지 일, 즉 이배吏輩에게 언문을 가르친 일과 운서를 언문으로 번역한 일은 최만리가 상소문을 내게 된 동기로 작용했다. 5항에도 이서배에게 언문을 가르치는 일을 비판한 내용이 있다. 이 상소문이 이두문의 언문 대체를 가장 무겁게 비판하고 있음을 알 수 있다. 이두문의 언문 대체는 최만리의 말대로 "풍속을 바꾸는 일"이기 때문이다.

6항에는 동궁(세자)이 언문 일에 정기를 갈아 붓고 사려를 소모하며[研精費

思연정비사] 날밤을 보내고 있음을 비판한 내용이 있다. 이때 세자는 운회 번역 사업의 감장監掌 역할을 맡고 있었다.[14] 그런데 언문 일에 사려를 허비하고 날밤을 보내는 것은 감장역에 어울리지 않는다. 이는 동궁이 언문 일에 무언가 관여하고 있었음을 알려 준다.

〈표 2〉에 정리한 '주장의 요지'와 '근거'에 최만리가 이 상소문에서 주장한 요점과 논거가 나타나 있다. 〈표 2〉에 정리된 내용으로 볼 때 이 상소문은 언문 제작을 비판하고 시행을 반대하기 위한 것임이 명백하다. 특히 형옥刑獄이나 쟁송爭訟을 다루는 관문서의 이두문을 언문으로 바꾸는 것을 집중적으로 비판하고 있다. 최만리 등이 가장 중점적으로 비판한 것이 관부 문서의 이두문을 언문으로 대체하려는 것이었다. 말하자면 관부 문서를 작성하는 공적公的 문자로서 언문이 제도적으로 사용되는 것을 막고자 함이 이 상소문의 주목적이라 할 수 있다.

상소문에 나타난 주장의 요지로 볼 때, 이 상소문을 '언문 반대 상소문'이라 칭하는 것이 명실名實이 상부相符하다. 이숭녕(1963/1972)에서 지적되었듯이 최만리의 상소문이 제출되었을 때는 훈민정음이 이미 창제된 후이므로 훈민정음 창제를 반대한 상소라고 보기는 어렵다.[15] 창제를 반대한 것은 아니라 하더라도 상소문의 내용은 언문을 포괄적으로 비판하면서 특히 관문서의 이두문을 언문으로 바꾸려는 세종의 정책을 가장 강하게 반대하였다.

상소문의 명칭은 그 글의 내용과 목적을 가장 적확하게 드러내 주도록 붙

---

14 최만리 등이 상소를 올리기 4일 전인 세종 26년 2월 16일 기사에 세종이 최항·박팽년·신숙주·이선로·이개·강희안 등에게 운회 번역을 명했고, 이 일의 감장(監掌) 역할을 동궁·진양대군·안평대군 3인에게 맡겼다는 기록이 있다. '감장(監掌)'은 일하는 사람들을 뒷바라지하는 역할을 한다. 세 분 왕자에게 감장 일을 맡긴 것은 이들이 가진 재정적 여력으로 번역팀을 도우라는 뜻이다.

15 이숭녕(1963/1972)은 최만리 등의 상소문의 목적이 언문 창제를 반대함에 있는 것이 아니라 한자음 개혁 사업을 반대함에 있다고 보았다.

이는 것이 상소자들의 뜻을 존중하는 태도일 것이다. 이런 점에서 최만리 등의 상소문은 '언문 반대 상소'[16]라고 부름이 온당하다. 최만리의 이 상소문을 '갑자상소문'이라 칭한 논저들이 더러 있으나[17] 이 상소문의 내용과 주장을 반영하는 명칭이라 하기 어렵다. 최만리가 낸 14건의 상소문을 간지로 구별해서 칭하기 어려울 뿐 아니라, 이런저런 사람들이 '甲子갑자'년에 낸 수많은 상소가 있다는 사실도 염두에 두어야 한다.

그런데 최만리 등의 언문 반대 상소를 오늘날의 가치를 기준으로 재단해서는 아니 될 것이다. 이숭녕(1963/1972)에서 지적한 바대로 수백 년이 지난 오늘날의 가치관을 잣대로 삼아 이 상소문에 담긴 생각을 폄하하는 태도는 온당치 않다. 당대 지식인이자 강직한 관리였던 최만리의 가치관을 현대 한국인의 사고방식으로 재단裁斷하는 것은 경계해야 마땅하다. 최만리 등의 이 상소문 덕분에 우리가 훈민정음 창제에 관한 여러 정보를 얻게 된 사실도 중시되어야 한다.

2.3. 상소문을 통해서 알 수 있는 정보와 그 해석

앞에서 상소문을 자세히 분석하여 주장의 요지와 근거를 파악하였다. 상소문 분석을 통해서 알아낸 여러 정보를 사안별로 정리해 보면 다음과 같다.

---

16 이 문서의 명칭에 '언문'이란 용어를 쓴 이유는 최만리의 상소문과 이에 대한 세종의 말 속에 '諺文(언문)'이 도합 28회나 쓰였음을 고려한 것이다.

17 '갑자상소문'은 '갑자이월상소문'을 줄인 것인데 이숭녕(1963/1972: 161)에서 처음 명명되었다. 이숭녕 선생은 최만리에 대한 감정적 비판을 교정하기 위해, "학문을 객관적으로 보지 않고 「모랄」과 「감정」을 개입시키며, 오 세기 전의 사실을 오늘날의 이념으로 확대하여 논란하는 태도는 이제 버려야 할 것"이라고 주장했다. 필자는 이러한 관점과 접근 태도에 동의한다. 그러나 이 상소문의 명칭은 상소문 제출자의 뜻을 살린 것이 되어야 한다고 본다.

1) 동궁이 훈민정음과 관련된 일을 하였음

〈표 2〉의 6항은 동궁(훗날의 문종)이 덕을 이루었지만 성학을 깊이 궁구해야 하는데, 오히려 언문 관련 일을 하느라 정기를 소모하고 있으니 걱정스럽다는 비판이다. 이 비판은 동궁이 언문 사업에 관여하고 있었음을 알려 준다. 그런데 동궁이 관여한 일이 훈민정음 창제에 직접 관련된 것은 아닌 듯하다. 왜냐하면 1443년 12월에 훈민정음이 이미 창제되었기 때문이다. 이때 동궁은 운회 번역 사업에 관여하고 있었다. 앞에서 언급했듯이, 세종 26년 2월 16일의 세종실록 기사에 운회의 언문 번역을 최항 등 6인에게 명하면서 이 일의 감장監掌을 동궁·진양대군·안평대군에게 맡겼다. 그러나 이 일이 정기를 갈아 넣고 생각을 소모하며 날밤을 보낼 일은 아니다.

2) 세자 섭정 및 전지요양轉地療養으로 세종이 시간적 여유를 확보함

세종 24년(1442) 5월 3일에 세종이 영의정 황희·우의정 신개·좌찬성 하연·예조판서 김종서 등을 불러, "나의 눈병이 날로 심하여 친히 기무機務를 결단할 수 없으므로, 세자로 하여금 서무庶務를 처결하게 하고자 한다."라고 말했다. 황희 등이 반대하자 세종은 뜻을 굽히는 듯했으나, 곧 도승지 조서강에게 눈병의 심함을 한탄하고 온천에서 목욕하여 효험을 얻은 일을 말하며, 세자에게 국정을 맡기겠다는 뜻을 신하들에게 알리라고 지시했다. 우여곡절을 거친 끝에 세종 24년(1442) 7월 28일에 첨사원詹事院을 설치하였고, 동궁이 국정 서무를 관장토록 하였다.

세종의 이 조치를 반대하며 이사철·정갑손·허사문·백효문·백효삼·유지·윤사윤·하연·황보인·남지·허후·박중림·최만리·민건·여효온 등의 관리와 삼사(三司)가 집단적으로 상소를 연달아 올렸다(1442.8.2~8.29). 정부의 의사결정기구인 의정부의 상소(1442.8.5), 언론 기관인 사간원의 상소(1442.8.11), 사헌부의 상소(1442.8.17), 사헌부와 사간원의 연명 상소(1442.8.25) 등 도합 스물한 차례의 반대 상소가 줄기차게 제출되었다. 특히 대간 정갑손 등은 관사官司의 문을 닫고 대궐을 지키면서[18] 왕과 면대하여 아뢰었다(1442.8.24). 이때의 대화를 실록에 자세히 기록해 놓았다.[19] 대간들이 명분을 앞세우며 왕을 궁지에 몰아넣자, 왕이 답하기를 "이미 의정부로 하여금 다시 의논케 했는데 경들은 어찌 천천히 그 귀결을 보지 않고 강변하고 있는가?"라고 꾸짖었다. 이에 정갑손 등이 다시 아뢰었으나 왕은 대답하지 않았다. 그다음 날에 사헌부와 사간원의 연명 상소(1442.8.25)가 또 제출되었으나 세종은 윤허하지 않았다. 그다음 날(1442.8.26)에 최만리가 단독으로 다시 상소문을 냈으나 역시 윤허하지 않았다. 최만리가 첨사원 설치를 반대한 상소(1442.8.26)도 스물한 차례에 걸친 상소 중의 하나였다. 왕과 신하들의 치열한 논쟁은 의정부에서 첨사원 제도를 약간 개정하여 설치하는 것으로 마무리되었다(1442.9.3). 세종은 반대한 신하들에게 약간의 정치적 명분을 주면서 이들의 집단적 반발을 무마하고,[20] 세자가 국정 서무의 결재를 전담토록 만들었다. 이로써 세종은 1442년 9월 3일부터 국정 서무에서 벗어나게 되었다.

세종이 뜻을 굽히지 않고 세자의 국정 전담 기구인 첨사원 설치를 강행한 것은, 와병 중인 점도 작용하였겠지만 무엇보다 당신이 해내야 할 일이 있었기 때문으로 보인다. 그 일은 바로 훈민정음 창제였을 것이다. 세종이 국정 서무에서 벗어나 1년 4개월 동안 훈민정음 창제에 전념한 결과, 1443년 12월에 드디어 문자 창제를 완성시킨 것이라고 필자는 추론한다. 최만리 등은 상소문에서 다음과 같이 말했다.

---

18 이 방식은 요즘 식으로 말하면 집단 점거 농성과 비슷한 것이다.

19 세종 24년 8월 24일 기사

20 세종이 신하들의 반대를 제압한 마지막 카드는 궁 밖에 사는 왕자의 저택으로 출궁하겠다는 것이었다.

> 언문은 국가의 급하고 기한에 마쳐야 할 부득이한 일도 아니온데, 어찌 이 일만 유독 행재行在에서 분주히[汲汲급급] 하시어 성궁聖躬을 조섭하시는 때에 번거롭게 하시나이까?[21](〈표 2〉의 5항 '근거2'에 해당함)

최만리 등의 이 말은 세종이 국정 서무에서 벗어나 전지요양을 하는 중에도 훈민정음과 관련된 일에 전념한 모습을 반영하고 있다. 세종은 요양을 위해 간 행재소에서도 훈민정음 관련 일을 가져가 분주히 진행했던 것이고, 최만리 등이 이를 염려하며 상소문에서 언급한 것이다.

세종은 안질 등의 질병 치료를 위해 여러 차례 온천과 냉천에 가서 요양하였다(이숭녕 1975b).[22] 1433년 3월의 온양 온천 행차 그리고 1441년 3월 17일에 출궁하여 3월 20일에 도착한 온양 온천 행차를 비롯하여,[23] 도합 여섯

---

21 若夫諺文, 非國家緩急不得已及期之事, 何獨於行在而汲汲爲之, 以煩聖躬調燮之時乎. (최만리 등의 언문 반대 상소문)

22 세종의 전지요양에 대한 연구는 이숭녕(1975b)에서 자세히 이루어졌다. 이숭녕 선생은 세종의 전지요양 행차에 대해 차수별로 출궁일과 환궁일, 관련된 준비 사항 등을 밝혀 후속 연구의 준거가 되었다. 이숭녕(1975b)에 의거하여 전지요양 차수별로 요양 기간과 장소를 정리하면 다음과 같다. 제1차 전지요양은 1433년(세종 15) 3월 25일부터 4월 23일까지 온양(溫陽) 온천, 제2차는 1441년(세종 23) 3월 17일부터 5월 5일까지 온양 온천, 제3차는 1442년(세종 24) 3월 3일부터 5월 1일까지 강원도 이천(伊川) 온천, 제4차는 1443년(세종 25) 3월 1일부터 4월 6일까지 온양 온천(왕비 동행), 제5차는 1444년(세종 26) 2월 28일부터 5월 7일까지 청주 초수리(椒水里) 냉천(왕비와 세자 동행), 제6차는 1444년 윤7월 15일부터 9월 24일까지 청주 초수리 냉천에 다녀왔다. 김민수(1987: 121-122), 이성무(2001: 34), 이왕무(2006)에도 세종의 전지요양에 관한 연구가 있어서 참고하였다.

23 세종 23년(1441) 3월 17일의 기사에 이 행차에 종친과 문무 군신 50여 인이 호가(扈駕)했고, 가는 길에 새로 제작한 기리고(記里鼓)를 수레에 싣고 거가(車駕)가 1리(里)를 가면 목인(木人)이 스스로 북을 쳤다고 기록해 놓았다. 자격루의 기술을 응용하여 거리 측정기를 개발한 것으로 보인다. 문종 즉위년(1450) 10월 23일 기사에 기리고 수레[記里鼓車]로 도로(道路)의 멀고 가까움을 재게 하였다는 기록이 있다. 기리고(記里鼓)를 수레에 싣고 주행 거리를 재었으니 이는 소박한 수준의 내비게이션에 해당한다. 최초의 내비게이션이 세종 23년(1441)에 제작되었음을 알 수 있다.

차례에 걸쳐 온천과 냉천을 찾아 요양하였다. 이 중에서 최만리 등이 상소문을 제출한 직후인 1444년 3월의 행차에 대해 실록 기사에 나타난 내용을 간추려 자세히 검토해 본다.

세종 26년(1444) 1월 27일 기사에 청주에 호초胡椒 맛이 나는 초수椒水가 있음을 발견하고서 왕의 안질 치료를 위해 그곳에 행궁을 짓게 하였다. 같은 해(1444) 2월 5일 기사에 김췌·유면·정중건 등 3인을 초수리에 보내어 냉천 약수를 시험해 보게 하니 안질 치료에 효험이 있다고 보고하였다. 그리하여 같은 해 2월 28일에 세종은 왕후와 함께 전지요양에 나서서 3월 2일에 왕의 수레가 초수리에 도착했다.

초수리에 머무는 동안 세종은 평안·함길도 체찰사 황보인을 만나 그 지방의 기근 상황을 묻고 진휼케 했다. 초수리 인근의 백성들에게 끼친 민폐를 위무하고자 술과 음식을 베푼 일이 여러 번 있었다. 어가御駕 행차가 다니면서 짓밟힌 논밭의 농작물 피해를 곡식으로 보상해 준 사실도 세종실록 기사에 기록되어 있다. 초수리에 머무는 중에도 당면한 일을 처리한 것을 보면, 훈민정음 관련 작업도 했을 듯하나 이에 대한 기록은 없다. 세종 26년 4월 12일 기사에, 왕이 말하기를 초수리에 갈 때 60일을 예정하였으니 다음 달 초 3일에 환궁하겠다고 한 내용이 있다. 같은 해 5월 5일의 세종실록 기사에는 왕의 수레가 경기도 양지현陽智縣에 도착한 기사가 있고, 환궁 길에 백성들이 노변에 나와서 왕의 행차를 보지 못하게 한 사실을 조사토록 명한 내용이 있다. 이 두 기사를 통해 1444년 5월 5일에 세종이 환궁했음을 알 수 있다. 세종은 60일가량 청주 초수리에 머문 것이다.

그런데 세종이 초수리 거둥을 출발한 날(1444.2.28)은 최만리 등의 언문 반대 상소가 기록된 세종실록 날짜(1444.2.20)로부터 8일 뒤이다. 최만리는 임금이 초수리 행차를 준비하면서 시절의 가뭄을 근심하여 여러 가지를 크게 줄였으나, 국가의 시급한 일이 아닌 언문 일만 행재소에서도 분주[汲汲급급]히

하(려)는 것처럼 묘사해 놓았다.[24] 정음 창제 작업은 직전 해 12월경(1443.12)에 마쳤고, 그 후 두 달이 다 되어 가는 때(1444.2.20)에 세종이 분주히 한 언문 일은 창제한 훈민정음을 다듬고 보완하는 일이거나 『훈민정음』 해례본 편찬과 관련된 작업이었을 것이다. 그리고 1444년 5월 5일에 환궁한 후 두 달 남짓 지난 1444년 윤7월 15일에 세종은 다시 초수리로 제6차 전지요양을 떠났다가 9월 26일에 환궁하였다. 이 시기는 『훈민정음』 편찬을 준비하는 중 혹은 진행 중인 때였을 것이다. 세종은 전지요양 중에도 훈민정음과 관련된 일을 손에서 놓지 않았고, 최만리 등은 성궁의 조섭을 염려하여 이 점을 지적한 것이다.

세종은 1441년, 1442년, 1443년, 1444년에 걸쳐 온천과 냉천에 다니면서 여러 차례 전지요양을 하였다. 요양 기간의 여유로운 시간은 세종이 훈민정음 문자체계를 고안하고 이를 다듬고 완성해 가는 데 도움이 되었을 것이다. 1443년 12월에 훈민정음이 창제되고, 1446년 9월에 『훈민정음』이 완성된 사실과 세종의 휴양 기간이 서로 겹쳐 있어서 이런 추론은 설득력을 가진다. 동궁에게 국정 서무를 이양한 1442년 9월 이후에 세종은 훈민정음 창제 작업에 전념하여 1443년 12월경에 완성하였다. 1444년부터 1446년 상반기에 걸쳐 해례본 편찬의 구상과 편찬 작업이 진행되었을 것이고, 세종은 이 일에 관여했을 것이다. 세종은 1441년에 47일 동안 요양하였고, 1442년에 58일 동안 요양하였다. 1443년(세종 25) 3월 1일부터 4월 6일까지 온양 온천에 행차하여 한 달 이상 머물렀다. 1444년 3월부터 초수리에 행차하여 행재소에 머문 기간이 60일가량이었고, 같은 해 윤7월 15일에 다시 초수리에 행차하여 9월 24일까지 머물렀으니 1444년의 요양 기간은 모두 5개월 정도

24 且今淸州椒水之幸, 特慮年歉, 扈從諸事, 務從簡約, 比之前日, 十減八九, 至於啓達公務, 亦委政府. 若夫諺文, 非國家緩急不得已及期之事, 何獨於行在而汲汲爲之, 以煩聖躬調燮之時乎. (세종 26년 2월 20일 기사)

된다. 세종은 첨사원을 설치하여 세자에게 국정 서무를 맡겨 번거로운 일에서 벗어났고, 온천과 냉천에 가서 전지요양하면서 집중할 수 있는 시간 여유를 가질 수 있었다. 이 두 가지 사실은 세종이 훈민정음 창제와 『훈민정음』 해례본의 편찬 사업을 구상하고 실행한 일과 관련된 것으로 보인다.

3) 훈민정음 완성(1446년 9월) 이전에 아전[吏輩이배]에게 언문을 가르침

최만리 등은 아전의 무리 10여 인에게 언문을 익히게 한 일을 강하게 비판했다(〈표 2〉의 5항 근거1). 세종이 최만리 등을 불러 따지면서, 설총이 이두를 제작한 본뜻이 백성의 편리함을 위한 것이고 언문 또한 이와 같은데, "너희들이 설총은 옳다 하면서 군상이 하는 일은 그르다고 하는 까닭은 무엇이냐?"라고 말했다. 세종의 이 말에는 관아의 이두문을 언문으로 대체하려는 생각이 나타나 있다. 이서들에게 언문을 가르친 것은 이 계획을 시행하기 위함이었다. 『훈민정음』 해례본 완성(1446.9.29) 이전에 이두문을 언문으로 대체하기 위한 이서 교육이 시행되고 있었음을 최만리 등이 증언한 것이다. 편민便民을 위해 만든 훈민정음을 창제 후 바로 실용으로 옮기려 한 것이다.

4) 운서 한자음의 언문 번역을 비판하였음

〈표 2〉 5항의 근거1에 운서를 고쳐 터무니없는 언문을 붙이고, 공장工匠 수십 인을 모아 이를 새겨 급하게 널리 펴려 하는 일을 비판한 내용이 있다. 세종은 『훈민정음』 완성 이전인 1444년 2월 16일에 최항, 박팽년, 신숙주 등 6인에게 운회의 번역을 명했다.[25] 운서에 언문을 붙이는 일은 훈민정음을 이용하여 한자음을 번역하는 사업이다. 여기서 말한 '운회'는 선행 연구에서 밝혀졌듯이 원대元代의 『고금운회거요古今韻會擧要』(1297)로 본다. 그러나

---

25 세종 26년 2월 16일 기사

운회 번역 사업은 『동국정운』 편찬과 『홍무정운』 번역으로 변경되었다.[26] 명나라에 대한 사대를 가장 중시한 조선의 외교 정책으로 볼 때 원나라가 만든 『고금운회거요』의 번역은 명분상 부적절한 것으로 간주되었을 수 있다.[27] 그리하여 번역 대상 운서가 명의 황제가 명하여 편찬한 칙찬勅撰 운서 『홍무정운』으로 바뀐 것으로 보인다. 그런데 최만리 등이 언문 반대 상소문을 낸 날(1444.2.20)은 운회 번역을 명한 날(1444.2.16)로부터 4일 뒤이다. 이 사실로 보아, 최만리 등이 언문 반대 상소를 낸 것은 운회 번역 사업의 시행에 촉발된 것이라 할 수 있다.[28]

5) 언문에 대한 최만리 등의 인식과 평가

이 상소문에는 언문의 문자론적 특성과 언문이 미칠 영향력에 대한 상소자의 생각을 보여 주는 몇 가지 내용이 있다.

① 언문의 용음합자用音合字 원리가 고전古篆에 어긋남

상소문 서두(〈표 2〉의 1항)에서, "언문의 제작이 지극히 신묘하여 창안에 운용한 지혜가 멀리 천고에 뛰어난 것"이라고 찬탄하며 언문의 탁월성을 인정하였다. 이 말은 최만리 등이 훈민정음 자모자의 제자 원리와 그 운용법을 알고 있었음을 뜻한다.[29] 최만리 등은 "언문은 다 옛 글자를 본받아 새

---

26 강신항(1987: 50)은 세종은 『고금운회거요』의 언역[注音]을 명하였다가 이것이 『동국정운』 편찬 사업으로 발전하였고, 이 과정에서 새로 등장한 것이 『홍무정운』의 언역이라고 보았다.

27 『고금운회거요』는 문헌을 인용한 주석이 많아서 분량이 방대하고 내용이 방만하다. 이 책을 모두 번역하는 것은 매우 어려웠던 점도 작용했을 것이다.

28 이숭녕(1958: 57-58)은 집현전 학사 간의 대립이 폭발하게 된 동기를 다음 세 가지로 보았다. (1)세종 26년에 비밀리 또는 일방적으로 이배(吏輩)를 모아 정음을 강습시켜 무슨 일인가를 기도(企圖)한 일, (2)공장(工匠) 수십 인을 모아서 각자(刻字)를 개시한 일, (3)2월 16일에 의사청에서 운회의 언해를 착수케 한 일.

29 안병희(2004: 17)에 최만리가 한글과 이두에 대한 정확한 지식을 갖고 있었음을 논한

로운 글자가 아니며, 그 자형이 비록 옛 전서를 모방한 것이라고 말하는 자가 있으나 음을 쓰고 글자를 합하는 것[用音合字용음합자]이 모두 옛것에 반대되니 실로 의거한 바가 없다."라고 주장했다. 언문의 용음합자는 낱 자모자를 서로 합성하거나 초·중·종성자를 합쳐 음절자가 구성되는 원리를 뜻한다. 언문의 용음합자가 옛것과 반대되는 것[盡反於古진반어고]에 대한 보충 설명이 세종 앞에 불려가 대답한 최만리의 말에 나타나 있다. 최만리가 "언문은 여러 낱자를 합쳐 나란히 쓰니 그 음과 뜻이 변하여 한자의 형상과 다릅니다."[30]라고 한 말이 이것이다. 이 말은 언문의 병서법과 음절 합자법을 알고서 한 말이다. 최만리 등은 한자의 육서법과 다른 언문의 특성을 알고 있었던 것이다.

② 언문으로 관리의 문서 사무를 처리해 낼 수 있음

최만리는 언문이 행정 문서 업무 처리에 효율적 문자가 될 것임을 예견하였다. 그는 "수십 년 뒤에는 필연코 한문자를 아는 자가 적어지고, 비록 능히 언문으로써 관리의 사무를 다루어 낸다 하더라도, 성현의 문자를 알지 못하면 학문이 없고 담벽에 맞대고 선 것처럼 사리의 옳고 그름에 어두울 것이오니, 한갓 언문에 능숙한들 장차 무엇에 쓸 것이옵니까?"라고 비판하였다. 이 말에는 언문이 널리 보급되면 언문으로 관리의 사무를 다 다루어 낼 수 있을 것이라는 그의 생각이 나타나 있다. 최만리 등은 문서 행정에서 언문의 효용성을 예상했던 것이다. 그러나 언문으로 문서 일은 해내겠지만 사리 분별과 지혜를 배움에는 쓸모없다고 주장했다. 언문의 효용을 일부 인정했지

바 있다. 최만리 등은 세종이 약게예의 해서 보인 문서(=약예의)를 접했을 것이다. 약예의를 통해 정음자의 자형과 특성을 파악했고, 그의 상소문에서 이에 대해 언급할 수 있었던 것으로 보인다.

30 今此諺文, 合諸字而竝書, 變其音釋而非字形也.

만 학문에 도움이 안 된다고 본 것이다.

③ 언문은 비루하고 무익한 글자로 신기한 기예에 지나지 않는 것임

언문의 효용성을 일부 인정했지만 최만리가 언문에 대해 가진 생각은 극히 부정적이었다. 상소문 속에 나오는 다음 몇 개 문장은 최만리의 이런 생각을 잘 보여 준다.

> 어찌 옛부터 쓰여 온 폐단 없는 글을 고쳐서, 비루하고 상스러우며 무익한 글자[鄙諺無益之字]를 따로 만드시옵니까? 언문은 문자와 조금도 관련됨이 없고 오로지 마을 거리의 상말[委巷俚語]에나 쓰는 것입니다. 이번의 언문은 새롭고 기이한 한 가지 기예에 지나지 않는 것[此諺文不過新奇一藝耳]으로서, 학문에 손실을 끼치고 정치에 유익함이 없으므로, 다시 헤아려 보아도 그 옳음을 찾을 수 없사옵니다.

최만리 등은 언문을 "비루하고 상스러우며 무익한 글자"라 하고, 마을 거리에서 쓰는 상말이라 했다. 그리하여 이번에 창제한 언문은 신기함을 좋아하여 만든 한 가지 기예에 불과한 것이라고 폄하했다. 특히 언문이 학문에 손실을 끼치고 정치에 유익함이 없는 것이라고 강하게 비판했다.[31] "언문이 행해지면 관리 된 자가 언문만 익히고 학문을 돌아보지 아니하여 우리나라에 누대로 쌓여 온 한문 숭상의 문화가 땅을 쓸어 버린 듯이 없어질까 두렵습니다.[我國家積累右文之化 恐漸至掃地矣]"라고 말했다. 상소문 전체의 흐름으로 보아 이 말은 최만리 등의 본심이 가장 잘 드러난 것이라 여겨진다.

---

31 해례본 정인지 서문에 "정음으로 경서를 풀이하면 가히 그 뜻을 알 수 있다.[以是解書可以知其義]"라고 한 것은 언문이 학문에 무익하다고 한 최만리의 주장을 반박한 것이라 할 수 있다.

최만리 등은 언문의 용도를 자신들의 관점에서 한정하였다. 언문은 "오로지 마을 거리의 상말[委巷俚語]에나 쓰는 것"이라고 하며, 언문의 용도를 한정하였다. 한문자로 이루어진 고급 문화의 대척점에 놓이는 것으로 언문의 위상을 낮잡았다. 최만리 등의 이 생각은 당시의 양반 지식인들이 공유했던 것으로 보인다. 조선 후기에 진행된 언문 사용 양상을 관찰해 보면, 최만리 등이 생각했던 언문의 용도와 위상은 일정 부분 그들이 말한 대로 실현되었다.

언문에 대한 최만리 등의 평가는 "언문은 새롭고 기이한 한 가지 기예에 지나지 않는 것"이라고 한 말이 가장 잘 보여 준다. 그런데 이 말은 세종의 분노를 샀다. 상소문을 읽어 본 세종이 최만리 등을 불러 따지는 대화 속에 '한갓 신기한 기예'라고 한 말을 꾸짖은 내용이 있다. "(정음 창제는) 내가 늘그막에 날을 보내기 어려워 서적을 벗 삼아 한 일인데, 어찌 옛것을 싫어하고 새것을 좋아해서 한 일이겠느냐. (내가 한 일이) 매로 사냥하는 것 같은 일도 아닌데 너희들의 말은 너무 지나침이 있구나."[32]라고 세종이 최만리 등을 질타했다. 군상이 해 놓은 일을 '한갓 신기한 기예'라고 폄하한 최만리의 이 말은 엄밀히 따지면 불경죄不敬罪에 해당한다. 최만리는 이 꾸짖음에 대해 변명하기를, 새롭고 기이한 한 가지 기예라 한 것은 문세文勢로 인하여 나온 것일 뿐 특별한 뜻을 두고 한 말은 아니라고 얼버무렸다.

④ 언문을 시행하면 사회적 영향력이 매우 클 것임을 예상함

최만리 등은 언문의 창제와 시행은 풍속을 바꾸는 큰일이라고 했다(〈표 2〉의 5항). 언문이 조선 사회에 미치는 영향력이 상당히 클 것임을 예견한 말

32 予老來難以消日, 以書籍爲友耳, 豈厭舊好新而爲之. 且非田獵放鷹之例也, 汝等之言, 頗有過越. (세종 26년 2월 20일의 상소문 처결 기사)

이다. 상소문 내용으로 보아 최만리가 말한 풍속을 바꾼다는 말의 핵심은 이두문서를 정음문서로 대체하는 것이다. 이렇게 되면 언문만으로 출세할 수 있으니 성학을 게을리하게 되고 동방에 누대로 쌓여 온 학문 숭상 문화가 사라질까 두렵다고 하였다. 이 말은 언문의 사회적 영향력을 예견한 것이다. 그런데 최만리의 말 저변에는 백성이 언문을 익히면 기존의 양반 중심 사회 질서가 흐트러질 수 있다는 두려움이 깔려 있다. 한문으로 시문을 짓고 과거 시험을 통해 관리로 진출하는 양반 중심 질서가 붕괴될 것을 염려한 것이다. 그래서 최만리는 언문과 같이 풍속을 바꾸는 일을 시행하기 전에 조정의 백료百僚와 먼저 의논하고, 설령 나라 사람이 모두 옳다고 하여도 중국에 상고해 보아야 하며, 백세 후에 비추어 의혹됨이 없어야 한다고 주장한 것이다. 이 말대로 한다면 언문의 창제와 시행은 사실상 불가능한 것이 된다. 최만리 등이 이처럼 언문 창제와 시행에 있어서 신중함을 강조한 것은 언문의 커다란 영향력을 예견했기 때문일 것이다.

6) 이두에 대한 최만리 등의 인식과 평가

〈표 2〉의 3항에는 이두에 대한 최만리 등의 인식과 평가가 나타나 있는데 다음 세 가지로 정리할 수 있다.

① 최만리 등 당시의 지식인들은 이두를 설총이 지은 것으로 알고 있었음

『삼국사기』에 설총의 업적을 "우리말로 구경九經을 읽고 후생을 훈도하여 지금 학문하는 자의 종조가 되었다."[33]라고 했고, 『삼국유사』에서 일연대사는 설총에 대해 말하기를, "우리말로 중국과 오랑캐의 풍속과 물명을 깨

---

33 以方言讀九經 訓導後生 至今學者宗之. (삼국사기 권46 열전 제6 강수·최치원·설총)

우치고 육경 문학을 풀이했다."[34]라고 하였다. 두 역사서에 '吏讀이두'라는 용어는 나오지 않지만 설총이 '방언'으로 구경九經을 읽고, 육경문학六經文學을 훈해訓解했다는 것은 곧 이두(혹은 구결)와 직결된다. 사서의 이 기록은 설총이 구경을 신라어로 풀이함으로써 차자법 발전에 크게 기여했음을 증언한 것이고,[35] 이러한 인식이 최만리와 세종에게 이어졌음을 알 수 있다.

② 이두는 시행한 지 수천 년이 되어 문서 작성에 막힘이 없음

최만리 등의 상소문에서 문서 처리를 '簿書부서'와 '期會기회'라고 표현했다. '簿書부서'는 장부와 문서를 뜻하고, '期會기회'는 계약과 회계 따위를 뜻한다. 관아에서 행하는 각종 문서를 가리킨 용어이다. 이두로 문서 작성을 해 온 지 수천 년이 되어 아무런 문제가 없는데 왜 쓸데없이 언문을 만들어 바꾸려고 하는지 그 까닭을 알 수 없다고 항변한 것이다. 최만리는 관청의 문서 업무에 이두가 아무런 문제가 없다고 본 것인데 한문과 이두에 능한 관리로서는 이런 말을 함 직하다.

③ 이두는 한문과 서로 떨어진 것이 아니어서 학문 흥기에 유익함이 있음

최만리 등은 한자와 친연성이 높은 이두를 익히면 한문 공부로 나아갈 수 있지만, 언문은 그렇지 못하다고 주장하였다. 이두로 인하여 한자를 알게 되는 자가 많으니, 이두는 학문을 흥하게 하는 데 도움이 된다고 했다(〈표 2〉 3항 근거1). 이두와 언문에 대한 평가 기준은 한문을 통한 학문에 도움이 되는지 여부이다. 그러나 최만리가 언문이 학문에 유용함이 없다고 말한 것은 오

---

34 以方音通會華夷方俗物名 訓解六經文學. (삼국유사 권4 元曉不羈)

35 설총이 이두를 처음 제작했다는 것이 아니라 우리말로 경서를 풀이했다는 뜻이다. 이 과정에서 한자를 이용한 우리말 표기법이 더욱 발달했을 것이다. 설총의 업적에 대한 고찰은 남풍현(2001)을 참고할 수 있다.

판이었다. 언문이 한자 학습(훈몽자회, 천자문 등의 한자 학습서)과 초학자의 한문 학습(사서언해), 한자음 표기(운서 번역)와 외국어 학습에 유용하게 쓰였음을 우리는 잘 알고 있다.

7) 조선의 언어와 문화에 대한 최만리의 인식

최만리는 조선의 학문과 문화가 중국과 동문동궤同文同軌임을 자랑스럽게 여겼다. 조선은 명나라를 섬기고 중화의 제도를 준행하여 중국과 동문동궤의 문명을 이루었음에도 언문을 새로 만드는 것은 놀라운 일이라고 하였다. 조선이 언문을 만들면 몽골·서하·여진·일본 등과 같은 오랑캐로 떨어진다고 주장했다. 독자적 문자를 가지게 되면 중화의 문명에서 멀어져 오랑캐가 된다고 한 것은 한문 중심의 문자관 혹은 중화 문명관에서 나온 것이다. 중국의 구주九州 안에서 풍토가 다르고 지방에 따라 말이 다르지만 문자를 따로 만든 경우는 없다고 한 최만리의 말은, 그가 조선을 명의 번국으로 인식했기 때문일 것이다. 세종은 조선 문화의 정체성을 강화하여 중국 문명과 차별화하려고 했고, 최만리 등은 조선이 중화 문명권에서 벗어나면 아니 된다고 본 것이다.[36] 이 점은 세종과 최만리 간에 놓인 대단히 큰 인식의 격차라 아니할 수 없다.

8) 제도와 개인 자질에 대한 최만리의 생각

중국의 사례를 들면서 최만리 등은 옥사의 억울함과 공평함은 형옥을 다스리는 관리의 자질에 달린 것이지, 옥사獄辭에 쓰이는 문자와 일상에서 쓰

36 한반도는 한문자를 통해 중국의 선진 문물을 받아들여 문명 발전의 동력으로 삼았다. 이것은 지배 계층 형성의 기제가 되었으며, 지배 계층의 기득권을 지켜 내는 제도적 틀로 작용하였다. 이 점은 현대 한국에도 그대로 적용된다. 다만 한문자에서 영문자로, 중국에서 미국으로 바뀐 점이 달라졌다.

는 말이 서로 같고 다름으로 인한 것이 아니라고 주장했다(〈표 2〉의 4항).[37] 최만리 등은 중국의 경우 말과 글이 같은데도 옥송 사이에 억울한 일이 많고, 우리나라에서도 이두를 읽을 수 있는 죄인이 옥사(판결문이나 조서調書) 내용이 거짓임을 알면서도 가혹한 매질을 견디지 못해 허위 자백을 하는 자가 많다고 했다. 옥송 문서를 읽을 줄 몰라서 억울함을 당하는 것이 아니라는 주장이다.[38]

이 주장에 대해 세종은 아무런 답을 하지 않고 넘어가 버렸다. 나름대로 근거를 제시한 주장이어서 즉석에서 대응하기가 쉽지 않았던 모양이다. 세종이 그냥 넘어간 이 점은 언문을 폄하하여 한갓 신기한 기예에 불과한 것이라고 한 말에 분노하며 질타한 모습과 대조적이다. 백성의 옥송 문서를 언문으로 작성해도 백성의 억울함이 줄어들지 않는다는 최만리 등의 주장은 일견 타당한 듯이 보인다. 그러나 최만리 등의 이 주장에 내재된 가장 큰 문제는 죄인을 다스리고 심문하는 제도적 장치를 가벼이 여기고, 옥리 혹은 재판관의 개인적 자질을 더 중시한 점이다. 조금이라도 죄인의 억울함을 덜 수 있는 방안이 있다면, 죄인을 심문하고 판결을 내리는 제도 절차 안에 그 방안을 명시해 놓아야 한다. 최만리 등의 주장이 지닌 한계는 죄인의 심문과 판결의 공정함을 판관 개인의 자질 여부로 돌린 것이다. 판결의 공정성을 확보하기 위한 제도적 장치의 확립이 더 중요하다는 사실을 간과한 것이다.

여기에 덧붙여 한문과 언문의 난이도를 고려할 필요도 있다. 중국에서 말과 문자가 서로 같음에도 억울한 죄인이 많이 생긴 이유는 한문의 어려움 때문이었을 것이다. 중국의 인민들은 독서와 문서 작성에 필요한 한자[39]를 배

---

37 해례본 정인지 서문에서 "정음으로 송사를 다스리면 가히 그 정황을 알 수 있다.[以是聽訟, 可以得其情]"라고 한 것은 최만리의 주장을 반박하는 의미를 내포하고 있다.

38 옥사(獄辭)와 관련된 최만리의 주장이 가진 논리적 문제점은 김주필(2014: 154-155)에서 자세히 다룬 바 있다.

39 『설문해자(說文解字)』에 수록된 한자 수는 9,353자이고, 한대(漢代) 초에 9,000자를

우기 어려웠을 것이다. 한자는 백성들이 배우기 매우 어려운 문자이고, 언문은 배우기 쉽다는 점을 고려하지 않은 것이다.

5), 6), 7), 8)항에서 언문과 이두에 대한 최만리 등의 인식과 평가를 정리하고 해석했다. 언문에 대한 최만리 등의 인식과 평가는 당시 양반 관료들의 생각을 대변한 것이라 볼 수 있다. 세종실록 편찬 사관들은 최만리 등의 상소문을 전문 그대로 실어 놓았다. 보통의 경우 상소문 요지를 몇 자로 줄여서 싣는 것이 대부분이다. 상소문 전문을 실은 것은 사관들 역시 최만리 등의 주장에 공감하고, 이 상소문이 그들에게 매우 중요한 것임을 인식했기 때문일 것이다. 안병희(2004: 16)는 "상소문 전문이 기사로 채택된 점에서 그것이 당시의 완고한 관료의 생각을 대변하고 있음이 드러난다."라고 해석했다.

9) 상소문의 처결에 나타난 세종의 주장과 관련 정보

언문 반대 상소의 기사 말미에는 세종이 상소문을 접한 후 최만리 등 상소자를 모두 불러 따지고 묻고 답하는 대화를 기록해 놓았다. 이 대화와 상소를 처결한 내용에 나타난 세종의 주장을 간추려 보면 다음과 같다.

① 용음합자의 원리가 한자와 전혀 다른 것이라는 최만리의 비판에 대해 세종은 "너희들이 언문의 용음합자가 모두 옛것에 반하는 것이라고 하나, 설총의 이두 역시 음이 다르지 않느냐."라고 대응했다. 이두의

알아야 관리가 될 수 있었다(『예문지藝文志』, 『설문說文』 서序의 기록). 현재 중국에서 가장 널리 사용되는 표준 소형 자전인 『신화자전(新華字典)』(1971)에 8,500여 자가 수록된 사실로 미루어 중국 지식인들이 알게 되는 한자 수는 이 정도로 짐작된다(최영애 1988: 73).

독음이 한자와 다름을 지적하며 언문도 이두와 다르지 않다고 변호하였다.

② 세종은 이두를 제작한 본의가 백성을 편안케 함[便民편민]에 있듯이, 언문 역시 그러하다고 주장했다. "너희들은 설총이 한 일은 옳다 하고 너희 임금이 하는 일은 그르다고 하는 까닭이 무엇이냐."라고 반박했다. 세종이 이두와 언문의 제작 목적이 모두 편민에 있음을 말하며, 언문 제작의 정당성을 주장한 것이다.

③ 세종은 운학을 아는 자신이 운서를 바로잡을 수 있다고 주장했다. 사성칠음과 자모로 대표되는 성운학 지식을 언급하면서 본인이야말로 운서음을 바르게 할 수 있다는 자신감을 피력했다.

④ 세자가 국가 서무를 전적으로 관장하고 있으니, 언문 일에 관여하여 결정함[參決참결]은 당연하다고 말했다. "세자에게 이 일을 맡기지 않는다면 환관에게 맡길 것이냐?"라고 세종은 되묻고 있다. "나를 시종하는 신하로서 내 뜻을 밝히 아는 너희들이 어찌 이런 말을 할 수 있느냐?"라는 세종의 말에 최만리 등은 변명할 말을 잃었을 것이다.

⑤ 세종은 언문 창제에 대해 말을 바꾼 김문을 국문하라고 처결하고, 교화 정책을 부정한 정창손을 파직 처분했다. 정창손은 "삼강행실을 반포한 이후에도 충신, 효자, 열녀가 나왔음을 보지 못하였으니, 사람의 행실 여부는 그의 자질에 달린 것이지 반드시 언문으로 번역한다고 해서 훗날 사람들에 공효가 있겠습니까?"라고 말했다. 세종은 일찍이 진주에서 일어난 김화의 살부 사건을 계기로 『삼강행실도』(한문본)를 편찬하여 배포한 적이 있었다. 정창손은 이렇게 『삼강행실도』를 반포해도 그 후 충신, 효자가 나온 일을 보지 못했고, 이 책을 다시 언문으로 번역해 반포한들 무슨 효과가 있겠냐며, 사람의 행실은 그 자질에 달린 것일 뿐이라고 말한 것이다. 정창손의 말은 세종의 뜻을 정면으

로 부정한 것이다. 세종은 "유학자로서 어찌 이따위 말을 할 수 있느냐?"라며 탄식하고, 정창손을 "참으로 쓸모없는 속물 선비[甚無用之俗儒심무용지속유]"[40]라 꾸짖고 그를 관직에서 내쫓았다. 정창손에 대한 세종의 평언評言과 처결을 보면 세종이 훈민 정책을 중시했음을 알 수 있다. 세종이 새로 만든 문자 앞에 '훈민訓民'을 붙여 '훈민정음'이라고 명명한 까닭이 여기에 있다.

10) 세종이 훈민정음 창제에 대해 신하들의 의견을 들어 본 적이 있음

훈민정음 창제를 흔히 세종이 신하들 몰래 진행한 '비밀 프로젝트'라고 보는 견해가 널리 퍼져 있다. 이렇게 보는 근거는 창제 과정에 대해 알려진 정보가 거의 없기 때문이다. 그리고 1443년 12월 30일의 세종실록 기사[41] 첫머리에 "是月 上親制諺文二十八字시월 상친제언문이십팔자"라고 기록되어 있다는 점을 들기도 한다. 창제일을 '是月시월'이라고 모호하게 표현한 것을 두고, 세종이 훈민정음 창제를 신하들에게 감추고 비밀리에 추진한 프로젝트, 소위 '세종의 비밀 프로젝트'라고 부르는 것은 온당치 못하다.[42] "是月시월"[이달에]이라고 창제 시기를 모호하게 표현한 것은 신하들이 창제 날짜를 특정하기 어려웠기 때문일 것이다. 문자 창제와 같은 일은 작업의 성격상 단기간에 이루어질 수 없는 것이어서 완성 날짜를 특정하는 것 자체가 불가능하다. 훈민정음 창제 작업은 큰 틀을 세우고, 세부적으로 정밀하게 결정해야

---

40 실록에 실린 정창손의 행적을 모두 조사해 보면 세종의 이 판단이 옳았는지 검증해 볼 수 있다.

41 是月 上親制諺文二十八字, 其字倣古篆, 分爲初中終聲, 合之然後乃成字, 凡于文字及本國俚語 皆可得而書, 字雖簡要 轉換無窮, 是謂訓民正音. (세종 25년 12월 30일 기사)

42 안병희(2004)는 정창손과 김문 등 집현전 학사에게 자문한 사실을 들어 세종이 훈민정음을 비밀리에 창제한 것이 아님을 이미 논증하였다. 이 주장에 공감하면서 필자의 논의를 더 보태고자 한다.

하는 과업이 매우 많다. 이러한 점을 고려한다면 훈민정음 창제 작업이 12월 한 달 동안에 이루어졌다고 볼 수도 없다. 이 작업에는 훨씬 더 긴 시일이 소요되었을 것이다. 세종실록 편찬자들이 창제 기사를 12월 30일에 배치한 것은 사관들이 창제 월일月日을 특정하기 어려워 해당 연도의 마지막 달, 마지막 날에 이 기사를 편입했기 때문일 것이다.

세종이 훈민정음 창제 작업을 신하들에게 감추고 비밀리에 진행한 것이 아니라고 볼 수 있는 증거가 최만리 등의 상소문을 처결한 기사문 중에 다음과 같이 나타나 있다.

> 上曰 前此金汶啓曰 制作諺文 未爲不可 今反以爲不可[43]
> 임금이 말하기를, "지난번에 김문金汶이 아뢰기를, '언문을 제작함에 불가할 것은 없습니다.'라고 말했었는데, 지금은 뒤집어 불가하다고 말하는구나."라고 하였다

세종실록 편찬자가 삽입한 이 문장은 훈민정음 창제를 둘러싸고 세종과 신하들이 대립했던 두 가지 사실(김문의 언문 제작 불가 발언 및 정창손의 삼강행실도 언해 반대 발언)을 기록한 것이다. 이 기사문에 쓰인 '前此전차'는 '이 일' 즉 '상소문 사건에 앞서서'라는 뜻이다. '前此전차'에 세종은 김문 등에게 언문 제작에 대한 의견을 물어보았고, 이 물음에 김문이 아뢰기를 "언문을 제작함은 불가하지 아니합니다."라고 했었다. 그런데 이번에 상소문을 내면서 이전의 말을 뒤집어 반대하고 있으니, 김문이 앞뒤로 말을 바꾼[金汶前後變辭김문전후변사] 사유를 국문하라고 처결하였다.[44]

---

43 이 문장은 정창손이 『삼강행실』의 언문 번역에 부정적 의견을 피력한 기사에 이어져 있다.

44 김문이 말을 바꿈으로써 세종에게 문책을 당하고 형률에 따라 처벌받은 사실은 안병

김문은 세종이 진행하고 있는 언문 제작 일을 이미 들었고, 그때는 이 일에 찬동했던 것이다. 이 자리에 김문 혼자 있었을 리가 없으므로 여러 신하들에게 임금의 '언문 제작'에 대해 공개적으로 말하고, 그 자리에 참석한 신하들의 의견을 들어 보았음이 확실하다. '前此전차'라고 말한 이 자리가 훈민정음 창제 기사가 나온 1443년 12월 30일 이전에 열린 것인지, 그 이후에 열린 것인지는 판단하기 어렵다. 김문에 관한 이 기록은 훈민정음 창제 과정에 관련된 극히 드문 정보 중의 하나이다.[45] 이것은 훈민정음 창제를 세종이 비밀리에 행했다는 주장을 부정하는 기록이다.

여러 사람을 끌어들이지 않고 세종 개인이 창제 작업을 진행한 것은 사실로 인정되지만 이 일을 남에게 알리지 않고 '비밀리에' 했다고 볼 수는 없다. 세종실록에 창제 작업에 관련된 기록이 없는 것은 이 일을 나랏일의 하나로 삼지 않고 세종 개인이 진행했기 때문일 것이다. 세종이 최만리 등에게 "(정음 창제는) 내가 늘그막에 날을 보내기 어려워 서적을 벗 삼아 한 일"이라고 말한 내용이 상소문 처결 기사에 실려 있다. 동궁에게 국정 서무를 맡긴 뒤 시간적 여유를 얻어 여러 서적을 뒤적이며 정음 창제에 몰두한 세종의 모습이 이 말 속에 나타나 있다. "내가 늘그막에 날을 보내기 어려워 서적을 벗 삼아 한 일"이라는 세종의 말은 정음 창제가 세종의 개인 프로젝트였음을 가장 잘 보여 주는 기록이다. 훈민정음 창제는 세종의 '개인 프로젝트'이기는 하지만 '비밀 프로젝트'는 아니었던 것이다.

희(2004: 22-23)에서 자세히 다루어졌다.

45 안병희(2004: 12-23)는 세종이 상소자들을 불러 꾸짖는 대화문을 토대로 김문과 정창손이 정음 창제를 일찍부터 알고 있었다고 추정하면서, 세종이 경연 자리를 통해 집현전 학사들의 협찬을 받았다고 보았다. 안병희 선생은 세종의 처결 기사에 나온 김문과 정창손에 대한 언급을 협찬설의 증거로 이용한 셈이다. 언문 창제의 가부를 물어본 사실을 협찬설의 증거로 본 것에는 논리적 비약이 있다.

3. 상소문에 대한 평가와 해석

3.1. 상소 참여자의 특성

최만리 등의 언문 반대 상소에 참여한 사람은 소수疏首 최만리崔萬理를 비롯하여 신석조辛碩祖, 김문金汶, 정창손鄭昌孫, 하위지河緯之, 송처검宋處儉, 조근趙瑾 등 도합 7명이다. 이들은 모두 집현전 소속 관리였다. 한편 『훈민정음』 해례본 편찬에 참여한 8명의 학자들 중 강희안(돈녕부 주부)을 제외한 나머지 7명(정인지, 최항, 박팽년, 신숙주, 성삼문, 이개, 이선로) 또한 모두 집현전 소속이었다.

언문 반대 상소를 올린 7명도 집현전 소속이고, 어명을 받아 해례본을 편찬한 8명 중 7명도 집현전 소속이었다. 동일 기관 소속 관원들이 서로 뜻을 달리하여 한 무리는 세종을 도와 해례편을 편찬하였고, 또 다른 무리는 언문 반대 상소를 냈다. 집현전이 둘로 갈라진 것이다.[46] 두 일에 참여한 관리들을 집현전 관직을 고려하여 표로 정리하면 〈표 3〉과 같다.

정인지는 겸임관이고, 강희안은 집현전이 아닌 돈녕부 소속 관원이다. 나머지 13명은 모두 집현전 소속이다. 집현전 전임관 기준으로 보면 해례본 편찬 작업에 참여한 사람이 6명이고, 언문 반대 상소에 연명한 사람은 7명이니 후자가 더 우세하다. 언문 반대 상소에 참여한 최만리, 신석조, 김문은 상위 직급이고, 해례본 편찬에 참여한 사람은 정인지를 제외하고는 모두 중진급 혹은 하위 직급이다. 세종은 해례본 편찬을 맡긴 학자를 친히 선발[親揀 친간]했다.[47] 집현전 고위직이면서 해례본 편찬에서 제외된 사람들은 언문을

---

46 이숭녕(1958: 56)은 최만리 등의 상소를 운회 언해파 5인(최항, 박팽년, 신숙주, 이선로, 이개)과 반대파 7인(최만리 외 6인)으로 나누고, 이를 합친 인원 12인은 집현전 직제 정원에 미치지 못하므로 중립파가 있었을 것으로 추정했다.

〈표 3〉 집현전 관직으로 본 언문 반대 상소자와 해례본 편찬자 명단 대비표

관직	품계	직무	운회 번역자[48]	언문 반대 상소자	해례편 편찬자
영전사(領殿事)	정1품	겸임			
대제학(大提學)	정2품	겸임			정인지
제학(提學)	종2품	겸임			
부제학(副提學)	정3품	전임		최만리	
직제학(直提學)	종3품	전임		신석조	
직전(直殿)	정4품	전임		김문	
응교(應敎)	종4품	전임		정창손	최항
교리(校理)	정5품	전임	최항		
부교리(副校理)	종5품	전임	박팽년	하위지	박팽년
수찬(修撰)	정6품	전임			신숙주
부수찬(副修撰)	종6품	전임	신숙주, 이개, 이선로	송처검	성삼문
박사(博士)	정7품	전임			이개
저작(著作)	정8품	전임		조근	이선로
정자(正字)	정9품	전임			
돈녕부 주부(注簿)	종6품		강희안		강희안

반대하는 데 뜻을 두었거나, 성운학에 밝지 못하여 적임자가 아니라고 판단한 듯하다.

---

47 제4부 제2장의 2.2절 1)항의 〈표 3〉의 9번(강희맹의 최항 묘지문)에 "世宗創制諺文, 開局禁中, 親揀名儒八員(세종창제언문, 개국금중, 친간명유팔원)", 11번(임원준의 『보한재집』 서문)에 "親揀名儒, 著爲解例(친간명유, 저위해례)"라고 하였다.

48 운회 번역에 참여한 사람의 명단과 관직은 세종 26년 2월 16일 기사에 나와 있다. "丙申(병신)/命集賢殿校理崔恒(명집현전교리최항)·副校理朴彭年(부교리박팽년)·副修撰申叔舟(부수찬신숙주)·李善老(이선로)·李塏(이개)·敦寧府注簿姜希顔等(돈녕부주부강희안등), 詣議事廳(예의사청), 以諺文譯《韻會》(이언문역《운회》), 東宮與晉陽大君(동궁여진양대군) 瑈(유)·安平大君(안평대군) 瑢監掌其事(용감장기사). 皆稟睿斷(개품예단), 賞賜稠重(상사조중), 供億優厚矣(공억우후의)." 김민수(1982: 140)는 훈민정음과 관련된 저술의 협찬자를 모두 표로 정리했는데 이 표에서는 「운회 번역」란에 최항 등 6인의 명단을 올려 놓았다.

언문 반대 상소가 단 1회에 그친 점도 주목할 만하다. 최만리가 상소문에서 주장한 바대로 언문은 풍속을 바꾸는 큰일이고, 사대모화 정책에 어긋나며, 학문에 방해가 되는 것이라면 이는 엄청난 사안이다. 이 엄청난 사안을 비판한 상소가 단 1회에 그친 것이 의아스럽다. 이것을 의아스럽다고 한 이유는 세종이 동궁에 첨사원을 설치하여 국정 서무를 세자에게 이관하려는 정책을 발표했을 때, 사간원을 비롯한 대간臺諫들은 물론 수십 명의 대소 신료들이 벌떼처럼 일어나 반대 상소를 수십 차례나 올렸던 사실과 크게 대조되기 때문이다. 앞의 2.3절 2항에서 말했듯이 세자 섭정을 반대하는 상소는 1442년 8월 2일부터 8월 29일 사이에 수십 명의 관리가 집단 혹은 개인적으로 도합 스물한 차례나 제출하였다. 최만리 역시 이 상소에 참여하였다. 세자 섭정(=첨사원 설치)은 세종의 건강 악화 때문에 불가피한 것임에도 불구하고 많은 신하가 스물한 차례나 상소를 올려 반대했다. 최만리의 주장대로라면 언문 창제는 세자 섭정에 비해 그 중요도가 오히려 더 크고 심각한 사안이다. 그럼에도 불구하고 언문 반대 상소는 단발성으로 그쳐 버렸다.

언문 반대 상소가 단 1회로 끝나게 된 이유는 두 가지로 생각해 볼 수 있다. 하나는 이 상소문을 처결한 세종의 강경하면서도 단호한 태도이다. 세종은 상소문을 보고 즉각 최만리 등을 불러서 이들의 죄를 따져 묻고, 의금부로 보내 하옥시켰다. 훈민 정책을 부정한 정창손은 파직당했으며, 김문은 전일에 언문 제작을 불가하지 않다고 했다가 말을 뒤집어 불가하다고 하였으니,[49] 말바꿈의 죄를 물어 다시 국문하고 그 사유를 밝히라고 처결했다. 언문 반대 상소가 올라오기 1년 6개월 전에 세자 섭정을 위한 첨사원 설치 문제로 스물한 차례나 상소문을 접하며 신하들로부터 크게 시달렸던 세종이었다. 언문 반대 상소문을 접한 세종은 첨사원 설치 문제와 달리 매우 강

49 上曰, 前此金汶啓曰 制作諺文未爲不可, 今反以爲不可.

경하게 대처하였다. 세종은 상소자들을 모두 불러 직접 심문하고 그 죄를 물어 의금부에 하옥시켰으며, 정창손을 파직하고 김문을 국문鞫問하도록 명했다. 왕의 이러한 처단은 그 이전의 반대 상소에 대한 대응과 판연히 달랐다. 임금의 굳은 의지를 눈으로 확인하였으니 신하들은 상소를 올려 봐야 임금의 뜻을 꺾기 어렵다고 생각했을 것이다. 상소에 나섰다가 오히려 벼슬자리까지 잃을 수 있는 형국이었다.

그러나 이에 못지않은 또 다른 이유가 있다고 본다. 상소가 단발성으로 끝난 가장 중요한 이유는 언문이 백성을 위한 훈민 정책에 유익함이 있고, 조선 한자음을 바로잡을 수 있다는 세종의 명분에 맞설 논리를 찾을 수 없었기 때문일 것이다.

훈민정음 창제가 진행되는 도중에 이 일이 공론장公論場에 나온 적이 거의 없었기 때문에 이를 비판할 기회가 없었던 것으로 보인다. 세종이 1443년 12월에 훈민정음을 '약게예의'하여 보여 주기 전까지 훈민정음 창제를 반대하거나 비판할 기회가 없었다. 이 '약게예의'란 행위가 공적 자리에서 이루어진 것인지, 언문팔유로 선발된 신하들이 모인 비공식 자리에서 이루어진 것인지 구체적 정보가 없다. 그런데 김문이 참석한 어느 자리에서 훈민정음 창제의 가부에 대한 의견 개진이 있었음은 확실하다. 세종이 언문 반대 상소문을 낸 신하들을 불러 묻는 자리에서, "전번에 김문이 아뢰기를, '언문을 제작함에 불가할 것은 없습니다.'라고 하였는데, 지금은 도리어 불가하다 하고"라고 한 세종의 말이 있다. 이런 말을 나눈 자리가 사사롭게 마련된 것은 아니었을 터이니 이 자리를 공개적 의견 수렴장으로 볼 여지도 있다. 이 자리에 최만리도 참석했었는지는 알 수 없다. 최만리가 이 자리에 있었다면 공론화할 기회로 삼아 본인의 의견을 주장했을 법하다. 최만리는 언문 제작에 관한 공론에 참여할 기회가 없어서 이에 대한 의견을 피력할 기회를 얻지 못하다가 운회의 언문 번역 사업이 비로소 공론 마당에 나오자

반대할 기회를 잡았고, 이에 여러 사람이 연명하여 상소문을 올렸던 것으로 보인다.[50]

1444년 2월 20일에 최만리 등이 언문 반대 상소를 내게 된 직접적 계기는 〈표 2〉 5항의 근거1에 나타나 있는 두 가지 일이다. 하나는 이배 10여 인에게 언문을 가르쳐 이두문을 언문으로 대체하려는 일이고, 또 하나는 옛사람이 이루어 놓은 운서에 언문을 붙이는 일이다. 특히 상소문을 낸 날보다 4일 앞선 2월 16일에 운서를 언문으로 번역하는 사업이 의사청에서 공식적으로 결정된 것이 최만리 등이 언문 반대 상소를 제출한 계기가 된 것으로 보인다.

3.2. 상소문의 공로

본 장을 마무리하면서 최만리 등이 제출한 상소문의 공과에 대한 필자의 생각을 밝혀 둔다. 이 상소문이 긍정적으로 기여한 공은 다음 두 가지로 말할 수 있다.

첫째, 이 상소문의 공은 훈민정음 창제 관련 정보를 알려 준다는 점이다. 이 상소문이 없었더라면 우리는 훈민정음 창제에 대한 정보를 거의 갖지 못했을 것이다. 훈민정음의 창제와 완성 사이(1443.12~1446.9)에 이 상소문이 제출됨으로써(1444.2) 우리는 그 사이에 무슨 일이 일어났는지 '제법 많이' 알 수 있게 되었다.

둘째, 이 상소문이 『훈민정음』 해례본의 편찬에 자극이 되었을 것이라는

---

50 이숭녕은 "최만리가 본시 훈민정음 제정에 직책상 또는 세종에 대한 신하된 도리에서" 반대하지 않았으나 한자음 개혁의 수단으로 훈민정음이 쓰인다는 사실을 알고 창제 반대에 나선 것이라고 하였다(장윤희 2011: 137을 참고함). 이러한 설명에는 최만리가 이미 훈민정음 창제에 관해 알고 있었을 것이라는 추측이 깔려 있다.

점이다. 홍기문(1946下: 5)과 강신항(1987: 158-160)은 최만리 상소문과 정인지 서문에 서로 반박한 듯이 보이는 내용이 있음을 지적하고, 양자가 서로 연관성을 가진 것으로 보았다. 권재선(1992: 170-226)은 이 상소문을 세밀하게 분석하고, 최만리 등이 주장한 항목과 이에 대한 세종의 질문과 반박을 조목별로 대조하여 주요 쟁점을 드러냈다.[51] 세 분의 연구를 통해 훈민정음 창제 과정에서 세종이 행한 일을 두고 문신들 간에 찬반 논란이 있었고, 서로 대립하였던 당시의 여론이 상소문과 정인지 서문에 반영되어 있다. 홍기문, 강신항, 권재선의 연구는 해례본 편찬이 최만리 등의 반대 상소와 밀접한 연관성을 가진 것임을 밝혔다.

최만리 등 언문 반대 상소자들의 논리에 대응하여, 훈민정음이 한갓 신기한 기예에 불과한 것이 아니라 성운학 이론은 물론 성리학 사상과 고전古篆에 근거한 것임을 증명하기 위해 해례본을 편찬한 것이라 할 수 있다. 곽신환(2016: 31)은 훈민정음이 아무리 뛰어난 문자이고 효용성이 높아도 새로 만든 이 문자가 중화의 문화체계에 부합해야 하고, 당시의 시대적 이념인 성리학적 세계관 및 가치체계의 주요 개념과 구조로 설명되지 않는다면 중국과 조선의 지식인들로부터 동의와 수용을 얻기 어려웠을 것이라고 했다. 훈민정음이 통치자의 위민 정신의 발로라는 것을 부각시켜도 새 문자 창제를 정당화하기 어렵고, 이보다 긴요한 과업은 새로 제작한 문자가 『성리대전』에 담긴 세계관과 어떻게 부합하는지를 잘 설명하는 것이라고 했다. 곽신환은 훈민정음이 성리철학에 기반을 두고 만들어졌음을 설명하려고 해례본을 편

51 권재선은 언문 반대 상소문과 이에 관한 실록의 기사, 정인지 서문의 내용을 분석하여, 세종과 최만리 그리고 정인지 사이에 일어난 주장·해명·반박을 세부 항목으로 나누어 논하였다. 권재선의 이 글은 최만리 등의 언문 반대 상소문에 대한 가장 철저한 분석이다. 특히 최만리의 글 속에서 '儻(당)'[만일, 혹시], '若(약)'[만약] 등의 가정사(假定詞)로 표현된 내용은 세종이 주장한 바를 듣고서, 최만리가 이를 논박한 것이라고 본 견해가 흥미를 끈다.

찬했다고 본 것이다.

최만리 등은 언문이 옛 고전에 반하여 실로 근거한 바가 없다고 비판했다. 심지어 한문은 소합향蘇合香이지만 언문은 당랑환蜣螂丸과 같다고 비하했다.[52] 최만리 등은 왕이 친제한 언문을 두고 한갓 신기한 기예에 지나지 않은 것이라고 심하게 폄하했다. 상소문에 나타난 최만리 등의 비판과 집단적 반발을 본 세종은 『훈민정음』 해례본 편찬의 필요성을 절감했을 것이다. 훈민정음 창제를 반대하는 양반 지식인층에게 성리학적 이론과 성운학, 고전古篆을 비롯한 문자학에 근거하여 훈민정음이 만들어졌음을 설명할 필요가 있었다. 해례편의 편찬을 언제 착수했는지 알기 어렵지만 적어도 최만리 등의 상소문보다 앞서지는 않았을 것이다. 최만리 등의 상소문이 해례편 편찬을 전적으로 촉발한 것은 아니겠지만 해례편 편찬 사업에 상당한 자극을 주었을 것이다. 『훈민정음』과 같은 세계적 문자 해설서가 존재하게 된 동기를 만드는 데 최만리 등의 언문 반대 상소문이 작용하였다고 본다.

3.3. 상소문에 대한 합리적 평가 방향

최만리 등에 대한 국어학자들의 평가는 굴곡이 심한 편이다. 김윤경(1938/1946/1954/1985), 최현배(1961/1976/1982) 등은 국문 존숭의 민족주의 관점에서 최만리 등을 훈민정음 창제 반대자로 낙인찍었다. 이숭녕(1963/1972)은 김윤경, 최현배 등의 몇몇 학자들이 민족주의적 태도로 최만리 등의 상소문을 매도한 것은 학문적 논리를 잃었다고 보고, 최만리에 대한 평가에 균형을 잡으려고 하였다.[53] 이숭녕(1963/1972: 161-162)은 최만리 등의 상소가 훈민

52 한문은 향기로운 소합향이고 언문은 사마귀나 쇠똥구리로 만든 환약과 같다고 하였으니 이는 최만리 등의 지나친 자문화(自文化) 비하적 태도이다.

53 이숭녕은 훈민정음 창제 목적이 한자음 표기에 있다고 보았기 때문에 최만리 등이 낸

정음을 창제한 1443년 12월 이후인 1444년 2월에 나왔음을 지적하며 이 상소문이 '창제'를 반대한 것이 아님을 강조하였다. 이숭녕은 이 상소문의 목적이 운회 번역 등 '한자음 개혁'을 반대한 것이라고 하며, 상소문에 대한 기존 학자의 주장을 크게 수정했다.[54] 상소문보다 훈민정음 창제가 먼저 이루어졌기 때문에 최만리 등의 상소문이 언문 창제를 반대한 상소가 아니라는 이숭녕의 주장은 논리적 설득력을 갖추고 있다. 사건의 선후를 기준으로 보면 이런 판단은 타당하다.

장윤희(2011)는 이숭녕의 주장을 수용하면서 문자생활사의 관점에서 이 상소문을 논하였다. 민현식(2011)은 이 상소문에 텍스트 언어학 이론을 적용하여 다각도로 분석하였고, 이 상소문이 훈민정음 창제를 반대한 것이 아니라 한자음 개혁 사업을 반대한 것이라는 이숭녕의 주장을 지지했다.[55] 한편 김주필(2014)은 최만리 등의 상소문이 한자음 개신 사업을 반대한 것이 아니라, 언문 시행의 문제점을 지적하고, 이두를 언문으로 대체하지 말 것과 언문 시행 중지를 요구하는 것이 상소문의 요지라고 보았다(김주필 2014: 170). 김주필(2014)은 최만리 등의 상소가 훈민정음 창제 이후에 제출된 점을 중시하고, 훈민정음은 이미 창제된 것인 만큼 '그 시행을 중지시키는 것'이 이 상소문의 목적이라고 하였다. 최만리 등의 상소문에는 이배吏輩 10여 인에게 언문을 가르쳐 익히게 하고, 운서를 언문으로 번역하여 인쇄공[工匠공장] 수

상소문의 요지도 한자음 개혁을 반대함에 있다고 본 것은 논리적으로 자연스러운 귀결이다. 이숭녕의 이 견해는 그 후 몇몇 학자에게 수용되었고, 사회적 영향력이 매우 컸다. 이숭녕의 주장이 갖는 시대적 배경과 그 의미는 장윤희(2011: 132-133)에서 검토된 바 있다.

54 최만리 등의 상소문에 대한 국어학자의 평가와 수용 양상은 김주필(2014: 146-147)을 참고하였다.

55 민현식(2011)은 이 상소문의 가치를 폭넓은 관점에서 논하였다. 이 상소문은 국어 정책의 쟁점인 '국가 이념'과 '국어 현상'의 상관성에 대한 쟁점의 원형을 최초로 보여 주는 자료이고, 보수와 개혁의 대립된 담론 구조를 보여 준 텍스트라고 평가하였다.

십 인을 모아 널리 펴내려는 세종의 정책을 비판한 내용이 있다(〈표 2〉의 5항). 이 점을 중시하여 최만리 등의 상소문이 언문 창제를 반대하기 위함이 아니라 언문 시행의 중지를 요구하기 위한 것이라고 본 것이다.

필자는 김주필의 이런 판단에 공감하면서 몇 가지 의견을 덧붙이고자 한다. 〈표 2〉에 나타나 있듯이 최만리 등은 언문을 부정적으로 평가하고 심하게 비판하였다. 〈표 2〉의 '주장의 요지'란에는 "언문 창제는 사대모화에 부끄러운 일이고, 스스로 오랑캐가 되는 일이라 문명에 큰 누를 끼치며, 언문으로 옥사獄事를 다스려도 억울한 일을 막을 수 없으며, 언문은 정치와 학문에 만에 하나도 유익함이 없다."라고 비판한 주장이 나타나 있다. 〈표 2〉의 주장 내용과 근거를 보면 최만리 등은 언문 창제를 비판하고 그 시행을 일관되게 반대했음이 명백하다. 상소문 텍스트의 내용상 이 점을 부정할 수 없다. 앞에서 언급했듯이 최만리 등의 상소문을 촉발시킨 것은 운서 음의 언문 번역과 이두문서를 정음문서로 대체하려는 세종의 사업이었다. 이 두 가지 일은 김주필의 말대로 '언문 시행'에 해당한다. 최만리 등은 이 두 가지를 포괄적으로 반대하면서 특히 이두문서의 언문 대체를 강하게 비판하였다.

상소문 내용의 맥락을 전체적으로 보면, 언문 창제를 비판하고 그 시행을 반대한 상소자들의 의사가 명백히 표현되어 있다. 언문을 만들면 조선도 오랑캐가 된다고 했고, 언문을 만드는 것은 소합향을 버리고 당랑환을 취함과 같다고 했다. 임금이 만든 언문을 한갓 신기한 기예라고 폄하했다가 세종에게 질책을 당하자 최만리는 "문세文勢로 인하여 이 말을 한 것이옵고 특별한 의미가 있어서 그런 것은 아니옵니다."[56]라고 변명했다. 최만리의 변명에 나온 '문세文勢'라는 낱말은 '글의 흐름' 혹은 '글의 형세'라는 뜻이다. 글을 써나가는 흐름에 휩쓸려 말이 좀 심해졌다는 뜻이다. 이 '文勢문세'의 의미를

---

56 且新奇一藝云者, 特因文勢而爲此辭耳, 非有意而然也.

상소문 전체에 적용해 보면, 최만리 등이 처음에는 이두문의 언문 대체를 반대하려는 뜻으로 글을 쓰다가 말하는 형세에 이끌려 언문을 전반적으로 비판하고 반대하는 흐름으로 나아가게 되었다는 뜻이 된다.

최만리는 고려시대 해동공자로 불린 최충의 후손으로 뼛속 깊이 유학을 신봉하였으며, 고려부터 조선조에 이르는 장기간에 걸쳐 권력 집단에 참여한 핵심 지배 계층에 속한 인물이다. 불교 배척 상소를 일곱 번이나 올린 그의 행동도 유학에 대한 신념과 가문의 학문적 전통에서 나온 것이다. 최만리 등의 반대 상소문이 나온 후 2년 반이 지난 1446년 9월에『훈민정음』이 반포되었다. 최만리 등의 상소는 훈민정음 시행을 상당 기간 지연시킴으로써 신제 문자의 실용을 위한 준비를 더 철저히 할 수 있도록 기여한 점도 있다.

최만리 등의 상소 행위는 당대 유학자의 정의감에서 나온 강직한 언행이었다고 평가함이 마땅하다(김민수 1987: 124). 학문적·정치적 신념을 바탕으로 한 상소임은 분명하나 최만리 등이 언문 반대 상소에 나서게 된 밑바닥에는 기득권층의 보편적 속성인 변화에 대한 두려움과 계급적 이익 수호가 잠복해 있다. 훈민정음 창제는 '訓民훈민'을 통해 민생을 향상시키려 한 세종의 국가 경영 정책 속에서 이루어진 것이다. 그러나 "이 민족적 걸작은 불행히도 당시의 양반 귀족들에게 환영을 받지 못하였다. 그것은 어려운 한문을 사용함으로써 그들의 학문적인 독점욕을 만족시킬 수 있었던 것이기 때문이다."(이기백 1976/1980: 232)[57] 왕도정치 구현을 통해 민생 정치를 이루어 내는 것이 세종의 통치 이념이었으나 기득권 유지를 중시한 양반 지배층의 입장은 왕과 크게 달랐다. 이 지점에서 세종과 최만리 등이 충돌했고, 그 실상을 반영한 것이 이들이 제출한 상소문과 이에 대한 세종의 처결 기사이다. 이 상소문의 핵심 주장은 언문 창제를 비판하고 언문의 제도적 사용을 반대

57 필자가 이용한 책은 이기백의『개정판 한국사 신론』(개정 중판, 1980)이다.

한 것이며, 언문으로 인해 사대事大 정책이 흐트러지고 성현의 학문이 무너질 것을 우려한 점이다. 이러한 우려에서 언문을 포괄적으로 비판하고 반대한 것이 이 상소문의 취지이다. 최만리는 그의 출신 가문과 사상적 측면 그리고 행동 양식에 있어서 '진정한 보수'에 속하는 사람이라 할 수 있다.

4. 마무리: 상소문에 담긴 중층적 요소와 그 해석

최만리 등의 언문 반대 상소문은 훈민정음 창제와 관련된 중요 자료이다. 세종은 1443년 12월에 훈민정음을 창제하였고, 한 달 반 남짓 지난 1444년 2월 20일에 최만리 등이 반대 상소를 올려 언문 창제 및 관련 사업 전반을 격렬하게 비판하였다. 특히 이두문서를 정음문서로 대체하려는 세종의 정책을 강하게 비판하였다. 최만리 등의 반대 상소에 부딪친 세종은 훈민정음이 '한갓 신기한 기예'가 아님을 학문적 차원에서 보여 줄 필요가 있다고 생각했을 것이다. 이런 필요에 따라 역학적 성리론을 바탕으로 하고 문자학과 성운학의 방법론을 이용하여 훈민정음 문자체계를 만들어 냈음을 설명하기 위해 해례편을 편찬한 것이다.

세종실록에 실린 최만리 등의 언문 반대 상소문과 이를 처결한 기사에는 여러 가지 중층적 의미가 함축되어 있다. 문자와 언어에 대한 최만리의 인식과 태도, 편민 정책에 대한 세종과 신하 간의 의견 차이와 대립이 반영되어 있다. 『삼강행실도』 번역을 통한 훈민 정책을 놓고 대립한 세종과 정창손의 생각도 나타나 있다.

최만리 등의 상소문과 처결 기사에 반영된 중층적 요소를 범주별로 나누어 다음 몇 가지로 정리할 수 있다. 첫째는 외교 정책 요소이다. 조선의 대명 외교 정책인 사대모화를 중시하는 당대 지식인의 의식과 언문 제작이 중국에 알려져 비난하는 자가 나올까 염려하는 태도가 나타나 있다. 새로 만든 문자의 이름에 '訓民훈민'을 관칭冠稱한 것에는 명나라와의 외교적 갈등을 염려한 점도 작용했을 수 있다. '國字국자' 혹은 '朝鮮文조선문'이라 칭하지 않고, '訓民正音훈민정음'[백성을 교화하기 위한 바른 소리]이라고 이름하여, 새 문자 창제의 목적과 명분을 문자 명칭에 드러낸 것도 외교적 고려가 작용한 결과일 수 있다.

둘째는 나라 밖의 언어와 문자에 관한 인식이다. 중국의 구주九州는 풍토의 차이가 있고 말소리가 다르지만 문자를 따로 만들지는 않았다. 그러나 문자를 만든 몽골, 여진, 일본 등은 모두 오랑캐이고, 조선이 언문을 제작하면 오랑캐가 되는 것이라고 생각했다. 언어 차이에 따라 한자와 다른 문자를 만들어 쓰는 나라들은 모두 오랑캐라는 최만리 등의 인식을 보여 준다.

셋째는 옛부터 써 온 설총의 이두와 새로 만든 언문에 대한 인식 차이이다. 최만리 등은 설총이 만든 이두가 비록 비루한 점이 있지만 한자와 떨어진 별개의 것이 아니어서 이두를 배우면서 자연스레 한문을 배우게 되니 학문에 유익함이 있다고 했다. 이에 비해 언문은 "오로지 마을 거리에서 쓰는 말[專用委巷俚語]"이어서 학문에 전혀 도움이 되지 않는다고 보았다. 최만리 등의 이 말에는 언문의 통용 범위를 축소시켜 그 가치를 폄하하려는 의도가 깔려 있다. 특히 이두문의 언문 대체를 강하게 비판하며 훈민정음이 공적으로 제도화되는 것을 막으려 했다. 최만리 등이 가진 언문 평가 기준은 한자와의 관련성 여부 및 학문에 도움이 되느냐에 있었다. 그러나 유학 공부의 측면에서 최만리 등이 우려한 점은 오히려 반대되는 결과로 나타났다. 정음으로 번역된 사서삼경 언해는 유학자들의 공부에 큰 도움을 주었다.

넷째는 세종이 최만리 등을 불러 묻고 처결한 기사가 보여 주는 세종과 신하 간의 인식 차이이다. 세종은 조선 한자음을 바로잡는 일이 중요하고 이 일을 당신이 할 수 있다고 생각했다. 또 이두와 언문이 모두 백성의 편리함을 위한 것이라는 점에서 서로 같다고 하며, 설총의 이두는 좋은 것이고, 임금이 만든 언문은 좋지 않다고 말한 상소자들을 비판하였다. 특히 『삼강행실도』의 훈민적 효용성을 부정한 정창손을 세종은 "심히 쓸모없는 속유[甚無用之俗儒]"라고 말하며 혹독하게 비판했다. 최만리 등의 상소문과 이를 처결한 기사에는 훈민과 편민便民을 중시하여 왕도정치를 구현하고자 한 세종의 정치적 지향성과, 한문에 기반을 둔 유학의 중요성을 강조하는 양반 지식인의 태도가 서로 갈등하고 있다. 편민과 훈민을 통해 민생을 향상시키고자 쉬운 문자를 만들려는 세종과, 한문 기반의 학문을 중시하며 기존 질서를 유지하려는 양반 지배층의 정치적 지향성의 차이가 상소문 및 처결 기사에 교직交織되어 있다.

이 상소문에서 최만리 등이 말한 사대모화事大慕華를 오늘날 우리의 관점으로 비판할 수는 없다. 사대 정책은 당대의 최강대국인 명明과 국경을 접하고 있던 조선의 생존 전략이면서 선진 문물을 받아들여 조선의 발전을 도모한 정책이다. 사대 정책은 선진문화에 대한 동경의 발로이며, 선진문화의 섭취와 세계문화에의 참여라는 긍정적 기능을 가진다(이기백 1976/1999: 3-4). 한당漢唐의 제국을 거치면서 동아시아에서의 사대교린은 중국 중심의 천하天下 체제에서 통용된 공식적 외교 정책이었다.

사대에 '주의'를 붙여 이 정책을 폄훼하고, 이를 정치적으로 악용한 것은 중국 중심의 천하 체제를 무너뜨려 동아시아 패권을 잡으려는 일본의 관치사학자들이다.[58] 이들은 사대교린의 장점을 악의적으로 변질시켜 '사대주의'라 부르고, 이 용어를 조선 역사에 적용하여 이른바 식민주의 사관의 핵심 장치로 이용하였다. 그런데 최만리 등의 상소문에는 사대모화가 지나치게

58 정두희(1982)와 김운태(1982) 등을 참고하였다. 이런 생각은 국사학계에 일반화된 것이다.

나아가 조선의 문화를 비하하는 데까지 이르러 있다. 이두와 언문을 비루하고 상스럽다고 한 것, 한문은 소합향에 언문은 당랑환에 비유한 것, 언문을 만들면 스스로 오랑캐로 떨어진다는 것 등은 과도하게 자문화自文化 비하로 나아간 최만리 등의 세계관을 보여 준다.

다섯째, 상소자들을 불러 세종이 따져 묻는 기사에는 정음 창제가 비밀리에 진행된 것이 아님을 알려 주는 내용이 있다. 김문金汶이 '前此전차'(상소문 제출 이전)에 언문을 제작함이 불가하지 않다고 말한 적이 있었다. 세종이 신하들과 의견을 나눈 어떤 자리에서 훈민정음 창제에 대한 의견을 물었던 것이다. 안병희(2004)는 이 사실을 근거로 세종의 정음 창제가 비밀리에 진행된 것이 아니라고 보았다. 필자는 이 주장에 동의하면서, 훈민정음 창제가 세종의 '비밀 프로젝트'가 아니라 '개인 프로젝트'라고 요약했다. 최만리 등을 부른 자리에서 세종이 "정음 창제는 내가 늘그막에 날을 보내기 어려워 서적을 벗 삼아 한 일"임을 말한 사실은 이 일이 세종의 친제이자 개인 프로젝트임을 당신 스스로 증언한 것이다.

제5장

『훈민정음』의 활용과 후대의 학문적 수용

1.『훈민정음』 정음편의 활용

1443년 12월경에 세종이 행한 약게예의略揭例義의 약예의略例義[1]에는 정음 28자의 자형과 초성자, 중성자, 종성자를 합쳐 쓰는 서법書法이 담겨 있었을 것이다. 필사본으로 만든 약예의가 1444년 2월경에 이서 10여 명을 모아 언문을 가르칠 때 이용되었을 것이다. 세종 대에 시행된 이서 선발 시험 응시자들은 이른바 '약예의' 정도의 자료를 이용해 훈민정음 자모자 쓰기와 합자법을 배웠을 것이다. 1443년 12월에 훈민정음이 창제된 이후 상당 기간 동안 약예의를 제외하고는 훈민정음을 가르칠 만한 다른 자료가 없었다. 이 약예의가 수정 보완되어 1446년 9월에 『훈민정음』 해례본의 예의로 공간公刊되었을 것이다. 『훈민정음』 반포 후에는 예의가 정음자 학습자료로 이용되었을 것이다. 어제 서문과 예의를 언해하여 『석보상절』 및 『월인석보』의 권두에 실은 것은 예의가 번역되어 정음 학습자료로 이용된 사례이다.

1 세종이 계해년 겨울[癸亥冬=1443년 겨울]에 '약게예의(略揭例義)'한 '例義(예의)'를 『훈민정음』(1446) 정음편에 실린 예의와 구별하기 위해, 전자를 '약예의(略例義)'라 칭한다. 제1부 제1장 5.2절(이 책의 189쪽)에서 '약예의'가 갖춘 내용을 자세히 논하였다.

본 장에서는 『훈민정음』이 정음 학습을 위해 어떻게 활용되었는지를 검토하고, 이어서 조선 후기의 학자들이 저술한 운학서에 『훈민정음』의 정음편이 수용된 양상과 정음해례편의 이용 여부를 고찰한다. 후자는 조선 후기 지식인들이 훈민정음의 문자체계와 제자론을 어떻게 활용하였고, 훈민정음을 어떻게 연구했는지를 밝히는 작업이다.

1.1. 관리 선발 시험과 교육에 활용된 훈민정음

1) '약예의'를 정음 학습자료로 이용한 사실

훈민정음 창제 직후에 세종이 지은 약예의가 존재했다고 보는 것은 정인지가 그의 서문에서 "우리 전하께옵서 정음 28자를 창제하시어 간략히 예의를 지어 보이셨다."[2]라고 말한 사실에 근거한다. 훈민정음 창제 기사와 정인지 서문에 기술된 내용대로라면 세종이 만든 최초의 훈민정음 자료 '약게예의'에는 정음 28자의 자형과 음가 그리고 음절 삼분법이라는 서법書法이 포함되어 있어야 한다.

1443년 12월과 1446년 9월 사이에 정음자 학습에 이용된 자료는 세종이 약게예의한 예의(약예의)였을 것이다.[3] 훈민정음 반포 전후에 약예의가 정음 학습자료로 이용되었음을 알려 주는 증거는 다음 세 가지이다. 첫째, 최만리 등이 낸 상소문(1444.2.20)에 이서吏胥 무리 10여 인을 모아 언문을 가르쳤다고 말한 사실이다. 이것은 훈민정음 창제(1443.12) 후 두 달이 채 안 되었던 때에 새 문자를 익히기 위한 학습자료가 있었음을 의미한다. 이때의 정음자 학습자료는 '약예의' 말고 달리 상정할 것이 없다. 둘째, 세종 28년(1446)

---

2 我 殿下創制正音二十八字 略揭例義以示之. (정인지 서문) 〈正音解例27b_5〉

3 제1부 제1장 5.2절에서 재구성해 본 약예의의 내용은 보통 책 크기(25×20cm)의 종이 한 면에 써넣을 수 있다. 이렇게 필사된 약예의가 정음자 학습자료로 유통되었을 것이다.

12월 26일 기사에 세종이 전지傳旨를 내려. "금후로 이과吏科와 이전吏典의 취재取才 시험에 훈민정음을 시행하되, "비록 의리義理는 통하지 못하더라도 능히 합자合字할 수 있는 사람을 뽑게 하라."라고 명하였다. 정음 28자의 제자 원리는 모르더라도 초성자·중성자·종성자의 자형을 익혀서 이들을 서로 합쳐 쓰는 법만 알면 합격시키라고 한 것이다. 이 정도 수준의 학습은 약예의로 가능했을 것이다. 서리胥吏 시험 준비를 하는 응시자들은 약예의를 필사해서 정음 28자의 자형과 합자법을 익혔을 것이다. 셋째, 세종 29년(1447) 4월 20일에 임금이 이조吏曹에 내린 전지傳旨의 내용이다. 그 내용은 함길도 자제로서 이과吏科 시험에 응시하는 자에게 먼저 훈민정음을 시험하여 합격한 자에게만 다른 시험을 보게 하고, 앞으로 각 관아의 이과 시험에 모두 훈민정음을 시험케 하라는 것이다. 이 시험의 응시자들을 위한 학습자료가 필사본으로 유통되었을 것이다. 이들은 『훈민정음』에 실린 예의 혹은 그 이전에 나온 약예의 정도의 학습자료를 이용하여 정음 28자의 자형과 음절자 합성법을 익혔을 것이다. 훈민정음 창제 직후부터 세종 말년(1443.12~1450.3)의 기간 동안 훈민정음 학습자료로는 해례본의 예의 혹은 세종이 지어 보인 약예의가 필사되어 이용되었을 것이다.

2) 세종·세조 연간에 『훈민정음』 해례본을 이용한 사실

『훈민정음』 해례본이 학습교재로 이용되었음은 해례본이 완성된 이후 세자를 가르치는 서연 과목에 『훈민정음』이 포함된 사실에서 확인된다. 세종 29년(1447) 11월 14일에 이석형李石亨이 임금께 올린 상서에, 지금 서연관書筵官이 열 사람이 있는데 언문과 의서醫書를 가르치는 사람들을 빼면 이석형을 포함한 여섯 사람이 윤번을 정하여 진강進講하고 있다는 내용이 있다.[4]

---

4 이석형이 올린 상서는 언문 진강에 초점을 둔 것이 아니라, 세자 교육의 중요성을 강

1447년 11월이면 이미 『훈민정음』 해례본이 간행되었던 때이므로 왕명에 의해 편찬된 『훈민정음』 해례본이 서연 강의의 교재로 사용되었을 것이다. 이 당시에 해례본을 빼고서 서연의 교재로 상정할 수 있는 책이 없다.[5]

『훈민정음』 해례본의 활용과 관련된 사례는 세조실록에도 나타나 있다. 세조 6년(1460) 5월 28일에 예조에서 계문을 올려, 문과文科 초장初場의 시강試講에 『훈민정음』을 포함시키도록 청하였다.[6] 이어서 세조 6년 9월 17일에 예조에서 아뢰기를, 매 식년 시험의 강경講經에서 사서四書를 강講하고, 『훈민정음』·『동국정운』·『홍무정운』·이문吏文을 아울러 시험토록[弁試] 청하니, 이에 그대로 따랐다고 하였다.[7] 이 기사에서 주목되는 점은 『훈민정음』·『동국정운』·『홍무정운』·이문吏文이 한 묶음(set)으로 설정되어 있으면서, 여기에 이문(吏文)이 함께 들어간 점이다. 이 넷은 운학 혹은 한어문漢語文 학습과 관련되어 있다. 『훈민정음』이 운학서와 한 묶음으로 된 것은 이 책의 용도에 대한 당시인의 생각을 반영한다.

세조 10년(1464) 9월 21일에는 성균관 구재九齋의 강경 과목으로 『훈민정음』을 선택할 수 있도록 하자고 예조에서 청하였다. 그리하여 성균관 학생들은 문과 초장의 강경 과목에 들어간 『훈민정음』을 공부하기 위해서 『훈민정음』 인쇄본을 구하거나 필사했을 법하다. 그런데 『훈민정음』이란 책이 한 번도 중간된 적이 없고, 전존傳存하는 필사본도 전혀 없다. 이 사실은 문과

조하며 서연관이 강의 준비에 전념할 수 있도록 해 달라는 것이었다.

5 최만리 등의 상소문에 세자의 높은 학문 수준이 언급되어 있고, 부왕을 도와 언문 사업에 관여한 사실이 나타나 있다. 이로 보아 세자에게 행한 훈민정음 강의는 28자모자를 가르치는 정도가 아니라 훈민정음에 담긴 이치 즉 제자론을 강하는 수준이었을 것이다.

6 세조실록 기사(1460.5.28)의 원문은 다음과 같다. 禮曹啓: "《訓民正音》, 先王御製之書, 《東國正韻》·《洪武正韻》, 皆先王撰定之書; 吏文又切於事大, 請自今文科初場試講三書, 依四書·五經例給分, 終場弁試吏文, 依對策例給分." 從之.

7 세조실록 기사(1460.9.17) 중의 해당 원문은 다음과 같다. 則論以式年試取時例. 每當式年講經時, 講四書, 弁試 訓民正音 東國正韻 洪武正韻 吏文 且 五經諸史. (이하 생략)

초장 시험의 실제 시행에서 성균관 생도 중 『훈민정음』을 선택한 이가 극히 드물었거나 거의 없었음을 의미한다.[8]

세조 이후에 『훈민정음』을 시험 과목에 넣거나, 이 책을 활용한 기사는 조선왕조실록에서 전혀 찾아볼 수 없다. 현재 전하는 문헌 『훈민정음』은 간송본과 상주본밖에 없다. 발견된 두 책은 『훈민정음』 반포 당시에 관직에 있던 분이 받은 책이거나, 문과 강경 시험을 준비하기 위해 성균관에서 수학했던 생도들이 구득하였다가 훗날 낙향할 때 가져가 집안에 보존한 책일 것이다. 현전 『훈민정음』 해례본이 극히 희귀한 사실로 보아, 문과 강경 시험에 『훈민정음』을 포함시키는 제도는 실행 단계에서 성균관 유생들의 호응을 받지 못한 듯하다. 언문은 길거리의 속된 말[委巷俚語위항이어]을 적는 문자라고 여겼던 당시 유학자들의 인식으로 보아 『훈민정음』을 강경 과목으로 선택하지 않았을 것이다. 성균관 구재九齋 유생 중의 다수가 문과 초장에서 『훈민정음』을 실제로 선택하여 이 시험 제도가 장기간 시행되었다면 『훈민정음』이란 책이 이렇게 희귀한 책이 되지 않았을 것이다.

1.2. 『훈민정음』 정음편이 후대 문헌에 반영된 모습과 그 의미

훈민정음의 제자 원리를 해설한 『훈민정음』이 성균관 유생들의 강경 과목으로 선택받지 못하였으나 국가는 훈민을 위한 수단으로 문자 훈민정음이 필요했다. 개인 생활에서도 한자 학습, 언문편지 쓰기, 언문소설 읽기 등을 위해 정음자 학습은 필요한 것이었다. 15세기의 훈민정음 학습자료는 세종이 만든 약예의 혹은 정음 28자모 배열표 같은 형태의 필사본이 이용되었

8 최만리 등이 제출한 상소문에 담긴 언문에 대한 부정적 인식과 한문 숭상의 논리는 그 후에도 대부분 유생들의 사고방식으로 작동했을 것이다. 이런 분위기 속에서 성균관 유생들이 『훈민정음』 과목을 선택하기란 쉽지 않았을 것이다.

을 것이다. 그러다가 최세진의 『훈몽자회』가 간행되면서 이 책의 「언문자모」가 언문 학습자료로 이용되었을 것이다.[9]

조선 후기의 학자들 중에서 운학에 관심을 가진 몇몇 학자는 15세기에 이루어진 한자음 연구의 학통을 이어 갔다. 이들이 지은 학술서에 『훈민정음』의 정음편(어제 서문+예의)이 전재되거나 인용되어 있다. 정인지 서문이 실린 책으로는 『국조보감』[10](1457년판, 1782년판, 1909년 완결판)과 『증보문헌비고』(1908년 완성)가 있다.[11] 『국조보감』은 왕의 통치용 참고서로 쓰인 것이어서 조정의 상위 관직자들은 볼 기회가 있었을 듯하다. 그러나 20세기 초기에 이르기까지 그밖의 문헌에 『훈민정음』의 정음해례편(5해1례)의 내용이 인용된 사례는 찾을 수 없다. 본 절에서는 후대의 학술 문헌에 수록된 『훈민정음』 정음편에 대해 검토하고 그 의미를 해석한다.

1) 『배자예부운략』(1678)에 수록된 정음편

『훈민정음』의 정음편이 수록되어 있는 『배자예부운략』은 1678년 교서관에서 무신자로 간행한 책이다. 이 책의 범례 끝에 '戊午三月奉敎新印무오삼월봉교신인'이란 간기가 있고, 이판본 중의 하나에 강희康熙 17년(1678) 6월 22일에 쓴 내사기가 있어서 교서관에서 숙종 4년(1678)에 간행한 책으로 본다(안병희 1976: 193). 이 책은 전체 5권 1책 중 제5권의 본문이 끝난 뒤에 '訓民

---

9 『훈몽자회』가 전국 여러 곳에서 간행된 것은 아동의 한자 학습에 언문이 필요하였고, 언문 학습에 『훈몽자회』의 「언문자모」가 유용했기 때문이다.

10 안병희(2007b: 112)는 정인지 서문이 『국조보감』에 실려 있어서 숙종이 쉽게 볼 수 있었을 것이라고 언급한 바 있다. 이동석(2017: 237-238)은 훈민정음 창제 기사와 정인지 서문이 『국조보감』〈國朝寶鑑 7:30b〉(世宗朝 3:28년 丙寅)에 나오는 사실을 언급하였다. 『국조보감』 관련 정보와 자료를 제공해 주신 이동석 교수님께 감사드린다.

11 김주원(2013b: 303)에 훈민정음 자료들이 표로 정리되어 있다. 김슬옹(2018b: 118)은 이상규의 『증보정음발달사』(홍기문 원저) 등을 참고하여 해례본 정음편과 정인지 서문이 수록된 문헌을 표로 정리해 놓았다. 『배자예부운략』(1678) 하권 권말에 세종 어제 서문은 있으나 정인지 서문은 없다.

正音훈민정음'이란 제목 아래 어제 서문 및 예의가 두 장(훈민정음 1a-2b)에 걸쳐 실려 있다.[12] 이어서 '皇極經世聲音卦數황극경세성음괘수'라는 제하에 운도韻圖가 세 면(3a-4a)에 걸쳐 있다. 이어서 '經世律呂唱和圖경세율려창화도'가 나오고 이 글 끝에 붙은 '按안'(붙임 주석)에 성음의 전수全數가 30,720개라는 수치가 있다. 이어서 '訓民正音與經世數配合圖훈민정음여경세수배합도'라는 제하에 훈민정음의 '二十四音聲이십사음성'(君虯快業군규쾌업 등 23개[13] 자모 한자)과 '二十八聲이십팔성'(벽흡闢翕으로 구별된 28개 정음 중성자)이 붙어 있다.[14] 부록의 이런 내용 속에 제자해 등 해례편의 내용을 인용하거나 언급한 것은 없다. 최석정의 「예부운략 후서禮部韻略後序」에 "세종대왕이 어제하신 훈민정음은 세상에 간본이 없고 전하는 것이 매우 적다.[而世無刊本傳者絶少]"라는 말이 나온다(김동준 2012: 316). 최석정도 『훈민정음』을 접하기 어려웠음을 암시한다. 이에 대해서는 1.3절에서 후술할 것이다.

『배자예부운략』에 실린 정음편 어제 서문이 '御製曰어제왈'로 시작하고, '欲使人易習욕사인이습'이란 오자도 세종실록본(1446.9.29) 기사와 같아서 세종실록을 열람한 후 어제 서문을 여기에 옮겨 적은 것으로 간주한다(안병희 1976: 193-195). 병자호란(1636) 때 파손된 마니산사고의 조선왕조실록[15]을 현종 때(1666) 보수하여 1678년에 정족산사고로 옮겼다(김주원 2013a: 184-185).

---

12 예의 끝에 '終聲復用初聲(종성부용초성)'[종성은 초성을 다시 씀], '凡字必合而成音(범자필합이성음)'[초중종성이 합쳐 음절을 이룸], '以點辨四聲(이점변사성)'[점으로 사성을 구별함], '命禮曹判書鄭麟趾等 作解例(명예조판서정인지등 작해례)'[예조판서 정인지 등에게 명하여 해례를 짓게 함]라는 문구가 있고, 각 문구에 협주 형식의 설명문이 붙어 있다. 이 설명문은 『훈민정음』 해례에 기술된 연서법, 병서법, 부서법, 가점법 등에 관한 것이다.

13 '卽玆侵○(즉자침○)'의 '○'는 공백이어서 23개 자가 된 것이다.

14 이러한 내용은 최석정의 『경세훈민정음』과 밀접히 관련되어 있다. 후술할 『경세훈민정음』과 무신자본 『배자예부운략』은 1678년에 최석정의 손을 거쳐 편찬된 것으로 보인다.

15 정족산사고본은 필사본이고, 태백산사고본은 목활자본이다. 두 개의 훈민정음 실록본이 이루어지고 변개된 과정은 김주원(2013)을 참고하였다.

이 작업을 하면서 세종실록의 훈민정음 내용을 열람할 수 있었고, 이때 본 내용을 『배자예부운략』에 전재轉載하였다. [그림 1]의 우측 제2행에 나타나 있듯이, 세종 어제 서문 앞에 '御製曰어제왈'이 삽입되어 있다. 삽입된 부분은 『훈민정음』 해례본 권두의 어제 서문에는 없는 것이다. 『배자예부운략』에 어제 서문을 전재하면서 누군가(아마도 최석정) '御製曰'을 삽입한 것이다. 이 삽입은 세종실록 기사(1446.9.29)의 '御製曰'을 따른 것이라고 본다. 고려대 소장 육당문고본(언해본)의 권두 낙장을 보사한 부분에도 '御製曰어제왈'이 있다. 육당문고본에는 남학명(1654~1722)의 장서인이 있어서 낙장의 보사를 남학명이 행한 것으로 추측한다(안병희 1976: 192). 육당문고본의 '御製曰어제왈'은 남학명이 『배자예부운략』에 실린 어제 서문을 보고 넣은 것일 가능성이 높다.

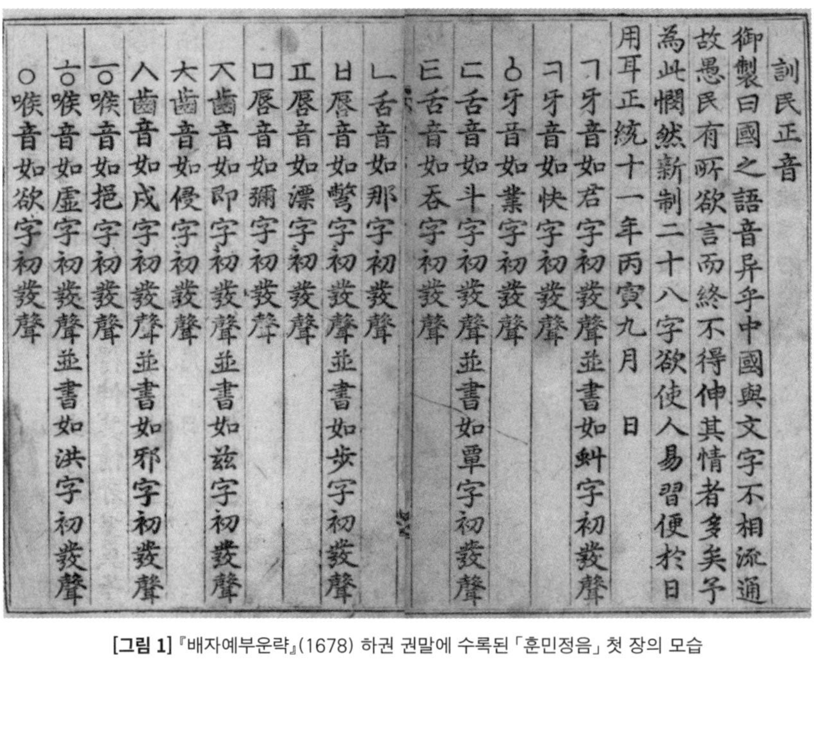
訓民正音
御製曰國之語音異乎中國與文字不相流通
故愚民有所欲言而終不得伸其情者多矣予
為此憫然新制二十八字欲使人易習便於日
用耳正統十一年丙寅九月 日
ㄱ牙音如君字初發聲並書如虯字初發聲
ㅋ牙音如快字初發聲
ㆁ牙音如業字初發聲
ㄷ舌音如斗字初發聲並書如覃字初發聲
ㅌ舌音如吞字初發聲
ㄴ舌音如那字初發聲
ㅂ脣音如彆字初發聲並書如步字初發聲
ㅍ脣音如漂字初發聲
ㅁ脣音如彌字初發聲
ㅈ齒音如即字初發聲並書如慈字初發聲
ㅊ齒音如侵字初發聲
ㅅ齒音如戌字初發聲並書如邪字初發聲
ㆆ喉音如挹字初發聲
ㅎ喉音如虛字初發聲並書如洪字初發聲
ㅇ喉音如欲字初發聲

[그림 1] 『배자예부운략』(1678) 하권 권말에 수록된 「훈민정음」 첫 장의 모습

1446년에 출판된 『훈민정음』에 정음편이 실려 있고, 1472년에 을해자로 간행된 세종실록의 훈민정음 완성 기사에도 정음편이 실려 있다. 그리고 『훈민정음』이 완성된 때로부터 232년이 지난 1678년에 간행된 『배자예부운략』에 정음편이 전재되었다. 이어서 설명할 『열성어제』(1682)에 정음편이 실린 것도 1666년에 조선왕조실록을 보수할 때 세종실록의 정음편을 본 것과 무관하지 않다. 세종실록은 사고에 깊숙이 수장收藏되어 있어서 볼 수 없는 것이었다. 정음편이 『훈민정음』 간행 후 232년이나 지난 뒤에 『배자예부운략』에 실린 것은 16~17세기의 학자들이 오랫동안 『훈민정음』 정음편을 접하지 못하고 있다가 1666년에 조선왕조실록을 보수할 때 비로소 세종실록의 정음편을 보게 되었고, 그 내용을 『배자예부운략』에 전재했기 때문이다. 정음편은 『배자예부운략』에 실리기 전까지는 보기 어려운 글이었다. 그동안에 『훈민정음』 해례본은 극귀極貴한 책이 되어 학자들이 이용할 수 없었다. 『훈민정음』 해례본은 1446년에 간행되었으나 세종이 돌아가신 1450년부터 1940년 7월에 이용준·김태준·전형필의 손을 거쳐 세상에 나오기까지 잊혀진 존재가 되었던 것이다.

2) 『경세훈민정음』(1678)의 성격과 이 책에 수록된 정음편

최석정崔錫鼎(1646~1715)[16]이 지은 『경세훈민정음』[17]은 건곤 2책의 필사본

---

16 최석정 등의 정음 연구 특히 자형 기원에 대한 학설의 정리는 김영주(2004)를 참고하였다. 신상현(2009: 191-192)은 정인보가 세운 조선 후기 학자들의 계보를 인용하면서 최석정을 노론계에 넣고, 문자와 성음 연구 학자가 많은 소론계와 친분 관계를 유지한 사실을 언급하였다.

17 김지용(2011) 교수가 이 책을 촬영하여 『경세훈민정음도설』이라는 서명으로 학계에 소개하였고, 2011년에 명문당에서 영인본을 냈다. 책 앞머리에 김지용 교수의 간략한 해제와 김석득 교수의 논문이 수록되어 있다. 이상규(2018)는 『경세훈민정음』 전체에 대한 번역·주석·해설을 붙였다.

으로 교토대학 도서관 가와이문고河合文庫에 소장되어 있다.[18] 이 책의 권두에 세종 어제 서문과 예의가 실려 있다. 일찍이 오구라 신페이小倉進平(1940: 137)는 『명곡집』에 수록된 서간문을 근거로 이 책의 완성 연도를 1675년으로 보았다. 유창균(1984: 478)은 이 책의 "坤卷 五贊 條곤권 오찬 조에 의하면 '崇禎後五十歲 集著 雍項敦祥之春숭정후오십세 집저 옹항돈상지춘'이라 하였고, 그 주註에 '錫鼎著此書戊午春석정저차서무오춘'이라" 하였다고 한 기록에 근거하여 이 책의 저술 연대를 1678년(숙종 4)으로 보았다.[19]

이 책의 서명에 대해 언급해 둘 필요가 있다. 유창균(1984: 478)은 이 책 표제가 '經世訓民正音경세훈민정음'이라 되어 있지만, 건책 제1장 첫 줄에 '經世正韻序說경세정운서설'[20]이 있고 곤책 제1장에 '經世正韻五贊경세정운오찬'이 있음을 근거로 이 책의 서명을 『경세정운經世正韻』으로 삼았다. 김지용(2011: 10-11)은 이 책의 표지서명이 '經世訓民正音경세훈민정음'이고, 권두 편명이 '經世正韻경세정운'[21]인 점, 홍양호가 이 책의 서문을 '經世正韻圖說序경세정운도설 서'[22]라고 한 점 등을 지적하고, "내용에 있어서 훈민정음 28자를 도설圖說하는 것으로 일관되어 있으므로 이를 『경세정운훈민정음도설經世正韻訓民正音圖說』이라" 하고 이것을 서명으로 삼았다. 김동준(2012: 310)은 유창균의 서명을 따랐다. 이상규(2018: 266)는 이 책의 명칭 문제에 관한 여러 학자

---

18 일본 교토대학 귀중 자료 디지털 아카이브에서 제공하는 원본 이미지를 이용할 수 있다. https://rmda.kulib.kyoto-u.ac.jp

19 김지용(2011: 9)은 최석정이 1701년 이후 자주 관직에서 물러났고 임금의 시약(侍藥)을 잘못한 죄로 삭직당한 65세부터 작고한 70세 사이에 이 책을 저술한 것으로 추정했다.

20 유창균은 이 논문에서 '經世正韻圖說(경세정운도설)'이라 했다가 몇 행 아래에서 '經世正韻序說(경세정운서설)'로 쓰고 있다.

21 건책 제1장 첫 줄에 '經世正韻序說(경세정운서설)'이라는 편명이 씌어 있다. 이 편명에서 '序說(서설)'을 떼면 '經世正韻(경세정운)'이 된다.

22 홍양호(1724~1802)의 서문 「경세정운도설 서(經世正韻圖說序)」는 그의 문집 『이계집(耳溪集)』 권10, 序(서)에 수록되어 있다.

들의 논란을 소개하고 "영인본의 내제를 기준으로 하면 『經世訓民正音경세훈민정음』으로 고정해야 할 것"이라고 하였다. 저자 최석정이 권두서명을 별도로 써 놓지 않았기 때문에 서명 책정에 혼란이 생긴 것이다. 일반적으로 권두서명이나 권말서명에 그 책의 온이름이 나오므로 그것을 책의 서명으로 삼는다. 그러나 『경세훈민정음經世訓民正音』에는 이 두 개가 모두 씌어 있지 않고, 최석정이 쓴 표지서명만 있다. 저자 최석정이 건책과 곤책 표지에 두 번이나 쓴 표지서명은 '經世訓民正音경세훈민정음'이다. 이 표지서명의 서체가 본문의 서체와 같아서 최석정이 직접 쓴 것으로 판단한다. 권두서명은 없고 저자가 쓴 것으로 판단되는 표지서명이 있으므로 필자는 표지서명 『경세훈민정음經世訓民正音』을 이 책의 서명으로 삼는다.[23]

이 책의 서명에서 '經世경세'를 '訓民正音훈민정음' 앞에 놓은 것은 훈민정음을 '經世경세'[세상을 경륜함]의 방편으로 간주했음을 뜻한다. 성운과 악률을 바르고 조화롭게 하여 세상을 다스린다는 생각, 즉 소리로 세상을 다스린다[音聲治國음성 치국]는 정치 사상이 『경세훈민정음』이라는 서명書名에 표출된 것이다. 『경세훈민정음經世訓民正音』의 본문 여러 곳에서 언급된 소옹의 『황극경세서皇極經世書』, 「경세성음창화도經世聲音唱和圖」에 '經世경세'[24]라는 표현이 들어가 있다. 최석정의 이 책은 소옹의 영향을 크게 받은 것이다.

『경세훈민정음』(乾건) 권두에 제1장부터 제2장까지 4면에 걸쳐 '經世正韻序說경세정운 서설'이란 제하에 어제 예의(1a-2b)와 어제 서문(2b)이 실려 있다. 이 내용은 무신자본 『배자예부운략』(하권)의 제5권 뒤에 부록으로 실린 「훈민정음」(어제 서문과 어제 예의)과 같다. 세종실록을 보수하면서 본 어제 서문과 예의를 최석정이 자신의 저술에 인용한 것이다. [그림 2]는 『경세훈민정음』

---

23 서명에 대한 필자의 견해는 결과적으로 이상규(2018)의 그것과 같다.

24 소옹(邵雍)의 『황극경세서성음창화도(皇極經世書聲音唱和圖)』란 명칭에 들어간 '經世(경세)'에는 성교(聲教)와 악치(樂治)의 정치 사상이 함의되어 있다.

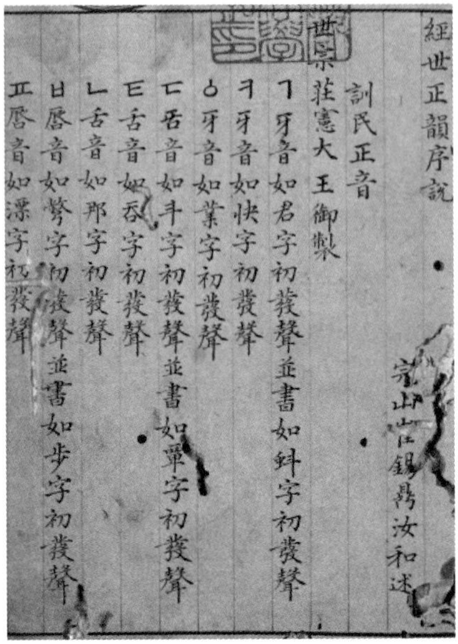

經世正韻序說 完山崔錫鼎汝和述

訓民正音

世宗莊憲大王御製

ㄱ牙音如君字初發聲並書如虯字初發聲

ㅋ牙音如快字初發聲

ㆁ牙音如業字初發聲

ㄷ舌音如斗字初發聲並書如覃字初發聲

ㅌ舌音如呑字初發聲

ㄴ舌音如那字初發聲

ㅂ脣音如彆字初發聲並書如步字初發聲

ㅍ脣音如漂字初發聲

[그림 2] 『경세훈민정음』(1678) 권두의 훈민정음(가와이문고 소장)

의 첫 면이다. '訓民正音훈민정음'이라는 편명 다음 행에 '世宗莊獻大王御製세종장헌대왕어제'라고 적어 이 글이 세종 어제임을 밝혀 놓았다. 이어서 예의의 내용 전체를 수록했다. 제2장 뒷면에서 예의가 끝나고, 이어서 '御製曰어제왈'이란 구절을 써넣고[25] 그 뒤에 해례본의 어제 서문을 그대로 옮겨 놓았다.

박권수(2006: 102)는 『경세훈민정음』에 나타난 최석정의 학문적 성과를 "훈민정음의 글자 체계 전체를 邵雍소옹의 성운학 이론으로 해석하고 그것을 토대로 새로운 상수학적 운도를 작성하였다."라고 평했다. 심소희(2013: 253-377)는 소옹의 상수역象數易이 훈민정음 중성 제자론에 적용된 양상과 최석정 등 조선 후기의 성운학자에게 미친 영향을 고찰하였다.

25 '御製曰(어제왈)'은 세종실록 훈민정음 완성 기사에서 어제 서문 앞에 놓여 있는 것이다. 최석정은 이를 따른 것이다.

3) 『열성어제』(1682)에 실린 정음편

1682년(숙종 8)에 간행한 『열성어제』[26] 세종 어제편에 훈민정음 정음편이 실려 있다. [그림 3] 제1행에서 보듯이 「훈민정음訓民正音」이라는 서명 아래 '丙寅병인 ○出實錄○출실록'이라고 적혀 있다. 세종실록에서 인용한 것임을 밝힌 것이다. 이는 조선왕조실록을 보수하면서 세종실록을 열람했다는 증거이다. 『열성어제』 정음편은 『배자예부운략』에 있었던 오기 '欲使人易習욕사인이습'을 '欲使人人易習욕사인인이습'으로 바로잡아 놓았다.

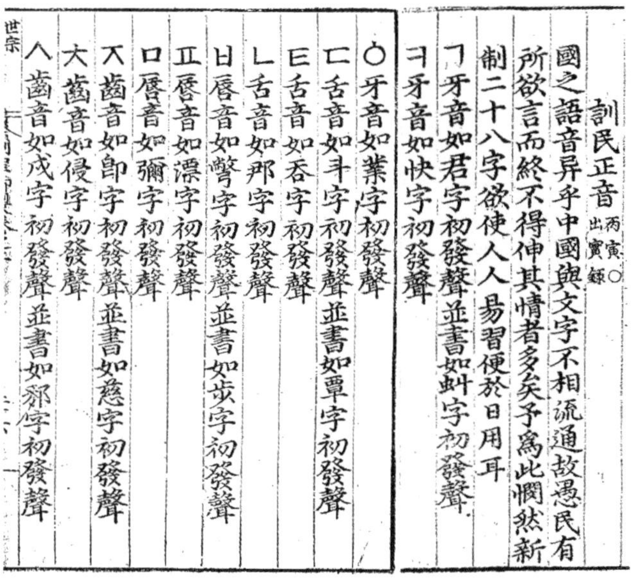

訓民正音 丙寅○出實錄○

國之語音異乎中國與文字不相流通故愚民有所欲言而終不得伸其情者多矣予爲此憫然新制二十八字欲使人人易習便於日用耳

ㄱ牙音如君字初發聲並書如虯字初發聲

ㅋ牙音如快字初發聲

ㆁ牙音如業字初發聲

ㄷ舌音如斗字初發聲並書如覃字初發聲

ㅌ舌音如呑字初發聲

ㄴ舌音如那字初發聲

ㅂ脣音如彆字初發聲並書如步字初發聲

ㅍ脣音如漂字初發聲

ㅁ脣音如彌字初發聲

ㅈ齒音如卽字初發聲並書如慈字初發聲

ㅊ齒音如侵字初發聲

ㅅ齒音如戌字初發聲並書如邪字初發聲

世宗

[그림 3] 『열성어제』(1720)에 수록된 훈민정음(두 면의 합성)

---

26 『열성어제』의 최초 간행은 1631년에 이루어졌다. 이 책은 태조로부터 선조까지(단종과 연산군 제외) 12대 임금의 글을 편집해 1책의 목판본으로 간행한 것이다. 1679년(숙종 5)에 인조·효종·현종의 글을 합하여 『열성어제보유(列聖御製補遺)』를 간행했다. 그 후 숙종의 재가를 받아 낭선군 이우가 여기서 빠진 것을 보충하였고, 권유가 이를 다시 바로잡아 1682년 8월에 4책의 목판본으로 간행하였다. 그 후 왕이 바뀔 때마다 왕의 사후에 편찬되었다. 「훈민정음 후서」가 들어간 숙종 어제는 1720년에 간행되었다. (한국민족문화대백과 사전을 참고하여 관련 사항을 요약함.)

한편 1720년(경종 즉위년)에 간행된 『열성어제』(41권 24장)에는 숙종이 지은 「훈민정음 후서訓民正音後序」가 실려 있다. 후서의 말미에 작성 시기를 1691년 11월 21일이라고 밝혀 놓았다(안병희 2007b: 107-108). 숙종이 「훈민정음 후서」를 지은 계기는 숙종 대에 대제학과 영의정을 지낸 최석정(1646~1715)의 『경세훈민정음』과 관련되어 있다(안병희 2007b: 111). 훈민정음의 자모체계를 『경세훈민정음』의 도설 작성에 이용한 최석정이 『훈민정음』에 대해 숙종에게 아뢰었고, 세종실록에 실린 정음편과 『국조보감』에 실린 정인지 서문을 알게 된 숙종이 「훈민정음후서」를 짓게 되었을 것이라고 추정한다(안병희 2007b: 111-112).

안병희(2007b)는 「훈민정음 후서」가 숙종 당시에 중간했을지도 모르는 『훈민정음』의 서, 혹은 세종의 저작인 『훈민정음』에 대한 서기序記일 수 있다고 하였다. 그러나 숙종 대에 『훈민정음』을 중간한 기록이 없어서 전자로 볼 수 없다.[27] 1682년(숙종 8)에 간행한 『열성어제』에 세종실록에서 채록한 정음편이 수록되어 있고, 1691년에 숙종 스스로 「훈민정음 후서」를 지었다. 이 연대 순서로 보아도 숙종 대에 『열성어제』를 간행할 때 숙종이 후서를 지은 것으로 봄이 자연스럽다. 『훈민정음』 정음해례편의 정인지 서가 이미 존재하므로 '후서後序'라 칭한 듯하다.

훈민정음 학습과 관련하여 예의가 인용된 세 개 문헌을 검토해 보았다. 세종 어제 훈민정음 서문과, 자모자의 자형과 그 음을 예시한 예의가 아주 드물게 이용되었음을 알 수 있다. 세 개 문헌에서 정음편이 인용된 계기는 현종 때(1666)에 조선왕조실록을 보수하면서 세종실록의 훈민정음 관련 기

27 안병희는 언해본인 육당문고본(박승빈본)이 숙종 대의 중간본일 가능성을 조심스럽게 탐색했으나 결론을 내리지 않았다. 육당문고본은 언해본인지라 한문본 『훈민정음』을 직접 계승한 것이 아니다. 따라서 육당문고본을 숙종의 후서와 관련짓기는 어렵다고 본다.

사를 열람했던 데 있다. 정음해례편이 인용된 예는 찾을 수 없다.

4) 『몽예집夢藝集』(1713년 직전)의 정인지 서문 비판

『몽예집夢藝集』[28]은 남극관(1689~1714)이 지은 저술[29]로 우리말과 문자에 대한 그의 학설이 포함되어 있다. 이 책은 홍윤표(1994)에서 소개되었고, 정우택(1995)과 박은정(2014)이 그 내용 중 몇 가지를 고찰하였다.

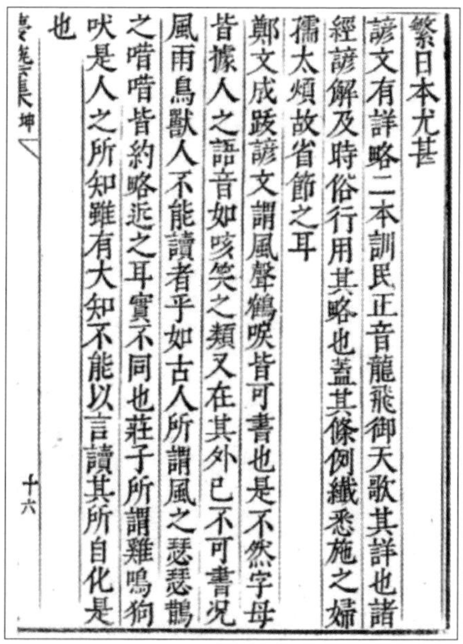

繁日本尤甚
諺文有詳略二本訓民正音龍飛御天歌其詳也諸經諺解及時俗行用其略也蓋其條例纖悉施之婦孺太煩故省節之耳
鄭文成跋諺文謂風聲鶴唳皆可書也是不然字母皆據人之語音如咳笑之類又在其外已不可書況風雨鳥獸人不能讀者乎如古人所謂風之瑟瑟鶴之嘖嘖皆約略近之耳實不同也莊子所謂雞鳴狗吠是人之所知雖有大知不能以言讀其所自化是也

[그림 4] 『몽예집』의 언문론(곤책坤冊 제16장 앞면)

28 '夢藝(몽예)'는 이 책에 실린 글이 '잠꼬대' 같다고 저자 남극관 스스로 겸사한 표현이다. 건곤(乾坤) 2권 1책이며, 운각 인서체자(芸閣印書體字)로 찍은 금속활자본이다. 간행 연도는 나타나 있지 않다. 건편(乾編)에는 시 79수와 문(文) 10편이 실려 있고, 곤편(坤編)에는 「사시자(謝施子)」라는 저자 표시 아래 다양한 주제의 단문이 실려 있다. 『한국문집총간해제(韓國文集叢刊解題)』 5 「몽예집(夢囈集)」 참고.

29 『몽예집』 서두의 소인(小引)에 남극관이 쓴 「계사제석자서(癸巳除夕自書)」가 실려 있어서 이 책을 쓴 연대가 1713년임을 알 수 있다(정우택 1995: 205-206). 남극관은 25세 되던 해에 이 책을 저술하고 그다음 해에 작고하였다.

[그림 4]의 『몽예집』 언문론에는 남극관이 『훈민정음』을 논한 내용이 있다. 『몽예집』의 내용 중 '훈민정음'이란 책과 관련된 내용은 곤책坤冊 제16장의 앞면에 나오는 다음 문장이다.

> 언문에는 상세한 것과 간략한 것[詳略상략] 두 부류 책[二本이본]이 있다. 훈민정음과 용비어천가는 상세한 것이고, 제경 언해諸經 諺解와 시속 행용時俗 行用은 간략한 것이다. (전자에는) 그 조례가 섬세하게 다 베풀어져 있으나 부녀와 유자孺子들이 크게 번거로이 여겨 생략하고 줄였다.
> 諺文有詳略二本 訓民正音 龍飛御天歌 其詳也. 諸經諺解及時俗行用 其略也. 蓋其條例 纖悉施之婦孺太煩故省節之耳. 〈『몽예집』 곤책 제16장 앞면〉

'諺文언문'을 자세한 것[詳상]과 간략한 것[略략] 두 부류로 나누고 '訓民正音훈민정음'과 '龍飛御天歌용비어천가'를 자세한 것에 넣고, 제경 언해諸經 諺解와 시속 행용時俗 行用을 간략한 것에 넣었다. '諺文二本언문이본' 속에 '훈민정음'과 '용비어천가'를 나란히 언급한 점으로 보아 전자는 해례본을 가리킨 것으로 판단한다.[30] 두 책은 한문으로 언문을 풀이했다는 점에서 공통성을 가진다. 『훈민정음』은 한문으로 정음자의 제자 원리를 풀이했고, 『용비어천가』는 정음 가사에 얽힌 고사古事를 한문 주석 형식으로 풀이하였다. '詳略상략'을 구별한 기준은 자세한 한문 풀이의 유무로 보인다. 간략한 것에 넣은 '諸經 諺解제경 언해'는 사서삼경 언해본일 것이다. '時俗 行用시속 행용'은 의

30 박은정(2014: 227)은 "諺文有詳略二本 訓民正音(언문유상략이본 훈민정음)"의 '訓民正音(훈민정음)'을 해례본이라고 보았다.

약서나 병학서 등의 언해본일 것이다. 『論語集註논어집주』와 같이 자세한 주석이 있는 부류에 비하여 '제경 언해'에는 자세한 주석이 없기 때문에 제경 언해를 '略략'에 넣었을 것이다.

[그림 4]에 보이는 언문론에서 남극관은 『훈민정음』에 실린 정인지 서문의 내용을 비판하였다. 정인지 서문에서 말하기를, 훈민정음으로 "비록 바람소리와 학의 울음, 닭 울음소리나 개 짖는 소리까지도 모두 표현해 쓸 수가 있게 되었다."[31]라고 했다. 정인지의 이 말을 남극관은 단호하게 부정했다. 남극관의 말을 들어 보자.

> 鄭文成정문성(정인지)이 발문에서 이르기를, 언문은 바람소리, 학 울음소리도 다 써 낼 수 있다고 했으나 이는 그렇지 않다. 언문의 자모자는 다 사람의 말소리에 근거한 것이어서, 기침소리나 웃음소리 같은 것과 그 밖의 것들은 (언문으로) 써 낼 수 없다. 더욱이 바람소리, 빗소리, 새소리, 짐승 울음소리는 사람이 능히 읽어 낼[讀] 수 없는 것이다. 옛사람이 바람소리를 '瑟瑟슬슬', 까치 울음소리를 '唶唶차차'라고 쓴 것은 모두 (소리를) 줄여서 비슷하게 한 것이고 실제 소리와 같지 않다. 장자가 이르기를, 닭 울음소리나 개 짖는 소리를 사람이 알아듣지만 '크게 아는 것[大知]'[32]은 불가능하며, 그 스스로 된 바[自化](소리의 본질적 됨됨이)를 말로 표현해 낼 수는 없다.[33]

---

31 雖風聲鶴唳雞鳴狗吠, 皆可得而書矣(수풍성학려계명구폐, 개가득이서의)(『훈민정음』 해례본 및 세종실록에 실린 정인지 서). 이와 거의 같은 표현이 정초의 「칠음략 서」에 "雖鶴唳風聲 鷄鳴狗吠 雷霆驚天 皆可譯也(수학려풍성 계명구폐 뇌정경천 개가역야)"와 같이 나온다. 정인지가 「칠음략」을 보았음을 알 수 있다(제3부 제1장 4.1절 3)항 '『通志(통지)』 문자학의 영향'을 참고하기 바람).

32 '大知(대지)'는 자연의 소리에 내재된 본질을 모두 아는 것을 뜻한다.

33 이 번역문의 한문 원문은 다음과 같다. "鄭文成跋諺文謂風聲雞鳴 皆可書也 是不然. 字母皆據人之語音 如咳笑之類 又在其外不可書 況風雨鳥獸 人不能讀者乎. 如古人

남극관이 쓴 이 글의 내용으로 보아 그가 정인지 서문을 읽은 사실은 분명하다. 정인지 서문은 세종실록, 『훈민정음』 해례본, 『국조보감』에 실려 있다.

남극관南克寬의 아버지가 남학명南鶴鳴(1654~1722)이다.[34] 남학명은 훈민정음 언해본(고려대 소장 육당문고본)에 장서인을 찍은 당사자이다. 남학명의 아들인 남극관은 아버지가 소장한 훈민정음 언해본을 보았을 듯하다. 그러나 남학명이 『훈민정음』 해례본까지 소장했는지는 알 수 없다. 남극관이 『훈민정음』과 『용비어천가』를 '언문상략이본諺文詳略二本' 중 자세한 것[詳상]에 넣은 점은 그가 『훈민정음』 해례본을 보았음을 암시한다. 남극관이 『훈민정음』 해례본을 읽었음 직한 내용이 『몽예집』에 있어서 그는 『훈민정음』에 가장 가까이 다가간 인물이라 할 수 있다. 그러나 『국조보감』에 정인지 서문이 실려 있기 때문에 남극관이 인용한 정인지 서문의 내용은 『국조보감』을 통해 인지한 것일 수도 있다. 그가 『훈민정음』 해례본을 보았을 가능성은 있지만 단정을 하려면 증거가 더 필요하다.[35]

所謂風之瑟瑟 鵲之唶唶 皆約近之耳 實不同也. 莊子所謂雞鳴狗吠 是人之所知 雖有大知不能以言讀 其所自化是也." 이 문장의 번역문이 정우택(1995: 216)에 실려 있다. 필자가 이를 참고하여 표현을 다듬었다.

34 남극관(南克寬)의 조부가 남구만(1629~1711)이다. 남구만은 "동창이 밝았느냐"로 시작하는 시조를 지어 시조 문학에 이름을 남겼다. 남학명은 훈민정음 언해본을 구하여 낙장을 보완하고 재장정하여 간직했다. 이분들은 이른바 소론계 강화학파에 속하여 조선 어문과 실용 지식에 관심이 많았다. 남학명과 훈민정음의 인연에 대한 언급은 이 책 제1부 제2장 1.2절(이 책의 218쪽)을 참고하기 바란다.

35 남극관은 『몽예집』에서 조선어에 대한 남다른 통찰을 보여 주기도 했다. 『몽예집』 곤책 16b면에는 상고 시(始)에 참언(讖言) 언어를 '牙齒喉舌脣(아치후설순)'이라 불렀다는 말로 시작하여 문자의 시작은 '象形(상형)'에 있음을 말했다. 이어서 우리나라 말 '니[齒치]', '혀[舌설]', '입[口구]', '귀[耳이]', '코[鼻비]' 등의 신체어를 예시했다. 이어서 한자의 성조 변동을 '발[足족]'과 '발[簾염]', '술[匙시]'과 '술[酒주]'을 짝지어 설명했다. 그의 설명에 나타난 '牙齒喉舌脣(아치후설순)'은 훈민정음과 무관하고, '象形(상형)'이란 용어도 한자 일반론을 간단히 언급하는 데 쓰였을 뿐이다. 『몽예집』 곤책 18a면에는 우리말 자훈의 예로 '키[大대]', '효근[小소]', '미르[龍용]', '재[城성]', '재안[城內성내]' 등을 들었다. 특히 '가히[犬견]'가 '개'로 바뀐 것과 '괴[猫묘](＜고이)'의 발음 변화를 언급해 놓았다. 조선 한자음에서 '金'을 '김'이라 발음하는 것은 고려 때 금나라 오

1.3. 『훈민정음』이 희귀본이 된 까닭

앞에서 논한 『훈민정음』의 활용 양상은 다음과 같이 요약된다. 『훈민정음』 해례본을 구성하고 있는 내용 단위를 세분하여 ①어제 서문, ②예의, ③5해1례(해례), ④정인지 서문으로 표시할 수 있다. ①②가 정음편이고, ③④가 정음해례편이다. ①②④는 세종실록에 수록되어 있고, ①②는 『배자예부운략』과 『경세훈민정음』, 『열성어제』에 수록되었으며, ④는 『국조보감』에 실려 있다. 이 문헌들을 통해 조선 후기 학자들은 ①②④를 이용할 수 있었다. 그러나 ③5해1례의 내용은 『훈민정음』 해례본 이외의 어떤 책에도 수록된 적이 없었다. 그리하여 후대 학자들이 ③5해1례를 운학과 훈민정음 연구에서 이용할 수가 없었다. 이렇게 된 까닭은 『훈민정음』 해례본이 세종 이후에 중간되지 않았고, 필사본으로도 유통되지 않았기 때문이다.

현전하는 간송본과 상주본은 동일 판목에서 쇄출刷出된 것이다. 이 사실은 현전 『훈민정음』이 세종 대에 간행된 초간본임을 의미한다. 『훈민정음』 해례본은 반포 당시에 딱 한 번 간행되었을 뿐 두 번 다시 출판된 적이 없었다. 세종 대 이후 『훈민정음』 해례본이란 책은 잊혀져 버렸고, 그 영향력이 거의 없었다고 해도 과언이 아니다.

1800년 전후에 『훈민정음』이 얼마나 귀한 책이 되었는지, 정동유鄭東愈(1744~1808)의 아들 정우용鄭友容(1782~?)이 쓴 편지를 통해 알 수 있다. 18세기 말기부터 19세기 초기에 활동하고 성운학에 관심을 가졌던 정우용의 편지[36]에 『훈민정음』 해례본을 보기 위해 대단히 애쓴 모습이 그려져 있다. 정

랑캐(거란)가 강성하여 침범하니 이를 두려워하여 '金(김)'자를 감히 자로 부르지 못한 데서 비롯된 것이라고 그 연원을 설명해 놓았다(곤책 17a).

36 정우용은 『주영편』을 지은 정동유(鄭東愈)의 막내아들로, 실학에 관련한 글을 남겼다. 정우용이 집안 동생에게 쓴 편지[與族弟左史善之書]가 그의 문집 『밀암유고(密巖遺稿)』 권5에 수록되어 있고, 이 편지글이 안대회·이현일(2014)에 번역 소개되었다. 이하

우용이 집안 동생뻘 정원용鄭元容(1783~1873)에게 쓴 편지의 일부를 인용하면 다음과 같다.

> 『훈민정음』은 천지 사이에 드물게 보는 문장이건만 (…중략…) 수백 년 세월을 거치는 동안 또 병란까지 겪느라 지금 세상에서 얻어 볼 수 있는 것은 단지 반절 하나의 글밖에 없네. (…중략…) 나는 여러 해 동안 『훈민정음』을 찾아서 굶주리고 목마른 이보다 훨씬 심하게 했으나 끝내 찾지 못했네. 내부內府(대궐)에도 구해 보았으나 거기에도 없었으며, 영남과 호남의 오래된 서원이나 고찰古刹에서도 구해 보았으나 거기에도 없었네. (…중략…) 어제 아우를 통해서 우사右史가 이 책을 얻은 지 여러 해 되었다는 소식을 들었네. (…중략…) 소식을 들은 이후 나는 놀라기도 하고 기쁘기도 하여 거의 자는 것도 잊고 음식 맛도 잊을 지경일세. (…중략…) 아우가 기꺼이 흔쾌한 마음으로 열람을 주선하여 내 귀를 번쩍 뜨이도록 해 주지 않으려나? 그런 뒤에 다시 수저를 들어도 맛을 느끼고, 침상에 누워도 잠을 달게 잘 수 있겠네. (…중략…) 그리고 또 "남과 더불어 선행을 잘 하시는 분이니 성인의 책을 어찌 혼자서만 보시겠습니까?"라는 말씀도 전해 주시게. (안대회·이현일 2014: 52-53)

정우용은 "여러 해 동안 『훈민정음』을 찾아서 굶주리고 목마른 이보다 훨씬 심하게 했으나 끝내 찾지 못했"다고 하였다. 드디어 책의 소재를 듣고서 "놀라기도 하고 기쁘기도 하여 거의 자는 것도 잊고 음식 맛도 잊을 지

의 번역문과 관련 내용은 안대회·이현일(2014)에서 인용한 것이다. 이 책은 전자책으로만 유통되고 있다.

경”이라며 심경을 고백했다. 아버지 정동유로부터 훈민정음의 가치[37]를 익히 들어 온 정우용인지라 세종이 편찬한 『훈민정음』을 간절하게 찾아 오다가 드디어 우사右史직을 가진 사람이 『훈민정음』을 가지고 있음을 알게 되었고, 좌사左史직의 집안 동생뻘 정원용에게 편지를 보내 같이 근무하는 우사右史[38]에게 자신의 부탁을 전해 달라고 한 내용이다. 정우용이 『훈민정음』 원본을 얼마나 간절히 보고 싶어 했는지, 소장자를 찾고 나서 얼마나 기뻐했는지 위 편지에 생생하게 그려져 있다. 1800년 전후에 『훈민정음』이 얼마나 귀한 책이었는지 당시의 정황을 알 수 있다.

1446년 9월 이후 『훈민정음』 해례본은 간행되지 않았다. 이 책을 두 번 다시 간행하지 않은 까닭이 무엇일까? 이 질문에 대해 다음 세 가지로 나누어 답할 수 있다.

첫째, 『훈민정음』 해례본의 현실적 수요가 거의 없었다는 점이다. 훈민정음 반포 전후에 세종은 두 차례에 걸쳐(1446.12.26, 1447.4.20) 이조에 전지傳旨를 내려 이서 선발 시험에 훈민정음 과목을 부과했다. 그러나 28자의 자형과 합자법만 알면 합격시켰기 때문에 『훈민정음』 해례본까지 읽을 필요가 없었다. 세조 초기에 문과의 강경 시험 과목에 『훈민정음』을 넣은 적이 있으나 성균관 유생들의 선택을 받지 못한 것으로 보인다. 또 이 제도가 계속 시행되었음을 보여 주는 기록이나 자료도 없다. 그리하여 『훈민정음』을 구해 공부할 필요가 없었다. 현실에서 수요가 없으니 『훈민정음』 해례본을 중간할 필요도 없었던 것이다.

둘째, 정음편 예의의 내용이 정음 학습자료로서의 효용성이 떨어진다는

---

37 정동유는 「훈민정음(訓民正音)」(『주영편(晝永編)』 二 수록)이란 글에서 “訓民正音卽天下之大文獻(훈민정음즉천하지대문헌)”이라 칭했고, 제자 유희에게 훈민정음의 중요성을 가르쳤다(유희가 지은 「언문지서(諺文志序)」 참고).

38 안대회·이현일(2014)에 이 우사(右史)가 누구인지는 나타나 있지 않다.

점이다. 훈민정음 28자를 배우는 데는 『훈몽자회』의 「언문자모」로도 충분하였고 굳이 예의를 볼 필요가 없었다. 더구나 동국정운식 한자음 표기법이 폐기되면서 『훈민정음』 예의의 표기 체계 특히 전탁음 표기에 쓰인 각자병서는 그 용도가 사라졌다. 『훈민정음』 예의에는 전탁음 표기를 위한 각자병서자를 일일이 언급해 놓았다. 이 부분은 정음 학습자료에 없어도 되는 것이다. 예의가 정음 학습자료로 널리 쓰이지 않게 되면서 『훈민정음』을 중간할 필요가 없어진 것이다.

셋째, 양반 지배층이 『훈민정음』 해례본의 중간에 무관심했다는 점이다. 이 책의 중간을 청하거나 논의한 기록은 조선왕조실록 혹은 양반 지식인의 어떠한 저술에도 나타나 있지 않다. 언문은 학문과 무관한 것이라 여겼기 때문에 언문을 학문적으로 설명한 이 책은 양반 지식인의 관심 밖에 있었던 것이다. 훈민정음의 제자 원리를 성리학과 성운학 이론으로 설명해 놓은 정음 해례편의 내용은 운학에 관심을 가진 소수의 학자들에게나 필요할 뿐이었다. 극소수 사람의 수요가 중간본 간행을 이루어 내지는 못하였다.

『훈민정음』 해례본의 필사본조차 그 전본傳本이 없는 사실은 1446년 세종 당시 초간본을 간행할 때 적은 수량의 책만 찍었고, 이것조차 후대에 인멸되어 구해 보기가 매우 어렵게 되어 버려 필사조차 할 수 없게 된 것이라고 설명할 수 있다.

2. 훈민정음에 대한 학문적 연구

조선 후기의 학자로서 훈민정음에 관심을 갖고 나름대로의 학설을 세운 분들이 있다. 이분들의 연구 방향은 훈민정음에 대한 성리학적 연구와 성운학적 연구, 훈민정음의 기원과 관련된 문자학적 연구로 나눌 수 있다. 훈민정음에 대한 성리학적 연구는 역리易理와 관련되어 있고, 성운학적 연구는 운서 편찬과 운도 작성을 위한 방편으로 훈민정음의 자모체계와 분류체계를 탐구한 것이다. 조선 후기 성운학 관련 연구서를 통해 당시의 학자들이 한자음 표기와 운학 연구에 훈민정음 문자체계를 어떻게 활용했는지 고찰해 보기로 한다. 이 작업은 조선 후기에 전개된 『훈민정음』의 수용 양상을 밝혀서 이 시기의 학자들이 훈민정음을 그들의 학문에 어떻게 이용했는지 살펴보기 위한 것이다. 17세기 이후 조선의 운학자들의 저술에 훈민정음이 이용된 모습을 선행 연구에 기대어 간략히 살펴보고, 이분들이 『훈민정음』 해례본을 보았거나 인용하였는지에 초점을 두고 이 절의 논의를 진행한다.

최현배는 『고친 한글갈』(1976년판, 정음사)의 '세째 가름'(한글 연구의 역사, 264-328쪽)에서 이사질의 『훈음종편』, 박성원의 『정음통석』, 신경준의 『훈민정음도해』, 홍계희의 『삼운성휘』, 홍양호의 『경세정음도설서』, 황윤성의 『자모변』, 정동유의 『주영편』, 유희의 『언문지』, 석범의 『언음첩고』, 이규경의 『오주연문장전산고』, 정윤용의 『자류주석』, 강위의 『동문자모분해』, 이봉운의 『국문정리』, 지석영의 『신정국문』에 나타난 한글 관련 학설을 고찰한 바 있다. 조선 후기 성운학자 및 실학자의 저술에 대한 연구는 김민수의 『신국어학사』, 유창균의 『국어학사』, 서병국의 『신강국어학사』 등에서 찾아볼 수 있다. 이하의 논술은 이러한 선행 연구를 필자의 관점에서 간추린 것이다.

2.1. 17~18세기의 훈민정음 연구

1) 『경세훈민정음』(1678)에 반영된 성리론과 상수론

김석득(1972), 박권수(2006), 김동준(2012), 심소희(2012), 조희영(2019a) 등은 『경세훈민정음』에 담긴 역리易理를 소옹의 상수학(황극경세서 등)과 관련지어 연구했다. 소북小北에 속하는 유몽인, 신경준, 유득공 그리고 소론에 속하는 박세채, 남구만, 이광사, 이종휘 등은 동음東音이 곧 정음正音이라는 인식을 갖고 훈민정음 문자체계를 매개로 한자음을 연구했다. 이들의 학문은 소옹의 『황극경세서』「성음창화도」와 관련되어 있는바 신경준과 유희의 연구가 특히 그러하다(조성산 2009a: 90-105). 김동준(2012)은 최석정이 쓴 「경세정운오찬經世正韻五贊」을 통해 그의 어문관과 문명 의식을 논하였다. 이상규(2018)는 『경세훈민정음』에 수록된 각종 도圖를 해설하고 주석을 붙였다.

앞에서 언급했듯이 『경세훈민정음』(乾) 권두에 『훈민정음』과 같은 내용의 예의와 세종 어제 서문이 실려 있다. 어제 서문이 끝난 뒤에 '臣 錫鼎 謹案신 석정 근안'이라 하고 저자의 의견을 서술해 놓은 부분이 있다. 최석정은 정음 28자가 28개의 별자리의 형상[列宿之象열수지상]을 본뜬 것이라 말하고, 초성 17자가 지닌 五行오행·五音오음(조음위치 및 음률)의 속성을 기술했다.[39] 중성 11자는 태극 양의 팔괘太極 兩儀 八卦의 형상을 본뜬 것이라고 하였다.[40] 최석정은 "무릇 글자에는 초성, 중성, 종성이 있으니 이는 삼재를 본뜬 것"[41]이고, "중성 11자는 태극 양의와 팔괘를 본뜬 것"이라고 했다. 조희영(2019a: 165)은 "명곡은 제자해를 보지 못했다. 그런데 신기하게도 중성 기본 3자에

---

39 건책(乾冊)에는「십칠성분배초성도(十七聲分配初聲圖)」,「십일음취상팔괘도(十一音取象八卦圖)」,「훈민정음준황극경세사상체용지수도(訓民正音準皇極經世四象體用之數圖)」,「성음율려창화전수도(聲音律呂唱和全數圖)」 등 도합 10개의 운도가 그려져 있다. 곤책(坤冊)에는「경세정운오찬(經世正韻五贊)」,「성음편(聲音篇)」,「논정운도설(論正韻圖說)」 등 도합 9개의 논설과 운도가 들어가 있다. 김석득(1972)은 이 책의 내용 구성을 정리하고, 최석정의 훈민정음 연구는 '易理(역리)'에 기반한 것임을 밝혔다.

40 이에 해당하는 원문은 다음과 같다. 臣崔錫鼎謹按 御製訓民正音二十八字 卽列宿之象也. (…중략…) 中聲十一字 太極兩儀八卦之象也(경세훈민정음도설 乾, 김지용 영인본 215쪽)(가와이문고 사진본).

41 按凡字有初中終聲 以象三才(경세훈민정음도설 乾, 김지용 영인본 201쪽). 中聲十一字 太極兩儀八卦之象也(경세훈민정음도설 乾, 김지용 영인본 215쪽).

삼재의 상이 있다고 말하고 있"음을 지적하였다. 최석정은 초성 17자에도 천지인天地人 삼재론을 확대 적용하고, 삼재를 '浮中沈부중침'[뜸 가운데 가라앉음]이라고 표현했다(조희영 2019a: 164-165).

최석정은 초성자의 조음기관 상형론(훈민정음 제자해)을 따르지 않고, 소옹의 상수학 이론으로 초성과 중성 전체를 설명하려고 하였다(박권수 2006: 102). 최석정은 수리적 형이상학 성격을 가진 소옹의 상수학에 바탕을 두고 훈민정음 28자를 연역해 내었다. 최석정은 소강절의 역리적 상수론 특히 1-2-4-8로 뻗어 가는 '가일배법加一倍法'[42] 이론을 수용하여, 정음의 초성을 17자에서 24자로 늘리고, 중성을 11자에서 32자로 늘렸으며, 종성 8자를 16자로 늘렸다. 이 세 수를 곱하여(24×32×16) 총 성음 수를 12,288자로 계산해 냈다.[43] 여기에서 소리는 있으나 글자가 없는 768자를 제외하고 11,520자를 산출함으로써 주역의 이편지책의 수[二篇之策數]와 일치하도록 했다(조희영 2019a: 166). 최석정은 소강절의 수리적 상수학을 훈민정음에 적용하여 독창적 성음수론聲音數論을 전개하였다. 또 훈민정음 문자체계의 역리易理를 고찰하고, 훈민정음의 음가 표기 기능을 이용하여 훈민정음으로 표기해 낼 수 있는 성음의 수(정확히 말하면 음절 수)를 설정하였으며, 이를 통해 성운의 이치를 밝히려 했다. 이것을 종합한 그의 저서가 『경세훈민정음』이다.

최석정은 훈민정음의 학문적 가치를 소옹의 상수학으로 풀어냈으며, 수리적 일원론으로 훈민정음 문자체계를 해석한 탁월한 학자라고 평가받고 있다(김동준 2012, 심소희 2013). 김동준(2012: 334)은 최석정의 저술이 가진 역사적 의미를 "조선 후기 正音學정음학의 물꼬를 트게 해 준 획기적 역할을 했

---

42 훈민정음과 가일배법(加一倍法)의 관계는 신경준에서 찾아볼 수 있다. 세종이 훈민정음을 창제할 때 "그 형상은 交易(교역) 變易(변역)의 加一倍法(가일배법)을 사용했고 그 文(문)의 점획은 심히 간편하게 하니"라고 하였다. 『여암유고(旅菴遺稿)』 권3, 「운해서(韻解序)」. 조성산(2009a: 106)에서 인용함.

43 『경세훈민정음도설』 乾(김지용 영인본 201쪽)에 이 내용의 원문이 있다.

다."라고 요약했다. 최석정은 훈민정음을 새롭게 해석하고 우리나라 최초의 운도를 담은 『경세훈민정음』을 지었으며, 조선 후기의 여러 학자들이 성운학과 운도를 연구할 수 있는 징검다리 역할을 했다(이상규 2018). 그리고 최석정의 후서가 붙은 『배자예부운략』에 세종실록의 예의가 실림으로써 『열성어제』의 정음편, 숙종의 「훈민정음 후서」, 『임하필기』 「문헌지장편」의 '훈민정음' 수록에 영향을 미쳤다(이상규 2018: 150).

그런데 훈민정음을 운학적으로 깊이 연구한 최석정 같은 대학자가 과연 『훈민정음』 해례본을 보지 못했던 것인지 더 검증할 필요가 있다. 최석정의 『경세훈민정음』에는 「십칠성분배초성도十七聲分配初聲圖」가 실려 있다. 이 표는 『훈민정음』 예의에 나온 초성 17자의 자형과 성모자, 궁상각치우 오음의 배분을 체계화한 것이다. 이 표 뒤에 붙은 최석정의 논설문 말미에 다음 문장이 있다.

> 초성 자표字標[44]인 '君군'(ㄱ), '快쾌'(ㅋ) 등은 '訓民훈민'의 본디 자를 사용하였다. '訓民훈민'에서 '君군'(ㄱ), '業업'(ㆁ) 등의 자가 중성 자표로 중복 출현하므로 여기서는 『훈몽자회』에 실린 '阿아', '也야' 등의 자를 써서 구별하였다.[45]
>
> 初聲字標君快等字用訓民本字, 中聲字標則訓民複出君業等字, 故今用訓蒙字會所載阿也等字以別之.

이 인용문에 『훈몽자회訓蒙字會』라는 책 이름과 함께 '훈민訓民'이란 서명이 나오고 있다. 최석정이 『훈민정음訓民正音』이라는 온이름을 인용한 것은

---

44 '자표(字標)'는 운도에 표시되는 자로서, 성모자와 운모자로 표시되는 자모자와 사실상 같다.

45 이 번역문은 이상규(2018: 362)에 실린 번역문을 참고하여 필자가 약간 다듬은 것이다.

아니나 문맥상 그가 말한 '훈민訓民'은 일견 『훈민정음訓民正音』과 관련된 것으로 보인다. 그러나 최석정이 인용한 초성 자표初聲 字標는 정음편의 예의에 나오는 내용이다. 『배자예부운략』에 수록된 예의만 보았어도 위의 인용문과 같은 말을 할 수 있다.

최석정은 『경세훈민정음』 곤坤에 실은 「군서절충群書折衷」에서 중국과 조선 성운학서의 자운도字韻圖를 인용하였다. 인용 서목 중 『광운廣韻』, 심약沈約의 『사성운보四聲韻譜』, 소강절의 『황극경세서』, 축씨祝氏의 『성음운보聲音韻譜』, 웅충의 『운회』(고금운회거요), 대장경에서 나온 범자梵字, 유씨劉氏의 『절운지남切韻指南』, 『예부운략』 등은 중국 서적이다. 조선 서적으로는 『삼운통고』, 『동국정운』, 최석정 본인이 지은 『정운도설正韻圖說』을 들고 있다. 여기에 『훈민정음』이란 서명이 명시되어 있지 않지만 「논언문종성論諺文終聲」편에 '訓民훈민'을 언급한 다음 내용이 있다. "訓民훈민에서 이르기를 '종성부용초성'이라 하고 다시 자세히 논하지 않았다. 이제 이것의 뜻을 자세히 짐작해 보면 초성 17자가 모두 종성이 될 수 있다는 뜻이니, 아래에 특별히 나타내었다."[46] 이 인용문에서 말한 '訓民훈민'은 『훈민정음』일 수도 있지만 필자는 정음편 예의를 가리킨 것으로 본다. 왜냐하면 '終聲復用初聲종성부용초성'은 정음편 예의에 나오는 표현이고, 해례본의 정음해례편에는 이에 대한 자세한 논의[細論세론]가 나오기 때문이다.[47] 최석정이 『훈민정음』 해례본을 직접 보았다면 이 책의 이름을 인용 서목에 명시했을 것이다. 『경세훈민정음』에서 최석정이 『훈민정음』 해례본 전체를 보았다는 증거를 찾을 수 없다.

---

46 한문 원문은 다음과 같다. 訓民曰 終聲復用初聲 不復細論 今以意細推 初聲十七字皆可爲終聲 特著於下. 〈경세훈민정음 坤「논언문종성」〉

47 '서론'에 해당하는 정음해례편의 문장은 다음과 같다. 終聲之復用初聲者, 以其動而陽者乾也, 靜而陰者亦乾也, 乾實分陰陽而無不君宰也. 〈正音解例8b_6〉

그러나 최석정의 『경세훈민정음』에는 상수론에 기반한 여러 운도가 제시되어 있고, 『훈민정음』 제자해의 중성 해설문에 상수론이 적용되어 있어서 양자 간의 이론적 공통점이 관찰된다. 또한 성운학에 잠심하여 일가견을 이룬 최석정 같은 대학자가 『훈민정음』 해례본을 참고하지 못했다고 보는 것도 의아스럽다. 이 문제는 앞으로 더 많은 연구가 필요하다.

홍양호洪良浩(1724~1802)가 쓴 서문 「경세정운도설 서經世正韻圖說序」에는 홍양호 특유의 훈민정음 초성 상형에 대한 의견이 제시되어 있다. 홍양호의 상형설은 발음기관 상형설인바, 아음 ㄱ은 어금니 모양을 본뜬 것[牙音 象牙形], 설음 ㄷ은 혀를 두드리는 모양을 본뜬 것[舌音 象掉形] 등과 같이 기술되어 있다(김민수 1980: 167-169, 이상혁 2004: 133). 상형의 내용이 해례본의 그것과 차이가 있다. 홍양호의 글에 해례본에 대한 언급이 없고, 상형의 내용에도 다른 점이 있어서 그가 해례본을 보았다고 간주하기 어렵다.

2) 『자학제강』(1716)의 「추록언문반절설追錄諺文反切說」

이형상李衡祥(1653~1733)이 저술한 『자학제강字學提綱』에는 문자학과 성운학의 여러 가지 주제가 포함되어 있다(이상규 2016). 「추록언문반절설」에는 최세진의 『훈몽자회』 범례에 나온 초성종성통용팔자, 초성독용팔자, 중성독용십일자, 초중성합용작자, 초중종삼성합용작자와 거의 같은 내용이 있다.[48] 「추록언문반절설」에서 초성자의 순서는 'ㄱㄴㄷㄹㅁㅂㅅㅇ'이고, 중성자의 순서는 'ㅏㅑㅓㅕㅗㅛㅜㅠㅡㅣㆍ'로 『훈몽자회』의 순서와 같다(이상규 2016: 272). 이형상의 「천축문자설天竺文字說」에서는 범자를 아설순치후 오음법으로 구분하였고(이상규 2016: 275), 훈민정음 자형의 기원을 범자梵字에서 찾았다. 이형상이 훈민정음 자형의 범자 기원을 주장한 것으로 보아 그는

48 국립국어원(2008), 『역주 자학』, 김언종 외 옮김, 385-388쪽.

해례편을 보지 못했던 듯하다. 『자학제강』에는 『훈민정음』 예의편의 내용이나 이에 대한 언급이 나타나 있지 않다.

이형상의 범자 기원설(천축문자설) 이외에도 훈민정음의 기원을 외래문자에서 찾으려 한 연구가 더 있다. 성현成俔(1439~1504)의 『용재총화』(권7), 이수광(1563~1628)의 『지봉유설』(권18), 이익(1681~1763)의 『성호사설』(권16) 등에서도 훈민정음의 범자 기원설을 말하였다. 이익의 『성호사설』과 유희의 『언문지』에는 몽골문자 기원설을 말한 내용이 있다. 이러한 학설을 펼친 분들은 『훈민정음』 정음해례의 제자해를 보지 못했을 것이다. 제자해에는 훈민정음 초성자와 중성자의 제자 원리가 상세하게 기술되어 있다. 이 내용을 보았더라면 그들의 훈민정음 기원설은 다른 모습이 되었을 것이다.

3) 『화동정음통석운고』(1747)의 「언문초중종삼성변諺文初中終三聲辨」

이 책은 박성원朴性源(1697~1767)이 1747년에 저술했고, 1787년(정조 11)에 어제 서문을 붙여 간행했다. 이 책에는 12개의 범례와 「언문초중종삼성변諺文初中終三聲辨」이 수록되어 있다. 최세진의 '언문자모'라는 명칭을 쓰지 않았지만, 「언문초중종삼성변」이라는 편명 아래 『훈몽자회』 「언문자모」의 일부 내용을 옮겨 놓았다. 범례 중의 정음 초성표正音 初聲表에는 'ㄱㅋㆁ ㄷㅌㄴ ㅈㅊㅅ ㅂㅍㅁㅸ◊ㅇㅎㄹㅿ'이라는 초성 18자가 제시되어 있고, 이 책의 한자음 표기에 이 18자가 이용되었다. 이 책은 『삼운통고』의 체제에 따라 중국 한음漢音과 조선 한자음을 함께 표기하였다. 이 책은 한자음 표기를 위해 훈민정음을 이용한 운서에 해당한다. [그림 5]에서 보듯이 이 책에는 『훈몽자회』의 내용 일부가 수용되어 있으나 『훈민정음』 예의편과 해례편의 영향은 나타나 있지 않다.

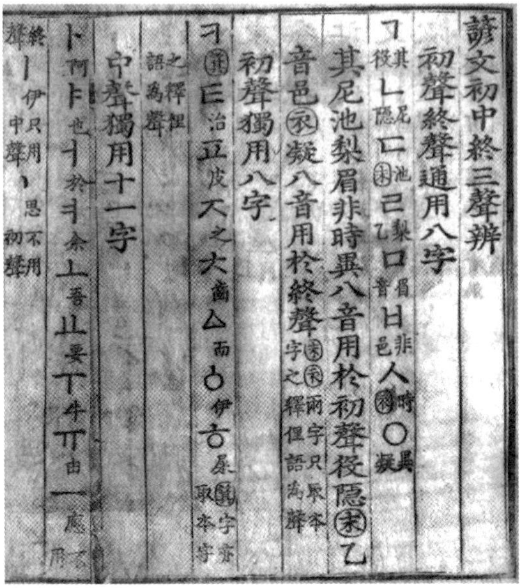

[그림 5]『화동정음통석운고』(1747)「언문초중종 삼성변(諺文初中終三聲辯)」

4)『훈민정음운해』(1750)의「훈민정음도해」

신경준申景濬(1712~1781)의『훈민정음운해訓民正音韻解』[49]는 소옹邵雍이 지은『황극경세성음창화도皇極經世聲音唱和圖』의 수리철학과 훈민정음 문자체계를 이용하여 한자음 표기법을 연구한 운학서이다.[50] 이 책의 도입부에 제

49 이 책의 서명은 강신항(1992: 60)에서 김양선 소장본(현 숭실대 소장)의 표지에 '韻解訓民正音(운해훈민정음)', 권수제에 '韻解(운해)'라고 된 점을 지적하고 원래의 서명은 '韻解(운해)'라고 보았다. 이상규(2014), 이상규·천명희(2018)는 새로운 필사본을 찾아내어 그 서명을 '邸井書(저정서)'라고 칭하였다. 이준환(2022: 209)은 권두서명에 따라 '韻解(운해)'라고 칭하였는데 이는 강신항과 같다. 이본에 따라 표지서명과 권두서명이 다른 경우가 있고, 이것이 연구자의 논저에 반영된 것이다. 필자는 권두서명을 따르는 것이 원칙이라고 생각하지만 본 장에서는 국어학계에서 써 온 관례에 따라 '훈민정음운해'를 취한다.

50 이 책의 내용 구성과 각 단위의 요지는 강신항(1992: 60-71)에 정리되어 있어서 좋은 참고가 된다. 신경준은 이 책에서『사성통해』계통의 한자음 음계를 표시할 수 있는

시한 「경세성음수도經世聲音數圖」와 「율려창화도律呂唱和圖」는 소옹의 이론을 이용한 운도이다.

신경준은 「훈민정음도해서訓民正音圖解敍」에서 말하기를, 세종이 지은 훈민정음의 예例는 반절법의 뜻을 취했고 글자 형상은 교역交易과 변역變易의 가일배법加一倍法을 본뜬 것[51]이라고 하였다. 그 예가 반절법의 뜻을 취한 것[其例取反切之義]이란 말은 훈민정음 음절자가 반절법처럼 한자음 표기 기능을 가지고 있음을 말한 것이다. 훈민정음을 한자음 표기와 관련지어 연구한 운학자의 관점이 이 말에 표출되어 있다. 또 우리나라에는 예로부터 써 온 속용문자가 있지만 그 수가 충분치 못하고 형상에 일정한 법도가 없어 부족함이 많음을 지적했는데, 그가 말한 속용문자는 이두를 가리킨다(이준환 2022: 212-213).[52]

신경준은 「상순설象脣舌」에서 혀와 입술의 움직임을 상형하여 초성자가 생성된 것이라는 상형설을 세웠다. 상형을 설명한 신경준의 「상순설」에서는 조음기관의 움직임이 자못 세밀하게 묘사되어 있다. 예컨대, 후음자 ㅇ은 목구멍이 둥글어 통함을 본뜬 것이고, 아음자 ㆁ은 어금니의 곧고 뾰족함을 본뜬 것이고, 설음 ㄴ은 혀가 말리었다가 펴지는 것을 본뜬 것이고, 치음 ㅅ은 이가 서로 이어져 있는 모양을 본뜬 것이고, 순음 ㅁ은 입술을 합친 모

운도 작성을 시도한 것으로 보인다(강신항 1992: 71). 『훈민정음운해』에 대한 연구사 정리는 조희영(2019b: 178-181)과 이준환(2022: 203-206)을 참고하기 바란다. 이 책의 이본에 대한 간략한 정리는 이준환(2022: 208)을 참고할 수 있다. 이 책의 편찬 목적을 바라보는 관점도 국어학계와 철학계 간에 다른 점이 있다. 신경준에 관한 최근 연구 논저를 알려 주신 이준환 교수님께 감사드린다.

51 我世宗大王製訓民正音, 其例取反切之義, 其象用交易變易加一倍之法. (訓民正音圖解敍)

52 이준환(2022: 213)은 『운해』 「종성해(終聲解)」의 {어사종성(語辭終聲)}에 신라의 이두에 관한 기술이 있고, '是乎(이온)', '等以(들로)', '爲白去乎(ᄒᆞᅀᆞᆸ거온)' 등의 예가 제시되어 있음을 들고 있다.

양을 본뜬 것이며,[53] ㅂ은 입술이 처음에는 열렸다가 도로 닫히는 모양을 본뜨고, ㅍ은 입술을 연 모양을 본뜬 것이라 했다. 「상순설象脣舌」에는 초성자의 자형이 조음기관의 움직임에 의거하여 만들어졌음을 다음과 같이 자세히 설명해 놓았다.

> ㅇ은 발음할 때 혀가 가운데 있고 입술이 약간 합해지는 모양을 본뜬 것이다. ㆁ의 꼭지 세로획은 발음할 때 혀를 조금 내미는 모양을 본뜬 것이고, ㄴ의 세로획 ㅣ는 ㄴ이 첫소리로 날 때 혀가 위에서 아랫잇몸에 닿음을 본뜬 것이고, ㄴ의 가로획 ㅡ는 ㄴ이 끝소리로 날 때 혀가 아래에서 윗잇몸에 닿음을 본뜬 것이다. ㅅ의 좌변 삐침(ノ)은 ㅅ이 첫소리로 날 때 입술이 조금 왼쪽으로 기울어지는[斜] 모양을 본뜬 것이고, ㅅ의 오른쪽 삐침(㇏)은 ㅅ이 끝소리로 날 때 입술이 조금 오른쪽으로 기울어지는[斜] 모양을 본뜬 것이다.[54]

초성자와 중성자의 상형 원리를 논하면서 신경준은 세 가지의 상형설(오행 상형, 발음기관 상형, 순설脣舌 작용 상형)을 세웠다. 발음기관 상형은 발음기관 자체의 형상을 본뜬 것이고, 순설 작용 상형은 발음기관의 움직임을 본뜬 것이다.[55] 신경준은 순설 작용 상형을 중성자에도 적용하여 다음과 같이 설명하였다.

---

53 此言象者, 直言脣舌之用也, 若以象形言之, 五音各象其形, 盖ㅇ者喉之圓通也. ㄴ者象舌之卷而舒也. ㅁ者象脣之方而合也. (훈민정음운해 상순설象脣舌)

54 이 내용은 이상규·천명희(2018: 350-353)의 원문과 번역문을 참고하여 필자가 다듬은 것이다.

55 이상혁(2004b: 134-137)은 신경준의 발음기관 상형을 크게 둘로 나누어 오행 상형과 발음기관 상형을 세우고 순설 작용은 발음기관 상형의 핵심이라고 보았다.

> ·를 발음할 때 혀가 조금 움직이고 입술은 조금 열리기에 그 소리가 지극히 가볍고 호흡 기운의 흐름이 지극히 짧다.[56] ㅡ는 혀가 평평하여 올라가지도 내려가지도 않으며 입술은 조금 열려 열지도 닫지도 않는다. ㅣ는 혀가 위에서 내려오고 입술은 조금 기울어진다. (훈민정음운해 중성해 「상형象形」)

이와 같이 중성음 조음동작을 묘사한 내용은 제자해의 중성음 묘사와 많이 다르다. 설축, 구축, 구장의 개념은 신경준의 글에 반영되어 있지 않다.

오음변성五音變成에서는 오음의 기본문자를 'ㅇㆁㄴㅅㅁ'으로 설정하고 이로부터 다른 낱자가 생성되는 과정을 설명하였다. 예컨대 궁지변자宮之變者에서 "ㅇ이 변하여 위에 ㅡ를 더하면 ㆆ이 되고, ㆆ이 변하여 위에 ㅡ를 더하면 ㅎ이 되며, ㅎ이 변하여 이를 나란히 놓으면 ㆅ이 된다."라고 하였다. 이와 같은 설명은 『훈민정음』 제자해의 가획법과 어느 정도 부합되는 것이나 신경준은 지나치게 역학易學적 견지에서 설명을 전개하였다(강신항 1992: 65).

신경준은 『훈민정음운해』 중성해中聲解에서 태극, 음양, 방위의 개념으로 중성자의 생성 과정을 설명했다. 또한 종성해終聲解 「상수象數」, 「입성入聲」, 「어사종성語辭終聲」 등에서 정음의 23개 초성자 중 8개가 종성자를 겸하고 있음을 논하였다. 초성자와 중성자에 대한 신경준의 정밀한 서술은 그가 문자의 형상과 발성 작용을 깊이 사색하고 이것을 역학과 관련지어 설명한 것이나, 해례본 제자해와 연관성을 보이는 표현은 없다.

---

56 중성자 ·를 설명하는 자리에서 ·를 나란히 놓은 ‥자를 예시하고 ‥는 소리가 더 무겁고[差重] 기운은 더 긴[差長] 소리라고 하였다. 또한 ‥는 방언의 'ᆢ돎'과 같은 낱말에 있음을 언급해 놓았다. '‥'자는 『훈민정음』 해례본에 언급된 ㅣ와 같은 음이며, 장응두(張應斗 1670~1729)가 일본 학인에게 그려 준 한글 음절표에 나타나 있다. 이는 장응두와 신경준의 학문적 연관성을 암시한다. 신경준의 학문에 대한 해설은 박태권(1976: 145-184)을 참고할 수 있다.

이준환(2022)은 신경준의 『훈민정음운해』 내용을 자세히 분석하였다. 신경준은 『황극경세서』를 바탕으로 당시 중국에서 유행하던 『음운천미音韻闡微』를 접하고 한어음에 일어난 변화를 고민했으며, 조선의 청淸에 대한 반발심 등으로 인해 『홍무정운』 한자음이 존숭된 분위기 속에서 복고적 한자음 표기[57]와 사호四呼의 분화와 현실음을 반영한 한자음체계를 구상하였음을 논하였다(이준환 2022: 297).

『훈민정음운해』에 대한 이준환(2022)의 연구 내용 중 『훈민정음』과 관련성을 가진 두 가지 사항을 발췌해 보면 다음과 같다. 첫째, 「중성해」 원도圓圖에는 "가운데의 ㅇ는 태극이고 태극이 움직이면 하나의 양陽이 생겨서 ㆍ가 된다. (이는) 하늘이 하나인 것을 본뜬 것이다."라는 내용이 있다. 이 설명은 『훈민정음』 제자해의 기술과 유사하다(이준환 2022: 243). 둘째, 최석정이 『경세훈민정음』에서 『훈민정음』에 나타난 자형과 같은 ᆝ와 ᆖ자를 사용했으나 신경준은 이 음가에 해당하는 중성자를 ··로 표기하였다. 이러한 차이를 두고 최석정은 『훈민정음』을 보았고 신경준은 보지 못했다고 추론할 수 있으나 ··자 표기를 근거로 해례본 참고 여부를 판단할 수 없다고 하였다(이준환 2022: 244-245). 신경준이 기술한 내용 중에는 『훈민정음』 해례와 유사한 것이 있으므로 이 문제는 신중한 접근이 필요하다고 하였다.

신경준의 『훈민정음운해』는 훈민정음에 대한 문자학적 연구이자 훈민정음을 이용한 운도 작성을 목적으로 한 것이며, 15세기의 성운학 연구를 계승한 것으로 평가받고 있다.[58] 그의 「상순설」은 『훈민정음』 제자해의 상형론을 더 발전시킨 것이라고 볼 수 있으나 상형의 내용에서 상호 간 이질성이

57 전탁음을 보존한 표기, 설상음의 부활, 입성을 유지한 한자음 표기, 양성 운미를 유지한 체계 등을 가리킨다.

58 최현배(1976: 290)는 "그는 음운학과 중국 역학(易學)에 정통한 이로서, (…중략…) 그의 제집 학문(自家學)에로 향한 학적 노작은 확실히 한글갈(正音學)의 중흥자이라 할 만하다고 생각한다."라고 신경준을 평했다.

큰 편이다. 신경준의 상형설은 『훈민정음』 제자해 초성자의 발음기관 상형과 다른 점이 많고, 중성자의 삼재 상형이나 설축, 구축 등과 연관된 기술도 『훈민정음운해』에서 찾을 수 없다.

그런데 오음의 기본문자(ㅇㆁㄴㅅㅁ)로부터 다른 낱자가 만들어지는 방식의 설명은 제자해를 참고했을 가능성을 가장 농후하게 보여 준다. 신경준이 세운 기본문자 ㆁ(옛이응 자형)은 제자해에서 기본자 ㄱ이 가진 문제점을 인식하여 가장 거세지 않은 음으로 바꾼 것일 수도 있다. 그러나 신경준은 훈민정음 자모자의 근본이 ㅇ에 있다고 보았기 때문에 아음의 기본문자로 ㆁ을 선택했을 것이다.

신경준의 『훈민정음』 해례편 이용 여부와 무관하게 그가 세운 훈민정음의 발음기관 상형설은 학문적 가치가 있다. 상형의 내용이 해례본의 상형론과 다르기는 하지만 과학자나 다름없는 신경준의 학문적 역량이 이루어 낸 독창적 성취임은 분명하다.

5) 『삼운성휘』(1751)의 「언자초중성지도諺字初中聲之圖」

홍계희가 지은 『삼운성휘』(1751)에 「언자초중성지도諺字初中聲之圖」라는 표가 그려져 있다. 안병희(1985b: 803)는 이 표가 "훈민정음, 훈몽자회, 그리고 민간의 반절표를 종합하여 이루어진 것"이라고 평했다. [그림 6]에서 보듯이 『삼운성휘』의 초종성통용팔자初終聲通用八字 'ㄱㄴㄷㄹㅁㅂㅅㆁ'은 『훈몽자회』의 자모 순서와 같고, 중성십일자中聲十一字 'ㅏㅑㅓㅕㅗㅛㅜㅠㅡㅣㆍ'도 역시 그러하다. 그러나 초성독용육자初聲獨用六字 'ㅈㅊㅌㅋㅍㅎ'은 『훈몽자회』의 초성독용팔자初聲獨用八字 'ㅋㅌㅍㅈㅊㅿㅇㅎ'에 비해, 그 개수와 배열 순서에 차이가 있다. 초성자 개수의 차이는 초성자 ㅿ이 소멸되고, ㆁ과 ㅇ의 자형 구별이 없어졌기 때문에 생겨난 것이다.

홍계희의 『삼운성휘』 「언자초중종성지도諺字初中終聲之圖」에는 '重中聲중

중성'과 '合中聲합중성'[59]이란 용어가 있다. 합중성은 『훈민정음』 제자해의 동출同出 합용법[60]의 변용이고, 중중성은 제자해의 ㅣ상합법[61]에 쓰인 ㅣ를 지칭한 용어이다. 홍계희가 만든 이런 용어가 『훈민정음』의 제자해와 직접 연결되는 것은 아니다. 『삼운성휘』에서 홍계희가 『훈민정음』 해례본을 보았다는 증거는 찾을 수 없다.

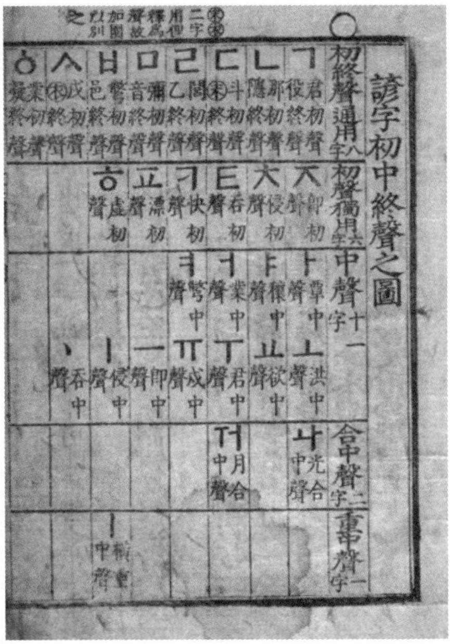

[그림 6] 『삼운성휘』(1751)의 「언자초중종성지도(諺字初中終聲之圖)」

59 홍계희는 『삼운성휘』(1751) 「언자초중종성지도(諺字初中終聲之圖)」에서 'ㅔ ㅐ ㅙㅟㅖ ㅒ' 등에 결합한 'ㅣ'를 '重中聲(중중성)'이라 불렀고, 'ㅘㅝ'를 '合中聲(합중성)'이라 칭했다.

60 二字合用者, ㅗ與ㅏ同出於·, 故合而爲ㅘ. ㅛ與ㅑ又同出於ㅣ, 故合而爲ㆇ. 〈정음해례 16a_6-7〉

61 一字中聲之與ㅣ相合者十, ㆎㅢㅚㅐ ㅟㅔ ㆉㅒ ㆌㅖ是也. 〈정음해례16b_3〉

6) 『훈음종편』(1751년 직후)의 「어제훈민정음전서」

이사질李思質(1706~1776)이 지은 『훈음종편』은 『삼운성휘』가 나온 1751년 직후에 저술된 것이며(유창균 1969/1982), 1935년에 간행된 『한산세고漢山世稿』 중 이사질의 문집인 「흡재고翕齋稿」에 수록되었다. 이 책은 『훈민정음』의 정음편을 이용하여 한자음 표기를 연구한 조선 후기 학자들의 학문적 관심과 같은 맥락에 놓여 있다.

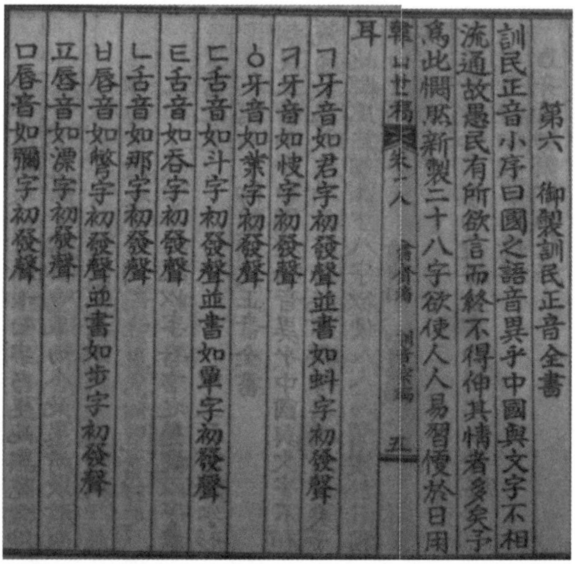

[그림 7] 『훈음종편』(1751년 직후 저술/1935년 간행)의 「어제훈민정음전서(御製訓民正音全書)」

이 책의 「어제훈민정음전서御製訓民正音全書」(5a-8a)에 해례본의 어제 서문과 예의를 옮겨 놓고, 본문의 중간중간에 글자를 낮추어 '臣謹按신근안'이나 '又按우안'[62]을 넣고 저자의 생각을 피력했다. 여기에 초성자, 중성자의 음가

62 '臣謹按(신근안)'은 '신이 삼가 생각건대', '又按(우안)'은 '또 생각건대' 정도로 번역된

와 병서법, 부서법 등에 대한 저자의 생각이 나타나 있다. 특히 치두음과 정치음의 구별을 위한 문자를 최세진의 오류로 간주하고 이 문제를 길게 논하였다(9a-10a). 그가 비판한 문장 중에는 "近日근일에 홍계희가 『삼운성휘』를 지으면서 최세진의 오류를 습용한 점은 가탄可歎스럽다."라는 표현도 보인다. 그러나 이 비판은 이사질의 오해에서 비롯된 것이다.[63] [그림 7]에 나온 내용으로 보아 이사질은 정음편의 예의를 참고하여 『훈음종편』을 지었음이 확실하다. 그러나 이사질이 정음해례편을 인용하거나 참고한 내용은 찾기 어렵다.

2.2. 19세기의 훈민정음 연구

1) 『언문지』(1824)의 초성례, 중성례, 종성례, 전자례

『언문지』는 유희柳僖(1773~1837)가 1824년에 저술한 것으로 그의 문집 초고본 『문통文通』 권19에 포함되어 필사본으로 전해졌다. 이 필사본을 김구경이 신활자본으로 간행한 것이 『교간유씨언문지校刊柳氏諺文志』이다. 이 책의 권두서명 '柳氏諺文志유씨언문지'에 이어 「초성례初聲例」가 나온다. 「초성례」에 광운 36자모표, 집운 36자모표, 운회 35자모표, 홍무정운 31자모표 등의 운서 자모표(1a-2b)가 제시되어 있다. 이어서 「훈민정음십오초성訓民正音十五初聲」(3a)에 15개 초성자 'ㄱㄴㄷㄹㅁㅂㅅㅇㅋㅌㅍㅈㅊㅎㅸ', 「정음통석십칠초성正音通釋十七初聲」(3b)에 17개 초성자 'ㄱㅋㆁ ㄷㅌㄴㄹ ㅈㅊㅅ ㅂ ㅍㅁ◊ ㅇㆆㅿ'이 제시되었으며, 「유씨교정초성이십오모柳氏校正初聲二十五

다. 논의 중인 의제(議題)에 대해 본인의 생각을 피력할 때 시작하는 말로서 학자들의 여러 글에 널리 쓰인 표현이다.

63 이사질은 치두음(ᄎ)와 정치음(ᅎ, ᄼ)의 구별도 주장했다. 이사질의 견해가 잘못된 것임은 김민수(1980: 166)에서 지적된 바 있다.

母」(4a)에서는 세로 행에 오음을, 가로 행에 청탁을 배치한 표가 나온다. [그림 8]에서 보듯이 초성 25자모표에는 전탁자 'ㄲㄸㅃㅉ'와 차전탁자 'ㅹㅆㆅ', 그리고 차전청자 'ㅸㅅㆆ'이 포함되어 있다.

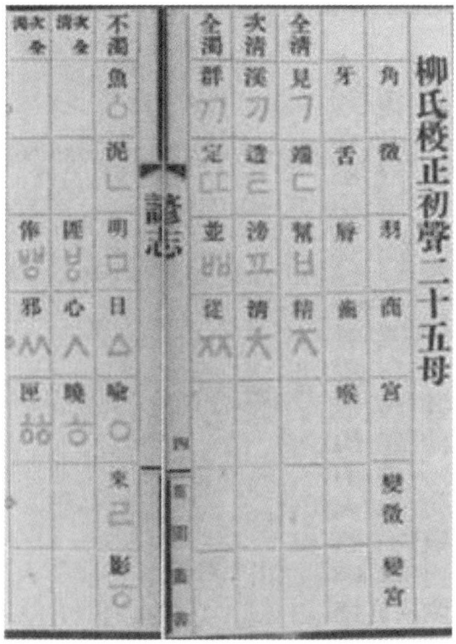

[그림 8] 『언문지』의 초성 25자모

「중성례」(12a)의 「정음통석중성십일형正音通釋中聲十一形」에 'ㅏㅑㅓㅕㅗㅛㅜㅠㅡㅣㆍ' 11자가 나와 있고, 「유씨교정중성정례십오柳氏校定中聲正例十五」에 'ㅏㅑㅘㆇㅓㅕㅝㆊㅗㅛㅜㅠㅡㅣㆍ' 15자가 제시되어 있다. 「종성례」(15a)의 「정음통석종성팔운正音通釋終聲八韻」에 'ㄱㄴㄷㄹㅁㅂㅅㆁ' 8자, 「유씨교정종성정례육운柳氏校定終聲正例六韻」에 'ㄱㄷㅂㆁㄴㅁ' 6자, 「종성변례일운終聲變例一韻」에 ㄹ을 각각 배정해 놓았다.

「전자례全字例」(21a-22a)에는 중성자 15개가 각각 초성자 25개를 취하므로 합계 375개 음절자가 산출되고, 이들이 각각 종성자 7개를 취하므로 합계

2,625개 음절자가 산출되며, 중성자 변례와 종성자 변례의 조합을 거쳐 산출되는 음절자 총수는 10,250자라고 계산되어 있다. 이 수치는 이른바 조합형 한글의 음절자 수(11,172자)에 가깝다.

『언문지』에는 자모자의 명칭이 달라진 부분이 있다. 초성자 이름은 'ㄱ其', 'ㄴ尼', 'ㄷ池', 'ㄹ梨', 'ㅁ眉', 'ㅂ非', 'ㅅ時', 'ㆁ異', 'ㅋ箕', 'ㅌ治', 'ㅍ皮', 'ㅈ之', 'ㅊ齒', 'ㅎ屎', 'ㅸ別'이고, 중성자 이름은 'ㅏ阿', 'ㅑ也', 'ㅓ於', 'ㅕ余', 'ㅗ吾', 'ㅛ要', 'ㅜ牛', 'ㅠ由', 'ㅡ應', 'ㅣ伊', 'ㆍ思'이고, 종성자 이름은 'ㄱ役', 'ㄴ隱', 'ㄷ末', 'ㄹ乙', 'ㅁ音', 'ㅂ邑', 'ㅅ衣', 'ㅇ凝'이라는 자모 명칭이 표시되어 있다. 『훈몽자회』「언문자모」의 초성자 명칭에서 종성자에 해당하는 한자를 분리하여 종성자 명칭으로 삼음으로써 모든 자모 명칭어를 단자單字로 통일하였다. 이 점은 『훈몽자회』「언문자모」의 전통을 이어받으면서 종성자 명칭을 독립시켜 새로운 변화를 시도한 것이라 평할 수 있다.

유희의 『언문지』는 최석정의 『경세훈민정음』, 신경준의 『훈민정음운해』와 함께 훈민정음의 음운체계를 운학과 관련지은 연구서이다. 『언문지』의 가치는 국어 음운사와 관련된 연구에 있다. ㆍ의 변화와 ㄷ구개음화에 대한 연구, 각자병서가 된소리 표기라는 주장, 조선 한자음에 된소리 음가는 '雙쌍'과 '喫끽'뿐이라는 관찰 등이 여기에 해당한다. 이러한 주제에 대한 유희의 기술은 국어 음운사 연구의 문을 연 업적이다. 그러나 『언문지』에 기술된 내용 속에 『훈민정음』의 정음해례편을 인용한 것은 없고, 이를 참고한 내용도 특정하기 어렵다. 유희와 같은 학자가 과연 『훈민정음』 해례본을 보지 못했을까? 의아스럽다.[64]

---

64 『언문지』에 대한 연구 중 시대가 비교적 앞선 것은 다음과 같다. 일찍이 김윤경의 「언문지에 대하여」(학등, 1931)와 이희승의 「언문지해제」(한글 5-1, 1937)가 나왔고, 단행본으로 간행된 연구서로 이탁의 「언문지」(조선어학회, 1940), 유창돈의 『언문지주해』(신구문화사, 1958), 조건상의 『해설 역주 언문지』(형설출판사, 1978) 등이 있다. 개별 논문으로는 최현배, 강신항, 김지홍, 정경일 등이 있다.

2) 『언음첩고』(1846)의 「훈민정음 발성십칠자 병성육자訓民正音 發聲十七字 竝聲六字」

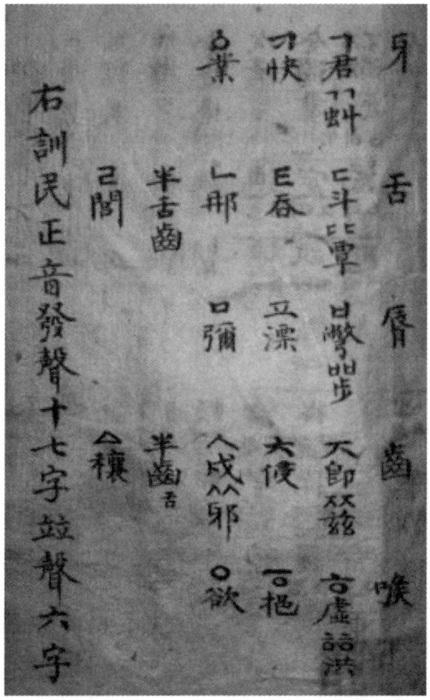

[그림 9] 『언음첩고』(하 21)의 훈민정음 자모표

『언음첩고諺音捷考』는 석범 조정순石帆 趙鼎淳(1791~1868)이 저술한 상하 2책의 필사본이다.[65] 제7장에 초성자 'ㄱㄴㄷㄹㅁㅂㅅㆁ'자가 자모자 명칭과 함께 제시되어 있다. 초성자가 11개 중성자와 결합하여 음절자가 되는 원리를 설명한 뒤 '가(그아)', '갸(기야)', '거(그어)', '겨(기여)', '고(그오)', '교(기요)', '구

65 『언음첩고』의 이본에는 장서각 소장본(구 안춘근 소장, 상하 합본 1책)과 국립중앙박물관 소장본(상하 2책)이 있다. 박철상(2010)은 두 이본의 내용을 비교하여 이 책의 저자를 밝혔다. 국립중앙박물관 소장본은 석범 조정순이 1846년에 서문을 쓰고, 완성한 후에 그의 동생 조동순과 조병직이 조정순의 원고를 정서하여 필사한 책이다. 이 책이 조병직의 아들 조건희(1841~1884)의 수중에 들어가, 조건희의 장서인이 찍히게 된 것이다(박철상 2010: 94).

(그우)', '규(기유)', '그(그으)', '기(기이)', 'ᄀᆞ(그ᄋᆞ)' 등의 방식으로 두 개 중성자를 합하여 하나의 음절자가 되는 예와 그 이름을 들어 놓았다. 제11장「언음첩고 목차諺音捷考目次」에 'ᄀᆞᄂᆞᄃᆞᄅᆞᄆᆞᄇᆞᄉᆞᄋᆞᄌᆞᄎᆞᄏᆞᄐᆞᄑᆞᄒᆞ', '녀뎌텨혀니디티히됴듀르', 'ㄷ終聲考ㄷ종성고'가 나와 있다. 이것은 해당 음절자를 가진 조선어 낱말을 예시한 순서이다. 하권 권말에는「訓民正音 發聲十七字 竝聲六字훈민정음 발성십칠자 병성육자」라 하여, 아설순치후음에 속하는 각각의 자모자와, 각 자모를 나타내는 성모자를 제시해 놓았다([그림 9] 참고). 초성자를 '發聲발성', 각자병서자를 '竝聲병성'이라 한 점이 독특하다. 이 책에서『훈민정음』의 정음해례를 인용한 것으로 보이는 내용은 찾을 수 없다.

3)『자류주석』(1856)의「훈민정음 자모도」

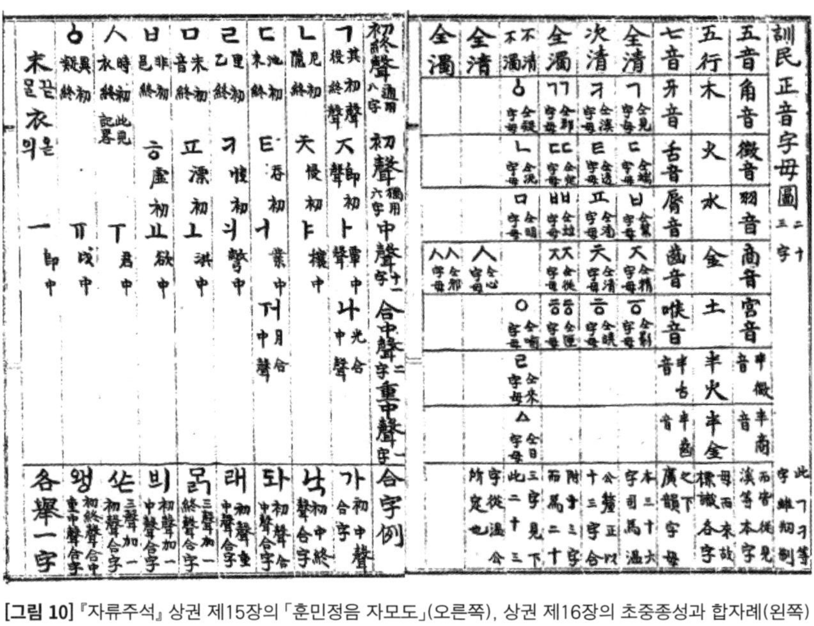

[그림 10]『자류주석』상권 제15장의「훈민정음 자모도」(오른쪽), 상권 제16장의 초중종성과 합자례(왼쪽)

『자류주석字類註釋』은 정윤용鄭允容(1792~1865)이 65세 때(1856) 저술한 건곤 2책의 필사본이다.[66] 『훈몽자회』의 3,360여 자를 10,800여 자로 대폭 늘려 한자를 유별로 나누어 음훈과 주석을 붙인 한자 자전이다. 이 책의 제15장 앞면에 [그림 10](오른쪽 사진)과 같이 「훈민정음 자모도」를 제시했다. 이 자모도는 훈민정음의 초성체계를 오음, 오행, 칠음, 청탁을 기준으로 도식화한 것이다. 이 자모도는 훈민정음 자모자로 한자음 표음체계를 세우려 한 것이며, 이는 앞에서 본 여러 학자들의 공통적 관심사였다. 그리고 『삼운성휘』의 「언자초중성지도諺字初中聲之圖」의 내용을 빌려 와 [그림 10](왼쪽 면)과 같은 표를 작성해 놓았다. 이어서 초성과 중성의 합음자 행렬을 세 면에 걸쳐 표로 제시해 놓았다. 이 표들은 선행 저술을 참고하여 정윤용 본인의 생각을 곁들여 그려 낸 것이다.

정윤용은 훈민정음이 반절을 대신하여 한자음 표기에 사용된 점을 중시하여, 훈민정음을 이용한 한자음 표기 체계를 연구했다. 치두음과 정치음을 구별하기 위해 ᄼ, ᅎ 계열의 초성자를 여러 번 언급하였으며, 한자음의 와오訛誤를 바로잡을 수 있는 훈민정음의 장점을 칭송하였다. 훈민정음의 5성 7음 체계가 천하의 모든 글자, 모든 소리[萬字萬音만자만음]와 통할 수 있고, 반절로는 불가능한 것을 훈민정음으로 다 해낼 수 있으며, 간단하고 쉬움이 천지의 이치를 얻은 문자인지라 천하에 통용될 수 있다고 말했다.

멱남본覓南本 하책下冊 말미 84장부터 111장까지 부록을 붙여 「언문반절」, 「훈민정음자모도 이십삼자」, 「초종성통용팔자」,「초성독용육자」, 「합중성이자」, 「광운자모도」, 정동유의 『주영편』 중 한글에 관한 것 등을 싣고

---

66 『자류주석』에 대한 아래의 설명은 성원경(1996)과 신상현(2009)을 참고한 것이다. 성원경(1996: 2)에 의하면 『자류주석』은 규장각본 건곤 2책, 멱남본(김일근 소장본) 건곤 2책이 전하고 있다. 멱남본은 정윤용이 65세 되던 해에 직접 쓴 친필본이라 한다. 건국대 출판부에서 1974년에 이 책의 영인본을 낸 바 있다. 신상현(2009: 208-216)에도 『자류주석』의 구성과 주요 내용이 소개되어 있다.

정윤용 본인의 의견을 첨가해 놓았다.[67] 예컨대 부록의 '諺文反切언문반절' 항목에서 "훈민정음은 반절을 대신한 것이어서 세속에서 '반절'이라 칭하는 것과 같으며, 그 쓰임이 반절로 시작되었다. 또 언문으로 우리말[方言방언]을 번역하였으니 훈민정음은 동음東音의 근본이다."[68]라고 하였다. 신숙주의 「홍무정운역훈 서序」에 "用訓民正音以代反切용훈민정음이대반절"이란 표현이 나오는바(성원경 1996: 157), 정윤용이 이를 보고 "訓民正音以代反切훈민정음이대반절"이라고 쓴 듯하다.

「정음문견기략正音聞見記略」이란 논설에는 "훈민정음은 속칭으로 언문이라 한다. 부인에서 하천배에 이르기까지 많이 쓰이니 굴러쓰임으로 인한 잘못됨이 많아 비록 해박한 선비라 해도 정음 자모의 본의를 아는 자가 드물다."[69]라고 말하였다.[70] 이어서 세종이 신숙주에게 명하여 편찬한 『사성통고』의 구본舊本은 세상에 전해지는 것이 없어서 구해 보지 못하였으며, 비부장서祕府 藏書에 혹시 있을 수 있음을 언급하였다. 같은 글 속에 "세종이 훈민정음을 만드셨다.[世宗製訓民正音]"라는 구절도 나오지만 『훈민정음』이란 책에 대한 언급은 없다. 훈민정음의 치두음과 정치음 구별 등의 한자음 문제를 『사성통고』 및 『홍무정운』과 관련지은 논술이 길게 이어져 있으나 『훈민정음』 해례편과 관련된 내용은 찾을 수 없다.[71]

---

67 이에 대한 해설은 성원경(1996: 157-160)을 참고하기 바란다.

68 訓民正音以代反切 而俗猶稱反切 以其用始反切也 又謂諺文以方言俚之釋以知也 正音是東音之本. 〈자류주석 부록 언문반절〉

69 訓民正音俗稱諺文 多爲婦人及下賤所用以致轉輾訛誤 雖博雅之士鮮有知正音字母之義者. 〈자류주석 부록 정음문견기략〉

70 언문은 하천배가 쓰는 것이고, 해박한 선비도 정음 자모의 본뜻을 아는 자가 드물다고 한 정윤용의 말에는 19세기 중엽의 양반층이 인식한 훈민정음의 사회적 위상이 나타나 있다.

71 앞으로 운학에 밝은 연구자의 통찰이 『자류주석』의 논설에 가해진다면 새로운 사실을 찾아낼 수도 있을 것이다.

4) 『동문자모분해』(1869)의 자모도

강위姜瑋(1820~1884)가 지은 『동문자모분해東文字母分解』는 필사본이며, 연세대학교 중앙도서관의 한결 김윤경 문고에 소장되어 있다(이지영 2016a: 208).[72] 이 책에 실린 「동문삼십오자모도東文三十五字母圖」는 '初聲十六字초성십육자'와 '中聲十一字중성십일자'가 결합하여 만들어내는 음절자들을 표로 나타낸 것이다.[73] 초성자의 순서는 'ㆁㆆㄱㄲㅋㅅㅆㄴㄷㄸㅌㄹㅁㅂㅃㅍ'이고, 중성자의 순서는 'ㅏㅑㅓㅕㅗㅛㅜㅠㅡㅣㆍ'이다. 종성자의 순서는 'ㄱㄴㄷㄹㅁㅂㅅㅇ'이고, 이른바 딴이는 제외되었다. ㅅ 아래에 "ㅅ 시의 今作ㅣ"라고 해 놓았는데(이지영 2016a: 219) 이것은 ㅅ자를 딴이와 같은 것으로 잘못 생각한 결과이다.[74] 『동문자모분해』가 거둔 연구 성과로 초성, 중성, 종성을 합하여 음절자를 생성하는 6개 유형[75]을 세운 것과 초성 6음의 독특한 상형설(김민수 1981: 143)을 들 수 있다. 강위의 『동문자모분해』는 유희의 『언문지』와 함께 한글 문자체계를 학술적으로 천착한 훈민정음학 연구서이다. 그러나 『동문자모분해』에도 『훈민정음』 해례본을 인용하거나 이용했음을 보여 주는 흔적은 찾을 수 없다.

---

72 이지영(2016a/2016b)은 『동문자모분해』의 소재를 밝혔으며, 이 책과 내용이 유사한 『동문화자집음(東文華字集音)』(서울대 일사문고)을 찾아내었고, 두 책을 비교하여 공통점과 차이점을 밝혔다.

73 김민수(1981: 153-162)에 「동문삼십오자모도(東文三十五字母圖)」, 「동문삼십오자모분해(東文三十五字母分解)」 사진을 비롯하여 합음자의 각 유형을 예시한 음절자 사진이 제시되어 있다. 권재선(1986)은 이 책의 내용, 완성 연대, 작자 등의 문제를 논했다.

74 이 점은 김민수(1981: 145)에서 이미 지적된 바 있다.

75 初聲中聲二合音(CV), 初聲中聲終聲三合音(CVC), 初聲中聲中聲三合音(CGV), 初聲中聲中聲終聲四合音(CGVC), 初聲中聲中聲終聲終聲五合音(CGVCC), 初聲中聲中聲終聲終聲終聲六合音(CGVCCC)이 그가 세운 6개 유형이다. 이지영(2016a: 221)에는 모두 7개 유형이 나타나 있으나 '初聲中聲中聲終聲終聲五合音'(CGVCC)이 두 번 중복되어 있다. 강위의 저술 『東文集音(동문집음)』을 분석한 이지영(2016b: 297-298)에는 『東文集音(동문집음)』의 표기 유형 7가지('初聲中聲二合音', '初聲中聲終聲三合音', '初聲與二中聲三合音', '四合音', '五合音', '六合音', '初聲與二終聲三合音')를 들고 각 유형의 표기례를 소개했다.

5) Yi Ik Seup(이익습李益習)의 「The Alphabet(Panchul)」

이익습의 「The Alphabet(Panchul)」[한글자모(반절)]은 『The Korean Repository Ⅰ』(1892년 10월호)에 수록된 글이다. H. B. Hulbert의 티베트문자 기원설을 비판한 이익습은 발음기관 상형설을 주장하면서 상형의 내용을 영문으로 묘사하였다. 이상현·두르소(2016: 639)의 표에 정리된 상형의 내용을 그대로 인용하면 다음과 같다.(표 안의 한자음은 필자가 붙인 것임)

〈표 1〉 이익습이 영문으로 표현한 발음기관 상형설의 내용(이상현·두르소 2016: 639에서 인용함)

해당 글자	이익습의 설명	『훈민정음』「제자해」
ㄱ	a picture of the open jaws pointed toward the back teeth [인용자: 어금니를 가리키는 열린 입의 모양]	象舌根閉喉之形 (상설근폐후지형)
ㄴ	the tongue falls the roof of the mouth in the shape [인용자: 입천장에 떨어지는 혀의 모양]	象舌附上腭之形 (상설부상악지형)
ㅅ	(picturing) the front teeth[앞니 모양]	象齒形(상치형)
ㅁ	the shape of lips[입술 모양]	象口形(상구형)
ㅇ	a picture of open throat[열린 목구멍 모양]	象喉形(상후형)

이익습이 영문으로 표현한 문장은 『훈민정음』 제자해에 기술된 발음기관의 움직임을 상당히 근사近似하게 번역한 것처럼 보인다. ㄱ의 조음동작을 묘사한 "a picture of the open jaws pointed toward the back teeth"에는 'root of tongue(舌根설근)'이 빠져 있고, '閉喉폐후'[목구멍을 막음]가 "pointed toward the back teeth"로 표현된 점이 제자해와 다르다. '목구멍'이 'back teeth(어금니)'로 표현되어 있지만 양자의 위치는 가깝다. ㄱ의 조음동작을 영문으로 표현한 이익습의 문장은 '象舌根閉喉之形상설근폐후지형'의 본뜻을 살려 낸 것이라고 할 수 있다. '象상'과 'picture'의 대응도 주목을 끈다.

ㄴ의 조음동작을 묘사한 "the tongue falls the roof of the mouth in the shape(입천장에 떨어지는 혀의 모양)"은 제자해의 '象舌附上腭之形상설부상악지형'을 의역한 듯한 번역이다. '上腭상악'[윗잇몸]을 'roof of the mouth'으로,

'附부'를 'fall'로 번역하였다. 〈표 1〉에서 fall을 '떨어지다'로 번역해 놓았으나 이를 '닿다'로 번역하면 제자해의 '象舌附上腭之形상설부상악지형'과 같은 뜻이 된다. 이런 점으로 보아 이익습이 "the tongue falls the roof of the mouth in the shape"라고 번역한 것은 제자해의 '象舌附上腭之形상설부상악지형'의 본뜻을 잘 살린 번역이라 할 수 있다. 특히 'ㄴ'의 조음동작을 "the end of tongue against the front part of the palate(혀 끝을 경구개硬口蓋에 갖다 대어)"라고 표현한 부분은 '象舌附上腭之形상설부상악지형'과 비슷한 영문 표현이다(이상현·두르소 2016: 639). ㅅ을 "(picturing) the front teeth"로 표현한 것은 제자해의 '象齒形상치형'과 동일하다. ㅁ을 "the shape of lips"로 표현한 것은 제자해의 '象口形상구형'과 같고, ㅇ을 "a picture of open throat"로 표현한 것은 '象喉形상후형'과 완전히 일치한다.

이익습의 이와 같은 영문 표현에 나타난 발음기관 상형설은 『훈민정음』 제자해의 기술과 완전히 일치하지는 않지만 이익습이 제자해를 본 것이 아닌가 하는 생각이 들 정도로 비슷하다. 그러나 이상현·두르소(2016: 639)에서 언급되었듯이, 이익습은 자신의 전거 문헌 자료를 구체적으로 밝히지 않았고, 단지 "선조(fathers)로부터 배운 것"이자 또한 조선의 지식층이 공유한 통념에 의거한 것이라고 말했을 뿐이다. 이러한 한계가 있지만 이익습의 발음기관 상형설과 그가 영문으로 표현한 조음동작과 발음기관에 대한 내용은 『훈민정음』 제자해의 내용에 가장 가깝다. 앞에서 보았듯이 신경준이 『훈민정음운해』에서 발음기관 상형설을 주장하고 초성(ㆁㄴ 등) 발음의 조음기관 움직임을 묘사한 한문 문장이 있으나 이익습이 영문으로 묘사한 것과 비교해 보면 제자해의 내용에서 아주 멀어져 있음을 알 수 있다.

6) 『국문정리』(1897)의 「자모와 궁상각치우 분음 규식」

이봉운李鳳運이 지은 『국문정리』는 갑오개혁 3년 뒤에 목판본으로 간행된 책이다. 개혁 집단과 수구 세력이 갈등하던 개혁와 변화의 격랑 속에서 국문 정리의 시급함을 깨달은 이봉운은 과거의 성운학 기반 연구서와 다른 내용의 책을 저술했다.

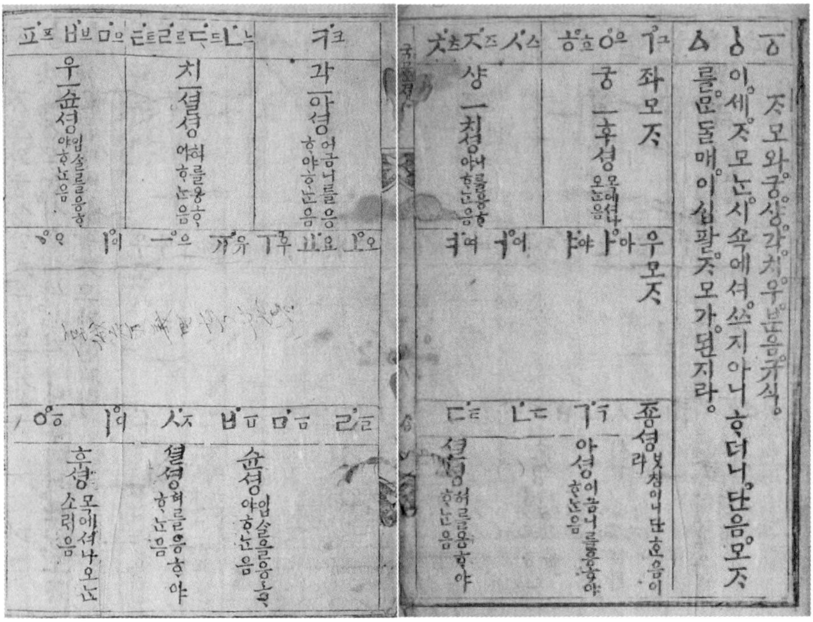

[그림 11] 『국문정리』(1897)의 「자모와 궁상각치우 분음 규식」

[그림 11]은 이봉운이 국문의 자모자를 궁상각치우 오성五聲 및 아설순치후 오음五音체계에 분속시켜 그린 표이다. 이봉운은 초성자를 '좌모ᄌᆞ左母字', 중성자를 '우모ᄌᆞ右母字'라 이름 붙였다. 이런 명칭어는 전에 없던 것이다. '가'와 같은 음절자에서 ㄱ은 왼쪽에 있으니 좌모자라 불렀고, ㅏ는 오른쪽에 놓이니 우모자라고 부른 것이다. [그림 11]에 나타나 있듯이 ㄱ을 '후셩喉聲'에 넣고, ㅋ은 '아셩牙聲'에 넣어 놓았다. 그러나 '죵셩終聲' 항의 ㄱ은 '아셩'에 들어가 있다. ㄱ과 ㅋ의 이런 처리는 이봉운이 『훈민정음』 예의의 오

음 분류체계를 정확히 알지 못했음을 뜻한다.

『국문정리』에는 이봉운 나름대로 국문과 국어를 연구한 내용이 서술되어 있다. 「자모 규식」, 「장음 반절 규식」, 「단음 반절 규식」, 「외이 받침 규식」, 「언어 장단 규식」, 「문법론」, 「문법말 규식」, 「탁음 규식」, 「어토 규식」, 「새 언문 규식」 등의 항목으로 구성되어 있다. 이런 연구 내용 중 정음해례를 참고하거나 인용한 것은 찾을 수 없다.[76]

2.3. 훈민정음에 대한 운학 연구의 주요 내용

16~17세기 조선의 유학자에게 『훈민정음』이란 책은 매우 귀하여 보기 힘든 것이었다. 1678년에 간행된 활자본 『배자예부운략』 하권 끝에 「훈민정음」이란 제하에 정음편(어제 서문+예의)이 실림으로써 훈민정음 문자체계의 전모를 보다 쉽게 접할 수 있게 되었다. 그리하여 『열성어제』, 『경세훈민정음』, 『훈음종편』 등에 세종 어제 서문과 예의가 전재되었다. 이들은 예의가 이용된 대표적 문헌이다.

『삼운성휘』와 『훈민정음운해』 등의 나머지 문헌에는 예의가 전재되어 있지 않지만 이들 역시 예의의 자모 분류체계를 이용하여 한자음 표음체계를 연구한 학술서이다. 해례본 정음편의 예의에 기술된 오음 분류체계와 자모자의 운용 원리(합자법 등)를 한자음 표기 체계 연구에 이용한 것이다.

그러나 1446년에 목판본으로 간행된 『훈민정음』 특히 해례[五解]의 영향은 조선 후기 학자들의 저술에 드러나 있지 않다. 제자 원리를 설명한 정음해례의 내용이 후대의 성운학 연구 혹은 훈민정음 연구와 뚜렷한 관련성을 가짐

76 이봉운이 『국문정리』에서 주장한 주요 내용과 이에 대한 평가는 김민수(1987: 200-211)를 참고하기 바란다.

에도 불구하고 정음해례를 인용한 사례가 없다. 『훈민정음』 제자해의 내용은 역리론과 관련된 운학 연구에도 도움이 될 만한 것인데, 조선 후기 운학서에 제자해 내용이 언급된 것이 없다. 훈민정음 관련 운학을 가장 깊이 연구한 최석정과 신경준의 저술에도 정음해례편을 인용하거나 보았다는 언급이 없다.

『배자예부운략』 하권 권말에는 부록으로 「황극경세성음도」가 수록되어 있고, 최석정(1646~1715)이 지은 「예부운략 후서禮部韻略後序」가 실려 있다. 이 후서에서 최석정은 "신이 또한 생각건대, 세종대왕께서 어제하신 훈민정음은 곧 이른바 諺文언문으로서, 聖王성왕께서 제작하신 오묘한 것이니 실로 卦畫괘화 및 書契서계와 더불어 그 功用공용이 같습니다. 그러나 세상에 刊本간본이 없고 전하는 것도 매우 적습니다.[而世無刊本 傳者絶少]"라고 하였다(김동준 2012: 316). 최석정도 『훈민정음』 해례본을 보지 못한 듯한 어감을 풍기고 있다.

발음기관 상형설을 상세하게 표현한 신경준의 『훈민정음운해』에서도 정음해례를 인용한 부분이 없다. 신경준이 말한 발음기관 상형설은 제자해에 기술된 상형과 내용 차이가 크다. 신경준은 훈민정음의 초성자와 중성자를 원도圓圖 상형과 순설脣舌 상형으로 설명했다. 그러나 이준환(2022)의 연구에서 밝혀졌듯이 비슷한 점도 발견된다. 신경준의 『훈민정음』 해례본 이용 여부는 더 깊은 연구가 필요하다.

운학의 도구로서가 아니라 훈민정음 자체(혹은 조선어음)를 연구 대상으로 삼은 학술서로는 유희의 『언문지』가 있다. 이 책은 훈민정음에 대한 본격적 연구라는 점에서 학술사적 의미가 크다. 다른 운학자들의 연구가 한자음 표기 체계 수립을 위해 정음 자모를 음성 부호로 이용하는 방법을 연구한 것이라면, 『언문지』는 자모자의 음운변화를 비롯한 훈민정음의 역사적 연구라는 점에서 차별성을 가진다. 유희와 같은 박통博通한 지식인이 『훈민정음』을 보지 못했을 리가 없다는 생각이 들지만, 『언문지』에서 『훈민정음』 해례를 인용한 내용은 찾을 수 없다.

지금까지 필자가 검토 대상으로 삼은 문헌은 몇 개를 제외하고 대부분 훈민정음의 자모자를 이용하여 한자음 표기 체계를 세우기 위한 운학서이다. 앞에서 검토한 연구서 이외에도 황윤석의 「자모변字母辯」(이재유고頤齋遺藁 권26 잡저雜著 수록, 1829), 황윤석의 「운학본원韻學本源」(이수신편理藪新編 수록, 1774),[77] 이덕무의 「앙엽기盎葉記」(청장관전서 권54-61 수록), 정동유[78]의 『주영편晝永編』(1806), 박경가의 『사칠정음운고四七正音韻考』(1835)[79]와 『동언고東言考』(1836), 노정섭의 「광견잡록廣見雜錄」(1885), 권정선의 「정음종훈正音宗訓」(1906)과 「음경音經」 등은 성운학적 관심과 함께 훈민정음에 대한 문자학적 고찰을 포함하고 있다. 이러한 학술 연구에 담긴 성운 이론과 문자론은 『훈민정음』과 15세기의 운서 편찬 및 운학 연구를 관련지은 것이나 『훈민정음』의 정음해례를 인용한 내용은 찾아보기 어렵다.

3. 마무리

해례본의 내용 단위는 어제 서문, 예의, 해례(5해1례), 정인지 서문 등 네

---

77 황윤석의 「화동방언자의해」와 「운학본원」에 대한 연구는 박태권(1976: 187-207)을 참고하였다. 「자모변」과 「운학본원」의 내용에 대한 간략한 소개는 김민수(1980: 169-170)를 이용하였다.

78 본 장에서 정동유의 『주영편』은 언급하지 않았다. 정동유의 아들 정우용이 『훈민정음』을 애타게 찾은 점으로 보아 정동유 역시 『훈민정음』을 보지 못하고 『주영편』을 지었을 것이다. 정동유(鄭東愈)는 『언문지』를 지은 유희의 스승이다. 그는 훈민정음과 같은 문자가 중국 고대에 있었더라면 당시의 '字音(자음)'이 천만 대까지 전달될 수 있었을 것이라고 말했다. 정동유는 또한 사잇소리가 종성 같으면서도 종성이 아닌 '影音(영음)'(ㆆ)이라는 새로운 설을 제시했다(김민수 1980: 172-173). 정동유와 『주영편』에 대한 연구로 조성산(2005), 김양진(2009), 정승철(2010), 이종묵(2010) 등이 있다.

79 그의 저서 『사칠정음(四七正音)』(상하 2편)은 화동음(華東音) 겸용의 운서 편찬을 목적으로 한 것이다. 권6에 수록된 「언자설(諺字說)」에 중국의 반절을 '華諺(화언)', 조선의 정음을 '東諺(동언)'으로 구별하고, 화언(華諺)은 서역에서 온 것이고 동언(東諺)은 세종이 종률(鐘律)을 본떠 만들었다고 하였다(김민수 1980: 175-176).

개로 나뉜다. 이 중에서 해례를 제외한 세 개는 세종실록(1446.9.28)에 수록되어 있다. 세조 대에 문과 초장初場의 시험 과목으로 『훈민정음』이 언급된 이후에 이 책을 이용했다는 기록이 없다.

『배자예부운략』(1678) 권말에 어제 서문과 예의가 수록되었고, 이어서 『열성어제』(1682)에도 같은 내용이 실렸다. 조선왕조실록의 마니산사고본을 보수하던 과정에서 세종실록을 열람할 수 있었고, 실록에 있는 훈민정음 관련 내용이 알려지면서 『열성어제』와 『배자예부운략』에 실리게 된 것이다(김주원 2013a).

세종실록에 수록된 해례본 정음편(어제 서문과 예의)은 『배자예부운략』, 『열성어제』, 『경세훈민정음』 등에 수용되는 등 후대 문헌에 인용되어 일정한 영향을 미쳤다. 어제 서문과 예의는 후대의 몇몇 문헌에 인용되어 있으나, 정음해례(5해1례)의 내용은 조선 후기 성운학자들의 연구서 속에서 인용된 사례가 없다. 최석정의 글에 '訓民훈민'이란 명칭이 인용되어 있지만 인용된 내용이 정음해례의 것은 아니었다. 신경준의 『훈민정음운해』에는 『훈민정음』 해례와 연관된 부분이 있어서 그가 해례본을 보았을 가능성이 있다. 또 남극관의 『몽예집』에 정인지 서문을 인용하고 이를 비판한 내용이 있다. 이는 남극관이 정인지 서문을 보았음을 말한다. 정인지 서문은 『국조보감』에 실려 있어서 이것을 참고했을 수 있다. 그런데 남극관이 '諺文詳略二本언문상략이본'을 설명하면서 '훈민정음'이란 책을 언급하고 있는 점으로 보아 남극관은 해례본을 보았던 듯하다.

19세기 말에 쓴 이익습(Yi Ik-seup)의 영문 논설에는 훈민정음 자형의 기원을 발음기관 상형으로 설명한 내용이 있다. 이익습이 제자해 내용을 참고한 것처럼 그 내용이 『훈민정음』 제자해에 기술된 것과 유사하다. 그러나 이익습이 전거 자료를 명시하지 않아서 그가 『훈민정음』을 이용했다고 단정할 수 없다.[80]

80 이익습의 정체가 밝혀지고 그의 행적을 알게 된다면 이 문제의 실마리를 찾을 수도 있

조선 후기의 훈민정음은 운학에 관심을 가진 소수의 학자들의 학문적 연구 대상이었다. 그러나 조선 후기 학자들의 저술에 나타난 내용에 정음해례편 특히 제자해를 인용한 사례는 전혀 없고, 그 내용을 활용했음을 보여 주는 명백한 증거도 찾을 수 없었다. 이 글에서 필자는 이러저러한 궁리를 하여 『훈민정음』이 희귀하게 된 까닭을 설명해 보았으나 여전히 미진한 점이 남아 있다. 최석정, 신경준, 정동유, 이덕무, 유희, 이규경과 같은 대학자들의 글에서 『훈민정음』의 정음해례편(5해1례)을 인용한 증거를 찾지 못하였다. 제자해에 서술된 내용은 언어와 문자에 관심을 가진 학자들에게 소중한 것임에도 불구하고 이 내용에 대한 언급이나 인용이 없다는 점이 참으로 의아하다. 최석정 등이 과연 『훈민정음』 해례본을 보지 못한 것인가? 정우용이 해례본을 보려고 그렇게 애쓸 만큼 이 책이 귀하게 된 또 다른 연유緣由가 있는 것인가? 해례본을 중간重刊해 내면 백성을 위해 훈민정음을 만든 세종의 뜻이 널리 알려지게 되고, 세종의 뜻을 계승하지 못한 신하들의 불충함이 드러나는 것을 두려워한 것인가? 김슬옹(2020: 392)의 말처럼 조선의 지배층이 해례본을 "암묵적 금서"로 만든 것인가? 필자가 생각하기에 양반층이 의도적으로 "암묵적 금서"로 만들려고 했다기보다, 언문을 경시한 양반층이 해례본을 언문 서적으로 간주하여 이 책의 중간重刊에 아예 무관심했다고 표현하는 것이 더 적실的實한 듯하다.

『훈민정음』의 학술적 가치와 문화사적 영향력은 1940년에 이용준·김태준·전형필의 손을 거쳐 간송본이 출현한 후에 극적으로 부활하였다. 수백 년 동안 묻혀 있던 『훈민정음』 해례본의 가치가 세상에 널리 알려지게 된 부활이었다.

을 듯하다.

종장

요약과 통합적 해석

이제『훈민정음의 문화중층론』을 마무리할 단계에 이르렀다. 마무리를 겸하여 미래를 위한 제안에 바쳐진 종장終章은 4개 소절로 구성되었다. 종장 1절에서는 제1부, 제2부, 제3부, 제4부에 걸쳐 고찰한 내용을 간략히 요약한다. 종장 2절에서는 본론에서 거론된 훈민정음 창제 전후의 사건, 정책, 서적 편찬을 종합 정리하고 그 의미를 논한다. 종장 3절에서는 이 책에서 행한 연구 결과 중층위 간 연계가 가능한 논점을 적출하여, 이를 통합적 관점에서 해석한다. 통합적 해석은 연구를 통해 얻어 낸 주요 성과 간의 상호 연계성을 포착하여 그 의미를 밝히는 일이다. 종장 4절은 통합적 해석에 대한 마무리 말과 훈민정음 연구의 미래를 위한 제안이다. 디지털 정보화라는 큰 흐름에 인공지능 시대의 물결이 겹쳐지고 있는 오늘날의 시점에서, 훈민정음을 포함한 한글 문화자원 연구의 새로운 도약을 위해 〈한글문화유산 데이터베이스〉라는 국가 프로젝트를 제안하면서 이 책을 마무리한다.

1. 논구 성과의 요약

서장, 제1부, 제2부, 제3부, 제4부에서 논구論究하여 얻어 낸 성과를 각 장별로 주요 사항 중심으로 요약하면 다음과 같다.

서장序章에서는 문화중층론의 이론적 맥락을 설정하기 위해 문자와 텍스트 연구에 대한 동서양 학계의 두 가지 측면을 논하였다. 하나는 훈민정음을 포함한 문자문화를 바라보는 동서양 학계의 관점에 대한 고찰이다. 음성언어야말로 언어의 본질적 존재이고 문자는 음성언어를 시각적 존재로 전환하는 이차적 수단이라고 간주해 온 서구 학계의 오래된 흐름을 소개하고, 문자의 위상을 중시하고 문자 연구의 의의를 새롭게 인식하려는 변화가 독일에서 문자언어학을 중심으로 전개된 사실을 검토하였다. 음성언어를 시각화한 문자언어는 부차적 존재가 아니라, 인간이 이루어 온 지적 성취를 기록하고 보존함으로써 인류 문명 발전의 매체로 기능한 것이라는 인식의 변화를 살펴보았다.

문화중층론의 이론적 맥락을 설정하기 위한 또 하나의 접근은 소쉬르의 구조주의 언어학이 지닌 방법론적 한계와 이를 극복한 해석학에 대한 고찰이다. 소쉬르의 구조주의는 언어의 정태적 체계와 구조 분석에 치우쳐 언어 사용자의 담화 행위를 연구 대상에서 제외한 문제점을 안고 있었다. 구조주의의 한계를 극복하려는 리쾨르의 해석학은 소쉬르의 구조주의 이론을 수용하여 연구 방법론의 기초로 삼고, 여기에 언어 행위와 사회 환경 등의 언어 외적 요소를 고려한 해석학의 방법론을 결합하였다. 필자는 소쉬르의 구조주의 이론과 해석학을 결합한 리쾨르의 이론을 수용하였다. 이러한 연구 방법론에 기초하여 문헌 『훈민정음』과 문자 훈민정음에 문화중층론을 적용하기 위한 관점을 세웠다.

이어서 문화중층론을 훈민정음에 적용할 때의 층위별 연구 내용을 설정하였다. 내용에 따라 달라질 수 있는 연구 방법을 명료히 드러내기 위해, 문헌『훈민정음』과 문자 훈민정음의 생성 과정을 행위 주체, 행위 목표, 결과물, 사용자로 나누어 그 과정을 표로 그리고 각 과정에서 적용되는 연구 방법을 정립하였다. 서장 말미에서는 본 연구에서 특정적으로 사용하는 주요 용어를 표에 담아 종합하였다.

제1부 제1장에서는 선행 연구를 참고하여『훈민정음』해례본의 외형 구조와 서지 사항을 정리하였다.『훈민정음』해례본의 장정에 나타난 중층성, 특히 긴 세월을 겪어 오면서 누적된 침안의 중층 현상을 간송본과 상주본을 비교하여 정밀하게 분석하였다. 해례본 간행 당시의 침안을 4침안으로 보는 견해와 5침안으로 보는 견해 두 가지를 제시하고, 각각의 장단점을 논하였다. 이 과정에서 침안 흔적을 분석하여 침안 위치를 표시한 여러 개의 그림을 제시함으로써 시각적 인지도를 높였다.

『훈민정음』권두의 낙장된 두 장을 복원하려면 반드시 알아내야 하는 권두서명 문제를 자세히 고찰하고, 정음편의 권두서명을 '訓民正音훈민정음'으로 보아야 하는 근거 여섯 가지를 제시했다. 낙장된 부분에 포함된 병서행 줄바꿈 문제를 해결하기 위해 해례본 텍스트 내의 줄바꿈 현상을 정밀하게 분석하였다. 이 작업을 통해 병서행을 붙여 써야 한다는 내적 증거 네 가지와 외적 증거 두 가지를 제시하여, 병서행 붙임설이 옳음을 논증하였다.

이어서 훈민정음 창제 직후 세종이 써서 주변 사람들에게 보였다고 하는 '약게예의略揭例義'의 내용을 한자음 안案(28자 안)과 고유어 안(27자 안) 두 가지로 재구성해 보았다. 한자음 안 약예의의 재구성은 세종실록의 창제 기사 및『훈민정음』의 예의에 기술된 내용을 근거로 하였고, 고유어 안은 세종실록의 창제 기사 및『훈민정음』용자례의 고유어를 근거로 재구성하였다. 약예의의 재구성은 훈민정음의 최초 원본을 밝히는 것이라는 점에서 중요한 의의를 갖는다.

제1부 제2장에서는 훈민정음 언해본의 외형 구조와 서지 사항을 정리하고, 언해본 텍스트의 구성 단위와 행 구분이 갖는 의미, 언해본에 나타난 정음자의 서체 변화, 언해본의 작성 주체와 번역 과정 등을 논하였다. 훈민정음 언해본의 텍스트 구성 단위를 정음현토, 정음표음, 정음주석, 정음번역과 같이 네 가지로 나누고, 언해본 문장의 번역 과정을 설명하였다. 세조의 명으로 행해진 『능엄경언해』의 번역 과정에 비추어 훈민정음 언해본의 번역 과정 및 참여자의 역할을 고찰하고, 이에 대한 필자의 생각을 논술하였다.

훈민정음 해례본과 언해본의 서지적 고찰을 두 개 장으로 나누어 책 머리의 제1부에 배치한 까닭은 이것이 문헌 『훈민정음』 연구의 기초이면서 제2부 이하의 논의로 나아가기 위한 토대이기 때문이다.

제2부에서는 『훈민정음』 해례본과 훈민정음 언해본에 투영된 언어문화 요소를 분석하고 이것이 가진 의미를 논하였다. 제2부 제1장에서는 해례본에 나타난 정음 자모자의 특성과 자소字素 설정 문제, 음가 예시용 한자의 특성, 자모자의 배열 순서와 후대에 전개된 변화 양상을 고찰하였다. 정음자로 표기된 조선어 어휘 123개를 부류별로 나누어 검토하고, 이 어휘들은 자급자족 경제 시대였던 15세기 조선의 생활문화를 반영한 것이라고 해석하였다.

훈민정음 문자체계는 한자와 파스파문자 등 주변국의 문자에 없는 운소 표시법(방점법)을 갖추고 있다. 훈민정음 28자 문자체계와 방점법을 함께 만든 것에는 하나의 음절 단위가 반드시 성조를 가져야 한다는 인식, 정음 사상에 바탕을 둔 올바른 성음 표기 의식, 창제 당시의 서울말에 존재한 운소를 인지하고 이를 정확히 표기하려는 태도 등이 작용했다고 보았다. 문자를 창제하면서 운소 표시법까지 만든 것은 세계 문자사에서 유례가 없는 일이었다.

제2부 제2장의 논의는 『훈민정음』 텍스트의 한자 사용 빈도가 훈민정음 제자 원리와 관련된 점을 중시하여 한자의 사용 빈도와 제자 원리의 상관성을 밝히는 데 초점을 두었다. 해례본 텍스트에 쓰인 한자의 종수種數는 728자이다. 이 중에서 빈도 20회 이상 나타나는 한자가 51자이다. 음성학 및 성운학의 한자, 음양오행과 삼재론 등 성리학 관련 한자의 사용 빈도가 높다. 성운학과 문자학 등 문자 창제 및 제자 원리와 관련된 한자의 빈도는 높으나 악률 관련 한자의 빈도는 낮다. 한자(어) 빈도에 대한 해석은 종장 2.3절 3)항에서 자세히 논할 것이다.

제2부 제3장에서는 언해본에 나타난 중국어와 조선어의 인식 양상, 언해본의 우리말 문장에 나타난 문법 범주와 표현, 언해본의 문체, 성운학 및 합자법 관련 용어의 번역 양상, 언해본에 나타난 사잇소리 표기 체계의 이론 지향적 특징과 이 체계의 고안자 등에 대해 고찰하였다. "내 ᄒᆞ숩시논"에는 문장의 주어가 일인칭 '나'임에도 불구하고 객체경어법(겸양법) '-숩-'과 주체경어법 '-시-'가 결합되어 있다. "내 ᄒᆞ숩시논"은 주어가 '세종'인 문장에 '-숩시-'가 쓰인 것이며, 언해문 번역자가 가진 세종에 대한 겸양 의식과 문장 주어에 대한 존대 의식이 함께 작용하여 생성된 것이라고 해석하였다. "내 ᄒᆞ숩시논"은 문장 내의 통사적 요소뿐 아니라 언해문을 작성한 번역자의 관점까지 작용한 결과이다.

훈민정음 언해본에서 사잇소리의 표기는 고도의 이론 지향적 특징을 보여 준다. 언해본 작성자는 선행어의 종성자가 가진 음성학적 특성에 따라 사잇소리를 구별하여 표기했다. 이 사잇소리 표기는 음성학과 음운론에 대한 깊은 지식과 체계성을 보여 준다. 필자는 종성부용초성 규정과 사잇소리 표기가 공통적으로 지닌 이론 지향적 특성을 고려하여, 사잇소리 표기법을 고안한 분이 세종이라고 판단하였다. 언해문에서 "國·귁之징語:엉音흠·이"와 "異·잉乎홍中듕國·귁ᄒᆞ야" 사이에 행 구분을 둔 것은 황제가 있는 명나라에 대한 글경어법이 반영된 것이라고 보았다.

제3부는 문화중층론의 특정문화 층위에 해당하며, 필자가 제안한 문화중층론의 지향점을 가장 충실하게 드러내 보인 장으로 구성되어 있다. 제3부에서는 훈민정음의 제자론을 다음 네 가지 관점에서 논하였다. 훈민정음 제자의 작업 단계와 제자론의 상관성, 훈민정음에 내재된 보편적 가치와 그 의미, 훈민정음에 녹아든 융합 요소의 분석과 그 해석, 『훈민정음』에 기술된 제자론에 대한 비판적 관점이 그것이다.

제3부 제1장에서는 네 가지 관점을 적용하기에 앞서 훈민정음 창제의 바탕이 된 세종 대의 학문 연구를 고찰하였다. 세종실록에 나타난 『성리대전』의 도입·간행·배포·연구 과정을 정리하고, 훈민정음 제자론에 작용한 성리론을 포괄적 차원과 제자 원리의 차원으로 나누어 고찰하였다. 제자해 서두의 태극론과 제자해 말미의 원형이정元亨利貞 순환론은 포괄적 차원에서 작용한 성리론이고, 삼재론·음양론·오행론·생성론 등은 중성자와 초성자의 제자 원리로 작용한 것임을 논했다. 이어서 15세기 중엽의 성운학 연구와 조선어음 분석의 수준을 파악하기 위해 『동국정운』·『홍무정운역훈』·『동자습』 등의 서문과 『사성통고』의 범례를 분석하였다. 그리하여 세종과 측근 학자들은 성운학에 대한 높은 연구 수준에 도달하였고, 이러한 연구가 『훈민정음』 해례본에 반영되어 있음을 논하였다. 이어서 외래 문자학의 수용과 훈민정음에서 이루어진 창의적 변용을 논하였다. 세종실록에 기록된 전서篆書 학습과 몽골문자 학습, 『통지通志』의 영향 등을 고찰하고, 세종은 한자학 등 외래 문자학에 대한 이해를 바탕으로 象상, 合합, 加가 등의 제자 원리를 창의적으로 변용해 냈음을 밝혔다.

제3부 제2장에서는 훈민정음 창제의 작업 단계를 크게 세 단계로 설정하고, 각 단계와 제자 원리를 관련지어 고찰하였다. 본격적 논의에 앞서 제자

론에 적용된 성리론이 제자 작업을 한 후에 이론적 윤색을 위해 덧붙여진 것이라고 보는 견해와, 성리론이 제자의 근본 바탕이라고 보는 견해를 비교 검토하였다. 필자는 주역 기반 성리론 중에서 삼재론, 음양론, 오행론, 생성론 등은 창제 작업이 진행되던 단계에서 제자 원리로 작용한 것이라는 논거 여섯 가지를 제시했다. 이러한 논의에 따라 훈민정음 제자를 마친 후 해례본 편찬 단계에서 이론적 포장을 위해 성리론을 문자체계에 덧붙인 것이 아니라고 보았다. 훈민정음 창제자는 제자 단계에서 오행론을 오음과 상관 지어 사유했으며, 말소리에서 음양과 오행의 이치를 찾아내어 이를 바탕으로 훈민정음 문자체계를 창안해 낸 것이라고 결론지었다.

이어서 훈민정음의 작업 단계 전체와 제자 원리를 상호 관련지은 표(이 책의 485쪽)를 작성하였다. 창제 작업의 제1단계인 제자 단위 설정 단계, 제2단계인 제자 단계, 제3단계인 운용법 규정 단계를 각각 설정하고, 각 단계에서 이루어진 작업 내용과 여기에 적용된 제자 원리를 일목요연하게 보여 주는 표를 작성하였다. 필자는 훈민정음의 창제 주체와 그가 행한 작업 단계에 초점을 두고, 각 단계에서 작용한 제자 원리를 이 표에 담았다. 아무 기록도 남아 있지 않은 훈민정음 창제의 작업 단계를 재구성할 수 있는 것은 『훈민정음』 해례본에 제자 원리가 자세히 기술되어 있기 때문이다. 해례본에 기술된 제자 원리를 토대로 음성 분석을 거쳐 문자를 제정하는 일반적 과정을 염두에 두고 훈민정음 제자 작업 단계를 재구성해 본 것이다. 필자의 이러한 시도는 훈민정음 창제 작업의 각 단계와 단계별로 적용된 제자 원리를 상호 관련지어 고찰함으로써 훈민정음에 대한 이해를 심화시킬 수 있다.

제3부 제3장에서는 훈민정음에 작용한 융합 요소를 분석하여 융합성의 관점에서 훈민정음의 제자 원리를 종합적으로 해석하였다. 해례본 텍스트에 근거하여 초성자, 중성자, 종성자의 제자론에 결합한 융합 요소를 분석

해 냈고, 그 결과를 표에 담아 정리하였다. 융합 요소의 출처를 성리학, 성운학, 문자학, 독창적 제자론으로 나누어 분류하고, 여기에 담긴 의미를 해석하였다. 융합 요소들은 영역 간 상호 교차하면서 제자론에 작용하였다. 예컨대 삼재론은 음절 삼분법, 중성 기본자의 글자꼴 만들기, 종성부용초성 규정에 교차 적용되었다. 종성부용초성 규정에는 삼재론뿐 아니라 파스파 문자의 삼분법과 차자법의 종성 분리 표기 전통이 융합되어 있다고 보았다. 이러한 해석을 통해 훈민정음 제자론에 융합된 독창성을 다음 네 가지로 파악하였다.

①초성과 중성의 기본자를 먼저 만들고, 가획과 합성의 방법을 적용하여 이를 확장해 간 점.

②조음위치와 조음방법에 따라 초성의 음가를 분석하고, 발음기관의 움직임과 그 형상을 상형하여 초성자 자형을 만든 점.

③설축·성심·구축·구장이라는 용어를 만들어 중성의 음가를 기술하고, 중성 기본음 세 개를 선정한 점.

④중성 기본음을 자형화하면서 天地人천지인 삼재의 형상으로 중성 기본자를 만들고, 이 기본자를 합성하거나 합용하여 다른 중성자를 만든 점.

제3부 제4장에서는 민주성·과학성·철학성이라는 보편 가치가 훈민정음에 태생적으로 내재되어 있음을 논하고, 이들이 가진 의미를 과거와 현재 그리고 미래에 비추어 해석하였다. 훈민정음에 내재된 보편 가치가 한국인의 과거 역사에서 어떻게 작용했고, 오늘날 우리의 삶에서 어떻게 작용하고 있으며, 미래시대에 어떤 의미를 가질 수 있는지를 논구하였다. 논구의 결과와 이에 대한 통합적 해석은 종장 3절에서 베푼다.

제3부 제5장에서는 『훈민정음』 해례본에 기술된 제자론의 문제점을 비판적 관점에서 논하였다. 아음의 기본자 설정에서 최불려最不厲의 원칙을 이탈하여 전청음 ㄱ을 기본자로 설정하게 된 성운학적 배경을 논하고, 최불

려 원칙을 지키지 않음으로써 생겨난 가획 단계의 불균형에 대해 논하였다. 아음에서 최불려 음 ㆁ을 기본자로 삼지 않은 것에는 ㆁ이 어두에 올 수 없는 분포 제약도 작용했다고 보았다. 치음의 기본자 설정에서도 최불려 원칙을 지키지 않았으며, 최불려 음 ㅿ을 기본자로 삼지 않은 것에도 ㆁ처럼 어두 분포 제약이 작용한 것으로 보았다. 그러나 치음 계열에는 ㅅ계 음과 ㅈ계 음이 있어서 아음 계열 제자에서 발생한 가획 단계의 불균형을 피할 수 있었다. 이어서 후음의 기본자 설정과 후음 계열의 상관성을 검토하고, 후음 계열 'ㅇ:ㆆ:ㅎ' 내의 음성적 관계가 순음 계열(ㅁ:ㅂ:ㅍ) 및 설음 계열(ㄴ:ㄷ:ㅌ)의 내적 관계(유성비음:무성파열음:유기파열음)와 같지 않다는 점을 논하였다. 해례 종성해에서 ㆁ:ㄱ, ㄴ:ㄷ, ㅁ:ㅂ, ㅿ:ㅅ, ㅇ:ㆆ을 각각 완:급의 대응짝으로 설정하고, 후자(ㄱ, ㄷ, ㅂ)를 각각 느리게 발음하면 전자(ㆁ, ㄴ, ㅁ)가 되고, 전자를 각각 촉급히 발음하면 후자가 된다고 한 기술은 음성학적으로 타당하지 않음을 지적하였다. 이 점은 완급緩急 개념을 과잉 적용한 것이라고 보았다.

제4부에서는 훈민정음 창제의 사회문화적 특성을 논하였다. 제4부 제1장에서는 세종시대의 정치와 훈민정음 창제의 배경을 고찰하고, 세종시대의 민생정치와 훈민정음 창제의 관련성을 논하였다. 세종은 조선의 제4대 국왕으로서 국가 제도를 정비하고 학술 연구를 크게 진작시켰다. 민생 안정을 위해 북방 국경에 사군육진을 개척하였으며, 민생을 위한 농서와 의약서를 편찬했고, 훈민을 위한 교화서를 편찬했다. 세종이 펼친 정책들은 민생·편민·훈민이란 세 낱말로 요약된다. 훈민정음은 세종이 꾸준히 지향해 온 민생 정책 혹은 편민 정책이 마지막으로 결실을 맺은 걸작이라 할 수 있다.

제4부 제2장에서는 훈민정음 창제 주체에 대한 논란이 여전히 계속되고 있는 점을 고려하여 친제설과 (친제)협찬설의 타당성을 논하였다. 이를 위

해 창제 주체와 관련된 문헌 기록을 종합 정리하고, 그 내용을 분석하여 각 자료가 가진 신뢰도를 수치로 계량화하는 방법을 도입하였다. 그 결과 친제설이 압도적으로 우세한 수치를 보였다. 조선이 왕조시대라는 점을 내세우며 세종 친제설을 말한 사료의 기록을 믿지 않고, 창제의 이면에 숨은 그 무엇을 상정想定하여 이를 '추론적 논거'로 제시하면서 (친제)협찬설을 주장하는 견해가 있어 왔다. 필자는 이른바 '추론적 논거'라는 것이 근거 없는 가정에 지나지 않음을 논하였다. 친제설과 (친제)협찬설이 갈려 있는 현 상황을 극복하는 길은 친제의 내용 범위를 규정하고, 그 내용을 밝혀 이를 근거로 친제 여부를 판단하는 것이다. 친제의 내용 범위를 규정하기 위해 필자는 세종실록의 훈민정음 창제 기사를 정밀하게 분석하였다. 그 결과 여기에 담긴 내용(28자 체계, 음절 삼분법, 합자법 등)만으로도 세종 친제가 성립함을 논증하였다. 집현전의 언문팔유는 세종의 교시를 받아 정음해례편을 편찬함으로써 세종을 협찬하였다. 필자가 내린 결론은 친제설이다.

제4부 제3장에서는 훈민정음 창제 목적에 관한 여러 주장을 음미한 후 가장 타당한 창제 목적이 무엇인지 고찰하였다. 훈민정음 창제 목적을 정립하기 위해 관련된 문헌 기록 열세 가지를 자세히 고찰하고, 그 결과를 표에 담아 요약하였다. 분석한 결과를 창제 목적과 용도 확장에 따른 효용성으로 구별한 표로 전환하여 다시 작성하였다. 여기서 설정한 창제 목적 네 가지는 조선어 표기, 편민, 훈민, 한자음 표기(교정 한자음 표기+한어음 표기)이다. 그러나 이 넷의 비중과 그 위상은 서로 같지 않다. 창제 목적 간의 비중과 위상차를 표현하기 위해 창제 목적 개념도(이 책의 863쪽)를 그려서 제시했다. 이 그림에서 '조선어 표기'라는 창제 목적이 압도적 위상을 차지하고, 한자음 표기는 일부 자리를 점유하고 있다. 제3장의 말미에서 창제 목적의 실현 여부에 대한 필자의 생각을 덧붙여 이것이 갖는 역사적 의미를 평가하였다.

제4부 제4장에서는 최만리 등의 언문 반대 상소문에 대한 텍스트 분석을 통해 상소문에 내포된 정보를 드러내고 그 의미를 해석하였다. 최만리의 상소문에 제시된 6개 항의 주장 요지와 주장의 근거를 간추려 표로 정리하고, 상소문의 핵심 주장을 요약하였다. 최만리 등의 상소문에서 가장 중점을 둔 비판 대상은 이두문서를 정음문서로 대체하려는 세종의 개혁 정책이었다. 운서 번역 사업을 비판하기도 했으나 이는 이두문서의 정음문서 대체에 대한 비판보다 그 비중이 훨씬 낮다. 상소문 및 세종의 처결 기사를 자세히 분석하여 열 가지 정보를 찾아내고 각각의 의미를 논하였다. 최만리 등을 불러 세종이 한 말 중에서 김문이 지난번[前此]에는 정음 창제를 찬성했다는 사실과, 세종 본인이 늘그막에 책을 벗하여 훈민정음을 만들었다고 말한 사실은 특히 중요한 의미를 갖는다. 전자는 정음 창제가 세종의 '비밀 프로젝트'가 아니라 '개인 프로젝트'임을 뜻하고, 후자는 세종이 당신 스스로 훈민정음을 친제했음을 밝힌 말이기 때문이다. 필자는 최만리 등의 상소문을 학문적 측면에서 엄정하게 평가해야 한다고 강조하고, 상소자들이 말한 뜻을 살린 '언문 반대 상소'를 상소문의 명칭으로 삼았다. 세종은 당신이 갖춘 학문적 역량과 왕권을 적절하게 행사하여 최만리 등의 반대를 극복하였고, 훈민정음의 창제와 반포에 성공하였다. 그러나 최만리 등이 강하게 반대한 이두문서의 정음문서 대체는 세종 사후에 더 이상 추진되지 않았다. 이두문서는 19세기 말기까지 지속적으로 사용되었다. 이 점에 있어서는 최만리로 대표되는 양반 지배층이 세종을 이긴 것이라 할 수 있다.

제4부 제5장에서는 『훈민정음』 해례본이 교육적으로 어떻게 활용되었으며(1절), 해례본의 정음편과 정음해례편의 내용이 조선 후기 학자들의 학술적 연구에 어떻게 이용되었는지(2절)를 논하였다. 세종의 명으로 이서배들에게 정음자 교육이 이루어졌고, 세조 대에는 성균관의 문과 초장 시험에 『훈민정음』이 부과되었다. 이서배에 대한 정음자 교육에는 세종이 지은 약예의

가 이용되었고, 성균관생들에게는 『훈민정음』 해례본이 이용되었을 것이라고 추정하였다. 『훈민정음』 정음편이 실린 『배자예부운략』(1678), 『경세훈민정음』(1678), 『열성어제』(1682)를 검토하고, 정음편이 조선 후기 학자들에게 미친 영향을 살펴보았다. 이들 문헌에 정음편이 실리게 된 계기는 마니산사고본의 보수 작업을 하면서 세종실록을 보게 된 사실에 있다. 최석정은 이 일에 관여하여 『훈민정음』 정음편의 내용을 접하였다. 남극관의 문집 『몽예집』에는 『훈민정음』이란 서명을 언급한 내용과 정인지 서문을 비판한 내용이 있다. 해례본이 극귀한 책이 되어 버린 조선 후기에 책 『훈민정음』을 언급한 남극관의 글은 매우 희귀한 사례이다. 필자는 정우용이 『훈민정음』을 애타게 찾아다닌 편지를 인용하고, 이 책이 극귀한 책이 되어 버린 까닭을 네 가지로 추론해 보았다.

이어서 훈민정음에 대한 조선 후기 학자들의 학문적 연구 성과를 17~18세기와 19세기로 나누어 검토하고, 이들이 연구한 주요 내용을 파악하였다. 해례본의 정음해례편 특히 제자해의 내용은 성운학 연구에 중요한 내용임에도 불구하고 조선 후기 학자들의 연구서에 관련 내용을 인용한 사례가 없다. 신경준의 『훈민정음운해』가 해례편에 가장 근접한 내용을 담고 있으나 그가 정음해례편을 보았다고 단정하기 어렵다. 검토한 여러 글 중에서 19세기 말기에 이익습(Yi Ik-seup)이 영문으로 쓴 논설문에 훈민정음 자형의 기원을 발음기관 상형으로 설명한 내용이 있다. 이 내용이 제자해의 기술과 가장 근접한 것이나 이익습이 참고한 자료를 명시하지 않아 그가 『훈민정음』을 이용했다고 판단할 수 없다. 『훈민정음』 해례본의 진정한 가치는 1940년에 간송본이 출현한 이후부터 제대로 드러났고, 이때부터 학술·문화적 영향력이 크게 발휘되었다.

2. 훈민정음 창제 전후의 사건·정책·서적 편찬에 대한 종합적 해석

이 책의 여러 장[1]에서 훈민정음 창제와 반포, 이와 연관된 사건, 관련 서적 편찬 등에 대해 논하였다. 훈민정음 창제 및 반포 전후에 일어난 사건들, 훈민정음 관련 정책, 훈민정음을 이용한 편찬 사업 등을 묶어서 연대순으로 배열하고, 그 요지를 정리하면 〈표 1〉과 같다.

〈표 1〉 훈민정음 창제 전후에 일어났던 사건과 서적 편찬 사업의 종합

건명	연대	요지	관련 인물	비고
1. 김화의 살부 사건과 효행록 편찬	1428.9.27	진주 사람 김화가 아비를 죽인 사건이 일어나 효행록을 편찬케 함	세종·허조	동년 10월 3일에 대책을 의논하여 효행록 편찬을 결정함
2. 농사직설 반포	1429.2.6 1430.2.14	육조 당상관에게 농서 1질을 하사함 농사직설을 여러 도의 감사와 관리들에게 반포함	세종·정초(鄭招)	고을 수령이 백성들에게 구두로 농법을 가르치라는 전지를 내림(1432.3.15, 1437.2.15)
3. 향약구급방 간행	1427.9.11	향약구급방을 충청도에 보내 간행케 함	세종·황자후	
4. 향약채취월령 간행	1431.12	세종 10년(1428)에 직제학 유효통·노중례·박윤덕이 편찬하여 세종 13년(1431) 12월에 간행함	세종·유효통 등	토산 약초명을 이두로 표기함. 향약초의 채취 시기를 널리 알려 민생을 돌보려 함
5. 향약집성방 간행	1433.6.11 1433.8.27	향약집성방 원고를 완성하여 전라도와 강원도에서 분간(分刊)함	세종·권채 등	세종 15년(1433) 6월에 원고를 완성하고, 8월에 간행함
6. 한문본 삼강행실도 간행	1434.11.24	백성들에게 효제를 가르칠 책을 간행함	변계량·설순	김화의 살부 사건에 대한 대응책으로 간행한 것
7. 용비어천가 편찬을 계획함	1442.3.1	용비어천가를 짓고자 태조가 운봉에서 왜구를 소탕한 일(1380.9)을 조사하여 기록하게 함[2]	전라도 관찰사	기사 뒤에 임금이 이 전지를 내린 까닭이 용비어천가 편찬에 있음을 밝혀 놓음
8. 훈민정음 창제	1443.12.30	세종이 훈민정음을 창제함	세종	훈민정음의 탄생

---

1 제1부 제1장, 제3부 제1장, 제4부 제1장과 제4장 등.

2 傳旨慶尙·全羅道觀察使: 洪武十三年庚申九月, 倭寇成群下陸, 侵掠其界. 我太祖整率部伍, 直到雲峯, 一擧掃除, 神功偉烈, 不可不傳於後世也. 其軍馬之數·制敵之策·接戰次數·陷敵施爲, 必有及見之人, 卿於道內諸郡散居故老之人, 廣行訪問, 詳書以

건명	연대	요지	관련 인물	비고
9. 세종의 약게예의	1443. 겨울	세종이 훈민정음을 창제하시고 간략한 예의를 지어 보임	세종·정인지	『훈민정음』(1446)의 정인지 서문에서 1443년 겨울의 일을 적은 것임
10. 운회 번역을 명함	1444.2.16	세종이 운회 번역을 명함	최항·박팽년·신숙주·이선로·이개·강희안	훈민정음을 이용한 한자음 번역 사업을 시작함. 감장(監掌) 역: 동궁·진양대군·안평대군
11. 최만리 등이 언문 반대 상소를 올림	1444.2.20	최만리 등 7인이 운회 번역과 이두의 언문 대체를 반대하며 언문 반대 상소를 올림[3]	세종·최만리·신석조·김문·정창손·하위지·송처검·조근	이보다 앞서 세종이 김문 등에게 훈민정음 창제에 대한 의견을 물어본 적이 있음. 정창손은 삼강행실도를 번역 간행해도 풍속 교화에 도움이 안 된다고 말함
12. 신숙주와 성삼문이 요동에 가서 운서음을 질문함	1445.1.7	신숙주와 성삼문이 통사(通事) 손수산을 대동하고 요동에 가서 황찬에게 운서음을 질문함	신숙주·성삼문·손수산·황찬	홍무정운 번역을 1445년 1월경에 시작한 듯함
13. 용비어천가 10권을 지어 올림	1445.4.5	용비어천가 본문 가사 및 주석문이 완성되어 판각을 명함	권제·정인지·안지 등	정음 가사 125장을 완성함
14. 정간보를 이용한 신악 창제	1445.9.23 1446.6.4	신악 봉래의를 창작함 정대업·보태평·발상을 창작함	세종·박연 등	이보다 앞서 세종은 국가 의례에서 조선 음악을 연주해야 함을 여러 차례 말한 적이 있음
15. 훈민정음 완성과 반포	1446.9.29	『훈민정음』 해례본이 완성되어 이를 반포함	세종·정인지·최항·박팽년·신숙주·성삼문·강희안·이개·이선로	정음편은 세종, 정음해례편은 정인지 등 8인의 저술
16. 세종이 언문서를 써서 신하들이 보게 함	1446.10.10 1446.10.13	세종이 대간의 죄를 책망한 언문서를 써서 신하들이 보게 함	세종·의금부와 승정원 관리·수양대군·정창곤·하연·환관 김득상	대자암 불사를 비판한 대간을 나무라는 글을 세종이 정음으로 지어 수양을 통해 신하들에게 보임
17. 언문청이 이미 설치되어 운영됨	1446.11.8	언문청은 사람 출입이 많아서 태조실록을 비치하기에 부적합함		언문청은 이미 설치되었음 설치 시기는 미상
18. 이과(吏科)와 이전(吏典)의 취재(取才) 때 훈민정음을 부과함	1446.12.26	이서(吏胥) 선발 시험에 훈민정음 시험을 부과하되 합자할 줄 아는 수준이면 합격하게 함	세종	세종이 이조에 전지(傳旨)를 내려 명함. 공식적 절차를 거친 것

啓. 時上方欲撰《龍飛御天歌》, 故乃下此傳旨. (세종 24년 3월 1일 기사)

3 최만리 등을 하옥하였으나 다음 날 바로 풀어 주었다. 정창손은 파직하고, 말을 바꾼 김문은 국문하여 장(杖) 1백 대를 속(贖)바치게 하는 처벌을 내렸다(안병희 2004).

건명	연대	요지	관련 인물	비고
19. 함길도 및 각 관아 이과(吏科) 시험에 훈민정음을 부과함	1447.4.20	이전(吏典) 취재 시험에 언문 시험을 부과하여 합격한 자에게 다음 시험에 응시하도록 조치함[4]	세종	세종이 이조에 전지(傳旨)를 내려 명함. 공식적 절차를 거친 것[5]
20. 동국정운의 완성[6]과 반사(頒賜)[7]	1447.9.29 1448.10.17	1447년 9월에 원고를 완성하고, 1448년 10월에 반사(頒賜)함	세종·편찬 참여 신하	책을 나누어 주면서 이미 익숙해진 본국 속운이 있으나 억지로 가르치지 말고 가르치는 사람의 뜻에 맡기라고 세종이 하교함
21. 용비어천가를 간행함	1447.10.16	용비어천가 550본을 간행하여 군신에게 하사함	세종·군신	간행 완성
22. 석가보 증수(增修)를 명함	1446.12.2	세종이 김수온에게 『석가보(釋迦譜)』의 증수를 명함	세종·김수온	『석가보』 증수(增修)는 『석보상절』 편찬과 연관된 것
23. 석보상절 간행	1447.7.25 1448.8	1447년 7월 편찬을 완료하고[8] 1448년 8월 이전에 간행함	세종·소헌왕후·수양대군·김수온	소헌왕후의 명복을 빌기 위함 이보다 앞서 김수온에게 『석가보』 증수(增修)를 명함
24. 월인천강지곡 간행	1447	세종이 『석보상절』을 받아 보고 지은 것이라고 함	세종	소헌왕후의 명복을 빌기 위함
25. 사서 번역을 명함	1448.3.13 1448.3.28	김문에게 사서 번역을 명함[9] 상주목사 김구를 불러들여 사서를 언문으로 번역하게 함	세종·김구	김문이 갑자기 죽어서 김구를 불러들임 김구도 번역을 완성하지 못하고 죽음
26. 정음청 폐지	1452.11.2	단종 즉위년에 수양대군의 건의에 따라 정음청을 혁파[罷正音廳]함	단종·수양대군	정음청의 공식적 폐지
27. 홍무정운역훈 완성	1455.2.16	세종 때부터 요동을 왕래하며 진행했던 한어음 번역 사업이 완료됨	세종·신숙주·성삼문·조변안·김증·손수산	신숙주가 쓴 「홍무정운역훈서」(보한재집 권15 수록). 감장 역은 수양대군과 계양군
28. 문과 초장의 강경 시험에 훈민정음을 넣음	1460.5.28 1460.9.17	예조에서 상서하여, 문과 초장(初場)의 강경(講經) 시험에 훈민정음을 강(講)할 수 있도록 청함 매 식년시에서 사서를 강(講)하고, 훈민정음·동국정운·홍무정운의 강(講)도 선택할 수 있게 함	세조·예조	훈민정음은 선택 과목 중의 하나
29. 성균관 강경 과목에 훈민정음을 넣음	1464.9.21	예조에서 상서하여, 성균관 학생들이 사서를 강(講)할 때 다른 강(講)을 자원하는 자에게 『훈민정음』과 『동국정운』 등을 선택할 수 있게 함	세조·예조	훈민정음은 선택 과목 중의 하나

4 이 기사의 머리에 "正統九年閏七月敎旨 節該(정통구년윤칠월교지 절해)"라는 구절이 있다. 정통 9년(1444) 윤칠월에 내린 해당 문서 내용(節該)이 인용되어 있다.

5 두 건의 전지(傳旨)를 기록한 세종실록 기사에 '訓民正音'이란 용어가 쓰였다. 1447년

주요 사건과 정책 그리고 서적 편찬 사업 등 모두 묶어서 배열하고 이들 간의 상호 연관성을 고찰해 보면 몇 가지 중요한 시사점을 얻을 수 있다. 〈표 1〉을 중심으로 앞서 논한 내용을 종합하고 해당 사항에 대한 필자의 해석을 논술한다.

훈민정음 창제 이전의 한문본 『삼강행실도』 편찬은 세종으로 하여금 훈민을 위해 보다 쉬운 문자가 필요함을 느끼게 했을 것이다. 의약서 편찬에 한문을 사용할 수밖에 없는 당시 상황에서 약초나 약재의 향명 표기를 위해 보다 쉬운 문자의 필요성을 느꼈을 것이다.

세종은 중국과 구별되는 조선의 정체성을 세우기 위한 정책을 여러 방면에서 시행했다. 단군에 대한 제향祭享의 위상을 높였고, 중국과 다른 조선의 하늘을 관측하여 조선의 시간을 관리할 수 있는 서적 『칠정산七政算』을 편찬하였으며, 간의대 등 천문 관측 시설과 여러 가지 천문 기기器機를 제작하여 조선의 정치적 독자성을 높였다. 조선의 천문과 시간을 장악하는 것은 조선국의 독자적 통치를 상징한다. 세종은 정간보를 창안하고 봉래의 등 신악新樂을 창작하여 제향祭享과 연향宴享에서 연행演行하는 음악 제도를 정비하였다. 조선어음을 적기 위한 문자 창제와 조선어음을 적기 위한 악보법 창안

4월 20일에 내린 전지에는 '訓民正音'이란 용어가 2회나 사용되어 있다. 이 전지는 세종의 명으로 내린 것이고, 국왕이 내린 공식적 문서이다. 이런 국가 문서에 세종은 스스로 '훈민정음'이란 공식 명칭어를 썼다. '훈민정음'이란 명칭어가 지닌 공공어(公共語)적 성격을 보여 준다.

6 是月東國正韻成, 凡六卷, 命刊行. (세종 29년 9월 29일 기사)

7 頒東國正韻于諸道及成均館四部學堂 (세종 30년 10월 17일 기사)

8 이렇게 보는 이유는 수양대군이 쓴 『석보상절』 서문 끝에 정통 12년(1447) 7월 25일이라는 작성 연월일이 나타나 있기 때문이다. "正統十二年七月二十五日(정통십이년칠월이십오일)에 首陽君諱序(수양군휘서)ᄒᆞ노라." 수양이 서문을 쓴 1447년 7월에 『석보상절』의 원고가 1차 완성되었고, 동국정운식 한자음 표기를 참고한 교정 작업이 일정 기간 진행된 것으로 보인다.

9 1448년 3월 13일자 세종실록의 김문 졸기(卒記) 기사에 나온 내용이다. 세종의 명은 이보다 앞서 있었을 것이다.

은 '소리로 통치한다[音聲治國]'는 정치 사상을 공유한다. 정간보 창안과 훈민정음 반포가 거의 같은 시기에 이루어진 것도 주목되는 점이다. 훈민정음은 정간보와 함께 조선의 소리를 장악하기 위한 통치 제도이다. 언어와 음악은 음성 치국의 정치 사상을 실현하는 매체였다. 『훈민정음』의 서문을 쓴 정인지鄭麟趾(1396~1478)가 「아악보 서문雅樂譜序文」도 썼다. 이 서문에서 정인지는 음악으로 사람의 성정性情을 기르고 교화하여 풍속을 아름답게 하고, 음양이 조화를 이루어 천지간의 만물이 순조롭게 자란다고 하였다. 예악으로 다스리는 악치樂治의 정치 사상을 표현한 것이다.

훈민정음은 조선의 말소리를 표기함으로써 조선의 정치적 독자성과 문화적 정체성을 상징하는 제도의 하나였다. 아울러 훈민정음은 세종이 추구한 편민 정책과 훈민 정책의 방편이었다. 〈표 1〉의 1~6번과 14번(정간보 관련)은 이러한 사업과 관련된 항목들이다.

『용비어천가』 편찬 사업은 7번, 13번, 21번에 분산되어 있다. 7번은 『용비어천가』 편찬 사업이 1442년 3월에 이미 시작되었음을 보여 준다. 훈민정음 창제에 앞선 1442년 3월 1일에 『용비어천가』 편찬을 위한 자료 수집이 시행되었던 것이다. 이 기록은 1443년 12월에 이루어진 훈민정음 창제가 1442년 3월에 이미 구상된 것일 수 있겠다는 짐작을 하게 한다. 『용비어천가』 본문 가사의 원고가 1445년 4월에 완성되었으니, 남원 운봉 전투에 관해 자료 조사를 명한 때로부터 3년 뒤의 일이다.

제4부 제1장에서 정간보 창안과 세종의 국가 의례용 음악 정비 사업을 논하였다. 신악 봉래의가 1445년 9월 23일에 창작되었다. 봉래의 안에는 여민락與民樂, 치화평致和平, 취풍형醉豐亨 등의 곡이 포함되어 있고, 치화평과 취풍형의 가사는 훈민정음으로 표기되었다. 『용비어천가』의 본문 가사는 1445년 4월에 완성되어 훈민정음으로 표기되어 있었고, 1445년 9월에 『용비어천가』의 악곡이 창작되자 본문 가사가 이 악곡에 얹혔을 것이다. 훈민

정음 반포(1446.9) 이전에 이미 신제 문자를 이용한 세종의 편찬 사업이 진행된 것으로 보인다.

세종실록의 훈민정음 창제 기사(1443.12.30) 8번과 해례본의 정인지 서문에 나온 9번은 갓 창제한 훈민정음이 갖춘 정보를 알려 준다. 『훈민정음』 정음편에 실린 어제 예의와, 세종이 '약게예의'한 약예의 간의 유사점과 차이점을 말하기는 쉽지 않다. 필자는 세종의 '약게예의'를 '약예의'라 칭하고, 훈민정음 창제 기사의 내용 및 『훈민정음』 어제 예의를 참고하여 약예의의 내용을 한자음 안과 고유어 안으로 재구성해 보았다.

1444년 2월 16일에 운회韻會 번역 사업팀을 구성하고 감장 역을 지정한 사실[10]은 한자음 표기법을 본격적으로 연구하기 시작했음을 의미한다. 훈민정음 창제 기사와 운회 번역 기사 간의 시간적 거리는 한 달 반(45일)밖에 되지 않는다. 이 기간 동안 세종은 한자음의 정음 표기를 위한 방향과 한자음 표기법의 큰 줄기[大綱]를 구상하고, 한자음 번역을 수행할 학자들을 물색하는 등의 일을 진행했을 것이다. 그 결과가 1444년 2월 16일 기사에 번역 사업의 착수로 나타난 것으로 보인다. 세종이 운회 번역을 시작하도록 명한 일은 훈민정음에 대해 불만을 품고 있던 최만리 등을 자극하여 언문 반대 상소 사건을 촉발한 것으로 보인다.

최만리 등이 상소문에서 가장 비판한 점은 관아 문서의 이두문을 언문으로 바꾸려는 세종의 정책이었다. 제4부 제4장 2절에서 상소문 텍스트의 항목별 글자 수와 주요 논거를 자세히 분석했다. 상소문 내용의 여섯 개 항목 중 그 분량이 가장 많은 것은 3항(449자)과 5항(230자)이다. 이 두 항은 이두문서의 언문 대체 정책과 운회 번역을 비판하며 언문이 성리학 공부에 피해를

---

10 번역을 맡은 신하는 집현전 교리 최항, 부교리 박팽년, 부수찬 신숙주·이선로·이개, 돈녕부주부 강희안이다. 감장 역할은 동궁, 진양대군, 안평대군에게 주어졌다.

준다고 주장한 내용이다. 최만리 등이 상소문을 낸 직접적 동기가 3항과 5항에 나타나 있다.

세종은 이들의 비판을 뚫고 한자음 번역 사업을 계속하였다. 그러나 번역의 대상이 운회[11]가 아니라 『홍무정운』으로 바뀌었다. 신숙주와 성삼문 등을 요동에 보내어 운서 음을 질문케 하거나(12번) 명나라에서 온 사신使臣에게 사람을 보내어 운서 음을 질문하였으며, 성삼문과 신숙주가 『홍무정운』을 강론한 것(1450.3.3) 등은 운회 번역이 진행되던 도중에 그 대상이 『홍무정운』으로 바뀌었음을 보여 준다. 운회가 칙찬勅撰 운서 『홍무정운』으로 변경된 것은 조선의 대명對明 외교와 관련된 것으로 보인다. 운회 번역 사업이 시작되었으나 그사이에 우여곡절이 있었음을 알 수 있다.

우여곡절의 대표적 사건은 번역팀을 꾸리고 4일 만에 제출된 최만리 등의 언문 반대 상소이다. 언문을 반대하는 여러 이유 중에 언문 창제가 명나라에 알려지면 사대 외교에 문제가 될 것이라고 우려하는 내용이 있다. 이러한 우려는 세종의 생각에 영향을 미친 듯하다. 그리하여 운회 번역 사업이 명의 칙찬勅撰 운서인 『홍무정운』 번역으로 변경된 것으로 보인다. 『홍무정운』 번역은 혹시라도 발생할지 모르는 명과의 외교적 마찰에서 훈민정음 창제의 훌륭한 명분이 될 수 있다. 한어 학습서인 『동자습』의 직해와 『평화』의 역훈을 세종이 명한 것도 훈민정음의 외교적 효용성을 입증하려는 세종의 의도를 보여 준다.

한자음 번역 과정은 쉽지 않은 일이어서 긴 시일이 필요하였다. 운회 번역을 시작(1444.2.16)하여 『동국정운』을 완성(1447.9.29)한 것은 3년 7개월 뒤의 일이다. 『홍무정운역훈』의 완성은 더욱 어려운 일이어서 1455년 2월에

11 운회는 『고금운회거요』를 약칭한 것이다.

야 원고가 비로소 완성되어 신숙주가 서문을 쓸 수 있었다.[12] 운회 번역을 기점으로 보면 11년이 걸린 셈이다. 조선의 현실 한자음을 바탕으로 운서음을 참고하여 교정 한자음을 표기한 『동국정운』 편찬보다 표준 한어음 운서인 『홍무정운』의 번역이 훨씬 어려웠음을 알 수 있다.

신숙주가 쓴 『홍무정운역훈』의 서문 말미에 "景泰六年仲春既望경태육년중춘기망"이라는 작성 연대가 있다. 1455년 2월 16일(음력)에 해당한다. 이때는 단종 3년 2월이다. 단종은 곧 폐위되었고, 그해 6월에 세조가 즉위했다. 정치적으로 혼란한 시기인지라 단종실록에는 『홍무정운역훈』에 관련된 기사가 전혀 없다. 『보한재집』(권15)에 수록된 신숙주의 「홍무정운역훈 서」에 역훈 번역 사업이 얼마나 힘들었는지 그 파란만장한 경위가 묘사되어 있다.[13] 이 서문에서 신숙주는 "원고를 10여 회 옮겨 쓰면서 괴로움과 부지런함을 되풀이한 것이 8년에 이르렀다.[凡謄十餘藁 辛勤反復 竟八載之久]"라고 말했다. 이 일을 시작한 지 8년이 지나 원고가 완성되었음을 적은 것이다. 이 연대 기록을 따른다면 『홍무정운』의 번역은 1448년(세종 30)에 시작되었고, 문종을 거쳐 단종에 이르러 겨우 완성을 본 것이다. 세종의 명으로 1444년 2월에 시작한 운회 번역 사업이 『동국정운』(1447)으로 1단계 완성되었고, 1448년에 운회 번역이 『홍무정운』 번역으로 변경되어 8년이 지난 1455년에 드디어 『홍무정운역훈』이 완성되었다. 이로써 세종의 한자음 사업 2단계가 모두 완료된 것이다. 세종의 유업을 마무리하는 데 바쳐진 신숙주와 성삼문 등의 고초는 요동을 여러 차례 왕래한 것을 보면 충분히 짐작할 수 있다. 신숙주가 쓴 서문의 표현대로 "辛勤反復신근반복"의 과정이었고, 그 결과로 나

---

12 『홍무정운역훈』의 서문은 신숙주가 '경태육년(景泰六年)'(1455)에 쓴 것이다. 제3부 제1장의 『홍무정운역훈』 서문 분석 부분을 참고하기 바란다.

13 제3부 제1장의 『홍무정운역훈』 서문 분석 부분을 참고하기 바란다.

온 것은 "辛勤歷久而僅得者也신근역구이근득자야"였다.[14] 세종의 명을 완수한 이분들의 노고에 머리 숙여 경의를 표하지 않을 수 없다.

현전본 『석보상절』 권6 등에는 동국정운식 한자음을 교정한 것이 많다.[15] 이호권(2001: 37)은 『석보상절』이 편찬 완료되어 인쇄에 들어간 때까지는 『동국정운』 편찬이 완료되지 못한 상태라고 보았다. 『동국정운』의 초고는 1447년 9월 하순에 확정되었고, 간행되어 반사한 것은 1448년 10월의 일이라고 하였다. 『석보상절』과 『동국정운』 편찬 사업은 거의 같은 시기에 함께 진행되었던 것이다. 『석보상절』에 묵서된 다수의 동국정운식 한자음 교정 흔적은 『동국정운』의 최종 한자음을 보지 못한 상태에서 『석보상절』의 조판 작업을 진행했다가 완성된 『동국정운』의 최종 한자음을 보고 나서 앞서 한 조판을 수정한 결과이다. 이런 맥락을 고려하면 『훈민정음』 해례본이 완성된 때(1446.9)에는 『동국정운』 한자음 표기가 완성되지 않았던 것이라고 말할 수 있다.

그런데 해례 초성해에 '虯뀨'가 보이고, 종성해에 '땀爲覃'와 '洪뽕'이 나오는 사실은 각자병서자로 전탁음을 표기하는 동국정운식 표기법이 1446년 9월 이전에 결정되었음을 뜻한다. 그러나 종성해에 '볃爲鷩'이 나오고 종성의 입성을 설명한 문장에는 이영보래以影補來에 대한 언급이 없다. 이 사실은 입성 한자음 t를 ㅭ으로 표기하는 이영보래법이 아직 정해지지 않은 상태임을 뜻한다. '以影補來이영보래'라는 표현은 신숙주가 쓴 『동국정운』 서문(1447.9)에 처음 보인다. 이런 사실로 보아 훈민정음이 창제된 1443년 12월

14 "辛勤反復(신근반복)"은 '괴로움과 부지런함을 되풀이함'이란 뜻이고, "辛勤歷久而僅得者也(신근역구이근득자야)"는 '괴로움과 부지런함을 오래 거치면서 겨우겨우 얻어낸 것'이란 뜻이다.

15 교정 내용과 교정 목록은 안병희(1974)와 이호권(2001)을 참고하기 바란다. 이호권(2001)의 권말에는 교정 전후의 글자, 교정 방법 등을 자세히 밝힌 『석보상절』 교정 일람표가 실려 있다.

즈음과 『훈민정음』이 간행된 1446년 9월경의 '훈민정음'은 동국정운식 한자음 표기의 모든 세부 규정이 결정되지 않았던 때라고 할 수 있다. 그러나 동국정운식 한자음 표기의 모든 세부 규정이 마련되지 않았다고 하여 1443년 12월에 창제된 훈민정음을 세종 친제가 아니라고 말할 수 없다. 창제 기사에 기술된 '훈민정음'의 내용(28자, 음절 삼분법과 합자법 등)은 이 당시에 이미 훈민정음의 핵심 요소가 갖추어졌음을 의미한다. 이 점을 중시하여 필자는 세종 친제설을 받아들이고 관련된 논거를 제시하였다. 또한 훈민정음 창제 기사와 『훈민정음』의 어제 예의의 내용에 근거하여 1443년에 세종이 작성한 '약게예의'의 '약예의略例義'를 28자의 한자음 안과 27자의 고유어 안으로 재구성해 보았다.

『석보상절』에 붓으로 써넣은 교정 흔적들은 세종이 소헌왕후 추천追薦 사업을 서둘러 진행하였음을 보여 준다. 세종 비 소헌왕후는 1446년 3월 24일에 세상을 떠났다. 훈민정음은 이미 창제되어 있었으나 『훈민정음』 해례본은 완성되지 않은 때이다. 소헌왕후 사후에 세종은 왕비의 추천追薦을 위해 김수온에게 『석가보』 증수를 명하였고, 이 책 내용을 간추리고 정음으로 풀이하여 『석보상절』을 지었다. 수양대군이 서문을 쓴 1447년 7월 25일에 『석보상절』의 원고가 완성된 것으로 보인다. 『훈민정음』 해례본은 1446년 9월 29일에 완성되었고, 『동국정운』의 원고는 1447년 9월 29일에 완성되었다. 『동국정운』 원고의 완성일(1447.9.29)과 『석보상절』의 서문을 쓴 날(1447.7.25)이 2개월을 격하고 있다. 『동국정운』을 간행하여 나누어 준 날(1448.10.17)은 원고 완성 후 1년 뒤이다. 현전 『석보상절』 권6 등에 동국정운식 한자음을 교정한 묵서가 적지 않다. 이 점은 『석보상절』의 조판과 인쇄가 『동국정운』 간행 이전에 이루어졌음을 의미한다. 완성된 원고본 혹은 간행된 『동국정운』을 보고서 이미 인쇄된 『석보상절』의 한자음을 교정한 것이다. 훈민정음 창제(1443.12.30) 후 2년 9개월(도합 33개월)이나 지나서 『훈민정음』 해례본이 간행(1446.9.29)된 것은 동국정운식 한자음 표기법 확정이 늦어진 점과 무관하지 않을 것이다.

25번은 세종이 시도한 최초의 사서 번역 사업에 대한 기록이다. 언문이 학문에 해롭다는 최만리 등의 주장을 반증反證하고 오히려 도움이 됨을 보여 주고자 사서四書 언해를 시작하였다. 세종이 김문金汶에게 사서 번역을 명한 기록이 김문의 졸기卒記[16]에 언급되어 있다. 김문이 중풍으로 갑자기 죽는[暴死폭사] 바람에 상주목사로 가 있는 김구를 불러들여 이 일을 맡겼다.

문과 초장 시험에 『훈민정음』을 넣은 28번, 29번은 세종의 유지遺志에 의한 것은 아니지만 이전吏典 취재 시험에 『훈민정음』을 넣은 세종의 정책이 확장된 것으로 볼 수 있었다. 이 점을 고려하여 〈표 1〉의 끝에 삽입했다.

〈표 1〉에 정리된 29개 기록을 종합적으로 고찰하고 여기에 담긴 의미를 해석함으로써 훈민정음 창제 전후에 전개된 편찬 사업의 전모와 이들의 상관성을 파악할 수 있었다. 문자 훈민정음 창제와 문헌 『훈민정음』 완성이 갖는 의미는 이 표와 같은 방식의 맥락적 고찰을 통해 더 깊이 이해할 수 있었다. 여러 개 문헌의 편찬 과정을 고찰한 결과, 세종 말년의 출판 사업들이 서로 연관성을 가졌으며, 시기적으로 서로 중첩되면서 진행되었음을 알 수 있었다. 세종이 진행한 편찬 사업 중 가장 핵심적인 것은 『용비어천가』 편찬, 『훈민정음』 해례본과 언해본 편찬, 운회 번역과 『동국정운』 편찬, 『홍무정운역훈』과 『동자습』 편찬, 『석보상절』과 『월인천강지곡』 편찬, 사서 번역을 명한 일 등이다. 〈표 1〉에 언급한 사건으로 그 의의가 크고 무거운 것은 세종이 행한 훈민정음 창제와 약게예의를 지어 보인 것, 이서배에게 훈민정

16 김문의 졸기에 대한 자세한 설명은 백두현(2021a: 235)을 참고하기 바란다. 김문은 최만리 등과 함께 언문 반대 상소문에 연명하였고, 언문 창제의 가부에 대하여 말을 바꾼 죄로 국문까지 당한 바 있다. 이런 처지의 김문이 세종으로부터 사서 언해의 명을 받았으니 정신적 스트레스가 심했을 것이다. 김문의 폭사에 이런 요인이 작용한 듯하다.

음을 가르친 일, 최만리 등의 언문 반대 상소문 제출과 세종의 처결 등이다. 이 일들은 1444년부터 1448년 사이에 서로 맞물리면서 전개되었다.

여러 문헌의 편찬 사업과 훈민정음 관련 사건이 진행되는 와중에 동궁에게 국정을 이양하려는 세종과 이를 저지하려는 신하들의 극렬한 반대, 그리고 세종의 불사佛事를 막으려는 신하들과의 갈등이 격렬하게 전개되었다.[17] 세종은 이 난관들을 뚫고 필생畢生의 사업을 하나씩 완성시켜 갔고, 『홍무정운역훈』과 『동자습』, 사서 번역을 제외하고 대부분의 사업을 성공적으로 마무리했다. 온갖 질병에 시달리면서, 명분을 앞세운 신하들의 끈질긴 반대를 극복하고 세종은 당신이 의도한 핵심 과업을 이루어 냈다.

3. 훈민정음의 중층성과 층위 간 통합적 해석

3.1. 훈민정음의 중층성과 그 해석

1) 문자 유형론적 중층성과 그 해석

세계의 문자들은 낱자가 표상하는 언어 단위에 따라 음소문자, 음절문자, 단어문자로 나뉘고, 표상하는 대상이 뜻인지 음인지에 따라 표의문자와 표음문자로 나뉜다. 훈민정음은 알파벳 방식의 음소문자로 창제되었다. 그러나 합자법이라는 운용 규정을 두어, 초성자+중성자+종성자를 합해 음절 단위로 쓰도록 했다. 음소문자로 만들었으나 실제 쓰기에서 음절문자처럼 기능하게 한 것이다. 합자법은 음소문자인 한글에 음절문자적 특성을 부

17 세종 말년에 왕의 건강이 빠르게 악화된 것은 명분을 앞세운 신하들의 핍박과 무관하지 않다는 생각이 든다. 이 시기의 세종실록을 읽어 보면 필자의 이런 생각을 이해할 수 있을 것이다.

여했을 뿐만 아니라, 형태음소문자(morphophonemic writing)의 속성을 갖도록 하였다. 현행 한글맞춤법 제1장 총칙 제1항에 "어법에 맞도록 함을 원칙으로 한다."라는 대원칙이 있다. 이 원칙에 따라 어간말에서 일어나는 음운 변동을 표기에 반영하지 않고, 어간을 항상 고정시켜 표기한다. 예컨대 동사 어간 형태 '잃-'은 뒤따르는 어미에 따라 [일코]-[일치], [이러]-[일른]으로 발음된다. 어간말의 ㅎ은 환경에 따라 다르게 실현된다. 그러나 현행 한글맞춤법은 이 동사의 활용형을 '잃고'-'잃지', '잃어'-'잃는'과 같이 하나로 적도록 규정했다. 이와 같이 어간 형태를 '잃-'로 고정 표기하는 것이 형태음소론적 표기이다. 이런 속성이 발현되는 문자를 형태음소문자라 부른다.[18]

한글의 문자 유형론적 다중성은 현대 한글맞춤법의 띄어쓰기 규정에 의해 더 확장되었다. 한글맞춤법은 제1장 총칙 제2항에 "문장의 각 단어는 띄어 씀을 원칙으로 한다."라는 서법 원칙을 두었다. 「한글맞춤법통일안」(1933)에서 한글 창제 이후 근 500년 가까이 줄글로 붙여 써 오던 관행을 버리고 띄어쓰기 규정을 둠으로써 '한 덩어리로 지각되는' 단어문자의 속성을 한글이 '부분적으로나마' 가지게 된 것이다. 띄어쓰기 규정에 의해 단어 단위로 띄어 쓰게 되었고, 이로 인해 각 단어가 시각적으로 독립되어 가독성可讀性이 높아졌다. 달리 말하여 표의성이 강화된 것이다. 김형규(1949: 14)는 표음문자와 표의문자의 성질을 겸한 한글의 특성은 외국의 문자에서 찾아볼 수 없을 뿐 아니라 불가능한 것이라고 했다. 이익섭(1998)은 문자 유형론의 관점에서 중국의 한자, 일본문자, 한글을 비교하여 그 특성을 자세히 논하였다. 드프란시스DeFrancis는 한글을 음소적 요소, 음절적 요소, 형태음소적 요소를 모두 갖춘 문자라고 했다(연규동 2016a: 221).

---

18 17세기 이후의 근대국어 시기에 점차 강화된 분철 표기도 형태적 특성을 발전시키는 데 일조하였다. 중철 표기에 초점을 두고 연철과 분철 및 중철 표기가 변화해 온 과정과 이에 대한 해석은 홍윤표(1994: 241-273)를 참고할 수 있다.

훈민정음의 제자 원리가 빚어낸 문자 유형론적 특징으로 자질문자의 속성이 있다. 초성자 제자에서 다섯 개 기본자의 자형을 정한 뒤에 소리의 세기가 더해짐에 따라 기본자에 획을 더해 가는 가획 원리가 적용되었다. 가획에 의해 음성자질 요소가 시각적 형태로 표현되었다. 가획이 음성자질을 표상한 점에 주목한 샘슨Sampson은 한글의 이러한 특질을 문자 유형론으로 끌어올려 자질문자라는 부류를 세웠다. 샘슨Sampson(1985/2000)은 ㄲ, ㄸ, ㅃ 등과 같이, 같은 글자를 반복하여 된소리를 표기한 것과 ㅏ, ㅓ, ㅗ, ㅜ에 · 를 더하여 ㅑ, ㅕ, ㅛ, ㅠ를 만든 것도 자질성의 도상화라고 보았다. ㅑ, ㅕ, ㅛ, ㅠ에서 추가된 ·는 이 모음들의 음가에서 반모음 j를 표상하므로 ·를 자질문자 요소로 인정할 수 있다는 것이다. 이런 관점에서 본다면 음절자 옆에 점을 찍어 성조를 표기한 방식도 운소자질을 도상화한 것이므로 자질문자 요소로 볼 수 있다. 한글은 음성자질이 자형에 도상화된 문자이고, 이러한 특성을 드러내기 위해 자질문자라는 부류를 따로 세운 것이다.

한글을 자질문자로 보는 것을 반대하는 학자들도 있지만 샘슨의 주장은 한글의 문자론적 특성을 새로이 조명하고, 한글을 자질문자 부류로 세웠다는 점에서 학문적 의의가 크다. 한글이 엄격한 의미의 완벽한 자질문자가 아님은 분명하다.[19] 수천 년 혹은 수백 년 전에 만들어진 어떤 문자도 문자 유형론적 차원에서 자질문자의 속성을 완벽하게 갖춘 것은 없다. 한글이 비록 자질문자 속성을 완벽히 갖춘 것은 아니지만, 그럼에도 불구하고 음성자질이 자형에 시각화되어 있으므로 한글은 자질문자의 속성을 지니고 있다고 본다.

한글은 음소문자로 만들어졌으되 음절 합자법 규정을 둠으로써 실제 사용에서는 음절문자처럼 기능하였다. 한글맞춤법의 원칙으로 인해 어간 형태

19 완벽한 자질문자를 꼽으라면 시각 장애인을 위해 만든 인공문자 'Visible Speech'를 들 수 있다.

소를 밝혀 적게 됨에 따라 형태음소문자의 특성을 갖게 되었으며, 띄어쓰기 규정으로 인해 단어문자의 속성도 갖게 되었다. 그러나 이러한 복합적 특성은 한글에만 국한된 것이 아니다. 로마자 역시 띄어쓰기로 인해 단어문자적 속성을 가진다. 한자의 경우, 기원적으로 표의문자이나 실제 운용에서 표음문자의 속성도 파생되었다. 소수의 상형자를 바탕으로 많은 형성자 한자가 생성되었는바, 형성자는 표음문자의 속성과 표의문자의 속성이 결합된 것이다. 한자음을 빌려 외국어음을 표기하는 가차자는 표음문자의 속성을 지닌다. 한자 역시 복합적 속성을 가진 문자이나 한자의 기원은 상형에 있다.

세계한국어대회(2020.12.21~12.23)에서 기조 강연을 한 제프리 샘슨 교수는 문맥에 의존하는 문자를 쓰는 언어에서는 단어의 의미를 명확히 하는 데 어떤 법칙이 작동하는지 궁금하다고 말하였다. 현대 한글은 의미 중심이 아니라 발음 중심이기 때문에 가독성이 떨어져 의미 전달에 문제가 생길 수 있음을 염두에 둔 의문이다. 중국어는 한자를 사용하고, 일본어는 한자를 혼용함으로써 의미를 잘 드러낼 수 있지만, 한국어 문장 쓰기에 한자를 혼용하지 않고 음소문자 한글만 사용할 경우, 의미 전달에 문제가 발생할 것으로 보고, 한글 쓰기의 어떤 법칙이 이 문제를 해소하는지 의문을 제기한 것이다. 샘슨이 제기한 이 의문에 대해 필자는, "한글은 어간을 밝혀서 표기하는 형태음소문자의 속성과 띄어쓰기를 통해 획득한 단어문자의 속성이 작동함으로써 어절 단위의 가독성이 강화되어 의미 전달의 효율성을 확보하게 되었다."라는 답변을 제시한다. 샘슨의 이 의문에 대한 보다 깊은 답변은 김유범(2012)에서 찾을 수 있다. 문자 표기의 형태론적 장치라는 관점에서 한글의 표기를 분석한 이 논문은 띄어쓰기 표기, 형태음소적 표기, 분철과 연철의 방법으로 형태소의 정체를 분명히 인식한다는 점을 밝혔다. 한글이 문자유형론적 다중성을 지니고 있지만 한글의 본질은 음소문자이다. 나머지 속성은 창제 이후의 운용 과정에서 발생한 것들이다.

2) 제자론에 융합된 중층성과 그 해석

훈민정음을 주조鑄造해 낸 거푸집은 백성들이 쉽게 배워 의사표현에 쓸 수 있는 문자를 만들어 주려는 세종의 정치적 의지와 문자 창제를 구현해 낸 세종의 학문적 능력이다. 세종의 정치적 의지를 정책 차원에서 표현한 것이 편민이다. 성리학과 성운학 지식을 갖추고 독창적 음성 분석법과 제자 방법을 창안한 것이 세종의 학문적 능력이다. 훈민정음 문자체계에는 신문자 창제를 위한 세종의 정치적 의지와 세종이 갖춘 학문이 융합되어 있다. 훈민정음 창제자 세종은 편민 정책과 성리학적 세계관을 토대로 성운학의 음성 분석 방법론과 문자학의 이론을 갈고 다듬었으며, 이것을 독창적 음성 분석 방법론 및 제자 이론으로 발전시켜, 정치精緻한 문자체계의 훈민정음을 만들어 냈다. 세종이 갖춘 학문(성운학, 문자학, 성리학)적 지식, 그리고 독창적으로 창안한 방법론이 화학적으로 융합하여 새로운 문자체계를 만들어 냈다. 필자는 중층성과 융합성의 관점에서 훈민정음의 문자체계에 녹아 있는 요소를 찾아내고, 이들이 융합한 차원을 다각도로 분석하였다. 이 작업을 통해 훈민정음에 융합된 주요 성분을 포착하였고, 창제의 작업 단계와 각 단계에서 적용된 제자론을 체계적으로 기술할 수 있었다. 훈민정음에 융합된 학문적 요소와 방법론을 다음 여섯 가지로 정리한다.

첫째, 문자 창제의 기반이 된 이론은 삼재론, 음양론, 오행론 등의 역학적易學的 성리론이다. 이들은 훈민정음 제자론에 작용한 당대 지식인의 세계관이며 훈민정음 문자체계의 철학적 기초이다. 둘째, 조선어음 분석을 위해 이용한 성운학 이론이다. 제자 대상이 되는 초성을 분석하고 이를 체계적으로 분류하기 위한 오음법과 청탁법, 성조를 분석하기 위한 사성법은 중국의 성운학에서 끌어온 것이다. 셋째, 자모자의 형상화에 이용된 문자학(=한자학)이다. 세종실록의 훈민정음 창제 기사(1443.12.30), 최만리 등의 언문 반대 상소문, 해례본 말미의 정인지 서문 등에 모두 언급된 고전 모방[倣古篆방고전]이란 표현에 중국 문자학의 영향이 투영되어 있다. 편방偏旁이 상하 혹은 좌우로 결합되는 한자의 구성 원리는 훈민정음의 합성법, 합용법, 음절 합자법에 일정한 영향을 미쳤을 수 있다. 넷째, 차자표기법을 이용하여 우리말을 표기해 온 경험이다. 차자로 우리말 토씨를 음절 단위로 표기해 온 전통은 훈민정음 제자의 제1단계에서 음절을 음성 분석의 단위로 삼은 점과 무관하지 않을 것이다. 차자표기에서 얻은 말음첨기법은 훈민정음 제자에서 중성과 종성을 분리한 음절 삼분법의 경험적 바탕이 되었을 것이다. 조선 사람들은 차자표기의 경험을 통해 조선어의 음절 단위와 음소 단위를 표기하는 방법을 알고 있었고, 이것이 훈민정음 창제에 작용했을 것이다. 다섯째, 훈민정음에 융합된 요소 중에서 가장 중요한 것은 훈민정음이란 새 문자를 창안하기 위해 세종이 만들어 낸 독창적 제자 방법이다. 초성의 발음기관 상형법, 가획법, 초성자의 병서법과 연서법, 중성 기본음 설정, 중성 기본자의 천지인 삼재 상형법, 중성 음가 분석과 체계화를 위한 설축·성심·구축의 방법론, 중성 기본자의 합성법과 여기에 적용된 음양론 등이 창의적 제자 방법에 해당한다.[20] 여섯째, 훈민정음 제자에 미친 파스파문자의 영향이다. 필자는 훈민정음과 파스파문자가 공유하고 있는 음절 삼분법과 종성부용초성 규정은 훈민정음이 파스파문자의 영향을 받은 증거라는 선행 연구를 긍정적으로 수용했다. 그러나 두 문자 간에 자형의 유사성이 있다고 본 주장은 받아들이지 않았다(제3부 제3장 2.3.3절 2)항).

훈민정음의 음절 삼분법은 성리학의 삼재론, 성운학의 반절법과 등운도의 운모 분석법, 차자표기법의 영향, 조선어음의 분석을 통해 얻은 경험, 파

---

20 안병희(1990b: 145)는 훈민정음 중성 기본자의 자형이 발음기관과 삼재의 형상을 본뜬 것, 초성자와 중성자의 기본자를 극히 단순하게 만든 후 합자를 한 것, 가획자와 합성자의 정연한 체계 등의 독창성은, 정인지 서문의 말대로 "開物成務之大智(개물성무지대지)"[사물의 본성을 열어 일을 이루어 내는 지혜]가 아니면 이룰 수 없는 것이라고 했다.

스파문자의 영향 등이 복합적으로 작용하여 창안된 것이다. 음절 삼분법은 중층성과 융합성을 내재한 전형적 사례이다. 훈민정음이라는 융합체에는 외래적 요소, 전통적 요소, 창의적으로 변용된 독창적 요소가 녹아들어 있으며, 훈민정음은 이들이 융합된 창의적 산물이다. 훈민정음의 기원에 대한 갖가지 설이 나온 것은 훈민정음에 다양한 요소가 융합되어 있기 때문이다. 기존의 훈민정음 기원설들은 대부분 필자가 제시한 '융합성의 관점'에 흡수된다. 훈민정음에 녹아든 다양한 융합 요소 중의 어느 하나를 강조하여 훈민정음 기원설을 말하는 것은 의미 없는 일이다.

훈민정음 문자체계에 융합된 요소들을 건축물에 비유해 보면, 이 문자의 융합적 특성과 중층적 구조를 이해하기 쉽다. 훈민정음에 함축된 역학적 성리론(삼재론·오행론·음양론·상수론)은 이 문자의 이론적인 토대로서 건물을 세우기 위한 기초基礎이다. 음절 삼분법은 새 문자를 지어내기 위한 대들보라 할 수 있다. 종성부용초성법은 이 대들보에 덧붙인 보조 들보이다. 중국 성운학에서 가져온 아설순치후의 오음 분류법, 청탁법, 중성 분석을 위해 독창적으로 변용한 설축·성심·구축 등의 개념들은 음성 분석 도구로 사용되었다. 이것들은 집짓기 작업에 사용하는 톱, 대패, 망치 등의 작업 도구에 해당한다. 초성의 자형 형상화에 이용된 발음기관 상형법과 '려厲'에 따른 가획법, 그리고 중성 기본음 세 개를 설정한 것, 이에 대응하는 기본자의 형태를 천지인에서 본뜬 상형법 등은 건물 내부 구조물의 세부 디자인이라 할 만하다. 하나의 집이 여러 가지 재료와 작업 도구 그리고 설계와 디자인 능력으로 지어지듯이 훈민정음이란 문자체계도 여러 가지 학문 이론, 제자 원리, 자형 디자인 기법이 융합하여 완성된 구조물이다. 훈민정음은 한국인이 가진 융합 능력의 결정체이자 최대 발현치라 할 수 있겠다.

훈민정음은 중국 중심의 천하관天下觀과 한자 문명권의 강력한 자장磁場 안에서 만들어졌다. 그러나 한자와 훈민정음은 제자의 본질이 다르다. 한자는 표의문자이고, 한글은 표음문자이다. 한자의 근본 원리인 '象形상형'과 훈민정음의 제자 원리 '象形상형'은 그 내용이 현저히 다르다. 훈민정음이 지닌 표음문자적 속성은 15세기 이전에 만들어진 동북아시아 지역의 여러 문자와 관련되어 있다. 북방 아시아의 가장 오래된 문자인 티베트문자는 실크로드를 통해 전해진 소그드문자의 영향을 받았다. 티베트문자는 동북아시아 지역의 위구르문자, 몽골문자, 파스파문자의 뿌리가 되었다. 이 문자들은 모두 음소문자의 속성을 지니고 있다. 이 문자들의 흐름의 끝에 놓인 것이 파스파문자이며, 이 문자는 음소문자의 속성이 가장 발전된 것이었다. 훈민정음은 여기서 더 나아가 자음자와 모음자를 완전히 분리 제자함으로써 음소문자의 절정을 이루어 냈다.

3) 훈민정음 창제의 작업 단계에 나타난 중층성과 그 해석

필자는 제3부 제2장에서 훈민정음 제자론과 창제 작업의 단계를 상호 연계하여 전체 과정을 조망해 보았다. 본격적 고찰에 앞서 훈민정음 창제 과정에서 표기 대상의 변화(고유어 표기에서 한자음 표기로의 변화)가 있었다고 본 선행 연구를 비판적으로 검토하였다. 세종 25년(1443) 12월 30일의 훈민정음 창제 기사에 훈민정음 28자와 음절 삼분법과 합자법이 갖추어졌다는 내용이 있고, 1444년 2월 16일에 운회韻會 번역을 명했다는 기사가 있다. 그리고 1444년 2월 20일에 최만리 등이 제출한 언문 반대 상소문에 이두문의 언문 대체와 운서 번역을 비판한 내용이 있다. 1447년 9월 29일에 『동국정운』 원고가 완성되었다는 기록이 있고, 이해에 『석보상절』과 『월인천강지곡』이 편찬되었다.

이러한 일련의 과정에서 훈민정음 창제 작업의 진행 도중에 이 문자의 표기 대상이 고유어에서 한자음으로 변경되었음을 말해 주는 근거는 찾을 수 없었다. 훈민정음 창제의 근본 목적은 조선어음을 표기하는 것이므로 조선 한자음 표기도 조선어음의 한 부분으로 간주함이 당연하다. 해례본을 편찬하면서 어제 예의의 28자 자모체계가 동국정운식 한자음 표기와 같은 23개 한자를 포함한 것은 교정 한자음 표기를 위한 보조 장치라 할 수 있다. 한어漢語 한자음 표기는 별도로 다루어야 한다. 이렇게 보면 훈민정음 창제 과정에서 창제 목적에 조선 한자음 표기가 이미 포함되어 있으므로 작업 진행 중에 창제 목적을 변경했다는 주장은 거론할 필요가 없게 된다.

역학적 성리론(삼재론·음양론·오행론·상수론·생성론)은 훈민정음 제자의 여러 국면에서 적용되었다. 작업 단계라는 측면에서 성리론의 적용은 세부의 여러 단계에서 필요에 따라 분산 적용되었다. 그리하여 삼재론은 제자 작업 전단계에 이루어진 음절 삼분법에도 적용되었고, 운용법에 해당하는 합자법에도 적용되었다. 또한 종성부용초성이라는 규정이 제자 단계에서 정해졌고, 여기에도 삼재론이 적용되었다.

훈민정음 창제의 작업 단계를 3단계로 나누고, 단계별 작업 내용을 하나의 표에 담아 명세하였다(이 책의 485쪽). 제1단계는 제자 단위 설정 단계이고, 제2단계는 제자 단계인데 여기에는 음성 분석과 목록 작성·목록의 체계적 분류와 기본음 결정·제자 원리의 개발과 자형 형상화·28자 및 합용자 제자 등의 세부 작업이 포함된다. 제3단계는 운용법 규정 단계인데 여기에는 음절 합자법·팔종성법·국한 혼용법·방점법을 마련하는 작업이 포함된다. 역리적 성리론은 각 단계의 세부 작업에서 필요한 경우에 적용되었다.

제자의 전 과정에 설정된 각각의 작업 단계는 엄격히 구별되어 넘나들 수 없는 것이 아니다. 제자 작업 과정에서 단계 간의 순차적 진행과 역행적 회귀가 반복되었고, 상호 보완하는 피드백[21]이 거듭되어 수정과 보완이 이루

21 이것을 영문으로 표현하면, “Reiterate relation of Progress and Regressive between Stages” 정도가 된다.

어졌을 것이다.

4) 정음자의 자형에 융합된 제자론의 중층성과 그 해석

해례본 텍스트에 나타난 정음 초성자 자형에는 발음기관을 상형한 제자 원리와 소리의 세어짐(聲出稍厲성출초려)에 따라 가획한 인성가획因聲加畫의 원리가 융합되어 있고, 중성자 자형에는 천지인 삼재의 상형 원리와 기본자를 서로 합한 합성의 원리가 융합되어 있다. 초성자 오음에서 각 부류의 기본자는 발음기관을 상형하여 만들었고, 기본자에 1차·2차 가획을 하여 나머지 글자를 만들었다. 가획자는 기본자 자형을 내재하고 있다. 가획자에 가획된 획은 시각적으로 구별되도록 자형을 만들었다. 예컨대 ㄴ에 가획한 ㄷ자의 경우, 상단 가로획의 왼쪽 끝이 돌출되어 있다. 가획 원리가 자형에 구현된 것이다.

중성자의 자형에는 천지인 삼재 상형 원리와 기본자 합성 원리가 중층적으로 융합되어 있다. 초출자와 재출자에는 중성 기본자 자형이 내재되어 있으며, 제자 원리의 중층성이 자형에 함의되어 있다. 그런데 설축·성심·구축·구장의 음성 분석 기준은 자형에 반영되지 않았다. 중성 기본자의 합성[合而成합이성]이 두 차례에 걸쳐 적용되어 초출자와 재출자를 만들어 냈다. 이 작업의 과정에 훈민정음 창제자와 해례편 집필자들이 이해한 성운학과 역리론易理論이 융합되었다. 초성자의 가획과 합성 그리고 중성자의 합성 원리는 역리론이 융합된 제자론이다. 이것이 훈민정음 제자론의 요점이다. 초성자·중성자·종성자를 합하여 음절자를 이루도록 한 합자법은 한글 학습자료로 이용된 한글 음절표의 생성 원리로 작용했다. 음절표가 훈민정음의 학습과 확산에 영향을 미침으로써 제자 원리는 사회문화 층위와 연계된다.

5) 『훈민정음』 해례본과 언해본 텍스트의 중층성과 그 해석

『훈민정음』 해례본과 언해본은 언어 텍스트이다. 해례본은 훈민정음 창제 취지를 밝히고, 제자 방법론을 해설하기 위한 한문 텍스트이다. 언해본은 해례본의 정음편을 당시의 조선어로 번역하여 한문을 모르는 사람도 읽을 수 있도록 가공한 정음 텍스트이다. 두 텍스트를 구성하고 있는 외형적 요소는 크게 두 가지로 나누어 볼 수 있다. 하나는 책으로 제본된 물질 형태를 가진 점이고, 다른 하나는 문자로 구현된 언어 텍스트라는 점이다. 『훈민정음』 해례본은 한문 텍스트이고, 언해본은 해례본의 정음편을 정음자로 번역한 텍스트이다. 해례본은 기본적으로 한문 문어 텍스트이나 고유어 어휘와 구절이 포함되어 있다. 언해본은 당대의 구어적 요소가 일부 반영된 정음문 텍스트이다.

해례본 텍스트의 중층성은 두 가지로 나누어 볼 수 있다. 첫째는 문장 텍스트로서의 중층성이다. 해례본 문장 텍스트는 상하 위계적 구조를 가진 나무 그림(tree diagram)으로 그려 낼 수 있다. 해례본 텍스트의 하위 구성 단위는 상하 위계 구조 속에서 각각의 의미 기능을 발휘한다. 해례본 텍스트에 내재된 위계 구조는 중층적 속성을 갖지만, 텍스트 구조의 중층성이 언어문화의 중층성과 연계되는 것은 아니다.

둘째는 『훈민정음』이란 책에 축적된 통시적 중층성이다. 『훈민정음』이란 책에 쌓여 온 중층성은 몇 가지로 나누어 볼 수 있다. 책의 장정에 나타난 침안의 변화는 통시적 중층성을 보인다. 간송본에는 4침안 A형과 4침안 B형 그리고 5침안이 누적되어 있다. 이는 간행 당시의 장정법과 후대에 개장되면서 변개된 장정법이 겹쳐진 결과이다. 간송본의 장정법에 겹쳐진 양상은 시대의 흐름을 반영하고 있다. 상주본에 반영된 변개는 4침안과 5침안이 혼재된 점, 표지에 '五聲制字攷오성제자고'라는 서명을 써넣은 점, 본문의 상란과 하란에 정음자 자모와 성운학 용어가 묵서된 점 등이 시대 흐름 속에서

중층된 변개이다.

해례본의 한자 서체는 해서체와 해행서체楷行書體 두 가지가 섞여 있다. 세종이 지은 정음편의 글씨는 해서체이고, 신하들이 지은 해례편은 행서체가 가미된 해서체 즉 해행서체이다. 그런데 1940년에 이용준이 보사해 넣은 제1장과 제2장에는 이 원칙에서 벗어난 한자 서체가 있다. 이것은 전래 과정에서 변개된 서체 요소이다.

『훈민정음』 해례본의 정음자 서체에서 아래아(·)자는 반포 직후에 간행된 문헌(석보상절, 월인천강지곡)부터 자형의 변이가 발생하였고, 16세기 이후 문헌에서 여러 글자의 자형 변화가 생겨났다. 이 점은 훈민정음의 사용 과정에서 생성된 자형 변화가 시간의 흐름에 따라 누적되어 간 결과이다.

해례본의 정음편을 한글로 번역한 것이 훈민정음 언해본이다. 훈민정음 언해본의 텍스트 구성 단위는 정음현토, 정음표음, 정음주석, 정음번역 등 네 가지이고, 이들이 결합하여 언해본 텍스트의 중층적 구조를 이룬다. 정음현토는 한문에 우리말 토씨(문법형태)를 붙인 것, 정음표음은 동국정운식 한자음을 붙인 것, 정음주석은 한자에 뜻풀이를 붙인 것이다. 정음번역은 정음현토문을 우리말로 번역한 것이며 앞의 세 가지 작업을 거쳐 완성되었다. 현재 전하는 훈민정음 언해본은 구성 단위가 많고 지면 배치가 복잡다단하여 한글 학습자료로 효율적이지 못하다. 언해본의 네 개 구성 단위에서 앞의 세 개를 없애고 정음번역만 취해서 한글 학습자료로 재구성했더라면 더 단순하고 쉬운 것이 되었을 것이다.

언해본 텍스트에도 후대에 가해진 변개가 있다. 『석보상절』에 수록되었던 언해본이 세조 대에 『월인석보』 권두에 편입되면서 제1면의 권두서명이 고쳐지고, 이에 따른 행관의 변화가 있었다. 육당문고본(구 박승빈본)의 권두에 남학명이 보사하여 첨입한 부분이 있다. 문장 첫머리에 '御製曰어제왈'을 삽입한 것이 그것이다. '御製曰어제왈'이 들어간 것은 남학명이 보사할 무렵에 최석정 등의 당시 관리가 세종실록의 훈민정음 창제 기사를 열람하였고, 이 기사에 포함된 '御製曰'을 보고 영향을 받은 결과로 보인다.

언해본에 축적된 통시적 중층성은 언해문의 서체에도 나타나 있다. 정우영(2005)과 홍윤표(2017b)의 연구에서 밝혀졌듯이, 『월인석보』(서강대본)의 권두에 수록된 훈민정음 언해본의 한글 서체에는 서로 다른 몇 개의 변이가 섞여 있다. 제1장 앞면 전체는 『월인석보』를 간행할 때 변개한 부분이다. 제4장 앞면부터 제12장 뒷면의 한글은 필서체筆書體의 느낌을 주는 독특한 서체로 쓰였는데, 홍윤표는 언해본의 원간본은 바로 이 서체로 되어 있었을 것이라고 보았다. 제13장 앞면 1행~제15장 뒷면의 서체는 『월인석보』에 수록된 「석보상절 서」(수양대군 지음)의 서체와 동일하다. 서강대본 훈민정음 언해본에서 관찰된 서체의 중층성은 『석보상절』 권두에 수록된 훈민정음 언해본보다 더 앞선 시기에 훈민정음 언해본이 존재했을 것이라는 주장의 논거가 되기도 했다.[22] 서강대본에 반영된 한글 서체의 중층성이 최초 언해본의 존재를 가정하는 데 이용된 것이다.

6) 언문 반대 상소문에 담긴 중층성과 그 해석

최만리 등의 언문 반대 상소문에는 당시의 양반 지식인층이 가졌던 문자와 문장(한자와 한문, 이두, 언문)에 대한 인식이 반영되어 있다. 한문을 향기로운 소합향에, 언문을 냄새가 좋지 않은 당랑환에 비유했고, 이두와 언문은 비루하고 상스러운 것이라 했다. 최만리 등이 가진 이러한 인식은 밖으로는 중국의 한문 문명을 사대事大하면서, 안으로는 자문화自文化 비하 의식을 가진 양반 지식인의 모습을 반영한다.

---

22 홍윤표(2017b: 223)는 언해본의 원간본이 『석보상절』 권두 수록 언해본에 앞서서 존재했을 것으로 추정한 바 있다.

상소문에서 훈민정음의 원리를 '용음합자用音合字'라고 표현한 최만리의 말은 그가 훈민정음의 본질적 특성을 간파했음을 보여 준다. 『삼강행실도』를 번역하여 백성을 가르치려는 훈민 정책을 놓고, 세종과 정창손이 의견 충돌을 일으킨 사실도 상소문 기사에 나와 있다. 최만리 등은 언문의 용도를 오로지 마을 거리의 속된 말에 쓰는 것[專用委巷俚語]이라고 한정 지었다. 언문을 학술어와 무관한 것이라고 선을 그은 것이다. 최만리 등의 이런 생각은 그 후에 전개된 양반층의 언문 사용에서 현실화되었다. 이들은 언문을 훈민과 교육 그리고 언간 등 일상생활용으로 쓰고 학술용 문자로 사용하지 않았다.

최만리 등의 상소문과 세종이 이를 처결한 기사에는 훈민訓民과 편민便民을 중시하여 왕도정치를 구현코자 했던 세종의 정치적 지향성과 한문에 기반을 둔 학문의 중요성을 강조하는 양반 지식인의 태도가 서로 대립된 모습으로 나타나 있다. 편민과 훈민을 통해 민생을 향상시키기 위해 쉬운 문자를 만든 세종의 정치적 지향과, 한문을 통해 학문과 권력을 독점하려는 양반 지배층의 계급적 욕구가 최만리 등의 상소문과 이를 처결한 기사에 교직交織되어 있다. 최만리 등의 사고방식은 편민 정책으로 백성의 삶을 향상시키려는 세종과 정치적 지향성에 있어서 건너기 어려운 간극間隙을 보여 준다. 현대인의 관점에서 이 상소문의 허물[過]을 비판하는 것은 바람직하지 않으나, 객관적 사실에 근거한 비판은 필요하다. 최만리 등이 가졌던 중화 문명 숭배와 조선의 자문화에 대한 비하 의식은 비판받음 직하다. 최만리 등의 자문화 비하 태도는 조선의 정치적 주체성과 문화적 정체성을 세우기 위한 세종의 정책과 커다란 격차를 보여 준다.

최만리 등이 상소문에서 내세운 주장 중에서 훈민정음의 발전적 전개에 가장 나쁜 영향을 미친 것은 관아의 이두문서를 정음문서로 대체하려는 세종의 정책을 반대한 것이다. 최만리 등이 상소문을 내게 된 직접적 동기이자, 가장 극렬히 반대한 것은 세종이 시행하려고 한 이두문의 언문 대체였다. 이서 무리에게 언문을 가르쳐 이두문서를 정음문서로 대체하려는 세종의 정책을 여러 차례 언급하며 강하게 비판했다. 아울러 운서음을 언문으로 번역하는 사업도 반대했으나 한자음 번역 사업은 언문 반대 상소문 제출 당시에 의사청에서 공식적으로 결정된 일이어서 반대한 성과가 없었다. 이 사업은 세종 사후에도 계속 이어져 『동국정운』 및 『홍무정운역훈』 편찬으로 결실을 맺었다. 그러나 세종 사후에 관아의 이두문서를 정음문서로 대체하는 정책은 중단되었다. 심지어 숙종 원년에는 사문서私文書에 해당하는 징채徵債 문서의 언문 사용 금지법까지 만들었다. 이두문은 갑오개혁에 이르기까지 관아의 공문서에 계속 쓰였다. 그 결과 훈민정음의 공적인 용도는 크게 제한되었다. 한문자를 모르는 백성들이 널리 사용하는 문자로 훈민정음을 창제한 세종의 목적은 제대로 실현되지 못했다. 조선 후기 내내 수백 년 동안 훈민정음은 지식 확산에 기여하지 못하는 문자로 남아 있었다. 이렇게 된 역사적 책임은 세종이 아니라 언문을 백성들에게 가르치지 않은 양반 지배층이 져야 할 몫이다.

이기문(2001: 46)은 "이두는 한자를 이용한 문자 표기의 폭을 넓혀 보려는 끈질긴 시도의 소산"이며, "이두는 순정한 한문도 아니고 그렇다고 국어 문장이라 하기도 어려운 얼치기"라고 했다. "이런 기형적인 표기법이 천년 넘게 쓰인 사실은 도무지 이상스럽기 짝이 없다."라고 하며, "한자 문명권에서 태어난 하나의 기형아"라고 평가했다. 현대적 관점에서 이두의 실체를 정확하게 통찰한 해석이다. 이런 '기형적 표기법'이 훈민정음 반포에 이르기까지 1천 년 동안 쓰인 것은 다른 표기 수단이 없었기 때문이다. 그러나 훈민정음 창제 이후 거의 오백 년 동안 이두가 계속 쓰인 것은 하층민의 관문서 접근을 차단함으로써 양반층의 기득권을 유지하기 위한 것이라는 사회학적 해석 혹은 정치적 해석 이외에 달리 답을 찾을 수 없다.

조선조 말기까지의 긴 역사가 빚어낸 결과로 본다면, 언문 반대 상소 사건에서의 최종 승리자는 최만리 등 7인이다. 최만리로 대표된 양반 지배층의 뜻대로 이두문은 19세기 말기까지 줄기차게 사용되었다. 이두문이 19세기 말기까지 관문서에 쓰일 수 있었던 것은 관리와 양반 집단의 생각이 최만리 등의 생각과 같았기 때문이다.

이두문을 언문으로 대체하려는 세종의 정책은 좌절되었으나, 조선 후기의 몇몇 성운학자들은 훈민정음으로 한자음을 표기하는 방법을 계속 연구했고 그 결과를 운서 등의 학술서로 간행했다. 그러나 그들의 훈민정음 연구는 한자음 표기를 위한 것이 대부분이었다.

언문을 쓰면 학문하는 자가 없어질 것이라는 최만리의 주장은 기우杞憂에 지나지 않았다. 언문으로 번역한 사서삼경 언해본은 조선 후기에 꾸준히 간행되어 경서 학습을 위한 표준 현토문과 표준 번역문 역할을 했다. 최만리 등의 주장과 달리, 언문이 유학 경서 공부를 진작시키는 데 기여한 것이다.

3.2. 층위 간 통합적 해석

제3부 제4장에서 훈민정음 제자론에 담긴 보편적 가치를 민주성, 과학성, 철학성으로 파악하고, 이러한 속성이 인류의 보편적 가치임을 말했다. 나아가 훈민정음이 지닌 세 가지 보편적 가치가 어떻게 훈민정음 문자체계에 융합되었고, 현대의 인간사회에 어떤 영향을 미치고 있으며, 인류의 미래에 어떤 의미를 가질 수 있는지에 대해 논했다. 민주성, 과학성, 철학성은 훈민정음에 내재된 보편적 가치로서 사회문화 층위와 유의미한 관계를 맺고 있다. 이런 점에서 민주성, 과학성, 철학성은 훈민정음의 통합적 해석에 적절한 주제이다.

1) 과학성과 민주성의 상관

해례편의 제자해에는 초성자와 중성자의 제자 원리가 설명되어 있다. 초성자 제자 원리의 핵심은 발음기관 상형과 가획이다. 중성자 제자 원리의 과학성은 설축과 성심을 기준으로 중성 기본음 3개를 설정하고(과학적 음성 분석과 기본음 설정), 이것을 천지인 삼재에 대응시켜 중성 기본자를 형상화한 후(삼재 상형), 기본자를 서로 합성하여[合而成합이성] 초출자와 재출자를 만든 방법론에 있다. 초성자와 중성자의 제자 원리에는 성운학 기반 음성학 이론, 문자학 이론, 독창적 방법, 역학적 성리론이 융합되어 있다.

과학적 음성 분석법과 정연한 체계성을 갖춘 제자론은 훈민정음 창제에 작용한 과학성의 핵심이다. 소리가 더 세어짐을 기준으로 초성 기본자 5개에 각각 가획하여 나머지 초성자를 만들어 냄으로써, 초성자의 제자는 과학성과 체계성을 얻었다. 중성자 제자에서 기본자를 1차 합성하여 초출자를 만들고, 2차 합성하여 재출자를 만든 합성 원리는 중성자 체계에 과학성을 부여하였다. 과학적 음성 분석법으로 초성과 중성의 음가를 분석하고, 이어서 초성과 중성에서 각각 기본자를 만든 후 가획의 원리와 합성의 원리를 적용하여 나머지 초성자와 중성자를 생성한 제자론은 훈민정음이 지닌 과학성의 요체이다. 훈민정음 제자론이 갖춘 과학성은 훈민정음이란 문자를 쉽게 학습할 수 있도록 하였다. 완전히 새로운 문자로 창제된 훈민정음이 배우기 쉽게 된 것은 제자론의 과학성 덕분이다. 훈민정음 제자의 과학성이 신제 문자의 학습을 용이하게 만든 것이다.

훈민정음의 창제 목적은 보통의 백성[愚民우민]을 위한 것이어서 민주성이라는 보편 가치를 내장한다. 세종의 편민 정책에서 비롯된 훈민정음의 민주성은 문화중층론의 틀에서 사회문화 층위에 속한다. 특정문화 층위에 속하는 제자의 과학성은 사회문화 층위에 속하는 민주성을 구현하기 위한 길을 닦아 주었다. 과학성이 훈민정음 문자체계의 내재적 특성이 됨으로써 훈민정음은 배우기 쉬운 문자가 되었고, 이 점은 훈민정음의 민주성을 구현하는 토대가 된 것이다.

세종 사후로부터 19세기 말기의 갑오개혁에 이르기까지 언문 교육이 제도적으로 시행된 적은 없었다. 『훈몽자회』의 「언문자모」와 여기에서 비롯된 자모 음절표는 주로 양반가에서 이용되었고 다수 백성들에게 유포되지 않았다. 국가는 훈민 교화서와 실용 의약서, 윤음 등에 언문을 사용했으나 언문 학습자료를 간행하거나 이를 가르치는 교육 제도를 만들지 않았다. 이러한 상황에 처해 있으면서 언문은 훈민정음 반포 이후 근 500년 동안 민간에서 자생해 왔다. 긴 세월 동안 언문이 자생해 온 배경에는 학습의 용이함과 실용성이 자리 잡고 있다. 훈민정음의 과학성과 민주성은 이 문자를 배우기 쉬운 문자로 만들었고, 긴 세월 동안 훈민정음이 민간에서 자생해 온 원동력이 되었다.

훈민정음 사용의 계층적 범위는 한자보다 넓고 다양했다. 위로는 왕과 왕실 여성들이 훈민정음을 사용했고, 아래로는 소수의 하층민이 사용했다. 실제 사용은 양반층 남성과 여성이 중심이었고, 서리 등 중인층도 이 문자를 사용하였다. 훈민정음은 한자와 달리 조선 사회의 전 계층이 두루 사용하였다. 그러나 조선시대의 인구 전체에서 훈민정음 문해율은 상당히 낮은 것으로 판단되므로[23] 조선시대에 훈민정음의 민주성이 제대로 실현된 것이라 할 수 없다.

조선의 양반 지배층은 언문 사용에 제약을 가하는 법률을 만들기도 했다. 숙종 1년(1675)에 언문으로 작성한 빚문서[出債成文출채성문]의 법적 효력을 없앤 법률을 정했다. 이 법은 조선시대의 법전인 『속대전』, 『대전통편』, 『대전

---

23 조선시대의 훈민정음 문해율과 훈민정음의 사회 계층적 확산 문제를 고찰하기 위해 필자는 별도의 글을 준비하고 있다.

회통』, 『전록통고』 등의 호전戶典 징채徵債 조항에 모두 실렸고, 『전율통보』의 형전刑典 징채 조항에도 실렸다. 호전과 형전은 현대사회의 법률로는 민사법과 형사법에 해당한다. 사채 문서를 언문으로 쓰면 민사법과 형사법에 모두 저촉되는 셈이다. 이 법률은 훈민정음의 제도적 사용을 막는 데 큰 영향을 미쳤다고 본다. 징채 문서 언문 금지법은 훈민정음의 민주성을 가로막은 커다란 장애물이 되었다. 경제사의 관점에서 본다면 이 법률은 한자를 모르는 하층민을 자본 거래 문서 작성에서 배제한 것이 된다. 한자를 모르는 하층민의 상업 자본 거래를 차단한 이 법률은 조선 후기의 상업 발달에도 나쁜 영향을 미쳤을 것이다.

송사訟事와 관련하여 관아에 정음문서를 제출하는 것도 사실상 금지되었다. 정음문서를 접수한 관리를 처벌하려는 시도도 있었다. 대비나 왕후가 내린 정음문서는 관리들이 한문으로 번역하여 읽었다. 이 같은 방식의 문서 행정은 훈민정음 사용에 제약을 가하는 것이었고, 한자에 무지한 우민愚民을 위해 훈민정음을 만든 세종의 창제 목적을 저버린 것이었다. 양반에 의한, 양반을 위한 나라 조선에서 세종의 뜻은 실현 불가능한 것이었다. 훈민정음의 민주성은 양반층이 정치와 문화 권력을 독점한 사회 체제에서 제대로 실현될 수 없었다.

한자든 한글이든 문자 사용 능력이 사회 전 계층으로 확산된다는 것은 지식의 계층적 확산과 사회적 공유로 이어지고, 이것이 더 나아가면 권력의 독점을 깨뜨리는 기제로 작용할 수 있다. 이 점을 알고 있었던 양반층은 자신들이 가진 기득권의 장기 지속을 위해 훈민정음을 하층민에게 가르치지 않았다. 계급과 집단의 이익을 위한 권력층의 이러한 정책은 동서고금의 역사에서 흔히 발견되는 현상이기도 하다.

19세기 이후에는 관아의 정음문서 제출 금지가 조금 느슨해진 모습이 보인다. 현전하는 한글 고문서(소지, 원정 등)는 19세기 이후의 것이 대부분이다.

이러한 변화에는 19세기에 폭증한 민란의 영향이 있었을 것이다.

훈민정음에 내재된 민주성의 광범위한 실현은 민주주의 정치 체제가 성립한 1945년 이후에 본격적으로 진행되었다. 광복(1945) 이후 정치적 민주주의의 제도화가 구축되었다. 정치적 민주화에 수반하여 국민 공교육이 강화되면서 한글 문해자가 크게 늘어나 민주성이 꽃필 수 있는 환경이 만들어졌다. 정치 제도의 민주화가 이루어짐으로써 훈민정음의 민주성이 제대로 실현될 수 있었던 것이다.

2) 과학성에 대한 사회문화적 해석

필자는 훈민정음의 과학성을 창제 원리에 내재된 태생적 과학성과, 이 과학성이 현실 속에서 변용·실현되는 두 측면으로 나누어 고찰했다. 전자가 태생적으로 내재된 과학성이라면, 후자는 이 과학성이 시대의 흐름에 따라 실현되어 가는 특성을 가리킨다.

조선시대는 물론이고 20세기 말 컴퓨터 시대가 열리기 전까지 오랜 세월 동안 훈민정음의 과학성이 제대로 구현될 여건이 마련되지 못했다. 타자기 시대에는 한글 기계화에 어려움을 겪기도 했다. 어려움의 원인은 초성자, 중성자, 종성자를 합쳐서 한 음절을 이루도록 한 합자법(=모아쓰기) 규정 때문이었다. 이 문제를 극복하기 위해 주시경과 김두봉은 풀어쓰기를 시도했고, 최현배는 이를 체계화하여 『글자의 혁명』에서 한글 풀어쓰기를 제안했다. 공병우는 모아쓰기에 입각하여 초성과 종성을 분리한 세벌식 글자판을 개발하기도 했었다.[24]

그러나 타자기 시대에 겪은 한글 쓰기의 고충은 컴퓨터의 기술적 진보와

24 후자는 모아쓰기라는 한글의 특성에 알맞은 방법이다. 이는 컴퓨터 시대에도 여전히 유효한 방법임에도 불구하고 두벌식 사용의 대세에 밀려나 버렸다.

함께 해소되었다. 오늘날 디지털 기반의 컴퓨터와 휴대전화의 기술적 진보가 이루어지면서 합자법(=모아쓰기) 규정은 애물단지가 아니라 한글의 글꼴 디자인과 예술적 조형미를 실현하는 근거가 되었다. 또한 모아쓰기는 독서의 효율성 즉 가독성可讀性을 높일 뿐 아니라 종이 인쇄의 지면紙面 공간 및 전자 기기 화면畵面 공간의 효율적 활용에 기여하고 있다.

과학성을 갖춘 훈민정음의 특성이 발현되기 위해서는 문자 생성과 관련한 기술적 진보가 필요하였다. 금속활자와 목활자를 제작하여 인쇄하던 기술이 타자기를 거쳐 컴퓨터와 휴대전화로 발전하면서 한글을 생성하는 기술적 환경이 크게 달라졌다. 훈민정음의 과학성은 이러한 기술 발전에 힘입어, 현대의 디지털 환경에서 그 성능을 발휘하고 있다.

예의에 기술된 종성부용초성 규정이 갖는 과학적 의의를 역사적 관점에서 해석해 보자. 세종 어제 예의에 나오는 종성부용초성 규정은 모든 초성음을 종성 자리에 쓰도록 한 규정이다. 음절말 종성 뒤에 모음 즉 중성이 연결될 때는 어간말 종성음이 후행 음절 초성으로 넘어가서 초성음과 동일하게 실현된다. 이 현상을 관찰하고 결정한 원칙이 종성부용초성이다. 그러나 제자해에서는 팔종성법 조항을 추가했다. 팔종성법은 CVC 음절자 구성에서 두 번째 C의 자리에서 여덟 개 자음만 실현되는 음운현상을 관찰하고 결정한 것이다. 음성학적 관찰에서 나온 두 규정은 그 후 수백 년 동안 한글 표기법의 큰 기둥이 되었다. 16세기부터 종성의 ㅅ과 ㄷ이 ㅅ으로 합쳐져 7종성 표기로 변하기는 했지만, 종성 표기에 제한을 둔 팔종성법은 20세기 초기에 「한글맞춤법통일안」이 정해질 때까지 긴 세월 동안 한글 표기의 근간이 되었다. 그러다가 현대국어 한글맞춤법은 초성자를 모두 종성자에 쓰도록 규정하여 쓰기를 훨씬 어렵게 만들어 놓았다. 세종이 세운 종성부용초성의 원칙을 부활시킨 것이다. 오늘날에는 국민교육이 보편화되어 장기간에 걸쳐 체계적인 국어 교육을 받을 수 있게 됨으로써 이렇게 어려운 한글맞춤법 규정도 학습해 낼 수 있다.[25] 그러나 15세기부터 갑오개혁 이전까지는 한글 교육을 제도적 차원에서 시행한 적이 한 번도 없었다. 체계적 문자 교육이 없는 시대에는 쉽고 간편하게 배울 수 있는 표기 규범이 훨씬 유용한 것임은 말할 나위가 없다.

음가 없는 ㅇ을 초성에만 쓰고 종성에 쓰지 않도록 한 규정이 갖는 과학적 의의를 역사적 관점에서 해석해 보자. 음가 없는 ㅇ은 종성에 쓰지 않도록 한 규정은 아주 짤막하게 언급된 것이지만 실제 사용에서의 영향력은 매우 크다. 동국정운식 한자음 표기에서는 음가 없는 ㅇ을 종성 자리에 표기했으나 고유어 표기에서는 쓰지 않아도 된다고 규정했다. 음가 없는 초성 자리에 ㅇ을 쓰도록 한 규정과 음가 없는 종성 자리에 ㅇ을 쓰지 않도록 한 규정은 한글 글쓰기 특히 컴퓨터와 휴대전화의 한글 입력에 있어서 '신의 한 수'라고 부를 만한 것이다. 이 두 서법은 서로 맞물리면서 여러 가지 효용성을 발휘하고 있다. 가장 큰 효용성은 컴퓨터나 휴대전화의 한글 입력에서 초성 자리의 ㅇ은 음절 경계를 자동으로 생성하는 오토마타 원리로 작동하는 점이다. 종성 자리의 ㅇ(빈자리) 역시 후속 문자의 입력과 배열을 순조롭게 연결한다. 동시에 음절자의 서체적 균형을 이루는 효과도 얻었다.

음절 단위로 쓰게 한 합자법이 갖는 의의를 현대적 관점에서 해석해 보자. 현대 한국어에 나타난 특징 중의 하나는 각 낱말의 첫 글자 혹은 음절자(initial letter or initial syllable)를 따서 새 낱말을 만드는 신어新語 생성이 활발한 점이다. 여러 개 낱말이 합성된 사회단체 이름이나 국제기구 이름 등을 한 음절씩 따서 줄여 부르는 것은 현대 한국인의 언어생활에서 일반화되었다. 사회적 유행과 시대 흐름에 따라 생성과 소멸을 반복하는 각종 신어新

25 그럼에도 불구하고 고등학교를 졸업할 때까지 장기간 국어 교육을 받은 사람도 한글 맞춤법을 잘못 쓰는 때가 매우 많다. '쓰기'의 오류는 모든 문자의 철자법에서 피할 수 없는 것이기도 하다.

語 만들기는 제자 원리인 음절 단위 모아쓰기(합자법)와 연계되어 있다. 오래전의 신어였던 '웃찾사', '노사모', '자뻑송'뿐 아니라 '방콕', '집콕', '집관'(집에서 관람), '관종'(관심 종자), '아싸', '인싸', '눈팅'(눈으로 채팅), '컴알못', '갑툭튀' 등의 신어가 끊임없이 생성 소멸되고 있다. 이 신어들은 음절 단위로 잘라서 만들어졌다. '샘'(=쌤, 선생님)은 제1음절의 초성자, 제2음절의 중성자, 제3음절의 종성자를 떼어 서로 합친 특이 조어이다. '샘'은 음절 삼분법과 초성·중성·종성 합자법의 현대적 변용이라 할 만하다. 첫 글자를 따서 신어를 생성해 내는 조어법은 2000년대 이후 특히 활발해졌다. 이런 방식으로 생성된 신어들은 초성·중성·종성을 합쳐서 한 음절자를 쓰도록 한 규정이 낳은 산물이다. 음절자를 어소語素 단위로 삼은 새 낱말 만들기는 한국어의 조어력을 크게 높였다. 한자에 비해 한글은 조어력이 떨어진다는 이유로 국한 혼용이 필요하다는 주장은 이제 설 자리가 없게 되었다.

오늘날 고도로 발달한 개인용 컴퓨터와 휴대전화의 문자 정보 처리에서 훈민정음의 태생적 과학성은 디지털 기술과 결합하여 그 진가를 발휘하고 있다. 가획법과 합성법은 IT 기술과 결합되어 휴대전화의 문자 생성과 글쓰기에서 유용하게 기능한다. 휴대전화 문자 입력 방식이 제조 회사에 따라 약간씩 다른 것은 과학적 원리의 활용 방식(특히 낱자 조합 방식)에 차이가 있기 때문이다. 그러나 어떤 입력 방식이든 합성법의 제자 원리가 문자 입력에 활용되고 있다. 『훈민정음』 해례본의 제자 원리가 현대의 첨단 기술 제품에서 먹혀들고 있는 이유는 글자꼴의 태생적 과학성과 질서정연한 체계성에서 찾을 수 있다. 훈민정음에 내재된 과학성은 600년이란 시공을 뛰어넘어 오늘날 현대인들의 일상생활에 작용하고 있다.

3) 철학성에 대한 사회문화적 해석

훈민정음의 독특한 특성은 제자 원리에 자연철학이 내재되어 있다는 점이다. 훈민정음의 제자 원리로 작용한 역리易理의 핵심은 삼재론, 음양론, 오행론 그리고 이들이 통합적으로 작용하는 생성론이다. 삼재론, 음양론, 오행론, 생성론은 조화로운 인간의 삶과 인간과 환경의 공존을 지향하는 자연철학이다. 삼재론은 천지天地(=자연)와 사람의 조화로운 관계를 지향한다. 음양론과 오행론은 세계를 구성하는 다섯 가지 근본 요소의 상호작용 원리가 자연과 인간 존재의 근본이라고 보는 사상이다. 생성론은 만물이 생성·소멸되는 원리를 포괄하며, 우주와 물질계의 근본 이론이다. 생성론은 나고 사라짐이 끊임없이 이어져 그치지 않는 생태계의 본질적 속성[生生不息생생불식]을 내재한다.

자연철학의 일종인 훈민정음의 철학성은 현대 지구인이 부딪친 환경 위기에 대응하는 동력이 될 수 있다. 삼재론은 지구와 인간의 조화로운 관계를 지향하는 미래의 세계관으로 작동할 수 있다.[26] 미래 세대를 위한 교육과 현재 영위하고 있는 학술 및 문화 활동에 훈민정음의 철학성과 삼재론을 창의적으로 활용하는 방안을 모색할 필요가 있다.

4) 합자법의 의의와 자모 음절표와의 상관성

제자해에 기술된 삼분법은 한 음절을 초성, 중성, 종성으로 나누었다. 삼분법에 의해 설정된 음성 단위에 글꼴을 부여하면서 초성자와 중성자에 각

---

26 아래에 인용한 말에서 보듯이, 요즈음 지구 환경에 대한 인식의 전환이 강조되고 있다. "내 국민의 자유, 내 국민의 복지만 생각하는 민주주의는 한계에 왔습니다. 이제 철학이 달라져야 합니다. 지구상의 모든 자연의 존재들, 동식물과 흙과 땅과 물과 공기의 생존과 번영도 보장해야 합니다. 우리는 지구를 수탈하고 학대하고 파괴하고 있습니다. 우리가 지금 귀 기울여 듣고 눈여겨보면, 지구상의 만물들이 사람들 때문에 못 살겠다고 아우성치는 소리가 귀를 쟁쟁히 찌릅니다. 우리의 어머니인 지구에게 감사하고 사랑해야 합니다. 지구 위의 만물과 같이 살아야 합니다."(김대중)(김언호, "인류의 가슴에 살아 있는 평화주의자, 영원한 그 이름-김대중 전 대통령", 경향신문 2020년 7월 14일 게재)

각 다른 제자 방법을 적용하였다. 그러나 종성자는 따로 만들지 않고 초성자를 다시 쓰도록 하였다(종성부용초성). 그리고 초성자, 중성자, 종성자를 합하여 한 음절자 단위로 쓰게 했다. 이것이 음절 합자법이다. 세종실록 훈민정음 창제 기사(1443.12.30)에 "합한 연후에 글자를 이룬다.[合之然後乃成字]"라고 한 것과, 해례본 예의에 "무릇 글자는 합하여 음을 이룬다.[凡字必合而成音]"라고 한 것이 합자법 규정이다. 합자법 규정이 훈민정음 창제 기사와 어제 예의의 본문에 모두 등장한 사실은 이 규정의 중요성을 말해 준다. 예의例義의 "ㄱ牙音 如君字初發聲ㄱ아음 여군자초발성"은 초성자 'ㄱ'의 음가를 '君군'자의 처음 나오는 소리'라고 하면서 음절자 '군'으로 합자법이 적용된 예를 들었다. 음절자는 곧 합자법이 적용된 단위이다.

초성자, 중성자, 종성자를 음소문자로 각각 만든 후에 이 셋을 합쳐 음절자를 만들어 쓰도록 한 합자법은 한자의 구성 원리(한자의 상하 혹은 좌우에 놓이는 편방)에 영향을 받은 것으로 보인다. 합자에 의해 생성된 음절자를 사각형 구조로 만든 것은 훈민정음과 한자를 혼용할 때의 시각적 조화를 고려한 것이다. 하나의 단어를 쓰는 서사書寫 공간에서 로마자 알파벳은 일직선상에 배열되는 선형 구조로 쓰여진다. 한자漢字는 이와 달리 하나의 단어를 나타내는 모든 한자가 하나의 사각형 구조를 가진다. 로마자가 1차원에 존재한다면 한자는 2차원을 구성한다. 음소문자인 정음자를 모아쓰도록 정한 규정은 한 칸의 사각형 구조에 한글 자소들을 응집시켜 놓았다. 이렇게 함으로써 한자와 정음자는 동일한 구조의 문자 인지 단위를 갖게 된 것이다. 훈민정음의 합자법 규정은 이미 익숙해져 있던 한자 인지 단위에 신제 문자인 정음자를 조화시키는 역할을 하였다.

부서법附書法은 훈민정음의 음절자를 사각형 구조로 만든 실질적 방법이다. 부서법은 합자법의 세부 규정으로 가로쓰기 방향과 세로쓰기 방향이 조합되어 이루어진다. '봄'자는 세로쓰기 방향이고, '남'자는 가로-세로쓰기 방향이고, '훍'자는 세로-가로쓰기 방향이다. 이러한 서법 방향은 한자 구성과 서법에 존재하는 것이다. 한자 '豆두'와 '旦단'은 세로쓰기 방향이고, '仁인'과 '加가'는 가로쓰기 방향이다. 부서법의 적용으로 인해 정음 음절자의 모양이 한자와 같은 사각형 구조가 된 것이다. 이것은 한문자와 정음자가 공존하는 국한 혼용체를 만들어 냈다.

합자법 원리는 한글 학습자료로 널리 쓰인 한글 음절표(=반절표)에 이용되었다. 한글 음절표는 음절자 학습을 통해 초성자와 중성자를 배우도록 구성되어 있다. 초성자와 중성자를 결합한 CV 음절자를 먼저 배우고, 여기에 종성자를 결합한 CVC 음절자를 배우도록 설계되어 있다. CV 음절자 생성 원리는 한글 음절표의 외형에 겉으로 드러나 있고, CVC 음절자는 음절표 속에 함축되어 있다.

[그림 1] 「기축신간반절」(1889)의 음절표(부분)
Maurice Courant(1894)의 vol. Ⅰ.pl.1. 수록 Syllabaire coréen(No.1)

[그림 1]에 보인「기축신간반절」[27]은 가로행과 세로행에 초성자와 중성자가 결합한 CV 음절자(=음절합자 CV) 행렬이 배열되어 있다. 우단 첫 행에 낱자로 제시된 'ㄱㄴㄷㄹㅁㅂㅅㅣㅇ'은 CV 음절자의 종성 자리에 결합 가능한 낱자이다. 즉 'CVC' 구성의 두 번째 C에 결합 가능한 자음자(=종성자)에 해당한다. CV 음절자는 [그림 1]의 표면에 드러나 있으며, CVC 음절자는 결합(생성) 가능한 형태로 내재되어 있다. 이와 같은 형식의 음절표는 제자 방법의 하나인 합자법에 근거하여 만들어진 한글 학습자료이다. 예의에 기술된 합자법 원리가 한글 학습자료인 한글 음절표의 구조를 만든 원리로 작용한 것이다.

한글 자모자로 표현된 한글 음절표는 한글 학습자료의 하나로서 문화중층론의 언어문화 차원에 놓인다. 제자론의 하나인 합자법이 언어문화적 속성을 가진 자모 음절표 텍스트와 관련된 것이다. 19세기 말에 방각본으로 공간公刊된 자모 음절표(=반절표)는 하층민에게 한글을 확산시키는 데 기여했다. 특정문화 층위의 합자법이 한글의 계층적 확산에 기여함으로써 사회문화 층위에 작용한 것이다. 합자법은 사회문화 층위 및 언어문화 층위와 상호 중첩적 연계성을 맺고 있다. 합자법은 훈민정음 제자론의 하나이면서 동시에 한글 음절표를 생성하는 원리로 작용했다. 이 점이 바로 합자법에 함의된 중층성이자 층위 간 연계성을 갖게 한 특성이다.

한글 음절표의 근원은『훈민정음』의 예의에 있다. 예의에 기술된 합자법(=成音法성음법) 원리가 훈민정음이란 문자 학습자료를 생성해 내었으니 이것이 곧 한글 음절표이다. 한글 음절표에는 한글 학습을 위한 가장 효율적인

---

27 사진의 음절표는 모리스 꾸랑(Maurice Courant)의 저서 *Bibliographie Coréenne*(1894)에 'Syllabaire Coreen'이라는 이름으로 처음 소개되었다. 모리스 꾸랑의 저서『조선 서지』는 제1권이 1894년에 간행되고 보유편이 1901년에 간행되어 총 4권으로 완결되었다.

기획이 담겨 있다. 제자 방법의 과학성에서 비롯된 합자법이 한글 음절표를 생성하는 원리가 되었고, 이 한글 음절표는 한글 확산의 매체로 기능하였다. 한글 음절표는 한글의 태생적 보편 가치인 민주성을 구현하는 데 기여했다. 한글의 확산에 있어서 예의와 예의에 기술된 합자법이 갖는 사회문화적 의의가 여기에 있다.

5) 언어 텍스트로서의 해례본과 언해본에 대한 사회문화적 해석

언어 텍스트로서의 『훈민정음』 해례본은 한문을 기본으로 하여, 정음자 자모와 음절자 그리고 고유어 어휘들로 구성되어 있다. 제2부 제1장에서 해례본에 나타난 언어문화 요소를 사회문화적 층위와 관련지어 해석하였다. 해례본 텍스트에는 용자례를 중심으로 정음자로 표기된 고유어 어휘가 다수 실려 있다. 등재된 어휘들의 의미 범주는 동물어, 식물어, 어류 등의 자연물 어휘와 사람 관련 어휘, 도구 관련 어휘 등을 망라하고 있다. 동물어에서 포유류·조류·어류 등의 고유어가, 식물어에서 나무·풀 등의 고유어가 새로 만든 정음자로 표기되어 조선어 표기의 신기원을 열었다.

해례편에 등장한 전체 123개 어휘들은 일상생활의 기초 어휘에 해당한다. 용자례에는 일상생활의 여러 부문에 관한 어휘들이 등재되어 있다. 동물과 식물 등의 자연물 어휘와 가공품과 도구 등의 인공물 어휘로 구분된다. 두 부류 어휘의 점유 비율을 계산해 보니 자연물류 어휘가 57%이고, 인공물류 어휘가 43%로, 자연물류 어휘의 비율이 더 높다. 용자례의 94개 우리말 어휘 중 농업 관련 어휘의 점유율은 18%이다.[28] 용자례에 등재된 어휘들은 전근대의 농업과 수공업 시대의 자급자족 경제 체제를 반영하고 있다.

---

28 용자례의 어휘 중 농업 관련 어휘는 '우케, 콩, 파, 마, 비육, 풋, 밀, 피, 키, 논, 호믜, 낫, 누에, 쇼, 쟈감, 율믜, 벼' 등 17개가 있다.

'孔子공자', '배꽃', '여우가죽', '닭때[酉時]'와 같은 낱말을 예시한 것에서 15세기 중엽 조선 사람들의 가치관을 엿볼 수 있다. 공자를 숭앙하고, 배꽃의 소박한 아름다움을 찬탄하고,[29] 여우가죽을 귀히 여기며, 닭을 친근히 여겼던 당시 사람들의 생각이 이 예시어에 투영되어 있다.

제2부 제3장에서 언해본의 언어 텍스트를 정밀하게 분석하고, 여기에 나타난 언어문화적 요소를 사회문화적 층위와 관련지어 그 의미를 고찰했다. 훈민정음 언해본에 나타난 언어 요소 중에는 사회문화적 차원에서 해석할 수 있는 두 가지가 있다. 하나는 임금을 대상으로 작용한 중첩적 경어 의식이고, 다른 하나는 중국에 대한 사대 의식에서 작용한 줄바꿈이다.

세종이 자신을 스스로 가리킨 자칭自稱대명사 '予여'의 주석문에 중첩적 경어 의식이 나타나 있다. "予여는 내 ᄒᆞᅀᆞᆸ시논 쁘디시니라"는 주석문에는 특이한 경어법 형태 '-ᅀᆞᆸ시-'가 있다. 주어가 '나'임에도 불구하고 서술어 어간에 '-ᅀᆞᆸ시-'가 결합한 것은 통사론적 차원의 문법으로 설명이 불가능하다. 이것을 설명하는 방법은 훈민정음 언해본의 언해문 작성에 관여한 사람이 세종에 대한 겸양을 표현하면서 동시에 문장의 주어인 세종을 높인 것이라는 화용론적 관점을 도입하는 것이다. 언해문 작성 관여자와 세종 사이에 작용한 군신 간의 상하 관계와 여기에서 갖추어야 할 경어법 요소가 함께 작용하여 '-ᅀᆞᆸ시-'가 생성된 것이다. 언해문 작성에 관여한 사람의 관점이 개입하여 겸양법과 주체 경어법이 동시에 쓰인 특수 사례이다. 필자의 이 해석에는 텍스트에 개입된 사람들과 그들의 관계를 고려한 화용론적 관점과 사회언어학적 관점이 개입되어 있다.

조선과 중국의 관계를 의식하여 글경어법의 일종인 줄바꿈[移行法이행법]을 행한 부분에는 명나라에 대한 사대 의식이 표현되어 있다. 어제 서문의

29 이조년의 "이화에 월백하고 은한이 삼경인제 (하략…)"라는 시조가 이 점을 보여 준다.

첫머리인 "國之語音 異乎中國국지어음 이호중국"은 해례본의 한문에서 한 행으로 붙어 있었다. "國之語音 異乎中國국지어음 이호중국"을 번역한 언해본 번역문에서 조선어음을 가리키는 "國·귁之징語:엉音흠·이 나랏말ᄊᆞ미"와 '中國중국'이 포함된 "異·잉乎홍中듕國·귁ᄒᆞ야 中듕國귁에 달아"를 각각 독립된 행으로 줄바꿈했다. 이 번역문을 "國·귁之징語:엉音흠·이 나랏말ᄊᆞ미 異·잉乎홍中듕國·귁ᄒᆞ야 中듕國귁에 달아"와 같이 붙여 쓴다면 같은 행에서 '中國중국'을 '國국'(조선)의 아랫자리에 놓아야 한다. 이런 모양으로 하면 명나라에 대한 사대에 위배되는 것이자 글경어법에 어긋나게 된다. 이 번역문의 좌단 끝 행에 "中듕國·귁·ᄋᆞᆫ 皇황帝·뎽 :겨신 나·라히·니"라는 정음주석이 있다. 본문에 없는 내용을 특별히 부가하여 중국이 황제 계신 나라임을 밝혀 놓았다. 황제국에 대한 예우가 특별한 줄바꿈법으로 표현된 것이다.

4. 마무리와 제안

명나라를 사대하면서 한자를 써 오던 조선국이 고유문자 훈민정음을 창제함으로써 독자적 문자 세계를 가지게 되었다. 이것은 사대 외교와 국내 정치를 구별한 조선의 통치 기조에서 나온 것이다. 조선의 독자적 통치와 정체성을 지키기 위한 가장 확실한 수단은 조선어와 조선의 문자이다. 조선어는 자연스럽게 주어진 것이나 조선문자는 인위적으로 만들어야 한다. 훈민정음이란 조선의 문자를 만듦으로써 조선국은 정치적 독자성과 문화적 정체성을 지키는 가장 확실한 상징 수단을 확보하였다. 조선의 고유문자 훈민정음은 조선국의 국체國體를 지키는 제도적 장치라는 점에서 한국의 정치 문화사에서 대단히 중요한 의미를 가진다.

훈민정음이란 새로운 문자 창제가 조선시대 사람은 물론 현대 한국인의 언어생활에서 갖는 의의는 크고 무겁다. 이 책을 마무리하면서 과거와 현대를 아울러 훈민정음 창제가 갖는 의의와 그 영향력을 짚어 보고, 한글의 미래를 위한 연구 방안을 제안한다.

4.1. 통합적 해석의 마무리

1) 문자생활의 새 마당을 연 훈민정음, 그러나 보조문자에 그친 훈민정음

한반도에 한자가 도입된 이래로 한문자가 지배한 문자생활이 1,000년 이상 지속되었다. 한국인은 한자와 한문 그리고 이것을 약간 변형한 이두문을 각종 문서 작성에 사용해 왔다. 세종의 훈민정음 창제는 한국인의 문자생활에 큰 변화를 가져왔다. 훈민정음 창제로 문자생활의 판에 새 문자가 추가되었고, 한자 독점 판도에 변화가 일어났다. 세종은 기존의 문자생활 판에서 이두를 빼내고, 그 자리에 훈민정음을 넣으려고 시도했으나 성공하지 못했다. 이서 선발 시험에 정음을 부과하고, 옥송 문서에 쓰던 이두문을 정음문으로 대체하려 했던 세종의 정책은 세종 사후에 중단되고 말았다. 양반 지배층은 세종의 정책을 계승하지 않았고, 오히려 언문 징채徵債 문서를 금지하는 등 공사公私 문서의 언문 사용에 법률적 제약을 가했다.

세종이 정한 문자 이름 '訓民正音훈민정음'에 나타나 있듯이 새 문자는 백성을 가르치는 수단으로 이용되었다. 『삼강행실도』의 간행과 교육을 조선 법률의 중심축인 『경국대전』에 명시하고 꾸준히 실천했다. 이두문을 대체하지 못한 훈민정음은 조선 후기 내내 백성을 가르치는 훈민의 문자 역할을 수행하였다. 훈민정음이 양반, 중인, 평민 이하 계층에 두루 사용되어 문자 사용의 계급적 질서를 깼지만 평민층 백성 가운데 훈민정음을 깨친 자는 극소수에 지나지 않았다. 훈민정음은 주로 훈민의 수단으로 사용됨으로써 중세적 이데올로기에 벗어나지 못하였다(이상혁 2008: 68-69).

한문과 이두문은 모두 한자로 표현된 것이어서, 훈민정음이 창제되기 전까지는 이원적 문자생활이 영위되었다고 말하기 어렵다. 훈민정음이 창제되고 실용화됨으로써 한자 대 훈민정음(=언문)이라는 이원적 문자생활 시대가 열렸다. 한자는 표의문자이고, 훈민정음은 표음문자이기 때문에 둘은 본질적으로 다르다. 그런데 표음문자로서의 성격이 뚜렷한 구결자가 한자와 훈민정음 사이에 존재하였다. 한자의 자형을 혁신적으로 바꾼 약체 구결자는 표음문자처럼 쓰였다. 그러나 구결자는 음절 단위를 기본으로 하면서 표음적 속성과 표의적 속성을 공유한 것이어서 완전한 음소문자인 훈민정음과 차이가 크다. '한자 → 이두 → 약체 구결자 → 훈민정음'이라는 흐름은 표의문자에서 표음문자로 발전된 과정을 (부분적으로) 내포하고 있다. 조선 반도에서 진행된 문자 사용의 역사적 전개 과정에서 훈민정음 창제는 문자 발달사적으로 자연스러운 점도 있다. 그러나 창제자 세종의 정치적 의지와 학문적 역량을 고려하면 이것이 '자연스럽게' 이루어진 일이 아님을 알 수 있다.

훈민정음 반포 후 세종은 새 문자를 사용한 몇몇 사업을 성공적으로 수행했다. 『용비어천가』, 『석보상절』, 『월인천강지곡』의 편찬 사업을 통해 새로 창제한 정음자가 조선어를 훌륭하게 표현해 낼 수 있음을 입증하였다. 그러나 훈민정음을 국가문자 즉 국자國字로 삼지 않았다. 훈민정음을 한자의 보조적 위치에 두고 두 문자를 겸용하는 방식이 전개되었다. 한자를 국가의 주류문자로 사용하는 상황은 여전히 지속되었고, 한글은 한자를 보조하는 지위에 머물렀다. 조선 왕조 내내 한자 중심으로 훈민정음을 겸용하는 이중 문자생활이 영위되었다. 그러나 두 문자의 사용 비중이 균형을 이룬 것은 결코 아니었다. 한문이 공공적·학술적·문학적 차원에서 압도적 우위를 점하였고, 언문은 훈민, 아동 교육, 여성이 참여하는 언간 쓰기와 여성 교육서 등에 국한되었으며, 그 위상은 보조적 지위를 벗어나지 못했다. 이러한 상태는 갑오개혁(1894) 때까지 계속되었다. 이상혁(2008: 70)은 훈민정음 사용에 나타난 이러한 특성을 훈민정음의 종속성이라 부르고, 한자에 대한 언어 정책적 이데올로기가 작동한 것이라고 보았다.

'한자 중심 대 언문 보조'라는 조선시대의 이중적 문자생활 구도는 다면적 해석이 가능한 소재이다. 한자 사용의 오랜 전통 때문에 훈민정음 반포와 함께 한자를 버린다는 것은 상상할 수 없는 일이었다. 세종도 이 점을 잘 알았기 때문에 훈민정음으로 한자를 대체하려는 시도를 하지 않았다. 백성이 억울함을 당하기 쉬운 옥송 문서의 이두문을 언문으로 대체하려는 시도에 그쳤다.

조선의 생존 전략인 사대 정책의 기조로 볼 때, 한자 중심 구도는 불가피한 것이라고 할 수도 있다. 훈민정음을 국자國字로 삼는 것은 심각한 정치·외교적 부담 때문에 시행하기 어려웠다. 설령 대명對明 외교상의 정치적 부담이 없었다고 하더라도 조선의 양반 지배층은 한자 중심의 문자생활을 버리지 않았을 것이다. 한자를 1천여 년 동안 써 온 관습의 힘도 강력했고, 중국 대륙의 학문과 문명 지식을 흡수하기 위해서는 한문 능력이 긴요하다고 여겼다.

다른 한편으로 한문과 이두문을 조선조 말기까지 계속 사용한 것은 지식과 권력을 독점하여 계급적 이익을 지키려는 양반 지배층의 의도와 무관치 않다. 백성들이 읽을 수 있는 언문으로 공적 문서를 작성하는 것은 '지식과 정보의 공유'로 가는 지름길이다. 지식과 정보의 공유는 곧 기득권 세력의 위상을 흔드는 것임을 조선의 지배층은 알고 있었다. 세종 사후(1450)부터 갑오개혁(1894)에 이르는 긴 세월 동안(444년) 언문을 공문서나 정보 기록용 문자로 사용하려는 정책은 전혀 없었다. 옥송 문서와 사채 문서 등의 공사公私 문서 작성에 언문을 배제함으로써 백성들이 공무를 처리하는 과정에 참여하지 못하게 하였다. 그리하여 한문자를 알지 못하는 일반 백성의 의사표현을 위해 훈민정음을 창제한 세종의 목적은 실현될 수 없었다.

2) 소통과 지식의 길을 열어 문명 역량을 키운 국문

한자와 훈민정음의 위상 차이에도 불구하고 훈민정음 창제는 새로운 문명의 길을 열었다. 말소리 생산의 원천이 되는 숨은 인간 생명의 근원이다. 숨을 내쉬면서 목소리를 낸다. 목소리가 입안에서 혀에 말려 말소리가 된다. 그 말소리를 그대로 받아 적은 것이 훈민정음이란 음소문자이다. 세종은 15세기 중엽에 조선인의 숨에서 나온 조선어 말소리를 표기한 조선의 고유문자, 훈민정음을 창제함으로써 문명 발전을 위한 새로운 씨앗을 심었다. 세종은 문자의 혁신을 이루어 냄으로써 조선 사회의 문명적 전환을 위한 씨앗을 뿌렸다. 훈민정음 창제는 조선 인민의 사회 역량과 문명 역량[30]을 성장시켜 갈 수 있는 새로운 길을 닦았다.

그러나 노마 히데키(2011)가 말한 '知지'(지식)의 길은 조선시대 내내 열리지 못했다. 조선의 지배층은 '訓民훈민'의 범위를 유교 윤리를 백성들에게 가르치는 것에 제한하였다. 그런데 훈민정음이 제한적이나마 실용적 차원에서 지식의 길을 열어 준 영역이 있다. 의약서 언해본, 외국어 학습서, 한글 음식조리서, 병학서 언해본 등이 여기에 해당한다. 질병 치료, 외국어 발음과 어휘 학습, 음식 조리, 군사 훈련과 화약 제도 등의 분야에서 언문은 실용적 지식을 전수하는 역할을 했다. 그러나 평민층 이하의 하층민은 이러한 책을 읽을 수 없었고 한글 문헌에 담긴 지식을 얻을 수 없었다.

---

30 사회 역량(social capabilities)은 개인 혹은 집단이 사회적 문제를 해결해 나가는 힘을 뜻하고, 문명 역량(civilizational capabilities)은 문화와 지식을 확충하여 발전시켜 나가는 힘을 뜻한다. '사회 역량'은 경제 후진국이 선진국을 따라잡는 현상을 설명하기 위한 아브라모비츠의 캐치업(catch-up) 이론에서 쓴 용어이다. '사회 역량'과 '문명 역량'의 뜻은 김기협(2010: 45)을 참고하여 필자가 새로 쓴 것이다.

본디 세종이 백성들에게 훈민정음을 통해 열어 주려고 한 길은 '지식의 길'이 아니라 의사표현을 위한 '소통의 길'이었다. 세종은 훈민정음 창제 직후 이두문서를 정음문서로 대체하기 위해 이서吏胥들에게 언문을 가르쳤고, 이서 선발 시험에 훈민정음 합자법을 아는 자를 뽑게 하라는 명을 내렸다. 세종의 이러한 정책은 백성들에게 소통의 길을 열어 주려는 것이었다. 그러나 세종 사후 이 정책이 계승되지 않고 이두문서를 계속 씀으로써 소통의 길은 제대로 열리지 못했다. 조선의 양반층은 백성들이 훈민정음을 통해 지식의 길로 나아가는 길을 열어 주지 않았다. 공문서와 사문서에 언문 사용을 막았음은 물론 지식을 담은 언문 글을 쓰지 않았다. 그리하여 조선시대의 언문 콘텐츠는 빈약한 것이 되고 말았다.

세종이 뿌린 씨앗이 19세기 중후기에 이르러 곳곳에서 발아하여 언문의 계층적 확산이 진행되어 갔다. 갑오개혁에 이르러 언문을 '국문國文'으로 승격한 문자 정책이 성공할 수 있었던 것은 그동안 축적되어 온 언문의 확산이 있었기 때문이다. 언문의 국문화는 한국인의 어문생활에서 커다란 혁신이었다. 갑오개혁 이후 전통적 교육 제도가 혁신되어 학교가 설립되었고, 국가가 설립한 학교에서 국문을 가르치기 시작했다. 양반가 중심으로 행해지던 언문 교육이 제도권 안으로 들어옴으로써 커다란 사회 변화가 일어나기 시작했다. 국가의 교육 제도가 개혁되면서 국문을 통한 근대교육이 시작되었다. 이로써 인민이 지식으로 나아가는 길에 커다란 변화가 일어나기 시작했다. 19세기 말기부터 20세기 초기에 걸쳐 여러 분야의 국한문체의 지식서가 다수 출판되어 국문 지식 콘텐츠가 늘어났다. 갑오개혁 때 시행된 언문의 국문화는 소통을 넘어서서 지식의 길로 나아가는 사회 개혁이었다. 국문은 국민교육의 중추적 매체가 되었다. 국문을 매체로 한 교육 개혁은 근대의 서구 문명과 지식과 학문을 인민들에게 전파하였고, 이로써 조선은 서구적 의미의 근대사회로 나아갔다.

그러나 국문을 매체로 한 지식의 문이 열렸음에도 불구하고 앞으로 전진하는 것은 쉽지 않았다. 조선인의 문자생활에 훈민정음이 추가된 15세기 중엽 이래 한문과 언문으로 짜여진 이중 문자생활의 판도는 20세기 전반기(1945년 광복)까지 이어졌다. 1894년의 갑오개혁으로 '언문'이 '국문'으로 격상되어 '한문의 굴레'에서 벗어났으나 문자생활의 실제에서 '국문'은 20세기 초기에도 한문의 위세에서 탈피하지 못했다. 신문의 논설과 학술 문장에서 한자어가 압도적으로 많이 쓰였다. 한자 중심의 국한 혼용체가 20세기 초기의 신문과 학술서의 주류였다. 조선시대의 국한 혼용체는 『용비어천가』와 『두시언해』 등 양반 지식층을 위한 책에 쓰이던 것이었다. 한자와 그것의 한글 음을 동시에 표기한 국한병용체 역시 초학자를 위한 사서언해 등에 통용되던 문체였다.

한문이 아닌 새로운 문체를 선택했다고 한 유길준의 『서유견문』(1895년 간행)은 한자 위주의 국한 혼용 문체를 썼다. 이런 문체는 지식인만 읽을 수 있는 것이었다. 그러나 『서유견문』이 간행된 해에 호머 헐버트는 한글 전용 국문체로 『사민필지』(1889)라는 지식 교양서를 출판했다. 이 책의 이름 '士民必知사민필지'에는 '士사'(양반층)와 '民민'(평민층 이하)을 아우른 지식 교양서임이 명시되어 있다. 이 책이 나오기 이전까지 양반과 상민을 독자로 삼은 지식 교양서는 없었다. 호러스 그랜트 언더우드가 번역한 『조양반서』(1899) 역시 국문체로 서양 음식 조리법을 소개한 책이다. 이 책들은 국문이 본격적인 지식의 길로 나섰음을 알린 선두 주자였다. 국문체가 독립신문과 제국신문 등 신문에 등장하면서 대중은 국문체를 통해 광범위한 지식을 얻을 수 있게 되었다. 국문체는 갑오개혁 이전까지는 언간과 고소설 등을 중심으로 제한적으로 사용되다가 20세기 들어 그 영역을 넓혀 갔다. 특히 1990년대와 2000년 사이에 국문체 사용 영역이 대폭 확장되었다. 한글이 대중을 위한 지식의 길을 활짝 연 것이다.

3) 한글이 지닌 보편적 가치의 실현과 미래 가능성

훈민정음의 민주성·과학성·철학성은 태생적으로 내재된 보편 가치이지만 이들의 역사적 실현 과정은 서로 차이가 있다. 갑오개혁 이후 국문 교육이 제도화되면서 한글 문해율이 빠르게 증가하였다. 일제강점기가 끝나고, 광복 이후 대한민국 민주 정부가 들어서면서 한글 문해율은 가파르게 상승하였고 이로써 한글의 민주성이 크게 성장할 수 있는 획기적 전기를 맞이하였다. 해방 이후 선거와 투표 등의 정치적 민주 제도가 시행되면서 국가는 원만한 투표를 위해 한글 교육을 적극적으로 시행했다. 그리하여 국민의 한글 문해율이 크게 높아졌다. 민주주의 정치 제도의 시행과 함께 국민학교 의무교육 제도가 실시되었고, 이 정책이 한글 문해율을 높이는 데 기여했다. 청년 남자들을 대상으로 한 징병제가 시행되면서 군에 입대한 문맹 청년들에게 한글 교육이 실시되기도 했다. 학교와 군대의 교육은 한글 교재를 통해 이루어졌고, 이러한 교육을 통해 문맹률이 낮아졌다. 민주주의 정치 제도가 수립되면서 한글의 민주성이 빠르게 실현되어 간 것이다.

1960~1970년대를 거치면서 한글을 매체로 한 국민 교육은 산업 인력의 양성에 기여했다. 한국이 성취한 정치적 민주화와 경제적 근대화에는 한글을 통한 교육과 지식의 보급, 신문 등의 공론장이 중요한 역할을 했다. 한글 교과서와 한글 학술서의 출판, 문학 작품의 창작과 출판, 한글을 매체로 한 신문과 방송 활동 등이 이루어지면서 한글은 한국인의 지식 역량과 문명 역량을 높이는 데 기여하였다.

1945년 해방 이후 대한민국의 발전과 세계적 도약을 가능케 한 요소로 우리는 한글을 매체로 시행한 교육의 확대를 꼽는다. 한글을 통해 우리는 근대적 시민교육을 시작했고, 서구 과학과 문명을 소화해 내어 경제 근대화와 민주주의 정치 제도를 향상시킬 수 있었다. 국민 교육의 대중화와 이에 따른 지식의 확산이 사회 변화의 동력이 되었다. 한글이 태생적으로 내재하고 있는 민주성은 이러한 변화 속에서 중요한 역할을 하였다.

한글의 민주성과 과학성은 한글이 긴 세월 동안 민간에서 자생적으로 생존할 수 있었던 힘의 근원이었다. 한글의 민주성은 문자 학습의 용이함을 뒷받침하면서 광복 이후 대한민국이 민주 정치를 발전시키는 데 작용했다. 한글의 과학성은 컴퓨터 시대가 도래한 이후 진정한 가치를 구현하고 있다. 20세기 후기에 시작된 컴퓨터와 IT 기술의 혁명은 훈민정음 제자론에 내재된 과학성의 진면모를 드러내 주었다. 21세기에 들어 정보 기술이 크게 발전하면서 한글의 과학성은 개인의 문자 전송이라는 일상생활에도 작용하고 있다. 빅데이터와 인공지능 관련 기술의 발전에 한글의 과학성이 크게 기여할 것으로 기대된다.

한글에 내재된 철학성(삼재론, 오행론 등)은 인간과 자연의 공존과 조화를 지향하는 자연철학의 일종이다. 환경 문제로 위기에 부딪힌 지구의 현실에서 한글에 내재된 자연철학은 미래 세대를 위한 교육 자원으로 활용할 수 있다. 한글의 철학성은 미래 가치로 변용될 수 있는 잠재력을 내장內藏하고 있다. 한글의 철학성은 자연과 인간의 조화를 꾀하는 지구적 과제의 해결에 기여하는 미래 가치로 남아 있다.

4.2. 미래를 위한 제안: 〈한글문화유산 데이터베이스〉 구축

한글이 가진 미래 가치를 구현하기 위해 오늘날의 우리가 할 수 있는 일이 무엇일까. 한글을 매개로 한국인의 역량을 성장시켜 갈 수 있는 방안을 모색해야 할 시점이다. 2014년에 개관한 국립한글박물관은 한글의 가치를 높이기 위해 국가가 새로운 제도를 만든 사례이다. 이와 같은 맥락에서 한글의 미래 가치를 높이기 위해 필자가 제안하는 제도적 방안은 〈한글문화유산 데이터베이스〉 구축 사업이다. 훈민정음과 한글 자료를 망라한 한글문화유산의 총목록을 만들고, 관련된 정보와 지식 일체를 집대성한 〈한글문화유산 데이터베이스〉 구축이 필요하다. 여기에는 조선시대에 생산된 모든 한글 문헌은 물론 20세기에 생산된 한글 문헌으로서 저작권이 소멸된 일체의 한글 도서가 포함된다. 비석에 쓴 한글 자료, 도자기에 새긴 한글 자료, 목기木器 등 각종 기명에 쓴 한글 자료 등 종이가 아닌 재료에 쓴 자료까지 망라한다. 훈민정음을 포함한 한글문화유산 일체를 디지털화하고, 자료 하나하나에 그 자료의 사진과 영상물, 입력된 원문, 원문의 번역문, 어려운 낱말의 풀이와 주석, 참고 문헌 등을 갖추도록 한다. 계속 생산되는 관련 연구 성과를 지속적으로 갱신하여 과거의 연구 성과와 현재의 연구 경향을 파악할 수 있도록 한다. 주요 정보를 음성 데이터로 제공하여 눈으로 보는 서비스와 귀로 듣는 서비스 기능을 겸하도록 한다. 디지털 정보로 가공된 한글문화유산은 국내외의 전문가는 물론 일반 국민들이 자유롭게 이용할 수 있도록 한다. 지금까지 쉽게 접할 수 없었던 한글문화유산을 다수 국민이 직접 경험하고 이해하게 하는 것이다. 이러한 경험과 이해는 한국인의 문화 역량을 키워 새로운 교육 자료, 문학 작품, 영상물 제작 등의 문화콘텐츠 창작으로 이어질 수 있다. 〈한글문화유산 데이터베이스〉 구축은 오늘날 우리가 해내야 할 핵심 과제이다. 〈한글문화유산 데이터베이스〉는 한국 문화의 정체성을 지키는 든든한 보루이자 인류 보편적 가치를 창조해 내는 원천이 될 것이다.

〈한글문화유산 데이터베이스〉를 구축하기 위해 참고할 만한 곳은 프랑스에서 운영하는 IRHT(Institut de recherche et d'histoire des textes)이다.[31] IRHT는 중세 유럽의 원전 텍스트와 지중해 부근의 여러 언어(라틴어, 로망

31 https://www.irht.cnrs.fr. 이 서비스는 국가와 소장 기관의 이름, 필사본 명칭, 필사본 안에 문헌의 위치를 알려 주는 페이지 번호, 기록 추정 시기, 심지어 이 필사본이 인용된 최신 연구 자료 등이 수록된 카탈로그를 제공한다. 또한 각 기관이 소장하고 있는 모든 필사본 목록도 확인할 수 있다. (안재원, "한국형 '문헌 바벨탑'을 쌓자", 경향신문 2017년 6월 2일 게재)

스어, 히브리어, 그리스어, 콥트어, 시리아어, 아랍어)로 쓰인 텍스트를 디지털화하여 연구자들이 이용할 수 있도록 일련의 도구를 제공하는 곳이다. 미국 매사추세츠주 보스턴의 터프츠대학에서 운영하는 페르세우스 디지털 도서관(Perseus Digital Library)[32]도 훌륭한 참고점이 된다. 페르세우스 프로젝트는 그리스 고전을 포함한 서양의 주요 고전을 엄격하게 검증한 새로운 비판 정본(editio critica)을 구축하여 웹에서 제공하고 있다. 이 프로젝트에서는 이본들을 비교하여 정본을 만들고, 연구자들이 편리하게 이용 가능한 역동 사전(dynamic lexicon)을 제공하여 디지털 인문학의 좋은 사례로 평가받고 있다. 이 프로젝트는 원천 자료를 갖지 못한 미국의 한계를 새로운 차원에서 극복해 버린 사례이다.[33] 중국의 북경대학과 인민대학이 중국 정부의 지원을 받아 시행해 온 「儒藏유장」[34] 사업도 이용할 만한 참조점이 된다. 「유장儒藏」 사업이 갖는 학문적·문화적·정치적 의미는 매우 크다.[35]

"자연어 이해야말로 인공지능 기술의 핵심"(레이 커즈와일)이란 말은 한글 문화유산에도 적용된다. 한국어는 우리가 가진 자연어이고, 한글은 이를 기록한 시각 매체이다. 한글의 과거 역사를 반영한 문헌 자료는 대규모 말뭉치 구축을 위한 주요 자원이다. 이러한 사업을 한국학 전반에 확대해 가는 첫 출발이 〈한글문화유산 데이터베이스〉이다. 〈한국사 데이터베이스〉는 국사편찬위원회에서 관리하는 시스템으로 이미 구축되어 국민들에게 인터넷

---

32 http://www.perseus.tufts.edu. 이 프로젝트는 미국의 터프츠(Tufts)대학의 작은 학과에서 1985년 9월에 시작되었다. 하지만 현재는 국가 차원의 지원을 받아서 진행되는 미국의 대표적인 디지털 학술 사업으로 자리 잡았다. (안재원, "한국형 '문헌 바벨탑'을 쌓자", 경향신문 2017년 6월 2일 게재)

33 이에 대한 소개는 안재원의 구두 발표 원고인 "서양의 고전 활용 현황—디지털 문헌학을 중심으로"에 자세히 설명되어 있다.

34 「유장(儒藏)」 사업의 내용 소개와 의의, 정치적 의미 등에 대한 것은 김진철(2008), 홍원식(2010), 안재원(2017: 151-156)을 참고하였다.

35 이 단락은 필자의 한국어 에세이집 『한국어에 힘 더하기』(도서출판 역락, 2021)의 28-29쪽에서 일부를 가져온 것이다.

으로 제공되고 있다. 〈한글문화유산 데이터베이스〉 사업이 설계된다면 이 사업은 관련 국가 기관의 전담 부서에서 관리하고, 필요한 지식의 생산과 정보의 가공은 한국학 여러 분야의 연구자를 참여시켜 과제 수행 방식으로 진행할 수 있다.

한국은 7천만 인구가 사용하는 한국어를 갖고 있으며, 한국어를 표기하는 독자적 문자인 한글을 보유하고 있다. 한글은 단순히 도구 차원의 표기 수단에 그치는 것이 아니다. 한글은 인류의 민주성, 과학성, 철학성을 담고 있는 학술과 문화, 사상의 그릇이다. 인류의 보편적 가치를 내재하고 있으며, 특히 인간과 자연의 공존을 통해 지구가 처한 위기를 극복하기 위한 미래 가치를 품고 있다. 인공지능시대의 데이터 축적과 분석 기술에 있어서 언어와 문자는 핵심적 존재이다. 지식과 정보 문화 기술의 새로운 흐름에 부응하여 한글의 가치와 효용성을 확장시켜 갈 수 있는 대규모 원천 데이터가 필요하다. 이를 통해 인류의 생존과 조화로운 공존에 기여할 수 있는 한글문화유산의 가치를 재창조할 수 있다. 한글문화유산의 가치를 새롭게 창조하려면 한국인은 물론 이를 필요로 하는 외국인까지 자유롭게 한글문화유산을 접할 수 있어야 한다.[36] 국내외의 많은 사람이 깊이 있는 수준으로 가공된 한글문화유산을 경험함으로써 한글문화유산은 다양한 콘텐츠에 흡수되어 새로운 모습으로 탄생할 수 있다.

〈한글문화유산 데이터베이스〉는 훈민정음을 포함한 한글문화유산에 관련된 정보와 지식을 제공하는 세계인의 수원지가 되어 새로운 한글문화 창조의 물길을 만들어 갈 것이다.

---

36 김월회는 세계를 향해 문화 발신국이 된 우리나라가 '한글 문명'을 구축해야 함을 강조하였다. "국제적 경쟁력을 갖춘 채 지구촌에 이미 널리 발신된 중국 문명, 일본 문명과 어깨를 나란히 할 수 있는 '한글 문명'을 구축해야 한다.", "이를 위해서는 동서고금의 문명 성과를 우리의 언어인 한글에 담아내는 작업을 서둘러야 한다. '21세기 한국인문대전(韓國人文大典)' 간행 사업이 절실하다."(2017.2.24. 경향신문).

참고 문헌

간노 히로오미(菅野裕臣)(1993), '훈민정음'과 다른 문자 체계의 비교, 『국어사 자료와 국어학의 연구』(안병희선생 회갑기념논총), 문학과지성사, 650-659.

강규선(2001), 『훈민정음 연구』, 보고사.

강길운(1972), 훈민정음 창제의 당초 목적에 대하여, 『국어국문학』 55·56·57, 국어국문학회, 1-21.

강남욱(2016), '諺文'과 '正音'의 문헌 기록 양상으로 본 새 문자 창제 의의에 대한 재해석, 『어문연구』 44, 한국어문교육연구회, 7-43.

강만길 외(1994), 조선 전기 사회의 성격, 『한국사 7, 중세사회의 발전1』, 한길사.

강만길(1977), 한글 창제의 역사적 의미, 『창작과 비평』 44, 창작과비평사, 713-723.

강신항(1963a), 연산군 언문금압에 대한 삽의 –국어학사상에 미친 영향의 유무를 중심으로–, 『진단학보』 24, 진단학회, 27-62.

강신항(1963b), 〈훈민정음〉 해례 이론과 〈성리대전〉과의 연관성, 『국어국문학』 26, 국어국문학회, 177-185.

강신항(1967), 『운해훈민정음 연구』, 한국연구원.

강신항(1974), 『역주 훈민정음』, 신구문화사.

강신항(1977), 훈민정음 창제 동기의 일면, 『언어학』 2, 한국언어학회, 57-63.

강신항(1984), 세종조의 어문정책, 『세종조문화연구(II)』, 한국정신문화연구원, 3-59.

강신항(1987), 『훈민정음연구』, 성균관대학교출판부.

강신항(1990), 『증보판 훈민정음연구』, 성균관대학교출판부.

강신항(1992), 운해(훈민정음운해)와 신경준, 『훈민정음과 국어학』, 전남대학교출판부.

강신항(1992/2003), 『훈민정음』 중성체계와 한자음, 『韓漢음운사 연구』, 태학사, 227-248.

강신항(2000a), 『언문지에 나타난 유희의 음운연구』, 일조각.

강신항(2000b), 『한국의 운서』, 태학사.

강신항(2003a), 『수정 증보 훈민정음연구』, 성균관대학교출판부.

강신항(2003b), 중국 운서와 한국 운서, 『韓漢음운사연구』, 태학사, 673-690.

강신항(2006), 역학과 훈민정음해례 이론, 『태동고전연구』 22, 한림대 태동고전연구회, 1-28.

강신항(2010), 『훈민정음 창제와 연구사』, 도서출판 경진.

강창석(1989), 훈민정음의 제작 과정에 관한 몇 가지 문제, 『울산어문논문집』 5, 울산대학교 국어국문학과, 21-49.

강창석(1992), 15세기 음운이론의 연구, 박사학위논문, 서울대학교 대학원.

강창석(1996a), 한글의 제자 원리와 글자꼴, 『새국어생활』 6-2, 국립국어연구원, 19-35.

강창석(1996b), 훈민정음 연구의 성과와 과제, 『광복 50주년 국학의 성과 보고 논총』 96-2, 한국정신문화연구원.

강창석(2012), 훈민정음 반포와 관련한 몇 가지 문제, 『개신어문연구』 35, 개신어문학회, 5-30.

강창석(2014), 「언문자모」의 작성 주체와 시기에 대하여, 『언어와 정보사회』 22, 서강대학교 언어정보연구소, 27-52.
강창석(2016), '언문'과 '정음'의 문헌 기록 양상으로 본 새 문자 창제 의의에 대한 재해석, 『어문연구』 44, 한국어문교육연구회, 7-43.
게르하르트 헬비히(Gerhard Helbig) 지음/임환재 옮김(1984), 『언어학사』, 경문사.
겔브(I. J. Gelb) 지음/연규동 옮김(2013), 『문자의 원리』, 문자·사회·문화 총서 13, 연세대학교 대학출판문화원.
고광모(2020), 훈민정음 모음자의 창제에 대하여 -창제를 설명하고 창제자에 대한 이설을 비판함-, 『한글』 81-3, 한글학회, 655-699.
고영근(1983a), '한글'의 유래에 대하여, 『백석 조문제 선생 화갑기념논문집』.
고영근(1983b/1994a), 한글의 유래, 『통일시대의 어문 문제』, 도서출판 길벗.
고영근(1983c/1994b), 개화기 국어연구단체와 국문보급 활동, 『통일시대의 어문 문제』, 도서출판 길벗.
고영근(1985), 『국어학 연구사: 흐름과 동향』, 학연사.
고영근(1989), 지볼트(von Siebold)의 한국 기록 연구, 『동양학』 19, 단국대 동양학연구소, 1-64.
고영근(1993), 석보상절·월인천강지곡·월인석보, 『국어사 자료와 국어학의 연구』(안병희선생회갑기념논총), 문학과지성사, 93-122.
고영근(2003), '한글의 작명부는 누구일까 -이종일·최남선 소작설과 관련하여-, 『새국어생활』 13-1, 국립국어연구원, 131-151.
고영근(2007), 국어학의 창의적 연구 방향 -어제를 두 번 되돌아보고 내일을 한번 내다보자-, 『어문학』 97, 한국어문학회, 21-41.
고인덕(2015), 정초(鄭樵)의 도보학(圖譜學)과 그 영향, 『아시아문화연구』 38, 아시아문화연구소, 5-30.
고인석(2010), 기술의 융합, 학문의 통합, 『철학과 현실』 봄호(통권 제84호), 철학문화연구소, 68-80.
고재휴(1938), 문자의 일반적 발전 형태와 〈정음〉의 문화적 의의, 『정음』 24, 조선어학연구회, 5-9.
曲曉雲(2020), 『사성통해』에 인용된 『몽고운략』과 『몽고자운』의 비교 연구 -齊薺霽韻을 중심으로-, 『중국언어연구』 91, 한국중국언어학회, 1-50.
曲曉雲(2021), 『사성통해』의 魚語御韻과 模姥暮韻에 인용된 『몽고운략』과 『몽고자운』의 비교 연구, 『중국언어연구』 94, 한국중국언어학회, 1-36.
공재석(1967), 한글 고전(古篆) 기원설에 대한 한 고찰, 『중국학보』 7, 한국중국학회, 45-54.
곽신환(2006), 학산 이정호의 역학 사상, 『동양철학』 26, 한국동양철학회, 35-77.
곽신환(2010), 『주역의 이해』, 서광사.
곽신환(2016), 『훈민정음 해례』에 반영된 성리학의 영향 -태극·음양·오행·삼재론을 중심으로-, 『유학연구』 37, 충남대학교 유학연구소, 29-59.
교수신문사(2003), 『오늘의 우리 이론 어디로 가는가』, 현대 한국의 자생 이론 20, 교수신문 엮음, (주)생각의나무.
구만옥(2013), 세종, 조선 과학의 범형(範型)을 구축하다, 『한국과학사학회지』 35, 한국과학사학회, 203-224.
구만옥(2016), 『세종시대의 과학기술』, 들녘.

구범모(1997), 세종시대 문화의 현대적 의미, 『정신문화연구』 20-4, 한국학중앙연구원, 251-256.
구본영·한욱현(2009), 풀어쓰기 한글의 타당성 고찰 -주시경, 김두봉, 최현배의 풀어쓰기 안을 중심으로-, 『커뮤니케이션 디자인학연구』 29, (사)한국커뮤니케이션 디자인협회 커뮤니케이션 디자인학회, 31-38.
국립국어연구원(1996), 『국어의 시대별 변천·실태 연구(중세국어 편)』.
국립한글박물관(2015), 『한글이 걸어온 길』, 국립한글박물관 전시도록(박부자·송성재·이건식·이기갑·이상혁·이태영·이현희·정승혜·정재영·조석환 집필).
국립국어원 편(2008), 『알기 쉽게 풀어 쓴 훈민정음』, 생각의나무.
권연웅(1982), 세종조의 경연과 유학, 『세종조 문화연구(1)』, 한국정신문화연구원, 64-112.
권연웅(1993), 세조 대의 불교정책, 『진단학보』 75, 진단학회, 197-218.
권오휘(2018), 『훈민정음 제자원리와 역리의 상관성』, 박이정.
권인한(2019), 합자(合字)와 국자(國字), 『문자와 고대 한국 1』(한국목간학회연구총서 30, 주보돈교수 정년기념논총), 한국목간학회, 215-251.
권재선(1986), 강위의 동문자모분해와 의정국문자모분해의 별서, 『영남어문학』 13, 영남어문학회, 21-36.
권재선(1988), 『국어학 발전사: 고전국어학 편』, 우골탑.
권재선(1992a), 『한글연구(Ⅰ)』, 우골탑.
권재선(1992b), 『한글연구(Ⅱ)』, 우골탑.
권재선(1995), 『훈민정음 해석 연구』, 우골탑.
권재선(1997), 제자해 해석상의 문제점과 그 해명, 『한글』 235, 한글학회, 175-203.
권재일(2012), 세종 학문의 국어사적 이해, 『전국 국어학술대회』, 한글학회, 61-72.
권종성(1987), 『문자학 개요』, 과학·백과사전출판사.
권태억(1994), 갑오개혁 이후 공문서 체계의 변화, 『규장각』 17, 서울대학교 규장각한국학연구원, 77-98.
김경탁(1965), 훈민정음을 통하여 본 易의 사상, 『중국학보』 4, 한국중국학회, 69-72.
김계곤(1964/2005), 『훈민정음』 원본 발견 경위에 대하여, 『한글새소식』 제398호(2005.10) 재수록, 한글학회, 4-8.
김광해(1989), 훈민정음과 108, 『주시경학보』 4, 158-162.
김광해(1990), 훈민정음 창제의 또 다른 목적, 『국어학논문집』(강신항교수회갑기념), 기곡 강신항선생 화갑기념논문집 간행위원회, 태학사, 27-36.
김광해(1991), 훈민정음과 불교, 『인문학보』 12, 강원대학교 인문과학연구소, 235-241.
김광해(1992), 한글 창제와 불교 신앙, 『불교문화연구』 3, 한국불교문화학회, 63-90.
김기종(2006), 월인천강지곡의 底經과 문학적 성격 연구, 박사학위논문, 동국대학교 대학원.
김기협(2010), 『망국의 역사, 조선을 읽다: 김기협의 역사 에세이』, 돌베개.
김남돈(1999), 훈민정음 창제 동기와 목적에 관한 국어학사적 고찰, 『한국초등교육』 11-1, 한국초등교육학회, 27-51.
김남이(2004), 『집현전 학사의 삶과 문학 세계』, 태학사.
김동석(2000), 한자의 사성과 우리 한자말의 고저 장단 -우리말의 성조체계를 아울러 논함-, 『민족문화』 23, 한국고전번역원, 231-286.
김동소(1998/2005), 『한국어 변천사』, 형설출판사.
김동소(2007), 『한국어의 역사』, 정림사.

김동언(2022), 『한글문화사』, 박이정출판사.
김동욱(1957), 정음청 시말, 『논문집』 5, 서울대학교, 109-126.
김동준(2007), 소론계 학자들의 자국 어문 연구 활동과 양상, 『민족문학사연구』 35, 민족문학사학회, 8-39.
김동준(2012), 최석정의 어문관과 문명 인식: 〈經世正韻五贊〉을 중심으로, 『고전문학연구』 42, 월인, 307-338.
김두식(2002), 한글 서체 특성 표현을 위한 대표 글자 추출에 관한 연구, 『한국어와 정보화』(愚山 홍윤표 교수 회갑 기념 논문집), 태학사, 909-928.
김두식(2008), 『한글 글꼴의 역사』, 시간의 물레.
김만태(2012), 훈민정음의 제자원리와 역학사상 –음양오행론과 삼재론을 중심으로–, 『철학사상』 45, 서울대학교 철학사상연구소, 55-94.
김무림(2014), 『사성통해(四聲通解)』 자모도(字母圖)에 대한 고찰(考察), 『어문논집』 70, 민족어문학회, 175-198.
김무봉(2012), 조선 전기 언해 사업의 현황과 사회문화적 의의, 『한국어문학연구』 58, 한국어문학연구학회(동악어문학회), 5-50.
김무식(1993), 훈민정음 음운체계 연구, 박사학위논문, 경북대학교 대학원.
김무식(1994), 설축 자질과 모음체계 기술방법에 대한 반성, 『어문학』 55, 한국어문학회, 91-124.
김무식(1998), '훈민정음'에 나타난 음성학 술어의 특징과 의미, 『수련어문논집』 24, 수련어문학회, 1-16.
김문웅(2000), 필사본 용비어천가의 고찰: 한글가사를 중심으로, 『경산문화연구』 4, 경산대학교 경산문화연구소, 31-45.
김미성(2015), 프랑스인들의 한글에 대한 인식 고찰, 『유럽사회연구』 14, 연세대학교 유럽사회문화연구소, 61-93.
김미성·김은희·엄순천·연규동·이전경·윤석임·윤주옥·최경은(2016), 『세계인이 바라보는 한글』, 한국문화사.
김민수(1959), 『주해훈민정음』, 통문관.
김민수(1964/1977a), 『신국어학사』, 일조각.
김민수(1977b), 『주시경 연구』, 탑출판사.
김민수(1980), 『신국어학사』(전정판), 일조각.
김민수(1981), 강위의 「동문자모분해」에 대하여, 『국어학』 10, 국어학회, 135-162.
김민수(1987), 『국어학사의 기본 이해』, 집문당.
김민수(1989), 十六行 反切과 諺本의 판본, 『주시경학보』 3, 탑출판사, 217-271.
김민수(1994), 훈민정음 반포와 팔종성의 문제, 『어문연구』 22, 한국어문교육연구회, 272-275.
김민수(2004), 훈민정음 창제와 최항: 그 새로운 사실의 규명을 위하여, 『새국어생활』 14-3, 국립국어연구원, 105-114.
김민수·홍종선·조일영·송향근·최호철·고창수(1997), 『외국인의 한글 연구』, 태학사.
김방한(1992), 『언어학의 이해』, 민음사.
김부연(2018), 『훈민정음』 해례본의 텍스트 분석을 통한 국어교육적 연구 –「예의」와 「해례」를 중심으로–, 박사학위논문, 고려대학교 대학원.
김부연(2022), 『훈민정음』 해례본의 '합이성(合而成)'에 대한 고찰, 2022년 훈민정음학회 전국학술대회 발표 논문집, 13-31.
김상태(2005), 15세기 국어의 자소체계 연구 -「훈민정음」을 중심으로-, 『한국어학』 26, 한국어학회, 21-23.
김상태(2012), 훈민정음 제자 원리와 한자 육서의 자소론적 연구, 『국어학』 63, 국어학회, 105-128.
김석득(1972), 『경세훈민정음도설』의 역리적 구조, 『동방학지』 13, 연세대학교 동방학연구소, 135-170.
김석득(1983), 『우리말연구사』, 정음문화사.
김석수(2002), 우리 시대의 포스트모더니즘과 철학의 길, 『문학과 경계』 2-4, 문학과경계사, 109-128.
김석연(1997), 훈민정음의 음성과학적·생성적 보편성에 대하여, 『교육한글』 10, 한글학회, 181-207.
김석진(1993/2015), 『대산 주역강해』, 대유학당.
김선기(1965), 문자 정책론, 『한글』 134, 한글학회, 20-32.
김성렬(1996), 훈민정음 창제와 음절 인식에 대하여, 『한중인문학연구』 1, 중한인문과학연구회, 71-84.
김성수(2011), 월인천강지곡 한글활자 복원을 위한 실험 주조 조판 연구, 『서지학연구』 49, 한국서지학회, 143-167.
김세종(2012), 세종의 정음창제와 음악이론의 수용, 『한국어정보학』 14-1, 한국어정보학회, 31-40.
김송영(1985), 훈민정음 역리의 언어학적 자질론 -중성의 제자원리를 중심으로-, 『건국대학교논문집』 20, 건국대학교, 103-121.
김슬옹(2005), 『조선시대 언문의 제도적 사용 연구』, 한국문화사.
김슬옹(2006), '훈민정음'의 명칭 맥락과 의미, 『한글』 272, 한글학회, 165-196.
김슬옹(2007a), '훈민정음' 문자 만든 원리와 속성의 중층 담론, 『한민족문화연구』 21, 한민족문화학회, 95-135.
김슬옹(2007b), '훈민정음' 영인본과 연구문헌 목록 구성, 『한글』 278, 한글학회, 139-224.
김슬옹(2007c), 훈민정음 창제 동기와 목적에 대한 중층 담론, 『사회언어학』 15-1, 한국사회언어학회, 21-45.
김슬옹(2010), 『세종대왕과 훈민정음학』, 지식산업사.
김슬옹(2015a), 『훈민정음 해례본』, 교보문고.
김슬옹(2015b), 『훈민정음(언문·한글) 논저·자료 문헌 목록』, 정우영 감수, 도서출판 역락.
김슬옹(2018a), 성삼문의 훈민정음 관련 공로 의미, 『나라사랑』 127, 외솔회, 149-173.
김슬옹(2018b), 『훈민정음』 언해본 연구의 몇 가지 문제에 대하여, 『2018년 국어학회 여름 학술대회 발표 자료집』, 국어학회, 105-143.
김슬옹(2020), 『조선시대 여성과 한글 발전』, 도서출판 역락.
김승곤(1998), 세종 시대의 어문 정책, 『세종문화사대계』 1, 세종대왕기념사업회, 201-303.
김양진(2008b), 훈곡(薰谷) 홍희준(洪羲俊)의 「언서훈의설(諺書訓義說)」에 대하여, 『어문논집』 58, 민족어문학회, 35-66.
김양진(2009), 18세기 후반의 국어학과 정동유의 주영편, 『대동문화연구』 68, 성균관대학교 대동문화연구원, 255-289.
김양진(2015a), '象形'과 '훈민정음', 『우리말연구』 46, 우리말학회, 143-178.

김양진(2015b), 일음양오행(一陰陽五行)과 훈민정음, 『국어학』 74, 국어학회, 57-102.
김양진(2020), 『훈민정음(訓民正音)』 〈제자해(制字解)〉 '정음이십팔자각상기형이제지(正音二十八字各象其形而制之)'에 대하여, 『한국어학』 88, 한국어학회, 147-183.
김영국(1981), 훈민정음 자모체계에 대하여 –복합자형의 생성과 그 음가를 중심으로–, 『경기어문학』 2, 경기대학교 국어국문학회, 209-225.
김영국(1997), 『훈민정음』 해례본의 사성체계와 방점, 『동악어문논집』 32, 동악어문학회, 87-110.
김영만(1987), 훈민정음 자형의 원형과 생성체계 연구, 『장태진박사 회갑기념 국어국문학논총』, 삼영사, 43-70.
김영명(2013), 한글 창제의 목적과 정치적 의미, 『동양정치사상사』 12-1, 한국동양정치사상사학회, 63-86.
김영미(2015), 훈민정음·정음·언문의 명칭 의미, 『인문과학연구』 44, 강원대학교 인문과학연구소, 211-233.
김영배(2003), 연구 자료의 영인: 훈민정음의 경우, 『새국어생활』 10-3, 국립국어연구원, 161-169.
김영송(1977), 훈민정음의 설축 자질, 『언어학』 2, 한국언어학회, 157-166.
김영수(2016), 세종대의 문화정체성 논쟁, 『한국동양정치사상사연구』 15-1, 한국동양정치사상사학회, 31-66.
김영애(2001), 『태국사』, 한국외국어대학교출판부.
김영욱(2007), 『세종이 발명한 최고의 알파벳 한글』, 루덴스.
김영주(2004), 소론계 학인의 언어의식 연구(1) –正音 연구를 중심으로–, 『동방한문학』 27, 동방한문학회, 291-320.
김영환(2005), 전통적 말글 의식에 대한 연구 –한글 창제를 중심으로–, 『민족문화 논총』 31, 영남대학교 민족문화연구소, 463-487.
김영환(2012), 한글의 기원 및 창제 원리로서의 '상형'과 '고전 모방'의 재검토, 『한국언어문화』 47, 한국언어문화학회, 171-190.
김영희(2017), 조선시대 한글 글쓰기 체계의 발전과 여성, 『페미니즘 연구』, 17-2, 한국여성연구소, 127-155.
김완진(1972), 세종대의 어문정책에 대한 연구 –훈민정음을 위요(圍繞)한 수삼(數三)의 문제–, 『성곡논총』 3, 성곡학술문화재단, 185-215.
김완진(1975), 훈민정음의 자음자와 가획의 원리, 『어문연구』 3-1·2, 한국어문교육연구회, 186-194.
김완진(1984a), 『국어와 민족문화』(김민수 외 편), 집문당.
김완진(1984b), 훈민정음 창제에 관한 연구, 『한국문화』 5, 서울대학교, 1-19.
김완진(2002), 훈민정음 자음자와 가획의 원리, 『어문연구』 7·8, 한국어문교육연구회, 186-194.
김운태(1982), 세종조의 정치사상, 『세종조 문화연구』 1, 한국정신문화연구원, 225-282.
김월회(2017), 쿠오바디스와 행로난 (39), 소리로 빚어낸 중화, 경향신문 칼럼, 2017.4.28.
김유범(2000), 『노박집람』의 성립에 대하여 –『音義』·『質問』·『譯語指南』의 성격 규명을 통하여–, 『국어사자료연구』 창간호, 국어사학회, 69-96.
김유범(2006), 중세국어 문법교육과 언해본 삼강행실도, 『새얼어문논집』 18, 새얼어문학회, 185-211.

김유범(2009), 텍스트 구성 차원에서 바라본『훈민정음』기술 내용의 몇 문제,『한국어학』 43, 한국어학회, 105-124.
김유범(2012), 문자 표기의 형태론적 장치에 대하여,『어문논집』66, 민족어문학회, 81-100.
김유범(2015), 훈민정음의 문자론적 연구, 그 성과와 과제,『훈민정음 연구의 성과와 전망』1, 국립한글박물관, 98-115.
김유범(2017), 해례본《훈민정음》에 나타난 '合而成'에 대하여, International Conference On Asian Culture Exchange in 2017, 우리어문학회 겨울국제학술대회 발표집, 우리어문학회, 1-4.
김유범(2018),『훈민정음』〈예의〉와《해례》의 성립 과정에 대한 재검토,『우리말연구』55, 우리말학회, 121-144.
김유범·고경재(2019), 훈민정음의 각자병서자와 전탁음의 음가에 대한 재론,『우리말연구』 59, 우리말학회, 5-45.
김윤경(1938/1946/1954/1985),『조선문자급어학사(朝鮮文字及語學史)』, 진단출판협회/진단출판협회/동국문화사/연세대학교출판부.
김익수(1986), 주자의 역학과 훈민정음 창제와의 관련성 연구,『경기어문학』7, 경기대학교 국어국문학회, 271-295.
김정대(2004), 외국 학자들의 한글에 대한 평가 연구: 서구 학자들을 중심으로,『국어학』43, 국어학회, 329-383.
김종명(2007), 세종의 불교신앙과 훈민정음 창제,『한국동양정치사상사연구』6-1, 한국동양정치사상사학회, 51-68.
김종우(2007),『구조주의와 그 이후』, 살림출판사.
김주원(1988), 모음조화와 설축,『언어학』9·10, 한국언어학회, 29-43.
김주원(2005), 훈민정음 해례본의 뒷면 글 내용과 그에 관련된 몇 문제,『국어학』45, 국어학회, 177-212.
김주원(2010), 훈민정음 해례본의 책 크기,『문헌과 해석』52, 문헌과해석사, 158-161.
김주원(2013a),『훈민정음: 사진과 기록으로 읽는 한글의 역사』, 민음사.
김주원(2013b), 훈민정음 실록본 연구,『한글』302, 한글학회, 277-309.
김주원(2016), 세계 여러 문자의 모음 표기 양상과 훈민정음의 모음자,『국어학』80, 국어학회, 77-108.
김주원(2020),『훈민정음』상주본의 가치,「한글새소식」577호(2020.9), 2-3.
김주원·남권희(2017), 훈민정음 해례본(상주본)의 서지와 묵서 내용,『어문논총』72, 한국문학언어학회, 47-80.
김주필(1991), 훈민정음 창제의 언어 내적 배경과 기반,『국어학의 새로운 인식과 전개』, 민음사.
김주필(2004), 차자표기와 훈민정음 창제의 관련성 재고,『한국어의 역사』, 보고사, 119-148.
김주필(2005), 중국 문자학과 훈민정음 문자이론,『인문연구』48, 영남대학교 인문과학연구소, 69-103.
김주필(2009), 언문자모의 반절적 운용과 반절표의 성격,『한국학논총』32, 국민대학교 한국학연구소, 491-518.
김주필(2014), 최만리 등 집현전 학사들이 올린 甲子上疏文의 내용과 의미,『진단학보』122, 진단학회, 145-174.
김주필(2016),「갑자상소문」과 훈민정음의 두「서문」,『반교어문연구』44, 반교어문학회,

113-151.
김주필(2020a), 계해년(1443)의 '예의(例義)'를 찾아서, 『반교어문연구』 55, 반교어문학회, 13-48.
김주필(2020b), 훈민정음 언해본의 내용과 특성, 『어문학논총』 31, 국민대학교 어문학연구소, 1-19.
김지용(2011), 경세훈민정음도설 해제, 『경세훈민정음도설』, 명문당.
김진철(2008), 현대중국에서의 古籍의 편찬과 연구 현황, 『민족문화』 32, 한국고전번역원, 297-337.
김진평(1991), 『한글의 글자 표현』, 미진사.
김창섭(1994), 국어의 단어형성과 단어구조, 박사학위논문, 서울대학교 대학원.
김풍기(2012), 조선 전기 언해 사업의 문화적 의미, 『동악어문학』 58, 동악어문학회, 165-188.
김하수·연규동(2015), 『문자의 발달』, 커뮤니케이션북스.
김항수(1994), 조선전기의 성리학, 『한국사 8 중세사회의 발전2』, 한길사.
김현영(2008), 조선시대의 문서와 기록의 위상: 사초, 시정기에 대한 재검토, 『고문서연구』 32, 한국고문서학회, 43-66.
김형규(1949), 우리 글자론(文字論), 『한글』 108, 한글학회, 8-18.
김호(2003), 『신주무원록』, 돌베개.
김호(2015), 1612년 온역(瘟疫) 발생과 허준(許浚)의 『신찬벽온방(新纂僻溫方), 『조선시대사학보』 74, 조선시대사학회, 307-333.
나찬연(2012), 『훈민정음의 이해』, 월인.
남광우(1990), 훈민정음의 재조명, 『수여 성기열박사 환갑기념논총』, 인하대학교출판부.
남권희(2009), 새로 발견된《훈민정음 해례본》과 일본판 석봉《천자문》소개, 훈민정음학회 학술대회 발표 논문.
남명진(2006), 한국정신문화의 역철학적 사유 기반에 관한 연구, 『동서철학연구』 42, 한국동서철학회, 5-29.
남성우(1979), 중국 운학과 성리학이 훈민정음 창제에 미친 영향, 『중국연구』 4, 한국외국어대학교, 159-187.
남윤경(2001), 세종대 창제된 훈민정음에 대한 역사적 접근: 최만리 등 집현전 학사들의 훈민정음 반대상소를 통하여, 석사학위논문, 서강대학교 대학원.
남지대(1990), 세종을 어떻게 평가할 것인가, 『역사비평』 10, 역사문제연구소, 298-306.
남풍현(1978), 훈민정음과 차자표기법과의 관계, 『국문학논집』 9, 단국대학교 국어국문학과, 3-26.
남풍현(1981), 『차자표기법연구』, 단국대학교출판부.
남풍현(1989), 훈민정음의 창제와 문화의 계승, 『어문연구』 17-4, 한국어문교육연구회, 409-410.
남풍현(1997), 훈민정음의 창제 목적, 『국어학 연구의 새 지평』(성재 이돈주 선생 화갑 기념 논총 간행위원회 편), 태학사, 821-847.
남풍현(2001), 설총과 차자표기법, 『새국어생활』 11-3, 국립국어연구원, 21-36.
남풍현(2002), 『구결연구』, 태학사.
남풍현(2013), 東大寺 소장 신라화엄경사경과 그 석독구결에 대하여, 『구결연구』 30, 구결학회, 53-78.

남풍현(2014), 『국어사연구』, 태학사.
노마 히데키(野間秀樹) 지음/김진아·김기연·박수진 옮김(2011), 『한글의 탄생: 〈문자〉라는 기적』, 돌베개.
다니엘 부쉐(Daniel Bouchez) 지음/전수연 옮김(1986), 한국학의 선구자 모리스 꾸랑(상), 『동방학지』 51, 연세대학교 국학연구원, 153-194.
데이빗 바튼(David Barton) 지음/김영란·옥현진·서수현 옮김(2014), 『문식성: 문자 언어 생태학 개론』, 연세대학교 대학출판문화원.
도현철(2021), 훈민정음의 창제와 유교 교화의 확대, 『동방학지』 194, 연세대학교 국학연구원, 89-112.
류현국(2015), 『한글 활자의 탄생: 1820-1945』, 홍시.
류화송(2003), 『조선불교통사』에 나타난 이능화의 언문 인식 고찰 –'언문자법 원출범천'을 중심으로–, 『불교학보』 40, 동국대학교 불교문화연구원, 331-347.
리득춘(1994), 훈민정음 창제의 리론적 기초와 중국음운학, 『조선어 한자어음 연구』, 서광학술자료사.
린 헌트(Lynn Hunt) 지음/조한욱 옮김(1996), 『문화로 본 새로운 역사: 그 이론과 실제』, 소나무.
모리스 꾸랑(Maurice Courant) 지음/이희재 옮김(1997), 『한국서지』, 일조각.
문화재청(2007), 『훈민정음 언해본 이본 조사 및 정본 제작 연구』, 문화재청.
문효근(2015), 『훈민정음 제자원리』, 경진출판.
민현식(2003), 국어문화사의 내용 체계화에 대한 연구, 『국어교육』 110, 국어교육학회, 201-267.
민현식(2011), 갑자상소문의 텍스트언어학적 분석연구, 『어문연구』 39-3, 한국어문교육연구회, 7-42.
박권수(2004), 조선후기 상수역학의 발전과 변동 –『역학계몽』에 대한 논의를 중심으로–, 『한국사상사학』 22, 한국사상사학회, 277-303.
박권수(2006), 조선후기 象數學의 발전과 변동, 박사학위논문, 서울대학교 대학원.
박문호(2008), 『뇌 생각의 출현』, (주)휴머니스트 출판그룹.
박병채(1974), 홍무정운역훈 해제, 『홍무정운역훈』, 고려대학교 영인 총서 제2집, 고려대학교 출판부.
박병채(1979), 『역해 훈민정음』, 박영사.
박병채(1983), 『홍무정운역훈의 신연구』, 고려대학교 민족문화연구소.
박병천(2021), 『훈민정음 서체 연구』, 도서출판 역락.
박병철(2016), 『한자의 새김과 천자문』, 태학사.
박부자(2013), 東大寺 소장 『대방광불화엄경』 권제12-20에 기입된 각필자 [白]에 대한 연구, 『구결연구』 30, 구결학회, 81-104.
박성래(1982), 세종 대의 천문학 발달, 『세종조 문화연구(II)』, 한국정신문화연구원, 99-153.
박성종(2002), 문자연구 50년, 『국어학 연구 50년』(이화여대 한국문화연구원 편), 혜안, 285-325.
박소정(2006), 노자 철학의 음, 성 개념 연구 –도가 악론 연구의 출발점으로서–, 『한국음악사학보』 36, 한국음악사학회, 159-193.
박수밀(2007), 조선 후기 언어 문자관의 토대와 전개, 『한국한문학연구』 40, 한국한문학회, 465-499.
박영진(2005), 훈민정음 해례본의 발견 경위에 대한 재고, 『한글새소식』 제395호(2005.7.5),

한글학회, 8-12.
박재연(1998), 15세기 역학서 訓世評話에 대하여, 『중국소설논총』 7, 한국중국소설학회,
박종국(1984), 『세종대왕과 훈민정음』, 세종대왕기념사업회.
박종국(2007), 『훈민정음 종합연구』, 세종학연구원.
박종덕(2006), 훈민정음 해례본의 유출 과정 연구 -학계에서 바라본 '발견'에 대한 반론의 입장에서-, 『한국어학』 31, 한국어학회, 171-194.
박종희(2010), 해례 8종성 'ㅅ'의 재구조화 과정, 『한글』 77, 한글학회, 53-77.
박준호(2011), 조선 중기 전서의 유행과 그 의미, 『조선 왕실의 한글편지, 숙명신한첩』, 국립청주박물관.
박준호(2016), 『고문서의 서명과 인장』, (주)박이정.
박지홍(1984), 『풀이한 訓民正音 -연구·주석-』, 과학사.
박지홍(1986), 원본 훈민정음의 짜임 연구 -예의와 꼬리말의 내용 견줌-, 『석당논총』 12, 동아대학교 석당전통문화연구소, 141-156.
박창원(1993), 훈민정음 제자의 '理'에 대한 고찰, 『국어사 자료와 국어학의 연구』(안병희선생 회갑기념논총), 문학과지성사.
박창원(2005), 『훈민정음』, 신구문화사.
박철상(2010), 『언음첩고(諺音捷考)』의 저자 고증, 『문헌과 해석』 51, 태학사, 89-96.
박태권(1976), 『국어학사 논고』, 샘문화사.
박형우(2008), 훈민정음 '象形而字倣古篆'의 의미, 『한민족어문학』 53, 한민족어문학회, 153-180.
박홍갑(2011), 집현전 학사 최만리의 정치활동, 『민족문화』 37, 한국고전번역원, 193-220.
박흥수(1982), 세종조의 과학사상 -특히 과학 정책과 그 성과를 중심으로-, 『세종조 문화연구』 1, 한국정신문화연구원, 327-412.
방종현(1940), 원본 훈민정음의 발견, 조선일보(1940.7.30.~8.4).
방종현(1946a), 훈민정음 사략, 『한글』 97, 한글학회, 37-50.
방종현(1946b), 『해석 원본 훈민정음』, 진학출판협회.
방종현(1946/1963), 조선어학회 영인 『훈민정음』 해제, 『일사국어학논집』(1963/1972)(민중서관 재수록).
방종현(1948), 『훈민정음 통사』, 일성당서점.
배보은(2013), 문자론 용어와 문자 분류 체계에 관한 연구, 박사학위논문, 경남대학교 대학원.
배윤덕(1991), 최석정의 경세정운 연구, 『동방학지』 71·72, 연세대학교 국학연구원.
배윤덕(1994), 유희의 언문지 연구, 『우리말 연구의 샘터』(연산도수희선생 화갑기념논총), 박이정.
배은혜·백두현(2020), 『훈민정음』 해례본의 외형 복원을 위한 침안(針眼) 재구성, 『국어사연구』 30, 국어사학회, 281-316.
백두현(1995), 고려시대 석독구결의 경어법 선어말어미 '-ㅋ-', '-ㅂ-'의 분포와 기능에 관한 연구, 『어문론총』 29, 경북어문학회, 45-114.
백두현(1997), 고려시대 구결의 문자체계와 통시적 변천, 『아시아 제민족의 문자』, 태학사.
백두현(2001), 조선시대의 한글 보급과 실용에 관한 연구, 『진단학보』 92, 진단학회, 193-218.
백두현(2003), 조선 시대 여성의 문자 생활 연구 -조선왕조실록 및 한글 필사본을 중심으로-, 『진단학보』 97, 진단학회, 139-187.

백두현(2006), 조선시대 여성의 문자생활 연구 -한글 음식조리서와 여성 교육서를 중심으로-, 『어문론총』 45, 한국문학언어학회, 261-321.
백두현(2009a), 훈민정음 해례본의 텍스트 구조 연구, 『국어학』 54, 국어학회, 75-107.
백두현(2009b), 훈민정음을 활용한 조선시대의 인민 통치, 『진단학보』 108, 진단학회, 263-297.
백두현(2010), 『훈민정음』 해례본의 영인과 『합부훈민정음』 연구, 『朝鮮學報』 214, 朝鮮學會, 1-29.
백두현(2012), 융합성의 관점에서 본 훈민정음의 창제 원리, 『어문론총』 57, 한국문학언어학회, 115-156.
백두현(2013), 작업 단계로 본 훈민정음의 제자 과정과 원리, 『한글』 301, 한글학회, 83-142.
백두현(2014), 훈민정음 해례의 제자론에 대한 비판적 고찰, 『어문학』 123, 한국어문학회, 39-66.
백두현(2015a), 『한글문헌학』, 태학사.
백두현(2015b), 훈민정음의 사용·보급·정책에 관한 연구의 성과와 방향 -훈민정음의 사용·보급·정책에 관한 연구사적 검토-, 『훈민정음 연구의 성과와 전망 1』, 국립한글박물관, 116-150.
백두현(2015c), 조선시대 왕실언간의 문화중층론적 연구, 『한국학논집』 59, 계명대학교 한국학연구원, 349-403.
백두현(2016a), 훈민정음에 내재된 보편적 가치와 역사적 의미, 『어문론총』 67, 한국문학언어학회, 9-38.
백두현(2016b), 수운잡방, 중층의 문화를 담은 조리서, 『안동학연구』 15, 안동국학진흥원, 7-26.
백두현(2017), 사료로 본 신라시대 경주말의 모습, 『경주말의 보존과 활용 2』, 경주문화원 부설 향토문화연구소, 81-126.
백두현(2018), 훈민정음 해례본 낙장의 권두서명과 병서 행 복원 방안 연구, 『어문론총』 75, 한국문학언어학회, 10-43.
백두현(2020), 당대 자료로 본 훈독법의 생성 시기 고찰, 『구결연구』 45, 구결학회, 17-61.
백두현(2021a), 『한글생활사 연구』, 도서출판 역락.
백두현(2021b), 『국어 음운사와 어휘사 연구』, 도서출판 역락.
백두현·김명주(2020), 《훈민정음》 해례본 텍스트에 쓰인 한자(어) 사용 빈도와 그 해석, 『국어학』 93, 국어학회, 157-198.
백두현·배준영(2014), 한글 문헌의 문화중층론적 연구 방법 서설, 『정신문화연구』 37-3, 한국학중앙연구원, 225-256.
백채원(2022), 개화기 이후 한국어 장음 표기의 역사적 전개 과정 고찰, 『국어학』 101, 국어학회, 181-208.
서민정(2011), 『훈민정음』 '서문'의 두 가지 번역: 15세기와 20세기, 『코기토』 69, 부산대학교 인문학연구소, 29-52.
서병국(1964/1978), 훈민정음 해례본의 제자해 연구 -제자 원리를 중심으로-, 『경북대학교 논문집』 8(인문사회과학 편), 경북대학교. 서병국(1978)에 재수록.
서병국(1973a/1978), 중국 운학이 훈민정음 제정에 미친 영향에 관한 연구, 『교육연구지』 15, 경북대학교 사범대학, 25-52. 서병국(1978)에 재수록.
서병국(1973b), 『신강 국어학사』, 형설출판사.

서병국(1978), 『신강 훈민정음』, 학문사.
서종학(2005), 『문자생활의 역사』, 영남대학교출판부.
석주연(2010), 한국어 문자 언어문화의 제도화와 훈민정음 -문자 '훈민정음'의 창제와 해례본 『훈민정음』의 간행을 중심으로-, 『한국언어문화학』 7, 국제한국언어문화학회, 197-218.
섭보매(2016), 훈민정음의 음절합자 원리와 범어의 연관성에 대하여, 『한국언어학회 학술대회지』, 사단법인 한국언어학회, 177-189.
성원경(1970), 훈민정음 제자 이론과 중국 운서와의 관계(其一) -切韻指掌圖와 廣韻을 위주로-, 『학술지』 11, 건국대학교, 131-147.
성원경(1972), 반절의 기원과 내용 고, 『국어국문학』, 55·56·57 합집, 국어국문학회, 311-322.
성원경(1996), 자류주석 연구, 『인문과학논총』 28, 건국대학교출판부, 145-164.
세종대왕기념사업회(1983), 『세종연구자료총서』 1·2, 세종대왕기념사업회.
세종대왕기념사업회(1998a), 『세종문화사대계1: 어학·문학』, 세종대왕기념사업회.
세종대왕기념사업회(1998b), 『세종문화사대계5: 음악·미술』, 세종대왕기념사업회.
세종대왕기념사업회(2003), 『훈민정음』, 세종대왕기념사업회 소장 한글문헌 자료 2, 세종대왕기념사업회.
손보기(1998), 세종대왕의 인쇄술 혁신, 『세종대왕』, 신구문화사.
손환일(2021), 『훈민정음』 해례본의 登梓本 제작과 서체, 『문화사학』 54, 한국문화사학회, 179-214.
송기중(1991), 세계의 문자와 한글, 『언어』 16-1, 한국언어학회, 153-180.
송기중(1996), 세계의 여러 문자와 한글, 『새국어생활』 6-2, 국립국어연구원, 65-83.
송기중(2009), 팍바('Phags-pa 八思巴) 문자와 훈민정음 附『몽고자운』 해제, 『국어학』 54, 국어학회, 17-74.
송기중(2014), 훈민정음 해례의 음소-음성학, 『한국어사연구』 1, 국어사연구회, 59-94.
송기중(2022), 훈민정음 어제서(御製序)의 올바른 이해와 한글 창제의 목적, 『국어학』 103, 국어학회, 3-35.
송기중 외 편(2003), 『한국의 문자와 문자 연구』, 집문당.
송성섭(2016), 세종의 음악 창제: 세종의 신악(新樂)과 정간보(井間譜)의 창제 원리, 박사학위논문, 서강대학교 대학원.
송재국(2010), 주역의 육효 중괘 구성 원리 -삼재론과 음양론을 중심으로-, 『동서철학연구』 55, 한국동서철학회, 119-149.
송철의(2008), 반절표의 변천과 전통시대 한글 교육, 『세계 속의 한글』, 박이정, 165-194.
송호근(2011), 『인민의 탄생: 공론장의 구조변동』, 민음사.
송호근(2013), 『시민의 탄생: 조선의 근대와 공론장의 지각 변동』, 민음사.
스티븐 로저 피셔(Steven Roger Fischer) 지음/박수철 옮김(2010), 『문자의 역사』, 21세기북스.
시정곤(2007), 훈민정음의 보급과 교육에 대하여, 『우리어문연구』 28, 우리어문학회, 33-65.
신상현(2009), 조선후기 문자언어학 연구 흐름과 자서 편찬, 『한자한문연구』 5, 고려대학교 한자한문연구소, 187-222.
신승용(2002), 한국어의 음절 구조, 『시학과 언어학』, 시학과 언어학회. 294-329.
신양선(1999), 15세기 조선시대의 서적수입 정책, 『역사와 실학』 12, 역사실학회, 163-190.
신양선(2000), 조선초 국내의 서적 보급 정책, 『역사와 실학』 17·18, 역사실학회, 131-154.
신영복(2005), 『강의: 나의 동양고전 독법』, 돌베개.

신영복(2015), 『담론: 신영복의 마지막 강의』, 돌베개.
신용권(2003), 《고금운회거요》, 《몽고자운》과 《동국정운》, 『알타이학보』 13, 알타이학회, 185-207
신용욱(2016), 『향약채취월령(鄕藥採取月令)』과 세종의 국가 경영, 『세종국가경영문헌집』, 여주대학교 산학협력단 세종리더십연구소, 1-13.
신지연(2000), 훈민정음의 두 서문의 텍스트성, 『언어』 25-3, 한국언어학회, 367-382.
신지영(2019), 훈민정음 해례의 '喉(후)'의 의미 재고, 『민족문화연구』 82, 고려대학교 민족문화연구소, 181-209.
신창순(1990), 훈민정음 연구 문헌 목록, 『정신문화연구』 38, 한국정신문화연구원, 213-230.
신채호(1909a), 국문의 기원, 대한매일신보(1909.12).
신채호(1909b), 국한문의 輕重, 대한매일신보(1909.3).
심경호(2016), 『훈민정음』 해례본의 한문 문장 구조와 성조점에 따른 의미 해석에 대하여, 『2016년 국립한글박물관 훈민정음 학술대회(훈민정음의 현대어 번역을 위한 종합적 검토) 발표논문집』, 국립한글박물관, 63-84.
심소희(2012a), 최석정의 《황극경세·성음창화도》에 대한 인식, 『한중언어문화연구』 28, 한국현대중국연구회, 3-22.
심소희(2012b), 최석정의 『經世訓民正音圖說』 연구: 〈聲音律呂唱和全數圖〉와 經史正音切韻指南의 체제 비교를 중심으로, 『중국어문학논집』 73, 중국어문학연구회, 89-112.
심소희(2013), 『한자 정음관의 통시적 연구』, 이화여자대학교출판부.
심소희(2014), 『경세훈민정음도설』 坤冊 「群書折衷」 연구, 『민족문화』 43, 한국고전번역원, 451-523.
심재우(2016), 세종시대 신주무원록 편찬 의의와 조선시대의 검시, 여주대학교 산학협력단 세종리더십연구소, 1-14.
안대회·김성규(2000), 李思質이 제시한 훈민정음 창제 원리(1), 『문헌과 해석』 12, 문헌과해석사, 267-278.
안대회·이현일 역해(2014), 『훈민정음을 찾아서』, 안대회·이종묵·정민의 매일 읽는 우리 옛글 45, 민음사.
안명철(2004), 훈민정음 자질문자설에 대하여, 『어문연구』 32-3, 한국어문교육연구회, 43-60.
안명철(2005), 훈민정음의 제자 원리와 기호, 『국어학』 45, 국어학회, 213-241.
안명철(2006), 훈민정음 제자 원리와 육서, 『우리말글』 38, 우리말글학회, 43-58.
안병희(1974), 석보상절의 교정에 대하여, 『국어학』 2, 국어학회, 17-29.
안병희(1976), 훈민정음의 이본, 『진단학보』 42, 진단학회, 192-198.
안병희(1977), 『중세국어 구결의 연구』, 일지사.
안병희(1985), 훈민정음 사용에 관한 역사적 연구: 창제로부터 19세기까지, 『동방학지』 46·47·48, 연세대학교 동방학연구소, 793-821.
안병희(1986), 훈민정음해례본의 복원에 대하여, 『약천 김민수교수 화갑기념 국어학신연구』, 탑출판사, 927-956.
안병희(1990a), 훈민정음언해의 두어 문제, 『국어국문학논총: 벽사이우성선생 정년퇴직기념』, 여강출판사, 21-33.
안병희(1990b), 훈민정음의 제자 원리에 대하여, 『국어학논문집』(기곡 강신항선생 화갑기념 논문집), 태학사, 135-146.

안병희(1992a), 『국어사 연구』, 문학과지성사.
안병희(1992b), 월인천강지곡의 교정, 『국어사 자료 연구』, 문학과지성사, 57-65.
안병희(1992c), 훈민정음 사용의 역사, 『국어사연구』, 문학과지성사, 227-255.
안병희(1992d), 훈민정음의 제자 원리, 『국어사연구』, 문학과지성사, 215-226.
안병희(1997), 훈민정음 해례본과 그 복제에 대하여, 『진단학보』 84, 진단학회, 191-202.
안병희(1999), 최세진의 생애와 연보 -그의 誌石 발견을 계기로 하여-, 『규장각』 22, 서울대학교 규장각한국학연구원, 49-67.
안병희(2000), 한글의 창제와 보급, 『겨레의 글 한글』(새천년 특별전 도록), 국립중앙박물관, 174-183.
안병희(2002), 훈민정음(해례본) 삼제, 『진단학보』 93, 진단학회, 173-197.
안병희(2003), 해례본의 8종성에 대하여, 『국어학』 41, 국어학회, 3-24.
안병희(2004), 세종의 훈민정음 창제와 그 협찬자, 『국어학』 44, 국어학회, 3-38.
안병희(2007a), 송석하 선생 透寫의 『훈민정음』, 『한국어연구』 4, 한국어연구회, 도서출판 역락, 127-130.
안병희(2007b), 『훈민정음 연구』, 서울대학교출판부.
안병희(2009), 월인천강지곡, 『국어사 문헌 연구』, 신구문화사.
안병희·이광호(1990), 『중세국어 문법론』, 학연사.
안성찬(2011), 문명과 야만 1: 차별의 문명 담론, 『문명 안으로』, 한길사, 55-87.
안자산(1938), 언문명칭론, 『正音』 26, 조선어학연구회, 1670-1671.
안재원(2003), 서양의 고전 활용 현황 -디지털 문헌학을 중심으로-, 『언어학』 35, 사단법인 한국언어학회.
안재원(2008), 서양고전문헌학의 방법론: 문헌 계보도, 편집, 번역, 주해, 『규장각』 32, 서울대학교 규장각한국학연구원, 257-282.
안재원(2017), 서양고전문헌학과 동양 고전문헌학의 만남, 『서양고전학연구』 56-1, 한국서양고전학회, 119-166.
안정오(2004), 텍스트의 이해 -찰스 샌더스 퍼스의 기호관을 중심으로-, 『텍스트언어학』 16, 한국텍스트언어학회, 265-288.
안정오(2016), 훔볼트의 언어철학에서 구어성과 문자론에 대하여, 『문자와 문화』, 경북대학교 개교 70주년 기념 인문국제학술대회 발표 논문집.
안주호(2011), 훈민정음과 실담문자, 『밀교학보』 12, 위덕대학교 밀교문화연구원, 56-86.
안주호·이태승(2009), 훈민정음과 실담문자, 『훈민정음학회 전국학술대회 논문집』, 훈민정음학회, 51-76.
안춘근(1983), 훈민정음 해례본의 서지학적 고찰, 『한국어 계통론 훈민정음 연구』(추강 황희영 박사 송수 기념 논총 간행위원회 편), 집문당, 295-306.
알브레이트 후베(2019), 『날개를 편 한글』, 박이정.
앤드류 로빈슨(Andrew Robinson) 지음/박재욱 옮김(2003), 『문자 이야기: 고대부터 현대까지 명멸했던 문자들의 수수께끼』, 사계절.
앨버틴 가우어(Albertine Gaur) 지음/강동일 옮김(1995), 『문자의 역사』, 도서출판 새날.
양오진(2007), 조선시대 직해류 한학서에 대하여, 『중국어문논총』 35, 중국어문연구회, 21-47.
양원석(2016), 조선시대의 鄭樵「육서략」 수용과 활용, 『동방한문학』 66, 동방한문학회, 191-222.
양해승(2012), 『훈민정음』의 상형설과 육서의 관련에 대한 연구, 『관악어문연구』 37, 서울대학교 국어국문학과, 179-210.
에드워드 캐티치(Edward M. Catich) 지음/권현민·유진숙·채유경 옮김(2018), 『세리프의 기원』, 국립한글박물관.
에릭 캔델(Eric R. Kandel) 지음/이한음 옮김(2018), 『어쩐지 미술에서 뇌과학이 보인다』, 프시케의숲.
연규동(2014a), 문자의 종류와 개념에 대한 새로운 이해, 『국어학』 72, 국어학회, 155-181.
연규동(2014b), 표기 규범과 문자 –한자어의 표기원리–, 『한글』 304, 한글학회, 141-176.
연규동(2015), 문자의 발달 원리와 한자의 육서, 『언어학』 71, 한국언어학회, 161-184.
연규동(2016a), 구미의 훈민정음 연구 성과와 전망, 『훈민정음 연구의 성과와 전망Ⅱ』, 국립한글박물관. 215-246.
연규동(2016b), 세계에서의 훈민정음 연구 –21세기 초 연구를 중심으로–, 『국어학』 77, 국어학회, 377-399.
연규동(2017), 일반문자학에서 바라본 훈민정음, 『동방학지』 181, 연세대학교 국학연구원, 223-257.
연규동(2019), 훈민정음의 음절 이론과 파스파 문자, 『국어국문학』 188, 국어국문학회, 5-31.
연규동·최계영(2019), 훈민정음 후음자 'ㅇ'의 기능과 파스파 문자, 『국어학』 90, 국어학회, 83-109.
오정란(2004), 훈민정음 재출자(再出字)와 상합자(相合字)의 거리와 재음절화, 『한국어학』 22, 한국어학회, 267-298.
오종록(2008), 훈민정음 창제와 반대 상소, 『내일을 여는 역사』 32, 내일을 여는 역사재단, 57-65.
옥영정(2007), 한글 금속활자 복원을 위한 주조 및 조판 실험 연구, 『서지학연구』 38, 한국서지학회, 347-376.
옥영정(2008), 《삼강행실도》 판본의 간행과 유통, 『조선시대 책의 문화사』, 휴머니스트, 31-62.
옥영정(2015), 조선 사신의 중국 서적 수집 활동과 그 현존 자료에 대한 시론적 고찰, 『서지학연구』 61, 한국서지학회, 5-29.
옥영정(2018), 『월인천강지곡』의 인쇄사적 가치에 대한 재고찰, 『국어사연구』 26, 국어사학회, 129-158.
와타나베 다카코(渡辺高子)(2002), 훈민정음 연구사 –일본인 학자들의 연구를 중심으로–, 석사학위논문, 연세대학교 대학원.
와타나베 다카코(渡辺高子)(2016), 일본의 훈민정음 연구, 『훈민정음 연구의 성과와 전망Ⅱ』, 국립한글박물관, 154-188.
왕옥지(1997), 「몽고자운」과 「고금운회거요」의 관계 및 어음 근거 고찰, 『중국학』 12, 대한중국학회, 1-20.
왕옥지(1999), 八思巴字로 併音한 韻書의 출현 배경 고찰, 『중국어문논역총간』 3, 중국어문논역학회, 69-87.
왕옥지(2013), 파스파문자와 한글의 음소 결합적 특징 연구, 『중국인문과학』 55, 중국인문학회, 159-178.
우정임(2000), 조선 초기 서적 수입·간행과 그 성격 –성리학서를 중심으로–, 『釜大史學』 24, 부산대학교 사학회, 39-69.
월터 옹(Walter J. Ong) 지음/이기우·임명진 옮김(1995), 『구술문화와 문자문화』, 문예출판사.

유경숙(1999), 『언어, 문자와 정보 업무』, 경성대학교출판부.
유근선(2014), 『석보상절』과 『월인천강지곡』 제작의 선후 관계에 대하여 -한자음 표기를 중심으로-, 『어문학』 126, 한국어문학회, 63-86.
유동석(1993), 중세국어 주어-동사 일치, 『국어사 자료와 국어학의 연구』(안병희선생 회갑기념논총), 문학과지성사.
유미림(2005), 세종의 훈민정음 창제의 정치, 『한국동양정치사상사연구』 4-1, 한국동양정치사상사학회, 131-153.
유열(1947), 『풀이한 훈민정음』, 보신각.
유영렬·윤정란(2004), 『19세기말 서양선교사와 한국사회 -The Korean Repository를 중심으로-』, 경인문화사.
유창균(1963), 훈민정음 중성체계 구성의 근거, 『어문학』 10, 한국어문학회, 24-43.
유창균(1966), '象形而字倣古篆'에 대하여, 『진단학보』 29·30, 진단학회, 371-390.
유창균(1969/1982), 『신고 국어학사』, 형설출판사.
유창균(1974), 『몽고운략과 사성통고의 연구』, 형설출판사.
유창균(1977), 훈민정음과 八思巴字와의 상관성 -훈민정음 기원의 측면-, 『석계 조인제박사환력기념논총』, 회갑기념출판위원회, 95-115.
유창균(1979), 『동국정운』, 형설출판사.
유창균(1984), 『국어학논고』, 계명대학교출판부.
유창균(1989), 황극경세서(皇極經世書)가 국어학(國語學)에 끼친 영향, 『석당논총』 15, 동아대학교 석당연구소, 66-102.
유창균(1998), 『훈민정음 역주』, 형설출판사.
유창돈(1958), 『언문지주해』, 신구문화사.
유태용(1999), 『문화란 무엇인가』, 학연문화사.
육영수(2002), 역사학의 '문화적 전환': 서양적 기원과 한국적 전유, 『역사민속학』 4, 한국역사민속학회, 256-280.
윤병태(1983), 『한국서지학개론』(개정판), 利久出版社.
이가원(1994), 훈민정음의 창제, 『열상고전연구』 7, 열상고전연구회, 5-24.
이겸로(1987), 『통문관 책방 비화』, 민학회 민학별집1, 민우당.
이경하(2006), 15세기 최고의 여성 지식인, 인수대비, 『한국고전여성문학연구』 12, 한국고전여성문학회, 147-177.
이경희(2007), 八思巴字와 훈민정음의 공통 특징 -편찬 배경과 표음문자 중심으로-, 『중국어문학논집』 43, 중국어문학연구회, 169-186.
이광린(1976), 강위의 인물과 사상, 『동방학지』 17, 연세대학교 국학연구원, 1-45.
이광호(1988), 훈민정음 '신제28자'의 성격에 대한 연구, 『배달말』 13, 배달말학회, 47-65.
이광호(1989), 훈민정음 해례본의 문자체계에 대한 해석, 『어문학논총』 8, 국민대학교 어문학연구소, 109-127.
이광호(1991), 문자 훈민정음의 논리성, 『국어의 이해와 인식』, 한국문화사.
이군선(2007), 조선 士人의 언어 문자 인식, 『동방한문학』 33, 동방한문학회, 35-55.
이극로(1932), 훈민정음의 독특한 성음 관찰, 『한글』 5, 한글학회, 390-393.
이근수(1979/1987), 『조선조의 어문정책 연구』, 개문사/홍익대학교출판부.
이근수(1995), 『훈민정음 신연구』, 보고사.
이근열(2012), 훈민정음 언해의 문법 인식, 『우리말연구』 30, 우리말연구회, 174-195.

이근우(2016), 언문청의 창제 시기와 정음청의 위치, 『인문사회과학연구』 17-1, 부경대학교 인문사회과학연구소, 349-374.
이근우(2017), 언문과 훈민정음의 성립 시기에 대하여, 『한국어학』 75, 한국어학회, 189-222.
이기문(1963), 『국어표기법의 역사적 연구』, 한국연구원.
이기문(1972a/1998), 『국어사개설』, 탑출판사/태학사.
이기문(1972b), 『국어음운사연구』, 탑출판사.
이기문(1974), 훈민정음 창제에 관련된 몇 문제, 『국어학』 2, 국어학회, 1-15.
이기문(1976), 최근의 훈민정음 연구에서 제기된 몇 문제, 『진단학보』 42, 진단학회, 187-190.
이기문(1980), 훈민정음 창제의 기반, 『동양학』 10, 단국대학교 동양학연구소, 388-396.
이기문(1991), 『국어 어휘사 연구』, 동아출판사.
이기문(1992), 훈민정음 친제론, 『한국문화』 13, 서울대학교 규장각한국학연구원, 1-18.
이기문(2001), 고대 삼국의 언어 표기관, 『새국어생활』 11-3, 국립국어원, 37-48.
이기문(2005), 우리나라 문자사의 흐름, 『구결연구』 14, 구결학회, 233-251.
이기문(2007), 훈민정음 연구의 회고와 전망, 『훈민정음 연구의 이론과 실제』(사단법인 훈민정음학회 창립 기념 학술대회 발표논문집), 훈민정음학회, 1-7.
이기문(2008), 훈민정음 창제에 대한 재조명, 『한국어연구』 5, 한국어연구회, 5-45.
이기백(1967/1976/1980/1991/1999), 『한국사 신론』, 일조각.
이남덕(1973), 훈민정음(訓民正音)과 방격규구사신경(方格規矩四神鏡)에 나타난 고대 동방사상 –이정호: 「해설역주(解說譯註) 훈민정음(訓民正音)」·「훈민정음(訓民正音)의 역학적(易學的) 연구(硏究)」에 붙임–, 『국어국문학』 62·63, 국어국문학회, 221-239.
이돈주(1988), 훈민정음의 중국 음운학적 배경, 『훈민정음의 이해』(신상순·이돈주·이환묵 편), 전남대 어연총서1, 한신문화사, 199-237.
이돈주(1990), 훈민정음의 창제와 중국음운학적 이론의 수용, 『조선어교육』 4, 조선어교육연구회, 311-336.
이돈주(2003), 『韓中 한자음연구』, 태학사.
이동림(1974), 훈민정음 창제 경위에 대하여 –俗所謂 反切 二十七字와 상관해서–, 『국어국문학』 64, 국어국문학회, 59-62.
이동림(1975), 훈민정음의 창제 경위에 대하여: '언문 자모 27자'는 최초 원안이다, 『국어국문학 논문집』 9·10, 동국대학교 국어국문학과, 7-22.
이동림(1979), 언문과 훈민정음 관계 –재인식된 가획 원리를 중심으로–, 『어문연구』 21, 일조각, 79-89.
이동석(2020), 팔종성법의 실현 양상과 음운론적 해석, 『국어사연구』 31, 국어사학회, 63-135.
이등룡(2004), 훈민정음 언해본의 '漢音齒聲'에 대한 관견, 『인문과학』 34, 성균관대학교 인문과학연구소, 153-168.
이병근(1988), 훈민정음의 초·종성 체계, 『훈민정음의 이해』(신상순·이돈주·이환묵 편), 전남대 어연총서1, 한신문화사, 59-80.
이병근(2003), 근대 국어학의 형성에 관련된 국어관 –대한제국 시기를 중심으로–, 『한국문화』 32, 서울대학교 규장각한국학연구원, 1-33.
이병근(2015), 이능화의 국문연구와 언문자법원출범천, 『애산학보』 41, 애산학회, 181-213.
이병기(2016), 안병희 선생의 훈민정음 연구, 한국어문교육연구회 제208회 전국학술대회–국어학 발표 논문집, 101-116.
이병운(1991), 15세기 국어 음절말 표기 'ㅅ'의 음성적 실현, 『어문교육논집』 11, 부산대학교 사범대학 국어교육과, 251-269.
이복규(1996), 우리의 옛 문장부호와 교정부호, 『고문서연구』 9·10, 한국고문서학회, 457-482.
이복규(2012), 근대 이전의 우리 문장 부호, 『국제어문』 56, 국제어문학회, 403-405.
이상규(2012), 잔엽 상주본 『훈민정음』 분석, 『한글』 298, 한글학회, 5-50.
이상규(2013), 세종실록 분석을 통한 한글 창제 과정의 재검토, 『한민족어문학』 65, 한민족어문학회, 5-56.
이상규(2014), 여암 신경준의 『저정서(邸井書)』 분석, 『어문론총』 62, 한국문학언어학회, 153-187.
이상규(2016), 병와 이형상의 「추록언문반절설」 분석, 『국학연구론총』 17, 택민국학연구원, 251-280.
이상규(2018), 『명곡 최석정의 경세훈민정음』, 도서출판 역락.
이상규·천명희(2018), 『여암 신경준의 저정서 연구』, 도서출판 역락.
이상백(1957), 『한글의 기원: 훈민정음 해설』, 『국립박물관총서』 3, 통문관.
이상혁(1998), 언문과 국어 의식: 중세와 실학 시대의 '훈민정음'과 '언문' 개념의 비교를 중심으로, 『국어국문학』 121, 국어국문학회, 55-73.
이상혁(2004a), 『훈민정음과 국어 연구』, 도서출판 역락.
이상혁(2004b), 『조선후기 훈민정음 연구의 역사적 변천』, 도서출판 역락.
이상혁(2005), 홍기문과 원본 『訓民正音』의 번역에 대하여, 『한국학연구』 23, 고려대학교 한국학연구소, 235-253.
이상혁(2008), 훈민정음과 한글의 언어문화사적 접근: 문자, 문자 기능의 이데올로기적 속성을 중심으로, 『한국어학』 41, 한국어학회, 61-81.
이상혁(2015), 조선 후기 훈민정음의 유통과 담론의 양상, 『한국실학연구』 29, 한국실학학회, 7-44.
이상혁(2017), 〈훈민정음 용어 사전〉의 구축과 그 쟁점 -원본 『訓民正音』(1446)의 〈例義〉를 중심으로-, 『민족문화연구』 75, 고려대학교 민족문화연구원, 67-89.
이성구(1985/1998), 『훈민정음 연구』, 동문사/애플기획.
이성구(1986), 훈민정음 해례의 '聲, 音, 字'의 의미, 『봉죽헌박붕배박사 회갑기념논문집』, 배영사, 590-608.
이성구(1987a), 『훈민정음해례』의 河圖 원리와 중성, 『이응호 박사 회갑 기념 논문집』, 한샘, 281-304.
이성구(1987b), 훈민정음 초성체계와 오행, 『한실 이상보 박사 회갑기념논총』, 한실 회갑기념논총 간행위원회 편, 형설출판사.
이성무(1999), 『조선왕조실록은 어떤 책인가』, 동방미디어.
이성무(2001), 세종시대의 역사와 문화, 『세종시대의 문화』, 태학사, 15-79.
이성연(1994), 훈민정음 창제 과정에 대한 연구, 『한국언어문학』 32, 한국언어문학회, 65-80.
이숭녕(1958), 세종의 언어정책에 관한 연구 -특히 운서 편찬과 훈민정음 제정과의 관계를 중심으로 하여-, 『아세아연구』 1-2, 고려대학교 아세아문제연구소, 29-84.
이숭녕(1963/1972), 최만리 연구, 『이상백박사 회갑 기념논총』, 『국어학연구』(1972, 형설출판사), 151-166 재수록.

이숭녕(1966/1972), 세종의 개성의 고찰, 『대동문화연구』 3, 성균관대 대동문화연구원, 19-82. 『국어학연구』(1972, 형설출판사), 101-150 재수록.
이숭녕(1972), 『국어학연구』, 형설출판사.
이숭녕(1974), 세종의 언어정책 사업과 그 은밀주의적 태도에 대하여, 『한국학논총』, 하성 이선근박사 고희기념논문집 간행위원회.
이숭녕(1975a), 세종대왕과 훈민정음 제정, 『어문연구』 3-4, 한국어문교육연구회, 한글날 기념 강연 요지, 665-666.
이숭녕(1975b), 세종의 전지요양에 대하여 –특히 온천과 냉천의 요양을 중심으로 하여–, 『어문연구』 3-1·2(통합본), 한국어문교육연구회, 11-34.
이숭녕(1981), 『세종대왕의 학문과 사상: 학자들과 그 업적』, 아세아문화사.
이숭녕(1983), 나의 연구 생활, 『나의 걸어온 길』, 학술원, 443-493.
이승욱(1968), 「-삽시-」攷, 『이숭녕박사 송수기념논총』, 을유문화사, 461-471.
이승재(1991), 훈민정음의 언어학적 이해, 『언어』 16-1, 한국언어학회, 181-211.
이승재(2001), 부호자의 문자론적 의의, 『국어학』 38, 국어학회, 89-118.
이신괴 지음/박만규 옮김(1990), 『中國聲韻學概論』, 대광문화사.
이영월(2009), 훈민정음에 대한 중국운서의 영향 관계 연구: 삼대어문정책을 중심으로, 『중국학연구』 50, 중국학연구회, 255-274.
이왕무(2006), 조선시대 국왕의 온행 연구, 『국사관논총』 108, 국사편찬위원회, 1-37.
이우성(1976), 조선왕조의 훈민정책과 정음의 기능, 『진단학보』 42, 진단학회, 182-186.
이원명(2011), 여말선초 동아시아 문화권 형성과 대명 외교 추이: 최만리 '갑자상소(甲子上疏)'의 배경과 성격에 대한 이해, 『동북아문화연구』 27, 동북아시아문화학회, 83-102.
이은령(2017), 19세기 프랑스 동양학의 한국어 연구, 『코기토』 82, 부산대학교 인문학연구소, 376-424.
이익섭(1971), 문자의 기능과 표기법의 이상, 『김형규박사 송수기념논총』, 김형규 박사 송수기념 논총 간행위원회 편, 일조각, 679-694.
이익섭(1992), 『국어 표기법 연구』, 서울대학교출판부.
이익섭(1998), 문자사에서 본 동양 삼국 문자의 특성, 『새국어생활』 8-1, 국립국어연구원, 221-231.
이재돈(2016), 훈민정음 해례에 나타난 중국 음운학 이론, 『훈민정음의 현대어 번역을 위한 종합적 검토』, 국립한글박물관, 45-60.
이재형(2004), 세종의 훈민정음 창제와 신미의 역할, 『불교문화연구』 4, 한국불교문화학회, 137-156.
이전경(2015), 세종의 문자정책과 훈민정음 창제 동기, 『한말연구』 37, 한말연구학회, 227-253.
이정모(2010), 인지과학적 관점에서 본 학문의 융합, 『철학과 현실』 84, 철학문화연구소, 56-67.
이정주(2007), 세종 31년(1449) 刊 『사리영응기(舍利靈應記)』 소재 정근입장인(精勤入場人), 『고문서연구』 31, 고문서학회, 131-164.
이정호(1975), 『훈민정음의 구조원리 그 역학적 연구』, 아세아문화사.
이정호(1986), 『국문·영문 해설 역주 훈민정음』, 보진재.
이종묵(2010), 정동유와 그 일문의 저술, 『진단학보』 110, 진단학회, 301-328.

이준환(2020), 훈민정음 해례본의 초성, 중성, 종성 설명 用字에 관하여, 『국어학』 94, 국어학회, 91-125.
이준환(2021), 운해의 자모도와 운도의 현실 언어의 반영과 규범화, 『구결연구』 46, 구결학회, 267-315.
이준환(2022), 운해(韻解)의 기술 내용에서 볼 수 있는 신경준(申景濬)의 성운(聲韻) 인식, 『여암 신경준 연구』(재단법인 실시학사, 학자원 발행), 203-301.
이중원(2010), 학문 융합: 철학에선 어떻게 볼 것인가, 『철학과 현실』 84, 철학문화연구소, 44-55.
이지영(2016a), 서울대학교 소장 『東文華字集音』에 관한 서지적 고찰: 강위의 『東文字母分解』와의 비교를 중심으로, 『중어중문학』 65, 한국중어중문학회, 207-225.
이지영(2016b), 연세대 소장 『東文集音』에 관한 소고, 『한국중어중문학회 학술대회 자료집』, 한국중어중문학회, 296-300.
이태승·안주호(2003), 망월사본 「眞言集凡例」에 대한 연구, 『한국어학』 19, 한국어학회, 207-227.
이태진(1982), 세종대의 농업기술정책, 『세종조 문화연구(2)』, 한국정신문화연구원.
이현희(1990), 훈민정음, 『국어연구 어디까지 왔나』, 서울대 대학원 국어연구회 편, 동아출판사, 615-631.
이현희(1991), 훈민정음의 이본과 관련된 몇 문제, 『어학교육』 21, 전남대학교 언어교육원, 59-74.
이현희(1997), 훈민정음, 『새국어생활』 7-4, 국립국어연구원, 237-253.
이현희(2003), 훈민정음 연구사, 『한국의 문자와 문자연구』, 집문당, 593-626.
이현희(2015), 한글의 원리와 특징, 『한글이 걸어온 길』, 국립한글박물관, 41-52.
이형상 지음/김언종 외 옮김(2008), 『역주 자학』, 푸른역사.
이호권(1998), 석보상절의 국어학적 연구, 박사학위논문, 서울대학교 대학원.
이호권(2001), 『석보상절의 서지와 언어』(국어학총서 39), 국어학회, 태학사.
이호권(2008), 조선시대 한글 문헌 간행의 시기별 경향과 특징, 『한국어학』 41, 한국어학회, 83-114.
이호권(2011), 『월인석보』 권두 부속문자의 서지, 『민족문화논총』 48, 고려대학교 민족문화연구소, 91-116.
이희승(1937), 문자 이야기, 『한글』 44, 조선어학회, 1-6.
이희승(1946), 문자사상 훈민정음의 지위, 『한글』 94, 조선어학회, 4-13.
이희재(2014), 17세기 조선후기 최석정의 훈민정음의 역학적 원리 연구, 『대동철학』 66, 대동철학회, 51-66.
임다영(2021), 『동국정운』과 『규장전운』의 참고문헌 유형 비교 고찰, 『대동문화연구』 116, 성균관대학교 대동문화연구원, 5-35.
임용기(1991a), 훈민정음의 삼분법 형성 과정, 박사학위논문, 연세대학교 대학원.
임용기(1991b), 훈민정음의 이본과 언해본의 간행 시기에 관하여, 『국어의 이해와 인식』, 한국문화사, 673-696.
임용기(1992), 『훈민정음』에 나타난 삼분법의 형성 과정에 대하여, 『세종학연구』 7, 세종대왕기념사업회, 73-97.
임용기(1996), 삼분법의 형성 배경과 훈민정음의 성격, 『한글』 233, 한글학회, 5-68.
임용기(1997), 삼분법과 훈민정음 체계, 『국어사연구』(전광현·송민 교수 회갑기념논총), 국어사연구회, 태학사, 247-282.
임용기(1999), 이른바 이체자 'ㆁ, ㄹ, ㅿ'의 제자 방법에 대한 반성, 『새국어생활』 9-4, 국립국어연구원, 161-167. 송기중 외 편(2003: 627-636) 재수록.
임용기(2000a), 훈민정음, 『문헌과 해석』 12, 문헌과해석사, 312-333.
임용기(2000b), 《한글갈》을 통해 본 국어학 연구의 방향, 『나라사랑』 100, 외솔회, 84-110.
임용기(2002), '삼분법'의 형성 과정에 대한 이해와 중성체계 분석의 근거에 관한 몇 가지 문제, 『애산학보』 27, 애산학회, 65-90.
임용기(2008), 세종 및 집현전 학자들의 음운 이론과 훈민정음, 『한국어학』 41, 한국어학회, 114-146.
임용기(2010), 초성, 중성, 종성의 자질과 훈민정음, 『국어학』 57, 국어학회, 75-106.
임용기(2012), 훈민정음의 한자음 표기와 관련한 몇 가지 문제, 『인문과학』 96, 연세대학교 인문학연구원, 5-44.
임용기(2014), 훈민정음 창제와 관련한 몇 가지 문제: 누가, 왜, 어떻게 만들었는가?, 『한국어사연구』 1, 국어사연구회, 95-132.
임용기(2017), 『훈민정음』 해례본의 이해와 관련한 몇 가지 문제, 『한국어사연구』 3, 국어사연구회, 111-146.
임용기(2019), 국어 음절 짜임새와 훈민정음, 『한국어사연구』 5, 국어사연구회, 59-134.
임홍빈(1996), 주시경과 한글 명칭, 『한국학논총』 23, 계명대학교 한국학연구원, 21-41.
임홍빈(2006), 한글은 누가 만들었나, 『이병근선생 퇴임기념 국어학논총』, 편집위원회, 태학사, 1353-1394.
임홍빈(2013), 실록의 훈민정음 간행 기사의 비밀, 『언어와 정보사회』 20, 서강대학교 언어정보연구소, 51-91.
장선호(2013), 증보문헌비고 악고 훈민정음과 부록 훈민정음 초성상형도에 대한 연구, 『한국어정보학』 15, 한국어정보학회, 21-28.
장윤희(2011), 문자생활사 관점에서의 '갑자상소문' 재평가, 『국어교육』 134, 한국어교육학회, 131-154.
장윤희(2013), 훈민정음 제자원리의 위계성과 이체, 『어문연구』 158, 한국어문교육연구회, 37-56.
장윤희(2018), 『훈민정음』 해례본의 언어 관련 지칭어, 『안병희선생 10주기 추모논문집』, 간행위원회, 545-562.
장향실(1999), 흡재(翕齋) 이사질(李思質)의 「훈음종편」고, 『어문논집』 39, 민족어문학회, 108-130.
재단법인 실시학사(2022), 『여암 신경준 연구』(실시학사 실학연구총서 17), 학자원.
전몽수·홍기문(1949), 『훈민정음역해』, 『조선어문고』 1.
전무용(2016), 한글 성경의 번역 보급과 한글 문명의 대전환1 –문체 형성의 관점에서 본 한글 성경 번역의 역사–, 『국역 성경 자료의 종합적 연구』(겨울 국어사학회 전국학술대회(2017.1.11) 발표집)
전정례·김형주(2002), 『훈민정음과 문자론』, 도서출판 역락.
정경일(1991), 훈곡(薰谷)의 화동음원(華東音源)에 대하여, 『민족문화연구』 24, 고려대학교 민족문화연구소, 155-176.
정경일(2000), 『언문지』에 나타난 국어 음운 연구, 『새국어생활』, 국립국어연구원, 27-42.
정경일(2002), 『한국운서의 이해』, 대우학술총서 541, 아카넷.

정경일(2009), 한자음 표기와 한글의 위상, 『한국어학』 42, 한국어학회, 1-25.
정광(1999), 최세진의 생애와 업적, 『새국어생활』 9-3, 국립국어원, 5-18.
정광(2002), 성삼문의 학문과 조선전기의 譯學, 『어문연구』 30-3, 한국어문교육연구회, 259-292.
정광(2006a), 『훈민정음의 사람들』, 제이앤씨.
정광(2006b), 새로운 자료와 시각으로 본 훈민정음의 창제와 반포, 『언어정보』 7, 고려대학교 언어정보연구소, 5-37.
정광(2008), 훈민정음 자형의 독창성 -몽고자운의 八思巴 문자와의 비교를 통하여-, 『훈민정음과 파스파문자 국제학술 Workshop』(International Workshop on Hunminjeongeum and hPags-pa script), 50-65.
정광(2009a), 훈민정음의 중성과 파스파 문자의 모음자, 『국어학』 56, 국어학회, 221-247.
정광(2009b), 『몽고자운 연구』, 박문사.
정광(2012), 『훈민정음과 파스파 문자』, 도서출판 역락.
정광(2014), 세종의 한글 창제 -동아시아 제민족의 문자 교류와 훈민정음의 제정을 중심으로-, 『한국학연구』 51, 고려대학교 한국학연구소, 5-50.
정광(2015a), 파스파 문자, 『2015 연구보고 한글과 동아시아의 문자』, 국립한글박물관, 195-258.
정광(2015b), 『한글의 발명』, 김영사.
정광(2017), 반절 고 -속소위반절 27자를 해명하기 위하여-, 『어문논집』 81, 민족어문학회, 127-184.
정광(2018), 훈민정음의 새로운 이해 -비가라론과 파스파 문자와의 관련을 중심으로, 『한국어사연구』 4, 국어사연구회, 123-187.
정광(2019), 신미대사와 훈민정음, 『한국어사연구』 5, 국어사연구회, 135-196.
정구복(1982), 세종조의 역사의식, 『세종조 문화연구』 1, 한국정신문화연구원, 113-150.
정다함(2009), 여말선초의 동아시아 질서와 조선에서의 한어, 한이문, 훈민정음, 『한국사학보』 36, 고려사학회, 269-305.
정달영(2007), 세종시대의 어문정책과 훈민정음 창제 목적, 『한민족 문화연구』 22, 한민족문화학회, 7-30.
정두희(1980), 집현전 학사 연구, 『전북사학』 4, 전북대학교 사학회.
정두희(1982), 세종조의 권력 구조 -대간의 활동을 중심으로-, 『세종조 문화연구』 1, 한국정신문화연구원, 1-64.
정병설(2009), 조선시대 한문과 한글의 위상과 성격에 대한 一考, 『한국문화』 48, 서울대학교 규장각한국학연구원, 3-20.
정복동(2008), 훈민정음 구조와 한글 서예의 심미적 연구, 박사학위논문, 성균관대학교 대학원.
정소연(2009), 용비어천가와 월인천강지곡의 비교 연구, 『우리어문연구』 33, 우리어문학회, 187-222.
정승철(2010), 『주영편』의 국어 연구, 『진단학보』 110, 진단학회, 395-411.
정승혜(2017), 『임하필기(林下筆記)』의 국어학적 고찰, -〈문헌지장편(文獻指掌編)〉 기사를 중심으로-, 『진단학보』 128, 207-228.
정연찬(1977), 『홍무정운역훈의 연구』, 일조각.
정연찬(2008), 음절 이분법과 삼분법에 대한 음미 서너 가지, 『한국어연구』 5, 한국어연구회,

47-61.
정요일(2008), 『훈민정음』「서문」의 '者'·'놈'의 의미와 관련한 고전 재검토의 필요성 논의 -'者'와 '놈'은 '것' 또는 '경우'를 뜻한다-, 『어문연구』 36-3, 한국어문교육연구회, 269-295.
정요일(2010), 유가의 자연관, 『어문연구』 38-4, 한국어문교육연구회, 425-442.
정우락·백두현(2014), 문화어문학: 어문학에 대한 문화론적 혁신, 『어문론총』 60, 한국문학언어학회, 9-39.
정우영(2000a), 훈민정음 한문본의 원본 복원에 대한 연구, 『동악어문논집』 36, 동악어문학회, 107-135.
정우영(2000b), 『훈민정음언해』의 이본과 원본 재구에 관한 연구, 『불교어문논집』 5, 한국불교어문학회, 25-58.
정우영(2001), 훈민정음 한문본의 낙장 복원에 대한 재론, 『국어국문학』 129, 국어국문학회, 191-227.
정우영(2005), 『훈민정음』 언해본의 성립과 원본 재구, 『국어국문학』 139, 국어국문학회, 75-113.
정우영(2014), 훈민정음 해례편의 '예의편' 구조와 '해례편'과의 상관관계, 『국어학』 72, 국어학회, 103-153.
정우영(2015), 훈민정음 해례본과 언해본의 판본·서지·복원 연구의 회고와 전망, 『훈민정음 연구의 성과와 전망 1』, 국립한글박물관, 14-63.
정우영(2016), 훈민정음 초성 제자원리의 '이체자(異體字)' 관련 문제점 분석, 『국어학』 80, 국어학회, 35-75.
정우영(2018), 『월인천강지곡』의 국어학사적 연구 자료로서의 위상, 『한국어학』 81, 한국어학회, 299-324.
정우택(1995), 《몽예집(夢藝集)》의 국어학사(國語學史)상의 의의, 『애산학보』 16, 애산학회, 203-224.
정인승(1940), 古本 훈민정음의 연구, 『한글』 8-9(통권 82호), 한글학회, 3-16.
정인승(1946), 훈민정음의 연혁, 『한글』 98, 한글학회, 28-31.
정재영(1998), 성삼문의 동자습 서와 『동자습(구결)』에 대하여, 『규장각』 21, 서울대학교 규장각한국학연구원, 1-18.
정제문(2015), 파스파 문자와 훈민정음, 『한글』 307, 한글학회, 5-43.
정주리·시정곤(2011), 『조선언문실록』, 고즈윈.
정철(1954), 원본 훈민정음의 보존 경위에 대하여, 『국어국문학』 9, 국어국문학회, 15.
정해왕(1993), 소옹의 선천역학에 관한 연구, 『코기토』 42, 부산대학교 인문학연구소, 191-215.
정해창(1989), 문화의 보편적 의미, 『정신문화연구』 36, 한국학중앙연구원, 229-232.
정형우(1989), 오경·사서대전의 수입 및 그 간판(刊版) 광포(廣布), 『동방학지』 63, 연세대학교 국학연구원, 1-27.
정홍영(2013), 조선 초기 한문 서적 수입에 관한 연구, 『통일인문학』 55, 건국대학교 인문학연구원, 317-333.
정화순(1995), 초기 『정간보』의 역학적 해석을 위한 시도, 『한중철학』 창간호, 한중철학회, 221-261.
제프리 샘슨(Geoffrey Sampson) 지음/신상순 옮김(2000), 『세계의 문자체계』, 한국문화사.

조건상(1978), 『해설 역주 언문지』, 형설출판사.
조규태(1998), 훈민정음 창제와 상상력, 『인문학연구』 4, 인문학연구소 논문집, 113-136.
조규태(2010), 『번역하고 풀이한 훈민정음』(개정 3판), 한국문화사.
조동일(1993), 『우리 학문의 길』, 지식산업사.
조동일(2008), 한국의 고전에서 무엇을 찾을 것인가, 『한국학 고전자료의 해외 번역: 현황과 과제』(계명대학교 한국학연구 총서 21), 계명대학교출판부, 11-45.
조두상(1998), 『문자학』, 부산대학교출판부.
조선어학연구회(1940), 훈민정음, 『정음』 35, 조선어학연구회, 1-22.
조성산(2005), 현동 정동유(1744~1808)와 『주영편』에 관한 연구, 『한국인물사연구』 3, 한국인물사연구회, 241-270.
조성산(2009a), 조선후기 소론계의 동음 인식과 훈민정음 연구, 『한국사학보』 36, 고려사학회, 87-118.
조성산(2009b), 18세기 후반-19세기 전반 조선 지식인의 어문 인식 경향, 『한국문화』 47, 서울대학교 규장각한국학연구원. 177-202.
조영진(1969), 훈민정음 자형의 기원에 대하여, 『국어국문학』 44·45, 국어국문학회, 195-207.
조운성(2020), 동국정운의 표기와 음운, 음운대응의 종합적 연구, 『2020년 여름 국어사학회 전국학술대회 발표집』, 32-39.
조의성(2018), 해방 후 일본의 훈민정음 연구, 『훈민정음 연구의 현황과 전망』(세종대왕 즉위 600돌 및 572돌 한글날 기념 국어학 국제학술대회 발표 자료집), 한글학회, 53-63.
조재형(2015), 훈민정음 창제 목적의 고찰: 세종 시대의 정치·사회적 상황과 관련하여, 『인문과학연구』 45, 강원대학교 인문과학연구소, 97-124.
조한욱(1997), 왜 문화를 통하여 역사를 보아야 하는가?, 『이화사학연구』 23, 이화사학연구소, 15-25.
조한욱(2000), 『문화로 보면 역사가 달라진다』, 책세상.
조희영(2015), 『주역』에 내재된 리수(理數)의 함의 –송대 선천역학자의 관점에서–, 『한국사상과 문화』 77, 한국사상문화학회, 305-330.
조희영(2018a), 「훈민정음」 제자해에 함유된 송대 상수역과 조선역, 『동방학지』 184, 연세대학교 국학연구원, 123-147.
조희영(2018b), 소강절(邵康節) 수학이 15-16세기 조선 음운학에 끼친 영향 –『훈민정음(訓民正音)』과 서경덕(徐敬德)의 『성음해(聲音解)』를 중심으로–, 『민족문화연구』 78, 고려대학교 민족문화연구원, 243-274.
조희영(2019a), 명곡 최석정, 역수로 소강절과 소통 후 남긴 메시지 탐색, 『동방학지』 189, 연세대학교 국학연구원, 143-171.
조희영(2019b), 여암 신경준의 『운해훈민정음』에 담긴 소강절 역학과 현대적 의미 –강절 역학을 통한 분석으로 국어학계와 다른 주장을 제시함–, 『대동문화연구』 108, 성균관대학교 대동문화연구원, 177-209.
주명철(1991), 사회사에서 문화사로, 『한국사시민강좌』 8, 일조각, 182-202.
주보돈(2002), 신라의 한문자 정착 과정과 불교 수용, 『금석문과 신라사』, 지식산업사, 387-416.
주상대(1983), 훈민정음의 초성 자질 '려'에 대하여, 『국문학연구』 7, 효성여자대학교 국어국문학연구실, 70-71.

차익종(2014), 동국정운의 중성 배열 원리에 대하여: 훈민정음 해례본의 제자·합용·상합의 관점에서, 『국어학』 70, 국어학회, 157-183.
차태근(2016), 학술과 민족, 그리고 국가 상상, 『중국현대문학』 76, 한국중국현대문학학회, 195-237.
천명희(2014), 새로 발견된 광흥사 월인석보 권21의 서지와 특성, 『국학연구』 24, 한국국학진흥원, 9-33.
천정환(2007), '문화론적 연구'의 현실 인식과 전망, 『상허학보』 19, 상허학회, 11-48.
천혜봉(1985), 이천과 세종조의 활자인쇄, 『동방학지』 46, 연세대학교 국학연구원, 345-368.
최경봉(2018), 근대적 한글 의식의 형성 맥락과 특수성, 『인문학연구』 36, 경희대학교 인문학연구원, 181-209.
최병선(2009), 최만리 상소의 국어학사적 의의, 『한국언어문화』 40, 한국언어문화학회, 333-357.
최세화(1997), 훈민정음 낙장의 복원에 대하여, 『국어학』 29, 국어학회, 1-32.
최승희(1966), 집현전연구(상): 치폐 시말과 기능 분석, 『역사학보』 32, 역사학회, 1-58.
최승희(1967), 집현전연구(하): 치폐 시말과 기능 분석, 『역사학보』 33, 역사학회, 39-80.
최영선(2009), 『한글창제반대상소의 진실』, 신정.
최영애(1988), 중국 사전의 사적 고찰, 『사전편찬학연구』 1-1, 연세대학교 언어정보개발원, 65-95.
최영애(2000), 『중국어 음운학』, 통나무.
최영애(2003), 몽고자운과 그 음운 특징 -15,6세기의 한국 자료를 통하여-, 『중국어문학논집』 24, 중국어문학연구회, 89-115.
최영진(1986), 주역에 있어서 數의 문제: 역학계몽과 관련하여, 『유교사상문화연구』 1, 한국유교학회, 249-283.
최영환(2019), 『훈민정음』(1446)에서 한글 자모 설명을 위한 한자 선정 방식, 『국어교육연구』 43, 국어교육연구소, 191-222.
최종민(2013), 『훈민정음과 세종 악보』, 도서출판 역락.
최현배(1942/1961/1976/1982), 『고친 한글갈』, 정음사.
최형인·이성진·박경환(1996), 훈민정음 해례본 글꼴의 기하학적 구성에 관한 기초 연구, 『새국어생활』 6-2, 국립국어연구원, 36-64.
크리스타 뒤르샤이트(Christa Dürscheid) 지음/김종수 옮김(2007), 『문자언어학』, 유로서적.
페르디낭 드 소쉬르(Ferdinand de Saussure) 지음/최승언 옮김(1990/2006), 『일반언어학 강의』, 민음사.
플로리안 쿨마스(Florian Coulmas) 지음/연규동 옮김(2016), 『문자의 언어학』, 연세대학교 대학출판문화원.
하영삼(2014), 『한자어원사전』, 도서출판3.
하우봉(1983), 세종 대의 유교윤리 보급에 대하여 -《효행록》과 《삼강행실도》를 중심으로-, 『전북사학』 7, 전북사학회, 17-50.
한양대학교 국학연구원(1974), 『훈민정음운해』, 한양대학교 국학연구원.
한영우(2021), 세종대왕과 집현전, 『한국문화』 93, 서울대학교 규장각한국학연구원, 3-33.
한우근·이태진 편저(1984), 『사료로 본 한국문화사: 조선전기편』, 일지사.
한재영(2015), 훈민정음의 창제 배경과 동기 및 목적 그리고 창제자에 관한 연구의 회고, 『훈민정음 연구의 성과와 전망 l』, 국립한글박물관, 64-97.

한재영(2016), 안병희 선생의 국어학 여정, 한국어문교육연구회 제208회 전국학술대회-국어학 발표 논문집, 23-38.
한재영(2017), 훈민정음에 관한 연구의 회고, 『어문론집』 72, 중앙어문학회, 71-124.
한재영·정우영·김주원·백두현·이현희·옥영정·황선엽(2017), 『국보 제70호 훈민정음 정본 제작 연구』, 문화재청.
허선도(1982), 세종조의 화기 발달, 『세종조 문화연구(Ⅱ)』, 한국정신문화연구원, 155-280.
허웅(1965/1982), 『국어음운학』, 정음사.
허웅(1975), 『우리 옛말본』, 샘문화사.
허웅(1999), 『한글과 민족문화』, 세종대왕기념사업회.
허재영(2011a), 근대 계몽기 언문일치의 본질과 국한문체의 유형, 『어문학』 114, 한국어문학회, 441-467.
허재영(2011b), 『일제강점기 어문정책과 어문생활』, 도서출판 경진.
허호익(2004), 훈민정음의 천지인 조화의 원리와 천지인 신학의 가능성 모색, 『신학과 문화』 13, 대전신학대학교, 226-252.
헨리 로저스(Henry Edwin Rogers) 지음/국립한글박물관(고은숙)·이용·김성주·김양진·박진호·안대현·황선엽 옮김(2018), 『언어학으로 풀어 본 문자의 세계』, 도서출판 역락.
호머 헐버트(Homer B. Hulbert) 지음/김동진 옮김(2016), 『헐버트 조선의 혼을 깨우다: 헐버트 내한 130주년 기념 헐버트 글 모음』, 참좋은친구.
홍기문(1946), 『정음발달사』(上·下), 서울신문사 출판국.
홍기문(1957), 『리두연구』, 과학원 출판사.
홍기문 지음/김영복·정해렴 옮김(1997), 『조선문화론 선집』, 현대실학사.
홍원식(2010), 『유장(儒藏)』 편찬사업과 중국 문화패권주의, 『철학과 현실』, 철학문화연구소, 190-196.
홍윤표(1994), 『근대국어 연구』, 태학사.
홍윤표(2005), 훈민정음의 '象形而字倣古篆'에 대하여, 『국어학』 46, 국어학회, 53-66.
홍윤표(2008), 한국 어문생활사, 『세계 속의 한글』, 박이정, 105-164.
홍윤표(2011), 한글을 왜 '훈민정음'이라고 했을까요?, 『쉼표 마침표』 63, 국립국어원.
홍윤표(2013), 『한글 이야기 1: 한글의 역사』, 태학사.
홍윤표(2016a), 한글 자모의 명칭과 배열순서에 대한 역사적 연구, 『한국어사연구』 2, 국어사연구회, 259-321.
홍윤표(2016b), 『한글』(석학인문강좌 63), 세창출판사.
홍윤표(2017a), 초학자회(初學字會) 해제, 『한국어사 연구』 3, 국어사연구회, 311-332.
홍윤표(2017b), 훈민정음에 대한 종합적 고찰, 『한국어사연구』 3, 국어사연구회, 197-246.
홍윤표(2022), 『한자학습 문헌자료 연구』, 태학사.
홍종선 외(2008), 『세계 속의 한글』, 박이정.
홍현보(2012), 우리 사전의 왜곡된 '언문' 뜻풀이에 관한 연구, 『한글』 298, 한글학회, 51-105.
황경수(2007), 훈민정음 제자해와 초성의 역학사상, 『언어학 연구』 11, 한국중원언어학회, 207-226.
황선엽(2004), 최만리와 세종, 『문헌과 해석』 26(2004년 봄호), 문헌과해석사, 87-98.
황찬익(2012), 한글창제의 또다른 주역 신미대사의 흔적을 찾다, 『민족 21』 통권130, 민족21, 142-151.
황호덕(2007), 국어와 조선어의 사이, 내선어의 존재론, 『대동문화연구』 58, 성균관대학교 대동문화연구원, 135-182.
후지에다 아키라(藤枝晃) 지음/오미영 옮김(2006),『문자의 문화사』, 도서출판 박이정.
후쿠이 레이(福井玲)(2006), 훈민정음의 문자론적 성격,『세종학 연구』14, 세종대왕기념사업회, 121-131.

외국어 논저

李新魁(1983/2004),『漢語等韻學』, 中華書局.
小倉進平(1919),「訓民正音に就いて」,『藝文』第拾年 第八號, 京都帝國大學文學部内 京都文學會.
小倉進平 著/河野六朗 補注(1964),『朝鮮語學史』, 刀江書院.
金澤庄三郎(1900),「諺文の起源」,『言語學雜誌』第1卷.
河野六郎(1947/1979), 新發見の訓民正音に就いて,『河野六郎著作集』1(朝鮮語學論文集), 平凡社.
河野六郎(1989), ハングルとその起源,『日本學士院紀要』43-3, 日本學士院.『河野六郎著作集』(1994)에 재수록.
福井玲(2013),「訓民正音の文字論的性格」,『韓國語音韻史の探求』, 三省堂.
Ahn Miae and Paek Doo-hyeon(2015), Scientific principles in the creation of Hunmin jeongeum and their applications to text-input systems, SCRIPTA, Volume 7, 59–77.
Kim Juwon·Nam Kwonhui(2014) Hunminjeongeum Haeryae (Sangjubon) and its Brush-written Notes, SCRIPTA, Volume 6, 1-32.
Ledyard, Gari. K. (1966), The Korean Language Reform of 1446: The Origin, Background, and Early History of the Korean. Ph. D. Dissertation, University of California, Berkeley.
Ledyard, Gari. K. (1997), The International Linguistic Background of the Correct Sounds for the Instruction of the People」,『In The Korean Alphabet: Its History and Structure』, ed. YoungKey KimRenaud. Honolulu: University of Hawai'i Press. 31-87.
Ledyard, Gari. K. (1998), The Korean Language Reform of 1446. 국립국어연구원 총서 2, 신구문화사, [First edition: Ph. D. Dissertation, University of California, Berkeley. 1966].
Paek Doohyeon(2011), Hunmin jeongeum: Dissemination Policy and Education, SCRIPTA, Volume 3, 1-23.
The Korean Repository Ⅰ, Seoul: Trilingual Press, 1892.
The Korean Repository Ⅲ, Seoul: Trilingual Press, 1896.

누리집

국립한글박물관 https://www.hangeul.go.kr

국사편찬위원회 조선왕조실록 누리집 http://sillok.history.go.kr/main/main.jsp
문화재청 국가문화유산포털 http://www.heritage.go.kr
기초학문자료센터 https://www.krm.or.kr
한국고전번역원 https://db.itkc.or.kr
규장각한국학연구원 http://e-kyujanggak.snu.ac.kr
한국사데이터베이스 https://db.history.go.kr
한국학술지 인용색인 Korean Citation Index, NRF 한국연구재단 https://www.kci.go.kr/kciportal
한국학자료센터 한국학자료포털 https://kostma.aks.ac.kr
국립중앙도서관 https://www.nl.go.kr

English Abstract

Theoretical Research into the Cultural Layers of Hunminjeongeum: Changing Perspective and Interpreting Anew

Various layers of scholarly theories and cultural elements have been merged together in Hunminjeongeum. Shedding light on the 'layered and merged' character of Hunminjeongeum entails adopting new perspectives and research methods. The title of the research project also calls for a 'novel interpretation', whereby the various characteristics of both Hunminjeongeum as letters and *Hunminjeongeum* as text are meant to be investigated through the lens of cultural layer theory, thus departing from traditional methodologies for Hunminjeongeum studies. The cultural layer theory provides a cultural research methodology for analyzing various cultural elements that are merged together in the texts and the letters, and interpreting them from an integrated perspective. In order to study both the letters Hunminjeongeum as letters and *Hunminjeongeum* as text from a cultural perspective, the merged elements were analyzed and their meaning interpreted by applying the cultural layer theory proposed by the author. Based on the results of the research conducted on Hunminjeongeum so far, the author expanded the understanding of Hunminjeongeum by reexamining it from the perspective of the cultural layer theory.

King Sejong studied Neo-Confucianism, Chinese phonology, and scripts, which he topped with his own creativity and method to design a writing system named Hunminjeongeum and successfully disseminate it, using as a driving force his political intentions with regard to the commoners (便民).

Based on his knowledge of foreign texts and his experience of transcribing Korean, Sejong combined his creative skills as an outstanding scholar and his political intentions for the people to build the great reservoir of academics and culture that is Hunminjeongeum.

By doing so, Sejong secured the most reliable means of protecting Joseon's political and cultural identity. Indeed, the Korean alphabet, that is Hunminjeongeum, is key to the political and cultural history of Korea as it is the foundation that supports the national body of the Joseon state.

Hunminjeongeum was created in the 15th century, that is, rather late compared to other scripts of the world; nonetheless, it has recorded the language spoken on the Korean peninsula for more than 500 years ever since, capturing the daily culture, the emotions, and the imagination of Koreans. The meaning of Hunminjeongeum occupies a prominent place in the history of past Koreans and the lives of Koreans today. Hunminjeongeum research, including the present study, means to approach the culture developed by Koreans at source and interpret the Korean historical experiences and their meanings as built up in Hunminjeongeum.

The path Sejong tried to open to the people with the creation of Hunminjeongeum was not initially a 'path to knowledge' but rather a 'way of communication' to enable the people to express themselves. Once he created Hunminjeongeum, Sejong taught the vernacular alphabet, namely Eonmun, to the government officials (吏胥) of the capital so that documents written with the Idu system be replaced by documents written with Jeongeum, and ordered that those who knew how to combine the letters of Hunminjeongeum be selected at the state examination. By this policy, Sejong meant to pave the way for communication for the people. However, after his death, this policy was not continued and the path for communication was blocked by the consistent use of Idu documents. The yangban class of Joseon did not open let the people on the path for knowledge through Hunminjeongeum. Not only did they prohibit the use of Eonmun in official and private documents, but they would not write scholarly texts using Eonmun either. As a result, written contents in vernacular language became rather scarce throughout the Joseon Dynasty.

As it is people-oriented, science-driven, and philosophy-based, Hunminjeongeum is loaded with inherently universal values; however, the historical realization of each of those values differs from one another. Democracy, science, and philosophy were the sources of strength that allowed Hangul to survive for centuries and be central to the 20th-century Korean history. The people-oriented value of Hangul not only enabled the easy learning of the letters, but also played a role in the development of democracy in the Republic of Korea after the liberation. The science-driven value of Hangul has been materialized with the advent of the computer age. The philosophy-based value of Hangul is turned towards the future as a contributing factor in the global task that is to achieve harmony between nature and humans.

The project of building the Hangul Cultural Heritage Database that is proposed in the last section of the final chapter provides a springboard to the realization of the future value of Hangul. The database can serve as a foundation to further expand the cultural capabilities of Koreans and develop into a portal to share the Korean cultural heritage with the world.

찾아보기

※ 같은 어휘를 한글과 한자로 중복 표기한 것(예: '가획', '加劃가획'. '加點', '加點가점') 등은 독자들이 한자 용어를 쉽게 읽고 이해하도록 하기 위함이다.

ㅇ

ㅊ